PETIT
DICTIONNAIRE
DE LA LANGUE FRANÇAISE;

A L'USAGE DES ÉCOLES PRIMAIRES.

PAR

M. Th. SOULICE,

AUTEUR DE PLUSIEURS OUVRAGES D'ÉDUCATION.

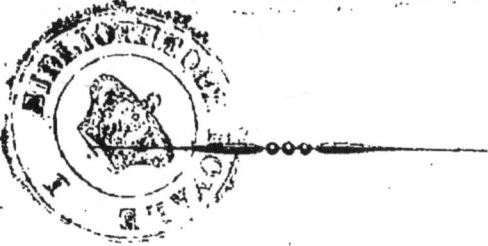

PARIS.
L. HACHETTE, LIBRAIRE, rue Pierre-Sarrazin, n° 12.
FIRMIN DIDOT FRÈRES, rue Jacob, n° 24.

—

1836.

IMPRIMERIE DE FIRMIN DIDOT FRÈRES,
RUE JACOB, N° 24.

AVERTISSEMENT.

Nous ne manquons pas de dictionnaires de la langue française, nous en possédons même de fort bons; mais aucun n'a été fait pour l'usage particulier des enfants. Les uns sont trop complets : on y rencontre des expressions qui doivent être ignorées de l'enfance; d'autres sont insuffisants, parce que, pour les rendre portatifs, on en a éloigné presque toute explication : ce sont moins des dictionnaires que de stériles nomenclatures bonnes au plus pour fixer l'orthographe d'un mot, mais qui, ne s'adressant ni à l'intelligence ni au raisonnement, ne laissent qu'une impression fugitive dans la mémoire.

Notre but a été d'éviter ces deux défauts. On trouvera dans notre vocabulaire tous les mots qui peuvent se rencontrer dans les conversations et dans les ouvrages qui sont à la portée du jeune âge. Chaque mot est accompagné d'une explication destinée à en fixer le sens, à en faire sentir la valeur au propre et au figuré.

Les difficultés orthographiques que présente soit la formation du pluriel ou du féminin dans certains mots, soit la conjugaison d'un assez grand nombre de verbes, ont été soigneusement résolues. C'est là, nous osons le dire, une amélioration que l'on chercherait vainement dans la plupart des dictionnaires plus étendus que celui-ci.

On trouvera également dans ce vocabulaire quelques indications géographiques sur les fleuves, rivières et montagnes qui donnent leur nom aux départements, ainsi que sur les chefs-lieux de préfecture et de sous-préfecture.

En un mot, nous n'avons rien négligé pour rendre ce dictionnaire aussi complet qu'il était possible en nous renfermant dans les limites de ce qui est réellement utile aux enfants.

Nos meilleurs lexicographes et nos grammairiens le plus justement estimés ont été consultés, comparés soigneusement et souvent mis à contribution; aussi c'est à eux que nous reporterons tout éloge si cet ouvrage peut en mériter. Nous espérons que l'on reconnaîtra, du moins, que nous avons rempli notre tâche avec conscience.

TABLE DES ABRÉVIATIONS.

A...	Actif.
Abs...	Absolument
Adj...	Adjectif.
Adject...	Adjectivement.
Adv...	Adverbe.
Agric...	Agriculture.
Alg...	Algèbre.
Anat...	Anatomie.
Anc. prov...	Ancienne province.
Archit...	Architecture.
Arith...	Arithmétique.
Arr...	Arrondissement.
Art...	Article.
Astr...	Astronomie.
Auxil...	Auxiliaire.
C...	Comme.
C.-à-d...	C'est-à-dire.
Cond...	Conditionnel.
Conj...	Conjonction.
Conj. (se)...	Se conjugue.
Déf...	Défini.
Dép...	Département.
Ex...	Exemple.
Excl...	Exclamation.
Ext. ou extens...	Par extension.
F. ou fém...	Féminin.
Fam...	Familièrement.
Fig...	Figure, Figurément.
Fr...	France.
Franç...	Français.
Fut...	Futur.
G...	Genre.
Géogr...	Géographie.
Géom...	Géométrie.
Gramm...	Grammaire.
Hist. nat...	Histoire naturelle.
Imp...	Imparfait.
Impér...	Impératif.
Impers...	Impersonnel.
Indic...	Indicatif.
Ind...	Infinitif.
Inf...	Indéfini.
Interj...	Interjection.
Inv...	Invariable.

TABLE DES ABRÉVIATIONS.

Inus.	Inusité.
Iron.	Ironiquement.
Irr.	Irrégulier.
Ll. m.	Ll mouillés.
Loc.	Locution.
Loc. adv.	Locution adverbiale.
Mar.	Marine.
M. ou masc.	Masculin.
M. n.	Mot nouveau.
Math.	Mathématique.
Méd.	Médecine.
Mus.	Musique.
N.	Neutre.
Nég.	Négation.
Ord.	Ordinal.
P.	Passé.
P. p.	Participe passé.
P. pr.	Participe présent.
Part.	Particule.
Pers.	Personne, personnel.
Pl.	Pluriel.
Pop.	Populaire.
Poss.	Possessif.
Pr.	Pronominal.
Préf. ou préfect.	Préfecture.
Prép.	Préposition.
Prés.	Présent.
Prét.	Prétérit.
Pron.	Pronom.
Pronon.	Prononcez.
Prov.	Proverbial, proverbialement.
Récip.	Réciproque.
Réf.	Réfléchi.
Rhét.	Rhétorique.
Riv.	Rivière.
Roy.	Royaume.
S. ou subst.	Substantif.
Signi.	Signifie.
Sing.	Singulier.
Subj.	Subjonctif.
Substant.	Substantivement.
T.	Terme.
Usit.	Usité.
V.	Verbe.
V. m.	Vieux mot.
V. de Fr.	Villes de France.
Voy.	Voyez.
Vulg.	Vulgaire.

DICTIONNAIRE
FRANÇAIS.

ABA

A, *s. m.* lettre voyelle, la première de l'alphabet, ne prend pas d'*s* au pluriel; 3 pers. sing. du *pr. ind.* du verbe *avoir*.

A, prép. qui exprime différents rapports de situation, de lieu, de mouvement.

ABAISSEMENT, *s. m.* état de ce qui est abaissé.

ABAISSER, *v. a.* é, ée, *p.* faire aller en bas, diminuer de hauteur, humilier; s'—, *v. pr.* s'humilier.

ABANDON, *s. m.* action d'abandonner, état d'une personne ou d'une chose abandonnée, résignation, oubli de soi-même.

ABANDONNEMENT, *s. m.* délaissement complet.

ABANDONNER, *v. a.* é, ée, *p.* quitter, délaisser; s'—, *v. pr.* se laisser aller, se livrer sans réserve.

ABASOURDIR, *v. a.* i, le, *p.* fatiguer les oreilles, étourdir, consterner, accabler.

ABATAGE, *s. m.* action d'abattre les bois, frais qu'entraîne la coupe des arbres.

ABATARDIR, *v. a.* i, ie, *p.* faire dégénérer, altérer une chose; s'—, *v. pr.* dégénérer.

ABATARDISSEMENT, *s. m.* altération.

ABAT-FOIN, *s. m.* (inv.) ouverture au-dessus d'un râtelier pour placer le foin et la paille.

ABATIS, *s. m.* (inv.) amas de choses abattues; la tête, les pat-

ABD

tes, le cou, les ailerons des volailles.

ABAT-JOUR, *s. m.* (inv.) sorte de fenêtre qui ne laisse venir le jour que d'en haut.

ABATTANT, *s. m.* sorte de volet qui se lève et s'abat à volonté.

ABATTEMENT, *s. m.* affaiblissement des forces physiques ou morales.

ABATTEUR, *s. m.* qui abat.

ABATTOIR, *s. m.* lieu où l'on tue les bestiaux.

ABATTRE, *v. a.* (se conj. c. *battre*) mettre à bas, renverser, accabler; s'—, *v. pr.* se dit d'un cheval qui tombe; se décourager.

ABAT-VENT, *s. m.* (inv.) auvent.

ABBAYE, *s. f.* monastère d'hommes ou de femmes.

ABBÉ, *s. m.* chef d'une abbaye, homme portant un habit ecclésiastique.

ABBESSE, *s. f.* supérieure d'un monastère de femmes.

ABBEVILLE, ville de France, sous-préf. du dép. de la Somme.

A B C, *s. m.* (inv.) abécédaire; *fig.* premiers éléments.

ABCÈS, *s. m.* (inv.) amas d'humeurs.

ABDICATION, *s. f.* action d'abdiquer.

ABDIQUER, *v. a.* é, ée, *p.* abandonner de son plein gré une dignité.

ABDOMEN, *s. m.* le bas-ventre.

ABÉCÉDAIRE, *s. m.* livre pour apprendre à lire. —*adj.* 2 g. dans l'ordre des lettres de l'alphabet.

ABÉE ou **BÉE**, *s. f.* ouverture par laquelle coule l'eau qui fait mouvoir un moulin.

ABEILLE, *s. f.* mouche qui produit le miel et la cire.

ABERRATION, *s. f.* écart de l'esprit.—*t. d'astr.* petit mouvement apparent des étoiles fixes.

ABÊTIR, *v. a.* i, ie, *p.* rendre bête; —, *v. n.* ou s'—, *v. pr.* devenir bête.

AB HOC et AB HAC, *loc. adv.* à tort et à travers.

ABHORRER, *v. a.* é, éc, *p.* avoir en horreur; s'—, *v. pr.* être pour soi-même un objet d'horreur, se détester mutuellement.

ABIME, *s. m.* gouffre très-profond.

ABIMER, *v. a. et n.* é, ée, *p.* renverser, tomber dans un abîme; s'—, *v. pr.* se ruiner, se perdre.

ABJECT, E, *adj.* méprisable.

ABJECTION, *s. f.* état d'abaissement, d'avilissement.

ABJURATION, *s. f.* action d'abjurer.

ABJURER, *v. a.* é, ée, *p.* renoncer par serment à une opinion religieuse.

ABLE, *s. m.* ou **ABLETTE**, *s. f.* petit poisson de rivière, plat et d'un blanc argenté.

ABLERET, *s. m.* filet carré pour pêcher des ables.

ABLUTION, *s. f.* action de laver.

ABNÉGATION, *s. f.* renoncement à soi, aux biens, aux privilèges.

ABOI, ABOIEMENT, *s. m.* cri du chien qui aboie. *Abois*, au pl. se dit d'un cerf réduit à l'extrémité.

ABOLIR, *v. a.* i, ie, *p.* annuler, mettre hors d'usage; s'—, *v. pr.* tomber en désuétude.

ABOLISSEMENT, *s. m.* action d'abolir.

ABOLITION, *s. f.* anéantissement, extinction, d'une loi, d'un acte de l'autorité.

ABOMINABLE, *adj.* 2 g. détestable, qui doit faire horreur.

ABOMINABLEMENT, *adv.* d'une manière abominable.

ABOMINATION, *s. f.* action abominable.

ABONDAMMENT, *adv.* avec abondance.

ABONDANCE, *s. f.* grande quantité; vin mêlé avec beaucoup d'eau. *Parler d'*—, facilement, sans préparation.

ABONDANT, E, *adj.* qui abonde.

ABONDER, *v. n.* être, ou avoir en abondance.

ABONNÉ, E, *s.* qui a pris un abonnement.

ABONNEMENT, *s. m.* convention ou marché à un prix fixe pendant un temps limité.

ABONNER, *v. a.* é, ée, *p.* donner un abonnement; s'—, *v. pr.* prendre un abonnement.

ABONNIR, *v. a.* i, ie, *p.* rendre bon, améliorer; s'—, *v. pr.* devenir meilleur.

ABORD, *s. m.* accès, approche. *D'abord*, *loc. adv.* premièrement.

ABORDABLE, *adj.* 2 g. qu'on peut aborder.

ABORDAGE, *s. m.* action d'aborder.

ABORDER, *v. n.* é, ée, *p.* aller à bord, prendre terre; —, *v. a.* joindre un vaisseau, approcher de quelqu'un.

ABORNEMENT, *s. m.* action d'aborner, limite.

ABORNER, *v. a.* é, ée, *p.* mettre des bornes à un terrain, en marquer les limites.

ABOUCHEMENT, *s. m.* entrevue.

ABOUCHER, *v. a.* é, ée, *p.* réunir en conférence; s'—, *v. pr.* se réunir à quelqu'un pour conférer.

ABOUGRI, E, *adj.* rabougri.

ABOUTIR, *v. n.* i, ie, *p.* toucher par un bout; —, se dit d'un abcès qui vient à crever.

ABOUTISSANT, E, *adj.* touchant à; —*ants*, *s. m. pl.* les circonstances et dépendances.

ABOUTISSEMENT, *s. m.* se dit d'un abcès qui aboutit.

ABOYER, *v. n.* japper (en par-

lant des chiens), se conj. comme *ployer.*
ABOYEUR, *s. m.* chien qui aboie sans approcher; *fig.* criard.
ABRÉGÉ, *s. m.* précis, sommaire, abréviation.
ABRÉGER, *v. a.* é, ée, p. rendre plus court.
ABREUVER, *v. a.* é, ée, p. faire boire des animaux; *fig. —de peines,* causer beaucoup de peines.
ABREUVOIR, *s. m.* lieu où l'on mène les animaux boire et se baigner.
ABRÉVIATEUR, *s. m.* qui abrège le livre d'un autre.
ABRÉVIATION, *s. f.* retranchement de quelques lettres dans un mot, signe qui l'indique.
ABRI, *s. m.* lieu où l'on peut être à couvert, hors de danger.
ABRICOT, *s. m.* fruit à noyau.
ABRICOTIER, *s. m.* arbre qui produit l'abricot.
ABRITER, *v. a.* é, ée, p. mettre à l'abri.
ABROGATION, *s. f.* action d'abroger.
ABROGER, *v. a.* é, ée, p. annuler, abolir.
ABRUPTO (*ab* ou *ex*), *loc. adv.* brusquement.
ABRUTIR, *v. a.* i, ie, p. rendre stupide; s'—, *v. pr.* devenir stupide.
ABRUTISSEMENT, *s. m.* stupidité, état d'une personne abrutie.
ABSENCE, *s. f.* éloignement, défaut de présence; *fig.* distraction, privation.
ABSENT, E, *adj.* qui est éloigné, non présent; *fig.* distrait.
ABSENTER (s'), *v. pr.* é, ée, p. s'éloigner de quelque lieu.
ABSINTHE, *s. f.* plante médicinale très-amère.
ABSOLU, E, *adj.* indépendant, souverain; *sens absolu* par opposition à *relatif.*
ABSOLUMENT, *adv.* d'une manière absolue, sans réserves.
ABSOLUTION, *s. f.* action d'absoudre.
ABSOLUTOIRE, *adj.* 2 g. qui absout.

ABSORBANT, *s. m.* et —, E *adj.* qui absorbe.
ABSORBER, *v. a.* é, ée, p. engloutir, faire disparaître; s'—, *v. pr.* se perdre.
ABSOUDRE, *v. a.* (irr.) déclarer innocent, remettre les péchés. *Ind. pr.* j'absous, etc. nous absolvons, v. absolvez, ils absolvent; *imp.* j'absolvais, etc. n. absolvions, etc. p. déf. (inus.) *fut.* j'absoudrai, etc. n. absoudrions, etc. *cond.* j'absoudrais, etc. n. absoudrions, etc.; *impé.* absous, absolvons, absolvez; *subj. pr.* q. j'absolve, etc.; *imp. subj.* (inus.), p. pr. absolvant, p. p. absous, oute.
ABSOUTE, *s. f.* absolution générale qui se donne dans les églises catholiques romaines, en certaines circonstances.
ABSTENIR (s'), *v. pr.* (irr.) s'empêcher, se priver de. (se conj. sur *tenir*).
ABSTINENCE, *s. f.* action de s'abstenir.
ABSTINENT, E, *adj.* tempérant, sobre.
ABSTRACTION, *s. f.* action d'abstraire, chose abstraite.
ABSTRAIRE, *v. a.* (irr.) séparer par une opération de l'esprit, pour les considérer séparément, des choses qui sont réellement unies. *Ind. pr.* j'abstrais, etc.; (au *pl.* on se sert du *v.* faire, ainsi qu'à l'*imp.* au p. déf., à l'*impé.*, au *subj.*, à l'*imp. du subj.* et au *part. prés.*); *fut.* j'abstrairai, etc.; *cond.* j'abstrairais, etc.; p. p. abstrait, aite.
ABSTRAIT, E, *adj.* vague, difficile à pénétrer.
ABSURDE, *adj.* 2 g. déraisonnable, contre le bon sens.
ABSURDEMENT, *adv.* d'une manière absurde.
ABSURDITÉ, *s. f.* chose absurde.
ABUS, *s. m.* usage immodéré de quelque chose.
ABUSER, *v. a.* é, ée, p. tromper; —*de*, *v. n.* user mal de quelque chose.
ABUSIF, IVE, *adj.* contraire aux règles, aux usages.
ABUSIVEMENT, *adv.* d'une manière abusive.
ABUTER, *v. n.* tirer au but

pour voir qui jouera le premier.
ACABIT, *s. m.* qualité bonne ou mauvaise d'une chose.
ACACIA, *s. m.* arbre de jardin, épineux et portant des fleurs en grappes.
ACADÉMICIEN, *s. m.* membre d'une académie.
ACADÉMIE, *s. f.* société de gens de lettres, de savants ou d'artistes ; section de l'université, de l'institut de France ; figure dessinée en pied d'après un modèle.
ACADÉMIQUE, *adj.* 2 *g.* qui appartient ou qui convient à des académiciens.
ACAJOU, *s. m.* arbre d'Amérique dont le bois sert à faire des meubles.
ACARIATRE, *adj.* 2 *g.* qui est d'humeur bourrue, fantasque.
ACCABLANT, E, *adj.* qui accable.
ACCABLEMENT, *s. m.* état du corps ou de l'esprit accablé.
ACCABLER, *v. a.* é, ée, *p.* surcharger, abattre sous un poids.
ACCAPAREMENT, *s. m.* action d'accaparer, choses accaparées.
ACCAPARER, *v. a.* é, ée, *p.* faire amas de marchandises pour les revendre à haut prix.
ACCAPAREUR, EUSE, *s.* qui accapare.
ACCÉDER, *v. n.* consentir à.
ACCÉLÉRATION, *s. f.* action d'accélérer.
ACCÉLÉRER, *v. a.* é, ée, *p.* hâter, presser.
ACCENT, *s. m.* élévation ou abaissement de la voix sur certaines syllabes ; signe qui se met sur une voyelle pour en faire connaître la prononciation.
ACCENTUATION, *s. f.* manière d'accentuer.
ACCENTUER, *v. a.* é, ée, *p.* mettre des accents.
ACCEPTABLE, *adj.* 2 *g.* qui peut être accepté.
ACCEPTATION, *s. f.* action d'accepter.
ACCEPTER, *v. a.* é, ée, *p.* agréer ce qui est offert.
ACCEPTEUR, *s. m.* qui accepte.

ACCEPTION, *s. f.* sorte de préférence, sens dans lequel un mot se prend.
ACCÈS, *s. m.* abord, attaque, retour d'un mal. *Avoir—*, approcher facilement.
ACCESSIBLE, *adj.* 2 *g.* dont on peut approcher.
ACCESSIT, *s. m.* (inv.) récompense de l'écolier qui a le plus approché du prix.
ACCESSOIRE, *s. m. et adj.* 2 *g.* qui accompagne une chose principale.
ACCESSOIREMENT, *adv.* d'une manière accessoire, secondaire.
ACCIDENT, *s. m.* cas fortuit.
ACCIDENTEL, LLE, *adj.* qui arrive par accident.
ACCIDENTELLEMENT, *adv.* par accident.
ACCLAMATION, *s. f.* cri de joie, d'approbation.
ACCLIMATER, *v. a.* é, ée, *p.* accoutumer à un nouveau climat.
ACCOINTANCE, *s. f.* liaison familière.
ACCOINTER (s'), *v. pr.* se lier familièrement.
ACCOLADE, *s. f.* embrassement ; trait de plume qui joint plusieurs articles en un seul.
ACCOLER, *v. a.* é, ée, *p.* embrasser, joindre par une accolade.
ACCOMMODABLE, *adj.* 2 *g.* qui se peut accommoder.
ACCOMMODAGE, *s. m.* apprêt donné à certaines choses.
ACCOMMODANT, E, *adj.* complaisant, traitable.
ACCOMMODEMENT, *s. m.* accord entre des personnes divisées.
ACCOMMODER, *v. a.* é, ée, *p.* arranger, ajuster, mettre d'accord ; *s'—*, *v. pr.* prendre ses aises, se conformer.
ACCOMPAGNATEUR, TRICE, *s.* (*t. de mus.*) qui accompagne la voix avec un instrument.
ACCOMPAGNEMENT, *s. m.* action d'accompagner, accord d'instruments qui accompagnent la voix.
ACCOMPAGNER, *v. a.* é, ée, *p.* aller de compagnie avec quel-

qu'un; —jouer un accompagnement.

ACCOMPLI, E, *adj.* parfait.
ACCOMPLIR, *v. a.* 1, le, *p.* achever, terminer.
ACCOMPLISSEMENT, *s. m.* achèvement, exécution complète (inus. *au pl.*)
ACCORD, *s. m.* conformité d'opinions, convention, concordance.— *au pl.* conventions préliminaires d'un mariage.
ACCORDABLE, *adj.* 2 g. qu'on peut accorder.
ACCORDAILLES, *s. f. pl.* cérémonie de la signature d'un contrat de mariage.
ACCORDER, *v. a.* é, ée, *p.* mettre d'accord, octroyer, concéder; s'—, *v. pr.* vivre en bonne intelligence, avoir du rapport, de la ressemblance.
ACCORDEUR, *s. m.* celui qui accorde les instruments de musique.
ACCORT, E, *adj.* adroit, complaisant.
ACCOSTABLE, *adj.* 2 g. qu'on peut accoster facilement.
ACCOSTER, *v. a.* é, ée, *p.* aborder quelqu'un.
ACCOTER, *v. a.* é, ée, *p.* appuyer de côté; s'—, *v. pr.* s'appuyer sur le côté.
ACCOTOIR, *s. m.* ce qui sert à s'accoter.
ACCOUCHÉE, *s. f.* femme qui vient d'accoucher.
ACCOUCHEMENT, *s. m.* enfantement, action d'accoucher.
ACCOUCHER, *v. n.* enfanter; —, *v. a.* é, ée, *p.* opérer un accouchement.
ACCOUCHEUR, EUSE, *s.* qui opère les accouchements.
ACCOUDER, (s') *v. pr.* é, ée, *p.* s'appuyer sur le coude.
ACCOUDOIR, *s. m.* appui pour s'accouder.
ACCOUPLEMENT, *s. m.* assemblage par couple.
ACCOUPLER, *v. a.* é, ée, *p.* joindre deux choses ensemble, apparier.
ACCOURCIR, *v. a.* 1, le, *p.* rendre plus court.
ACCOURCISSEMENT, *s. m.* diminution de longueur.
ACCOURIR, *v. n.* aller promptement vers; (se conj. su. *courir*,

excepté qu'il prend l'un ou l'autre verbe auxiliaire).
ACCOUTREMENT, *s. m.* habillement extraordinaire ou ridicule.
ACCOUTRER, *v. a.* é, ée, *p.* habiller, revêtir.
ACCOUTUMANCE, *s. f.* habitude, coutume.
ACCOUTUMER, *v. a.* é, ée, *p.* faire prendre une habitude; s'—, *v. pr.* contracter une habitude; à *l'accoutumée, loc. adv.* comme de coutume.
ACCRÉDITER, *v. a.* é, ée, *p.* mettre en crédit.
ACCROC, *s. m.* déchirure, difficulté, retardement.
ACCROCHEMENT, *s. m.* action d'accrocher.
ACCROCHER, *v. a.* é, ée, *p.* attacher, suspendre, retarder, arrêter; s'—, *v. pr.* s'attacher à.
ACCROIRE, *v. n.* (irr. ne s'emploie qu'à l'inf. avec le verbe *faire*), faire croire ce qui n'est pas; *s'en faire accroire,* présumer trop de soi-même.
ACCROISSEMENT, *s. m.* augmentation, agrandissement.
ACCROÎTRE, *v. a.* u, ue, *p.* (irr. se conj. sur *croître*), augmenter, rendre plus grand; s'—, *v. n. et pr.* s'augmenter.
ACCROUPIR, (s') *v. pr.* 1, le, *p.* s'asseoir sur les talons.
ACCROUPISSEMENT, *s. m.* état d'une personne accroupie.
ACCRUE, *s. f.* extension d'un bois au-delà de sa lisière; augmentation que reçoit une terre par la retraite d'une rivière.
ACCUEIL, *s. m.* réception faite à quelqu'un.
ACCUEILLIR, *v. a.* (irr. se conj. sur *cueillir*), faire accueil.
ACCULER, *v. a.* é, ée, *p.* pousser dans un endroit où l'on ne peut plus reculer.
ACCUMULATEUR, *s. m.* qui accumule.
ACCUMULATION, *s. f.* action d'accumuler, choses accumulées.
ACCUMULER, *v. a.* é, ée, *p.* amasser; s'—, *v. pr.* s'augmenter.
ACCUSABLE, *adj.* 2 g. qu'on peut accuser.

ACCUSATEUR, TRICE, s. qui accuse.

ACCUSATION, s. f. action d'accuser, acte par lequel on accuse.

ACCUSÉ, E, adj. et s. inculpé, traduit en justice par acte d'accusation.

ACCUSER, v. a. é, ée, p. porter plainte contre quelqu'un, déférer en justice, servir de preuve, d'indice, se plaindre de..., reprocher, révéler; —réception, faire connaître qu'on a reçu une chose; s'—, v. pr. avouer une faute, un tort, etc.

ACERBE, adj. 2 g. âpre, aigre.

ACERBITÉ, s. f. qualité de ce qui est acerbe.

ACÉRÉ, E, adj. rendu tranchant, piquant, déchirant.

ACÉRER, v. a. é, ée, p. rendre tranchant.

ACÉTATE, s. m. nom générique des sels qui résultent de la combinaison de l'acide acétique avec une base quelconque.

ACÉTIQUE, adj. 2 g. de vinaigre.

ACHALANDAGE, s. m. action d'achalander, clientèle d'un marchand.

ACHALANDER, v. a. é, ée, p. procurer des chalands.

ACHARNEMENT, s. m. fureur, opiniâtreté, animosité.

ACHARNER, v. a. é, ée, p. animer, irriter; s'—, v. pr. s'attacher avec acharnement.

ACHAT, s. m. acquisition à prix d'argent, action d'acheter.

ACHE, s. f. herbe qui ressemble au persil.

ACHÉE, s. f. vers qui servent à amorcer le poisson ou à nourrir des oiseaux.

ACHEMINEMENT, s. m. préparation, moyen d'arriver à un but.

ACHEMINER, v. a. é, ée, p. mettre en train; s'—, v. pr. se mettre en chemin.

ACHETER, v. a. é, ée, p. faire achat.

ACHETEUR, EUSE, s. qui achète.

ACHÈVEMENT, s. m. fin, entière exécution d'une chose.

ACHEVÉ, E, adj. fini, accompli, parfait.

ACHEVER, v. a. et n. é, ée, p. finir, terminer, mettre la dernière main.

ACHOPPEMENT, s. m. empêchement; pierre d'—, occasion de faillir, écueil, obstacle.

ACIDE, s. m. substance d'une saveur aigre et piquante; —, adj. 2 g. dont la saveur est aigre.

ACIDITÉ, s. f. qualité de ce qui est acide.

ACIER, s. m. combinaison du fer avec du charbon.

ACOLYTAT, s. m. le plus haut des quatre ordres mineurs.

ACOLYTE, s. m. clerc promu à l'acolytat; satellite, celui qui en seconde un autre dans l'exécution de mauvais desseins.

ACOQUINER, v. a. é, ée, p. attacher par habitude; s'—, v. pr. s'accoutumer à ce qui plaît. (se prend en mauvaise part.)

ACOUSTIQUE, s. f. théorie des sons et de leurs propriétés; —, adj. 2 g. qui concerne l'ouïe, qui augmente le son.

ACQUÉREUR, s. m. qui acquiert (le fém. —euse, peu usité).

ACQUÉRIR, v. a. (irr.) se procurer. Ind. pr. j'acquiers, tu acquiers, il acquiert, n. acquérons, v. acquérez, ils acquièrent; imp. j'acquérais, etc.; p. déf. j'acquis, etc.; fut. j'acquerrai, etc.; cond. j'acquerrais, etc.; impé. acquiers, acquérons, acquérez; sub. pr. q. j'acquière, q. tu acquières, qu'il acquière, q. n. acquérions, q. v. acquériez, qu'ils acquièrent; imp. subj. q. j'acquisse, etc.; p. pr. acquérant; p. p. acquis, ise.

ACQUÊT, s. m. chose acquise (en parlant des biens).

ACQUIESCEMENT, s. m. consentement, adhésion.

ACQUIESCER, v. n. consentir, céder, se soumettre.

ACQUIS, s. m. connaissances acquises, savoir, expérience.

ACQUIS, E, adj. acheté.

ACQUISITION, s. f. action d'acquérir, chose acquise.

ACQUIT, s. m. quittance; acquit-à-caution, certificat pour transporter librement des marchandises ; *par manière d'—*, *loc. adv.* négligemment.

ACQUITTEMENT, *s. m.* action d'acquitter.

ACQUITTER, *v. a.* é, ée, p. rendre quitte ; s'—, *v. pr.* se libérer.

ACRE, *s. f.* mesure de terre contenant un arpent et demi environ.

ÂCRE, *adj.* 2 g. piquant au goût.

ÂCRETÉ, *s. f.* qualité de ce qui est âcre.

ACRIMONIE, *s. f.* âcreté du sel, des humeurs.

ACRIMONIEUX, EUSE, *adj.* qui a de l'acrimonie.

ACROBATE, *s. m.* danseur de corde.

ACROSTICHE, *s. m.* petite pièce de poésie dont chaque vers commence par une lettre du nom de la personne ou de la chose qui en fait le sujet ; —, *adj.* 2 g. qui appartient à ce genre de poésie.

ACTE, *s. m.* action, déclaration légale ou judiciaire, une des parties d'une pièce de théâtre.

ACTEUR, TRICE, *s.* qui exerce la profession théâtrale, qui prend une part active à une affaire.

ACTIF, IVE, *adj.* qui agit, vif, laborieux. *Verbe actif* (*t. de gramm.*), verbe qui a un régime direct ; —, *s. m.* (*t. de commerce*) somme dont on est créancier.

ACTION, *s. f.* opération, mouvement, intérêt dans une entreprise où l'on a placé des fonds ; *actions de grâces*, remercîments.

ACTIONNAIRE, *s.* 2 g. celui ou celle qui a une action dans une entreprise.

ACTIONNER, *v. a.* é, ée, p. agir en justice contre quelqu'un.

ACTIVEMENT, *adv.* d'une manière active.

ACTIVER, *v. a.* é, ée, p. mettre en activité, accélérer.

ACTIVITÉ, *s. f.* faculté d'agir avec vivacité ; promptitude.

ACTUEL, LLE, *adj.* présent, effectif, réel.

ACTUELLEMENT, *adv.* présentement.

ADAGE, *s. m.* proverbe.

ADAGIO, *adv.* (*t. de mus.*) lentement ; —, *s. m.* air d'un mouvement lent.

ADAPTER, *v. a.* é, ée, p. ajuster une chose à une autre ; s'—, *v. pr.* s'ajuster à une chose.

ADDITION, *s. f.* ce qui est ajouté, première règle de l'arithmétique, opération de calcul.

ADDITIONNEL, LLE, *adj.* qui est ajouté.

ADDITIONNELLEMENT, *adv.* par addition.

ADDITIONNER, *v. a.* é, ée, p. faire une addition.

ADEPTE, *s. m.* initié à des mystères.

ADHÉRENCE, *s. f.* union intime d'une chose à une autre.

ADHÉRENT, E, *adj.* qui est attaché à.

ADHÉRER, *v. n.* être du parti, du sentiment de.

ADHÉSION, *s. f.* action d'adhérer.

AD HONORES, *loc. adv.* (tirée du latin) honorifique.

ADIEU, *s. m.* terme de civilité pour prendre congé de quelqu'un.

ADJACENT, E, *adj.* proche, contigu, situé auprès.

ADJECTIF, *s. m.* (*terme de gramm.*) mot ajouté au subst. et qui sert à exprimer la qualité d'une personne ou d'une chose.

ADJECTIVEMENT, *adv.* comme adjectif.

ADJOINDRE, *v. a.* (irr. se conj. c. *joindre*) joindre avec ; s'—, *v. pr.* s'associer à quelqu'un.

ADJOINT, *s. m.* joint à un autre pour l'aider, le suppléer.

ADJONCTION, *s. f.* action d'adjoindre.

ADJUDANT, *s. m.* officier placé sous les ordres d'un autre pour l'aider.

ADJUDICATAIRE, *s.* 2 g. à qui on adjuge.

ADJUDICATEUR, TRICE, *s.* celui, celle qui adjuge.

ADJUDICATION, *s. f.* acte judiciaire ou administratif par lequel on adjuge.

ADJUGER, *v. a.* é, ée, p. attribuer au dernier enchérisseur.

ADJURATION, *s. f.* action d'adjurer.

ADJURER, *v. a.* é, ée, *p.* sommer de faire ou de dire quelque chose.

ADMETTRE, *v. a.* (irr. se conj. sur *mettre*) recevoir en participation, en communauté, en société, reconnaître pour véritable, consentir.

ADMINISTRATEUR, TRICE, *s.* qui régit, qui administre.

ADMINISTRATIF, IVE, *adj.* qui a rapport à l'administration.

ADMINISTRATION, *s. f.* action d'administrer, autorité qui dirige les affaires.

ADMINISTRATIVEMENT, *adv.* suivant les formes administratives.

ADMINISTRER, *v. a.* é, ée, *p.* gouverner, régir; —un malade, lui conférer les sacrements.

ADMIRABLE, *adj. 2 g.* digne d'admiration.

ADMIRABLEMENT, *adv.* d'une manière admirable.

ADMIRATEUR, TRICE, *s.* qui admire.

ADMIRATIF, IVE, *adj.* qui marque l'admiration.

ADMIRATION, *s. f.* action d'admirer, sentiment qu'éprouve celui qui admire.

ADMIRER, *v. a.* é, ée, *p.* considérer avec surprise ce qui paraît merveilleux, extraordinaire.

ADMISSIBLE, *adj. 2 g.* qu'on peut admettre.

ADMISSION, *s. f.* action d'admettre, d'être admis.

ADMONITION, *s. f.* réprimande.

ADOLESCENCE, *s. f.* l'espace de temps entre l'enfance et l'âge viril (de 14 à 28 ans).

ADOLESCENT, E, *s. et adj.* jeune homme, jeune fille.

ADONNER, (s') *v. pr.* é, ée, *p.* se livrer avec passion à.

ADOPTER, *v. a.* é, ée, *p.* prendre pour fils ou pour fille, regarder comme sien, préférer.

ADOPTIF, IVE, *adj.* qui est adopté.

ADOPTION, *s. f.* action d'adopter.

ADORABLE, *adj. 2 g.* digne d'être adoré.

ADORATEUR, TRICE, *s.* qui adore.

ADORATION, *s. f.* action d'adorer.

ADORER, *v. a.* é, ée, *p.* rendre à Dieu le culte qui lui est dû; aimer avec passion.

ADOSSER, *v. a.* é, ée, *p.* mettre le dos contre, mettre dos à dos.

ADOUCIR, *v. a.* i, ie, *p.* rendre doux, calmer, tempérer; s'—, *v. pr.* devenir plus doux.

ADOUCISSANT, *s. m.* remède qui adoucit; —, *ante*, *adj.* ce qui adoucit.

ADOUCISSEMENT, *s. m.* état d'une chose adoucie, action d'adoucir.

ADRESSE, *s. f.* dextérité, finesse, indication du domicile d'une personne.

ADRESSER, *v. a.* é, ée, *p.* envoyer directement; s'—, *v. pr.* aller trouver, avoir recours.

ADROIT, E, *adj.* qui a de l'adresse.

ADROITEMENT, *adv.* d'une manière adroite.

ADULATEUR, TRICE, *s.* qui adule.

ADULATION, *s. f.* action d'aduler.

ADULER, *v. a.* é, ée, *p.* flatter par intérêt.

ADULTE, *adj. 2 g.* qui est parvenu à l'âge de raison.

ADULTÈRE, *s. m.* violation de la foi conjugale; —, *s. et adj. 2 g.* celui ou celle qui manque à la foi conjugale.

ADVERBE, *s. m.* mot invar. joint au verbe ou à un adj. pour en déterminer la signification.

ADVERBIAL, E, *adj.* qui tient de l'adverbe.

ADVERBIALEMENT, *adv.* dans un sens adverbial.

ADVERSAIRE, *s. 2 g.* qui est opposé.

ADVERSATIF, IVE, *adj.* qui marque différence, opposition, restriction.

ADVERSE, *adj. 2 g.* contraire.

ADVERSITÉ, *s. f.* malheur, mauvaise fortune.

AÉRER, *v. a.* é, ée, *p.* donner de l'air, mettre à l'air.

AÉRIEN, NNE, *adj.* qui a rapport à l'air.

AFF   AFF   9

AÉROLITHE, *s. f.* pierre tombée du ciel.
AÉROMÈTRE, *s. m.* instrument pour mesurer la densité de l'air.
AÉRONAUTE, *s. 2 g.* qui parcourt les airs dans un aérostat.
AÉROSTAT, *s. m.* ballon rempli d'un fluide plus léger que l'air dans lequel il s'élève.
AÉROSTATIQUE, *adj. 2 g.* qui a rapport aux aérostats.
AFFABILITÉ, *s. f.* qualité de celui qui a des manières douces, bienveillantes.
AFFABLE, *adj. 2 g.* qui a de l'affabilité.
AFFABLEMENT, *adv.* avec affabilité.
AFFADIR, *v. a.* 1, ie, *p.* rendre fade; *fig.* donner du dégoût; s'—, *v. pr.* devenir fade.
AFFADISSEMENT, *s. m.* effet de la fadeur, louange outrée.
AFFAIBLIR, *v. a.* 1, ie, *p.* rendre faible; —, *v. n.* devenir faible; s'—, *v. pr.* diminuer de force.
AFFAIBLISSANT, E, *adj.* qui affaiblit.
AFFAIBLISSEMENT, *s. m.* diminution de forces.
AFFAIRE, *s. f.* tout ce qui est l'objet de quelque occupation.
AFFAIRÉ, E, *adj.* qui a beaucoup d'affaires.
AFFAISSEMENT, *s. m.* état de ce qui est affaissé.
AFFAISSER, *v. a.* é, ée, *p.* faire baisser une chose sous le poids d'une autre.
AFFALER, *v. a.* é, ée, *p.* (*t. de mar.*) peser, faire baisser par force; s'—, *v. pr.* s'approcher trop de la côte.
AFFAMER, *v. a.* é, ée, *p.* causer la faim.
AFFANURES, *s. f. pl.* grains donnés pour salaire, au lieu d'argent, aux moissonneurs.
AFFECTATION, *s. f.* prétention à, dessein de.
AFFECTER, *v. a.* é, ée, *p.* prendre à tâche, faire avec affectation, ostentation; feindre, émouvoir, appliquer à un usage, hypothéquer, engager; s'—, *v. pr.* s'offenser, s'émouvoir.

AFFECTION, *s. f.* amitié, attachement, tendresse.
AFFECTIONNER, *v. a.* é, ée, *p.* avoir de l'affection.
AFFECTUEUSEMENT, *adv.* d'une manière affectueuse.
AFFECTUEUX, EUSE, *adj.* plein d'affection.
AFFERMER, *v. a.* é, ée, *p.* donner ou prendre à ferme.
AFFERMIR, *v. a.* 1, ie, *p.* rendre ferme, solide, assurer.
AFFERMISSEMENT, *s. m.* action d'affermir; état d'une chose affermie.
AFFÉTERIE, *s. f.* recherche, affectation dans le langage, les manières.
AFFICHE, *s. f.* avis placardé dans un lieu public.
AFFICHER, *v. a.* é, ée, *p.* poser une affiche; s'—, *v. pr.* se faire remarquer (en mauvaise part).
AFFICHEUR, *s. m.* poseur d'affiches.
AFFIDÉ, E, *s. et adj.* à qui on se fie.
AFFILER, *v. a.* é, ée, *p.* aiguiser, donner le fil.
AFFILEUR, EUSE, *s.* ouvrier qui affile.
AFFILIATION, *s. f.* espèce d'association.
AFFILIER, *v. a.* é, ée, *p.* associer.
AFFILOIR, *s. m.* pierre à aiguiser.
AFFINAGE, *s. m.* art, action d'affiner, de purifier.
AFFINER, *v. a.* é, ée, *p.* rendre plus fin, plus pur.
AFFINERIE, *s. f.* lieu où l'on affine.
AFFINEUR, *s. m.* ouvrier qui affine.
AFFINITÉ, *s. f.* alliance, liaison, rapport.
AFFINOIR, *s. m.* instrument pour affiner.
AFFIQUET, *s. m.* porte-aiguille à tricoter; objet d'ajustement, de parure de femme.
AFFIRMATIF, IVE, *adj.* qui affirme.
AFFIRMATION, *s. f.* action d'affirmer.
AFFIRMATIVE, *s. f.* proposition qui affirme.

AFFIRMATIVEMENT, *adv.* d'une manière affirmative.
AFFIRMER, *v. a.* é, ée, *p.* assurer, soutenir que.
AFFLEURER, *v. a.* é, ée, *p.* mettre de niveau.
AFFLICTIF, IVE, *adj.* peine afflictive, c.-à-d. peine corporelle infligée par la justice.
AFFLICTION, *s. f.* douleur, chagrin.
AFFLIGEANT, E, *adj.* qui afflige.
AFFLIGER, *v. a.* é, ée, *p.* causer de l'affliction; s'—, *v. pr.* s'attrister.
AFFLUENCE, *s. f.* concours, abondance.
AFFLUENT, *s. m.* endroit où une rivière se jette dans une autre.
AFFLUENT, E, *adj.* qui afflue.
AFFLUER, *v. n.* abonder, survenir en grand nombre; il se dit des eaux qui aboutissent au même point.
AFFOURRAGEMENT, *s. m.* provision, distribution de fourrages.
AFFOURRAGER, *v. a.* et *n.* é, ée, *p.* faire provision de fourrages, donner du fourrage aux bestiaux.
AFFRAÎCHIR, *v. n.* devenir plus frais, en parlant du vent (t. de mar.).
AFFRANCHI, *s. m.* esclave rendu à la liberté; —, ie, *adj.* et *p.* du verbe suivant.
AFFRANCHIR, *v. a.* i, ie, *p.* mettre en liberté, décharger.
AFFRANCHISSEMENT, *s. m.* action d'affranchir, exemption.
AFFRÈTEMENT, *s. m.* convention pour le louage d'un vaisseau.
AFFRÉTER, *v. a.* é, ée, *p.* prendre un vaisseau à louage.
AFFRÉTEUR, *s. m.* qui affrète.
AFFREUSEMENT, *adv.* d'une manière affreuse.
AFFREUX, EUSE, *adj.* effroyable, horrible.
AFFRIANDER, *v. a.* é, ée, *p.* rendre friand.
AFFRICHER, *v. n.* laisser en friche; s'—, *v. pr.* devenir en friche.
AFFRIOLER, *v. a.* é, ée, *p.* attirer par quelque chose d'agréable au goût.
AFFRONT, *s. m.* injure, outrage.
AFFRONTER, *v. a.* é, ée, *p.* attaquer avec hardiesse.
AFFRONTEUR, EUSE, *s.* qui affronte, qui trompe.
AFFUBLEMENT, *s. m.* habillement extraordinaire ou ridicule.
AFFUBLER, *v. a.* é, ée, *p.* couvrir d'un habillement.
AFFÛT, *s. m.* machine de bois sur laquelle est monté le canon, lieu où l'on épie le gibier.
AFFUTAGE, *s. m.* action d'affûter.
AFFÛTER, *v. a.* é, ée, *p.* aiguiser; mettre un canon sur son affût et tout prêt à tirer.
AFFÛTIAU, *s. m.* bagatelle, brimborion.
AFIN, *conj.* qui marque le but d'une action.
AFISTOLER, *v. a.* é, ée, *p.* ajuster d'une manière minutieuse.
AFRICAIN, E, *s.* et *adj.* qui est d'Afrique.
AFRIQUE, *s. f.* une des cinq parties du monde.
AGAÇANT, E, *adj.* qui agace.
AGACE, *s. f.* pie.
AGACEMENT, *s. m.* irritation.
AGACER, *v. a.* é, ée, *p.* irriter, exciter, provoquer.
AGACERIE, *s. f.* petites manières employées pour attirer l'attention.
AGAILLARDIR, (s') *v. pr.* i, ie, *p.* devenir plus gai.
AGARIC, *s. m.* plante parasite, espèce de champignon qui s'attache au tronc des arbres, amadouvier.
AGATE, *s. f.* pierre précieuse.
ÂGE, *s. m.* la durée de la vie, temps, siècle, époque.
ÂGÉ, E, *adj.* qui a un certain âge, un grand âge.
AGEN, chef-lieu du dép. de Lot-et-Garonne.
AGENCE, *s. f.* charge, fonction d'agent.

AGENCEMENT, *s. m.* manière d'agencer.
AGENCER, *v. a. é, ée, p.* arranger, mettre en ordre.
AGENDA, *s. m.* (inv.) note des choses à faire.
AGENOUILLER, (s') ll *m. v. pr. é, ée, p.* se mettre à genoux.
AGENOUILLOIR (ll m.), *s. m.* petit escabeau sur lequel on s'agenouille.
AGENT, *s. m.* ce qui agit, opère ; celui qui fait les affaires d'un état, d'un particulier.
AGENT-DE-CHANGE, *s. m.* entremetteur entre les banquiers et les négociants, les rentiers et le trésor royal.
AGGLOMÉRATION, *s. f.* action d'agglomérer ; état de ce qui est aggloméré.
AGGLOMÉRER, *v. a. é, ée, p.* réunir en masse, amonceler ; s'—, *v. pr.* se rassembler par pelotons.
AGGRAVANT, E, *adj.* qui aggrave.
AGGRAVER, *v. a. é, ée, p.* rendre plus grave.
AGILE, *adj. 2 g.* léger, dispos.
AGILEMENT, *adv.* avec agilité.
AGILITÉ, *s. f.* légèreté, facilité à se mouvoir.
AGIO, *s. m.* spéculation sur la hausse et la baisse des effets publics ; différence entre l'argent et ces effets, entre la valeur nominale et la valeur réelle des espèces de monnaies ; (sans pl.).
AGIOTAGE, *s. m.* trafic sur les effets publics ; commerce usuraire.
AGIOTER, *v. n.* faire l'agiotage.
AGIOTEUR, *s. m.* qui fait l'agiotage.
AGIR, *v. n.* être en action, faire quelque chose ; s'—, *v. imp.* il s'agit, c.-à-d. il est question de.
AGISSANT, E, *adj.* qui agit.
AGITATEUR, *s. m.* qui provoque du trouble.
AGITATION, *s. f.* trouble, ébranlement, inquiétude.
AGITER, *v. a. é, ée, p.* troubler, remuer en divers sens ; s'—,

v. pr. se troubler, s'inquiéter.
AGNEAU, *s. m.* petit d'une brebis ; symbole de la douceur.
AGNELER, *v. n.* mettre bas, se dit de la brebis.
AGNELET, *s. m.* petit agneau.
AGONIE, *s. f.* état d'un malade qui lutte contre la mort.
AGONIR, *v. a. i, ie, p.* accabler d'injures.
AGONISANT, E, *adj.* qui est à l'agonie.
AGONISER, *v. n.* être à l'agonie.
AGRAFE, *s. f.* sorte de crochet qui sert à attacher.
AGRAFER, *v. a. é, ée, p.* attacher avec une agrafe.
AGRAIRE, *adj. 2 g.* qui a rapport aux terres.
AGRANDIR, *v. a. i, ie, p.* rendre plus grand ; exagérer ; s'—, *v. pr.* s'étendre, s'élever.
AGRANDISSEMENT, *s. m.* accroissement, augmentation.
AGRÉABLE, *adj. 2 g.* qui plaît.
AGRÉABLEMENT, *adv.* d'une manière agréable.
AGRÉER, *v. a. é, ée, p.* recevoir favorablement ; —, *v. n.* plaire, être au gré ; *fut.* j'agréerai ; *p. pr.* agréant.
AGRÉGATION, *s. f.* association, action d'assembler.
AGRÉGÉ, *s. m.* suppléant d'un professeur ; —, *t. de chimie,* corps composé de parties homogènes.
AGRÉGER, *v. a. é, ée, p.* associer quelqu'un à un corps.
AGRÉMENT, *s. m.* approbation, consentement ; —, *au pl.* ornements ; grâces.
AGRÉNER, *v. a. é, ée, p.* vider l'eau d'une chaloupe, *t. de mar.*
AGRÈS, *s. m. pl.* tout ce qui est nécessaire pour équiper un navire.
AGRESSEUR, *s. m.* qui attaque.
AGRESSION, *s. f.* action de l'agresseur.
AGRESTE, *adj. 2 g.* rustique, sauvage, champêtre.
AGRICOLE, *adj. 2 g.* livré à l'agriculture.

AGRICULTEUR, *s. m.* cultivateur.
AGRICULTURE, *s. f.* art de cultiver la terre.
AGRIFFER (s'), *v. pr.* é, ée, *p.* s'attacher avec les griffes.
AGRIOTE, *s. f.* espèce de cerise sauvage; griotte.
AGRIPPER, *v. a.* é, ée, *p.* saisir avec avidité.
AGRONOME, *s. m.* qui connaît la théorie de l'agriculture.
AGRONOMIE, *s. f.* théorie de l'agriculture.
AGUERRIR, *v. a.* 1, ie, *p.* accoutumer à la guerre, aux fatigues; s'—, *v. pr.*
AGUET, *s. m.* poste; lieu d'où l'on guette.
AH! *interj.* qui marque la joie, la douleur, l'admiration, etc.
AH-AH, *s. m.* ouverture de mur, sans grille avec un fossé au pied.
AHEURTEMENT, *s. m.* obstination, entêtement.
AHEURTER, *v. a.* é, ée, *p.* exciter quelqu'un; s'—, *v. pr.* s'obstiner.
AHI, *interj.* de douleur.
AHURIR, *v. a.* 1, ie, *p.* étourdir, rendre stupéfait.
AIDE, *s. f.* secours, assistance.
AIDE, *s. m.* personne qui aide.
AIDER, *v. a.* é, ée, *p.* assister, secourir quelqu'un sans partager sa peine ou son travail; —, *v. n.* soulager quelqu'un en partageant personnellement sa peine.
AIE, *interj.* qui exprime la douleur.
AIEUL, *s. m.* (au pl. aïeuls) grand-père paternel ou maternel.
AIEULE, *s. f.* (au pl. aïeules) grand'-mère.
AIEUX, *s. m. pl.* ceux qui ont devancé nos aïeuls.
AIGLE, *s. m.* le plus grand et le plus fort des oiseaux de proie; —, *s. f.* étendard, enseigne.
AIGLON, *s. m.* le petit de l'aigle.
AIGRE, *adj.* 2 g. piquant, acide, aigu, perçant.
AIGRE-DOUX, CE, *adj.* composé d'aigre et de doux; *au pl.* aigre est *inv.*

AIGREFIN, *s. m.* qui vit d'escroqueries.
AIGRELET, TTE, *adj.* un peu aigre.
AIGREMENT, *adv.* avec aigreur.
AIGRET, TTE, *adj.* un peu aigre.
AIGRETTE, *s. f.* oiseau de l'espèce du héron; panache.
AIGREUR, *s. f.* qualité de ce qui est aigre; disposition à quereller.
AIGRIR, *v. a.* 1, ie, *p.* rendre aigre, irriter; s'—, *v. pr.* devenir aigre, s'irriter.
AIGU, E, *adj.* terminé en pointe; *douleur* —, vive, violente.
AIGUADE, *s. f.* provision d'eau douce pour un vaisseau, *t. de mar.*
AIGUE-MARINE, *s. f.* pierre précieuse; *au pl.* aigues-marines.
AIGUIÈRE, *s. f.* vase à anse et à bec et fort ouvert, pour mettre de l'eau.
AIGUILLADE, *s. f.* (ll m.) gaule pour piquer les bœufs.
AIGUILLE, *s. f.* (ll m.) outil d'acier délié et pointu par un bout et percé par l'autre, pour coudre; petite verge de métal qui indique l'heure sur les cadrans des montres, des horloges; espèce de pyramide, obélisque.
AIGUILLÉE, *s. f.* (ll m.) certaine étendue de fil, de soie ou de laine, d'une longueur convenable, pour travailler à l'aiguille.
AIGUILLETIER, *s. m.* (ll m.) ouvrier qui ferre les aiguillettes.
AIGUILLETTE, *s. f.* (ll m.) tresse, lacet; cordon ferré par les deux bouts.
AIGUILLIER, *s. m.* (ll m.) étui à aiguilles; artisan qui fait des aiguilles.
AIGUILLON, *s. m.* (ll m.) pointe de fer au bout d'un bâton pour piquer les bœufs; petit dard des abeilles, des guêpes, etc.; tout ce qui excite.
AIGUILLONNER, (ll m.) *v. a.* é, ée, *p.* exciter, animer; piquer avec l'aiguillon.
AIGUISEMENT, *s. m.* action d'aiguiser.
AIGUISER, *v. a.* é, ée, *p.* ron-

dre pointu, tranchant; stimuler, exciter.
AIGUISEUR, s. m. ouvrier qui aiguise.
AIL, s. m. (pl. aulx) espèce d'ognon d'une odeur très-forte.
AILE, s. f. membre des oiseaux et de quelques insectes qui leur sert à voler.
AILE, s. f. sorte de bière anglaise sans houblon.
AILÉ, E, adj. qui a des ailes.
AILERON, s. m. extrémité de l'aile; planches de la roue d'un moulin à eau.
AILLEURS, adv. de lieu, (il m.) en un autre lieu; d'—, d'un autre côté, en outre.
AIMABLE, adj. 2 g. digne d'être aimé; —, s. qui cherche à plaire.
AIMABLEMENT, adv. d'une manière aimable.
AIMANT, s. m. substance ferrugineuse qui a deux points fixes dont l'un se tourne toujours vers le nord et l'autre vers le sud; elle attire le fer, l'acier, et leur communique ses propriétés.
AIMANT. E, adj. porté à aimer.
AIMANTER, v. a. é, ée, p. frotter avec l'aimant.
AIMER, v. a. é, ée, p. avoir de l'affection; —, v. n. avoir de l'amour; s'—, v. réc.; s'— dans un lieu, s'y plaire.
AIN, rivière qui donne son nom au dép. dont Bourg est le chef-lieu.
AINE, s. f. partie du corps entre le haut de la cuisse et le bas-ventre.
AÎNÉ, E, adj. premier né; plus âgé.
AÎNESSE, s. f. priorité d'âge entre frères et sœurs.
AINSI, adv. de cette façon, en conséquence; de même.
AIR, s. m. substance gazeuse qui entoure le globe terrestre; manière, apparence, ressemblance.
AIRAIN, s. m. cuivre mélangé d'étain.
AIRE, s. f. place préparée pour battre le grain; nid des oiseaux de proie.
AIRÉE, s. f. gerbes contenues dans l'aire.

AIS, s. m. planche de bois.
AISANCE, s. f. facilité dans les actions, les discours; fortune; —, au pl. lieu destiné à satisfaire les besoins naturels.
AISE, s. f. contentement; commodités de la vie.
AISE, adj. 2 g. qui a de la joie, du contentement.
AISÉ, E, adj. facile, commode; exempt de contrainte, à son aise.
AISÉMENT, adv. facilement.
AISNE, rivière qui donne son nom au dép. dont Laon est le chef-lieu.
AISSELLE, s. f. creux sous le bras à l'endroit où il se joint à l'épaule.
AIX, s.-préfect. des Bouches-du-Rhône; (le *x* se pron. c. s).
AJACCIO, chef-lieu du dép. de la Corse.
AJONC, s. m. jonc marin; genêt épineux.
AJOURNEMENT, s. m. assignation à jour fixe, remise d'une affaire à un autre jour.
AJOURNER, v. a. é, ée, p. assigner, renvoyer à un jour fixé.
AJOUTAGE, s. m. chose ajoutée, t. de fondeur.
AJOUTER, v. a. é, ée, p. joindre une chose à une autre; faire une addition.
AJUSTAGE, s. m. action d'ajuster les monnaies; affinage.
AJUSTEMENT, s. m. action d'ajuster; parure.
AJUSTER, v. a. é, ée, p. rendre juste un poids, une mesure; accommoder, orner; s'—, v. pr. se préparer à.
AJUSTEUR, s. m. qui ajuste les monnaies.
AJUSTOIR, s. m. petite balance où l'on ajuste les monnaies.
ALAIS, ville de Fr., s.-préf. du département du Gard.
ALAISE, s. f. planche ajoutée; allonge d'osier pour fixer une branche.
ALAMBIC, s. m. vaisseau pour distiller.
ALAMBIQUÉ, E, adj. trop subtil, trop raffiné.
ALAMBIQUER, v. a. é, ée,

p. fatiguer l'esprit; —, v. n. chercher de vaines subtilités; s'—, v. pr. se tourmenter l'esprit.

ALARGUER, v. n. et s'—, v. pr. prendre le large, t. de mar.

ALARMANT, E, adj. qui inquiète.

ALARME, s. f. cri, signal de danger; épouvante subite.

ALARMER, v. a. é, ée, p. donner l'alarme; s'—, v. pr. s'inquiéter.

ALARMISTE, s. m. qui répand à dessein de mauvaises nouvelles.

ALATERNE, s. m. arbrisseau à feuilles alternes, toujours vert.

ALBÂTRE, s. m. pierre de la nature du marbre, mais plus transparente.

ALBERGE, s. f. espèce de petite pêche précoce.

ALBERGIER, s. m. arbre qui produit les alberges.

ALBIGEOIS, s. m. pl. sectaires du temps de Philippe-Auguste (1208).

ALBINOS, s. m. et f. sing. et pl. homme d'un blanc blafard.

ALBUM, s. m. tablettes pour écrire; recueil de dessins formant un livret.

ALBUMINE, s. f. substance semblable au blanc d'œuf.

ALBY, ville de Fr., chef-lieu du dép. du Tarn.

ALCALI, s. m. sel fossile et minéral qui a la propriété de faire prendre la couleur verte à toutes les teintures bleues des végétaux.

ALCHIMIE, s. f. art chimérique de transmuer les métaux.

ALCHIMISTE, s. m. celui qui s'occupe d'alchimie.

ALCOHOL, s. m. esprit-de-vin très-pur.

ALCORAN, s. m. livre qui contient la loi de Mahomet.

ALCOVE, s. f. enfoncement dans une chambre pour placer un lit.

ALÉATOIRE, adj. 2 g. qui repose sur un événement incertain.

ALENÇON, ville de Fr., chef-lieu du dép. de l'Orne.

ALÈNE, s. f. poinçon de fer avec lequel les cordonniers percent le cuir.

ALÉNIER, s. m. qui fait et vend des alênes.

ALÉNOIS, adj. et s. m. espèce de cresson à feuilles découpées.

ALENTOUR, adv. aux environs; alentours, s. m. pl. lieux circonvoisins; personnes qui entourent.

ALÉPINE, s. f. étoffe de soie et de laine.

ALERTE, adv. debout! sur vos gardes!

ALERTE, adj. 2 g. vigilant, attentif, gai, vif; —, s. f. alarme subite.

ALEXANDRIN, adj. m. vers français de douze syllabes.

ALEZAN, E, s. et adj. de couleur fauve tirant sur le roux (se dit des chevaux).

ALÈZE, s. f. petit drap pour les malades.

ALGARADE, s. f. emportement contre quelqu'un.

ALGÈBRE, s. f. science du calcul des propriétés des grandeurs représentées par les lettres de l'alphabet.

ALGÉBRIQUE, adj. 2 g. qui appartient à l'algèbre.

ALGÉBRISTE, s. m. qui sait l'algèbre.

ALGER, ville d'Afrique au pouvoir de la France.

ALGÉRIEN, NNE, adj. d'Alger.

ALGUE, s. f. herbe qui croît dans la mer.

ALIBI, s. m. (inv.) absence d'une personne d'un lieu, prouvée par sa présence dans un autre.

ALIBORON, s. m. ignorant.

ALIÉNABLE, adj. 2 g. qui peut aliéner.

ALIÉNATION, s. f. action d'aliéner; — d'esprit, folie.

ALIÉNÉ, s. m. fou.

ALIÉNER, v. a. é, ée, p. céder la propriété d'un fonds; — les cœurs, faire perdre l'affection; — l'esprit, rendre fou; s'—, v. pr. perdre par sa faute l'affection de quelqu'un.

ALIGNEMENT, s. m. action

aligner, ligne droite tirée pour ligner, état d'une chose alliée.
ALIGNER, v. a. é, ée, p. ranger sur une ligne droite.
ALIMENT, s. m. ce qui nourrit, entretient, fomente.
ALIMENTAIRE, adj. 2 g. destiné pour les aliments.
ALIMENTATION, s. f. action d'alimenter.
ALIMENTER, v. a. é, ée, p. nourrir, fournir des aliments; alimenter.
ALINEA, adv. à la ligne; —, s. m. (inv.) commencement d'un passage d'un livre ou d'un écrit, marqué par une ligne rentrante.
ALIQUANTE, adj. f. parties qui répétées un certain nombre de fois ne sont pas exactement contenues dans un tout.
ALIQUOTE, adj. f. partie contenue un certain nombre de fois dans un tout, sans reste.
ALITER, v. a. é, ée, p. tenir au lit pour cause de maladie; s'—, v. pr. se tenir au lit.
ALIZE, s. f. petit fruit rouge et aigrelet que produit l'alizier.
ALIZIER, s. m. arbre forestier qui porte des alizes.
ALLAITEMENT, s. m. action d'allaiter.
ALLAITER, v. a. é, ée, p. nourrir de son lait.
ALLANT, s. m. qui va, qui vient.
ALLANT, E, adj. qui aime à aller, à courir; alerte, vif, dispos.
ALLÉCHEMENT, s. m. attrait, amorce, moyen par lequel on allèche.
ALLÉCHER, v. a. é, ée, p. attirer par l'appât du plaisir.
ALLÉE, s. f. passage, promenade bordée d'arbres ou de verdure; allées et venues, démarches.
ALLÉGATION, s. f. citation, fait mis en avant.
ALLÉGE, s. f. petit bateau destiné à alléger un plus grand.
ALLÉGEMENT, s. m. diminution de poids, soulagement.
ALLÉGER, v. a. é, ée, p. diminuer un fardeau, le rendre plus léger.

ALLÉGORIE, s. f. allusion, fiction, discours, image; fig. de rhétor., métaphore prolongée.
ALLÉGORIQUE, adj. 2 g. qui appartient à l'allégorie; qui en renferme une.
ALLÉGORIQUEMENT, adv. d'une manière allégorique.
ALLÉGORISTE, s. m. savant versé dans l'explication des allégories.
ALLÉGRESSE, s. f. joie qui éclate au dehors, joie publique, gaîté.
ALLÉGRETTO, s. m. (inv.) diminutif d'allegro; t. de mus.
ALLÉGRO, s. m. (inv.) t. de mus. air vif et gai; —, adv. vivement, gaîment.
ALLÉGUER, v. a. é, ée, p. citer un fait; mettre en avant.
ALLELUIA, s. m. (inv.) chant de joie dans les solennités religieuses.
ALLEMAGNE, grande contrée de l'Europe.
ALLEMAND, E, s. et adj. qui est d'Allemagne.
ALLEMANDE, s. f. danse empruntée des Allemands; air sur lequel on l'exécute.
ALLER, s. m. l'action d'aller; l'— et le venir, le chemin qu'on fait en allant et venant; le pis —, le pire qui puisse arriver.
ALLER, v. n. (irr.) marcher, se diriger vers un point, se mouvoir, agir, être ou se mettre en mouvement, se transporter d'un lieu à un autre. Ind. pr. je vais ou je vas, tu vas, il va, n. allons, v. allez, ils vont; imp. j'allais, etc., n. allions, etc.; p. déf. j'allai, tu allas, etc., n. allâmes, etc.; fut. j'irai, etc., n. irons, etc.; cond. j'irais, etc., n. irions, etc.; impé. va, allons, allez; subj. pr. que j'aille, etc., q. n. allions, q. v. alliez, qu'ils aillent; imp. subj. q. j'allasse, etc., q. n. allassions, etc.; p. pr. allant; p. p. allé, ée. Aller son chemin, le continuer; aller contre, s'opposer; se laisser aller à, se livrer à; il y va de, il s'agit de; s'en aller, v. pr. partir, s'écouler, mourir. (Aux temps composés on se sert du v. être, que l'on

place apres les 5 pronoms, *je m'en suis allé, tu t'en es allé, il s'en est allé*, etc.

ALLIAGE, *s. m.* mélange, union; *règle d'—*, méthode pour composer ou décomposer numériquement un mélange de choses calculables.

ALLIANCE, *s. f.* union par mariage, parenté qui en résulte entre deux familles; confédération; rapprochement; bague de mariage.

ALLIÉ, E, *s.* joint par alliance; confédéré.

ALLIER, *s. m.* rivière de Fr. qui donne son nom au dép. dont Moulins est le chef-lieu.

ALLIER, *v. a.* é, ée, *p.* joindre ensemble; mêler, combiner; s'—, *v. pr.* s'unir par mariage; se liguer; se mêler, se combiner.

ALLIER ou HALLIER, *s. m.* filet à prendre des perdrix.

ALLOCATION, *s. f.* action d'allouer.

ALLOCUTION, *s. f.* harangue d'un général aux soldats.

ALLONGE, *s. f.* pièce, morceau pour allonger quelque chose.

ALLONGEMENT, *s. m.* augmentation de longueur.

ALLONGER, *v. a.* é, ée, *p.* rendre plus long, étendre, faire durer, avancer; s'—, *v. pr.* s'étendre, devenir plus long.

ALLOUABLE, *adj. 2 g.* qu'on peut allouer, accorder.

ALLOUER, *v. a.* é, ée, *p.* approuver une dépense dans un compte; accorder une indemnité.

ALLUMER, *v. a.* é, ée, *p.* faire du feu; *fig.* exciter, enflammer; s'—, *v. pr.* prendre feu, s'enflammer.

ALLUMETTE, *s. f.* petit brin de bois ou de chanvre soufré par les deux bouts.

ALLUMEUR, *s. m.* celui qui allume.

ALLURE, *s. f.* façon de marcher, démarche.

ALLUSION, *s. f.* figure de rhétorique indiquant rapport ou ressemblance entre des choses ou des personnes.

ALLUVION, *s. f.* accroissement de terrain par suite de la retraite d'un fleuve, d'une rivière, etc.

ALMANACH, *s. m.* calendrier, livre qui en contient un.

ALOÈS, *s. m.* arbre des Indes à bois odoriférant; plante d'Arabie; suc de cette plante.

ALOI, *s. m.* qualité, valeur, titre des métaux.

ALORS, *adv. de temps*, en ce temps-là, dans ce cas.

ALOSE, *s. f.* poisson de mer qui remonte les rivières.

ALOUETTE, *s. f.* petit oiseau un peu plus gros que le moineau, dont le chant est agréable, et qui vit de grain.

ALOURDIR, *v. a.* 1, ie, *p.* rendre lourd, appesantir; s'—, *v. pr.* devenir lourd.

ALOYAU, *s. m.* pièce de bœuf coupée le long du dos de l'animal.

ALPES, *s. f. pl.* chaîne de montagnes qui séparent la France de l'Italie et de la Suisse. *Basses-Alpes*, dép. dont Digne est le chef-lieu. *Hautes-Alpes*, dép. dont Gap est le chef-lieu.

ALPHA, *s. m.* première lettre de l'alphabet grec; *fig.* commencement.

ALPHABET, *s. m.* recueil de toutes les lettres d'une langue; petit livre pour montrer à lire aux enfants; *fig.* commencement, éléments.

ALPHABÉTIQUE, *adj. 2 g.* selon l'ordre de l'alphabet.

ALPHABÉTIQUEMENT, *adv.* d'une manière alphabétique.

ALSACE, ancienne province de France, formant les dép. du Haut et du Bas-Rhin.

ALTÉRABLE, *adj. 2 g.* qui peut être altéré.

ALTÉRANT, E, *adj.* qui cause la soif.

ALTÉRATION, *s. f.* détérioration, falsification; émotion; grande soif.

ALTERCATION, *s. f.* débat, contestation, dispute.

ALTÉRER, *v. a.* é, ée, *p.* détériorer, falsifier; causer de la soif; s'—, *v. pr.* se détériorer.

ALTERNAT, *s. m.* action, liberté d'alterner.

ALTERNATIF, IVE, *adj.* se dit de deux choses qui agissent constamment l'une après l'autre.

ALTERNATIVE, *s. f.* choix entre deux choses, succession de deux choses qui reviennent tour à tour.

ALTERNATIVEMENT, *adv.* tour à tour, l'un après l'autre.

ALTERNER, *v. n.* faire quelque chose à deux et tour à tour; *t. d'agric.* varier la culture.

ALTESSE, *s. f.* titre d'honneur donné à différents princes.

ALTIER, ERE, *adj.* fier, superbe.

ALTIÈREMENT, *adv.* avec fierté, avec orgueil.

ALTKIRCH, ville de Fr., souspréf. du dép. du Haut-Rhin.

ALTO, *s. m.* gros violon nommé aussi *quinte de viole*.

ALUMINE, *s. f.* terre, argile pure, base de l'alun.

ALUMINEUX, EUSE, *adj.* de la nature de l'alun.

ALUN, *s. m.* sulfate d'alumine, sel formé de la combinaison de l'acide sulfurique avec l'alumine.

ALVÉOLAIRE, *adj.* 2 g. qui appartient aux alvéoles.

ALVÉOLE, *s. m.* cellule des abeilles et des guêpes; intérieur de l'oreille.

AMABILITÉ, *s. f. (sans pl.)* caractère d'une personne aimable; aménité.

AMADOU, *s. m.* espèce de plante préparée qui s'allume à la moindre étincelle d'une pierre à fusil.

AMADOUER, *v. a.* é, ée, *p.* flatter, caresser.

AMADOUVIER, *s. m.* espèce d'agaric qui vient sur le bouleau et sur le chêne et qui fournit l'amadou.

AMAIGRIR, *v. a.* i, ie, *p.* rendre maigre; —, *v. n.* devenir maigre.

AMAIGRISSEMENT, *s. m.* diminution d'embonpoint.

AMALGAME, *s. m.* action d'amalgamer; union, mélange.

AMALGAMER, *v. a.* é, ée, *p.* mélanger, réunir des choses différentes; s'—, *v. pr.* s'unir.

AMANDE, *s. f.* fruit de l'amandier; graine de tous les fruits à noyau.

AMANDIER, *s. m.* arbre qui produit les amandes.

AMANT, E, *s.* qui a de l'amour; qui aime, qui est aimé.

AMARANTHE, *s. m.* bois violet; —, *s. f.* fleur d'automne d'un rouge de pourpre velouté; —, *adj.* 2 g. de couleur amaranthe.

AMARINER, *v. a.* é, ée, *p. t. de mar.* faire passer une partie de son équipage sur un vaisseau pris; s'—, *v. pr.* s'accoutumer à la mer.

AMARRAGE, *s. m.* ancrage d'un vaisseau.

AMARRE, *s. f.* cordage servant à amarrer.

AMARRER, *v. a.* é, ée, *p. t. de mar.* retenir un vaisseau en place avec un cordage.

AMAS, *s. m.* assemblage.

AMASSER, *v. a.* é, ée, *p.* faire amas; mettre en réserve.

AMATEUR, *s. m.* et *f.* qui a beaucoup de goût pour quelque chose.

AMAZONE, *s. f.* femme guerrière, courageuse; vêtement de dame pour monter à cheval.

AMBASSADE, *s. f.* charge d'ambassadeur.

AMBASSADEUR, *s. m.* le représentant d'une puissance auprès d'une autre.

AMBASSADRICE, *s. f.* femme d'un ambassadeur; femme chargée d'un message.

AMBE, *s. m.* deux numéros de loterie pris ou sortis ensemble.

AMBERT, sous-préf. du dép. du Puy-de-Dôme.

AMBIGU, *s. m.* repas composé de mets froids et où tous les plats sont servis en même temps; *fig.* mélange de choses opposées.

AMBIGU, Ë, *adj.* qui présente deux sens.

AMBIGUÏTÉ, *s. f.* défaut de ce qui est ambigu.

AMBIGUMENT, *adv.* d'une manière ambiguë.

AMBITIEUSEMENT, *adv.* avec ambition.

AMBITIEUX, EUSE, *s.* et *adj.* qui a de l'ambition, des

prétentions; affecté, recherché.
AMBITION, *s. f.* désir immodéré de gloire, de pouvoir, de richesses.
AMBITIONNER, *v. a.* é, ée, *p.* rechercher avec ardeur.
AMBLE, *s. m.* sorte d'allure du cheval, entre le pas et le trot.
AMBRE, *s. m.* substance résineuse, odorante et inflammable.
AMBRER, *v. a.* é, ée, *p.* parfumer avec de l'ambre.
AMBROISIE, *s. f.* mets des dieux, suivant la fable; *fig.* mets exquis; plante maritime d'une odeur suave.
AMBROSIEN, *s. m.* se dit d'un chant religieux attribué à S. Ambroise.
AMBULANCE, *s. f.* hôpital militaire à la suite d'un corps d'armée.
AMBULANT, E, *adj.* qui n'est pas fixe dans un lieu.
AMBULATOIRE, *adj.* 2 g. qui va et vient; changeant.
AME, *s. f.* principe de la vie, du mouvement dans tous les êtres animés; conscience, cœur, sentiment; personne (sans distinction de sexe ni d'âge); *fig.* mobile, principe; *l'ame d'un soufflet*, espèce de soupape intérieure; *l'ame d'une arme à feu*, partie intérieure de l'arme où se met la charge.
AMÉ, E, *adj.* aimé (vieux mot).
AMÉLIORATION, *s. f.* progrès vers le bien; action d'améliorer.
AMÉLIORER, *v. a.* é, ée, *p.* rendre meilleur; s'—, *v. pr.* devenir meilleur.
AMEN, *s. m.* (mot hébreu) ainsi soit-il.
AMÉNAGEMENT, *s. m.* action d'aménager.
AMÉNAGER, *v. a.* é, ée, *p.* débiter les bois pour le chauffage, la charpente, etc., etc.
AMENDABLE, *adj.* 2 g. qui peut s'amender, se corriger; qui a encouru une amende.
AMENDE, *s. f.* peine pécuniaire; — *honorable*, aveu public d'une faute dont on demande pardon.
AMENDEMENT, *s. m.* changement, modification; engrais des terres.
AMENDER, *v. a.* é, ée, *p.* condamner à l'amende; rendre meilleur; s'—, *v. pr.* se corriger; —, *v. n.* baisser de prix, en parlant des denrées.
AMENER, *v. a.* é, ée, *p.* mener, conduire, tirer à soi; —, *v. n.* se rendre, *t. de mar.*
AMÉNITÉ, *s. f.* agrément, douceur.
AMENUISER, *v. a.* é, ée, *p.* rendre plus menu.
AMER, *s. m.* remède, fiel.
AMER, ERE, *adj.* qui a de l'amertume; pénible, douloureux.
AMÈREMENT, *adv.* douloureusement.
AMÉRICAIN, E, *s.* né en Amérique; —, *adj.* ce qui est d'Amérique.
AMÉRIQUE, *s. f.* la plus grande des 5 parties du monde.
AMERTUME, *s. f.* saveur amère; *fig.* affliction.
AMÉTHYSTE, *s. m.* oiseau-mouche; —, *s. f.* pierre précieuse de couleur violette.
AMEUBLEMENT, *s. m.* assortiment de meubles pour un appartement.
AMEUBLIR, *v. a.* i, ie, *p.* rendre des terres plus légères; rendre de nature mobilière.
AMEUBLISSEMENT, *s. m.* action d'ameublir.
AMEUTER, *v. a.* é, ée, *p.* soulever, attrouper; s'—, *v. pr.* se réunir pour un mauvais dessein.
AMI, E, *s.* celui, celle avec qui on est lié; —, *adj.* propice, favorable.
A MI, *expres. adverbiale*, à moitié, au milieu; *à mi-côte*.
AMIABLE, *à l'*—, *loc. adv.* sans procès.
AMIABLEMENT, *adv.* à l'amiable.
AMIANTE, *s. m.* minéral fibreux et incombustible.
AMICAL, E, *adj.* inspiré par l'amitié. (le m. n'a pas de pl.)
AMICALEMENT, *adv.* d'une manière amicale.
AMIDON, *s. m.* sorte de pâte sèche dont on fait de l'empois, de la poudre à poudrer; l'un des

principes immédiats des végétaux.

AMIDONIER, *s. m.* faiseur et marchand d'amidon.

AMIENS, chef-lieu du dép. de la Somme.

AMINCIR, *v. a.* 1, ie, *p.* rendre plus mince; s'—, *v. pr.* devenir plus mince.

AMINCISSEMENT, *s. m.* diminution d'épaisseur.

AMIRAL (*pl. -aux*), *s. m.* officier supérieur de marine.

AMIRALE, *s. f.* galère que monte l'amiral; la femme de l'amiral.

AMIRAL, E, *adj.* commandé par l'amiral en personne.

AMIRAUTÉ, *s. f.* charge d'amiral.

AMITIÉ, *s. f.* affection mutuelle; faveur, bon office; *au pl.* caresses, paroles obligeantes.

AMMONIAC, *s. m.* sel ammoniac.

AMMONIAC, AQUE, *adj. t. de chimie*, sel neutre formé par la combinaison de l'acide marin avec l'alcali volatil jusqu'au point de saturation.

AMMONIAQUE, *s. f.* alcali volatil.

AMNISTIE, *s. f.* pardon général accordé par un souverain aux rebelles ou aux déserteurs.

AMNISTIÉ, E, *adj. et s.* qui a reçu l'amnistie.

AMNISTIER, *v. a.* é, ée, *p.* accorder une amnistie (se conj. *v. défier*).

AMOINDRIR, *v. a.* 1, ie, *p.* diminuer, rendre moindre; s'—, *v. pr.* devenir moindre.

AMOINDRISSEMENT, *s. m.* diminution.

À MOINS DE ou **QUE**, *conj.* s'il ne.

AMOLLIR, *v. a.* 1, ie, *p.* rendre mou, affaiblir; s'—, *v. pr.* devenir mou, s'affaiblir.

AMOLLISSEMENT, *s. m.* action d'amollir, ses effets.

AMONCELER, *v. a.* é, ée, *p.* mettre en monceau; (il se conj. comme *appeler*).

AMONT, *adv.* en remontant; *vent d'*—, vent de l'est.

AMORCE, *s. f.* appât pour prendre des poissons, des oiseaux, etc.; *fig.* tout ce qui attire en flattant les sens ou l'esprit; poudre dans le bassinet d'une arme à feu.

AMORCER, *v. a.* é, ée, *p.* garnir d'amorce, attirer avec de l'amorce, attirer par des choses qui flattent.

AMORTIR, *v. a.* 1, ie, *p.* rendre moins vif, affaiblir; — *une rente*, la racheter.

AMORTISSABLE, *adj.* 2 g. qui peut être amorti.

AMORTISSEMENT, *s. m.* rachat d'une rente, d'un droit; *caisse d'*—, caisse nationale pour le rachat et l'extinction de la dette publique.

AMOUR, *s. m. au sing. et f. au pl.* vif attachement produit par la reconnaissance, par une estime réfléchie, par une vive admiration, par des devoirs que dictent les lois de la nature ou de la société; objet de l'amour, tout ce qu'on aime avec passion; divinité fabuleuse.

AMOUR-PROPRE, *s. m.* amour de soi-même, opinion trop avantageuse de sa personne; (*au pl.* amour est inv.).

AMOURACHER (s'), *v. pr.* é, ée, *p.* prendre une passion folle.

AMOURETTE, *s. f.* attachement passager.

AMOUREUSEMENT, *adv.* avec amour.

AMOUREUX, *s. m.* amant; —, euse, *adj.* qui aime avec passion, *la gloire, les beaux-arts*, etc.; passionné pour..., qui marque l'amour, qui tend à l'inspirer.

AMOVIBILITÉ, *s. f.* qualité de ce qui est amovible.

AMOVIBLE, *adj.* 2 g. qui peut être privé de son emploi; se dit aussi d'une place qu'on peut ôter à celui qui l'occupe.

AMPHIBIE, *s. m.* animal amphibie; —, *adj.* 2 g. qui vit sur terre et dans l'eau.

AMPHIBOLOGIE, *s. f.* phrase obscure, discours à double sens.

AMPHIBOLOGIQUE, *adj.* 2 g. qui offre amphibologie.

AMPHIBOLOGIQUEMENT, *adv.* d'une manière amphibologique.

AMPHICTYONS, s. m. pl. députés que les villes grecques envoyaient au conseil général de la nation.
AMPHIGOURI, s. m. discours obscur, burlesque.
AMPHIGOURIQUE, adj. 2 g. obscur, burlesque.
AMPHIGOURIQUEMENT, adv. d'une manière amphigourique.
AMPHISCIENS, s. m. pl. habitants de la zone torride, dont l'ombre tombe tantôt vers le sud, tantôt vers le nord.
AMPHITHÉÂTRE, s. m. lieu garni de gradins pour des spectateurs ou des auditeurs.
AMPHITRYON, s. m. celui qui donne à manger, qui paie pour les autres la dépense faite en commun.
AMPHORE, s. f. vase antique à deux anses; ancienne mesure pour les liquides chez les Romains, contenant environ 24 litres.
AMPLE, adj. 2 g. long, large, étendu, copieux.
AMPLEMENT, adv. d'une manière ample.
AMPLEUR, s. f. qualité de ce qui est ample.
AMPLIATEUR, s. m. celui qui fait une ampliation.
AMPLIATIF, IVE, adj. qui étend, augmente.
AMPLIATION, s. f. copie d'un acte.
AMPLIFICATEUR, s. m. qui exagère ou amplifie.
AMPLIFICATION, s. f. exagération; discours développé sur un sujet donné.
AMPLIFIER, v. a. é, ée, p. développer, exagérer (se conj. sur défier).
AMPOULE, s. f. petite enflure pleine d'eau sur la peau; t. de chimie, sorte de vase à gros ventre; sainte —, fiole où l'on conservait l'huile pour le sacre des rois de France.
AMPOULÉ, E, adj. se dit d'un discours, d'un style exagéré.
AMPUTATION, s. f. action d'amputer.
AMPUTER, v. a. é, ée, p. t. de chirurg., couper, retrancher un membre.

AMULETTE, s. m. prétendu remède ou préservatif.
AMUSANT, E, adj. qui amuse.
AMUSEMENT, s. m. ce qui sert à amuser, à occuper agréablement.
AMUSER, v. a. é, ée, p. divertir, distraire; s'—, v. pr. perdre son temps.
AMUSETTE, s. f. bagatelle, petit amusement.
AN, s. m. période de 12 mois, durée de la révolution de la terre autour du soleil; le jour de l'an, le premier jour de l'année; l'an du monde, l'an depuis la création; l'an de grâce, depuis la naissance de J.-C.; au pl. vieillesse, siècles.
ANA, s. m. recueil de bons mots, de pensées détachées; t. de méd., quantité égale de drogues mêlées.
ANABAPTISTE, s. m. membre d'une secte religieuse qui ne baptise les enfants qu'à l'âge de raison.
ANACHORÈTE, s. m. ermite qui vit retiré du monde, dans la solitude.
ANACHRONISME, s. m. erreur de date, proprement avancement de date : c'est le contraire de parachronisme.
ANACRÉONTIQUE, adj. 2 g. dans le genre des odes d'Anacréon.
ANAGRAMME, s. f. transposition des lettres d'un mot; sens qui en résulte.
ANALOGIE, s. f. conformité, proportion, ressemblance.
ANALOGIQUE, adj. 2 g. qui a de l'analogie.
ANALOGIQUEMENT, adv. d'une manière analogique.
ANALOGISME, s. m. comparaison d'analogie; argument de la cause à l'effet.
ANALOGUE, s. m. et adj. 2 g. individu qui a ses pareils; qui a de l'analogie avec.
ANALYSE, s. f. décomposition, réduction d'un tout à ses principes élémentaires; extrait, résumé.
ANALYSER, v. a. é, ée, p. faire l'analyse.
ANALYTIQUE, adj. 2 g. qui

tient de l'analyse, qui se fait par elle.

ANALYTIQUEMENT, *adv.* par analyse.

ANANAS, *s. m.* plante originaire du Pérou; son fruit.

ANARCHIE, *s. f.* grand désordre, confusion des pouvoirs.

ANARCHIQUE, *adj.* 2 g. qui tient de l'anarchie.

ANARCHISTE, *s. m.* partisan de l'anarchie; fauteur de troubles.

ANASTROPHE, *s. f. t. de gramm.* inversions contraires à l'usage.

ANATHÉMATISER, *v. a.* é, ée, *p.* maudire, excommunier.

ANATHÈME, *s. m.* malédiction, excommunication, exclusion de la communion de l'église.

ANATOMIE, *s. f.* dissection d'un corps, art de disséquer.

ANATOMIQUE, *adj.* 2 g. qui tient de l'anatomie.

ANATOMIQUEMENT, *adv.* d'une manière anatomique.

ANATOMISER, *v. a.* é, ée, *p.* faire l'anatomie.

ANATOMISTE, *s. m.* qui possède la science de l'anatomie.

ANCENIS (on ne prononce pas le *s*), sous-préfect. du dép. de la Loire-Inférieure.

ANCÊTRES, *s. m. pl.* ceux de qui on descend, aïeux au-dessus de grand-père.

ANCHE, *s. f.* conduit par lequel la farine passe dans la huche d'un moulin; languette de roseau, de métal, de bois ou de corne, qu'on adapte à des instruments à vent.

ANCHOIS, *s. m.* petit poisson de mer, sans écailles.

ANCIEN, *s. m.* personnage de l'antiquité; *au pl.* ceux qui ont vécu avant nous; —, nne, *adj.* qui subsiste depuis long-temps.

ANCIENNEMENT, *adv.* autrefois.

ANCIENNETÉ, *s. f.* qualité de ce qui est ancien, priorité, antiquité.

ANCRAGE, *s. m.* lieu propre pour jeter l'ancre; *droit d'—*, ce que l'on paie en certains ports pour avoir la permission d'y mouiller.

ANCRE, *s. f.* machine de fer qu'on jette au fond de l'eau pour arrêter les navires; *fig.* ce qui attache et consolide.

ANCRER, *v. n.* jeter l'ancre; s'—, *v. pr.* s'établir dans un poste.

ANDALOU, *s. m.* cheval d'Andalousie; —, se, *adj.* et *s.* qui est d'Andalousie.

ANDANTE, *adv. t. de mus.* modérément; —, *s. m.* air exécuté dans un mouvement modéré.

ANDELYS (les), sous-préfect. du dép. de l'Eure.

ANDOUILLE, *s. f.* (ll m.) boyau de porc rempli de chair du même animal.

ANDOUILLETTE, *s. f.* (ll m.) petite andouille.

ANDROMÈDE, *s. f. t. d'astr.* constellation septentrionale.

ÂNE, *s. m.* quadrupède à longues oreilles, plus petit que le cheval; *fig.* personne stupide, ignorante, grossière; *pont aux ânes*, chose qu'il n'est pas permis d'ignorer.

ANÉANTIR, *v. a.* i, ie, *p.* détruire complètement; s'—, *v. pr.* se dissiper, disparaître.

ANÉANTISSEMENT, *s. m.* destruction entière.

ANECDOTE, *s. f.* particularité historique peu connue.

ANECDOTIQUE, *adj.* 2 g. qui a rapport aux anecdotes, qui en contient.

ÂNÉE, *s. f.* charge d'un âne.

ANÉMONE, *s. f.* belle fleur printanière.

ÂNERIE, *s. f.* excessive ignorance.

ÂNESSE, *s. f.* femelle de l'âne.

ANÉVRISME, *s. m. t. de méd.* tumeur causée par la dilatation ou la rupture d'une artère.

ANGE, *s. m.* créature purement spirituelle, esprit céleste; personne parfaite.

ANGÉLIQUE, *adj.* 2 g. de la nature des anges; parfait, excellent; —, *s. f.* plante très-odorante dont on confit la tige.

ANGELOT, s. m. espèce de fromage de Normandie.

ANGÉLUS, s. m. prière catholique commençant par ce mot; heure de réciter cette prière.

ANGERS, chef-lieu du dép. de Maine et Loire.

ANGEVIN, E, adj. et s. qui est de l'Anjou.

ANGLAIS, E, s. et adj. qui est d'Angleterre; *anglaise*, sorte de danse.

ANGLE, s. m. coin formé par deux choses qui se joignent en pointe.

ANGLETERRE, royaume d'Europe; *Nouvelle*—, province des États-Unis.

ANGLICAN, E, s. qui est de la religion protestante d'Angleterre; —, adj. ce qui a rapport à cette religion.

ANGLICANISME, s. m. religion protestante de l'état, en Angleterre.

ANGLICISME, s. m. locution anglaise.

ANGLOMANE, adj. 2 g. imitateur ou admirateur outré des usages anglais.

ANGOISSE, s. f. grande affliction, douleur vive.

ANGORA, s. m. et adj. 2 g. chat —, lapin —, chèvre —, originaires d'Angora (province et ville de la Turquie d'Asie), et remarquables par un poil long et soyeux.

ANGOULÊME, chef-lieu du dép. de la Charente.

ANGOUMOIS, anc. prov. de France, formant le dép. de la Charente.

ANGOUMOISIN, E, s. et adj. de l'Angoumois.

ANGUILLE, s. f. (ll m.) poisson d'eau douce et d'eau salée qui a la forme d'un serpent; *anguille sous roche*, chose dangereuse et cachée.

ANGULAIRE, adj. 2 g. qui a un ou plusieurs angles.

ANGULAIREMENT, adv. en angle.

ANGULEUX, EUSE, adj. dont la surface à plusieurs angles.

ANICROCHE, s. f. difficulté, obstacle, embarras, *fam*.

ANIER, IÈRE, s. qui conduit des ânes.

ANIMADVERSION, s. f. improbation, blâme, haine.

ANIMAL, s. m. (*pl. aux*) être animé et sensible; *fig*. personne stupide.

ANIMAL, E, adj. qui appartient à l'animal.

ANIMALCULE, s. m. petit animal qu'on ne peut voir qu'à l'aide du microscope.

ANIMALISATION, s. f. changement des aliments en la substance animale.

ANIMALISER, v. a. é, ée, p. convertir une substance en celle de l'animal; *fig*. rabaisser au rang des animaux.

ANIMALITÉ, s. f. ce qui constitue l'animal.

ANIMÉ, E, adj. qui a vie; vif, éclatant.

ANIMER, v. a. é, ée, p. donner la vie, l'âme; *fig*. exciter, encourager; donner du mouvement, de la force.

ANIMOSITÉ, s. f. sentiment de haine qui porte à nuire.

ANIS, s. m. plante et graine aromatique; dragée faite avec de l'anis.

ANISER, v. a. é, ée, p. mettre de l'anis; donner le goût de l'anis.

ANISETTE, s. f. liqueur composée avec de l'anis.

ANJOU, anc. prov. de France, enclavée dans les dép. de Maine et Loire, de la Sarthe, de la Mayenne et d'Indre-et-Loire.

ANNAL, E, adj. qui ne dure qu'un an, qui n'est valable que pour un an, *t. de droit*: (le pl. est inus.).

ANNALES, s. f. pl. récit d'événements présentés année par année; histoire.

ANNALISTE, s. m. qui écrit ou qui a écrit des annales.

ANNATE, s. f. droit du pape au revenu d'une année sur les bulles des évêques et des bénéficiaires.

ANNEAU, s. m. cercle de métal qui sert à attacher; bague; boucle de cheveux; *Anneau de Saturne*, cercle lumineux qui environne cette planète.

ANNÉE, *s. f.* période de 12 mois; — *commune*, qui est de 365 jours; — *bissextile*, qui est de 366 jours; récolte, revenu d'une année.

ANNELER, *v. a.* é, ée, *p.* boucler les cheveux; attacher un fil de fer au nez d'un porc pour l'empêcher de fouiller la terre.

ANNELET, *s. m.* petit anneau.

ANNEXE, *s. f.* chose bien unie à une autre ou qui en dépend.

ANNEXER, *v. a.* é, ée, *p.* joindre une chose à une autre.

ANNIHILATION, *s. f.* anéantissement.

ANNIHILER, *v. a.* é, ée, *p.* anéantir.

ANNIVERSAIRE, *s. m.* service annuel, fête annuelle; —, *adj. 2 g.* qui a lieu d'année en année le même jour.

ANNONCE, *s. f.* avis, publication; action d'annoncer.

ANNONCER, *v. a.* é, ée, *p.* faire savoir, publier, être le signe de, prédire, avertir; s'—, *v. pr.* se faire connaître.

ANNONCIATION, *s. f.* message de l'ange Gabriel à la Vierge pour lui annoncer l'incarnation; jour où l'église célèbre ce mystère.

ANNOTATEUR, *s. m.* qui fait des annotations.

ANNOTATION, *s. f.* note ou remarque faite sur un livre.

ANNOTER, *v. a.* é, ée, *p.* prendre note.

ANNUAIRE, *s. m.* sorte de calendrier; —, *adj.* livre publié tous les ans.

ANNUEL, LLE, *adj.* qui dure un an, qui se renouvelle tous les ans; *plante annuelle*, qu'il faut semer tous les ans.

ANNUELLEMENT, *adv.* chaque année.

ANNUITÉ, *s. f.* rente annuelle, remboursement annuel d'une partie d'un capital ajouté aux intérêts.

ANNULABLE, *adj. 2 g.* qui peut, qui doit être annulé.

ANNULAIRE, *adj. 2 g.* doigt —, celui où se met l'anneau; en forme d'anneau.

ANNULATIF, IVE, *adj.* qui annule, *t. de droit.*

ANNULATION, *s. f.* action d'annuler.

ANNULER, *v. a.* é, ée, *p.* rendre nul; abolir.

ANOBLI, E, *s.* qui est noble depuis peu de temps.

ANOBLIR, *v. a.* i, ie, *p.* rendre noble; *fig.* donner de la noblesse, de l'élévation (ne pas le confondre avec *ennoblir*).

ANOBLISSEMENT, *s. m.* action d'anoblir; ses effets.

ANODIN, *s. m.* remède adoucissant; —, ine, *adj.* ce qui calme, opère lentement.

ANOMAL, E, (*pl. aux*) *adj.* irrégulier.

ANOMALIE, *s. f.* irrégularité, monstruosité, contradiction.

ÂNON, *s. m.* le petit de l'âne.

ÂNONNEMENT, *s. m.* action d'hésiter en lisant.

ÂNONNER, *v. n.* lire, parler avec difficulté, en hésitant; —, *v. a.* é, ée, *p.* mettre bas, en parlant d'une ânesse.

ANONYME, *s. m. et adj. 2 g.* sans nom, dont le nom n'est pas connu.

ANONYMEMENT, *adv.* en gardant l'anonyme.

ANSE, *s. f.* partie d'un vase, de certains ustensiles, qui sert à les prendre; *t. de géog.* espèce de golfe peu profond.

ANSÉATIQUE, *adj. f. villes anséatiques*, unies par le commerce.

ANSÈRES, *s. m. pl. t. d'hist. nat.* famille des oies, des canards.

ANTAGONISTE, *s. m.* adversaire.

ANTARCTIQUE, *adj. 2 g.* opposé au pôle arctique, méridional.

ANTE, *s. f.* pièce de bois attachée aux volants des moulins à vent.

ANTÉCÉDEMMENT, *adv.* avant.

ANTÉCÉDENT, E, *adj.* qui est auparavant, qui précède en temps; —, *s. m. t. de gramm.* premier terme d'un rapport.

ANTECHRIST, *s. m.* ennemi de J.-C.

ANTÉDILUVIEN, NNE, *adj.* qui a précédé le déluge.

ANTENNE, *s. f.* vergue d'une voile latine sur la Méditerranée; *au pl.* cornes mobiles de plusieurs insectes.

ANTÉPÉNULTIÈME, *s. f.* syllabe qui précède la pénultième; —, *adj.* 2 g.

ANTÉRIEUR, E, *adj.* qui précède en ordre de temps.

ANTÉRIEUREMENT, *adv.* précédemment.

ANTÉRIORITÉ, *s. f.* priorité de temps, de droit, etc.

ANTHÈRE, *s. f.* partie supérieure de l'étamine dans les fleurs, *t. de bot.*

ANTHOLOGIE, *s. f.* choix de fleurs; *fig.* choix de petites pièces de poésie.

ANTHROPOPHAGE, *adj.* 2 g. et *s. m.* mangeur de chair humaine.

ANTI, *prép.* d'opposition, d'antériorité, qui entre dans la composition de divers mots.

ANTICHAMBRE, *s. f.* pièce d'entrée d'un appartement.

ANTICHRÉTIEN, NNE, *adj.* opposé au christianisme.

ANTICHRISTIANISME, *s. m.* ce qui est opposé au christianisme.

ANTICIPATION, *s. f.* action d'anticiper, usurpation; *par* —, *loc. adv.* par avance.

ANTICIPÉ, E, *adj.* qui arrive d'avance, qu'on éprouve à l'avance.

ANTICIPER, *v. a.* é, ée, *p.* prévenir, devancer; —, *v. n.* dépenser ses revenus d'avance, usurper.

ANTICONSTITUTIONNEL LLE, *adj.* contraire à la constitution d'un pays.

ANTICONSTITUTIONNELLEMENT, *adv.* d'une manière inconstitutionnelle.

ANTIDATE, *s. f.* fausse date, antérieure à la véritable.

ANTIDATER, *v. a.* é, ée, *p.* mettre une antidate.

ANTIDOTE, *s. m.* contre-poison, préservatif.

ANTIENNE, *s. f.* verset préliminaire d'un psaume; *fig.* mauvaise nouvelle, radotage.

ANTIGOUTTEUX, *s. m.* et *adj.* remède contre la goutte.

ANTILOGIE, *s. f.* contradiction dans un discours.

ANTILOPE, *s. f.* genre de quadrupèdes mammifères, ruminants, à cornes creuses.

ANTIMOINE, *s. m.* sorte de métal blanc, brillant et fragile.

ANTIMONARCHIQUE, *adj.* 2 g. opposé à la monarchie.

ANTINATIONAL, E, *adj.* contraire à la nation, à ses intérêts, à ses goûts.

ANTIPAPE, *s. m.* concurrent illégitime du pape.

ANTIPATHIE, *s. f.* aversion naturelle et non raisonnée pour quelqu'un ou quelque chose.

ANTIPATHIQUE, *adj.* 2 g. opposé, contraire.

ANTIPESTILENTIEL, LLE, *adj.* bon contre la peste.

ANTIPHONAIRE ou ANTIPHONIER, *s. m.* livre d'église où les antiennes sont notées.

ANTIPHRASE, *s. f.* locution en sens inverse du sens naturel; contre-vérité, ironie.

ANTIPODE, *s. m.* lieu de la terre diamétralement opposé à celui où l'on est; habitant de ce lieu; *aux antipodes*, bien loin; *fig.* opposé.

ANTIQUAILLE, *s. f.* chose antique, usée et de peu de valeur.

ANTIQUAIRE, *s. m.* versé dans la connaissance des antiquités.

ANTIQUE, *adj.* 2 g. très-ancien (opposé à moderne); —, *s. f.* médaille, statue antique; *à l'*—, *adv.* à la manière antique.

ANTIQUITÉ, *s. f.* ancienneté très-reculée; *pl.* monuments antiques.

ANTIRÉVOLUTIONNAIRE, *adj.* et *s.* 2 g. opposé au système révolutionnaire.

ANTISCORBUTIQUE, *adj.* 2 g. et *s. m.* se dit des remèdes contre le scorbut.

ANTISCROFULEUX, EUSE, *adj.* et *s. m.* se dit des remèdes contre les écrouelles.

ANTISOCIAL, E, *adj.* contraire à l'ordre social.

ANTISPASMODIQUE, *adj.* 2

g. et *s. m.* se dit des remèdes contre les convulsions.

ANTITHÈSE, *s. f.* opposition de pensées ou de mots.

ANTONOMASE, *s. f.* emploi d'un nom propre au lieu d'un nom commun, *et vice versâ*.

ANTONYMIE, *s. f.* opposition de mots, de noms inconciliables.

ANTRE, *s. m.* caverne, enfoncement profond et obscur.

ANUITER (s'), *v. pr.* être surpris en chemin par la nuit.

ANUS, *s. m.* le fondement, orifice du rectum.

ANXIÉTÉ, *s. f.* tourment d'esprit, inquiétude, perplexité.

AOÛT, *s. m.* le huitième mois de l'année (prononcez *oût*) ; *avant, après l'—*, avant, après la moisson.

APAISER, *v. a.* é, ée, *p.* calmer, adoucir, modérer.

APANAGE, *s. m.* terres ou revenus qu'un souverain assigne à ses puînés pour leur entretien ; *fig.* suites, dépendances.

APANAGER, *v. a.* é, ée, *p.* donner un apanage.

APANAGISTE, *s. m.* celui qui possède un apanage.

APARTÉ, *s. m.* (inv.) ce qu'un acteur dit à part sur la scène et qu'on suppose n'être pas entendu des autres acteurs.

APATHIE, *s. f.* état d'insensibilité, d'indolence.

APATHIQUE, *adj. 2 g.* insensible à tout.

APENNIN, chaîne de montagnes en Italie.

APERCEVABLE, *adj. 2 g.* qui peut être aperçu.

APERCEVOIR, *v. a.* u, ue, *p.* commencer à voir, découvrir ; s'—, *v. pr.* remarquer.

APERÇU, *s. m.* première vue, exposé sommaire.

APÉRITIF, IVE, *adj.* qui facilite les sécrétions.

APETISSEMENT, *s. m.* diminution, affaiblissement de grandeur.

APETISSER, *v. a.* é, ée, *p.* rendre plus petit ; —, *v. n.* et *pr.* devenir plus petit.

A-PEU-PRÈS, *s. m.* approximation ; —, *adv.* environ.

APHORISME, *s. m.* maxime, sentence énoncée en peu de mots.

API, *s. m.* petite pomme d'un rouge vif.

APITOYER, *v. a.* é, ée, *p.* (se conj. sur *ployer*) exciter la pitié ; s'—, *v. pr.* s'attendrir.

APLANIR, *v. a.* i, le, *p.* rendre uni, rendre plus aisé ; — *les difficultés*, les lever.

APLANISSEMENT, *s. m.* action d'aplanir, état d'une chose aplanie.

APLANISSEUR, *s. m.* ouvrier qui aplanit, qui façonne le drap après la fonte.

APLATIR, *v. a.* i, ie, *p.* rendre plat ; s'—, *v. pr.* devenir plat.

APLATISSEMENT, *s. m.* action d'aplatir, état d'un corps aplati.

APLATISSEUR, *s. m.* celui qui aplatit quelque chose.

APLOMB, *s. m.* ligne, situation perpendiculaire à l'horizon ; *avoir de l'aplomb*, de la tenue, de la suite.

APOCALYPSE, *s. f.* livre des révélations faites à saint Jean l'évangéliste ; chose mystérieuse, obscure.

APOCRYPHE, *adj. 2 g.* caché, supposé, suspect.

APOGÉE, *s. m. t. d'astr.* le point où une planète se trouve à sa plus grande distance de la terre ; *fig.* le plus haut degré de gloire, de puissance.

APOLLINAIRE, *adj. 2 g.* se dit des jeux qui se célébraient en l'honneur d'Apollon.

APOLLON, *s. m.* dieu du paganisme qui présidait aux beaux-arts ; *fig.* grand poète ; *t. d'hist. nat.* grand papillon des Alpes.

APOLOGÉTIQUE, *s. m.* apologie ; —, *adj. 2 g.* qui contient une apologie.

APOLOGIE, *s. f.* éloge ; justification.

APOLOGISTE, *s. m.* qui fait ou qui a fait l'apologie.

APOLOGUE, *s. m.* récit allégorique qui couvre une vérité.

APOPHTHEGMATIQUE, *adj. 2 g.* de l'apophthegme.

APOPHTHEGME, *s. m.* dit notable d'une personne illustre, sentence, maxime.

2

APOPLECTIQUE, *adj.* 2 g. qui a rapport à l'apoplexie; —, *s. m.* qui paraît menacé d'apoplexie.

APOPLEXIE, *s. f.* maladie qui attaque le cerveau et qui prive tout d'un coup de mouvement et de sentiment.

APOSTASIE, *s. f.* abandon d'une religion pour une autre; désertion d'un parti pour en embrasser un autre.

APOSTASIER, *v. n.* changer de religion; quitter un parti pour un autre.

APOSTAT, *s.* et *adj. m.* qui a quitté sa religion, qui a déserté un parti pour un autre.

APOSTÈME, *s. m.* tumeur, enflure extérieure contre nature, avec putréfaction.

APOSTER, *v. a.* é, ée, *p.* mettre dans un poste pour observer, épier, surprendre.

APOSTILLE, *s. f.* (ll m.) note placée à la marge d'un écrit, ou au bas d'une lettre, recommandation.

APOSTILLER, *v. a.* (ll m.) é, ée, *p.* mettre une apostille.

APOSTOLAT, *s. m.* le ministère d'apôtre, sa durée.

APOSTOLIQUE, *adj.* 2 g. qui vient des apôtres, ou du pape.

APOSTOLIQUEMENT, *adv.* à la manière des apôtres; saintement.

APOSTROPHE, *s. f.* signe orthographique en forme de virgule qui annonce la suppression d'une voyelle; réprimande; *fig.* de rhét.

APOSTROPHER, *v. a.* é, ée, *p.* adresser la parole à quelqu'un; réprimander.

APOTHÉOSE, *s. f.* déification d'un héros; honneurs excessifs, éloges outrés.

APOTHICAIRE, *s. m.* qui prépare et vend les médicaments.

APOTHICAIRERIE, *s. f.* lieu où l'on prépare, où l'on vend des médicaments.

APÔTRE, *s. m.* disciple de J.-C. prédicateur; missionnaire.

APPARAÎTRE, *v. n.* devenir visible, se montrer (il se conj. sur *paraître*) et il prend les deux auxiliaires *avoir* et *être*.

suivant qu'on veut exprimer l'action ou l'état).

APPARAT, *s. m.* ostentation, éclat.

APPARAUX, *s. m. pl. t. de mar.* agrès, artillerie d'un vaisseau.

APPAREIL, *s. m.* apprêt, pompe, éclat d'une cérémonie; préparatifs nécessaires à une opération; ce qu'on met sur une plaie.

APPAREILLAGE, *s. m.* action d'appareiller, état d'un vaisseau qui vient de lever l'ancre.

APPAREILLER, *v. a.* é, ée, *p.* joindre deux choses pareilles; —, *v. n. t. de mar.* mettre à la voile; *t. d'archit.* donner les mesures pour la coupe des pierres; s'—, *v. pr.* se joindre à son pareil.

APPAREILLEUR, *s. m.* celui qui trace le trait et la coupe des pierres; celui qui apprête les bas, les soies, les étoffes.

APPAREMMENT, *adv.* selon les apparences.

APPARENCE, *s. f.* ce qui paraît au dehors; extérieur, vraisemblance, probabilité.

APPARENT, E, *adj.* visible, évident, remarquable.

APPARENTER (s'), *v. pr.* é, ée, *p.* s'allier à une famille par un mariage.

APPARESSER, *v. a.* é, ée, *p.* rendre paresseux; s'—, *v. pr.* devenir paresseux.

APPARIEMENT, *s. m.* action d'apparier, d'assortir.

APPARIER, *v. a.* é, ée, *p.* assortir par paire (se conj. sur *prier*).

APPARITEUR, *s. m.* sorte de bedeau.

APPARITION, *s. f.* manifestation subite d'un objet invisible; séjour d'un moment.

APPAROIR, *v. n.* être évident, manifeste; ne s'emploie qu'à l'inf. et à la 3 pers. sing. du prés. de l'ind., *il appert*.

APPARTEMENT, *s. m.* logement composé de plusieurs pièces de suite.

APPARTENANCE, *s. f.* dépendance d'une chose.

APPARTENANT, E, *adj.* qui appartient.

APPARTENIR, *v. n.* (se conj. comme *tenir*) être de droit à quelqu'un ; —, avoir rapport à... convenir, être le propre de... être parent de quelqu'un.

APPAS, *s. m. pl.* charmes, attraits.

APPÂT, *s. m.* pâture pour attirer les animaux à un piège ; *fig.* ce qui attire.

APPÂTER, *v. a.* é, ée, *p.* attirer avec un appât ; mettre à manger dans le bec des petits oiseaux.

APPAUVRIR, *v. a.* 1, ie, *p.* rendre pauvre ; s'—, *v. pr.* devenir pauvre.

APPAUVRISSEMENT, *s. m.* état de pauvreté où l'on tombe par degré ; diminution de forces.

APPEAU, *s. m.* oiseau dressé à en appeler d'autres dans un piège ; sifflet qui imite le chant des oiseaux.

APPEL, *s. m.* recours à un juge supérieur ; appellation à haute voix pour s'assurer de la présence des personnes ; signal avec le tambour ou la trompette pour assembler les soldats ; défi, provocation.

APPELANT, E, *s.* et *adj.* qui appelle d'un jugement.

APPELER, *v. a.* é, ée, *p.* nommer, citer, faire venir, envoyer chercher, faire l'appel, crier au secours ; —, *v. n.* former un appel, ce verbe (comme tous ceux dont l'inf. se termine par *ler* précédé d'un *e* muet), prend deux *l* devant un *e* muet ; ainsi on écrit : *j'appelle*, n. *appelons*, etc. ; *j'appelais*, etc. ; *j'appelai*, etc.; *j'appellerai*, etc.; *j'appellerais*, etc. ; *appelle*, *appelons*, *appelez* ; *que j'appelle*, *q. n. appelions*, *q. v. appeliez*, *qu'ils appellent* ; *que j'appelasse*, etc.; *appelant* ; *appelé*, *ée*.

APPENDICE ou **APPENDIX**, *s. m.* ce qu'on ajoute ; supplément.

APPENDRE, *v. a.* (se conj. sur *pendre*), attacher, suspendre.

APPENTIS, *s. m.* sorte de petit bâtiment adossé contre un plus grand et dont le toit n'a de pente que d'un côté.

APPESANTIR, *v. a.* 1, ie, *p.* rendre plus pesant ; s'—, *v. pr.* devenir plus pesant, s'arrêter plus long-temps.

APPESANTISSEMENT, *s. m.* état d'une personne appesantie.

APPÉTENCE, *s. f.* désir violent et naturel par instinct.

APPÉTER, *v. a.* é, ée, *p.* désirer vivement par besoin physique.

APPÉTISSANT, E, *adj.* qui excite l'appétit.

APPÉTIT, *s. m.* inclination, désir quelconque : il se prend particulièrement pour le désir de manger.

APPLAUDIR, *v. a.* 1, ie, *p.* battre des mains en signe d'approbation ; s'—, *v. pr.* se féliciter.

APPLAUDISSEMENT, *s. m.* approbation, battements de mains.

APPLAUDISSEUR, *s. m.* celui qui applaudit sans discernement.

APPLICABLE, *adj.* 2 g. propre à être appliqué à un usage déterminé.

APPLICATION, *s. f.* action de poser une chose sur une autre ; attention sérieuse.

APPLIQUER, *v. a.* é, ée, *p.* mettre une chose sur une autre, adapter ; destiner ; s'—, *v. pr.* donner une grande attention ; s'attribuer, s'approprier.

APPOINT, *s. m.* complément d'une somme en petite monnaie.

APPOINTAGE, *s. m.* action de fouler les cuirs.

APPOINTEMENT, *s. m.* salaire annuel attaché à un emploi ; réglement sur un procès à juger sur rapport.

APPOINTER, *v. a.* é, ée, *p.* donner des appointements ; régler par appointement un procès, une cause.

APPORT, *s. m.* marché pour les denrées ; —*de pièces*, leur dépôt ; au pl. biens que les époux apportent en mariage.

APPORTER, *v. a.* é, ée, *p.* porter d'un lieu à un autre ; produire, causer, alléguer, annoncer.

APPOSER, *v. a.* é, ée, *p.* appliquer, mettre sur.

APPOSITION, *s. f.* action d'apposer.

APPRÉCIABLE, *adj. 2 g.* qui peut être apprécié.

APPRÉCIATEUR, TRICE, *s.* qui apprécie (le *f.* est peu usité).

APPRÉCIATIF, IVE, *adj.* qui marque l'appréciation.

APPRÉCIATION, *s. f.* estimation de la valeur, du prix d'une chose.

APPRÉCIER, *v. a.* é, ée, *p.* évaluer, estimer, fixer la valeur, le prix.

APPRÉHENDER, *v. a.* é, ée, *p.* craindre, éprouver de l'inquiétude; prendre, saisir, arrêter.

APPRÉHENSIF, IVE, *adj.* timide, craintif.

APPRÉHENSION, *s. f.* crainte qui naît de l'incertitude.

APPRENDRE, *v. a.* (se conj. sur *prendre*) acquérir des connaissances; enseigner, instruire; recevoir ou répandre la nouvelle de...; s'—, *v. pr.* acquérir par soi la connaissance de...; s'apprendre à, s'exercer à...; s'—, *v. réc.* s'instruire mutuellement.

APPRENTI, E, *s.* qui apprend un métier; *fig.* peu habile.

APPRENTISSAGE, *s. m.* état, occupation d'un apprenti, durée de cet état; *fig.* essai, épreuve.

APPRÊT, *s. m.* préparatif, préparation; *fig.* affectation de langage, de style, de manières.

APPRÊTÉ, E, *adj.* empreint d'affectation, préparé.

APPRÊTER, *v. a.* é, ée, *p.* préparer, mettre en état, assaisonner des mets; s'—, *v. pr.* se préparer, se disposer à.

APPRÊTEUR, *s. m.* qui apprête, qui fait certaines préparations.

APPRIVOISEMENT, *s. m.* action d'apprivoiser; son effet.

APPRIVOISER, *v. a.* é, ée, *p.* rendre plus doux, moins farouche; s'—, *v. pr.* se familiariser.

APPROBATEUR, TRICE, *s.* qui approuve (le fém. est peu usité).

APPROBATIF, IVE, *adj.* qui marque l'approbation.

APPROBATION, *s. f.* action d'approuver; consentement.

APPROBATIVEMENT, *adv.* en approuvant.

APPROCHANT, E, *adj.* qui a de la ressemblance, du rapport; *approchant*, *prép.* et *adv.* environ, à peu près.

APPROCHE, *s. f.* action de s'approcher, mouvement par lequel on approche; *au pl.* travaux pour approcher d'une place assiégée.

APPROCHER, *v. a.* é, ée, *p.* mettre proche, avancer auprès; —, *v. n.* avoir du rapport avec; s'—, *v. pr.* s'avancer vers, devenir proche.

APPROFONDIR, *v. a.* i, ie, *p.* rendre plus profond, creuser plus avant; examiner à fond.

APPROFONDISSEMENT, *s. m.* action d'approfondir.

APPROPRIATION, *s. f.* action de s'approprier une chose.

APPROPRIER, *v. a.* é, ée, *p.* rendre propre à la destination; ajuster, mettre en état de propreté; s'—, *v. pr.* usurper la propriété d'une chose.

APPROUVER, *v. a.* é, ée, *p.* agréer, consentir à..., donner son approbation.

APPROVISIONNEMENT, *s. m.* fourniture de munitions de guerre et de bouche.

APPROVISIONNER, *v. a.* é, ée, *p.* faire un approvisionnement; s'—, *v. pr.* se munir de provisions.

APPROXIMATIF, IVE, *adj.* par approximation.

APPROXIMATION, *s. f.* valeur approchante; action d'approcher de l'exactitude.

APPROXIMATIVEMENT, *adv.* par approximation.

APPUI, *s. m.* soutien, support, aide, secours, protection.

APPUI-MAIN, *s. m.* baguette pour soutenir la main du peintre.

APPUYER, *v. a.* é, ée, *p.* (se conj. sur *ployer*) soutenir avec un appui; protéger, aider, insister sur..., autoriser, excuser; s'—, *v. pr.* se soutenir, se reposer sur.

ÂPRE, *adj. 2 g.* rude au goût,

au toucher; inégal, raboteux; violent, avide, difficile, incommode.

ÂPREMENT, adv. avec âpreté.

APRÈS, prép. et adv. de temps, d'ordre et de lieu, (s'emploie en parlant des personnes ou des choses) ensuite; contre; sur; à la poursuite de; conformément; dans la suite; *après que*, lorsque; *après tout*, cependant; *après coup*, trop tard; *ci-après*, dans la suite de l'écrit; *d'après*, suivant, selon; *après-demain*, adv. de temps, le second jour après celui où l'on est.

APRÈS-DÎNÉE, s. f. ou APRÈS-DÎNER, s. m. (pl. *après-dînées*) temps qui s'écoule depuis le dîner jusqu'au soir.

APRÈS-MIDI, s. m. et f. (inv.) partie du jour depuis midi jusqu'au soir.

APRÈS-SOUPÉE, s. f. ou APRÈS-SOUPER (pl. *après-soupées*), intervalle de temps entre le souper et le coucher.

ÂPRETÉ, s. f. qualité de ce qui est âpre.

APT, sous-préfect. du dép. de Vaucluse.

APTE, adj. 2 g. propre à quelque chose.

APTITUDE, s. f. disposition naturelle à quelque chose, capacité, habileté.

APUREMENT, s. m. reddition finale d'un compte pour l'acquittement d'un comptable.

APURER, v. a. é, ée, p. faire l'apurement d'un compte.

AQUARELLE, s. f. peinture en couleurs à l'eau.

AQUA-TINTA, s. f. dessin au lavis, gravure qui l'imite.

AQUATIQUE, adj. 2 g. marécageux, qui vit dans l'eau.

AQUEDUC, s. m. canal pour conduire l'eau d'un lieu à un autre.

AQUEUX, EUSE, adj. de la nature de l'eau, plein d'eau.

AQUILIN, adj. se dit d'un nez courbé en bec d'aigle.

AQUILON, s. m. vent du nord.

ARABE, s. m. qui est d'Arabie; *fig.* avare, usurier; —, *adj.*

2 g. d'Arabie; *chiffres arabes*.

ARABESQUES, adj. 2 g. à la manière des Arabes; —, s. f. pl. ornements de peinture ou de sculpture à la manière des Arabes.

ARABIE, s. f. vaste contrée de l'Asie occidentale.

ARABIQUE, adj. 2 g. d'Arabie.

ARABLE, adj. 2 g. labourable.

ARAIGNÉE, s. f. nom d'une espèce d'insectes très-communs; la plupart tirent de leur corps des fils déliés dont ils forment une sorte de toile.

ARASEMENT, s. m. pièces égales en hauteur; dernière assise d'un mur.

ARASER, v. a. é, ée, p. mettre de niveau un mur, etc.

ARATOIRE, adj. 2 g. qui se rapporte à l'agriculture.

ARBALÈTE, s. f. arme de trait; arc d'acier monté sur un fût.

ARBALÉTRIER, s. m. soldat armé d'une arbalète; pièce de charpente sur laquelle repose la couverture d'un bâtiment.

ARBITRAGE, s. m. jugement d'un différend par arbitres; comparaison des changes des différentes places de commerce.

ARBITRAIRE, s. m. pouvoir sans limites, exercice de ce pouvoir; —, adj. 2 g. qui dépend de la volonté; qui n'est réglé par aucune loi.

ARBITRAIREMENT, adv. d'une manière arbitraire.

ARBITRAL, E, adj. d'arbitre.

ARBITRALEMENT, adv. par arbitres.

ARBITRATION, s. f. estimation, liquidation.

ARBITRE, s. m. juge choisi par les parties pour terminer un différend; *fig.* maître absolu; *libre* —, faculté qu'a l'âme de prendre une détermination, puissance de choisir.

ARBITRER, v. a. é, ée, p. décider, régler en qualité d'arbitre.

ARBORÉE, adj. f. t. de bot. se dit d'une tige ligneuse, ferme et nue.

2.

ARBORER, *v. a.* é, ée, *p.* planter quelque chose haut et droit comme un arbre; dresser un mât; — *un pavillon, un drapeau,* le déployer au vent; *fig.* embrasser ouvertement un parti.

ARBORISATION, *s. f. t. d'hist. nat.* dessin naturel imitant des arbres, des feuillages, dans les pierres cristallisées.

ARBORISÉ, E, *adj.* qui représente des arborisations.

ARBORISTE, *s. m.* celui qui cultive des arbres.

ARBOUSE, *s. f.* fruit de l'arbousier.

ARBOUSIER, *s. m.* fraisier en arbre.

ARBRE, *s. m.* plante à tige élevée et ligneuse, dont le sommet est garni de branches et de feuilles; —, pièce principale de plusieurs machines.

ARBRET, *s. m.* petit arbre garni de gluaux pour prendre des oiseaux.

ARBRISSEAU, *s. m.* petit arbre.

ARBUSTE, *s. m.* plante ligneuse plus petite que l'arbrisseau.

ARC, *s. m.* sorte d'arme servant à lancer des flèches; portion de cercle; — *de triomphe,* monument triomphal qui a la forme d'une porte en arc, ornée de bas-reliefs et d'inscriptions.

ARCADE, *s. f.* ouverture en forme d'arc.

ARC-BOUTANT, *s. m.* (*pl. arcs-boutants*) pilier qui soutient une voûte; *fig.* soutien, appui.

ARC-BOUTER, *v. a.* é, ée, *p.* soutenir, appuyer.

ARCEAU, *s. m.* arc d'une voûte, petite arche.

ARC-EN-CIEL, *s. m.* (*pl. arcs-en-ciel*) météore qui paraît dans les nues en forme d'arc lumineux où sont disposées parallèlement les sept couleurs primitives.

ARCHAÏSME, *s. m.* mot antique, tour de phrase suranné.

ARCHAL (fil d'), *s. m.* fil simple de métal.

ARCHANGE, *s. m.* ange d'un ordre supérieur.

ARCHANGÉLIQUE, *adj. 2 g.* qui tient de l'archange; —, *s. f. t. de bot.* l'impératoire, l'angélique cultivée et le laurier blanc.

ARCHE, *s. f.* voûte d'un pont; vaisseau où Noé se sauva du déluge avec sa famille.

ARCHÉOGRAPHE, *s. m.* auteur qui décrit les monuments anciens.

ARCHÉOGRAPHIE, *s. f.* description des monuments antiques.

ARCHÉOLOGIE, *s. f.* science des antiques.

ARCHÉOLOGUE, *s. m.* qui est versé dans l'archéologie.

ARCHER, *s. m.* soldat armé d'un arc.

ARCHET, *s. m.* sorte de petit arc tendu avec des crins, pour tirer des sons de certains instruments; espèce de petite scie.

ARCHÉTYPE, *s. m.* original, patron, modèle d'un ouvrage, étalon primitif des poids et mesures ou des monnaies.

ARCHEVÊCHÉ, *s. m.* palais d'un archevêque; territoire placé sous sa juridiction.

ARCHEVÊQUE, *s. m.* prélat métropolitain au-dessus des évêques.

ARCHI, *prép.* (tirée du grec) se joint fam. à un adj. auquel il donne une signification de supériorité ou d'excès.

ARCHICHAMBELLAN, *s. m.* premier chambellan.

ARCHICHANCELIER, *s. m.* grand chancelier.

ARCHIDIACONAT, *s. m.* dignité d'archidiacre.

ARCHIDIACRE, *s. m.* officier ecclésiastique au-dessus des curés.

ARCHIDIOCÉSAIN, E, *adj.* qui dépend d'un archevêque.

ARCHIDUC, CHESSE, *s.* titre des princes et princesses de la maison d'Autriche.

ARCHIDUCAL, E, *adj.* qui appartient à un archiduc.

ARCHIDUCHÉ, *s. m.* domaine d'un archiduc.

ARCHIÉPISCOPAL, E, *adj.*

appartenant à l'archevêque (pr. kié...).
ARCHIÉPISCOPAT, s. m. dignité d'archevêque (pr. kié...).
ARCHIMANDRITE, s. m. supérieur d'un monastère.
ARCHIMARÉCHAL, s. m. premier maréchal.
ARCHIPEL, s. m. partie de mer où il y a beaucoup d'îles; portion de la Méditerranée entre la Grèce et la Turquie.
ARCHIPRÊTRE, s. m. dignité ecclésiastique qui confère à un curé la prééminence sur d'autres curés.
ARCHITECTE, s. m. celui qui exerce l'art de l'architecture.
ARCHITECTURAL, E, adj. qui concerne l'architecture.
ARCHITECTURE, s. f. l'art de construire, de bâtir.
ARCHITRAVE, s. f. (t. d'archit.) partie de l'entablement imitant une poutre transversale.
ARCHITRÉSORIER, s. m. grand trésorier.
ARCHIVES, s. f. pl. anciens titres; lieu où on les garde.
ARCHIVISTE, s. m. gardien des archives.
ARCHIVOLTE, s. f. (t. d'archit.) ornement d'une arcade; arc contourné.
ARCHONTAT, s. m. dignité d'archonte, sa durée (pr. arcon.)
ARCHONTE, s. m. magistrat grec.
ARCIS-SUR-AUBE, chef-lieu d'arr. du dép. de l'Aube.
ARÇON, s. m. pièce de bois cintrée formant la partie principale de la selle d'un cheval; instrument en forme d'archet pour préparer le poil.
ARÇONNER, v. a. é, ée, p. battre la laine, les bourres avec l'arçon.
ARÇONNEUR, s. m. ouvrier qui arçonne.
ARCTIQUE, adj. 2 g. septentrional.
ARDÈCHE, rivière qui donne son nom au dép. dont Privas est le chef-lieu.
ARDEMMENT, adv. avec ardeur.
ARDENNES (les), dép. dont Mézières est le chef-lieu.
ARDENT, E, adj. en feu, enflammé, qui enflamme, qui brûle; fig. violent, véhément, plein d'ardeur; poil ardent, roux.
ARDEUR, s. f. chaleur extrême, vivacité, activité.
ARDILLON, s. m. pointe de métal au milieu d'une boucle, qui sert à arrêter la courroie.
ARDOISE, s. f. pierre argileuse, tendre et bleuâtre, qui se coupe par feuilles et avec laquelle on couvre les bâtiments.
ARDOISÉ, E, adj. couleur d'ardoise.
ARDOISIER, s. m. ouvrier qui travaille aux carrières d'ardoises.
ARDOISIÈRE, s. f. carrière d'ardoises.
ARDU, E, adj. escarpé, d'un abord difficile; fig. chose difficile à résoudre.
ARE, s. m. unité dans les nouvelles mesures de surface, contenant 100 mètres carrés (2 perches carrées et 92 centièmes).
ARÈNE, s. f. partie de l'amphithéâtre où combattaient les gladiateurs, chez les anciens; sable, gravier sur le sol.
ARÉOMÈTRE, s. m. pèse-liqueur.
ARÉOPAGE, s. m. nom d'un tribunal d'Athènes célèbre par sa sagesse; fig. assemblée de magistrats.
ARÉOSTATIQUE, adj. 2 g. en équilibre avec l'air; machine —, qui s'élève dans l'air.
ARÊTE, s. f. parties dures et piquantes qui soutiennent la chair des poissons, et leur tiennent lieu d'os; côté, partie angulaire, saillie, bord, extrémité.
ARÊTIER, s. m. pièce de charpente formant le côté angulaire d'un comble; plomb qui la recouvre.
ARGELÈS, sous-préf. du dép. des Hautes-Pyrénées.
ARGENT, s. m. métal blanc, ductile, fusible et sonore, le plus estimé après l'or; toute sorte de monnaie de quelque métal que ce soit.

ARGENTAN, chef-lieu d'arr. du dép. de l'Orne.
ARGENTÉ, E, adj. d'un blanc brillant comme l'argent.
ARGENTER, v. a. é, ée, p. couvrir de feuilles d'argent.
ARGENTERIE, s. f. vaisselle, ustensiles d'argent.
ARGENTEUR, s. m. ouvrier qui argente les métaux.
ARGENTEUX, EUSE, adj. qui a beaucoup d'argent, fam.
ARGENTIER, s. m. celui qui est chargé de la garde de l'argenterie.
ARGENTIÈRE (l'), chef-lieu d'arr. du dép. de l'Ardèche.
ARGENTIN, E, adj. qui a la couleur ou le son de l'argent.
ARGENTURE, s. f. argent fort mince appliqué à la superficie d'un ouvrage argenté.
ARGILE, s. f. terre glaise, grasse, molle et ductile, qui se durcit au feu.
ARGILEUX, EUSE, adj. de la nature de l'argile.
ARGOT, s. m. langage usité parmi les filous; t. de jardinage, le bois au-dessus de l'œil.
ARGOTER, v. a. é, ée, p. couper les argots d'un arbre, c.-à-d. l'extrémité d'une branche morte.
ARGOUSIN, s. m. bas-officier de galère qui veille sur les forçats.
ARGUER, v. a. é, ée, p. reprendre, contredire; arguer une pièce de faux, soutenir, prouver qu'une pièce produite est fausse.
ARGUMENT, s. m. raisonnement par lequel on tire une conséquence; conjecture, indice, preuve; exposition abrégée du sujet d'un ouvrage.
ARGUMENTANT, s. m. celui qui argumente dans une thèse.
ARGUMENTATEUR, s. m. qui aime à argumenter.
ARGUMENTATION, s. f. démonstration d'une chose par des arguments; manière d'argumenter.
ARGUMENTER, v. n. faire des arguments, tirer des conséquences; prouver par arguments.

ARGUS, s. m. homme à cent yeux, suivant la fable; fig. gardien, espion assidu et très-clairvoyant.
ARGUTIE, s. f. raisonnement pointilleux, vaine subtilité.
ARGUTIEUX, EUSE, adj. vain, petit, pointilleux.
ARIANISME, s. m. système religieux d'Arius qui niait l'égalité de substance du fils avec le père dans la Trinité; les Ariens.
ARIDE, adj. 2 g. sec, stérile par sécheresse; fig. stérile.
ARIDITÉ, s. f. sécheresse, stérilité.
ARIÉGE, rivière qui donne son nom au dép. dont Foix est le chef-lieu.
ARIEN, NNE, s. sectaire d'Arius, partisan de l'arianisme.
ARIETTE, s. f. air détaché, léger et vif; paroles sur cet air.
ARISTARQUE, s. m. critique, censeur sévère.
ARISTOCRATE, s. m. et adj. partisan de l'aristocratie.
ARISTOCRATIE, s. f. pouvoir souverain exercé par des privilégiés.
ARISTOCRATIQUE, adj. 2 g. qui appartient à l'aristocratie.
ARISTOCRATIQUEMENT, adv. d'une manière aristocratique.
ARISTOTÉLICIEN, NNE, adj. 2 g. et s. m. conforme à la doctrine d'Aristote; partisan de cette doctrine.
ARISTOTÉLISME, s. m. doctrine philosophique d'Aristote.
ARITHMÉTICIEN, NNE, s. qui sait l'arithmétique, qui l'enseigne.
ARITHMÉTIQUE, s. f. science des nombres, art de calculer; —, adj. 2 g. selon les règles de l'—, qui a rapport à l'—.
ARITHMÉTIQUEMENT, adv. d'une manière arithmétique, suivant une proportion arithmétique.
ARLEQUIN, s. m. bateleur dont le vêtement est formé de différentes couleurs.
ARLEQUINADE, s. f. bouffonnerie d'arlequin.
ARLES, sous-préf. du dép. des Bouches-du-Rhône; petite ville

du dép. des Pyrénées-Orientales.

ARMATEUR, *s. m.* celui qui arme un vaisseau à ses frais, celui qui est intéressé dans l'armement; le capitaine de ce vaisseau; le vaisseau même.

ARMATURE, *s. f.* liens, barre de fer pour soutenir les parties d'une machine, d'un édifice.

ARME, *s. f.* instrument pour attaquer ou pour se défendre; les différentes espèces de troupes qui composent une armée; profession; escrime; tout ce qui sert à combattre.

ARMÉE, *s. f.* corps de troupes réunies sous les ordres d'un chef; *à main armée*, loc. *adv.* par force.

ARMEMENT, *s. m.* appareil de guerre; ce qui sert à armer; équipement.

ARMÉNIEN, NNE, *adj.* et *s.* qui est d'Arménie (grande contrée de l'Asie); *l'arménien*, la langue arménienne.

ARMER, *v. a.* é, ée, *p.* fournir des armes; exciter à combattre, irriter, soulever; —, *v. n.* lever des troupes; faire des armements; s'—, *v. pr.* prendre les armes; se précautionner contre; *s'armer de fermeté*, etc., prendre sur soi d'avoir de la fermeté.

ARMET, *s. m.* casque des anciens chevaliers errants.

ARMILLAIRE, *adj. f. sphère* —, sphère vide, composée de cercles pour représenter le mouvement des astres.

ARMISTICE, *s. m.* suspension d'hostilités.

ARMOIRE, *s. f.* grand meuble de bois pour serrer des effets de toute sorte.

ARMOIRIES, *s. f. pl.* attributs distinctifs des familles nobles.

ARMOISE, *s. f.* herbe de la St-Jean, plante odoriférante et médicinale.

ARMON, *s. m.* partie du train d'un carrosse où s'attache le timon; les bras d'une charrette.

ARMORIAL, *s. m.* livre d'armoiries de la noblesse d'un pays.

ARMORIAL, E, *adj.* qui a rapport aux armoiries.

ARMORIER, *v. a.* é, ée, *p.* (se conj. sur *prier*) peindre ou appliquer des armoiries.

ARMORIQUE, *adj. 2 g.* maritime; —, *s. f.* ancienne province des Gaules.

ARMORISTE, *s. m.* celui qui fait des armoiries, qui sait le blason, qui l'enseigne.

ARMURE, *s. f.* armes qui couvrent le corps, casque, cuirasse; ce qui défend, garantit, fortifie.

ARMURIER, *s. m.* celui qui fabrique et vend des armes.

AROMATE, *s. m.* parfum tiré des végétaux.

AROMATIQUE, *adj. 2 g.* de la nature des aromates.

AROMATISATION, *s. f.* mélange d'aromates avec des médicaments.

AROMATISER, *v. a.* é, ée, *p.* parfumer avec des aromates.

AROME, *s. m.* principe odorant d'une plante; parfum.

ARPÉGE, *s. m. t. de mus.* leçon, exemple d'arpégement.

ARPÉGEMENT, *s. m. t. de mus.* manière de frapper successivement les sons d'un accord.

ARPÉGER, *v. n. t. de mus.* faire une suite d'arpéges.

ARPENT, *s. m.* étendue de terre de cent perches carrées.

ARPENTAGE, *s. m.* mesurage des terres; art de les mesurer.

ARPENTER, *v. a.* et *v. n.* é, ée, *p.* mesurer un terrain; marcher à grands pas.

ARPENTEUR, *s. m.* celui dont la profession est de mesurer les terres.

ARPENTEUSE, *s. f.* espèce de chenille.

ARQUEBUSADE, *s. f.* coup d'arquebuse; *eau d'*—, vulnéraire pour les coups de feu.

ARQUEBUSE, *s. f.* ancienne arme à feu.

ARQUEBUSER, *v. a.* é, ée, *p.* tuer avec l'arquebuse.

ARQUEBUSERIE, *s. f.* art de fabriquer les armes à feu; commerce de ces armes.

ARQUEBUSIER, *s. m.* armurier; soldat armé d'une arquebuse.

ARQUER, *v. a.* é, ée, *p.* courber en arc; —, *v. n.* et *pr.* se courber en arc.

ARRACHEMENT, s. m. action d'arracher.

ARRACHE-PIED (d'), loc. adv. sans discontinuer.

ARRACHER, v. a. é, ée, p. détacher, ôter de force; fig. obtenir avec peine; s'—, v. pr. se soustraire, se retirer, s'affranchir de...

ARRACHEUR, EUSE, s. qui arrache.

ARRACHIS, s. m. enlèvement frauduleux du plant des arbres; plant levé à racines nues.

ARRANGEMENT, s. m. ordre, disposition, conciliation.

ARRANGER, v. a. é, ée, p. mettre en ordre, accommoder, concilier; s'—, v. pr. se placer en ordre, se mettre dans une position commode, se concilier.

ARRAS, chef-lieu du dép. du Pas-de-Calais.

ARRENTEMENT, s. m. bail à rente; action de donner ou de prendre à rente.

ARRENTER, v. a. é, ée, p. donner ou prendre à rente.

ARRÉRAGER, v. n. laisser accumuler des arrérages; s'—, v. pr. s'accumuler, en parlant des rentes échues qui ne sont pas payées.

ARRÉRAGES, s. m. pl. revenu quelconque arriéré.

ARRESTATION, s. f. action d'arrêter, prise de corps; état de celui qui est arrêté.

ARRÊT, s. m. jugement sans appel; décision, résolution; saisie de personne ou de biens; —, au pl. punition militaire; tout ce qui ser.t à arrêter, fixer, assujettir.

ARRÊTÉ, s. m. résolution, décision, règlement de compte.

ARRÊTEMENT, s. m. action d'arrêter une chose, ce qui l'arrête, état d'une chose arrêtée.

ARRÊTER, v. a. é, ée, p. empêcher d'avancer, retenir, décider, régler; mettre en état d'arrestation; faire cesser, réprimer; —, v. n. et pr. cesser de faire, d'agir, d'aller; demeurer dans un lieu, se déterminer à.

ARRHEMENT, s. m. action d'arrher.

ARRHER, v. a. é, ée, p. donner des arrhes.

ARRHES, s. f. pl. garantie pécuniaire de l'exécution d'un marché; gage, assurance.

ARRIÈRE, s. m. poupe d'un vaisseau; en —, loc. adv. en demeure, en retard, en reculant, en l'absence de; —! interj. loin d'ici! —, prép. opposé à avant.

ARRIÈRE-BAN, s. m. assemblée ou convocation de toute la noblesse; corps de nobles obligés au service militaire.

ARRIÈRE-BOUTIQUE, s. f. (pl. arrière-boutiques), salle retirée derrière la boutique.

ARRIÈRE-CORPS, s. m. (inv.) partie de bâtiment derrière un autre.

ARRIÈRE-COUR, s. f. (pl. arrière-cours), petite cour servant de dégagement.

ARRIÈRE-GARDE, s. f. partie d'une armée qui marche la dernière (pl. arrière-gardes).

ARRIÈRE-GOÛT, s. m. goût désagréable que laisse un mets, une liqueur (pl. arrière-goûts).

ARRIÈRE-LIGNE, s. f. (pl. arrière-lignes) seconde ligne d'une armée.

ARRIÈRE-NEVEU, s. m. fils du neveu ou de la nièce; le pl. arrière-neveux signifie la postérité la plus reculée.

ARRIÈRE-NIÈCE, s. f. fille du neveu ou de la nièce.

ARRIÈRE-PENSÉE, s. f. pensée secrète (pl. arrière-pensées).

ARRIÈRE-PETIT-FILS, s. m.

ARRIÈRE-PETITE-FILLE, s. f. fils, fille du petit-fils ou de la petite-fille (pl. arrière-petits-fils, arrière-petites-filles).

ARRIÈRE-POINT, s. m. point de couture fait d'avant en arrière (pl. arrière-points).

ARRIÉRÉ, s. m. paiement retardé, dette publique.

ARRIÉRER, v. a. et n. é, ée, p. différer; s'—, v. pr. demeurer en arrière.

ARRIÈRE-SAISON, s. f. fin de l'automne (pl. arrière-saisons).

ARRIMAGE, s. m. arrangement de la cargaison d'un navire.

ARRIMER, *v. a. et n.* é, ée, *p.* arranger la cargaison d'un navire.

ARRIMEUR, *s. m.* qui fait l'arrimage.

ARRIVAGE, *s. m.* abord des bâtiments ou des marchandises dans un port.

ARRIVÉE, *s. f.* action d'arriver, moment où arrive une chose quelconque.

ARRIVER, *v. n.* é, ée, *p.* aborder, approcher, survenir, parvenir.

ARROGAMMENT, *adv.* avec arrogance.

ARROGANCE, *s. f.* fierté offensante, insupportable.

ARROGANT, E, *adj.* vain, orgueilleux.

ARROGER (s'), *v. pr.* é, ée, *p.* s'attribuer mal à propos.

ARRONDIR, *v. a.* i, ie, *p.* rendre rond, disposer en rond; s'—, *v. pr.* augmenter son bien.

ARRONDISSEMENT, *s. m.* action d'arrondir, état d'une chose arrondie; portion de dép., de ville, etc.

ARROSAGE, *s. m.* action d'arroser; ce qui arrose.

ARROSEMENT, *s. m.* action d'arroser.

ARROSER, *v. a.* é, ée, *p.* mouiller, humecter.

ARROSOIR, *s. m.* vase pour arroser.

ARSENAL, *s. m.* (pl. —naux), lieu où les armes se fabriquent et se conservent; place forte.

ARSENIC, *s. m.* substance métallique qui est un poison violent; l'huile et le lait en sont le contre-poison.

ART, *s. m.* système de connaissances, méthode, industrie, artifice; *beaux-arts*, la peinture, la sculpture, la musique, etc.; *arts libéraux*, arts qui sont du ressort de l'esprit; *arts mécaniques*, arts où le travail de la main a plus de part que l'esprit.

ARTÈRE, *s. f.* vaisseau du corps qui porte le sang du cœur vers les extrémités.

ARTÉRIEL, LLE, *adj.* qui appartient à l'artère.

ARTÉSIEN, NNE, *adj.* d'Artois; *puits artésien*.

ARTICHAUT, *s. m.* plante potagère, son fruit.

ARTICLE, *s. m.* partie d'un écrit; une des parties du discours.

ARTICULATION, *s. f.* jointure des os; prononciation distincte; déduction de faits.

ARTICULÉ, ÉE, *adj.* modifié par le mouvement de la langue, de la parole.

ARTICULER, *v. a.* é, ée, *p.* déduire par articles; prononcer distinctement.

ARTIFICE, *s. m.* art, industrie, ruse; matière inflammable pour les feux d'artifice.

ARTIFICIEL, LLE, *adj.* fait par art, l'opposé de naturel.

ARTIFICIELLEMENT, *adv.* avec art; par art.

ARTIFICIER, *s. m.* qui prépare les feux d'artifice.

ARTIFICIEUSEMENT, *adv.* avec ruse ou fourberie.

ARTIFICIEUX, EUSE, *adj.* rusé, fourbe, plein de finesse (en mauvaise part).

ARTILLERIE, *s. f.* (ll m.) attirail de guerre, canons, mortiers, etc.; corps des artilleurs.

ARTILLEUR (ll m.), *s. m.* soldat qui sert dans l'artillerie.

ARTIMON, *s. m.* arbre de poupe, mât de l'arrière.

ARTISAN, *s. m.* ouvrier dans un art mécanique; *fig.* celui qui est la cause, l'auteur.

ARTISTE, *s. m.* qui cultive les beaux-arts; *artiste dramatique*, acteur.

ARTISTEMENT, *adv.* avec art.

ARTOIS, ancienne province de France comprise dans le dép. du Pas-de-Calais.

ARUSPICE, *s. m.* prêtre romain chargé d'examiner les entrailles des victimes pour en tirer des présages.

AS, *s. m.* un point seul marqué sur un des côtés d'une carte à jouer, ou d'un dé; poids et monnaie des anciens Romains.

ASCENDANCE, *s. f.* supériorité.

ASCENDANT, *s. m.* pouvoir,

autorité ; —, ante, *adj.* qui va en montant ; se dit des personnes dont on descend.

ASCENSION, *s. f.* élévation ; action de monter ; fête en mémoire de l'ascension de J.-C. au ciel.

ASCENSIONNEL, **LLE**, *adj. différence ascensionnelle*, entre l'ascension droite et l'ascension oblique d'un astre.

ASCÉTIQUE, *s. m.* auteur, livre qui traite de la vie spirituelle ; —, *adj. 2 g.* qui a rapport à la vie spirituelle.

ASIATIQUE, *adj 2 g.* qui appartient à l'Asie.

ASIE, *s. f.* une des 5 parties du monde : la plus grande après l'Amérique, et la plus peuplée.

ASILE, *s. m.* lieu de refuge, de retraite.

ASPECT, *s. m.* vue d'un objet ; manière dont se présente un lieu, une affaire, etc.

ASPERGE, *s. f.* plante potagère à tige.

ASPERGER, *v. a.* é, ée, *p.* arroser par petites gouttes.

ASPERGÈS, *s. m.* aspersoir, goupillon pour asperger ; moment de l'aspersion avec l'eau bénite.

ASPÉRITÉ, *s. f.* état de ce qui est rude, raboteux ; âpreté, rudesse.

ASPERSION, *s. f.* action d'asperger.

ASPERSOIR, *s. m.* goupillon pour asperger.

ASPHYXIE, *s. f.* suspension subite des signes extérieurs de la vie.

ASPHYXIÉ, **E**, *adj.* frappé d'asphyxie.

ASPHYXIER, *v. a.* é, ée, *p.* frapper d'asphyxie ; s'—, *v. pr.* se causer l'asphyxie.

ASPIC, *s. m.* petit serpent venimeux ; *fig.* personne dangereuse.

ASPIRANT, *s. m.* celui qui aspire ; —, *ante, adj.* qui aspire ; *pompe aspirante*, qui élève l'eau en aspirant.

ASPIRATIF, **IVE**, *adj.* lettre, consonne que l'on prononce en aspirant.

ASPIRATION, *s. f.* action d'aspirer ; action des pompes aspirantes ; désir de parvenir ; manière de prononcer en aspirant.

ASPIRÉ, **E**, *adj.* qui se prononce de la gorge.

ASPIRER, *v. a.* é, ée, *p.* attirer l'air avec la bouche ; monter l'eau, en parlant des pompes aspirantes ; prononcer de la gorge ; —, *v. n.* prétendre à, souhaiter ardemment.

ASSAILLANT, *s. m.* (ll m.) agresseur.

ASSAILLIR (ll m.), *v. a.* (irr.) attaquer à l'improviste ; *ind. pr.* j'assaille, tu assailles, il assaille, n. assaillons, v. assaillez, ils assaillent ; *imp.* j'assaillais, etc. ; *p. déf.* j'assaillis, etc. ; *fut.* j'assaillirai, etc. ; *cond.* j'assaillirais, etc. ; *impér.* assaille, etc. ; *subj. pr.* que j'assaille, etc. ; *imp. du subj.* que j'assaillisse, etc. ; *p. pr.* assaillant ; *p. p.* assailli, ie.

ASSAINIR, *v. a.* i, ie, *p.* rendre sain ; s'—, *v. pr.* devenir sain.

ASSAINISSEMENT, *s. m.* action d'assainir ; son effet.

ASSAISONNEMENT, *s. m.* ce qui sert à assaisonner ; apprêt.

ASSAISONNER, *v. a.* é, ée, *p.* apprêter des mets ; *fig.* rendre agréable.

ASSAISONNEUR, *s. m.* celui qui assaisonne.

ASSASSIN, *s. m.* qui tue en trahison ; —, ine, *adj.* ce qui donne la mort.

ASSASSINANT, **E**, *adj.* ennuyeux à l'excès.

ASSASSINAT, *s. m.* meurtre prémédité ; *fig.* action, discours outrageant.

ASSASSINER, *v. a.* é, ée, *p.* tuer en trahison ; *fig.* importuner à l'excès.

ASSAUT, *s. m.* attaque à force ouverte, alerte, vive attaque, sollicitation pressante ; combat au fleuret ; *fig. faire assaut de,* lutter.

ASSÉCHER, *v. a.* é, ée, *p.* faire sécher, laisser à sec ; —, *v. n.* être à sec, *t. de mar.*

ASSEMBLAGE, *s. m.* amas, mélange, action d'assembler, réunion quelconque.

ASSEMBLÉE, *s. f.* réunion de

personnes dans un lieu pour un même dessein.

ASSEMBLER, *v. a.* é, ée, *p.* mettre ensemble, réunir, convoquer; s'—, *v. pr.* se réunir.

ASSEMBLEUR, *s. m.* celui qui fait l'assemblage.

ASSENER, *v. a.* é, ée, *p.* donner un coup violent.

ASSENTIMENT, *s. m.* consentement volontaire, adhésion, approbation.

ASSEOIR, *v. a.* (irr.) mettre sur un siége, établir, placer; s'—, *v. pr.* se mettre sur un siége. *Ind. pr.* j'assieds, tu assieds, il assied, n. asseyons, v. asseyez, ils asseyent; *imp.* j'asseyais, etc.; *p. déf.* j'assis, etc.; *fut.* j'assiérai ou j'asseyerai, etc.; *cond.* j'assiérais ou m. asseyerais, etc. *impér.* assieds, asseyez, etc.; *subj. pr.* que j'asseye, etc.; *imp. subj.* q. j'assisse, etc.; *p. pr.* asseyant; *p. p.* assis, e.

ASSERMENTÉ, E, *adj.* qui a prêté le serment prescrit par la loi en certains cas.

ASSERMENTER, *v. a.* é, ée, *p.* faire prêter serment; s'—, *v. pr.* prêter serment.

ASSERTION, *s. f.* affirmation, proposition présentée et soutenue comme vraie.

ASSERVIR, *v. a.* 1, ie, *p.* assujettir, réduire sous sa puissance; s'—, *v. pr.* s'assujettir.

ASSERVISSEMENT, *s. m.* esclavage, servitude, sujétion.

ASSESSEUR, *s. m.* adjoint à un juge.

ASSETTE, *s. f.* marteau de couvreur; petite hache de tourneur.

ASSEZ, *adv.* suffisamment.

ASSIDU, E, *adj.* exact, appliqué, qui rend des soins continuels.

ASSIDUITÉ, *s. f.* exactitude, application; soins continuels.

ASSIDÛMENT, *adv.* avec assiduité.

ASSIÉGEANT, E, *adj.* qui assiége; *assiégeants*, *s. m. pl.* troupes qui assiégent.

ASSIÉGER, *v. a.* é, ée, *p.* enfermer, environner, faire le siége; *fig.* importuner.

ASSIÉGÉS, *s. m. pl.* ceux qui sont dans une place assiégée.

ASSIETTE, *s. f.* pièce de vaisselle; situation; disposition d'esprit, du corps.

ASSIETTÉE, *s. f.* plein une assiette.

ASSIGNABLE, *adj.* 2 g. qui peut être assigné ou déterminé avec précision.

ASSIGNAT, *s. m.* assignation d'une rente sur un héritage; papier-monnaie créé en 1789 et annulé en 1796.

ASSIGNATION, *s. f.* citation en justice, rendez-vous; destination d'une somme pour un paiement, constitution de rente sur un fonds désigné.

ASSIGNER, *v. a.* é, ée, *p.* faire une assignation, indiquer la cause de, déterminer, fixer, destiner.

ASSIMILATION, *s. f.* action d'assimiler.

ASSIMILER, *v. a.* é, ée, *p.* rendre semblable, comparer; s'—, *v. pr.* se comparer à.

ASSISE, *s. f.* rang de pierres placées horizontalement; *assises*, *s. f. pl.* tribunal jugeant les criminels: lieu, durée de ses séances.

ASSISTANCE, *s. f.* aide, secours, réunion de personnes; *t. de droit*, présence d'un officier de justice.

ASSISTANT, E, *s. et adj.* qui aide; qui est présent; *les assistants*, les personnes présentes.

ASSISTER, *v. a.* é, ée, *p.* secourir, seconder, aider; —, *v. n.* être présent; s'—, *v. réc.* s'aider mutuellement.

ASSOCIATION, *s. f.* union de personnes dans un but commun, action de s'associer.

ASSOCIÉ, E, *s. et adj.* membre d'une association; qui est en société avec...

ASSOCIER, *v. a.* é, ée, *p.* donner ou prendre pour associé; s'—, *v. pr.* entrer en société d'intérêts avec; hanter, former liaison.

ASSOLEMENT, *s. m.* action, manière d'assoler, son effet.

ASSOLER, *v. a.* é, ée, *p.* alterner les cultures.

ASSOMMANT, e, adj. ennuyeux à l'excès.
ASSOMMER, v. a. é, ée, p. tuer en frappant avec quelque chose de pesant, accabler de coups; importuner à l'excès.
ASSOMMEUR, s. m. qui assomme.
ASSOMMOIR, s. m. instrument pour assommer.
ASSOMPTION, s. f. fête de l'église catholique en mémoire de l'enlèvement de la Vierge au ciel; jour où on célèbre cette fête.
ASSONNANCE, s. f. ressemblance imparfaite de son dans la terminaison des mots.
ASSONNANT, e, adj. se dit des mots dont la terminaison sonne à peu près de même.
ASSORTI, e, adj. *marchand bien ou mal —,* qui a, ou qui n'a pas tout ce qui a rapport à son commerce; *époux assortis,* dont les caractères se conviennent.
ASSORTIMENT, s. m. réunion de choses qui ont du rapport entre elles; convenance, union.
ASSORTIR, v. a. i, ie, p. réunir des choses ou des personnes qui se conviennent; s'—, v. n. et pr. se convenir, former un assortiment.
ASSORTISSANT, e, adj. qui assortit, qui convient à.
ASSOUPIR, v. a. i, ie, p. endormir à demi; adoucir, calmer; s'—, v. pr. s'endormir.
ASSOUPISSANT, e, adj. qui assoupit.
ASSOUPISSEMENT, s. m. état d'une personne assoupie; *fig.* négligence.
ASSOUPLIR, v. a. i, ie, p. rendre souple; s'—, v. pr. devenir souple.
ASSOURDIR, v. a. i, ie, p. rendre sourd; s'—, v. pr. devenir sourd.
ASSOUVIR, v. a. i, ie, p. rassasier, apaiser la faim; *fig.* satisfaire ses passions; s'—, v. pr. se rassasier.
ASSOUVISSEMENT, s. m. action d'assouvir; effet de cette action.
ASSUJETTIR ou ASSUJÉTIR, v. a. i, ie, p. soumettre à, astreindre; rendre fixe; s'—, s'astreindre à.
ASSUJETTISSANT, e, adj. qui gêne, astreint.
ASSUJETTISSEMENT, s. m. obligation de faire une chose, contrainte, état de celui qui est assujetti.
ASSURANCE, s. f. certitude, confiance, promesse, hardiesse, fermeté; *contrat d'assurance,* garantie.
ASSURÉ, e, adj. sûr, certain, hardi, qui a un contrat d'assurance.
ASSURÉMENT, adv. certainement.
ASSURER, v. a. é, ée, p. affirmer, garantir, rendre stable, étayer; s'—, v. pr. prendre l'aplomb; *s'— une chose,* pourvoir à ce qu'elle ne manque pas; *s'— d'une chose,* s'en saisir; *s'— de quelqu'un,* l'arrêter, le déterminer à faire ce qu'on lui demande; s'—, espérer, être persuadé.
ASSUREUR, s. m. qui assure contre l'incendie, le naufrage, la grêle, etc.
ASTÉRISQUE, s. m. signe en forme d'étoile qui indique un renvoi (*).
ASTHMATIQUE, adj. et s. 2 g. qui a un asthme.
ASTHME, s. m. grande difficulté de respirer.
ASTIC, s. m. gros os employé par les cordonniers pour lisser les semelles.
ASTICOTER, v. a. é, ée, p. contrarier pour des bagatelles.
ASTRAGALE, s. m. t. d'arch. monture ronde en forme d'anneau dont on orne le haut et le bas des colonnes.
ASTRAL, e, adj. (sans pl.) qui a rapport aux astres; *lampe —,* suspendue.
ASTRE, s. m. corps céleste; *fig.* beauté resplendissante.
ASTRÉE, s. f. nom poétique de la Justice.
ASTREINDRE, v. a. (irr.) (se conj. comme *teindre*), assujettir à; s'—, v. pr. s'assujettir à.
ASTRINGENT, e, s, et adj. qui resserre.
ASTROLABE, s. m. instrument pour mesurer la hauteur

des astres et connaître la latitude du lieu où l'on est.

ASTROLOGIE, s. f. art chimérique de connaître l'avenir d'après l'inspection des astres.

ASTROLOGIQUE, adj. 2 g. qui appartient à l'astrologie.

ASTROLOGUE, s. m. qui prétend être versé dans la science de l'astrologie.

ASTRONOME, s. m. celui qui sait l'astronomie.

ASTRONOMIE, s. f. connaissance des astres; — *physique*, qui explique les phénomènes célestes; — *nautique*, qui a pour objet le ciel vu en pleine mer.

ASTRONOMIQUE, adj. 2 g. qui a rapport à l'astronomie.

ASTRONOMIQUEMENT, adv. selon les règles de l'astronomie.

ASTUCE, s. f. finesse jointe à la méchanceté.

ASTUCIEUSEMENT, adv. avec astuce.

ASTUCIEUX, EUSE, adj. qui a de l'astuce.

ATELIER, s. m. lieu de travail pour des artistes, ou des ouvriers.

ATERMOIEMENT ou **ATERMOIMENT**, s. m. convention pour payer une dette à certains termes.

ATERMOYER, v. a. é, ée, p. prolonger les termes d'un paiement; s'—, v. pr. faire un atermoiment.

ATHÉE, s. m. et adj. qui nie l'existence de Dieu.

ATHÉISME, s. m. opinion des athées.

ATHÉNÉE, s. m. lieu consacré à des réunions littéraires et scientifiques.

ATHÉNIEN, NNE, adj. et s. d'Athènes; *athénienne*, s. f. meuble servant de cassolette, de vase à fleurs.

ATHLÈTE, s. m. celui qui combattait dans les jeux chez les anciens; par extension, adroit, robuste; *fig.* qui combat pour un parti.

ATHLÉTIQUE, adj. 2 g. qui appartient aux athlètes.

ATLANTIQUE, adj. 2 g. de l'Océan.

ATLAS, s. m. recueil de cartes géographiques.

ATMOMÈTRE, s. m. vase pour calculer l'évaporation de l'eau.

ATMOSPHÈRE, s. f. masse d'air qui enveloppe la terre ou d'autres planètes; exhalaison.

ATMOSPHÉRIQUE, adj. 2 g. qui a rapport à l'atmosphère.

ATOME, s. m. corps indivisible à cause de sa petitesse; grain de poussière; substance simple et indivisible; t. d'hist. natur.; genre d'insectes; *fig.* homme nul par sa faiblesse.

À TORT et À TRAVERS, loc. adv. sans réflexion, inconsidérément.

ATOURS, s. m. pl. parure de femme.

ATOUT, s. m. carte de la même couleur que la retourne.

ATRABILAIRE, s. m. et adj. 2 g. d'une humeur triste et chagrine.

ATRABILE, s. f. bile noire, maladie hypocondriaque.

ÂTRE, s. m. place de la cheminée où l'on fait le feu.

ATROCE, adj. 2 g. méchant, féroce, excessif.

ATROCEMENT, adv. d'une manière atroce (peu usité).

ATROCITÉ, s. f. cruauté, énormité d'un crime.

ATTABLER, v. a. é, ée, p. mettre à table; s'—, v. pr. se mettre à table.

ATTACHANT, E, adj. qui intéresse, qui asservit, qui fixe, assujettit.

ATTACHE, s. f. lien, tout ce qui sert à attacher; *fig.* ce qui attache l'esprit, le cœur, etc.

ATTACHÉ, E, adj. intéressé; *fig.* qui cherche l'occasion de..., qui est à la poursuite de...

ATTACHEMENT, s. m. sentiment d'affection; grande application.

ATTACHER, v. a. é, ée, p. joindre ensemble; inspirer de l'attachement; s'—, v. pr. se lier, s'appliquer à.

ATTAQUABLE, adj. 2 g. qu'on peut attaquer.

ATTAQUANTS, s. m. pl. ceux qui attaquent.

ATTAQUE, *s. f.* action d'attaquer; travaux devant une place assiégée; accès de maladie; *fig.* reproches.

ATTAQUER, *v. a.* é, ée, *p.* assaillir, commencer une attaque, une querelle; *fig.* provoquer; s'—à, *v. pr.* se déclarer contre, offenser; s'—, *v. réc.* se provoquer mutuellement; *être attaqué de*, être atteint.

ATTARDER, *v. a.* é, ée, *p.* mettre quelqu'un en retard; s'—, *v. pr.* se mettre tard en route; se retirer tard.

ATTEINDRE, *v. a.* (se conj. sur *teindre*), joindre, attraper, saisir, frapper de loin, toucher; *v. n. fig.* parvenir à, égaler.

ATTEINTE, *s. f.* action d'atteindre, coup, attaque, accès de maladie.

ATTELAGE, *s. m.* animaux attelés ensemble.

ATTELER, *v. a.* é, ée, *p.* attacher des bêtes de somme à une voiture, à une charrue, etc.

ATTENANT, E, *adj.* contigu, tout proche; —, *prép. et adv.* joignant; contre.

ATTENDANT (en), *loc. adv.* jusqu'à ce temps.

ATTENDRE, *v. a.* u, ue, *p.* être dans l'attente, dans l'incertitude, l'espérance ou l'appréhension; différer; s'— à, *v. pr.* compter sur.

ATTENDRIR, *v. a.* i, ie, *p.* rendre tendre, rendre sensible; s'—, *v. pr.* s'émouvoir, devenir tendre.

ATTENDRISSANT, E, *adj.* qui attendrit, qui émeut.

ATTENDRISSEMENT, *s. m.* sentiment de compassion.

ATTENDU, *prép.* vu, eu égard à; —, *conj.* puisque, vu que.

ATTENTAT, *s. m.* entreprise grave contraire aux lois; crime.

ATTENTATOIRE, *adj.* 2 g. qui porte atteinte aux lois, aux droits.

ATTENTE, *s. f.* état de celui qui attend; espérance, incertitude; opinion conçue par avance.

ATTENTER, *v. n.* commettre un attentat.

ATTENTIF, IVE, *adj.* qui a de l'attention, de l'application, des égards.

ATTENTION, *s. f.* application d'esprit; *au pl.* soins, égards.

ATTENTIONNÉ, E, *adj.* qui a des égards, des attentions.

ATTENTIVEMENT, *adv.* avec attention.

ATTÉNUANT, E, *adj.* qui atténue, qui diminue.

ATTÉNUATION, *s. f.* affaiblissement, diminution.

ATTÉNUER, *v. a.* é, ée, *p.* affaiblir, diminuer, amincir, rendre moins grave.

ATTÉRAGE, *s. m.* endroit où un vaisseau peut prendre terre.

ATTÉRIR ou **ATTERRIR**, *v. n.* i, ie, *p.* prendre terre, *t. de mar.*

ATTERRER, *v. a.* é, ée, *p.* renverser par terre, accabler; *fig.* abattre, décourager.

ATTERRISSEMENT ou **ATTÉRISSEMENT**, *s. m.* amas de terre ou de sable formé par les eaux le long du rivage.

ATTESTATION, *s. f.* témoignage, certificat.

ATTESTER, *v. a.* é, ée, *p.* certifier; prendre à témoin.

ATTICISME, *s. m.* grâces de style, délicatesse d'expressions.

ATTIÉDIR, *v. a.* i, ie, *p.* rendre tiède, refroidir, *au propre et au fig.*; s'—, *v. pr.* se refroidir.

ATTIÉDISSEMENT, *s. m.* état d'une chose attiédie, ou qui s'attiédit; tiédeur, refroidissement.

ATTIFER, *v. a.* é, ée, *p.* parer, ajuster avec un soin minutieux; s'—, *v. pr.* se parer.

ATTIFET, *s. m.* ornement, parure de femme.

ATTIQUE, *s. m.* petit étage au-dessus des autres; —, *s. f.* territoire d'Athènes; —, *adj.* 2 g. dans le goût des Athéniens.

ATTIRAIL, *s. m.* (*pl. ails*) grande quantité de choses diverses; superfluités.

ATTIRANT, E, *adj.* qui attire, engageant.

ATTIRER, *v. a.* é, ée, *p.* tirer à soi; gagner par des manières engageantes, occasioner, causer; s'—, *v. pr.* obtenir, encourir.

ATTISER, *v. a.* é, ée, *p.* rapprocher les tisons pour qu'ils brûlent mieux; exciter, entretenir.

ATTISEUR, EUSE, *s.* qui attise.

ATTISOIR, *s. m.* crochet de fer pour attiser le feu.

ATTITRÉ, E, *adj.* ordinaire, habitué.

ATTITRER, *v. a. é, ée, p.* charger d'une mission, d'un emploi.

ATTITUDE, *s. f.* position du corps, mouvement, situation.

ATTOUCHEMENT, *s. m.* action de toucher.

ATTRACTIF, IVE, *adj.* qui attire.

ATTRACTION, *s. f.* action d'attirer, état de ce qui est attiré; force qui attire; *t. d'astr.* tendance que les corps semblent avoir les uns vers les autres.

ATTRAIT, *s. m.* ce qui attire agréablement; penchant, inclination; *au pl.* charmes, beautés.

ATTRAPE, *s. f.* tromperie; *attrape-nigaud, s. m.* ruse grossière, *fam.*

ATTRAPER, *v. a. é, ée, p.* prendre par ruse, surprendre, atteindre en courant, recevoir, gagner, obtenir.

ATTRAPETTE, *s. f.* petite tromperie pour plaisanter.

ATTRAPOIRE, *s. f.* piége pour attraper des animaux.

ATTRAYANT, E, *adj.* qui a des attraits.

ATTRIBUER, *v. a. é, ée, p.* attacher à, accorder, donner; s'—, *v. pr.* prendre pour soi.

ATTRIBUT, *s. m.* ce qui est propre à chaque sujet; symbole; *t. de gramm.* ce qui marque la manière d'être du sujet d'une proposition.

ATTRIBUTIF, IVE, *adj.* qui attribue.

ATTRIBUTION, *s. f.* action d'attribuer, état de ce qui est attribué; partie d'administration, prérogative assignée à un fonctionnaire.

ATTRISTANT, E, *adj.* qui attriste.

ATTRISTER, *v. a. é, ée, p.* rendre triste, affliger; s'—, *v. pr.* devenir triste.

ATTRITION; *s. f.* regret, remords.

ATTROUPEMENT, *s. m.* réunion tumultueuse et illégale.

ATTROUPER, *v. a. é, ée, p.* assembler par troupe; s'—, *v. pr.* s'assembler tumultueusement dans un mauvais dessein.

AU, article contracté pour *à le*; (*pl. aux* pour *à les*) il s'emploie aussi pour *dans, avec, selon*, etc.

AUBADE, *s. f.* concert sous les fenêtres de quelqu'un, avant l'aube du jour; *par antiphrase*, insulte avec vacarme.

AUBAIN, *s. m.* étranger non naturalisé.

AUBAINE, *s. f.* avantage inattendu; succession d'un aubain.

AUBE, rivière qui donne son nom au dép. dont Troyes est le chef-lieu.

AUBE, *s. f.* pointe du jour; vêtement ecclésiastique de toile blanche.

AUBÉPINE, *s. f.* arbrisseau épineux à fleurs odorantes et à fruits rouges.

AUBERGE, *s. f.* maison où les voyageurs mangent et logent en payant.

AUBERGISTE, *s. 2 g.* qui tient auberge.

AUBIER, *s. m.* partie du bois qui, dans les arbres, se trouve immédiatement sous l'écorce; *t. d'hist. nat.* arbre très-dur à fruit en grappes.

AUBUSSON, chef-lieu d'arr. du dép. de la Creuse.

AUCH, chef-lieu du dép. du Gers.

AUCUN, E, *adj. et pron.* (inus. au *pl.*) pas un, nul.

AUCUNEMENT, *adv.* nullement.

AUDACE, *s. f.* témérité, excès de courage, insolence.

AUDACIEUSEMENT, *adv.* avec audace.

AUDACIEUX, EUSE, *adj.* plein d'audace.

AUDE, rivière qui donne son nom au dép. dont Carcassonne est le chef-lieu.

AU DEÇA, *prép.* en deçà, de ce côté-ci.

AU DELA, *prép.* par delà, de l'autre côté.

AU DEVANT, *prép.* à la rencontre.

AUDIENCE, *s. f.* séance, réception, entrevue, lieu de séance, auditoire.

AUDIENCIER, *adj.* et *s. m.* huissier qui appelle les causes.

AUDITEUR, *s. m.* celui qui écoute; qui est attaché à un tribunal, avant d'être juge en titre.

AUDITIF, IVE, *adj.* qui concerne l'ouïe, qui appartient à cet organe.

AUDITION, *s. f.* action d'entendre.

AUDITOIRE, *s. m.* lieu où l'on plaide dans les petites justices, assemblée d'auditeurs.

AUGE, *s. f.* pierre creusée pour faire boire les chevaux; vaisseau en bois pour délayer le plâtre.

AUGÉE, *s. f.* plein l'auge d'un maçon.

AUGET, *s. m.* petite auge où l'on met la mangeaille des oiseaux.

AUGMENTATIF, IVE, *adj.* se dit des particules qui augmentent le sens des mots.

AUGMENTATION, *s. f.* accroissement.

AUGMENTER, *v. a.* é, ée, *p.* accroître, agrandir; —, *v. n.* croître, hausser de prix.

AUGURAL, E, *adj.* qui appartient à l'augure.

AUGURE, *s. m.* présage; celui qui prédit.

AUGURER, *v. a.* et *v. n.* é, ée, *p.* tirer un présage, conjecturer.

AUGUSTE, *adj.* 2 g. grand, respectable, vénérable, d'une gravité imposante.

AUGUSTIN, *s. m.* religieux de la règle de saint Augustin; *Saint Augustin*, caractère d'imprimerie entre le cicéro et le gros texte.

AUGUSTINE, *s. f.* sorte de chaufferette.

AUJOURD'HUI, *adv.* le jour où l'on est; au temps présent.

AULIQUE, *adj.* 2 g. conseiller —, du conseil suprême de l'empire d'Allemagne.

AUMÔNE, *s. f.* don fait par charité.

AUMÔNERIE, *s. f.* charge d'aumônier.

AUMÔNIER, *s. m.* prêtre chargé de dire la messe dans une chapelle particulière.

AUMUSSE ou AUMUCE, *s. f.* fourrure dont les chanoines et les chantres se couvrent la tête.

AUNAGE, *s. m.* mesurage à l'aune.

AUNAIE, *s. f.* lieu planté d'aunes.

AUNE, *s. f.* mesure de longueur de 3 pieds 8 pouces; chose mesurée à l'—.

AUNE ou AULNE, *s. m.* arbre à bois blanc et tendre croissant dans les terres humides.

AUNER, *v. a.* é, ée, *p.* mesurer à l'aune.

AUNETTE, *s. f.* jeune plantation d'aunes.

AUNEUR, *s. m.* qui mesure à l'aune.

AUNIS, anc. prov. de France enclavée dans le dép. de la Charente inférieure.

AUPARAVANT, *adv. de temps*, premièrement (s'emploie sans régime).

AU PIS ALLER, *loc. adv.* en supposant les choses au pire.

AUPRÈS, *prép.* et *adv. de lieu*, tout proche; en comparaison.

AURÉOLE, *s. f.* cercle lumineux; degré de gloire.

AURICULAIRE, *adj.* 2 g. qui a rapport à l'oreille.

AURILLAC, chef-lieu du dép. du Cantal.

AURIPEAU, *s. m.* clinquant, cuivre battu en feuilles très-menues.

AURORE, *s. f.* lumière qui précède le lever du soleil; *fig.* commencement; *adj.* couleur —, jaune doré.

AUSPICE, *s. m.* présage, protection, appui.

AUSSI, *adv.* pareillement; —, *conj.* de même, bien que.

AUSSITÔT, *adv. de temps*, dans le moment.

AUSTER, *s. m.* vent du midi.

AUSTÈRE, *adj.* 2 g. rigoureux, rude, sévère; correct, sans ornement.

AUSTÈREMENT, *adv.* avec austérité.
AUSTÉRITÉ, *s. f.* mortification, sévérité, rigueur, âpreté.
AUSTRAL, E, *adj. (sans pl. m.)* du midi.
AUTAN, *s. m.* vent du midi.
AUTANT, *adv.* marque quantité, égalité, comparaison; aussi; *d'autant que*, parce que; *qu'autant que*, selon que.
AUTEL, *s. m.* sorte de table pour la célébration d'un culte, d'un sacrifice; *maître-*, principal autel d'une église.
AUTEUR, *s. 2 g.* première cause d'une chose; celui dont on descend; inventeur, écrivain; autorité sur laquelle on fonde un raisonnement.
AUTHENTICITÉ, *s. f.* qualité de ce qui est authentique.
AUTHENTIQUE, *adj. 2 g.* incontestable, solennel, légalisé, qui fait preuve.
AUTHENTIQUEMENT, *adv.* d'une manière authentique.
AUTHENTIQUER, *v. a.* é, ée, *p.* rendre authentique.
AUTOCRATE, *s. m.* qui gouverne de sa seule autorité; titre du souverain de la Russie; *autocratrice*, *s. f.* l'épouse de ce souverain.
AUTOCRATIE, *s. f.* gouvernement absolu d'un seul.
AUTO-DA-FÉ, *s. m.* (acte de foi) exécution d'un jugement de l'inquisition qui condamne à périr dans les flammes.
AUTOGRAPHE, *s. m.* et *adj. 2 g.* écrit de la main de l'auteur.
AUTOMATE, *s. m.* machine qui imite, au moyen de ressorts, les mouvements des corps animés; *fig.* personne stupide.
AUTOMNAL, E, *adj.* (sans pl. au masc.) d'automne.
AUTOMNE, *s. m.* et *f.* (le m. est plus usité) troisième saison de l'année, entre l'été et l'hiver; *fig.* âge qui précède la vieillesse.
AUTOPSIE, *s. f.* inspection et description de toutes les parties d'un cadavre.
AUTORISATION, *s. f.* acte par lequel on autorise, permission.
AUTORISER, *v. a.* é; ée, *p.* donner autorité, permettre; *v. pr.* s'appuyer sur une autorité.
AUTORITÉ, *s. f.* puissance légitime, droit, crédit, considération; opinion, raisonnement dont on s'autorise; *d'—*, d'une manière impérieuse.
AUTOUR, *s. m.* oiseau de proie du genre de l'épervier.
AUTOUR, *prép.* aux environs, auprès, ici près; *tout autour*, *loc. adv.* de tous côtés.
AU TRAVERS ou **À TRAVERS**, *prép.* au milieu, par le milieu.
AUTRE, *adj.* ou *pron. rel.* 2 g. qui marque distinction, différence, égalité, compensation.
AUTREFOIS, *adv.* anciennement.
AUTREMENT, *adv.* d'une autre façon; sinon, sans quoi.
AUTRE-PART, *adv.* ailleurs; *d'autre part*, d'ailleurs, de plus.
AUTRICHE, grand empire d'Allemagne.
AUTRICHIEN, NNE, *s.* et *adj.* d'Autriche.
AUTRUCHE, *s. f.* le plus grand des oiseaux; *fig.* personne grande, lourde et stupide.
AUTRUI, *s. m.* (sans pl.) les autres personnes.
AUTUN, chef-lieu d'arr. du dép. de Saône et Loire.
AUVENT, *s. m.* petit toit en saillie pour garantir de la pluie.
AUVERGNAT, E, *adj.* et *s.* qui est de l'Auvergne.
AUVERGNE, anc. prov. de France formant les dép. du Cantal et du Puy-de-Dôme.
AUVERNAT, *s. m.* sorte de raisin; gros vin d'Orléans rouge et fumeux.
AUXERRE, chef-lieu du dép. de l'Yonne.
AUXILIAIRE, *adj. 2 g.* et *s.* qui aide.
AVACHIR (s'), *v. pr.* i, ie, *p.* devenir mou, s'élargir.
AVAL, *adv.* par en bas, en descendant la rivière.
AVAL, *s. m.* caution, garantie.
AVALAGE, *s. m.* action de faire descendre un bateau sur une rivière; route que suit ce

bateau; action de descendre des vins dans les caves.

AVALAISON, *s. f.* chute d'eau impétueuse formée par des torrents.

AVALANCHE, *s. f.* masse de neige qui se détache du haut des montagnes.

AVALANT, E, *adj.* qui suit le cours de l'eau.

AVALER, *v. a.* é, ée, *p.* faire descendre par le gosier dans l'estomac; — *des yeux*, convoiter; —, *v. n.* suivre le cours de l'eau, *t.* de batelier.

AVALEUR, EUSE, *s.* qui avale avec avidité.

AVALLON, chef-lieu d'arr. du dép. de l'Yonne.

AVALOIRE, *s. f.* grand gosier.

AVALURE, *s. f.* bourrelet, défectuosité du sabot du cheval.

AVANCE, *s. f.* ce qui est fait par anticipation; *t. d'architect.* saillie, ce qui déborde; *au pl.* premières démarches pour concilier.

AVANCÉ, E, *adj.* déjà vieux; en partie écoulé, près de sa fin; instruit, développé; qui est en avant.

AVANCEMENT, *s. m.* progrès quelconque; ce qu'on donne d'avance.

AVANCER, *v. a.* é, ée, *p.* porter, pousser en avant, prêter, proposer; —, *v. n.* aller en avant; anticiper.

AVANIE, *s. f.* humiliation, vexation, insulte.

AVANT, *prép.* marquant priorité de temps, d'ordre, de lieu; elle entre dans la composition de plusieurs mots; *avant de, avant que de*, *conj.*; *en avant*, *adv.* de lieu et de temps, plus loin, ensuite, après.

AVANT, *s. m.* proue d'un vaisseau.

AVANTAGE, *s. m.* ce qui est profitable, supériorité; *à l'avantage de*, au profit de...

AVANTAGER, *v. a.* é, ée, *p.* favoriser.

AVANTAGEUSEMENT, *adv.* d'une manière avantageuse.

AVANTAGEUX, EUSE, *adj.* et *s.* qui produit avantage, qui sied bien, utile, profitable, confiant, présomptueux.

AVANT-BRAS, *s. m.* (inv.) partie du bras depuis le coude jusqu'au poignet.

AVANT-CORPS, *s. m.* (inv.) partie d'un bâtiment en saillie.

AVANT-COUR, *s. f.* (*pl. avant-cours*) première cour d'une maison.

AVANT-COUREUR, *s. m.* (*pl. avant-coureurs*) qui précède, qui annonce.

AVANT-DERNIER, IÈRE, *adj.* (*pl. avant-derniers*) qui est avant le dernier.

AVANT-GARDE, *s. f.* (*pl. avant-gardes*) première ligne d'un corps armé en marche ou en bataille.

AVANT-GOÛT, *s. m.* (sans *pl.*) goût qu'on a par avance, essai de quelque chose.

AVANT-HIER, *adv.* le jour qui précédait hier.

AVANT-JOUR, *s. m.* (inv.) avant le lever du soleil.

AVANT-POSTE, *s. m.* poste militaire le plus près de l'ennemi. (*pl. avant-postes.*)

AVANT-PROPOS, *s. m.* préface, introduction, préliminaire d'un récit.

AVANT-QUART, *s. m.* (*pl. avant-quarts*) coup sonné par une horloge peu de minutes avant l'heure.

AVANT-SCÈNE, *s. f.* partie du théâtre entre la toile et l'orchestre.

AVANT-TOIT, *s. m.* (*pl. avant-toits*) toit en saillie.

AVANT-TRAIN, *s. m.* (*pl. avant-trains*) les deux roues de devant et le timon d'une voiture.

AVANT-VEILLE, *s. f.* (*pl. avant-veilles*) le jour qui précède la veille.

AVARE, *s.* et *adj.* 2 g. qui aime trop l'argent; qui ménage les choses utiles, l'opposé de *prodigue.*

AVARICE, *s. f.* attachement excessif aux richesses; amour de l'argent.

AVARICIEUX, EUSE, *s.* et *adj.* qui donne peu et rarement.

AVARIE, *s. f.* dommage arrivé à un vaisseau, à des marchandises; droit exigé dans un port

pour le mouillage des vaisseaux.
AVARIÉ, E, *adj.* endommagé, gâté.
À VAU-L'EAU, *adv.* au cours de l'eau ; *aller à* —, ne pas réussir.
AVÉ ou **AVÉ-MARIA,** *s. m.* (Inv.) invocation à la sainte Vierge.
AVEC, *prép.* ensemble, conjointement ; contre.
AVEINDRE, *v. a.* (irr. se conj. sur *teindre*) tirer une chose d'où elle était placée, rangée, serrée ; *p. p.* aveint, e.
AVEINE, *s. f.* (vieux mot) avoine.
AVELINE, *s. f.* grosse noisette violette.
AVELINIER, *s. m.* arbre qui porte les avelines : (variété du noisetier.)
AVENANT, E, *adj.* prévenant, agréable ; *à l'*—, *adv.* à proportion.
AVÉNEMENT, *s. m.* venue, arrivée, élévation à la souveraineté.
AVENIR, *v. n.* et *imp.* arriver par accident (il ne s'emploie qu'à l'inf. et aux personnes ci-après : il *avenait,* il *avint,* il *aviendra,* il *aviendrait,* qu'il *avienne,* qu'il *avînt, avenant, avenu, ue).*
AVENIR, *s. m.* le temps futur ; postérité ; *temps avenir,* le futur, t *de gramm.* ; —, *adj.* 2 g. qui doit venir ; *à l'*—, *adv.* désormais.
AVENT, *s. m.* temps pendant lequel les catholiques se préparent à célébrer la fête de Noël.
AVENTURE, *s. f.* accident, événement imprévu, hasard ; *mal d'*—, abcès au doigt ; *à l'*—, *adv.* au hasard.
AVENTURÉ, E, *adj.* qui court des chances défavorables.
AVENTURER, *v. a.* é, ée, *p.* hasarder.
AVENTUREUX, EUSE, *adj.* qui se hasarde.
AVENTURIER, IÈRE, *s.* qui cherche les aventures.
AVENU, E, *adj. non* —, nul, anéanti, détruit.
AVENUE, *s. f.* allée d'arbres, passage par où on arrive à quelque endroit.

AVÉRÉ, E, *adj.* prouvé, constaté.
AVÉRER, *v. a.* é, ée, *p.* prouver qu'une chose est vraie.
AVERSE, *s. f.* pluie subite et abondante ; *à verse, loc. adv.* abondamment.
AVERSION, *s. f.* haine, antipathie, répugnance.
AVERTI, *s. m.* avis.
AVERTIR, *v. a.* i, ie, *p.* donner avis, informer.
AVERTISSEMENT, *s. m.* avis, information, conseil ; préface.
AVESNES, chef-lieu d'arr. du dép. du Nord.
AVEU, *s. m.* reconnaissance d'un fait ; approbation, consentement ; *homme sans aveu,* vagabond.
AVEUGLE, *s.* et *adj.* 2 g. privé de la vue ; *fig.* privé de jugement.
AVEUGLEMENT, *s. m.* privation de la vue ; *fig.* des lumières de la raison ; égarement, erreur.
AVEUGLÉMENT, *adv.* sans réflexion.
AVEUGLER, *v. a.* é, ée, *p.* rendre aveugle, éblouir, ôter l'usage de la vue, de la raison ; s'—, *v. pr.* se tromper.
AVEUGLETTE (à l'), *loc. adv.* à tâtons, dans l'obscurité.
AVEYRON, nom d'une rivière et d'un dép.
AVICEPTOLOGIE, *s. f.* traité de la chasse aux oiseaux.
AVIDE, *adj.* 2 g. qui désire ardemment.
AVIDEMENT, *adv.* avec avidité.
AVIDITÉ, *s. f.* désir ardent et insatiable.
AVIGNON, chef-lieu du dép. de Vaucluse.
AVILI, E, *adj.* méprisable, vil.
AVILIR, *v. a.* i, ie, *p.* rendre vil ; déprécier ; s'—, *v. pr.* devenir vil, se dégrader ; perdre de son prix.
AVILISSANT, E, *adj.* qui avilit.
AVILISSEMENT, *s. m.* état d'une personne, d'une chose avilie.
AVINER, *v. a.* é, ée, *p.* imbiber de vin ; *homme aviné,* qui a bu outre mesure.

3.

AVIRON, *s. m.* sorte de rame des bateliers.
AVIS, *s. m.* opinion, sentiment, avertissement.
AVISÉ, E, *adj.* sage, prudent.
AVISER, *v. a.* é, ée, *p.* donner avis ; —, *v. n.* prendre garde, faire attention ; s'—, *v. pr.* trouver, imaginer.
AVISO, *s. m.* (*pl. avisos*) bâtiment léger chargé de transporter des dépêches par mer.
AVITAILLEMENT, *s. m.* approvisionnement de vivres.
AVITAILLER, *v. a.* é, ée, *p.* fournir de vivres un camp, une place forte.
AVIVER, *v. a.* é, ée, *p.* donner de l'éclat, de la vivacité ; s'—, *v. pr.* recevoir de l'éclat.
AVOCAT, *s. m.* qui fait profession de plaider devant les tribunaux ; *fig.* celui qui intercède pour un autre.
AVOINE, *s. f.* sorte de grain qui sert particulièrement à la nourriture des chevaux.
AVOINERIE, *s. f.* terre semée d'avoine.
AVOIR, *v. a.* (irr.) posséder, être doué de, ressentir ; *avoir à*, devoir, avoir l'intention de ; —, *v. imp.* avec l'adv. *y*, exister, —, *v. auxil.* sert à se conjuguer lui-même (*j'ai eu*), ou à conjuguer soit le *v. être*, soit les temps composés des *v. a.*, soit enfin presque tous les *v. n.* ; *Ind. pr.* j'ai, tu as, il a, n. avons, v. avez, ils ont ; *imp.* j'avais, tu avais, il avait, n. avions, v. aviez, ils avaient ; *p. déf.* j'eus, tu eus, il eut, n. eûmes, v. eûtes, ils eurent ; *fut.* j'aurai, tu auras, etc.; n. aurons, etc. ; *cond.* j'aurais, etc., n. aurions, etc.; *impé.* aye, ayons, ayez ; *subj. pr.* que j'aie, q. tu aies, qu'il ait, q. n. ayons, q. v. ayez, qu'ils aient ; *imp. subj.* q. j'eusse, etc., q. n. eussions, etc.; *p. pr.* ayant ; *p. p.* eu, eue.
AVOIR, *s. m.* (sans *pl.*) ce qu'on possède en propriété ; en termes de commerce, l'opposé de *dette* ou de *doit*.
AVOISINER, *v. a.* é, ée, *p.* être proche, voisin de...
AVORTÉ, E, *adj.* qui n'est pas venu à maturité, qui n'a pas réussi.
AVORTEMENT, *s. m.* action d'avorter.
AVORTER, *v. n.* ne pas arriver à maturité ; ne pas réussir.
AVORTON, *s. m.* qui n'est pas venu à terme, à maturité ; *fig.* petite personne mal faite.
AVOUÉ, *s. m.* qui fait les fonctions de procureur ; officier ministériel qui conduit la procédure devant les tribunaux.
AVOUER, *v. a.* é, ée, *p.* confesser une chose ; approuver, autoriser ; s'—, *v. pr.* se reconnaître.
AVOYER, *s. m.* premier magistrat suisse.
AVRANCHES, chef-lieu d'arr. du dép. de la Manche.
AVRIL, *s. m.* quatrième mois de l'année ; *poisson d'—*, attrape faite le premier jour d'avril.
AXE, *s. m.* ligne droite qui passe par le centre d'un globe et sur laquelle le globe tourne.
AXIOME, *s. m.* vérité démontrée, maxime.
AYANT-CAUSE, *s. m.* (inv.) héritier, représentant, *t. de droit*.
AZIME, *adj.* 2 g. qui est sans levain.
AZOTE, *s. m. t. de chimie*, fluide élastique qui compose la plus grande partie de l'air atmosphérique, et qui ne peut entretenir ni la respiration ni la combustion ; *adj. gaz —*, azote gazeux.
AZOTH, *s. m. t. de chimie*, principe des métaux ; mercure.
AZUR, *s. m.* cobalt, minéral bleu ; sa couleur.
AZURÉ, E, *adj.* couleur d'azur.
AZURER, *v. a.* é, ée, *p.* mettre de l'azur.

B.

B, *s. m.* deuxième lettre de l'alphabet, et la première des consonnes.
BABEL, *s. m.* confusion.
BABEURE ou **BABEURRE**, *s. m.* liqueur séreuse laissée par le lait battu et converti en beurre.

BABIL, *s. m.* abondance de paroles inutiles, intempérance de langue.

BABILLARD, E, *adj. et s.* qui a du babil, indiscret, qui parle trop par légèreté.

BABILLER, *v. n.* avoir du babil.

BABINE, *s. f.* lèvre des animaux, des vaches, des singes.

BABIOLE, *s. f.* jouet d'enfant; bagatelle.

BÂBORD, *s. m.* côté gauche d'un vaisseau en partant de la poupe; vaisseau *à bordage bas.*

BABOUCHE, *s. f.* sorte de pantoufle dont l'usage est venu du Levant.

BABOUIN, *s. m.* espèce de gros singe; *fém. babouine.*

BABYLONIEN, NNE, *adj. et s.* de Babylone.

BAC, *s. m.* grand bateau plat servant au passage des voitures sur les rivières.

BACCALAURÉAT, *s. m.* titre de bachelier; premier degré pour parvenir au doctorat.

BACCHANAL, *s. m.* grand bruit, tapage.

BACCHANALE, *s. f.* danse de bacchantes et de satyres; tableau qui la représente; orgie; —, *au pl.* fêtes de Bacchus, lieu, temps où elles se célébraient.

BACCHANTE, *s. f.* prêtresse de Bacchus.

BACCIFÈRE, *adj. 2 g.* qui porte des baies.

BACCIFORME, *adj. 2 g.* qui a la forme d'une baie.

BÂCHE, *s. f.* grosse toile pour couvrir les marchandises sur les voitures ou les bateaux; filet que l'on traîne dans l'eau.

BACHELETTE, *s. f.* jeune et jolie fille.

BACHELIER, *s. m.* celui qui est promu au baccalauréat.

BÂCHER, *v. a.* é, ée, *p.* couvrir avec une bâche.

BACHIQUE, *adj. 2 g.* qui appartient à Bacchus; *chanson —,* chanson à boire.

BACHON, *s. m.* bachoue.

BACHOT, *s. m.* petit bateau.

BACHOTAGE, *s. m.* conduite d'un bachot.

BACHOTEUR, *s. m.* batelier qui conduit un bachot.

BACHOTTE, *s. f.* sorte de baquet pour transporter à cheval du poisson vivant.

BACHOUE, *s. f.* hotte de bois servant à porter de l'eau, du raisin.

BÂCLAGE, *s. m.* arrangement des bateaux dans un port; droit que l'on paie pour cet arrangement; fermeture d'un port.

BÂCLER, *v. a.* é, ée; *p.* expédier à la hâte, se presser; ranger un bateau pour le charger ou le décharger; — un port, le fermer.

BADAUD, E, *s.* niais, d'une curiosité frivole.

BADAUDAGE, *s. m.* badauderie.

BADAUDER, *v. n.* niaiser, muser.

BADAUDERIE, *s. f.* discours, action de badaud.

BADIGEON, *s. m.* couleur dont on peint les murailles; pâte à l'usage des peintres, des sculpteurs, pour boucher des trous, des gerçures, etc.

BADIGEONER, *v. a.* é, ée; *p.* peindre avec du badigeon; remplir les creux avec du badigeon.

BADIGEONEUR, *s. m.* celui qui badigeonne.

BADIN, E, *s. et adj.* qui s'amuse à des bagatelles; enjoué, plaisant.

BADINAGE, *s. m.* discours badin, plaisanterie, bagatelle.

BADINE, *s. f.* petite baguette, petite canne.

BADINER, *v. n.* faire le badin, plaisanter.

BADINERIE, *s. f.* bagatelle.

BAFOUER, *v. a.* é, ée; *p.* traiter injurieusement et avec mépris.

BÂFRE ou **BÂFRERIE**, *s. f.* repas où l'on mange abondamment et avec excès.

BÂFRER, *v. n.* manger avec excès.

BÂFREUR, EUSE, *s.* qui mange avec excès.

BAGAGE, *s. m.* paquet, équipage de voyage ou de guerre.

BAGARRE, *s. f.* tumulte, querelle, grand bruit, embarras de voiture.

BAGATELLE, s. f. chose frivole et de peu de prix.

BAGNE, s. m. lieu où l'on renferme les forçats.

BAGNÈRES, chef-lieu d'arr. du dép. des Hautes-Pyrénées.

BAGNOLET, s. m. ou **BAGNOLETTE**, s. f. ancienne coiffure de femme.

BAGUE, s. f. anneau que l'on porte au doigt; *bague au doigt*, maison, terre, etc. pour l'agrément seul.

BAGUENAUDE, s. f. fruit du baguenaudier renfermé dans une sorte de petite vessie ou de gousse qui éclate lorsqu'on la presse.

BAGUENAUDER, v. n. perdre son temps.

BAGUENAUDIER, s. m. arbrisseau qui produit les baguenaudes; celui qui baguenaude; espèce de jeu d'enfant.

BAGUER, v. a. é, ée, p. arrêter à grands points les plis d'une robe, d'une étoffe.

BAGUETTE, s. f. bâton mince, houssine, verge de fer; t. d'*arch.* moulure ronde imitant une baguette.

BAGUIER, s. m. petit coffret pour serrer des bagues.

BAH, *interj.* qui marque le doute, le dédain, l'étonnement.

BAHUT, s. m. coffre couvert de cuir et dont le couvercle est voûté.

BAHUTIER, s. m. faiseur de bahuts.

BAI, E, *adj.* rouge-brun (se dit du poil d'un cheval).

BAIE, s. f. ouverture laissée dans les murs pour y mettre une porte; petit fruit de certains arbres; tromperie, mystification.

BAIGNER, v. a. é, ée, p. mettre dans l'eau, arroser, mouiller; couler auprès, le long, à travers, etc. — v. n. être plongé dans un fluide; *se* —, v. pr. prendre un bain; *se baigner dans le sang*, *fig.* se plaire à répandre le sang.

BAIGNEUR, EUSE, s. qui se baigne, qui tient des bains.

BAIGNOIRE, s. f. cuve où l'on prend les bains.

BAIL, s. m. (pl. *baux*), location, contrat de louage.

BAILLE (ll m.), s. f. moitié d'un tonneau en baquet.

BAILLE-BLÉ (ll m.), s. m. tringle qui, dans un moulin fait tomber le grain sur la meule.

BÂILLEMENT (ll m.), s. m. action de bâiller; hiatus.

BÂILLER (ll m.), v. n. ouvrir extraordinairement la bouche en respirant avec force; *fig.* s'entr'ouvrir.

BAILLER (ll m.), v. a. é, ée, p. donner, livrer.

BAILLEUR, RESSE (ll m.), s. qui donne à bail, l'opposé de *preneur*.

BÂILLEUR, EUSE (ll m.), s. qui est sujet à bâiller.

BAILLI (ll m.), s. m. ancien magistrat, officier de justice.

BAILLIAGE (ll m.), s. m. tribunal, juridiction, maison d'un bailli.

BÂILLON (ll m.), s. m. ce qu'on met dans la bouche d'une personne pour l'empêcher de crier ou dans la gueule d'une bête pour l'empêcher de mordre.

BÂILLONNER (ll m.), v. a. é, ée, p. mettre un bâillon; *fig.* imposer silence.

BAIN, s. m. liquide, ou vase dans lequel on se baigne; *au pl.* se dit de certaines eaux naturellement chaudes où l'on va se baigner; action de se baigner, temps où l'on se baigne; *bain-marie*, s. m. eau chaude dans laquelle on plonge un vase qui contient ce qu'on veut faire chauffer; (pl. *bains-marie*.)

BAÏONNETTE, s. f. arme aiguë qui se met au bout d'un fusil.

BAISE-MAIN, s. m. hommage, compliments, recommandations; il est *fém.* dans cette phrase, *à belles baise-mains*, c.-à-d. avec soumission.

BAISEMENT, s. m. action de baiser.

BAISER, v. a. é, ée, p. appliquer sa bouche sur le visage ou sur la main de quelqu'un, en signe d'amitié, de respect, de civilité; *se baiser*, v. réc. se donner mutuellement un baiser; se toucher, se joindre en parlant des choses.

BAISER, s. m. action de celui qui baise.
BAISEUR, EUSE, s. celui qui aime à donner des baisers.
BAISSE, s. f. déchet, diminution.
BAISSER, v. a. é, ée, p. mettre ou rendre plus bas; —, v. n. aller en diminuant, décroître, s'affaiblir; se —, v. pr. se courber.
BAISSIÈRE, s. f. reste du vin, de la bière, etc., près de la lie.
BAISURE, s. f. l'endroit où un pain en a touché un autre dans le four.
BAJOUE, s. f. partie de la tête de plusieurs animaux depuis l'œil jusqu'à la mâchoire.
BAL, s. m. réunion pour danser, lieu où l'on danse (au pl. bals.)
BALADIN, E, s. danseur de théâtre, bouffon.
BALAFRE, s. f. blessure au visage, cicatrice qu'elle laisse.
BALAFRÉ, E, adj. qui a une ou plusieurs balafres.
BALAFRER, v. a. é, ée, p. faire une balafre.
BALAI, s. m. instrument de ménage pour enlever les ordures.
BALAIS, adj. m. rubis —, de couleur de vin paillet.
BALANCE, s. f. instrument pour peser; irrésolution, incertitude; état final, solde du livre de compte; signe du zodiaque.
BALANCÉ, s. m. pas de danse où le corps se balance d'un pied sur l'autre.
BALANCEMENT, s. m. mouvement qui fait pencher d'un côté et d'un autre; hésitation, action de balancer.
BALANCER, v. a. é, ée, p. tenir en équilibre; fig. examiner, tenir en suspens; —, v. n. être en suspens, hésiter; se —, v. pr. se pencher d'un côté et d'un autre en marchant; se mettre sur la balançoire.
BALANCIER, s. m. pièce dont le balancement règle le mouvement de l'horloge; machine pour frapper des pièces de monnaie; bâton dont se servent les danseurs de corde pour garder l'équilibre; celui qui vend des balances pour peser.
BALANÇOIRE, s. f. siège suspendu servant à se balancer.
BALANT, s. m. partie de la corde qui n'est pas tendue.
BALASSE, s. f. balle d'avoine, couette de lit; jarre de terre où l'eau se rafraîchit.
BALAYAGE, s. m. action de balayer, son effet, salaire du balayeur.
BALAYER, v. a. é, ée, p. ôter les ordures avec un balai, nettoyer; fig. dissiper, chasser
BALAYEUR, EUSE, s. qui balaie.
BALAYURES, s. f. pl. ordures amassées avec le balai.
BALBUTIEMENT, s. m. action de balbutier, défaut d'organe qui le produit.
BALBUTIER, v. n. et v. a. prononcer imparfaitement, du bout des lèvres, en hésitant
BALCON, s. m. saillie d'une fenêtre entourée d'une balustrade, grille d'appui.
BALDAQUIN, s. m. espèce de ciel de lit, dais, catafalque.
BALEINE, s. f. le plus grand de tous les poissons; espèce de corne flexible qu'on en tire.
BALEINÉ, E, adj. garni de baleines.
BALEINIER, s. et adj. m. navire pour la pêche de la baleine.
BALÈVRE, s. f. lèvre inférieure; t. d'archit. débord, saillie, éclat près d'un joint.
BALIN, s. m. pièce de toile qui reçoit le grain vanné ou criblé.
BALINE, s. f. grosse étoffe de laine pour les emballages.
BALISAGE, s. m. nettoiement d'une rivière.
BALISE, s. f. marque, pieu qui indique les endroits dangereux pour la navigation; espace libre le long des rivières pour le halage.
BALISER, v. a. é, ée, p. mettre des balises.
BALISEUR, s. m. inspecteur des chemins de halage.
BALISTE, s. f. ancienne machine de guerre pour lancer des pierres.

BAL   BAN

BALISTIQUE, *s. f.* science du mouvement des corps pesants lancés dans l'air.
BALIVAGE, *s. m.* choix, compte et marque des baliveaux.
BALIVEAU, *s. m.* jeune arbre laissé sur pied lors de la coupe d'un taillis.
BALIVERNE, *s. f.* discours frivole.
BALIVERNER, *v. n.* s'occuper de balivernes.
BALLADE, *s. f.* ancienne poesie française composée de couplets sur les mêmes rimes et qui finissent tous par le même vers.
BALLANT, *adj. m.* aller les *bras ballants*, en les laissant aller suivant le mouvement du corps.
BALLE, *s. f.* corps sphérique destiné à être lancé; pelote ronde, petite boule servant à jouer à la paume; paquet de marchandises; petite boule de plomb dont on charge les armes à feu.
BALLER, *v. n.* danser, être bras ballants.
BALLET, *s. m.* danse dramatique.
BALLON, *s. m.* vessie enflée d'air et recouverte de cuir, avec laquelle on joue; aérostat.
BALLONNIER, *s. m.* faiseur de ballons.
BALLOT, *s. m.* paquet de marchandises emballées.
BALLOTTAGE, *s. m.* action de ballotter dans une élection.
BALLOTTEMENT, *s. m.* action de remuer, d'agiter une chose.
BALLOTTER, *v. a.* é, ée, *p.* discuter, délibérer; tenir en suspens quelqu'un; —, *v. n.* peloter, se renvoyer la balle sans faire partie; aller aux suffrages.
BALOURD, E, *s.* personne grossière et stupide.
BALOURDISE, *s. f.* stupidité, chose dite ou faite sans esprit et mal à propos; caractère du balourd.
BALSAMIER, *s. m.* arbre exotique à suc résineux et balsamique.
BALSAMINE, *s. f.* plante annuelle cultivée dans les jardins; sa fleur.
BALSAMIQUE, *adj. 2 g.* qui a un parfum analogue à celui du baume.
BALSAMUM, *s. m.* arbre qui produit le baume.
BALUSTRADE, *s. f.* clôture à hauteur d'appui, assemblage de balustres.
BALUSTRE, *s. m.* petit pilier façonné; balustrade.
BALUSTRER, *v. a.* é, ée, *p.* orner d'une balustrade.
BALZAC ou **MORCEAU**, *s. m.* sorte de raisin.
BALZAN, *adj. cheval* —, noir ou bai, qui a des balzanes.
BALZANE, *s. f.* marque blanche aux pieds des chevaux.
BAMBIN, *s. m.* petit enfant.
BAMBOCHADE, *s. f.* tableau dans le genre grotesque.
BAMBOCHE, *s. f.* grande marionnette; personne très-petite; —, *au pl.* mauvaises farces.
BAMBOCHEUR, EUSE, *s.* qui fait des bamboches.
BAMBOU, *s. m.* espèce de roseau des Indes.
BAN, *s. m.* publication, convocation, bannissement.
BANAL, E, *adj.* commun, trivial.
BANALITÉ, *s. f.* qualité de ce qui est banal; ancien droit seigneurial.
BANANE, *s. f.* fruit du bananier.
BANANIER, *s. m.* figuier des Indes à très-grandes feuilles.
BANC, *s. m.* siége long et étroit; écueil, roche cachée sous l'eau; amas de sable dans l'eau, lit de pierres dans une carrière.
BANCAL, E, *adj.* qui a les jambes tortues.
BANCROCHE, *adj. 2 g.* bancal, *fam.*
BANDAGE, *s. m.* lien qui sert à bander, manière de bander les plaies, application de bandes.
BANDAGISTE, *s. m.* celui qui fait des bandages.
BANDE, *s. f.* lien plat et large qui sert à bander; rebords intérieurs du billard; troupe, compagnie.
BANDEAU, *s. m.* bande qui ceint le front, qui couvre les yeux; diadème.
BANDELETTE, *s. f.* petite bande.

BANDER, *v. a.* é, ée, *p.* lier avec une bande; mettre un bandeau sur les yeux; tendre avec effort; —, *v. n.* être tendu; se —, *v. pr.* s'opposer à...

BANDEREAU, *s. m.* cordon qui sert à porter une trompette en bandoulière.

BANDEROLE, *s. f.* espèce d'étendard.

BANDIÈRE, *s. f.* bannière.

BANDIT, *s. m.* vagabond malfaisant, homme sans aveu.

BANDOIR, *s. m. t. de mar.* poulie pour bander les cordages.

BANDOULIER, *s. m.* brigand des montagnes; mauvais garnement.

BANDOULIÈRE, *s. f.* bande de cuir qui passe de l'épaule gauche sous le bras droit et sert à porter le mousqueton; espèce de baudrier.

BANLIEUE, *s. f.* certaine étendue de pays autour d'une ville; et qui en dépend.

BANNE, *s. f.* grande toile tendue pour couvrir les marchandises, les garantir du soleil, de la pluie, etc.; espèce de loge.

BANNEAU, *s. m.* hotte en bois pour vendanger; petite banne, mesure pour les liquides.

BANNER, *v. a.* é, ée; *p.* couvrir d'une banne.

BANNERET, *s. m. et adj.* seigneur qui avait le droit de porter bannière à la guerre.

BANNETON, *s. m.* coffre percé pour conserver le poisson dans l'eau; panier d'osier doublé de toile où les boulangers font lever la pâte.

BANNETTE, *s. f.* espèce de corbeille d'osier.

BANNI, *s. m.* celui qui a encouru le bannissement; *banni*, e, *adj.* qui est exilé.

BANNIÈRE, *s. f.* drapeau, étendard.

BANNIR, *v. a.* 1, ie, *p.* condamner à l'exil; éloigner, exclure, chasser; se —de, *v. pr.* se retirer, s'éloigner de.

BANNISSABLE, *adj.* 2 g. qui doit être banni.

BANNISSEMENT, *s. m.* condamnation à l'exil; état d'un banni.

BANQUE, *s. f.* caisse publique, commerce d'argent, fonction de banquier.

BANQUEROUTE, *s. f.* action de frustrer volontairement et frauduleusement des créanciers.

BANQUEROUTIER, IERE, *s.* qui fait ou a fait banqueroute.

BANQUET, *s. m.* repas de cérémonie, festin.

BANQUETTE, *s. f.* banc rembourré; trottoir sur un quai; petite élévation derrière un parapet, *t. de fortificat.*; appui de pierre.

BANQUIER, *s. m.* celui qui tient une banque.

BAPTÊME, *s. m.* le premier des sept sacrements de l'église par lequel on devient chrétien; action de verser de l'eau sur la tête.

BAPTISER, *v. a.* é, ée, *p.* conférer le baptême, bénir, arroser d'eau.

BAPTISMAL, E, *adj.* (*pl. m. aux*) qui appartient au baptême; *fonts baptismaux*, sorte de réservoir où l'on conserve les eaux du baptême.

BAPTISTAIRE, *s. m.* registre où sont écrits les noms de ceux qu'on baptise; —, *adj.* extrait de ce registre.

BAPTISTÈRE, *s. m.* chapelle où l'on baptise.

BAQUET, *s. m.* espèce de petit cuvier en bois.

BARAGOUIN ou **BARAGOUINAGE**, *s. m.* langage imparfait et corrompu.

BARAGOUINER, *v. n.* parler mal une langue; —, *v. a.* é, ée, *p.* mal prononcer

BARAGOUINEUR, EUSE, *s.* qui baragouine.

BARALIPTON, *s. m.* sorte d'argument, *t. de logique.*

BARAQUE, *s. f.* hutte, petit logement, maison mal bâtie, en mauvais état.

BARAQUER, *v. a.* é, ée, *p.* faire des baraques.

BARAT, *s. m.* ou **BARATTERIE**, *s. f.* malversation, fraude, indication d'une fausse route, *t. de mar.*

BARATTE, *s. f.* baril long et étroit où l'on bat le beurre.

BA

BARATTER, *v. a.* é, ée, *p.* battre le lait dans la baratte.

BARBACANE, *s. f.* ouverture longue et étroite laissée dans les murs des forteresses, soit pour l'écoulement des eaux, soit pour la défense; meurtrière.

BARBARE, *s. m.* sauvage; —, *adj.* 2 g. cruel, grossier, non civilisé, ignorant; *terme* —, c.-à-d. contraire à l'usage.

BARBARES, *s. m. pl.* peuples non civilisés; par rapport aux anciens, étrangers qui ne parlaient ni grec ni latin.

BARBAREMENT, *adv.* d'une manière barbare.

BARBARESQUE, *adj.* 2 g. qui appartient aux peuples de Barbarie.

BARBARIE, *s. f.* cruauté, grossièreté, manque de politesse, état de l'homme non civilisé.

BARBARISME, *s. m.* faute contre la pureté du langage, emploi barbare d'un mot.

BARBE, *s. f.* poil du visage; longs poils que certains animaux ont à la gueule; bandes de toile ou de dentelle; pointes des épis; *sainte-barbe*, *s. f.* l'endroit d'un vaisseau où se met la poudre (*au pl. saintes-barbes*).

BARBE, *adj. et s. m.* cheval de Barbarie.

BARBEAU, *s. m.* poisson d'eau douce.

BARBEAU ou **BLUET**, *s. m.* petite fleur bleue qui vient dans les blés.

BARBE-DE-CAPUCIN, *s. f.* sorte de chicorée sauvage (*au pl. barbes-de-capucin*).

BARBET, TTE, *s.* chien à poil long et frisé.

BARBEZIEUX, chef-lieu d'arrond. du dép. de la Charente.

BARBICHON, *s. m.* petit barbet.

BARBIER, *s. m.* celui dont la profession est de faire la barbe.

BARBIFIER, *v. a.* é, ée, *p.* (se conj. sur *prier*) faire la barbe; *se* —, *v. pr.* se faire la barbe.

BARBILLON, *s. m.* (ll m.) petit barbeau, poisson.

BARBON, *s. m.* vieillard, *t. de mépris.*

BARBOTE, *s. f.* poisson d'eau douce.

BAR

BARBOTER, *v. n.* fouiller dans l'eau bourbeuse; marcher dans la boue.

BARBOTEUR, *s. m.* canard domestique.

BARBOUILLAGE, *s. m.* (ll m.) mauvaise écriture, peinture mal faite, discours embrouillé.

BARBOUILLER, *v. a.* (ll m.) é, ée, *p.* salir, gâter, écrire mal, mal parler; peindre grossièrement.

BARBOUILLEUR, EUSE, *s.* (ll m.) qui barbouille, mauvais auteur; mauvais peintre.

BARBU, E, *adj.* qui a de la barbe.

BARCAROLLE, *s. f.* chanson des gondoliers vénitiens; danse.

BARCELONNETTE, chef-lieu d'arrond. du dép. des Basses-Alpes.

BARCELONNETTE, *s. f.* berceau d'enfant.

BARD, *s. m.* civière à bras.

BARDANE, *s. f.* glouteron, plante médicinale.

BARDE, *s. m.* ancien poète qui chantait les exploits des héros; —, *s. f.* ancienne armure; tranche de lard fort mince.

BARDEAU, *s. m.* petite planche mince qui sert dans la construction des maisons.

BARDER, *v. a.* é, ée, *p.* charger des pierres sur un bard; couvrir de bardes.

BARDEUR, *s. m.* qui porte un bard.

BARDOT, *s. m.* petit mulet qui porte le muletier et son bagage; *fig.* personne sur laquelle d'autres se déchargent de leur tâche.

BARÈGE, *s. m.* léger tissu de laine.

BARÈGES, village du dép. des Hautes-Pyrénées, renommé pour ses eaux minérales.

BARET, *s. m.* cri de l'éléphant et du rhinocéros.

BARGE, *s. f.* meule de foin, monceau de menu bois.

BARGUIGNAGE, *s. m.* hésitation.

BARGUIGNER, *v. n.* hésiter, être irrésolu.

BARGUIGNEUR, EUSE, *s.* qui barguigne.

BARIL, *s. m.* espèce de petit

onneau; son contenu; mesure.
BARILLET (ll m.), *s. m.* petit baril, boîte cylindrique qui renferme le ressort des montres, des pendules; corps de la pompe dans lequel agit le piston.
BARIOLAGE, *s. m.* assemblage bizarre de plusieurs couleurs.
BARIOLÉ, E, *adj.* bigarré.
BARIOLER, *v. a.* é, ée, *p.* peindre de diverses couleurs assorties sans goût.
BARIOLURE, *s. m.* moucheture.
BAR-LE-DUC, chef-lieu du dép. de la Meuse.
BARNABITE, *s. m.* clerc régulier de la congrégation de Saint-Paul.
BARNACHE, *s. f.* oiseau de passage, espèce d'oie de mer.
BAROCO, *s. m.* sorte d'argument, *t. de logique*.
BAROMÈTRE, *s. m.* instrument qui fait connaître la pesanteur de l'air.
BAROMÉTRIQUE, *adj.* 2 g. qui a rapport au baromètre.
BARON, NNE, *s.* titre de noblesse au-dessous de celui de comte.
BARONNET, *s. m.* en Angleterre, titre de noblesse entre celui de baron et celui de chevalier.
BAROQUE, *adj.* 2 g. irrégulier, bizarre.
BAROSCOPE, *s. m.* baromètre.
BARQUE, *s. f.* petit bateau.
BARQUEROLLE, *s. f.* petit bâtiment sans mât.
BARRAGE, *s. m.* droit de péage, de passe.
BARRE, *s. f.* pièce de bois, de fer, etc., étroite et longue; barrière intérieure d'une cour de justice; ligne de séparation; banc de sable en travers d'un port, etc.
BARRES, *s. f. pl.* jeu de course.
BARREAU, *s. m.* espèce de barre; place où se tiennent les avocats pour plaider; profession d'avocat.
BARRER, *v. a.* é, ée, *p.* fermer avec une barre; tirer une barre pour effacer; clore, fermer, mettre obstacle.
BARRETTE, *s. f.* bonnet rouge d'un cardinal.
BARRICADE, *s. f.* retranchement fait avec des barriques remplies de terre, de pavés, etc. avec des pieux, des arbres, des voitures renversées, etc.
BARRICADER, *v. a.* é, ée, *p.* faire des barricades; *se —*, *v. pr.* se retrancher derrière des barricades; *fig.* s'enfermer chez soi.
BARRIÈRE, *s. f.* pièce de bois servant à fermer un chemin, un passage; ce qui sert de borne et de défense; empêchement, obstacle.
BARRIQUE, *s. f.* gros tonneau.
BAR-SUR-AUBE, chef-lieu d'arr. du dép. de l'Aube.
BAR-SUR-SEINE, chef-lieu d'arr. du dép. de l'Aube.
BARYTON, *s. m.* voix entre la taille et la basse-taille; instrument de musique, espèce de basse-de-viole.
BAS, SSE, *adj.* qui a peu de hauteur, inférieur, vil, sans élévation, méprisable.
BAS, *adv.* parler bas, c.-à-d. doucement; *en bas*, opposé à *en haut*; *à bas*, à terre; *par bas*, au rez-de-chaussée; *là-bas*, se dit du lieu où l'on n'est pas; *ici-bas*, du lieu où l'on est.
BAS, *s. m.* vêtement qui sert à couvrir le pied et la jambe; la partie inférieure.
BASALTE, *s. m.* sorte de pierre noire et fort dure qui sert pour essayer l'or et l'argent.
BASANE, *s. f.* peau de mouton préparée pour relier les livres.
BASANÉ, E, *adj.* noirâtre.
BASCULE, *s. f.* contrepoids qui sert à baisser et à lever un pont-levis; machine dont un des bouts s'abaisse quand l'autre s'élève.
BASE, *s. f.* appui, soutien, piédestal, fondement; principal ingrédient.
BASER, *v. a.* é, ée, *p.* fonder sur une base; *se — sur*, *v. pr.* se fonder sur.
BAS-FONDS, *s. m.* (inv.) ter-

rains bas et enfoncés; fond de mer où il y a peu d'eau.
BASILIC, s. m. plante odoriférante.
BASILIQUE, s. f. nom donné à quelques églises principales; au pl. lois romaines de l'empereur Basile.
BASIN, s. m. étoffe croisée de fil et de coton.
BAS-JUSTICIER, s. m. seigneur qui avait droit de basse-justice (au pl. bas-justiciers).
BASQUE, s. f. le pan d'un habit; —, adj. et s. 2 g. du pays des Basques (Basses-Pyrénées).
BAS-RELIEF, s. m. sculpture saillante sur un plan uni (au pl. bas-reliefs).
BAS-RHIN, voy. Rhin.
BASSE, s. f. instrument de musique; notes les plus graves en musique.
BASSE-CONTRE, s. f. basse, instrument de musique, celui qui chante la basse (au pl. basses-contre).
BASSE-COUR, s. f. cour destinée à la volaille, aux écuries, etc. (au pl. basses-cours).
BASSE-DE-VIOLE, s. f. instrument de musique dont les sons font la basse de ceux de la viole (au pl. basses-de-viole).
BASSE-DE-VIOLON, s. f. espèce de gros violon (au pl. basses-de-violon).
BASSE-FOSSE, s. f. souterrain (au pl. basses-fosses).
BASSE-JUSTICE, s. f. juridiction pour les délits de simple police.
BASSEMENT, adv. avec bassesse.
BASSES, s. f. pl. bancs de sable, rochers sous l'eau.
BASSESSE, s. f. sentiment bas, inclination méprisable, caractère de ce qui est bas.
BASSET, s. f. chien de chasse qui a les jambes courtes, droites ou tortues.
BASSE-TAILLE, s. f. t. de mus. partie de la basse qui se chante; chant, voix entre la basse et la taille (pl. basses-tailles).
BASSETTE, s. f. jeu de cartes.
BASSIN, s. m. vase plat and
ou ovale, pièce d'eau dans un jardin, étendue de mer où les vaisseaux sont à l'abri, les deux plats d'une balance.
BASSINE, s. f. sorte de bassin en cuivre.
BASSINER, v. a. é, ée, p. chauffer avec une bassinoire; fomenter en mouillant avec une liqueur.
BASSINET, s. m. partie creuse de la platine d'une arme à feu où l'on met l'amorce.
BASSINOIRE, s. f. bassin de cuivre servant à chauffer un lit.
BASSON, s. m. instrument de musique à vent; celui qui en joue.
BASTE, interj. qui marque le doute.
BASTIA, chef-lieu d'arrond. du dép. de la Corse.
BASTIDE, s. f. maison de plaisance dans le midi de la France.
BASTILLE, s. f. ancienne prison d'état à Paris, détruite en 1789; château fort.
BASTINGAGE, s. f. action de se bastinguer; ce dont on se sert pour cela.
BASTINGUE, s. f. toile matelassée autour du plat bord d'un vaisseau pour se cacher et se garantir.
BASTINGUER (se), v. pr. é, ée, p. tendre les bastingues.
BASTION, s. m. ouvrage de fortification un peu en avant du corps de la place.
BASTIONNÉ, E, adj. qui a des bastions.
BASTONNADE, s. f. coups de bâton.
BASTRINGUE, s. m. bal de guinguette.
BAS-VENTRE, s. m. partie inférieure du ventre; abdomen (au pl. bas-ventres).
BÂT, s. m. selle pour les bêtes de somme; fig. fardeau,- esclavage.
BATACLAN, s. m. attirail qui embarrasse.
BATAILLE, s. f. (ll m.) combat général et prévu entre deux armées; sorte de jeu de cartes.
BATAILLER (ll m.), v. n. livrer bataille, contester vivement.

BAT   BAT   55

BATAILLEUR, *s. m.* (Il m.) qui aime à disputer.

BATAILLON, *s. m.* (Il m.) troupe d'infanterie formant une fraction d'un régiment; troupe quelconque.

BÂTARD, E, *adj. fruit* —, qui n'est pas de la bonne espèce; *porte bâtarde*, qui n'est ni porte cochère, ni petite porte; *bâtarde*, *s. f.* espèce d'écriture.

BATARDEAU, *s. m.* digue servant à détourner une eau courante.

BATARDIÈRE, *s. f.* pépinière d'arbres greffés.

BÂTARDISE, *s. f.* état, qualité de bâtard.

BATEAU, *s. m.* espèce de barque dont on se sert sur les rivières; la charge qu'elle contient.

BATELAGE, *s. m.* métier, tour de bateleur, badinage.

BATELÉE, *s. f.* charge d'un bateau.

BATELET, *s. m.* petit bateau.

BATELEUR, EUSE, *s.* faiseur de tours d'adresse, acteur de tréteaux.

BATELIER, ÈRE, *s.* dont la profession est de conduire un bateau.

BÂTER, *v. a.* é, ée, p. mettre un bât sur une bête de somme.

BÂTI, *s. m.* espèce de couture à grands points; assemblage de différentes pièces de menuiserie.

BÂTIER, *s. m.* ouvrier qui fait les bâts.

BATIFOLAGE, *s. m.* action de batifoler.

BATIFOLER, *v. n.* jouer comme les enfants, badiner.

BÂTIMENT, *s. m.* édifice quelconque; navire.

BÂTIR, *v. a.* i, ie, p. construire, élever un édifice, établir; faire une couture à grands points.

BÂTISSE, *s. f.* maçonnerie d'un bâtiment.

BÂTISSEUR, *s. m.* qui aime à faire bâtir.

BATISTE, *s. f.* toile de lin très-fine.

BATITURES, *s. f. pl.* parcelles qui se détachent du métal que l'on forge.

BÂTON, *s. m.* morceau de bois rond et long sur lequel on peut s'appuyer en marchant; ce qui en a la forme; — *de vieillesse*, celui qui assiste un vieillard; à — *rompus*, à diverses reprises; *le tour du bâton* —, profits illicites.

BÂTONNER, *v. a.* é, ée, p. donner des coups de bâton; rayer, biffer.

BÂTONNET, *s. m.* petit bâton, petite règle carrée.

BÂTONNIER, *s. m.* chef des avocats.

BATONNISTE, *s. m.* qui sait jouer du bâton.

BATRACIENS, *s. m. pl.* ordre de reptiles quadrupèdes ovipares.

BATTAGE, *s. m.* l'action de battre le blé, les laines, etc., le temps qu'on y emploie.

BATTANT, *s. m.* espèce de marteau suspendu dans l'intérieur d'une cloche pour la faire sonner; chaque partie d'une porte qui s'ouvre en deux; *battant, e, adj. porte* —, qui se referme d'elle-même.

BATTE, *s. f.* instrument pour battre et aplanir la terre; bâton rond pour battre le beurre, le plâtre, etc.; battoir, sabre de bois d'arlequin.

BATTEMENT, *s. m.* action de battre; — *des mains*, applaudissement; — *de cœur*, palpitation; certain mouvement que l'on fait en dansant, en faisant l'escrime.

BATTERIE, *s. f.* querelle accompagnée de coups; pièces d'artillerie réunies pour tirer; ustensiles de cuisine; — *de fusil*, pièce qui couvre le bassinet et que frappe la pierre.

BATTEUR, EUSE, *s.* — *en grange*, celui qui bat les gerbes avec un fléau pour tirer le grain de l'épi; nom commun à un grand nombre d'ouvriers; qui aime à battre.

BATTOIR, *s. m.* grosse palette de bois pour battre le linge, pour jouer à la paume.

BATTRE, *v. a.* (irr.) donner des coups, frapper, vaincre; *battre les cartes*, les mêler; *battre la campagne*, courir çà et là; *fig.*

déraisonner; —, v. n. se mouvoir, palpiter; se —, v. pr. se frapper soi-même. Ind. pr. je bats, tu bats, il bat, n. battons, v. battez, ils battent; imp. je battais, tu battais, etc.; p. déf. je battis, etc.; f. je battrai, etc.; cond. je battrais, etc.; impé. bats, battons, battez; subj. pr. q. je batte, etc.; imp. s. q. je battisse, etc.; p. pr. battant; p. p. battu, ue.

BATTU, E; part. et adj. vaincu, frappé; chemin —, c.-à-d. frayé.

BATTUE, s. f. action de battre un bois pour en faire sortir le gibier; troupe d'hommes chargés de battre les bois.

BAUDET, s. m. petit âne; fig. homme stupide.

BAUDRIER, s. m. large bande de cuir ou d'étoffe qui sert à porter l'épée.

BAUDRUCHE, s. f. sorte de parchemin très-fin; pellicule de boyau de bœuf apprêtée.

BAUGE, s. f. lieu fangeux où le sanglier se couche; mortier de terre grasse et de paille pour bâtir.

BAUGÉ, chef-lieu d'arr. du dép. de Maine-et-Loire.

BAUME, s. m. plante odoriférante, substance huileuse qui découle de certains arbres; fig. consolation, adoucissement.

BAUME, chef-lieu d'arr. du dép. du Doubs.

BAUMIER, s. m. arbre qui porte le baume; balsamier.

BAVARD, E, s. et adj. qui parle sans mesure.

BAVARDAGE, s. m. action de bavarder; propos de bavard.

BAVARDER, v. n. parler indiscrètement; dire des choses frivoles.

BAVARDERIE, s. f. bavardage.

BAVAROIS, E, adj. et s. originaire de Bavière; bavaroise, s. f. infusion de thé avec du lait et du sirop de capillaire.

BAVE, s. f. salive qui coule de la bouche; écume de certains animaux.

BAVER, v. n. jeter de la bave; déborder en coulant.

BAVETTE, s. f. pièce de toile qu'on met aux enfants pour recevoir la bave, partie du tablier qui prend de la ceinture et couvre la poitrine.

BAVEUX, EUSE, adj. qui bave.

BAVOLET, s. m. coiffure de paysanne.

BAVURE, s. f. trace que forment les joints des pièces d'un moule.

BAYADÈRES, s. f. pl. danseuses indiennes.

BAYER, v. n. (se conj. comme payer), avoir la bouche ouverte en regardant.

BAYEUR, EUSE, s. qui a l'habitude de bayer.

BAYEUX, chef-lieu d'arr. du dép. du Calvados.

BAYONNE, ville forte; chef-lieu d'arr. du dép. des Basses-Pyrénées.

BAYONNAIS, E, s. de Bayonne.

BAZAR, s. m. marché, foire perpétuelle; en Orient, lieu où l'on enferme les esclaves, lieu d'exposition et de vente.

BAZAS, chef-lieu d'arr. du dép. de la Gironde.

BÉANT, E, adj. et part. du v. béer, qui présente une ouverture, qui est ouvert.

BÉARN, anc. prov. qui forme le dép. des Basses-Pyrénées.

BÉAT, E, s. qui affecte de la dévotion.

BÉATIFICATION, s. f. action de béatifier, acte par lequel le pape béatifie; phénomène électrique qui ressemble à une auréole lumineuse.

BÉATIFIER, v. a. 6, ée, p. mettre au rang des bienheureux (se conj. sur prier).

BÉATIFIQUE, adj. 2 g. dont jouissent les élus.

BÉATITUDE, s. f. félicité éternelle, bonheur.

BEAU, BEL, adj. m. (au fém. belle) ce qui a de la beauté; parfait, excellent, honorable, heureux, agréable, digne d'éloges; ce qui étonne, entraîne l'âme; beau, s. m. tout ce qui est excellent, parfait en son genre; le beau idéal, réunion des plus grandes perfections que puisse créer l'imagination; *beau*, *adv.* marque des efforts vains, inutiles; *en beau*, *loc. adv.* sous un aspect favorable; *tout beau*, *interj.* doucement, modérément.

BEAUCERON, NNE, *s.* habitant de la Beauce.

BEAUCOUP, *adv.* extrêmement, infiniment; *pris subst.* une grande quantité, un grand nombre; *il s'en faut —*, marque la différence de qualité; *il s'en faut de —*, la différence de quantité.

BEAU-FILS, *s. m.* fils par alliance; celui dont on a épousé le père ou la mère; gendre; (*au pl. beaux-fils*).

BEAU-FRÈRE, *s. m.* frère par alliance, celui dont on a épousé le frère ou la sœur; mari de la belle-sœur; (*au pl. beaux-frères*).

BEAUNE, chef-lieu d'arr. du dép. de la Côte-d'Or.

BEAU-PÈRE, *s. m.* père par alliance, second mari de notre mère; celui dont on a épousé le fils ou la fille; (*au pl. beaux-pères*).

BEAUPRÉ, *s. m.* nom du mât couché sur l'éperon à la proue d'un vaisseau.

BEAUPRÉAU, chef-lieu d'arr. du dép. de Maine-et-Loire.

BEAUTÉ, *s. f.* qualité de ce qui est beau; belle et juste proportion dans les formes; ce qui rend une chose agréable; tout ce qui flatte, ce qui charme la vue ou l'esprit; belle femme.

BEAUVAIS, chef-lieu du dép. de l'Oise.

BEC, *s. m.* ce qui tient lieu de bouche aux oiseaux; ce qui en a la forme, pointe, angle saillant. *fig.* babil; *tenir le — dans l'eau*, amuser par de belles promesses, faire attendre long-temps.

BÉCARD, *s. m.* espèce d'oiseau qui a un grand bec recourbé.

BÉCARRE, *s. m. t. de mus.* signe qui rétablit dans son ton naturel une note haussée ou baissée d'un demi-ton.

BÉCARD ou BECCARD, *s. m.* femelle ou variété du saumon.

BÉCASSE, *s. f.* oiseau de passage à long bec; —, outil de vannier.

BÉCASSEAU, *s. m.* petite bécassine; espèce de vanneau.

BÉCASSINE, *s. f.* oiseau de même espèce que la bécasse, mais plus petit.

BEC-D'ÂNE, *s. m.* outil de menuisier et de charpentier; burin à deux biseaux; (*au pl. becs-d'âne*).

BEC-DE-CANNE, *s. m.* clou à crochet; poignée de serrure, crochet, instrument de chirurgie; (*au pl. becs-de-canne*).

BEC-DE-CORBIN, *s. m.* instrument de chirurgie en forme de crochet; canne-à-bec; (*au pl. becs-de-corbin*).

BEC-DE-LIÈVRE, *s. m.* difformité qui résulte d'une fente à la lèvre supérieure; celui qui a cette difformité.

BEC-FIGUE, *s. m.* petit oiseau qui vit de figues et d'insectes; (*au pl. bec-figues*).

BÊCHE, *s. f.* outil de jardinier en forme de pelle.

BÊCHER, *v. a.* é, ée, *p.* remuer et retourner la terre avec une bêche.

BÉCHIQUE, *adj. 2 g.* et *s.* pectoral, contre la toux.

BECQUÉE, *s. f.* ce qu'un oiseau donne à ses petits avec le bec; ce qui peut tenir dans son bec.

BECQUETER, *v. a.* é, ée, *p.* donner des coups de bec (se conj. sur *jeter*).

BEDAINE, *s. f.* gros ventre, *fam.*

BEDEAU, *s. m.* bas-officier chargé de la police dans les églises ou dans les universités.

BÉDOUIN, *s. m.* Arabe du désert.

BÉE, *adj. f.* tonneau à gueule-bée, défoncé par un bout.

BÉER, *v. n.* bayer.

BEFFROI, *s. m.* tour ou clocher d'où l'on sonne l'alarme; le clocher même ou la cloche.

BÉGAIEMENT, *s. m.* action de bégayer; vice de la parole.

BÉGAYER, *v. a.* et *v. n.* prononcer les mots en articulant avec peine, en hésitant, en répétant les syllabes (se conj. sur *payer*).

BÈGUE, *s. et adj. 2 g.* qui bégale.

BÉGUEULE, *s. f.* prude impertinente, dédaigneuse.

BÉGUEULERIE, *s. f.* airs, action, caractère de bégueule.

BÉGUIN, *s. m.* coiffe de toile, avec bride sous le menton, pour les enfants.

BEIGE, *s. f. et adj.* laine non préparée; serge de cette laine.

BEIGNET, *s. m.* tranche de fruit entourée de pâte frite.

BÉJAUNE, *s. m.* jeune oiseau de proie qui a encore le bec jaune et n'est pas en état de chasser; *fig.* jeune homme sot et niais.

BEL, *adj. m.* s'emploie au lieu de *beau* devant un sing. masc. qui commence par une voyelle ou une *h* muette. *Bel et beau*, *loc. adv.* tout-à-fait.

BÊLANT, E, *adj.* qui bêle.

BÊLEMENT, *s. m.* cri des moutons, des brebis, des agneaux et des chèvres.

BÊLER, *v. n.* faire un bêlement.

BEL-ESPRIT, *s. m. et adj.* (au pl. *beaux-esprits*), qui affecte de montrer de l'esprit; écrivain spirituel.

BELETTE, *s. f.* petit quadrupède sauvage et carnassier, long, roux et à museau très-pointu.

BELFORT, ou Béfort, ville forte; chef-lieu d'arrond. du dép. du Haut-Rhin.

BELGE, *s. et adj. 2 g.* de la Belgique.

BÉLIER, *s. m.* mâle de la brebis; le premier signe du zodiaque; machine de guerre chez les anciens.

BÉLÎTRE, *s. m.* homme vil, misérable.

BELLAC, chef-lieu d'arrond. du dép. de la Haute-Vienne.

BELLE, *s. f.* femme douée de beauté; *de plus belle, loc. adv.* de nouveau.

BELLE-DE-JOUR, — DE-NUIT, *s. f.* sorte de plantes cultivées dans les jardins. (au pl. *belles-de-jour*).

BELLE-FILLE, *s. f.* fille par alliance, celle dont on a épousé le père ou la mère en secondes noces; bru; (au pl. *belles-filles*).

BELLEMENT, *adv.* doucement, avec modération.

BELLE-MÈRE, *s. f.* mère par alliance, seconde femme de notre père; celle dont on a épousé le fils ou la fille; (au pl. *belles-mères*).

BELLE-SŒUR, *s. f.* sœur par alliance, celle dont on a épousé le frère ou la sœur; femme du beau-frère; (au pl. *belles-sœurs*).

BELLEY, *s.* chef-lieu d'arr. du dép. de l'Ain.

BELLIGÉRANT, E, *adj.* qui est en guerre.

BELLIQUEUX, EUSE, *adj.* guerrier, courageux, martial.

BELLISSIME, *adj. 2 g.* très-beau, —, *s. f.* sorte de poire.

BELLOT, TTE, *adj.* diminutif de beau, gentil, *fam.*

BELVÉDER ou BELVÉDÈRE, *s. m.* terrasse élevée sur le haut d'un bâtiment.

BELZÉBUT, *s. m.* le diable.

BÉMOL, *s. m. t. de mus.* signe qui abaisse la note d'un semi-ton mineur.

BÉNÉDICITÉ, *s. m.* (mot latin), prière avant le repas; (au plur. *bénédicités*).

BÉNÉDICTIN, *s. m.* religieux de l'ordre de St-Benoît.

BÉNÉDICTION, *s. f.* action de bénir, paroles pour bénir; grâce, faveur céleste.

BÉNÉFICE, *s. m.* profit, avantage, privilége; titre et revenu ecclésiastique.

BÉNÉFICIAIRE, *adj. 2 g.* héritier —, c'-à-d. avec bénéfice d'inventaire.

BÉNÉFICIER, *s. m.* qui jouit d'un bénéfice ecclésiastique.

BÉNÉFICIER, *v. n.* tirer du profit (se conj. sur *prier*).

BENÊT, *s. m. et adj.* niais.

BÉNÉVOLE, *adj. 2 g.* indulgent.

BENIGNEMENT, *adv.* avec bénignité.
BÉNIGNITÉ, *s. f.* douceur, bonté, indulgence.
BÉNIN, IGNE, *adj.* doux, humain, indulgent.
BÉNIR, *v. a.* 1, ie, *p.* consacrer au culte; louer, remercier, appeler les faveurs du ciel.
BÉNIT, E, *adj.* consacré au culte par la bénédiction; pour tout ce qui tient à un sens moral sans acte de consécration, on dit béni, ie.
BÉNITIER, *s. m.* vase à eau bénite.
BENJAMIN, *s. m.* enfant préféré.
BENJOIN, *s. m.* gomme aromatique.
BENNE ou **BANE**, *s. f.* hotte pour les vendanges; mesure, espace, clos pour arrêter le poisson.
BÉQUILLARD (*ll* m.), *s. m.* qui se sert de béquilles.
BÉQUILLE (*ll* m.), *s. f.* bâton sur lequel on s'appuie pour marcher.
BÉQUILLER (*ll* m.), *v. a.* é, ée, *p.* labourer légèrement; —, *v. n.* se servir de béquilles.
BERCAIL, *s. m.* (sans *plur.*) bergerie.
BERCEAU, *s. m.* petit lit d'enfant; sorte de voûte; *fig.* commencement, lieu d'origine.
BERCER, *v. a.* é, ée, *p.* balancer le berceau d'un enfant; amuser, tromper.
BERGAMOTE, *s. f.* sorte de poire fondante; sorte d'orange très-odorante.
BERGE, *s. f.* bord escarpé d'une rivière; chaloupe étroite.
BERGER, ERE, *s.* qui garde les brebis.
BERGERAC, chef-lieu d'arr. du dép. de la Dordogne.
BERGÈRE, *s. f.* fauteuil avec coussin.
BERGERETTE, *s. f.* petite bergère.
BERGERIE, *s. f.* étable à moutons.
BERLINE, *s. f.* espèce de carrosse à 4 roues.
BERLOQUE, *s. f.* signal donné par le tambour pour le nettoiement des casernes.
BERLUE, *s. f.* éblouissement passager.
BERNABLE, *adj.* 2 g. qui mérite d'être berné.
BERNARDIN, E, *s.* qui est de l'ordre de St Benoît réformé par St-Bernard.
BERNAY, chef-lieu d'arr. du dép. de l'Eure.
BERNE, *s. f.* jeu qui consiste à faire sauter quelqu'un sur une couverture tenue aux quatre coins et tendue avec force; raillerie.
BERNEMENT, *s. m.* action, manière de berner.
BERNER, *v. a.* é, ée, *p.* faire sauter en l'air; *fig.* railler.
BERNEUR, *s. m.* qui berne.
BERNIQUE, *adv.* sorte de négation, point du tout.
BERRY, anc. province de Fr. comprise dans les départements de l'Indre, du Cher et de la Creuse.
BESACE, *s. f.* long sac à deux poches.
BESACIER, *s. m.* qui porte une besace.
BESAIGRE, *adj. m.* qui s'aigrit; se dit du vin.
BESAIGUË ou **BISAIGUË**, *s. f.* outil de charpentier taillant par les deux bouts.
BESANÇON, ville forte, anc. capitale de la Franche-Comté; chef-lieu du dép. du Doubs.
BESET, *s. m.* deux as du même coup, terme du jeu de trictrac.
BÉSICLES, *s. f. plur.* lunettes à branches.
BESOGNE, *s. f.* occupation, travail, son résultat; *fig.* affaire embarrassante.
BESOGNER, *v. n.* faire de la besogne.
BESOGNEUX, EUSE, *adj.* pauvre, dans le besoin.
BESOIN, *s. m.* manque de quelque chose, indigence; *au pl.* nécessités naturelles.
BESTIAL, E, *adj.* qui tient de la bête.
BESTIALEMENT, *adv.* en vraie bête.

BESTIAUX, *s. m. pl.* (au sing. *bétail*), bêtes domestiques.
BÊTA, *s. m.* personne très-bête.
BÉTAIL, *s. m.* (au pl. *bestiaux*) bêtes à quatre pieds, propres à la nourriture de l'homme et à la culture de la terre.
BÊTE, *s. f.* animal privé de raison ; personne stupide.
BÊTEMENT, *adv.* en bête, sottement.
BÉTHUNE, chef-lieu d'arr. du dép. du Pas-de-Calais, ville forte.
BÊTISE, *s. f.* défaut d'intelligence ; stupidité, absurdité.
BETTE, *s. f.* plante potagère.
BETTERAVE, *s. f.* racine potagère, blanche ou rouge, dont on tire du sucre.
BEUGLEMENT, *s. m.* cri du bœuf ou de la vache.
BEUGLER, *v. n.* mugir, pousser des beuglements.
BEURRE, *s. m.* substance grasse qu'on tire de la crème.
BEURRÉ, *s. m.* sorte de poire fondante.
BEURRÉE, *s. f.* tranche de pain couverte de beurre.
BEURRER, *v. a.* é, ée, *p.* enduire de beurre.
BEURRIER, IÈRE, *s.* qui vend du beurre ; **BEURRIER**, *s. m.* vase où l'on met le beurre.
BÉVUE, *s. f.* méprise, erreur par irréflexion.
BÉZIERS, chef-lieu d'arrond. du dép. de l'Hérault.
BIAIS, *s. m.* ligne oblique, voie indirecte, moyens détournés.
BIAISEMENT, *s. m.* action de biaiser.
BIAISER, *v. n.* être ou aller de biais ; employer des détours.
BIAISEUR, *s. m.* qui biaise.
BIBERON, *s. m.* petit vase à bec pour boire ; celui qui aime à boire.
BIBLE, *s. f.* l'Ancien et le Nouveau Testament.
BIBLIOGRAPHE, *s. m.* qui est versé dans la bibliographie.
BIBLIOGRAPHIE, *s. f.* connaissance des livres, de leurs éditions et de leurs prix.

BIBLIOGRAPHIQUE, *adj. 2 g.* qui a rapport à la bibliographie.
BIBLIOMANE, *s. m.* celui qui a la passion des livres.
BIBLIOMANIE, *s. f.* manie d'entasser des livres.
BIBLIOPHILE, *s. m.* qui aime les livres.
BIBLIOTHÉCAIRE, *s. m.* qui a la garde d'une bibliothèque.
BIBLIOTHÈQUE, *s. f.* réunion de livres ; lieu où on les conserve ; catalogue raisonné de livres.
BIBLIQUE, *adj. 2 g.* qui a rapport à la Bible.
BICÊTRE, *s. m.* hôpital et prison ; *fig.* disgrâce, infortune.
BICHE, *s. f.* femelle du cerf ; espèce d'insecte.
BICHET, *s. m.* mesure de grains équivalant à un minot de Paris.
BICHON, *s. m.* petit chien à poils longs.
BICOQUE, *s. f.* maison chétive ; place mal fortifiée.
BICORNU, E, *adj.* garni de deux pointes semblables à deux cornes.
BIDET, *s. m.* petit cheval ; meuble de garde-robe.
BIDON, *s. m.* vase de fer-blanc où les soldats mettent leur eau ; broc de bois d'environ cinq pintes.
BIEN, *s. m.* ce qui est bon, utile, louable, estimable ; possession en argent ou en terre.
BIEN, *adv.* beaucoup, extrêmement, à peu près, environ ; *bien que*, conjonct. encore que, quoique.
BIEN-AIMÉ, ÉE, *adj.* et *s.* préféré (au pl. bien-aimés).
BIEN-AISE, *adj. 2 g.* content, satisfait.
BIEN-DIRE, *s. m.* (inv.) langage poli ; paroles recherchées.
BIEN-DISANT, E, *adj.* qui parle bien.
BIEN-ÊTRE, *s. m.* (inv.) situation aisée et commode.
BIEN-FAIRE, *v. n.* s'acquitter de son devoir (usité seulement à l'inf.).
BIENFAISANCE, *s. f.* inclina-

tion à faire du bien aux autres; action de faire du bien.

BIENFAISANT, E, *adj.* qui aime à faire du bien.

BIENFAIT, *s. m.* bien qu'on fait; grâce, bon office.

BIENFAITEUR, TRICE, *s.* qui fait ou qui a fait du bien.

BIEN-FONDS, *s. m.* immeuble.

BIENHEUREUX, EUSE, *adj.* très-heureux; béatifié.

BIEN LOIN, *conj.* au lieu de tant s'en faut; *bien loin de*, *prép.* qui marque l'opposition.

BIENNAL, *adj.* qui dure deux ans.

BIEN QUE, *conj.* encore que, quoique.

BIENSÉANCE, *s. f.* convenance.

BIENSÉANT, E, *adj.* conforme à la bienséance, aux convenances sociales eu égard au caractère des personnes, à leur âge, à leur sexe, aux usages, aux temps, aux lieux, etc.

BIENTÔT, *adv.* dans peu de temps.

BIENVEILLANCE, *s. f.* disposition favorable envers quelqu'un, affection.

BIENVEILLANT, E, *adj.* qui a de la bienveillance.

BIEN-VENU, E, *s.* et *adj.* bien reçu.

BIEN-VENUE, *s. f.* heureuse arrivée, réception dans un corps.

BIEN-VOULOIR, *s. m.* bonne volonté.

BIEN-VOULU, E, qui est désiré; à qui on veut du bien.

BIÈRE, *s. f.* cercueil; boisson.

BIFFAGE, *s. m.* rature.

BIFFER, *v. a.* é, ée, *p.* effacer, annuler.

BIFORME, *adj.* 2 g. de deux formes.

BIFTECK, *s. m.* tranche de bœuf rôti.

BIGAME, *adj.* 2 g. et *s.* marié à deux personnes à la fois.

BIGAMIE, *s. f.* état du bigame.

BIGARREAU, *s. m.* sorte de cerise.

BIGARREAUTIER, *s. m.* espèce de cerisier qui produit le bigarreau.

BIGARRER, *v. a.* é, ée, *p.* rapprocher des couleurs tranchantes ou mal assorties.

BIGARRURE, *s. f.* mélange de couleurs, d'expressions, de choses mal assorties.

BIGOT, E, *s.* et *adj.* dévot outré.

BIGOTERIE, *s. f.* dévotion fausse, exagérée.

BIGOTISME, *s. m.* caractère du bigot.

BIJOU, *s. m.* (*pl. bijoux*), ouvrage d'une matière et d'un travail précieux, servant à la parure; tout ce qui est joli, remarquable dans son genre.

BIJOUTERIE, *s. f.* fabrique, commerce de bijoux.

BIJOUTIER, *s. m.* qui fait ou vend des bijoux.

BILAN, *s. m.* registre où les commerçants inscrivent leurs dettes actives et passives; *déposer son —*, c.-à-d. faire faillite.

BILBOQUET, *s. m.* instrument servant à un jeu d'adresse; ce jeu.

BILE, *s. f.* humeur du corps, *fig.* colère.

BILIAIRE, *adj.* 2 g. qui a rapport à la bile.

BILIEUX, EUSE, *adj.* qui a beaucoup de bile; sujet à la colère.

BILLARD (*ll m.*), *s. m.* jeu qui se joue avec des boules d'ivoire sur une table préparée à cet effet; table sur laquelle on joue; salle où est le billard.

BILLARDER, *v. n.* toucher deux fois sa bille, ou pousser deux billes à la fois au billard.

BILLE, *s. f.* boule d'ivoire, de pierre; bâton pour serrer les ballots.

BILLER, *v. a.* é, ée, *p.* serrer un ballot avec la bille; atteler des chevaux deux à deux à un bateau.

BILLET, *s. m.* petite lettre missive; promesse écrite de payer; carte pour entrer dans un lieu.

BILLETER, *v. a.* é, ée, *p.* attacher des étiquettes.

BILLEVESÉE (*ll m.*), *s. f.* balle enflée, pleine de vent; projets chimériques, ridicules.

BILLION, *s. m.* mille millions.

4

BILLON (*ll* m.), *s. m.* monnaie de cuivre pur ou mêlé avec un peu d'argent.

BILLONNAGE (*ll* m.), *s. m.* altération de la monnaie; trafic illicite de mauvaises pièces.

BILLONNEMENT (*ll* m.), *s. m.* action de billonner.

BILLONNER (*ll* m.), *v. n.* substituer des pièces défectueuses aux bonnes, altérer la monnaie, faire un profit illicite sur la monnaie défectueuse.

BILLONNEUR (*ll* m.), *s. m.* celui qui billonne.

BILLOT, *s. m.* tronçon d'arbre gros et court.

BIMANE, *adj.* et *s.* 2 g. qui a deux mains.

BIMBELOT, *s. m.* jouet d'enfant.

BIMBELOTERIE, *s. f.* fabrique, commerce de jouets d'enfants.

BIMBELOTIER, *s. m.* qui fait ou vend des jouets d'enfants.

BINAGE, *s. m.* action de biner, labour léger; action d'un prêtre qui dit deux fois la messe le même jour.

BINAIRE, *adj.* 2 g. composé de 2 unités; *t. d'arithm.*

BINER, *v. a.* é, ée, *p.* donner un second labour à la terre;—, *v. n.* dire deux messes par jour.

BINET, *s. m.* chandelier bas avec un manche.

BINETTE, *s. f.* instrument pour labourer légèrement.

BINOCHON, *s. m.* outil pour sarcler l'oignon.

BINOCLE, *s. m.* lunette avec laquelle on voit des deux yeux à la fois.

BINOCULAIRE, *adj.* 2 g. qui sert aux deux yeux.

BINOME, *s. m. t. d'algèbre*, quantité composée de deux termes unis par deux signes.

BIOGRAPHE, *s. m.* auteur de biographies.

BIOGRAPHIE, *s. f.* histoire particulière des personnes remarquables.

BIOGRAPHIQUE, *adj.* 2 g. qui tient à la biographie.

BIPARTI, E, *adj.* se dit d'une feuille fendue au-delà du milieu.

BIPARTIBLE, *adj.* susceptible de division spontanée en deux parties.

BIPÉDAL, E, *adj.* long de deux pieds.

BIPÈDE, *s.* et *adj.* 2 g. qui a deux pieds.

BIQUE, *s. f.* chèvre, femelle du bouc.

BIQUET, *s. m.* chevreau; trébuchet pour peser l'or, et l'argent.

BIQUETER, *v. n.* (se conj. sur *jeter*), mettre bas, en parlant d'une chèvre; —, *v. a.* peser avec le biquet.

BIRÈME, *s. f.* ancien vaisseau à deux rangs de rameurs.

BIRIBI, *s. m.* jeu de hasard.

BIS, E, *adj.* d'un blanc-brun; —, *adv.* indique répétition de nombre; —, *interj.* encore une fois.

BISAÏEUL, E, *s.* père ou mère de l'aïeul, ou de l'aïeule.

BISAIGUË, *s. m.* outil de cordonnier, de charpentier.

BISAILLE (*ll.* m.), *s. f.* farine de qualité inférieure, mélange de pois gris et de vesce pour nourrir les animaux.

BISANNUEL, LLE, *adj.* plante qui subsiste deux ans.

BISBILLE, *s. f.* petite querelle peu sérieuse.

BIS-BLANC, *adj. m.* demi-blanc.

BISCAÏEN, *s. m.* sorte de gros fusil qui porte plus loin que le fusil ordinaire.

BISCORNU, E, *adj.* mal fait, irrégulier.

BISCOTIN, *s. m.* petit biscuit dur et cassant.

BISCUIT, *s. m.* pain cuit deux fois; sorte de pâtisserie légère; porcelaine sans vernis.

BISE, *s. f.* vent du Nord sec et froid.

BISEAU, *s. m.* outil de menuisier, dont le tranchant forme un angle aigu; extrémité ou bord en talus d'une glace, d'un diamant.

BISER, *v. a.* é, ée, *p.* reteindre; —, *v. n.* noircir, dégénérer, en parlant des grains.

BISET, *s. m.* pigeon sauvage à chair brune.

BISMUTH, *s. m.* demi-métal d'un blanc jaunâtre.

BISON, *s. m.* sorte de gros bœuf sauvage.

BISQUAIN, *s. m.* peau de mouton préparée et garnie de sa laine.

BISQUE, *s. f.* potage de coulis d'écrevisses.

BISQUER, *v. n.* avoir de l'humeur, du dépit.

BISSAC, *s. m.* espèce de besace.

BISSEXTE, *s. m.* jour ajouté tous les quatre ans au mois de février.

BISSEXTIL, E, *adj.* année où se rencontre le bissexte.

BISTOURI, *s. m.* instrument de chirurgie pour faire des incisions.

BISTOURNER, *v. a.* é, ée, *p.* tourner une chose dans un sens qui la défigure.

BISTRE, *s. m.* suie préparée pour le dessin.

BISULCE ou BISULQUE, *adj.* 2 *g.* et *s. m.* nom collectif des quadrupèdes à pieds fourchus.

BITORD, *s. m.* fil retors en deux brins.

BITUME, *s. m.* espèce de poix liquide, huileuse et inflammable.

BITUMINER, *v. a.* é, ée, *p.* enduire de bitume.

BITUMINEUX, EUSE, *adj.* de la nature du bitume.

BIVALVE, *adj. et s.* 2 *g.* se dit des coquilles à deux parties jointes par une charnière.

BIVOIE, *s. f.* endroit où deux chemins aboutissent.

BIVOUAC ou BIVAC, *s. m.* garde extraordinaire de nuit, en plein air.

BIVOUAQUER ou BIVAQUER, *v. n.* passer la nuit au bivouac.

BIZARRE, *adj.* 2 *g.* capricieux, extraordinaire.

BIZARREMENT, *adv.* d'une manière bizarre.

BIZARRERIE, *s. f.* humeur ou action bizarre; caprice, singularité.

BLAFARD, E, *adj.* pâle, couleur terne.

BLAIREAU, *s. m.* quadrupède sauvage et carnassier.

BLAMABLE, *adj.* 2 *g.* répréhensible.

BLÂME, *s. m.* action de blâmer, réprimande.

BLÂMER, *v. a.* é, ée. *p.* réprimander, désapprouver.

BLANC, *s. m.* couleur blanche.

BLANC, CHE, *adj.* qui a la couleur du lait, de la neige; propre, nettoyé, sans taches.

BLANC-BEC, *s. m.* jeune homme sans expérience (*pl.* blancs-becs).

BLANC-DE-BALEINE, *s. m.* cervelle de baleine (*pl.* blancs-de-baleine).

BLANC-D'ESPAGNE, *s. m.* craie très friable (*au plur.* blancs-d'Espagne).

BLANCHAILLE, *s. f.* menu poisson blanc.

BLANCHÂTRE, *adj.* 2 *g.* tirant sur le blanc.

BLANCHE, *s. f.* femme blanche; par opposition à négresse; *t. de mus.*, note qui vaut deux noires.

BLANCHEMENT, *adv.* proprement.

BLANCHEUR, *s. f.* couleur blanche; état, qualité de ce qui est blanc.

BLANCHIMENT, *s. m.* action de blanchir; ses effets.

BLANCHIR, *v. a.* i, ie, *p.* rendre blanc, propre; —, *v. n.* devenir blanc.

BLANCHISSAGE, *s. m.* action de blanchir quelque chose; effet qui en résulte; la quantité d'objets qu'on blanchit.

BLANCHISSANT, E, *adj.* qui blanchit, qui paraît blanc.

BLANCHISSERIE, *s. f.* lieu où l'on blanchit.

BLANCHISSEUR, EUSE, *adj.* celui, celle qui blanchit le linge.

BLANC-MANGER, *s. m.* (*inv.*) sorte de ragoût.

BLANC-SEING, *s. m.* signature apposée sur un papier laissé en blanc (*au pl.* blanc-seings).

BLANQUETTE, *s. f.* espèce de poire, vin blanc de Languedoc; sorte de ragoût.

BLASER, *v. a.* é, ée, *p.* affaiblir les sens, user le goût; se

—, v. pr. s'user par les excès.
BLASON, s. m. science des armoiries.
BLASPHÉMATEUR, s. m. qui blasphème.
BLASPHÉMATOIRE, adj. 2 g. qui contient des blasphèmes.
BLASPHÈME, s. m. parole impie.
BLASPHÉMER, v. a. et n. proférer un blasphème.
BLATIER, s. m. marchand de blé en détail.
BLAYE, chef-lieu d'arrond. du dép. de la Gironde.
BLÉ, s. m. plante dont le grain sert à faire le pain; froment.
BLÈCHE, adj. 2 g. et s. mou, sans fermeté.
BLÊME, adj. 2 g. très-pâle.
BLÉMIR, v. n. pâlir, devenir blême.
BLESSANT, E, adj. qui offense, qui blesse.
BLESSÉ, ÉE, adj. qui a reçu une blessure; offensé.
BLESSER, v. a. é, ée. p. donner un coup qui fait plaie, fracture ou contusion; —, fig. faire du tort, offenser.
BLESSURE, s. f. plaie, contusion, fracture, marque d'un coup reçu; tort, offense.
BLETTE, s. f. plante potagère; —, adj. f. trop mûre.
BLEU, s. m. couleur d'azur.
BLEU, BLEUE, adj. de couleur d'azur.
BLEUÂTRE, adj. 2 g. tirant sur le bleu.
BLEUIR, v. a. 1, ie. p. rendre bleu; v. n. devenir bleu.
BLOC, s. m. amas, assemblage de divers objets; morceau informe de marbre ou de pierre; en bloc, loc. adv. sans compter.
BLOCUS, s. m. action de bloquer une ville, un port.
BLOIS, chef-lieu d'arrond. du dép. du Cher.
BLOND, s. m. la couleur blonde; celui qui a les cheveux de cette couleur.
BLOND, E, adj. couleur de cheveux entre le doré et le châtain.

BLONDE, s. f. espèce de dentelle.
BLONDIN, E, adj. qui a les cheveux blonds.
BLONDIR, v. n. devenir blond, jaunir.
BLONDISSANT, E, adj. qui blondit.
BLOQUER, v. a. é, ée, p. cerner une ville, un port, interdire toute communication avec le dehors.
BLOTTIR (SE), v. pr. s'accroupir.
BLOUSE, s. f. espèce de chemise qui se met par-dessus les vêtements; nom des trous du billard.
BLOUSER, v. a. é, ée, p. faire entrer dans la blouse; fig. tromper; se —, v. pr. se tromper.
BLUET ou BARBEAU, s. m. fleur des champs.
BLUETTE, s. f. étincelle; ouvrage sans prétention.
BLUTAGE, s. m. action de bluter, son effet.
BLUTEAU ou BLUTOIR, s. m. sac de crin pour passer la farine et la séparer du son.
BLUTER, v. a. é, ée, p. passer la farine par le bluteau.
BLUTERIE, s. f. lieu où la farine est blutée.
BOA, s. m. serpent sans venin, de la plus grande espèce.
BOBÈCHE, s. f. partie mobile du flambeau où l'on place la chandelle ou la bougie.
BOBINE, s. f. fuseau pour dévider du fil, de la soie, etc.
BOBINER, v. a. é, ée, p. dévider sur une bobine.
BOBINEUSE, s. f. ouvrière qui dévide sur la bobine.
BOBO, s. m. petit mal, petite douleur.
BOCAGE, s. m. petit bois, bosquet.
BOCAGER, ÈRE, adj. couvert de petits bois.
BOCAL, s. m. vase de verre à cou très-court et à large ouverture.
BŒUF, s. m. (au plur. bœufs) genre de quadrupèdes ruminants; sa chair; fig. gros homme stupide.

BOGHEI, *s. m.* cabriolet découvert.
BOGUE, *s. f.* enveloppe piquante de la châtaigne.
BOHÉMIEN, NNE, *adj. et s.* de Bohême, vagabond.
BOIRE, *s. m.* ce qu'on boit ; breuvage.
BOIRE, *v. a.* et *irr.* avaler un liquide, s'imbiber d'une liqueur, absorber ; *ind. pr.* je bois, tu bois, il boit, n. buvons, *v.* buvez, ils boivent ; *imp.* je buvais, etc.; *p. déf.* je bus, tu bus, il but, t. bûmes, *v.* bûtes, ils burent ; *f.* je boirai, etc. ; *cond.* je boirais, etc. ; *impé.* bois, buvons, buvez ; *subj. q.* je boive, *q.* tu boives, qu'il boive, *q. n.* buvions, *q. v.* buviez, qu'ils boivent; *imp. sub. q.* je busse, etc. ; *p. pr.* buvant ; *p. p.* bu, bue.
BOIS, *s. m.* substance dure et compacte des arbres ; lieu planté d'arbres ; cornes du cerf et des bêtes fauves ; ce qui est fait de bois, ce qui est en bois.
BOISAGE, *s. m.* le bois d'une boiserie.
BOIS-DE-ROSE, *s. m.* arbre dont le bois sent la rose.
BOIS-DE-SAINTE-LUCIE, *s. m.* bois odorant, espèce de cerisier à grappes.
BOISÉ, ÉE, *adj.* garni de bois.
BOISER, *v. a.* é, ée, *p.* garnir de bois.
BOISERIE, *s. f.* bois qui recouvre les murs d'un appartement.
BOISEUX, EUSE, *adj.* de la nature du bois, ligneux.
BOISSEAU, *s. m.* ancienne mesure pour le grain, etc. ; son contenu.
BOISSELÉE, *s. f.* mesure d'un boisseau ; — *de terre,* c.-à-d. autant de terre qu'il en faut pour semer un boisseau.
BOISSELIER, *s. m.* fabricant de boisseaux.
BOISSELLERIE, *s. f.* commerce de boisselier.
BOISSON, *s. f.* liqueur à boire ; ce qu'on boit.
BOÎTE, *s. f.* coffre de bois, de carton, de métal, pour renfermer quelque chose ; pièce d'artifice.

BOITER, *v. n.* marcher en clochant.
BOITEUX, EUSE, *s.* et *adj.* qui boite.
BOKEI, *s. m.* petite voiture légère.
BOL, *s. m.* médicament préparé sous la forme d'une petite boule qu'on avale ; jatte creuse et très-évasée ; son contenu.
BOMBANCE, *s. f.* luxe de bonne chère.
BOMBARDE, *s. f.* ancienne machine de guerre ; instrument à vent ; galiote à bombes.
BOMBARDEMENT, *s. m.* action de bombarder.
BOMBARDER, *v. a.* é, ée, *p.* lancer des bombes.
BOMBARDIER, *s. m.* celui qui tire des bombes.
BOMBASIN, *s. m.* sorte d'étoffe de soie ; futaine à deux envers.
BOMBE, *s. f.* boule de fer, creuse, et remplie de poudre qui éclate en tombant.
BOMBER, *v. a.* é, ée, *p.* rendre convexe ; —, *v. n.* devenir convexe.
BON, *s. m.* ce qui est bon en soi, avantageux, important ; bonnes qualités ; avantage, profit, garantie ; promesse signée de payer.
BON, *adv.* marque approbation ; *interj.* marque la surprise.
BON, NNE, *adj.* qui a de la bonté ; propre à ; utile, avantageux. Ce mot a encore un grand nombre d'autres significations qui sont déterminées par le sens des divers substantifs auxquels il est joint.
BONACE, *s. f.* état tranquille de la mer ; *fig.* tranquillité.
BONASSE, *adj.* 2 *g.* sans malice.
BONBON, *s. m.* friandise, dragée.
BONBONNIÈRE, *s. f.* boîte à bonbons.
BON-CHRÉTIEN, *s. m.* sorte de poire (*pl.* bon-chrétiens).
BOND, *s. m.* rejaillissement d'un corps élastique, saut de certains animaux ; *prendre la balle au* —, saisir le moment.
BONDE, *s. f.* pièce de bois

BONDER, *v. a.* é, ée, *p.* boucher un tonneau avec une bonde.

BONDIEU, *s. m.* gros coin de scieur de long.

BONDIR, *v. n.* faire des bonds.

BONDISSANT, **E**, *adj.* qui bondit.

BONDISSEMENT, *s. m.* action de bondir, mouvement de ce qui bondit.

BONDON, *s. m.* morceau de bois qui ferme la bonde d'un tonneau.

BONDONNER, *v. a.* é, ée, *p.* mettre un bondon.

BONDONNIÈRE, *s. f.* outil de tonnelier pour faire la bonde.

BONHEUR, *s. m.* prospérité, situation heureuse ; événement heureux; par bonheur, *loc. adv.* heureusement.

BONHOMIE, *s. f.* bonté du cœur, simplicité des manières.

BONHOMME, *s. m.* homme bon jusqu'à la faiblesse.

BONI, *s. m.* excédant de la recette sur la dépense.

BONIFICATION, *s. f.* amélioration ; augmentation de valeur, de produit.

BONIFIER, *v. a.* é, ée, *p.* améliorer; —, *v. n.* devenir bon; se —, *v. pr.* s'améliorer.

BONJOUR, *s. m.* salut du matin.

BON MOT, *s. f.* repartie fine, spirituelle.

BONNE, *s. f.* gouvernante d'enfants.

BONNE-AVENTURE, *s. f.* aventure heureuse ; prédiction mensongère de l'avenir (*pl.* bonne aventures).

BONNE-FORTUNE, *s. f.* événement heureux et inattendu (*pl.* bonne-fortunes).

BONNEMENT, *adv.* simplement, naïvement.

BONNET, *s. m.* vêtement pour la tête ; *fig.* gros-bonnet, personnage important ; *prendre sous son bonnet*, inventer ; *avoir la tête près du bonnet*, se fâcher aisément ; — *chinois*, *s. m.* instrument de musique.

BONNETERIE, *s. f.* commerce du bonnetier.

BONNETIER, *s. m.* marchand de bonnets de tricot, de bas, etc.

BONSOIR, *s. m.* salut du soir.

BONTÉ, *s. f.* qualité de ce qui est bon; disposition à faire du bien; humanité, sensibilité; trop grande facilité, faiblesse de caractère.

BORD, *s. m.* extrémité d'une surface ; partie de la rive qui touche l'eau ; navire ; —, galon ou ruban pour border.

BORDEAUX, chef-lieu du dép. de la Gironde.

BORDÉE, *s. f.* décharge de tous les canons d'un des côtés du vaisseau ; *fig.* injures.

BORDELAIS, E, *adj.* et *s.* de Bordeaux.

BORDER, *v. a.* é, ée, *p.* garnir le bord, être au bord, côtoyer.

BORDEREAU, *s. m.* mémoire des articles divers qui composent un compte.

BORDURE, *s. f.* ce qui borde; cadre.

BORÉAL, **E**, *adj.* du côté du nord (sans *pl. m.*).

BORÉE, *s. m.* vent du nord très-violent.

BORGNE, *s.* et *adj.* qui n'a qu'un œil ; *fém.* borgnesse.

BORNAGE, *s. m.* action de planter des bornes.

BORNE, *s. f.* pierre qui marque les limites entre deux champs ; grosses pierres placées le long des maisons pour garantir les murs du choc des voitures ; ou sur les routes, pour marquer les distances ; *au pl.* il sign. limites, fin, terme.

BORNÉ, ÉE, *adj.* qui a peu d'étendue ; *homme* —, c.-à-d. sans instruction.

BORNER, *v. a.* é, ée, *p.* mettre des bornes, limiter, mettre un terme, restreindre; se borner, *v. pr.* se contenter de.

BOSPHORE, *s. m.* détroit qui sépare deux continents.

BOSQUET, *s. m.* petit bois, touffe d'arbres

BOSSE, *s. f.* grosseur osseuse, enflure, élévation ; figure en relief, modèle en plâtre pour dessiner.

BOSSELAGE, *s. m.* travail en bosse de l'orfèvre sur des pièces d'argenterie.

BOSSELER, *v. a.* é, ée, *p.* travailler en bosse.

BOSSELURE, *s. f.* ciselure naturelle sur certaines feuilles.

BOSSETTE, *s. f.* ornement en bosse placé aux deux côtés du mors d'un cheval.

BOSSOIRS, *s. m. pl.* poutres qui soutiennent l'ancre quand elle est levée.

BOSSU, UE, *adj.* et *s.* qui a une bosse.

BOSSUER, *v. a.* é, ée, *p.* faire des bosses à l'argenterie par accident.

BOSTON, *s. m.* jeu de cartes que l'on joue à quatre.

BOT, *adj. m. pied bot,* c.-à-d. pied contrefait.

BOTANIQUE, *s. f.* science qui traite des plantes ; —, *adj.* jardin —, qui renferme une collection de plantes.

BOTANISER, *v. n.* chercher des plantes.

BOTANISTE, *s. m.* qui s'applique à la botanique.

BOTTE, *s. f.* assemblage de choses de même nature liées ensemble ; sorte de chaussure ; coup d'escrime.

BOTTELAGE, *s. m.* action de botteler.

BOTTELER, *v. a.* é, ée, *p.* lier en bottes.

BOTTELEUR, *s. m.* qui fait des bottes de foin, de paille, etc.

BOTTER, *v. a.* é, ée, *p.* faire ou mettre des bottes ; se —, *v. pr.* mettre des bottes.

BOTTIER, *s. m.* ouvrier en chaussure, qui fait des bottes.

BOTTINE, *s. f.* petite botte.

BOUC, *s. m.* mâle de la chèvre.

BOUCAN, *s. m.* lieu où l'on fume la viande ; *pop.* bruit, vacarme.

BOUCANER, *v. a.* e, ée, *p.* faire fumer de la viande ; —, *v. n.* aller à la chasse des bœufs sauvages.

BOUCANIER, *s. m.* qui va à la chasse des bœufs sauvages.

BOUCHE, *s. f.* ouverture à la partie inférieure du visage, par où l'homme parle et mange ; ouverture, entrée ; — d'un canon, c.-à-d. l'ouverture par laquelle on charge la pièce. On dit *la bouche d'un éléphant, d'un chameau, d'un cheval, d'un âne, et autres bêtes de somme; d'un saumon, d'une carpe, d'une grenouille.*

BOUCHÉ, ÉE, *adj.* sans intelligence.

BOUCHÉE, *s. f.* petit morceau d'un aliment qui peut tenir dans la bouche.

BOUCHER, *v. a.* é, ée, *p.* fermer une ouverture.

BOUCHER, *s. m.* qui tue les bœufs, les moutons, etc., et les vend en détail.

BOUCHÈRE, *s. f.* femme d'un boucher.

BOUCHERIE, *s. f.* lieu où l'on vend la viande ; *fig.* tuerie, carnage.

BOUCHES-DU-RHÔNE, dép. formé d'une partie de l'ancienne Basse-Provence.

BOUCHOIR, *s. m.* plaque de tôle pour boucher un four.

BOUCHON, *s. m.* ce qui sert à boucher ; poignée de paille pour bouchonner un cheval ; enseigne de cabaret ; cabaret.

BOUCHONNER, *v. a.* é, ée, *p.* frotter avec un bouchon de paille ; chiffonner ; cajoler.

BOUCHOT, *s. m.* parc, pêcherie sur la grève.

BOUCLE, *s. f.* anneau de métal avec un ardillon ; mèche de cheveux frisés ; *boucle d'oreilles,* bijou qui s'attache aux oreilles.

BOUCLER, *v. a.* é, ée, *p.* mettre une boucle ; friser des cheveux en boucles ; se —, *v. pr.* se tourner en boucles.

BOUCLIER, *s. m.* arme défensive des anciens ; au *fig.* défense, défenseur.

BOUDER, *v. a.* et *n.* montrer de l'humeur ; se —, *v. réc.* se faire mutuellement la mine.

BOUDERIE, *s. f.* action de bouder ; fâcherie.

BOUDEUR, EUSE, adj. et s. qui boude.
BOUDIN, s. m. boyau rempli de sang et de graisse de porc, avec assaisonnement ; rouleau de tabac, de cheveux, etc.
BOUDINIÈRE, s. f. entonnoir pour faire le boudin.
BOUDIR, s. m. petit cabinet où l'on se retire pour être seul.
BOUE, s. f. fange des rues et des chemins.
BOUÉE, s. f. tonneau, baril flottant pour indiquer soit un écueil, soit le lieu où est une ancre.
BOUEUR, s. m. celui qui enlève la boue.
BOUEUX, EUSE, adj. couvert de boue.
BOUFFANT, E, adj. qui bouffe.
BOUFFE, s. m. race de chiens à poils longs et frisés ; bouffon.
BOUFFÉE, s. f. action subite et passagère du vent, de la fumée, etc., etc.
BOUFFER, v. n. enfler, être gonflé ; —, v. a. manger gloutonnement.
BOUFFETTE, s. f. nœud de ruban qui sert d'ornement.
BOUFFI, IE, adj. enflé ; fig. arrogant.
BOUFFIR, v. a. i, ie, p. enfler ; —, v. n. devenir enflé.
BOUFFISSURE, s. f. enflure des chairs.
BOUFFON, s. m. acteur dont le rôle est de faire rire.
BOUFFON, NNE, adj. plaisant, facétieux.
BOUFFONNER, v. n. faire le bouffon.
BOUFFONNERIE, s. f. propos plaisant, action bouffonne.
BOUGE, s. m. logement malpropre ; partie la plus bombée d'une futaille ou du moyeu d'une roue.
BOUGEOIR, s. m. sorte de flambeau avec un manche.
BOUGER, v. n. se remuer, se mouvoir.
BOUGIE, s. f. chandelle de cire.
BOUGON, E, s. qui bougonne souvent.

BOUGONNER, v. n. gronder entre ses dents.
BOUGRAN, s. m. grosse toile gommée.
BOUILLANT, E (ll m.), adj. qui bout.
BOUILLEUR (ll m.) ou BRÛLEUR, s. m. celui qui convertit le vin en eau-de-vie.
BOUILLI (ll m.), s. m. morceau de bœuf bouilli.
BOUILLI, IE, adj. qui a bouilli.
BOUILLIE (ll m.), s. f. lait et farine cuits ensemble, et qu'on donne aux petits enfants.
BOUILLIR (ll m.), v. n. irr. se dit du liquide mis en ébullition par le feu ou par la fermentation ; il se dit aussi, par extension, du vase dans lequel le liquide bout ; fig. être plein d'ardeur ; ind. pr. je bous, tu bous, il bout, nous bouillons, v. bouillez, ils bouillent ; imp. je bouillais, etc. ; n. bouillions, v. bouilliez, ils bouillaient ; p. déf. je bouillis, etc. ; fut. je bouillirai, etc. ; cond. je bouillirais, etc. ; imp. bous, bouillons, bouillez ; subj. pr. q. je bouille, etc. ; q. n. bouillions, etc. ; imp. subj. q. je bouillisse, etc. ; p. pr. bouillant, p. p. bouilli, ie.
BOUILLOIRE (ll m.), s. f. vase de métal pour faire bouillir de l'eau.
BOUILLON (ll m.), s. m. bulle que forme un liquide exposé au feu ou en état de fermentation, ou agité fortement ; eau bouillie avec de la viande ; repli d'étoffe ; fig. ardeur, transport ; bulle d'air dans le verre, ou dans les métaux fondus.
BOUILLON-BLANC, s. m. molène, plante médicinale.
BOUILLONNANT, E (ll m.), adj. qui bouillonne, vif, ardent.
BOUILLONNEMENT (ll m.), s. m. état, mouvement d'une liqueur qui bouillonne.
BOUILLONNER (ll m.), v. n. s'élever par bouillons, fermenter avec force ; —, v. a. é, ée, p. mettre des bouillons à une robe.
BOUILLOTTE (ll m.), s. f. jeu de cartes ; petite bouilloire.

BOULAIE, s. f. lieu planté de bouléaux.
BOULANGER, ÈRE, s. qui fait et vend du pain; *la boulangère*, sorte de danse, son air.
BOULANGER, v. a. é, ée, p. faire du pain.
BOULANGERIE, s. f. art de faire le pain, lieu où il se fait.
BOULE, s. f. corps rond en tout sens.
BOULEAU, s. m. arbre à bois blanc.
BOULE-DOGUE, s. m. espèce de gros chien.
BOULET, s. m. boule de fer pour charger les canons.
BOULETTE, s. f. petite boule; boule de pâte ou de viande hachée.
BOULEVARD ou BOULEVART, s. m. fortification avancée qui protége et conserve le rempart, place forte; promenade plantée d'arbres autour d'une ville.
BOULEVERSEMENT, s. m. renversement, désordre.
BOULEVERSER, v. a. é, ée, p. déranger, renverser, ruiner.
BOULIN, s. m. trou à pigeon dans un colombier; pot servant de nid aux pigeons; trou dans lequel les maçons font entrer les perches qui supportent un échafaud.
BOULINGRIN, s. m. pièce de gazon dans un jardin.
BOULOGNE, chef-lieu d'arr. du dép. du Pas-de-Calais.
BOULOIR, s. m. instrument pour remuer la chaux quand on l'éteint.
BOULON, s. m. sorte de cheville de fer.
BOULONNER, v. a. é, ée, p. arrêter avec un boulon.
BOUQUET, s. m. assemblage de fleurs, ou de choses réunies ensemble; explosion simultanée de fusées pour terminer un feu d'artifice; parfum.
BOUQUETIÈRE, s. f. marchande de fleurs.
BOUQUETIN, s. m. bouc sauvage.
BOUQUIN, s. m. vieux bouc; lièvre et lapin mâle; vieux livre.
BOUQUINER, v. n. rechercher ou lire les vieux livres.
BOUQUINEUR, s. m. qui aime à bouquiner.
BOUQUINISTE, s. m. marchand de vieux livres.
BOURACAN, s. m. espèce de camelot.
BOURBE, s. f. fond des eaux croupissantes, fange, boue.
BOURBEUX, EUSE, adj. plein de bourbe.
BOURBIER, s. m. lieu plein de bourbe; *fig.* mauvaise affaire, embarras.
BOURBILLON (ll m.), s. m. pus épaissi d'un abcès.
BOURBON-VENDÉE, chef-lieu du dép. de la Vendée.
BOURBONNAIS, anc. province de France qui forme le dép. de l'Allier.
BOURBOTTE, s. f. barbote.
BOURDALOUE, s. m. sorte de ruban; vase de nuit oblong.
BOURDE, s. f. mensonge, fausse nouvelle; pop.
BOURDER, v. n. faire des bourdes, mentir; pop.
BOURDEUR, EUSE, s. et adj. menteur; pop.
BOURDON, s. m. mâle de l'abeille; grosse cloche; bâton de pèlerin; *faux-bourdon*, morceau de musique dont les parties se chantent note contre note.
BOURDONNEMENT, s. m. bruit sourd et confus.
BOURDONNER, v. n. faire un bourdonnement; —, v. a. é, ée, p. chanter ou parler à voix basse, entre les dents.
BOURG, ancienne capitale de la *Bresse*, chef-lieu du dép. de l'Ain.
BOURG, s. m. gros village ayant un marché.
BOURGADE, s. f. petit bourg.
BOURGANEUF, chef-lieu d'arrond. du dép. de la Creuse.
BOURGEOIS, E, s. citoyen d'une ville; homme aisé; maître aux ordres duquel sont des ouvriers; —, adj. commun, qui a rapport à la bourgeoisie.
BOURGEOISEMENT, adv. d'une manière bourgeoise.

BOU

BOURGEOISIE, s. f. qualité de bourgeois.
BOURGEON, s. m. bouton d'arbre, d'où sortent les branches, les feuilles ou le fruit; bouton au visage.
BOURGEONNÉ, ÉE, adj. qui a des boutons au visage.
BOURGEONNER, v. n. é, ée, p. pousser des bourgeons.
BOURGES, chef-lieu du dép. du Cher.
BOURGMESTRE, s. m. magistrat de police de certaines villes d'Allemagne, de Suisse et de Hollande.
BOURGOGNE, ancienne province de Fr. dont Dijon était la capitale : elle forme les départements de Saône-et-Loire, Côte-d'Or, Yonne et Ain ; —, s. m. vin de cette province ; —, s. f. sain-foin.
BOURGUIGNON, NNE, s. et adj. de la Bourgogne.
BOURRACHE, s. f. plante médicinale.
BOURRADE, s. f. coup de crosse de fusil ; —, fig. répartie vive dans une discussion.
BOURRAGE, s. m. ce qui sert à bourrer, à remplir un vide.
BOURRASQUE, s. f. tourbillon de vent impétueux et de peu de durée; fig. mauvaise humeur, imprévue et passagère.
BOURRE, s. f. poil que les tanneurs détachent des peaux qu'ils préparent; ce qui sert à bourrer une arme à feu; bourre de soie, filoselle.
BOURREAU, s. m. exécuteur de la haute justice; homme cruel, inhumain; au f. bourrelle.
BOURRÉE, s. f. fagot de broussailles; sorte de danse.
BOURRELER, v. a. é, ée, p. tourmenter.
BOURRELET ou **BOURLET**, s. m. espèce de bonnet rembourré ou élastique pour les enfants; coussin rembourré.
BOURRELIER, s. m. qui fait des harnais.
BOURRELLERIE, s. f. métier de bourrelier.
BOURRER, v. a. é, ée, p. mettre de la bourre, remplir,

BOU

garnir de bourre, maltraiter, frapper; au fig. quereller.
BOURRICHE, s. f. panier pour transporter de la volaille, du gibier, etc.
BOURRIQUE, s. f. ânesse, mauvais cheval; fig. et fam. ignorant.
BOURRIQUET, s. m. ânon; civière de maçon.
BOURRU, E, s. et adj. brusque et chagrin.
BOURSE, s. f. petit sac pour mettre l'argent qu'on porte sur soi, son contenu; place gratuite d'un élève dans un collége; lieu où se réunissent les négociants, les banquiers.
BOURSIER, s. m. qui a une bourse dans un collége.
BOURSILLER (ll m.), v. n. contribuer à une dépense commune; fam.
BOURSOUFLAGE, s. m. enflure du style.
BOURSOUFLER, v. a. é, ée, p. enfler.
BOURSOUFLURE, s. f. enflure.
BOUSCULER, v. a. é, ée, p. mettre sens dessus dessous, pousser en tout sens.
BOUSE ou **BOUZE**, s. f. fiente de bœuf, de vache.
BOUSILLAGE (ll m.), s. m. mortier de terre et de chaume; fig. ouvrage mal fait.
BOUSILLER (ll m.), v. n. maçonner en bousillage ; —, v. a. é, ée, p. mal travailler.
BOUSILLEUR, EUSE (ll m.), s. qui fait du bousillage; mauvais ouvrier.
BOUSSOLE, s. f. cadran dont l'aiguille aimantée tourne toujours vers le nord; fig. guide, conducteur.
BOUT, s. m. ce qui reste, ce qui termine, extrémité, morceau; jusqu'au bout, jusqu'à la fin; venir à bout, réussir; pousser à bout, faire perdre patience; à tout bout de champ, à tout propos; d'un bout à l'autre, loc. adv. depuis, le commencement jusqu'à la fin; au bout du compte, loc. adv. après tout.

BOUTADE, *s. f.* caprice ; saillie d'esprit ou d'humeur.
BOUTANT, *adj. m.* pilier ou arc—, pilier pour soutenir.
BOUT-D'AILE, *s. m.* plume du bout de l'aile (*au pl.* bouts-d'aile).
BOUT-DE-L'AN, *s. m.* service religieux pour un défunt, un an après sa mort.
BOUTE-EN-TRAIN, *s. m.* (inv.) celui qui provoque la gaîté.
BOUTE-FEU, *s. m.* (inv.) incendiaire ; qui excite des querelles ; machine pour mettre le feu au canon.
BOUTEILLE, *s. f.* vase de verre, de terre, etc., à goulot étroit et à large ventre, pour contenir les liquides ; son contenu.
BOUTE-SELLE, *s. m.* (inv.) signal militaire, au son de la trompette, pour seller les chevaux.
BOUTILLIER, *s. m.* échanson, celui qui a soin du vin, des bouteilles.
BOUTIQUE, *s. f.* lieu où l'on vend ; marchandises.
BOUTIQUIER, *s. m.* qui tient boutique ; *t. de mépris*.
BOUTOIR, *s. m.* groin du sanglier ; outil de maréchal et de corroyeur.
BOUTON, *s. m.* bourgeon d'où sortent les feuilles et les fleurs ; élevure sur la peau ; petit rond de métal ou de bois pour les vêtements.
BOUTON-D'ARGENT, *s. m.* plante à fleur d'un beau blanc, en forme de bouton.
BOUTON-D'OR, *s. m.* plante à fleur d'un beau jaune, en forme de bouton.
BOUTONNER, *v. a.* é, ée, *p.* passer les boutons dans les boutonnières ; *v. n.* pousser des bourgeons.
BOUTONNERIE, *s. f.* commerce du boutonnier.
BOUTONNIER, *s. m.* qui fait et vend des boutons.
BOUTONNIÈRE, *s. f.* entaille pour passer le bouton.
BOUT-RIMÉ, *s. m.* pièce de vers faits sur des rimes données;

bouts-rimés, *s. m. pl.* rimes données pour y ajouter les mots propres à en faire des vers.
BOUT-SAIGNEUX, *s. m.* cou de mouton ou de veau, tel qu'on le vend à la boucherie.
BOUTURE, *s. f.* branche garnie de boutons, séparée de l'arbre et replantée ; rejeton.
BOUVERIE, *s. f.* étable à bœufs.
BOUVET, *s. m.* rabot pour faire des rainures.
BOUVIER, IÈRE, *s.* qui garde les bœufs ; *fig.* rustre, grossier ; constellation voisine de la grande ourse.
BOUVILLON (ll m.), *s. m.* jeune bœuf.
BOUVREUIL, *s. m.* oiseau, de la grosseur du moineau, qui a la tête noire et la gorge rouge.
BOXER, *v. n.* se battre à coups de poings.
BOXEUR, *s. m.* qui boxe, qui fait métier de boxer.
BOYAU, *s. m.* (*pl.* boyaux) intestin, conduit des excréments.
BOYAUDIER, *s. m.* qui prépare les cordes à boyau.
BRABANÇON, NNE, *adj. et s.* du Brabant.
BRACELET, *s. m.* ornement qui se porte au bras.
BRACMANE, *s. m.* bramin.
BRACONNER, *v. n.* chasser sur les terres d'autrui sans permission.
BRACONNIER, *s. m.* qui braconne
BRAI, *s. m.* espèce de goudron pour calfater.
BRAIE ou **BRAGUETTE**, *s. f.* devant de culotte ; linge pour le derrière d'un enfant.
BRAILLARD (ll m.), E, *s. et adj.* qui crie beaucoup et à tout propos.
BRAILLEMENT (ll m.), *s. m.* cri importun de certains animaux.
BRAILLER (ll m.), *v. n.* crier.
BRAILLEUR (ll m.), EUSE, *s. et adj.* qui a l'habitude de brailler.
BRAIMENT ou **BRAIRE**, *s. m.* cri de l'âne qui brait.
BRAIRE, *v. n.* crier, en parlant de l'âne. Ce v. n'est usité

que dans les temps et aux personnes qui suivent : *ind. p. tu brais, il brait, ils braient ; imp. il braiait, ils braiaient ; fut. il braira, ils brairont ; cond. il brairait, ils brairaient ; imp. brais, braiez (pron. bré-ez) ; sub. p. qu'il braie, qu'ils braient ; part. p. braiant ou brayant* (pron. bré).

BRAISE, *s. f.* charbon ardent ou éteint.

BRAISER, *v. a.* é, ée, *p.* faire cuire sur la braise.

BRAISIER, *s. m.* huche où l'on éteint la braise.

BRAISIÈRE, *s. f.* étouffoir à braise ; sorte de vaisseau pour faire cuire sur la braise.

BRAME, *s. m.* bramin.

BRAMER, *v. n.* crier ; se dit du cerf.

BRAMIN, *s. m.* philosophe indien.

BRANCARD, *s. m.* litière à bras, pour porter un malade ou des objets fragiles ; bras d'une voiture.

BRANCHAGE, *s. m.* les branches d'un arbre.

BRANCHE, *s. f.* bois qui sort du tronc d'un arbre, ou d'une plante ; partie d'une science, d'une entreprise.

BRANCHER, *v. n.* se dit des oiseaux qui se placent sur les branches des arbres.

BRANCHIES, *s. f. pl.* organes respiratoires des poissons.

BRANCHU, UE, *adj.* qui a beaucoup de branches.

BRANDADE, *s. f.* sorte de ragoût provençal avec de la merluche.

BRANDEBOURG, *s. m.* boutonnière avec ornement.

BRANDEVIN, *s. m.* sorte d'eau-de-vie de grain.

BRANDEVINIER, IÈRE, *s.* qui vend du brandevin.

BRANDILLEMENT (ll m.), *s. m.* action de brandiller, mouvement de ce qui brandille.

BRANDILLER (ll m.), *v. a.* é, ée, *p.* mouvoir de çà et de là.

BRANDIR, *v. a.* i, ie, *p.* secouer, agiter dans sa main.

BRANDON, *s. m.* flambeau de paille tortillée ; corps enflammé.

BRANDONNER, *v. a.* é, ée, *p.* mettre des brandons dans un champ.

BRANLANT, E, *adj.* qui branle, qui penche tantôt d'un côté, tantôt de l'autre.

BRANLE, *s. m.* agitation de ce qui est remué ; incertitude.

BRANLEMENT, *s. m.* mouvement de ce qui branle.

BRANLER, *v. a.* é, ée, *p.* agiter, faire aller de çà et de là. *v. n.* être agité, pencher de côté et d'autre, être mal assuré.

BRAQUE OU **BRAC**, *s. m.* espèce de chien de chasse ; *fig.* étourdi, mauvaise tête.

BRAQUEMENT, *s. m.* action de braquer ; état de ce qui est braqué.

BRAQUER, *v. a.* é, ée, *p.* tourner une arme à feu, une lorgnette vers un point en ajustant.

BRAQUES, *s. f. pl.* pinces de l'écrevisse.

BRAS, *s. m.* membre du corps humain qui tient à l'épaule ; *fig.* puissance ; — *de mer*, c.-à-d. détroit ; *à tour de bras*, de toutes ses forces.

BRASIER, *s. m.* feu de charbons ardents.

BRASILLER (ll m.), *v. a.* é, ée, *p.* faire griller sur la braise.

BRASSARD, *s. m.* sorte d'armure ou d'ornement qui se porte au bras.

BRASSE, *s. f.* mesure de la longueur de deux bras étendus (5 à 6 pieds ; 16 décimètres 1/4).

BRASSÉE, *s. f.* autant qu'on en peut tenir entre les deux bras.

BRASSER, *v. a.* é, ée, *p.* remuer à force de bras pour opérer un mélange ; faire de la bière.

BRASSERIE, *s. f.* lieu où se fait la bière.

BRASSEUR, EUSE, *s.* qui fait la bière.

BRASSIÈRES, *s. f. pl.* petite camisole pour les enfants.

BRASSIN, *s. m.* cuve de brasseur ; son contenu.

BRAVACHE, *s. m.* fanfaron.

BRAVADE, *s. f.* action de braver ; feinte bravoure.

BRAVE, *s. m. et adj.* 2 g.

vaillant, courageux, honnête, bon, généreux.

BRAVEMENT, *adv.* d'une manière brave.

BRAVER, *v. a. é, ée, p.* exposer sa vie sans crainte ; traiter avec morgue ou mépris.

BRAVO, *s. m.* mot italien qui marque approbation ; (*au pl. bravos*).

BRAVOURE, *s. f.* valeur éclatante.

BRAYETTE, *s. f.* fente pratiquée sur le devant de la culotte.

BREBIS, *s. f.* femelle du bélier.

BRÈCHE, *s. f.* ouverture faite de force ou par vétusté à un mur, une haie, etc. ; tort, dommage.

BRÈCHE-DENT, *s. 2 g.* qui a perdu quelques dents de devant ; (*pl. brèche-dents*).

BRECHET, *s. m.* creux de l'estomac.

BREDI BREDA, *loc. adv.* précipitamment, à la hâte.

BREDOUILLE (ll m), *s. m.* (t. du jeu de trictrac), marque de deux jetons, partie double.

BREDOUILLEMENT (ll m), *s. m.* action de bredouiller.

BREDOUILLER (ll m), *v. a. et v. n.* parler sans articuler.

BREDOUILLEUR, EUSE (ll m), *s.* qui bredouille.

BREF, *s. m.* lettre pastorale du pape ; —, *adv.* enfin, en un mot.

BREF, **BRÈVE**, *adj.* de peu de durée ; syllabe brève, qui se prononce vivement.

BRELAN, *s. m.* sorte de jeu de cartes.

BRELANDER, *v. n.* jouer sans cesse aux cartes.

BRELANDIER, IÈRE, *s.* joueur de cartes par profession ; *t. de mépris.*

BRELÉE, *s. f.* fourrage d'hiver pour les moutons.

BRELOQUE, *s. f.* bijou sans valeur.

BRÊME, *s. m.* poisson d'eau douce, large et plat.

BRÉSIL (le), grande contrée de l'Amérique méridionale ; *bois du—*, servant à teindre en rouge.

BRESSE, partie de l'anc. Lyonnais, comprise dans le dép. de l'Ain.

BRESSUIRE, chef-lieu d'arr. du dép. des 2 Sèvres.

BREST, chef-lieu d'arr. du dép. du Finistère ; port de mer.

BRETAGNE, anc. province de France formant les dép. de la Loire-Infér., du Morbihan, du Finistère, des Côtes-du-Nord, d'Ille-et-Vilaine.

BRÉTAILLER, *v. n.* fréquenter les salles d'armes ; tirer souvent l'épée.

BRÉTAILLEUR, *s. m.* qui brétaille.

BRETAUDER, *v. a. é, ée, p.* couper les oreilles d'un cheval ; couper les cheveux trop court ; tondre inégalement le drap.

BRETELLE, *s. f.* courroie pour porter un fardeau sur les épaules ; —, *s. f. pl.* tissu élastique ou non pour soutenir les culottes.

BRETON, NNE, *adj.* de Bretagne.

BRETTE, *s. f.* longue épée.

BRETTER ou **BRETTELER**, *v. a. é, ée, p.* tailler, gratter avec un outil dentelé.

BRETTEUR, *s. m.* qui aime à ferrailler.

BREUVAGE, *s. m.* boisson, liqueur à boire.

BREVET, *s. m.* expédition d'un acte par lequel le souverain accorde un titre, une grâce, un privilège ; acte sous seing privé ou notarié, délivré en minute.

BREVETER, *v. a. é, ée, p.* donner un brevet.

BRÉVIAIRE, *s. m.* livre d'office pour un prêtre ; cet office qui doit être récité chaque jour.

BRIANÇON, chef-lieu d'arr. du dép. des Hautes-Alpes ; *ville forte.*

BRIBE, *s. f.* gros morceau de pain ; *au pl.* restes d'un repas ; *fig.* citations faites sans choix et sans goût.

BRICK, *s. m.* petit navire armé.

BRICOLE, *s. f.* partie du harnais qui s'attache au poitrail ; bande de cuir pour porter un fardeau ; *t. de jeu de billard,* retour d'une bille qui a frappé la bande; de ou par —, *loc. adv.* indirectement.

BRICOLER, *v. a.* manger avidement, en se brûlant ; —, *v. n.* jouer de bricole ; *fam.* biaiser, tergiverser.

BRICOLIER, *s. m.* cheval attelé à côté du brancard.

BRIDE, *s. f.* partie du harnais qui sert à conduire le cheval ; rubans attachés à un bonnet, un chapeau, etc., et qui se nouent sous le menton ; —, points faits en travers aux extrémités d'une boutonnière ; *fig.* frein.

BRIDER, *v. a.* é, ée, *p.* mettre une bride ; lier, assujétir ; *fig.* réprimer.

BRIDON, *s. m.* petite bride.

BRIE, *s. m.* fromage de Brie.

BRIE, *s. f.* barre de bois pour fouler la pâte.

BRIEF, **ÈVE**, *adj.* de peu de durée.

BRIER, *v. a.* é, ée, *p.* travailler la pâte avec la brie.

BRIEUC (ST), chef-lieu du dép. des Côtes-du-Nord.

BRIÈVEMENT, *adv.* promptement ; succinctement.

BRIÈVETÉ, *s. f.* courte durée d'une chose, concision.

BRIEY, chef-lieu d'arrondissement du dép. de la Moselle.

BRIGADE, *s. f.* troupe de cavaliers sous les ordres d'un brigadier ; troupes, réunion de personnes.

BRIGADIER, *s. m.* chef de brigade.

BRIGAND, *s. m.* voleur de grands chemins.

BRIGANDAGE, *s. m.* vol sur les routes, désordre, concussion.

BRIGANDEAU, *s. m.* fripon.

BRIGANDER, *v. n.* vivre en brigand, voler.

BRIGANDINE, *s. f.* cotte de mailles.

BRIGANTIN, *s. m.* petit vaisseau à rames et à voiles pour la course.

BRIGANTINE, *s. f.* voile distinctive des brigantins.

BRIGNOLLES, chef-lieu d'arr. du dép. du Var.

BRIGNOLLES, *s. f.* prunes de Brignolles.

BRIGUE, *s. f.* poursuite vive ; cabale, faction.

BRIGUER, *v. a.* é, ée, *p.* poursuivre par brigue pour obtenir, rechercher avec ardeur.

BRILLAMMENT (ll m), *adv.* d'une manière brillante.

BRILLANT (ll m), *s. m.* éclat, lustre ; diamant taillé ; —, *ante; adj.* qui brille, qui a de l'éclat.

BRILLANTER, *v. a.* é, ée, *p.* tailler un brillant à facettes ; donner un faux éclat. (ll m).

BRILLER, *v. n.* avoir de l'éclat ; jeter une lumière étincelante (ll m).

BRIMBALER, *v. a.* é, ée, *p.* secouer, agiter ; mal sonner les cloches.

BRIMBORION, *s. m.* colifichet, chose inutile.

BRIN, *s. m.* scion d'arbuste ou de plante ; tige d'arbre ; —, chose menue, longue et faible ; *un brin*, un peu ; *fam. brin à brin*, successivement.

BRIN-D'ESTOC, *s. m.* long bâton ferré par les bouts.

BRINGUE, *s. m.* cheval petit et mal fait, sans apparence ; *en bringues; loc. adv.* en désordre.

BRIOCHE, *s. f.* espèce de gâteau ; —, *fig. maladresse.*

BRION, *s. m.* mousse qui croît sur l'écorce des arbres.

BRIOUDE, chef-lieu d'arr. du dép. de la Haute-Loire.

BRIQUE, *s. f.* terre argileuse pétrie, moulée et séchée ou cuite.

BRIQUET, *s. m.* outil d'acier pour tirer du feu d'un caillou ; espèce de sabre d'infanterie.

BRIQUETAGE, *s. m.* ouvrage de briques ; imitation de briques.

BRIQUETER, *v. a.* é, ée, *p.* imiter la brique avec un enduit.

BRIQUETERIE, *s. f.* lieu où se fait la brique.

BRIQUETIER, *s. m.* qui fait ou vend de la brique.

BRIS, *s. m.* rupture, fraction, débris de vaisseau brisé.

BRISABLE, *adj. 2 g.* qui peut être brisé.
BRISANS, *s. m. pl.* écueils à fleur d'eau.
BRISCAMBILLE (Il m), *s. f.* sorte de jeu de cartes.
BRISE, *s. f.* vent frais et périodique.
BRISE-COU, *s. m.* casse-cou.
BRISE-GLACE, *s. m.* (*inv.*) arc-boutant devant une arche de pont pour briser les glaçons.
BRISE-RAISON, *s. m.* (*inv.*) qui parle sans suite et mal à propos.
BRISÉES, *s. f. pl.* branches brisées et semées à terre pour servir d'indices; *aller sur les —* de quelqu'un, c.-à-d. entrer en rivalité.
BRISEMENT, *s. m.* choc violent des flots contre un rocher, une digue; — *de cœur*, grande douleur.
BRISE-MOTTE, *s. m.* gros cylindre pour briser les mottes de terre.
BRISER, *v. a. é, ée, p.* rompre, mettre en pièces; fatiguer; —, *v. n.* heurter avec violence; se —, *v. pr.* se casser, se plier; *brisons-là*, qu'il n'en soit plus question.
BRISEUR, *s. m.* qui brise.
BRISOIR, *s. m.* instrument à briser le chanvre, la paille, etc.
BRISQUE, *s. f.* sorte de jeu de cartes.
BRISURE, *s. f.* partie fracturée.
BRITANNIQUE, *adj. 2 g.* d'Angleterre.
BRIVES, chef-lieu d'arrond. du dép. de la Corrèze.
BROC, *s. m.* vase de bois à anse pour le vin; *de bric et de broc*; *loc. adv.* de çà et de là.
BROCANTER, *v. a. é, ée, p.* et *v. n.* acheter, vendre ou troquer.
BROCANTEUR, EUSE, *s.* qui brocante.
BROCARD, *s. m.* raillerie piquante; chevreuil à son premier bois.
BROCART, *s. m.* étoffe de soie brochée d'or ou d'argent.
BROCATELLE, *s. f.* étoffe nuancée qui imite le brocart.
BROCHE, *s. f.* baguette de fer pour embrocher la viande; cheville de bois pointue pour boucher un tonneau percé; pointe de fer d'une serrure entrant dans la forme de la clef; fer mince qu'on passe au travers de la bobine du rouet à filer; *au pl.* défenses du sanglier; premier bois du chevreuil.
BROCHER, *v. a. é, ée, p.* passer de côté et d'autre des fils d'or, d'argent, dans une étoffe; plier et coudre les feuilles d'un livre, et les couvrir de papier; *fig.* faire à la hâte.
BROCHET, *s. m.* poisson d'eau douce.
BROCHETON, *s. m.* petit brochet.
BROCHETTE, *s. f.* petite broche; *élever à la brochette*, dès l'enfance, avec beaucoup de soins.
BROCHEUR, EUSE, *s.* qui broche des livres.
BROCHOIR, *s. m.* marteau de maréchal pour ferrer les chevaux.
BROCHURE, *s. f.* action de brocher; art du brocheur; livre broché; ouvrage imprimé de peu d'étendue.
BROCOLI, *s. m.* chou d'Italie.
BRODEQUIN, *s. m.* chaussure antique, espèce de bottines qui couvre le pied et une partie de la jambe.
BRODER, *v. a. é, ée, p.* faire à l'aiguille un ouvrage en relief sur une étoffe; *fig.* amplifier une nouvelle.
BRODERIE, *s. f.* ouvrage du brodeur; —, ce qu'on ajoute au discours pour l'embellir.
BRODEUR, EUSE, *s.* qui brode.
BRODOIR, *s. m.* petite bobine pour broder.
BROIE, *s. f.* instrument pour briser le chanvre.
BROIEMENT ou BROÎMENT, *s. m.* action de broyer; son effet.
BRONCHADE, *s. f.* faux pas que fait un cheval.
BRONCHER, *v. n.* faire un faux pas; *fig.* faire une faute.
BRONCHOIR, *s. m.* instru-

ment sur lequel on plie les draps.
BRONZE, *s. m.* composition de cuivre, d'étain et de zinc; morceau de sculpture en bronze.
BRONZER, *v. a.* é, ée, *p.* peindre en bronze.
BROQUART, *s. m.* bête fauve d'un an.
BROSSE, *s. f.* petite planche garnie de faisceaux de crin pour nettoyer les étoffes; un gros pinceau.
BROSSER, *v. a.* é, ée, *p.* nettoyer avec une brosse.
BROSSERIE, *s. f.* commerce de brosses.
BROSSIER, *s. m.* qui fait et vend des brosses.
BROU, *s. m.* écale, enveloppe verte de la noix.
BROUÉE, *s. f.* pluie passagère.
BROUET, *s. m.* bouillon au lait et au sucre; mauvais ragoût.
BROUETTE, *s. f.* petit tombereau à une roue poussé ou traîné par une personne; espèce de petite voiture à 2 roues traînée à bras.
BROUETTER, *v. a.* é, ée, *p.* transporter dans une brouette.
BROUETTEUR, *s. m.* celui qui traîne des personnes dans une brouette.
BROUETTIER, *s. m.* qui transporte des fardeaux dans une brouette.
BROUHAHA, *s. m.* (*inv.*) bruit confus.
BROUILLAMINI (ll m), *s. m.* désordre, confusion.
BROUILLARD (ll m), *s. m.* vapeur épaisse dans l'air; —, *adj. m. papier* —, qui boit.
BROUILLE (ll m), *s. f.* querelle, brouillerie.
BROUILLER (ll m), *v. a.* é, ée, *p.* mêler; troubler l'ordre, la bonne intelligence; —, *v. n.* mettre en désordre; se —, *v. pr.* se troubler, s'embarrasser; cesser d'être amis.
BROUILLERIE (ll m), *s. f.* mésintelligence, querelle.
BROUILLON NNE (ll m), *s.* accoutumé à brouiller, à s'embrouiller; —, *brouillon*, *s. m.* écrit à mettre au net.

BROUIR, *v. a.* i, ie, *p.* se dit des blés et des fruits brûlés par le soleil après une gelée blanche.
BROUISSURE, *s. f.* dommage causé aux végétaux par la gelée.
BROUSSAILLES (ll m), *s. f. pl.* ronces, épines, menu bois.
BROUT, *s. m.* pousse des taillis au printemps; ce qui sert de pâture aux animaux.
BROUTANT, E, *adj.* qui broute.
BROUTER, *v. a.* é, ée, *p.* paître l'herbe, les feuilles, etc.
BROUTILLES (ll m), *s. f. pl.* menues branches qui restent dans les bois; *fig.* babioles.
BROYER, *v. a.* é, ée, *p* (se conj. comme *employer*), piler, réduire en poudre.
BROYEUR, *s. m.* qui broie.
BROYON, *s. m.* instrument pour broyer.
BRU, *s. f.* femme du fils.
BRUGNON, *s. m.* espèce de pêche.
BRUINE, *s. f.* petite pluie froide le très-fine.
BRUINER, *v. imp.* se dit de la bruine qui tombe.
BRUIR (une étoffe), *v. a.* i, ie, *p.* la pénétrer de vapeur pour l'amortir; (se conj. sur *finir*).
BRUIRE, *v. n. défect.* rendre un son confus. Il n'est usité qu'à l'*inf.* et à la *troisième pers.* du *s.* et du *pl.* de l'*imp.* de l'*ind.* il bruyait, ils bruyaient; *p. pr.* bruyant ou bruiant.
BRUISSEMENT, *s. m.* bruit sourd et confus.
BRUIT, *s. m.* son, assemblage de sons confus; nouvelle; querelle.
BRÛLABLE, *adj.* 2g. qui peut ou doit être brûlé.
BRÛLANT, E, *adj.* qui brûle; *fig.* vif; animé.
BRÛLÉ, *s. m.* odeur, goût de ce qui est brûlé.
BRÛLÉ, ÉE, *adj.* trop cuit.
BRÛLEMENT, *s. m.* action de brûler; état de ce qui brûle.
BRÛLER, *v. a.* é, ée, *p.* consumer par le feu; *fig.* désirer ardemment; —, *v. n.* être consumé.
BRÛLERIE, *s. f.* atelier où l'on fait de l'eau-de-vie.

BRÛLE-TOUT, s. m. (inv.) sorte de bobèche pour brûler les bouts de chandelle.
BRÛLEUR, s. m. incendiaire.
BRÛLOT, s. m. navire préparé pour mettre le feu aux vaisseaux ennemis.
BRULURE, s. f. action du feu; impression du feu.
BRUMAIRE, s. m. second mois de l'année républicaine, (du 20 octobre au 22 novembre).
BRUME, s. f. brouillard épais.
BRUMEUX, EUSE, adj. couvert de brume.
BRUN, E, adj. tirant sur le noir; —, s. m. couleur brune. Brune. s. f. celle qui a les cheveux bruns; à la —, à la chûte du jour.
BRUNATRE, adj. 2 g. tirant sur le brun.
BRUNET, TTE, adj. diminutif de brun. Brunette. s. f. jeune fille brune.
BRUNI, s. m. pièce d'orfévrerie polie et brillante.
BRUNIR, v. a. i, ie, p. rendu brun, polir ; —, v. n. devenir brun.
BRUNIS, s. m. brunissoir ; couleur de métal bruni.
BRUNISSAGE, s. m. action de brunir ; ses effets.
BRUNISSEUR, EUSE, s. ouvrier qui brunit.
BRUNISSOIR, s. m. outil pour brunir les métaux.
BRUNISSURE, s. f. art du brunisseur ; façon donnée aux étoffes pour adoucir les teintes.
BRUSQUE, adj. 2 g. rude, prompt, incivil.
BRUSQUEMENT, adv. d'une manière brusque.
BRUSQUER, v. a. é, ée, p. traiter brusquement, durement; —, v. n. agir brusquement.
BRUSQUERIE, s. f. action, parole brusque, incivile.
BRUT, E, adj. (le t se prononce), qui n'est pas travaillé ; rude ; raboteux ; impoli.
BRUTAL, E, adj. et s. qui tient de la brute, grossier.
BRUTALEMENT, adv. avec brutalité.
BRUTALISER, v. a. é, ée, p. traiter brutalement.
BRUTALITÉ, s. f. vice du brutal ; action brutale; grossièreté.
BRUTE, s. f. être privé de raison.
BRUXELLES, capitale de la Belgique.
BRUYAMMENT, adv. avec grand bruit.
BRUYANT, E. adj. qui fait grand bruit.
BRUYÈRE, s. f. arbuste ; lieu où il croît.
BUANDERIE, s. f. lieu où l'on fait la lessive.
BUANDIER, ÈRE, s. qui blanchit les toiles neuves.
BUBE, s. f. petit bouton sur la peau, pustule.
BUBON, s. m. tumeur inflammatoire à l'aine ou à l'aisselle.
BÛCHE, s. f. pièce de bois de chauffage ; fig. personne stupide.
BÛCHER, s. m. lieu pour serrer le bois à brûler ; amas de bois qui servait à brûler les corps chez les anciens.
BÛCHER, v. a. é, ée, p. faire des bûches ; dégrossir le bois.
BÛCHERON, s. m. qui abat le bois dans les forêts.
BÛCHETTE, s. f. petite bûche, menu bois.
BUCOLIQUE, adj. 2 g. des poésies pastorales.
BUCOLIQUES, s. f. pl. poésies pastorales.
BUDGET, s. m. état annuel de recettes et dépenses.
BUFFET, s. m. armoire pour les objets qui doivent servir à table ; menuiserie de l'orgue.
BUFFETER, v. a. é, ée, p. percer le tonneau pour voler le vin.
BUFFLE, s. m. espèce de taureau domestique ; son cuir ; fig. personne stupide.
BUFFLETERIE, s. f. partie de l'équippement du soldat faite en peau de buffle ou en cuir.
BUFFLETIN, s. m. jeune buffle, sa peau.
BUFFLONNE, s. f. femelle du buffle.
BUGLOSSE, s. f. herbe médicinale.

BUHOT, *s. m.* fourreau de la pierre du faucheur.
BUIS, *s. m.* arbrisseau toujours vert; son bois.
BUISSON, *s. m.* touffe d'arbrisseaux sauvages et épineux; bois peu étendu.
BUISSONNEUX, EUSE, *adj.* couvert de buissons.
BUISSONNIER, IERE, *adj.* des buissons; *faire l'école buissonnière;* —, aller se promener au lieu de se rendre à la classe.
BULBE, *s. f.* oignon de plante.
BULBEUX, EUSE, *adj.* de la nature des bulbes.
BULBIFÈRE, *adj. 2 g.* plante qui porte hors de terre une ou plusieurs bulbes.
BULBIFORME, *adj. 2 g.* qui a la forme d'une bulbe.
BULGARE, *adj. et s. 2 g.* de Bulgarie.
BULLE, *s. f.* globule qui s'élève à la surface d'un liquide; lettre du pape.
BULLETIN, *s. m.* petit billet; compte journalier de l'état d'une chose, d'une affaire; *Bulletin des lois,* recueil officiel des lois.
BURALISTE, *s. m.* qui tient un bureau.
BURAT, *s. m.* ou BURATE, *s. f.* bure grossière.
BURE, *s. f.* étoffe de laine.
BUREAU, *s. m.* table à écrire; lieu de travail, d'assemblée, de consultation; comptoir; les employés d'un bureau.
BUREAUCRATIE, *s. f.* influence illégale attribuée aux gens de bureau.
BUREAUCRATIQUE, *adj. 2 g.* qui concerne les gens de bureau, leurs manières.
BURETTE, *s. f.* vase à petit goulot.
BURETTIER, *s. m.* celui qui porte les burettes pour la messe.
BURIN, *s. m.* pointe d'acier pour graver; *fig.* l'art de graver; le genre de talent du graveur.
BURINER, *v. a.* é, ée, *p.* graver; *fig.* graver fortement dans la pensée.
BURLESQUE, *adj. 2 g.* bouffon; plaisant; qui fait rire; —, *s. m.* style plaisant.

BURLESQUEMENT, *adv.* d'une manière burlesque.
BURON, *s. m.* lieu où l'on fait du fromage dans les montagnes.
BURONNIER, *s. m.* pâtre, habitant d'un buron.
BURSAL, *adj. édit*—pour tirer de l'argent.
BUSART, *s. f.* oiseau de proie.
BUSC, *s. m.* lame d'acier ou de baleine dans un corset.
BUSE, *s. f.* oiseau de proie; *fig.* personne ignorante, stupide.
BUSQUER (se), *v. pr.* é, ée, *p.* mettre un busc.
BUSQUIÈRE, *s. f.* endroit où s'introduit le busc.
BUSTE, *s. m.* partie supérieure du corps; la tête, les épaules et la poitrine.
BUT, *s. m.* point fixe que l'on veut atteindre; projet; dessein; *but à but. loc. adv.* également; *de but en blanc, loc. adv.* inconsidérément.
BUTE, *s. f.* outil de maréchal pour couper la corne.
BUTER, *v. n.* frapper au but; trébucher; se —, *v. pr.* s'opiniâtrer; —, *v. a.* é, ée, *p.* amasser de la terre au pied d'un arbre, d'un arbuste; soutenir un mur.
BUTIN, *s. m.* (sans pl.), ce qu'on prend à l'ennemi; profit.
BUTINER, *v. n.* faire du butin.
BUTOIR, *s. m.* couteau de corroyeur.
BUTOR, *s. m.* oiseau de proie; *fig.* personnage grossier.
BUTTE, *s. f.* amas de terre élevée; en —, c.-à-d. exposé à..
BUVABLE, *adj. 2 g.* potable.
BUVETIER, *s. m.* qui tient une buvette.
BUVETTE, *s. f.* lieu où l'on trouve à boire et à manger.
BUVEUR, EUSE, *adj. et s.* qui boit beaucoup.
BUVOTTER, *v. n.* boire souvent et à petits coups.

C.

C, *s. m.* consonne, 3e lettre de l'Alphabet, se prononce généralement comme K et comme S, lorsqu'il y a une cédille dessous (ç). Employé comme chiffre romain, il signifie cent.

ÇÀ, *adv.* de lieu ; tel ; *çà et là,* de côté et d'autre ; *en-de-çà de, nu-de-là de* ; *interj.* pour exciter, commander ; *qui çà,* qui est-ce ; *çà,* pour *cela,* pop. et fam. *Comme çà,* de cette manière, passablement ; *or çà,* maintenant.

CABALE, *s. f.* complot, intrigue ; art chimérique de s'entendre avec de prétendus esprits.

CABALER, *v. n.* comploter, intriguer.

CABALEUR, *s. m.* qui cabale.

CABALISTE, *s. m.* qui se prétend versé dans l'art de la cabale.

CABALISTIQUE, *adj.* 2 g. qui a rapport à l'art de la cabale.

CABAN, *s. m.* sorte de redingote pour les matelots.

CABANE, *s. f.* maisonnette couverte de chaume ; loge roulante qu'habite un berger.

CABANON, *s. m.* petite loge où l'on renferme un fou.

CABARET, *s. m.* lieu où se vend le vin en détail ; espèce de plateau garni de tasses pour le thé, le café, etc.

CABARETIER, IÈRE, *s.* qui tient cabaret.

CABAS, *s. m.* panier de jonc ; vieille voiture.

CABESTAN, *s. m.* tourniquet pour rouler et dérouler un câble, pour soulever des fardeaux.

CABILLAUD (ll m), *s. m.* espèce de morue.

CABINET, *s. m.* lieu de travail ; salle où l'on conserve des objets précieux ; lieux d'aisances ; clientèle ; conseillers d'un souverain.

CÂBLE, *s. m.* grosse corde.

CÂBLER, *v. a.* é, ée, *p.* faire des câbles.

CABOCHE, *s. f.* grosse tête ; clou court à tête large.

CABOTAGE, *s. m.* navigation le long des côtes.

CABOTER, *v. n.* faire le cabotage.

CABOTEUR, *s. m.* navigateur côtier.

CABOTIER ou CABOTEUR, *s. m.* bâtiment pour caboter.

CABOTIN, E, *s.* comédien ambulant ; mauvais comédien.

CABRER (SE), *v. pr.* se dresser sur les pieds de derrière, en parlant du cheval ; *fig.* se mettre en colère, se révolter contre.

CABRI, *s. m.* jeune chevreau.

CABRIOLE, *s. f.* saut léger.

CABRIOLER, *v. n.* faire des cabrioles.

CABRIOLET, *s. m.* voiture légère à deux roues.

CABRIOLEUR, *s. m.* faiseur de cabrioles.

CABROUET, *s. m.* petite charrette pour le transport des cannes à sucre.

CACA, *s. m.* excrément d'enfant, chose malpropre.

CACABER, *v. n.* crier, se dit de la perdrix.

CACADE, *s. f.* entreprise folle, imprudence, lâcheté.

CACAO, *s. m.* amande du cacaoyer, dont on fait le chocolat.

CACAOYER ou CACAOTIER, *s. m.* arbre d'Amérique.

CACARDER, *v. n.* crier, se dit de l'oie.

CACHALOT, *s. m.* mammifère cétacé, du genre des baleines.

CACHE, *s. f.* lieu secret pour cacher.

CACHE-CACHE, *s. m.* sorte de jeu d'enfants.

CACHÉ, ÉE, *adj.* dissimulé, solitaire.

CACHE-ENTRÉE, *s. f.* pièce qui cache l'entrée d'une serrure.

CACHEMIRE, *s. m.* tissu de laine très-fin.

CACHER, *v. a.* é, ée, *p.* mettre à l'écart ; céler, dissimuler, voiler, couvrir.

CACHET, *s. m.* sceau qu'on applique sur la cire qui ferme une lettre ; ce qui retient une lettre fermée ; style, ce à quoi une chose se reconnaît.

CACHETER, *v. a.* é, ée, *p.* mettre le cachet ; *pain à —,* rond de pâte pour cacheter.

CACHETTE, *s. f.* petite cache ; *en cachette,* loc. adv. en secret.

CACHOT, *s. m.* prison obscure.

CACHOTTERIE, *s. f.* action de cacher des choses peu importantes.

CACHOTTIER, ière, s. qui agit en cachette à tout propos.
CACHOU, s. m. substance résineuse et astringente tirée d'un arbre des Indes.
CACIQUE, s. m. ancien prince du Mexique.
CACIS, s. m. groseiller à fruit noir; son fruit; liqueur qu'on en tire.
CACOCHYME, adj. 2 g. d'une mauvaise santé; d'un caractère bizarre.
CACOGRAPHIE, s. f. manière d'écrire contraire à l'orthograp.
CACOLOGIE, s. f. manière vicieuse de parler.
CACOPHONIE, s. f. assemblage de syllabes discordantes.
CADASTRE, s. m. registre contenant les plans et l'estimation des propriétés d'un pays.
CADASTRER, v. a. é, ée, p. lever le plan des propriétés d'un pays.
CADAVÉREUX, euse, adj. qui tient du cadavre.
CADAVRE, s. m. corps humain mort.
CADEAU, s. m. présent, don.
CADENAS, s. m. serrure mobile.
CADENASSER, v. a. é, ée, p. fermer au cadenas.
CADENCE, s. f. mesure qui règle le mouvement de la danse; marche harmonieuse d'une phrase.
CADENCER, v. a. é, ée, p. régler ses pas; v. n. faire des cadences.
CADET, tte, s. et adj. puîné, plus jeune.
CADI, s. m. magistrat turc.
CADRAN, s. m. surface des horloges où sont marquées les heures.
CADRE, s. m. bordure d'un tableau; disposition des principales parties d'un ouvrage.
CADRER, v. n. être en rapport, convenir à.
CADUC, uque, adj. vieux; qui approche de sa fin; mal caduc, épilepsie.
CADUCÉE, s. m. baguette entourée de deux serpents; bâton des hérauts-d'armes.
CADUCITÉ, s. f. état de ce qui est caduc; état qui précède la décrépitude.
CAEN, ville de France, chef-lieu du dép. du Calv. dos.
CAFARD, e, adj. et s. hypocrite.
CAFARDER, v. n. faire le cafard.
CAFARDERIE, s. f. hypocrisie.
CAFÉ, s. m. fruit du cafier; liqueur de ce fruit, lieu où elle se débite.
CAFEIRIE, s. f. lieu planté de cafiers.
CAFETIER, s. m. maître d'un café.
CAFETIÈRE, s. f. vase pour le café.
CAFIER ou **CAFEYER**, s. m. arbre qui produit le café.
CAGE, s. f. petite loge en fil-de-fer ou en osier pour renfermer les oiseaux.
CAGNARD, e, adj. paresseux, poltron.
CAGNARDER, v. n. vivre dans la paresse; fam.
CAGNARDISE, s. f. paresse.
CAGNEUX, euse. adj. qui a les genoux tournés en dedans.
CAGOT, e, adj. faux dévot.
CAGOTERIE, s. f. manière d'agir du cagot.
CAGOTISME, s. m. opinion du cagot.
CAHIER, s. m. assemblage de feuilles de papier.
CAHIN-CAHA, adv. tant bien que mal.
CAHORS, ville de Fr., chef-lieu du dép. du Lot.
CAHOT, s. m. secousse d'une voiture dans un chemin raboteux.
CAHOTAGE, s. m. effet des cahots.
CAHOTANT, e, adj. qui cahote.
CAHOTER, v. a. é, ée, p. causer des cahots.
CAHUTTE, s. f. cabane, petite hutte.
CAIEPUT ou **CAJEPUT**, s. m. huile claire du mélaleuque à bois blanc.
CAÏEU, s. m. rejeton d'un ognon à fleur.

CAL

CAILLE, s. f. oiseau de passage, moins gros que la perdrix.
CAILLÉ, s. m. lait caillé.
CAILLEBOTTE, s. f. masse de lait caillé.
CAILLEMENT, s. m. état de ce qui se caille.
CAILLER, v. a. é, ée, p. figer, épaissir ; se —, v. pr. s'épaissir en se coagulant.
CAILLETAGE, s. m. bavardage.
CAILLETEAU, s. m. jeune caille.
CAILLETER, v. n. babiller ; (se conj. sur le v. jeter).
CAILLETTE, s. f. qui bavarde ; ventricule qui contient la présure.
CAILLOT, s. m. masse de sang caillé.
CAILLOU, s. m. pierre très-dure dont le briquet tire des étincelles.
CAILLOUTAGE, s. m. ouvrage en cailloux.
CAILLOUTEUX, EUSE, adj. plein de cailloux.
CAIMANDER, v. n. é, ée, p. quêter, mendier.
CAIMANDEUR, s. m. celui qui caimande.
CAISSE, s. f. coffre ; lieu où est l'argent ; tambour ; — d'épargnes, où l'on peut déposer les plus petites sommes pour en tirer intérêt.
CAISSIER, s. m. qui tient la caisse.
CAISSON, s. m. chariot couvert pour transporter des munitions.
CAJOLER, v. a. é, ée, p. flatter, louer.
CAJOLERIE, s. f. action de cajoler ; flatterie.
CAJOLEUR, EUSE, s. qui cajole.
CAJUTE, s. f. lit en armoire dans un navire.
CAL, s. m. durillon.
CALAIS, ville de Fr., chef-lieu de canton du dép. du Pas-de-Calais
CALAISIEN, NNE, s. qui est de Calais.
CALAMINAIRE, adj. 2 g. qui appartient à la calamine.
CALAMINE, s. f. pierre bitumineuse.

CAL 81

CALAMITE, s. f. pierre d'aimant ; boussole.
CALAMITÉ, s. f. grand malheur, malheur public.
CALAMITEUX, EUSE adj. malheureux.
CALANDRE, s. f. machine pour lustrer les étoffes.
CALANDRER, v. a. é, ée, p. lustrer avec la calandre.
CALCAIRE, adj. 2 g. qui contient de la chaux.
CALCINABLE, adj. 2 g. qui peut être calciné.
CALCINATION, s. f. action de calciner.
CALCINER, v. a. é, ée, p. réduire par le feu à l'état de chaux.
CALCUL, s. m. supputation, compte ; —, pierre qui se forme dans la vessie.
CALCULABLE, adj. 2 g. qui peut se calculer.
CALCULATEUR, TRICE, s. et adj. qui calcule.
CALCULER, v. a. é, ée, p. compter, supputer ; —, v. n. réfléchir, prévoir.
CALE, s. f. fond d'un navire ; petit morceau de bois placé sous un meuble, sous une poutre, etc., pour les mettre d'aplomb.
CALEBASSE, s. f. fruit du calebassier ; —, espèce de concombre.
CALEBASSIER, s. m. arbre d'Amérique.
CALÈCHE, s. f. carrosse découvert.
CALEÇON, s. m. sorte de culotte de dessous.
CALÉFACTION, s. f. chaleur causée par le feu.
CALEMBOURG, s. m. quolibet, mauvais jeu de mots.
CALEMBREDAINE, s. f. propos inutile, bourde.
CALENDES, s. f. pl. premier jour du mois chez les Romains ; — grecques, temps qui ne viendra jamais (attendu que les Grecs n'avaient pas de calendes).
CALENDRIER, s. m. tableau des jours de l'année dans l'ordre où ils se succèdent.
CALEPIN, s. m. recueil de

5.

notes qu'on fait pour son propre usage.
CALER, *v. a.* é, ée, *p.* mettre une cale.
CALFAT, *s. m.* celui qui calfate; son ouvrage.
CALFATAGE, *s. m.* action de calfater.
CALFATER, *v. a.* é, ée, *p.* boucher avec des étoupes.
CALFATEUR, *s. m.* qui calfate.
CALFEUTRAGE, *s. m.* action de calfeutrer.
CALFEUTRER, *v. a.* é, ée, *p.* boucher les fentes d'une fenêtre, d'une porte.
CALIBRE, *s. m.* dimension de l'ouverture du canon d'une arme à feu; grosseur du boulet ou de la balle destinée à cette arme; qualité, état des personnes; instrument pour mesurer des dimensions.
CALICE, *s. m.* coupe qui sert à la messe pour la consécration du vin; enveloppe extérieure des fleurs.
CALICOT, *s. m.* toile de coton.
CALIFE, *s. m.* souverain mahométan arabe.
CALIFOURCHON, *s. m.* à —, comme si l'on était à cheval.
CÂLIN, E, *adj. et s.* doucereux, indolent.
CÂLINER, *v. a.* é, ée, *p.* cajoler; se —, *v. pr.* être indolent.
CALLEUX, EUSE, *adj.* où il y a des cals.
CALLIGRAPHE, *s. m.* qui a une belle écriture.
CALLIGRAPHIE, *s. f.* art de bien écrire.
CALLIGRAPHIQUE, *adj. 2 g.* qui a rapport à la calligraphie.
CALLOSITÉ, *s. f.* dureté sur la peau.
CALMANDE, *s. f.* étoffe de laine lustrée.
CALMANT, *s. m.* remède qui calme.
CALME, *adj. 2 g.* tranquille, sans agitation; —, *s. m.* tranquillité, repos.
CALMER, *v. a.* é, ée, *p.* rendre calme.
CALOMNIATEUR, TRICE, *s.* qui calomnie.
CALOMNIE, *s. f.* imputation injurieuse; fausse accusation.
CALOMNIER, *v. a.* é, ée, *p.* répandre des calomnies.
CALOMNIEUSEMENT, *adv.* avec calomnie.
CALOMNIEUX, EUSE, *adj.* qui contient des calomnies.
CALORIFÈRE, *adj. 2 g.* et *s.* qui transmet la chaleur.
CALORIFIQUE, *adj. 2 g.* qui donne de la chaleur.
CALORIQUE, *s. m.* principe de la chaleur.
CALOTTE, *s. f.* petit-bonnet.
CALQUE, *s. m.* trait léger d'un dessin calqué.
CALQUER, *v. a.* é, ée, *p.* tirer une copie d'un dessin trait pour trait, à l'aide d'un papier transparent; *fig.* imiter.
CALQUOIR, *s. m.* outil pour calquer.
CALUMET, *s. m.* pipe de sauvage.
CALUS, *s. m.* nœud des os fracturés; endurcissement.
CALVADOS, nom d'un département (Caen chef-lieu).
CALVAIRE, *s. m.* montagne de la Palestine où J.-C. a été crucifié; montagne où on a planté une croix en commémoration de la mort de J.-C.
CALVI, ville de France, chef-lieu d'arrondissement du dép. de la Corse.
CALVILLE, *s. f.* espèce de pomme.
CALVINISME, *s. m.* secte religieuse, opinion des calvinistes.
CALVINISTE, *s. m.* qui a adopté la doctrine religieuse de Calvin.
CALVITIE, *s. f.* état d'une tête chauve; effet de la chute des cheveux.
CAMAIL, *s. m.* (*au pl.* camails) demi-manteau avec un capuchon à l'usage des prêtres.
CAMARADE, *s. 2 g.* compagnon.
CAMARADERIE, *s. f.* affection de camarades.
CAMARD, E, *s. et adj.* qui a le nez écrasé.
CAMBOUIS, *s. m.* vieux oing qui a servi à graisser les roues des voitures.

CAM   **CAN**   83

CAMBRAI, chef-lieu d'arrondissement du dép. du Nord.
CAMBRE, s. m. cambrure.
CAMBRER, v. a. e, ée, p. courber en arc; se —, v. pr. se courber.
CAMBRURE, s. f. courbure en arc.
CAMÉE, s. m. espèce de pierre précieuse sculptée en relief.
CAMÉLÉON, s. m. espèce de lézard qui prend différentes couleurs; fig. personne changeant facilement d'opinions.
CAMELOT, s. m. étoffe de poil de chèvre, de laine et de soie.
CAMELOTTE, s. f. mauvais ouvrage.
CAMELOTER, v. a. é, ée, p. imiter le camelot.
CAMION, s. m. espèce de petit chariot; petite épingle.
CAMIONNEUR, s. m. celui qui conduit un camion.
CAMISOLE, s. f. espèce de gilet à manches (vêtement de femme).
CAMOMILLE, s. f. plante médicinale, herbe odoriférante.
CAMOUFLET, s. m. affront, mortification; fumée épaisse qu'on souffle au visage de quelqu'un.
CAMP, s. m. lieu où s'établit une armée; lice pour les tournois.
CAMPAGNARD, E, s. qui habite la campagne; adj. qui n'a pas la politesse des habitants de la ville.
CAMPAGNE, s. f. champs; étendue de pays plat et découvert; mouvement de troupes; expédition militaire.
CAMPAGNOL, s. m. espèce de mulot.
CAMPANULE, s. f. plante de jardin : sa fleur a la forme d'une cloche.
CAMPÊCHE, s. m. arbre d'Amérique dont on tire une teinture noire et rouge.
CAMPEMENT, s. m. action de camper.
CAMPER, v. n. dresser un camp; séjourner, faire arrêter une armée dans un lieu; se —, v. pers. s'arrêter, se placer; —,
v. a. é, ée, p. dresser, placer, donner.
CAMPHRE, s. m. sorte de gomme aromatique.
CAMPHRÉ, ÉE, adj. où l'on a mis du camphre.
CAMPHRER, v. a. é, ée, p. mettre du camphre.
CAMPOS, s. m. congé.
CAMUS, E, adj. qui a le nez court et plat.
CANAILLE, s. f. vile populace, gens méprisables.
CANAL, s. m. (plur. canaux) conduit par où l'eau passe; longue pièce d'eau : fig. entremise, moyen.
CANALISATION, s. f. communication par le moyen de canaux.
CANALISER, v. a. é, ée, p. ouvrir des canaux dans un pays.
CANAPÉ, s. m. long siège à dossier.
CANARD, s. m. oiseau aquatique.
CANARDER, v. a. é, ée, p. tirer des coups de fusil d'un lieu couvert.
CANARDIÈRE, s. f. lieu préparé pour prendre des canards; long fusil pour les tirer.
CANARI, s. m. serin des Canaries.
CANCAN ou **QUANQUAN**, s. m. propos médisants, commérages.
CANCER, s. m. tumeur maligne qui dégénère en ulcère; un des signes du zodiaque.
CANCÉREUX, EUSE, adj. de la nature du cancer.
CANCRE, s. m. écrevisse de mer; fig. avare sordide; pauvre hère.
CANDÉLABRE, s. m. grand chandelier de forme antique.
CANDEUR, s. f. pureté d'âme, sincérité.
CANDI, adj. m. sucre —, sucre cristallisé.
CANDIDAT, s. m. prétendant à une charge, une dignité, etc.
CANDIDE, adj. 2 g. qui a de la candeur.
CANDIR, v. a. 1, ie, p. épurer et cristalliser le sucre; se —,

v. n. et *pers.* se durcir comme la glace.

CANE, *s. f.* femelle du canard.

CANETER, *v. n.* marcher comme un canard.

CANETON, *s. m.* petit d'une cane.

CANETTE, *s. f.* petite cane ; pot pour la bière.

CANEVAS, *s. m.* grosse toile claire pour faire des ouvrages de tapisserie.

CANEZOU, *s. m.* espèce de spencer sans manches.

CANICHE, *s. f.* chienne barbette.

CANICULAIRE, *adj. 2 g.* jours caniculaires; temps de la canicule.

CANICULE, *s. f.* constellation ; période pendant laquelle cette étoile se lève avec le soleil (du 24 juillet au 23 août).

CANIF, *s. m.* instrument pour tailler les plumes.

CANIN, E, qui tient du chien.

CANNE, *s. f.* bâton pour s'appuyer en marchant ; — *à sucre*, roseau dont on tire le sucre.

CANNELER, *v. a.* é, ée, *p.* creuser des cannelures.

CANNELLE, *s. f.* écorce du cannellier ; — ou CANETTE, robinet.

CANNELLIER, *s. m.* arbre aromatique dont on tire la cannelle.

CANNELURE, *s. f.* creux, sorte de rainure le long d'un pilastre, d'une colonne, etc.

CANNIBALE, *s. m.* qui mange de la chair humaine.

CANON, *s. m.* grosse pièce d'artillerie ; partie des armes à feu où l'on met la poudre et le plomb ; tuyau ou corps de seringue ; règlements ecclésiastiques, corps des paroles de la messe; caractère d'imprimeries; terme de musique.

CANONIAL, E, *adj.* réglé par les canons de l'Église.

CANONICAT, *s. m.* emploi de chanoine.

CANONIQUE, *adj. 2 g.* conforme aux canons.

CANONIQUEMENT, *adv.* selon les canons.

CANONISATION, *s. f.* action de canoniser.

CANONISER, *v. a.* é, ée, *p.* mettre au rang des saints.

CANONNADE, *s. f.* décharge de canons tirés à la fois.

CANONNER, *v. a.* é, ée, *p.* battre à coups de canon.

CANONNIER, *s. m.* qui sert le canon.

CANONNIÈRE, *s. f.* petite ouverture dans un mur pour tirer, à couvert, des coups de canon, de fusil, etc. ; espèce de tente ; petit bâton creux bourré de tampons de filasse ou de papier que l'on chasse avec effort au moyen d'un piston (jouet d'enfant).

CANOT, *s. m.* petit bateau ; petite chaloupe.

CANTAL, *s. m.* fromage d'Auvergne.

CANTAL, nom d'une haute montagne près d'Aurillac et nom du département dont cette ville est le chef-lieu.

CANTALOUP, *s. m.* melon à côtes.

CANTATE, *s. f.* petit poème lyrique ; ode en musique.

CANTATRICE, *s. f.* chanteuse de profession.

CANTHARIDE, *s. f.* espèce de mouche employée en médecine.

CANTINE, *s. f.* cabaret ouvert pour les soldats ; petit coffre pour porter des bouteilles en voyage.

CANTINIER, IÈRE, *s.* qui tient une cantine.

CANTIQUE, *s. m.* poème religieux.

CANTON, *s. m.* partie, subdivision d'un territoire, d'une ville.

CANTONAL, E, *adj.* du ressort d'un canton.

CANTONNÉ, ÉE, *adj.* soldat mis en cantonnement.

CANTONNEMENT, *s. m.* séjour de troupes cantonnées ; lieu où elles séjournent.

CANTONNER, *v. a.* é, ée, *p.* mettre en séjour momentané ; —, *v. n.* être en cantonnement ; *se* —, *v. pr.* se loger dans un canton.

CANULE, *s. f.* tuyau au bout d'une seringue.
CAOUTCHOUC, *s. m.* gomme élastique; bitume élastique.
CAP, *s. m.* promontoire.
CAPABLE, *adj. 2 g.* propre à; habile; susceptible de.
CAPACITÉ, *s. f.* habileté; intelligence; profondeur et largeur d'une chose qui contient.
CAPARAÇON, *s. m.* couverture de cheval.
CAPARAÇONNER, *v. a. é, ée, p.* placer un caparaçon à un cheval.
CAPE, *s. f.* manteau à capuchon que portaient les femmes; la grande voile d'un vaisseau.
CAPILLAIRE, *s. m.* plante médicinale; —, *adj.* délié comme les cheveux.
CAPILOTADE, *s. f.* sorte de ragoût.
CAPITAINE, *s. m.* chef militaire; commandant d'un vaisseau.
CAPITAL, *s. m.* somme d'argent; le principal objet.
CAPITAL, E, *adj.* (*pl.* capitaux) principal, essentiel; *crime* —, qui mérite la mort; *péché* —, qui entraîne la damnation; *lettre capitale*, majuscule.
CAPITALE, *s. f.* ville principale d'un état, où est ordinairement placé le siége du gouvernement.
CAPITALISER, *v. a. é, ée, p.* convertir en capital.
CAPITALISTE, *s. m.* qui a de l'argent placé.
CAPITATION, *s. f.* impôt par tête.
CAPITEUX, EUSE, *adj.* qui porte à la tête.
CAPITOLE, *s. m.* ancienne forteresse à Rome, temple consacré à Jupiter.
CAPITOUL, *s. m.* échevin à Toulouse.
CAPITULATION, *s. f.* traité pour la reddition d'une place assiégée.
CAPITULER, *v. n.* traiter de la reddition d'une place.
CAPON, *s. m.* lâche, flatteur, rusé (*pop.*).
CAPONNER, *v. n.* faire le capon (*pop.*).

CAPORAL, *s. m.* le dernier sous-officier d'infanterie (*plur.* caporaux).
CAPOT, *s. m.* espèce de manteau; *faire* —, faire toutes les levées aux jeux de cartes.
CAPOTE, *s. f.* vêtement de femme; manteau de soldat; partie supérieure d'un cabriolet.
CÂPRE, *s. f.* bouton du câprier confit au vinaigre; graine de capucine.
CAPRICE, *s. m.* fantaisie, boutade.
CAPRICIEUSEMENT, *adv.* par caprice.
CAPRICIEUX, EUSE, *adj.* fantasque.
CAPRICORNE, *s. m.* signe du zodiaque; insecte.
CÂPRIER, *s. m.* arbuste qui porte les câpres.
CAPRON, *s. m.* grosse fraise.
CAPRONIER, *s. m.* fraisier qui porte le capron.
CAPSULE, *s. f.* membrane qui enveloppe les graines.
CAPTATEUR, *s. m.* qui capte.
CAPTATION, *s. f.* action de capter.
CAPTER, *v. a. é, ée, p.* chercher à obtenir quelque chose par adresse.
CAPTIEUSEMENT, *adv.* d'une manière captieuse.
CAPTIEUX, EUSE, *adj.* qui tend à tromper.
CAPTIF, IVE, *adj.* prisonnier; réduit à l'esclavage.
CAPTIVER, *v. a. é, ée, p.* rendre captif; *fig.* assujettir, se rendre maître de.
CAPTIVITÉ, *s. f.* privation de la liberté.
CAPTURE, *s. f.* butin; arrestation; saisie de marchandises prohibées.
CAPTURER, *v. a. é, ée, p.* faire capture.
CAPUCHON, *s. m.* espèce de vêtement pour se couvrir la tête.
CAPUCIN, *s. m.* ancien religieux.
CAPUCINADE, *s. f.* plat discours, dévotion affectée.
CAPUCINE, *s. f.* fleur potagère; —, pièce du fusil.
CAQUAGE, *s. m.* manière de saler les harengs.

CAQUE, s. f. baril pour le hareng.

CAQUER, v. a. é, ée, p. préparer le hareng pour le mettre en caque.

CAQUET, s. m. babil.

CAQUETAGE, s. m. action de caqueter.

CAQUETER, v. n. babiller; cri de la poule qui va pondre.

CAQUETEUR, EUSE, s. qui caquette.

CAQUEUR, s. m. celui qui caque les harengs.

CAR, conj. qui marque la raison d'une proposition.

CARABIN, s. m. élève en chirurgie.

CARABINE, s. f. fusil de cavalier.

CARABINIER, s. m. cavalier armé d'une carabine.

CARACOLE, s. f. mouvement en rond ou en demi-rond qu'on fait faire à un cheval.

CARACOLER, v. n. faire des caracoles.

CARACTÈRE, s. m. signes employés dans l'écriture ou dans l'impression, écriture, marque, empreinte; —, inclinations d'une personne, physionomie, fermeté, grandeur d'âme; titre, dignité.

CARACTÉRISER, v. a. é, ée, p. désigner par des traits caractéristiques.

CARACTÉRISTIQUE, adj. 2 g. qui caractérise.

CARAFE, s. f. vase de verre ou de cristal pour servir de l'eau, des liqueurs.

CARAFON, s. m. petite carafe.

CARAMBOLAGE, s. m. carambole.

CARAMBOLE, s. f. action de caramboler; ses effets.

CARAMBOLER, v. n. toucher deux billes avec la sienne, au billard.

CARAMEL, s. m. sucre fondu et un peu brûlé.

CARAT, s. m. poids de 4 grains pour peser les diamants; titre de l'or.

CARAVANE, s. f. troupe de pèlerins et de marchands du Levant qui voyagent ensemble.

CARAVANSERAIL, s. m. hôtellerie pour les caravanes (au pl. caravanserails).

CARBONATE, s. m. mélange d'acide carbonique avec quelques substances.

CARBONE, s. m. charbon pur.

CARBONIQUE, adj. tiré du charbon.

CARBONISATION, s. f. action de carboniser.

CARBONISER, v. a. é, ée, p. réduire en charbon.

CARBONNADE, s. f. viande grillée.

CARCAN, s. m. collier de fer pour attacher un criminel à un poteau.

CARCASSE, s. f. ossements décharnés, mais encore réunis; charpente d'un bâtiment.

CARCASSONNE, ville de Fr., chef-lieu du dép. de l'Aude.

CARDE, s. f. côte de poirée bonne à manger; peigne pour carder la laine.

CARDER, v. a. é, ée, p. démêler la laine, le coton, la soie, avec la carde.

CARDEUR, EUSE, s. qui carde.

CARDINAL, s. m. un des principaux prélats de la cour de Rome (au pl. cardinaux); —, e, adj. principal nombre; —, c.-à-d. celui qui ne désigne que la quantité, comme un, deux, trois, etc.

CARDINALAT, s. m. dignité de cardinal.

CARDON, s. m. plante potagère.

CARÊME, s. m. temps d'abstinence entre le mardi-gras et le jour de Pâques; jeûne prescrit pendant ce temps.

CARÉNAGE, s. m. action de caréner.

CARENCE, s. f. manque, défaut, insolvabilité.

CARÈNE, s. f. partie du vaisseau qui plonge dans l'eau.

CARÉNER, v. a. é, ée, p. mettre un vaisseau sur le côté pour le radouber.

CARENTAN, ville de France, chef-lieu d'arr. du dép. de la Manche.

CARESSANT, adj. qui aime à caresser.

CARESSE, s. f. témoignage extérieur d'affection.

CARESSER, *v. a.* é, ée, *p.* faire des caresses; flatter, encourager.

CARGAISON, *s. f.* marchandises qui chargent un vaisseau.

CARGUE, *s. f.* corde pour raccourcir les voiles.

CARGUER, *v. a.* é, ée, *p.* raccourcir les voiles.

CARICATURE, *s. f.* personne d'un air ridicule; représentation exagérée d'un objet.

CARIE, *s. f.* pourriture des os, maladie des blés.

CARIER, *v. a.* é, ée, *p.* gâter, pourrir.

CARIEUX, EUSE, *adj.* qui se carie.

CARILLON, *s. m.* (ll m.) battement de cloches en mesure et à coups précipités; grand bruit.

CARILLONNER, *v. n.* (ll m.) sonner le carillon.

CARILLONNEUR, *s. m.* (ll m.) qui carillonne.

CARLIN, *s. m.* petit chien à museau noir.

CARLOVINGIEN, NNE, *adj.* de la 2e race des rois de France, descendant de Charlemagne.

CARMAGNOLE, *s. f.* sorte d'habit; danse, air en vogue en 1790.

CARME, *s. m.* moine du Mont-Carmel.

CARMÉLITE, *s. f.* religieuse du Mont-Carmel.

CARMIN, *s. m.* couleur d'un rouge vif.

CARNAGE, *s. m.* tuerie, massacre.

CARNASSIER, IÈRE, *adj.* qui se nourrit de chair crue.

CARNASSIÈRE, *s. f.* sac pour porter le gibier tué à la chasse.

CARNATION, *s. f.* teint; couleur des chairs.

CARNAVAL, *s. m.* temps de divertissements publics, depuis le jour des Rois jusqu'au mercredi des cendres.

CARNET, *s. m.* livret pour les affaires commerciales.

CARNIVORE, *adj.* 2 g. qui se nourrit de chair.

CAROTTE, *s. f.* plante potagère.

CAROTTER, *v. n.* hasarder peu de chose à la fois au jeu.

CAROTTIER, IÈRE, *s.* qui carotte.

CARPE, *s. f.* poisson d'eau douce; —, partie entre le bras et la paume de la main.

CARPENTRAS, ville de Fr., chef-lieu d'arrondissement du dép. de Vaucluse.

CARPOPHAGE, *adj.* 2 g. et *s.* frugivore.

CARQUOIS, *s. m.* étui pour les flèches.

CARRÉ, *s. m.* figure à quatre côtés égaux et quatre angles droits; produit d'un nombre multiplié par lui-même; palier entre chaque étage dans un escalier.

CARRÉ, ÉE, *adj.* qui a la forme du carré.

CARREAU, *s. m.* pavé de pierre, de terre cuite ou de marbre, pour couvrir le sol dans les maisons; sorte de fer à repasser; — *de vitre*, pièce de verre pour les fenêtres.

CARREFOUR, *s. m.* endroit où aboutissent plusieurs rues ou plusieurs chemins.

CARRELAGE, *s. m.* action de carreler; ouvrage du carreleur.

CARRELER, *v. a.* é, ée, *p.* (se conj. sur *appeler*), poser du carreau; raccommoder de vieux souliers.

CARRELET, *s. m.* grosse aiguille carrée; poisson de mer à taches rouges; filet pour pêcher; espèce de tamis pour passer des liquides.

CARRELEUR, *s. m.* qui pose le carreau; qui raccommode les souliers.

CARRELIER, *s. m.* qui confectionne les carreaux.

CARRELURE, *s. f.* semelles neuves à une vieille chaussure.

CARRÉMENT, *adv.* en carré.

CARRER, *v. a.* é, ée, *p.* rendre carré; évaluer en mesures carrées; se —, prendre un air arrogant.

CARRICK ou **CARRIQUE**, *s. m.* sorte de redingote avec collets; cabriolet léger et découvert.

CARRIER, *s. m.* ouvrier des carrières.

CARRIERE, s. f. lieu d'où l'on extrait de la pierre, du marbre, de l'ardoise ; lieu fermé de barrières et consacré aux exercices à pied, à cheval, etc.; espace de temps.
CARRIOLE, s. f. petite charrette couverte et suspendue.
CARROSSE, s. m. voiture à 4 roues, suspendue et couverte.
CARROSSIER, s. m. qui fait des carrosses.
CARROUSEL, s. m. sorte de tournoi.
CARRURE, s. f. largeur du dos, à la hauteur des épaules.
CARTE, s. f. petit carton pour jouer ; liste des mets en consommation chez un traiteur, mémoire des dépenses qu'on y a faites ; plan linéaire d'un lieu.
CARTEL, s. m. appel à un combat singulier ; sorte de pendule.
CARTIER, s. m. fabricant ou marchand de cartes à jouer.
CARTILAGE, s. m. partie du corps dure et sensible, moins compacte que les os et qui se trouve à leur extrémité.
CARTILAGINEUX, EUSE, adj. de la nature du cartilage.
CARTON, s. m. grosse carte ; boîte ; portefeuille ; feuillet d'impression refait avec des changements.
CARTONNER, v. a. é, ée, p. couvrir un livre avec du carton.
CARTONNIER, s. m. qui fait et vend du carton.
CARTOUCHE, s. f. charge d'une arme à feu ; —, s. m. sorte d'ornement de peinture ou de sculpture.
CAS, s. m. fait fortuit, accident, aventure, occasion.
CASANIER, IÈRE, adj. qui aime à rester à la maison.
CASAQUE, s. f. vêtement en forme de manteau.
CASAQUIN, s. m. camisole, vêtement de femme.
CASCADE, s. f. chute d'eau.
CASE, s. f. cabane, maison ; séparation formant une place réservée dans une armoire ; carré du damier, de l'échiquier.
CASER, v. a. é, ée, p. mettre en ordre ; se —, v. pr. se placer, s'établir.
CASERNE, s. f. bâtiment où logent les soldats.
CASERNEMENT, s. m. action de caserner.
CASERNER, v. a. é, ée, p. et v. n. loger dans des casernes.
CASIER, s. m. dessus de bureau à compartiments pour mettre des papiers.
CASIMIR, s. m. drap très-léger et croisé.
CASQUE, s. m. arme défensive pour la tête.
CASQUETTE, s. f. sorte de bonnet.
CASSANT, E, adj. fragile, facile à casser.
CASSATION, s. f. acte juridique par lequel une procédure est annulée ; cour de —, tribunal suprême qui révise les jugements.
CASSÉ, ÉE, adj. rompu, brisé, vieux, infirme.
CASSE-COU, s. m. endroit dangereux, où il est facile de faire une chute.
CASSE-NOISETTE ou CASSE-NOIX, s. m. instrument pour casser des noix ou des noisettes.
CASSER, v. a. é, ée, p. rompre, briser ; dégrader un officier ; se —, vieillir.
CASSEROLE, s. f. ustensile de cuisine.
CASSETTE, s. f. petit coffre.
CASSEUR, s. m. fier-à-bras, robuste.
CASSINE, s. f. petite maison dans les champs.
CASSOLETTE, s. f. vase où l'on brûle des parfums.
CASSONADE, s. f. sucre non raffiné.
CASSURE, s. f. rupture, fracture.
CASTAGNETTES, s. f. plur. instrument de musique formé de 2 petits morceaux de bois creux qu'on frappe l'un contre l'autre en cadence.
CASTE, s. f. tribu ; classe ; ordre d'un état.
CASTELLANE, ville de Fr.,

sous-préf. du dép. des Basses-Alpes.

CASTELNAUDARY, ville de France, sous-préf. du dép. de l'Aude.

CASTELSARRASIN, ville de France, sous-préf. du dép. de Tarn-et-Garonne.

CASTILLE, s. f. petite querelle, débat ; démêlé.

CASTOR, s. m. animal amphibie qui habite les lieux aquatiques ; chapeau fait avec le poil de cet animal.

CASTORINE, s. f. étoffe de laine, sorte de drap.

CASTRES, ville de France, sous-préf. du dép. du Tarn.

CASUALITÉ, s. f. qualité de ce qui est casuel.

CASUEL, s. m. produit variable d'une charge, d'un emploi ; —, LLE, adj. fortuit ; accidentel ; fragile.

CASUELLEMENT, adv. fortuitement.

CASUISTE, s. m. théologien, qui décide les cas de conscience.

CATACOMBES, s. f. plur. souterrains où l'on enterrait des morts.

CATAFALQUE, s. m. décoration funèbre.

CATALOGUE, s. m. liste, dénombrement, nomenclature.

CATAPLASME, s. m. espèce d'emplâtre émollient.

CATARACTE, s. f. chute des eaux d'une grande rivière ; maladie des yeux.

CATARRHAL, E, adj. qui tient du catarrhe.

CATARRHE, s. m. fluxion qui affecte certaine partie du corps ; gros rhume.

CATARRHEUX, EUSE, adj. sujet aux catarrhes.

CATASTROPHE, s. f. fin malheureuse ; événement funeste, qui termine une tragédie.

CATÉCHISER, v. a. é, ée, p. enseigner les principaux points de la religion chrétienne.

CATÉCHISME, s. m. instruction religieuse ; le livre qui la renferme.

CATÉCHISTE, s. m. celui qui enseigne le catéchisme.

CATÉCHUMÈNE, s. m. celui que l'on dispose au baptême en l'instruisant.

CATÉGORIE, s. f. ordre, classe, rang.

CATÉGORIQUE, adj. 2 g. qui est dans l'ordre ; précis, clair.

CATÉGORIQUEMENT, adv. clairement, à propos.

CATHÉDRALE, s. f. église principale d'un évêché.

CATHOLICISME, s. m. religion catholique.

CATHOLICITÉ, s. f. doctrine, opinion, pays catholique.

CATHOLIQUE, s. qui fait profession du catholicisme ; —, adj. 2 g. qui est universel.

CATHOLIQUEMENT, adv. conforme à la foi catholique.

CATI, s. m. apprêt donné aux étoffes pour les lustrer.

CATIMINI (en), loc. adv. en cachette.

CATIR, v. a. i, ie, p. donner le cati, lustrer.

CATISSEUR, s. m. qui donne le cati.

CAUCHEMAR, s. m. oppression ou étouffement pendant le sommeil.

CAUCHOIS, E, adj. du pays de Caux (en Normandie).

CAUSANT, E, adj. qui aime à causer.

CAUSE, s. f. principe, motif, sujet, raison, procès, parti.

CAUSER, v. a. é, ée, p. être cause ; —, v. n. converser.

CAUSERIE, s. f. action de causer.

CAUSEUR, EUSE, s. et adj. qui aime à causer ; causeuse, petit sopha pour deux personnes.

CAUSTICITÉ, s. f. malignité ; penchant à la satire.

CAUSTIQUE, adj. 2 g. mordant, satirique.

CAUTELEUX, EUSE, adj. fin, adroit, rusé.

CAUTÈRE, s. m. ouverture faite à la chair pour établir une suppuration.

CAUTÉRISATION, s. f. action d'ouvrir un cautère ; son effet.

CAUTÉRISER, v. a. é, ée, p.

appliquer un cautère, brûler les chairs.

CAUTION, *s. f.* celui qui répond pour un autre ; cautionnement, garantie.

CAUTIONNEMENT, *s. m.* acte par lequel on cautionne quelqu'un.

CAUTIONNER, *v. a. é, ée, p.* se rendre responsable pour quelqu'un.

CAVALCADE, *s. f.* réunion de plusieurs personnes à cheval.

CAVALE, *s. f.* femelle du cheval, jument.

CAVALERIE, *s. f.* corps de troupes à cheval.

CAVALIER, *s. m.* soldat d'un corps de cavalerie ; personne à cheval.

CAVALIER, IÈRE, *adj.* libre, dégagé.

CAVALIÈREMENT, *adv.* librement, hardiment, de bonne grâce.

CAVATINE, *s. f.* air de musique, court, sans reprise ni seconde partie.

CAVE, *s. f.* souterrain pour mettre les vins ; coffret où l'on place des liqueurs pour les transporter.

CAVEAU, *s. m.* petite cave.

CAVÉE, *s. f.* chemin creux.

CAVERNE, *s. f.* lieu creux dans les rochers.

CAVERNEUX, EUSE, *adj.* plein de cavernes.

CAVITÉ, *s. f.* creux ; vide.

CE, CET, *pron. dém. m.* CETTE, *f. sing.* CES, *plur. m. et f.* indique les personnes ou les choses.

CÉANS, *adv.* ici dedans.

CECI, *pr. dém.* cette chose-ci. Lorsqu'il est opposé à *cela*, il signifie une chose plus rapprochée.

CÉCITÉ, *s. f.* état d'un aveugle.

CÉDANT, E, *s.* qui cède son droit.

CÉDER, *v. a. é, ée, p.* abandonner ; —, *v. n.* se soumettre ; s'*affaisser* ; acquiescer.

CÉDILLE (*ll m.*), *s. f.* signe, en forme de virgule, que l'on place sous le *c* et qui lui donne la valeur d'un *s*.

CEDRAT, *s. m.* espèce de citronnier ; fruit de cet arbre.

CÈDRE, *s. m.* arbre toujours vert et odoriférant.

CÉDULE, *s. f.* billet sous seing-privé.

CEINDRE, *v. a. irr.* (se conj. sur *peindre*) ; ceint, ceinte, *p.* entourer, environner.

CEINTURE, *s. f.* cordon, ruban qui sert à ceindre ; partie du corps où il se place ; se dit aussi des choses qui en environnent d'autres.

CEINTURON, *s. m.* sorte de ceinture à laquelle on pend une épée.

CEINTURONNIER, *s. m.* fabricant ou marchand de ceinturons.

CELA, *pr. dém.* cette chose-là : s'il est opposé à *ceci*, il signifie une chose plus éloignée.

CÉLÉBRANT, *s. m.* celui qui célèbre la messe.

CÉLÉBRATION, *s. f.* action de célébrer.

CÉLÈBRE, *adj. 2 g.* qui a de la célébrité.

CÉLÉBRER, *v. a. é, ée, p.* faire l'éloge ; solenniser une fête.

CÉLÉBRITÉ, *s. f.* solennité d'une fête ; grande réputation, bonne ou mauvaise.

CELER, *v. a. é, ée, p.* tenir caché ; *se* —, *v. pr.* se renfermer chez soi.

CÉLERI, *s. m.* plante potagère.

CÉLÉRIFÈRE, *s. m.* voiture qui transporte très-vite.

CÉLÉRITÉ, *s. f.* vitesse ; promptitude.

CÉLESTE, *adj. 2 g.* qui appartient au ciel ; divin ; excellent.

CÉLIBAT, *s. m.* état d'une personne non mariée.

CÉLIBATAIRE, *s. m.* non marié.

CELLE, *fém.* du *pr. dém. celui.*

CELLIER, *s. m.* lieu où l'on serre le vin et certaines provisions.

CELLULE, *s. f.* petite chamdre, petit appartement; cavité; alvéole.

CELTIQUE, adj. 2 g. des Celtes.

CELUI, pron. dém. m. (au pl. ceux ; au f. celle et au pl. f. celles. 'Celui-ci , pr. dém. masc. au plur. ceux-ci ; au f. celle-ci,) marquent une personne ou une chose à proximité : celui-là , pr. dém. masc., celle-là, au f.; ceux-là, celles-là, au plur., désignent une personne ou un objet éloigné.

CENDRE, s. f. poussière produite par les matières consumées par le feu; cendres, s. f. pl. cérémonie de la distribution des cendres bénites.

CENDRÉ, ÉE, adj. couleur de cendre.

CENDRÉE, s. f. menu plomb pour la chasse au petit gibier.

CENDRIER, s. m. partie du fourneau où tombe la cendre.

CÈNE, s. f. souper de J.-C. avec ses apôtres, la veille de sa passion ; —, cérémonie commémorative de ce fait, le jeudi-saint.

CÉNELLE, s. f. fruit du houx.

CÉNOBITE, s. m. moine vivant en communauté.

CÉNOTAPHE, s. m. tombeau vide élevé à la mémoire d'un mort.

CENS, s. m. redevance annuelle ; recensement.

CENSÉ, E, adj. réputé; estimé.

CENSEUR, s. m. qui surveille, contrôle, ou critique.

CENSIER, IÈRE, s. qui tient une ferme à cens.

CENSURABLE, adj. 2 g. qui peut être censuré.

CENSURE, s. f. réprimande ; critique; emploi de censeur.

CENSURER, v. a. é, ée, p. réprimander, critiquer.

CENT, s. m. dans le sens de une centaine, deux centaines, etc.; —, adj. 2 g. quand il exprime un nombre; dix fois dix : il prend un s au plur. quand il est suivi d'un subst.

CENTAINE, s. f. nombre de cent unités ; —, le brin de fil ou de soie qui lie l'écheveau.

CENTAURE, s. m. monstre fabuleux moitié homme et moitié cheval.

CENTAURÉE, s. f. plante médicinale.

CENTENAIRE, adj. 2 g. qui a, ou qui contient 100 ans.

CENTENIER, s. m. qui commandait une troupe de cent hommes.

CENTÉSIMAL, E, adj. se dit des différents nombres de 1 à 99.

CENTI, s. m. nom générique signifiant la centième partie.

CENTIARE, s. m. (mesure de superficie) , centième partie de l'are ; un mètre carré.

CENTIÈME, s. et adj. 2 g. nombre ordinal de cent.

CENTIGRADE, adj. 2 g. divisé en cent degrés.

CENTIGRAMME, s. m. centième partie du gramme ; (mesure de poids).

CENTILITRE, s. m. centième partie du litre ; (mesure de capacité).

CENTIME, s. m. centième partie du franc ; (valeur monétaire).

CENTIMÈTRE, s. m. centième partie du mètre ; (mesure de longueur).

CENTISTÈRE, s. m. centième partie du stère ; (mesure pour les solides).

CENTON, s. m. pièce de poésie composée de fragments détachés de quelque auteur.

CENTRAL, E, adj. qui est au centre.

CENTRALISATION, s. f. réunion au centre.

CENTRALISER, v. a. é, ée, p. réunir au centre.

CENTRE, s. m. milieu d'un globe, d'une sphère, etc.

CENTRIFUGE, adj. 2 g. qui tend à éloigner d'un centre.

CENTRIPÈTE, adj. 2 g. qui tend à rapprocher d'un centre.

CENTUPLE, s. m. et adj. 2 g. cent fois autant.

CENTUPLER, v. a. é, ée, p. rendre cent fois plus grand.

CENTURIE, s. f. classification par centaines; espace de cent ans.

CENTURION, s. m. qui com-

mandait cent hommes chez les Romains.
CEP, s. m. pied de vigne.
CEPENDANT, adv. pendant ce temps; —, conj. néanmoins; toutefois.
CÉRAT, s. m. onguent, pommade.
CERBÈRE, s. m. nom du chien à trois têtes qui, selon la Fable, veillait à la porte des enfers; portier grossier, intraitable.
CERCEAU, s. m. cercle de tonneau.
CERCLAGE, s. m. action de cercler.
CERCLE, s. m. ligne circulaire; circonférence; cerceau; assemblée; instrument d'arpenteur pour prendre des angles.
CERCLER, v. a. é, ée, p. mettre des cercles à un tonneau.
CERCLIER, s. m. qui fait et vend des cercles.
CERCUEIL, s. m. bière, caisse où l'on met un mort.
CÉRÉALE, s. f. blé; se dit des plantes qui produisent des graines farineuses.
CÉRÉBRAL, E, adj. qui a rapport au cerveau.
CÉRÉMONIAL, s. m. usage des cérémonies; (le plur. est inusité).
CÉRÉMONIE, s. f. formalités qu'on observe dans la pratique extérieure de la religion; témoignage de déférence; civilité.
CÉRÉMONIEUX, EUSE, adj. qui a une civilité affectée.
CÉRÈS, déesse des moissons.
CÉRET, chef-lieu d'arrond. du dép. des Pyrénées-Orientales.
CERF, s. m. quadrupède de l'ordre des ruminants, dont la tête est ornée de cornes branchues qu'on nomme bois.
CERF-VOLANT, s. m. insecte volant; machine composée de baguettes d'osier recouvertes de papier et que les enfants enlèvent dans l'air à l'aide d'une ficelle; (plur. cerfs-volants).
CERFEUIL, s. m. plante potagère.
CERISAIE, s. f. terrain planté de cerisiers.

CERISE, s. f. fruit rouge à noyau.
CERISIER, s. m. arbre qui porte les cerises.
CERNEAU, s. m. noix verte partagée en deux et dépouillée de sa coque.
CERNER, v. a. é, ée, p. entourer, environner, creuser autour de.....
CERTAIN, E, adj. assuré; sûr; déterminé; quelque.
CERTAINEMENT, adv. assurément.
CERTES, adv. certainement.
CERTIFICAT, s. m. écrit qui atteste.
CERTIFIER, v. a. é, ée, p. affirmer, attester.
CERTITUDE, s. f. assurance; conviction.
CÉRUSE, s. f. blanc, oxide de plomb dissous par la vapeur du vinaigre.
CERVEAU, s. m. substance qui remplit la cavité du crâne; intelligence, esprit.
CERVELAS, s. m. petit saucisson.
CERVELET, s. m. partie postérieure du cerveau.
CERVELLE, s. f. v. cerveau.
CESSANT, E, adj. qui cesse.
CESSATION, s. f. discontinuation.
CESSE, s. f. répit; sans —, adv. continuellement.
CESSER, v. a. é, ée, p. discontinuer.
CESSIBLE, adj. 2 g. qui peut être cédé.
CESSION, s. f. abandon.
CESSIONNAIRE, adj. 2 g. à qui on a fait cession.
CÉSURE, s. f. repos dans un vers.
CET, CETTE, v. ce.
CÉTACÉ, ÉE, s. m. et adj. grand poisson vivipare, à pattes en nageoires, sans écailles.
CHABLIS, chef-lieu d'arr. du dép. de l'Yonne.
CHABRAQUE, s. f. espèce de caparaçon.
CHACAL, s. m. animal carnivore qui tient du chien et du loup.
CHACUN, E, pron. indéf.

CHA   CHA   93

(sans plur.) chaque personne, chaque chose.

CHAFOUIN, E, s. et adj. petit, maigre.

CHAGRIN, s. m. affliction, peine ; —, espèce de cuir ; —, e, adj. triste, mélancolique.

CHAGRINANT, E, adj. qui donne du chagrin.

CHAGRINER, v. a. é, ée, p. causer du chagrin ; se —, v. pr. s'attrister.

CHAÎNE, s. f. lien composé d'anneaux entrelacés ; servitude ; continuité ; suite.

CHAÎNETTE, s. f. petite chaîne.

CHAÎNON, s. m. anneau d'une chaîne.

CHAIR, s. f. substance molle, sanguine, du corps animal ; carnation ; les sens.

CHAIRE, s. f. tribune.

CHAISE, s. f. siége à dos ; —, à porteurs, espèce de petite voiture légère portée par deux hommes ; — de poste, voiture pour voyager en poste.

CHALAND, E, s. acheteur ; —, s. m. bateau plat.

CHALANDISE, s. f. habitude d'acheter chez un marchand ; concours de chalands.

CHALDAÏQUE, adj. 2 g. qui appartient aux Chaldéens.

CHALDÉE, pays de la Turquie d'Asie.

CHALDÉEN, s. m. langue chaldaïque ; qui est de Chaldée.

CHALET, s. m. cabane suisse.

CHALEUR, s. f. état de ce qui est chaud ; vivacité ; ardeur.

CHALEUREUX, EUSE, adj. qui a de la chaleur naturelle.

CHALON, s. m. grand filet pour la pêche.

CHÂLONS-SUR-MARNE, chef-lieu du dép. de la Marne.

CHÂLONS-SUR-SAÔNE, chef-lieu d'arrondissement du dép. de Saône-et-Loire.

CHALOUPE, s. f. petit navire pour le service des vaisseaux.

CHALUMEAU, s. m. tuyau creux ; instrument de musique champêtre.

CHALUMET ou CALUMET, s. m. bout de pipe.

CHAMADE, s. f. signal que donnent des assiégés pour demander à capituler.

CHAMAILLER, v. n. et pr. se quereller avec bruit.

CHAMAILLIS, s. m. querelle, mêlée où l'on se chamaille.

CHAMARRER, v. a. é, ée, p. orner, garnir.

CHAMARRURE, s. f. manière de chamarrer.

CHAMBELLAN, s. m. officier de la chambre du roi.

CHAMBOURIN, s. m. pierre dont on fait des verres qui imitent le cristal.

CHAMBRANLE, s. m. ornement d'architecture.

CHAMBRE, s. f. pièce d'une maison ; lieu d'assemblée ; espace creux dans les pièces d'artillerie pour mettre la poudre.

CHAMBRÉE, s. f. soldats, ouvriers qui logent ensemble.

CHAMBRELAN, s. m. ouvrier en chambre.

CHAMBRER, v. n. faire chambrée ; —, v. a. é, ée, p. tenir enfermé ; tirer à l'écart.

CHAMBRETTE, s. f. petite chambre.

CHAMBRIÈRE, s. f. servante ; long fouet de manége ; bâton mobile placé sous une charrette ; ruban qui tient la quenouille.

CHAMEAU, s. m. bête de charge, quadrupède ruminant, haut des jambes, ayant le cou long, la tête petite, les oreilles courtes et deux bosses sur le dos.

CHAMELIER, s. m. conducteur de chameaux.

CHAMOIS, s. m. chèvre sauvage ; sa peau.

CHAMOISERIE, s. f. lieu où l'on prépare la peau de chamois.

CHAMOISER, v. a. é, ée, p. préparer la peau de chamois.

CHAMOISEUR, s. m. ouvrier qui chamoise.

CHAMP, s. m. étendue de terre ; espace ; *champs* (au plur.) campagne ; *sur-le-champ*, loc. adv. à l'instant ; *à tout bout-de-champ*, loc. adv. à chaque instant.

CHAMPAGNE, ancienne province de France, qui forme aujourd'hui les dép. des Ardennes, de la Marne, de l'Aube, de la Haute-Marne, une partie de l'Yonne et de Seine-et-Marne; —, *s. m.* vin de cette province.

CHAMPÊTRE, *adj.* 2 g. des champs.

CHAMPIGNON, *s. m.* plante spongieuse sans branches ni feuilles qui croît très-rapidement, (la plupart du temps poison); bouton, lumignon.

CHAMPIGNONNIÈRE, *s. f.* couche de fumier préparée pour faire venir des champignons.

CHAMPION, *s. m.* défenseur.

CHANCE, *s. f.* sorte de jeu de dés; événement probable, hasard; malheur.

CHANCELANT, E, *adj.* qui chancelle.

CHANCELER, *v. n.* aller de côté et d'autre; être peu ferme; irrésolu.

CHANCELIER, *s. m.* officier chef de la justice.

CHANCELIÈRE, *s. f.* femme du chancelier; —, espèce de fourrure pour mettre les pieds.

CHANCELLEMENT, *s. m.* action de chanceler.

CHANCELLERIE, *s. f.* tribunal, hôtel du chancelier.

CHANCEUX, EUSE, *adj.* qui est en chance.

CHANCIR, *v. n.* et *pr.* 1, le, *p.* moisir.

CHANCISSURE, *s. f.* moisissure.

CHANCRE, *s. m.* ulcère qui ronge.

CHANCREUX, EUSE, *adj.* qui tient du chancre.

CHANDELEUR, *s. f.* fête de l'Église catholique, en commémoration de la présentation de J.-C. au temple, et de la purification de la Vierge.

CHANDELIER, *s. m.* qui fait ou vend de la chandelle; ustensile de ménage pour brûler la chandelle.

CHANDELLE, *s. f.* mèche enduite de suif propre à éclairer; — *romaine*, pièce d'artifice.

CHANDELLERIE, *s. f.* lieu où se fabrique la chandelle.

CHANFREIN, *s. m.* le devant de la tête du cheval.

CHANGE, *s. m.* troc; échange; banque; droit d'escompte; échange de monnaies.

CHANGEANT, E, *adj.* qui change facilement.

CHANGEMENT, *s. m.* action de changer.

CHANGER, *v. a. é, ée, p.* quitter un lieu, une chose; troquer; *v. n.* n'être plus le même.

CHANGEUR, *s. m.* qui tient un bureau de change pour les monnaies.

CHANOINE, SSE, *s.* titre attaché à certaines fonctions ecclésiastiques.

CHANSON, *s. f.* vers que l'on chante; discours frivole.

CHANSONNER, *v. a. é, ée, p.* faire des chansons.

CHANSONNETTE, *s. f.* petite chanson.

CHANSONNIER, *s. m.* faiseur de chansons; recueil de chansons.

CHANT, *s. m.* inflexion de voix avec modulation; air de chanson; manière de chanter; division d'un poëme.

CHANTANT, E, *adj.* facile à chanter.

CHANTEAU, *s. m.* morceau de pain bénit.

CHANTEPLEURE, *s. f.* entonnoir; fente dans un mur pour l'écoulement des eaux.

CHANTER, *v. a. é, ée, p.* former un chant; célébrer.

CHANTERELLE, *s. f.* la corde d'un violon qui rend le son le plus aigu. Oiseau captif dont le chant sert à en attirer d'autres dans un piège.

CHANTEUR, EUSE, *s.* qui fait profession de chanter.

CHANTIER, *s. m.* emplacement où l'on tient du bois à brûler; magasin de bois de charpente; atelier de construction; pièces de bois sur lesquelles on pose des tonneaux; lieu de déchargement.

CHANTOURNER, *v. a. é, ée, p.* couper du bois, du fer, du plomb en suivant un profil.

CHANTRE, *s. m.* qui fait profession de chanter à l'église; poète.
CHANVRE, *s. m.* plante annuelle dont la tige fournit la filasse et dont la graine (le chènevis) produit de l'huile.
CHAOS, *s. m.* mélange confus.
CHAPE, *s. f.* vêtement des gens d'église; partie par laquelle une boucle tient à quelque chose.
CHAPEAU, *s. m.* coiffure d'homme ou de femme; *chapeau-chinois*, instrument de musique.
CHAPELAIN, *s. m.* ecclésiastique qui dessert une chapelle.
CHAPELER, *v. a. é, ée, p.* faire de la chapelure.
CHAPELET, *s. m.* grains enfilés sur lesquels on récite des prières.
CHAPELIER, IÈRE, *s.* qui fait ou vend des chapeaux.
CHAPELLE, *s. f.* petit édifice consacré au culte; partie d'une église.
CHAPELLERIE, *s. f.* art, état du chapelier.
CHAPELURE, *s. f.* raclure de croûte de pain.
CHAPERON, *s. m.* sorte de coiffure; le dessus d'un mur.
CHAPERONNER, *v. n. é, ée, p.* — *une muraille*, en terminer le haut en forme de toit pour faciliter l'écoulement des eaux.
CHAPITEAU, *s. m.* sommet d'une colonne ou d'un pilastre; corniche; ornement d'architecture.
CHAPITRE, *s. m.* division d'un livre, d'un compte; matière; assemblée ecclésiastique.
CHAPITRER, *v. a. é, ée, p.* réprimander.
CHAPON, *s. m.* jeune coq coupé; morceau de pain frotté d'ail qu'on sert sur la salade.
CHAPONNEAU, *s. m.* jeune chapon.
CHAQUE, pro. *indéf.* 2 g. sans *pl.* tout individu; toute chose de même espèce.
CHAR, *s. m.* sorte de voiture à 2 roues; *char à bancs*, *s. m.* voiture à 4 roues garnie de plusieurs bancs.
CHARADE, *s. f.* espèce d'énigme sur un mot dont chaque partie présente un sens.
CHARANÇON, *s. m.* insecte qui ronge le blé.
CHARBON, *s. m.* morceau de bois embrasé qui ne jette plus de flamme : menu bois livré au feu, puis éteint avant d'être entièrement brûlé; —, maladie des blés; tumeur inflammatoire; — *de terre*, charbon minéral.
CHARBONNER, *v. a. é, ée, p.* noircir, esquisser avec du charbon.
CHARBONNIER, IÈRE, *s.* qui fait ou vend du charbon; *charbonnier*, lieu où l'on serre le charbon.
CHARBOUILLER, *v. a. é, ée, p.* se dit de l'effet de la nielle sur le blé qu'elle gâte.
CHARCUTER, *v. a. é, ée, p.* tailler, découper de la chair, de la viande.
CHARCUTERIE, *s. f.* commerce du charcutier.
CHARCUTIER, IÈRE, *s.* qui apprête et qui vend la chair du porc.
CHARDON, *s. m.* plante épineuse.
CHARDONNER, *v. a. é, ée, p.* carder le drap avec le chardon.
CHARDONNERET, *s. m.* petit oiseau à tête rouge et noire, aux ailes marquées de jaune et de brun, ayant un joli ramage.
CHARDONNIÈRE, *s. f.* champ couvert de chardons.
CHARENTE, rivière de France qui a sa source dans la Haute-Vienne et son embouchure dans l'Océan : elle donne son nom au dép. formé de l'Angoumois et d'une partie du Poitou et de la Saintonge : Angoulême, chef-lieu.
CHARENTE-INFÉRIEURE, dép. formé de l'Aunis et d'une partie de la Saintonge : chef-lieu, La Rochelle.
CHARGE, *s. f.* fardeau; chargement; cargaison; emploi; dépense; obligation onéreuse; commission; choc de deux corps armés; marche militaire; la poudre et le plomb d'une arme

à feu ; indice contre un accusé ; exagération, caricature.

CHARGEMENT, *s. m.* action de charger, acte qui constate la cargaison d'un vaisseau.

CHARGER, *v. a.* é, ée, *p.* mettre une charge; imposer une charge; attaquer l'ennemi ; exagérer ; se —, *v. pr.* prendre soin de.....

CHARGEUR, *s. m.* qui charge.

CHARIOT, *s. m.* voiture à 4 roues pour charrier.

CHARITABLE, *adj.* 2 g. qui a de la charité, qui est indulgent.

CHARITABLEMENT, *adv.* d'une manière charitable.

CHARITÉ, *s. f.* amour de Dieu, ou du prochain ; indulgence, bienveillance.

CHARIVARI, *s. m.* bruit confus d'instruments discordants.

CHARLATAN, *s. m.* débitant de drogues sur les places publiques ; hâbleur, imposteur.

CHARLATANERIE, *s. f.* flatterie, imposture.

CHARLATANISME, *s. m.* caractère du charlatan.

CHARMANT, E, *adj.* agréable, qui plait.

CHARME, *s. m.* sortilége ; attrait ; espèce d'arbre.

CHARMER, *v. a.* é, ée, *p.* plaire beaucoup.

CHARMILLE, *s. f.* palissades, ou haies de petits charmes.

CHARNEL, LLE, *adj.* qui a rapport aux sens.

CHARNELLEMENT, *adv.* d'une manière charnelle.

CHARNIER, *s. m.* amas d'os de morts ; lieu où l'on conserve la viande salée.

CHARNIÈRE, *s. f.* 2 pièces de métal enclavées l'une dans l'autre, jointes par une broche et mobiles.

CHARNU, E, *adj.* bien garni de chair.

CHARNURE, *s. f.* la chair d'une personne.

CHAROGNE, *s. f.* corps d'animal abandonné et en putréfaction.

CHARPENTE, *s. f.* ouvrage de grosses pièces de bois.

CHARPENTER, *v. a.* é, ée, *p.* tailler du bois de charpente.

CHARPENTERIE, *s. f.* art de charpenter.

CHARPENTIER, *s. m.* qui travaille en charpente.

CHARPIE, *s. f.* amas de fils tirés d'une toile usée, pour mettre sur les plaies.

CHARRETÉE, *s. f.* charge d'une charrette.

CHARRETIER, IÈRE, *s.* qui conduit une charrette ; *charretière*, *adj. f.* se dit d'une porte par laquelle passent les charrettes.

CHARRETTE, *s. f.* chariot à 2 roues.

CHARRIAGE, *s. m.* action de charrier ; salaire du voiturier.

CHARRIER, *s. m.* grosse toile pour mettre les cendres d'une lessive.

CHARRIER, *v. a.* é, ée, *p.* voiturer dans une charrette ; entrainer.

CHARROI, *s. m.* action de charrier ; prix du transport.

CHARRON, *s. m.* ouvrier qui fait des voitures.

CHARRONNAGE, *s. m.* art du charron ; son ouvrage.

CHARROYER, *v. a.* (se conj. sur *ployer*), voiturer.

CHARROYEUR, *s. m.* qui charroie.

CHARRUE, *s. f.* machine pour labourer la terre.

CHARTE, *s. f.* loi constitutionnelle de l'état ; — *privée*, lieu où l'on est enfermé illégalement.

CHARTRES, chef-lieu du dép. d'Eure-et-Loir.

CHARTREUSE, *s. f.* couvent de chartreux.

CHARTREUX, EUSE, *s.* religieux de l'ordre de Saint-Bruno.

CHAS, *s. m.* trou d'une aiguille.

CHASERET, *s. m.* petit châssis à fromage.

CHASSE, *s. f.* action de chasser, de poursuivre.

CHÂSSE, *s. f.* coffre où sont renfermées des reliques.

CHASSÉ, *s. m.* pas de danse.

CHASSELAS, *s. m.* sorte de raisin.

CHASSE-MARÉE, *s. m.* (inv.),

voiturier qui apporte la marée.

CHASSE-MOUCHES, *s. m.* (inv.), sorte de petit balai pour chasser les mouches.

CHASSE-POINTE, *s. m.* (*pl. chasse-pointes*), broche en équerre pour chasser des clous.

CHASSER, *v. a.* é, ée, *p.* renvoyer, poursuivre.

CHASSERESSE, *s. f.* qui aime à chasser ; (mot poétique).

CHASSEUR, EUSE, *s.* qui aime à chasser ; *chasseur*, *s. m.* soldat armé légèrement.

CHASSIE, *s. f.* humeur qui s'attache aux yeux.

CHASSIEUX, EUSE, *adj.* qui a de la chassie.

CHÂSSIS, *s. m.* ouvrage de menuiserie divisé en carrés ou en compartiments ; cadre qui enchâsse.

CHASSOIR, *s. m.* outil de tonnelier pour faire descendre les cerceaux.

CHASTE, *adj.* 2 g. pur, modeste.

CHASTEMENT, *adv.* d'une manière chaste.

CHASTETÉ, *s. f.* vertu de celui qui est chaste.

CHASUBLE, *s. f.* ornement que le prêtre met pour dire la messe.

CHASUBLIER, *s. m.* ouvrier qui fait toutes sortes d'ornements d'église.

CHAT, **CHATTE**, *s.* animal domestique qui détruit les rats et les souris.

CHÂTAIGNE, *s. f.* fruit du châtaignier.

CHÂTAIGNERAIE, *s. f.* lieu planté de châtaigniers.

CHÂTAIGNIER, *s. m.* arbre qui porte les châtaignes.

CHÂTAIN, *adj. m.* couleur de châtaigne.

CHÂTEAU, *s. m.* forteresse, grande maison.

CHÂTEAUBRIANT, ville de France, chef-lieu d'arr. du dép. de la Loire-Inférieure.

CHÂTEAU-CHINON, ville de France, chef-lieu d'arr. du dép. de la Nièvre.

CHÂTEAUDUN, ville de Fr., chef-lieu d'arr. du dép. d'Eure-et-Loir.

CHÂTEAU-GONTIER, ville de Fr., chef-lieu d'arr. du dép. de la Mayenne.

CHÂTEAULIN, ville de Fr., chef-lieu d'arr. du dép. du Finistère.

CHÂTEAUROUX, ville de Fr., chef-lieu du dép. de l'Indre.

CHÂTEAU-SALINS, ville de France, chef-lieu d'arr. du dép. de la Meurthe.

CHÂTEAU-THIERRY, ville de France, chef-lieu d'arr. du dép. de l'Aisne.

CHATÉE, *s. f.* portée d'une chatte.

CHÂTELAIN, *s. m.* commandant d'un château.

CHÂTELET, *s. m.* petit château fort.

CHÂTELLERAULT, chef-lieu d'arr. du dép. de la Vienne.

CHAT-HUANT, *s. m.* sorte de hibou à plumage roux.

CHÂTIABLE, *adj.* 2 g. qui mérite d'être châtié.

CHÂTIER, *v. a.* (se conj. sur *prier*), é, ée, *p.* corriger, punir.

CHATIÈRE, *s. f.* passage, piège pour les chats.

CHATILLON-SUR-SEINE, chef-lieu d'arr. du dép. de la Côte-d'Or.

CHÂTIMENT, *s. m.* punition, correction.

CHATON, *s. m.* petit chat ; partie d'une bague qui enchâsse une pierre, un diamant.

CHATOUILLEMENT, *s. m.* action de chatouiller ; sensation qu'elle produit.

CHATOUILLER, *v. a.* é, ée, *p.* causer, par un attouchement léger, une sensation qui excite le rire.

CHATOUILLEUX, EUSE, *adj.* sensible au chatouillement ; qui s'offense aisément.

CHATOYANT, E, *adj.* dont la couleur varie suivant la direction de la lumière.

CHATOYEMENT, *s. m.* reflet d'une pierre précieuse.

CHATTEMITE, *s. f.* qui affecte de la douceur pour tromper.

CHATTER, *v. n.* faire des petits chats (se dit de la chatte qui met bas).

CHAUD, E, *adj.* qui a de la chaleur : *fig.* vif, animé ; —, *s. m.* chaleur ; —, *adv.* chaudement ; *tout chaud*, *adv.* tout de suite.

CHAUDEMENT, *adv.* avec chaleur ; avec vivacité.

CHAUDER, *v. a.* é, ée, *p.* semer de la chaux sur un champ pour l'amender.

CHAUDIÈRE, *s. f.* grand vase pour faire bouillir, ou cuire quelque chose.

CHAUDRON, *s. m.* petite chaudière.

CHAUDRONNÉE, *s. f.* contenu d'un chaudron.

CHAUDRONNERIE, *s. f.* fabrique de chaudrons.

CHAUDRONNIER, IÈRE, *s.* qui fait et vend des chaudrons.

CHAUFFAGE, *s. m.* provision de bois à brûler ; droit de coupe dans une forêt pour cette provision.

CHAUFFER, *v. a.* é, ée, *p.* donner de la chaleur ; —, *v. n.* recevoir de la chaleur ; se —, *v. pr.* être auprès du feu.

CHAUFFERETTE, *s. f.* espèce de boîte trouée en dessus, dans laquelle on met du feu pour se chauffer les pieds.

CHAUFFEUR, *s. m.* celui qui souffle le feu d'une forge.

CHAUFFOIR, *s. m.* lieu de réunion pour se chauffer.

CHAUFFURE, *s. f.* défaut du fer, de l'acier qui s'écaille pour avoir été trop chauffé.

CHAUFOUR, *s. m.* four à chaux.

CHAUFOURNIER, *s. m.* qui fait de la chaux.

CHAULAGE, *s. m.* action de chauler.

CHAULER, *v. a.* é, ée, *p.* laver le blé à l'eau de chaux avant de le semer.

CHAUMAGE, *s. m.* action, temps de couper le chaume.

CHAUME, *s. m.* portion de la tige du blé qui reste attachée à la terre après la moisson.

CHAUMER, *v. a.* é, ée, *p.* arracher le chaume.

CHAUMIÈRE, *s. f.* petite maison couverte de chaume.

CHAUMONT, chef-lieu du dép. de la Haute-Marne.

CHAUSSAGE, *s. m.* entretien de la chaussure.

CHAUSSANT, E, *adj.* facile à chausser.

CHAUSSE, *s. f.* espèce d'entonnoir en étoffe de laine pour filtrer les liquides ; *chausses*, *s. f. pl.* vêtement qui couvre le corps depuis la ceinture jusqu'aux genoux.

CHAUSSÉAGE, *s. m.* droit de péage ou de passage sur une chaussée.

CHAUSSÉE, chemin élevé dans un lieu bas.

CHAUSSE-PIED, *s. m.* morceau de cuir ou de corne pour chausser un soulier.

CHAUSSER, *v. a.* é, ée, *p.* mettre des bas ou des souliers ; —, *v. n.* faire des souliers.

CHAUSSE-TRAPE, *s. f.* piège à renard.

CHAUSSETTE, *s. f.* bas très-court.

CHAUSSON, *s. m.* chaussure pour le pied seulement.

CHAUSSURE, *s. f.* ce qui chausse le pied.

CHAUVE, *adj. 2 g.* qui a peu ou point de cheveux.

CHAUVE-SOURIS, *s. f.* oiseau de nuit ; (*au pl.* chauves-souris).

CHAUVIR, *v. n.* dresser les oreilles ; se dit des chevaux, des ânes, des mulets.

CHAUX, *s. f.* pierre calcinée.

CHAVIRER, *v. n.* é, ée, *p.* se renverser.

CHEF, *s. m.* tête, article, point capital ; celui qui est à la tête d'un corps, qui exerce une autorité ; le premier bout d'une pièce d'étoffe.

CHEF-D'OEUVRE, *s. m.* ouvrage parfait ; (*pl.* chefs-d'œuvre).

CHEF-LIEU, *s. m.* lieu principal ; (*pl.* chefs-lieux).

CHEMIN, *s. m.* voie, route ; moyen de parvenir.

CHEMINÉE, *s. f.* foyer où

l'on fait du feu; tuyau par lequel sort la fumée.
CHEMINER, *v. n.* marcher, faire du chemin.
CHEMISE, *s. f.* vêtement de toile ou de coton qu'on porte sur la peau; enveloppe de papier.
CHEMISETTE, *s. f.* vêtement qui se met sur la chemise; sorte de camisole.
CHÊNAIE, *s. f.* lieu planté de chênes.
CHENAL, *s. m.* courant d'eau pour un moulin; (*pl. chenals*); *chenal* ou *chéneau*, *s. m.* (*pl. chéneaux*), conduit placé le long d'un toit pour recevoir l'eau de la pluie.
CHENAPAN, *s. m.* vaurien, bandit.
CHÊNE, *s. m.* grand arbre forestier à bois dur, qui porte le gland.
CHÊNEAU, *s. m.* jeune chêne.
CHENET, *s. m.* ustensile de fer sur lequel on pose le bois dans les cheminées.
CHÈNEVIÈRE, *s. f.* champ semé de chènevis.
CHÈNEVIS, *s. m.* graine de chanvre.
CHÈNEVOTTE, *s. f.* tuyau de chanvre dépouillé de la filasse.
CHÈNEVOTTER, *v. n.* pousser du bois faible comme une chènevotte (se dit de la vigne).
CHENIL, *s. m.* (*l* ne se prononce pas), loge pour les chiens de chasse.
CHENILLE, *s. f.* insecte rampant qui ronge les feuilles des arbres; tissu de soie veloutée.
CHENU, UE, *adj.* blanchi par les ans; couvert de neiges.
CHEPTEL ou **CHEPTEIL**, *s. m.* bail de bestiaux à profit commun entre le propriétaire et le fermier.
CHER, ÈRE, *adj.* chéri, tendrement aimé; qui coûte beaucoup; *cher*, *adv.* à haut prix; *Cher*, rivière qui prend sa source dans le dép. de la Creuse et se jette dans la Loire, près de Tours: elle donne son nom à un dép. formé de parties du Bourbonnais, du Berry et du Nivernais.
CHERBOURG, chef-lieu d'arr. du dép. de la Manche.
CHERCHER, *v. a.* é, ée, *p.* s'efforcer de trouver.
CHERCHEUR, EUSE, *s.* qui cherche.
CHÈRE, *s. f.* ce qu'on sert dans un repas; qualité ou quantité des mets.
CHÈREMENT, *adv.* avec tendresse; à haut prix.
CHÉRIR, *v. a.* i, ie, *p.* aimer tendrement; *se —, v. pr.* et *récipr.* s'aimer mutuellement.
CHÉRISSABLE, *adj. 2 g.* digne d'être chéri.
CHERTÉ, *s. f.* prix excessif.
CHÉRUBIN, *s. m.* ange du second chœur de la première hiérarchie.
CHERVIS, *s. m.* plante potagère.
CHÉTIF, IVE, *adj.* malade, faible, maigre.
CHÉTIVEMENT, *adv.* d'une manière chétive.
CHEVAL, *s. m.* (*pl. chevaux*), quadrupède qui hennit, propre à porter et à tirer; *cheval-fondu*, jeu d'enfants; *cheval-de-frise*, solive hérissée de longues pointes.
CHEVALEMENT, *s. m.* étai de poutres pour reprendre en sous-œuvre.
CHEVALER, *v. a.* é, ée, *p.* étayer un mur.
CHEVALERESQUE, *adj. 2 g.* qui tient de l'ancienne chevalerie.
CHEVALERIE, *s. f.* dignité de chevalier.
CHEVALET, *s. m.* morceau de bois très-mince qui supporte les cordes d'un instrument de musique; support de bois sur lequel les peintres posent les tableaux auxquels ils travaillent; pièce de bois qui soutient un bâtiment en réparation.
CHEVALIER, *s. m.* titre d'honneur; défenseur, protecteur.
CHEVAUCHER, *v. n.* aller à cheval.
CHEVAU-LÉGER, *s. m.* ca-

valier d'un corps de troupes légères; (pl. chevau-légers).
CHEVELU, UE, adj. qui a de longs cheveux; chevelu, s. m. filaments ou petites racines des arbres ou des plantes.
CHEVELURE, s. f. l'ensemble des cheveux de la tête; les rayons d'une comète.
CHEVET, s. m. partie du lit où repose la tête; traversin.
CHEVEU, s. m. (pl. cheveux), poil de la tête humaine.
CHEVILLE, s. f. morceau de bois ou de métal pour boucher un trou ou faire des assemblages; os qui forme bosse des deux côtés du pied, au bas de la jambe.
CHEVILLER, v. a. é, ée, p. joindre à l'aide de chevilles.
CHÈVRE, s. f. femelle du bouc; machine pour soulever des fardeaux.
CHEVREAU, s. m. petit de la chèvre.
CHÈVRE-FEUILLE, s. m. arbrisseau à fleurs odoriférantes.
CHEVRETTE, s. f. femelle du chevreuil; espèce de chenet pour un poêle; triangle de fer à trois pieds pour mettre sur un réchaud.
CHEVREUIL, s. m. quadrupède du genre du cerf.
CHEVRIER, s. m. qui fait paître les chèvres.
CHEVRON, s. m. pièce de bois qui entre dans la confection du toit d'un édifice; galons que porte un soldat pour marquer l'ancienneté de ses services.
CHEVROTEMENT, s. m. cadence formée avec une voix tremblante.
CHEVROTER, v. n. faire des chevreaux; chanter en tremblant.
CHEVROTIN, s. m. peau de chevreau corroyée.
CHEVROTINE, s. f. balle de plomb pour la chasse.
CHEZ, prép. au logis, à la maison, parmi.
CHIC ou CHIQUE, s. m. subtilité, finesse.
CHICANE, s. f. contestation mal fondée.
CHICANER, v. n. critiquer mal à propos; —, v. a. é, ée, p. faire un procès.
CHICANERIE, s. f. mauvaise objection.
CHICANEUR, EUSE, s. qui aime à chicaner.
CHICANIER, IÈRE, s. qui chicane pour des bagatelles; —, adj. vétilleux, difficultueux.
CHICHE, adj. 2 g. avare; chétif; pois —, sorte de pois gris.
CHICHEMENT, adv. d'une manière chiche.
CHICON, s. m. laitue romaine.
CHICORÉE, s. f. plante potagère.
CHICOT, s. m. reste d'un arbre mort, d'une branche, d'une dent cassée.
CHICOTER, v. n. contester sur des bagatelles.
CHICOTIN, s. m. suc amer.
CHIEN, s. m.; chienne, s. f. animal domestique; constellation; pièce de la batterie d'une arme à feu.
CHIEN-DENT, s. m. herbe vivace que les chiens recherchent.
CHIENNER, v. n. faire des chiens; se dit des chiennes.
CHIFFE, s. f. étoffe faible et mauvaise.
CHIFFON, s. m. mauvais morceau d'étoffe; objet sans valeur.
CHIFFONNER, v. a. é, ée, p. froisser une étoffe, du papier, etc.
CHIFFONNIER, IÈRE, s. qui ramasse des chiffons; —, meuble pour serrer du linge.
CHIFFRE, s. m. caractère qui représente un nombre.
CHIFFRER, v. a. é, ée, p. marquer, compter par des chiffres; —, v. n. écrire en chiffres.
CHIFFREUR, s. m. qui chiffre.
CHIGNON, s. m. le derrière du cou, des cheveux.
CHIMÈRE, s. f. monstre fabuleux; illusion, idée folle.
CHIMÉRIQUE, adj. 2 g. visionnaire, dénué de fondement.
CHIMÉRIQUEMENT, adv. d'une manière chimérique.
CHIMIE, s. f. science qui a pour objet l'analyse et la décomposition des corps.

CHL

CHIMIQUE, *adj. 2 g.* qui appartient à la chimie.
CHIMISTE, *s. m.* qui sait ou exerce la chimie.
CHINCHILLA, *s. m.* animal du Pérou dont la fourrure est très-estimée.
CHINE, vaste empire en Asie.
CHINER, *v. a. é, ée, p.* disposer les fils d'une étoffe que l'on fabrique, de manière à former des dessins irréguliers.
CHINOIS, E, *s.* et *adj.* qui est de la Chine; à la manière des Chinois.
CHINON, ville de France, chef-lieu d'arr. du dép d'Indre-et-Loire.
CHINURE, *s. f.* dessin chiné.
CHIOURME, *s. f.* troupe de forçats sur une galère.
CHIPER, *v. a. é, ée, p.* dérober un objet de peu de valeur.
CHIPOTER, *v. n.* faire quelque chose à contre-cœur, lentement, en chicanant.
CHIPOTIER, ÈRE, *s.* qui chipote.
CHIQUE, *s. f.* ciron qui pénètre dans la chair; tabac à mâcher; petite boule pour jouer; — *ou chic, v.* ce mot.
CHIQUENAUDE, *s. f.* coup donné avec le doigt du milieu plié, roidi et détendu avec effort.
CHIQUER, *v. a. é, ée, p.* mâcher du tabac; —, *v. n.* boire, manger, *pop.*
CHIQUET, *s. 2 g.* petite parcelle.
CHIROMANCIE, *s. f.* (pronon. ki), divination, art prétendu de deviner l'avenir par l'inspection des mains.
CHIROMANCIEN, NNE, *s.* (pronon. ki), qui exerce la chiromancie.
CHIRURGICAL, E, *adj.* de chirurgie.
CHIRURGIE, *s. f.* art de pratiquer sur le corps de l'homme des opérations manuelles pour guérir les blessures, les plaies, etc.
CHIRURGIEN, *s. m.* qui exerce la chirurgie.
CHIURE, *s. f.* excrément d'insectes.
CHLORE ou **CHLORURE**, *s.* gaz muriatique oxigéné.

CHR

CHOC, *s. m.* rencontre de deux corps qui se heurtent.
CHOCOLAT, *s. m.* pâte solide formée principalement de cacao et de sucre; dissolution de cette pâte dans du lait ou de l'eau.
CHOCOLATIER, *s. m.* qui fait et vend du chocolat.
CHŒUR, *s. m.* troupe de musiciens chantant ensemble; partie d'une église la plus voisine du maître-autel.
CHOIR, *v. n.* tomber; usité seulement à l'infinitif.
CHOISIR, *v. a. 1, ie, p.* préférer, élire, faire un choix.
CHOIX, *s. m.* action de choisir, préférence.
CHOLÉRA-MORBUS, *s. m.* maladie; épanchement subit de bile.
CHOLÉRIQUE, *adj. 2 g.* malade atteint du choléra.
CHÔMER, *v. a. é, ée, p.* fêter, célébrer; *v. n.* ne rien faire.
CHOPINE, *s. f.* demi-pinte.
CHOPINER, *v. n.* boire souvent.
CHOPPER, *v. n.* faire un faux pas en heurtant du pied.
CHOQUANT, E, *adj.* offensant, désagréable.
CHOQUER, *v. a. é, ée, p.* heurter, offenser.
CHORISTE, *s. m.* qui chante dans les chœurs.
CHORUS, *s. m.* chœur; faire —, c.-à-d. chanter en chœur.
CHOSE, *s. f.* ce qui est; mot vague dont la signification est déterminée par le sens du discours.
CHOU, *s. m.* plante potagère (*pl. choux*); *chou-fleur*, *s. m.* (*pl. choux-fleurs*), espèce de chou.
CHOUAN, *s. m.* nom donné aux insurgés des départements de l'Ouest.
CHOUCROUTE, *s. f.* chou fermenté.
CHOUETTE, *s. f.* oiseau de nuit.
CHOYER, *v. a. é, ée, p.* (se conj. sur *employer*), conserver avec soin; ménager; *se* —, *v. pr.* s'occuper beaucoup de soi.
CHRÊME (*saint*), *s. m.* huile

6.

sacrée (*h* ne se pron. pas).
CHRESTOMATHIE, *s. f.* livre composé de morceaux instructifs (*h* ne se pron. pas).
CHRÉTIEN, NNE, *s.* et *adj.* qui professe la religion catholique ; qui appartient à cette religion (*h* ne se pron. pas).
CHRÉTIENNEMENT, *adv.* en bon chrétien.
CHRÉTIENTÉ, *s. f.* tous les pays où la religion catholique est professée.
CHRIST, *s. m.* le Messie (le *s* et le *t* se prononcent).
CHRISTIANISME, *s. m.* religion chrétienne (*h* ne se pron. pas).
CHROMATIQUE, *adj.* 2 *g.* et *s. m.* qui procède par demi-tons, *t. de mus.* ; coloré, *t. d'optique*.
CHRONIQUE, *s. f.* histoire présentée suivant l'ordre des temps, (*h* ne se prononce pas) ; —, *adj.* 2 *g.* de longue durée, en parlant d'une maladie.
CHRONIQUEUR, *s. m.* auteur de chroniques.
CHRONOLOGIE, *s. f.* science des époques.
CHRONOLOGIQUE, *adj.* 2 *g.* suivant l'ordre des temps ; qui a rapport à la chronologie.
CHRONOLOGISTE, *s. m.* qui sait ou enseigne la chronologie, qui écrit sur cette science.
CHRONOMÈTRE, *s. m.* instrument pour mesurer le temps.
CHRYSALIDE, *s. f.* état de la chenille renfermée dans une coque sous la forme d'une fève, avant de passer à l'état de papillon.
CHUCHOTEMENT, *s. m.* chuchoterie.
CHUCHOTER, *v. n.* et *v. a.* é, ée, *p.* parler bas ; dire quelque chose à l'oreille.
CHUCHOTERIE, *s. f.* action de chuchoter.
CHUCHOTEUR, EUSE, *s.* qui a coutume de chuchoter.
CHUT! *interj.* silence! (le *t* se prononce.)
CHUTE, *s. f.* action de tomber ; disgrâce ; malheur ; fin, ce qui termine.
CHYLE, *s. m.* suc blanc que forment les aliments digérés et qui se mêle au sang.
CI, *adv.* de lieu, ici.
CIBLE, *s. f.* but contre lequel on tire.
CIBOIRE, *s. m.* vase où se mettent les hosties consacrées.
CIBOULE, *s. f.* plante potagère, espèce de petit oignon.
CIBOULETTE, *s. f.* petite ciboule ; civette.
CICATRICE, *s. f.* marque laissée par une plaie, un ulcère après guérison.
CICATRISATION, *s. f.* rapprochement naturel des chairs d'une plaie.
CICATRISER, *v. a.* é, ée, *p.* faire des cicatrices ; se —, commencer à former cicatrice.
CICÉRO, *s. m.* caractère d'imprimerie.
CIDRE, *s. m.* boisson faite de jus de pomme.
CIEL, *s. m.* (*pl. cieux*), partie du monde dans laquelle se meuvent les astres ; air ; climat ; séjour des bienheureux ; la Providence ; représentation de l'air dans un tableau (au plur. *ciels*).
CIEL-DE-LIT, *s. m.* le haut d'un lit (*pl. ciels-de-lit*).
CIERGE, *s. m.* grande chandelle de cire pour les églises.
CIGALE, *s. f.* insecte dont les ailes sont à moitié revêtues d'étuis coriaces, et dont le bec paraît sortir du cou.
CIGARRE ou **CIGARE**, *s. m.* rouleau de tabac pour fumer.
CIGOGNE, *s. f.* gros oiseau de passage, au plumage blanc et noir, au bec long et rouge.
CIGUË, *s. f.* plante vénéneuse.
CIL, *s. m.* poil des paupières.
CILICE, *s. m.* tissu rude et grossier que l'on porte sur la peau par esprit de pénitence.
CILLER, *v. a.* é, ée, *p.* fermer et rouvrir les yeux.
CIME, *s. f.* le sommet ; l'extrémité ; le point le plus élevé.
CIMENT, *s. m.* sorte de mortier.
CIMENTER, *v. a.* é, ée, *p.* lier avec du ciment ; —, *au fig.* confirmer, affermir.

CIMETERRE, *s. m.* sabre à lame courte et recourbée.
CIMETIÈRE, *s. m.* lieu où l'on enterre les morts.
CIMIER, *s. m.* ornement au haut du casque.
CINABRE, *s. m.* minéral rouge composé de soufre et de mercure.
CINÉRAIRE, *adj. 2 g.* se dit d'une urne qui renferme les cendres d'un corps brûlé après la mort.
CINÉRATION, *s. f.* réduction en cendres par le feu.
CINGLAGE, *s. m.* le chemin d'un vaisseau en 24 heures; loyer des gens de mer.
CINGLER, *v. n.* naviguer à pleines voiles; —, *v. a.* é, ée, *p.* frapper avec quelque chose de délié, de flexible.
CINQ, *adj. num. 2 g.* nombre cardinal; —, *s. m.* chiffre (8).
CINQUANTAINE, *s. f.* nombre de cinquante.
CINQUANTE, *adj. num. 2 g.* cinq dizaines.
CINQUANTIÈME, *adj. 2 g.* nombre ordinal; —, *s. m.* la 80ᵉ partie d'un tout.
CINQUIÈME, *adj. 2 g.* nombre ordinal; —, *s. m.* la 5ᵉ partie d'un tout.
CINQUIÈMEMENT, *adv.* en cinquième lieu.
CINTRE, *s. m.* figure formée en arcade, en courbure.
CINTRER, *v. a.* é, ée, *p.* faire un cintre.
CIPPE, *s. m.* demi-colonne sans chapiteau.
CIRAGE, *s. m.* action de cirer; effet de cette action; composition pour cirer.
CIRCONCISION, *s. f.* fête de l'église catholique.
CIRCONFÉRENCE, *s. f.* le tour d'un cercle, enceinte, contour.
CIRCONFLEXE, *adj. 2 g.* se dit en parlant de l'accent qui a cette forme (^).
CIRCONLOCUTION, *s. f.* tour de phrase pour désigner une chose qu'on ne veut pas nommer.
CIRCONSCRIPTION, *s. f.* action de circonscrire, ce qui limite la circonférence.
CIRCONSCRIRE, *v. a.* it, e, *p.* limiter, borner.
CIRCONSPECT, E, *adj.* qui a de la circonspection.
CIRCONSPECTION, *s. f.* prudence, discrétion.
CIRCONSTANCE, *s. f.* particularité; occasion; conjoncture; —, *au plur.* ce qui environne.
CIRCONSTANCIER, *v. a.* é, ée, *p.* indiquer les circonstances.
CIRCONVALLATION, *s. f.* fortification autour d'un camp.
CIRCONVENIR, *v. a.* tromper avec artifice; (se conj. c. *venir*).
CIRCONVOISIN, E, *adj.* qui est auprès, autour.
CIRCONVOLUTION, *s. f.* plusieurs tours faits autour d'un centre commun.
CIRCUIT, *s. m.* enceinte; tour.
CIRCULAIRE, *adj. 2 g.* qui est en rond, qui a rapport au cercle; *lettre* —, c.-à-d. par laquelle plusieurs personnes sont informées d'une même chose.
CIRCULAIREMENT, *adv.* d'une manière circulaire.
CIRCULANT, E, *adj.* qui circule.
CIRCULATION, *s. f.* mouvement de ce qui circule.
CIRCULER, *v. n.* se mouvoir circulairement; passer de main en main.
CIRE, *s. f.* matière molle et jaunâtre qui provient du travail des abeilles; bougie; — *à cacheter*, composition qui sert à cacheter les lettres.
CIRER, *v. a.* é, ée, *p.* enduire de cire, ou de cirage.
CIRIER, *s. m.* ouvrier en cire; arbre d'Amérique.
CIRON, *s. m.* petit insecte presque imperceptible.
CIRQUE, *s. m.* lieu circulaire destiné aux jeux publics chez les anciens.
CIRURE, *s. f.* enduit de cire.
CISAILLES, *s. f. pl.* gros ciseaux pour couper du métal en feuilles.

CISALPIN, E, *adj.* en deçà des Alpes.

CISEAU, *s. m.* instrument plat, en fer et tranchant par un bout, servant à travailler le fer, la pierre, le bois, etc.; *ciseaux*, *s. m. pl.* instrument de fer ou d'acier, composé de deux branches tranchantes en dedans et réunies au centre par un clou.

CISELER, *v. a.* é, ée, *p.* travailler avec le ciseau.

CISELET, *s. m.* petit ciseau.

CISELEUR, *s. m.* ouvrier qui cisèle.

CISELURE, *s. f.* travail fait au ciseau; art du ciseleur.

CISOIR, *s. m.* ou *cisoires*, *s. f. pl.* gros ciseaux montés sur pied, à demeure, pour couper les métaux.

CITADELLE, *s. f.* forteresse construite dans une ville.

CITADIN, E, *s.* bourgeois; habitant d'une ville.

CITATEUR, *s. m.* qui fait des citations.

CITATION, *s. f.* ordre de comparaître devant un juge; allégation; morceau tiré d'un ouvrage.

CITÉ, *s. f.* ville entourée de murailles.

CITER, *v. a.* é, ée, *p.* donner une citation; alléguer.

CITÉRIEUR, E, *adj.* qui est en deçà, plus près de nous.

CITERNE, *s. f.* réservoir pour l'eau de pluie.

CITERNEAU, *s. m.* petit réservoir où l'eau s'épure avant de se rendre dans la citerne.

CITHARE, *s. f.* espèce de lyre à 7 ou à 9 cordes.

CITOYEN, NNE, *s.* et *adj.* habitant d'une cité.

CITRIN, E, *adj.* couleur de citron.

CITRON, *s. m.* fruit du citronnier; —, se dit aussi de la couleur de ce fruit, c.-à-d. jaune pâle.

CITRONNAT, *s. m.* confiture d'écorce de citron.

CITRONNÉ, ÉE, *adj.* qui sent le citron.

CITRONNELLE, *s. f.* liqueur faite avec de l'eau-de-vie et du citron.

CITRONNER, *v. a.* é, ée, *p.* donner le goût du citron.

CITRONNIER, *s. m.* arbre toujours vert qui porte le citron.

CITROUILLE, *s. f.* plante potagère; son fruit.

CIVE ou **CIVETTE**, *s. f.* plante potagère qui a le goût de la ciboule.

CIVET, *s. m.* ragoût de lièvre ou de lapin.

CIVETTE, *s. f.* quadrupède qui ressemble au renard.

CIVIÈRE, *s. f.* espèce de brancard pour porter à bras.

CIVIL, E, *adj.* qui concerne les citoyens; honnête, poli.

CIVILEMENT, *adv.* en matière civile (*t. de jurisprudence*), d'une manière honnête.

CIVILISATION, *s. f.* action de civiliser, ses effets; état de ce qui est civilisé; sociabilité.

CIVILISER, *v. a.* é, ée, *p.* rendre honnête, polir les mœurs.

CIVILITÉ, *s. f.* politesse; compliment.

CIVIQUE, *adj. 2 g.* qui concerne le citoyen; *couronne* —, récompense nationale.

CIVISME, *s. m.* dévouement patriotique.

CIVRAI, chef-lieu d'arr. du dép. de la Vienne.

CLABAUD, *s. m.* chien de chasse qui aboie hors de propos.

CLABAUDAGE, *s. m.* action de clabauder.

CLABAUDER, *v. n.* aboyer fréquemment; faire du bruit sans motif.

CLABAUDERIE, *s. f.* criaillerie importune, non fondée.

CLABAUDEUR, EUSE, *s.* qui criaille sans motif.

CLAIE, *s. f.* ouvrage à claire-voie, fait en brins d'osier.

CLAIR, E, *adj.* qui jette de la lumière, ou qui en reçoit; brillant; peu épais; évident, manifeste; *clair*, *s. m.* clarté, lumière; *clair*, *adv.* clairement.

CLAIREMENT, *adv.* d'une manière claire.

CLAIRET, TTE, *adj.* un peu clair.

CLAIRE-VOIE, *s. f.* ouverture; à jour; à distance; (*au pl. claires-voies*).

CLA

CLAIRIÈRE, s. f. endroit dégarni d'arbres dans une forêt.
CLAIR-OBSCUR, s. m. combinaison de la lumière et des ombres dans un tableau.
CLAIRON, s. m. sorte de trompette.
CLAIR-SEMÉ, ÉE, adj. qui n'est pas serré, rare.
CLAIRVOYANCE, s. f. sagacité; pénétration.
CLAIRVOYANT, E, adj. qui a de la sagacité.
CLAMECY, ville de France, chef-lieu d'arr. du dép. de la Nièvre.
CLAMEUR, s. f. grand cri; cri public.
CLANDESTIN, E, adj. secret, caché.
CLANDESTINEMENT, adv. en secret.
CLANPIN, E, s. et adj. boiteux; lent.
CLAPIER, s. m. trou ou cabane à lapins.
CLAPIR, v. n. crier (se dit du lapin); se —, v. pr. i, ie, p. se blottir dans un trou (en parlant d'un lapin).
CLAQUE, s. f. coup donné avec le plat de la main; sorte de chaussure qu'on met par dessus les souliers; chapeau plat à porter sous le bras.
CLAQUEMENT, s. m. bruit fait avec les dents, avec les mains, ou avec un fouet.
CLAQUEMURER, v. a. é, ée, p. renfermer, resserrer.
CLAQUER, v. a. é, ée, p. donner des claques; —, v. n. faire un bruit aigu.
CLAQUET ou **CLIQUET**, s. m. petite latte qui bat sur la trémie d'un moulin.
CLAQUETER, v. n. se dit du cri de la cigale.
CLAQUETTE, s. f. instrument de bois avec lequel on annonce la levée des lettres aux bureaux de poste.
CLAQUEUR, s. m. qui applaudit en claquant.
CLARIFICATION, s. f. action de clarifier.
CLARIFIER, v. a. é, ée, p. rendre clair un liquide qui est trouble.

CLE

CLARINETTE, s. f. instrument de musique à vent; celui qui en joue.
CLARTÉ, s. f. lumière vive; netteté de l'esprit.
CLASSE, s. f. ordre, rang, école, salle de collége.
CLASSEMENT, s. m. état de ce qui est classé.
CLASSER, v. a. é, ée, p. ranger par classes.
CLASSIFICATION, s. f. distribution par classes; action de classer.
CLASSIQUE, adj. 2 g. qui a rapport aux classes; en usage dans les écoles; servant de modèle.
CLAUSE, s. f. disposition d'un acte public ou particulier; article d'une convention.
CLAUSTRAL, E, adj. appartenant au cloître.
CLAVEAU, s. m. maladie contagieuse des brebis et des moutons.
CLAVECIN, s. m. instrument de musique.
CLAVELÉ, ÉE, adj. qui a le claveau.
CLAVELÉE, s. f. claveau.
CLAVETTE, s. f. sorte de clou plat.
CLAVICULE, s. f. chacun des deux os qui joignent la poitrine aux épaules.
CLAVIER, s. m. rangée de touches d'un clavecin, d'un jeu d'orgues; anneau servant à réunir des clefs.
CLAYER, s. m. grosse claie.
CLAYON, s. m. petite claie pour faire égoutter le fromage.
CLEF, s. f. instrument pour ouvrir ou fermer une serrure; — de voûte, pierre du milieu qui ferme la voûte; —, t. de musique, indique l'intonation des notes.
CLÉMATITE, s. f. plante grimpante, sarmenteuse et à fleurs odoriférantes.
CLÉMENCE, s. f. vertu qui porte un supérieur à pardonner les offenses.
CLÉMENT, E, adj. qui a de la clémence.

CLERC, s. m. ecclésiastique; praticien.
CLERGÉ, s. m. le corps des ecclésiastiques.
CLÉRICAL, E, adj. qui appartient à l'ordre ecclésiastique.
CLÉRICALEMENT, adv. d'une manière cléricale.
CLÉRICAT, s. m. office de clerc.
CLÉRICATURE, s. m. état, condition du clerc.
CLERMONT, ville de France, chef-lieu du dép. du Puy-de-Dôme.
CLICHAGE, s. m. action de clicher, son effet.
CLICHÉ, s. m. planche de métal portant l'empreinte de caractères d'imprimerie.
CLICHER, v. a. é, ée, p. former une planche d'impression solide, en enfonçant un texte de caractères mobiles dans une masse de plomb fondu.
CLIENT, E, s. celui ou celle que défend un avocat; protégé.
CLIENTÈLE, s. f. les clients d'un homme de loi; protection d'un patron.
CLIGNEMENT, s. m. action de cligner.
CLIGNE-MUSETTE, s. f. jeu d'enfants, dont l'un ferme les yeux pendant que les autres se cachent.
CLIGNER, v. a. é, ée, p. fermer involontairement les yeux à demi.
CLIGNOTEMENT, s. m. action de clignoter.
CLIGNOTER, v. n. remuer continuellement les paupières.
CLIMAT, s. m. région; pays; température.
CLIMATÉRIQUE, adj. 2 g. et s. f. chaque septième année de la vie.
CLIN-D'OEIL, s. m. mouvement de la paupière levée et abaissée au même instant; (pl. clins-d'œil.)
CLINIQUE, s. f. et adj. 2 g. se dit de la médecine exercée au lit des malades.
CLINQUANT, s. m. petite lame de cuivre doré ou argenté; éclat trompeur.

CLIQUART, s. m. pierre à bâtir d'une espèce très-recherchée.
CLIQUE, s. f. société de gens qui cabalent ensemble.
CLIQUET, s. m. claquet.
CLIQUETER, v. n. imiter le bruit d'un cliquet.
CLIQUETIS, s. m. bruit d'armes qui se choquent.
CLIQUETTE, s. f. sorte de castagnette.
CLISSE, s. f. clayon; petite bande de bois ou de fer-blanc pour maintenir les os fracturés.
CLISSER, v. a. é, ée, p. garnir de clisses.
CLOAQUE, s. f. conduit souterrain pour faire écouler les eaux et les immondices d'une ville; —, s. m. lieu destiné à recevoir des immondices.
CLOCHE, s. f. instrument de métal pour sonner; — de verre, vase de verre, en forme de cloche, pour préserver du froid certaines plantes; —, ampoule sur la peau; —, à cloche-pied, adv. sur un pied.
CLOCHEMENT, s. m. action de clocher.
CLOCHER, s. m. bâtiment élevé où sont placées les cloches d'une église.
CLOCHER, v. n. boiter en marchant.
CLOCHETTE, s. f. petite cloche.
CLOISON, s. f. séparation en charpente et en maçonnerie.
CLOISONNAGE, s. m. ouvrage de cloison.
CLOÎTRE, s. m. monastère.
CLOÎTRER, v. a. é, ée, p. enfermer dans un cloître.
CLOPIN-CLOPANT, adv. en clopinant.; fam.
CLOPINER, v. n. marcher avec peine; fam.
CLOPORTE, s. m. insecte à 14 pattes qui s'engendre sous les pierres.
CLOQUE, s. f. maladie des feuilles du pêcher.
CLORE, v. a. et v. n (irr.) fermer; achever; entourer. Ind. pr. je clos, tu clos, il clôt; n. closons, v. closez, ils closent; imp. je closais, etc.; passé déf.

CLOS, *s. m.* espace de terre entouré de murs ou de haies.

CLOSEAU, *s. m.* petit jardin clos de haies.

CLOSERIE, *s. f.* closeau.

CLÔTURE, *s. f.* action de clore, de terminer ; enceinte.

CLOU, *s. m.* (*pl. clous*), morceau de métal ayant une tête et une pointe, qui sert à suspendre ou à attacher quelque chose ; furoncle.

CLOU D'ÉPINGLE, *s. m.* clou long et mince (*au pl. clous-d'épingle*).

CLOU DE GIROFLE, *s. m.* épicerie qui a la forme d'un clou.

CLOUGOURDE, *s. f.* herbe gris-de-lin qui vient dans les blés.

CLOUER, *v. a. é, ée, p.* attacher avec des clous.

CLOUTERIE, *s. f.* fabrique de clous.

CLOUTIER, *s. m.* qui fait ou qui vend des clous.

CLOYÈRE, *s. f.* panier d'huîtres ou de poissons.

CLUB, *s. m.* assemblée politique.

CLUBISTE, *s. m.* qui fait partie d'un club.

CLYSTÈRE, *s. m.* lavement, remède.

COACCUSÉ, *s. m.* accusé avec d'autres.

COACTIF, IVE, *adj.* qui a droit de contraindre.

COACTION, *s. f.* contrainte.

COADJUTEUR, TRICE, *s.* qui est adjoint.

COAGULATION, *s. f.* action de coaguler.

COAGULER, *v. a. é, ée, p.* figer, cailler, épaissir.

COALISER (*se*), *v. pr. é, ée, p.* se liguer.

COALITION, *s. f.* ligue, union.

COASSEMENT, *s. m.* cri des grenouilles.

COASSER, *v. n.* crier (en parlant des grenouilles).

COASSOCIÉ, ÉE, *s. et adj.* associé avec quelqu'un.

COBALT ou **COBOLT**, *s. m.* substance minérale dont on tire l'arsenic.

COCAGNE, *s. f.* mât fort élevé et glissant au haut duquel il faut grimper pour gagner un prix ; fête publique.

COCARDE, *s. f.* nœud de rubans ou morceau d'étoffe taillé en rond qu'on porte au chapeau.

COCASSE, *adj. 2 g.* plaisant, risible.

COCHE, *s. m.* chariot couvert ; bateau ; entaille ; truie.

COCHENILLE, *s. f.* petit insecte d'Amérique dont on tire la couleur écarlate.

COCHER, *s. m.* celui qui conduit un carrosse.

COCHET, *s. m.* petit coq.

COCHLÉARIA, *s. m.* plante antiscorbutique.

COCHON, *s. m.* porc, animal domestique ; — *d'Inde*, animal plus petit qu'un lapin.

COCHONNER, *v. n.* se dit d'une truie qui fait ses petits ; —, *v. a. é, ée, p.* faire un ouvrage salement.

COCHONNERIE, *s. f.* malpropreté.

COCHONNET, *s. m.* petite boule qui sert de but au jeu de boules.

COCO, *s. m.* fruit du cocotier ; boisson faite avec de la réglisse et du citron.

COCON, *s. m.* coque dans laquelle le ver à soie se trouve renfermé après avoir filé.

COCOTIER, *s. m.* espèce de palmier dont les feuilles sont longues de 10 à 15 pieds, et larges de 3 pieds.

COCTION, *s. f.* cuisson ; digestion.

CODE, *s. m.* recueil de lois.

CODICILLE, *s. m.* addition, changement aux dispositions d'un testament.

COERCIBLE, *adj. 2 g.* qui peut être contraint, renfermé dans certaines limites.

COERCITIF, IVE, *adj.* qui a le droit de contraindre.

COERCITION, *s. f.* pouvoir, droit, action de contraindre.

COÉTERNEL, LLE, adj. 2 g. éternel avec un autre.
COEUR, s. m. corps musculeux; principal organe de la circulation du sang et le principe de la vie; conscience; force; courage; affection; milieu; *par cœur*, adv. de mémoire.
COFFRE, s. m. espèce de caisse pour serrer des effets.
COFFRER, v. a. é, ée, p. mettre en prison; *fam*.
COFFRET, s. m. petit coffre.
COFFRETIER, s. m. faiseur de coffres.
COGNAC, chef-lieu d'arr. du dép. de la Charente.
COGNASSE, s. m. coin sauvage.
COGNASSIER, s. m. arbre qui porte les cognasses.
COGNÉE, s. f. sorte de hache.
COGNER, v. a. é, ée, p. frapper sur quelque chose.
COHABITATION, s. f. action de cohabiter.
COHABITER, v. n. habiter ensemble (*se dit des époux*).
COHÉRENCE, s. f. union; liaison.
COHÉRENT, E, adj. qui est lié; annexé.
COHÉRITER, v. n. hériter ensemble.
COHÉRITIER, IÈRE, s. qui hérite avec un autre.
COHÉSION, s. f. adhérence; ce qui unit, rend compacte.
COHORTE, s. f. troupe armée.
COHUE, s. f. assemblée tumultueuse.
COI, adj. m. **COITE,** f. tranquille, paisible.
COIFFE, s. f. ajustement pour mettre sur la tête.
COIFFER, v. a. é, ée, p. couvrir, orner la tête.
COIFFEUR, EUSE, s. qui coiffe.
COIFFURE, s. f. ornement de la tête; arrangement des cheveux.
COIN, s. m. angle; petit endroit retiré; outil de fer pour fendre du bois; — ou *coing*, fruit du cognassier.
COÏNCIDENCE, s. f. état de choses qui coïncident.
COÏNCIDENT, E, adj. qui coïncide.
COÏNCIDER, v. n. s'ajuster l'un sur l'autre; arriver ensemble.
COKE, s. m. charbon de houille pour le chauffage des appartements.
COL ou **COU,** s. m. partie du corps qui joint la tête aux épaules; partie du vêtement qui entoure le cou; passage; canal.
COLBACK, s. m. sorte de bonnet militaire.
COLÉOPTÈRES, s. m. pl. insectes ovipares à ailes couvertes de fourreaux solides.
COLÈRE, s. f. excessive irritabilité qui porte à la violence; emportement; —, adj. 2 g. sujet à se mettre en colère.
COLÉRIQUE, adj. 2 g. enclin à la colère.
COLIBRI, s. m. oiseau d'Amérique très-petit.
COLIFICHET, s. m. bagatelle, objet futile; —, sorte de gâteau sec pour les oiseaux.
COLIMAÇON, s. m. limaçon à coquille.
COLIN-MAILLARD, s. m. jeu.
COLIQUE, s. f. douleurs dans le bas-ventre.
COLISÉE, s. m. amphithéâtre, sorte de spectacle à Rome.
COLLABORATEUR, TRICE, s. qui travaille de concert avec un autre.
COLLABORATION, s. f. travail du collaborateur.
COLLAGE, s. m. action de coller.
COLLANT, E, adj. gluant.
COLLATÉRAL, E, adj. hors de la ligne directe; *pl. m.-aux*.
COLLATION, s. f. action de comparer, de conférer; repas léger.
COLLATIONNER, v. a. é, ée, p. comparer une copie à l'original; faire un repas.
COLLE, s. f. matière gluante et tenace pour coller.
COLLECTE, s. f. levée des impôts; quête.
COLLECTEUR, s. m. celui qui recueille les impôts.

COLLECTIF, IVE, *adj.* qui représente plusieurs personnes ou plusieurs choses.

COLLECTION, *s. f.* recueil de plusieurs choses qui ont rapport entre elles.

COLLECTIVEMENT, *adv.* d'une manière collective.

COLLÉGATAIRE, *s. m.* qui a une part dans un legs.

COLLÉGE, *s. m.* lieu destiné à l'enseignement; assemblée; corps de personnes.

COLLÉGIAL, E, *adj. et s.* d'un collège; d'un chapitre.

COLLÈGUE, *s. m.* compagnon en dignité, en fonctions.

COLLER, *v. a.* é, ée, *p.* faire tenir avec de la colle, enduire de colle; — le vin, le clarifier.

COLLERETTE, *s. f.* grand collet de linge dont les femmes couvrent leurs épaules.

COLLET, *s. m.* partie de l'habillement qui est autour du cou; rabat; lacs pour prendre le gibier.

COLLETER, *v. a.* é, ée, *p.* prendre au collet; tendre des collets pour prendre du gibier.

COLLEUR, *s. m.* qui colle le papier.

COLLIER, *s. m.* ornement du cou; partie du harnais qui se place au cou des bêtes de somme.

COLLINE, *s. f.* petite montagne.

COLLISION, *s. f.* choc de deux corps.

COLLOCATION, *s. f.* action de ranger des créanciers dans l'ordre où ils doivent être payés; —, ordre dans lequel ils sont rangés.

COLLOQUE, *s. m.* entretien; conférence.

COLLOQUER, *v. a.* é, ée, *p.* placer.

COLLUSION, *s. f.* intelligence entre plusieurs personnes au préjudice d'un tiers.

COLLYRE, *s. m.* remède extérieur pour les yeux.

COLMAR, chef-lieu du dép. du Haut-Rhin.

COLOMBE, *s. f.* espèce de pigeon; femelle du pigeon.

COLOMBIER, *s. m.* pigeonnier.

COLOMBIN, E, *adj.* couleur gorge de pigeon; *colombine*, *s. f.* fiente de pigeon.

COLON, *s. m.* habitant des colonies, cultivateur.

COLONEL, *s. m.* qui commande un régiment.

COLONIAL, E, *adj.* des colonies.

COLONIE, *s. f.* troupe d'hommes et de femmes qui passent d'un pays dans un autre; le lieu où ils sont établis.

COLONISATION, *s. f.* action de coloniser.

COLONISER, *v. a.* é, ée, *p.* former une colonie.

COLONNADE, *s. f.* rangée de colonnes.

COLONNE, *s. f.* pilier rond pour soutenir ou orner un édifice; sorte de monument; division des pages d'un livre; division d'une armée.

COLOPHANE, *s. f.* sorte de résine.

COLOQUINTE, *s. f.* sorte de petite citrouille.

COLORANT, E, *adj.* qui colore.

COLORER, *v. a.* é, ée, *p.* donner de la couleur; se —, *v. pr.* prendre de la couleur.

COLORIER, *v. a.* é, ée, *p.* mettre les couleurs à une gravure.

COLORIS, *s. m.* résultat du mélange et de l'emploi des couleurs.

COLORISATION, *s. f.* changement de couleur des substances.

COLORISTE, *s. m.* peintre qui entend bien le coloris.

COLOSSAL, E, *adj.* de grandeur démesurée; (*le pl. f. est seul usité*).

COLOSSE, *s. m.* statue gigantesque.

COLPORTAGE, *s. m.* action de colporter.

COLPORTER, *v. a.* é, ée, *p.* porter de côté et d'autre des marchandises pour les vendre.

COLPORTEUR, EUSE, *s.* qui colporte.

COLURE, *s. m.* chacun des cercles de la sphère qui coupent l'équateur à angles droits.

COLZA, s. m. chou sauvage.
COMBAT, s. m. action de combattre ; trouble, dispute, contestation.
COMBATTANT, s. m. qui combat.
COMBATTRE, v. a. u, ue, p. attaquer ou se défendre ; disputer ; contester.
COMBIEN, adv. de quantité. quel nombre, quelle durée, quel prix.
COMBINAISON, s. f. assemblage et disposition de plusieurs choses.
COMBINER, v. a. é, ée, p. faire une combinaison.
COMBLE, s. m. le faîte d'une maison : ce qui dépasse une mesure ; fig. le plus haut degré ; de fond en —, entièrement ; pour —, pour surcroît.
COMBLEMENT, s. m. action de combler.
COMBLER, v. a. é, ée ; p. remplir.
COMBUSTIBLE, adj. 2 g. qui peut brûler ; —, s. m. tout ce qui sert à faire du feu.
COMBUSTION, s. f. action de brûler ; fig. tumulte et grand désordre.
COMÉDIE, s. f. pièce de théâtre représentant quelque action de la vie commune ; lieu où jouent des acteurs.
COMÉDIEN, NNE, s. qui joue la comédie.
COMESTIBLE, s. m. et adj. 2 g. qui peut se manger.
COMÈTE, s. f. corps céleste, espèce de planète.
COMICES, s. m. pl. assemblées du peuple romain pour les élections.
COMIQUE, adj. 2 g. de la comédie, plaisant, ridicule.
COMIQUEMENT, adv. d'une manière comique.
COMITÉ, s. m. réunion de gens commis pour discuter une affaire.
COMMANDANT, s. m. et adj. celui qui commande des troupes ; —ante, s. f. la femme du commandant.
COMMANDE, s. f. ouvrage commandé.
COMMANDEMENT, s. m. autorité, pouvoir, manière de commander.
COMMANDER, v. a. é, ée, p. ordonner, prescrire ; —, v. n. avoir autorité.
COMMANDERIE, s. f. bénéfice affecté à un ordre militaire.
COMMANDEUR, s. m. titre honorifique dans un ordre de chevalerie.
COMMANDITAIRE, s. m. qui a une commandite.
COMMANDITE, s. f. société commerciale.
COMME, adv. de comparaison ; de temps, ainsi que.
COMMÉMORATIF, IVE, adj. qui rappelle le souvenir de.....
COMMÉMORATION, s. f. mention, souvenir.
COMMÉMORER, v. a. é, ée, p. se souvenir de.
COMMENÇANT, E, s. qui commence.
COMMENCEMENT, s. m. la première partie ; principe.
COMMENCER, v. a. é, ée, p. entreprendre ; —, v. n. prendre commencement.
COMMENSAL, s. m. qui mange à la même table ; (pl. commensaux).
COMMENSURABLE, adj. 2 g. se dit de deux grandeurs en rapport de nombre ou d'une mesure commune.
COMMENT, adv. de quelle manière.
COMMENTAIRE, s. m. interprétation, remarque.
COMMENTATEUR, s. m. qui commente.
COMMENTER, v. a. é, ée, p. interpréter.
COMMÉRAGE, s. m. propos, caquets.
COMMERÇABLE, adj. 2 g. négociable ; qui peut être l'objet d'un commerce.
COMMERÇANT, E, s. qui fait le commerce.
COMMERCE, s. m. négoce de marchandises.
COMMERCER, v. n. faire le commerce.
COMMERCI, chef-lieu d'arr. du dép. de la Meuse.

COMMERCIAL, E, *adj.* du commerce.
COMMERCIALEMENT, *adv.* d'une manière commerciale.
COMMÈRE, *s. f.* celle qui a tenu un enfant sur les fonts de baptême; femme curieuse et bavarde.
COMMETTANT, *s. m.* qui a confié une affaire à quelqu'un.
COMMETTRE, *v. a. irr.* (se conj. c. *mettre*), faire une faute; charger quelqu'un d'une affaire; compromettre.
COMMINATION, *s. f.* menace.
COMMINATOIRE, *adj.* 2 g. qui contient une menace.
COMMIS, *s. m.* chargé d'un emploi, d'une mission.
COMMISÉRATION, *s. f.* pitié.
COMMISSAIRE, *s. m.* officier, juge commis pour exercer une fonction.
COMMISSION, *s. f.* charge; message; charge d'acheter; droit de courtage.
COMMISSIONNAIRE, *s. m.* qui fait des commissions, des messages.
COMMISSIONNER, *v. a.* é, ée, *p.* donner une commission.
COMMODE, *s. f.* meuble à tiroirs; —, *adj.* 2 g. d'un usage utile et facile; trop indulgent.
COMMODÉMENT, *adv.* d'une manière commode.
COMMODITÉ, *s. f.* chose, situation commode; —, *pl.* toutes les choses nécessaires à la vie; lieux d'aisances.
COMMOTION, *s. f.* secousse.
COMMUABLE, *adj.* 2 g. qui peut être changé.
COMMUER, *v. a.* é, ée, *p.* échanger.
COMMUN, E, *adj.* propre à tout le monde, d'un usage universel; qui se trouve en abondance; de peu de valeur; *commun*, *s. m.* ce qui est en communauté, qui appartient à plusieurs personnes; en —, *adv.* en société.
COMMUNAL, E, *adj.* commun à une ou plusieurs communes.
COMMUNAUTÉ, *s. f.* société; biens mis en commun

COMMUNAUX, *s. m. pl.* pâturages des communes.
COMMUNE, *s. f.* corps d'habitants d'une ville, d'un village, etc.; lieu où ils s'assemblent.
COMMUNÉMENT, *adv.* ordinairement.
COMMUNIANT, E, *adj.* qui communie.
COMMUNICABLE, *adj.* 2 g. qui peut se communiquer.
COMMUNICATIF, IVE, *adj.* qui se communique aisément.
COMMUNICATION, *s. f.* action de communiquer.
COMMUNIER, *v. n.* recevoir l'Eucharistie.
COMMUNION, *s. f.* union de plusieurs personnes dans une même foi; action de communier.
COMMUNIQUER, *v. a.* é, ée, *p.* rendre commun à; faire part de; donner communication.
COMMUTATION, *s. f.* changement.
COMPACTE, *adj.* 2 g. serré, condensé.
COMPAGNE, *s. f.* femme qui accompagne, qui travaille avec une autre; femme par rapport au mari.
COMPAGNIE, *s. f.* réunion de personnes; troupe sous les ordres d'un capitaine.
COMPAGNON, *s. m.* camarade; ouvrier qui travaille chez un maître.
COMPAGNONNAGE, *s. m.* le temps qu'on est compagnon dans un métier; association d'ouvriers.
COMPARABLE, *adj.* 2 g. qui peut être comparé.
COMPARAISON, *s. f.* action de comparer, résultat.
COMPARAÎTRE, *v. n. irr.* (se conj. c. *paraître*), se présenter devant les juges.
COMPARATIF, IVE, *adj.* de comparaison.
COMPARATIVEMENT, *adv.* par comparaison.
COMPARER, *v. a.* é, ée, *p.* examiner, établir le rapport entre plusieurs choses.
COMPAROIR, *v. n.* comparaître en justice.
COMPARSE, *s. f.* entrée de

quadrilles; figurant dans une danse théâtrale.

COMPARUTION, *s. f.* action de comparaître.

COMPAS, *s. m.* instrument de mathématiques pour mesurer.

COMPASSER, *v. a.* é, ée, *p.* mesurer au compas; *fig.* régler ses actions.

COMPASSION, *s. f.* commisération.

COMPATIBILITÉ, *s. f.* qualité de ce qui est compatible; harmonie, convenance.

COMPATIBLE, *adj.* 2 g. qui convient, s'accorde.

COMPATIR, *v. n.* avoir pitié.

COMPATISSANT, E, *adj.* porté à la compassion.

COMPATRIOTE, *s.* 2 g. du même pays.

COMPENSABLE, *adj.* 2 g. qui peut être compensé.

COMPENSATION, *s. f.* dédommagement.

COMPENSER, *v. a.* é, ée. *p.* dédommager.

COMPÉRAGE, *s. m.* relation entre le parrain ou la marraine, et les père et mère d'un enfant.

COMPÈRE, *s. m.* qui tient un enfant sur les fonts; qui aide à tromper dans les jeux.

COMPÉTENCE, *s. f.* droit de connaître, de juger.

COMPÉTENT, E, *adj.* qui est dû, qui appartient.

COMPÉTITEUR, *s. m.* concurrent.

COMPIÈGNE, chef-lieu d'arr. du dép. de l'Oise.

COMPILATEUR, *s. m.* qui compile.

COMPILATION, *s. f.* recueil de morceaux tirés de différents auteurs.

COMPILER, *v. a.* é, ée, *p.* faire une compilation.

COMPLAINTE, *s. f.* chanson plaintive; lamentation.

COMPLAIRE, *v. n. irr.* (se conj. c. *plaire*), se conformer au goût de quelqu'un; *se* —, *v. pr.* prendre plaisir à.

COMPLAISAMMENT, *adv.* avec complaisance.

COMPLAISANCE, *s. f.* dou-ceur de caractère; déférence; condescendance.

COMPLAISANT, E, *adj.* obligeant.

COMPLANT, *s. m.* pièces de terre plantées de vignes et d'arbres.

COMPLANTER, *v. n.* former un complant.

COMPLÉMENT, *s. m.* ce qui rend complet.

COMPLÉMENTAIRE, *adj.* 2 g. qui sert à compléter.

COMPLET, ÈTE, *adj.* entier, parfait; *complet*, *s. m.* complément.

COMPLÉTEMENT, *adv.* d'une manière complète.

COMPLÉTER, *v. a.* é, ée, *p.* rendre complet.

COMPLÉTIF, IVE, *adj.* qui a le caractère d'un complément.

COMPLEXE, *adj.* 2 g. opposé à simple.

COMPLEXION, *s. f.* tempérament.

COMPLEXITÉ, *s. f.* qualité de ce qui est complexe.

COMPLICATION, *s. f.* concours de choses de diverses natures.

COMPLICE, *s. et adj.* 2 g. qui partage un crime.

COMPLICITÉ, *s. f.* participation au crime d'un autre.

COMPLIES, *s. f. pl.* partie de l'office divin après vêpres.

COMPLIMENT, *s. m.* paroles civiles, affectueuses.

COMPLIMENTER, *v. a.* é, ée, *p.* faire compliment.

COMPLIMENTEUR, EUSE, *adj.* qui aime à complimenter.

COMPLIQUÉ, ÉE, *adj.* mêlé avec d'autres; embrouillé.

COMPLIQUER, *v. a.* é, ée, *p.* mêler; réunir, embrouiller les affaires.

COMPLOT, *s. m.* mauvais dessein formé entre plusieurs personnes.

COMPLOTER, *v. a.* é, ée, *p.* faire un complot.

COMPONCTION, *s. f.* douleur d'avoir offensé Dieu.

COMPORTER, *v. n.* permettre, supporter; *se* —, *v. pr.* se conduire.

COMPOSÉ, s. m. corps formé de parties mixtes; qui affecte un air grave.
COMPOSER, v. a. é, ée, p. faire un tout de plusieurs parties; créer, inventer; —, v. n. capituler.
COMPOSITE, s. m. et adj. 2 g. ordre d'architecture composé de plusieurs ordres.
COMPOSITEUR, s. m. qui compose.
COMPOSITION, s. f. action de composer; préparation pour imiter un métal; accommodement.
COMPOTE, s. f. fruits cuits.
COMPOTIER, s. m. vase pour mettre les compotes.
COMPRÉHENSIBLE, adj. 2 g. qu'on peut comprendre; intelligible.
COMPRÉHENSION, s. f. intelligence.
COMPRENDRE, v. a. irr. (se conj. c. *prendre*), contenir, renfermer, concevoir.
COMPRESSE, s. f. linge sur une plaie.
COMPRESSIBILITÉ, s. f. qualité de ce qui est compressible.
COMPRESSIBLE, adj. 2 g. ce qui peut être comprimé.
COMPRESSION, s. f. action de comprimer; effet de la pression.
COMPRIMER, v. a. é, ée, p. presser, resserrer.
COMPROMETTRE, v. a. irr. (se conj. c. *mettre*), exposer quelqu'un à quelque désagrément; se —, v. pr. exposer son crédit, sa réputation.
COMPROMIS, s. m. convention.
COMPTABILITÉ, s. f. état du comptable; ordre dans les comptes.
COMPTABLE, adj. 2 g. et s. m. assujetti à rendre compte.
COMPTANT, adj. argent —, en espèces.
COMPTE, s. m. calcul; état de recettes ou de dépenses, profit; à *compte*, en déduction de; au bout du —, enfin, après tout.
COMPTER, v. a. é, ée, p. calculer, payer; —, v. n. croire, se fier.
COMPTOIR, s. m. table à tiroir des marchands; bureau.
COMPULSER, v. a. é, ée, p. parcourir un registre, un livre.
COMPUT, s. m. supputation des temps pour le calendrier de l'église.
COMTAT, s. m. comté.
COMTE, SSE, s. titre d'honneur.
CONCASSER, v. a. é, ée, p. briser et réduire en petits morceaux.
CONCAVE, adj. 2 g. et s. m. creux et rond.
CONCAVITÉ, s. f. état de ce qui est concave.
CONCÉDER, v. a. é, ée, p. accorder, octroyer, céder.
CONCENTRATION, s. f. action de concentrer.
CONCENTRER, v. a. é, ée, p. réunir à un centre; *fig.* — un sentiment, le cacher.
CONCEPTION, s. f. faculté de concevoir, de comprendre; intelligence; —, fête de l'église catholique.
CONCERNANT, prép. qui concerne, sur, touchant.
CONCERNER, v. a. é, ée, p. avoir rapport à; (ce v. ne s'emploie pas dans le sens passif).
CONCERT, s. m. harmonie de voix et d'instruments de musique, assemblée de musiciens; lieu où ils sont réunis; union, accord; de —, d'intelligence.
CONCERTANT, E, s. celui ou celle qui fait sa partie dans un concert.
CONCERTER, v. a. é, ée, p. répéter ensemble un morceau de musique; conférer pour l'exécution d'un projet.
CONCERTO, s. m. pièce de symphonie.
CONCESSION, s. f. don; droit, privilège concédé; terrain cédé à quelqu'un pour être défriché.
CONCESSIONNAIRE, s. m. celui qui a obtenu une concession.
CONCETTI, s. m. *sing.* et *pl.* pensées brillantes, mais fausses.
CONCEVABLE, adj. 2 g. ce qui peut se comprendre.

CONCEVOIR, *v. a. irr.* conçu, ue, *p.* (se conj. c. *recevoir*), comprendre; entendre bien; ressentir.
CONCHYLIOLOGIE, *s. f.* (ki) science qui traite des coquillages.
CONCIERGE, *s. 2 g.* gardien d'un édifice, d'un hôtel; portier.
CONCIERGERIE, *s. f.* fonction ou logement du concierge; prison.
CONCILE, *s. m.* assemblée solennelle d'évêques.
CONCILIABLE, *adj. 2 g.* qui peut se concilier.
CONCILIABULE, *s. m.* assemblée illégale, clandestine.
CONCILIANT, E, *adj.* propre à la conciliation.
CONCILIATEUR, TRICE, *s. et adj.* qui concilie.
CONCILIATION, *s. f.* action de concilier.
CONCILIER, *v. a.* é, ée, *p.* accorder ce qui paraît contraire; attirer.
CONCIS, E, *adj.* court, resserré, en parlant du style.
CONCISION, *s. f.* qualité de ce qui est concis.
CONCITOYEN, NNE, *s.* citoyen de la même ville.
CONCLAVE, *s. m.* assemblée de cardinaux pour l'élection d'un pape.
CONCLAVISTE, *s. m.* celui qui s'enferme dans le conclave avec un cardinal.
CONCLUANT, E, *adj.* qui conclut; qui prouve.
CONCLURE, *v. a. irr.* achever; — *v. n.* tirer une conclusion. Ind. pr. Je conclus, tu conclus, il conclut, n. concluons, etc.; imp. je concluais, etc.; p. déf. je conclus, etc.; fut. je conclurai, etc.; cond. je conclurais, etc.; imp. conclus; etc.; subj. p. que je conclue, etc.; q. n. concluions, etc.; imp. subj. que je conclusse, etc.; p. pr. concluant. p. p. conclu, ue.
CONCLUSIF, IVE, *adj.* qui conclut.
CONCLUSION, *s. f.* fin, résumé, action de conclure.
CONCOMBRE, *s. m.* plante potagère.

CONCORDANCE, *s. f.* convenance, rapport.
CONCORDAT, *s. m.* traité, convention, transaction.
CONCORDE, *s. f.* conformité de volontés, bonne intelligence.
CONCORDER, *v. n.* être d'accord.
CONCOURIR, *v. n. irr.* (se conj. c. *courir*), agir conjointement, être en concurrence.
CONCOURS, *s. m.* action de concourir; affluence de monde.
CONCRET, ÈTE, *adj.* joint, composé, coagulé; l'opposé d'abstrait.
CONCRÉTION, *s. f.* amas de parties réunies en masse, devenues solides.
CONCUPISCENCE, *s. f.* désir déréglé.
CONCURREMMENT, *adv.* conjointement, par concurrence.
CONCURRENCE, *s. f.* prétention de plusieurs au même but.
CONCURRENT, E, *s.* qui poursuit une même chose en même temps qu'un autre.
CONCUSSION, *s. f.* action d'un officier public qui exige plus qu'il ne lui est dû.
CONCUSSIONNAIRE, *s. m.* qui fait des concussions.
CONDAMNABLE, *adj. 2 g.* qui doit être condamné.
CONDAMNATION, *s. f.* jugement qui condamne; ce à quoi on est condamné.
CONDAMNÉ, ÉE, *s.* qui a subi une condamnation.
CONDAMNER, *v. a.* é, ée, *p.* rendre un jugement contre; blâmer; — *une porte, une fenêtre,* en interdire l'usage.
CONDENSABLE, *adj. 2 g.* qui peut être condensé.
CONDENSATION, *s. f.* action de condenser.
CONDENSER, *v. a.* é, ée, *p.* rendre plus plus serré, plus compacte.
CONDESCENDANCE, *s. f.* complaisance.
CONDESCENDANT, E, *adj.* qui a de la condescendance.
CONDESCENDRE, *v. n.* avoir de la condescendance.

CONDISCIPLE, *s. m.* compagnon d'étude.
CONDITION, *s. f.* nature, état, qualité d'une chose ou d'une personne ; profession, charge ; convention ; état de domesticité.
CONDITIONNÉ, ÉE, *adj.* qui a les qualités requises.
CONDITIONNEL, LLE, *adj.* subordonné à certaines conditions.
CONDITIONNELLEMENT, *adv.* sous une condition.
CONDITIONNER, *v. a. é, ée, p.* donner les qualités requises.
CONDOLÉANCE, *s. f.* témoignage d'affliction.
CONDOM, chef lieu d'arr. du dép. du Gers.
CONDUCTEUR, TRICE, *s.* qui conduit.
CONDUIRE, *v. a. irr.* (se conj. c. *réduire*.) conduit, e, *p.* mener ; guider ; accompagner par politesse ; avoir la direction de.
CONDUIT, *s. m.* canal, tuyau.
CONDUITE, *s. f.* action de conduire, d'accompagner ; manière d'agir.
CONE, *s. m.* pyramide ronde qui se termine en pointe ; moule de forme conique.
CONFECTION, *s. f.* achèvement ; action de confectionner.
CONFECTIONNER, *v. a. é, ée, p.* fabriquer, achever.
CONFÉDÉRATIF, IVE, *adj.* qui appartient à une confédération.
CONFÉDÉRATION, *s. f.* alliance des peuples, ligue.
CONFÉDÉRÉ, ÉE, *adj.* et *s.* uni par une confédération.
CONFÉDÉRER (SE), *v. pr.* se liguer ensemble.
CONFÉRENCE, *s. f.* entretien de plusieurs personnes sur quelque affaire.
CONFÉRER, *v. a. é, ée, p.* donner, accorder. — *v. n.* s'entretenir d'affaires.
CONFESSE, *s.* (n'a ni genre ni nombre); il s'emploie sans article comme régime des verbes être, aller, à —, revenir de —.
CONFESSER, *v. a. é, ée, p.* avouer ; entendre une confession ; *se* —, *v. pr.* dire ses péchés à un prêtre.
CONFESSEUR, *s. m.* prêtre qui confesse.
CONFESSION, *s. f.* déclaration qu'on fait de quelque chose ; aveu de ses péchés.
CONFESSIONNAL, *s. m.* sorte de cabinet du confesseur.
CONFIANCE, *s. f.* espérance, assurance, sécurité.
CONFIANT, E, *adj.* disposé à la confiance ; présomptueux.
CONFIDEMMENT, *adv.* en confidence.
CONFIDENCE, *s. f.* communication d'un secret.
CONFIDENT, E, *s.* à qui l'on confie ses secrets.
CONFIDENTIEL, LLE, *adj.* fait en confidence.
CONFIDENTIELLEMENT, *adv.* d'une manière confidentielle.
CONFIER, *v. a. é, ée, p.* commettre au soin, à la fidélité de ; *se confier*, *v. pr.* prendre confiance.
CONFIGURATION, *s. f.* forme extérieure.
CONFIGURER, *v. a. é, ée, p.* figurer l'ensemble.
CONFINER, *v. n.* toucher aux limites d'une contrée ; — *v. a. é, ée, p.* reléguer dans un lieu.
CONFINS, *s. m. pl.* limites.
CONFIRE, *v. a.* (irr.) ind. pr. je *confis*, tu *confis*, il *confit*, n. *confisons*, v. *confisez*, ils *confisent*; imp. je *confisais*, etc.; p. déf. je *confis*, tu *confis*, il *confit*, n. *confîmes*, etc.; fut. je *confirai*, etc.; cond. je *confirais*, etc.; impér. *confis*, etc.; subj. pr. q. je *confise*, etc.; imp. subj. q. je *confisse*, q. tu *confisses*, qu'il *confît*, que nous *confisions*, etc.; p. pr. *confisant*; p. p. *confit, e.* Assaisonner des fruits, des légumes dans le sucre, le vinaigre ou l'eau-de-vie pour les conserver.
CONFIRMATIF, IVE, *adj.* qui confirme.
CONFIRMATION, *s. f.* ce qui rend une chose plus certaine ; un des sept sacrements de l'église.

CONFIRMER, *v. a.* é, ée, *p.* rendre plus certain; sanctionner; conférer le sacrement de confirmation.

CONFISCABLE, *adj.* 2 g. qui peut être confisqué.

CONFISCATION, *s. f.* action de confisquer.

CONFISEUR, EUSE, *s.* qui confit.

CONFISQUER, *v. a.* é, ée, *p.* s'emparer de quelque chose pour punir le possesseur.

CONFITEOR, *s. m.* prière qu'on fait avant de se confesser.

CONFITURE, *s. f.* fruits confits dans le sucre.

CONFITURIER, IÈRE, *s.* qui vend des confitures.

CONFLAGRATION, *s. f.* embrasement général.

CONFLIT, *s. m.* choc, combat, contestation.

CONFLUENT, *s. m.* jonction de deux rivières; lieu où elle se fait; —, ENTE, *adj.* qui coule avec un autre.

CONFOLENS, chef-lieu d'arr. du dép. de la Charente.

CONFONDRE, *v. a.* (irr. se conj. c. *fondre*), mêler, brouiller les choses ensemble; couvrir de honte; réduire à ne pouvoir répondre.

CONFORMATION, *s. f.* manière dont un corps organisé est formé.

CONFORME, *adj.* 2 g. semblable.

CONFORMÉMENT, *adverb.* d'une manière conforme.

CONFORMER, *v. a.* é, ée, *p.* rendre conforme, d'accord avec; se —, *v. pr.* se soumettre.

CONFORMITÉ, *s. f.* rapport; ressemblance.

CONFORTABLE, *adj.* 2 g. qui conforte.

CONFORTANT, E, *adj.* qui fortifie.

CONFORTATION, *s. f.* action de fortifier.

CONFORTER, *v. a.* é, ée, *p.* fortifier, encourager.

CONFRATERNITÉ, *s. f.* rapport entre confrères.

CONFRÈRE, *s. m.* membre d'une même société.

CONFRÉRIE, *s. f.* association religieuse.

CONFRONTATION, *s. f.* action de confronter.

CONFRONTER, *v. a.* é, ée, *p.* mettre en présence plusieurs personnes pour les interroger.

CONFUS, E, *adj.* confondu, honteux.

CONFUSÉMENT, *adv.* d'une manière confuse.

CONFUSION, *s. f.* mélange; désordre; honte, embarras; abondance de choses, affluence de personnes.

CONGÉ, *s. m.* permission de s'absenter; cessation de location; *donner* — à un domestique, le renvoyer; exemption de classe; permis de transport.

CONGÉDIER, *v. a.* é, ée, *p.* renvoyer.

CONGÉLATION, *s. f.* action du froid qui durcit les liquides en les gelant.

CONGELER, *v. a.* é, ée, *p.* convertir en glace; figer.

CONGESTION, *s. f.* amas d'humeurs dans quelque organe.

CONGLUTINANT, E, *adj.* qui colle, qui réunit en collant.

CONGLUTINER, *v. a.* é, ée, *p.* rendre gluant; coller.

CONGRATULATION, *s. f.* félicitation.

CONGRATULER, *v. a.* é, ée, *p.* féliciter.

CONGRÉGANISTE, *s.* 2 g. membre d'une congrégation.

CONGRÉGATION, *s. f.* société religieuse.

CONGRÈS, *s. m.* assemblée diplomatique de souverains ou d'ambassadeurs.

CONGRU, UE, *adj.* suffisant, convenable.

CONGRÛMENT, *adv.* convenablement.

CONIFÈRE, *adj.* 2 g. dont le fruit ou la fleur est conique.

CONIQUE, *adj.* 2 g. en forme de cône.

CONJECTURAL, E, *adj.* fondé sur des conjectures.

CONJECTURALEMENT, *adv.* par conjecture.

CONJECTURE, *s. f.* opinion établie sur des probabilités.

CONJECTURER, *v. a. é, ée, p.* faire des conjectures.

CONJOINDRE, *v. a.* (irr. se conj. sur *joindre*), joindre ensemble.

CONJOINT, E, *adj.* uni en mariage.

CONJOINTEMENT, *adv.* ensemble.

CONJONCTIF, *s. m.* subjonctif, mode accompagné d'une conjonction.

CONJONCTIF, IVE, *adj.* qui a la force de conjoindre.

CONJONCTION, *s. f.* union; partie du discours; rencontre apparente de deux planètes.

CONJONCTURE, *s. f.* occasion; circonstance.

CONJUGABLE, *adj. 2 g.* qui peut être conjugué.

CONJUGAISON, *s. f.* classement des verbes suivant leur nature et la terminaison de leurs principaux temps; manière de conjuguer.

CONJUGAL, E, *adj.* qui est relatif à l'union du mari et de la femme.

CONJUGALEMENT, *adv.* comme mari et femme.

CONJUGUER, *v. a. é, ée, p.* assembler les différentes terminaisons d'un verbe à ses temps et à ses modes, selon les règles de la grammaire.

CONJURATEUR, *s. m.* qui conspire.

CONJURATION, *s. f.* complot, conspiration.

CONJURÉ, *s. m.* membre d'une conspiration.

CONJURER, *v. a. é, ée, p.* supplier; faire une conjuration.

CONNAISSABLE, *adj. 2 g.* aisé à connaître.

CONNAISSANCE, *s. f.* idée; notion; relation sociale; — *au pl.* instruction.

CONNAISSEMENT, *s. m.* reconnaissance contenant la déclaration de la charge d'un vaisseau, de sa destination, etc.

CONNAISSEUR, EUSE, *adj. et s.* qui se connaît en quelque chose.

CONNAÎTRE, *v. a.* (irr.) Ind. pr. *je connais, etc.*; imp. *je connaissais, etc.*; p. déf. *je connus, etc.*; fut. *je connaîtrai, etc.*; cond. *je connaîtrais, etc.*; imp. connais, etc.; subj. pr. q. *je connaisse, etc.*; imp. subj. *je connusse, etc.*; p. pr. *connaissant*; p.p. *connu, ue.* Avoir connaissance; être en état de juger de.

CONNÉTABLE, *s. m.* ancienne dignité; chef des écuries royales; chef des armées.

CONNEXE, *adj. 2 g.* se dit des choses qui ont de la liaison entre elles.

CONNEXION, *s. f.* rapport entre deux objets.

CONNEXITÉ, *s. f.* liaison, rapport.

CONNIVENCE, *s. f.* complicité.

CONNIVER, *v. n.* participer au mal qu'on devrait empêcher.

CONQUE, *s. f.* coquille concave; cavité externe de l'oreille.

CONQUÉRANT, *s. m.* qui fait, qui a fait des conquêtes.

CONQUÉRIR, *v. a.* (irr.) acquérir par les armes; gagner l'affection. (Il se conj. c. *acquérir* et n'est usité qu'à l'inf., au p. déf. et aux temps composés.) p. p. conquis, ise.

CONQUÊT, *s. m.* bien acquis en communauté d'époux.

CONQUÊTE, *s. f.* action de conquérir; chose conquise.

CONSACRER, *v. a. é, ée, p.* dévouer à Dieu; dédier; destiner.

CONSANGUIN, E, *adj.* du même sang; parent du côté du père.

CONSANGUINITÉ, *s. f.* parenté du côté du père.

CONSCIENCE, *s. f.* sentiment intérieur du bien et du mal; en —, *adv.* en vérité.

CONSCIENCIEUSEMENT, *a.* de bonne foi.

CONSCIENCIEUX, EUSE, *adj.* qui a la conscience délicate.

CONSCRIPTION, *s. f.* appel des jeunes Français au service militaire.

CONSCRIT, *s. m.* celui que le sort désigne pour le service militaire.

CONSÉCRATEUR, *s. m.* qui consacre.
CONSÉCRATION, *s. f.* action de consacrer.
CONSÉCUTIF, IVE, *adj.* qui se suit sans interruption.
CONSÉCUTIVEMENT, *adv.* sans interruption.
CONSEIL, *s. m.* avis donné ou demandé; celui qui le donne; assemblée de personnes qui délibèrent; lieu des séances.
CONSEILLER, *v. a.* é, ée, *p.* donner un avis, un conseil.
CONSEILLER, *s. m.* membre d'un conseil; juge dans certaines cours.
CONSEILLER, ÈRE, *s.* celui ou celle qui donne conseil.
CONSEILLEURS, *s. m. pl.* ceux qui conseillent.
CONSENTANT, E, *adj.* qui consent.
CONSENTEMENT, *s. m.* action de consentir, acquiescement.
CONSENTIR, *v. a.* (irr. se conj. c. *sentir*.) adhérer, trouver bon.
CONSÉQUEMMENT, *adv.* par conséquent, logiquement.
CONSÉQUENCE, *s. f.* ce qui résulte d'un discours, d'une action, d'un fait; importance.
CONSÉQUENT, *s. m.* terme d'un rapport, ce qui en est la conséquence; *par —, loc. adv.* ainsi; donc.
CONSÉQUENT, E, *adj.* celui qui parle ou agit conséquemment.
CONSERVATEUR, TRICE, *s.* qui conserve.
CONSERVATION, *s. f.* action de conserver.
CONSERVATOIRE, *s. m.* école gratuite de musique. —, *adj.* 2 g. qui conserve.
CONSERVE, *s. f.* confiture; conserves, *s. f. pl.* lunettes pour conserver la vue.
CONSERVER, *v. a.* é, ée, *p.* garder avec soin. *se —, v. pr.* ne pas se gâter; ménager sa santé.
CONSIDÉRABLE, *adj.* 2 g. nombreux, important.
CONSIDÉRABLEMENT, *adv.* beaucoup.

CONSIDÉRANT, *s. m.* motif, énoncé d'un jugement.
CONSIDÉRATION, *s. f.* action d'examiner; raison; motif; sentiment d'estime ou de respect.
CONSIDÉRER, *v. a.* é, ée, *p.* regarder, examiner avec attention; estimer; faire cas; avoir égard.
CONSIGNATAIRE, *s. m.* dépositaire.
CONSIGNATION, *s. f.* dépôt d'argent ou de marchandises.
CONSIGNE, *s. f.* ordre donné à un soldat en faction; punition militaire; défense de sortir.
CONSIGNER, *v. a.* é, ée, *p.* faire une consignation; donner une consigne; défendre que quelqu'un entre ou sorte; citer un fait dans un rapport.
CONSISTANCE, *s. f.* épaississement d'un fluide; état de stabilité.
CONSISTANT, E, *adj.* qui consiste en...., solide, fixe.
CONSISTER, *v. n.* être composé de.
CONSISTOIRE, *s. m.* assemblée ecclésiastique; local où elle s'assemble.
CONSISTORIAL, E, *adj.* du consistoire.
CONSOLABLE, *adj.* 2 g. qui peut être consolé.
CONSOLANT, E, *adj.* qui console.
CONSOLATEUR, TRICE, *s.* celui ou celle qui console.
CONSOLATION, *s. f.* soulagement à la douleur.
CONSOLE, *s. f.* sorte de meuble.
CONSOLER, *v. a.* é, ée, *p.* soulager l'affliction de quelqu'un.
CONSOLIDANT, *s. m. et adj.* propre à affermir, à cicatriser.
CONSOLIDATION, *s. f.* action de consolider; état d'une chose consolidée.
CONSOLIDÉ, *s. m.* le tiers—, rente sur l'état réduite au tiers et garantie.
CONSOLIDER, *v. a.* é, ée, *p.* affermir, rendre solide. *se —, v. pr.* devenir solide.

CONSOMMATEUR, TRICE, s. qui consomme.
CONSOMMATION, s. f. accomplissement; usage de certaines denrées.
CONSOMMÉ, s. m. bouillon succulent.
CONSOMMER, v. a. é, ée, p. achever; faire usage de toutes sortes de provisions.
CONSOMPTION, s. f. dépérissement; état des choses qui se consument.
CONSONNANCE, s. f. ressemblance de son dans les mots.
CONSONNE, s. f. lettre de l'alphabet qui n'a de son qu'autant qu'elle est jointe à une voyelle.
CONSORTS, s. m. pl. intéressés dans une même affaire.
CONSPIRATEUR, TRICE, s. qui conspire contre l'état.
CONSPIRATION, s. f. complot contre le gouvernement.
CONSPIRER, v. a. é, ée, p. faire une conspiration; —, v. n. agir de concert.
CONSPUER, v. a. é, ée, p. mépriser; cracher sur quelque ch.
CONSTAMMENT, adv. avec constance.
CONSTANCE, s. f. persévérance; fermeté d'âme.
CONSTANT, E, adj. qui a de la constance; hors de doute; invariable.
CONSTANTINOPLE, capitale de l'empire turc.
CONSTATER, v. a. é, ée, p. établir la vérité d'un fait.
CONSTELLATION, s. f. assemblage d'étoiles désignées sous un même nom.
CONSTERNATION, s. f. étonnement avec découragement.
CONSTERNER, v. a. é, ée, p. frapper de consternation.
CONSTIPATION, s. f. rétention des matières fécales dans les intestins.
CONSTIPER, v. a. é, ée, p. causer la constipation.
CONSTITUANT, E, adj. ce qui constitue.
CONSTITUÉ, ÉE, adj. bien —, de bonne complexion.
CONSTITUER, v. a. é, ée, p. composer un tout; établir; créer.
CONSTITUTIF, IVE, adj. ce qui constitue essentiellement une chose.
CONSTITUTION, s. f. organisation, loi fondamentale d'un état; création d'une rente; tempérament de l'homme; état de l'atmosphère.
CONSTITUTIONNEL, LLE, adj. conforme à la constitution; —, s. m. partisan de la constitution.
CONSTITUTIONNELLEMENT, adv. selon la constitution.
CONSTRUCTEUR, s. m. qui construit un édifice.
CONSTRUCTION, s. f. action de construire; disposition des parties d'un tout; arrangement des mots dans le discours.
CONSTRUIRE, v. a. (irr.) bâtir, élever, arranger. Ind. pr. je construis, tu construis, il construit, n. construisons, v. construisez, ils construisent; imp. je construisais, etc.; p. déf. je construisis, etc.; fut. je construirai, etc.; cond. je construirais, etc.; impé. construis; construisez, etc.; sub. pr. q. je construise, etc.; imp. subj. q. je construisisse, etc.; p. pr. construisant; p. p. construit, etc.
CONSUBSTANTIALITÉ, s. f. unité et identité de substance de la Trinité.
CONSUBSTANTIEL, LLE, adj. de seule et même nature.
CONSUL, s. m. magistrat envoyé d'un état dans un autre pour protéger ses compatriotes; **CONSULS,** s. m. pl. juges du commerce.
CONSULAIRE, adj. 2 g. du consul.
CONSULAIREMENT, adv. à la manière des juges consuls.
CONSULAT, s. m. dignité de consul.
CONSULTANT, adj. m. qui donne des consultations.
CONSULTATION, s. f. conférence pour consulter; avis d'un consultant.
CONSULTATIF, IVE, adj. que l'on consulte.
CONSULTER, v. a. é, ée, p. prendre conseil, avis; v. n. délibérer.

CONSUMANT, E, adj. qui consume.

CONSUMER, v. a. é, ée, p. dissiper, détruire, user.

CONTACT, s. m. attouchement de deux corps.

CONTAGIEUX, EUSE, adj. qui se communique par le contact.

CONTAGION, s. f. communication du mal par le contact.

CONTE, s. m. récit fabuleux.

CONTEMPLATEUR, TRICE, s. qui contemple.

CONTEMPLATIF, IVE, adj. en contemplation.

CONTEMPLATION, s. f. action de regarder, de méditer.

CONTEMPLER, v. a. é, ée, p. considérer, admirer, méditer.

CONTEMPORAIN, E, adj. et s. qui est du même temps.

CONTENANCE, s. f. capacité, étendue; maintien, attitude.

CONTENANT, s. m. et adj. qui contient.

CONTENIR, v. a. (irr. se conj. c. *tenir*) comprendre dans une certaine étendue; retenir dans certaines bornes; réprimer; se —, v. pr. se modérer.

CONTENT, E, adj. satisfait.

CONTENTEMENT, s. m. satisfaction, plaisir.

CONTENTER, v. a. é, ée, p. satisfaire, plaire.

CONTENTIEUX, s. m. objet de contestation; administration qui s'en occupe; —, EUSE, adj. qui est contesté.

CONTENTION, s. f. débat, dispute; application d'esprit.

CONTENU, s. m. ce qui est renfermé, compris dans quelque chose.

CONTER, v. a. é, ée p. narrer, faire un conte.

CONTESTABLE, adj. 2 g. qu'on peut contester.

CONTESTATION, s. f. dispute, débat.

CONTESTER, v. a. é, ée, p. disputer, débattre.

CONTEUR, EUSE, s. qui conte.

CONTEXTURE, s. f. enchaînement des parties qui composent un tout.

CONTIGU, UË, adj. qui touche immédiatement.

CONTIGUITÉ, s. f. état de choses qui sont contiguës.

CONTINENCE, s. f. chasteté.

CONTINENT, s. m. grande étendue de pays; terre ferme; —, ENTE, adj. chaste.

CONTINENTAL, E, adj. qui a rapport au continent.

CONTINGENT, s. m. la part que chacun doit recevoir; — adj. éventuel.

CONTINU, E, adj. non interrompu.

CONTINUATEUR, s. m. qui continue l'ouvrage d'un autre.

CONTINUATION, s. f. action de continuer, chose continuée.

CONTINUEL, LLE, adj. sans interruption.

CONTINUELLEMENT, adv. sans cesse.

CONTINUER, v. a. é, ée, p. prolonger; persévérer dans une habitude; — v. n. ne pas cesser.

CONTINUITÉ, s. f. suite, durée non interrompue.

CONTINÛMENT, adv. sans interruption.

CONTONDANT, E, adj. qui fait ou peut faire des contusions.

CONTORSION, s. f. attitude forcée; grimace.

CONTOUR, s. m. circuit; ligne qui entoure.

CONTOURNÉ, ÉE, adj. de travers.

CONTOURNER, v. a. é, ée, p. marquer les contours.

CONTRACTANT, E, s. et adj. qui contracte.

CONTRACTER, v. a, é, ée, p. faire un contrat, une convention, prendre un engagement; se —, v. pr. se raccourcir.

CONTRACTION, s. f. mouvement des nerfs qui se raccourcissent; réduction de deux syllabes en une.

CONTRADICTEUR, s. m. qui contredit.

CONTRADICTION, s. f. action de contredire, opposition d'opinions.

CONTRADICTOIRE, adj. 2 g. qui est en contradiction, tout-à-fait opposé.

CONTRADICTOIREMENT, adv. d'une manière contradictoire.

CONTRAIGNABLE, adj. 2 g. qui peut être contraint.

CONTRAINDRE, v. a. (irr. se conj. c. *craindre*) forcer quelqu'un à faire une chose ; se —, v. pr. se gêner.

CONTRAINTE, s. f. violence exercée contre quelqu'un ; gêne ; acte judiciaire.

CONTRAIRE, adj. 2 g. opposé ; nuisible ; ennemi ; le —, s. m. l'opposé.

CONTRAIREMENT, adv. en opposition.

CONTRARIANT, E, adj. qui aime à contrarier.

CONTRARIER, v. a. (se conj. c. *prier*) contredire, s'opposer ; se —, v. pr. se contredire.

CONTRARIÉTÉ, s. f. opposition ; difficulté ; empêchement.

CONTRASTE, s. m. opposition ; différence.

CONTRASTER, v. n. être en opposition ; — v. a. é, ée, p. former des contrastes.

CONTRAT, s. m. convention écrite.

CONTRAVENTION, s. f. infraction à une loi, à une convention.

CONTRE, s. m. ce qui est contraire ; — prép. qui marque opposition ; non loin de.

CONTRE-ALLÉE, s. f. allée parallèle à une allée principale ; (pl. *contre-allées*).

CONTRE-AMIRAL, s. m. officier supérieur de marine ; (pl. *contre-amiraux*).

CONTRE-APPEL, s. m. second appel ; (pl. *contre-appels*).

CONTRE-BALANCER, v. a. é, ée, p. compenser.

CONTREBANDE, s. f. commerce en fraude ; marchandise prohibée.

CONTREBANDIER, IÈRE, s. qui fait la contrebande.

CONTRE-BASSE, s. f. instrument de musique ; voix d'homme la plus basse.

CONTREBOUTANT, s. m. pilier pour contrebouter.

CONTREBOUTER, v. a. é, ée, p. mettre un pilier pour étayer.

CONTRECARRER, v. a. é, ée, p. s'opposer à quelqu'un, à ses projets.

CONTRE-COEUR, s. m. plaque de cheminée ; à —, adv, malgré soi.

CONTRE-COUP, s. m. répercussion d'un corps sur un autre.

CONTRE-DANSE, s. f. danse vive exécutée par plusieurs personnes ensemble ; (pl. *contre-danses*).

CONTREDIRE, v. a. (irr. se conj. sur *dire*, excepté qu'à l'ind. il fait *vous contredisez*, et à l'impér. *contredisez*) énoncer un sentiment contraire.

CONTREDISANT, E, adj. qui aime à contredire.

CONTREDIT, s. m. réponse à ce qui a été dit ; sans —, adv. certainement.

CONTRÉE, s. f. certaine étendue de pays.

CONTRE-ÉCHANGE, s. m. échange mutuel.

CONTRE-ÉPREUVE, s. f. estampe ou dessin qu'on tire sur une estampe fraîchement imprimée, ou sur un dessin.

CONTRE-ESPALIER, s. m. espalier vis-à-vis d'un autre.

CONTREFAÇON, s. f. fraude qui consiste à contrefaire ce qu'on n'a pas le droit de faire ; chose contrefaite.

CONTREFACTEUR, s. m. coupable de contre-façon.

CONTREFACTION, s. f. action de contrefaire.

CONTREFAIRE, v. a. (irr. se conj. c. *faire*) représenter en imitant.

CONTREFAISEUR, s. m. celui qui contrefait.

CONTREFAIT, E, adj. difforme, mal fait ; falsifié.

CONTRE-FORT, s. m. (pl. *contre-forts*) mur servant d'appui à un autre.

CONTRE-JOUR, s. m. (inv.) endroit opposé au grand jour.

CONTRE-LETTRE, s. f. acte secret par lequel on déroge à un acte public (pl. *contre-lettres*).

CONTRE-MAÎTRE, s. m. officier de marine qui commande sous le maître; chef d'atelier (*pl. contre-maîtres*).

CONTREMANDEMENT, *s. m.* action de contremander.

CONTREMANDER, *v. a. é, ée, p.* révoquer un ordre.

CONTRE-MARCHE, *s. f.* marche opposée, rétrograde (*pl. contre-marches*).

CONTRE-MARQUE, *s. f.* seconde marque mise sur les marchandises; billet donné au spectacle pour sortir et pour rentrer.

CONTRE-MARQUER, *v. a. é, ée, p.* apposer une contre-marque.

CONTRE-MUR, *s. m.* second mur pour consolider (*pl. contre-murs*).

CONTRE-MURER, *v. a. é, ée, p.* faire un contre-mur.

CONTRE-ORDRE, *s. m.* révocation d'un ordre (*pl. contre-ordres*).

CONTRE-PARTIE, *s. f.* opinion contraire; seconde partie de jeu; partie de musique opposée à une autre (*pl. contre-parties*).

CONTRE-PIED, *s. m.* le contraire d'une chose (*inusité au pl.*).

CONTRE-POIDS, *s. m. (inv.)* poids qui en contre-balance d'autres; balancier de danseur de corde.

CONTRE-POIL, *s. m.* le rebours du poil (*inus. au plur.*).

CONTRE-POINT, *s. m.* point opposé à un autre; accord de chants différents.

CONTRE-POINTER, *v. a. é, ée, p.* piquer une étoffe des deux côtés; contredire.

CONTRE-POISON, *s. m.* remède contre le poison (*pl. contre-poisons*).

CONTRE-PORTE, *s. f.* seconde porte (*pl. contre-portes*).

CONTRE-RÉVOLUTION, *s. f.* révolution opposée à une précédente.

CONTRE-RÉVOLUTIONNAIRE, *s. m.* partisan ou agent d'une contre-révolution.

CONTRE-RUSE, *s. f.* ruse opposée à d'autres ruses.

CONTRE-SANGLON, *s. m.* courroie qui tient la boucle de la sangle de la selle.

CONTRE-SCEL, *s. m.* petit sceau apposé à côté du grand sceau.

CONTRE-SCELLER, *v. a. é, ée, p.* apposer le contre-scel.

CONTRE-SEING, *s. m.* signature pour contre-signer.

CONTRE-SENS, *s. m.* sens contraire au sens naturel ou d'usage; *à —, adv.* en sens contraire.

CONTRE-SIGNER, *v. a. é, ée, p.* signer comme secrétaire.

CONTRE-TEMPS, *s. m. (inv.)* accident inopiné; *à —, adv.* mal à propos.

CONTRE-TIRER, *v. a. é, ée, p.* calquer.

CONTREVENANT, E, *s.* qui contrevient.

CONTREVENIR, *v. n.* (se conj. c. *venir*) agir contre ce qui est prescrit.

CONTREVENT, *s. m.* volet extérieur.

CONTRE-VÉRITÉ, *s. f.* expression à prendre en sens contraire au sens naturel (*pl. contre-vérités.*)

CONTRIBUABLE, *s. m.* soumis aux contributions.

CONTRIBUER, *v. n.* payer les contributions; aider à l'exécution de quelque chose.

CONTRIBUTION, *s. f.* impôt.

CONTRISTER, *v. a. é, ée, p.* affliger.

CONTRIT, E, *adj.* affligé de ses fautes.

CONTRITION, *s. f.* regret d'avoir offensé Dieu.

CONTRÔLE, *s. m.* registre de vérification; timbre de l'or et de l'argent travaillés; critique.

CONTRÔLER, *v. a. é, ée, p.* faire le contrôle.

CONTRÔLEUR, *s. m.* préposé au contrôle; qui aime à censurer.

CONTROUVER, *v. a. é, ée, p.* inventer une fausseté pour nuire.

CONTROVERSE, *s. f.* contestation sur des matières religieuses,

CONTUMACE, *s. f.* défaut de comparaître en justice ; —, *s. m. et adj. 2 g.* accusé qui ne comparait point.

CONTUS, E, *adj.* meurtri.

CONTUSION, *s. f.* meurtrissure.

CONVAINCANT, E, *adj.* qui a la force de convaincre.

CONVAINCRE, *v. a.* (irr. se conj. c. *vaincre*.) persuader par raisonnement.

CONVALESCENCE, *s. f.* état d'une personne qui relève de maladie ; temps qu'elle met à se rétablir.

CONVALESCENT, E, *adj.* qui relève de maladie.

CONVENABLE, *adj. 2 g.* propre, qui convient.

CONVENABLEMENT, *adv.* d'une manière convenable.

CONVENANCE, *s. f.* rapport, conformité ; bienséance.

CONVENANT, E, *adj.* conforme à la bienséance.

CONVENIR, *v. n.* (irr. se conj. c. *venir*) être conforme, avoir du rapport ; être convenable ; consentir ; plaire, agréer. — *v. impers.* être expédient, à propos.

CONVENTION, *s. f.* accord, pacte ; chose convenue.

CONVENTIONNEL, LLE, *adj.* de convention.

CONVENTIONNELLEMENT, *adv.* par convention.

CONVERGENCE, *s. f.* position de lignes qui convergent.

CONVERGENT, E, *adj.* qui converge.

CONVERGER, *v. n.* tendre vers un point et s'y réunir.

CONVERS, E, *adj.* employé aux œuvres serviles dans un couvent.

CONVERSATION, *s. f.* entretien familier.

CONVERSER, *v. n.* s'entretenir familièrement.

CONVERSION, *s. f.* changement de croyance ou de mœurs de mal en bien ; mouvement de troupes.

CONVERTI, IE, *adj. et s.* qui a réformé sa conduite ou changé de religion.

CONVERTIR, *v. a.* i, ie, *p.* changer ; faire changer de croyance.

CONVERTISSEMENT, *s. m.* changement.

CONVERTISSEUR, *s. m.* qui convertit.

CONVEXE, *adj. 2 g.* dont la surface extérieure est ronde.

CONVEXITÉ, *s. f.* courbure extérieure.

CONVICTION, *s. f.* effet de l'évidence ; preuve indubitable d'un fait.

CONVIÉ, *s. m.* prié à un festin.

CONVIER, *v. a.* é, ée, *p.* inviter.

CONVIVE, *s. 2 g.* qui assiste à un repas avec d'autres personnes.

CONVOCATION, *s. f.* action de convoquer.

CONVOI, *s. m.* cortège qui accompagne un corps mort à la sépulture ; transport de provisions ; escorte militaire qui l'accompagne.

CONVOITER, *v. a.* é, ée, *p.* désirer avec avidité.

CONVOITISE, *s. f.* cupidité.

CONVOLER, *v. n.* se marier en secondes noces.

CONVOQUER, *v. a.* é, ée, *p.* faire assembler les membres d'un corps.

CONVOYER, *v. a.* é, ée, *p.* escorter un convoi.

CONVULSIF, IVE, *adj.* qui cause des convulsions.

CONVULSION, *s. f.* contraction des muscles.

CONVULSIONNAIRE, *adj. 2 g. et s.* qui a des convulsions.

CONVULSIONNER, *v. a.* é, ée, *p.* donner des convulsions.

COOPÉRATEUR, TRICE, *s.* qui coopère.

COOPÉRATION, *s. f.* action de coopérer.

COOPÉRER, *v. n.* opérer avec quelqu'un.

COORDONNER, *v. a.* é, ée, *p.* combiner.

COPARTAGEANT, E, *adj.* qui partage avec d'autres.

COPEAU, *s. m.* éclat de bois.

COPENHAGUE, capitale du royaume de Danemark.

COPIE, *s. f.* écrit transcrit d'après un autre; imitation.
COPIER, *v. a.* é, ée, *p.* faire une copie, imiter.
COPIEUSEMENT, *adv.* en abondance.
COPIEUX, EUSE, *adj.* abondant.
COPISTE, *s. m.* qui copie.
COPROPRIÉTAIRE, *s.* 2 *g.* celui, celle qui possède avec un autre.
COPULATIF, IVE, *adj.* qui lie les mots.
COQ, *s. m.* oiseau, mâle de la poule, de la perdrix et autres oiseaux.
COQ-À-L'ÂNE, *s. m.* discours sans suite.
COQ-D'INDE, *s. m.* dindon.
COQUE, *s. f.* enveloppe de l'œuf, de certains fruits, de certaines semences.
COQUELICOT, *s. m.* fleur des champs, espèce de pavot.
COQUELINER, *v. n.* chanter comme le coq.
COQUELUCHE, *s. f.* sorte de rhume contagieux.
COQUEMAR, *s. m.* vase pour faire bouillir de l'eau.
COQUERICO, *s. m.* chant du coq.
COQUERIQUER, *v. n.* chanter (se dit du coq).
COQUET, TTE, *adj.* qui a de la coquetterie; — *coquette, s. f.*
COQUETER, *v. n.* être coquet.
COQUETIER, *s. m.* marchand d'œufs. Vase dont on se sert pour manger des œufs à la coque.
COQUETTERIE, *s. f.* désir et dessein de plaire; amour de la parure.
COQUILLAGE, *s. m.* coquille; poisson à coquillage.
COQUILLE, *s. f.* enveloppe dure des limaçons, des œufs, des noix; petit foyer portatif.
COQUILLIER, *s. m.* collection de coquilles.
COQUIN, E, *s.* personne sans honneur; fripon.
COQUINERIE, *s. f.* action de coquin.
COR, *s. m.* instrument de musique à vent; durillon au pied.
CORAIL, *s. m.* (pl. *coraux*), sorte d'arbrisseau marin qui durcit à l'air et qui est d'un rouge éclatant.
CORBEAU, *s. m.* oiseau carnassier à plumage noir; morceau de fer pour accrocher.
CORBEIL, chef lieu d'arrond. du dép. de Seine-et-Oise.
CORBEILLE, *s. f.* panier léger en osier; espace rond ou ovale, garni de fleurs.
CORBILLARD, *s. m.* chariot pour transporter les morts.
CORBILLON, *s. m.* petite corbeille; sorte de jeu.
CORDAGE, *s. m.* assemblage de cordes; mesurage du bois à brûler.
CORDE, *s. f.* fils tortillés de chanvre, de laine, etc.; supplice de la potence; fil de boyau ou de métal pour les instruments de musique; ancienne mesure du bois de chauffage.
CORDEAU, *s. m.* corde pour aligner.
CORDELIER, *s. m.* religieux de l'ordre de St.-François qui portait une corde en ceinture; *cordelière, s. f.* corde à nœuds, tresse.
CORDELLE, *s. f.* corde pour le hallage.
CORDER, *v. a.* é, ée, *p.* faire de la corde; lier avec des cordes; mesurer du bois.
CORDERIE, *s. f.* lieu où l'on fait la corde.
CORDIAL, E, *adj.* affectueux; *cordial, s. m.* propre à fortifier.
CORDIALEMENT, *adv.* affectueusement.
CORDIALITÉ, *s. f.* affection sincère.
CORDIER, *s. m.* qui fait et vend des cordes.
CORDON, *s. m.* ruban qui sert à attacher; brin d'une corde. *Cordon-bleu, s. m.* habile cuisinière, *fam.*
CORDONNER, *v. a.* é, ée, *p.* tortiller en corde.
CORDONNERIE, *s. f.* commerce, métier de cordonnier.
CORDONNET, *s. m.* petit cordon; sorte de fil de soie.
CORDONNIER, IERE, *s.* qui fait et vend des chaussures.
CORIACE *adj.* 2 *g.* dur comme

du cuir (se dit des aliments) ; *fig.* avare, dur.

CORIANDRE, *s. f.* plante aromatique.

CORINTHIEN, NNE, *adj.* de Corinthe ; ordre corinthien, un des quatre ordres d'architecture.

CORME ou **SORBE**, *s. m.* fruit du cormier.

CORMIER ou **SORBIER**, *s. m.* arbre qui porte les cormes.

CORMORAN, *s. m.* oiseau aquatique qui se nourrit de poissons.

CORNAC, *s. m.* conducteur d'éléphant.

CORNALINE, *s. f.* pierre précieuse.

CORNE, *s. f.* excroissance dure qui surmonte la tête de quelques animaux ; partie dure qui constitue le sabot du cheval, de l'âne, les ongles de l'homme, etc. ; sorte d'instrument à vent dont se servent les vachers ; pointe ; angle.

CORNÉE, *s. f.* première tunique de l'œil.

CORNEILLE, *s. f.* oiseau du genre du corbeau, mais plus petit.

CORNEMUSE, *s. f.* instrument à vent.

CORNER, *v. n.* sonner d'un cornet. —, *v. a.* é, ée, *p.* publier.

CORNET, *s. m.* petit cor ; papier roulé en forme de cône.

CORNETTE, *s. f.* coiffe de femme.

CORNEUR, *s. m.* qui corne.

CORNICHE, *s. f.* ornement en saillie.

CORNICHON, *s. m.* fruit à confire dans le vinaigre.

CORNOUILLE, *s. f.* fruit du cornouiller.

CORNOUILLER, *s. m.* arbre qui porte les cornouilles.

CORNU, UE, *adj.* qui a des cornes.

CORNUE ou **RETORTE**, *s. f.* vase pour distiller.

COROLLAIRE, *s. m.* conséquence tirée d'une proposition démontrée.

COROLLE, *s. f.* partie la plus apparente des fleurs.

CORPORAL, *s. m.* linge bénit sur lequel on pose le calice.

CORPORALIER, *s. m.* étui du corporal.

CORPORATION, *s. f.* association autorisée.

CORPOREL, LLE, *adj.* qui a un corps ; qui concerne le corps.

CORPORELLEMENT, *adv.* d'une manière corporelle.

CORPS, *s. m.* substance simple ou composée, animée ou inanimée ; assemblage de parties formant un tout ; principale partie ; société ; portion d'une armée ; épaisseur ; solidité ; cadavre.

CORPS-DE-GARDE, *s. m.* (*inv.*) poste militaire.

CORPS-DE-LOGIS, *s. m.* (*inv.*) portion d'un bâtiment.

CORPULENCE, *s. f.* grosseur du corps humain.

CORPULENT, E, *adj.* gros, gras.

CORPUSCULE, *s. m.* petit corps, atome.

CORRECT, E, *adj.* exact, où il n'y a point de faute.

CORRECTEMENT, *adverb.* d'une manière correcte.

CORRECTEUR, TRICE, *s.* qui corrige.

CORRECTIF, *s. m.* ce qui corrige.

CORRECTION, *s. f.* action de corriger ; qualité de ce qui est correct ; châtiment.

CORRECTIONNEL, LLE, *adj.* de correction.

CORRÉLATIF, IVE, *adj.* qui marque la corrélation.

CORRÉLATION, *s. f.* relation réciproque.

CORRESPONDANCE, *s. f.* entretien par lettres ; relations commerciales ; rapport entre plusieurs objets.

CORRESPONDANT, *s. m.* celui avec qui on est en correspondance habituelle ; —, *ante*, *adj.* qui se correspond.

CORRESPONDRE, *v. n.* (irr. se conj. c. *répondre*), avoir une correspondance avec quelqu'un ; convenir, être conforme ; *se —, v. pr.* se rapporter.

CORRÈZE, dép. formé d'une partie de l'ancien Limousin.

CORRIDOR, s. m. galerie servant de passage.

CORRIGER, v. a. é, ée, p. rendre correct, réformer ce qui est défectueux; châtier; adoucir; se —, v. pr. devenir meilleur.

CORRIGIBLE, adj. 2 g. qui peut être corrigé.

CORROBORATION, s. f. action de corroborer; effet de cette action.

CORROBORER, v. a. é, ée, p. fortifier, donner des forces.

CORRODANT, E, adj. qui ronge.

CORRODER, v. a. é, ée, p. ronger peu à peu.

CORROI, s. m. apprêt du cuir.

CORROMPRE, v. a. (irr. se conj. c. rompre) vicier; altérer; dépraver.

CORROMPU, E, adj. gâté, vicié.

CORROSIF, IVE, adj. qui corrode.

CORROSION, s. f. état des choses corrodées; effet d'un corrosif.

CORROYER, v. a. é, ée, p. apprêter le cuir; aplanir; adoucir.

CORROYEUR, s. m. qui corroie.

CORRUPTEUR, TRICE, s. qui corrompt.

CORRUPTIBILITÉ, s. f. qualité de ce qui est corruptible.

CORRUPTIBLE, adj. 2 g. qui peut se corrompre.

CORRUPTIF, IVE, adj. qui corrompt.

CORRUPTION, s. f. altération; dépravation; moyens employés pour corrompre.

CORS, s. m. pl. cornes du cerf.

CORSAGE, s. m. partie du corps depuis les épaules jusqu'aux hanches; vêtement de femme qui embrasse la taille.

CORSAIRE, s. m. pirate; vaisseau armé en course; homme dur, impitoyable.

CORSE, île de la Méditerranée, formant un dép. dont Ajaccio est le chef-lieu; —, adj. 2 g. qui est habitant ou originaire de la Corse.

CORSELET, s. m. cuirasse légère, espèce de corsage.

CORSET, s. m. sorte de corsage pour soutenir la taille des femmes.

CORTÉ, ville de France, chef-lieu d'arr. du dép. de la Corse.

CORTÉGE, s. m. suite de personnes qui accompagnent en cérémonie.

CORVÉE, s. f. travail gratuit et forcé dû à l'état; occupation pénible et ingrate.

CORVETTE, s. f. petit bâtiment de guerre.

CORYPHÉE, s. m. chef de parti, de secte.

COSAQUES, s. m. pl. peuplade et milice russe.

COSMÉTIQUE, adj. 2 g. préparation pour embellir la peau.

COSMOGRAPHE, s. m. qui sait la cosmographie.

COSMOGRAPHIE, s. f. description du monde.

COSMOGRAPHIQUE, adj. 2 g. qui a rapport à la cosmographie.

COSMOPOLITE, s. m. qui n'adopte pas de patrie.

COSMORAMA, s. m. tableau du monde.

COSNE, ville de France, chef-lieu d'arr. du dép. de la Nièvre.

COSSE, s. f. enveloppe de certains légumes; fruit de quelques arbustes.

COSSON, s. m. charançon qui ronge le blé; sarment qui croît sur la vigne après la taille.

COSSU, E, adj. abondant en cosses; fig. riche.

COSTUME, s. m. habillement, déguisement.

COSTUMER, v. a. é, ée, p. habiller, revêtir d'un costume.

COSTUMIER, s. m. qui fait, vend ou loue des costumes.

COTE, s. f. part d'impôt; marque numérale pour mettre en ordre des pièces de procédure.

CÔTE, s. f. os courbé et plat qui s'étend de l'épine du dos à la poitrine; terre qui s'étend le long du bord de la mer; penchant d'une colline.

CÔTÉ, s. m. partie gauche ou droite du corps; face; aspect.

COTEAU, s. m. penchant d'une colline.

CÔTE-D'OR, dép. formé d'une partie de la Bourgogne (chef-lieu, Dijon).

CÔTELETTE, s. f. petite côte de mouton, de veau, etc., séparée du corps de l'animal.

COTER, v. a. é, ée, p. numéroter; marquer.

COTERIE, s. f. espèce de société, de compagnie.

CÔTES-DU-NORD, dép. formé d'une partie de la Bretagne (St.-Brieuc, chef-lieu).

COTHURNE, s. m. chaussure d'acteurs tragiques.

CÔTIER, s. m. et adj. pilote qui connaît les côtes.

CÔTIÈRE, s. f. suites de côtes de mer.

COTIGNAC, s. m. confiture ou boisson de coings.

COTILLON, s. m. jupe de dessous.

COTISATION, s. f. action de cotiser, somme qui en provient.

COTISER, v. a. é, ée, p. régler la part que chacun doit payer.

COTON, s. m. duvet qui enveloppe les semences du cotonnier.

COTONNADE, s. f. étoffe de coton.

COTONNER, v. n. se couvrir de duvet.

COTONNEUX, EUSE, adj. mou et spongieux, recouvert de duvet.

COTONNIER, s. m. arbuste qui produit le coton.

CÔTOYER, v. a. é, ée, p. aller le long d'une côte; aller côte à côte.

COTRET, s. m. fagot de bois court et menu.

COTTE, s. f. jupe des paysannes; cotte d'armes, cotte de mailles, ancienne casaque militaire.

CO-TUTEUR, s. m. tuteur avec un autre.

COU, s. m. partie du corps qui joint la tête au tronc.

COUCHANT, s. m. l'occident, l'endroit du ciel où le soleil semble se coucher; —, adj. m. qui se couche.

COUCHE, s. f. lit; linge qui enveloppe les enfants au maillot; arrangement par lit; enduit de couleur, etc. Lit de fumier préparé pour activer la germination de certaines plantes.

COUCHÉE, s. f. lieu où l'on couche en voyageant.

COUCHER, v. a. é, ée, p. mettre au lit; étendre à terre; poser de son long, incliner; mettre en écrit; —, v. n. loger; se —, v. pr. se mettre au lit.

COUCHER, s. m. action de se coucher, l'instant de se coucher; lit avec sa garniture.

COUCHETTE, s. f. bois de lit.

COUCHEUR, EUSE, s. bon, mauvais —, bon, mauvais camarade.

COUCI-COUCI, loc. adv. à peu près.

COUCOU, s. m. oiseau du genre des pies.

COUDE, s. m. partie extérieure du bras à l'endroit où il se plie; angle extérieur que forme un chemin, une rivière, etc.

COUDÉE, s. f. se dit de l'étendue du bras depuis le coude jusqu'au bout des doigts; mesure de longueur égale à 1 pied et demi.

COUDE-PIED, s. m. partie supérieure du pied qui se joint à la jambe. Au pl. coudes-pied.

COUDOYER, v. a. é, ée, p. heurter du coude.

COUDRAIE, s. f. lieu planté de coudriers.

COUDRE, s. m. coudrier.

COUDRE, v. a. (irr.) joindre par une couture, attacher, réunir. Ind. pr. Je couds, tu couds, il coud; n. cousons, v. cousez, ils cousent. Imp. je cousais, etc. P. déf. je cousis, etc.; n. cousîmes, v. cousîtes, ils cousirent. Fut. je coudrai, etc. Cond. je coudrais, etc. Impér. couds, cousons, cousez. Subj. pr. q. je couse, etc.; q. n. cousions, etc. Imp. subj. q. je cousisse, etc.; p. pr. cousant; p. p. cousu, ue.

COUDRIER, s. m. noisetier.

COUENNE, s. f. peau du cochon.

COUENNEUX, EUSE, *adj.* de la nature de la couenne.

COUETTE, *s. f.* lit de plume.

COULAGE, *s. m.* perte de liquide par l'écoulement.

COULAMMENT, *adv.* d'une manière coulante.

COULANT, E, *adj.* qui coule bien; *s. m.* anneau mobile pour serrer et desserrer.

COULÉE, *s. f. et adj.* sorte d'écriture penchée.

COULER, *v. n.* suivre sa pente, tomber en glissant; s'échapper, en parlant d'un fluide, s'enfoncer; —, *v. a.* é, ée, *p.* passer un liquide à travers un linge.

COULEUR, *s. f.* impression que fait sur l'œil la lumière réfléchie par les corps; lumière colorée; matière colorante; *fig.* apparence.

COULEUVRE, *s. f.* reptile sans venin, du genre des serpents.

COULEVRINE, *s. f.* canon très-long.

COULIS, *s. m.* suc d'une viande bien cuite; sorte de purée; —, *adj.* vent —, qui se glisse par une fente.

COULISSE, *s. f.* rainure pour faire mouvoir un châssis; décoration mobile de théâtre; — *au pl.* la partie d'un théâtre où se tiennent les acteurs quand ils ne sont pas en scène.

COULOIR, *s. m.* passage d'un appartement à un autre.

COULOIRE, *s. f.* vase pour passer les liquides.

COULOMMIERS, ville de France, chef-lieu d'arr. du dép. de Seine-et-Marne.

COULURE, *s. f.* accident qui fait périr les fruits et la vigne.

COUP, *s. m.* choc, mouvement, impression d'un corps sur un autre; bruit du tonnerre; décharge d'armes à feu; une fois; *à coup sûr*, certainement; *après coup*, trop tard.

COUPABLE, *s. et adj.* 2 g. qui a commis une faute, un crime.

COUPANT, E, *adj.* qui coupe.

COUPE, *s. f.* action, manière de couper; séparation du jeu de cartes après qu'on l'a coupé; vase plus large que profond.

COUPÉ, *s. m.* espèce de voiture à quatre roues.

COUPE-GORGE, *s. m. (inv.)* lieu dangereux.

COUPE-JARRET, *s. m.* meurtrier *(pl.* coupe-jarrets*)*.

COUPE-PAILLE, *s. m. (inv.)* instrument pour hacher la paille.

COUPE-PÂTE, *s. m. (inv.)* emporte-pièce pour la pâte.

COUPER, *v. a.* é, ée, *p.* trancher, diviser, séparer; *se* —, *v. pro.* se contredire.

COUPERET, *s. m.* couteau large pour la cuisine.

COUPEROSE, *s. f.* vitriol de fer.

COUPEROSÉ, ÉE, *adj.* bourgeonné.

COUPEUR, EUSE, *adj.* qui coupe.

COUPLE, *s. f.* deux choses de même espèce réunies; —, *s. m.* deux personnes unies par mariage.

COUPLET, *s. m.* stance d'une chanson.

COUPOIR, *s. m.* outil pour couper.

COUPOLE, *s. f.* partie intérieure d'un dôme.

COUPON, *s. m.* reste d'étoffe; papier représentant une valeur monétaire.

COUPURE, *s. f.* blessure faite en coupant; séparation.

COUR, *s. f.* place découverte, entourée de murs ou de bâtiments; résidence d'un souverain; siège de justice; *fig.* assiduités.

COURAGE, *s. m.* disposition qui porte à braver les dangers; fermeté, hardiesse; —! *interj.* pour exhorter.

COURAGEUSEMENT, *adv.* avec courage.

COURAGEUX, EUSE, *adj.* qui a du courage.

COURAMMENT, *adv.* rapidement; facilement.

COURANT, E, *adj.* qui court; qui a cours. —, *s. m.* le fil de l'eau; le cours des affaires, etc. *courante,* *s. f.* écriture cursive; diarrhée.

COURBATURE, *s. f.* lassitude douloureuse.
COURBE, *adj. 2 g.* en arc; —, *s. f.* une ligne courbe.
COURBER, *v. a.* é, ée, *p.* incliner, rendre courbe; —, *v. n.* plier sous le faix.
COURBETTE, *s. f.* salutation humble; mouvement du cheval qui se cabre.
COURBURE, *s. f.* état d'une chose courbée.
COUREUR, *s. m.* léger à la course; flâneur.
COURIR, *v. n.* (*irr.*) aller avec vitesse, poursuivre, voyager, rouler, s'écouler, être en vogue. Ind. pr. je cours, tu cours, il court, n. courons, v. courez, ils courent; imp. je courais, etc.; p. déf. je courus, etc.; fut. je courrai, etc.; cond. je courrais, etc.; imp. cours, courons, courez.; subj. pr. que je coure, etc., q. n. courions, etc.; imp. subj. q. je courusse, etc., q. n. courussions, etc.; p. pr. courant; p. p. couru, ue.
COURONNE, *s. f.* ornement qui entoure la tête; souveraineté, prééminence; anneau lumineux autour des astres.
COURONNEMENT, *s. m.* cérémonie pour couronner un souverain; partie supérieure d'un édifice; accomplissement.
COURONNER, *v. a.* é, ée, *p.* mettre une couronne, récompenser; mettre la dernière main à quelque chose; environner; se —, *v. pro.* s'embellir.
COURRIER, *s. m.* qui porte les nouvelles; qui court la poste à cheval.
COURROIE, *s. f.* lien de cuir.
COURROUCER, *v. a.* é, ée, *p.* irriter, mettre en courroux.
COURROUX, *s. m.* colère.
COURS, *s. m.* mouvement des eaux courantes, des astres; leçons publiques, temps qu'elles durent; marche suivie des affaires; promenade à l'extérieur d'une ville.
COURSE, *s. f.* action de courir; espace à parcourir; voyage.
COURSIER, *s. m.* cheval de prix.

COURT, E, *adj.* sans longueur, sans étendue, sans durée; *court*, *adv.*
COURTAGE, *s. m.* profession, salaire du courtier.
COURTAUD, E, *adj.* de taille courte et ramassée; garçon de boutique, *t. de mépris*.
COURT-BOUILLON, *s. m.* mélange d'ingrédients pour faire cuire le poisson (*pl. court-bouillons*).
COURTE-PAILLE, *s. f.* manière de tirer au sort avec des pailles inégales.
COURTE-POINTE, *s. f.* dessus de lit.
COURTIER, *s. m.* qui s'entremet pour l'achat et la vente des marchandises, moyennant un certain droit.
COURTINE, *s. f.* rideau de lit; —, *t. de fortification*.
COURTISAN, *s. m.* homme de la cour; qui rend des assiduités par intérêt.
COURTISER, *v. a.* é, ée, *p.* faire sa cour par intérêt.
COURTOIS, E, *adj.* civil, gracieux.
COURTOISEMENT, *adv.* avec courtoisie.
COURTOISIE, *s. f.* manières civiles, gracieuses.
COUSEUSE, *s. f.* femme qui coud les livres.
COUSIN, E, *s.* issu de frères ou de sœurs; —, *s. m.* moucheron incommode par ses piqûres.
COUSINAGE, *s. m.* parenté entre cousins.
COUSINER, *v. a.* é, ée, *p.* appeler quelqu'un cousin; —, *v. n.* vivre aux dépens de parents vrais ou prétendus.
COUSSIN, *s. m.* sac rembourré pour s'asseoir.
COUSSINET, *s. m.* petit coussin.
COÛT, *s. m.* le prix d'une chose.
COUTANCES, chef-lieu d'arr. du dép. de la Manche.
COÛTANT, *adj. m. prix* —, ce qu'une chose a coûté.
COUTEAU, *s. m.* instrument tranchant.
COUTELAS, *s. m.* épée courte,

large et plate, à un seul tranchant.

COUTELIER, IÈRE, s. qui fait et vend des couteaux.

COUTELLERIE, s. f. ouvrage et atelier du coutelier.

COÛTER, v. n. se dit de tout ce qui est acheté ; de ce qui est difficile à faire, à dire.

COÛTEUX, EUSE, adj. qui nécessite de la dépense.

COUTIL, s. m. toile très-forte.

COUTRE, s. m. fer tranchant d'une charrue.

COUTRIER, s. m. espèce de charrue.

COUTUME, s. f. habitude; usage; manières; pratique fréquente.

COUTUMIER, IÈRE, adj. qui a coutume de faire.

COUTURE, s. f. art de coudre; assemblage de choses cousues; rangée de points à l'aiguille; cicatrice d'une blessure.

COUTURÉ, ÉE, adj. cicatrisé.

COUTURIÈRE, s. f. ouvrière en couture.

COUVAISON, s. f. saison où couvent les oiseaux de basse-cour; action de couver.

COUVÉ, adj. m. œuf —, à demi gâté.

COUVÉE, s. f. tous les œufs qu'un oiseau couve en même temps; les petits qui en naissent.

COUVENT, s. m. maison religieuse.

COUVER, v. a. é, ée, p. se dit des oiseaux qui se tiennent sur les œufs pour les faire éclore; —, v. n. tenir caché.

COUVERCLE, s. m. ce qui ferme en couvrant.

COUVERT, s. m. ce qui couvre une table à manger ; ce qui sert à chacun des convives ; toit, abri ; enveloppe d'un paquet ; lieu couvert d'arbres ; à —, adv. en sûreté.

COUVERT, E, adj. vêtu; caché; obscur; boisé.

COUVERTURE, s. f. ce qui sert à couvrir; enveloppe.

COUVET, s. m. pot où l'on met du feu pour servir de chaufferette.

COUVEUSE, s. f. poule qui couve ou qui est choisie pour couver.

COUVRE-CHEF, s. m. (inv.) coiffe pour envelopper la tête.

COUVRE-FEU, s. m. (inv.) ustensile pour couvrir le feu.

COUVRE-PIED, s. m. petite couverture (pl. couvre-pieds).

COUVREUR, s. m. ouvrier qui couvre les maisons.

COUVRIR, v. a. (irr. se conj. c. ouvrir) mettre une chose sur une autre; revêtir.

CRABE, s. m. crustacée amphibie.

CRAC, s. m. bruit qui résulte de la rupture d'un corps dur ; —! interj. soudainement.

CRACHAT, s. m. salive; croix ou étoile brodée sur l'habit.

CRACHEMENT, s. m. action de cracher.

CRACHER, v. a. é, ée, p. rejeter quelque chose de la bouche.

CRACHEUR, EUSE, s. qui crache souvent.

CRACHOIR, s. m. vase où l'on crache.

CRACHOTEMENT, s. m. action de crachoter.

CRACHOTER, v. n. cracher souvent et peu à la fois.

CRAIE, s. f. pierre tendre et blanche.

CRAINDRE, v. a. (irr.) avoir peur, redouter, révérer. Ind. pr. Je crains, tu crains, il craint, n. craignons, v. craignez, ils craignent. Imparf. je craignais, etc.; p. déf. je craignis, etc.; fut. je craindrai, etc.; cond. je craindrais, etc. Impér. crains, craignons, craignez. Subj. pr. q. je craigne, etc., q. n. craignions, etc.; imp. subj. q. je craignisse, etc., q. n. craignissions, etc.; p. pr. craignant; p. p. craint, e.

CRAINTE, s. f. peur; appréhension ; respect.

CRAINTIF, IVE, adj. timide, peureux.

CRAINTIVEMENT, adv. avec crainte.

CRAMOISI, s. m. couleur rouge foncé ; —, ie, adj. teint en rouge foncé.

CRAMPE, s. f. contraction d'un muscle de la jambe.

CRAMPON, *s. m.* morceau de fer recourbé pour fixer, pour attacher fortement.

CRAMPONNER, *v. a.* é, ée, *p.* attacher avec un crampon ; *se* —, s'attacher à ....

CRAN, *s. m.* entaille pour accrocher, ou arrêter quelque chose ; pour servir de marque.

CRÂNE, *s. m.* partie de la tête qui contient le cerveau ; *fig.* fou, écervelé.

CRÂNERIE, *s. f.* action de fou.

CRAPAUD, *s. m.* animal amphibie qui ressemble à la grenouille.

CRAPAUDIÈRE, *s. f.* lieu bas et humide, infesté de crapauds.

CRAPAUDINE, *s. f.* morceau de fer creux où entre le gond d'une porte ; *à la* —, *t. de cuisine*, manière d'apprêter des pigeons.

CRAPULE, *s. f.* débauche habituelle ; —, ceux qui y vivent.

CRAPULER, *v. n.* vivre dans la crapule.

CRAPULEUX, EUSE, *adj.* qui vit dans la crapule.

CRAQUEMENT, *s. m.* son de ce qui craque.

CRAQUER, *v. a.* é, ée, *p.* faire du bruit en se rompant ; *fig.* mentir. *pop.*

CRAQUERIE, *s. f.* menterie. *pop.*

CRAQUETER, *v. n.* se dit du cri de la cigogne et de la grue.

CRAQUEUR, EUSE, *s.* hâbleur ; *pop.*

CRASSANE, *s. f.* sorte de poire.

CRASSE, *s. f.* ordure, saleté ; avarice sordide ; —, *adj.* ignorance —, grossière.

CRASSEUX, EUSE, *adj.* couvert de crasse ; avare.

CRATÈRE, *s. m.* ouverture d'un volcan.

CRAVACHE, *s. f.* sorte de fouet pour les chevaux de selle.

CRAVATE, *s. f.* fichu plié que les hommes portent autour du cou.

CRAYON, *s. m.* substance pierreuse ou minérale pour dessiner.

CRAYONNER, *v. a.* é, ée, *p.* tracer avec un crayon ; dessiner.

CRAYONNEUR, *s. m.* qui crayonne.

CRAYONNEUX, EUSE, *adj.* de la nature du crayon.

CRÉANCE, *s. f.* dette active ; confiance ; croyance.

CRÉANCIER, IÈRE, *s.* à qui l'on doit de l'argent.

CRÉATEUR, TRICE, *s. et adj.* qui crée, qui tire du néant ; inventeur.

CRÉATION, *s. f.* action de créer.

CRÉATURE, *s. f.* être créé ; individu de l'espèce humaine.

CRÉCELLE, *s. f.* moulinet de bois qui remplace la sonnette dans les églises, les jeudi et vendredi saints.

CRÈCHE, *s. f.* mangeoire des bestiaux.

CRÉDENCE, *s. f.* buffet ; lieu où le panetier conserve ses provisions.

CRÉDENCIER, *s. m.* panetier.

CRÉDIT, *s. m.* réputation de solvabilité ; délai pour payer ; pouvoir, autorité, influence.

CRÉDITER, *v. a.* é, ée, *p.* porter un article au crédit d'un compte.

CRÉDITEUR, *s. m.* créancier.

CRÉDO, *s. m.* (*inv.*) symbole des apôtres.

CRÉDULE, *adj.* 2 g. qui croit trop facilement.

CRÉDULEMENT, *adv.* avec crédulité.

CRÉDULITÉ, *s. f.* facilité à croire sans examen.

CRÉER, *v. a.* é, ée, *p.* tirer du néant, inventer, établir.

CRÉMAILLÈRE, *s. f.* ustensile de cuisine ; tasseau à crans.

CRÈME, *s. f.* partie épaisse et grasse du lait ; le meilleur d'une chose ; mets composé de lait et d'œufs.

CRÉMENT, *s. m.* augmentation des syllabes d'un mot ; accroissement de terrain sur un rivage.

CRÉMER, *v. n.* se former en crème ; *se dit du lait.*

CRÉMIER, ÈRE, s. qui vend de la crème.

CRÉNEAU, s. m. vides égaux par intervalles au haut des anciens châteaux.

CRÉNELER, v. a. é, ée, p. faire des créneaux.

CRÉNELURE, s. f. dentelure faite en créneaux.

CRÉOLE, s. 2 g. né, d'un père européen, dans les colonies d'Amérique.

CRÊPE, s. m. sorte d'étoffe légère ; —, s. f. pâte cuite à la poêle.

CRÊPER, v. a. é, ée, p. donner à une étoffe l'apparence du crêpe ; friser les cheveux.

CRÉPI, s. m. enduit de plâtre ou de mortier sur un mur.

CRÉPIN (St.-), s. m. sac d'outils du cordonnier ambulant.

CRÉPINE, subst. f. sorte de frange.

CRÉPIR, v. a. i, ie, p. faire un crépi.

CRÉPISSURE, s. f. action de crépir.

CRÉPON, s. m. sorte de gros crêpe.

CRÉPU, UE, adj. dont les cheveux sont frisés naturellement.

CRÉPUSCULE, s. m. lumière faible qui précède le lever du soleil, et succède à son coucher.

CRESCENDO, s. m. (inv.) en augmentant le son ; —, adv. en croissant.

CRESSON, s. m. herbe antiscorbutique.

CRESSONNIÈRE, s. f. lieu où croît le cresson.

CRÊTE, s. f. excroissance rouge sur la tête des coqs, des poulets, etc. ; cime d'un mont, d'un rocher ; pl. arêtières de plâtre pour sceller les tuiles sur le faîte d'un toit.

CRÊTÉ, ÉE, adj. qui a une crête.

CRÊTELER, v. n. (se conj. c. appeler) se dit du cri de la poule après qu'elle a pondu.

CRÉTIN, s. m. goîtreux ; individu idiot, stupide.

CRETONNE, s. f. toile de Normandie.

CRETONS, s. m. pl. résidu des suifs fondus.

CREUSE, nom d'un dép. dont Guéret est le chef-lieu.

CREUSER, v. a. é, ée, p. rendre creux ; approfondir.

CREUSET, s. m. vase pour fondre les métaux.

CREUX, s. m. cavité ; creux, euse, adj. vide, profond. —, adv.

CREVASSE, s. f. fente.

CREVASSER, v. a. é, ée, p. faire des crevasses ; se —, v. pro. se fendre.

CRÈVE-COEUR, s. m. (inv.) grand déplaisir ; grande mortification.

CREVER, v. a. é, ée, p. rompre avec effort ; fatiguer à l'excès ; —, v. n. mourir de quelque excès ; se —, v. p. se fatiguer excessivement.

CREVETTE, s. f. petite écrevisse de mer.

CRI, s. m. émission forcée de la voix ; clameur ; plainte ; gémissement.

CRIAILLER, v. n. crier sans cesse pour peu de chose.

CRIAILLERIE, s. f. action de criailler.

CRIAILLEUR, EUSE, adj. qui criaille.

CRIANT, E, adj. qui excite à se plaindre.

CRIARD, E, adj. qui crie souvent.

CRIBLE, s. m. instrument pour nettoyer le grain.

CRIBLER, v. a. é, ée, p. passer par le crible ; percer comme un crible.

CRIBLEUR, s. m. qui crible.

CRIBLURE, s. f. reste du grain criblé.

CRIC, s. m. machine pour soulever un fardeau.

CRIC-CRAC, s. m. bruit d'une chose qui se déchire.

CRI-CRI, s. m. grillon domestique.

CRIÉE, s. f. publication judiciaire pour une vente.

CRIER, v. n. (se conj. c. prier) jeter des cris, se plaindre ;

annoncer à très-haute voix ; réprimander hautement.

CRIERIE, s. f. bruit qu'on fait en criant.

CRIEUR, s. m. qui crie des marchandises dans la rue ; —, euse, adj. qui a l'habitude de crier.

CRIME, s. m. action méchante et punissable ; faute énorme.

CRIMINALISER, v. a. é, ée, p. convertir un procès civil en criminel.

CRIMINALISTE, s. m. homme versé dans les matières criminelles.

CRIMINALITÉ, s. f. qualité de ce qui est criminel.

CRIMINEL, LLE, adj. qui a rapport au crime, contraire aux lois ; —, s. m. coupable, convaincu d'un crime ; procédure contre le coupable.

CRIMINELLEMENT, adv. d'une manière criminelle ; au criminel.

CRIN, s. m. poil long et rude de la queue et du cou des chevaux et d'autres animaux.

CRIN-CRIN, s. m. mauvais violon.

CRINIÈRE, s. f. tout le crin du cou du cheval.

CRIQUET, s. m. mauvais cheval.

CRISE, s. f. moment décisif et périlleux d'une affaire, d'une maladie.

CRISPATION, s. f. contraction.

CRISPER, v. a. é, ée, p. causer des crispations, tourmenter ; se —, v. pr. se contracter.

CRISSEMENT, s. m. action de crisser les dents.

CRISSER, v. n. produire un son aigu en grinçant les dents.

CRISTAL, s. m. pierre transparente et dure ; verre fin.

CRISTALLIER, s. m. graveur sur cristaux.

CRISTALLIN, s. m. humeur de l'œil ; —, ine, adj. transparent comme le cristal.

CRISTALLISATION, s. f. opération par laquelle des matières se cristallisent ; chose cristallisée.

CRISTALLISER, v. a. é, ée, p. réduire en cristal.

CRITIQUABLE, adj. 2 g. qui peut être critiqué.

CRITIQUE, s. f. examen d'un ouvrage d'esprit ou d'érudition et des productions d'un artiste ; censure ; —, s. m. qui examine un ouvrage d'esprit ; qui trouve à redire à tout ; —, adj. 2 g. de la critique ; disposé à critiquer ; difficile ; qui amène une crise.

CRITIQUER, v. a. é, ée, p. examiner ; censurer ; blâmer.

CROASSEMENT, s. m. cri du corbeau.

CROASSER, v. n. crier (se dit du corbeau).

CROC, s. m. instrument pour accrocher ; dents de certains animaux ; harpon. Croc-en-jambe, tour de lutteur pour renverser son adversaire.

CROCHE, adj. 2 g. courbé ; tortu ; —, s. f. note de musique.

CROCHET, s. m. petit croc ; boucles de cheveux ; machine de porte-faix ; instrument de serrurier.

CROCHETER, v. a. é, ée, p. ouvrir une serrure avec un crochet.

CROCHETEUR, s. m. portefaix.

CROCHU, E, adj. tortu.

CROCODILE, s. m. quadrupède amphibie très-féroce, ayant la forme du lézard, mais beaucoup plus grand.

CROIRE, v. a. (irr.) penser, présumer, avoir une opinion, tenir une chose pour vraie, ajouter foi, donner sa confiance ; —, v. n. avoir la foi. Ind. pl. je crois, tu crois, il croit, nous croyons, v. croyez, ils croient. Imp. je croyais, etc. ; p. d. f. je crus, etc., n. crûmes, etc. ; fut. je croirai, etc. ; cond. je croirais, etc. Impérat. crois, croyons, croyez. Subj. pr. q. je croie, q. tu croies, qu'il croie, q. nous croyions, q. vous croyiez, qu'ils croient. Imp. subj. q. je crusse, etc. ; q. n. crussions, etc. P. pr. croyant ; p. p. cru, crue.

CROISADE, s. f. expédition des chrétiens pour conquérir la Terre-Sainte.

8

CROISÉ, *s. m.* soldat qui allait combattre dans la Terre-Sainte ; —, ÉE, *adj.* en croix.
CROISÉE, *s. f.* fenêtre, châssis qui sert à la fermer.
CROISEMENT, *s. m.* action de deux corps qui se croisent.
CROISER, *v. a.* é, ée, *p.* disposer en croix ; entrelacer ; traverser ; contrarier ; —, *v. n.* en parlant des étoffes dont les fils se croisent ; faire des courses en mer ; se —, *v. pro.* se traverser.
CROISEUR, *s. m.* vaisseau, capitaine en croisière.
CROISIÈRE, *s. f.* espace de mer dans lequel on croise.
CROISSANCE, *s. f.* action de croître.
CROISSANT, *s. m.* figure de la nouvelle lune jusqu'à son premier quartier ; ce qui en a la forme ; instrument de fer pour émonder les arbres.
CROISSANT, E, *adj.* qui croît.
CROISURE, *s. f.* travail d'une étoffe croisée.
CROÎT, *s. m.* augmentation du bétail.
CROÎTRE, *v. n. irr.* augmenter, devenir plus grand, plus nombreux, pousser ; —, *v. a.* accroître. Ind. pr. Je crois, tu crois, il croît, n. croissons, v. croissez, ils croissent. Imp. je croissais, etc. ; *p. déf.* je crûs, tu crûs, il crût, n. crûmes, v. crûtes, ils crûrent ; fut. je croîtrai, etc. ; cond. je croîtrais, etc., n. croîtrions, etc. ; Impér. crois, croissons, croissez. Subj. pr. q. je croisse, etc. ; imp.subj. q. je crusse, etc. P. pr. croissant ; p. p. crû, crûe.
CROIX, *s. f.* lignes croisées formant quatre angles ; peine, affliction ; décoration.
CROQUANT, *s. m.* homme de néant, misérable.
CROQUANT, E, *adj.* qui croque sous la dent.
CROQUE-AU-SEL (À LA), loc. adv. sans autre assaisonnement que du sel.
CROQUE-NOTES, *s. m. (inv.)* mauvais musicien.
CROQUER, *v. a.* é, ée, *p.* manger des choses qui croquent ; manger avidement ; dessiner, peindre à la hâte ; —, *v. n.* faire du bruit sous la dent.
CROQUET, *s. m.* pain d'épice sec et mince.
CROQUIGNOLE, *s. f.* pâtisserie croquante ; chiquenaude.
CROQUIS, esquisse d'un dessin ; ouvrage imparfait.
CROSSE, *s. f.* bâton pastoral d'évêque ; partie du fusil qu'on appuie contre l'épaule en tirant ; bâton courbé.
CROSSER, *v. n.* pousser avec une crosse ; —, *v. a.* é, ée, *p.* maltraiter.
CROSSETTE, *s. f.* branche de vigne où il reste du vieux bois.
CROTTE, *s. f.* boue des rues ; fiente de certains animaux.
CROTTER, *v. a.* é, ée, *p.* salir de boue.
CROTTIN, *s. m.* excrément des chevaux, des moutons et de plusieurs autres animaux.
CROULANT, E, *adj.* qui croule.
CROULEMENT, *s. m.* éboulement ; démolition.
CROULER, *v. n.* tomber en s'affaissant.
CROUP, *s. m.* maladie du larynx qui attaque les enfants.
CROUPE, *s. f.* partie postérieure du corps de l'homme ou des animaux de monture ; cime de montagne.
CROUPETONS (À), *adv.* d'une manière accroupie.
CROUPIER, *s. m.* associé au jeu.
CROUPIÈRE, *s. f.* partie du harnais qui passe sous la queue du cheval.
CROUPION, *s. m.* bas de l'échine ; partie où tiennent les plumes de la queue de l'oiseau.
CROUPIR, *v. n.* se corrompre faute de mouvement.
CROUPISSANT, E, *adj.* qui croupit.
CROUSTILLE, *s. f.* petite croûte.
CROUSTILLER, *v. n.* manger des croustilles pour prolonger le repas.
CROUSTILLEUSEMENT *adv.* plaisamment.

CROUSTILLEUX, EUSE, *adj.* plaisant; libre.

CROÛTE, *s. f.* partie extérieure et solide du pain, d'un pâté.

CROÛTON, *s. m.* morceau de pain entouré de croûte.

CROYABLE, *adj. 2 g.* qui peut être cru.

CROYANCE, *s. f.* conviction, sentiment; opinion religieuse.

CROYANT, E, *adj.* qui croit sa religion.

CRÛ, *s. m.* terroir où croit quelque chose; accroissement en parlant des plantes.

CRU, E, *adj.* qui n'est pas cuit.

CRUAUTÉ, *s. f.* inhumanité, action cruelle, insensibilité; dommage, chose fâcheuse.

CRUCHE, *s. f.* vase de terre ou de grès à anse; *fig.* personne stupide.

CRUCHÉE, *s. f.* la contenance d'une cruche.

CRUCHON, *subst. m.* petite cruche.

CRUCIFIEMENT, *s. m.* action de crucifier; supplice de la croix.

CRUCIFIER, *v. a.* é, ée, *p.* (se conj. c. *prier*) attacher à une croix.

CRUCIFIX, *s. m.* représentation de J.-C. en croix.

CRUDITÉ, *s. f.* qualité de ce qui est cru.

CRUE, *s. f.* augmentation de volume, croissance.

CRUEL, LLE, *adj.* qui a de la cruauté, inhumain; douloureux, insupportable.

CRUELLEMENT, *adv.* d'une manière cruelle.

CRÛMENT, *adv.* sans ménagement; durement.

CRURAL, E, *adj.* de la jambe, de la cuisse.

CRUSTACÉE, *s. m. et adj. 2 g.* animal couvert d'écailles comme l'écrevisse; genre d'insectes.

CRYSTALLIÈRES, *s. f. pl.* mines de cristal.

CUBE, *s. m.* (*t. de géométrie*) solide à six faces carrées égales; —, *adj.* pied —, toise —, mesures pour les corps solides.

CUBER, *v. a.* é, ée, *p.* évaluer un solide en mesures cubiques; multiplier deux fois un nombre par lui-même pour en avoir le cube.

CUBIQUE, *adj. 2 g.* qui a rapport au cube.

CUCURBITACÉ, ÉE, *adj.* plante de la forme du melon, du potiron, de la courge, etc.

CUCURBITE, *s. f.* vaisseau pour distiller.

CUEILLAGE, (*ll m.*) *s. m.* action, temps de cueillir.

CUEILLETTE, (*ll m.*) *s. f.* récolte annuelle; produit d'une quête.

CUEILLEUR, EUSE, (*ll. m.*) *s.* qui cueille.

CUEILLIR, (*ll m.*) *v. a. irr.* détacher des fruits, des fleurs, etc., de leurs branches ou de leurs tiges. *Ind. pr.* je cueille, etc. n. cueillons, etc.; *imp.* je cueillais, etc.; n. cueillions, etc.; *p. déf.* je cueillis, etc., n. cueillîmes, etc.; *fut.* je cueillerai, etc.; *cond.* je cueillerais, etc. *Impér.* cueille, cueillons, cueillez. *Subj. pr. q.* je cueille, etc.; *imp. subj. q.* je cueillisse, etc. *P. pr.* cueillant; *p. p.* cueilli, ie.

CUEILLOIR, (*ll m.*) *s. m.* panier ou instrument pour cueillir des fruits.

CUILLER ou **CUILLÈRE**, (*ll m.*) *s. f.* ustensile de table pour manger le potage et les mets liquides.

CUILLERÉE, (*ll m.*) *s. f.* plein une cuiller.

CUILLERON, (*ll m.*) *s. m.* partie creuse d'une cuiller.

CUIR, *s. m.* peau d'animal séparée de la chair et corroyée; — *bouilli*, cuir préparé pour faire quelque ustensile.

CUIRASSE, *s. f.* armure de fer qui couvre le corps.

CUIRASSÉ, ÉE, *adj.* qui porte la cuirasse; *fig.* préparé à tout.

CUIRASSER, *v. a.* é, ée, *p.* revêtir d'une cuirasse.

CUIRASSIER, *s. m.* cavalier armé d'une cuirasse.

CUIRE, *v. a. irr.* préparer les aliments ou certaines choses par le moyen du feu. —, *v. n.* être préparé au feu; causer une douleur aiguë. Ind. pr. je cuis, tu cuis, il cuit, n. cuisons, v. cuisez, ils cuisent; imp. je cuisais, etc. n. cuisions, etc.; p.déf. je cuisis, etc., n. cuisîmes, etc.; fut. je cuirai, etc., n. cuirons, etc.; cond. je cuirais, etc., n. cuirions, etc. Subj. pr. q. je cuise, etc., q. n. cuisions, etc.; imp. subj. q. je cuisisse, etc., q. n. cuisissions, etc. P. pr. cuisant; p. p. cuit, e.

CUISANT, E, *adj.* âpre; aigu, piquant.

CUISINE, *s. f.* art, manière d'apprêter les mets; lieu où on les apprête.

CUISINER, *v. n.* faire la cuisine.

CUISINIER, ÈRE, *s.* qui fait la cuisine; cuisinière, *s. f.* ustensile pour faire rôtir la viande.

CUISSART, *s. m.* armure pour protéger la cuisse.

CUISSE, *s. f.* partie du corps entre la hanche et le genou.

CUISSE-MADAME, *s. f.* (au pl. *cuisses-madame*) sorte de poire.

CUISSON, *s. f.* action de cuire ou de faire cuire; douleur d'un mal qui cuit.

CUISSOT, *s. m.* cuisse de bête fauve.

CUISTRE, *s. m.* pédant grossier.

CUITE, *s. f.* cuisson des briques, de la chaux, etc.

CUIVRE, *s. m.* métal rougeâtre, sonore, dur, ductile, fusible et malléable.

CUIVRÉ, ÉE, *adj.* de la couleur du cuivre.

CUIVRER, *v. a.* é, ée, p. revêtir de feuilles de cuivre.

CUIVREUX, EUSE, *adj.* qui a la couleur du cuivre.

CUL, *s. m.* le derrière de l'homme et de quelques animaux (terme à éviter : on se sert plutôt des mots derrière, postérieur, fondement, anus); fond, base, extrémité d'une chose.

CULASSE, *s. f.* le fond d'une arme à feu.

CULBUTE, *s. f.* saut qu'on fait en mettant la tête en bas et les jambes en l'air; chute involontaire.

CULBUTER, *v. a.* é, ée, p. renverser; —, *v. n.* faire la culbute.

CULBUTIS, *s. m.* amas de choses culbutées.

CUL-DE-BASSE-FOSSE, *s. m.* cachot souterrain (*pl.* culs-de-basse-fosse).

CUL-DE-JATTE, *s. m.* impotent, qui ne peut se servir de ses jambes (*pl.* culs-de-jatte).

CUL-DE-LAMPE, *s. m.* fleuron, ornement (*pl.* culs-de-lampe).

CUL-DE-SAC, *s. m.* rue sans issue; impasse (*pl.* culs-de-sac).

CULÉE, *s. f.* masse de pierre qui soutient la dernière arche d'un pont.

CULERON, *s. m.* partie de la croupière sous la queue.

CULIÈRE, *s. f.* sangle attachée au derrière du cheval, pour empêcher la selle de remonter; —, pierre plate creusée pour recevoir l'eau d'un tuyau de descente.

CULINAIRE, *adj.* 2 g. qui a rapport à la cuisine.

CULMIFÈRE, *adj.* 2 g. plante dont la tige est en chaume.

CULMINANT, *adj. m.* point —, (t. d'astronomie), astre qui est à sa plus grande élévation.

CULOT, *s. m.* le dernier né; dernier éclos d'une couvée.

CULOTTE, *s. f.* vêtement qui couvre le corps depuis la ceinture jusqu'aux genoux.

CULOTTER, *v. a.* é, ée, p. mettre en culottes; se —, *v. pro.* mettre sa culotte.

CULOTTIER, IÈRE, *s.* qui fait ou vend des culottes.

CULPABILITÉ, *s. f.* état d'une personne coupable.

CULTE, *s. m.* honneur rendu à Dieu; vénération; attachement excessif.

CULTIVABLE, *adj.* 2 g. propre à la culture.

CULTIVATEUR, *s. m.* qui exerce l'agriculture, qui cultive la terre.

CULTIVER, *v. a.* é, ée, p. faire les travaux nécessaires pour rendre la terre fertile; se dit aussi, par analogie, des facultés intellectuelles et des travaux que l'on fait pour s'instruire.

CULTURE, *s. f.* travaux pour fertiliser la terre, pour exercer les facultés intellectuelles.

CUMULATIF, IVE, *adj.* qui se fait par accumulation.

CUMULATIVEMENT, *adv.* par accumulation.

CUMULER, *v. a.* é, ée, *p.* réunir, assembler.

CUPIDE, *adj.* 2 g. avide.

CUPIDITÉ, *s. f.* convoitise, désir immodéré des richesses.

CUPIDON, *s. m.* l'amour; divinité fabuleuse.

CURABLE, *adj.* 2 g. qui peut être guéri.

CURAÇAO, *s. m.* sorte de liqueur spiritueuse.

CURAGE, *s. m.* action de curer; frais qui en résultent; son effet.

CURATELLE, *s. f.* charge et fonction de curateur.

CURATEUR, TRICE, *s.* qui administre les biens d'un mineur.

CURATIF, IVE, *adj.* propre à guérir.

CURE, *s. f.* traitement, guérison d'une maladie; fonctions du curé, lieu où il habite.

CURÉ, *s. m.* prêtre chargé de la conduite spirituelle d'une paroisse.

CURE-DENT, *s. m.* (pl. cure-dents.) instrument pour curer les dents.

CURÉE, *s. f.* pâture des chiens de chasse.

CURE-OREILLE, *s. m.* (pl. cure-oreilles.) instrument pour curer les oreilles.

CURE-PIED, *s. m.* (pl. cure-pieds.) instrument pour curer le dedans du pied d'un cheval.

CURER, *v. a.* é, ée, *p.* nettoyer quelque chose de creux.

CUREUR, *s. m.* qui cure les puits.

CURIAL, E, *adj.* de curé.

CURIE, *s. f.* subdivision d'une tribu chez les Romains.

CURIEUSEMENT, *adv.* avec soin, avec curiosité.

CURIEUX, EUSE, *adj.* qui a de la curiosité; soigneux; rare, extraordinaire; —, *s. m.* celui qui recherche des objets de curiosité.

CURIOSITÉ, *s. f.* envie de connaître, d'apprendre; désir indiscret de savoir les secrets d'autrui; *au pl.* choses rares.

CUROIR, *s. m.* bâton pour nettoyer la boue de la charrue.

CURSIVE, *adj. f.* lettre —, courante.

CURULE, *adj. f.* siége des anciens magistrats romains.

CURVILIGNE, *adj.* 2 g. formé par des lignes courbes.

CUTANÉ, ÉE, *adj.* de la peau.

CUTTER, *s. m.* petit navire à une voile.

CUVE, *s. f.* grand vaisseau pour faire le vin, la bière, etc.

CUVÉE, *s. f.* contenu d'une cuve.

CUVER, *v. n.* se dit du vin qui se fait dans la cuve; —, *v. a.* é, ée, *p.* dormir après avoir bu outre mesure.

CUVETTE, *s. f.* vase sous un pot.

CUVIER, *s. m.* petite cuve pour la lessive.

CYCLE, *s. m.* période, cercle. — *lunaire*, révolution de 19 années lunaires; — *solaire*, révolution de 28 années solaires; — *de l'indiction romaine*, période de 15 années.

CYCLOPE, *s. m.* personnage fabuleux qui n'avait qu'un œil au milieu du front.

CYGNE, *s. m.* oiseau aquatique du genre de l'oie, mais plus gros.

CYLINDRE, *s. m.* gros et long rouleau d'égale grosseur partout.

CYLINDRER, *v. a.* é, ee, *p.* former en cylindre; passer au cylindre.

CYLINDRIQUE, *adj.* 2 g. qui a la forme d'un cylindre.

CYMAISE, *s. f.* partie supérieure d'un entablement.

CYMBALE, *s. f.* instrument de musique.

CYNIQUE, *adj.* 2 g. impudent, philosophe sans pudeur.

CYNISME, *s. m.* doctrine des cyniques; impudence.

8.

CYPRÈS, s. m. arbre résineux toujours vert.
CYTISE, s. m. arbrisseau à fleurs disposées en grappes; ébénier des Alpes.
CZAR, s. m. souverain de la Russie.
CZARIENNE, adj. f. majesté —, titre du czar.
CZARINE, s. f. femme du czar.
CZAROWITZ, s. m. fils du czar.

D.

D, s. m. 3e consonne, 4e lettre de l'alphabet.
DA, part. qui se joint à un terme d'affirmation ou de négation pour lui donner de la force; interj. certainement.
D'ABORD, adv. V. ABORD.
DACTYLE, s. m. nom d'un pied de vers grec ou latin composé d'une longue et de deux brèves.
DADA, s. m. cheval (mot d'enfant).
DADAIS, s. m. nigaud, niais.
DAGUE, s. f. épée courte et large qui n'est plus en usage; corde dont on frappe les matelots.
DAGUER, v. a. é, ée; p. châtier les matelots avec la dague.
DAIGNER, v. n. avoir pour agréable, condescendre, faire la faveur de.
DAIM, s. m. bête fauve du genre du cerf, mais plus petite.
DAINE, s. f. femelle du daim.
DAIS, s. m. poêle soutenu de quatre colonnes, sous lequel on porte le St.-Sacrement dans les processions.
DALLE, s. f. tablette de pierre propre au pavage.
DALMATIQUE, s. f. tunique de diacre et de sous-diacre.
DALOT, s. m. canal pour faire écouler l'eau d'un navire.
DAM, s. m. dommage.
DAMAS, s. m. sorte d'étoffe de soie à fleurs ou à personnages; linge ouvré; espèce de prune; acier très-fin.
DAMASQUINER, v. a. é, ée, p. incruster de l'or ou de l'argent dans l'acier.
DAMASQUINERIE, s. f. art de damasquiner.
DAMASQUINEUR, s. m. qui damasquine.
DAMASQUINURE, s. f. ouvrage damasquiné.
DAMASSÉ, s. m. linge damassé.
DAMASSER, v. a. é, ée, p. fabriquer du linge en façon de damas.
DAMASSEUR, s. m. qui fait le damassé.
DAMASSURE, s. f. ouvrage damassé.
DAME, s. f. femme mariée; petit morceau de bois ou d'ivoire, plat, rond, blanc ou noir, qui sert pour jouer; la 2e pièce du jeu d'échecs; seconde figure du jeu de cartes; — ! interj. adv. qui marque la surprise.
DAME-JEANNE, s. f. grosse bouteille entourée d'osier (au pl. dames-jeannes).
DAMER, v. a. é, ée, p. mettre une dame sur une autre au jeu de dames.
DAMERET, s. m. homme efféminé, qui fait le beau.
DAMIER, s. m. échiquier; table divisée par carrés noirs et blancs.
DAMNABLE, adj. 2 g. pernicieux, méchant.
DAMNABLEMENT, adverb. d'une manière damnable.
DAMNATION, s. f. condamnation à l'enfer; peine des damnés.
DAMNÉ, s. m. qui souffre les tourments de l'enfer.
DAMNER, v. a. é, ée, p. punir de l'enfer; causer la damnation; tourmenter à l'excès; se —, v. pr. s'exposer à être damné.
DAMOISEAU, s. m. jeune efféminé qui fait le beau.
DANDIN, s. m. niais, nigaud.
DANDINEMENT, s. m. action de se dandiner.
DANDINER, v. n. et pr. balancer son corps de côté et d'autre.
DANGER, s. m. disposition qui menace d'un malheur, d'un dommage; péril, inconvénient.
DANGEREUSEMENT, adv. avec danger

DANGEREUX, EUSE, *adj.* qui met en danger; *homme* —, à qui l'on ne peut se fier.

DANOIS, *s. m.* chien d'origine danoise; —, E, *adj.* du Danemark.

DANS, *prép.* de lieu et de temps.

DANSE, *s. f.* mouvement du corps cadencé et à pas mesurés.

DANSER, *v. n.* mouvoir le corps en cadence et à pas mesurés; —, *v. a.* é, ée, *p.*

DANSEUR, EUSE, *s.* qui danse.

DANSOMANE, *s.* et *adj.* 2 *g.* qui a la manie de la danse.

DANSOMANIE, *s. f.* passion, manie de la danse.

DARD, *s. m.* bâton ferré qu'on lance avec la main.

DARDER, *v. a.* é, ée, *p.* lancer un dard, blesser avec un dard.

DARIOLE, *s. f.* sorte de pâtisserie.

DARTRE, *s. f.* maladie de la peau.

DARTREUX, EUSE, *adj.* qui a des dartres.

DATE, *s. f.* époque, chiffre qui l'indique.

DATER, *v. a.* é, ée, *p.* mettre la date.

DATTE, *s. f.* fruit du dattier.

DATTIER, *s. m.* sorte de palmier.

DAUBE, *s. f.* sorte de ragoût de volaille.

DAUBER, *v. a.* é, ée, *p.* battre à coups de poing; fig. railler.

DAUPHIN, *s. m.* poisson du genre de la baleine; ancien nom du fils aîné des rois de France.

DAUPHINÉ, nom d'une ancienne province qui forme les dép. de l'Isère, de la Drôme et des Hautes-Alpes.

DAVANTAGE, *adv.* plus; plus long-temps.

DAX, chef-lieu d'arr. du dép. des Landes.

DE, *prép.* servant à marquer différents rapports; depuis, pendant, par, sur, etc.

DÉ, *s. m.* petit cylindre creux dont on se garnit le doigt en cousant; petit morceau d'os ou d'ivoire à six faces dont chacune est marquée d'un certain nombre de points et qui sert à jouer.

DÉBÂCLAGE, *s. m.* travail de ceux qui débâclent.

DÉBÂCLE, *s. f.* rupture subite et écoulement des glaces d'une rivière qui était gelée.

DÉBÂCLEMENT, *s. m.* moment de la débâcle; action de débâcler les vaisseaux.

DÉBÂCLER, *v. a.* é, ée, *p.* ouvrir, débarrasser un port; —, *v. n.* se débâcler, en parlant de la rivière.

DÉBALLAGE, *s. m.* action de déballer.

DÉBALLER, *v. a.* é, ée, *p.* ouvrir un ballot.

DÉBANDADE, *s. f.* désordre, confusion; *à la* —, *loc. adv.* confusément, sans ordre.

DÉBANDEMENT, *s. m.* action de débander des troupes, de se débander.

DÉBANDER, *v. a.* é, ée, *p.* détendre; ôter une bande, un bandeau; *se* —, *v. pr.* se détendre; se répandre en désordre.

DÉBAPTISER, *v. a.* é, ée, *p.* changer de nom; *se faire* —, renoncer au baptême.

DÉBARBOUILLER, *v. a.* é, ée, *p.* laver le visage d'une personne barbouillée; *se* —, *v. pr.* se laver le visage.

DÉBARBOUILLEUR, EUSE, *s.* qui débarbouille.

DÉBARDAGE, *s. m.* action de débarder.

DÉBARDER, *v. a.* é, ée, *p.* décharger un bateau; ôter le bois du taillis où il a été coupé.

DÉBARDEUR, *s. m.* qui décharge les bateaux.

DÉBARQUÉ, *s. m.* provincial, étranger nouvellement arrivé.

DÉBARQUEMENT, *s. m.* action de débarquer.

DÉBARQUER, *v. a.* é, ée, *p.* faire sortir d'un vaisseau ce qui y était embarqué; —, *v. n.* sortir d'un vaisseau.

DÉBARQUER, *s. m. au* —, au moment du débarquement.

DÉBARRAS, *s. m.* délivrance de ce qui embarrasse.
DÉBARRASSEMENT, *s. m.* action de débarrasser.
DÉBARRASSER, *v. a.* é, ée, *p.* tirer d'embarras; délivrer de ce qui embarrasse; se —, *v. pr.* se délivrer de ce qui gêne.
DÉBARRER, *v. a.* é, ée, *p.* ôter la barre.
DÉBAT, *s. m.* différend, contestation.
DÉBÂTER, *v. a.* é, ée, *p.* ôter le bât d'une bête de somme.
DÉBATTABLE, *adj. 2 g.* sujet à être débattu.
DÉBATTRE, *v. a. irr.* (se conj. c. *battre*.) contester, discuter; se —, *v. pr.* se démener, se tourmenter.
DÉBAUCHE, *s. f.* déréglement de mœurs; excès dans le boire et le manger; désordre.
DÉBAUCHÉ, ÉE, *s. et adj.* livré à la débauche.
DÉBAUCHER, *v. a.* é, ée, *p.* jeter dans la débauche; corrompre la vertu, la fidélité de..; détourner du travail, du devoir; se —, *v. pr.* se jeter dans la débauche.
DÉBAUCHEUR, EUSE, *s.* qui débauche.
DÉBET, *s. m.* dû par arrêté de compte (*pl. débets.*).
DÉBILE, *adj. 2 g.* faible, affaibli, malade.
DÉBILEMENT, *adv.* d'une manière débile.
DÉBILITATION, *s. f.* affaiblissement.
DÉBILITÉ, *s. f.* faiblesse.
DÉBILITER, *v. a.* é, ée, *p.* affaiblir.
DÉBILLER, *v. a.* (*ll.* m.) é, ée, *p.* détacher les chevaux de trait.
DÉBIT, *s. m.* vente en détail, vente prompte et facile, exploitation du bois; manière de parler plus ou moins facile.
DÉBITANT, E, *s.* marchand en détail.
DÉBITER, *v. a.* é, ée, *p.* vendre en détail; exploiter les bois, la pierre; répandre des nouvelles.
DÉBITEUR, TRICE, *s.* qui doit.
DÉBLAI, *s. m.* enlèvement de terres.
DÉBLATÉRATION, *s. f.* action de déblatérer.
DÉBLATÉRER, *v. n.* déclamer avec violence contre quelqu'un.
DÉBLAYER, *v. a.* é, ée, *p.* débarrasser.
DÉBLOQUER, *v. a.* é, ée, *p.* lever ou faire lever le blocus d'une ville.
DÉBOIRE, *s. m.* saveur désagréable; chagrin, dégoût.
DÉBOÎTEMENT, *s. m.* dislocation des os.
DÉBOÎTER, *v. a.* é, ée, *p.* disloquer un os; le faire sortir de sa place naturelle; *fig.* disjoindre.
DÉBONDER, *v. a.* é, ée, *p.* ôter la bonde d'un tonneau, d'un étang, etc. —, *v. n.* sortir avec impétuosité.
DÉBONDONNER, *v. a.* é, ée, *p.* ôter le bondon.
DÉBONNAIRE, *adj. 2 g.* bon par faiblesse; trop bon.
DÉBONNAIREMENT, *adv.* avec bonté, douceur.
DÉBORD, *s. m.* côté du pavé des routes.
DÉBORDÉ, ÉE, *adj.* déréglé, dissolu; privé de bordure.
DÉBORDEMENT, *s. m.* action de sortir de ses bords, se dit d'une rivière; dissolution, excès.
DÉBORDER, *v. a.* é, ée, *p.* ôter la bordure, le bord de quelque chose; —, *v. n.* sortir hors du bord, se dit d'une rivière.
DÉBOTTER, *v. a.* é, ée, *p.* ôter les bottes; se —, *v. pro.* ôter ses bottes.
DÉBOUCHÉ, *s. m.* moyen de se défaire des marchandises; expédient pour se tirer d'affaire; issue d'un défilé.
DÉBOUCHEMENT, *s. m.* action de déboucher.
DÉBOUCHER, *v. a.* é, ée, *p.* ôter ce qui bouche; —, *v. n.* sortir d'un défilé;

DÉB

DÉBOUCLER, *v. a. é, ée, p.* défaire les boucles.
DÉBOURBER, *v. a. é, ée, p.* ôter la bourbe.
DÉBOURRER, *v. a. é, ée, p.* ôter la bourre d'un fusil.
DÉBOURS, *s. m.* déboursé.
DÉBOURSÉ, *s. m.* argent déboursé pour quelqu'un.
DÉBOURSEMENT, *s. m.* action de débourser.
DÉBOURSER, *v. a. é, ée, p.* tirer de sa bourse pour payer.
DEBOUT, *adv.* sur pied.
DÉBOUTER, *v. a. é, ée, p.* déclarer déchu d'une demande en justice.
DÉBOUTONNER, *v. a. é, ée, p.* faire sortir les boutons des boutonnières.
DÉBRAILLER (SE), *v. pr. é, ée, p.* se découvrir la poitrine avec indécence.
DÉBRIDER, *v. a. é, ée, p.* ôter la bride à un cheval; *sans —*, *loc. adv.* sans interruption.
DÉBRIS, *s. m.* restes d'un vaisseau, d'un édifice, etc., après sa ruine; restes d'un repas.
DÉBROUILLEMENT, *s. m.* action de débrouiller.
DÉBROUILLER, *v. a. é, ée, p.* démêler, remettre en ordre; *fig.* éclaircir une affaire, une question, etc.
DÉBRUTIR, *v. a. i, ie, p.* dégrossir, commencer à polir une surface brute.
DÉBUCHER, *v. n.* sortir du bois, en parlant des bêtes fauves; *—*, *s. m.* sortie du bois; son du cor qui l'annonce.
DÉBUSQUEMENT, *s. m.* action de débusquer.
DÉBUSQUER, *v. a. é, ée, p.* chasser d'un poste avantageux.
DÉBUT, *s. m.* le premier coup au billard, à la boule, etc. *fig.* le commencement d'un discours; les premiers actes, les premiers pas dans une carrière.
DÉBUTANT, E, *s.* qui débute.
DÉBUTER, *v. a. é, ée, p.* ôter la boule du but; *—*, *v. n.* jouer le premier coup; *fig.* commencer une entreprise, etc.

DÉC

DÉCA, *particule* qui se joint aux termes de mesures nouvelles et signifie dix.
DEÇÀ, *prép.* de ce côté-ci; *au —*, en arrière.
DÉCACHETER, *v. a. é, ée, p.* rompre le cachet, ouvrir ce qui est cacheté.
DÉCADE, *s. f.* espace de dix jours.
DÉCADENCE, *s. f.* disposition à la ruine, à la destruction.
DÉCAGONE, *s. m. et adj.* à dix angles et dix côtés.
DÉCAGRAMME, *s. m.* dix grammes.
DÉCAISSER, *v. a. é, ée, p.* tirer d'une caisse.
DÉCALITRE, *s. m.* dix litres (dix pintes et demie).
DÉCALOGUE, *s. m.* les dix commandements de Dieu.
DÉCALQUER, *v. a. é, ée, p.* tirer une contre-épreuve d'un dessin.
DÉCAMÈTRE, *s. m.* mesure de dix mètres (30 pieds, 9 pouces et quelques lignes).
DÉCAMPEMENT, *s. m.* levée d'un camp.
DÉCAMPER, *v. n.* lever le camp; *fig.* s'enfuir.
DÉCANAL, E, *adj.* qui appartient au décanat.
DÉCANAT, *s. m.* dignité de doyen; durée de cette dignité.
DÉCANTATION, *s. f.* action de décanter.
DÉCANTER, *v. a. é, ée, p.* transvaser doucement un liquide qui a fait un dépôt.
DÉCAPER, *v. a. é, ée, p.* enlever le vert-de-gris du cuivre; dérouiller.
DÉCAPITATION, *s. f.* action de décapiter.
DÉCAPITER, *v. a. é, ée, p.* couper la tête.
DÉCARE, *s. m.* dix ares.
DÉCARRELER, *v. a. é, ée, p.* ôter les carreaux d'un plancher.
DÉCASTÈRE, *s. m.* dix stères ou cinq voies de bois.
DÉCATIR, *v. a. i, ie, p.* délustrer.

DÉCATISSAGE, *s. m.* opération pour délustrer; son effet.
DÉCÉDER, *v. n.* mourir de mort naturelle.
DÉCÈLEMENT, *s. m.* action de déceler.
DÉCELER, *v. a.* é, ée, *p.* découvrir ce qui est caché.
DÉCEMBRE, *s. m.* dernier mois de l'année.
DÉCEMMENT, *adv.* d'une manière décente.
DÉCEMVIR, *s. m.* un des dix magistrats qui exercèrent l'autorité souveraine à Rome.
DÉCEMVIRAL, E, *adj.* qui appartient aux décemvirs.
DÉCEMVIRAT, *s. m.* dignité des décemvirs, durée de leur pouvoir.
DÉCENCE, *s. f.* bienséance, honnêteté extérieure.
DÉCENNAL, E, *adj.* qui dure dix ans, qui revient de dix ans en dix ans.
DÉCENT, E, *adj.* conforme à la décence.
DÉCEPTION, *s. f.* tromperie.
DÉCERNER, *v. a.* é, ée, *p.* ordonner par autorité, accorder en public.
DÉCÈS, *s. m.* mort naturelle d'une personne.
DÉCEVANT, E, *adj.* trompeur.
DÉCEVOIR, *v. a.* déçu, ue, *p.* tromper, séduire par des apparences.
DÉCHAÎNEMENT, *s. m.* emportement violent.
DÉCHAÎNER, *v. a.* é, ée, *p.* ôter de la chaîne; *fig.* exciter, irriter contre quelqu'un.
DÉCHANTER, *v. n.* chanter mal; *fig.* changer d'avis; rabattre de ses prétentions.
DÉCHARGE, *s. f.* action de décharger une voiture, un bateau, etc.; acte par lequel on acquitte quelqu'un d'une obligation; coups simultanés d'armes à feu; déposition en faveur d'un accusé; lieu où l'on serre ce qui n'est pas d'usage habituel; l'endroit par lequel s'écoule l'eau d'une fontaine, d'un canal, etc.
DÉCHARGEMENT, *s. m.* action de décharger.
DÉCHARGER, *v. a.* é, ée, *p.* ôter la charge; soulager en allégeant; déclarer quitte d'une dette; tirer une arme à feu; déposer en faveur d'un accusé. *se —, v. pr.* se débarrasser.
DÉCHARGEUR, *s. m.* qui décharge.
DÉCHARNÉ, ÉE, *adj.* très-maigre; sans chair.
DÉCHARNER, *v. a.* é, ée, *p.* ôter la chair des os; amaigrir.
DÉCHASSER, *v. a.* é, ée, *p.* faire sortir de force une cheville; faire un chassé à droite après en avoir fait un a gauche, *t. de danse.*
DÉCHAUMER, *v. a.* é, ée, *p.* labourer un chaume.
DÉCHAUSSEMENT, *s. m.* labour au pied des arbres.
DÉCHAUSSER, *v. a.* é, ée, *p.* ôter la chaussure; dégarnir le pied, la base.
DÉCHÉANCE, *s. f.* perte d'un droit.
DÉCHET, *s. m.* diminution d'une chose en qualité, en quantité ou en valeur; perte.
DÉCHEVELER, *v. a.* é, ée, *p.* mettre les cheveux en désordre.
DÉCHIFFRABLE, *adj. 2 g.* qu'on peut déchiffrer.
DÉCHIFFREMENT, *s. m.* action de déchiffrer, chose déchiffrée.
DÉCHIFFRER, *v. a.* é, ée, *p.* expliquer ce qui est écrit en chiffres; lire une écriture difficile.
DÉCHIFFREUR, *s. m.* qui déchiffre.
DÉCHIQUETER, *v. a.* é, ée, *p.* découper en petits morceaux.
DÉCHIQUETURE, *s. f.* découpure.
DÉCHIRAGE, *s. m.* action de déchirer.
DÉCHIRANT, E, *adj.* qui déchire.
DÉCHIREMENT, *s. m.* action de déchirer; *fig.* douleur vive,

DÉCHIRER, *v. a. é, ée, p.* rompre, mettre en pièces; tourmenter, émouvoir fortement; outrager par des médisances; *se —*, s'arracher à coups d'ongles; médire les uns des autres.

DÉCHIREUR, *s. m.* qui déchire les bateaux.

DÉCHIRURE, *s. f.* rupture faite en déchirant.

DÉCHOIR, *v. n. irr.* tomber dans un état inférieur à celui où l'on était. *Indicat. prés.* je déchois, etc., n. déchoyons, etc.; ils déchoient; (sans imparf.) *p. déf.* je déchus, etc., n. déchûmes, etc.; *fut.* je décherrai, etc., n. décherrons, etc.; *cond.* je décherrais, etc., n. décherrions, etc.; *impér.* déchois, déchoyons, déchoyez; *subj. pr.* q. je déchoie, etc., q. n. déchoyions, etc.; *imp. subj.* q. je déchusse, etc., q. n. déchussions, etc.; (sans *part. pr.*) *p. p.* déchu, ue.

DÉCI, *particule* qui se joint aux termes des nouvelles mesures et signifie la 10e partie.

DÉCIARE, *s. m.* mesure de superficie; dixième partie de l'are (10 mètres carrés).

DÉCIDÉ, ÉE, *adj.* résolu, d'un caractère ferme.

DÉCIDÉMENT, *adv.* d'une manière décidée.

DÉCIDER, *v. a. é, ée, p.* résoudre une question, une difficulté; déterminer quelqu'un; —, *v. n.* ordonner, disposer.

DÉCIGRAMME, *s. m.* mesure de pesanteur; dixième partie du gramme.

DÉCILITRE, *s. m.* mesure pour les liquides; dixième partie du litre.

DÉCIMAL, E, *adj.* calcul qui procède par dixième.

DÉCIME, *s. m.* dixième partie du franc.

DÉCIMER, *v. a. é, ée, p.* punir de la mort un individu pris au sort sur chaque dizaine d'une masse réputée coupable.

DÉCIMÈTRE, *s. m.* mesure de longueur; dixième partie du mètre.

DÉCIRER, *v. a. é, ée, p.* ôter la cire.

DÉCISIF, IVE, *adj.* qui décide, qui détermine.

DÉCISION, *s. f.* action de décider; résolution, jugement.

DÉCISIVEMENT, *adv.* d'une manière décisive.

DÉCISTÈRE, *s. m.* dixième partie du stère (mesure pour les solides).

DÉCLAMATEUR, *s. m.* qui déclame, qui exagère.

DÉCLAMATION, *s. f.* prononciation et action de celui qui déclame; invective contre quelqu'un.

DÉCLAMATOIRE, *adj. 2 g.* qui ne renferme que des déclamations.

DÉCLAMER, *v. a. é, ée, p.* réciter à haute voix d'un ton oratoire; —, *v. n.* invectiver.

DÉCLARATION, *s. f.* action de déclarer; discours pour déclarer; déposition, plainte, aveu.

DÉCLARER, *v. a. é, ée, p.* manifester ses intentions; faire connaître sa volonté; révéler; *se —*, *v. pr.* s'expliquer.

DÉCLIN, *s. m.* état d'une chose qui décline; décadence.

DÉCLINABLE, *adj. 2 g.* qui peut être décliné.

DÉCLINAISON, *s. f.* action, manière de décliner, *t. de gram.*; mesure de la hauteur des astres.

DÉCLINATION, *s. f.* pente, éloignement.

DÉCLINATOIRE, *s. m.* acte par lequel on décline une juridiction.

DÉCLINER, *v. n.* déchoir; pencher vers sa fin; —, *v. a. é, ée, p. — son nom*, se faire connaître; *— une juridiction*, ne pas la reconnaître.

DÉCLOUER, *v. a. é, ée, p.* ôter les clous.

DÉCOCHER, *v. a. é, ée, p.* lancer un trait avec l'arc.

DÉCOCTION, *s. f.* bouillon de plantes et de drogues.

DÉCOIFFER, *v. a. é, ée, p.* défaire la coiffure, déranger les cheveux.

DÉCOLLATION, *s. f.* action de couper le cou.

DÉCOLLEMENT, *s. m.* action de décoller ce qui est collé.

DÉCOLLER, *v. a.* é, ée, *p.* couper le cou; détacher ce qui est collé.

DÉCOLLETER, *v. a.* é, ée, *p.* découvrir le cou et les épaules.

DÉCOLORER, *v. a.* é, ée, *p.* effacer la couleur; *se* —, *v. pr.* perdre sa couleur, se ternir.

DÉCOMBRER, *v. a.* é, ée, *p.* ôter les décombres.

DÉCOMBRES, *s. m. pl.* plâtras, débris d'une démolition.

DÉCOMMANDER, *v. a.* é, ée, *p.* contremander une chose.

DÉCOMPOSER, *v. a.* é, ée, *p.* séparer les parties qui composent un corps; analyser.

DÉCOMPOSITION, *s. f.* action de décomposer; état d'un corps décomposé.

DÉCOMPTE, *s. m.* déduction sur ce qui reste à payer; erreur dans un calcul.

DÉCOMPTER, *v. a.* é, ée, *p.* faire un décompte; —, *v. n.* rabattre de l'opinion qu'on avait de quelqu'un.

DÉCONCERTER, *v. a.* é, ée, *p.* troubler, interdire; faire perdre contenance à quelqu'un; rompre les mesures prises.

DÉCONFIRE, *v. a. irr.* (se conj. c. *confire*.) mettre en déroute; réduire quelqu'un à ne savoir plus que dire.

DÉCONFITURE, *s. f.* déroute générale; banqueroute.

DÉCONFORTER, *v. a.* é, ée, *p.* décourager; *se* —, *v. pr.* se décourager.

DÉCONSEILLER, *v. a.* é, ée, *p.* détourner de quelque projet.

DÉCONSIDÉRATION, *s. f.* perte de la considération; défaveur.

DÉCONSIDÉRER, *v. a.* é, ée, *p.* ôter la considération, l'estime.

DÉCONTENANCER, *v. a.* é, ée, *p.* faire perdre contenance.

DÉCONVENUE, *s. f.* malheur, mauvais succès.

DÉCOR, *s. m.* ce qui sert à décorer; ensemble des décorations d'un théâtre.

DÉCORATEUR, *s. m.* artiste qui fait des décorations de théâtre.

DÉCORATION, *s. f.* embellissement, ornement; marque de dignité, d'honneur.

DÉCORDER, *v. a.* é, ée, *p.* défaire une corde.

DÉCORER, *v. a.* é, ée, *p.* orner; donner à quelqu'un une marque de dignité.

DÉCORUM, *s. m.* bienséance.

DÉCOUCHER, *v. n.* coucher hors de chez soi, de son lit; —, *v. a.* faire quitter le lit.

DÉCOUDRE, *v. a. irr.* (se conj. c. *coudre*), défaire ce qui est cousu; *en* —, *v. n.* en venir aux mains; *se* —, *v. pr.* se dit des coutures qui se défont.

DÉCOULANT, E, *adj.* qui découle.

DÉCOULEMENT, *s. m.* mouvement lent de ce qui découle.

DÉCOULER, *v. n.* tomber goutte à goutte; *fig.* émaner.

DÉCOUPER, *v. a.* é, ée, *p.* couper par morceaux; — *une image*, la séparer du fond.

DÉCOUPEUR, EUSE, *s.* qui travaille en découpure.

DÉCOUPLÉ, ÉE, *adj.* de belle taille.

DÉCOUPOIR, *s. m.* ciseaux pour découper.

DÉCOUPURE, *s. f.* taillade faite pour ornement; l'objet découpé; action de découper.

DÉCOURAGEANT, E, *adj.* qui décourage.

DÉCOURAGEMENT, *s. m.* abattement de cœur.

DÉCOURAGER, *v. a.* é, ée, *p.* abattre le courage; faire perdre la volonté; *se* —, *v. pr.* perdre courage.

DÉCOURS, *s. m.* déclin; décroissement.

DÉCOUSURE, *s. f.* couture défaite; chose dépourvue de liaison.

DÉCOUVERT, E, *adj.* qui

DÉCHIRER, *v. a. é, ée, p.* rompre, mettre en pièces; tourmenter, émouvoir fortement; outrager par des médisances; se —, s'arracher à coups d'ongles; médire les uns des autres.

DÉCHIREUR, *s. m.* qui déchire les bateaux.

DÉCHIRURE, *s. f.* rupture faite en déchirant.

DÉCHOIR, *v. n. irr.* tomber dans un état inférieur à celui où l'on était. *Indicat. prés. je déchois*, etc., *n. déchoyons*, etc., *ils déchoient;* (*sans imparf.*) *p. déf. je déchus*, etc., *n. déchûmes*, etc.; *fut. je décherrai*, etc., *n. décherrons*, etc.; *cond. je décherrais*, etc., *n. décherrions*, etc.; *impér. déchois, déchoyons, déchoyez; subj. pr. q. je déchoie*, etc., *q. n. déchoyions*, etc.; *imp. subj. q. je déchusse*, etc., *q. n. déchussions*, etc.; (*sans part. pr.*) *p. p. déchu, ue.*

DÉCI, *particule* qui se joint aux termes des nouvelles mesures et signifie la 10e partie.

DÉCIARE, *s. m.* mesure de superficie; dixième partie de l'are (10 mètres carrés).

DÉCIDÉ, ÉE, *adj.* résolu, d'un caractère ferme.

DÉCIDÉMENT, *adv.* d'une manière décidée.

DÉCIDER, *v. a. é, ée, p.* résoudre une question, une difficulté; déterminer quelqu'un; —, *v. n.* ordonner, disposer.

DÉCIGRAMME, *s. m.* mesure de pesanteur; dixième partie du gramme.

DÉCILITRE, *s. m.* mesure pour les liquides; dixième partie du litre.

DÉCIMAL, E, *adj.* calcul qui procède par dixième.

DÉCIME, *s. m.* dixième partie du franc.

DÉCIMER, *v. a. é, ée, p.* punir de la mort un individu pris au sort sur chaque dizaine d'une masse réputée coupable.

DÉCIMÈTRE, *s. m.* mesure de longueur; dixième partie du mètre.

DÉCIRER, *v. a. é, ée, p.* ôter la cire.

DÉCISIF, IVE, *adj.* qui décide, qui détermine.

DÉCISION, *s. f.* action de décider; résolution, jugement.

DÉCISIVEMENT, *adv.* d'une manière décisive.

DÉCISTÈRE, *s. m.* dixième partie du stère (mesure pour les solides).

DÉCLAMATEUR, *s. m.* qui déclame, qui exagère.

DÉCLAMATION, *s. f.* prononciation et action de celui qui déclame; invective contre quelqu'un.

DÉCLAMATOIRE, *adj. 2 g.* qui ne renferme que des déclamations.

DÉCLAMER, *v. a. é, ée, p.* réciter à haute voix d'un ton oratoire; —, *v. n.* invectiver.

DÉCLARATION, *s. f.* action de déclarer; discours pour déclarer; déposition, plainte, aveu.

DÉCLARER, *v. a. é, ée, p.* manifester ses intentions; faire connaître sa volonté; révéler; se —, *v. pr.* s'expliquer.

DÉCLIN, *s. m.* état d'une chose qui décline; décadence.

DÉCLINABLE, *adj. 2 g.* qui peut être décliné.

DÉCLINAISON, *s. f.* action, manière de décliner, *t. de gram.*; mesure de la hauteur des astres.

DÉCLINATION, *s. f.* pente, éloignement.

DÉCLINATOIRE, *s. m.* acte par lequel on décline une juridiction.

DÉCLINER, *v. n.* déchoir; pencher vers sa fin; —, *v. a. é, ée, p.* — *son nom*, se faire connaître; — *une juridiction*, ne pas la reconnaître.

DÉCLOUER, *v. a. é, ée, p.* ôter les clous.

DÉCOCHER, *v. a. é, ée, p.* lancer un trait avec l'arc.

DÉCOCTION, *s. f.* bouillon de plantes et de drogues.

DÉCOIFFER, *v. a. é, ée, p.* défaire la coiffure, déranger les cheveux.

DÉCOLLATION, s. f. action de couper le cou.
DÉCOLLEMENT, s. m. action de décoller ce qui est collé.
DÉCOLLER, v. a. é, ée, p. couper le cou ; détacher ce qui est collé.
DÉCOLLETER, v. a. é, ée, p. découvrir le cou et les épaules.
DÉCOLORER, v. a. é, ée, p. effacer la couleur ; se —, v. pr. perdre sa couleur, se ternir.
DÉCOMBRER, v. a. é, ée, p. ôter les décombres.
DÉCOMBRES, s. m. pl. plâtras, débris d'une démolition.
DÉCOMMANDER, v. a. é, ée, p. contremander une chose.
DÉCOMPOSER, v. a. é, ée, p. séparer les parties qui composent un corps ; analyser.
DÉCOMPOSITION, s. f. action de décomposer ; état d'un corps décomposé.
DÉCOMPTE, s. m. déduction sur ce qui reste à payer ; erreur dans un calcul.
DÉCOMPTER, v. a. é, ée, p. faire un décompte ; —, v. n. rabattre de l'opinion qu'on avait de quelqu'un.
DÉCONCERTER, v. a. é, ée, p. troubler, interdire ; faire perdre contenance à quelqu'un ; rompre les mesures prises.
DÉCONFIRE, v. a. irr. (se conj. c. confire.) mettre en déroute ; réduire quelqu'un à ne savoir plus que dire.
DÉCONFITURE, s. f. déroute générale ; banqueroute.
DÉCONFORTER, v. a. é, ée, p. décourager ; se —, v. pr. se décourager.
DÉCONSEILLER, v. a. é, ée, p. détourner de quelque projet.
DÉCONSIDÉRATION, s. f. perte de la considération ; défaveur.
DÉCONSIDÉRER, v. a. é, ée, p. ôter la considération, l'estime.
DÉCONTENANCER, v. a. é, ée, p. faire perdre contenance.
DÉCONVENUE, s. f. malheur, mauvais succès.

DÉCOR, s. m. ce qui sert à décorer ; ensemble des décorations d'un théâtre.
DÉCORATEUR, s. m. artiste qui fait des décorations de théâtre.
DÉCORATION, s. f. embellissement, ornement ; marque de dignité, d'honneur.
DÉCORDER, v. a. é, ée, p. défaire une corde.
DÉCORER, v. a. é, ée, p. orner ; donner à quelqu'un une marque de dignité.
DÉCORUM, s. m. bienséance.
DÉCOUCHER, v. n. coucher hors de chez soi, de son lit ; —, v. a. faire quitter le lit.
DÉCOUDRE, v. a. irr. (se conj. c. coudre), défaire ce qui est cousu ; en —, v. n. en venir aux mains ; se —, v. pr. se dit des coutures qui se défont.
DÉCOULANT, E, adj. qui découle.
DÉCOULEMENT, s. m. mouvement lent de ce qui découle.
DÉCOULER, v. n. tomber goutte à goutte ; fig. émaner.
DÉCOUPER, v. a. é, ée, p. couper par morceaux ; — une image, la séparer du fond.
DÉCOUPEUR, EUSE, s. qui travaille en découpure.
DÉCOUPLÉ, ÉE, adj. de belle taille.
DÉCOUPOIR, s. m. ciseaux pour découper.
DÉCOUPURE, s. f. taillade faite pour ornement ; l'objet découpé ; action de découper.
DÉCOURAGEANT, E, adj. qui décourage.
DÉCOURAGEMENT, s. m. abattement de cœur.
DÉCOURAGER, v. a. é, ée, p. abattre le courage ; faire perdre la volonté ; se —, v. pr. perdre courage.
DÉCOURS, s. m. déclin ; décroissement.
DÉCOUSURE, s. f. couture défaite ; chose dépourvue de liaison.
DÉCOUVERT, E, adj. qui

n'est pas couvert ; ce qu'on a inventé ; *à—*, *loc. adv.* sans être couvert.

DÉCOUVERTE, *s. f.* action de découvrir ; chose découverte à force de recherches ; invention.

DÉCOUVRIR, *v. a, irr.* (se conj. c. *couvrir.*) ôter ce qui couvre ; parvenir à trouver ; faire connaître ce qui était ignoré ; apercevoir de loin ; *se—*, *v. pr.* ôter ce dont on est couvert.

DÉCRASSER, *v. a. é, ée, p.* ôter la crasse.

DÉCRÉDITER, *v. a. é, ée, p.* faire perdre le crédit, la considération ; *se—*, *v. pr.* perdre son crédit.

DÉCRÉPIT, E, *adj.* vieux et cassé.

DÉCRÉPITUDE, *s. f.* vieillesse extrême, infirmité.

DÉCRET, *s. m.* ordonnance, jugement, loi.

DÉCRÉTALE, *s. f.* épître réglementaire des anciens papes.

DÉCRÉTER, *v. a. é, ée, p.* rendre un décret ; ordonner par un décret ; *—*, *v. n.* faire un décret.

DÉCRI, *s. m.* perte de crédit, de réputation, de valeur pécuniaire.

DÉCRIER, *v. a. é, ée, p.* attaquer la réputation, décréditer.

DÉCRIRE, *v. a. irr.* (se conj. c. *écrire.*) dépeindre par le discours.

DÉCROCHEMENT, *s. m.* action de décrocher.

DÉCROCHER, *v. a. é, ée, p.* détacher ce qui est accroché.

DÉCROCHOIR, *s. m.* instrument pour décrocher.

DÉCROISSEMENT, *s. m.* diminution.

DÉCROÎTRE, *v. n. irr.* (se conj. c. *croître.*) diminuer.

DÉCROTTER, *v. a. é, ée, p.* ôter la crotte.

DÉCROTTEUR, *s. m.* qui décrotte.

DÉCROTTOIR, *s. m.* lame de fer posée près d'une porte pour y décrotter ses souliers, etc.

DÉCROTTOIRE, *s. f.* brosse pour décrotter.

DÉCRUER, *v. a. é, ée, p.* lessiver du fil cru avant de le teindre.

DÉCUPLE, *s. m.* dix fois autant ; *—*, *adj. 2 g.* dix fois plus grand.

DÉCUPLER, *v. a. é, ée, p.* rendre dix fois plus grand.

DÉCURIE, *s. f.* troupe de dix soldats chez les Romains.

DÉCURION, *s. m.* chef d'une décurie.

DÉDAIGNER, *v. a. é, ée, p.* mépriser ; négliger une chose comme au-dessous de soi.

DÉDAIGNEUSEMENT, *adv.* avec dédain.

DÉDAIGNEUX, EUSE, *adj.* qui a du dédain.

DÉDAIN, *s. m.* démonstration de mépris.

DÉDALE, *s. m.* labyrinthe ; *fig.* choses embrouillées.

DEDANS, *s. m.* la partie intérieure d'une chose, *—*, *prép.* dans ; *—*, *adv. de lieu*, dans l'intérieur.

DÉDICACE, *s. f.* consécration d'un monument ; hommage fait par écrit d'un ouvrage, etc.

DÉDICATOIRE, *adj. 2 g.* épître *—*, par laquelle on dédie.

DÉDIER, *v. a. é, ée, p.* consacrer ; adresser par une dédicace.

DÉDIRE, *v. a. irr.* (se conj. c. *dire*, excepté la seconde personne du pl. du présent de l'ind. et de l'impér., où il fait *dédisez.*) désavouer ce qu'une personne a fait ou dit pour nous ; *se —*, *v. pr.* se rétracter ; ne pas tenir sa parole.

DÉDIT, *s. m.* révocation d'une parole donnée ; peine du dédit.

DÉDOMMAGEMENT, *s. m.* réparation de dommage, compensation.

DÉDOMMAGER, *v. a. é, ée, p.* réparer un dommage, indemniser.

9

DÉDORER, *v. a.* é, ée, *p.* ôter la dorure.
DÉDOUBLEMENT, *s. m.* action de dédoubler.
DÉDOUBLER, *v. a.* é, ée, *p.* ôter la doublure; séparer ce qui est double.
DÉDUCTION, *s. f.* soustraction, rabais.
DÉDUIRE, *v. a. irr.* (se conj. c. *conduire.*) rabattre d'une somme; énumérer; tirer une conséquence.
DÉESSE, *s. f.* divinité féminine.
DÉFÂCHER, se —, *v. pr.* s'apaiser après s'être fâché.
DÉFAILLANCE, *s. f.* état de faiblesse, évanouissement.
DÉFAILLANT, E, *adj.* qui périt de faiblesse; qui s'éteint.
DÉFAILLIR, *v. n. irr.* et *défect.* (ll mouillés.) Il n'est usité qu'au plur. du pr. de l'indic. n. *défaillons, v. défaillez, ils défaillent*; à l'imp. *je défaillais*; au passé, *je défaillis, j'ai défailli*; et à l'inf. *défaillir.* Manquer, tomber en faiblesse.
DÉFAIRE, *v. a. irr.* (se conj. c. *faire.*) détruire ce qui est fait; mettre en déroute; débarrasser; *se —,* se débarrasser.
DÉFAITE, *s. f.* déroute d'une armée; débit facile; mauvaise excuse.
DÉFALCATION, *s. f.* déduction, retranchement.
DÉFALQUER, *v. a.* é, ée, *p.* déduire, rabattre d'une somme.
DÉFAUT, *s. m.* imperfection; manque, absence.
DÉFAVEUR, *s. f.* cessation de faveur.
DÉFAVORABLE, *adj.* 2 g. qui est préjudiciable.
DÉFAVORABLEMENT, *adv.* d'une manière défavorable.
DÉFECTIF, IVE, *adj.* se dit des verbes qui n'ont pas tous leurs temps, toutes leurs personnes.
DÉFECTION, *s. f.* désertion, abandonnement d'un parti.
DÉFECTUEUSEMENT, *adv.* d'une manière défectueuse.

DÉFECTUEUX, EUSE, *adj.* qui a des défauts; qui manque des formes requises.
DÉFECTUOSITÉ, *s. f.* imperfection d'une chose.
DÉFENDABLE, *adj.* 2 g. qu'on peut défendre.
DÉFENDEUR, DERESSE, *s.* qui se défend en justice.
DÉFENDRE, *v. a.* (se conj. c. *rendre.*) donner secours, protection; garantir; prohiber, interdire; enjoindre de ne pas faire; *se —, v. pr.* repousser la force par la force; s'excuser.
DÉFENSE, *s. f.* protection, soutien; apologie, justification; action de se défendre soi-même; ordre de ne pas faire, de ne pas dire; réponse en justice; résistance contre l'attaque; —, *pl.* dents extérieures du sanglier.
DÉFENSEUR, *s. m.* qui défend, protége, soutient.
DÉFENSIF, IVE, *adj.* fait pour défendre; être sur la —, ne faire que se défendre.
DÉFÉRENCE, *s. f.* condescendance, égard, respect.
DÉFÉRER, *v. a.* é, ée, *p.* donner, décerner; dénoncer en justice; —, *v. n.* condescendre; céder par égard.
DÉFERRER, *v. a.* é, ée, *p.* ôter les fers d'un cheval; *se —, v. pr.* perdre son fer, en parlant d'un cheval; *fig.* se déconcerter.
DÉFEUILLER, *v. a.* é, ée, *p.* ôter les feuilles.
DÉFI, *s. m.* provocation; appel à un combat singulier.
DÉFIANCE, *s. f.* soupçon; manque de confiance.
DÉFIANT, E, *adj.* soupçonneux; qui craint d'être trompé.
DÉFICIT, *s. m. inv.* ce qui manque.
DÉFIER, *v. a.* é, ée, *p.* provoquer, braver; faire un défi; *se —, v. pr.* avoir de la défiance; suspecter; prévoir.
DÉFIGURER, *v. a.* é, ée, *p.* rendre difforme; changer, gâter la forme.
DÉFILÉ, *s. m.* passage étroit; *fig.* situation embarrassante.

DÉFILER, *v. a.* é, ée, *p.* ôter le fil, le cordon passé dans quelque chose ; —, *v. n.* aller à la file ; *se* —, *v. pr.* se découdre.

DÉFINIR, *v. a.* i, ie, *p.* expliquer clairement la nature d'une chose ; faire connaître, dépeindre, développer.

DÉFINITIF, IVE, *adj* qui décide ; *en définitive*, enfin.

DÉFINITION, *s. f.* explication, détail précis et clair de la nature d'une chose, etc.

DÉFINITIVEMENT, *adv.* enfin ; en jugement définitif.

DÉFLEURIR, *v. a.* i, ie, *p.* ôter la fleur, le velouté ; —, *v. n.* perdre sa fleur.

DÉFONCEMENT, *s. m.* action de défoncer.

DÉFONCER, *v. a.* é, ée, *p.* ôter le fond ; fouiller un terrain ; *se* —, *v. pro.* perdre son fond.

DÉFORMATION, *s. f.* altération de la forme.

DÉFORMER, *v. a.* é, ée, *p.* gâter la forme d'une chose.

DÉFOURNER, *v. a.* é, ée, *p.* ôter du four.

DÉFRAYER, *v. a.* (se conj. c. *payer*.) payer la dépense ; dédommager d'une perte.

DÉFRICHEMENT, *s. m.* action de défricher ; terrain défriché.

DÉFRICHER, *v. a.* é, ée, *p.* cultiver un terrain inculte.

DÉFRICHEUR, *s. m.* qui défriche.

DÉFRISER, *v. a.* é, ée, *p.* défaire la frisure.

DÉFRONCER, *v. a.* é, ée, *p.* défaire les plis qui froncent.

DÉFROQUE, *s. f.* dépouille d'un moine ; effets dont on profite.

DÉFROQUER, *v. a.* é, ée, *p.* quitter le froc.

DÉFUNT, E, *adj.* qui est mort.

DÉGAGÉ, ÉE, *adj.* libre.

DÉGAGEMENT, *s. m.* action de dégager ; issue dérobée.

DÉGAGER, *v. a.* é, ée, *p.* retirer ce qui est engagé ; débarrasser ; délivrer.

DÉGAINE, *s. f.* démarche, tournure, façon maussade.

DÉGAINER, *v. a.* é, ée, *p.* tirer de la gaîne ; —, *v. n.* tirer l'épée.

DÉGANTER, *v. a.* é, ée, *p.* ôter les gants ; *se* —, *v. pr.* ôter ses gants.

DÉGARNIR, *v. a.* i, ie, *p.* ôter ce qui garnit, ce qui meuble ; *se* —, *v. pr.* se vêtir plus légèrement ; perdre sa garniture.

DÉGÂT, *s. m.* ravage, ruine ; destruction violente ; désordre.

DÉGAUCHIR, *v. a.* i, ie, *p.* redresser ; rendre moins gauche.

DÉGAUCHISSEMENT, *s. m.* action de dégauchir.

DÉGEL, *s. m.* fonte de la glace et de la neige.

DÉGELER, *v. a.* é, ée, *p.* fondre la glace, la neige ; —, *v. n.* cesser d'être gelé.

DÉGÉNÉRATION, *s. f.* dépérissement ; état de ce qui dégénère.

DÉGÉNÉRER, *v. n.* é, ée, *p.* s'abâtardir ; perdre de ses qualités primitives.

DÉGINGANDÉ, ÉE, *adj.* disloqué ; sans contenance.

DÉGLUTITION, *s. f.* action d'avaler.

DÉGOISER, *v. a. et v. n.* chanter (se dit des oiseaux) ; parler indiscrètement.

DÉGONDER, *v. a.* é, ée, *p.* ôter une porte de dessus ses gonds.

DÉGONFLER, *v. a.* é, ée, *p.* faire cesser le gonflement.

DÉGORGEMENT, *s. m.* action de dégorger ; débordement.

DÉGORGER, *v. a.* é, ée, *p.* déboucher ; débarrasser un passage ; —, *v. n.* se déboucher, se déborder ; *se* —, *v. pr.* s'écouler.

DÉGOTER, *v. a.* é, ée, *p.* déplacer quelqu'un ; l'emporter sur lui.

DÉGOURDIR, *v. a.* i, ie, *p.* réchauffer ; façonner ; ôter l'engourdissement.

DÉGOURDISSEMENT, s. m. cessation d'engourdissement.
DÉGOÛT, s. m. manque de goût, d'appétit; *fig.* aversion, répugnance, déplaisir, chagrin.
DÉGOÛTANT, E, *adj.* qui dégoûte.
DÉGOÛTÉ, ÉE, *adj.* difficile, délicat.
DÉGOÛTER, v. a. é, ée, p. ôter le goût, l'appétit; *fig.* donner du dégoût; se —, v. pr. prendre du dégoût.
DÉGOUTTANT, E, *adj.* qui coule goutte à goutte.
DÉGOUTTEMENT, s. m. ce qui tombe goutte à goutte.
DÉGOUTTER, v. n. couler goutte à goutte.
DÉGRADATION, s. f. action de dégrader; dégâts; dépérissement; avilissement.
DÉGRADER, v. a. é, ée, p. démettre d'un grade avec ignominie; déshonorer, avilir; causer du dégât.
DÉGRAFER, v. a. é, ée, p. détacher une agrafe.
DÉGRAISSAGE, s. m. action de dégraisser la laine, etc.
DÉGRAISSER, v. a. é, ée, p. ôter la graisse, les taches de graisse.
DÉGRAISSEUR, s. m. qui dégraisse.
DÉGRAISSOIR, s. m. instrument pour dégraisser.
DÉGRAS, s. m. huile de poisson qui a servi aux chamoiseurs.
DÉGRAVOÎMENT, s. m. effet de l'eau qui dégrade un mur, etc.
DÉGRAVOYER, v. a. é, ée, p. déchausser, dégrader un mur, etc., en ôtant le gravois.
DEGRÉ, s. m. escalier, marche d'un escalier; portion d'un cercle; grade, moyen d'élévation; *fig.* proximité en parenté.
DÉGRÉER, v. a. é, ée, p. ôter les agrès (en parlant d'un vaisseau).
DÉGRÈVEMENT, s. m. action de dégréver.
DÉGRÉVER, v. a. é, ée, p. exempter de payer partie d'un impôt.
DÉGRINGOLADE, s. f. chute rapide.
DÉGRINGOLER, v. a. é, ée, p. descendre trop vite.
DÉGRISER, v. a. é, ée, p. faire passer l'ivresse; *fig.* faire cesser l'étonnement, l'illusion.
DÉGROSSIR, v. a. i, ie, p. ôter le plus gros; *fig.* débrouiller, éclaircir.
DÉGUENILLÉ, ÉE, *adj.* personne dont les habits sont en lambeaux.
DÉGUERPIR, v. n. i, ie, p. abandonner un lieu par force, par crainte.
DÉGUERPISSEMENT, s. m. action de déguerpir.
DÉGUIGNONNER, v. a. é, ée, p. ôter le guignon, le malheur.
DÉGUISEMENT, s. m. état d'une personne déguisée; *fig.* dissimulation.
DÉGUISER, v. a. e, ée, p. rendre méconnaissable; cacher sous des formes trompeuses; se —, v. pr. feindre, se cacher.
DÉGUSTATEUR, s. m. qui vérifie la qualité des boissons.
DÉGUSTATION, s. f. action de déguster.
DÉGUSTER, v. a. é, ée, p. goûter une boisson pour connaître sa qualité.
DÉHÂLER, v. a. é, ée, p. ôter l'impression du hâle sur la peau.
DÉHANCHÉ, ÉE, *adj.* qui a les hanches disloquées.
DÉHARNACHEMENT, s. m. action de déharnacher.
DÉHARNACHER, v. a. é, ée, p. ôter les harnais.
DÉHONTÉ, ÉE, *adj.* insensible à la honte; effronté.
DEHORS, s. m. la partie extérieure; apparence; —, *adv.* de lieu, hors de.
DÉIFICATION, s. f. action de déifier.
DÉIFIER, v. a. é, ée, p. mettre au rang des dieux.

DÉISME, *s. m.* système du déiste.

DÉISTE, *s. et adj. 2 g.* qui reconnaît un Dieu et rejette le culte et la révélation.

DÉITÉ, *s. f.* divinité.

DÉJÀ, *adv.* de temps, dès cette heure.

DÉJECTION, *s. f.* évacuation d'excréments.

DÉJETER (*se*), *v. pr.* é, ée, *p.* se dit du bois qui se courbe.

DÉJEUNÉ ou **DÉJEUNER**, *s. m.* repas du matin.

DÉJEUNER, *v. n.* faire le repas du matin.

DÉJOINDRE, *v. a. irr.* (se conj. c. *joindre*.) séparer ce qui était joint.

DÉJOUER, *v. a.* é, ée, *p.* faire échouer un projet, des prétentions, des intrigues.

DÉJUCHER, *v. a.* é, ée, *p.* faire descendre les poules du juchoir; —, *v. n.* se dit des poules qui quittent le perchoir.

DE-LÀ, *adv.* de ce lieu; de cela; *delà*, *prép.* de l'autre côté de; opposé à *deçà*.

DÉLABREMENT, *s. m.* état d'une chose délabrée.

DÉLABRER, *v. a.* é, ée, *p.* déchirer, mettre en lambeaux, en désordre.

DÉLACER, *v. a.* é, ée, *p.* défaire, ôter un lacet.

DÉLAI, *s. m.* retardement, remise.

DÉLAISSEMENT, *s. m.* manque de secours; abandon.

DÉLAISSER, *v. a.* é, ée, *p.* laisser sans secours, abandonner.

DÉLASSEMENT, *s. m.* repos.

DÉLASSER, *v. a.* é, ée, *p.* ôter la lassitude; récréer; *se —*, *v. pr.* prendre du repos.

DÉLATEUR, TRICE, *s.* dénonciateur.

DÉLATION, *s. f.* dénonciation.

DÉLAYANT, *s. m. et adj.* remède qui délaye les humeurs.

DÉLAYEMENT, *s. m.* action de délayer.

DÉLAYER, *v. a.* é, ée, *p.* détremper avec un liquide.

DÉLÉBILE, *adj. 2 g.* qui peut être effacé.

DÉLECTABLE, *adj. 2 g.* très-agréable; qui plaît.

DÉLECTATION, *s. f.* plaisir savouré avec réflexion.

DÉLECTER, *v. a.* é, ée, *p.* réjouir; *se —*, *v. pr.* prendre plaisir à....

DÉLÉGATAIRE, *s. m.* celui qui a une délégation.

DÉLÉGATION, *s. f.* commission pour agir au nom d'un autre.

DÉLÉGUÉ, *s. m.* député, porteur d'une délégation.

DÉLÉGUER, *v. a.* é, ée, *p.* députer, envoyer quelqu'un avec une délégation.

DÉLESTER, *v. a.* é, ée, *p.* ôter le lest.

DÉLÉTÈRE, *adj. 2 g.* qui cause la mort.

DÉLIBÉRANT, E, *adj.* qui délibère.

DÉLIBÉRATIF, IVE, *adj. genre délibératif*, qui persuade ou dissuade; *voix délibérative*, droit de suffrage.

DÉLIBÉRATION, *s. f.* discussion entre plusieurs personnes pour prendre une résolution.

DÉLIBÉRÉ, *s. m.* résultat d'une délibération; —, ÉE, *adj.* résolu; *de propos —* à dessein.

DÉLIBÉRÉMENT, *adv.* hardiment, résolument.

DÉLIBÉRER, *v. n.* examiner, mettre en délibération; résoudre.

DÉLICAT, E, *adj.* agréable au goût; exquis; sensible; difficile à contenter; aisé à blesser; prompt à s'alarmer; susceptible; faible; fin, délié; *fig.* qui juge finement des choses.

DÉLICATEMENT, *adv.* avec délicatesse.

DÉLICATESSE, *s. f.* qualité d'une chose ou d'une personne délicate; légèreté, adresse, finesse de tact; susceptibilité.

DÉLICE, *s.* (*m. au sing. et f. au pl.*) plaisir, volupté.

DÉLICIEUSEMENT, adv. avec délices.

DÉLICIEUX, EUSE, adj. extrêmement agréable.

DÉLICOTER (SE), v. pr. défaire son licou.

DÉLIÉ, adj. mince, menu; fig. subtil, pénétrant.

DÉLIER, v. a. é, ée, p. défaire ce qui lie; fig. absoudre; dégager d'un serment.

DÉLIMITATION, s. f. action de délimiter.

DÉLIMITER, v. a. é, ée, p. marquer les limites.

DÉLINÉATION, s. f. représentation avec des lignes; dessin au trait.

DÉLINQUANT, s. m. coupable d'un délit.

DÉLIRANT, E, adj. qui a le délire.

DÉLIRE, s. m. égarement d'esprit.

DÉLIRER, v. n. être en délire.

DÉLIT, s. m. contravention aux lois.

DÉLIVRANCE, s. f. action de mettre en liberté; affranchissement.

DÉLIVRER, v. a. é, ée, p. mettre quelqu'un en liberté; livrer de la marchandise.

DÉLOGEMENT, s. m. action de déloger.

DÉLOGER, v. a. é, ée, p. faire quitter un logement; chasser d'un poste; —, v. n. déménager.

DÉLOYAL, E, adj. perfide, sans loyauté.

DÉLOYALEMENT, adv. d'une manière déloyale.

DÉLOYAUTÉ, s. f. infidélité, perfidie.

DÉLUGE, s. m. débordement universel des eaux; grande inondation.

DÉLUSTRER, v. a. é, ée, p. ôter le lustre du drap.

DÉMAGOGIE, s. f. domination du peuple.

DÉMAGOGUE, s. m. chef ou membre d'une faction populaire.

DÉMAIGRIR, v. n. devenir moins maigre.

DÉMAIGRISSEMENT, s. m. action de démaigrir.

DÉMAILLOTTER, v. a. é, ée, p. ôter un enfant du maillot.

DEMAIN, adv. de temps, le jour qui doit suivre celui où l'on est.

DÉMANCHER, v. a. é, ée, p. ôter le manche d'un outil; se —, v. pro. se donner beaucoup de peine pour obtenir quelque chose.

DEMANDE, s. f. action de demander; chose demandée.

DEMANDER, v. a. é, ée, p. prier quelqu'un d'accorder quelque chose; solliciter, interroger.

DEMANDEUR, EUSE, s. qui demande, qui importune en demandant.

DÉMANGEAISON, s. f. picotement entre cuir et chair; fig. envie.

DÉMANGER, v. n. et impers. éprouver une démangeaison.

DÉMANTÈLEMENT, s. m. action de démanteler; état d'une ville démantelée.

DÉMANTELER, v. a. é, ée, p. abattre les fortifications d'une ville.

DÉMANTIBULER, v. a. é, ée, p. rompre, briser.

DÉMARCATION, s. f. ligne qui marque les limites, qui sépare.

DÉMARCHE, s. f. façon de marcher; fig. manière d'agir, procédé.

DÉMARQUER, v. a. é, ée, p. ôter la marque.

DÉMARRAGE, s. m. action d'ôter, de rompre des amarres.

DÉMARRER, v. a. é, ée, p. détacher, quitter l'ancre; fig. changer de place.

DÉMASQUER, v. a. é, ée, p. ôter le masque à quelqu'un; se —, v. pro. découvrir ses propres défauts.

DÉMASTIQUER, v. a. é, ée, p. ôter le mastic.

DÉMÂTAGE, s. m. action de perdre ses mâts.

DEM 51

DÉMÂTER, v. a. é, ée, p. abattre ou rompre les mâts.

DÉMÊLÉ, s. m. querelle, contestation.

DÉMÊLER, v. a. é, ée, p. séparer ce qui est mêlé; débrouiller, éclaircir; se —, v. pr. se débrouiller.

DÉMÊLOIR, s. m. peigne à démêler les cheveux.

DÉMEMBREMENT, s. m. division, partage.

DÉMEMBRER, v. a. é, ée, p. séparer, arracher des membres d'un corps; fig. diviser.

DÉMÉNAGEMENT, s. m. transport de meubles d'un lieu à un autre.

DÉMÉNAGER, v. a. é, ée, p. transporter des meubles d'un lieu dans un autre; —, v. n. changer de logement.

DÉMENCE, s. f. folie, aliénation d'esprit.

DÉMENER (se), v. pr. s'agiter, se remuer.

DÉMENTI, s. m. action de nier ce qui a été dit par quelqu'un.

DÉMENTIR, v. a. irr. (se conj. c. mentir.) dire à quelqu'un qu'une chose qu'il a dite n'est pas vraie; se —, v. pr. se dédire.

DÉMÉRITE, s. m. ce qui attire l'improbation, fait perdre l'estime.

DÉMÉRITER, v. n. agir de manière à perdre l'estime d'autrui.

DÉMESURÉ, ÉE, adj. excessif, extrême.

DÉMESURÉMENT, adv. avec excès.

DÉMETTRE, v. a. irr. (se conj. c. mettre.) disloquer, ôter un os de sa place; se —, v. pr. abandonner un emploi.

DÉMEUBLEMENT, s. m. action de démeubler.

DÉMEUBLER, v. a. é, ée, p. dégarnir de meubles.

DEMEURANT, s. m. le reste; —, adj. qui demeure; au —, adv. au reste.

DEMEURE, s. f. habitation; lieu que l'on habite.

DEMEURER, v. n. faire sa demeure; rester; s'arrêter.

DEMI, E, adj. sing. la moitié d'un tout; à demi, adv. à moitié.

DEMI-CERCLE, s. m. instrument de mathématiques, moitié du cercle.

DEMI-FORTUNE, s. f. carrosse à quatre roues, attelé d'un seul cheval.

DEMI-SAVANT, s. m. qui ne sait qu'à demi.

DEMI-SAVOIR, s. m. science superficielle.

DEMI-SCIENCE, s. f. science incomplète.

DEMI-SETIER, s. m. mesure de liquides, quart de pinte.

DEMI-SOLDE, s. f. moitié de la solde.

DEMIS, E, adj. disloqué.

DÉMISSION, s. f. acte par lequel on se démet d'une charge.

DÉMISSIONNAIRE, adj. 2 g. qui se démet d'un emploi; —, s. celui en faveur de qui on se démet.

DÉMOCRATE, s. m. partisan de la démocratie.

DÉMOCRATIE, s. f. souveraineté du peuple.

DEMOISELLE, s. f. fille bien élevée, non mariée; instrument pour enfoncer les pavés; insecte du genre des mouches.

DÉMOLIR, v. a. i, ie, p. (se conj. c. finir.) détruire, abattre.

DÉMOLITION, s. f. action de démolir; décombres.

DÉMON, s. m. diable, esprit infernal.

DÉMONÉTISATION, s. f. action de démonétiser; son effet.

DÉMONÉTISER, v. a. é, ée, p. retirer de la circulation des espèces monnoyées, ou un papier monnaie.

DÉMONIAQUE, adj. et s. 2 g. possédé du démon, emporté, colère.

DÉMONSTRATEUR, s. m. celui qui démontre.

DÉMONSTRATIF, IVE, adj. qui démontre; qui fait des démonstrations.

DÉMONSTRATION, s. f.

preuve évidente; marque, témoignage extérieur.

DÉMONSTRATIVEMENT, *adv.* d'une manière évidente.

DÉMONTER, *v. a.* é, ée, *p.* ôter la monture; désassembler les parties d'un tout; mettre en désordre; déconcerter; ôter le commandement à un capitaine de navire.

DÉMONTRABLE, *adj.* 2 g. qui peut être démontré.

DÉMONTRER, *v. a.* é, ée, *p.* prouver d'une manière évidente; témoigner par des marques extérieures.

DÉMORALISATION, *s. f.* action de démoraliser; effet qui en résulte.

DÉMORALISER, *v. a.* é, ée, *p.* corrompre les mœurs; rendre immoral.

DÉMORDRE, *v. n.* lâcher ce qu'on tient avec les dents; *fig.* se départir de...

DÉMUNIR, *v. a.* i, ie, *p.* ôter les munitions; se —, *v. pr.* se priver en donnant.

DÉMURER, *v. a.* é, ée, *p.* ouvrir ce qui était muré.

DÉNAIRE, *adj.* 2 g. qui a rapport au nombre dix.

DÉNANTIR (se), *v. pr.* i, ie, *p.* abandonner un nantissement; se dépouiller de ce qu'on a.

DÉNATIONALISER, *v. a.* é, ée, *p.* faire perdre la nationalité.

DÉNATTER, *v. a.* é, ée, *p.* défaire une natte.

DÉNATURÉ, ÉE, *adj.* contraire à la nature.

DÉNATURER, *v. a.* é, ée, *p.* changer la nature d'une chose, l'acception d'un mot.

DENDROMÈTRE, *s. m.* instrument pour mesurer la hauteur et le volume des arbres.

DÉNÉGATION, *s. f.* action de nier.

DÉNI, *s. m.* refus d'une chose due.

DÉNIAISEMENT, *s. m.* action de déniaiser.

DÉNIAISER, *v. a.* é, ée, *p.* rendre quelqu'un moins niais.

DÉNICHER, *v. a.* é, ée, *p.* ôter du nid; découvrir avec difficulté; —, *v. n.* s'enfuir, s'évader.

DÉNICHEUR, *s. m.* qui déniche.

DÉNIER, *s. m.* ancienne monnaie de cuivre (12e d'un sou); — à Dieu, arrhes d'un marché.

DÉNIER, *v. a.* é, ée, *p.* nier; refuser.

DÉNIGRANT, E, *adj.* qui dénigre.

DÉNIGREMENT, *s. m.* action de dénigrer.

DÉNIGRER, *v. a.* é, ée, *p.* noircir la réputation de quelqu'un; rabaisser le prix d'une chose.

DÉNIGREUR, *s. m.* qui dénigre.

DENIS (ST.-), chef-lieu d'arr. du dép. de la Seine.

DÉNOMBREMENT, *s. m.* compte détaillé, énumération.

DÉNOMBRER, *v. a.* é, ée, *p.* faire un dénombrement.

DÉNOMINATEUR, *s. m.* terme d'arithmétique: celui des deux termes d'une fraction qui marque en combien de parties l'entier est divisé.

DÉNOMINATIF, IVE, *adj.* qui dénomme.

DÉNOMINATION, *s. f.* désignation par un nom.

DÉNOMMER, *v. a.* é, ée, *p.* désigner par un nom.

DÉNONCER, *v. a.* é, ée, *p.* déclarer, faire connaître, publier.

DÉNONCIATEUR, *s. m.* qui dénonce, qui accuse.

DÉNONCIATION, *s. f.* délation; accusation en justice; déclaration publique.

DÉNOTER, *v. a.* é, ée, *p.* désigner, indiquer.

DÉNOÛMENT, *s. m.* solution, conclusion.

DÉNOUER, *v. a.* é, ée, *p.* défaire un nœud; démêler une affaire.

DENRÉE, *s. f.* ce qui se vend pour la nourriture.

DÉP

DENSE, *adj. 2 g.* épais, compacte.
DENSITÉ, *s. f.* qualité de ce qui est dense.
DENT, *s. f.* petit os de la mâchoire qui sert à broyer les aliments, à mordre, etc.; brèche au tranchant d'une lame.
DENTAIRE, *adj. 2 g.* qui a rapport aux dents.
DENTALE, *adj. f. consonne* —, qui se prononce à l'aide des dents.
DENTÉ, ÉE, *adj.* qui a des dents.
DENTELÉ, ÉE, *adj.* garni de dents.
DENTELER, *v. a. é, ée, p.* faire des entailles en forme de dents.
DENTELLE, *s. f.* ouvrage à jour, de fil, de soie, etc., fait avec des fuseaux.
DENTELLIER, IÈRE, *s.* fabricant, marchand de dentelles.
DENTELURE, *s. f.* ouvrage découpé en forme de dents.
DENTIER, *s. m.* rang de dents artificielles.
DENTIFRICE, *adj.* et *s. 2 g.* pour nettoyer les dents.
DENTISTE, *s. m.* qui soigne et arrache les dents.
DENTITION, *s. f.* sortie naturelle des dents.
DENTURE, *s. f.* ordre des dents.
DÉNÛMENT, *s. m.* dépouillement, privation.
DÉNUÉ, ÉE, *adj.* dépourvu; sans ressources.
DÉNUER, *v. a.* et *pr. é, ée, p.* priver ou se priver des choses nécessaires.
DÉPAQUETER, *v. a. é, ée, p.* défaire un paquet.
DÉPAREILLER, *v. a. é, ée, p.* (li m.) séparer des choses pareilles; lier les voiles d'un vaisseau.
DÉPARER, *v. a. é, ée, p.* ôter ce qui pare.
DÉPARIER, *v. a. é, ée, p.* (se conj. c. prier) ôter l'une des deux choses qui font la paire.
DÉPARLER, *v. n.* cesser de parler.

DÉP 153

DÉPART, *s. m.* action de partir.
DÉPARTEMENT, *s. m.* branche d'administration; division administrative de la France; hôtel où réside le préfet.
DÉPARTEMENTAL, E, *adj.* qui a rapport au département.
DÉPARTIR, *v. a. i, ie, p.* partager, accorder, distribuer; se —, *v. pr.* se désister.
DÉPASSER, *v. a. é, ée, p.* retirer ce qui est passé dans un anneau, etc.; passer outre; devancer quelqu'un.
DÉPAVER, *v. a. é, ée, p.* ôter le pavé.
DÉPAYSER, *v. a. é, ée, p.* faire changer de pays; donner le change.
DÉPÈCEMENT, *s. m.* action de dépecer.
DÉPECER, *v. a. é, ée, p.* mettre en morceaux.
DÉPECEUR, *s. m.* ouvrier qui met les bateaux en pièces.
DÉPÊCHE, *s. f.* lettre administrative; correspondance commerciale.
DÉPÊCHER, *v. a. é, ée, p.* expédier, faire promptement; se —, *v. pr.* se hâter.
DÉPEINDRE, *v. a.* (se conj. c. *peindre*) décrire et représenter par le discours.
DÉPENAILLÉ, ÉE, *adj.* déguenillé, mis négligemment.
DÉPENAILLEMENT, *s. m.* état d'une personne dépenaillée.
DÉPENDAMMENT, *adv.* avec dépendance.
DÉPENDANCE, *s. f.* sujétion, subordination; *au pl.* toutes les parties accessoires d'une propriété.
DÉPENDANT, E, *adj.* qui est sous la dépendance.
DÉPENDRE, *v. a. u, ue, p.* détacher ce qui est pendu; —, *v. n.* être dans la dépendance.
DÉPENS, *s. m. pl.* frais, déboursés.
DÉPENSE, *s. f.* emploi d'argent; état de ce qui a été ou doit être acheté; lieu où l'on serre

9.

tout ce qui a rapport à la table.
DÉPENSER, v. a. é, ée, p. faire une dépense; fig. détruire, consommer.
DÉPENSIER, IÈRE, s. qui aime la dépense; qui est chargé de faire la dépense d'une maison.
DÉPERDITION, s. f. perte; diminution.
DÉPÉRIR, v. n. (se conj. c. finir) s'affaiblir, diminuer, se détériorer.
DÉPÉRISSEMENT, s. m. altération; état de décadence.
DÉPÊTRER, v. a. é, ée, p. dégager, délivrer, débarrasser.
DÉPEUPLEMENT, s. m. action de dépeupler; état d'un pays dépeuplé.
DÉPEUPLER, v. a. é, ée, p. dégarnir un pays d'habitants, en diminuer le nombre.
DÉPIÉCER, v. a. é, ée, p. démembrer.
DÉPILATION, s. f. action de dépiler.
DÉPILATOIRE, s. m. drogue pour dépiler.
DÉPILER, v. a. é, ée, p. faire tomber le poil.
DÉPISTER, v. a. é, ée, p. découvrir à la piste le gibier.
DÉPIT, s. m. chagrin avec colère; fâcherie, impatience.
DÉPITER, v. a. é, ée, p. causer du dépit; se —, v. pr. se mutiner, se fâcher.
DÉPLACÉ, ÉE, adj. inconvenant; qui n'est plus à sa place.
DÉPLACEMENT, s. m. action de déplacer.
DÉPLACER, v. a. é, ée, p. ôter une personne ou une chose de sa place; transporter.
DÉPLAIRE, v. n. et irr. (se conj. c. plaire) être désagréable; fâcher; donner du chagrin; se —, s'ennuyer.
DÉPLAISANCE, s. f. répugnance, dégoût.
DÉPLAISANT, E, adj. qui déplaît.
DÉPLAISIR, s. m. chagrin, affliction.
DÉPLANTER, v. a. é, ée, p. ôter une plante d'un endroit pour la replanter ailleurs.
DÉPLANTOIR, s. m. outil pour déplanter.
DÉPLÂTRER, v. a. é, ée, p. ôter le plâtre.
DÉPLIER, v. a. é, ée, p. étendre ce qui est plié.
DÉPLISSER, v. a. é, ée, p. défaire les plis d'une étoffe.
DÉPLORABLE, adj. 2 g. digne de pitié.
DÉPLORABLEMENT, adv. d'une manière déplorable.
DÉPLORER, v. a. é, ée, p. plaindre beaucoup; avoir pitié.
DÉPLOYEMENT, s. m. action de déployer ses effets.
DÉPLOYER, v. a. é, ée, p. (se conj. c. ployer) développer, étendre; montrer.
DÉPLUMÉ, ÉE, adj. qui n'a plus de plumes.
DÉPLUMER, v. a. é, ée, p. ôter les plumes.
DÉPOLIR, v. a. 1, ie, p. ôter le poli.
DÉPOPULARISER, v. a. é, ée, p. ôter la popularité.
DÉPOPULATION, s. f. état d'un pays dépeuplé.
DÉPORTATION, s. f. bannissement perpétuel dans un lieu fixé.
DÉPORTEMENT, s. m. conduite blâmable.
DÉPORTER, v. a. é, ée, p. bannir; se —, v. pr. se désister.
DÉPOSANT, E, s. qui dépose en justice.
DÉPOSER, v. a. é, ée, p. mettre en dépôt, confier; ôter une dignité; destituer d'un emploi; —, v. n. dire en témoignage; former un sédiment.
DÉPOSITAIRE, s. 2 g. à qui on a confié un dépôt.
DÉPOSITION, s. f. destitution d'un emploi; témoignage en justice.
DÉPOSSÉDER, v. a. é, ée, p. ôter la possession.
DÉPOSSESSION, s. f. action de déposséder.
DÉPÔT, s. m. action de dé-

poser; ce qui est mis à la garde de quelqu'un; lieu où l'on dépose; sédiment que dépose une liqueur qui est trouble.

DÉPOTER, v. a. é, ée, p. ôter d'un pot.

DÉPOUILLE, s. f. (d m.) peau de certains animaux; butin; hardes.

DÉPOUILLEMENT, s. m. état de privation de biens; action de dépouiller; extrait d'un compte, supputation des votes.

DÉPOUILLER, v. a. é, ée, p. ôter l'habit, la peau, etc.; faire un extrait d'un compte; compter les votes écrits d'un scrutin; priver; se —, v. pr. se priver de.

DÉPOURVOIR, v. a. et irr. (n'est guère d'usage qu'à l'inf. et au passé déf. il se conj. c. pourvoir) dégarnir de ce qui est nécessaire.

DÉPRAVATION, s. f. corruption.

DÉPRAVER, v. a. é, ée, p. corrompre, pervertir.

DÉPRÉCIATION, s. f. action de déprécier; état d'une chose dépréciée.

DÉPRÉCIER, v. a. é, ée, p. mettre au-dessous de son prix.

DÉPRÉDATEUR, s. m. qui fait ou laisse faire des déprédations.

DÉPRÉDATION, s. f. vol, pillage fait par ceux qui ont charge de conserver.

DÉPRESSION, s. f. abaissement, oppression, enfoncement.

DÉPRIER, v. a. é, ée, p. révoquer une invitation; contremander.

DÉPRIMER, v. a. é, ée, p. rabaisser, avilir.

DÉPRISER, v. a. é, ée, p. priser au-dessous de la valeur; se —, v. pr. s'estimer moins qu'on ne vaut.

DEPUIS, prép. de temps, de lieu et d'ordre; —, adv. de temps.

DÉPURATIF, IVE, adj. qui épure le sang.

DÉPURATION, s. f. action de rendre pur.

DÉPURATOIRE, adj. 2 g. qui sert à rendre pur.

DÉPURER, v. a. é, ée, p. rendre pur, clarifier.

DÉPUTATION, s. f. envoi de députés; leur réunion.

DÉPUTÉ, s. m. envoyé d'un corps constitué pour traiter d'une affaire; membre de la chambre des députés.

DÉPUTER, v. a et n. é, ée, p. envoyer comme député.

DÉRACINEMENT, s. m. action de déraciner; état de ce qui est déraciné.

DÉRACINER, v. a. é, ée, p. arracher de terre avec des racines; fig. extirper, guérir un mal.

DÉRAISON, s. f. défaut de raison; opinion déraisonnable.

DÉRAISONNABLE, adj. 2 g. contraire à la raison.

DÉRAISONNABLEMENT, adv. sans raison.

DÉRAISONNER, v. n. tenir des discours dénués de raison.

DÉRANGÉ, ÉE, adj. qui a une mauvaise conduite.

DÉRANGEMENT, s. m. désordre; état de choses dérangées.

DÉRANGER, v. a. é, ée, p. ôter de son rang; déplacer; mettre en désordre; incommoder; se —, v. pr. sortir du lieu où l'on est; cesser d'avoir une bonne conduite.

DÉRATÉ, ÉE, adj. alerte, qui court vite. (C'est un préjugé de croire que certains coureurs très-agiles n'ont pas de rate.)

DÉRATER, v. a. é, ée, p. ôter la rate.

DERECHEF, adv. de nouveau.

DÉRÉGLÉ, ÉE, adj. contraire aux règles.

DÉRÈGLEMENT, s. m. désordre, inconduite.

DÉRÉGLÉMENT, adv. d'une manière déréglée.

DÉRÉGLER, v. a. é, ée, p. mettre hors de la règle; troubler; se —, v. pr. se déranger.

DÉRIDER, v. a. é, ée, p. ôter les rides; réjouir; se —, v. pr. quitter son air sérieux.

DÉRISION, *s. f.* moquerie amère.

DÉRISOIRE, *adj. 2 g.* fait par dérision.

DÉRIVATION, *s. f.* origine d'un mot tiré d'un autre; détour que l'on fait prendre à une eau courante.

DÉRIVÉ, *s. m.* mot tiré d'un autre.

DÉRIVER, *v. n.* s'écarter du bord, de la route; venir, provenir; —, *v. a. é, ée, p.* détourner les eaux.

DERNIER, IÈRE, *adj.* qui vient après tous les autres.

DERNIÈREMENT, *adv.* depuis peu.

DÉROBÉE (à la), *adv.* en cachette.

DÉROBER, *v. a. é, ée, p.* prendre en cachette; soustraire; ôter l'enveloppe des fèves de marais.

DÉROGATION, *s. f.* action de déroger; acte qui opère la dérogation.

DÉROGATOIRE, *adj. 2 g.* et *s. m.* qui déroge à un acte.

DÉROGEANT, E, *adj.* qui déroge.

DÉROGER, *v. n.* faire quelque chose de contraire à une loi, à une convention; manquer à ce qu'on doit à son caractère, à sa dignité.

DÉROIDIR, *v. a.* i, ie, *p.* ôter la roideur; se —, *v. pr.* perdre de sa roideur.

DÉROUGIR, *v. a.* i, ie, *p.* ôter la rougeur; —, *v. n. et pr.* devenir moins rouge.

DÉROUILLEMENT, *s. m.* action de dérouiller.

DÉROUILLER, (ll m.) *v. a. é, ée, p.* ôter la rouille; polir; se —, *v. pr.* se polir.

DÉROULER, *v. a. é, ée, p.* étendre ce qui est roulé.

DÉROUTE, *s. f.* fuite d'une armée vaincue; désordre dans les affaires.

DÉROUTER, *v. a. é, ée, p.* détourner quelqu'un de sa route; déconcerter.

DERRIÈRE, *s. m.* partie postérieure, opposée au devant; —, *adv.* en arrière.

DERVICHE, *s. m.* moine turc.

DES, *part.* pour de les, quelques, plusieurs.

DÈS, *prép.* de temps, de lieu, depuis.

DÉSABUSEMENT, *s. m.* action de détromper, effet de cette action.

DÉSABUSER, *v. a. é, ée, p.* détromper; faire connaître l'erreur.

DÉSACCORD, *s. m.* manque d'accord; désunion; différence d'opinions.

DÉSACCORDER, *v. a. é, ée, p.* détruire l'accord.

DÉSACCOUPLER, *v. a. é, ée, p.* séparer des choses accouplées.

DÉSACCOUTUMER, *v. a. é, ée, p.* faire perdre une habitude.

DÉSACHALANDER, *v. a. e, ée, p.* éloigner les chalands d'une boutique.

DÉSAFFECTION, *s. f.* cessation d'affection.

DÉSAGENCER, *v. a. é, ée, p.* déranger ce qui est agencé.

DÉSAGRÉABLE, *adj. 2 g.* qui déplait.

DÉSAGRÉABLEMENT, *adv.* d'une manière désagréable.

DÉSAGRÉER, *v. n.* ne pas agréer; —, *v. a. é, ée, p.* ôter, perdre les agrès, en parlant d'un vaisseau.

DÉSAGRÉMENT, *s. m.* chose désagréable; sujet de chagrin; défaut.

DÉSAJUSTER, *v. a. é, ée, p.* déranger ce qui est ajusté.

DÉSALTÉRER, *v. a. é, ée, p.* apaiser la soif.

DÉSANCRER, *v. n.* lever l'ancre.

DÉSAPPAREILLER, *v. a. é, ée, p.* dépareiller.

DÉSAPPOINTEMENT, *s. m.* contre-temps.

DÉSAPPOINTER, *v. a. é, ée, p.* manquer de parole, tromper l'espoir.

DÉSAPPRENDRE, *v. a.* (se conj. c. *prendre*) oublier ce qu'on a appris.
DÉSAPPROBATEUR, TRICE, *s.* et *adj.* qui désapprouve.
DÉSAPPROBATION, *s. f.* action de désapprouver.
DÉSAPPROUVER, *v. a.* é, ée, *p.* blâmer.
DÉSARÇONNER, *v. a.* é, ée, *p.* mettre hors des arçons ; *fig.* confondre, mettre hors d'état de discuter.
DÉSARGENTER, *v. a.* é, ée, *p.* ôter l'argent d'une chose argentée.
DÉSARMEMENT, *s. m.* action de désarmer ; licenciement de troupes.
DÉSARMER, *v. a.* é, ée, *p.* ôter les armes à quelqu'un ; *fig.* apaiser la colère ; adoucir ; —, *v. n.* poser les armes, cesser la guerre, congédier les troupes.
DÉSARROI, *s. m.* ruine, désordre, confusion.
DÉSASSEMBLER, *v. a.* é, ée, *p.* séparer ce qui était assemblé.
DÉSASSIÉGER, *v. a.* é, ée, *p.* faire lever le siège d'une place de guerre.
DÉSASSOCIER, *v. a.* é, ée, *p.* rompre une association.
DÉSASSORTIR, *v. a.* i, ie, *p.* séparer des choses assorties.
DÉSASTRE, *s. m.* grand malheur.
DÉSASTREUSEMENT, *adv.* d'une manière désastreuse.
DÉSASTREUX, EUSE, *adj.* funeste, malheureux.
DÉSATTRISTER, *v. a.* é, ée, *p.* dissiper la tristesse.
DÉSAVANTAGE, *s. m.* infériorité, préjudice, dommage.
DÉSAVANTAGEUSEMENT, *adv.* avec désavantage.
DÉSAVANTAGEUX, EUSE, *adj.* qui cause du dommage, de la perte.
DÉSAVEU, *s. m.* action par laquelle on désavoue.
DÉSAVEUGLER, *v. a.* é, ée, *p.* détromper.
DÉSAVOUER, *v. a.* e, ée, *p.* nier ; méconnaître ; déclarer qu'on n'a pas donné mission.
DESCELLER, *v. a.* é, ée, *p.* arracher une chose qui est scellée ; ôter le scellé.
DESCENDANCE, *s. f.* descendants.
DESCENDANTS, *s. m. pl.* postérité.
DESCENDRE, *v. n.* aller de haut en bas ; s'abaisser ; être issu ; —, *v. a.* u, ue, *p.* transporter de haut en bas, abaisser.
DESCENTE, *s. f.* action de descendre ; pente par laquelle on descend ; irruption hostile ; visite judiciaire ; hernie.
DESCRIPTIF, IVE, *adj.* par lequel on décrit.
DESCRIPTION, *s. f.* discours par lequel on décrit ; définition ; inventaire détaillé.
DÉSEMBALLAGE, *s. m.* ouverture d'un ballot.
DÉSEMBALLER, *v. a.* é, ée, *p.* défaire un ballot.
DÉSEMBARQUEMENT, *s. m.* action de désembarquer.
DÉSEMBARQUER, *v. a.* é, ée, *p.* tirer hors du navire.
DÉSEMBOURBER, *v. a.* é, ée, *p.* tirer hors de la bourbe.
DÉSEMPAREMENT, *s. m.* action de désemparer.
DÉSEMPARER, *v. n.* quitter le lieu où l'on est ; *v. a.* é, ée, *p.* rompre les mâts d'un vaisseau.
DÉSEMPESER, *v. a.* é, ée, *p.* ôter l'empois du linge.
DÉSEMPLIR, *v. a.* i, ie, *p.* vider en partie ; se —, devenir moins plein.
DÉSENCHANTEMENT, *s. m.* action de désenchanter ; ce qui désenchante.
DÉSENCHANTER, *v. a.* é, ée, *p.* dissiper l'enchantement.
DÉSENCLOUER, *v. a.* é, ée, *p.* tirer un clou du pied d'un cheval ou de la lumière d'un canon.
DÉSENFLER, *v. a.* é, ée, *p.* faire cesser l'enflure ; —, *v. n.* cesser d'être enflé.
DÉSENFLURE, *s. f.* cessation d'enflure.

DÉSENGRENER, v. a. é, ée, p. dégager ce qui est engrené.
DÉSENIVRER, v. a. é, ée, p. faire cesser l'ivresse; —, v. n. cesser d'être ivre.
DÉSENLAIDIR, v. a. 1, ie, p. rendre moins laid; —, v. n. cesser d'être laid.
DÉSENNUI, s. m. cessation de l'ennui.
DÉSENNUYER, v. a. et pr. é, ée, p. dissiper l'ennui; se divertir.
DÉSENRAYER, v. a. et irr. é, ée, p. (se conj. c. payer) ôter l'enrayure.
DÉSENRHUMER, v. a. é, ée, p. faire cesser le rhume.
DÉSENROLEMENT, s. m. action de désenrôler.
DÉSENROLER, v. a. é, ée, p. rayer du rôle militaire.
DÉSENROUER, v. a. é, ée, p. ôter l'enrouement.
DÉSENSEVELIR, v. a. 1, ie, p. tirer un mort de son linceul.
DÉSENSORCELER, v. a. é, ée, p. (se conj. c. appeler) délivrer de l'ensorcellement.
DÉSENTÊTER, v. a. é, ée, p. faire cesser l'entêtement.
DÉSENTORTILLER, v. a. é, ée, p. défaire ce qui est entortillé.
DÉSENTRAVER, v. a. é, ée, p. ôter les entraves.
DÉSERT, s. m. pays inhabité, terre inculte; solitude, retraite.
DÉSERT, E, adj. inhabité, dépeuplé.
DÉSERTER, v. a, é, ée, p. abandonner un lieu; —, v. n. quitter le service militaire sans congé.
DÉSERTEUR, s. m. qui déserte.
DÉSERTION, s. f. action de déserter.
DÉSESPÉRANT, E, adj. qui jette dans le désespoir.
DÉSESPÉRÉ, ÉE, adj sans espoir, furieux.
DÉSESPÉRER, v. a. é, ée, p. tourmenter, affliger vivement; —, v. n. perdre l'espérance.

DÉSESPÉRÉMENT, adv. en désespéré.
DÉSESPOIR, s. m. perte de toute espérance; découragement, abattement; chagrin violent.
DÉSHABILLÉ, s. m. habillement du matin.
DÉSHABILLER, v. a. é, ée, p. ôter les habits; se —, v. pr. ôter les habits.
DÉSHABITUER, v. a. é, ée, p. faire perdre une habitude.
DÉSHARNACHER, v. a. é, ée, p. ôter le harnois.
DÉSHÉRENCE, s. f. état d'une succession vacante.
DÉSHÉRITER, v. a. é, ée, p. priver de sa succession.
DÉSHONNÊTE, adj. 2 g. contraire à la pudeur, à la bienséance.
DÉSHONNÊTEMENT, adv. d'une manière déshonnête.
DÉSHONNÊTETÉ, s. f. action déshonnête.
DÉSHONNEUR, s. m. honte, opprobre, infamie.
DÉSHONORABLE, adj. 2 g. qui cause du déshonneur.
DÉSHONORANT, E, adj. qui déshonore.
DÉSHONORER, v. a. é, ée, p. perdre d'honneur et de réputation; diffamer; se —, v. pr. se perdre d'honneur.
DÉSIGNATION, s. f. action de désigner.
DÉSIGNER, v. a. é, ée, p. faire connaître d'une manière précise.
DÉSINENCE, s. f. terminaison des mots.
DÉSINFECTER, v. a. é, ée, p. ôter l'infection.
DÉSINFECTION, s. f. action d'ôter l'infection.
DÉSINTÉRESSÉ, ÉE, adj. qui a du désintéressement.
DÉSINTÉRESSEMENT, s. m. oubli, sacrifice de son propre intérêt.
DÉSINTÉRESSÉMENT, adv. sans vue d'intérêt.
DÉSINTÉRESSER, v. a. é,

ée, *p.* mettre hors d'intérêt.
DÉSINVITER, *v. a.* é, ée, *p.* révoquer une invitation.
DÉSIR, *s. m.* souhait; mouvement de la volonté vers un bien qu'on n'a pas.
DÉSIRABLE, *adj. 2 g.* digne d'être désiré.
DÉSIRER, *v. a.* é, ée, *p.* souhaiter; former des vœux.
DÉSIREUX, EUSE, *adj.* qui désire.
DÉSISTEMENT, *s. m.* action de se désister.
DÉSISTER (se), *v. pr.* se départir; renoncer à.
DÈS LORS, *adv.* dès ce temps-là.
DÉSOBÉIR, *v. n.* refuser d'obéir.
DÉSOBÉISSANCE, *s. f.* défaut d'obéissance.
DÉSOBÉISSANT, E, *adj.* qui désobéit.
DÉSOBLIGEAMMENT, *adv.* d'une manière désobligeante.
DÉSOBLIGEANCE, *s. f.* disposition à désobliger.
DÉSOBLIGEANT, E, *adj.* qui désoblige.
DÉSOBLIGER, *v. a.* é, ée, *p.* faire du déplaisir, de la peine.
DÉSOBSTRUER, *v. a.* é, ée, *p.* ôter ce qui embarrasse; détruire les obstructions.
DÉSOCCUPER (se), *v. pr.* é, ée, *p.* se débarrasser de ce qui occupait.
DÉSŒUVRÉ, ÉE, *adj.* qui ne fait rien.
DÉSŒUVREMENT, *s. m.* état d'un désœuvré.
DÉSOLANT, E, *adj.* qui désole, afflige.
DÉSOLATEUR, *s. m.* qui désole, ravage, détruit.
DÉSOLATION, *s. f.* affliction extrême, ruine entière; destruction d'un pays.
DÉSOLÉ, ÉE, *adj.* triste; affligé; ravagé.
DÉSOLER, *v. a.* é, ée, *p.* affliger quelqu'un, lui causer une grande affliction; ruiner, ravager, détruire; se —, *v. pr.* s'attrister.

DÉSOPILER, *v. a.* é, ée, *p.* ôter les obstructions; — la rate, faire rire.
DÉSORDONNÉ, ÉE, *adj.* déréglé.
DÉSORDONNÉMENT, *adv.* avec désordre.
DÉSORDONNER, *v. a.* é, ée, *p.* mettre en désordre.
DÉSORDRE, *s. m.* défaut d'ordre, dérangement, confusion, tumulte, trouble, agitation; déréglement de mœurs.
DÉSORGANISATEUR, *s. m.* qui désorganise.
DÉSORGANISATION, *s. f.* action de désorganiser; état de ce qui est désorganisé.
DÉSORGANISER, *v. a.* é, ée, *p.* détruire l'organisation, troubler l'ordre.
DÉSORIENTER, *v. a.* é, ée, *p.* faire perdre la connaissance du lieu où l'on est; *fig.* dérouter, déconcerter.
DÉSORMAIS, *adv.* à l'avenir.
DÉSOSSEMENT, *s. m.* action de désosser.
DÉSOSSER, *v. a.* é, ée, *p.* ôter les os.
DESPOTE, *s. m.* qui gouverne arbitrairement; qui tyrannise ceux qui l'environnent.
DESPOTIQUE, *adj. 2 g.* absolu, arbitraire.
DESPOTIQUEMENT, *adv.* d'une manière despotique.
DESPOTISME, *s. m.* pouvoir absolu, arbitraire; tyrannie.
DESSAISIR (se), *v. pr.* i, ie, *p.* relâcher, abandonner.
DESSAISISSEMENT, *s. m.* action de se dessaisir.
DESSAISONNER, *v. a.* é, ée, *p.* changer l'ordre annuel de la culture de la terre.
DESSALER, *v. a.* é, ée, *p.* ôter la salure; rendre moins salé.
DESSANGLER, *v. a.* é, ée, *p.* lâcher les sangles.
DESSÉCHANT, E, *adj.* qui dessèche.
DESSÉCHEMENT, *s. m.* action de dessécher; état d'une chose desséchée.

DESSÉCHER, *v. a.* é, ée, *p.* rendre sec ; mettre à sec.
DESSEIN, *s. m.* intention, projet, résolution ; à —, *loc. adv.* avec intention.
DESSELLER, *v. a.* é, ée, *p.* enlever la selle de dessus un cheval.
DESSERRE, *s. f. dur à la* —, avoir de la peine à donner de l'argent.
DESSERRER, *v. a.* é, ée, *p.* lâcher ce qui est trop serré.
DESSERT, *s. m.* le fruit et tout ce qu'on sert sur la table à la fin d'un repas.
DESSERTE, *s. f.* mets ôtés de dessus la table.
DESSERVANT, E, *adj.* prêtre qui dessert une cure à la place du titulaire.
DESSERVIR, *v. a.* i, ie, *p.* enlever les plats de dessus la table ; nuire à quelqu'un ; faire le service d'une cure.
DESSICCATIF, IVE, *adj.* qui dessèche.
DESSICCATION, *s. f.* action de dessécher.
DESSILLER, *v. a.* é, ée, *p.* ouvrir les yeux ; *fig.* désabuser quelqu'un.
DESSIN, *s. m.* art de dessiner ; représentation au crayon de figures, de paysages, d'architecture, etc. ; plan.
DESSINATEUR, *s. m.* qui dessine par profession.
DESSINER, *v. a.* é, ée, *p.* imiter par des traits la forme des objets.
DESSOLER, *v. a.* é, ée, *p.* changer l'ordre des cultures ; ôter la sole d'un cheval.
DESSOUDER, *v. a.* e, ée, *p.* ôter la soudure.
DESSOULER, *v. a.* é, ée, *p.* faire cesser l'ivresse ; —, *v. n.* cesser d'être ivre.
DESSOUS, *s. m.* partie inférieure d'une chose ; désavantage ; *au* —, *prép.* plus bas, d'une valeur moindre.
DESSUS, *s. m.* partie supérieure d'une chose ; avantage ; —, *t. de musique*, la partie la plus haute ; —, *adv. et prép.* sur, par-dessus.
DESTIN, *s. m.* fatalité ; cause, enchaînement des événements ; sort.
DESTINATION, *s. f.* emploi déterminé d'une personne ou d'une chose ; lieu où l'on se rend, où l'on expédie des marchandises.
DESTINÉE, *s. f.* destin, effet du destin ; vie.
DESTINER, *v. n.* fixer la destination de quelqu'un ou de quelque chose ; projeter ; *se* —, *v. pr.* se préparer à telle destination.
DESTITUABLE, *adj.* 2 g. qui peut être destitué.
DESTITUÉ, ÉE, *adj.* privé de son emploi ; dénué.
DESTITUER, *v. a.* é, ée, *p.* priver quelqu'un de son emploi.
DESTITUTION, *s. f.* privation d'un emploi.
DESTRUCTEUR, *s. m.* qui détruit.
DESTRUCTIF, IVE, *adj.* qui cause la destruction.
DESTRUCTION, *s. f.* ruine totale.
DÉSUÉTUDE, *s. f.* anéantissement d'une loi par le non usage.
DÉSUNION, *s. f.* séparation des parties d'un tout ; mésintelligence.
DÉSUNIR, *v. a.* i, ie, *p.* séparer ce qui était uni ; rompre la bonne intelligence.
DÉTACHEMENT, *s. m.* dégagement de tout ce qui attache l'âme ; troupe de soldats détachés d'un corps.
DÉTACHER, *v. a.* é, ée, *p.* séparer ce qui est attaché ; ôter, défaire ; envoyer en détachement ; ôter les taches.
DÉTAIL, *s. m.* action de diviser par petites parties ; particularités, circonstances d'un fait ; *en* —, *loc. adv.* par petites mesures.
DÉTAILLANT, *s. m.* (*ll m.*) marchand qui vend en détail.
DÉTAILLER, *v. a.* (*ll m.*) é, ée, *p.* faire un récit circonstancié ; vendre en détail.
DÉTAILLEUR, *s. m.* marchand qui vend en détail.

DÉT. DÉT. 161

DÉTALAGE, s. m. action de détaler.
DÉTALER, v. a. é, ée, p. ôter l'étalage ; —, v. n. fuir.
DÉTEINDRE, v. a. et irr. (se conj. c. teindre) faire perdre la couleur.; —, v. n. et pr. perdre sa couleur.
DÉTELER, v. a. é, ée, p. détacher les bêtes attelées.
DÉTENDRE, v. a. u, ue, p. relâcher ce qui est tendu.
DÉTENIR, v. a. et irr. (se conj. c. tenir) retenir ; tenir prisonnier.
DÉTENTE, s. f. pièce du ressort d'un fusil.
DÉTENTEUR, TRICE, s. qui possède indûment, qui retient un bien.
DÉTENTION, s. f. emprisonnement ; état d'une chose saisie judiciairement.
DÉTENU, s. m. prisonnier.
DÉTÉRIORATION, s. f. action de détériorer ; son effet.
DÉTÉRIORER, v. a. é, ée, p. dégrader ; rendre pire.
DÉTERMINANT, E, adj. qui détermine.
DÉTERMINATION, s. f. résolution, application précise d'un mot.
DÉTERMINÉ, ÉE, adj. résolu, fixe, fixé ; —, s. m. hardi, méchant.
DÉTERMINÉMENT, adv. absolument, courageusement.
DÉTERMINER, v. a. é, ée, p. fixer les bornes, les limites ; fixer la signification des mots ; décider ; —, v. n. conclure, fixer ; se —, v. pro. prendre une résolution, se décider.
DÉTERRER, v. a. é, ée, p. tirer de terre ; fig. découvrir.
DÉTESTABLE, adj. 2 g. très-mauvais ; abominable.
DÉTESTABLEMENT, adv. d'une manière détestable.
DÉTESTATION, s. f. horreur pour une chose.
DÉTESTER, v. a. é, ée, p. avoir en horreur.

DÉTIRER, v. a. é, ée, p. étendre en tirant.
DÉTISER, v. a. é, ée, p. ôter les tisons du feu.
DÉTONATION, s. f. action de détonner ; inflammation subite avec bruit.
DÉTONNER, v. n. s'enflammer subitement avec bruit ; sortir du ton musical, t. de musique.
DÉTORDRE, v. a. irr. (se conj. c. tordre) défaire ce qui est tordu.
DÉTORS, E, adj. qui n'est plus tors.
DÉTORTILLER, v. a. é, ée, p. défaire ce qui est tortillé.
DÉTOUR, s. m. sinuosité, chemin qui va en tournant ; subtilité, subterfuge.
DÉTOURNER, v. a. é, ée, p. écarter ; éloigner ; soustraire ; dissuader ; —, v. n. quitter le droit chemin ; se —, prendre une autre route.
DÉTRACTER, v. n. rabaisser le mérite de quelqu'un.
DÉTRACTEUR, s. et adj. m. qui détracte.
DÉTRAQUER, v. a. é, ée, p. mettre en désordre ; déranger.
DÉTREMPE, s. f. couleur délayée dans l'eau ; peinture faite avec cette couleur.
DÉTREMPER, v. a. é, ée, p. délayer dans un liquide ; ôter la trempe de l'acier.
DÉTRESSE, s. f. peine d'esprit, angoisse ; grand besoin ; danger extrême.
DÉTRIMENT, s. m. dommage ; préjudice.
DÉTRITUS, s. m. débris d'une substance quelconque.
DÉTROIT, s. m. bras de mer étroit entre deux terres.
DÉTROMPER, v. a. é, ée, p. tirer d'erreur ; se —, v. pr. se désabuser.
DÉTRÔNEMENT, s. m. action de chasser du trône ; ses effets.
DÉTRÔNER, v. a. é, ée, p. chasser du trône.
DÉTROUSSER, v. a. é, ée, p. faire retomber ce qui était trous-

24; *fig.* voler sur la voie publique.

DÉTROUSSEUR, *s. m.* voleur qui détrousse les passants.

DÉTRUIRE, *v. a.* et *irr.* renverser, anéantir. *Ind. pr.* je détruis, tu détruis, il détruit ; n. détruisons, v. détruisez, ils détruisent; *imp.* je détruisais, etc., n. détruisions, etc.; *p. déf.* je détruisis, etc., n. détruisîmes, etc.; *fut.* je détruirai, etc., n. détruirons, etc. ; *cond.* je détruirais, etc., n. détruirions, etc.; *impér.* détruis, détruisons, etc.; *subj. pr.* q. je détruise, etc., q. n. détruisions, etc.; *imp. subj.* q. je détruisisse, etc., q. n. détruisissions, etc.; *p. pr.* détruisant, *p. p.* détruit, e.

DETTE, *s. f.* ce qui est dû.

DEUIL, *s. m.* douleur qu'on ressent de la mort de quelqu'un; habits qu'on porte en signe de douleur pour la mort d'un parent.

DEUX, *adj. 2 g.* et *s. m.* nombre cardinal double de l'unité.

DEUXIÈME, *adj. 2 g.* nombre ordinal qui suit le premier.

DEUXIÈMEMENT, *adv.* en second lieu.

DEUX-SÈVRES, nom du dép. formé de partie du Poitou, de la Saintonge et de l'Aunis ; Niort, chef-lieu.

DÉVALISER, *v. a.* é, ée, *p.* dérober à quelqu'un ses effets.

DEVANCER, *v. a.* é, ée, *p.* précéder; prendre le devant ; *fig.* surpasser en mérite.

DEVANCIER, IÈRE, *adj.* prédécesseur dans un emploi, etc.; *devanciers*; *au plur.* ancêtres, aïeux.

DEVANT, *s. m.* partie antérieure ; —, *adv.* de lieu, vis-à-vis, en présence.

DEVANTIÈRE, *s. f.* long tablier de femme pour monter à cheval.

DEVANTURE, *s. f.* partie extérieure d'une boutique.

DÉVASTATEUR, TRICE, *s.* qui dévaste.

DÉVASTATION, *s. f.* action de dévaster; état d'un lieu dévasté.

DÉVASTER, *v. a.* é, ée, *p.* détruire avec fureur, ravager.

DÉVELOPPEMENT, *s. m.* action de développer ; ses effets.

DÉVELOPPER, *v. a.* é, ée, *p.* ôter l'enveloppe ; déployer une chose enveloppée; éclaircir ; débrouiller ; donner de l'accroissement ; se —, *v. pr.* prendre de l'accroissement.

DEVENIR, *v. n. irr.* (se conj. c. *venir*) commencer à être ce qu'on n'était pas.

DÉVERGONDÉ, ÉE, *adj.* et *s.* sans pudeur, sans honte.

DÉVERROUILLER, *v. a.* é, ée, *p.* (ll m.) ôter le verrou.

DEVERS, *prép.* du côté de.

DÉVERSER, *v. n.* pencher; incliner ; —, *v. a.* é, ée, *p.* pencher, incliner quelque chose ; jeter, répandre.

DÉVERSOIR, *s. m.* décharge d'eau d'un moulin.

DÉVÊTIR, (se) *v. pr. irr.* (se conj. c. *vêtir*) se dégarnir d'habits.

DÉVIATION, *s. f.* action de dévier ; écart; détour.

DÉVIDAGE, *s. m.* action de dévider.

DÉVIDER, *v. a.* é, ée, *p.* mettre du fil, etc., en peloton.

DÉVIDEUR, EUSE, *s.* qui dévide.

DÉVIER, *v. n.* (se conj. c. *prier*) se détourner, être détourné de sa route.

DEVIN, *s. m.* qui prétend deviner l'avenir.

DEVINER, *v. a.* é, ée, *p.* juger par conjectures ; prédire; découvrir ce qui est caché.

DEVINERESSE, *s. f.* femme qui prétend connaître l'avenir.

DEVIS, *s. m.* état détaillé de ce que doivent coûter des travaux d'architecture ; état de dépenses à faire.

DÉVISAGER, *v. a.* é, ée, *p.* déchirer le visage en égratignant ; considérer attentivement.

DEVISE, s. f. figure allégorique ; sentence.
DEVISER, v. n. causer familièrement.
DÉVOIEMENT, s. m. flux de ventre.
DÉVOILEMENT, s. m. action de dévoiler.
DÉVOILER, v. a. é, ée, p. ôter le voile ; fig. découvrir ce qui est caché ; se —, ôter son voile.
DEVOIR, v. a. irr. Ind. pr. je dois, tu dois, il doit, n. devons, v. devez, ils doivent ; imp. je devais, etc., n. devions, etc. ; p. déf. je dus, etc., n. dûmes, etc. ; fut. je devrai, etc., n. devrons, etc. ; cond. je devrais, etc., n. devrions, etc. ; imp. dois, devons, devez ; subj. pr. q. je doive, etc., q. n. devions, etc. ; imp. subj. q. je dusse, etc., q. n. dussions, etc. ; p. pr. devant ; p. p. dû, due.
DEVOIR, s. m. ce à quoi on est obligé.
DÉVOLU, E, adj. échu par droit.
DÉVOLUTION, s. f. ce qui est dévolu.
DÉVORANT, E, adj. qui dévore.
DÉVORER, v. a. é, ée, p. déchirer avec les dents ; manger avidement ; consumer, détruire.
DÉVOT, E, adj. qui a de la dévotion ; —, s. qui a une fausse dévotion.
DÉVOTEMENT, adv. avec dévotion.
DÉVOTION, s. f. piété ; attachement au culte de Dieu ; dévouement à quelqu'un.
DÉVOUEMENT, s. m. sacrifice de soi-même, de sa propre volonté, aux intérêts, aux volontés d'un autre.
DÉVOUER, v. a. é, ée, p. consacrer ; donner sans réserve ; se —, se consacrer entièrement.
DEXTÉRITÉ, s. f. adresse des mains, de l'esprit.
DEXTRE, s. f. main droite.
DIA ! interj. de charretier pour faire tourner les chevaux à gauche.

DIABLE, s. m. esprit malin qui nous tente et nous porte au mal ; —! interj.
DIABLEMENT, adv. excessivement.
DIABLERIE, s. f. mauvais effet dont on ne connaît pas la cause.
DIABLESSE, s. f. méchante femme.
DIABLOTIN, s. m. petit diable ; enfant vif et méchant ; sorte de bonbons.
DIABOLIQUE, adj. 2 g. qui tient du diable ; méchant.
DIABOLIQUEMENT, adv. d'une manière méchante.
DIACONAL, E, adj. qui appartient au diacre.
DIACONAT, s. m. le second des ordres sacrés.
DIACONISER, v. a. é, ée, p. faire diacre.
DIACRE, s. m. celui qui est promu au diaconat.
DIADÈME, s. m. bandeau royal.
DIAGONALE, s. f. ligne qui va de l'un des angles d'une figure rectiligne à l'angle opposé.
DIAGONALEMENT, adv. d'une manière diagonale.
DIALECTE, s. m. idiome, langage propre aux habitants d'une partie d'un pays.
DIALECTICIEN, s. m. qui enseigne la dialectique ; qui raisonne bien.
DIALECTIQUE, s. f. art de raisonner avec justesse.
DIALOGUE, s. m. entretien de plusieurs personnes.
DIALOGUER, v. a. é, ée, p. mettre en dialogue.
DIAMANT, s. m. pierre précieuse.
DIAMÉTRAL, E, adj. du diamètre.
DIAMÉTRALEMENT, adv. d'un bout du diamètre à l'autre.
DIAMÈTRE, s. m. ligne qui coupe un cercle en deux parties égales.
DIANE, s. f. réveil militaire battu par le tambour au point du jour ; nom d'une déesse.
DIANTRE ! interj. Diable !

DIAPASON, s. m. étendue des sons.
DIAPHANE, adj. 2 g. transparent.
DIAPHRAGME, s. m. muscle de la poitrine.
DIAPRÉ, ÉE, adj. de couleurs variées.
DIARRHÉE, s. f. flux de ventre; dévoiement.
DIASCORDIUM, s. m. opiat de scordium.
DIATONIQUE, adj. 2 g. qui procède par les tons naturels de la gamme.
DIATONIQUEMENT, adv. dans l'ordre diatonique.
DIATRIBE, s. f. critique amère et violente; pamphlet.
DIATRIBER, v. a. é, ée, p. lancer des diatribes.
DICTATEUR, s. m. magistrat suprême de l'ancienne Rome.
DICTATORIAL, E, adj. qui a rapport au dictateur.
DICTATURE, s. f. dignité, autorité de dictateur.
DICTÉE, s. f. action de dicter; ce qu'on dicte.
DICTER, v. a. é, ée, p. lire à haute voix pour faire écrire; suggérer, inspirer.
DICTION, s. f. choix et arrangement des mots.
DICTIONNAIRE, s. m. recueil alphabétique des mots d'une langue, des termes d'une science.
DICTON, s. m. mot sentencieux passé en proverbe, raillerie.
DIDACTIQUE, adj. 2 g. propre à l'enseignement; —, s. f. art d'enseigner.
DIE, chef-lieu d'arr. du dép. de la Drôme.
DIEPPOIS, E, s. et adj. habitant de Dieppe.
DIÈSE, s. m. signe musical pour faire élever le son d'un demi-ton.
DIÉSÉ, ÉE, adj. marqué d'un dièse.
DIÉSER, v. a. é, ée, p. marquer d'un dièse.
DIÈTE, s. f. régime de vie pour la nourriture; abstinence de nourriture.

DIÉTÉTIQUE, adj. 2 g. qui est relatif à la diète.
DIEU, s. m. le souverain être qui a créé et gouverne tout.
DIFFAMANT, E, adj. qui tend à diffamer.
DIFFAMATEUR, s. m. qui diffame.
DIFFAMATION, s. f. action de diffamer; propos diffamants.
DIFFAMATOIRE, adj. 2 g. qui diffame.
DIFFAMER, v. a. é, ée, p. déshonorer, perdre de réputation.
DIFFÉREMMENT, adv. d'une manière différente.
DIFFÉRENCE, s. f. diversité, dissemblance.
DIFFÉRENCIER, v. a. é, ée, p. marquer la différence.
DIFFÉRENT, s. m. débat, contestation.
DIFFÉRENT, E, adj. dissemblable, divers.
DIFFÉRER, v. a. é, ée, p. retarder, remettre à un autre temps; —, v. n. être différent; n'être pas du même avis.
DIFFICILE, adj. 2 g. qui présente des difficultés; peu facile à contenter.
DIFFICILEMENT, adv. avec difficulté.
DIFFICULTÉ, s. f. chose difficile; obstacle, embarras; contestation.
DIFFICULTUEUSEMENT, adv. avec difficulté.
DIFFICULTUEUX, EUSE, adj. qui se rend difficile; ou fait des difficultés sur tout.
DIFFORME, adj. 2 g. laid, défiguré.
DIFFORMITÉ, adj. 2 g. défaut dans la forme, les proportions, etc.
DIFFUS, E, adj. inintelligible, obscur, prolixe.
DIFFUSÉMENT, adv. d'une manière diffuse.
DIFFUSION, s. f. action par laquelle un fluide se répand; abondance excessive.
DIGÉRER, v. a. é, ée, p. faire la digestion; souffrir patiem-

ment; examiner une affaire avec soin.

DIGESTEUR, *s. m.* vase de métal hermétiquement fermé, pour faire cuire promptement les viandes.

DIGESTIF, IVE, *adj.* qui fait digérer.

DIGESTION, *s. f.* coction des aliments dans l'estomac; action de digérer.

DIGNE, chef-lieu du dép. des Basses-Alpes.

DIGNE, *adj.* 2 g. qui mérite; distingué par son mérite.

DIGNEMENT, *adv.* selon ce qu'on mérite; très-bien.

DIGNITAIRE, *s. m.* qui est revêtu d'une dignité.

DIGNITÉ, *s. f.* mérite; importance; charge éminente; gravité dans les manières, etc.

DIGRESSION, *s. f.* ce qui, dans un discours, sort du sujet principal.

DIGUE, *s. f.* chaussée contre les eaux; obstacles.

DIJON, chef-lieu du dép. de la Côte-d'Or.

DILACÉRATION, *s. f.* action de dilacérer.

DILACÉRER, *v. a.* é, ée, *p.* mettre en pièces avec violence.

DILAPIDATEUR, TRICE, *s.* et *adj.* qui dilapide.

DILAPIDATION, *s. f.* dépense folle et désordonnée; vol des deniers publics.

DILAPIDER, *v. a.* é, ée, *p.* dépenser follement; voler les deniers publics.

DILATABILITÉ, *s. f.* propriété de ce qui est dilatable.

DILATABLE, *adj.* 2 g. susceptible d'être dilaté.

DILATATION, *s. f.* extension, augmentation.

DILATER, *v. a.* é, ée, *p.* élargir, étendre; se —, *v. pr.* s'étendre.

DILATOIRE, *s.* et *adj.* 2 g. qui tend à retarder.

DILEMME, *s. m.* argument composé de deux propositions contradictoires.

DILIGEMMENT, *adv.* promptement.

DILIGENCE, *s. f.* activité, promptitude; voiture publique pour voyager.

DILIGENT, E, *adj.* vigilant, prompt, laborieux.

DILIGENTER, *v. a.* et *v. n.* faire ou agir avec célérité; se —, *v. pr.* (plus usité) se presser.

DILUVIEN, NNE, *adj.* qui a rapport au déluge.

DIMANCHE, *s. m.* dernier jour de la semaine, consacré au repos.

DÎME, *s. f.* tribut imposé autrefois au profit de l'église et des seigneurs.

DIMENSION, *s. f.* étendue d'un corps susceptible d'être mesuré; *au pl.* précautions prises pour la réussite de quelque chose.

DIMINUER, *v. a.* é, ée, *p.* amoindrir; rendre plus petit; —, *v. n.* décroître.

DIMINUTIF, IVE, *adj.* qui diminue la force d'un mot; —, *s. m.* chose qui est en petit ce qu'une autre est en grand.

DIMINUTION, *s. f.* amoindrissement, retranchement, rabais.

DINAN, chef-lieu d'arr. du dép. des Côtes-du-Nord.

DÎNATOIRE, *adj.* 2 g. qui a rapport au dîner.

DINDE, *s. f.* poule d'Inde.

DINDON, *s. m.* coq d'Inde.

DINDONNEAU, *s. m.* petit dindon.

DINDONNIER, IÈRE, *s.* qui garde les dindons.

DÎNÉE, *s. f.* dépense, lieu du dîner en voyage.

DÎNER ou DÎNÉ, *s. m.* repas fait au milieu du jour; mets qui le composent.

DÎNER, *v. n.* prendre le repas du dîner.

DÎNETTE, *s. f.* petit dîner d'enfant.

DÎNEUR, *s. m.* qui aime à bien dîner.

DIOCÉSAIN, E, *s.* et *adj.* du diocèse.

DIOCÈSE, *s. m.* juridiction d'un évêque.

DIORAMA, *s. m.* sorte de panorama.

DIPHTHONGUE ou **DIPHTONGUE**, *s. f.* réunion de deux voyelles en une syllabe ne formant qu'un son, ex. *oui*.

DIPLOMATE, *s. m.* qui s'occupe de diplomatie.

DIPLOMATIE, *s. f.* science des intérêts respectifs des états.

DIPLOMATIQUE, *adj.* qui a rapport à la diplomatie.

DIPLÔME, *s. m.* acte qui permet l'exercice d'une profession; titre d'agrégation à une société.

DIRE, *s. m.* ce qu'on dit; rapport; assertion.

DIRE, *v. a. irr.* exprimer, faire connaître, raconter, réciter, prédire, prétendre; *se—, v. pr.* dire à soi-même. *Ind. pr.* je dis, tu dis, il dit; n. disons, v. dites, ils disent; *imp.* je disais, etc., n. disions, etc.; *p. déf.* je dis, etc., n. dîmes, etc.; *fut.* je dirai, etc., n. dirons, etc.; *cond.* je dirais, etc., n. dirions, etc.; *impér.* dis, disons, dites; *subj. pr.* q. je dise, etc., q. n. disions, etc.; *imp. subj.* q. je disse, etc., q. n. dissions, etc.; *p. pr.* disant; *p. p.* dit, dite.

DIRECT, E, *adj.* droit, sans détour.

DIRECTEMENT, *adv.* en ligne droite.

DIRECTEUR, TRICE, *s.* qui dirige, conduit.

DIRECTION, *s. f.* fonction de directeur; conduite; tendance; administration.

DIRECTOIRE, *s. m.* corps des magistrats qui gouvernèrent la France depuis 1795 jusqu'à l'an 8.

DIRECTORAT, *s. m.* fonctions de directeur, leur durée.

DIRECTORIAL, E, *adj.* qui appartient au directoire.

DIRIGER, *v. a. é, ée, p.* conduire, régler, tourner vers; *se —, v. pr.* marcher vers.

DISCERNEMENT, *s. m.* faculté de discerner; justesse d'esprit; distinction.

DISCERNER, *v. a. é, ée, p.* distinguer une chose d'une autre.

DISCIPLE, *s. m.* écolier; qui suit la doctrine d'un maître.

DISCIPLINABLE, *adj.* 2 g. susceptible de discipline.

DISCIPLINE, *s. f.* instruction, éducation; règle de vie, conduite; instrument de pénitence.

DISCIPLINER, *v. a. é, ée, p.* instruire, régler; donner la discipline.

DISCONTINUATION, *s. f.* interruption, cessation momentanée.

DISCONTINUER, *v. a. é, ée, p.* interrompre pour un temps; —, *v. n.* cesser.

DISCONVENANCE, *s. f.* différence, inégalité.

DISCONVENIR, *v. n.* (se conj. c. *venir*) ne pas être d'accord sur une chose.

DISCORDANCE, *s. f.* qualité de ce qui est discordant.

DISCORDANT, E, *adj.* qui n'est pas d'accord.

DISCORDE, *s. f.* dissension.

DISCORDER, *v. n.* être discordant.

DISCOUREUR, EUSE, *s.* qui parle beaucoup.

DISCOURIR, *v. n. irr.* (se conj. c. *courir*) parler avec étendue sur un sujet; ne dire que des choses frivoles.

DISCOURS, *s. m.* harangue, entretien; composition oratoire en vers ou en prose.

DISCOURTOIS, E, *adj.* sans courtoisie.

DISCOURTOISIE, *s. f.* manque de courtoisie.

DISCRÉDIT, *s. m.* perte du crédit.

DISCRÉDITÉ, ÉE, *adj.* tombé en discrédit.

DISCRÉDITER, *v. a. é, ée, p.* faire perdre le crédit, la considération.

DISCRET, ÈTE, *adj.* prudent; judicieux; qui a de la retenue.

DISCRÈTEMENT, *adv.* avec discrétion.

DISCRÉTION, *s. f.* circonspection, sagesse, prudence; conduite discrète.

DISCRÉTIONNAIRE, *adj.* 2 g. pouvoir d'agir à discrétion.

DISCULPATION, *s. f.* action de se disculper ou de disculper.

DISCULPER, *v. a.* et *pr. é, ée, p.* justifier, et se justifier d'une faute, etc.

DISCUSSION, s. f. examen; recherche, contestation.
DISCUTER, v. a. é, ée, p. considérer avec attention; contester.
DISERT, E, adj. qui parle avec élégance.
DISERTEMENT, adv. d'une manière diserte.
DISETTE, s. f. pénurie, manque de choses nécessaires.
DISEUR, EUSE, s. qui dit, qui gronde; *diseur de bonne aventure*, qui prétend annoncer l'avenir.
DISGRÂCE, s. f. perte des bonnes grâces; infortune.
DISGRACIÉ, ÉE, adj. qui n'est plus en faveur; qui est difforme.
DISGRACIER, v. a. é, ée, p. cesser de favoriser; priver de sa protection.
DISGRACIEUSEMENT, adv. d'une manière disgracieuse.
DISGRACIEUX, EUSE, adj. désagréable.
DISJOINDRE, v. a. irr. (se conj. c. *joindre*) séparer ce qui est joint.
DISJOINT, E, adj. qu'on a séparé.
DISJONCTION, s. f. séparation.
DISLOCATION, s. f. déboitement d'un os; division, séparation.
DISLOQUER, v. a. é, ée, p. déboîter les os; diviser, éparpiller.
DISPARAÎTRE, v. n. irr. (se conj. c. *paraître*) cesser de paraître; se retirer de quelque endroit; cesser d'exister.
DISPARATE, s. f. manque d'accord, de rapport, etc.; — adj. 2 g. opposé, qui forme contraste.
DISPARITÉ, s. f. inégalité, différence.
DISPARITION, s. f. action de disparaître.
DISPENDIEUX, EUSE, adj. coûteux.
DISPENSAIRE, s. m. lieu où l'on donne gratuitement des consultations et des médicaments aux malades indigents.

DISPENSATEUR, TRICE, s. qui distribue.
DISPENSATION, s. f. distribution.
DISPENSER, v. a. é, ée, p. exempter de la règle ordinaire, distribuer; *se* —, v. pr. prendre sur soi de ne pas faire.
DISPERSER, v. a. é, ée, p. répandre çà et là; dissiper, mettre en désordre.
DISPERSION, s. f. action de disperser, ses effets.
DISPONIBILITÉ, s. f. état de ce qui est disponible.
DISPONIBLE, adj. 2 g. dont on peut disposer.
DISPOS, adj. m. léger, agile.
DISPOSÉ, ÉE, adj. intentionné.
DISPOSER, v. a. é, ée, p. arranger; préparer; *se* —, v. pr. se préparer; —, v. n. donner, vendre.
DISPOSITIF, s. m. prononcé d'une sentence.
DISPOSITION, s. f. arrangement, préparation; convention; penchant; aptitude.
DISPROPORTION, s. f. défaut de proportion, inégalité.
DISPROPORTIONNÉ, ÉE, adj. qui manque de proportion.
DISPUTABLE, adj. 2 g. qui peut être disputé.
DISPUTAILLER, v. n. (*ll* mouillés) disputer souvent et pour des riens.
DISPUTE, s. f. débat; contestation; querelle; exercice scolastique.
DISPUTER, v. n. être en dispute; —, v. a. contester la possession de quelque chose.
DISPUTEUR, s. m. qui aime à disputer.
DISQUE, s. m. palet; rondeur apparente des astres.
DISSECTION, s. f. action de disséquer; état d'un corps disséqué.
DISSEMBLABLE, adj. 2 g. différent.
DISSEMBLANCE, s. f. différence.
DISSÉMINATION, s. f. semis naturel des graines.

DISSÉMINER, *v. a.* é, ée, *p.* répandre çà et là; éparpiller.
DISSENSION, *s. f.* discorde, querelle.
DISSENTIMENT, *s. m.* opinion contraire.
DISSÉQUER, *v. a.* é, ée, *p.* faire l'anatomie d'un corps; *fig.* analyser.
DISSERTATION, *s. f.* examen attentif d'une question.
DISSERTER, *v. n.* faire une dissertation.
DISSIDENCE, *s. f.* scission.
DISSIDENT, *s. m.* sectaire qui rejette la religion dominante; qui fait scission.
DISSIMULATEUR, *s. m.* qui dissimule.
DISSIMULATION, *s. f.* action de dissimuler.
DISSIMULÉ, ÉE, *adj.* artificieux.
DISSIMULER, *v. a.* é, ée, *p.* cacher sa pensée; feindre.
DISSIPATEUR, TRICE, *s.* prodigue; dépensier.
DISSIPATION, *s. f.* action de dissiper; état de celui qui mène une vie dissipée; distraction d'esprit.
DISSIPÉ, ÉE, *adj.* répandu dans le monde, livré aux plaisirs.
DISSIPER, *v. a.* é, ée, *p.* éparpiller; disperser; détourner l'esprit de...; *se* —, *v. pr.* disparaître; se distraire.
DISSOLU, E, *adj.* sans mœurs.
DISSOLUBLE, *adj.* 2 g. qui peut être dissous.
DISSOLUMENT, *adv.* d'une manière dissolue.
DISSOLUTIF, IVE, *adj.* dissolvant.
DISSOLUTION, *s. f.* séparation des parties d'un corps qui se dissout; rupture; déréglement de mœurs.
DISSOLVANT, E, *adj.* propre à dissoudre.
DISSONANCE, *s. f.* faux accord.
DISSONANT, E, *adj.* qui n'est pas d'accord.
DISSOUDRE, *v. a. irr.* (se conj. c. *absoudre*) décomposer, détruire, abolir, rompre.

DISSUADER, *v. a.* é, ée, *p.* détourner par la persuasion.
DISSYLLABE, *s. m. et adj.* 2 g. mot de deux syllabes.
DISTANCE, *s. f.* espace qui sépare; éloignement.
DISTANT, E, *adj.* éloigné.
DISTENDRE, *v. a.* (se conj. c. *tendre*) causer une tension violente.
DISTENSION, *s. f.* état des nerfs trop tendus.
DISTILLATEUR, *s. m.* qui distille.
DISTILLATION, *s. f.* art de distiller; chose distillée.
DISTILLER, *v. a.* é, ée, *p.* extraire le suc, l'esprit, avec l'alambic; —, *v. n.* couler goutte à goutte.
DISTILLERIE, *s. f.* lieu où l'on distille.
DISTINCT, E, *adj.* différent, séparé d'un autre; clair, net; sans confusion.
DISTINCTEMENT, *adv.* d'une manière distincte.
DISTINCTIF, IVE, *adj.* qui distingue.
DISTINCTION, *s. f.* différence; division, séparation, marque qui sert à distinguer; égard, préférence; prérogative; mérite, supériorité.
DISTINGUÉ, ÉE, *adj.* éminent, honorable.
DISTINGUER, *v. a.* é, ée, *p.* discerner; marquer la différence; traiter avec distinction; *se* —, se signaler, ne pas ressembler.
DISTIQUE, *s. m.* deux vers formant un sens.
DISTRACTION, *s. f.* inapplication, inattention momentanée; moyen de se distraire; démembrement.
DISTRAIRE, *v. a. irr.* (se conj. c. *traire*) séparer; détourner; *se* —, *v. pr.* se divertir.
DISTRAIT, E, *s. et adj.* inattentif; détourné au profit de quelqu'un.
DISTRIBUER, *v. a.* é, ée, *p.* partager, diviser; disposer, mettre en ordre.
DISTRIBUTEUR, TRICE, *s.* qui distribue.

DISTRIBUTIF, IVE, *adj.* qui marque la distribution.
DISTRIBUTION, *s. f.* action de distribuer; ses effets; disposition, arrangement.
DISTRICT, *s. m.* étendue de juridiction; —, *fig.* compétence.
DIT, *s. m.* parole, bon mot, sentence; *dit*, *dite*, *adj.* chose conclue, décidée; —, surnommé.
DITO ou **DITTO**, t. de commerce, susdit, idem.
DIURNE, *adj.* 2 g. d'un jour; qui a rapport à la durée d'un jour.
DIVAGATION, *s. f.* action de divaguer.
DIVAGUER, *v. n.* s'éloigner d'une question que l'on discute.
DIVAN, *s. m.* canapé sans dossier; conseil d'état chez les Turcs.
DIVERGENCE, *s. f.* état de deux lignes qui divergent.
DIVERGENT, E, *adj.* qui diverge.
DIVERGER, *v. n.* s'écarter, s'éloigner.
DIVERS, E, *adj.* différent; dissemblable; —, *au pl.* plusieurs.
DIVERSEMENT, *adv.* différemment.
DIVERSIFIABLE, *adj.* 2 g. qu'on peut varier.
DIVERSIFIER, *v. a.* (se conj. c. *prier*) varier, changer.
DIVERSION, *s. f.* action par laquelle on détourne.
DIVERSITÉ, *s. f.* variété, différence.
DIVERTIR, *v. a.* i, ie, p. détourner; distraire; réjouir, désennuyer; *se* —, *v. pr.* s'amuser.
DIVERTISSANT, E, *adj.* qui réjouit.
DIVERTISSEMENT, *s. m.* récréation; amusement; action de détourner à son profit.
DIVIDENDE, *s. m.* quantité à diviser; produit d'une répartition.
DIVIN, E, *adj.* de Dieu, qui lui appartient; excellent, extraordinaire.
DIVINATION, *s. f.* art prétendu de prédire l'avenir.

DIVINATOIRE, *adj.* 2 g. qui a rapport à la divination.
DIVINEMENT, *adv.* par la puissance divine; parfaitement.
DIVINISER, *v. a.* é, ée, p. reconnaître pour divin; exalter.
DIVINITÉ, *s. f.* essence, nature divine; Dieu même.
DIVISER, *v. a.* é, ée, p. séparer par parties; désunir; *se* —, *v. pr.* se partager, cesser d'être unis.
DIVISEUR, *s. m.* nombre par lequel on en divise un autre.
DIVISIBILITÉ, *s. f.* qualité de ce qui peut être divisé.
DIVISIBLE, *adj.* 2 g. qui peut être divisé.
DIVISION, *s. f.* séparation, partage; désunion, discorde; partie d'une armée.
DIVORCE, *s. m.* rupture légale d'un mariage; séparation.
DIVORCÉ, ÉE, *adj.* et *s.* qui a fait divorce.
DIVORCER, *v. n.* faire divorce.
DIVULGATION, *s. f.* action de divulguer; ses effets.
DIVULGUER, *v. a.* é, ée, p. rendre public ce qui était secret.
DIX, *adj. numéral.* 2 g. nombre pair de deux fois 5. (Lorsque ce mot est suivi d'une voyelle, l'x se prononce c. z.)
DIXIÈME, *s. m.* nombre d'ordre; dixième partie.
DIXIÈMEMENT, *adv.* en dixième lieu.
DIZAIN, *s. m.* chapelet de dix grains.
DIZAINE, *s. f.* total composé de dix.
DIZEAU, *s. m.* tas de dix gerbes; le dix bottes de foin.
DOCILE, *adj.* 2 g. doux, soumis, d'un caractère facile.
DOCILEMENT, *adv.* avec docilité.
DOCILITÉ, *s. f.* disposition naturelle à la douceur, à la soumission.
DOCTE, *s. m.* et *adj.* savant.
DOCTEMENT, *adv.* savamment.
DOCTEUR, *s. m.* promu au doctorat; habile, savant.

DOCTORAL, E, *adj.* de docteur ; *air, ton* —, tranchant.

DOCTORAT, *s. m.* degré, grade de docteur.

DOCTRINE, *s. f.* système, enseignement, érudition ; point de doctrine.

DOCUMENT, *s. m.* preuves par écrit, renseignement.

DODÉCUPLE, *s. et adj.* 2 g. qui contient douze fois.

DODINER (se), *v. pr.* se dorloter.

DODO, *s. m. terme d'enfant; faire* —, dormir.

DODU, E, *adj.* gras, potelé.

DOGE, *s. m.* chef de l'ancienne république de Venise.

DOGMATIQUE, *adj.* 2 g. sentencieux ; qui a rapport au dogme.

DOGMATIQUEMENT, *adv.* d'une manière dogmatique.

DOGMATISER, *v. n.* enseigner une doctrine fausse ou dangereuse ; régenter.

DOGME, *s. m.* point de doctrine ; enseignement.

DOGUE, *s. m.* gros chien à tête large.

DOGUIN, E, *s.* petit dogue.

DOIGT, *s. m.* partie longue et mobile de la main et du pied.

DOIT, *s. m. t. de commerce*, ce qui est dû.

DOL, *s. m.* fraude ; gros tambour pour la musique militaire.

DÔLE, chef-lieu d'arr. du dép. du Jura.

DOLÉANCE, *s. f.* plaintes ; *au pl.* représentations.

DOLEMMENT, *adv.* d'une manière dolente.

DOLENT, E, *adj.* triste, plaintif.

DOLOIRE, *s. f.* instrument de tonnelier pour unir du bois.

DOMAINE, *s. m.* biens héréditaires ; biens-fonds.

DOMANIAL, E, *adj.* qui est du domaine ; (*pl. m. domaniaux.*)

DÔME, *s. m.* voûte demi-sphérique au-dessus d'un édifice.

DOMESTICITÉ, *s. f.* état du domestique ou de domestique.

DOMESTIQUE, *s.* 2 g. serviteur ; servante ; l'intérieur de la maison, le ménage ; —, *adj.* 2 g. qui est de la maison, de la famille ; apprivoisé.

DOMFRONT, chef-lieu d'arr. du dép. de l'Orne.

DOMICILE, *s. m.* lieu d'habitation ordinaire, de résidence.

DOMICILIAIRE, *adj.* 2 g. du domicile.

DOMICILIER, (se) *v. réfl.* se fixer dans un domicile. (Il n'est usité qu'aux temps formés du participe.)

DOMINANT, E, *adj.* ce qui domine.

DOMINATEUR, TRICE, *s.* qui domine ; qui exerce un empire suprême.

DOMINATION, *s. f.* puissance ; autorité suprême.

DOMINER, *v. n.* avoir autorité sur . . . ; —, *v. a.* é, ée, *p.* être au-dessus, plus élevé.

DOMINICAL, E, *adj.* du Seigneur, du dimanche.

DOMINO, *s. m.* jeu ; habit de bal.

DOMMAGE, *s. m.* perte, préjudice, dégât.

DOMMAGEABLE, *adj.* 2 g. qui cause du dommage.

DOMPTABLE ou DOMTABLE, *adj.* 2 g. qu'on peut dompter.

DOMPTER ou DOMTER, *v. a.* é, ée, *p.* vaincre, surmonter, anéantir.

DON, *s. m.* présent, donation, libéralité ; avantage naturel.

DONATAIRE, *s.* 2 g. celui à qui on fait une donation.

DONATEUR, TRICE, *s.* celui qui fait une donation.

DONATION, *s. f.* don fait par acte public ; l'acte même.

DONC, *conjonct.* par conséquent, ainsi.

DONDON, *s. f.* femme ou fille grosse et fraîche ; *fam.*

DONJON, *s. m.* tour élevée d'un château.

DONNANT, E, *adj.* qui aime à donner.

DONNE, *s. f.* distribution des cartes au jeu.

DONNÉE, *s. f.* base, aperçu d'une chose.

DONNER, *v. a.* é, ée, *p.* faire don ; accorder ; causer, procurer; attribuer; —, *v. n.* heurter; avoir vue sur.

DONNEUR, EUSE, *s.* qui donne.

DONT, *pron. rel.* pour de qui, duquel, de laquelle, desquels, desquelles, de quoi.

DONZELLE, *s. f.* fille ou femme qu'on estime peu.

DORÉNAVANT, *adv.* à l'avenir.

DORER, *v. a.* é, ée, *p.* couvrir d'or; donner une couleur d'or; se —, *v. pr.* jaunir; se dit des moissons.

DOREUR, EUSE, *s.* artisan qui dore les métaux.

DORDOGNE, rivière qui a sa source au mont d'Or et son embouchure dans la Garonne, près Bordeaux; elle donne son nom à un département dont Périgueux est le chef-lieu.

DORIQUE, *s. m.* le 2ᵉ des cinq ordres d'architecture.

DORLOTER, *v. a.* é, ée, *p.* traiter délicatement.

DORMANT, E, *adj.* fixe, à demeure.

DORMEUR, EUSE, *s.* qui aime à dormir.

DORMIR, *v. n. irr.* être dans le sommeil, dans le repos. *Ind. pr.* je dors, tu dors, il dort; n. dormons, v. dormez, ils dorment; *imp.* je dormais, etc., n. dormions, etc.; *p. déf.* je dormis, etc., n. dormîmes, etc.; *fut.* je dormirai, etc., n. dormirons, etc.; *cond.* je dormirais, etc., n. dormirions, etc.; *imper.* dors, dormons, dormez; *subj. pr.* q. je dorme, etc., q. n. dormions, etc.; *imp. subj.* q. je dormisse, etc., q. n. dormissions, etc.; *p. pr.* dormant; *p. p.* dormi, invar.; —, *s. m.* perdre le —, c.-à-d. perdre le sommeil.

DORMITIF, IVE, *adj.* qui fait dormir.

DORSAL, E, *adj.* qui appartient au dos.

DORTOIR, *s. m.* salle où il y a plusieurs lits.

DORURE, *s. f.* art de dorer; or appliqué; couleur dorée.

DOS, *s. m.* partie postérieure du corps depuis les épaules jusqu'aux reins; le derrière, le revers d'une chose.

DOS-D'ÂNE, *s. m.* ce qui forme talus des deux côtés.

DOSE, *s. f.* certaine quantité ou mesure.

DOSSIER, *s. m.* partie d'un siége contre laquelle on appuie le dos; papier en liasse sous la même étiquette.

DOSSIÈRE, *s. f.* partie du harnais qui porte sur le dos.

DOT, *s. f.* (*non usité au pl.*) bien qu'apporte une femme en mariage.

DOTATION, *s. f.* action de doter.

DOTER, *v. a.* é, ée, *p.* donner une dot.

DOUAI, chef-lieu d'arr. du dép. du Nord.

DOUAIRE, *s. m.* biens assurés à la femme en cas de survivance.

DOUAIRIÈRE, *s. f.* veuve qui jouit d'un douaire.

DOUANE, *s. f.* droit sur les marchandises; lieu où il se paie.

DOUANIER, *s. m.* commis de la douane.

DOUBLE, *adj. 2 g.* valant deux fois le simple; copie d'un écrit; traître, dissimulé.

DOUBLE-CROCHE, *s. f.* note de musique valant la moitié d'une croche; (*pl.* doubles-croches).

DOUBLEMENT, *s. m.* action de doubler; —, *adv.* de deux manières.

DOUBLER, *v. a.* é, ée, *p.* mettre le double; augmenter du double; mettre une doublure.

DOUBLURE, *s. f.* étoffe dont une autre est doublée.

DOUBS, rivière qui donne son nom au dép. dont Besançon est le chef-lieu.

DOUCEÂTRE, *adj. 2 g.* d'une douceur fade.

DOUCEMENT, *adv.* d'une manière douce, délicatement, sans bruit.

DOUCEREUX, EUSE, *adj.* fade; d'une douceur affectée.

DOUCETTEMENT, *adv.* doucement.

DOUCEUR, *s. f.* saveur douce; qualité de ce qui est doux; égalité d'humeur (*au pl.* cajoleries).

DOUCHE, s. f. épanchement d'eau versée d'une certaine hauteur sur une partie malade.
DOUCHER, v. a. é, ée, p. donner une douche.
DOUER, v. a. é, ée, p. avantager, favoriser; assigner un douaire.
DOUILLET, YTE, adj. et s. tendre et délicat.
DOUILLETTE, s. f. (ll m.) robe ouatée.
DOUILLETTEMENT, adv. d'une manière douillette.
DOULENS, chef-lieu d'arr. du dép. de la Somme.
DOULEUR, s. f. souffrance du corps; peine d'esprit ou de cœur.
DOULOUREUSEMENT, adv. avec douleur.
DOULOUREUX, EUSE, adj. qui cause, qui marque de la douleur; qui cause du chagrin.
DOUTE, s. m. irrésolution, crainte, appréhension; sans —, adv. assurément.
DOUTER, v. n. être dans le doute; ne point croire; se —, v. pr. soupçonner.
DOUTEUSEMENT, adv. avec doute.
DOUTEUX, EUSE, adj. incertain, ambigu.
DOUVE, s. f. planche d'un tonneau; fossé d'un château fort; mur latéral d'un canal.
DOUX, DOUCE, adj. d'une saveur agréable; paisible, affable, humain; tempéré.
DOUZAINE, s. f. nombre de douze.
DOUZE, adj. numéral; nombre de deux fois six.
DOUZIÈME, adj. 2 g. nombre ordinal de douze; —, s. m. la douzième partie.
DOUZIÈMEMENT, adv. en douzième lieu.
DOYEN, s. m. le plus ancien de réception ou d'âge dans un corps; chef d'une compagnie.
DOYENNÉ, s. m. sorte de poire.
DRACHME, s. m. mesure de pesanteur, 8e partie de l'once.
DRAGÉE, s. f. amande recouverte de sucre; —, petit plomb pour la chasse.

DRAGEON, s. m. bourgeon qui pousse au pied d'un arbre.
DRAGEONNER, v. n. pousser des drageons.
DRAGON, s. m. soldat qui combat à pied et à cheval; monstre fabuleux.
DRAGONNADE, s. f. persécutions exercées par des dragons contre les protestants des Cévennes sous Louis XIV.
DRAGONNE, s. f. ornement de la poignée d'une épée.
DRAGUE, s. f. sorte de pelle recourbée pour creuser les rivières et curer les puits.
DRAGUER, v. n. curer avec la drague.
DRAGUEUR, s. m. bateau pour creuser les rivières.
DRAGUIGNAN, chef-lieu du dép. du Var.
DRAMATIQUE, adj. 2 g. fait pour le théâtre.
DRAMATIQUEMENT, adv. d'une manière dramatique.
DRAME, s. m. pièce de théâtre, dont les personnages sont pris dans la classe bourgeoise.
DRAP, s. m. étoffe de laine, etc. pour faire des vêtements; pièce de toile pour le lit.
DRAPEAU, s. m. enseigne d'un régiment; morceau d'étoffe; haillon.
DRAPER, v. a. é, ée, p. couvrir de drap; disposer une étoffe avec symétrie; fig. railler.
DRAPERIE, s. f. commerce et fabrication de draps; arrangement des étoffes.
DRAPIER, s. m. marchand et fabricant de draps.
DRÊCHE, s. f. marc de l'orge moulu pour la bière.
DRELIN, s. m. bruit imitatif d'une sonnette.
DRESSER, v. a. é, ée, p. faire tenir droit; ériger; instruire.
DREUX, chef-lieu d'arr. du dép. d'Eure-et-Loir.
DRILLE, s. m. (ll m.) bon compagnon; —, s. f. chiffon pour faire du papier.
DROGMAN, s. m. interprète d'un ambassadeur européen dans le Levant.
DROGUE, s. f. épicerie; mé-

dicaments; sorte de jeu de cartes des soldats.
DROGUER, *v. a.* é, ée, *p.* médicamenter.
DROGUERIE, *s. f.* toute sorte de drogues.
DROGUET, *s. m.* sorte d'étoffe de laine et fil, ou de soie.
DROGUEUR, *s. m.* qui aime à droguer.
DROGUISTE, marchand de drogues.
DROIT, *s. m.* ce qui est juste; autorité, prérogative, taxe.
DROIT, E, *adj.* debout, perpendiculaire; opposé à gauche; juste, sincère; —, *adv.* directement.
DROITEMENT, *adv.* judicieusement.
DROITIER, IÈRE, *adj.* qui ne se sert que de la main droite.
DROITURE, *s. f.* équité; en —, *loc. adv.* directement.
DRÔLE, *adj.* 2 g. plaisant, original; —, *s. m.* mauvais sujet.
DRÔLEMENT, *adv.* d'une manière plaisante.
DRÔLERIE, *s. f.* chose plaisante.
DROMADAIRE, *s. m.* espèce de chameau qui a deux bosses sur le dos.
DRÔME, rivière qui prend sa source aux Alpes, et va se jeter dans le Rhône; elle donne son nom à un dép. dont Valence est le chef-lieu.
DRU, E, *adj.* fort, vif, gai; —, *adv.* en grande quantité.
DRUIDE, *s. m.* ancien prêtre gaulois. *Druidesse*, *s. f.* femme du druide.
DU, *particule* qui tient la place de *de le*.
DÛ, *s. m.* ce qui est dû; obligation, devoir.
DUBITATIF, IVE, *adj.* exprimant le doute.
DUC, *s. m.* titre d'honneur après celui de prince; oiseau de proie.
DUCAT, *s. m.* monnaie étrangère.
DUCHÉ, *s. m.* terre à laquelle est attaché le titre de duc.
DUCHESSE, *s. f.* femme d'un duc.

DUCTILE, *adj.* 2 g. qui s'étend sous le marteau, malléable.
DUCTIBILITÉ, *s. f.* propriété des corps ductiles.
DUÈGNE, *s. f.* vieille gouvernante.
DUEL, *s. m.* combat singulier devant témoins.
DUELLISTE, *s. m.* qui se bat souvent en duel, ferrailleur.
DULCIFICATION, *s. f.* action de rendre doux.
DULCIFIER, *v. a.* é, ée, *p.* tempérer un acide, le rendre doux.
DÛMENT, *adv.* convenablement.
DUNE, *s. f.* colline sablonneuse le long de la mer.
DUNETTE, *s. f.* l'étage le plus élevé de la poupe.
DUNKERQUE, chef-lieu d'arr. du dép. du Nord.
DUO, *s. m.* morceau de musique exécuté à deux.
DUPE, *s. f.* qui est trompé, qu'on trompe aisément.
DUPER, *v. a.* é, ée, *p.* tromper habilement.
DUPERIE, *s. f.* tromperie; sottise faite à ses dépens.
DUPLICATA, *s. m.* (inv. au pl.) double copie d'un acte.
DUPLICITÉ, *s. f.* état de ce qui est double, et devrait être simple; mauvaise foi, imposture.
DUPLIQUE, *s. f.* réponse à une réplique.
DUR, E, *adj.* ferme, solide, difficile à entamer; âpre; inhumain.
DURABLE, *adj.* 2 g. qui doit durer.
DURABLEMENT, *adv.* d'une manière durable.
DURANCE, rivière qui se forme aux Alpes Cottiennes et se jette dans le Rhône au-dessous d'Avignon.
DURANT, *prép.* pendant.
DURCIR, *v. a.* 1, ie, *p.* rendre dur; —, *v. n.* devenir dur.
DURCISSEMENT, *s. m.* état de ce qui est durci.
DURE, *s. f.* la terre; le plancher.

10.

DURÉE, *s. f.* temps qu'une chose dure.
DUREMENT, *adv.* d'une manière dure.
DURER, *v. n.* continuer d'être ; être d'un long usage.
DURETÉ, *s. f.* qualité de ce qui est dur, ferme ; rudesse, inhumanité ; parole dure.
DURILLON, *s. m.* petit calus de la peau.
DURIUSCULE, *adj.* 2 *g.* un peu dur.
DUVET, *s. m.* menue plume ; coton sur la peau des fruits.
DUVETEUX, EUSE, *adj.* qui a du duvet.
DYNASTIE, *s. f.* suite de rois de la même famille.
DYSSENTERIE, *s. f.* sorte de diarrhée.
DYSSENTÉRIQUE, *adj.* 2 *g.* qui appartient à la dyssenterie.

E.

E, *s. m.* 5e lettre de l'alphabet et la seconde des voyelles.
EAU, *s. f.* élément liquide ; pluie, rivière, lac, mer, fontaine ; sueur, urine ; lustre brillant des pierres précieuses.
EAU-DE-VIE, *s. f.* liqueur spiritueuse extraite du vin, des grains (*pl. eaux-de-vie.*)
EAU-FORTE, *s. f.* acide nitreux ou sulfurique (*pl. eaux-fortes.*)
EAU SECONDE, *s. f.* eau-forte étendue d'un tiers d'eau (*pl. eaux-secondes.*)
ÉBAHIR (s'), *v. pr.* i, ie, *p.* s'étonner.
ÉBAHISSEMENT, *s. m.* surprise, étonnement.
ÉBARBER, *v. a.* é, ée, *p.* couper les inégalités du papier, d'une étoffe.
ÉBAT, *s. m.* divertissement (il est plus usité au *pl.*)
ÉBATTRE (s'), *v. pr. irr.* (se conj. c. *battre*) se divertir.
ÉBAUBI, E, *adj.* étonné, surpris.
ÉBAUCHE, *s. f.* esquisse ; préparation générale d'un ouvrage dont les différentes parties ne sont qu'indiquées.
ÉBAUCHER, *v. a.* é, ée, *p.* faire une ébauche.
ÉBAUDIR (s'), *v. pr.* i, ie, *p.* se réjouir avec excès.
ÉBÈNE, *s. f.* bois de l'ébénier.
ÉBÉNER, *v. a.* é, ée, *p.* donner au bois la couleur de l'ébène.
ÉBÉNIER, *s. m.* arbre des Indes dont le bois est très-dur et noir.
ÉBÉNISTE, *s. n.* qui travaille l'ébène et les autres bois précieux.
ÉBÉNISTERIE, *s. f.* métier, ouvrage d'ébéniste.
ÉBLOUIR, *v. a.* i, ie, *p.* aveugler, surprendre par une lumière trop vive ; tenter, séduire.
ÉBLOUISSANT, E, *adj.* qui éblouit.
ÉBLOUISSEMENT, *s. m.* difficulté de voir, causée par trop de lumière ; état de l'œil ébloui.
ÉBORGNER, *v. a.* é, ée, *p.* rendre borgne, priver d'un œil.
ÉBOULEMENT, *s. m.* chute de ce qui s'éboule.
ÉBOULER (s'), *v. n.* et *pr.* é, ée, *p.* tomber en s'affaissant ; se dit des terres, des bâtiments.
ÉBOULIS, *s. m.* chose éboulée.
ÉBOURGEONNEMENT, *s. m.* action d'ébourgeonner.
ÉBOURGEONNER, *v. a.* é, ée, *p.* ôter les bourgeons inutiles des arbres.
ÉBOURGEONNOIR, *s. m.* outil pour ébourgeonner.
ÉBOURIFFÉ, ÉE, *adj.* qui a les cheveux en désordre.
ÉBRANCHEMENT, *s. m.* action d'ébrancher.
ÉBRANCHER, *v. a.* é, ée, *p.* ôter les branches.
ÉBRANLEMENT, *s. m.* secousse ; son effet.
ÉBRANLER, *v. a.* é, ée, *p.* donner des secousses à une chose ; la rendre moins solide ; *fig.* émouvoir.

ÉBRÉCHER, v. a. é, ée, p. faire une brèche à un couteau.
ÉBROUEMENT, s. m. ronflement d'un cheval qui a peur.
ÉBROUER (s'), v. pr. se dit du cheval qui ronfle par frayeur.
ÉBRUITER, v. a. é, ée, p. rendre public.
ÉBULLITION, s. f. action de bouillir; boutons qui viennent sur la peau.
ÉCAILLAGE, s. m. (ll m.) défaut de la faïence qui se lève en écailles; action d'écailler les huîtres.
ÉCAILLE, s. (ll m.) membrane transparente et dure, coquille qui couvre la peau des poissons, des testacées, etc.
ÉCAILLÉ, ÉE, adj. (ll m.) privé ou couvert d'écailles.
ÉCAILLER, ÈRE, s. (ll m.) qui vend et ouvre des huîtres.
ÉCAILLER, v. a. é, ée, p. (ll m.) ôter les écailles; s'—, v. pr. se lever par écailles.
ÉCAILLEUX, EUSE, adj. (ll m.) qui se lève par écailles.
ÉCALE, s. f. coque de certains fruits, des œufs, etc.
ÉCALER, v. a. é, ée, p. ôter l'ecale; s'—, v. pr.
ÉCANGUER, v. a. é, ée, p. faire tomber la paille du lin.
ÉCARBOUILLER, v. a. é, ée, p. écraser.
ÉCARLATE, s. f. couleur rouge fort vive; étoffe de cette couleur.
ÉCARQUILLEMENT, s. m. (ll m.) action d'écarquiller.
ÉCARQUILLER, v. a. (ll m.) é, ée, p. écarter trop les jambes, ouvrir trop les yeux.
ÉCART, s. m. action de s'écarter, de s'éloigner; au jeu, cartes écartées; à l'—, loc. adv. à part.
ÉCARTÉ, ÉE, adj. isolé, solitaire; écarté, s. m. espèce de jeu de cartes.
ÉCARTELER, v. a. é, ée, p. tirer à 4 chevaux; mettre en quatre quartiers (se con). sur appeler.)

ÉCARTEMENT, s. m. séparation de deux choses qui doivent être jointes.
ÉCARTER, v. a. é, ée, p. séparer; faire éloigner; ôter une carte de son jeu; s'—, v. pr. s'éloigner.
ECCLÉSIASTIQUE, adj. 2 g. qui appartient au corps du clergé.
ECCLÉSIASTIQUEMENT, adv. en ecclésiastique.
ÉCERVELÉ, ÉE, adj. étourdi, sans jugement.
ÉCHAFAUD, s. m. espèce d'amphithéâtre en charpente formant plancher.
ÉCHAFAUDAGE, s. m. construction des échafauds pour bâtir, etc.
ÉCHAFAUDER, v. n. dresser des échafauds pour bâtir.
ÉCHALAS, s. m. bâton enfoncé en terre pour soutenir la vigne.
ÉCHALASSER, v. a. é, ée, p. garnir une vigne d'échalas.
ÉCHALIER, s. m. clôture de branches qui ferme l'entrée d'un champ.
ÉCHALOTE, s. f. plante potagère.
ÉCHANCRER, v. a. é, ée, p. couper en-dedans en forme de demi-cercle.
ÉCHANCRURE, s. f. coupure en demi-cercle.
ÉCHANGE, s. m. troc d'une chose contre une autre; en —, adv. en place de.
ÉCHANGEABLE, adj. 2 g. qui peut être échangé.
ÉCHANGER, v. a. é, ée, p. changer une chose pour une autre.
ÉCHANSON, s. m. celui qui sert à boire.
ÉCHANTILLON, s. m. (ll m.) modèle; portion d'une chose pour la faire connaître.
ÉCHANTILLONNER, (ll m.) v. a. é, ée, p. couper des échantillons.
ÉCHANVRER, v. a. é, ée, p. ôter les plus grosses chènevottes de la filasse.

ÉCHAPPATOIRE, s. f. subterfuge.
ÉCHAPPÉE, s. f. action imprudente, étourdie; — de vue, vue resserrée entre divers objets.
ÉCHAPPER, v. n. et pr. é, ée, p. éviter un danger; se sauver de prison; s'—, v. pr. s'évader.
ÉCHARDE, s. f. éclat de bois qui entre dans la chair; piquant de chardon.
ÉCHARDONNER, v. a. é, ée, p. ôter les chardons d'un champ.
ÉCHARPE, s. f. large bande d'étoffe en baudrier ou en ceinture; bandage pour soutenir un bras blessé; parure que les femmes portent en sautoir.
ÉCHARPER, v. a. é, ée, p. faire de graves blessures; tailler en pièces.
ÉCHASSES, s. f. pl. longs bâtons avec étriers ou fourchons pour marcher.
ÉCHAUBOULÉ, ÉE, adj. qui a des échauboulures.
ÉCHAUBOULURE, s. f. élevure rouge sur la peau.
ÉCHAUDÉ, s. m. sorte de pâtisserie.
ÉCHAUDER, v. a. é, ée, p. passer une chose à l'eau chaude ou bouillante.
ÉCHAUDOIR, s. m. vase pour échauder.
ÉCHAUDOIRE, s. f. abattoir pour les bestiaux.
ÉCHAUFFAISON, s. f. légère éruption causée par une vive chaleur.
ÉCHAUFFANT, E, adj. qui échauffe.
ÉCHAUFFÉ, s. m. odeur causée par une chaleur trop forte ou par la fermentation.
ÉCHAUFFEMENT, s. m. action d'échauffer; effet qui en résulte.
ÉCHAUFFER, v. a. é, ée, p. donner de la chaleur; enflammer, exciter; impatienter; —, v. n. prendre de la chaleur; s'—, v. pr. s'enflammer, s'exciter.

ÉCHAUFFOURÉE, s. f. entreprise mal concertée et qui échoue.
ÉCHAUFFURE, s. f. petite rougeur sur la peau.
ÉCHÉANCE, s. f. époque de paiement.
ÉCHEC, s. m. revers, perte considérable. Échecs, s. m. pl. sorte de jeu.
ÉCHELETTE, s. f. petite échelle.
ÉCHELLE, s. f. machine composée de deux montants de bois traversés par des bâtons pour monter et descendre; ligne divisée par parties égales et proportionnelles pour mesurer.
ÉCHELON, s. m. bâton de l'échelle.
ÉCHELONNER, v. a. é, ée, p. ranger par échelons.
ÉCHENILLAGE (ll m.), s. m. action d'écheniller.
ÉCHENILLER (ll m.), v. a. é, ée, p. détruire les chenilles.
ÉCHEVEAU, s. m. fil plié en plusieurs tours.
ÉCHEVELÉ, ÉE, adj. qui a les cheveux en désordre.
ÉCHEVIN, s. m. ancien officier municipal.
ÉCHINE, s. f. épine du dos, partie qui s'étend depuis le cou jusqu'au croupion.
ÉCHINÉE, s. f. morceau du dos d'un cochon.
ÉCHINER, v. a. é, ée, p. rompre l'échine; assommer.
ÉCHIQUIER, s. m. damier sur lequel on joue aux échecs.
ÉCHO, s. m. son réfléchi ou renvoyé par un corps et qui frappe de nouveau l'oreille; répétition de sons; lieu où elle est produite.
ÉCHOIR, v. n. et irr. arriver par hasard; par succession. Ind. pr. j'échois, etc., n. échéons, v. échéez, ils échéent ou échoient; (pas d'imp.) p. déf. j'échus, etc., n. échûmes, etc.; fut. j'écherrai, etc., n. écherrons, etc.; cond. j'écherrais, etc., n. écherrions, etc.; (impér. inusité.) subj. pr. q. j'échoie, etc., q. n.

écheions, q. v. échéiez, qu'ils échoient; imp. subj. q. j'échusse, etc., q. n. échussions, etc.; p. pr. échéant; p. p. échu, ue.

ECHOPPE, s. f. petite boutique.

ÉCHOUER, v. n. être poussé sur le sable, sur un écueil; fig. ne pas réussir.

ÉCHOUEMENT, s. m. choc d'un vaisseau contre un banc de sable.

ÉCLABOUSSER, v. a. é, ée, p. faire jaillir de la boue.

ÉCLABOUSSURE, s. f. boue que l'on fait rejaillir.

ÉCLAIR, s. m. éclat de lumière subit et passager qui précède le coup de tonnerre; lumière étincelante.

ÉCLAIRAGE, s. m. action d'éclairer; ses effets.

ÉCLAIRCIE, s. f. intervalle de lumière dans un ciel couvert; endroit clair dans une forêt.

ÉCLAIRCIR, v. a. i, ie, p. rendre clair, évident; donner des renseignements; diminuer le nombre; rendre brillant.

ÉCLAIRCISSEMENT, s. m. explication.

ÉCLAIRER, v. a. é, ée, p. illuminer, répandre de la clarté, donner de l'instruction; épier, observer; —, v. n. apporter de la lumière; étinceler; —, v. impers. faire des éclairs; s'—, v. pr. communiquer les lumières.

ÉCLAIREUR, s. m. soldat qui va à la découverte.

ÉCLANCHE, s. f. cuisse de mouton ou gigot.

ÉCLAT, s. m. morceau de bois brisé; vive clarté; gloire, magnificence; grand bruit; rumeur, scandale.

ÉCLATANT, E, adj. qui brille, qui éclate.

ÉCLATER, v. n. se briser par éclat; briller; faire un grand bruit; s'emporter.

ÉCLECTIQUE, adj. 2 g. qui adopte les meilleures opinions.

ÉCLECTISME, s. m. philosophie éclectique.

ÉCLIPSE, s. f. obscurcissement passager, total ou partiel d'un astre par l'interposition d'un autre; disparition momentanée.

ÉCLIPSER, v. a. é, ée, p. cacher, couvrir; intercepter la lumière d'un astre; surpasser; s'—, v. pr. disparaître.

ÉCLIPTIQUE, s. f. ligne qui partage le zodiaque en deux parties égales et que le soleil ne quitte pas; —, adj. 2 g. qui a rapport aux éclipses.

ÉCLISSE, s. f. bâton plat et mince pour soutenir la fracture des os.

ÉCLISSER, v. a. é, ée, p. mettre des éclisses.

ÉCLOPPÉ, ÉE, adj. boiteux, estropié; qui marche avec peine.

ÉCLORE, v. n. irr. naître. Il n'est usité qu'aux temps suivants : Ind. pr. il éclôt, ils éclosent; fut. il éclora, ils écloront; cond. il éclorait, ils écloraient; impér. qu'il éclose, qu'ils éclosent; p. p. éclos, ose. (Il prend les deux verbes auxiliaires être et avoir.)

ÉCLUSE, s. f. construction de pierre ou de bois, qui sert sur un canal à retenir ou à chasser l'eau; porte qui la ferme.

ÉCLUSÉE, s. f. eau d'une écluse lâchée.

ÉCLUSIER, s. m. qui gouverne une écluse.

ÉCOBUAGE, s. m. action d'écobuer; ses effets.

ÉCOBUE, s. f. pioche recourbée comme une houe.

ÉCOBUER, v. a. é, ée, p. enlever l'herbe d'un terrain, la brûler et en répandre les cendres sur le sol.

ÉCOLE, s. f. lieu où se réunissent des écoliers pour s'instruire; secte; doctrine particulière; faute, étourderie.

ÉCOLIER, IÈRE, s. qui prend des leçons à l'école ou avec un maître; peu habile dans son art.

ÉCONDUIRE, v. a. irr. (se conj. c. conduire) refuser à quelqu'un ce qu'il demande; éloigner adroitement un importun.

ÉCONOMAT, s. m. emploi d'économe.
ÉCONOME, adj. 2 g. ménager, qui épargne la dépense; —, s. m. chargé de la dépense d'une maison.
ÉCONOMIE, s. f. ordre dans la dépense d'une maison, dans la conduite d'un ménage; épargne.
ÉCONOMIQUE, adj. 2 g. qui concerne l'économie.
ÉCONOMIQUEMENT, adv. avec économie.
ÉCONOMISER, v. a. é, ée, p. administrer avec économie; faire des économies; épargner, ménager.
ÉCONOMISTE, s. m. qui s'occupe de l'économie politique.
ÉCORCE, s. f. enveloppe d'un arbre ou d'une plante boiseuse; fig. apparence.
ÉCORCER, v. a. é, ée, p. ôter l'écorce.
ÉCORCHER, v. a. é, ée, p. ôter la peau d'un animal; fig. faire payer trop cher; — une langue, parler mal; s'—, v. pr. s'enlever la peau.
ÉCORCHERIE, s. f. lieu où l'on écorche les bêtes.
ÉCORCHEUR, s. m. qui écorche les bêtes; fig. qui fait payer trop cher.
ÉCORCHURE, s. f. enlèvement de la peau; endroit écorché.
ÉCORNER, v. a. é, ée, p. rompre une corne; casser les angles; diminuer.
ÉCORNIFLER, v. a. é, ée, p. manger aux dépens d'autrui.
ÉCORNIFLEUR, EUSE, adj. parasite.
ÉCORNURE, s. f. éclat brisé d'un angle.
ÉCOSSAIS, E, adj. qui est d'Écosse.
ÉCOSSE, partie septentrionale de la Grande-Bretagne.
ÉCOSSER, v. a. é, ée, p. tirer de la cosse.
ÉCOSSEUR, EUSE, s. qui écosse.
ÉCOT, s. m. dépense de chacun dans un repas commun.

ÉCOULEMENT, s. m. mouvement de ce qui s'écoule.
ÉCOULER (s'), v. n. et pr. couler d'un lieu dans un autre; fig. se dissiper, diminuer.
ÉCOURTER, v. a. é, ée, p. couper trop court.
ÉCOUTE, s. f. lieu d'où l'on écoute sans être vu.
ÉCOUTER, v. a. é, ée, p. prêter l'oreille avec attention; accueillir favorablement; suivre un avis; entendre raison; s'—, v. pr. avoir trop de soin de soi; faire attention à ce qu'on dit.
ÉCOUTEUR, EUSE, adj. qui écoute.
ÉCOUTILLE, s. f. (ll m.) espèce de trappe pour descendre dans l'intérieur d'un vaisseau.
ÉCOUVILLON, s. m. (ll m.) outil pour nettoyer un four, un canon.
ÉCOUVILLONNER, (ll m.) v. a. é, ée, p. nettoyer avec l'écouvillon.
ÉCRAN, s. m. meuble pour se garantir de l'ardeur du feu.
ÉCRASER, v. a. é, ée, p. aplatir, briser, anéantir.
ÉCRÉMER, v. a. é, ée, p. enlever la crème; prendre le meilleur.
ÉCRÊTER, v. a. é, ée, p. enlever la crête d'un mur, d'un coq, etc.
ÉCREVISSE, s. f. sorte de poisson; signe du zodiaque.
ÉCRIER (s'), v. pr. faire un grand cri.
ÉCRILLE, s. f. (ll m.) claie pour retenir le poisson à la décharge d'un étang.
ÉCRIN, s. m. coffret où l'on met des bijoux.
ÉCRIRE, v. a. n. et irr. tracer des lettres, orthographier, faire une lettre; composer un ouvrage. Ind. pr. j'écris, etc.; n. écrivons, v. écrivez, ils écrivent; imp. j'écrivais, etc., n. écrivions, etc.; pass. déf. j'écrivis, etc., n. écrivîmes, etc.; fut. j'écrirai, etc., n. écrirons, etc.; cond. j'écrirais, etc., n. écririons, etc.; imper. écris, écri-

vons, écrivez; subj. pr. q. j'é-
crive, etc., q. n. écrivions, etc.;
imp. subj. q. j'écrivisse, etc., q.
n. écrivissions, etc.; p. pr. écrivant; p. p. écrit, écrite.

ÉCRIT, s. m. ce qui est écrit;
ouvrage de littérature; écrit, e,
adj. couvert d'écriture, décidé,
marqué.

ÉCRITEAU, s. m. inscription,
avis public.

ÉCRITOIRE, s. f. ustensile
contenant les choses nécessaires
pour écrire; encrier.

ÉCRITURE, s. f. caractères
écrits; manière de les former;
— sainte, l'ancien et le nouveau
Testament; — au pl., tenue des
livres des maisons de commerce.

ÉCRIVAILLEUR, s. m. (ll m.)
auteur fécond et mauvais.

ÉCRIVAIN, s. m. maître à
écrire; auteur.

ÉCRIVASSIER, s. m. écri-
vailleur.

ÉCROU, s. m. trou dans lequel
tourne une vis; acte qui constate l'emprisonnement d'une
personne.

ÉCROUELLES, s. f. pl. tu-
meurs à la gorge.

ÉCROUER, v. a. é, ée, p.
inscrire un prisonnier sur le registre des emprisonnements.

ÉCROULEMENT, s. m. action
de s'écrouler; éboulement.

ÉCROULER (s'), v. pr. é, ée,
p. tomber en s'affaissant.

ÉCROÛTER, v. a. é, ée, p.
ôter la croûte du pain.

ÉCRU, E, adj. qui n'a pas été
lavé.

ÉCU, s. m. pièce de monnaie
d'or ou d'argent; ancien bouclier.

ÉCUEIL, s. m. (l m.) rocher
dans la mer; chose dangereuse.

ÉCUELLE, s. f. pièce de vaisselle pour le potage.

ÉCUELLÉE, s. f. plein une
écuelle.

ÉCULER, v. a. é, ée, p. plier
en dedans les quartiers des souliers.

ÉCUMANT, E, adj. qui écume.

ÉCUME, s. f. mousse blan-
châtre sur un liquide; bave de
quelques animaux en colère ou
échauffés.

ÉCUMER, v. n. jeter de l'é-
cume; —, v. a. é, ée, p. ôter
l'écume.

ÉCUMEUR, s. m. — de mer
corsaire; — de marmite, parasite.

ÉCUMEUX, EUSE, adj. cou-
vert d'écume.

ÉCUMOIRE, s. f. ustensile
pour écumer.

ÉCURAGE, s. m. nettoie-
ment.

ÉCURER, v. a. é, ée, p. nettoyer la batterie de cuisine.

ÉCUREUIL, s. m. (l m.) petit
quadrupède fort vif.

ÉCUREUR, EUSE, s. qui écure.

ÉCURIE, s. f. lieu où on loge
les chevaux et autres bêtes de
somme.

ÉCUSSON, s. m. plaque de
métal; armoiries; morceau d'é-
corce avec un œil pour greffer.

ÉCUSSONNER, v. a. é, ée,
p. greffer en écusson.

ÉCUSSONNOIR, s. m. outil
pour écussonner.

ÉCUYER, s. m. qui a l'intendance des écuries; qui enseigne
le manége; —, ancien titre de
noblesse.

ÉDEN, s. m. paradis terrestre.

ÉDENTÉ, ÉE, adj. qui n'a
plus de dents.

ÉDENTER, v. a. é, ée, p.
briser les dents.

ÉDIFIANT, E, adj. qui porte
à la vertu, par l'exemple ou les
discours.

ÉDIFICATION, s. f. senti-
ment de piété et de vertu; fruit
du bon exemple.

ÉDIFICE, s. m. bâtiment public, considérable.

ÉDIFIER, v. a. é, ée, p. bâtir; porter à la vertu.

ÉDIT, s. m. loi, ordonnance
de l'autorité souveraine.

ÉDITEUR, s. m. qui revoit et
publie les ouvrages d'un autre.

ÉDITION, s. f. publication
d'un livre; impression.

ÉDREDON, *s. m.* duvet très-léger d'un oiseau du Nord.

ÉDUCATION, *s. f.* art ou action de développer les facultés physiques, intellectuelles et morales de l'homme ; politesse ; usage du monde.

ÉDULCORATION, *s. f.* action d'édulcorer.

ÉDULCORER, *v. a. é, ée, p.* adoucir avec du sucre.

ÉFAUFILER, *v. a. é, ée, p.* tirer les fils d'un tissu.

EFFAÇABLE, *adj. 2 g.* qui peut être effacé.

EFFACER, *v. a. é, ée, p.* faire disparaître ; rayer, raturer ; *fig.* surpasser.

EFFANER, *v. a. é, ée, p.* ôter la fane des blés ; effeuiller.

EFFARER, *v. a. é, ée, p.* troubler quelqu'un.

EFFAROUCHER, *v. a. é, ée, p.* effrayer ; faire fuir.

EFFECTIF, IVE, *adj.* réel, de fait.

EFFECTIVEMENT, *adv.* réellement.

EFFECTUER, *v. a. é, ée, p.* mettre à exécution ; réaliser.

EFFÉMINER, *v. a. é, ée, p.* rendre faible comme une femme.

EFFERVESCENCE, *s. f.* bouillonnement ; ébullition d'une liqueur ; *fig.* émotion.

EFFET, *s. m.* résultat d'une cause ; exécution ; apparence ; billet représentant une somme d'argent.

EFFEUILLAISON, *s. f.* (ll m.) action d'effeuiller une plante.

EFFEUILLEMENT, *s. m.* (ll m.) action d'effeuiller.

EFFEUILLER, *v. a. et pr. é, ée, p.* (ll m.) dépouiller, se dépouiller de feuilles.

EFFICACE, *adj. 2 g.* qui produit son effet.

EFFICACEMENT, *adv.* avec efficacité.

EFFICACITÉ, *s. f.* force, pouvoir.

EFFICIENT, E, *adj.* qui produit certain effet.

EFFIGIE, *s. f.* représentation figurée d'une personne.

EFFILÉ, *s. m.* petite frange ; —, ée, *adj.* étroit, mince, délié.

EFFILER, *v. a. é, ée, p.* défaire un tissu fil à fil.

EFFILURE, *s. f.* fils ôtés d'un tissu.

EFFLANQUER, *v. a. é, ée, p.* rendre maigre.

EFFLEURER, *v. a. é, ée, p.* n'enlever que la superficie ; *fig.* toucher légèrement.

EFFONDREMENT, *s. m.* action d'effondrer.

EFFONDRER, *v. a. é, ée, p.* fouiller profondément la terre ; enfoncer, rompre.

EFFORCER (s'), *v. pr. é, ée, p.* employer toute sa force, son industrie ; faire effort.

EFFORT, *s. m.* action faite en s'efforçant ; tension violente.

EFFRACTION, *s. f.* rupture faite par un voleur.

EFFRAYANT, E, *adj.* qui effraie.

EFFRAYER, *v. a. é, ée, p.* causer de la frayeur ; épouvanter ; s', *v. pr.* avoir peur.

EFFRÉNÉ, ÉE, *adj.* sans frein, sans retenue.

EFFRITER, *v. a. é, ée, p.* épuiser une terre.

EFFROI, *s. m.* épouvante ; crainte mêlée d'horreur.

EFFRONTÉ, ÉE, *adj. et s.* qui n'a honte de rien.

EFFRONTÉMENT, *adv.* impudemment.

EFFRONTERIE, *s. f.* vice de l'effronté ; impudence.

EFFROYABLE, *adj. 2 g.* qui cause de l'effroi ; très-difforme ; excessif.

EFFROYABLEMENT, *adv.* d'une manière effroyable ; avec excès.

EFFUSION, *s. f.* épanchement ; vive et sincère démonstration.

ÉGAL, E, *adj.* (*pl.* égaux) pareil ; semblable ; uniforme ; uni ; indifférent ; toujours le même ; à l'—de, autant que.

ÉGALEMENT, *adv.* d'une manière égale.

ÉGALER, *v. a. é, ée, p.* rendre égal ; rendre uni ; être égal.

ÉGALISATION, *s. f.* action d'égaliser.

ÉGALISER, v. a. é, ée, p. rendre égal, uni.
ÉGALITÉ, s. f. uniformité; conformité; rapport entre des choses égales; équilibre.
ÉGARD, s. m. déférence, marque d'estime, considération; ménagements.
ÉGAREMENT, s. m. fig. écart; erreur; aliénation d'esprit; désordre.
ÉGARER, v. a. é, ée, p. détourner du droit chemin; fourvoyer; perdre momentanément; s'—, v. pr. s'écarter de son chemin; se tromper.
ÉGAYER, v. a. é, ée, p. rendre gai; s'—, v. pr. se distraire.
ÉGIDE, s. f. défense.
ÉGLANTIER, s. m. rosier sauvage.
ÉGLANTINE, s. f. fleur de l'églantier.
ÉGLISE, s. f. temple chrétien; assemblée des fidèles.
ÉGLOGUE, s. f. poëme champêtre.
ÉGOÏSME, s. m. défaut qui consiste à rapporter tout à soi.
ÉGOÏSTE, s. et adj. 2 g. qui a de l'égoïsme.
ÉGORGER, v. a. é, ée, p. tuer, couper la gorge.
ÉGORGEUR, s. m. assassin, qui égorge.
ÉGOSILLER (s'), v. pr. (ll m.) se faire mal au gosier à force de crier; chanter beaucoup et très-haut.
ÉGOUT, s. m. écoulement des eaux; conduit; cloaque.
ÉGOUTTER, v. a. é, ée, p. faire écouler l'eau; s'—, v. pr. s'écouler; —, v. n. tomber goutte à goutte.
ÉGOUTTOIR, s. m. ustensile de cuisine pour faire égoutter la vaisselle.
ÉGOUTTURES, s. f. pl. dernières gouttes qui tombent de ce qu'on fait égoutter.
ÉGRAPPER, v. a. é, ée, p. détacher le raisin de la grappe.
ÉGRATIGNER, v. a. é, ée, p. déchirer la peau avec les ongles.

ÉGRATIGNEUR, EUSE, s. qui égratigne.
ÉGRATIGNURE, s. f. légère blessure faite en égratignant.
ÉGRENER, v. a. é, ée, p. faire sortir la graine des plantes; détacher les grains d'une grappe.
ÉGRILLARD, E, (ll m.) s. et adj. vif, éveillé.
ÉGRILLOIR, (ll m.) s. m. grille pour arrêter le poisson d'un étang.
ÉGRUGEOIR, s. m. ustensile de bois pour écraser le sel.
ÉGRUGER, v. a. é, ée, p. pulvériser dans l'égrugeoir.
ÉGUEULER, v. a. é, ée, p. casser le goulot ou le bord d'un vase.
ÉGYPTE, grande contrée d'Afrique.
ÉGYPTIEN, NNE, adj. qui est d'Égypte.
EH! interj. qui marque la surprise.
ÉJECTION, s. f. évacuation.
ÉLABORATION, s. f. action d'élaborer.
ÉLABORER, v. a. é, ée, p. préparer avec soin, par degrés; perfectionner.
ÉLAGAGE, s. m. action d'élaguer.
ÉLAGUER, v. a. é, ée, p. retrancher d'un arbre les branches nuisibles.
ÉLAGUEUR, s. m. qui élague.
ÉLAN, s. m. mouvement subit avec effort; action de s'élancer.
ÉLANCÉ, ÉE, adj. efflanqué, haut et mince.
ÉLANCEMENT, s. m. action de s'élancer; douleur subite et passagère.
ÉLANCER, v. n. sentir, produire des élancements; s'—, v. pr. se jeter en avant avec précipitation.
ÉLARGIR, v. a. i, ie, p. rendre plus large; mettre hors de prison; s'—, v. pr. devenir plus large; s'étendre.
ÉLARGISSEMENT, s. m. action d'élargir; augmentation de largeur.

ÉLASTICITÉ, s. f. qualité de ce qui est élastique.
ÉLASTIQUE, adj. 2 g. qui a du ressort.
ÉLECTEUR, s. m. qui élit; membre d'un collège électoral; —, dignitaire, dans certains états d'Allemagne.
ÉLECTIF, IVE, adj. qui se fait par élection.
ÉLECTION, s. f. action d'élire; choix d'une personne fait au concours des suffrages.
ÉLECTORAL, E, adj. qui a rapport aux électeurs.
ÉLECTORAT, s. m. dignité, qualité d'électeur.
ÉLECTRICITÉ, s. f. propriété des corps qui étant frottés en attirent ou en repoussent d'autres; fluide invisible qui se manifeste par le frottement.
ÉLECTRIQUE, adj. 2 g. qui a rapport à l'électricité.
ÉLECTRISER, v. a. é, ée, p. communiquer la faculté électrique; fig. animer, enflammer.
ÉLÉGAMMENT, adv. avec élégance.
ÉLÉGANCE, s. f. délicatesse, politesse du langage; recherche, grâces dans les manières, la parure, etc.
ÉLÉGANT, E, s. et adj. qui a de l'élégance.
ÉLÉGIAQUE, adj. 2 g. qui appartient à l'élégie.
ÉLÉGIE, s. f. poésie triste et tendre.
ÉLÉMENT, s. m. corps simple qui entre dans la composition des mixtes; — au pl. principes d'un art, d'une science.
ÉLÉMENTAIRE, adj. 2 g. qui appartient à l'élément; qui contient les éléments.
ÉLÉPHANT, s. m. le plus grand, le plus gros et le plus intelligent des quadrupèdes.
ÉLÉVATION, s. f. exhaussement; dignité, puissance; fig. grandeur d'âme, de courage; supériorité d'esprit; noblesse de style; mouvement de l'âme vers Dieu.
ÉLÈVE, s. 2 g. disciple, écolier.
ÉLEVER, v. a. é, ée, p. hausser, faire monter plus haut; construire, ériger; nourrir; instruire.
ÉLIDER, v. a. é, ée, p. faire une élision.
ÉLIGIBILITÉ, s. f. capacité d'être élu.
ÉLIGIBLE, adj. 2 g. qui peut être élu.
ÉLIMER, v. n. et pr. s'user à force d'être porté.
ÉLIMINATION, s. f. action d'éliminer.
ÉLIMINER, v. a. é, ée, p. expulser.
ÉLIRE, v. a. irr. (se conj. c. lire) choisir; faire une élection.
ÉLISION, s. f. suppression d'une lettre.
ÉLITE, s. f. ce qu'il y a de mieux dans son genre.
ÉLIXIR, s. m. liqueur spiritueuse.
ELLE (pl. elles), pron. pers. f. de la 3e personne.
ELLÉBORE, s. m. plante médicinale.
ELLIPSE, s. f. suppression d'un mot dans une phrase.
ELLIPTIQUE, adj. 2 g. qui tient de l'ellipse.
ELME (FEU ST.), feux électriques qui voltigent sur la surface des eaux après une tempête.
ÉLOCUTION, s. f. manière de s'exprimer; partie de la rhétorique relative au choix et à l'arrangement des mots.
ÉLOGE, s. m. louange; panégyrique.
ÉLOIGNEMENT, s. m. action d'éloigner, de s'éloigner; antipathie, aversion; absence; distance de temps ou de lieu.
ÉLOIGNER, v. a. é, ée, p. écarter; retarder; différer; s'—, v. pr. s'absenter, s'écarter; avoir de la répugnance.
ÉLOQUEMMENT, adv. avec éloquence.
ÉLOQUENCE, s. f. talent de bien dire, d'émouvoir, de persuader.

ÉLOQUENT, E, *adj.* qui a de l'éloquence.

ÉLU, *s. m.* prédestiné à la vie éternelle; —, *adj.* choisi par élection.

ÉLUDER, *v. a. é, ée, p.* éviter avec adresse.

ÉLYSÉE, *s. m.* Suivant la mythologie, séjour des héros et des hommes vertueux après leur mort; —, *fig.* lieu délicieux.

ÉMAIL, *s. m.* (au pl. émaux) (*ll m.*) composition particulière du verre combiné avec certains métaux.

ÉMAILLER, *v. a. é, ée, p.* (*ll m.*) travailler en émail; orner; embellir.

ÉMAILLEUR, (*ll m.*) *s. m.* ouvrier en émail.

ÉMAILLURE, (*ll m.*) *s. f.* application de l'émail.

ÉMANATION, *s. f.* action d'émaner; ce qui émane; exhalaison.

ÉMANCIPATION, *s. f.* acte qui émancipe.

ÉMANCIPER, *v. a. é, ée, p.* mettre hors de tutelle; s' —, *v. pr.* prendre trop de liberté.

ÉMANER, *v. n.* découler, provenir.

ÉMARGEMENT, *s. m.* action d'émarger.

ÉMARGER, *v. a. é, ée, p.* porter, écrire en marge; couper la marge.

EMBALLAGE, *s. m.* action d'emballer; ce qui sert à emballer.

EMBALLER, *v. a. é, ée, p.* empaqueter, mettre dans une balle.

EMBALLEUR, *s. m.* qui emballe.

EMBARCADÈRE, *s. m.* lieu propre à s'embarquer.

EMBARCATION, *s. f.* petit navire; barque, chaloupe.

EMBARGO, *s. m.* défense faite à des vaisseaux de sortir d'un port.

EMBARQUEMENT, *s. m.* action d'embarquer une chose ou de s'embarquer.

EMBARQUER, *v. a. é, ée, p.* mettre dans un navire, dans une barque; s' —, *v. pr.* entrer dans un navire; *fig.* s'engager à.

EMBARRAS, *s. m.* obstacle; confusion; perplexité; irrésolution.

EMBARRASSANT, E, *adj.* qui embarrasse.

EMBARRASSER, *v. a. é, ée, p.* causer de l'embarras; *fig.* mettre en peine; donner de l'irrésolution; s' —, *v. pr.*

EMBÂTER, *v. a. é, ée, p.* mettre le bât à une bête de somme; charger d'une chose incommode.

EMBAUCHAGE, *s. m.* action d'embaucher.

EMBAUCHER, *v. a. é, ée, p.* enrôler par adresse.

EMBAUCHEUR, *s. m.* qui embauche.

EMBAUMEMENT, *s. m.* action d'embaumer un corps.

EMBAUMER, *v. a. é, ée, p.* remplir un corps mort de baume pour le préserver de la corruption.

EMBÉGUINER, *v. a. é, ée, p.* envelopper la tête d'un béguin; *fig.* mettre dans l'esprit; s' —, *v. pr.* se mettre en tête.

EMBELLIR, *v. a. i, ie, p.* rendre beau, orner; —, *v. n.* devenir beau.

EMBELLISSANT, E, *adj.* qui embellit.

EMBELLISSEMENT, *s. m.* action d'embellir; ce qui embellit.

EMBLAVER, *v. a. é, ée, p.* semer en blé.

EMBLAVURE, *s. f.* terre semée en blé.

EMBLÉE, *s. f.* (d'), *loc. adv.* tout d'un coup; du premier effort.

EMBLÉMATIQUE, *adj. 2 g.* tenant de l'emblème.

EMBLÈME, *s. m.* figure symbolique accompagnée de paroles sentencieuses.

EMBOIRE (s'), *v. pr. irr.* (se conj. c. boire) s'imbiber.

EMBOÎTEMENT, *s. m.* action d'emboîter.

EMBOÎTER, *v. a. é, ée, p.*

enchâsser une chose dans une autre...

EMBOÎTURE, *s. f.* endroit où les os s'emboîtent.

EMBONPOINT, *s. m.* état d'une personne un peu grasse.

EMBOSSER, *v. a. et pr.* é, ée, *p.* amarrer un navire, le fixer contre le vent et contre le courant.

EMBOUCHER, *v. a.* é, ée, *p.* mettre à la bouche; donner à un cheval le mors convenable; instruire quelqu'un de ce qu'il a à dire.

EMBOUCHOIR, *s. m.* forme pour mettre dans les bottes; bout par lequel on souffle.

EMBOUCHURE, *s. f.* partie du mors qui est dans la bouche; ouverture d'un canon; entrée d'une rivière dans une autre rivière ou dans la mer.

EMBOURBER, *v. a.* é, ée, *p.* mettre dans un bourbier; *fig.* engager dans une mauvaise affaire.

EMBOURRER. V. REMBOURRER.

EMBOURRURE, *s. f.* action d'embourrer; grosse toile pour embourrer.

EMBOURSER, *v. a.* é, ée, *p.* mettre en bourse.

EMBRANCHEMENT, *s. m.* réunion de plusieurs chemins; nœud de soudure des tuyaux.

EMBRASEMENT, *s. m.* grand incendie; combustion; désordre.

EMBRASER, *v. a.* é, ée, *p.* mettre en feu; *s'—*, *v. pr.* prendre feu.

EMBRASSADE, *s. f.* action de deux personnes qui s'embrassent.

EMBRASSEMENT, *s. m.* action d'embrasser.

EMBRASSER, *v. a.* é, ée, *p.* serrer dans ses bras; ceindre; environner; *s'—*, *v. pr.* se presser dans les bras l'un de l'autre.

EMBRASURE, *s. f.* ouverture dans un mur pour tirer le canon; ouverture d'une fenêtre, d'une porte.

EMBROCHER, *v. a.* é, ée, *p.* mettre à la broche.

EMBROUILLEMENT, *s. m.* (*ll m.*) action d'embrouiller; embarras; confusion.

EMBROUILLER, *v. a.* é, ée, *p.* (*ll m.*) mettre de la confusion, de l'obscurité; *s'—*, *v. pr.* s'embarrasser.

EMBRUMÉ, ÉE, *adj.* chargé de brouillard.

EMBRUN, chef-lieu d'arr. du dép. des Hautes-Alpes.

EMBÛCHE, *s. f.* piége; entreprise secrète pour nuire.

EMBUSCADE, *s. f.* embûche dans un lieu couvert.

EMBUSQUER, *v. a.* é, ée, *p.* mettre en embuscade; *s'—*, *v. pr.* se cacher pour surprendre.

ÉMERAUDE, *s. f.* pierre précieuse verte.

ÉMERI, *s. m.* mine de fer pour polir les métaux.

ÉMERILLON, (*ll m.*) *s. m.* oiseau de proie petit et très-vif.

ÉMERILLONNÉ, ÉE, (*ll m.*) *adj.* vif, éveillé comme l'émerillon.

ÉMÉRITE, *adj. m.* professeur —, pensionné après 30 ans de service.

ÉMERVEILLER, (*ll m.*) *v. a.* é, ée, *p.* causer de l'admiration, étonner; *s'—*, *v. pr.* s'étonner.

ÉMÉTIQUE, *s. m. et adj.* 2 g. vomitif; qui provoque les vomissements.

ÉMÉTISER, *v. a.* é, ée, *p.* administrer l'émétique.

ÉMETTRE, *v. a. irr.* (se conj. c. *mettre*) produire au dehors, mettre en circulation; exprimer une opinion.

ÉMEUTE, *s. f.* tumulte séditieux.

ÉMIETTER, *v. a.* é, ée, *p.* réduire en miettes.

ÉMIGRANT, E, *adj. et s.* qui émigre.

ÉMIGRATION, *s. f.* action d'émigrer.

ÉMIGRÉ, ÉE, *s.* qui a émigré.

ÉMIGRER, *v. n.* abandonner sa patrie pour aller s'établir ailleurs.

ÉMINCÉE, *s. f.* ragoût de tranches de viande très-minces.

ÉMINCER, v. a. é, ée, p. couper par tranches minces.
ÉMINEMMENT, adv. avec excellence, au plus haut degré.
ÉMINENCE, s. f. petite élévation; titre donné aux cardinaux.
ÉMINENT, E, adj. élevé, supérieur.
ÉMINENTISSIME, adj. très-éminent; titre des cardinaux.
ÉMISSAIRE, s. m. envoyé secret.
ÉMISSION, s. f. action d'émettre, pousser hors de.
EMMAGASINAGE, s. m. action d'emmagasiner; temps pendant lequel on garde en magasin.
EMMAGASINER, v. a. é, ée, p. mettre en magasin.
EMMAILLOTTER, (ll m.) v. a. é, ée, p. mettre en maillot.
EMMANCHER, v. a. é, ée, p. mettre un manche.
EMMANCHEUR, s. m. qui emmanche.
EMMANCHURE, s. f. ouverture d'une robe, d'un habit pour y mettre des manches.
EMMANEQUINER, v. a. é, ée, p. mettre un arbuste dans un mannequin.
EMMARCHEMENT, s. m. entaille pour recevoir les marches d'un escalier; étendue de la marche dans sa largeur.
EMMÉNAGEMENT, s. m. action de s'emménager.
EMMÉNAGER (s'), v. pr. é, ée, p. acheter des meubles; ranger ses meubles dans un nouveau logement.
EMMENER, v. a. é, ée, p. mener quelqu'un du lieu où l'on est en quelque autre.
EMMENOTTER, v. a. é, ée, p. mettre des menottes aux mains.
EMMIELLER, v. a. é, ée, p. enduire de miel.
EMMIELLURE, s. f. cataplasme pour les chevaux.
EMMITOUFLER, v. a. é, ée, p. envelopper de vêtements chauds.
ÉMOI, s. m. émotion, inquiétude.

ÉMOLLIENT, E, adj. qui amollit, adoucit.
ÉMOLUMENT, s. m. profit, avantage.
ÉMOLUMENTER, v. n. gagner des émoluments.
ÉMONDAGE, s. m. action d'émonder.
ÉMONDER, v. a. é, ée, p. couper d'un arbre les branches superflues.
ÉMONDES, s. f. pl. branches émondées.
ÉMOTION, s. f. altération, agitation.
ÉMOTTER, v. a. é, ée, p. briser les mottes d'un champ.
ÉMOUCHER, v. a. é, ée, p. chasser les mouches.
ÉMOUCHET, s. m. oiseau de proie, mâle de l'épervier.
ÉMOUCHETTE, s. f. réseau pour garantir les chevaux des mouches.
ÉMOUCHOIR, s. m. queue de cheval pour émoucher.
ÉMOUDRE, v. a. irr. (se conj. c. moudre) aiguiser sur la meule.
ÉMOULEUR, s. m. celui qui aiguise les instruments tranchants sur la meule.
ÉMOUSSER, v. a. é, ée, p. ôter le tranchant, la mousse, etc.; fig. énerver.
ÉMOUSTILLER, v. a. é, ée, p. donner de la vivacité.
ÉMOUVOIR, v. a. irr. (se conj. c. mouvoir) causer de l'émotion, toucher vivement, mettre en mouvement.
EMPAILLAGE, s. m. art d'empailler.
EMPAILLER, v. a. é, ée, p. garnir de paille; envelopper de paille.
EMPAILLEUR, s. m. qui empaille.
EMPALEMENT, s. m. action d'empaler; supplice en usage chez les Turcs.
EMPALER, v. a. é, ée, p. ficher un pal aigu dans le fondement et le faire sortir entre les épaules.
EMPANACHER, v. a. é, ée, p. garnir d'un panache.

EMPAQUETER, *v. a.* é, ée, p. (se conj. c. *jeter*) mettre en paquet; s' —, *v. pr.* s'envelopper.

EMPARER (s'), *v. pr.* se saisir d'une chose, s'en rendre maître.

EMPÂTEMENT, *s. m.* état de ce qui est pâteux ou empâté.

EMPÂTER, *v. a.* é, ée, p. remplir de pâte, rendre pâteux; engraisser la volaille.

EMPAUMER, *v. a.* é, ée, p. recevoir une balle avec la paume de la main; *fig.* s'emparer de l'esprit de quelqu'un.

EMPÊCHEMENT, *s. m.* obstacle, opposition.

EMPÊCHER, *v. a.* é, ée, p. apporter de l'opposition; faire obstacle; s' —, *v. pr.* s'abstenir.

EMPEIGNE, *s. f.* le dessus et les côtés du soulier.

EMPENNER, *v. a.* é, ée, p. garnir une flèche de plumes.

EMPEREUR, *s. m.* chef d'un empire.

EMPESAGE, *s. m.* façon d'empeser.

EMPESER, *v. a.* é, ée, p. accommoder le linge avec de l'empois.

EMPESÉ, ÉE, *adj.* guindé; apprêté.

EMPESEUR, EUSE, *s.* qui empèse.

EMPESTER, *v. a.* é, ée, p. répandre la peste; infecter de mauvaise odeur.

EMPÊTRER, *v. a.* é, ée, p. embarrasser, s'embarrasser le pied.

EMPHASE, *s. f.* affectation dans les discours, les manières.

EMPHATIQUE, *adj.* 2 g. qui a de l'emphase.

EMPHATIQUEMENT, *adv.* avec emphase.

EMPHYTÉOSE, *s. f.* bail à longues années.

EMPHYTÉOTE, *s.* 2 g. qui jouit de l'emphytéose.

EMPHYTÉOTIQUE, *adj.* 2 g. de l'emphytéose.

EMPIÉTEMENT, *s. m.* action d'empiéter.

EMPIÉTER, *v. a.* é, ée, p. usurper les droits d'autrui.

EMPIFFRER, *v. a.* é, ée, p. faire manger avec excès.

EMPILEMENT, *s. m.* action d'empiler.

EMPILER, *v. a.* é, ée, p. mettre en pile.

EMPIRE, *s. m.* commandement, puissance, autorité; pays soumis à un empereur, durée de son règne.

EMPIRER, *v. a.* é, ée, p. rendre pire; —, *v. n.* devenir pire.

EMPIRIQUE, *s. m.* charlatan; —, *adj.* 2 g. qui n'a que l'expérience sans la méthode.

EMPLACEMENT, *s. m.* place propre à bâtir, à planter, etc.

EMPLÂTRE, *s. m.* onguent étendu sur du linge; *fig.* personne incapable d'agir.

EMPLETTE, *s. f.* achat de marchandises; chose achetée.

EMPLIR, *v. a.* i, ie, p. (se conj. c. *finir*) rendre plein; s' —, *v. pr.* devenir plein.

EMPLOI, *s. m.* application d'une chose à un usage; mention d'une somme dans un compte; fonction.

EMPLOYÉ, *s. m.* qui a un emploi; commis d'un bureau.

EMPLOYER, *v. a.* é, ée, p. (se conj. c. *ployer*) mettre en usage; donner de l'occupation; s' —, *v. pr.* s'appliquer à.

EMPLUMER, *v. a.* é, ée, p. garnir de plumes.

EMPOCHER, *v. a.* é, ée, p. mettre en poche avec avidité.

EMPOIGNER, *v. a.* é, ée, p. prendre et serrer avec la main en fermant le poing.

EMPOIS, *s. m.* colle d'amidon.

EMPOISONNEMENT, *s. m.* action d'empoisonner, ses effets.

EMPOISONNER, *v. a.* é, ée, p. donner du poison à dessein de faire mourir; corrompre; —, *v. n.* exhaler une mauvaise odeur.

EMPOISONNEUR, EUSE, *s.* qui empoisonne; mauvais cuisinier.

EMPOISSER, *v. a.* é, ée, p. enduire de poix.

EMPOISSONNEMENT, *s. m.* action d'empoissonner.

EMPOISSONNER, *v. a.* é, ée, p. peupler un étang de poissons.

EMPORTÉ, ÉE, adj. violent, irritable; transporté de colère.

EMPORTEMENT, s. m. colère; mouvement violent causé par une passion.

EMPORTE-PIÈCE, s. m. instrument pour découper.

EMPORTER, v. a. é, ée, p. ôter d'un lieu, enlever; prendre une chose et la porter avec soi dehors; gagner; obtenir; avoir le dessus; entraîner; s'—, v. pr. se fâcher.

EMPOTER, v. a. é, ée, p. mettre en pot.

EMPREINDRE, v. a. irr. (se conj. c. feindre) imprimer.

EMPREINTE, s. f. marque; figure de ce qui est empreint.

EMPRESSÉ, ÉE, adj. et s. qui agit avec ardeur.

EMPRESSEMENT, s. m. action de s'empresser; hâte de faire ou de dire; attention, soins.

EMPRESSER (s'), v. pr. é, ée, p. agir avec ardeur; s'agiter, s'inquiéter; chercher à plaire par des soins, des prévenances.

EMPRISONNEMENT, s. m. action d'emprisonner; état du prisonnier.

EMPRISONNER, v. a. é, ée, p. mettre en prison.

EMPRUNT, s. m. action d'emprunter; chose empruntée.

EMPRUNTÉ, ÉE, adj. contraint, embarrassé; faux, déguisé.

EMPRUNTER, v. a. é, ée, p. demander et recevoir en prêt; se servir de ce qui est à un autre.

EMPRUNTEUR, EUSE, adj. qui emprunte.

EMPUANTIR, v. a. i, ie, p. répandre une odeur infecte; s'—, v. pr. commencer à puer.

EMPUANTISSEMENT, s. m. action d'empuantir; état d'une chose qui s'empuantit.

EMPYRÉE, s. m. et adj. la partie la plus élevée des cieux; séjour des bienheureux.

ÉMULATEUR, s. m. animé d'émulation.

ÉMULATION, s. f. désir d'égaler ou de surpasser quelqu'un dans une chose louable; noble rivalité.

ÉMULE, s. 2 g. concurrent, rival.

ÉMULSION, s. f. potion rafraîchissante.

ÉMULSIONNER, v. a. é, ée, p. faire une émulsion.

EN, prép. marque un rapport de lieu, de temps, de la manière d'être, et signifie dans, durant, pendant, avec.

EN, pron. pers. 2 g. sing. et pl. de lui, d'elle, d'eux, d'elles, de cela; il remplace quelquefois les pron. poss. son, sa, ses, leur, leurs.

ENCADREMENT, s. m. action d'encadrer, état d'une chose encadrée.

ENCADRER, v. a. é, ée, p. mettre dans un cadre, entourer.

ENCAGER, v. a. é, ée, p. mettre en cage.

ENCAISSEMENT, s. m. action d'encaisser.

ENCAISSER, v. a. é, ée, p. mettre en caisse.

ENCAN, s. m. cri public pour vendre à l'enchère.

ENCANAILLER (s'), (ll m.) v. pr. é, ée, p. hanter la canaille.

ENCAPUCHONNER (s'), v. pr. se couvrir la tête d'un capuchon.

ENCAQUER, v. a. é, ée, p. mettre dans une caque; entasser.

ENCAQUEUR, s. m. celui qui met les harengs en caque.

ENCAUSTIQUE, s. f. enduit de cire dissoute; —, adj. couleurs préparées avec de la cire.

ENCAVEMENT, s. m. action d'encaver.

ENCAVER, v. a. é, ée, p. mettre et arranger dans une cave.

ENCAVEUR, s. m. celui qui encave.

ENCEINDRE, v. a. irr. (se conj. c. feindre) entourer, enfermer.

ENCEINTE, s. f. circonférence, tour, clôture; —, adj. f. femme grosse.

ENCENS, s. m. parfum, gomme aromatique; fig. louange, flatterie.

ENCENSEMENT, s. m. action d'encenser.
ENCENSER, v. a. é, ée, p. donner de l'encens; flatter.
ENCENSEUR, s. m. qui encense.
ENCENSOIR, s. m. cassolette pour encenser.
ENCHAÎNEMENT, s. m. liaison, suite de plusieurs choses de même nature.
ENCHAÎNER, v. a. é, ée, p. attacher avec une chaîne; captiver; réunir; lier.
ENCHANTÉ, ÉE, adj. merveilleux, fait comme par enchantement; satisfait, charmé.
ENCHANTEMENT, s. m. action d'enchanter; ravissement.
ENCHANTER, v. a. é, ée, p. charmer, séduire; ravir en admiration.
ENCHANTEUR, TERESSE, adj. et s. qui enchante, qui séduit.
ENCHÂSSER, v. a. é, ée, p. mettre dans une châsse; entailler; s'—, v. pr. s'encaisser.
ENCHÂSSURE, s. f. action d'enchâsser, chose enchâssée.
ENCHAUSSER, v. n. é, ée, p. couvrir de fumier les légumes pour les préserver de la gelée.
ENCHÈRE, s. f. offre au-dessus d'une autre pour acheter.
ENCHÉRIR, v. a. i, ie, p. mettre une enchère; —, v. n. devenir plus cher.
ENCHÉRISSEMENT, s. m. hausse de prix.
ENCHÉRISSEUR, s. m. qui met une enchère.
ENCHEVÊTRER, v. a. é, ée, p. embarrasser, embrouiller; s'—, v. pr. fig. se mettre dans l'embarras.
ENCHIFRENEMENT, s. m. embarras dans le nez par l'effet d'un rhume.
ENCHIFRENER, v. a. é, ée, p. causer l'enchifrenement.
ENCLAVE, s. f. terre qui avance dans une autre; limite.
ENCLAVEMENT, s. m. action d'enclaver; chose enclavée.
ENCLAVER, v. a. é, ée, p. enfermer une chose dans une autre.

ENCLIN, E, adj. porté naturellement à...
ENCLORE, v. a. irr. (se conj. c. clore) fermer d'une clôture.
ENCLOS, s. m. espace clos.
ENCLOUER, v. a. é, ée, p. piquer jusqu'au vif un cheval en le ferrant; enfoncer un clou dans la lumière d'un canon pour l'empêcher de servir.
ENCLUME, s. f. masse de fer sur laquelle on bat les métaux.
ENCLUMEAU ou ENCLUMOT, s. m. petite enclume portative.
ENCOFFRER, v. a. é, ée, p. renfermer dans un coffre avec avarice; mettre en prison.
ENCOIGNURE, s. f. angle de deux murs, coin.
ENCOLLAGE, s. m. couche de colle.
ENCOLLER, v. a. é, ée, p. enduire de colle.
ENCOLURE, s. f. partie du corps du cheval, depuis la tête jusqu'aux épaules; fig. air, apparence.
ENCOMBRE, s. m. obstacle, embarras.
ENCOMBREMENT, s. m. action d'encombrer; ses effets.
ENCOMBRER, v. a. é, ée, p. embarrasser.
ENCONTRE, s. f. aventure, rencontre; à l'—, prép. contre.
ENCORE, adv. de temps, de plus, du moins; jusqu'à présent; —que, bien que, quoique.
ENCORNÉ, ÉE, adj. qui a des cornes.
ENCORNER, v. a. é, ee, p. garnir de cornes.
ENCOURAGEANT, E, adj. qui encourage.
ENCOURAGEMENT, s. m. ce qui encourage.
ENCOURAGER, v. a. é, ée, p. donner du courage; exciter.
ENCOURIR, v. a. irr. (se conj. c. courir) attirer sur soi; mériter.
ENCRASSER, v. a. é, ée, p. rendre crasseux; s'—, v. pr. devenir crasseux.
ENCRE, s. f. liqueur noire qui sert pour écrire.
ENCRIER, s. m. vase où l'on met l'encre.

ENCROUTER, *v. a.* é, ée, p. faire un enduit; *s'* —, *v. pr.* se couvrir d'une croûte.

ENCUIRASSER, *v. a.* é, ée, p. mettre une cuirasse à quelqu'un; *s'* —, *v. pr.* se couvrir d'une cuirasse; *fig.* s'encrasser.

ENCUVER, *v. a.* é, ée, p. mettre en cuve.

ENCYCLOPÉDIE, *s. f.* science universelle; livre qui traite de toutes les sciences.

ENCYCLOPÉDIQUE, *adj. 2 g.* qui embrasse toutes les sciences.

ENCYCLOPÉDISTE, *s. m.* auteur encyclopédique.

ENDÉCAGONE, *s. m. et adj. 2 g.* figure à onze angles et onze côtés.

ENDÉMIQUE, *adj. 2 g.* particulier à un peuple.

ENDENTÉ, ÉE, *adj.* garni de dents.

ENDENTER, *v. a.* é, ée, p. mettre des dents.

ENDETTER, *v. a.* é, ée, p. charger de dettes; *s'* —, *v. pr.* faire des dettes.

ENDÊVÉ, ÉE, *adj.* mutin; emporté.

ENDÊVER, *v. n.* avoir dépit; faire —, faire enrager.

ENDIABLÉ, ÉE, *adj. et s.* furieux, méchant.

ENDIABLER, *v. n.* faire —, tourmenter.

ENDIMANCHER (*s'*), *v. pr.* mettre ses beaux habits.

ENDIVE, *s. f.* plante potagère; sorte de chicorée.

ENDOCTRINER, *v. a.* é, ée, p. instruire.

ENDOLORI, IE, *adj.* qui ressent de la douleur.

ENDOMMAGEMENT, *s. m.* altération.

ENDOMMAGER, *v. a.* é, ée, p. causer du dommage.

ENDORMEUR, *s. m.* flatteur, enjôleur.

ENDORMI, IE, *adj.* engourdi, sans énergie.

ENDORMIR, *v. a.* 1, ie, p. (se conj. c. *dormir*) faire dormir; *fig.* tromper; *s'* —, *v. pr.* commencer à dormir.

ENDOSSE, *s. f.* la peine, l'embarras d'une chose.

ENDOSSEMENT, *s. m.* signature au dos d'un billet.

ENDOSSER, *v. a.* é, ée, p. mettre sur son dos; mettre sa signature au dos d'un billet.

ENDOSSEUR, *s. m.* qui endosse un billet.

ENDROIT, *s. m.* lieu, place; le beau côté d'une étoffe, opposé à *envers*.

ENDUIRE, *v. a.* uit, uite, p. (se conj.) c. *conduire*) couvrir d'un enduit.

ENDUIT, *s. m.* couche de chaux, de plâtre, etc.

ENDURANT, E, *adj.* patient, qui souffre aisément les injures.

ENDURCIR, *v. a.* 1, ie, p. (se conj. c. *finir*) rendre dur, le devenir; rendre fort; accoutumer à ce qui est dur, pénible.

ENDURCISSEMENT, *s. m.* dureté; opiniâtreté.

ENDURER, *v. a.* é, ée, p. supporter avec patience.

ÉNERGIE, *s. f.* force, courage, vertu.

ÉNERGIQUE, *adj. 2 g.* qui a de l'énergie.

ÉNERGIQUEMENT, *adv.* avec énergie.

ÉNERGUMÈNE, *s. 2 g.* possédé du démon; enthousiaste, colère à l'excès.

ÉNERVER, *v. a.* é, ée, p. affaiblir, amollir.

ENFAÎTEAU, *s. m.* tuile creuse qu'on met sur le faîte d'une maison.

ENFAÎTEMENT, *s. m.* table de plomb sur le faîte des maisons couvertes d'ardoises.

ENFAÎTER, *v. a.* é, ée, p. couvrir le faîte d'une maison.

ENFANCE, *s. f.* première partie de la vie, jusqu'à douze ans environ; les enfants; *fig.* puérilité.

ENFANT, *s. 2 g.* qui est dans l'enfance; fils ou fille; — de chœur, qui chante à l'église.

ENFANTEMENT, *s. m.* action d'enfanter.

ENFANTER, *v. a.* é, ée, p. mettre au jour, produire.

ENFANTILLAGE, (*ll m*,) *s. m.* puérilité; discours, manières

II.

ENF

qui ne conviennent qu'à un enfant.

ENFANTIN, E, adj. d'enfant.

ENFARINER, v. a. é, ée, p. poudrer de farine.

ENFER, s. m. séjour des damnés; lieu de douleur.

ENFERMER, v. a. é, ée, p. clore, entourer, serrer, mettre sous clef; fig. contenir.

ENFERRER, v. a. é, ée, p. percer avec un fer; s'—, v. pr. se jeter sur le fer de son ennemi; se nuire à soi-même.

ENFILADE, s. f. longue suite de choses placées à la file.

ENFILER, v. a. é, ée, p. passer un fil par un trou; traverser.

ENFIN, adv. après tout, en un mot.

ENFLAMMER, v. a. é, ée, p. allumer; échauffer; mettre en feu; exciter; irriter; s'—, v. pr.

ENFLER, v. a. n. et pr. é, ée, p. gonfler; grossir en remplissant de vent, de fluide, etc.; enorgueillir; accroître.

ENFLURE, s. f. tumeur; grosseur; orgueil, vanité.

ENFONCEMENT, s. m. action d'enfoncer; endroit reculé, éloigné.

ENFONCER, v. a. é, ée, p. pousser au fond; briser en poussant; renverser; —, v. n. aller au fond.

ENFONCEUR, s. m. — de portes ouvertes, faux brave.

ENFORCIR, v. a. i, ie, p. rendre plus fort; —, v. n. et pr. devenir plus fort.

ENFOUIR, v. a. i, ie, p. cacher en terre; laisser inutile.

ENFOUISSEMENT, s. m. action d'enfouir.

ENFOUISSEUR, s. m. qui enfouit.

ENFOURCHER, v. a. é, ée, p. monter à cheval, jambe de çà, jambe de là.

ENFOURCHURE, s. f. tête de cerf à bois fourchu; partie du corps entre les cuisses.

ENFOURNER, v. a. é, ée, p. mettre au four.

ENFREINDRE, v. a. et irr. (se conj. c. eindre) contrevenir, transgresser.

ENG

ENFUIR (s'), v. pr. fuir; s'écouler; s'en aller.

ENFUMER, v. a. é, ée, p. noircir à la fumée; incommoder avec de la fumée; remplir de fumée.

ENFUTAILLER, v. a. é, ée, p. (ll m.) mettre dans une futaille.

ENGAGEANT, E, adj. qui engage; qui attire.

ENGAGEMENT, s. m. action d'engager; obligation, lien.

ENGAGER, v. a. é, ée, p. mettre, donner en gage; inviter; déterminer quelqu'un à quelque chose; provoquer; s'—, v. pr. s'obliger à...; s'enrôler.

ENGAINER, v. a. é, ée, p. mettre dans une gaîne.

ENGEANCE, s. f. race.

ENGEANCER, v. a. é, ée, p. embarrasser de quelqu'un.

ENGELURE, s. f. enflure aux pieds et aux mains causée par le froid.

ENGENDRER, v. a. é, ée, p. produire; être cause de...

ENGERBER, v. a. é, ée, p. entasser en gerbes.

ENGIN, s. m. machine pour soulever des fardeaux.

ENGLOBER, v. a. é, ée, p. réunir plusieurs choses en une seule.

ENGLOUTIR, v. a. i, ie, p. absorber; avaler avec avidité; s'—, v. pr. se perdre.

ENGLUER, v. a. é, ée, p. enduire de glu.

ENGONCEMENT, s. m. air gauche, contraint.

ENGONCER, v. a. é, ée, p. donner un air gauche.

ENGORGEMENT, s. m. embarras dans un conduit.

ENGORGER, v. a. é, ée, p. boucher un conduit; s'—, v. pr. se boucher.

ENGOUEMENT, s. m. enthousiasme irréfléchi; prévention favorable à quelqu'un.

ENGOUER (s'), v. pr. é, ée, p. s'enthousiasmer pour quelqu'un.

ENGOUFFRER (s'), v. pr. é, ée, p. se perdre dans un gouffre.

ENGOURDIR, v. a. i, ie, p. rendre perclus, lourd, pesant.

ENGOURDISSEMENT, s. m. pesanteur, difficulté de mouvoir.
ENGRAIS, s. m. substance pour engraisser les terres; gras pâturages pour les bestiaux; pâture pour les volailles.
ENGRAISSEMENT, s. m. action d'engraisser.
ENGRAISSER, v. a. é, ée, p. rendre gras; —, v. n. devenir gras; fig. s'—, v. pr. s'enrichir.
ENGRANGER, v. a. é, ée, p. rentrer les grains en grange.
ENGRAVEMENT, s. m. état d'un bateau engravé.
ENGRAVER, v. a. é, ée, p. engager un bateau dans le gravier, le sable, la vase, etc.
ENGRÊLURE, s. f. petit point très-étroit et dentelé à une dentelle.
ENGRENAGE, s. m. disposition des roues qui s'engrènent.
ENGRENER, v. a. é, ée, p. mettre le blé dans la trémie du moulin pour moudre; nourrir de grain; —, v. n. former un engrenage.
ENGRENURE, s. f. dents de deux roues qui engrènent.
ENGROSSIR, v. a. i, ie, p. rendre gros; s'—, v. pr. devenir gros.
ENGRUMELER (s'), v. n. se mettre en grumeaux.
ENHARDIR, (h aspirée) v. a. i, ie, p. encourager; rendre hardi.
ENHARNACHEMENT, (h aspirée) s. m. action d'enharnacher; harnais.
ENHARNACHER, (h aspirée) v. a. é, ée, p. mettre les harnais.
ÉNIGMATIQUE, adj. 2 g. qui tient de l'énigme.
ÉNIGMATIQUEMENT, adv. d'une manière énigmatique.
ÉNIGME, s. f. chose difficile à comprendre, à deviner.
ENIVRANT, E, adj. qui enivre.
ENIVREMENT, s. m. ivresse; transport, enthousiasme.
ENIVRER, v. a. é, ée, p. rendre ivre; s'—, v. pr. devenir ivre.
ENJAMBÉE, s. f. espace qu'on enjambe; pas que l'on fait en enjambant.
ENJAMBEMENT, s. m. sens suspendu d'un vers à un autre.
ENJAMBER, v. a. é, ée, p. franchir en faisant un grand pas; —, v. n. empiéter.
ENJEU, s. m. mise faite au jeu.
ENJOINDRE, v. a. irr. (se conj. c. joindre) donner ordre.
ENJÔLER, v. a. é, ée, p. surprendre la confiance par des flatteries.
ENJÔLEUR, EUSE, s. celui qui enjôle.
ENJOLIVEMENT, s. m. ornement.
ENJOLIVER, v. a. é, ée, p. orner, rendre joli.
ENJOLIVEUR, s. m. celui qui enjolive.
ENJOLIVURE, s. f. ornement de peu de valeur.
ENJOUÉ, ÉE, adj. qui est gai, d'une humeur agréable.
ENJOUEMENT, s. m. gaîté, badinage.
ENLACEMENT, s. m. action d'enlacer; ses effets.
ENLACER, v. a. é, ée, p. passer des lacets; embarrasser; entremêler.
ENLAIDIR, v. a. i, ie, p. rendre laid; —, v. n. devenir laid.
ENLAIDISSEMENT, s. m. action d'enlaidir; son effet.
ENLÈVEMENT, s. m. action d'enlever; ravissement.
ENLEVER, v. a. é, ée, p. soulever; hausser; ravir; emporter; faire disparaître; s'—, v. pr. se détacher.
ENLIGNEMENT, s. m. état de ce qui est enligné.
ENLIGNER, v. a. é, ée, p. aligner; mettre sur la même ligne.
ENLUMINER, v. a. é, ée, p. colorier; s'—, v. pr. se farder.
ENLUMINEUR, EUSE, s. qui enlumine.
ENLUMINURE, s. f. art d'enluminer; estampe enluminée.
ENNEMI, E, s. et adj. qui cherche à nuire; qui est contraire.

ENNOBLIR, v. a. 1, ie, p, rendre plus éclatant, plus noble.
ENNUI, s. m. langueur, souci, déplaisir.
ENNUYANT, E, adj. qui cause de l'ennui.
ENNUYER, v. a. é, ée, p. causer de l'ennui; s'—, v. pr. éprouver de l'ennui.
ENNUYEUSEMENT, adv. d'une manière ennuyeuse.
ENNUYEUX, EUSE, adj. qui ennuie.
ÉNONCÉ, s. m. chose énoncée.
ÉNONCER, v. a. é, ée, p. avancer un fait sans développement; s'—, v. pr. s'exprimer.
ÉNONCIATION, s. f. expression; manière de s'exprimer.
ÉNORGUEILLIR, v. a. i, ie, p. (ll m.) rendre orgueilleux; s'—, v. pr. devenir orgueilleux.
ÉNORME, adj. 2 g. excessif; outre mesure.
ÉNORMÉMENT, adv. excessivement.
ÉNORMITÉ, s. f. grandeur, grosseur excessive; fig. atrocité.
ENQUÉRIR (s'), v. pr. irr. s'informer (se conj. c. acquérir).
ENQUÊTE, s. f. recherche judiciaire; information minutieuse.
ENQUÊTER (s'), v. pr. s'enquérir.
ENQUÊTEUR, s. m. qui s'enquête.
ENRACINER, v. n. et pr. (s') é, ée, p. prendre racine.
ENRAGÉ, ÉE, s. et adj. qui a la rage; violent; fougueux.
ENRAGEANT, E, adj. qui cause un chagrin violent.
ENRAGER, v. n. être saisi de la rage; fig. éprouver une douleur, une colère violente.
ENRAYER, v. a. (se conj. c. payer) é, ée, p. arrêter une roue afin qu'elle ne tourne pas; —, v. n. s'arrêter.
ENRAYURE, s. f. ce qui sert à enrayer.
ENRÉGIMENTER, v. a. é, ée, p. former un régiment, y incorporer.
ENREGISTREMENT ou EN-REGÎTREMENT, s. m. action d'enregistrer; l'acte même.
ENREGISTRER, v. a. é, ée, p. inscrire sur un registre.
ENREGISTREUR, s. m. qui enregistre.
ENRHUMER, v. a. é, ée, p. causer du rhume; s'—, v. pr. gagner du rhume.
ENRICHIR, v. a. 1, ie, p. rendre riche; s'—, v. pr. devenir riche.
ENRICHISSEMENT, s. m. augmentation de richesse; ornement.
ENRÔLEMENT, s. m. action d'enrôler ou de s'enrôler; l'acte par lequel on s'enrôle.
ENRÔLER, v. a. é, ée, p. inscrire sur un rôle; engager au service militaire; s'—, v. pr. se faire soldat.
ENRÔLEUR, s. m. qui enrôle.
ENROUEMENT, s. m. état de celui qui est enroué.
ENROUER, v. a. é, ée, p. rendre la voix rauque; s'—, v. pr. perdre la netteté de sa voix.
ENROUILLER, v. a. é, ée, p. (ll m.) former de la rouille; s'—, v. pr. devenir rouillé.
ENRUE, s. f. sillon fort large.
ENSABLEMENT, s. m. amas de sable.
ENSABLER, v. a. é, ée, p. faire échouer sur le sable; s'—, v. pr. échouer.
ENSABOTER, v. a. et pr. é, ée, p. mettre des sabots.
ENSACHER, v. a. é, ée, p. mettre dans un sac.
ENSAISINEMENT, s. m. prise de possession.
ENSAISINER, v. a. é, ée, p. mettre en possession.
ENSANGLANTER, v. a. é, ée, p. tacher de sang.
ENSEIGNE, s. f. marque, indice; tableau à la porte des marchands; drapeau; s. m. celui qui porte un drapeau.
ENSEIGNEMENT, s. m. instruction; précepte; action d'enseigner.
ENSEIGNER, v. a. é, ée, p. instruire; donner des leçons; indiquer; faire connaître.

ENSEMBLE, *adv.* l'un avec l'autre; —, *s. m.* résultat de l'union des parties d'un tout.

ENSEMENCMENT, *s. m.* action d'ensemencer.

ENSEMENCER, *v. a.* é, ée, *p.* jeter la semence en terre.

ENSERRER, *v. a.* é, ée, *p.* enfermer; enclore; mettre dans la serre.

ENSEVELIR, *v. a.* i, ie, *p.* envelopper un corps dans un linceul; *s'* —, *v. pr.* se cacher, disparaître.

ENSEVELISSEMENT, *s. m.* action d'ensevelir.

ENSORCELER, *v. a.* (se conj. c. *appeler*) é, ée, *p.* causer une maladie, des chagrins, par de prétendus sortilèges.

ENSORCELEUR, EUSE, *s.* qui ensorcelle; qui enchante.

ENSORCELLEMENT, *s. m.* action d'ensorceler; son effet.

ENSOUFRER, *v. a.* é, ée, *p.* enduire de soufre.

ENSOUFROIR, *s. m.* lieu où l'on brûle le soufre.

ENSUITE, *adv.* après; à la suite de; *ensuite de*, *prép.* par suite.

ENSUIVRE (*s'*), *v. pr.* et *impers.* (se conj. c. *suivre*) suivre; procéder; dériver.

ENTABLEMENT, *s. m.* saillie au haut des murs pour soutenir le toit.

ENTACHER, *v. a.* é, ée, *p.* tacher, gâter.

ENTAILLE, *s. f.* (*ll m.*) incision, coupure.

ENTAILLER, *v. a.* é, ée, *p.* (*ll m.*) faire une entaille; creuser.

ENTAILLURE, *s. f.* (*ll m.*) entaille.

ENTAME, *s. f.* premier morceau coupé du pain.

ENTAMER, *v. a.* é, ée, *p.* faire une entame; *fig.* commencer.

ENTAMURE, *s. f.* entame; incision.

EN TANT QUE, *particule conjonct.* comme, en qualité de.

ENTASSEMENT, *s. m.* amas de choses entassées.

ENTASSER, *v. a.* é, ée, *p.* mettre en tas; *fig.* accumuler.

ENTE, *s. f.* greffe, arbre greffé; morceau de bois qui sert de manche au pinceau.

ENTENDEMENT, *s. m.* faculté d'entendre, de concevoir; sens, jugement, raisonnement.

ENTENDEUR, *s. m.* qui entend, qui conçoit bien.

ENTENDRE, *v. a.* u, ue, *p.* ouïr, comprendre, écouter, avoir connaissance; consentir, approuver; vouloir; *s'*—, *v. pr.* être d'intelligence avec quelqu'un.

ENTENDU, E, *adj.* intelligent; bien ordonné; *bien—que*, *conj.* à condition; *bien*—, *adv.* assurément.

ENTENTE, *s. f.* interprétation donnée à un mot à double sens; intelligence (en parlant de l'art du dessin).

ENTER, *v. a.* é, ée, *p.* greffer, faire une ente; assembler deux pièces de bois.

ENTÉRINEMENT, *s. m.* admission d'une requête; homologation.

ENTÉRINER, *v. a.* é, ée, *p.* ratifier légalement.

ENTERREMENT, *s. m.* funérailles, inhumation.

ENTERRER, *v. a.* é, ée, *p.* mettre en terre; enfouir.

ENTÊTÉ, ÉE, *s.* et *adj.* têtu, opiniâtre.

ENTÊTEMENT, *s. m.* attachement opiniâtre à une opinion, à un goût.

ENTÊTER, *v. a.* et *n.* é, ée, *p.* porter à la tête (en parlant des odeurs, des vapeurs); préoccuper, prévenir en faveur; *s'*—, *v. pr.* s'opiniâtrer.

ENTHOUSIASME, *s. m.* émotion extraordinaire de l'âme, admiration excessive; exaltation.

ENTHOUSIASMER, *v. a.* é, ée, *p.* ravir, en admiration; *s'*—, *v. pr.* (se prend en mauvaise part).

ENTHOUSIASTE, *s. m.* admirateur outré, fanatique.

ENTICHÉ, ÉE, *adj.* opiniâtrement attaché à.

ENTICHER, *v. a.* é, ée, *p.* faire adopter une opinion; *s'*—, *v. pr.* l'adopter fortement (en mauvaise part).

ENTIER, IERE, *adj.* complet; *fig.* obstiné; entier, *s. m.* tout, unité mathématique; en —, *loc. adv.* totalement.

ENTIÈREMENT, *adv.* en entier.

ENTOILAGE, *s. m.* toile ou réseau qui imite la dentelle; action d'entoiler.

ENTOILER, *v. a.* é, ée, *p.* mettre de l'entoilage; coller sur une toile.

ENTOIR, *s. m.* sorte de couteau pour enter.

ENTOISER, *v. a.* é, ée, *p.* mettre en tas réguliers pour toiser.

ENTOMOLOGIE, *s. f.* traité des insectes.

ENTONNEMENT, *s. m.* action d'entonner.

ENTONNER, *v. a.* é, ée, *p.* mettre dans un tonneau; *fig.* boire avec excès; s' —, *v. pr.* s'engouffrer.

ENTONNOIR, *s. m.* vase pour entonner.

ENTORSE, *s. f.* extension violente d'un muscle dans une articulation; *fig.* extension forcée donnée au sens d'un texte.

ENTORTILLEMENT, (*ll m.*) *s. m.* action d'entortiller; son effet; *fig.* embarras.

ENTORTILLER, (*ll m.*) *v. a.* é, ée, *p.* envelopper en tournant autour; s' —, *v. pr. fig.* s'embarrasser.

ENTOUR, *s. m.* circuit; à l' —, *loc. adv.* autour.

ENTOURAGE, *s. m.* ce qui entoure.

ENTOURER, *v. a.* é, ée, *p.* environner; mettre autour; s' —, *v. pr.* réunir autour de soi.

ENTOURNURE, *s. f.* échancrure d'une manche près de l'épaule.

ENTR'ACCUSER (s'), *v. pr.* é, ée, *p.* s'accuser l'un l'autre.

ENTR'ACTE, *s. m.* intervalle entre les actes d'une pièce de théâtre.

ENTR'AIDER (s'), *v. pr.* é, ée, *p.* s'aider mutuellement.

ENTRAILLES, (*ll m.*) *s. f. pl.* intestins, boyaux; *fig.* sentiment de tendresse, d'humanité.

ENTR'AIMER (s'), *v. pr.* é, ée, *p.* s'aimer l'un l'autre.

ENTRAÎNABLE, *adj.* 2 g. qui peut être entraîné.

ENTRAÎNANT, E, *adj.* qui entraîne.

ENTRAÎNEMENT, *s. m.* action d'entraîner; force qui entraîne.

ENTRAÎNER, *v. a.* é, ée, *p.* traîner avec soi; occasionner.

ENTR'APPELER (s'), *v. pr.* (se conj. sur *appeler*) s'appeler l'un l'autre.

ENTRAVER, *v. a.* é, ée, *p.* mettre des entraves, des obstacles.

ENTR'AVERTIR (s'), *v. pr.* i, ie, *p.* s'avertir mutuellement.

ENTRAVES, *s. f. pl.* liens mis aux pieds des chevaux; *fig.* empêchement, obstacle.

ENTRE, *prép.* de lieu, au milieu; parmi; dans; en.

ENTRE-BÂILLER, *v. a.* é, ée, *p.* entr'ouvrir légèrement.

ENTRE-BATTRE (s'), *v. pr.* (se conj. sur *battre*) se battre.

ENTRECHAT, *s. m.* pas de danse.

ENTRE-CHOQUER (s'), *v. pr.* é, ée, *p.* se choquer mutuellement.

ENTRE-CÔTE, *s. m.* morceau de viande coupé entre deux côtes (*pl.* entre-côtes).

ENTRE-COUPER, *v. a.* é, ée, *p.* couper en divers endroits.

ENTRE-DÉCHIRER (s'), *v. pr.* é, ée, *p.* se déchirer mutuellement.

ENTRE-DEUX, *s. m. invar.* au *pl.* partie entre deux choses.

ENTRE-DIRE (s'), *v. pr.* dit, dite, *p.* se dire l'un à l'autre.

ENTRE-DONNER (s'), *v. pr.* é, ée, *p.* se donner mutuellement.

ENTRÉE, *s. f.* lieu par où on entre; ouverture; action d'entrer; réception; droit de séance; impôt à payer en entrant dans une ville; partie du service dans un repas.

ENTREFAITES, *s. f. pl.* (dans, sur, pendant ces —), pendant ce temps-là.

ENTREGENT, s. m. manière adroite de se conduire.

ENTRELACEMENT, s. m. état de choses entrelacées.

ENTRELACER, v. a. é, ée, p. entremêler, enlacer.

ENTRELARDER, v. a. é, ée, p. piquer une viande avec du lard.

ENTRE-LIGNE, s. m. interligne.

ENTRE-LUIRE, v. n. luire à demi.

ENTREMÊLER, v. a. é, ée, p. mêler une chose avec d'autres; s'—, v. pr. s'entremettre.

ENTREMETS, s. m. partie du service dans un repas.

ENTREMETTEUR, EUSE, s. qui s'entremet.

ENTREMETTRE (s'), v. pr. (se conj. sur mettre) se mêler d'une affaire étrangère à ses propres intérêts.

ENTREMISE, s. f. médiation; aide; bons offices.

ENTRE-NUIRE (s'), v. pr. (se conj. c. nuire) se nuire l'un à l'autre.

ENTREPOSER, v. a. é, ée, p. déposer dans un entrepôt.

ENTREPOSEUR, s. m. commis à l'entrepôt.

ENTREPÔT, s. m. lieu de dépôt momentané pour les marchandises.

ENTREPRENANT, E, adj. hardi; téméraire.

ENTREPRENDRE, v. a. (se conj. sur prendre) commencer; prendre une résolution; se charger de l'exécution d'une chose; attaquer; railler; usurper.

ENTREPRENEUR, EUSE, s. qui entreprend un ouvrage.

ENTREPRIS, E, adj. embarrassé.

ENTREPRISE, s. f. dessein formé; usurpation; violence.

ENTRER, v. n. passer du dehors au dedans; pénétrer quelque part.

ENTRE-SECOURIR (s'), v. pr. (se conj. sur courir) se secourir mutuellement.

ENTRE-SOL, s. m. étage entre le rez-de-chaussée et le premier (pl. entre-sols).

ENTRETENIR, v. a. (se con).

c. tenir) tenir en bon état; fournir les choses nécessaires à la vie; parler à quelqu'un; s'—, v. pr. causer ensemble; se conserver.

ENTRETIEN, s. m. subsistance; conversation; conservation.

ENTREVOIR, v. a. (se conj. sur voir) voir imparfaitement; s'—, v. pr. avoir une entrevue.

ENTREVUE, s. f. rencontre; visite.

ENTR'OBLIGER (s'), v. pr. é, ée, p s'obliger mutuellement.

ENTR'OUVERTURE, s. f. demi-ouverture.

ENTR'OUVRIR, v. a. (se conj. c. ouvrir) ouvrir un peu.

ENTURE, s. f. endroit où l'on ente.

ÉNUMÉRATEUR, s. m. qui énumère.

ÉNUMÉRATIF, IVE, adj. qui a rapport à l'énumération.

ÉNUMÉRATION, s. f. dénombrement.

ÉNUMÉRER, v. a. é, ée, p. dénombrer.

ENVAHIR, v. a. i, ie, p. usurper; prendre injustement.

ENVAHISSEMENT, s. m. action d'envahir.

ENVAHISSEUR, s. m. celui qui envahit.

ENVELOPPE, s. f. ce qui sert à envelopper; dehors; apparences.

ENVELOPPER, v. a. é, ée, p. mettre dans une enveloppe; cacher; déguiser; environner.

ENVENIMER, v. a. é, ée, p. communiquer un venin; aigrir; irriter; donner une interprétation odieuse.

ENVERGUER, v. a. é, ée, p. attacher les voiles d'un vaisseau aux vergues.

ENVERGURE, s. f. manière d'enverguer; étendue des ailes déployées d'un oiseau.

ENVERS, s. m. côté le moins beau d'une étoffe, d'un ouvrage à la main ou au métier; à l'—, en sens contraire; dessus dessous.

ENVI (à l'), loc. adv. avec émulation.

ENVIABLE, adj. 2 g. digne d'envie.

ENVIE, s. f. chagrin qu'on a du bien d'autrui; cupidité; jalousie; désir démesuré; marque naturelle sur le corps.

ENVIER, v. a. é, ée, p. avoir de l'envie; être attristé du bien d'autrui; désirer.

ENVIEUX, EUSE, adj. qui a de l'envie; jaloux.

ENVIRON, adv. à peu près; presque; *environs*, s. m. pl. lieux d'alentour.

ENVIRONNER, v. a. é, ée, p. entourer, enfermer.

ENVISAGER, v. a. é, ée, p. regarder au visage; examiner; considérer.

ENVOI, s. m. action d'envoyer; chose envoyée.

ENVOLER (s'), v. pr. fuir en volant; prendre son vol; *fig.* passer rapidement.

ENVOYÉ, s. m. député; chargé d'affaires en pays étranger.

ENVOYER, v. a. irr. é, ée, p. (se conj. c. *ployer*, excepté au fut. qui fait *j'enverrai*, et au cond. *j'enverrais*) faire partir; faire porter.

ÉPACTE, s. f. supplément de jours ajoutés à l'année lunaire pour la rendre égale à l'année solaire; (on s'en sert pour connaître l'âge de la lune et pour trouver le jour de Pâques).

ÉPAGNEUL, E, s. chien de chasse à long poil, de race espagnole.

ÉPAIS, s. m. épaisseur; —, adv. avec épaisseur.

ÉPAIS, SSE, adj. qui a de l'épaisseur, de la consistance; pesant, lourd.

ÉPAISSEUR, s. f. profondeur; solidité; densité.

ÉPAISSIR, v. a. 1, ie, p. rendre épais; —, v. n. devenir épais.

ÉPAISSISSEMENT, s. m. état de ce qui devient ou est devenu épais.

ÉPAMPREMENT, s. m. action d'épamprer.

ÉPAMPRER, v. a. é, ée, p. ôter les pampres (feuilles inutiles) de la vigne.

ÉPANCHEMENT, s. m. écoulement; effusion.

ÉPANCHER, v. a. é, ée, p. verser doucement; s'—, v. pr. parler sans réserve.

ÉPANDRE, v. a. (se conj. c. *répandre*) répandre, disperser, éparpiller; s'—, v. pr. se répandre.

ÉPANOUIR, v. a. i, ie, p. réjouir; s'—, v. pr. s'étendre, s'ouvrir; se développer.

ÉPANOUISSEMENT, s. m. action de s'épanouir.

ÉPARCET, s. m. sorte de foin dont la graine tient lieu d'avoine.

ÉPARGNANT, E, adj. qui use de beaucoup d'épargne.

ÉPARGNE, s. f. économie; parcimonie.

ÉPARGNER, v. a. é, ée, p. ménager; économiser; employer avec réserve; traiter avec indulgence; s'—, v. pr. se ménager; s'exempter.

ÉPARPILLEMENT, s. m. (ll m.) action d'éparpiller; état de ce qui est éparpillé.

ÉPARPILLER, (ll m.) v. a. é, ée, p. répandre çà et là; s'—, v. pr. se disperser, se dissiper.

ÉPARS, E, adj. dispersé, répandu çà et là.

ÉPARVIN, s. m. maladie du cheval.

ÉPATÉ, ÉE, adj. large et court (en parlant d'un nez); qui a le pied cassé (en parlant d'un verre).

ÉPAULE, s. f. partie du corps qui joint le cou au bras chez l'homme, et le cou à la jambe de devant chez les quadrupèdes.

ÉPAULÉE, s. f. effort fait avec l'épaule.

ÉPAULEMENT, s. m. rempart de terre.

ÉPAULER, v. a. é, ée, p. rompre l'épaule; prêter assistance; protéger par un épaulement.

ÉPAULETTE, s. f. partie de l'uniforme d'un militaire qui se

porte sur l'épaule; partie du corps d'une jupe qui pose sur l'épaule.

ÉPAVE, *s. f.* chose égarée (se dit des bestiaux); *au pl.* objets que la mer rejette.

ÉPEAUTRE, *s. m.* sorte de blé-froment; seigle blanc.

ÉPÉE, *s. f.* arme aiguë à lame longue et droite qui se porte au côté.

ÉPEICHE, *s. f.* espèce de pie.

ÉPELER, *v. a.* é, ée, *p.* (se conj. sur *appeler*) nommer les lettres d'un mot l'une après l'autre.

ÉPELLATION, *s. f.* action, manière d'épeler.

ÉPERDU, UE, *adj.* étonné; troublé; hors de soi.

ÉPERDUMENT, *adv.* passionnément.

ÉPERLAN, *s. m.* petit poisson de mer, blanc comme la perle.

ÉPERNAY, chef-lieu d'arr. du dép. de la Marne.

ÉPERON, *s. m.* branche de métal armée de pointes aiguës pour piquer le cheval; ergot des coqs, des chiens, etc.; angle saillant; rides au coin de l'œil.

ÉPERONNÉ, ÉE, *adj.* qui a des éperons.

ÉPERONNER, *v. a.* é, ée, *p.* donner de l'éperon.

ÉPERONNIER, *s. m.* qui fait ou vend des éperons.

ÉPERVIER, *s. m.* oiseau de proie.

ÉPHÉMÈRE, *s. f.* insecte qui ne vit que quelques heures; —, *adj.* 2 g. d'un jour, de peu de durée.

ÉPHÉMÉRIDES, *s. f. pl.* tables astronomiques; livre qui contient les événements de chaque jour.

ÉPHORE, *s. m.* magistrat lacédémonien.

ÉPI, *s. m.* tête du tuyau de blé où se trouve le grain.

ÉPICE, *s. f.* drogue aromatique.

ÉPICER, *v. a.* é, ée, *p.* assaisonner avec des épices.

ÉPICERIE, *s. f.* commerce d'épices.

ÉPICIER, IÈRE, *s.* qui vend des épices.

ÉPICURIEN, *s. m.* sectateur d'Épicure; —, nne, *adj.* qui appartient au système d'Épicure.

ÉPICURISME, *s. m.* système, morale d'Épicure.

ÉPIDÉMIE, *s. f.* maladie qui attaque à la fois un grand nombre de personnes.

ÉPIDÉMIQUE, *adj.* 2 g. qui tient à l'épidémie.

ÉPIDERME, *s. m.* la première peau.

ÉPIER, *v. a.* é, ée, *p.* observer, surveiller, guetter; —, *v. n.* monter en épi.

ÉPIERRER, *v. a.* é, ée, *p.* ôter les pierres d'un terrain.

ÉPIEU, *s. m.* espèce de hallebarde pour la chasse.

ÉPIGASTRE, *s. m.* partie supérieure du bas-ventre.

ÉPIGLOTTE, *s. f.* luette, cartilage élastique dans la gorge.

ÉPIGRAMMATIQUE, *adj.* 2 g. qui appartient à l'épigramme.

ÉPIGRAMMATISTE, *s. m.* qui fait des épigrammes.

ÉPIGRAMME, *s. f.* trait piquant.

ÉPIGRAPHE, *s. f.* inscription; devise en tête d'un livre.

ÉPILATOIRE, *adj.* 2 g. qui sert à épiler.

ÉPILEPSIE, *s. f.* mal caduc; haut-mal.

ÉPILEPTIQUE, *adj.* 2 g. qui a rapport à l'épilepsie.

ÉPILER, *v. a.* é, ée, *p.* arracher, faire tomber le poil.

ÉPILOGUE, *s. m.* fin; conclusion.

ÉPILOGUER, *v. a. et n.* é, ée, *p.* critiquer; censurer.

ÉPILOGUEUR, *s. m.* qui aime à critiquer.

ÉPINAL, chef-lieu du dép. des Vosges.

ÉPINARDS, *s. m. pl.* sorte d'herbe qui se mange cuite.

ÉPINE, *s. f.* espèce d'arbre

garni de piquants; *fig.* embarras, chagrins ; suite des vertèbres qui règnent le long du dos.

ÉPINETTE, *s. f.* ancien instrument de musique à clavier; cage pour engraisser les volailles.

ÉPINEUX, EUSE, *adj.* qui a des épines ; plein de difficultés, d'embarras.

ÉPINE-VINETTE, *s. f.* arbrisseau épineux à fruits rouges (*pl. épines-vinettes*).

ÉPINGLE, *s. f.* bout de fil de métal aigu d'un côté et de l'autre garni d'une tête ronde, servant à attacher; *épingles, au pl.* don fait à la femme d'un vendeur.

ÉPINGLETTE, *s. f.* grosse épingle servant à déboucher la lumière d'un fusil.

ÉPINGLIER, IERE, *s.* qui fait ou vend des épingles.

ÉPINIÈRE, *adj. f.* de l'épine du dos.

ÉPINIERS, *s. m. pl.* bois fourrés d'épines.

ÉPIPHANIE, *s. f.* fête catholique, le jour des Rois.

ÉPIPLOON, *s. m.* membrane très-mince et graisseuse qui couvre une partie des intestins.

ÉPIQUE, *adj. 2 g.* se dit d'un poème où est racontée quelque action héroïque.

ÉPISCOPAL, E, *adj.* qui appartient à l'évêque.

ÉPISCOPAT, *s. m.* dignité d'évêque ; durée de cette dignité; corps des évêques.

ÉPISODE, *s. m.* action incidente, rattachée au sujet principal.

ÉPISODIQUE, *adj. 2 g.* accessoire; qui tient de l'épisode.

ÉPISTOLAIRE, *adj. 2 g.* qui a rapport aux lettres, aux épîtres.

ÉPITAPHE, *s. f.* inscription sur un tombeau.

ÉPITHALAME, *s. m.* pièce de poésie à l'occasion d'un mariage.

ÉPITHÈTE, *s. f.* terme qui désigne une qualité.

ÉPITOGE, *s. f.* sorte de chaperon qui fait partie du costume de certains magistrats.

ÉPITOME, *s. m.* abrégé.

ÉPÎTRE, *s. f.* lettre missive.

ÉPIZOOTIE, *s. f.* maladie contagieuse des bestiaux.

ÉPIZOOTIQUE, *adj. 2 g.* qui tient de l'épizootie.

ÉPLORÉ, ÉE, *adj.* tout en pleurs.

ÉPLOYÉ, ÉE, *adj.* qui a les ailes étendues.

ÉPLUCHEMENT, *s. m.* action d'éplucher.

ÉPLUCHER, *v. a.* é, ée, *p.* nettoyer avec la main; *fig.* rechercher avec soin.

ÉPLUCHEUR, EUSE, *s.* qui épluche.

ÉPLUCHOIR, *s. m.* petit couteau pour éplucher.

ÉPLUCHURE, *s. f.* (*plus usité au plur.*) ordure ôtée en épluchant.

ÉPOINTÉ, ÉE, *adj.* dont la pointe est émoussée.

ÉPOINTER, *v. a.* é, ée, *p.* ôter la pointe; s'—, *v. pr.* s'émousser.

ÉPONGE, *s. f.* plante marine, légère, molle, poreuse.

ÉPONGER, *v. a.* é, ée, *p.* nettoyer avec une éponge.

ÉPOPÉE, *s. f.* récit en vers d'une action mémorable.

ÉPOQUE, *s. f.* point marqué dans l'histoire par quelque grand événement.

ÉPOUDRER, *v. a.* é, ée, *p.* ôter la poussière de dessus les hardes.

ÉPOUFFER (s'), *v. pr.* é, ée, *p.* s'esquiver.

ÉPOUILLER (ll m.) *v. a.* é, ée, *p.* ôter les poux.

ÉPOUMONER, *v. a.* é, ée, *p.* fatiguer les poumons; s'—, *v. pr.*

ÉPOUSAILLES, *s. f. pl.* célébration du mariage.

ÉPOUSE, *s. f.* femme mariée.

ÉPOUSÉE, *s. f.* celle qui vient de se marier.

ÉPOUSER, *v. a.* e, ée, *p.* prendre en mariage; *fig.* s'attacher par choix.

ÉPOUSEUR, s. m. qui se propose d'épouser.
ÉPOUSSETER, v. a. é, ée, p. nettoyer, ôter la poussière.
ÉPOUVANTABLE, adj. 2 g. qui épouvante, qui effraie.
ÉPOUVANTABLEMENT, adv. d'une manière épouvantable.
ÉPOUVANTAIL, s. m. (l m. pl. épouvantails) haillon suspendu au bout d'un bâton pour effrayer les oiseaux.
ÉPOUVANTE, s. f. terreur soudaine.
ÉPOUVANTER, v. a. é, ée, p. causer de l'épouvante.
ÉPOUX, OUSE, s. uni par mariage.
ÉPREINDRE, v. a. irr. (se conj. sur feindre) presser une chose pour en exprimer le jus.
ÉPREINTE, s. f. douleur dans le ventre.
ÉPRENDRE (s'), v. pr. irr. (se conj. c. prendre) se laisser surprendre par une passion; (il n'est d'usage qu'au p. p. épris, e.)
ÉPREUVE, s. f. essai, expérience; feuille imprimée sur laquelle on corrige les fautes.
ÉPROUVER, v. a. é, ée, p. faire expérience; mettre à l'épreuve; ressentir.
EPSOM, s. m. (sel d'—), combinaison de l'acide vitriolique avec la magnésie.
EPTAGONE, s. m. figure de géométrie qui a 7 côtés.
ÉPUCER, v. a. é, ée, p. chasser les puces.
ÉPUISABLE, adj. 2 g. qui peut être épuisé.
ÉPUISEMENT, s. m. perte de forces; état de ce qui est épuisé.
ÉPUISER, v. a. é, ée, p. tarir, mettre à sec; causer l'épuisement.
ÉPURATIF, IVE, adj. qui épure.
ÉPURATION, s. f. action d'épurer.
ÉPURATOIRE, adj. 2 g. qui épure, qui clarifie.
ÉPURE, s. f. dessin en grand d'un édifice.

ÉPURER, v. a. é, ée, p. rendre plus pur; s'—, v. pr. devenir plus pur; se perfectionner.
ÉQUARRIR, v. a. i, ie, p. tailler à angles droits.
ÉQUARRISSAGE, s. m. état de ce qui est équarri; frais pour équarrir.
ÉQUARRISSEMENT, s. m. action d'équarrir.
ÉQUARRISSEUR, s. m. celui qui tue et qui écorche les chevaux.
ÉQUATEUR (pron. écoua—), s. m. grand cercle de la sphère qui la divise en deux parties égales.
ÉQUATION (pron. écoua—), s. f. t. d'astronomie, différence entre l'heure moyenne et l'heure vraie; t. d'algèbre, formule indiquant égalité de valeur entre des quantités différemment exprimées.
ÉQUERRE, s. f. instrument pour tracer et mesurer des angles droits.
ÉQUESTRE, adj. 2 g. statue —, d'une personne à cheval; ordre —, de chevaliers.
ÉQUIANGLE, adj. 2 g. figure de géométrie dont les angles sont égaux à ceux d'une autre.
ÉQUILATÉRAL (pl. —aux), E, adj. triangle à côtés égaux.
ÉQUILATÈRE, adj. 2 g. figure à côtés égaux.
ÉQUILIBRE, s. m. égalité de poids, d'importance.
ÉQUIMULTIPLE, adj. 2 g. t. d'arithmétique; nombres —, à sous-multiples en même nombre; grandeurs —, multipliées également.
ÉQUINOXE, s. m. temps de l'année où les jours sont égaux aux nuits.
ÉQUINOXIAL, E, (pl. —aux), adj. qui a rapport à l'équinoxe.
ÉQUIPAGE, s. m. suite de valets, de chevaux, de voitures; train d'artillerie; ceux qui montent un vaisseau; hardes, costume extérieur.
ÉQUIPÉE, s. f. entreprise téméraire avortée.

ÉQUIPEMENT, s. m. action d'équiper; frais pour équiper.
ÉQUIPER, v. a. é, ée, p. pourvoir des choses nécessaires; s'—, v. pr.
ÉQUIPOLLENT, E, adj. qui vaut autant que; à l'—, adv. à proportion.
ÉQUIPOLLER, v. a. et n. valoir autant que; compenser.
ÉQUITABLE, adj. 2 g. qui a de l'équité; conforme à l'équité.
ÉQUITABLEMENT, adv. avec équité.
ÉQUITATION, s. f. art de monter à cheval.
ÉQUITÉ, s. f. droiture, justice.
ÉQUIVALENT, E, adj. qui équivaut.
ÉQUIVALOIR, v. n. irr. (se conj. c. valoir) avoir la même valeur que.
ÉQUIVOQUE, adj. 2 g. qui a un double sens; —, s. f. mot à double sens.
ÉQUIVOQUER, v. a. é, ée, p. faire une équivoque.
ÉRABLE, s. m. grand et bel arbre forestier qui ne porte point de fruits.
ÉRAFLER, v. a. é, ée, p. écorcher légèrement; effleurer.
ÉRAFLURE, s. f. écorchure légère.
ÉRAILLER, (ll m.) v. a. é, ée, p. séparer les fils d'un tissu; œil éraillé, dans lequel sont des filets rouges.
ÉRAILLURE, s. f. (ll m.) chose éraillée.
ÉRATÉ, ÉE, adj. fin, rusé; sans rate.
ÉRATER, v. a. é, ée, p. ôter la rate.
ÈRE, s. f. point fixe d'où l'on compte les années.
ÉRECTION, s. f. action d'élever; établissement; institution.
ÉREINTER, v. a. é, ée, p. rompre les reins; fatiguer.
ERGO, conj. donc; —, s. m. (au pl. ergo) conclusion d'un argument.

ERGOT, s. m. ongle de quelques animaux; maladie du seigle.
ERGOTÉ, ÉE, adj. qui a des ergots ou l'ergot; qui entend bien ses intérêts.
ERGOTER, v. n. chicaner, disputer sur tout.
ERGOTEUR, EUSE, s. qui conteste mal à propos.
ÉRIDAN, s. m. nom d'une constellation.
ÉRIGER, v. a. é, ée, p. élever; consacrer; s'—, v. pr. s'attribuer un droit qu'on n'a pas.
ERMITAGE, s. m. habitation d'un ermite, maison écartée et solitaire.
ERMITE, s. m. qui vit dans la retraite.
ÉROSION, s. f. action de l'acide qui ronge.
ÉROTIQUE, adj. 2 g. vers ou poèmes légers, badins.
ERRANT, E, adj. vagabond; qui erre de côté et d'autre.
ERRATA, s. m. inv. liste des fautes d'impression dans un livre.
ERRE, s. f. train, allure; —, au pl. traces du cerf.
ERREMENTS, s. m. pl. traces, voies, en parlant d'affaires.
ERRER, v. n. aller à l'aventure; se tromper.
ERREUR, s. f. fausse opinion; faute; méprise.
ERRONÉ, ÉE, adj. qui contient des erreurs.
ÉRUDIT, E, adj. savant, qui a de l'érudition.
ÉRUDITION, s. f. vaste savoir, connaissances étendues.
ÉRUGINEUX, EUSE, adj. qui tient de la rouille de cuivre.
ÉRUPTION, s. f. sortie subite avec effort.
ÉRYSIPÈLE, s. m. tumeur inflammatoire de la peau.
ÈS, prép. dans les.
ESCABEAU, s. m. ou ESCABELLE, s. f. siége de bois sans bras ni dossier.
ESCADRE, s. f. réunion de vaisseaux de guerre sous un même chef.
ESCADRON, s. m. portion

d'un régiment de cavalerie, composée de plusieurs compagnies.
ESCADRONNER, v. n. se ranger en escadron.
ESCALADE, s. f. action d'escalader.
ESCALADER, v. a. é, ée, p. monter avec une échelle par-dessus les murailles.
ESCALE, s. f. faire —, relâcher dans un port.
ESCALIER, s. m. degré; partie du bâtiment pour monter et descendre.
ESCAMOTAGE, s. m. art, action d'escamoter.
ESCAMOTE, s. f. petite balle de liége pour jouer des gobelets.
ESCAMOTER, v. a. é, ée, p. faire disparaître adroitement; dérober.
ESCAMOTEUR, s. m. qui escamote.
ESCAMPER, v. n. s'enfuir.
ESCAMPETTE, s. f. prendre de la poudre d'—, s'enfuir.
ESCAPADE, s. f. action du cheval qui s'emporte; échappée.
ESCAPE, s. f. partie inférieure d'une colonne.
ESCARBALLE, s. f. dent d'éléphant pesant vingt livres.
ESCARBOT, s. m. espèce de limaçon à coquille, qui se rencontre dans les matières les plus dégoûtantes.
ESCARBOUCLE, s. f. pierre précieuse d'un rouge foncé.
ESCARGOT, s. m. limaçon à coquille.
ESCARMOUCHE, s. f. combat de deux troupes ennemies en petit nombre.
ESCARMOUCHER, v. n. combattre par escarmouches.
ESCARMOUCHEUR, s. m. qui va à l'escarmouche.
ESCARPE, s. f. pente du fossé du côté d'une place forte.
ESCARPÉ, ÉE, adj. qui a une pente rapide.
ESCARPEMENT, s. m. pente rapide.
ESCARPER, v. a. é, ée, p. couper droit de haut en bas.
ESCARPIN, s. m. soulier à semelle mince.
ESCARPOLETTE, s. f. siège suspendu par des cordes pour se balancer.
ESCARRE, s. f. croûte noire sur la peau par l'effet de l'application des caustiques.
ESCIENT, s. m. connaissance de ce qu'on fait; à bon —, adv. sciemment; tout de bon.
ESCLANDRE, s. f. insulte avec scandale.
ESCLAVAGE, s. m. servitude; état d'un esclave; assujettissement.
ESCLAVE, s. et adj. 2 g. qui a perdu sa liberté; qui est en captivité.
ESCOBAR, s. m. homme fin et rusé.
ESCOBARDER, v. n. user de réticences, de restrictions mentales pour tromper.
ESCOBARDERIE, s. f. mensonge adroit, subterfuge.
ESCOGRIFFE, s. m. qui prend sans demander; grand homme mal fait.
ESCOMPTE, s. m. remise faite à celui qui paie un billet à ordre avant son échéance.
ESCOMPTER, v. a. é, ée, p. faire l'escompte.
ESCOPETTE, s. f. espèce de carabine.
ESCORTE, s. f. troupe armée qui accompagne; vaisseau de guerre qui escorte d'autres navires.
ESCORTER, v. a. é, ée, p. accompagner, protéger.
ESCOUADE, s. f. détachement de soldats commandés par un sous-officier.
ESCOURGÉE, s. f. fouet fait avec des courroies de cuir.
ESCOURGEON, s. m. sorte d'orge hâtive qu'on coupe en vert pour les chevaux; courroie de cuir.
ESCOUSSE, s. f. mouvement; course pour mieux sauter.
ESCRIME, s. f. art de faire des armes.
ESCRIMER, v. n. faire des armes; s'—, v. pr. soutenir une chose.
ESCRIMEUR, s. m. qui sait escrimer.
ESCROC, s. m. fripon.

ESCROQUER, *v. a.* é, ée, *p.* voler avec fourberie.
ESCROQUERIE, *s. f.* action d'escroquer.
ESCROQUEUR, EUSE, *adj.* qui escroque.
ESPACE, *s. m.* étendue de lieu, de temps; intervalle; étendue illimitée, immensité.
ESPACEMENT, *s. m.* distance entre des corps séparés.
ESPACER, *v. a.* é, ée, *p.* ranger en séparant par des intervalles.
ESPADE, *s. f.* palette pour affiner le chanvre.
ESPADON, *s. m.* épée large.
ESPAGNE, royaume d'Europe, au sud de la France.
ESPAGNOL, E, *adj.* d'Espagne.
ESPAGNOLETTE, *s. f.* ferrure de fenêtre à crochet et à bascule pour fermer.
ESPALIER, *s. m.* arbres rangés contre un mur.
ESPÈCE, *s. f.* division du genre, contenant plusieurs individus; état, condition; cas particulier; — *au pl.* argent monnoyé; fortune.
ESPÉRANCE, *s. f.* attente de ce qu'on désire; objet même de l'espérance; jouissance idéale de l'avenir.
ESPÉRER, *v. a.* et *v. n.* é, ée, *p.* avoir espérance; être dans l'attente d'un bien.
ESPIÈGLE, *s.* et *adj.* 2 g. fin, vif et malin.
ESPIÈGLERIE, *s. f.* malice d'enfant.
ESPINGOLE, *s. f.* fusil dont le canon est évasé.
ESPION, *s. m.* qui épie, observe pour redire.
ESPIONNAGE, *s. m.* action, métier d'espionner.
ESPIONNER, *v. a.* é, ée, *p.* épier, observer en espion; —, *v. n.* servir d'espion.
ESPLANADE, *s. f.* espace uni et découvert.
ESPOIR, *s. m.* (sans pl.) espérance.
ESPONTON, *s. m.* demi-pique (arme ancienne).
ESPRIT, *s. m.* être incorporel; ange; âme de l'homme; imagination; sagacité; jugement; principe de conduite; fluide subtil.
ESQUIF, *s. m.* petit canot.
ESQUILLE, *s. f.* (*ll m.*) petit éclat de bois; éclat d'un os fracturé.
ESQUIMAUX, *s. m. pl.* peuple de l'Amérique septentrionale.
ESQUINANCIE, *s. f.* inflammation du gosier.
ESQUIPOT, *s. m.* sorte de tirelire.
ESQUISSE, *s. f.* ébauche d'un tableau, d'une statue, etc.
ESQUISSER, *v. a.* é, ée, *p.* faire une esquisse.
ESQUIVER, *v. a.* é, ée, *p.* éviter adroitement; s'—, *v. pr.* sortir adroitement d'embarras.
ESSAI, *s. m.* expérience; épreuve faite d'une chose; échantillon.
ESSAIM, *s. m.* volée de jeunes abeilles; *fig.* multitude.
ESSAIMER, *v. n.* se dit des ruches d'où sort un essaim.
ESSANGER, *v. a.* é, ée, *p.* laver le linge sale avant de le mettre à la lessive.
ESSARTER, *v. a.* é, ée, *p.* défricher un terrain.
ESSAYER, *v. a.* é, ée, *p.* (se conj. c. *payer*) éprouver une chose, la mettre à l'épreuve; s'efforcer; —, *v. n.* faire un essai; s'—, *v. pr.* faire l'épreuve de ses forces.
ESSAYEUR, *s. m.* préposé à l'essai des métaux.
ESSE, *s. f.* cheville de fer en forme de S.
ESSENCE, *s. f.* nature d'une chose; huile aromatique.
ESSENTIEL, ELLE, *adj.* qui appartient à l'essence; nécessaire; *essentiel*, *s. m.* le point essentiel.
ESSENTIELLEMENT, *adv.* par son essence; solidement.
ESSIEU, *s. m.* pièce qui traverse le moyeu des roues.
ESSOR, *s. m.* vol de l'oiseau qui s'élève; action d'essayer ses forces.
ESSORER, *v. a.* é, ée, *p.* faire sécher à l'air.

ESSORILLER, *v. a. é, ée, p.* (ll m.) couper les oreilles.
ESSOUFFLER, *v. a. é, ée, p.* mettre hors d'haleine.
ESSUCQUER, *v. a. é, ée, p.* ôter le moût d'une cuve.
ESSUI, *s. m.* lieu pour faire sécher.
ESSUIE-MAIN, *s. m.* linge pour essuyer les mains.
ESSUYER, *v. a. é, ée, p.* frotter pour ôter l'eau, la poussière, etc.; sécher; supporter, souffrir.
EST, *s. m.* orient; un des 4 points cardinaux.
ESTACADE, *s. f.* digue de pieux, de chaînes pour fermer un port, pour détourner l'eau.
ESTAFETTE, *s. f.* courrier d'une poste à l'autre.
ESTAFILADE, *s. f.* balafre, coupure au visage.
ESTAME, *s. f.* laine tricotée à l'aiguille.
ESTAMINET, *s. m.* lieu de réunion de fumeurs et de buveurs.
ESTAMPE, *s. f.* image imprimée avec une planche gravée; outil de serrurier pour estamper.
ESTAMPER, *v. a. é, ée, p.* faire une estampe, une empreinte.
ESTAMPILLE, *s. f.* (ll m.) sorte de timbre avec signature; instrument pour estampiller.
ESTAMPILLER, *v. a. é, ée, p.* marquer avec l'estampille.
ESTER, *v. n.* comparaître en justice.
ESTIMABLE, *adj. 2 g.* digne d'estime.
ESTIMATEUR, *s. m.* qui apprécie et détermine la valeur d'une chose.
ESTIMATIF, IVE, *adj.* acte qui fixe le prix d'un travail.
ESTIMATION, *s. f.* évaluation.
ESTIME, *s. f.* opinion favorable qu'on a d'une personne ou d'une chose.
ESTIMER, *v. a. é, ée, p.* priser; fixer la valeur de; faire cas de quelqu'un; —, *v. n.* présumer, croire.
ESTOC, *s. m.* ancienne épée; pointe de l'épée; brin d'—, bâton ferré.
ESTOCADE, *s. f.* coup d'épée.
ESTOMAC, *s. m.* partie intérieure du corps qui reçoit et digère les aliments; partie extérieure qui y répond.
ESTOMAQUER (s'), *v. pr. é, ée, p.* s'offenser. (*fam.*)
ESTOMPE, *s. f.* rouleau de papier ou de peau coupé en pointe pour estomper.
ESTOMPER, *v. a. é, ée, p.* étendre le crayon avec une estompe.
ESTRADE, *s. f.* lieu élevé sur un plancher; chemin.
ESTRAGON, *s. m.* herbe potagère, odorante.
ESTROPIAT, *s. m.* mendiant de profession estropié, ou qui feint de l'être.
ESTROPIER, *v. a. é, ée, p.* ôter l'usage d'un membre; mutiler; altérer; blesser.
ESTURGEON, *s. m.* poisson de mer.
ET, *conj.* qui lie les parties du discours et les membres d'une phrase; *et cætera*, *s. m. pl.* et le reste.
ÉTABLE, *s. f.* lieu où l'on renferme les bestiaux.
ÉTABLER, *v. a. é, ée, p.* mettre dans l'étable.
ÉTABLI, *s. m.* grosse table des menuisiers, serruriers, etc.
ÉTABLIR, *v. a. 1, ie, p.* rendre stable, fixer; mettre en bon état; former, composer; *s'—, v. pr.* se fixer, former un établissement.
ÉTABLISSEMENT, *s. m.* action d'établir; institution; commencement.
ÉTAGE, *s. m.* espace entre deux planchers dans un bâtiment; degré d'élévation; état; condition.
ÉTAGER, *v. a. é, ée, p.* ranger par étages.
ÉTAGÈRES, *s. f. pl.* tablettes par étages.
ÉTAI, *s. m.* pièce de bois pour soutenir un mur qui menace ruine.

ÉTAIM, s. m. partie la plus fine de la laine cardée.
ÉTAIN, s. m. métal blanc très-fusible.
ÉTAL, s. m. table, boutique de boucher (pl. étaux).
ÉTALAGE, s. m. exposition de marchandises à vendre; action de montrer avec ostentation.
ÉTALAGISTE, s. et adj. 2 g. marchand qui étale en plein air.
ÉTALER, v. a. é, ée, p. exposer en vente; montrer; étendre; faire parade.
ÉTALEUR, s. m. marchand qui étale.
ÉTALIER, s. m. boucher qui a un étal.
ÉTALON, s. m. cheval entier; modèle de poids et de mesures.
ÉTALONNER, v. a. é, ée, p. marquer un poids, après vérification sur l'étalon.
ÉTAMAGE, s. m. action, art d'étamer.
ÉTAMER, v. a. é, ée, p. enduire le cuivre, le fer, etc. avec de d'étain fondu; mettre le tain à une glace.
ÉTAMEUR, s. m. qui étame.
ÉTAMINE, s. f. tissu léger pour passer une poudre, une liqueur; étoffe non croisée; — au pl. petits filets qui s'élèvent du centre des fleurs.
ÉTAMINIER, s. m. qui fait de l'étamine.
ÉTAMPER, v. a. é, ée, p. percer un fer de cheval.
ÉTAMPES, chef-lieu d'arr. du dép. de Seine-et-Oise.
ÉTAMURE, s. f. étain pour étamer.
ÉTANCHEMENT, s. m. action d'étancher; ses effets.
ÉTANCHER, v. a. é, ée, p. arrêter l'écoulement d'un liquide; — la soif, l'apaiser.
ÉTANÇON, s. m. pièce de bois pour soutenir un mur ou des terres.
ÉTANÇONNER, v. a. é, ée, p. soutenir avec des étançons.
ÉTANG, s. m. amas d'eau stagnante; réservoir où l'on nourrit du poisson.
ÉTAPE, s. f. distribution de vivres aux troupes en marche; lieu où on les distribue.
ÉTAT, s. m. disposition d'une personne, ou d'une chose; condition; gouvernement; pays sous une même domination; liste, registre; inventaire; dépense.
ÉTAT-MAJOR, s. m. corps des principaux officiers (pl. états-majors).
ÉTATS-UNIS DE L'AMÉRIQUE, république de l'Amérique septentrionale.
ÉTAU, s. m. instrument de serrurier pour presser les pièces que l'on travaille (pl. étaux).
ÉTAYEMENT, s. m. action d'étayer; état de ce qui est étayé.
ÉTAYER, v. a. é, ée, p. soutenir avec des étais.
ÉTÉ, s. m. saison la plus chaude de l'année (de juin à septembre).
ÉTEIGNOIR, s. m. instrument en forme d'entonnoir pour éteindre une lumière.
ÉTEINDRE, v. a. irr. (se conj. c. feindre) faire cesser l'action du feu; tempérer; abolir; s'—, v. pr. cesser de brûler; mourir lentement.
ÉTENDAGE, s. m. perches ou cordes pour étendre.
ÉTENDARD, s. m. drapeau de cavalerie.
ÉTENDOIR, s. m. instrument pour étendre; lieu où l'on étend.
ÉTENDRE, v. a. (se conj. c. tendre) déployer en long et en large; suspendre; augmenter; agrandir; s'—, v. pr. se coucher tout de son long.
ÉTENDUE, s. f. dimension (sans pl.)
ÉTERNEL (l'), s. m. Dieu; l'Être suprême; éternel, lle, adj. sans commencement et sans fin; éternelle, s. f. sorte d'étoffe; plante (immortelle blanche).
ÉTERNELLEMENT, adv. d'une manière éternelle.

ÉTERNISER, v. a. é, ée, p. rendre éternel; s'—, v. pr. se prolonger.
ÉTERNITÉ, s. f. durée sans commencement ni fin.
ÉTERNUER, v. n. faire un éternument.
ÉTERNUMENT, s. n. mouvement subit et convulsif des muscles du nez.
ÉTÉSIENS, adj et s. m. p. (vents —) réguliers pendant plusieurs jours.
ÉTÊTEMENT, s. m. action d'étêter un arbre.
ÉTÊTER, v. a. é, ée, p. couper la tête d'un arbre.
ÉTHER, s. m. fluide très subtil qu'on suppose au dessus de l'atmosphère; liqueur spiritueuse très-volatile.
ÉTHÉRÉ, ÉE, adj. qui appartient à l'éther.
ÉTHIQUE, s. f. science des mœurs; morale.
ETHNOGRAPHIE, s. f. description des mœurs d'une nation.
ÉTIER, s. m. canal qui conduit l'eau dans les marais salants.
ÉTINCELANT, E, adj. qui étincelle.
ÉTINCELER, v. n. briller, jeter des éclats de lumière.
ÉTINCELLE, s. f. petite parcelle de feu; bluette qui jaillit d'un corps électrisé.
ÉTINCELLEMENT, s. m. éclat de ce qui étincelle.
ÉTIOLEMENT, s. m. altération des plantes qui s'étiolent.
ÉTIOLER (s'), v. pr. é, ée, p. s'altérer; se dit des plantes qui végètent à l'ombre.
ÉTIQUE, adj. s. g. maigre, décharné; attaqué d'une maladie qui dessèche.
ÉTIQUETER, v. a. é, ée, p. mettre une étiquette.
ÉTIQUETTE, s. f. petit écriteau sur un sac, un paquet, etc.; cérémonial de cour; usages dans la société.
ÉTIRER, v. a. é, ée, p. étendre, allonger en tirant; s'—, v. pr. s'allonger en étendant les bras.
ÉTISIE, s. f. maladie qui dessèche le corps.
ÉTOFFE, s. f. tissu de laine, de soie, de fil, etc., pour les habits, les meubles, etc.; fix. nature, qualité; capacité.
ÉTOFFÉ, ÉE, adj. bien vêtu, bien garni.
ÉTOFFER, v. a. é, ée, p. mettre de l'étoffe en quantité suffisante.
ÉTOILE, s. f. corps céleste qui brille pendant la nuit; astérisque; fêlure étoilée d'une bouteille.
ÉTOILÉ, ÉE, adj. semé d'étoiles; fêlé en étoile.
ÉTOILER (s'), v. pr. é, ée, p. se fêler en étoile.
ÉTOLE, s. f. bande d'étoffe, ornement de prêtre.
ÉTONNAMMENT, adv. d'une manière étonnante.
ÉTONNANT, E, adj. qui étonne.
ÉTONNEMENT, s. m. surprise d'une chose inattendue; admiration.
ÉTONNER, v. a. é, ée, p. causer de la surprise, de l'admiration; ébranler par une forte commotion; s'—, v. pr. être étonné.
ÉTOUFFANT, E, adj. qui fait que l'on étouffe; qui ne peut respirer.
ÉTOUFFEMENT, s. m. difficulté de respirer; suffocation.
ÉTOUFFER, v. a. é, ée, p. suffoquer, ôter la respiration; fig. dompter; —, v. n. respirer avec peine.
ÉTOUFFOIR, s. m. boîte pour étouffer le charbon; petite soupape destinée à étouffer les sons du piano.
ÉTOUPE, s. f. rebut de filasse, de lin, etc.
ÉTOUPER, v. a. é, ée, p. boucher, garnir avec de l'étoupe.
ÉTOUPILLE, s. f. (ll m.) mèche imbibée d'eau-de-vie, roulée dans la poudre.

ÉTOURDERIE, s. f. action, caractère de l'étourdi.
ÉTOURDI, IE, s. et adj. imprudent, qui agit sans réflexion.
ÉTOURDIMENT, adv. d'une manière étourdie.
ÉTOURDIR, v. a. 1, ie, p. causer dans le cerveau un ébranlement qui en dérange les fonctions; étonner, surprendre; importuner; calmer la douleur; s'—, v. pr. s'empêcher de réfléchir; se distraire d'un mal.
ÉTOURDISSANT, E, adj. qui étourdit.
ÉTOURDISSEMENT, s. m. ébranlement du cerveau; trouble, inquiétude.
ÉTOURNEAU, s. m. sansonnet; jeune homme présomptueux.
ÉTRANGE, adj. 2 g. contraire à l'ordre, à l'usage commun.
ÉTRANGEMENT, adv. d'une manière étrange.
ÉTRANGER, ÈRE, adj. et s. qui est d'une autre nation; qui n'est pas de la famille; qui n'a aucun rapport à une chose.
ÉTRANGETÉ, s. f. caractère étrange; bizarrerie.
ÉTRANGLEMENT, s. m. resserrement excessif.
ÉTRANGLER, v. a. é, ée, p. faire perdre la respiration et la vie en pressant ou bouchant le gosier; s'—, v. pr. s'ôter la respiration.
ÉTRAPE, s. f. faucille pour couper le chaume.
ÉTRAPER, v. a. é, ée, p. couper le chaume.
ÊTRE, s. m. ce qui est; existence; êtres (au pl.), disposition intérieure d'une maison.
ÊTRE, v. auxil. été, p. exister; il sert à attribuer quelque chose à un sujet, quant à ses propriétés, ou aux circonstances de lieu, de temps, etc.
ÉTRÉCIR, v. a. 1, ie, p. rendre étroit; s'—, v. pr. devenir étroit.
ÉTRÉCISSEMENT, s. m. action d'étrécir; état de ce qui est étréci.

ÉTRÉCISSURE, s. f. état de ce qui est étréci.
ÉTREINDRE, v. a. irr. (se conj. c. feindre) serrer fortement en liant.
ÉTREINTE, s. f. action d'étreindre; serrement.
ÉTRENNE, s. f. présent à l'occasion du nouvel an; première recette du jour; premier usage d'une chose.
ÉTRENNER, v. a. é, ée, p. donner des étrennes; acheter le premier à un marchand; se servir le premier d'une chose; —, v. n. recevoir le premier argent de la vente du jour.
ÉTRIER, s. m. sorte d'anneau pendant à la selle et qui sert d'appui aux pieds du cavalier.
ÉTRILLE, s. f. (ll m.) instrument de fer pour nettoyer le poil des chevaux.
ÉTRILLER, v. a. é, ée, p. (ll m.) frotter avec l'étrille; battre; faire payer trop cher.
ÉTRIPER, v. a. é, ée, p. ôter les tripes.
ÉTRIQUÉ, ÉE, adj. sans ampleur.
ÉTRIQUER, v. a. é, ée, p. rapetisser; rétrécir.
ÉTRIVIÈRE, s. f. courroie qui tient l'étrier; —, s. f. pl. coups de cette courroie.
ÉTROIT, E, adj. qui a peu de largeur; borné.
ÉTROITEMENT, adv. à l'étroit; à la rigueur; fig. uni.
ÉTRONÇONNER, v. a. é, ée, p. couper un arbre jusqu'au tronc.
ÉTUDE, s. f. action d'étudier, application d'esprit; essai de peinture; cabinet d'homme d'affaires; — au pl. connaissances acquises; éducation.
ÉTUDIANT, s. m. écolier; qui étudie.
ÉTUDIÉ, ÉE, adj. affecté, fait avec soin; fini; feint.
ÉTUDIER, v. a. é, ée, p. s'appliquer pour apprendre; méditer; observer; s'—, v. pr. s'appliquer, s'exercer à.
ÉTUI, s. m. petite boîte longue

et étroite pour mettre des aiguilles; sorte de boîte ajustée à la forme de l'objet que l'on veut y enfermer.

ÉTUVE, s. f. lieu qu'on échauffe pour sécher; où l'on prend des bains.

ÉTUVÉE, s. f. manière de préparer les viandes.

ÉTUVER, v. a. é, ée, p. laver doucement; mettre à l'étuve.

ÉTUVISTE, s. m. qui tient des bains, baigneur.

ÉTYMOLOGIE, s. f. origine d'un mot.

ÉTYMOLOGIQUE, adj. 2 g. qui a rapport à l'étymologie.

ÉTYMOLOGISTE, s. m. qui connaît l'origine des mots.

EUCHARISTIE, s. f. sacrement du corps et du sang de J.-C. sous les espèces du pain et du vin.

EUCOLOGE, s. m. livre de prières.

EUMÉNIDES, s. f. pl. furies (mythologie).

EUPHÉMISME, s. m. figure de rhétor. qui consiste à déguiser des idées désagréables sous des termes choisis.

EUPHONIE, s. f. son de voix agréable.

EUPHONIQUE, adj. 2 g. qui a rapport à l'euphonie.

EURE, rivière qui prend sa source dans le dép. de l'Orne et se jette dans la Seine.

EURE-ET-LOIRE, dép. dont Chartres est le chef-lieu.

EUROPE, l'une des cinq grandes parties du monde.

EUROPÉEN, NNE, adj. qui est d'Europe.

EUSTACHE, s. m. couteau grossier à manche de bois.

EUX, pron. pers. m. pl. de lui.

ÉVACUANT, s. et adj. qui fait évacuer.

ÉVACUATION, s. f action d'évacuer.

ÉVACUER, v. a. é, ée, p. vider, faire sortir.

ÉVADER (s'), v. pr. é, ée, p. s'enfuir furtivement.

ÉVALUATION, s. f. appréciation des choses.

ÉVALUER, v. a. é, ée, p. estimer une chose suivant sa valeur.

ÉVANGÉLIQUE, adj. 2 g. suivant l'Évangile.

ÉVANGÉLIQUEMENT, adv. d'une manière évangélique.

ÉVANGÉLISER, v. a. é, ée, p. et v. n. prêcher l'Évangile.

ÉVANGÉLISTE, s. m. chacun des quatre écrivains sacrés qui ont écrit l'Évangile.

ÉVANGILE, s. m. doctrine de J.-C., livre qui la contient.

ÉVANOUIR (s'), v. pr. (se conj. c. finir) tomber en défaillance; disparaître.

ÉVANOUISSEMENT, s. m. défaillance.

ÉVAPORATION, s. f. exhalaison de l'humidité, de vapeurs; fig. légèreté d'esprit.

ÉVAPORÉ, ÉE, adj. et s. dissipé, étourdi.

ÉVAPORER (s'), v. pr. é, ée, p. se résoudre en vapeur; se dissiper; —, v. a. — son chagrin, le soulager.

ÉVASÉ, ÉE, adj. à large ouverture.

ÉVASEMENT, s. m. état de ce qui est évasé.

ÉVASER, v. a. é, ée, p. agrandir une ouverture; s'—, v. pr. s'élargir.

ÉVASIF, IVE, adj. qui sert à éluder.

ÉVASION, s. f. fuite secrète; action de s'évader.

ÉVÊCHÉ, s. m. diocèse d'évêque; maison qu'il habite.

ÉVEIL, s. m. (l m.) alerte; avis donné à quelqu'un sur une chose qui l'intéresse et à laquelle il ne pensait pas.

ÉVEILLÉ, ÉE, adj. (ll m.) vif, espiègle.

ÉVEILLER, v. a. é, ée, p. (ll m.) faire cesser le sommeil; donner de la gaieté; s'—, v. pr. cesser de dormir.

ÉVÉNEMENT, s. m. issue d'une chose, dénoûment; aventure, incident remarquable.

ÉVENT, s. m. altération des aliments ou des liqueurs; tête à l'—, étourdi.

ÉVENTAIL, s. m. (l m.) (pl. éventails) instrument pour agiter l'air et avec lequel on s'évente.

ÉVENTAILLISTE, s. m. (ll m.) fabricant d'éventails.

ÉVENTAIRE, s. m. plateau d'osier que portent les marchands ambulants.

ÉVENTÉ, ÉE, adj. évaporé, léger.

ÉVENTER, v. a. é, ée, p. donner du vent en agitant l'air; exposer au vent; s'—, v. pr. se donner de l'air; se gâter à l'air.

ÉVENTOIR, s. m. éventail grossier à l'usage des cuisiniers.

ÉVENTRER, v. a. é, ée, p. fendre le ventre, en tirer les intestins.

ÉVENTUALITÉ, s. f. qualité de ce qui est éventuel.

ÉVENTUEL, LLE, adj. fondé sur un événement incertain.

ÉVENTUELLEMENT, adv. d'une manière éventuelle.

ÉVÊQUE, s. m. chef d'un diocèse; — n partibus, dont le diocèse est au pouvoir des infidèles.

ÉVERSION, s. f. renversement, ruine.

ÉVERTUER (s'), v. pr. s'efforcer.

ÉVICTION, s. f. action d'évincer.

ÉVIDEMMENT, adv. d'une manière évidente.

ÉVIDENCE, s. f. certitude manifeste; qualité de ce qui est évident.

ÉVIDENT, E, adj. manifeste, clair, visible, démontré.

ÉVIDER, v. a. é, ée, p. faire une cannelure, un vide; échancrer.

ÉVIER, s. m. pierre creusée où on lave la vaisselle.

ÉVINCER, v. a. é, ée, p. déposséder juridiquement; renvoyer.

ÉVITABLE, adj. 2 g. qui peut être évité.

ÉVITER, v. a. é, ée, p. fuir ce qui déplaît; se garantir; s'—, v. pr. se fuir mutuellement.

ÉVOCABLE, adj. 2 g. qu'on peut évoquer.

ÉVOCATION, s. f. action d'évoquer.

ÉVOCATOIRE, adj. 2 g. qui sert à évoquer.

ÉVOLUTION, s. f. mouvement exécuté par les troupes.

ÉVOQUER, v. a. é, ée, p. rappeler à soi (se dit d'un tribunal.)

ÉVREUX, chef-lieu du dép. de l'Eure.

ÉVULSION, s. f. action d'arracher.

EX, prép. ci devant.

EXACT, E, adj. qui a de l'exactitude; régulier, ponctuel.

EXACTEMENT, adv. avec exactitude.

EXACTEUR, s. m. coupable d'exaction.

EXACTION, s. f. action d'exiger plus qu'il n'est dû, ou ce qui n'est pas dû.

EXACTITUDE, s. f. attention ponctuelle; précision, justesse.

EXAGÉRATEUR, s. m. qui exagère.

EXAGÉRATIF, IVE, adj. qui tient de l'exagération.

EXAGÉRER, v. a. é, ée, p. amplifier à l'excès les choses dont on parle.

EXALTATION, s. f. élévation du pape au pontificat; fougue d'imagination, enthousiasme.

EXALTER, v. a. é, ée, p. louer, vanter à l'excès; s'—, v. pr. s'enthousiasmer.

EXAMEN, s. m. recherche, observation; épreuve pour juger de la capacité.

EXAMINATEUR, s. m. qui est chargé d'examiner.

EXAMINER, v. a. é, ée, p. faire examen; regarder attentivement; s'—, v. pr. examiner sa conscience.

EXASPÉRATION, s. f. action d'exaspérer; état d'une personne exaspérée.

EXASPÉRER, v. a. é, ée, p. aigrir, irriter à l'excès.
EXAUCER, v. a. é, ée, p. écouter favorablement une prière; accorder une demande.
EXCAVATION, s. f. action de creuser; creux dans un terrain.
EXCAVER, v. a. é, ée, p. creuser profondément.
EXCÉDANT, s. m. ce qui excède; —ante, adj. qui excède.
EXCÉDER, v. a. é, ée, p. outre-passer; aller au delà; importuner; fatiguer; s'—, v. pr. se fatiguer, s'exténuer.
EXCELLEMMENT, adv. d'une manière excellente.
EXCELLENCE, s. f. degré éminent de perfection; titre d'honneur; par —, adv. à merveille.
EXCELLENT, E, adj. d'une bonté, d'une perfection supérieure.
EXCELLER, v. n. avoir un degré éminent de perfection; surpasser, avoir la supériorité.
EXCEPTÉ, prép. à la réserve de.
EXCEPTER, v. a. é, ée, p. ne pas comprendre dans un nombre.
EXCEPTION, s. f. action d'excepter; ce qui doit être excepté.
EXCEPTIONNEL, LLE, adj. qui renferme une exception.
EXCÈS, s. m. ce qui passe les bornes, les mesures de la raison; dérèglement; violence.
EXCESSIF, IVE, adj. qui excède les bornes raisonnables.
EXCESSIVEMENT, adv. avec excès.
EXCIPER, v. n. se prévaloir d'une exception.
EXCITANT, E, adj. médicament tonique et stimulant.
EXCITATION, s. f. action d'exciter.
EXCITER, v. a. é, ée, p. provoquer; émouvoir; animer; causer; s'—, v. pr. s'encourager réciproquement.
EXCLAMATIF, IVE, adj. qui marque l'exclamation.
EXCLAMATION, s. f. cri de joie, de surprise, d'indignation; point d'—, signe orthographique qui se met après une exclamation.
EXCLURE, v. a. irr. (se conj. c. conclure) écarter, éloigner, repousser.
EXCLUSIF, IVE, adj. qui a la force d'exclure; qui exclut toute autre chose.
EXCLUSION, s. f. action d'exclure; acte qui exclut.
EXCLUSIVEMENT, adv. en excluant.
EXCOMMUNICATION, s. f. action d'excommunier, acte par lequel on excommunie.
EXCOMMUNIER, v. a. é, ée, p. retrancher de la communion de l'église.
EXCORIATION, s. f. écorchure de la peau.
EXCORIER, v. a. é, ée, p. écorcher la peau.
EXCRÉMENT, s. m. sécrétion; ce qui sort du corps de l'animal; matières fécales.
EXCRÉTION, s. f. sortie des humeurs; matières évacuées.
EXCROISSANCE, s. f. tumeur, superfluité de chair, de matière.
EXCURSION, s. f. irruption au loin; écart, digression.
EXCUSABLE, adj. 2 g. qui peut être excusé.
EXCUSE, s. f. raison pour s'excuser ou excuser les autres; prétexte.
EXCUSER, v. a. é, ée, p. disculper quelqu'un; admettre les excuses; avoir de l'indulgence; s'—, v. pr. se disculper; chercher à se dispenser.
EXEAT, s. m. inv. permission de sortir, de changer de diocèse.
EXÉCRABLE, adj. 2 g. détestable, horrible.
EXÉCRABLEMENT, adv. d'une manière exécrable.
EXÉCRATION, s. f. horreur extrême; imprécation, profanation des choses saintes.
EXÉCRER, v. a. é, ée, p. avoir en exécration; détester (peu usité).
EXÉCUTABLE, adj. 2 g. qui peut être exécuté.

12.

EXÉCUTANT, *s. m.* musicien concertant.

EXÉCUTER, *v. a.* é, ée, p. effectuer, accomplir; mettre à exécution; faire vendre des biens par autorité de justice; mettre à mort; s'—, *v. pr.* se soumettre, faire les sacrifices commandés par la nécessité.

EXÉCUTEUR, TRICE, *s.* qui exécute; — *des hautes œuvres*, bourreau.

EXÉCUTIF, IVE, *adj.* qui fait exécuter.

EXÉCUTION, *s. f.* action, manière d'exécuter; peine de mort.

EXÉCUTOIRE, *adj. 2 g.* qui donne pouvoir d'exécuter.

EXEMPLAIRE, *s. m.* modèle; copie imprimée d'un ouvrage; —, *adj. 2 g.* qui donne l'exemple.

EXEMPLAIREMENT, *adv.* d'une manière exemplaire.

EXEMPLE, *s. m.* modèle; action à imiter ou à éviter; —, *s. f.* modèle d'écriture.

EXEMPT, *s. m.* ancien officier de police.

EXEMPT, E, *adj.* qui n'est point sujet, assujetti à.

EXEMPTER, *v. a.* é, ée, p. rendre exempt, dispenser.

EXEMPTION, *s. f.* dispense, grâce.

EXERCER, *v. a.* é, ée, p. dresser, instruire, former à quelque chose; mettre en mouvement, en activité; pratiquer; mettre à l'épreuve; —, *v. n.* agir en vertu de; s'—, *v. pr.* s'appliquer à; faire de l'exercice.

EXERCICE, *s. m.* action par laquelle on s'exerce; fonctions actives; évolutions militaires.

EXERGUE, *s. m.* espace réservé au bas d'une médaille pour y placer une date, une devise.

EXHALAISON, *s. f.* émanation d'un corps; fumée, vapeur.

EXHALER, *v. a.* é, ée, p. pousser hors de soi des vapeurs, etc.; s'évaporer; soulager, dissiper; s'—, *v. pr.* se répandre au dehors.

EXHAUSSEMENT, *s. m.* élévation.

EXHAUSSER, *v. a.* é, ée, p. élever plus haut.

EXHÉRÉDATION, *s. f.* action de déshériter.

EXHÉRÉDER, *v. a.* é, ée, p. déshériter.

EXHIBER, *v. a.* é, ée, p. représenter en justice.

EXHIBITION, *s. f.* action d'exhiber.

EXHORTATION, *s. f.* discours par lequel on exhorte.

EXHORTER, *v. a.* é, ée, p. exciter, engager au bien par ses discours.

EXHUMATION, *s. f.* action d'exhumer.

EXHUMER, *v. a.* é, ée, p. déterrer un corps; *fig.* tirer de l'oubli.

EXIGEANT, E, *adj.* qui exige trop.

EXIGENCE, *s. f.* action d'exiger; nécessité impérieuse.

EXIGER, *v. a.* é, ée, p. demander par droit ou par force; obliger à.

EXIGIBILITÉ, *s. f.* qualité de ce qui est exigible.

EXIGIBLE, *adj. 2 g.* qui peut être exigé.

EXIGU, UE, *adj.* fort petit, insuffisant.

EXIGUÏTÉ, *s. f.* modicité, petitesse.

EXIL, *s. m.* bannissement; éloignement forcé.

EXILÉ, ÉE, *s. et adj.* qui est en exil.

EXILER, *v. a.* é, ée, p. envoyer en exil, bannir, éloigner; s'—, *v. pr.* s'absenter.

EXISTANT, E, *adj.* qui existe.

EXISTENCE, *s. f.* état de ce qui existe; durée de la vie, manière de vivre.

EXISTER, *v. n.* être réellement; manière dont on vit; —, *v. impers.* il est, il y a.

EXODE, *s. m.* 2e livre du Pentateuque.

EXORABLE, *adj. 2 g.* qui se laisse fléchir.

EXORBITAMMENT, *adv.* avec excès.

EXORBITANT, E, *adj.* excessif.

EXORCISER, *v. a.* é, ée, p. chasser le démon.

EXORCISME, s. m. cérémonie pour exorciser.
EXORDE, s. m. première partie, début d'un discours.
EXOTIQUE, adj. 2 g. étranger au pays.
EXPANSIBILITÉ, s. f. faculté qu'ont les fluides de s'étendre.
EXPANSIBLE, adj. 2 g. qui peut s'étendre.
EXPANSIF, IVE, adj. qui épanche ses sentiments.
EXPANSION, s. f. action de se dilater, de s'épancher.
EXPATRIATION, s. f. action de s'expatrier; éloignement de la patrie.
EXPATRIER, v. a. é, ée, p. forcer à quitter sa patrie; s' —, v. pr. abandonner sa patrie.
EXPECTANT, E, adj. qui attend.
EXPECTATIF, IVE, adj. qui donne droit d'espérer, qui permet d'attendre.
EXPECTATIVE, s. f. espérance, attente.
EXPECTORANT, E, adj. qui fait expectorer.
EXPECTORATION, s. f. action d'expectorer.
EXPECTORER, v. a. é, ée, p. cracher.
EXPÉDIENT, s. m. moyen de terminer une affaire.
EXPÉDIER, v. a. é, ée, p. dépêcher, hâter l'exécution, terminer une affaire; — des marchandises, les faire partir.
EXPÉDITEUR, s. m. chargé d'expédier des marchandises.
EXPÉDITIF, IVE, adj. qui expédie promptement.
EXPÉDITION, s. f. action d'expédier; célérité d'exécution; entreprise de guerre; envoi de marchandises; copie d'un acte.
EXPÉDITIONNAIRE, s. m. qui fait des copies officielles; copiste; —, adj. 2 g. qui fait ou est chargé de faire une expédition.
EXPÉRIENCE, s. f. connaissance acquise par l'usage; épreuve, essai.
EXPÉRIMENTAL, E, adj. fondé sur l'expérience.
EXPÉRIMENTÉ, ÉE, adj. qui a de l'expérience.
EXPÉRIMENTER, v. a. et v. n. é, ée, p. éprouver; faire expérience.
EXPERT, s. m. nommé pour faire un rapport d'estimation.
EXPERT, E, adj. habile dans un art.
EXPERTISE, s. f. opération d'expert; appréciation.
EXPERTISER, v. a. é, ée, p. faire une expertise.
EXPIATION, s. f. action d'expier.
EXPIATOIRE, adj. 2 g. qui expie.
EXPIER, v. a. é, ée, p. réparer un crime, une faute par un châtiment.
EXPIRANT, E, adj. qui expire.
EXPIRATION, s. f. action de rendre l'air qu'on a aspiré; fin d'un terme accordé; échéance.
EXPIRER, v. a. é, ée, p. rendre l'air après l'avoir respiré; —, v. n. mourir.
EXPLICABLE, adj. 2 g. qui peut être expliqué.
EXPLICATIF, IVE, adj. qui explique le sens.
EXPLICATION, s. f. interprétation, éclaircissement; action d'expliquer.
EXPLICITE, adj. 2 g. formel, clair, précis.
EXPLICITEMENT, adv. en termes formels.
EXPLIQUER, v. a. é, ée, p. donner l'explication; s' —, v. pr. avoir une explication avec quelqu'un; faire connaître sa pensée.
EXPLOIT, s. m. action de guerre mémorable; assignation judiciaire.
EXPLOITABLE, adj. 2 g. qui peut être exploité, cultivé.
EXPLOITATION, s. f. action d'exploiter des bois, des terres.
EXPLOITER, v. a. é, ée, p. faire valoir, cultiver.
EXPLOITEUR, s. m. qui exploite des terres, des mines, etc.
EXPLORATEUR, s. m. qui va à la découverte.
EXPLORATION, s. f. action d'explorer.

EXPLORER, *v. a.* é, ée, *p.* chercher, examiner.

EXPLOSION, *s. f.* détonation; éclat; bruit subit; mouvement impétueux.

EXPORTATEUR, *s. m.* celui qui exporte.

EXPORTATION, *s. f.* action d'exporter; transport de marchandises.

EXPORTER, *v. a.* é, ée, *p.* transporter des marchandises au dehors d'un pays.

EXPOSANT, E, *adj. et s.* qui expose un fait, ou ses prétentions en justice; —, *s. m.* fabricant, inventeur qui met ses produits à l'exposition.

EXPOSE, *s. m.* récit d'un fait.

EXPOSER, *v. a.* e, ée, *p.* mettre en vue; placer, tourner vers; mettre en péril; raconter; abandonner; s'—, *v. pr.* se hasarder.

EXPOSITION, *s. f.* action d'exposer; état de la chose exposée; ensemble des produits de l'industrie française; interprétation, explication.

EXPRÈS, *s. m.* messager envoyé à dessein; —, *adv.* à dessein.

EXPRÈS, SSE, *adj.* très-précis; formel.

EXPRESSÉMENT, *adv.* d'une manière expresse.

EXPRESSIF, IVE, *adj.* énergique; plein d'expression.

EXPRESSION, *s. f.* action d'exprimer le suc en pressant; manière d'exprimer la pensée, de la représenter.

EXPRIMABLE, *adj.* 2 g. qui peut être exprimé.

EXPRIMER, *v. a.* é, ée, *p.* tirer le jus en pressant; donner de l'expression; s'—, *v. pr.* rendre sa pensée.

EX-PROFESSO, *loc. adv.* exprès; avec toute l'érudition possible.

EXPROPRIATION, *s. f.* exclusion, privation de la propriété.

EXPROPRIER, *v. a.* é, ée, *p.* dépouiller de la propriété.

EXPULSER, *v. a.* é, ée, *p.* chasser avec violence; déposséder.

EXPULSION, *s. f.* action d'expulser.

EXQUIS, E, *adj.* excellent, choisi avec soin.

EXSICCATION, *s. f.* dessèchement.

EXSUDATION, *s. f.* action de suer; suppuration.

EXTASE, *s. f.* égarement, ravissement d'esprit.

EXTASIER (s'), *v. pr.* é, ée, *p.* être ravi en extase.

EXTATIQUE, *adj.* 2 g. causé par l'extase.

EXTENSEUR, *adj. m.* muscle —, qui sert à étendre.

EXTENSIBILITÉ, *s. f.* qualité de ce qui peut s'étendre.

EXTENSIBLE, *adj.* 2 g. qui peut s'étendre.

EXTENSIF, IVE, *adj.* qui exprime une extension.

EXTENSION, *s. f.* étendue; action de ce qui s'étend; explication.

EXTÉNUATION, *s. f.* affaiblissement; diminution.

EXTÉNUER, *v. a.* é, ée, *p.* affaiblir peu à peu; diminuer la gravité.

EXTÉRIEUR, E, *adj.* qui est au dehors; —, *s. m.* dehors, apparence.

EXTÉRIEUREMENT, *adv.* à l'extérieur.

EXTERMINATEUR, *s. m.* qui extermine.

EXTERMINATION, *s. f.* action d'exterminer; destruction entière.

EXTERMINER, *v. a.* é, ée, *p.* détruire entièrement.

EXTERNAT, *s. m.* pension composée d'élèves externes.

EXTERNE, *adj. et s.* 2 g. qui est du dehors; élève d'un externat.

EXTINCTION, *s. f.* action d'éteindre; cessation; abolition.

EXTIRPATEUR, *s. m.* qui extirpe.

EXTIRPATION, *s. f.* action d'extirper; destruction.

EXTIRPER, *v. a.* é, ée, *p.* déraciner, détruire entièrement.

EXTORQUER, *v. a.* é, ée, *p.* obtenir par force ou menaces.

EXTORSION, s. f. action d'extorquer.
EXTRACTIF, IVE, adj. qui marque extraction.
EXTRACTION, s. f. action de tirer, d'extraire; origine, naissance.
EXTRADITION, s. f. action de livrer à son gouvernement un criminel réfugié en pays étranger.
EXTRAIRE, v. a. irr. (se conj. c. traire) faire l'extraction; faire un extrait.
EXTRAIT, s. m. produit d'une dissolution; ce qu'on extrait d'un livre; abrégé.
EXTRAJUDICIAIRE, adj. 2 g. hors des formes de la procédure.
EXTRAJUDICIAIREMENT, adv. sans observer les formes judiciaires.
EXTRAORDINAIRE, adj. 2 g. qui n'est pas selon l'usage; qui n'arrive pas ordinairement.
EXTRAORDINAIREMENT, adv. d'une manière extraordinaire.
EXTRAVAGAMMENT, adv. d'une manière extravagante.
EXTRAVAGANCE, s. f. folie, bizarrerie; caractère de celui qui ne suit que son caprice.
EXTRAVAGANT, E, adj. fou, bizarre.
EXTRAVAGUER, v. n. parler, agir sans raison.
EXTRAVASATION, s. f. épanchement du sang, d'un liquide.
EXTRAVASER (s'), v. pr. e, ée, p. s'épancher hors des vaisseaux.
EXTRÊME, adj. 2 g. excessif; hors de raison; outre mesure.
EXTRÊME-ONCTION, s. f. sacrement conféré avant la mort.
EXTRÊMEMENT, adv. beaucoup, au dernier point.
EXTRÉMITÉ, s. f. fin, bout; excès; derniers moments de la vie.
EXTRINSÈQUE, adj. 2 g. ce qui vient du dehors.
EXUBÉRANCE, s. f. surabondance.
EXUBÉRANT, E, adj. superflu, surabondant.

EXULCÉRATIF, IVE, adj. qui forme des ulcères.
EXULCÉRATION, s. f. action de causer des ulcères; commencement d'ulcère.
EXULCÉRER, v. a. é, ée, p. causer des ulcères; fig. blesser, piquer.
EXUTOIRE, s. m. ulcère artificiel et momentané.
EX-VOTO, s. m. sing. et pl. (mots latins) offrande à la Divinité ou à un saint en commémoration d'une protection spéciale.

F.

F, s. m. 6e lettre de l'alphabet, 4e consonne.
FA, s. m. 4e note de la gamme de musique.
FABLE, s. f. chose feinte; récit allégorique; apologue; fausseté, mensonge; être la fable, c.-à-d. la risée; —, sujet, argument d'un poème, etc.
FABLIAU, s. m. conte en vers.
FABRICANT, s. m. qui tient une fabrique.
FABRICATEUR, s. m. qui fabrique.
FABRICATION, s. f. action de fabriquer.
FABRIQUE, s. f. manufacture; revenus d'une église; —, s. f. pl. édifices, ruines; t. de peinture.
FABRIQUER, v. a. é, ée, p. faire à la main certains ouvrages; fig. forger un mensonge; inventer, controuver.
FABULEUSEMENT, adv. d'une manière fabuleuse.
FABULEUX, EUSE, adj. inventé; qui tient de la fable.
FABULISTE, s. m. auteur de fables.
FAÇADE, s. f. face d'un grand bâtiment du côté de l'entrée.
FACE, s. f. visage; superficie des corps; façade; face à face, adv. l'un devant l'autre; en face, loc. adv. vis-à-vis.
FACÉTIE, s. f. plaisanterie, discours bouffons.
FACÉTIEUSEMENT, adv. plaisamment.
FACÉTIEUX, EUSE, adj. plaisant, qui fait rire.

FACETTE, s. f. petite face (se dit des pierres précieuses).

FACETTER, v. a. é, ée; p. tailler à facettes une pierre précieuse.

FÂCHER, v. a. é, ée, p. mettre en colère, causer du déplaisir; se —, v. pr. prendre du chagrin.

FÂCHERIE, s. f. déplaisir, chagrin.

FÂCHEUX, EUSE, adj. qui chagrine, incommode; fâcheux, s. m. importun.

FACIAL, E, adj. du visage.

FACILE, adj. 2 g. aisé, qui donne peu de peine; commode, complaisant.

FACILEMENT, adv. avec facilité.

FACILITÉ, s. f. moyen, manière facile de dire, de faire, etc.; aptitude d'esprit; indulgence.

FACILITER, v. a. é, ée, p. rendre facile.

FAÇON, s. f. manière dont une chose est faite; travail de l'artisan; labour; culture; prix d'un ouvrage; main-d'œuvre; air, maintien; manière de penser, d'agir; —; au pl. cérémonies, procédés.

FACONDE, s. f. éloquence.

FAÇONNER, v. a. é, ée, p. donner la façon, embellir; labourer la vigne; se —, v. pr. s'accoutumer; se policer.

FAÇONNIER, ÈRE, adj. qui fait des façons, des cérémonies; fabricant d'étoffes façonnées.

FAC-SIMILE, s. m. (inv. au pl.) imitation parfaite d'une écriture.

FACTEUR, s. m. faiseur d'instruments de musique; agent d'un marchand; employé qui porte les lettres.

FACTICE, adj. 2 g. fait ou imité par art; qui n'est pas naturel.

FACTIEUX, EUSE, adj. et s. appartenant à une faction; séditieux.

FACTION, s. f. guet que fait une sentinelle; parti séditieux dans un état.

FACTIONNAIRE, s. m. sentinelle.

FACTORERIE, s. f. bureau des facteurs de commerce européen dans les Indes.

FACTOTUM ou FACTOTON, s. m. celui qui se mêle de tout dans une maison.

FACTUM, s. m. (pl. factums) exposé fait dans un mémoire imprimé.

FACTURE, s. f. mémoire d'un marchand contenant la quantité et le prix des marchandises vendues.

FACULTATIF, IVE, adj. qui laisse la faculté; proportionné aux facultés.

FACULTÉ, s. f. puissance de l'âme, de l'esprit; talent, facilité, pouvoir, moyen de faire une chose; propriété; assemblée de docteurs qui professent certaines sciences; la faculté, se dit de la faculté de médecine seule; — au pl. biens, talents, connaissances.

FADAISE, s. f. niaiserie, bagatelle.

FADE, adj. 2 g. qui n'a point de saveur; qui n'a rien d'agréable, de piquant.

FADEUR, s. f. qualité, état de ce qui est fade; — au plur. louanges fades.

FAGOT, s. m. faisceau de menu bois; fig. sornettes, fadaises.

FAGOTAGE, s. m. travail d'un faiseur de fagots.

FAGOTER, v. a. é, ée, p. mettre en fagots; mal arranger; se —, v. pr. s'habiller sans goût.

FAGOTEUR, s. m. qui fait des fagots.

FAGOTIN, s. m. singe habillé.

FAIBLE, adj. 2 g. débile, qui manque de force, de consistance, d'énergie; défectueux, médiocre; —, s. m. ce qu'il y a de moins fort dans une chose.

FAIBLEMENT, adv. avec faiblesse.

FAIBLESSE, s. f. manque de forces, défaut d'énergie; évanouissement.

FAIBLIR, v. n. perdre de sa force; céder.

FAÏENCE, s. f. sorte de poterie de terre vernissée.

FAÏENCERIE, s. f. commerce, fabrique de faïence.
FAÏENCIER, s. m. marchand de faïence.
FAILLI, (ll m.) s. m. celui qui a fait faillite.
FAILLIBILITÉ, (ll m.) s. f. possibilité de faillir, de se tromper.
FAILLIBLE, (ll m.) adj. 2 g. qui peut se tromper.
FAILLIR, (ll in.) v. n. déf. usité aux temps composés et aux temps suivants : P. déf. je faillis, etc.; n. faillîmes, etc.; fut. je faudrai, etc., être en faute, en faillite; se tromper.
FAILLITE, (ll m.) s. f. banqueroute non frauduleuse.
FAIM, s. f. (sans pl.) désir et besoin de manger; fig. avidité, désir ardent.
FAINE, s. f. fruit du hêtre.
FAINÉANT, adj. et s. paresseux, qui veut rester oisif.
FAINÉANTER, v. n. être fainéant; perdre son temps.
FAINÉANTISE, s. f. paresse, désœuvrement volontaire.
FAIRE, v. a. irr. exécuter, former, produire, causer, créer, fabriquer; se —, v. pr. s'habituer. Ind. pr. je fais, tu fais, il fait; n. faisons, v. faites, ils font; imp. je faisais, etc., n. faisions, etc.; p. déf. je fis, tu fis, il fit; n. fîmes, v. fîtes, ils firent; fut. je ferai, etc., n. ferons, etc.; cond. je ferais, etc., n. ferions, etc.; impér. fais, faisons, faites; subj. pr. q. je fasse, etc., q. n. fassions, etc.; imp. subj. q. je fisse, etc., q. n. fissions, etc.; p. pr. faisant; p. p. fait, faite.
FAISABLE, adj. 2 g. possible, permis.
FAISAN, s. m. coq sauvage dont la chair est très-estimée.
FAISANCES, s. f. pl. redevances d'un fermier.
FAISANDEAU, s. m. jeune faisan.
FAISANDER (se), v. pr. é, ée, p. prendre du fumet (se dit du gibier).
FAISANDERIE, s. f. lieu où on élève des faisans.
FAISANDIER, s. m. qui soigne une faisanderie.
FAISCEAU, s. m. assemblage de certaines choses liées ensemble.
FAISEUR, EUSE, s. qui fait.
FAIT, s. m. action, événement; assertion; conduite; hauts faits, exploits; voies de fait, violences; au fait, en réalité; sur le fait, au moment de l'exécution; en fait de, loc. adv. lorsqu'il s'agit de.
FAÎTAGE, s. m. toit; pièce de bois soutenant la couverture d'un bâtiment.
FAIT-EXPRÈS, s. m. chose faite à dessein.
FAÎTE, s. m. comble d'un édifice; sommet d'un arbre; le plus haut point.
FAÎTIÈRE, s. m. tuile courbée pour couvrir le faîte d'un toit.
FAIX, s. m. charge, fardeau.
FALAISE, s. f. terres et rochers escarpés le long des bords de la mer.
FALAISE, chef-lieu d'arr. du dép. du Calvados.
FALBALA, s. m. bande d'étoffe plissée au bas des robes, des rideaux; etc.
FALLACIEUSEMENT, adv. en fraude.
FALLACIEUX, EUSE, adj. trompeur, frauduleux.
FALLOIR, v. impers. être de nécessité, d'obligation. Ind. pr. il faut; imp. il fallait; p. déf. il fallut; fut. il faudra; cond. il faudrait; (impér. inus.) subj. pr. qu'il faille; imp. subj. qu'il fallût; (p. pr. inus.) p. p. fallu. (inv.)
FALOT, s. m. fanal; grande lanterne.
FALOURDE, s. f. fagot de gros bois.
FALSIFICATEUR, s. m. qui falsifie.
FALSIFICATION, s. f. action de falsifier; chose falsifiée.
FALSIFIER, v. a. é, ée, p. contrefaire pour tromper; altérer.
FAMÉ, ÉE, adj. bien —, mal —, qui a bonne ou mauvaise réputation.

FAMÉLIQUE, adj. 2 g. et s. m. pressé par la faim.

FAMEUX, EUSE, adj. renommé, insigne dans son genre; grand, considérable.

FAMILIARISER, v. a. é, ée, p. accoutumer à; se —, v. pr. devenir familier.

FAMILIARITÉ, s. f. manière de vivre familièrement avec quelqu'un.

FAMILIER, ÈRE, adj. qui vit dans l'intimité avec quelqu'un; trop libre; au pl. officiers de l'Inquisition.

FAMILIÈREMENT, adv. d'une manière familière.

FAMILLE, (ll m.) s. f. toutes les personnes d'un même sang; race; maison.

FAMINE, s. f. disette générale de vivres.

FANAGE, s. m. action de faner; prix donné au faneur.

FANAISON, s. f. temps où l'on fane.

FANAL, s. m. grosse lanterne au mât d'un vaisseau; feu allumé au haut d'une tour sur les côtes.

FANATIQUE, s. et adj. 2 g. animé d'un zèle outré; extravagant, forcené.

FANATISER, v. a. é, ée, p. rendre fanatique.

FANATISME, s. m. emportement fanatique.

FANDANGO, s. m. danse espagnole.

FANE, s. f. feuille des plantes.

FANER, v. a. é, ée, p. faire sécher l'herbe fauchée; se —, v. pr. se flétrir.

FANEUR, EUSE, s. qui fane les foins.

FANFAN, s. m. petit enfant.

FANFARE, s. f. musique militaire.

FANFARON, s. n. et adj. qui fait le brave, se vante de l'être.

FANFARONNADE, s. f. fausse bravoure; propos de fanfaron.

FANFRELUCHE, s. f. ornement sans goût; bagatelle.

FANGE, s. f. boue, bourbe; avilissement.

FANGEUX, EUSE, adj. plein de fange.

FANON, s. m. peau qui pend sous la gorge du taureau, du bœuf, etc.; barbes de baleine.

FANTAISIE, s. f. esprit; idée; désir singulier; volonté passagère; caprice.

FANTASMAGORIE, s. f. art de faire apparaître des fantômes par une illusion d'optique.

FANTASQUE, adj. 2 g. capricieux, brusque, bizarre.

FANTASSIN, s. m. soldat d'infanterie.

FANTASTIQUE, adj. 2 g. chimérique, imaginaire.

FANTASTIQUEMENT, adv. d'une manière fantastique.

FANTOCINI, s. m. pl. spectacle de marionnettes.

FANTÔME, s. m. spectre; objet sans réalité, chimères de l'esprit.

FAON, s. m. petit de la biche. (pron. fan.)

FAONNER, v. n. mettre bas; (se dit des biches, chevrettes, etc.) (pron. fanner.)

FAQUIN, s. m. homme sans mérite, qui fait des bassesses.

FARANDOLE, s. f. danse provençale.

FARCE, s. f. viande hachée avec divers ingrédients; chose ridicule, plaisante; pièce de théâtre remplie de bouffonneries. —, adj. 2 g. ce qui est drôle, plaisant.

FARCEUR, s. m. comédien qui ne joue que des farces; bouffon.

FARCIN, s. m. sorte de gale des chevaux.

FARCIR, v. a. i, ie, p. garnir de farce, t. de cuisine; se —, v. pr. se remplir.

FARD, s. m. composition pour rendre la peau plus blanche, le teint plus beau; faux ornement.

FARDEAU, s. m. charge; fig. chose, personne incommode.

FARDER, v. a. é, ée, p. mettre du fard; fig. déguiser.

FARFADET, s. m. esprit follet; homme frivole.

FARFOUILLER, v. a. et n. fouiller en brouillant.

FARIBOLE, s. f. chose frivole.

FARINE, s. f. grain réduit en poudre.

FARINER, *v. a.* é, éc, *p.* saupoudrer de farine.
FARINEUX, EUSE, *adj.* couvert de farine ; de la nature de la farine.
FARINIER, *s. m.* marchand de farine.
FAROUCHE, *adj.* 2 g. sauvage ; insociable.
FASCINAGE, *s. m.* ouvrage fait de fascines.
FASCINATION, *s. f.* illusion qui empêche de voir les choses telles qu'elles sont.
FASCINE, *s. f.* fagot de branchages.
FASCINER, *v. a.* é, éc, *p.* causer une fascination ; charmer ; éblouir.
FASTE, *s. m.* (sans pl.) ostentation ; — *au pl.* livre du calendrier des Romains ; registres historiques.
FASTIDIEUSEMENT, *adv.* d'une manière fastidieuse.
FASTIDIEUX, EUSE, *adj.* qui cause de l'ennui.
FASTUEUSEMENT, *adv.* avec faste.
FASTUEUX, EUSE, *adj.* qui aime le faste.
FAT, *s. et adj. m.* (pron. le t) impertinent, plein de complaisance pour lui-même.
FATAL, E, *adj.* (sans pl. m.) funeste, malheureux.
FATALEMENT, *adv.* par fatalité.
FATALISME, *s. m.* doctrine du fataliste.
FATALISTE, *s. m.* qui attribue tout à la fatalité.
FATALITÉ, *s. f.* (sans pl.) destinée inévitable et malheureuse.
FATIGANT, E, *adj.* qui cause de la fatigue, qui importune.
FATIGUE, *s. f.* lassitude ; travail pénible.
FATIGUER, *v. a.* é, éc, *p.* causer de la fatigue, de l'ennui ; importuner ; —, *v. n.* se donner de la fatigue.
FATRAS, *s. m.* amas confus de plusieurs choses.
FATUITÉ, *s. f.* manières du fat.
FAUBOURG, *s. m.* partie d'une ville au-delà de son enceinte.

FAUCHAGE, *s. m.* action de faucher.
FAUCHAISON, *s. f.* temps où l'on fauche.
FAUCHE, *s. f.* temps de faucher ; produit du fauchage.
FAUCHÉE, *s. f.* ce qu'un faucheur peut faucher en un jour.
FAUCHER, *v. a.* é, éc, *p.* couper avec la faux.
FAUCHET, *s. m.* espèce de rateau qui sert aux faneurs et aux batteurs en grange.
FAUCHEUR, *s. m.* qui fauche.
FAUCHEUX, *s. m.* espèce d'araignée à longues pattes.
FAUCILLE, (ll m.) *s. f.* lame d'acier recourbée en demi-cercle, dentelée et emmanchée, dont on se sert pour scier les blés.
FAUCILLON, *s. m.* (ll m.) petite faucille.
FAUCON, *s. m.* oiseau de proie.
FAUCONNEAU, *s. m.* petite pièce d'artillerie.
FAUCONNERIE, *s. f.* art de dresser les oiseaux de proie ; lieu où on les élève.
FAUCONNIER, *s. m.* celui qui dresse des faucons.
FAUCONNIÈRE, *s. f.* espèce de gibecière.
FAUFILER, *v. a.* é, éc, *p.* faire une couture provisoire à longs points ; se —, *v. pr.* s'introduire adroitement.
FAUNE, *s. m.* dieu champêtre chez les Romains ; espèce de papillon.
FAUSSAIRE, *s. m.* qui fait de faux actes ou qui en altère de véritables.
FAUSSEMENT, *adv.* à faux.
FAUSSER, *v. a.* é, éc, *p.* faire courber à faux ; *fig.* enfreindre ; se —, *v. pr.* devenir faux.
FAUSSET, *s. m.* petite brochette de bois pour boucher les trous d'un tonneau ; —, son musical aigre et forcé.
FAUSSETÉ, *s. f.* qualité de ce qui est faux ; chose fausse ; duplicité.
FAUTE, *s. f.* manquement contre le devoir ; maladresse ;

imperfection; absence; *sans —*, *adv.* certainement.

FAUTEUIL, (*lm.*) *s. m.* chaise à bras et à dossier.

FAUTEUR, TRICE, *s.* celui ou celle qui favorise; complice.

FAUTIF, IVE, *adj.* sujet à faillir; plein de fautes.

FAUVE, *adj.* 2 g. et *s. m.* couleur qui tire sur le roux; *bêtes fauves*, cerfs, daims, biches, etc.

FAUVETTE, *s. f.* petit oiseau de couleur fauve qui chante agréablement.

FAUX, *s. f.* grande lame d'acier recourbée et emmanchée au bout d'un long bâton, dont on se sert pour faucher.

FAUX, *s. m.* l'opposé du vrai; *à faux*, *adv.* faussement.

FAUX, FAUSSE, *adj.* contraire à la vérité, à la raison; irrégulier, contrefait; altéré; infidèle.

FAUX-FRAIS, *s. m. pl.* petites dépenses; frais inutiles.

FAUX-FRÈRE, *s. m.* celui qui trahit en feignant de servir.

FAUX-FUYANT, *s. m.* endroit écarté; subterfuge; prétexte; détour.

FAUX-JOUR, *s. m.* clarté indirecte; fausse lueur.

FAUX-MONNAYEUR, *s. m.* qui fait la fausse monnaie.

FAUX-OURLET, *s. m.* repli simple arrêté à l'aiguille.

FAUX-PAS, *s. m.* pas mal assuré; faute.

FAUX-PLI, *s. m.* pli déplacé.

FAUX-SEMBLANT, *s. m.* apparence trompeuse.

FAUX-TITRE, *s. m.* premier titre ou fausse page.

FAVEUR, *s. f.* grâce; marque de protection, de bienveillance; crédit, pouvoir; —, ruban étroit; *en faveur*, *adv.* en considération; *à la —*, au moyen de.

FAVORABLE, *adj.* 2 g. propice, qui favorise.

FAVORABLEMENT, *adv.* d'une manière favorable.

FAVORI, ITE, *adj.* et *s.* qui tient le premier rang dans les bonnes grâces; ce qui est préféré.

FAVORISER, *v. a.* é, ée, *p.* traiter favorablement; seconder.

FÉBRIFUGE, *adj.* 2 g. qui chasse la fièvre.

FÉBRILE, *adj.* 2 g. de la fièvre.

FÉCALE, *adj. f. matière —*, excréments.

FÉCOND, E, *adj.* fertile, abondant; qui produit beaucoup.

FÉCONDANT, E, *adj.* qui féconde.

FÉCONDATION, *s. f.* action de féconder.

FÉCONDER, *v. a.* é, ée, *p.* rendre fécond.

FÉCONDITÉ, *s. f.* abondance, fertilité; qualité de ce qui est fécond.

FÉCULE, *s. f.* poudre blanche et farineuse; sédiment produit par une liqueur trouble.

FÉDÉRAL, E, *adj.* fédératif.

FÉDÉRATIF, IVE, *adj.* qui se rapporte à une fédération.

FÉDÉRATION, *s. f.* union, alliance politique; confédération.

FÉDÉRÉ, *s. m.* et *adj.* membre d'une fédération.

FÉE, *s. f.* puissance imaginaire qui, dans les contes, a le don de connaître l'avenir et de faire des prodiges.

FÉERIE, *s. f.* art des fées; enchantement.

FEINDRE, *v. a. irr.* (se conj. sur *teindre*) simuler, faire semblant; —, *v. n.* hésiter à; dissimuler.

FEINTE, *s. f.* dissimulation; faux-semblant.

FÊLE, *s. f.* barre de fer creuse pour souffler le verre.

FÊLÉ, ÉE, *adj.* fendu; *tête —*, un peu folle.

FÊLER, *v. a.* é, ée, *p.* fendre un vase sans que les parties se séparent; *se —*, *v. pr.*

FÉLICITATION, *s. f.* compliment pour féliciter.

FÉLICITÉ, *s. f.* bonheur, état heureux.

FÉLICITER, *v. a.* é, ée, *p.* faire compliment à quelqu'un ; se —, *v. pr.* s'applaudir, se réjouir.

FÉLON, NNE, *adj.* traître, rebelle ; cruel, inhumain.

FÉLONIE, *s. f.* trahison, cruauté.

FELOUQUE, *s. f.* sorte de chaloupe ; petit bâtiment de bas bord à voiles et à rames.

FÊLURE, *s. f.* fente d'une chose fêlée.

FEMELLE, *s. f. et adj. 2 g.* animal qui produit les petits.

FÉMININ, E, *adj.* qui a rapport à la femme, à la femelle ; *genre féminin, t. de gram.* genre opposé au *masc.*

FEMME, *s. f.* la compagne de l'homme ; épouse ; fille ; — de chambre, qui sert une dame à la chambre ; — de charge, qui est chargée des soins du ménage.

FEMMELETTE, *s. f.* femme délicate.

FÉMUR, *s. m.* os de la cuisse.

FENAISON, *s. f.* action, temps de couper les foins.

FENDANT, *s. m.* coup du tranchant d'une épée, d'un sabre ; fanfaron.

FENDOIR, *s. m.* outil qui sert à fendre.

FENDRE, *v. a.* u, ue, *p.* diviser, séparer par force ; —, *v. n. au fig.* la tête me fend ; se —, *v. pr.* s'entr'ouvrir.

FENÊTRE, *s. f.* ouverture pour donner du jour dans l'intérieur d'un bâtiment ; sa fermeture.

FENIL, (*l* m.) *s. m.* le lieu où on serre le foin.

FENOUIL, (*l* m.) *s. m.* plante aromatique.

FENOUILLET, *s. m.* ou FE-NOUILLETTE, (*ll* m.) *s. f.* espèce de pomme qui a le goût du fenouil.

FENTE, *s. f.* ouverture longue et étroite ; sorte de greffe.

FÉODAL, E, *adj.* qui a rapport aux fiefs.

FÉODALEMENT, *adv.* en vertu d'un droit féodal.

FÉODALITÉ, *s. f.* qualité de fief ; foi, hommage ; système qui soumettait les vassaux aux suzerains.

FER, *s. m.* métal très-dur, d'un gris noirâtre, dont on fait toutes sortes d'instruments et d'armes ; *fig.* arme aiguë et tranchante ; *fers*, chaînes, captivité ; *fer de cheval*, fer qui garantit le pied du cheval.

FER-BLANC, *s. m.* (*sans pl.*) fer en lame mince recouvert d'étain.

FERBLANTIER, *s. m.* qui travaille en fer-blanc.

FÉRIAL, E, *adj.* qui concerne la férie.

FÉRIE, *s. f.* jour consacré au repos.

FÉRIÉ, ÉE, *adj.* jour de fête, de repos.

FÉRIR, *v. a.* (n'est usité qu'à l'*inf.*) frapper.

FERLER, *v. a.* é, ée, *p.* plier entièrement les voiles d'un vaisseau.

FERMAGE, *s. m.* revenu, loyer d'une ferme.

FERMANT, E, *adj.* qui ferme.

FERME, *s. f.* bien de campagne ; louage d'un bien ; maison de fermier.

FERME, *adj. 2 g.* solide, qui tient fixement ; dur, compacte ; décidé ; —, *adv.* fortement ; —, *interj.* courage !

FERMEMENT, *adv.* avec fermeté.

FERMENT, *s. m.* levain.

FERMENTATIF, IVE, *adj.* qui a la vertu de fermenter.

FERMENTATION, *s. f.* mouvement interne d'un liquide qui se décompose ; *fig.* agitation, effervescence des esprits.

FERMENTER, *v. n.* se décomposer, être agité par la fermentation ; *fig.* s'émouvoir.

FERMER, *v. a.* é, ée, *p.* clore ce qui est ouvert ; terminer ; plier ; —, *v. n.* être clos.

FERMETÉ, *s. f.* état d'un corps solide ; force d'esprit ; courage.

FERMETURE, *s. f.* ce qui sert à fermer ; action de fermer.

FERMIER, IÈRE, *s.* qui prend à ferme.

FERMOIR, *s. m.* attache pour

tenir un livre fermé; ressort, agrafe pour fermer.

FÉROCE, *adj. 2 g.* cruel, farouche.

FÉROCITÉ, *s. f.* caractère cruel, action féroce.

FERRAILLE, (*ll m.*) *s. f.* morceaux de vieux fer.

FERRAILLER, (*ll m.*) *v. n.* faire un cliquetis d'épées; se battre par habitude.

FERRAILLEUR, (*ll m.*) *s. m.* qui aime à se battre; marchand de ferraille.

FERRANT, *adj. 2 g.* maréchal —, qui ferre les chevaux.

FERRÉ, ÉE, *adj.* garni de fer; *eau* —, c.-à-d. imprégnée de parties ferrugineuses; *chemin* —, dont le fond est ferme et pierreux.

FERREMENT, *s. m.* instrument de fer.

FERRER, *v. a.* é, ée, *p.* garnir de fer; — *un chemin*, le garnir de pierres; — *un cheval*, lui clouer des fers aux pieds.

FERRET, *s. m.* fer d'aiguillette, de lacet.

FERRIÈRE, *s. f.* sac de maréchal ferrant.

FERRONNERIE, *s. f.* fabrique de gros ouvrages en fer.

FERRONNIER, IÈRE, *s.* qui vend de la ferronnerie.

FERRUGINEUX, EUSE, *adj.* de la nature du fer; qui contient du fer.

FERRURE, *s. f.* garniture en fer; manière de ferrer un cheval.

FERTILE, *adj. 2 g.* abondant, fécond, qui produit beaucoup.

FERTILEMENT, *adv.* avec fertilité.

FERTILISATION, *s. f.* action de fertiliser.

FERTILISER, *v. a.* é, ée, *p.* rendre fertile.

FERTILITÉ, *s. f.* qualité de ce qui est fertile.

FÉRULE, *s. f.* palette de bois pour frapper dans la main des écoliers par punition; *fig.* correction.

FERVENT, E, *adj.* plein de ferveur.

FERVEUR, *s. f.* ardeur, zèle pour les choses de piété.

FESSE, *s. f.* partie charnue du derrière.

FESSÉE, *s. f.* coups sur les fesses.

FESSE-MATHIEU, *s. m.* usurier, prêteur sur gages; (*inv. au pl.*)

FESSER, *v. a.* é, ée, *p.* donner le fouet.

FESSEUR, EUSE, *s.* foucteur

FESSIER, *s. m.* les fesses.

FESTIN, *s. m.* banquet; repas splendide.

FESTON, *s. m.* faisceau de branches et de fleurs; découpure semi-circulaire.

FESTONNER, *v. a.* é, ée, *p.* découper en festons.

FÊTE, *s. f.* jour consacré au culte divin, à des réjouissances publiques ou particulières.

FÊTE-DIEU, *s. f.* fête du Saint-Sacrement.

FÊTÉ, ÉE, *adj.* bien reçu.

FÊTER, *v. a.* é, ée, *p.* faire fête, bien accueillir; célébrer une fête.

FÉTICHE, *s. m.* idole des nègres.

FÉTIDE, *adj. 2 g.* infect.

FÉTIDITÉ, *s. f.* état de ce qui est fétide.

FÊTOYER, *v. a.* é, ée, *p.* (se conj. sur *employer*) accueillir, faire fête.

FÉTU, *s. m.* brin de paille.

FEU, *s. m.* (pl. *feux*), matière combustible allumée, chaleur qu'elle produit; *fig.* ardeur; brillant, éclat, vivacité; cheminée; famille logée dans une maison; — *St. Elme*, feux volants qui s'attachent aux mâts des vaisseaux; — *feux follets*, exhalaisons enflammées.

FEU, E, *adj.* (*sans pl.*) décédé récemment.

FEUDATAIRE, *s. 2 g.* vassal.

FEUILLADE, (*ll m.*) *s. f.* expansion foliacée de certaines plantes.

FEUILLAGE, (*ll m.*) *s. m.* feuilles des arbres; branches chargées de feuilles.

FEUILLAISON, (*ll m.*) *s. f.*

renouvellement annuel des feuilles.

FEUILLE, (*ll* m.) *s. f.* partie de la plante qui garnit les rameaux ; lame mince de métal, de papier, etc.

FEUILLÉ, ÉE, (*ll* m.) *adj.* couvert de feuilles.

FEUILLÉE, (*ll* m.) *s. f.* abri en feuillage.

FEUILLER, (*ll* m.) *s. m.* manière de représenter le feuillage.

FEUILLET, (*ll* m.) *s. m.* partie d'une feuille de papier qui contient 2 pages.

FEUILLETAGE, (*ll* m.) *s. m.* pâtisserie feuilletée, manière de la faire.

FEUILLETER, (*ll* m.) *v. a.* é, ée, *p.* tourner des feuillets ; consulter un livre ; préparer la pâte pour qu'elle se lève en cuisant.

FEUILLETON, (*ll* m.) *s. m.* petite feuille ; partie inférieure et secondaire d'un journal.

FEUILLETTE, (*ll* m.) *s. f.* tonneau d'un demi-muid.

FEUILLU, UE, (*ll* m.) *adj.* qui a beaucoup de feuilles.

FEUILLURE, (*ll* m.) *s. f.* entaillure en long qui s'emboîte dans une rainure.

FEURRE, *s. m.* paille pour rempailler.

FEUTRAGE, *s. m.* action de feutrer.

FEUTRE, *s. m.* étoffe de laine ou de poil foulée.

FEUTRER, *v. a.* é, ée, *p.* façonner le feutre.

FÈVE, *s. f.* légume long et plat qui vient dans des gousses.

FÉVEROLE, *s. f.* petite fève.

FÉVRIER, *s. m.* 2e mois de l'année.

FI, *interj.* marquant le mépris, le dégoût.

FIACRE, *s. m.* carrosse de place, cocher qui le mène.

FIANÇAILLES, (*ll* m.) *s. f. pl.* promesse de mariage en présence d'un prêtre.

FIANCÉ, ÉE, *s.* qui a fait ou reçu promesse de mariage.

FIANCER, *v. a.* é, ée, *p.* faire des fiançailles.

FIBRE, *s. f.* filament délié dans les chairs.

FIBREUX, EUSE, *adj.* de la nature des fibres.

FICELER, *v. a.* é, ée, *p.* lier avec de la ficelle.

FICELLE, *s. f.* petite corde.

FICHE, *s. f.* clou sans tête ; cheville ; marque de jeu.

FICHER, *v. a.* é, ée, *p.* faire entrer par la pointe.

FICHET, *s. m.* morceau d'ivoire pour marquer au trictrac.

FICHOIR, *s. m.* morceau de bois fendu pour fixer quelque chose sur une corde.

FICHU, *s. m.* mouchoir de cou des femmes.

FICHU, UE, *adj.* mal fait, impertinent.

FICTIF, IVE, *adj.* qui n'existe que par supposition.

FICTION, *s. f.* invention fabuleuse ; mensonge.

FICTIVEMENT, *adv.* par fiction.

FIDÉICOMMIS, *s. m.* legs fait à quelqu'un à condition de remettre à un autre l'objet légué.

FIDÉICOMMISSAIRE, *s. m.* et *adj.* chargé d'un fidéicommis.

FIDÈLE, *adj.* 2 g. qui garde sa foi ; remplit ses devoirs et ses engagements ; exact, conforme à la vérité ; qui professe la vraie religion.

FIDÈLEMENT, *adv.* d'une manière fidèle.

FIDÉLITÉ, *s. f.* attachement à ses devoirs ; exactitude, vérité ; loyauté.

FIEF, *s. m.* ancienne dénomination d'un domaine noble qui relevait d'un autre.

FIEFFÉ, ÉE, *adj.* au suprême degré.

FIEL, *s. m.* liqueur jaunâtre et amère ; haine ; humeur caustique.

FIENTE, *s. f.* excréments de certains animaux.

FIENTER, *v. n.* rendre ses excréments.

FIER, *v. a.* é, ée, *p.* confier ; se —, *v. pr.* avoir de la confiance en quelqu'un.

FIER, (*le r se pron.*) ÈRE, *adj.*

hautain; audacieux; altier; noble, élevé.

FIER-A-BRAS, *s. m.* fanfaron.

FIÈREMENT, *adv.* avec fierté.

FIERTÉ, *s. f.* caractère de celui qui est fier; vanité hautaine; noblesse; élévation de sentiments.

FIÈVRE, *s. f.* grande agitation du sang avec fréquence du pouls; *fig.* inquiétude, émotion violente.

FIÈVREUX, EUSE, *s.* qui a la fièvre; — *adj.* qui cause la fièvre.

FIFRE, *s. m.* petite flûte d'un son très-aigu; celui qui en joue.

FIGEAC, chef-lieu d'arr. du dép. du Lot.

FIGEMENT, *s. m.* épaississement, coagulation.

FIGER, *v. a.* é, ée, *p.* épaissir par le froid; *se*— *v. pr.* se coaguler.

FIGNOLER, *v. n.* enjoliver, raffiner.

FIGUE, *s. f.* fruit du figuier; *moitié figue, moitié raisin,* loc. *adv.* moitié de gré, moitié de force.

FIGUERIE, *s. f.* lieu planté de figuiers.

FIGUIER, *s. m.* arbre qui porte des figues.

FIGURANT, E, *s.* acteur qui ne fait que figurer dans les pièces.

FIGURATIF, IVE, *adj.* qui représente la figure de quelque chose.

FIGURATIVEMENT, *adv.* d'une manière figurative.

FIGURE, *s. f.* forme extérieure des corps; visage de l'homme; représentation; mine, apparence; positions successives qu'on prend en dansant; — tour de mots ou de pensées, *loc. gram.*

FIGURÉ, *s. m.* plan, représentation d'une localité. *Sens figuré*, manière de s'exprimer par figure.

FIGURÉMENT, *adv.* dans le sens figuré.

FIGURER, *v. a.* é, ée, *p.* représenter la figure, la forme; *se*—, *v. pr.* s'imaginer; —*v. n.* faire figure; danser.

FIGURINE, *s. f.* petite figure de plâtre ou de bronze.

FIL, *s. m.* brin long et délié de soie, de chanvre, etc.; substance filée par des insectes; tranchant d'un outil; —*de l'eau,* le courant.

FILAGE, *s. m.* manière de filer le lin, la laine, etc.

FILAMENT, *s. m.* petit fil délié.

FILANDRE, *s. f.* longs filets dans les viandes, les fruits; fils blancs qui voltigent dans l'air.

FILANDREUX, EUSE, *adj.* rempli de filandres.

FILASSE, *s. f.* filaments du lin, du chanvre, etc.

FILASSIER, IÈRE, *s.* qui façonne et vend les filasses.

FILATEUR, *s. m.* chef de filature.

FILATURE, *s. f.* lieu où l'on file le coton, la soie, etc.

FILE, rangée de personnes ou de choses à la suite les unes des autres; *chef de*— qui est à la tête d'un rang de soldats.

FILER, *v. a.* é, ée, *p.* faire du fil; aller de suite l'un après l'autre; se retirer sans bruit; —*v. n.* couler lentement.

FILERIE, *s. f.* lieu où l'on file le chanvre pour faire des cordes.

FILET, *s. m.* petit fil délié; ligament sous la langue; tissu à mailles; *filets*, piéges.

FILEUR, EUSE, *s.* qui file.

FILIAL, E, *adj.* qui est du devoir de fils.

FILIALEMENT, *adv.* d'une manière filiale.

FILIATION, *s. f.* descendance des enfants à l'égard des pères ou aïeux.

FILIÈRE, *s. f.* instrument d'acier pour réduire les métaux en fil; veine dans les carrières.

FILIGRANE, *s. m.* ouvrage d'orfévrerie.

FILLE, (ll m.) *s. f.* enfant du sexe féminin par rapport à ses père et mère; femme non mariée; servante; *belle*—, fille d'un autre lit, bru.

FILLETTE, (ll m) s. f. petite fille ; jeune fille peu sévère.
FILLEUL, E, (ll m.) s. la personne qu'on a tenue sur les fonts de baptême.
FILON, s. m. veine métallique.
FILOSELLE, s. f. grosse soie.
FILOU, s. m. (pl. filous) qui vole avec adresse.
FILOUTER, v. a. et v. n. é, ée, p. voler avec adresse.
FILOUTERIE, s. f. action de filou.
FILS, s. m. enfant mâle, relativement aux père et mère ; Beau—, fils par alliance.
FILTRATION, s. f. action de filtrer.
FILTRE, s. m. ce qui sert à filtrer.
FILTRER, v. a. et v. n. é, ée, p. clarifier en passant par le filtre.
FILURE, s. f. qualité de ce qui est filé.
FIN, s. f. ce qui termine ; but, raison d'agir ; mort ; à la—, loc. adv. enfin.
FIN, E, adj. délié, menu ; excellent en son genre ; spirituel, délicat ; habile ; rusé ; perfection dans un art.
FINAL, adj. (le m. n'a pas de pl.) qui finit, termine.
FINALEMENT, adv. à la fin.
FINANCE, s. f. argent comptant ; —s. pl. trésor public.
FINANCER, v. a. et v. n. é, ée, p. payer.
FINANCIER, s. m. qui s'occupe d'opérations financières.
FINANCIÈRE, adj. f. écriture en lettres rondes.
FINASSER, v. n. user de mauvaises finesses.
FINAUD, E, adj. et s. rusé.
FINEMENT, adv. avec finesse ; ingénieusement.
FINESSE, s. f. qualité de ce qui est fin ; ruse ; délicatesse ; subtilité ; pénétration.
FINETTE, s. f. sorte d'étoffe de laine, de coton.
FINI, E, adj. terminé, parfait ; le—, s. m. la perfection.
FINIR, v. a. i, ie, p. achever, terminer, perfectionner ; —v. n. mourir.
FINISTÈRE, dép. formé d'une partie de l'ancienne Bretagne.
FINLANDAIS, AISE, adj. de Finlande.
FIOLE, s. f. petite bouteille de verre.
FIRMAMENT, s. m. le ciel.
FISC, s. m. (pr. le s et le c.) le trésor public ; ses agents.
FISCAL, E, adj. qui appartient au fisc.
FISCALITÉ, s. f. qualité de ce qui est fiscal.
FISTULE, s. f. ulcère dont l'entrée est étroite et le fond large.
FISTULEUX, EUSE, adj. de la nature de la fistule.
FIXATION, s. f. action de rendre fixe ; de fixer un prix, une époque.
FIXE, adj. 2 g. qui ne se meut ni ne varie ; certain, arrêté, invariable.
FIXEMENT, adv. d'une manière fixe.
FIXER, v. a. é, ée, p. rendre fixe ; arrêter ; déterminer ; rendre constant ; se—, v. pr. s'arrêter ; se déterminer à... ; établir sa résidence.
FIXITÉ, s. f. état fixe.
FLACON, s. m. sorte de bouteille de verre ou de métal.
FLAGELLATION, s. f. action de flageller.
FLAGELLER, v. a. é, ée, p. fouetter.
FLAGEOLET, s. m. petite flûte.
FLAGORNER, v. n. flatter avec bassesse.
FLAGORNERIE, s. f. basse adulation.
FLAGORNEUR, EUSE, adj. qui flagorne.
FLAGRANT, E, adj. évident ; en—délit, sur le fait.
FLAIR, s. m. odorat du chien.
FLAIRER, v. a. é, ée, p. sentir par l'odorat.
FLAIREUR, s. m. parasite.
FLAMAND, E, adj. de Flandre.
FLAMBANT, E, adj. qui jette de la flamme.
FLAMBEAU, s. m. torche de

cire; bougie; chandelier; *fig.* ce qui éclaire.

FLAMBÉ, ÉE, *adj.* passé sur le feu; ruiné, perdu.

FLAMBER, *v. a.* é, ée, *p.* passer sur le feu; — *v. n.* jeter des flammes.

FLAMBERGE, *s. f.* épée.

FLAMBOYANT, E, *adj.* qui flamboie.

FLAMBOYER, *v. n.* briller, jeter de l'éclat.

FLAMME, *s. f.* partie subtile et lumineuse du feu; —*fig.* passion; banderole au haut des mâts; instrument pour saigner les chevaux.

FLAMMÈCHE, *s. f.* parcelle enflammée qui s'élève dans l'air.

FLAN, *s. m.* gâteau à la crème.

FLANC, *s. m.* partie du corps depuis les côtes jusqu'aux hanches; côté d'un bastion, d'un vaisseau, etc.; *se battre les —*, faire beaucoup d'efforts inutiles.

FLANDRIN, *s. m.* homme grand et fluet.

FLANELLE, *s. f.* étoffe de laine.

FLANER, *v. n.* niaiser; perdre son temps.

FLANEUR, EUSE, *s.* qui flane.

FLANQUER, *v. a.* é, ée, *p.* défendre; fortifier; garnir les flancs; *se* — *v. pr.* se mettre maladroitement dans....

FLAQUE, *s. f.* petite mare d'eau croupie.

FLASQUE, *adj.* 2 g. mou et sans force.

FLATTER, *v. a.* é, ée, *p.* louer avec excès; charmer, être agréable; faire espérer; caresser; se —, *v. pr.* se persuader, se vanter.

FLATTERIE, *s. f.* louange excessive donnée par intérêt.

FLATTEUR, EUSE, *s. et adj.* qui flatte; agréable, caressant.

FLATTEUSEMENT, *adv.* d'une manière flatteuse.

FLATUOSITÉ, *s. f.* vent qui sort du corps.

FLÉAU, *s. m.* instrument pour battre le blé; barre de fer pour fermer les portes cochères; verge de fer où sont suspendus les bassins d'une balance; *fig.* grande calamité.

FLÈCHE (LA), chef-lieu d'arr. du dép. de la Sarthe.

FLÈCHE, *s. f.* trait qui se décoche avec un arc ou une arbalète; aiguille de clocher; pièce de bois qui joint le train de derrière d'un carrosse à celui de devant.

FLÉCHIR, *v. a.* 1, ie, *p.* ployer, courber les genoux; *fig.* attendrir, émouvoir; —, *v. n.* se soumettre.

FLÉCHISSEMENT, *s. m.* action de fléchir.

FLEGMATIQUE, *adj.* 2 g. qui abonde en flegme; *fig.* froid, insensible.

FLEGME, *s. m.* partie aqueuse et froide du sang; *fig.* sang-froid, patience.

FLÉTRIR, *v. a.* 1, ie, *p.* (se conj. sur *finir*) ternir, ôter la couleur, la fraîcheur; *fig.* diffamer, déshonorer; chagriner; se —, *v. pr.* se faner.

FLÉTRISSANT, E, *adj.* qui déshonore, qui flétrit.

FLÉTRISSURE, *s. f.* état d'une chose flétrie; condamnation qui déshonore.

FLEUR, *s. f.* production des végétaux qui précède le fruit et contient la graine; espèce de velouté sur les fruits; *fig.* élite, choix; ornement; *à fleur*, *loc. adv.* au niveau.

FLEURAISON, *s. f.* temps où les plantes fleurissent.

FLEURER, *v. n.* exhaler une odeur.

FLEURET, *s. m.* épée sans tranchant et terminée par un bouton.

FLEURETTE, *s. f.* petite fleur; *fig.* cajolerie.

FLEURI, IE, *adj.* qui est en fleurs; *style* —, orné.

FLEURIR, *v. a.* 1, ie, *p.* pousser des fleurs; prospérer, croître.

FLEURISSANT, E, *adj.* qui fleurit.

FLEURISTE, *s. m.* qui cultive les fleurs; amateur de fleurs; celui qui fait et qui vend des fleurs artificielles.

FLEURON, s. m. ornement qui imite les fleurs.
FLEUVE, s. m. grande rivière qui se jette dans la mer.
FLEXIBILITÉ, s. f. qualité de ce qui est flexible.
FLEXIBLE, adj. 2 g. souple, qui se plie aisément.
FLIBUSTIER, s. m. pirate des mers d'Amérique.
FLIC-FLAC, s. m. (pl. inv.) bruit imitant les coups de fouet; pas de danseur.
FLOCON, s. m. petite touffe de choses légères, telles que la laine, la soie, la neige.
FLORAC, chef-lieu d'arr. du dép. de la Lozère.
FLORAISON, s. f. état d'une plante en fleurs; époque où elle fleurit.
FLORAUX, adj. m. pl. jeux —, jeux en l'honneur de Flore.
FLORÉAL, s. m. 8e mois de l'ancienne année républicaine en France, du 21 avril au 21 mai.
FLORE, s. f. traité de botanique; déesse des fleurs.
FLORENCE, s. m. sorte de taffetas; ville d'Italie.
FLORENTIN, E, adj. qui est de Florence.
FLORÈS, (mot latin.) faire —, c.-à-d. faire grande dépense.
FLORISSANT, E, adj. dans un état brillant.
FLOT, s. m. lame d'eau agitée; flux et reflux de la mer; — au pl. fig. foule, abondance.
FLOTTABLE, adj. 2 g. eau courante —, sur laquelle le bois peut flotter.
FLOTTAGE, s. m. transport du bois flotté.
FLOTTANT, E, adj. qui flotte; irrésolu; indécis.
FLOTTE, s. f. grand nombre de vaisseaux de guerre ou de commerce réunis.
FLOTTÉ, ÉE, adj. bois —, c.-à-d. livré au cours de l'eau.
FLOTTER, v. n. être porté sur l'eau; fig. être agité; balancer.
FLOTTEUR, s. m. qui fait des trains de bois.
FLOTILLE, (ll m.) s. f. petite flotte.

FLOUR (ST-.), chef-lieu d'arr. du dép. du Cantal.
FLUCTUATION, s. f. mouvement, variation, changement.
FLUCTUEUX, EUSE, adj. agité de mouvements opposés.
FLUER, v. n. couler, s'épancher.
FLUET, TTE, adj. mince et délicat.
FLUIDE, s. m. corps dont les parties n'étant pas adhérentes ont une grande facilité à se mouvoir entre elles; —, adj. 2 g. ce qui coule.
FLUIDITÉ, s. f. qualité de ce qui est fluide.
FLÛTE, s. f. instrument de musique à vent.
FLÛTÉ, ÉE, adj. son, voix —, d'une grande douceur.
FLÛTER, v. n. jouer de la flûte; pop. boire.
FLÛTEUR, EUSE, s. qui joue de la flûte.
FLUVIAL, E, adj. qui concerne les fleuves.
FLUX, s. m. mouvement réglé d'élévation de la mer qui flue sur les rivages.
FLUXION, s. f. écoulement d'humeurs sur une partie du corps; enflure qui en résulte.
FLUXIONNAIRE, adj. 2 g. sujet aux fluxions.
FOI, s. f. vertu théologale qui consiste à croire les vérités révélées; dogme de la religion; probité, fidélité.
FOIE, s. m. viscère du bas-ventre.
FOIN, s. m. herbe destinée à la nourriture soit bestiaux, des verte, soit fauchée, et séchée.
FOIRE, s. f. grand marché public à époque fixe; cours de ventre. (t. bas.)
FOIRER, v. n. avoir la diarrhée. (t. bas.)
FOIREUX, EUSE, adj. qui a la diarrhée. (t. bas.)
FOIS, s. f. qui désigne le nombre, la quantité, le temps; de fois à autre, de temps en temps; à la fois, en même temps.
FOISON, s. f. (s'emploie sans art. et au sing.) abondance,

grande quantité; à *foison*, *adv.* abondamment.

FOISONNER, *v. n.* abonder, produire davantage; multiplier.

FOIX, chef-lieu d'arr. du dép. de l'Arriége.

FOL, FOU, *s. et adj. m.*, *au f. folle*, qui a perdu le sens, l'esprit; qui agit sans raisonnement; gai, enjoué; *fou*, pièce du jeu des échecs.

FOLÂTRE, *adj.* 2 g. qui aime à folâtrer; enjoué.

FOLÂTRER, *v. n.* badiner; dire et faire des choses plaisantes.

FOLIACÉ, ÉE, *adj.* de la nature des feuilles.

FOLIAIRE, *adj.* 2 g. appartenant à la feuille.

FOLIE, *s. f.* aliénation d'esprit; défaut de jugement; passion excessive; écart de conduite.

FOLIO, *s. m.* numéro d'une page; *in-folio*, *s. m.* livre dont les feuilles ne sont pliées qu'en deux.

FOLLEMENT, *adv.* d'une manière folle.

FOLLET, TTE, *adj.* un peu fou; *feu follet*, *s. m.* lueur fugitive.

FOLLICULAIRE, *s. m.* et *adj.* 2 g. auteur de feuilles périodiques; *t. de mép.*

FOLLICULE, *s. f.* enveloppe des graines des plantes.

FOMENTATION, *s. f.* remède extérieur pour adoucir, fortifier.

FOMENTER, *v. a.* é, ée, *p.* appliquer une fomentation; *fig.* entretenir, faire durer.

FONCÉ, ÉE, *adj.* riche, habile dans une science; couleur chargée.

FONCER, *v. a.* é, ée, *p.* mettre un fond à un tonneau, etc.; — *v. n.* attaquer impétueusement; charger une couleur.

FONCIER, IÈRE, *adj.* qui concerne le fonds d'une terre.

FONCIÈREMENT, *adv.* à fond; dans le fond.

FONCTION, *s. f.* action des viscères; acte, devoir, obligation, charge.

FONCTIONNAIRE, *s. m.* qui remplit une fonction publique.

FONCTIONNER, *v. n.* faire sa fonction; *t. de médecine et d'arts mécaniques.*

FOND, *s. m.* l'endroit le plus bas d'une chose creuse; le plus éloigné; l'objet principal; la base; moyens, instruction; *faire fond*, compter sur; *à fond*, tout-à-fait.

FONDAMENTAL, E, *adj.* qui sert de fondement.

FONDAMENTALEMENT, *adv.* d'une manière fondamentale.

FONDANT, E, *adj.* qui fond; qui a beaucoup de jus; qui sert à fondre.

FONDATEUR, TRICE, *s.* qui a fondé un grand établissement.

FONDATION, *s. f.* action de fonder; fondement d'un édifice; fonds légués pour un usage déterminé; commencement.

FONDÉ, *s. m.* légalement chargé de; *fondé*, *ée*, *adj.* autorisé à.

FONDEMENT, *s. m.* fossé fait pour commencer à bâtir; base, principal appui, motif; anus.

FONDER, *v. a.* é, ée, *p.* faire une fondation; établir, appuyer.

FONDERIE, *s. f.* lieu où l'on fond les métaux.

FONDEUR, *s. m.* celui qui fond les métaux.

FONDRE, *v. a.* u, ue, *p.* mettre en fusion; mêler; —, *v. n.* devenir liquide; diminuer; maigrir; attaquer avec violence; s'écrouler; disparaître, se dissiper; *se* —, *v. pr.* qui peut être mis en fusion.

FONDRIÈRE, *s. f.* ouverture accidentelle sur la superficie de la terre; terrain marécageux.

FONDS, *s. m.* sol d'une terre; capital d'un bien; marchandises et achalandage d'une boutique; *fig.* abondance, source; savoir; capacité.

FONTAINE, *s. f.* eau vive qui sort de terre; édifice pour les eaux; vase pour conserver l'eau.

FONTAINEBLEAU, chef-lieu d'arr. du dép. de Seine-et-Marne.

FONTANGE, *s. f.* nœud de ruban qui se place sur la tête.

FONTE, s. f. action de fondre, de résoudre en liqueur; métal fondu; fontes, s. f. pl. fourreau de cuir adapté à une selle pour mettre des pistolets.
FONTENAY, chef-lieu d'arr. du dép. de la Vendée.
FONTENIER, s. m. qui fait ou vend des fontaines.
FONTS (de baptême), s. m. pl. grand vase sur lequel on baptise.
FOR, s. m. tribunal; — extérieur, autorité de la justice; — intérieur, la conscience.
FORAIN, E, adj. étranger, du dehors.
FORBAN, s. m. pirate.
FORCALQUIER, chef-lieu d'arr. du dép. des Basses-Alpes.
FORÇAT, s. m. galérien.
FORCE, s. f. vigueur, faculté naturelle d'agir vigoureusement; violence, énergie, courage; puissance; solidité; —, adv. beaucoup, en quantité.
FORCÉ, ÉE, adj. qui n'est pas naturel; contraint.
FORCÉMENT, adv. par force.
FORCENÉ, ÉE, s. et adj. furieux; hors de sens.
FORCER, v. a. é, ée, p. contraindre, violenter; prendre par force; vaincre; rompre avec violence.
FORER, v. a. é, ée, p. percer.
FORESTIER, IÈRE, adj. qui a rapport aux forêts; —, s. m. employé dans les forêts.
FORET, s. m. instrument pour percer un tonneau; cheville pour boucher le trou fait avec le foret.
FORÊT, s. f. bois d'une grande étendue.
FORFAIRE, v. n. irr. (se conj. sur faire) prévariquer.
FORFAIT, s. m. crime atroce; marché à prix fixe.
FORFAITURE, s. f. prévarication.
FORFANTERIE, s. f. charlatanisme, fanfaronnade.
FORGE, s. f. lieu où l'on forge le fer.
FORGEABLE, adj. 2 g. qui peut se forger.
FORGER, v. a. é, ée, p. travailler le fer, lui donner la forme;

fig. inventer, supposer; se —, v. pr. s'imaginer.
FORGERON, s. m. qui travaille aux forges.
FORGEUR, s. m. qui forge.
FORMALISER (se), v. pr. s'offenser, trouver mauvais.
FORMALISTE, s. et adj. 2 g. attaché aux formalités, vétilleux.
FORMALITÉ, s. f. formule de droit; manière de procéder en justice.
FORMAT, s. m. dimension d'un livre.
FORMATION, s. f. action, manière de former, de se former.
FORME, s. f. figure extérieure d'un corps; surface et contour des objets; manière d'agir, de parler, etc., formalités; modèle en bois pour les chapeaux et les souliers; châssis d'imprimerie.
FORMEL, LLE, adj. exprès, précis.
FORMELLEMENT, adv. d'une manière précise.
FORMER, v. a. é, ée, p. donner l'être et la forme; produire; contracter; concevoir dans l'esprit; instruire, façonner; se —, v. pr. se façonner.
FORMIDABLE, adj. 2 g. redoutable.
FORMIER, s. m. qui fait et vend des formes de souliers.
FORMULAIRE, s. m. recueil de formules.
FORMULE, s. f. forme prescrite; modèle des actes.
FORMULER, v. n. rédiger dans les termes prescrits.
FORS, prép. excepté, à la réserve de.
FORT, s. m. forteresse; endroit le plus fort d'une chose, le plus haut degré, ce en quoi on excelle; —, adv. avec force; vigoureusement.
FORT, E, adj. robuste, vigoureux; plein d'énergie; gros, épais; touffu; rude, pénible; impétueux, violent; habile, expérimenté; courageux; ville forte, fortifiée; terre forte, grasse, difficile à labourer; odeur forte, désagréable.
FORTEMENT, adv. avec force, vigueur.

FORTERESSE, s. f. lieu fortifié.
FORTIFIANT, E, adj. qui augmente les forces.
FORTIFICATION, s. f. art de fortifier; ouvrages pour fortifier les villes de guerre.
FORTIFIER, v. a. é, ée, p. (se conj. sur prier) rendre plus fort; entourer de fortifications; se —, v. pr. devenir plus fort.
FORTRAITURE, s. f. fatigue outrée d'un cheval.
FORTUIT, E, adj. qui arrive par hasard.
FORTUNE, s. f. cas fortuit, hasard; bonheur; richesse; état, condition.
FORTUNÉ, ÉE, adj. heureux; riche.
FORUM, s. m. place publique à Rome.
FORURE, s. f. trou de la clef.
FOSSE, s. f. grand creux dans la terre; trou fait pour enterrer les morts; basse —, cachot obscur et souterrain.
FOSSÉ, s. m. fosse en long.
FOSSET, s. m. cheville pour les tonneaux.
FOSSETTE, s. f. petite fosse; petit creux au menton ou à la joue.
FOSSILE, s. m. et adj. 2 g. corps pétrifié.
FOSSOYAGE, s. m. travail du fossoyeur.
FOSSOYER, v. a. é, ée, p. (se conj. sur ployer) faire des fossés; creuser la terre.
FOSSOYEUR, s. m. qui creuse les fosses pour les morts.
FOU, s. m. V. FOL.
FOUACE, s. f. sorte de gâteau.
FOUAILLER, (ll m.) v. a. é, ée, p. donner souvent des coups de fouet.
FOUDRE, s. 2 g. fluide électrique enflammé qui sort de la nue avec détonation; fig. colère divine; excommunication; —, s. m. grand tonneau.
FOUDROIEMENT, s. m. état d'une personne ou d'une chose foudroyée.
FOUDROYANT, E, adj. qui foudroie.
FOUDROYER, v. a. é, ée, p. (se conj. sur ployer) frapper de la foudre; battre à coups de canon.
FOUET, s. m. corde, lanière de cuir attachée à un bâton pour fouetter.
FOUETTER, v. a. é, ée, p. donner des coups de fouet; battre la crème pour la faire mousser; —, v. n. souffler avec violence, en parlant du vent, de la pluie, etc.
FOUETTEUR, s. m. qui fouette, qui aime à fouetter.
FOUGADE ou FOUGASSE, s. f. effort de peu de durée; t. d'artillerie.
FOUGÈRE, s. f. plante des bois dont la cendre sert à la fabrication du verre.
FOUGÈRES, chef-lieu d'arr. du dép. d'Ille-et-Vilaine.
FOUGON, s. m. cuisine de navire.
FOUGUE, s. f. mouvement violent de colère; fig. ardeur, emportement, enthousiasme.
FOUGUEUX, EUSE, adj. sujet à entrer en fougue.
FOUILLE, (ll m.) s. f. le travail qu'on fait en fouillant la terre.
FOUILLER, (ll m.) v. a. et v. n. é, ée, p. creuser pour chercher soigneusement.
FOUINE, s. f. petit quadrupède carnassier; espèce de grosse belette.
FOULAGE, s. m. action de fouler, de presser.
FOULANT, E, adj. qui foule.
FOULARD, s. m. étoffe de soie fabriquée aux Indes.
FOULE, s. f. multitude de personnes qui s'entrepoussent; nombre considérable; en — loc. adv. en grand nombre.
FOULER, v. a. é, ée, p. presser, serrer; donner un apprêt aux étoffes; fig. traiter avec mépris; surcharger; opprimer.
FOULERIE, s. f. atelier où l'on foule les draps.
FOULEUR, s. m. ouvrier qui foule le drap, etc.
FOULOIR, s. m. instrument pour fouler.
FOULON, s. m. qui foule les draps.

FOULONNIER, *s. m.* ouvrier qui apprête les draps.

FOULQUE, *s. f.* espèce de poule d'eau.

FOULURE, *s. f.* contusion d'un membre ; action de fouler ; *au pl.* marques du pied d'un cerf.

FOUR, *s. m.* lieu où l'on fait cuire le pain, le plâtre, la brique, etc. ; l'endroit où il est situé ; — *de campagne*, four portatif.

FOURBE, *s. m. et adj. 2 g.* trompeur adroit ; — *s. f.* tromperie.

FOURBER, *v. a.* é, ée, *p.* tromper adroitement.

FOURBERIE, *s. f.* tromperie adroite.

FOURBIR, *v. a.* i, ie, *p.* polir, rendre clair ; se dit des armes.

FOURBISSEUR, *s. m.* qui fourbit les armes.

FOURBISSURE, *s. f.* action de fourbir.

FOURBU, UE, *adj.* cheval —, attaqué d'une fourbure.

FOURBURE, *s. f.* maladie aux jambes du cheval.

FOURCHE, *s. f.* instrument de bois ou de fer à 2 ou 3 branches pointues ; endroit où un chemin se divise en 2 ou 3 branches.

FOURCHER, *v. n. et pr.* se séparer en fourche.

FOURCHETTE, *s. f.* espèce de petite fourche pour prendre les aliments ; partie sous le pied du cheval.

FOURCHON, *s. m.* branche d'une fourche, d'une fourchette.

FOURCHU, UE, *adj.* en fourche.

FOURCHURE, *s. f.* endroit où une chose fourche.

FOURGON, *s. m.* chariot pour transporter les bagages ; instrument pour remuer le feu dans le four.

FOURGONNER, *v. n.* remuer le feu avec le fourgon ; déranger le feu sans nécessité.

FOURMI, *s. f.* petit insecte industrieux qui vit en société.

FOURMILIÈRE, *s. f.* retraite des fourmis.

FOURMI-LION ou **FORMICA-LEO**, *s. m.* insecte qui vit de fourmis.

FOURMILLEMENT, (ll m.) *s. m.* picotement sur la peau.

FOURMILLER, (ll m.) *v. n.* abonder ; être couvert ; picoter entre cuir et chair.

FOURMILLER ou **FOURMILIER**, *s. m.* petit quadrupède de l'Amérique qui vit de fourmis ; genre d'oiseaux vivant de fourmis.

FOURNAGE, *s. m.* ce que l'on paye pour se servir d'un four.

FOURNAISE, *s. f.* grand four, feu ardent.

FOURNEAU, *s. m.* vaisseau pour contenir du feu ; meuble de cuisine pour faire cuire les viandes, etc.

FOURNÉE, *s. f.* le contenu d'un four.

FOURNIER, IÈRE, *s.* celui, celle qui tient un four public.

FOURNIL (l *ne se pron. pas*), *s. m.* lieu où est le four, où l'on pétrit la pâte.

FOURNIMENT, *s. m.* étui pour la poudre à tirer ; armes d'un soldat.

FOURNIR, *v. a.* i, ie, *p.* pourvoir ; garnir ; vendre ; distribuer ; donner ; produire, achever ; — *v. n.* subvenir ; contribuer.

FOURNISSEMENT, *s. m. t. de commerce*, fonds de chaque associé.

FOURNISSEUR, *s. m.* qui entreprend la fourniture de quelque marchandise.

FOURNITURE, *s. f.* provision, ce qui est fourni ; petites herbes dans la salade.

FOURRAGE, *s. m.* grain, paille, herbes, etc. pour la nourriture des bestiaux ; action de couper les foins, les pailles.

FOURRAGER, *v. n.* aller au fourrage ; — *v. a.* é, ée, *p.* ravager.

FOURRAGEUR, *s. m.* qui va au fourrage ; qui ravage.

FOURRAGEUX, EUSE, *adj.* de la nature du fourrage ; qui abonde en fourrages.

FOURREAU, *s. m.* gaine ; robe d'enfant ; enveloppe.

FOURRÉ, ÉE, adj. pays—rempli de bois ; langue —, langue d'animal apprêtée ; coup —, mauvais coup.
FOURRER, v. a. é, ée, p. introduire, faire entrer ; donner en cachette, mal à propos ; garnir de fourrure ; se — v. pr. se vêtir très-chaudement ; s'introduire.
FOURREUR, s. m qui vend des fourrures.
FOURRIER, s. m. sous-officier chargé de fonctions administratives.
FOURRIÈRE, s. f. lieu où l'on retient les chevaux, le bétail en état de saisie.
FOURRURE, s. f. peau de bête préparée et garnie de son poil pour fourrer ; vêtement doublé de ces peaux.
FOURVOIEMENT, s. m. erreur, égarement.
FOURVOYER, v. a. é, ée, p. égarer, tromper, détourner du chemin ; se — v. pr. s'égarer.
FOYER, s. m. lieu où l'on fait le feu ; pièce de marbre devant la cheminée ; — au pl. domicile ; patrie.
FRAC ou FRAQUE, s. m. habit sans revers.
FRACAS, s. m. bruit violent d'une chose qui se rompt ; tumulte ; désordre.
FRACASSER, v. a. é, ée, p. briser ; rompre ; mettre en désordre.
FRACTION, s. f. action de rompre ; partie de l'unité.
FRACTIONNAIRE, adj. 2 g. nombre — qui contient des fractions.
FRACTURE, s. f. rupture ; solution de continuité.
FRACTURÉ, ÉE, adj. cassé, où il y a fracture.
FRACTURER, v. a. é, ée, p. faire une fracture.
FRAGILE, adj. 2 g. facile à briser ; fig. sujet à tomber en faute ; peu stable.
FRAGILITÉ, s. f. disposition à être facilement brisé ; fig. facilité à tomber en faute ; instabilité.
FRAGMENT, s. m. morceau d'une chose brisée ; fig. partie conservée d'un livre, etc.
FRAI, s. m. multiplication des poissons ; action de frayer ; altération des monnaies par l'usage.
FRAÎCHEMENT, adv. avec fraîcheur, au frais ; récemment.
FRAÎCHEUR, s. f. frais agréable ; éclat du teint, des fleurs ; froid.
FRAÎCHIR, v. n. se dit du vent qui devient vif.
FRAIRIE, s. f. divertissement, bonne chère.
FRAIS, FRAÎCHE, adj. un peu froid ; qui tempère la chaleur ; récent ; qui n'est pas fatigué ; beurre, poisson, etc. —, qui n'a pas été salé.
FRAIS, s. m. pl. dépenses, dépens.
FRAIS, adv. nouvellement, récemment.
FRAISE, s. f. fruit du fraisier ; espèce de collet plissé que portent les femmes ; — certains boyaux de veau et d'agneau.
FRAISER, v. a. é, ée, p. plisser une fraise ; pétrir la pâte avec soin ; enfoncer la tête d'un clou ; garnir de pieux.
FRAISIER, s. m. plante rampante à fruits rouges.
FRAISIÈRE, s. f. terrain planté de fraisiers.
FRAISIL, s. m. cendres du charbon de terre.
FRAMBOISE, s. f. fruit du framboisier.
FRAMBOISIER, s. m. arbrisseau ronceux qui produit les framboises.
FRANC, s m. premier nom des Français ; pièce de monnaie d'argent valant vingt sous.
FRANC, FRANCHE, adj. libre, exempt de charges ; loyal, sincère ; vrai, entier, complet ; —, adv. franchement.
FRANÇAIS, E, s. et adj. qui est de France ; le français, s. m. langue française.
FRANCATU, s. m. sorte de pomme qui se conserve longtemps.
FRANCE, s. f. grand royaume de l'Europe.

FRANC-COMTOIS, E, adj. qui est de la Franche-Comté.

FRANCHE-COMTÉ, s. f. anc. province de France formant aujourd'hui les dép^{ts}. du Doubs, de la Haute-Saône et du Jura.

FRANCHEMENT, adv. avec franchise.

FRANCHIR, v. a. i, ie, p. passer par-dessus, par-delà, à travers; fig. surmonter les obstacles.

FRANCHISE, s. f. liberté, immunité; sincérité; candeur; véracité.

FRANCISER, v. a. é, ée p. donner une terminaison française à un mot étranger; se — v. pr. prendre les manières françaises.

FRANC-MAÇON, s. m. membre de la franc-maçonnerie.

FRANC-MAÇONNERIE, s. f. société secrète dont les membres se reconnaissent à certains signes.

FRANC-PARLER, s. m. liberté de dire tout ce qu'on pense.

FRANC-RÉAL, s. m. espèce de poire.

FRANGE, s. f. tissu étroit à filets pendants pour orner les rideaux, les meubles.

FRANGER, v. a. é, ée, p. garnir de frange.

FRANGIER, s. m. qui fait et vend de la frange.

FRANGIPANE, s. f. pâtisserie de crème, d'amandes, etc.

FRANQUE, adj. f. langue —, jargon mêlé de français, d'italien, d'espagnol, de provençal, etc. en usage dans le Levant.

FRANQUETTE, s. f. à la bonne —, loc. adv. franchement, sans façons.

FRAPPANT, E, adj. qui frappe, qui surprend.

FRAPPÉ, ÉE, adj. atteint, attaqué; bien —, bien fait.

FRAPPEMENT, s. m. se dit de l'action de Moïse frappant le rocher.

FRAPPER, v. a. é, ée, p. donner un ou plusieurs coups; fig. faire impression sur l'esprit, sur les sens, etc.; se —, v. pr. s'affecter.

FRASQUE, s. f. tour malin; extravagance.

FRATERNEL, LLE, adj. qui est propre à des frères.

FRATERNELLEMENT, adv. en frères.

FRATERNISER, v. n. vivre en frères, en bonne intelligence.

FRATERNITÉ, s. f. relation de frère à frère; amitié fraternelle.

FRATRICIDE, s. m. meurtrier de son frère; meurtre de frère.

FRAUDE, s. f. tromperie; mauvaise foi; contrebande.

FRAUDER, v. a. é, ée, p. tromper; frustrer par fraude.

FRAUDEUR, EUSE, s. qui fraude.

FRAUDULEUSEMENT, adv. avec fraude.

FRAUDULEUX, EUSE, adj. fait avec fraude; enclin à la fraude.

FRAYER, v. a. (se conj. sur payer) é, ée, p. marquer un chemin, le tracer; donner l'exemple; se — v. pr. se fréquenter, s'accorder.

FRAYEUR, s. f. épouvante, crainte, terreur subite.

FREDAINE, s. f. folie de jeunesse.

FREDON, s. m. tremblement cadencé dans la voix.

FREDONNEMENT, s. m. action de fredonner.

FREDONNER, v. a. et v. n. é, ée, p. chanter à demi-voix.

FRÉGATE, s. f. vaisseau de guerre léger, au-dessous de 60 canons.

FREIN, s. m. mors; ce qui retient dans le devoir; empêchement; obstacle.

FRELATER, v. a. é, ée, p. falsifier; altérer, déguiser.

FRÊLE, adj. 2 g. faible, fragile.

FRELON, s. m. grosse mouche; guêpe.

FRELUQUET, s. m. homme léger; frivole.

FRÉMIR, v. n. être ému et trembler d'agitation.

FRÉMISSEMENT, s. m. agitation de l'air; émotion; tremblement.

FRÊNE, *s. m.* grand arbre à bois blanc et sans nœuds.

FRÉNÉSIE, *s. f.* aliénation d'esprit accompagnée de fureur; délire, excès de passion.

FRÉNÉTIQUE, *adj.* 2 g. et *s. m.* atteint de frénésie.

FRÉQUEMMENT, *adv.* souvent.

FRÉQUENCE, *s. f.* réitération fréquente.

FRÉQUENT, E, *adj.* qui arrive souvent.

FRÉQUENTATIF, *adj.* et *s. m. verbe* —, qui marque l'action répétée.

FRÉQUENTATION, *s. f.* communication fréquente avec quelqu'un.

FRÉQUENTER, *v. a.* é, ée, *p.* visiter souvent.

FRÈRE, *s. m.* né d'un même père, d'une même mère; de même origine; membre d'une association; — *de lait*, qui a eu la même nourrice.

FRESQUE, *s. f.* sorte de peinture appliquée sur une muraille.

FRESSURE, *s. f.* se dit de la réunion du cœur, de la rate, du foie et des poumons de quelques animaux.

FRET, *s. m.* louage d'un vaisseau; droit par tonneau.

FRÉTER, *v. a.* é, ée, *p.* donner ou prendre un vaisseau à louage.

FRÉTEUR, *s. m.* qui donne ou qui prend à louage un vaisseau.

FRÉTILLANT, E, (ll m.) *adj.* qui frétille; remuant; vif.

FRÉTILLEMENT, (ll m.) *s. m.* mouvement de ce qui frétille.

FRÉTILLER, (ll m.) *v. n.* s'agiter par des mouvements vifs et courts.

FRETIN, *s. m.* menu poisson; chose de peu de valeur.

FRETTE, *s. f.* lien de fer autour du moyeu d'une roue.

FREUX, *s. m.* oiseau de l'espèce du corbeau.

FRIABILITÉ, *s. f.* qualité de ce qui est friable.

FRIABLE, *adj.* 2 g. qui peut être aisément réduit en poudre.

FRIAND, E, *adj.* et *s.* qui aime et connaît les mets délicats; capable de tenter.

FRIANDISE, *s. f.* goût pour la chère délicate; sucreries, etc.

FRICANDEAU, *s. m.* morceau de veau lardé.

FRICASSÉE, *s. f.* viande fricassée; sorte de danse.

FRICASSER, *v. a.* é, ée, *p.* faire cuire de la viande par morceaux avec de l'assaisonnement; dépenser follement.

FRICHE, *s. f.* terre inculte.

FRICOT, *s. m.* mets.

FRICOTTER, *v. n.* manger du fricot; dissiper.

FRICTION, *s. f.* frottement sur une partie du corps.

FRICTIONNER, *v. a.* é, ée, *p.* faire des frictions.

FRIGETER, *v. n.* chanter (se dit du pinson).

FRILEUX, EUSE, *adj.* très-sensible au froid.

FRIMAIRE, *s. m.* 3e mois du calendrier républicain (hors d'usage), du 21 nov. au 21 décembre.

FRIMAS, *s. m.* grésil; brouillard épais qui se glace.

FRIME, *s. f.* semblant, mine, feinte.

FRINGANT, E, *adj.* alerte, éveillé.

FRINGOTTER, *v. n.* imiter avec la voix le gazouillement des oiseaux.

FRIPER, *v. a.* é, ée, *p.* chiffonner, user, gâter.

FRIPERIE, *s. f.* négoce de vieux habits, de vieux meubles; lieu où il se fait.

FRIPIER, IÈRE, *s.* qui vend et achète de vieux habits.

FRIPON, NNE, *s.* voleur adroit; homme sans foi, qui trompe avec adresse; — *adj.* qui a l'air éveillé, vif.

FRIPONNEAU, *s. m.* petit fripon.

FRIPONNER, *v. a.* é, ée, *p.* dérober, escroquer; —, *v. n.* faire des friponneries.

FRIPONNERIE, *s. f.* escroquerie.

FRIRE, *v. n.* et *v. défect.* cuire, faire cuire dans la friture. (ce v. n'est usité qu'aux temps et aux modes suivants et aux temps formés du p. p. frit, ite.) : Ind. pr. je fris, tu fris, il frit ; fut. je frirai, tu friras, il frira ; n. frirons , v. frirez, ils friront ; cond. je frirais, tu frirais, il frirait ; n. fririons, v. fririez, ils friraient ; imp. fris.

FRISE, s. f. toile fine de Frise ; étoffe de laine ; pièce d'architecture ; *cheval de* —, pièce de bois garnie de pieux ferrés.

FRISER, *v. a. é, ée, p.* crêper, boucler les cheveux ; effleurer ; — *v. n.* être frisé.

FRISOTTER, *v. a. é, ée, p.* friser souvent, friser par petites boucles.

FRISSON, *s. m.* tremblement ; frémissement ; émotion.

FRISSONNEMENT, *s. m.* léger frisson.

FRISSONNER, *v. n.* avoir le frisson ; éprouver une émotion forte.

FRISURE, *s. f.* façon de friser ; état de ce qui est frisé.

FRITURE, *s. f.* action et manière de frire ; chose frite ; ce qui sert à frire.

FRIVOLE, *adj. 2 g.* vain, léger, sans solidité.

FRIVOLITÉ, *s. f.* caractère de ce qui est frivole ; *au pl.* choses frivoles.

FROC, *s. m.* (pron. le c.) habit de moine.

FROID, *s. m.* qualité opposée au chaud ; privation de chaleur ; froidure ; gelée ; *fig.* sérieux, réservé ; indifférence ; refroidissement ; *à* —, *loc. adv.* sans mettre au feu.

FROID, E, *adj.* privé de chaleur ; qui ne préserve pas du froid ; flegmatique ; sérieux ; languissant.

FROIDEMENT, *adv.* en exposition froide, de manière à sentir le froid ; *fig.* avec froideur.

FROIDEUR, *s. f.* état de ce qui est froid ; *fig.* refroidissement d'affection.

FROIDURE, *s. f.* froid de l'air ; hiver.

FROISSEMENT, *s. m.* action de froisser ; son effet.

FROISSER, *v. a. é, ée, p.* meurtrir par une impression violente ; frotter fortement ; chiffonner.

FROISSURE, *s. f.* impression produite par froissement.

FRÔLEMENT, *s. m.* action de frôler ; son effet.

FRÔLER, *v. a. é, ée, p.* toucher légèrement en passant.

FROMAGE, *s. m.* lait caillé, égoutté et mis en moule.

FROMAGER, ÈRE, *s.* qui fait et vend des fromages ; *fromager*, *s. m.* vase percé où s'égoutte le fromage.

FROMAGERIE, *s. f.* lieu où l'on fait des fromages.

FROMENT, *s. m.* la meilleure espèce de blé.

FRONCE, *s. f.* pli du papier, des étoffes.

FRONCEMENT, *s. m.* action de froncer les sourcils ; état des sourcils froncés.

FRONCER, *v. a. é, ée, p.* rider le sourcil ; plisser menu du linge, de l'étoffe, etc. ; —, *v. pr.* se rider.

FRONCIS, *s. m.* pli à une étoffe.

FRONDE, *s. f.* tissu de cordes pour lancer des pierres ; — parti opposé à la cour sous la minorité de Louis XIV.

FRONDER, *v. a. é, ée, p.* lancer avec une fronde ; *fig.* blâmer, critiquer hautement.

FRONDEUR, *s. m.* qui se sert de la fronde ; qui critique ; qui était du parti de la Fronde.

FRONT, *s. m.* le haut du visage ; le visage ; façade ; *fig.* audace, impudence ; *de* —, *loc. adv.* par devant ; côte à côte.

FRONTIÈRE, *s. f.* limites d'un état ; *adj. f.* limitrophe.

FRONTIGNAN, *s. m.* vin muscat du terroir de Frontignan, près Montpellier.

FRONTISPICE, *s. m.* face principale d'un édifice ; titre d'un livre.

FRONTON, *s. m.* ornement d'architecture sur la partie la plus élevée du frontispice.

FROTTAGE, *s. m.* travail de celui qui frotte.

FROTTEMENT, *s. m.* action de deux choses qui se frottent.

FROTTER, *v. a.* é, ée, *p.* faire des frictions; passer à plusieurs reprises un corps sur un autre; enduire; passer la cire et la brosse sur un plancher; battre, frapper.

FROTTEUR, *s. m.* qui frotte les planchers.

FROTTOIR, *s. m.* linge pour se frotter, pour essuyer le rasoir.

FROUER, *v. n.* imiter le cri du geai, de la chouette.

FRUCTIDOR, *s. m.* 12e mois dans le calendrier républicain (hors d'usage), du 18 août au 18 septembre.

FRUCTIFÈRE, *adj. 2 g.* qui porte du fruit.

FRUCTIFICATION, *s. f.* production des fruits; temps où les arbres produisent des fruits.

FRUCTIFIER, *v. n.* rapporter du fruit; produire du bénéfice.

FRUCTUEUSEMENT, *adv.* avec fruit, utilement.

FRUCTUEUX, EUSE, *adj.* qui produit du fruit.

FRUGAL, E, *adj. sans pl. m.* qui a de la frugalité.

FRUGALEMENT, *adv.* avec frugalité.

FRUGALITÉ, *s. f.* sobriété, économie; simplicité dans les aliments.

FRUGIVORE, *adj. 2 g.* qui vit de fruits.

FRUIT, *s. m.* production de la terre, des arbres ou des plantes, pour la nourriture des hommes ou des animaux; dessert; — *au pl.* revenus d'une terre; *fig.* utilité, profit.

FRUITERIE, *s. f.* lieu où l'on conserve le fruit; commerce de fruitier.

FRUITIER, *adj. m.* qui rapporte du fruit; *s. m.* jardin, lieu où l'on recueille du fruit; *fruitier, ière, s.* qui vend du fruit.

FRUSQUIN, *s. m.* l'argent, les nippes d'un homme.

FRUSTRER, *v. a.* é, ée, *p.* priver quelqu'un de ce qui lui est dû, tromper l'attente.

FUGITIF, IVE, *adj. et s.* qui fuit, qui a fui hors de sa patrie; qui passe vite.

FUGUE, *s. f.* échappée, fuite; *t. de musique.*

FUIR, *v. n. irr.* se sauver; passer vite; couler par une fente;—, *v. a.* éviter. *Ind. pr.* je fuis, tu fuis, il fuit; n. fuyons, v. fuyez, ils fuient; *imp.* je fuyais, etc., n. fuyions, etc.; *p. déf.* je fuis, etc., n. fuîmes, etc.; *fut.* je fuirai, etc., n. fuirons, etc.; *cond.* je fuirais, etc., n. fuirions, etc.; *impér.* fuis, fuyons, fuiez; *subj. pr.* q. je fuie, etc., q. n. fuyions, etc.; *imp. subj.* q. je fuisse, etc., q. n. fuissions, etc.; *p. pr.* fuyant; *p. p.* fui, ie.

FUITE, *s. f.* action de fuir; *fig.* action d'éviter, de s'échapper; délai artificieux.

FULMINANT, E, *adj.* qui [fait] grand bruit; qui éclate avec détonation; étincelant.

FULMINER, *v. a.* é, ée, *p.* publier une bulle avec certaines formalités;—, *v. n.* s'emporter en invectives, en menaces contre quelqu'un; éclater avec bruit.

FUMANT, E, *adj.* qui fume, qui jette de la fumée.

FUMÉE, *s. f.* vapeur plus ou moins épaisse qui sort des corps en état de combustion; *fig.* chose vaine, fugitive.

FUMER, *v. a.* é, ée, *p.* exposer des viandes à la fumée pour les faire sécher; répandre du fumier sur la terre;—, *v. n.* prendre du tabac en fumée; jeter de la fumée; *fig.* être de mauvaise humeur.

FUMERON, *s. m.* charbon qui jette de la fumée.

FUMET, *s. m.* vapeur agréable du vin, des mets, etc.

FUMETERRE, *s. f.* plante médicinale.

FUMEUR, *s. m.* qui fume du tabac.

FUMEUX, EUSE, *adj.* qui envoie des vapeurs au cerveau.

FUMIAIRE, *adj. 2 g.* qui croît sur le fumier.

FUMIER, *s. m.* litière des bestiaux qui sert pour amender la terre; immondices; *fig.* choses viles.

FUMIGATION, *s. f.* action d'exposer à la fumée, de brûler des aromates, des parfums pour produire de la fumée.

FUMIGATOIRE, adj. 2 g. qui produit la fumée : boîte —, qui contient tous les objets pour secourir les noyés ; —, s. m. appareil pour les fumigations.

FUMISTE, s. m. ouvrier qui empêche les cheminées de fumer.

FUMIVORE, s. m. appareil pour consumer la fumée ; —, adj. 2 g. qui absorbe la fumée.

FUNAMBULE, s. 2 g. danseur de cordes.

FUNÈBRE, adj. 2 g. qui a rapport aux funérailles ; lugubre, triste.

FUNÉRAILLES, (ll m.) s. f. pl. obsèques, cérémonies d'un enterrement.

FUNÉRAIRE, adj. 2 g. qui concerne les funérailles.

FUNESTE, adj. 2 g. malheureux, sinistre.

FUNESTEMENT, adv. d'une manière funeste.

FUR, au — et à mesure, adv. à mesure que.

FURET, s. m. petit animal du genre des belettes, servant à prendre les lapins ; fig. curieux, qui s'enquiert de tout.

FURETER, v. n. chasser au furet ; fouiller, chercher avec curiosité.

FURETEUR, s. m. qui chasse aux lapins ; fig. curieux.

FUREUR, s. f. rage, manie, frénésie ; transport de colère ; désir immodéré ; violente agitation.

FURIBOND, E, adj. furieux, sujet à de grands emportements.

FURIE, s. f. emportement avec fureur ; impétuosité ; ardeur aveugle ; divinité fabuleuse.

FURIEUSEMENT, adv. avec furie, excessivement.

FURIEUX, EUSE, adj. et s. en furie, transporté de fureur ; prodigieux, extraordinaire.

FURONCLE, s. m. tumeur enflammée et douloureuse sur la peau.

FURTIF, IVE, adj. fait en cachette, à la dérobée.

FURTIVEMENT, adv. à la dérobée.

1. **FUSAIN**, s. m. arbrisseau de haies ; charbon fait de ses branches et servant de crayon.

FUSEAU, s. m. instrument pour filer et tordre le fil.

FUSÉE, s. f. fil autour du fuseau ; pièce d'artifice.

FUSIBILITÉ, s. f. qualité de ce qui est fusible.

FUSIBLE, adj. 2 g. qui peut être fondu.

FUSIL, s. m. arme à feu ; pièce d'acier pour battre le caillou et en tirer du feu ; acier pour aiguiser.

FUSILIER, s. m. fantassin armé d'un fusil.

FUSILLADE, (ll m.) s. f. plusieurs coups de fusil tirés à la fois ; action de fusiller.

FUSILLER, (ll m.) v. a. é, ée, p. tuer à coups de fusil ; se —, v. pr. se tirer réciproquement des coups de fusil.

FUSION, s. f. fonte, état de ce qui est fondu par l'action du feu.

FUSTIGATION, s. f. action de fustiger.

FUSTIGER, v. a. é, ée, p. battre à coups de fouet ou de verges.

FUT, s. m. bois qui supporte le canon d'une arme à feu ; tonneau ; —, t. d'archit. partie d'une colonne entre la base et le chapiteau.

FUTAIE, s. f. forêt composée de grands arbres.

FUTAILLE, s. f. tonneau pour le vin, etc.

FUTAINE, s. f. étoffe pelucheuse de coton et de fil.

FUTAINIER, s. m. qui fait la futaine.

FUTÉ, ÉE, adj. fin, rusé.

FUTÉE, s. f. sorte de mastic.

FUTILE, adj. 2 g. vain, frivole.

FUTILITÉ, s. f. caractère de ce qui est futile ; chose inutile.

FUTUR, E, adj. qui est à venir ; celui, celle que l'on doit épouser ; —, s. m. temps du verbe exprimant une action à venir.

FUYANT, E, adj. t. de peint. qui se perd dans le lointain.

FUYARD, E, s. et adj. qui fuit, a coutume de s'enfuir.

G.

G, *s. m.* 7e lettre de l'alphabet, 8e consonne.

GABARE, *s. f.* bateau large et plat pour remonter les rivières; sorte de filet.

GABARIER, *s. m.* conducteur d'une gabare.

GABELLE, *s. f.* ancien impôt sur le sel.

GABIER, *s. m.* matelot placé sur la hune pour faire le quart.

GABION, *s. m.* panier rempli de terre, à l'abri duquel les soldats font les travaux de siège.

GABIONNER, *v. a. é, ée, p.* couvrir avec des gabions.

GÂCHE, *s. f.* pièce de fer qui reçoit le pêne d'une serrure.

GÂCHER, *v. a. é, ée, p.* détremper, délayer du plâtre; gâter un ouvrage.

GACHET, *s. m.* hirondelle de mer à tête noire.

GÂCHETTE, *s. f.* pièce d'une serrure qui se met sous le pêne; petite pièce de fer coudé sous la détente d'un fusil pour faire partir le chien.

GÂCHEUR, *s. m.* qui gâche; qui gâte ce qu'il fait.

GÂCHEUX, EUSE, *adj.* bourbeux.

GÂCHIS, *s. m.* saleté causée par de l'eau.

GADOUARD, *s. m.* vidangeur.

GADOUE, *s. f.* matière fécale tirée d'une fosse.

GAFFE, *s. f.* perche armée d'un croc de fer à deux branches, l'une droite, l'autre courbe.

GAGE, *s. m.* ce qu'on livre à quelqu'un pour sûreté d'une dette; dépôt; assurance; preuve; chose consignée; chose déposée à certains jeux; *au pl.* salaire des domestiques.

GAGER, *v. a. é, ée, p.* donner des gages à un domestique; exposer en pari; —, *v. n.* faire une gageure.

GAGERIE, *s. f.* saisie —, saisie de meubles pour l'assurance d'une dette.

GAGEUR, EUSE, *adj.* qui a l'habitude de gager.

GAGEURE, *s. f.* promesse réciproque des personnes qui font un pari; chose gagée.

GAGISTE, *s. m.* qui est gagé sans être domestique.

GAGNABLE, *adj. 2 g.* qu'on peut gagner.

GAGNAGE, *s. m.* pâturage; *au pl.* fruit des terres emblavées.

GAGNANT, *s. m.* qui gagne au jeu.

GAGNE-DENIER, *s. m.* porte-faix, homme de peine; *gagne-pain*, *s. m.* ce qui fait gagner la vie à quelqu'un; *gagne-petit*, *s. m.* rémouleur ambulant.

GAGNER, *v. a. é, ée, p.* tirer profit, faire un gain; travailler pour vivre; avoir le gain au jeu; acquérir; venir à bout; se rendre quelqu'un favorable; on dit *gagner* pour *prendre* une maladie, un mal, etc.; —, *v. n.* avancer, faire des progrès.

GAI, *adv.* et *interj.* gaîment; *gai, e*, *adj.* joyeux; ce qui réjouit.

GAÏAC, *s. m.* arbre médicinal d'Amérique.

GAILLAC, (*ll m.*) chef-lieu d'arr. du dép. du Tarn.

GAILLARD, (*ll m.*) *s. m.* élévation sur le tillac d'un vaisseau à la proue et à la poupe.

GAILLARD, E, (*ll m.*) *adj. et s.* joyeux avec démonstration; qui est entre deux vins; hardi, extraordinaire; *vent* —, vent froid.

GAILLARDEMENT, (*ll m.*) *adv.* joyeusement.

GAILLARDET, (*ll m.*) *s. m.* pavillon échancré au mât de misaine.

GAILLARDISE, (*ll m.*) *s. f.* gaîté un peu vive; *au pl.* propos libres.

GAÎMENT, *adv.* avec gaîté, de bon cœur.

GAIN, *s. m.* profit, lucre; avantage.

GAÎNE, *s. f.* étui de couteau.

GAÎNERIE, *s. f.* atelier où se fabriquent les gaînes; assortiment de gaînes.

GAÎNIER, *s. m.* ouvrier qui fait des gaines.
GAÎTÉ, *s. f.* joie, belle humeur; paroles, actions folâtres; — *de cœur*, de propos délibéré.
GALA, *s. m.* réjouissances accompagnées de festins.
GALAMMENT, *adv.* de bonne grace; d'une manière galante; adroitement, habilement.
GALANT, E, *adj.* — *homme*, qui a de la probité; qui est de bonne compagnie; *homme* —, qui cherche à plaire aux dames.
GALANTERIE, *s. f.* agrément, politesse dans l'esprit; les manières; soins empressés pour les femmes; petits présents.
GALANTINE, *s. f.* mets composé de viandes délicates.
GALE, *s. f.* maladie contagieuse de la peau.
GALÈRE, *s. f.* bâtiment long de bas bord, à voiles et à rames; *fig.* travail pénible.
GALERIE, *s. f.* longue pièce d'un bâtiment pour se promener, exposer des tableaux, etc.; corridor de communication; les spectateurs de toutes espèces de jeux.
GALÉRIEN, *s. m.* forçat condamné à ramer aux galères.
GALERNE, *s. f.* vent froid du nord-ouest.
GALET, *s. m.* cailloux ronds et plats sur la plage de la mer; jeu de palet.
GALETAS, *s. m.* logement pauvre et mal en ordre.
GALETTE, *s. f.* gâteau plat.
GALEUX, EUSE, *adj. et s.* qui a la gale.
GALIMAFRÉE, *s. f.* fricassée des restes de toutes sortes de viandes.
GALIMATIAS, *s. m.* discours confus, qui ne signifie rien; *galimatias double*, ce que n'entendent ni le lecteur ni l'auteur.
GALION, *s. m.* vaisseau des Indes pour apporter l'or et l'argent en Europe.
GALIOTE, *s. f.* long bateau couvert pour voyager sur les rivières.
GALIPOT, *s. m.* résine du pin.
GALLE, *s. f.* excroissance de la seve des végétaux causée par la piqûre d'un insecte.
GALLICAN, E, *adj.* qui concerne l'église de France.
GALLICISME, *s. m.* expressions, locutions propres à la langue française et consacrées par l'usage.
GALLINACÉ, ÉE, *adj.* se dit des oiseaux du genre des poules.
GALLIQUE, *adj.* 2 g. tiré de la noix de galle.
GALOCHE, *s. f.* sorte de chaussure à semelle de bois.
GALON, *s. m.* tissu de soie, d'or, etc. en forme de ruban.
GALONNÉ, ÉE, *adj.* garni de galons.
GALONNER, *v. a.* é, ée, *p.* orner de galons.
GALONNIER, *s. m.* qui fait des galons.
GALOP, *s. m.* allure rapide du cheval; sorte de danse.
GALOPADE, *s. f.* action de galoper.
GALOPER, *v. n.* aller le galop; *v. a.* é, ée, *p.* mettre au galop; poursuivre au galop.
GALOPIN, *s. m.* petit commissionnaire.
GALOUBET, *s. m.* flûte à trois trous.
GALUCHAT, *s. m.* peau de chien de mer.
GALVANIQUE, *adj.* 2 g. du galvanisme.
GALVANISME, *s. m.* étude de l'électricité métallique.
GAMBADE, *s. f.* saut sans art ni cadence; *fig.* mauvaise réponse à une question sérieuse.
GAMBADER, *v. n.* faire des gambades.
GAMBILLER, (*ll m.*) *v. n.* remuer sans cesse les jambes.
GAMELLE, *s. f.* grande écuelle de bois où mangent les soldats.
GAMIN, *s. m.* enfant qui court les rues.
GAMME, *s. f.* table des notes de musique, disposées selon l'ordre des tons naturels.
GANACHE, *s. f.* mâchoire inférieure du cheval; *fig.* homme sans capacité.
GANGRÈNE, (le 1er g se pron. c. k.) *s. f.* décomposition extensi-

ve de quelque partie du corps; *fig.* mal, désordre contagieux.

GANGRENER (se), *v. pr.* se corrompre par la gangrène.

GANGRENEUX, EUSE, *adj.* de la nature de la gangrène.

GANNAT, chef-lieu d'arr. du dép. de l'Allier.

GANSE, *s. f.* cordonnet de soie, etc.

GANT, *s. m.* partie de l'habillement qui couvre la main et en a la forme.

GANTELET, *s. m.* gant revêtu de fer.

GANTER, *v. a.* é, ée, *p.* mettre des gants.

GANTERIE, *s. f.* fabrique, commerce de gants.

GANTIER, IÈRE, *s.* qui fait et vend des gants.

GAP, ville forte, chef-lieu du dép. des Hautes-Alpes.

GARANCE, *s. f.* plante vivace dont la racine sert à teindre en rouge.

GARANCER, *v. a.* é, ée, *p.* teindre en garance.

GARANCIÈRE, *s. f.* champ semé de garance.

GARANT, *s. m.* celui qui cautionne, qui se rend responsable; auteur, autorité qu'on cite à l'appui d'une assertion.

GARANTIE, *s. f.* obligation de garantie; sûreté, cautionnement; protection.

GARANTIR, *v. a.* i, ie, *p.* se rendre garant; préserver; affirmer; se —, *v. pr.* se préserver de...

GARBURE, *s. f.* potage de pain de seigle, avec du lard, des choux et diverses autres herbes.

GARÇON, *s. m.* enfant mâle; célibataire; qui travaille sous un maître.

GARD ou GARDON, rivière qui prend sa source dans le dép. de la Lozère et qui se jette dans le Rhône; elle donne son nom au dép. du Gard.

GARDE, *s. f.* commission, action de garder; action d'observer ce qui se passe pour n'être pas surpris; gens de guerre qui occupent un poste; ce qui couvre la poignée d'une épée;

fig. protection; *garde avancée, s. f.* corps militaire en avant; *garde champêtre, s. m.* garde qui veille sur les récoltes d'une commune; *garde-chasse, s. m.* garde qui veille à ce qu'on ne chasse pas sans permission; *garde-côte, s. m.* celui qui garde les côtes; *garde des sceaux, s. m.* ministre qui garde les sceaux; *garde-fou, s. m.* parapet; *garde-malade, s. 2 g.* qui a soin des malades; *garde-manger, s. m.* lieu où on conserve les aliments; *garde-meuble, s. m.* lieu où on serre les meubles; *garde national, s. m.* citoyen qui fait partie de la garde nationale; *garde nationale, s. f.* corps de citoyens armés pour le maintien de l'ordre public.

GARDER, *v. a.* é, ée, *p.* conserver; garantir; protéger; défendre; —, *v. n.* veiller, prendre garde, éviter.

GARDE-ROBE, *s. f.* vestiaire; lieux d'aisances.

GARDEUR, EUSE, *s.* qui garde les animaux.

GARDIEN, NNE, *s.* et *adj.* qui garde, qui protège; qui garde quelque chose en dépôt.

GARDON, *s. m.* petit poisson blanc d'eau douce.

GARE, *interj.* pour menacer ou pour avertir de se ranger.

GARE, *s. f.* lieu disposé sur les rivières pour mettre les bateaux à l'abri des débâcles.

GARENNE, *s. f.* lieu où l'on conserve des lapins vivants.

GARENNIER, *s. m.* qui a soin d'une garenne.

GARER, *v. a.* é, ée, *p.* amarrer, attacher un bateau dans une gare; se —, *v. pr.* se préserver, se défendre.

GARGARISER (se), *v. pr.* se laver la bouche et le gosier avec un liquide.

GARGARISME, *s. m.* liquide pour se gargariser; action de gargariser.

GARGOTE, *s. f.* petit cabaret malpropre.

GARGOTIER, IÈRE, *s.* qui tient une gargote.

GARGOUILLE, (*ll m.*) *s. f.* en

droit d'une gouttière par où l'eau tombe; gouttière de pierre.

GARGOUILLEMENT, (ll m.) s. m. bruit de l'eau dans la gorge, l'estomac et les entrailles.

GARGOUILLER, (ll m.) v. n. barboter dans l'eau.

GARGOUSSE, s. f. charge de poudre pour le canon.

GARNEMENT, s. m. vaurien.

GARNI, s. m. remplissage de moellon.

GARNIR, v. a. i, ie, p. pourvoir des choses nécessaires; assortir; meubler; ajuster; entourer.

GARNISAIRE, s. m. homme mis en garnison chez les contribuables en retard.

GARNISON, s. f. soldats mis dans une place pour la défendre.

GARNITURE, s. f. ce qui est mis pour garnir ou orner.

GARONNE, rivière qui a sa source dans les Pyrénées et qui se jette dans l'Océan après avoir pris le nom de GIRONDE; elle donne son nom aux dép. de la Haute-Garonne, de Lot-et-Garonne, de Tarn-et-Garonne et de la Gironde.

GARROT, s. m. partie du cheval entre l'épaule et l'encolure; bâton court pour serrer les nœuds des cordes.

GARROTTER, v. a. é, ée, p. lier fortement.

GARS, s. m. jeune garçon.

GARUS, s. m. sorte d'élixir.

GASCOGNE, ancienne prov. formant aujourd'hui les dép. de la Haute-Garonne, des Hautes-Pyrénées, du Gers, de Lot-et-Garonne et des Landes.

GASCON, NNE, adj. et s. qui est de la Gascogne; fig. fanfaron, hâbleur.

GASCONNADE, s. f. fanfaronnade.

GASCONNER, v. n. dire des gasconnades; avoir l'accent gascon.

GASPILLAGE, (ll m.) s. m. action de gaspiller; chose gaspillée.

GASPILLER, (ll m.) v. a. é, ée, p. dissiper; prodiguer inutilement; gâter.

GASPILLEUR, EUSE, (ll m.) s. qui gaspille.

GASTER, s. m. (le r se pron.) le ventre, l'estomac.

GASTRIQUE, adj. 2 g. de l'estomac; qui sert à la digestion.

GASTRITE, s. f. inflammation de l'estomac.

GASTRONOME, s. 2 g. qui aime à faire bonne chère; qui se connaît en bonne chère.

GASTRONOMIE, s. f. art de faire bonne chère.

GÂTÉ, ÉE, adj. détérioré.

GÂTEAU, s. m. sorte de pâtisserie; gaufre des ruches.

GÂTER, v. a. é, ée, p. endommager; mettre en mauvais état; détériorer; salir, tacher; avoir trop d'indulgence pour un enfant; se —, v. pr. perdre de ses bonnes qualités.

GATINAIS (le), ancien pays dépendant des anciens gouvernements de l'Ile de France et de l'Orléanais, et qui se trouve compris dans les dép. de Seine-et-Marne, du Loiret et de l'Yonne.

GAUCHE, adj. 2 g. opposé à droit; fig. ridicule, maladroit; mal fait; mal tourné.

GAUCHEMENT, adv. d'une manière gauche.

GAUCHER, ERE, s. et adj. qui se sert ordinairement de la main gauche.

GAUCHERIE, s. f. action d'une personne gauche, maladresse.

GAUCHIR, v. n. perdre sa forme, son niveau, biaiser.

GAUCHISSEMENT, s. m. action de gauchir, ses effets.

GAUDRONNER, v. a. é, ée, p. tourner les têtes des épingles sur les moules.

GAUFRE, s. f. gâteau de miel; pâtisserie cuite entre deux fers.

GAUFRER, v. a. é, ée, p. imprimer des figures sur une étoffe avec des fers chauds, etc.

GAUFREUR, s. m. celui qui gaufre les étoffes.

GAUFRIER, s. m. ustensile pour cuire les gaufres; celui qui fait et vend des gaufres.

GAUFRURE, s. f. empreinte faite en gaufrant.

GAULE, ancien nom de la France.
GAULE, s. f. grande perche.
GAULER, v. a. é, ée, p. battre un arbre avec une gaule pour en abattre le fruit.
GAULOIS, E, adj. et s. des Gaules.
GAUSSER (se), v. pr. railler, se moquer.
GAUSSERIE, s. f. raillerie, moquerie.
GAUSSEUR, EUSE, s. et adj. railleur, moqueur.
GAVOTTE, s. f. sorte de danse sur un air à deux temps ; cet air.
GAYETTE, s. f. petit charbon de terre.
GAZ, s. m. émanation invisible des substances ; fluide aériforme ; air inflammable.
GAZE, s. f. étoffe très-claire et très-fine ; fig. voile.
GAZELLE, s. f. bête fauve, espèce de petit daim.
GAZER, v. a. é, ée, p. couvrir d'une gaze ; fig. adoucir, pallier.
GAZETIER, s. m. qui rédige ou publie une gazette.
GAZETTE, s. f. feuille volante qui contient les nouvelles ; fig. médisant, bavard.
GAZEUX, EUSE, adj. de la nature du gaz.
GAZIER, s. m. ouvrier en gaze.
GAZON, s. m. terre couverte d'herbe courte et menue.
GAZONNEMENT, s. m. action de couvrir de gazon.
GAZONNER, v. a. é, ée, p. garnir de gazon.
GAZONNEUX, EUSE, adj. qui imite le gazon.
GAZOUILLEMENT, (ll m.) s. m. chant des oiseaux ; murmure des ruisseaux.
GAZOUILLER, (ll m.) v. n. faire un gazouillement.
GEAI, s. m. oiseau du genre de la pie, au plumage bigarré.
GÉANT, E, s. personne d'une grandeur extraordinaire.
GEINDRE, v. n. gémir pour peu de chose ; — s. m. garçon boulanger qui pétrit.
GÉLATINE, s. f. substance animale qui se transforme en gelée.
GÉLATINEUX, EUSE, adj. qui a la consistance de la gelée.
GELÉE, s. f. grand froid qui glace ; suc de viande congelé et clarifié ; jus des fruits cuits avec le sucre et qui se congèle en refroidissant.
GELER, v. a. é, ée, p. glacer, durcir par le froid ; causer un grand froid ; —, v. n. s'endurcir par le froid ; se glacer ; — v. impers. faire froid.
GELINOTTE, s. f. poule sauvage ressemblant à la perdrix.
GÉMEAUX, s. m. pl. un des douze signes du zodiaque.
GÉMIR, v. n. pousser des gémissements, exprimer sa douleur d'une voix plaintive ; fig. déplorer, regretter.
GÉMISSANT, E, adj. qui gémit.
GÉMISSEMENT, s. m. plainte douloureuse.
GEMME, adj. m. sel fossile qui se tire des mines ; —, s. f. pierre précieuse.
GÊNANT, E, adj. qui gêne, qui incommode.
GENCIVE, s. f. chair dans laquelle les dents sont plantées.
GENDARME, s. m. ancien homme d'arme ; soldat d'un corps chargé de veiller à la sûreté publique ; soldat de police.
GENDARMER (se), v. pr. se fâcher pour peu de chose.
GENDARMERIE, s. f. le corps des gendarmes.
GENDRE, s. m. celui qui a épousé la fille de quelqu'un.
GÊNE, s. f. ancienne torture ; fig. peine d'esprit ; situation pénible, incommode ; état violent ; manque d'argent passager.
GÉNÉALOGIE, s. f. dénombrement d'aïeux ; tableau qui en présente la suite.
GÉNÉALOGIQUE, adj. 2 g. de la généalogie.
GÉNÉALOGISTE, s. m. celui qui dresse des généalogies.
GÊNER, v. a. é, ée, p. incommoder, contraindre les mouvements du corps ; embarrasser.

GÉNÉRAL, *s. m.* qui commande en chef une armée, une grande division, etc.; supérieur d'un ordre monastique; le plus grand nombre.

GÉNÉRAL, E, *adj.* universel, commun à un grand nombre de personnes ou de choses; en —, *adv.* d'une manière générale.

GÉNÉRALAT, *s. m.* dignité de général dans un ordre religieux; sa durée; commandement d'une armée.

GÉNÉRALEMENT, *adv.* universellement; vaguement.

GÉNÉRALISATION, *s. f.* action de généraliser.

GÉNÉRALISER, *v. a. é, ée, p.* rendre général; donner une extension générale.

GÉNÉRALISSIME, *s. m.* qui commande aux généraux.

GÉNÉRALITÉ, *s. f.* qualité de ce qui est général.

GÉNÉRATEUR, TRICE, *adj.* qui engendre.

GÉNÉRATIF, IVE, *adj.* qui appartient à la génération.

GÉNÉRATION, *s. f.* action d'engendrer; postérité, descendants; peuple, nation; espace convenu de trente ans; production des plantes, des métaux.

GÉNÉREUSEMENT, *adv.* avec générosité, noblesse; vaillamment.

GÉNÉREUX, EUSE, *adj.* magnanime; libéral, bienfaisant.

GÉNÉRIQUE, *adj.* 2 g. qui appartient au genre.

GÉNÉROSITÉ, *s. f.* libéralité; grandeur d'ame.

GÉNÈSE, *s. f.* premier livre de la Bible contenant l'histoire de la création et celle des patriarches.

GENÊT, *s. m.* arbuste à fleurs jaunes.

GENETIÈRE, *s. f.* lieu planté de genêts.

GENEVOIS, E, *adj.* de Genève.

GENEVRIER, *s. m.* arbrisseau odoriférant, toujours vert.

GENEVRIÈRE, *s. f.* espèce de grive qui se nourrit principalement de baies de genièvre.

GÉNIE, *s. m.* esprit bon ou mauvais qui, suivant les anciens, accompagnait l'homme durant sa vie; talent, supériorité d'esprit; caractère propre et distinctif d'une langue, d'une nation; —, art de fortifier et de défendre des places fortes.

GENIÈVRE, *s. m.* genevrier.

GÉNISSE, *s. f.* jeune vache qui n'a point porté.

GÉNITIF, *s. m.* le second cas dans les déclinaisons grecques et latines.

GÉNITURE, *s. f.* enfants par rapport au père et à la mère.

GÉNOIS, E, *adj.* de Gênes.

GENOU, *s. m.* partie du corps où s'emboîtent les os de la cuisse et de la jambe.

GENOUILLÈRE, (ll m.) *s. f.* partie de l'armure ou de la botte, qui couvre le genou.

GENRE, *s. m.* ce qui est commun à plusieurs espèces; génie, talent, profession; façon, manière; style; partie dans laquelle s'exerce un auteur, un artiste, etc.; en t. de gramm. sexe métaphysique des objets; en t. d'hist. nat. réunion d'espèces qui ont toutes un caractère commun.

GENS, *s. pl.* (*fém.* après l'adj. *masc.* avant) personnes d'un même parti, d'un même pays, sans désignation précise.

GENT, *s. f.* espèce, nation.

GENTIANE, *s. f.* plante médicinale.

GENTIL, *s. et adj. m.* payen, idolâtre; *gentil, lle,* (ll m.) *adj.* joli, agréable, gracieux, délicat; qui plaît.

GENTILHOMME, *s. m.* (*pl.* gentilshommes) homme de race noble.

GENTILITÉ, *s. f.* idolâtrie des gentils.

GENTILLESSE, (ll m.) *s. f.* agrément, grâce; délicatesse; badinage agréable; ouvrages délicats; *au pl.* tours divertissants.

GENTIMENT, *adv.* avec gentillesse.

GÉNUFLEXION, s. f. action de fléchir le genou.

GÉODÉSIE, s. f. partie de la géométrie qui enseigne à mesurer et à diviser les terres.

GÉODÉSIQUE, adj. 2 g. de la géodésie.

GÉOGRAPHE, s. m. et adj. qui sait la géographie; qui dresse des cartes de géographie.

GÉOGRAPHIE, s. f. description de la terre; ouvrage qui renferme cette description.

GÉOGRAPHIQUE, adj. 2 g. qui appartient à la géographie.

GEÔLE, s. f. prison.

GEÔLIER, s. m. qui garde les prisonniers; geôlière, s. f. femme du geôlier.

GÉOLOGIE, s. f. histoire naturelle du globe terrestre.

GÉOLOGIQUE, adj. 2 g. qui a rapport à la géologie.

GÉOLOGUE, s. m. savant versé dans la géologie.

GÉOMÉTRAL, E, adj. dont toutes les lignes sont développées.

GÉOMÈTRE, s. m. qui sait la géométrie, qui la réduit en pratique.

GÉOMÉTRIE, s. f. art de mesurer la terre; science des mesures, des lignes, des corps, etc.

GÉOMÉTRIQUE, adj. 2 g. qui appartient à la géométrie.

GÉOMÉTRIQUEMENT, adv. d'une manière géométrique, c.-à-d. exacte et rigoureuse.

GÉORGIQUE, s. f. ouvrage littéraire qui a rapport à la culture des terres.

GÉRANIUM, s. m. plante de jardin, bec-de-grue.

GÉRANT, E, adj. et s. qui gère, qui administre.

GERBE, s. f. faisceau de blé coupé; — d'eau, jets d'eau; fusées réunies en forme de gerbe.

GERBÉE, s. f. botte de paille où il reste encore quelque grain.

GERBER, v. a. é, ée, p. mettre en gerbe; mettre dans une cave des pièces de vin les unes sur les autres.

GERCER, v. a. é, ée, p. occasioner de petites crevasses.

GERÇURE, s. f. petites crevasses à la peau, au bois, etc.

GÉRER, v. a. é, ée, p. administrer, conduire.

GERMAIN, E, adj. d'Allemagne; parent; cousin ou cousine.

GERMANIQUE, adj. 2 g. des Allemands.

GERMANISME, s. m. locution propre à la langue allemande.

GERME, s. m. partie de la semence dont le développement reproduit la plante où l'animal dont elle provient; première pointe de verdure; fig. principe, cause, origine.

GERMER, v. a. é, ée, p. pousser le germe au dehors; fig. fructifier.

GERMINAL, s. m. septième mois de l'année républicaine; (du 21 mars au 20 avril.)

GERMINATION, s. f. premier développement du germe de la plante.

GÉRONDIF, s. m. t. de gramm. participe actif précédé de la prépos. en.

GERS, rivière qui a sa source dans les Hautes-Pyrénées et se jette dans la Garonne; elle donne son nom à un département.

GERZEAU, s. m. mauvaise herbe qui croît dans le blé.

GÉSIER, s. m. second ventricule des oiseaux granivores.

GÉSIR ou GIR, v. n. irr. V. git.

GESTATION, s. f. temps de la portée des femelles.

GESTE, s. m. action et mouvement du corps, surtout des bras et des mains; — au pl. exploits.

GESTICULATEUR, s. m. qui gesticule.

GESTICULATION, s. f. action de gesticuler.

GESTICULER, v. n. faire trop de gestes en parlant.

GESTION, s. f. administration; action de gérer.

GEX, chef-lieu d'arr. du dép. de l'Ain.

GIBECIÈRE, s. f. bourse de cuir où les chasseurs mettent le plomb, la poudre, etc.; sac à l'usage des escamoteurs.

GIBELET, s. m. foret pour percer un tonneau; fig. avoir un coup de —, grain de folie.

GIBELOTTE, s. f. fricassée de lapins, etc.

GIBERNE, s. f. espèce de boîte où le soldat renferme les cartouches.

GIBET, s. m. potence où l'on exécutait les criminels condamnés à être pendus.

GIBIER, s. m. animaux pris à la chasse et bons à manger.

GIBOULÉE, s. f. pluie soudaine, de peu de durée, quelquefois mêlée de grêle.

GIBOYER, v. n. chasser du gibier.

GIBOYEUR, s. m. qui chasse beaucoup.

GIBOYEUX, EUSE, adj. abondant en gibier.

GIEN, chef-lieu d'arr. du dép. du Loiret.

GIGANTESQUE, adj. 2 g. et s. m. qui tient du géant; fig. extraordinaire.

GIGOT, s. m. cuisse du mouton.

GIGOTTER, v. n. remuer sans cesse les jambes.

GIGUE, s. f. air de danse; jambe; fille dégingandée.

GILET, s. m. sorte de veste courte qui se met sous l'habit.

GILLE, s. m. niais, nigaud.

GIMBLETTE, s. f. petite pâtisserie sèche et dure.

GINGEMBRE, s. m. racine des Indes qui a le goût du poivre.

GIRAFE, s. f. quadrupède ruminant de l'intérieur de l'Afrique et dont les jambes de derrière sont beaucoup plus courtes que celles de devant.

GIRANDOLE, s. f. chandelier à plusieurs branches; pendants d'oreilles en diamants.

GIROFLE, s. m. fleur desséchée du giroflier.

GIROFLÉE, s. f. plante à corolle ayant 4 pétales étalés en croix.

GIROFLIER, s. m. arbre qui porte le girofle.

GIRON, s. m. espace depuis la ceinture jusqu'aux genoux étant assis; partie de la marche où l'on pose le pied.

GIRONDE, rivière qui donne son nom à un département. V. GARONNE.

GIROUETTE, s. f. plaque mobile sur une tige que fait tourner le vent et qui indique sa direction; fig. personne d'humeur changeante.

GISANT, E, adj. couché; étendu.

GÎT, 3ᵉ pers. du sing. de l'ind. du v. gir ou gésir, être couché.

GÎTE, s. m. lieu où l'on demeure, où l'on couche ordinairement; lieu où le lièvre repose.

GÎTER, v. n. demeurer, coucher.

GIVRE, s. m. gelée blanche, frimas, qui s'attache aux arbres, aux buissons, etc.

GLAÇANT, E, adj. qui glace.

GLACE, s. f. liquide durci par le froid; cristal artificiel dont on fait des miroirs; insensibilité; sérieux repoussant; liqueurs ou fruits glacés.

GLACÉ, ÉE, adj. luisant, poli, lustré.

GLACER, v. a. é, ée, p. durcir par le froid; causer un froid très-vif; fig. intimider, repousser par un accueil glacial; remplir d'effroi; revêtir d'un enduit luisant.

GLACERIE, s. f. art de fabriquer les glaces.

GLACIAL, E, adj. glacé, qui glace.

GLACIER, s. m. montagne de glace; limonadier qui prépare les glaces.

GLACIÈRE, s. f. lieu où l'on conserve de la glace en été; endroit très-froid.

GLACIS, s. m. talus, pente insensible; t. de peint. couleur légère et transparente.

GLAÇON, s. m. morceau de glace.

GLADIATEUR, s. m. homme armé qui se battait dans l'arène.

GLAÏEUL, s. m. plante vivace à feuilles en épée.
GLAIRE, s. f. humeur visqueuse ; blanc d'œuf cru.
GLAIREUX, EUSE, adj. qui a rapport aux glaires.
GLAISE, s. f. argile impure ; terre forte et grasse, presque impénétrable à l'eau.
GLAISER, v. a. é, ée, p. enduire de glaise ; engraisser la terre avec de la glaise.
GLAISEUX, EUSE, adj. de la nature de la glaise.
GLAISIÈRE, s. f. endroit d'où l'on tire de la glaise.
GLAIVE, s. m. épée tranchante ; par ext. arme blanche quelconque.
GLANAGE, s. m. action de glaner.
GLAND, s. m. fruit du chêne ; sorte d'ornement qui en a la forme.
GLANDE, s. f. partie molle et spongieuse qui sert à la sécrétion des humeurs ; tumeur.
GLANDÉE, s. f. récolte de glands.
GLANDULE, s. f. petite glande.
GLANDULEUX, EUSE, adj. de la nature de la glande.
GLANE, s. f. poignée d'épis.
GLANER, v. a. é, ée, p. ramasser les épis abandonnés après la moisson ; fig. faire de petits profits.
GLANEUR, EUSE, adj. qui glane.
GLANURE, s. f. ce qu'on glane.
GLAPIR, v. n. crier ; se dit du cri aigre des renards et des petits chiens.
GLAPISSANT, E, adj. qui glapit.
GLAPISSEMENT, s. m. cri aigu des petits chiens.
GLAS, s. m. son funèbre d'une cloche après la mort de quelqu'un.
GLAUBER, s. m. sel de —, combinaison de l'acide marin avec l'acide vitriolique.
GLÈBE, s. f. le fonds, le sol ; serfs.
GLISSADE, s. f. action de glisser involontairement.

GLISSANT, E, adj. sur quoi l'on glisse facilement.
GLISSÉ, s. m. pas de danse.
GLISSEMENT, s. m. action de glisser.
GLISSER, v. n. couler sur un corps gras ou uni ; — v. a. insinuer ; passer légèrement.
GLISSEUR, EUSE, adj. qui glisse sur la glace.
GLISSOIRE, s. f. chemin sur la glace pour glisser.
GLOBE, s. m. corps sphérique ; la masse de la terre et des eaux ; la terre ; le monde.
GLOBULE, s. m. petit globe.
GLOBULEUX, EUSE, adj. composé de globules.
GLOIRE, s. f. (sans pl.) honneur éclatant, estime, bonne réputation méritée ; renommée, célébrité ; puissance ; splendeur ; hommage, témoignage d'estime ; béatitude.
GLORIA, s. m. café mêlé d'eau-de-vie.
GLORIEUSEMENT, adv. avec gloire, avec honneur.
GLORIEUX, EUSE, adj. qui a de la gloire ; —, s. vain, orgueilleux.
GLORIFICATION, s. f. élévation à la gloire céleste.
GLORIFIER, v. a. é, ée, p. honorer, rendre honneur et gloire ; se —, v. pr. tirer vanité d'une chose.
GLORIOLE, s. f. petite vanité.
GLOSE, s. f. commentaire ; paraphrase.
GLOSER, v. a. é, ée, p. faire une glose.
GLOSEUR, EUSE, s. qui glose.
GLOSSAIRE, s. m. vocabulaire, dictionnaire.
GLOTTE, s. f. fente du larynx par laquelle on respire.
GLOUGLOU, s. m. bruit que fait une liqueur en sortant d'une bouteille.
GLOUGLOUTER ou GOUGLOUTER, v. n. terme qui exprime le cri du dindon.
GLOUSSEMENT, s. m. cri de la poule qui veut couver ou qui appelle ses poussins.
GLOUSSER, v. n. faire des gloussements.

GLOUTERON, s. m. ou BARDANE, s. f. plante médicinale.
GLOUTON, NNE, adj. et s. qui mange avec avidité; goulu.
GLOUTONNEMENT, adv. d'une manière gloutonne.
GLOUTONNERIE, s. f. vice du glouton.
GLU, s. f. matière visqueuse et tenace.
GLUANT, E, adj. visqueux; de la nature de la glu.
GLUAU, s. m. petit bâton enduit de glu pour prendre des oiseaux.
GLUER, v. a. é, ée, p. enduire de glu; poisser.
GLUI, s. m. grosse paille de seigle pour couvrir les toits.
GLUTEN, s. m. t. d'hist. nat. matière glutineuse.
GLUTINEUX, EUSE, adj. gluant, visqueux.
GNOME, s. m. habitant imaginaire du globe terrestre; —, genre d'insectes.
GNOMONIQUE, s. f. art de tracer des cadrans solaires, lunaires ou astraux.
GO, (tout de—) loc. adv. sans façon.
GOAILLER ou GOUAILLER, v. a. et n. railler.
GOAILLEUR ou GOUAILLEUR, s. m. qui aime à railler.
GOBELET, s. m. vase pour boire, pour escamoter; joueur de gobelets, escamoteur.
GOBELINS, s. m. pl. nom d'une célèbre manufacture de tapisseries à Paris.
GOBE-MOUCHES, s. m. espèce de lézard; homme qui passe son temps à niaiser.
GOBER, v. a. é, ée, p. avaler avidement; croire avec légèreté; niaiser.
GOBERGER (se), v. pr. se mettre à son aise, se moquer.
GOBEUR, EUSE, s. qui gobe.
GOBET, s. m. grosse cerise à courte queue.
GOBILLARD, (ll m.) s. m. planche pour faire des douves de tonneau.
GOBILLE, (ll m.) s. f. bille pour les enfants.
GODAILLER, v. n. boire avec excès.

GODAILLEUR, s. m. qui godaille.
GODELUREAU, s. m. jeune homme qui fait le galant.
GODER, v. n. faire de faux plis.
GODET, s. m. vase à boire qui n'a ni pied, ni anse.
GODICHE, adj. 2 g. niais, ridicule.
GODIVEAU, s. m. pâté de hachis de viandes, etc.
GODURE, s. f. faux plis.
GOËLETTE, s. f. bâtiment à deux mâts et du port de 80 à 100 tonneaux.
GOGO, (vivre à) loc. adv. dans l'abondance : fam.
GOGUENARD, adj. et s. mauvais plaisant, railleur.
GOGUENARDER, v. n. railler.
GOGUENARDERIE, s. f. mauvaise plaisanterie.
GOGUETTES, s. f. pl. propos joyeux.
GOINFRE, s. m. qui aime à manger avidement et sans choix.
GOINFRER, v. n. manger beaucoup et gloutonnement.
GOINFRERIE, s. f. vie du goinfre; gourmandise outrée.
GOÎTRE, s. m. tumeur grosse et spongieuse à la gorge.
GOÎTREUX, EUSE, adj. de la nature du goître; qui a un goître.
GOLFE, s. m. étendue de mer qui s'avance dans les terres.
GOMME, s. f. substance épaisse qui découle de certains arbres.
GOMMÉ, ÉE, adj. enduit de gomme.
GOMMER, v. a. é, ée, p. enduire de gomme.
GOMMEUX, EUSE, adj. qui contient de la gomme.
GOMMIER, s. m. arbre d'Amérique qui jette de la gomme.
GOND, s. m. morceau de fer coudé qui soutient la penture d'une porte.
GONDOLE, s. f. bateau plat et couvert; espèce de grande voiture.
GONDOLIER, s. m. qui conduit les gondoles.

GONFALONIER, s. m. magistrat chef d'une république d'Italie.
GONFLEMENT, s. m. enflure.
GONFLER, v. a. é, ée, p. enfler; — v. n. s'enfler.
GORDIEN, adj. m. nœud —, difficulté insurmontable.
GORET, s. m. petit porc; fig. personne malpropre.
GORGE, s. f. partie antérieure du cou; gosier; sein; passage étroit entre deux montagnes.
GORGÉE, s. f. quantité de liquide qu'on peut avaler à la fois.
GORGER, v. a. é, ée, p. donner à manger avec excès; fig. combler, remplir.
GORGERETTE, s. f. espèce de collerette.
GORGONE, s. f. personnage fabuleux dont la vue pétrifiait.
GOSIER, s. m. partie intérieure de la gorge par où les aliments passent de la bouche dans l'estomac.
GOSSE, s. f. mensonge.
GOTHIQUE, s. m. et adj. 2 g. ancien; hors de mode.
GOUACHE, s. f. peinture avec des couleurs détrempées dans de l'eau mêlée de gomme.
GOUDRON, s. m. composition de gomme, de poix, d'huile de poisson, etc., pour calfater.
GOUDRONNER, v. a. é, ée, p. enduire de goudron.
GOUDRONNERIE, s. f. lieu où se fait le goudron.
GOUÉ ou GOUET, s. m. serpe de bûcheron.
GOUFFRE, s. m. trou large et profond; précipice; tournoiement d'eau causé par deux courants opposés; abîme.
GOUGE, s. f. ciseau à biseau concave à l'usage des maréchaux.
GOUJAT, s. m. valet d'armée; homme sale, grossier.
GOUJON, s. m. sorte de petit poisson.
GOULÉE, s. f. grosse bouchée.
GOULET, s. m. goulot.
GOULIAFRI, s. et adj. 2 g. glouton malpropre.
GOULOT, s. m. cou étroit d'un vase.
GOULOTTE, s. f. rigole pour l'écoulement des eaux.
GOULU, E, adj. qui mange avec avidité.
GOULUMENT, adv. avidement.
GOUPILLE, (ll m.) s. f. petite cheville; clou sans tête.
GOUPILLER, (ll m.) v. a. é, ée, p. mettre une goupille.
GOUPILLON, (ll m.) s. m. aspersoir pour l'eau bénite; espèce de brosse pour nettoyer les vases.
GOURD, E, adj. engourdi par le froid.
GOURDE, s. f. courge vide servant de bouteille.
GOURDIN, s. m. bâton gros et court.
GOURDON, chef-lieu d'arr. du dép. du Lot.
GOURER, v. a. é, ée, p. tromper, duper.
GOUREUR, s. m. qui trompe, qui dupe.
GOURMADE, s. f. coup de poing.
GOURMAND, E, adj. et s. qui prend plaisir à manger outre mesure des mets choisis.
GOURMANDER, v. a. é, ée, p. gronder, traiter durement en paroles.
GOURMANDISE, s. f. vice du gourmand, intempérance dans le manger.
GOURME, s. f. maladie des jeunes chevaux; gale sur la tête des enfants.
GOURMER, v. a. é, ée, p. mettre la gourmette à un cheval; battre à coups de poing.
GOURMET, s. m. qui sait connaître et goûter le vin.
GOURMETTE, s. f. chaînette de fer attachée à la branche de la bride, et qui passe sous la ganache du cheval.
GOUSSE, s. f. enveloppe qui couvre certaines graines; — d'ail, tête d'ail.
GOUSSET, s. m. le creux de l'aisselle; morceau de toile à la manche d'une chemise sous l'aisselle; petite poche de culotte.
GOÛT, s. m. celui des 5 sens qui discerne la saveur; saveur,

odeur, discernement, penchant, sentiment, caractère particulier d'un auteur, d'un ouvrage.

GOÛTER, *s. m.* repas entre le dîner et le souper.

GOÛTER, *v. a. é, ée, p.* sentir, discerner par le goût; éprouver; approuver; se plaire à...; — *v. n.* faire son goûter.

GOUTTE, *s. f.* petite partie d'un liquide; —, maladie douloureuse; —, *goutte à goutte*, *loc. adv.* peu à peu; *ne voir goutte*, de pas voir du tout.

GOUTTEUX, EUSE, *adj. et s.* sujet à la goutte.

GOUTTIÈRE, *s. f.* canal, tuyau pour l'écoulement des eaux de pluie.

GOUVERNAIL, (*l m.*) *s. m.* pièce de bois à l'arrière d'un bateau, d'un vaisseau, servant à le gouverner au moyen d'un timon mobile; queue d'un moulin à vent.

GOUVERNANTS, *s. m. pl.* ceux qui gouvernent.

GOUVERNANTE, *s. f.* la femme d'un gouverneur; institutrice dans une famille; femme qui prend soin d'un ménage.

GOUVERNE, *s. f.* règle de conduite.

GOUVERNEMENT, *s. m.* charge, juridiction, hôtel d'un gouverneur; manière de gouverner; ceux qui gouvernent; constitution politique d'un état; éducation; direction.

GOUVERNER, *v. a. é, ée, p.* administrer; régir; élever; conduire; maîtriser; *se* —, *v. pr.* se conduire.

GOUVERNEUR, *s. m.* commandant; intendant; administrateur; précepteur.

GRABAT, *s. m.* mauvais lit.

GRABUGE, *s. f.* querelle, désordre.

GRÂCE, *s. f.* faveur; crédit; pardon; marque de bonté; bienveillance; agrément; manières agréables; *au pl.* prière après le repas; remerciement; déesses de la Fable; *de grâce*, *loc. adv.* par bonté.

GRACIABLE, *adj.* 2 *g.* digne de pardon; excusable.

GRACIER, *v. a. é, ée, p.* faire la remise à un condamné de la peine qu'il doit subir.

GRACIEUSEMENT, *adv.* d'une manière gracieuse.

GRACIEUSETÉ, *s. f.* accueil gracieux; civilité; petit présent.

GRACIEUX, EUSE, *adj.* agréable, plein de grâces, doux, bienveillant.

GRACILITÉ, *s. f.* état d'une voix grêle.

GRADATION, *s. f.* augmentation par degrés.

GRADE, *s. m.* dignité; distinction; élévation, degrés que l'on prend dans les universités.

GRADER, *v. a. é, ée, p.* conférer un grade.

GRADIN, *s. m.* petit degré; — *au pl.* bancs élevés en amphithéâtre.

GRADUÉ, *s. m.* celui qui a obtenu un degré dans une université; — **ÉE**, *adj.* divisé en degrés.

GRADUEL, LLE, *adj.* qui va par degrés; *psaumes graduels*, c.-à-d. qui se chantaient sur les marches du temple; *graduel*, *s. m.* livre d'église; versets qui se disent entre l'épître et l'évangile.

GRADUELLEMENT, *adv.* par degrés.

GRADUER, *v. a. é, ée, p.* diviser, augmenter par degrés; conférer un grade.

GRAILLEMENT, (*ll m.*) *s. m.* son enroué de la voix.

GRAILLON, (*ll m.*) *s. m.* restes d'un repas; *goût, odeur de* —, c.-à-d. de viande ou de graisse brûlée.

GRAIN, *s. m.* fruit, semence du froment, du seigle, de l'orge, de l'avoine, etc.; fruit de certaines plantes et de certains arbrisseaux; petites aspérités sur la surface d'une étoffe, d'une pierre, etc.; petite parcelle; poids égal à la 72e partie d'un gros; *t. de mar.* coup de vent.

GRAINE, *s. f.* semence de plantes; pépin.

GRAINETIER. *V.* GRENETIER.

GRAINIER, IÈRE, *s.* qui vend des graines.

GRAISSAGE, *s. m.* action de graisser.

GRAISSE, *s. f.* substance animale huileuse, inflammable, aisée à fondre.
GRAISSER, *v. a.* é, ée, *p.* enduire, frotter de graisse; — *v. n.* devenir huileux (se dit du vin).
GRAISSEUX, EUSE, *adj.* de la nature de la graisse.
GRAISSIER, *s. m.* marchand de graisse.
GRAMEN, (l'n se pron.) *s. m.* genre de plantes fromentacées, graminées, comme les chiendents.
GRAMINÉE, *adj.* et *s. f.* de la nature du gramen.
GRAMMAIRE, *s. f.* art de parler et d'écrire correctement; livre qui en renferme les préceptes.
GRAMMAIRIEN, *s. m.* qui sait et enseigne la grammaire.
GRAMMATICAL, E, *adj.* qui appartient à la grammaire; qui est conforme aux règles de la grammaire.
GRAMMATICALEMENT, *adv.* selon les règles de la grammaire.
GRAMME, *s. m.* unité des mesures de poids dans le nouveau système (environ 19 grains).
GRAND, *s. m.* grandeur, élévation d'âme, d'esprit; sublime; homme titré; en —, de grandeur naturelle, sous des rapports étendus.
GRAND, E, *adj.* de dimensions très-étendues; ample, vaste, spacieux, de haute taille; nombreux; principal; remarquable, célèbre, illustre, puissant, excessif.
GRANDELET, TTE, *adj.* un peu grand.
GRANDEMENT, *adv.* avec grandeur, magnificence, noblement.
GRANDEUR, *s. f.* qualité de ce qui est grand; longueur, largeur, ampleur, hauteur; étendue, espace, capacité; quantité, nombre; élévation, supériorité, pouvoir; énormité; tout ce qui peut être augmenté ou diminué.
GRANDIOSE, *adj.* 2 g. grand, sublime.
GRANDIR, *v. n.* devenir grand, croître en hauteur.

GRANDISSIME, *adj.* 2 g. très-grand.
GRAND-MERCI, *loc. adv.* je vous rends grâces.
GRAND'-MÈRE, *s. f.* mère de la mère ou du père.
GRAND'-MESSE, *s. f.* messe chantée.
GRAND-ONCLE, *s. m.* oncle de l'oncle ou de la tante.
GRAND-PÈRE, *s. m.* père du père ou de la mère.
GRAND'TANTE, *s. f.* tante de l'oncle ou de la tante.
GRAND-TURC, *s. m.* l'empereur des Turcs.
GRANGE, *s. f.* lieu où l'on serre et où l'on bat les blés en gerbes.
GRANIT, *s. m.* pierre dure formée d'un assemblage naturel d'autres pierres.
GRANITIQUE, *adj.* 2 g. formé de granit, qui contient du granit.
GRANIVORE, *adj.* 2 g. qui vit de graines.
GRAPHIE, *s. f.* description.
GRAPHIQUE, *adj.* 2 g. description —, rendue sensible par une figure.
GRAPHIQUEMENT, *adv.* d'une manière graphique.
GRAPHOMÈTRE, *s. m.* instrument pour lever des plans.
GRAPPE, *s. f.* grains en bouquets pendants; assemblage de fleurs ou de fruits disposés par étages sur une queue commune.
GRAPPILLAGE, (*ll* m.) *s. m.* action de grappiller.
GRAPPILLER, (*ll* m.) *v. n.* cueillir ce qui reste de raisin après la vendange; faire un petit gain.
GRAPPILLEUR, EUSE, (*ll* m.) *s.* qui grappille.
GRAPPILLON, (*ll* m.) *s. m.* petite grappe.
GRAPPIN, *s. m.* ancre à quatre becs sans jas; crochet.
GRAS, *s. m.* graisse, endroit charnu.
GRAS, SSE, *adj.* qui a beaucoup de graisse; potelé, replet; imbu de graisse; trop épaissi; opposé à maigre.
GRAS-DOUBLE, *s. m.* membrane de l'estomac du bœuf.

GRASSE, chef-lieu d'arr. du dép. du Var.
GRASSEMENT, adv. à son aise, commodément; généreusement.
GRASSEYEMENT, s. m. prononciation en grasseyant.
GRASSEYER, v. n. prononcer avec embarras certaines consonnes, principalement la lettre r.
GRASSEYEUR, EUSE, s. qui grasseye.
GRASSOUILLET, TTE, (ll m.) adj. un peu gras.
GRATERON, s. m. plante rude au toucher et qui s'attache aux habits, au linge.
GRATIFICATION, s. f. don, libéralité.
GRATIFIER, v. a. é, ée, p. favoriser par des libéralités.
GRATIN, s. m. partie de la bouillie, de la sauce, etc., qui s'attache au poêlon.
GRATIS, (s dur) adv. sans frais, gratuitement.
GRATITUDE, s. f. reconnaissance d'un bienfait reçu.
GRATTE-CUL, s. m. fruit du rosier, de l'églantier.
GRATTER, v. a. é, ée, p. frotter avec les ongles, etc. l'endroit où il démange; ratisser; racler.
GRATTOIR, s. m. outil pour gratter, nettoyer.
GRATUIT, E, adj. fait ou donné gratis ou sans obligation; sans fondement.
GRATUITEMENT, adv. d'une manière gratuite; gratis; sans fondement.
GRAVATIER, s. m. charretier qui enlève les gravois.
GRAVE, s. m. sérieux.
GRAVE, adj. 2 g. lourd; pesant; circonspect, sérieux; important; accent —, t. de gramm.
GRAVÉ, ÉE, adj. marqué de petite vérole; creusé avec le burin.
GRAVELEUX, EUSE, adj. mêlé de gravier; attaqué de la gravelle; propos —, trop libre.
GRAVELLE, s. f. petites pierres dans les reins.
GRAVEMENT, adv. avec gravité.

GRAVER, v. a. é, e, p. tracer quelque figure sur un corps dur en creusant; fig. Imprimer fortement dans le cœur, l'esprit, la mémoire.
GRAVEUR, s. m. artiste dont la profession est de graver.
GRAVIER, s. m. gros sable mêlé de très-petits cailloux; sable dans l'urine.
GRAVIR, v. n. monter difficilement par une pente escarpée.
GRAVITATION, s. f. attraction, action de graviter.
GRAVITÉ, s. f. extérieur grave, sérieux; pesanteur des corps, de la matière.
GRAVITER, v. n. tendre et peser vers un point.
GRAVOIS, s. m. débris de démolition.
GRAVURE, s. f. art et ouvrage du graveur; empreinte de planche gravée.
GRAY, chef-lieu d'arr. du dép. de la Haute-Saône.
GRÉ, s. m. bonne volonté.
GREC, GRECQUE, adj. et s. qui est de Grèce; qui a rapport à la Grèce; fig. rusé, avare.
GRÈCE (la), s. f. partie méridionale de la Turquie d'Europe constituée en royaume.
GREDIN, s. m. coquin, homme vil.
GREDINERIE, s. f. action de gredin.
GRÉEMENT, s. m. ce qui sert à gréer un vaisseau.
GRÉER, v. a. é, ée, p. équiper un vaisseau.
GREFFE, s. m. bureau où l'on expédie les jugements, où l'on garde les actes; —, s. f. œil d'arbre enté dans un autre.
GREFFER, v. a. é, ée, p. enter une branche d'arbre sur un autre arbre.
GREFFOIR, s. m. instrument pour greffer.
GRÈGE, s. f. peigne pour séparer la graine du lin de sa tige; —, adj. f. soie —, sortant de dessus le cocon.
GRÉGEOIS, adj. m. feu —, qui brûle dans l'eau.
GRÉGORIEN, NNE, adj. in-

stitué par e pape saint Grégoire.

GRÉGUE, s. f. culotte.

GRÊLE, s. f. pluie congelée qui tombe par grains ; grande quantité ; —, adj. 2 g. long et menu ; fluet, délicat.

GRÊLÉ, ÉE, adj. ravagé par la grêle ; marqué de la petite vérole.

GRÊLER, v. a. é, ée, p. frapper de la grêle ; gâter, ravager par la grêle ; —, v. impers. tomber, en parlant de la grêle.

GRELET, s. m. marteau de maçon.

GRÊLON, s. m. gros grain de grêle.

GRELOT, s. m. petite sonnette de métal creuse et ronde.

GRELOTTER, v. n. trembler de froid.

GRENADE, s. f. fruit du grenadier ; —, petite bombe remplie de poudre à canon.

GRENADIER, s. m. arbrisseau remarquable par ses belles fleurs rouges ; —, soldat d'élite.

GRENAILLE, (ll m.) s. f. métal réduit en grains ; rebut de graines pour les volailles.

GRENAT, s. m. pierre précieuse rouge.

GRENER, v. n. réduire en grains.

GRÈNETERIE, s. f. commerce du grènetier.

GRÈNETIER, s. m. marchand de graines.

GRENIER, s. m. lieu où l'on serre les grains ; le plus haut étage d'une maison.

GRENOBLE, ville forte, chef-lieu du dép. de l'Isère.

GRENOUILLE, (ll m.) s. f. genre de reptiles qui vivent dans les marais.

GRENOUILLÈRE, (ll m.) s. f. lieu marécageux où se tiennent les grenouilles.

GRENOUILLETTE, (ll m.) s. f. tumeur sous la langue ; espèce de renoncule.

GRENU, E, adj. plein de grains.

GRÈS, s. m. pierre formée de grains de sable fin ; —, poterie de glaise mêlée de grès.

GRÉSIL, (ll m.) s. m. menue grêle.

GRÉSILLEMENT, (ll m.) s. m. action de grésiller ; état de ce qui est grésillé.

GRÉSILLER, (ll m.) v. imp. se dit du grésil qui tombe ; —, v. a. é, ée, p. raccornir, froncer.

GRÉSOIR, s. m. outil de vitrier pour rogner le verre.

GRESSERIE, s. f. carrière de grès ; poterie de grès.

GRÈVE, s. f. plage unie et sablonneuse au bord de la mer.

GREVER, v. a. é, ée, p. faire tort ; léser ; charger de contributions.

GRIBLETTE, s. f. morceau de porc rôti sur le gril.

GRIBOUILLAGE, (ll m.) s. m. griffonnage, mauvaise peinture.

GRIBOUILLE, (ll m.) s. m. imbécille, idiot.

GRIBOUILLER, (ll m.) v. a. é, ée, p. faire du gribouillage.

GRIBOUILLETTE, (ll m.) s. f. jeu d'enfants.

GRIÈCHE, adj. 2 g. pie —, sorte de petite pie grise ; fig. femme querelleuse.

GRIEF, s. m. tort ; dommage ; plainte.

GRIEF, IÈVE, adj. fâcheux, grave ; énorme.

GRIÈVEMENT, adv. d'une manière grave ; excessivement.

GRIÈVETÉ, s. f. énormité.

GRIFFADE, s. f. coup de griffe.

GRIFFE, s. f. ongle crochu et pointu de certains animaux ; empreinte d'une signature.

GRIFFER, v. a. é, ée, p. prendre avec la griffe ; égratigner.

GRIFFON, s. m. sorte d'oiseau de proie ; sorte de chien à moustache.

GRIFFONNAGE, s. m. écriture illisible.

GRIFFONNER, v. a. et n. écrire illisiblement.

GRIFFONNEUR, s. m. qui écrit mal.

GRIGNON, s. m. morceau de croûte de pain bien cuite.

GRIGNOTER, *v. n.* manger doucement, en rongeant.
GRIGOU, *s. m.* gueux ; avare, sordide.
GRIL, *s. m.* (l ne se pron. pas) ustensile de cuisine, pour faire griller ou rôtir la viande.
GRILLADE, (ll m.) *s. f.* viande grillée.
GRILLAGE, (ll m.) *s. m.* garniture de fils de fer ou de laiton qui s'entrelacent.
GRILLE, (ll m.) *s. f.* barreaux en bois ou en fer fermant une ouverture.
GRILLER, (ll m.) *v. a.* é, ée, *p.* rôtir sur le gril ; brûler ; fermer avec une grille ; —, *v. n.* se rôtir sur le gril.
GRILLON, (ll m.) ou **CRICRI**, *s. m.* cigale de nuit, petit insecte.
GRIMACE, *s. f.* contorsion du visage ; feinte, dissimulation ; boîte dont le dessus forme pelote ; *fig.* mauvais pli.
GRIMACER, *v. n.* faire des grimaces.
GRIMACIER, IÈRE, *s. et adj.* qui fait des grimaces.
GRIMAUD, *s. m.* écolier des basses classes ; *t. de mépris.*
GRIME, *s. m.* acteur qui joue les rôles à caricature.
GRIMER (se), *v. pr.* é, ée, *p.* se rider le visage pour jouer les rôles de grime.
GRIMOIRE, *s. m.* livre de prétendus magiciens ; discours obscur, écriture illisible.
GRIMPANT, E, *adj.* qui grimpe.
GRIMPER, *v. n.* gravir, monter en s'aidant des pieds et des mains.
GRIMPEURS, *s. m. pl.* ordre d'oiseaux qui grimpent le long des arbres.
GRINCEMENT, *s. m.* action de grincer les dents.
GRINCER (les dents), *v. a.* é, ée, *p.* ou — des dents, *v. n.* serrer les dents en les frottant par un mouvement convulsif de rage ou de douleur.
GRIOTTE, *s. f.* espèce de cerise dont la chair est ferme et noirâtre.

GRIOTTIER, *s. m.* arbre qui porte des griottes.
GRIPPE, *s. f.* fantaisie, caprice ; aversion ; —, espèce de rhume épidémique.
GRIPPER, *v. a.* é, ée, *p.* attraper subtilement ; *se* —, *v. pr.* se froncer (en parlant des étoffes) ; se prévenir contre quelqu'un.
GRIPPE-SOU, *s. m.* celui qui s'attache à des gains sordides.
GRIS, *s. m.* couleur mélangée de noir et de blanc ; — *de perle*, sorte de gris qui a l'éclat de la perle ; — *de lin*, mêlé de rouge ; *temps* —, couvert et froid ; *petit* —, fourrure de couleur grise.
GRIS, E, *adj.* de couleur grise ; *homme gris*, à demi-ivre ; *vert-de-gris*, rouille sur le cuivre.
GRISAILLE, (ll m.) *s. f.* peinture avec deux couleurs, l'une claire et l'autre brune.
GRISÂTRE, *adj. 2 g.* qui tire sur le gris.
GRISER, *v. a.* é, ée, *p.* faire boire quelqu'un jusqu'à le rendre demi-ivre ; —, *v. n.* étourdir, porter à la tête ; *se* —, *v. pr.* s'enivrer.
GRISON, NNE, *adj.* barbe, cheveux qui blanchissent ; —, *s.* personne dont les cheveux ou la barbe blanchissent.
GRISONNER, *v. n.* devenir grison.
GRIVE, *s. f.* oiseau du genre du merle, bon à manger.
GRIVOIS, E, *adj. et s.* éveillé, alerte, gai, vif.
GROG, *s. m.* mélange d'eau-de-vie et d'eau qui sert de boisson aux marins.
GROGNARD, *s. m.* qui a l'habitude de gronder.
GROGNEMENT, *s. m.* action de grogner ; cri des pourceaux.
GROGNER, *v. n.* gronder en murmurant ; crier (en parlant des pourceaux).
GROGNEUR, EUSE, *adj.* qui grogne.
GROGNON, *s. m.* qui grogne.
GROIN, *s. m.* museau de cochon.
GROMMELER, *v. n.* murmurer entre les dents.

GRONDEMENT, s. m. bruit sourd.

GRONDER, v. a. é, ée, p. adresser des réprimandes ; —, v. n. murmurer entre ses dents ; faire un bruit sourd, en parlant du tonnerre, du vent, etc.

GRONDERIE, s. f. réprimande vive.

GRONDEUR, EUSE, s. et adj. qui aime à gronder.

GROS, s. m. poids qui est la 8e partie de l'once ; la partie la plus forte, la plus épaisse d'une chose ; le gros, la masse la plus considérable ; gros de Naples, gros de Tours, étoffes de soie qui se fabriquent à Naples et à Tours ; —, adv. beaucoup ; en gros, loc. adv. opposé à en détail.

GROS, SSE, adj. épais, volumineux ; nombreux ; qui a de l'embonpoint ; opposé de menu, délicat ; opulent ; temps gros, orageux ; mer grosse, agitée.

GROSEILLE, (ll m.) s. f. petit fruit rouge ou blanc en grappes.

GROSEILLIER, (ll m.) s. m. arbrisseau épineux qui porte les groseilles.

GROSSE, s. f. 12 douzaines de certaines marchandises ; rôle d'écritures ; expédition d'un acte judiciaire ou notarié.

GROSSESSE, s. f. état d'une femme enceinte ; durée de cet état.

GROSSEUR, s. f. état de ce qui est gros ; tumeur.

GROSSIER, IÈRE, adj. et s. épais, qui n'est pas délié, délicat ; brut, mal travaillé ; rude ; peu civilisé.

GROSSIÈREMENT, adv. d'une manière grossière.

GROSSIÈRETÉ, s. f. caractère de ce qui est grossier ; manque de délicatesse ; impolitesse ; parole grossière, malhonnête.

GROSSIR, v. a. i, ie, p. rendre gros ; faire paraître plus gros ; augmenter ; fig. exagérer ; —, v. n. devenir gros ; croître ; engraisser.

GROSSOYER, v. a. é, ée, p. faire la grosse d'un acte.

GROTESQUE, adj. 2 g. ridicule, bizarre, extravagant.

GROTESQUEMENT, adv. d'une manière ridicule.

GROTTE, s. f. caverne naturelle, ou faite de main d'homme.

GROUILLANT, E, (ll m.) adj. qui grouille.

GROUILLEMENT, (ll m.) s. m. mouvement et bruit de ce qui grouille.

GROUILLER, (ll m.) v. n. remuer ; agiter.

GROUINER, v. n. se dit du cochon qui crie.

GROUPE, s. m. assemblage d'objets tellement rapprochés que l'œil les embrasse à la fois ; réunion de plusieurs personnes.

GROUPER, v. a. é, ée, p. mettre en groupe, réunir ; —, v. n. former un groupe.

GRUAU, s. m. orge, avoine mondée.

GRUE, s. f. gros oiseau de passage ; machine pour élever les pierres.

GRUGER, v. a. é, ée, p. briser quelque chose de dur ou de sec avec les dents ; ruiner peu à peu.

GRUME, s. f. bois coupé et encore couvert de son écorce.

GRUMEAU, s. m. petite portion de lait ou de sang caillé.

GRUMELER (se), v. pr. devenir en grumeaux.

GRUMELEUX, EUSE, adj. qui a de petites inégalités dures.

GRUMELURE, s. f. petits trous dans le métal.

GRUYÈRE, s. m. fromage suisse qui tire son nom du lieu où il se fabrique.

GUADELOUPE, île française des Antilles.

GUAIS, adj. m. hareng qui n'a ni laite ni œufs.

GUÉ, s. m. endroit d'une rivière où l'on passe à pied.

GUÉABLE, adj. 2 g. où l'on peut passer à gué.

GUÉER, v. a. é, ée, p. baigner, laver dans l'eau.

GUENILLE, (ll m.) s. f. haillon ; chiffon ; vieilles hardes.

GUENILLON, (ll m.) s. m. petite guenille.

GUENON, s. f. femelle du singe.

GUENUCHE, s. f. petite guenon.
GUÊPE, s. f. grosse mouche semblable à l'abeille.
GUÊPIER, s. m. nid, gâteau de guêpes.
GUÊPIÈRE, s. f. nid de guêpes.
GUÈRE ou GUÈRES, adv. peu.
GUÉRET, s. m. terre labourée, non ensemencée.
GUÉRET, chef-lieu du dép. de la Creuse.
GUÉRIDON, s. m. petite table ronde à un seul pied, ou à trois pieds.
GUÉRIR, v. a. i, ie, p. délivrer de maladie; rendre la santé; fig. désabuser, tirer d'erreur; —, v. n. recouvrer la santé.
GUÉRISON, s. f. recouvrement de la santé.
GUÉRISSABLE, adj. 2 g. qui peut être guéri.
GUÉRITE, s. f. petite loge pour une sentinelle.
GUERRE, s. f. contestation armée entre deux puissances souveraines, deux peuples, deux partis, etc.; débat, dissension, lutte.
GUERRIER, s. m. qui fait, qui a fait la guerre; guerrier, ère, adj. qui appartient à la guerre; propre à la guerre.
GUERROYER, v. n. faire la guerre.
GUET, s. m. fonction d'un soldat mis en sentinelle; ceux qui font le guet.
GUET-APENS, s. m. embûche; dessein prémédité pour nuire.
GUÊTRE, s. f. chaussure qui couvre la jambe et le dessus du pied.
GUÊTRER, v. a. é, ée, p. mettre des guêtres.
GUETTER, v. a. é, ée, p. faire le guet; épier à dessein de surprendre.
GUEULARD, E, adj. qui parle haut et beaucoup; t. bas.
GUEULE, s. f. bouche des animaux; large ouverture de certaines choses.
GUEULER, v. n. crier très-haut; t. bas.
GUEUSE, s. f. pièce de fer non purifié.
GUEUSER, v. n. mendier, faire le métier de gueux.
GUEUX, EUSE, adj. fripon, mendiant.
GUI, s. m. plante parasite.
GUIBERT, s. m. toile de lin de Louviers.
GUICHET, s. m. petite porte de prison; fenêtre grillée.
GUICHETIER, s. m. valet de geôlier qui ouvre et ferme les guichets.
GUIDE, s. m. qui accompagne pour guider; celui qui donne des avis, des instructions; ce qui sert de modèle.
GUIDER, v. a. é, ée, p. conduire dans un chemin; fig. diriger.
GUIDON, s. m. enseigne militaire.
GUIENNE, ancienne province qui forme aujourd'hui les dép. de la Gironde, de Lot-et-Garonne, de la Dordogne, du Lot et de l'Aveyron.
GUIGNE, s. f. espèce de grosse cerise.
GUIGNER, v. n. fermer à demi les yeux en regardant.
GUIGNIER, s. m. arbre qui porte les guignes.
GUIGNOLET, s. m. liqueur faite avec des guignes.
GUIGNON, s. m. malheur constant.
GUILÉE, s. f. giboulée.
GUILLAUME, (ll m.) s. m. sorte de rabot.
GUILLEMETS, (ll m.) s. m. pl. signe typographique pour indiquer les citations.
GUILLERET, TTE, (ll m.) adj. gai, éveillé; trop léger.
GUILLOCHER, (ll m.) v. a. é, ée, p. faire du guillochis.
GUILLOCHIS, (ll m.) s. m. compartiments pour orner un ouvrage.
GUILLOTINE, (ll m.) s. f. instrument de supplice pour trancher la tête.
GUILLOTINER, (ll m.) v. a.

e, ée, p. trancher la tête avec la guillotine.

GUIMAUVE, s. f. espèce de mauve employée en médecine.

GUIMBARDE, s. f. long chariot couvert; petit instrument de musique en acier.

GUIMPE, s. f. vêtement pour couvrir le cou.

GUINCHE, s. f. outil pour polir les talons de souliers de femme.

GUINDÉ, ÉE, adj. contraint, gêné, affecté.

GUINDER, v. a. é, ée, p. hausser au moyen d'une machine.

GUINÉE, s. f. monnaie d'or d'Angleterre de 24 à 25 francs; sorte de mousseline.

GUINGAM, s. m. toile de coton des Indes.

GUINGAMP, chef-lieu d'arr. du dép. des Côtes-du-Nord.

GUINGOIS, s. m. état de ce qui est de travers.

GUINGUETTE, s. f. petit cabaret hors de la ville.

GUIRLANDE, s. f. couronne, festons de fleurs.

GUISE, s. f. habitude, manière, façon d'agir.

GUITARE, s. f. instrument de musique à cinq ou six cordes.

GUITRAN, s. m. bitume pour enduire les navires.

GUSTATIF, IVE, adj. nerf —, qui sert à l'organe du goût.

GUSTATION, s. f. sensation du goût.

GUTTE, s. f. gomme résine.

GUTTURAL, E, adj. du gosier.

GYMNASE, s. m. lieu d'exercice des Grecs; école publique.

GYMNASTIQUE, s. f. art d'exercer le corps; adj. 2 g. qui appartient à cet art.

GYMNIQUE, s. f. art relatif aux exercices des athlètes; jeux gymniques, combats d'athlètes nus.

GYPSE, s. m. pierre calcaire; pierre à plâtre.

GYPSÉ, ÉE, adj. rempli de gypse.

GYPSEUX, EUSE, adj. de la nature du gypse.

H.

NOTA. Les mots commençant par h aspiré sont précédés d'un astérisque.

H, s. m. 8e lettre de l'alphabet.

HA! interj. marque la surprise, la douleur, etc.

HABEAS-CORPUS, s. m. loi anglaise qui donne à un prisonnier le droit de rentrer en liberté sous caution.

HABILE, adj. 2 g. capable, intelligent, adroit, savant.

HABILEMENT, adv. avec habileté.

HABILETÉ, s. f. capacité, intelligence, adresse.

HABILITÉ, s. f. aptitude à succéder.

HABILLEMENT, (ll m.) s. m. habit, vêtement.

HABILLER, (ll m.) v. a. é, ée, p. vêtir; donner un habit; couvrir; envelopper; déguiser; —, v. n. faire des vêtements; aller bien ou mal, en parlant des habits.

HABIT, s. m. vêtement; ce qui sert à couvrir le corps.

HABITABLE, adj. 2 g. qui peut être habité.

HABITACLE, s. m. demeure, séjour.

HABITANT, E, adj. et s. qui habite ordinairement en quelque lieu.

HABITATION, s. f. demeure; logis; lieu de domicile.

HABITER, v. a. é, ée, p. et v. n. demeurer, loger; faire sa demeure, sa résidence.

HABITUDE, s. f. coutume; pratique ordinaire; disposition acquise par des actes réitérés; aisance; facilité.

HABITUÉ, s. m. qui fréquente un lieu; habitué, ée, adj. accoutumé à...

HABITUEL, LLE, adj. passé en habitude.

HABITUELLEMENT, adv. par habitude.

HABITUER, v. a. e, ee, p. accoutumer, faire prendre l'habitude; s'—, v. pr. s'accoutumer à...

*HÂBLER, v. n. mentir, se vanter sans sujet.

*HÂBLERIE, s. f. mensonge; jactance.

*HÂBLEUR, EUSE, s. qui a l'habitude de hâbler.

*HACHE, s. f. instrument de fer tranchant pour fendre du bois; cognée; arme ancienne; par ext. ce qui en a la forme.

*HACHE-PAILLE, s. m. invar. instrument pour couper la paille.

*HACHER, v. a. é, ée, p. couper en petits morceaux.

*HACHEREAU ou HACHOT, s. m. petite cognée.

*HACHETTE, s. f. petite hache; marteau tranchant d'un côté.

*HACHIS, s. m. ragoût de viande hachée.

*HACHOIR, s. m. table sur laquelle on hache les viandes; couteau pour hacher.

*HACHURES, s. f. pl. lignes par lesquelles on figure les ombres et les demi-teintes dans un dessin.

*HAGARD, E, adj. farouche, rude.

*HAHA, s. m. ouverture au mur d'un jardin, avec un fossé en dehors.

*HAIE, s. f. clôture de ronces, d'épines; rangée de personnes ou de choses.

*HAIE, interj. cri des charretiers, pour animer les chevaux.

*HAILLON, (ll m.) s. m. vieux lambeau d'étoffe.

*HAINE, s. f. inimitié; aversion; répugnance.

*HAINEUX, EUSE, adj. porté à la haine; rancunier.

*HAÏR, v. a. ï, ïe, p. avoir de la haine, de l'aversion (ind. pr. je hais, tu hais, il hait; n. haïssons, v. haïssez, ils haïssent).

*HAIRE, s. f. chemise de crin.

*HAÏSSABLE, adj. odieux; qui inspire la haine.

*HALAGE, s. m. action de haler un bateau.

*HÂLE, s. m. ardeur du soleil; air qui dessèche, qui noircit le teint, qui flétrit les feuilles.

HALEINE, s. f. air attiré et repoussé par les poumons; faculté de respirer; souffle.

*HÂLER, v. a. é, ée, p. rendre le teint noir par l'effet du soleil; flétrir.

*HALER, v. a. é, ée, p. tirer un bateau avec une corde.

*HALETANT, E, adj. essoufflé; hors d'haleine.

*HALETER, v. n. être hors d'haleine; respirer péniblement.

*HALEUR, s. m. qui hale un bateau.

*HALLAGE, s. m. droit sur les denrées qui sont amenées sur le marché; chemin de—, chemin pour haler les bateaux.

*HALLE, s. f. place publique où se tient le marché.

*HALLEBARDE, s. f. pique traversée d'un croissant.

*HALLEBARDIER, s. m. homme armé d'une hallebarde.

*HALLIER, s. m. buisson fort épais; gardien d'une halle; marchand des halles.

*HALOIR, s. m. lieu où l'on sèche le chanvre.

*HALOT, s. m. trou de lapins dans une garenne.

*HALTE, s. f. pause; lieu où l'on s'arrête; repas pendant cette pause; — là, interj. pour arrêter.

*HAMAC, s. m. lit suspendu.

HAMADRYADE, s. f. nymphe des bois.

*HAMBOURGEOIS, E, adj. et s. de Hambourg.

*HAMEAU, s. m. petit village.

HAMEÇON, s. m. crochet pour prendre le poisson; fig. appât.

*HAMPE, s. f. bois d'une hallebarde, d'un épieu, d'un pinceau.

*HANCHE, s. f. partie du corps où s'emboîte le haut de la cuisse.

*HANGAR, s. m. remise pour des chariots, etc.

*HANNETON, s. m. sorte de scarabée; fig. jeune étourdi.

*HANOVRIEN, NNE, adj. qui est du Hanovre.

*HANTER, v. a. é, ée, p. fréquenter, visiter souvent les personnes, les lieux ; se—, v. pr. se fréquenter réciproquement.

*HANTISE, s. f. action de hanter.

*HAPPE, s. f. cercle de fer qui garnit l'essieu.

*HAPPER, v. a. é, ée, p. saisir avidement avec la gueule.

*HAQUENÉE, s. f. petite jument.

*HAQUET, s. m. charrette sans ridelles pour transporter les tonneaux.

*HAQUETIER, s. m. conducteur de haquet.

*HARANGUE, s. f. discours d'apparat.

*HARANGUER, v. a. é, ée, p. prononcer une harangue.

*HARANGUEUR, s. m. qui harangue.

*HARAS, s. m. lieu destiné à propager la race des chevaux.

*HARASSER, v. a. é, ée, p. fatiguer à l'excès.

*HARCELER, v. a. é, ée, p. provoquer, tourmenter, importuner.

*HARDES, s. f. pl. tout ce qui sert à l'habillement.

*HARDI, IE, adj. courageux, entreprenant, téméraire, audacieux.

*HARDIESSE, s. f. assurance, confiance, fermeté ; bravoure, courage, intrépidité ; élévation ; présomption, témérité ; effronterie ; insolence.

*HARDIMENT, adv. avec hardiesse.

*HAREM, s. m. appartement des dames en Turquie et en Perse.

*HARENG, s. m. poisson de mer du genre du clupe.

*HARENGAISON, s. f. pêche du hareng ; temps où se fait cette pêche.

*HARENGÈRE, s. f. marchande de poissons.

*HARGNEUX, EUSE, adj. mécontent ; d'humeur chagrine, querelleuse.

*HARICOT, s. m. plante légumineuse ; son fruit ; ragoût de mouton et de navets.

*HARIDELLE, s. f. méchant cheval maigre.

HARMONICA, s. m. instrument composé de verres dont on tire des sons harmonieux par le frottement.

HARMONIE, s. f. accord de différents sons entendus ensemble ; mesure et cadence ; union, bonne intelligence.

HARMONIER, v. a. é, ée, p. mettre en harmonie ; s'—, v. pr. former une harmonie.

HARMONIEUSEMENT, adv. avec harmonie.

HARMONIEUX, EUSE, adj. plein d'harmonie, mélodieux.

HARMONIQUE, adj. 2 g. qui produit de l'harmonie.

HARMONIQUEMENT, adv. avec harmonie.

HARMONISER (s'), v. pr. se mettre en harmonie.

HARMONISTE, s. m. celui qui possède la science de l'harmonie.

*HARNACHEMENT, s. m. action de harnacher ; ce qui sert à harnacher.

*HARNACHER, v. a. é, ée, p. mettre le harnais à un cheval.

*HARNACHEUR, s. m. qui fait ou vend des harnais.

*HARNAIS, s. m. équipage d'un cheval de trait ou de selle.

*HARO, s. m. clameur pour arrêter quelqu'un ou quelque chose.

*HARPE, s. f. instrument de musique ; pierre d'attente en saillie.

*HARPEAU, s. m. grappin pour l'abordage.

*HARPER, v. a. é, ée, p. prendre et serrer fortement avec les mains.

*HARPIE, s. f. monstre fabuleux ; fig. homme avide ; femme criarde et méchante.

*HARPIN, s. m. croc de batelier.

*HARPON, s. m. dard à deux crocs recourbés.

*HARPONNER, v. a. é, ée, p. accrocher avec le harpon.

*HART, s. m. lien d'osier pour lier les fagots ; corde pour pendre les criminels.

*HASARD, s. m. fortune, cas fortuit, destin aveugle ; chance, risque, péril ; dangers.

*HASARDÉ, ÉE, adj. mis au hasard.

*HASARDER, v. a. é, ée, p. exposer au hasard; essayer, éprouver; risquer, compromettre; se —, v. pr. se mettre en péril.

*HASARDEUSEMENT, adv. avec risque, péril.

*HASARDEUX, EUSE, adj. périlleux; hardi; entreprenant.

*HASE, s. f. femelle du lièvre ou du lapin.

*HÂTE, s. f. promptitude, précipitation, diligence.

*HÂTER, v. a. é, ée, p. presser, diligenter; faire dépêcher; se —, v. pr. faire diligence.

*HÂTIF, IVE, adj. précoce.

*HÂTIVEMENT, adv. d'une manière hâtive.

*HÂTIVETÉ, s. f. précocité des fruits, des fleurs, etc.

*HAUBANS, s. m. pl. cordages qui tiennent les mâts d'un vaisseau.

*HAUSSE, s. f. ce qui sert à hausser; augmentation de valeur.

*HAUSSE-COL, s. m. plaque de cuivre doré que porte au dessous du cou un officier de service.

*HAUSSEMENT, s. m. action de hausser.

*HAUSSER, v. a. é, ée, p. rendre plus haut; élever, exhausser; augmenter la valeur; — v. n. devenir plus haut.

*HAUT, s. m. hauteur, élévation; — adv. hautement; dans une position élevée; haut, e, adj. élevé (opposé à en bas); bruyant; grand, éminent; illustre; fier, insolent; excessif en son genre.

*HAUT-À-BAS, s. m. porteballe; petit mercier ambulant.

*HAUTAIN, E, adj. orgueilleux, fier.

*HAUTAINEMENT, adv. avec fierté.

*HAUTBOIS, s. m. instrument à vent et à anche dont le son est très-clair; celui qui en joue.

*HAUT-BORD, s. m. vaisseau de —, grand vaisseau.

*HAUT-DE-CHAUSSE, s. m. culotte.

*HAUTE-CONTRE, s. f. voix entre la taille et le dessus.

*HAUTE-COUR, s. f. tribunal supérieur.

*HAUTE-FUTAIE, s. f. bois de —, qu'on laisse parvenir à sa plus haute croissance.

*HAUTEMENT, adv. hardiment, résolument; avec hauteur; à voix haute.

*HAUTE-PAIE, s. f. supplément à la solde ordinaire.

*HAUTESSE, s. f. titre qu'on donne au grand-seigneur.

*HAUTEUR, s. f. éminence; étendue en élévation; au propre et un fig., fermeté, fierté.

*HAUT-LE-CORPS, s. m. saut; convulsion d'estomac.

*HAUT-MAL, s. m. mal caduc.

*HÂVE, adj. 2 g. pâle, maigre, défiguré.

*HAVRE, s. m. port de mer fermé et sûr.

*HAVRE-DE-GRACE (LE), ville forte, chef-lieu d'arr. du dép. de la Seine-Infér.

*HAVRESAC, s. m. sorte de sac que portent les soldats et les ouvriers.

*HAZEBROUCK, chef-lieu d'arr. du dép. du Nord.

*HÉ, interj. qui sert à appeler, à marquer la douleur.

*HEAUME, s. m. ancien casque.

HEBDOMADAIRE, adj. 2 g. qui se renouvelle chaque semaine.

HÉBERGER, v. a. é, ée, p. loger, recevoir chez soi.

HÉBÉTÉ, ÉE, adj. stupide.

HÉBÉTER, v. a. é, ée, p. rendre stupide; abrutir.

HÉBRAÏQUE, adj. 2 g. qui concerne l'hébreu.

HÉBRAÏSANT, s. m. savant en hébreu.

HÉBREU, adj. et s. sans fém. juif.

HÉCATOMBE, s. f. sacrifice de cent victimes.

HÈCHE, s. f. barrière sur les côtés d'une charrette.

HECTARE, s. m. cent ares (nouvelle mesure).

HECTO, mot qui précède les noms de mesures, et désigne une unité cent fois plus grande.

HECTOGRAMME, s. m. cent grammes.

HECTOLITRE, s. m. cent litres.

HECTOMÈTRE, s. m. cent mètres.

HECTOSTÈRE, s. m. cent stères.

HÉGIRE, s. f. ère des mahométans.

HÉLAS, interj. de plainte.

*HÉLER, v. a. é, ée, p. appeler avec un porte-voix.

HÉLIOTROPE, s. m. tournesol.

HELLÈNE, s. m. Grec.

HELLÉNIQUE ; adj. 2 g. des Hellènes.

HELLÉNISME, s. m. locution grecque.

HELLÉNISTE, s. m. savant versé dans la langue grecque.

HELVÉTIE, s. f. la Suisse, contrée voisine de la France.

HELVÉTIEN, NNE, s. de l'Helvétie.

HELVÉTIQUE, adj. 2 g. des Suisses.

*HEM! interj.

HÉMI, mot inv. t. de sciences et d'arts : demi.

HÉMISPHÈRE, s. m. moitié du globe.

HÉMISPHÉRIQUE, adj. 2 g. en hémisphère.

HÉMISTICHE, s. m. moitié d'un vers alexandrin ; les 4 premières syll. d'un vers de 10 syll.

HÉMORRHAGIE, s. f. écoulement de sang.

HÉMORRHOÏDES, s. f. pl. perte de sang par l'anus.

HENDÉCAGONE, s. m. et adj. figure à 11 côtés et 11 angles.

*HENNIR (pron. hanir), v. n. faire un hennissement.

*HENNISSEMENT (pr. han-), s. m. cri naturel du cheval.

*HENRIADE (pron. han-), s. f. poème épique sur Henri IV.

HÉPATIQUE, s. f. plante commune dans les terrains humides et qui ressemble à une marguerite ; —, adj. 2 g. qui concerne le foie.

HEPTAGONE, adj. 2 g. et s. m. qui a 7 angles et 7 côtés.

HEPTATEUQUE, s. m. les 7 premiers liv. de l'Anc. Testam.

HÉRALDIQUE, adj. 2 g. qui concerne le blason.

*HÉRAULT, rivière qui a sa source dans les Cévennes et son embouchure dans la Méditerranée ; elle donne son nom à un département.

*HÉRAUT, s. m. officier public chargé de proclamer.

HERBAGE, s. m. herbe des prés ; toutes sortes d'herbes.

HERBE, s. f. plante annuelle ou vivace, non ligneuse, et dont la tige meurt pendant l'hiver ; gazon ; pâturage ; verdure ; manger son blé en herbe, c.-à-d. son revenu par avance ; couper l'herbe sous le pied de quelqu'un, le supplanter.

HERBETTE, s. f. gazon.

HERBEUX, EUSE, adj. lieu où l'herbe croît facilement.

HERBIER, s. m. collection de plantes desséchées.

HERBIVORE, adj. 2 g. qui se nourrit d'herbes.

HERBORISATION, s. f. action d'herboriser.

HERBORISER, v. n. chercher des herbes, des plantes.

HERBORISEUR, s. m. qui herborise.

HERBORISTE, s. 2 g. qui connaît les propriétés des plantes médicinales, qui en vend.

HERCULE, s. m. nom d'un demi-dieu de la Fable ; fig. homme robuste.

*HÈRE, s. m. pauvre—, homme sans mérite, peu considéré ; sorte de jeu de cartes.

HÉRÉDITAIRE, adj. 2 g. qui vient des aïeux ou par succession.

HÉRÉDITAIREMENT, adv. par droit d'hérédité.

HÉRÉDITÉ, s. f. droit de succession, d'héritage.

HER

HÉRÉSIARQUE, s. m. auteur d'une hérésie.

HÉRÉSIE, s. f. doctrine erronée ; proposition fausse.

HÉRÉTIQUE, adj. et s. 2 g. qui appartient à l'hérésie ; partisan d'une hérésie.

*** HÉRISSÉ, ÉE**, adj. qui a le poil droit et rude.

*** HÉRISSER**, v. a. é, ée, p. faire dresser les cheveux, le poil ; se —, v. pr. se dresser, en parlant des cheveux, des poils.

*** HÉRISSON**, s. m. petit quadrupède mammifère hérissé de piquants.

HÉRITAGE, s. m. ce qui vient par succession ; patrimoine.

HÉRITER, v. n. recueillir une succession.

HÉRITIER, IÈRE, s. qui hérite.

HERMAPHRODITE, adj. 2 g. et s. m. qui semble appartenir à 2 genres.

HERMÉTIQUEMENT, adv. se dit d'un vase dont l'ouverture est scellée afin de ne laisser aucun passage à l'air ; par exten. de tout ce qui est bien fermé.

HERMINE, s. f. petit animal blanc à queue noire du genre de la belette ; fourrure.

*** HERNIE**, s. f. déplacement de boyaux.

*** HÉROÏ-COMIQUE**, adj. 2 g. qui tient de l'héroïque et du comique.

HÉROÏDE, s. f. épître en vers sous le nom d'un personnage fameux.

HÉROÏNE, s. f. femme d'un courage au-dessus de son sexe.

HÉROÏQUE, adj. 2 g. qui tient du héros ; noble, élevé ; temps héroïques, temps où vivaient les anciens héros.

HÉROÏQUEMENT, adv. d'une manière héroïque.

HÉROÏSME, s. m. caractère du héros ; action de héros ; grandeur d'âme.

*** HÉRON**, s. m. oiseau à long bec et monté sur de hautes jambes, vivant de poissons.

*** HÉROS**, s. m. celui qui se

HEX

distingue par une grande valeur, par des actions extraordinaires et honorables ; principal personnage d'un poème.

*** HERSAGE**, s. m. action de herser.

*** HERSE**, s. f. instrument de laboureur pour herser la terre ; grille de fer pour défendre l'entrée d'une place forte.

*** HERSER**, v. a. é, ée, p. passer la herse dans un champ.

*** HERSEUR**, s. m. celui qui herse.

HÉSITATION, s. f. incertitude, embarras.

HÉSITER, v. n. être incertain, indécis, embarrassé.

HÉTÉROCLITE, adj. 2 g. irrégulier ; bizarre.

HÉTÉRODOXE, adj. 2 g. contraire à la doctrine religieuse ; l'opposé d'orthodoxe.

HÉTÉROGÈNE, adj. 2 g. de différente nature.

*** HÊTRE**, s. m. grand arbre forestier qui produit la faîne.

HEU! interj. qui exprime l'admiration.

HEUR, s. m. bonne fortune.

HEURE, s. f. 24e partie du jour ; certain espace de temps ; moment convenable ; d'heure en —, loc. adv. de moment en moment ; à cette —, loc. adv. présentement ; à la bonne —, heureusement ; heures, s. f. pl. livres de prières.

HEUREUSEMENT, adv. d'une manière heureuse, avantageuse.

HEUREUX, EUSE, adj. qui jouit du bonheur ; favorisé de la fortune ; favorable, avantageux ; propice, agréable.

*** HEURTER**, v. a. é, ée, p. choquer, toucher rudement ; fig. blesser, contrarier, désobliger ; —, v. n. se frapper contre quelque chose ; frapper à une porte.

*** HEURTOIR**, s. m. marteau pour heurter à une porte.

HEXAÈDRE, s. m. corps régulier à six faces carrées.

HEXAGONE, s. m. et adj. 2 g. figure de géom., qui a 6 angles et 6 côtés.

HIATUS, s. m. son désagréable produit par la rencontre de 2 voyelles.

*HIBOU, s. m. oiseau de nuit, chat-huant; fig. homme qui fuit la société.

*HIC, s. m. principale difficulté.

HIDEUSEMENT, adv. d'une manière hideuse.

HIDEUX, EUSE, adj. difforme, désagréable à voir.

HIER, adv. le jour qui a précédé immédiatement celui où l'on est.

*HIÉRARCHIE, s. f. ordre de subordination de pouvoirs.

*HIÉRARCHIQUE, adj. 2 g. de la hiérarchie.

*HIÉRARCHIQUEMENT, adv. selon la hiérarchie.

HIÉROGLYPHE, s. m. figure qui a un sens mystérieux.

HIÉROGLYPHIQUE, adj. 2 g. de l'hiéroglyphe.

HILARITÉ, s. f. joie modérée.

HIPPIATRIQUE, s. f. art de guérir les maladies des chevaux.

HIPPOPOTAME, s. m. cheval marin; animal qui tient du bœuf et du cheval.

HIRONDELLE, s. f. oiseau de passage qui disparaît de notre climat à l'approche de l'hiver.

*HISSER, v. a. é, ée, p. hausser.

HISTOIRE, s. f. récit, narration de faits dignes de mémoire; livre qui les contient; embarras, difficulté.

HISTORIEN, s. m. qui écrit l'histoire.

HISTORIER, v. a. é, ée, p. enjoliver, orner.

HISTORIETTE, s. f. petite histoire.

HISTORIOGRAPHE, s. m. auteur désigné pour écrire l'histoire.

HISTORIQUE, adj. 2 g. qui appartient à l'histoire, qui en a le caractère.

HISTORIQUEMENT, adv. d'une manière historique.

HISTRION, s. m. bateleur, comédien; t. de mépris.

HIVER, s. m. saison la plus froide de l'année: elle commence le 22 décembre et elle finit le 21 mars; fig. vieillesse.

HIVERNER, v. n. passer l'hiver.

HO! interj. pour appeler, pour exprimer de l'étonnement, de l'indignation.

*HOBEREAU, s. m. petit oiseau de proie; gentilhomme campagnard.

*HOCHE, s. f. incision, entaillure.

*HOCHEMENT, s. m. action de hocher.

*HOCHEQUEUE, s. m. petit oiseau qui remue sans cesse la queue.

*HOCHER, v. n. secouer la tête.

*HOCHET, s. m. jouet d'enfant; futilité.

HOIR, s. m. héritier; les hoirs, les enfants; t. de droit.

HOIRIE, s. f. héritage.

*HOLA! interj. pour appeler; holà, adv. tout beau, c'est assez; — s. m. inv. mettre le holà, faire cesser.

*HOLLANDAIS, E, s. et adj. de Hollande.

HOLOCAUSTE, s. m. sacrifice; victime sacrifiée.

HOM! exclamation qui exprime le doute, la méfiance.

*HOMARD, s. m. grosse écrevisse de mer.

HOMBRE, s. m. sorte de jeu de cartes.

HOMÉLIE, s. f. discours sur des matières religieuses; leçon du bréviaire.

HOMICIDE, s. m. meurtrier; meurtre involontaire ou prémédité; — adj. 2 g. qui donne la mort.

HOMMAGE, s. m. soumission, respect, déférence; au pl. civilités, politesses.

HOMMASSE, adj. 2 g. qui tient de l'homme.

HOMME, animal raisonnable; l'espèce humaine; individu mâle; homme à, capable de.

HOMOGÈNE, adj. 2 g. de même nature.

HOMOGÉNÉITÉ, s. f. qualité de ce qui est homogène.

HOMOLOGATION, s. f. con-

firmation d'un acte par l'autorité publique ou judiciaire.
HOMOLOGUER, v. a. é, ée, p. confirmer un acte en justice.
HOMONYME, adj. 2 g. se dit d'un mot qui, pareil à un autre, exprime des choses différentes.
HONGROYEUR, s. m. ouvrier qui façonne le cuir de Hongrie.
HONNÊTE, adj. 2 g. vertueux; conforme à l'honnêteté, à la bienséance, à la raison; civil, poli; — s. m. ce qui est honnête.
HONNÊTEMENT, adv. d'une manière honnête.
HONNÊTETÉ, s. f. attachement à l'honneur, à la probité; bienséance; pudeur; modestie; civilité.
HONNEUR, s. m. sentiment de la vertu; probité; estime qui suit les actions louables; réputation; tout ce qui honore en général; — au pl. dignités; accueil honorable.
*HONNIR, v. a. i, ie, p. couvrir de honte; maudire; vilipender.
HONORABLE, adj. 2 g. qui fait honneur; qui mérite d'être honoré; splendide; libéral.
HONORABLEMENT, adv. d'une manière honorable.
HONORAIRE, adj. 2 g. qui a les honneurs d'une charge sans l'exercer; honoraires, s. m. pl. rétribution donnée aux personnes de professions honorables.
HONORER, v. a. é, ée, p. rendre ou faire honneur à; respecter; avoir de l'estime.
HONORES (AD, on pron. le s) adv. titre honorifique.
HONORIFIQUE, adj. 2 g. qui consiste en honneurs rendus; titre —, sans charges ni émoluments.
*HONTE, s. f. trouble de l'âme qui suit une mauvaise action; confusion; opprobre; ignominie; déshonneur; injure; avilissement.
*HONTEUSEMENT, adv. avec honte.
*HONTEUX, EUSE, adj. qui cause de la honte; qui a honte; timide, embarrassé.
HÔPITAL, s. m. lieu de retraite où les malades, les indigents sont reçus et traités gratuitement.
*HOQUET, s. m. mouvement convulsif de l'estomac.
*HOQUETON, s. m. casaque.
HORAIRE, adj. 2 g. qui a rapport aux heures; qui marque les heures.
*HORDE, s. f. peuplade errante; troupe, multitude.
*HORION, s. m. coup sur la tête, ou sur les épaules.
HORIZON, s. m. grand cercle qui coupe la sphère en 2 parties; limites de la vue à l'endroit où le ciel et la terre semblent se toucher.
HORIZONTAL, E, adj. parallèle à l'horizon.
HORIZONTALEMENT, adv. parallèlement à l'horizon.
HORLOGE, s. f. machine qui marque et sonne les heures.
HORLOGER, s. m. celui qui fait et vend des horloges; horlogère, s. f. la femme d'un horloger.
HORLOGERIE, s. f. art de faire des horloges; lieu où on les fabrique.
HORMIS, prép. excepté.
HOROSCOPE, s. m. prédiction d'après l'inspection des astres.
HORREUR (pron. les 2 r), s. f. impression causée par quelque chose d'affreux, de révoltant; haine violente; aversion; chose horrible, déshonorante.
HORRIBLE, adj. 2 g. qui fait horreur; extrême, excessif.
HORRIBLEMENT, adv. d'une manière horrible.
*HORS, prép. qui marque exclusion en dehors; excepté; hors-d'œuvre, adj. et s. m. pièce détachée; digression; petits plats.
HORTENSIA, s. f. rose du Japon.
HORTICULTEUR, s. m. qui cultive les jardins.
HORTICULTURE, s. f. art de cultiver les jardins; soin du jardinage.
HOSPICE, s. m. maison de retraite pour les vieillards, les indigents, ou les étrangers; asile.

15.

HOSPITALIER, IÈRE, adj. qui exerce l'hospitalité.
HOSPITALITÉ, s. f. vertu qui consiste à loger et à nourrir gratuitement chez soi les étrangers, les voyageurs indigents.
HOSTIE, s. f. victime offerte à Dieu; pain consacré à Dieu ou destiné à l'être.
HOSTILE, adj. 2 g. qui caractérise la guerre, l'inimitié, la haine.
HOSTILEMENT, adv. en ennemi.
HOSTILITÉ, s. f. acte hostile.
HÔTE, SSE, s. qui tient auberge, qui donne à loger et à manger pour de l'argent; celui qui reçoit l'hospitalité.
HÔTEL, s. m. grande maison; auberge, maison garnie; *Hôtel-de-ville*, maison commune; *Hôtel-Dieu* (pl. *hôtels-Dieu*) hôpital; *maître d'—*, celui qui surveille le service de la table.
HOTELIER, IÈRE, s. qui tient hôtellerie.
HÔTELLERIE, s. f. auberge.
*HOTTE, s. f. sorte de panier qu'on porte sur le dos; — *de cheminée*, tuyau de cheminée en forme de hotte renversée.
*HOTTÉE, s. f. plein une hotte.
*HOTTEUR, EUSE, s. qui porte la hotte.
*HOUBLON, s. m. plante grimpante qui sert à faire de la bière.
*HOUBLONNER, v. a. é, ée, p. mettre du houblon.
*HOUBLONNIÈRE, s. f. champ du houblon.
*HOUE, s. f. instrument de fer large et recourbé pour remuer la terre.
*HOUER, v. a. é, ée, p. labourer avec la houe.
*HOUILLE, (ll m.) s. f. sorte de charbon de terre.
*HOUILLÈRE, (ll m.) s. f. mine de houille.
*HOUILLEUR, (ll m.) s. m. ouvrier des mines de houille.
*HOULE, s. f. vague après la tempête.
*HOULETTE, s. f. bâton de berger.

*HOULEUX, EUSE, adj. agité, bouillonnant (se dit de la mer.)
*HOUP! interj. pour appeler.
*HOUPPE, s. f. touffe de fils en bouquet.
*HOUPPELANDE, s. f. sorte de manteau.
*HOURDAGE, s. m. maçonnerie grossière.
*HOURDER, v. a. é, ée, p. maçonner grossièrement.
*HOURQUE, s. f. sorte de vaisseau hollandais.
*HOURVARI, s. m. grand bruit, tumulte; cri des chasseurs pour faire revenir les chiens en défaut.
*HOUSPILLER, (ll m.) v. a. é, ée, p. tirailler, secouer, battre, maltraiter.
*HOUSSAIE, s. f. lieu planté de houx.
*HOUSSE, s. f. sorte de couverture.
*HOUSSER, v. a. é, ée, p. nettoyer avec le houssoir.
*HOUSSINE, s. f. baguette longue et flexible.
*HOUSSINER, v. a. é, ée, p. frapper avec une houssine.
*HOUSSOIR, s. m. sorte de balai de houx, de petites branches, ou de plumes.
*HOUX, s. m. arbrisseau toujours vert, à feuilles armées de piquants, et qui produit un fruit rouge.
*HOYAU, s. m. sorte de houe à deux fourchons.
HUCHE, s. f. coffre de bois pour pétrir et serrer le pain.
*HUE! exclamation, cri de charretier pour faire aller les chevaux à droite.
*HUÉE, s. f. cris nombreux de dérision.
*HUER, v. a. é, ée, p. faire des huées.
*HUGUENOT, E, s. calviniste.
*HUGUENOTE, s. f. petit fourneau de terre; sorte de vase de terre sans pieds.
*HUGUENOTISME, s. m. religion des huguenots.
HUILE, s. f. liqueur grasse et onctueuse; *saintes huiles*, l'extrême-onction.

HUILER, v. a. é, ée, p. frotter, assaisonner d'huile.
HUILEUX, EUSE, adj. de la nature de l'huile; frotté d'huile.
HUILIER, s. m. vase à huile.
HUISSERIE, s. f. pièces de bois qui forment l'ouverture d'une porte.
HUISSIER, s. m. officier de justice; gardien des appartements.
*HUIT, adj. et s. m. nom de nombre; chiffre qui exprime le nombre 8.
*HUITAINE, s. f. 8 jours; semaine.
*HUITIÈME, adj. 2 g. nombre ordinal; —, s. m. la 8e partie, le demi-quart.
*HUITIÈMEMENT, adv. en huitième lieu.
HUÎTRE, s. f. espèce de poisson renfermé dans un coquillage marin.
HUMAIN, E, adj. qui appartient à l'homme; sensible; affable; bienfaisant; humains, s. m. pl. les hommes.
HUMAINEMENT, adv. avec humanité.
HUMANISER, v. a. é, ée, p. rendre humain, traitable; s'—, v. pr. devenir traitable.
HUMANISTE, s. m. qui étudie, qui enseigne les humanités.
HUMANITÉ, s. f. nature humaine; bonté, sensibilité; humanités, s. f. pl. études supérieures jusqu'à la philosophie.
HUMBLE, adj. 2 g. qui a de l'humilité; soumis, modeste.
HUMBLEMENT, adv. d'une manière humble.
HUMECTANT, E, adj. qui humecte.
HUMECTATION, s. f. action d'humecter.
HUMECTER, v. a. é, ée, p. mouiller, rendre humide.
*HUMER, v. a. é, ée, p. avaler, aspirer.
HUMÉRUS, s. m. os du bras.
HUMEUR, s. f. substance fluide qui se trouve dans les corps organisés; esprit, caractère; caprice; mécontentement.
HUMIDE, s. m. ce qui est imprégné d'eau; —, adj. 2 g. mouillé, humecté.

HUMIDEMENT, adv. dans un lieu humide.
HUMIDITÉ, s. f. état de ce qui est humide; vapeur; exhalaison humide; moiteur.
HUMILIANT, E, adj. qui humilie.
HUMILIATION, s. f. action par laquelle on humilie; état d'une personne humiliée; chose qui humilie; confusion.
HUMILIER, v. a. é, ée, p. donner de la confusion; mortifier; abaisser; s'—, v. pr. s'abaisser.
HUMILITÉ, s. f. abaissement; déférence; soumission; sentiment intérieur de faiblesse; modestie.
HUMORISTE, adj. 2 g. qui a de l'humeur.
HUMUS, (pron. les) s. m. terre végétale ou terreau qui couvre une partie du globe.
*HUNE, s. f. sorte de guérite au haut du mât; pièce de bois qui soutient une cloche.
*HUNIER, s. m. mât de hune; sa voile.
*HUPPE, s. f. touffe de plumes sur la tête; sorte d'oiseau.
*HUPPÉ, ÉE, adj. qui a une huppe; fig. remarquable; habile; rusé.
*HURE, s. f. tête coupée de sanglier, de lion, de saumon, de brochet, de thon, etc.
*HURHAUT, s. m. t. de charretier pour faire tourner les chevaux à droite.
*HURLEMENT, s. m. cri sourd et prolongé.
*HURLER, v. n. pousser des hurlements.
HURLUBERLU, s. m. et adj. 2 g. étourdi, inconsidéré.
*HUSSARD, HOUSARD ou HOUSSARD, s. m. soldat à cheval armé à la légère.
HUTIN, adj. mutin; v. m.
*HUTTE, s. f. petite cabane.
*HUTTER (se), v. pr. se loger dans une hutte.
HYACINTHE, s. f. jacinthe; pierre précieuse jaune tirant sur le rouge.
HYDRAULIQUE, adj. 2 g. qui sert à élever l'eau; —, s. f. science de conduire les eaux.

HYDRE, *s. f.* sorte de serpent; monstre fabuleux à 7 têtes.
HYDROFUGE, *adj.* 2 g. qui préserve de l'humidité.
HYDROGÈNE, *s. m.* gaz; principe de l'eau; air inflammable.
HYDROGRAPHE, *s. m.* personne versée dans l'hydrographie.
HYDROGRAPHIE, *s. f.* art de naviguer; description des mers.
HYDROGRAPHIQUE, *adj.* 2 g. de l'hydrographie.
HYDROMEL, *s. m.* boisson faite d'eau et de miel.
HYDROMÈTRE, *s. m.* instrument pour peser les liqueurs.
HYDROPHOBE, *s.* 2 g. attaqué de la rage.
HYDROPHOBIE, *s. f.* rage.
HYDROPIQUE, *s. et adj.* 2 g. atteint d'hydropisie.
HYDROPISIE, *s. f.* tumeur aqueuse; épanchement d'eau dans une partie du corps.
HYDROSTATIQUE, *s. f.* science de la pesanteur des liquides; —, *adj.* 2 g. qui y a rapport.
HYÈNE, *s. f.* quadrupède carnivore, de la grandeur du loup, le plus féroce des animaux.
HYGIÈNE, *s. f.* traité de la conservation de la santé.
HYGIÉNIQUE, *adj.* 2 g. qui a rapport à l'hygiène.
HYMEN, (*pr. le n*) ou **HYMÉNÉE**, *s. m.* divinité des païens qui présidait aux mariages; mariage.
HYMNE, *s.* 2 g. poème en l'honneur de la Divinité; —, *s. f.* cantique d'église.
HYPALLAGE, *s. m.* inversion de mots; *t. de gramm.*
HYPERBOLE, *s. f.* exagération; *t. de mathém.* section conique.
HYPERBOLIQUE, *adj.* 2 g. qui tient de l'hyperbole.
HYPERBOLIQUEMENT, *adv.* par hyperbole.
HYPERCRITIQUE, *s. m.* et *adj.* 2 g. censure outrée; censeur sévère.

HYPOCONDRE, *s. m.* bizarre, mélancolique; parties latérales de la partie supérieure du bas-ventre.
HYPOCONDRIAQUE, *adj.* 2 g. mélancolique, capricieux; malade.
HYPOCRAS, *s. m.* liqueur faite avec du vin, du sucre et de la cannelle.
HYPOCRISIE, *s. f.* déguisement, dissimulation.
HYPOCRITE, *s. et adj.* 2 g. qui a de l'hypocrisie.
HYPOTÉNUSE, *s. f.* côté opposé à l'angle droit dans un triangle rectangle; *t. de géom.*
HYPOTHÉCAIRE, *adj.* 2 g. qui a droit d'hypothèque; qui a rapport à l'hypothèque.
HYPOTHÉCAIREMENT, *adv.* avec hypothèque.
HYPOTHÈQUE, *s. f.* privilége d'un créancier sur les biens de son débiteur.
HYPOTHÉQUER, *v. a.* é, ée, *p.* soumettre à l'hypothèque.
HYPOTHÈSE, *s. f.* supposition; système.
HYPOTHÉTIQUE, *adj.* 2 g. fondé sur une hypothèse.
HYPOTHÉTIQUEMENT, *adv.* par supposition.
HYSOPE, *s. f.* plante aromatique.

I.

I, *s. m.* voyelle; 9e lettre de l'alphabet.
IAMBE, *s. m.* pied de vers grec ou latin composé d'une brève et d'une longue.
IATRIQUE, *adj.* 2 g. qui concerne la médecine.
IBID ou **IBIDEM**, *adv.* de même, au même lieu.
IBIS, *s. m.* oiseau plus petit que la cigogne et qui dévore les serpents.
ICELUI, ICELLE, *pron. dém.* et *rel.* désigne une personne, une chose dont on a parlé.
ICHNOGRAPHIE, *s. f.* plan géométral d'un édifice.

ICHNOGRAPHIQUE, *adj. 2 g.* de l'ichnographie.

ICHTYOLOGIE, *s. f.* partie de la zoologie qui traite des poissons.

ICHTYOLOGIQUE, *adj. 2 g.* qui a rapport à l'ichtyologie.

ICHTYOLOGISTE, *s. m.* qui se livre à l'étude de l'ichtyologie.

ICI, *adv.* de lieu, de temps, en ce lieu-ci, en cet endroit.

ICOGLAN, *s. m.* page du chef de l'empire turc.

ICONOCLASTE, *s. m.* briseur d'images.

ICONOGRAPHE, *s. m.* celui qui s'occupe d'iconographie.

ICONOGRAPHIE, *s. f.* description des images, des monuments antiques.

ICONOGRAPHIQUE, *adj. 2 g.* qui a rapport à l'iconographie.

ICONOLÂTRE, *s. m.* adorateur d'images.

ICONOLOGIE, *s. f.* explication des images des monuments antiques.

ICONOLOGUE, *s. m.* celui qui s'occupe d'iconologie.

ICOSAEDRE, *s. m.* solide régulier à 20 triangles équilatéraux.

ICOSANDRIE, *s. f.* classe des végétaux à 20 étamines et plus.

ICOSANDRIQUE, *adj. 2 g.* de l'icosandrie.

IDÉAL, *s. m.* beauté idéale ; —, e, *adj. sans pl. m.* qui n'existe qu'en idée.

IDÉALISME, *s. m.* système idéal ; l'opposé de *matérialisme*.

IDÉE, *s. f.* perception de l'âme, notion que l'esprit se forme de quelque chose ; opinion, pensée ; esquisse d'un ouvrage.

IDEM, *s. m.* (mot latin) le même.

IDENTIFIER, *v. a.* é, ée, *p.* comprendre deux choses sous une même idée ; s'—, *v. pr.* confondre son existence, sa pensée, avec celle d'un autre.

IDENTIQUE, *adj. 2 g.* compris sous une même idée ; qui ne fait qu'un avec un autre.

IDENTIQUEMENT, *adv.* d'une manière identique.

IDENTITÉ, *s. f.* qualité de ce qui est identique ; conformité ; ressemblance.

IDÉOLOGIE, *s. f.* science des idées, des facultés intellectuelles.

IDÉOLOGUE, *s. m.* celui qui s'occupe de l'idéologie.

IDES, *s. f. pl.* le 15e jour de mars, de mai, de juillet et d'octobre, et le 13e jour des autres mois chez les Romains.

IDIÔME, *s. m.* langage propre d'une nation ; dialecte, patois.

IDIOT, E, *adj.* et *s.* stupide, dépourvu d'intelligence.

IDIOTISME, *s. m.* imbécillité qui caractérise l'idiot ; — locution propre à une langue, mais contraire aux règles générales de la grammaire.

IDOLÂTRE, *s.* et *adj. 2 g.* qui adore les idoles, *fig.* qui aime avec excès.

IDOLÂTRER, *v. n.* adorer les idoles ; *v. a.* é, ée, *p.* aimer avec passion ; s'—, *v. pr.* être idolâtre l'un de l'autre.

IDOLÂTRIE, *s. f.* adoration des idoles ; *fig.* amour excessif.

IDOLE, *s. f.* figure qu'on adore ; *fig.* objet d'une passion excessive.

IDYLLE, *s. f.* petit poëme sur des sujets champêtres.

IF, *s. m.* arbre à feuilles longues et étroites toujours vertes ; illumination en forme d'if.

IGNARE, *adj. 2 g.* très-ignorant.

IGNÉ, ÉE, *adj.* de la nature du feu.

IGNITION, *s. f.* état d'un métal rougi au feu.

IGNOBLE, *adj. 2 g.* bas, vil.

IGNOBLEMENT, *adv.* d'une manière ignoble.

IGNOMINIE, *s. f.* infamie, grand déshonneur.

IGNOMINIEUSEMENT, *adv.* avec ignominie.

IGNOMINIEUX, EUSE, *adj.* qui porte ignominie.

IGNORAMMENT, *adv.* avec ignorance.

IGNORANCE, *s. f.* défaut de connaissance ; manque de savoir ; inexpérience, incapacité.

IGNORANT, E, *adj.* qui n'a

point de savoir; incapable; qui ignore une chose.

IGNORANTIN, s. m. frère des écoles chrétiennes; membre actif d'une association charitable qui enseignait des métiers aux enfants pauvres.

IGNORER, v. a. é, ée, p. ne savoir pas, ne pas connaître.

IL, pron. m. désigne la 3e personne; au pl. ils.

ÎLE, s. f. terre entourée d'eau.

ÎLE-DE-FRANCE, ancienne province comprise aujourd'hui dans les dépts. de la Seine, de Seine-et-Oise, de Seine-et-Marne, de l'Oise et de l'Aisne.

ILIADE, s. f. poème épique dans lequel est décrit le siège de Troie.

ILLE-ET-VILAINE, département formé d'une partie de l'ancienne Bretagne.

ILLÉGAL, E, adj. contraire à la loi.

ILLÉGALEMENT, adv. d'une manière illégale.

ILLÉGALITÉ, s. f. caractère de ce qui est illégal; acte illégal.

ILLÉGITIME, adj. 2 g. qui n'a pas les conditions requises par la loi pour être légitime.

ILLÉGITIMEMENT, adv. injustement.

ILLÉGITIMITÉ, s. f. défaut de légitimité.

ILLETTRÉ, ÉE, adj. qui n'a pas de connaissances en littérature.

ILLICITE, adj. 2 g. qui n'est pas permis par la loi.

ILLICITEMENT, adv. d'une manière illicite.

ILLIMITÉ, ÉE, adj. sans limites, sans bornes.

ILLISIBLE, adj. 2 g. qu'on ne peut lire.

ILLUMINATION, s. f. action d'illuminer, ses effets; quantité de lumières disposées pour une fête.

ILLUMINÉ, ÉE, adj. éclairé; visionnaire fanatique.

ILLUMINER, v. a. é, ée, p. éclairer; répandre de la lumière; —, v. n. faire des illuminations.

ILLUSION, s. f. apparence trompeuse aux yeux, à l'imagination; erreur.

ILLUSOIRE, adj. 2 g. qui tend à tromper; captieux; imaginaire; sans effet.

ILLUSOIREMENT, adv. d'une manière illusoire.

ILLUSTRATION, s. f. éclat, célébrité.

ILLUSTRE, adj. 2 g. éclatant par le mérite, par les talents, etc.; renommé, distingué.

ILLUSTRER, v. a. é, ée, p. rendre illustre.

ILLUSTRISSIME, adj. 2 g. très-illustre.

ÎLOT, s. m. petite île.

ILOTE, s. m. esclave à Sparte.

ILOTISME, s. m. état des ilotes.

IMAGE, s. f. représentation en sculpture, en peinture, en gravure; estampe grossière; ressemblance; description.

IMAGER, ÈRE, s. qui vend des images.

IMAGINABLE, adj. 2 g. qu'on peut imaginer.

IMAGINAIRE, adj. 2 g. qui n'est que dans l'imagination, chimérique.

IMAGINATIF, IVE, adj. qui imagine aisément, intelligent.

IMAGINATION, s. f. faculté d'imaginer, d'inventer; idée qu'on se forme d'une chose.

IMAGINATIVE, s. f. faculté d'imaginer.

IMAGINER, v. a. é, ée, p. se représenter une chose dans l'esprit; découvrir, inventer; s'—, v. pr. croire.

IMBÉCILE, adj. et s. 2 g. faible d'esprit, dépourvu de sens; stupide.

IMBÉCILEMENT, adv. avec imbécillité.

IMBÉCILLITÉ, s. f. faiblesse d'esprit, sottise, stupidité.

IMBERBE, adj. 2 g. sans barbe.

IMBIBER, v. a. é, ée, p. mouiller, pénétrer d'un liquide; s'—, v. pr. devenir imbibé.

IMBROGLIO, s. m. inv. (mot ital.) confusion, embrouillement.

IMBU, UE, adj. pénétré, rempli.

IMITABLE, *adj. 2 g.* qu'on peut, qu'on doit imiter.

IMITATEUR, TRICE, *s.* et *adj.* qui imite.

IMITATIF, IVE, *adj.* qui imite, qui a la faculté d'imiter.

IMITATION, *s. f.* action par laquelle on imite; chose qui en imite une autre; titre d'un livre de piété; à l'—, *loc. adv.* à l'exemple de...

IMITER, *v. a. é, ée, p.* prendre pour exemple; suivre un modèle.

IMMACULÉ, ÉE, *adj.* sans tache.

IMMANQUABLE, *adj. 2 g.* qui ne peut manquer d'avoir lieu, infaillible, indubitable.

IMMANQUABLEMENT, *adv.* à coup sûr, infailliblement.

IMMATÉRIALITÉ, *s. f.* état de ce qui est immatériel.

IMMATÉRIEL, LLE, *adj.* sans mélange de matière.

IMMATÉRIELLEMENT, *adv.* d'une manière immatérielle.

IMMATRICULATION, *s. f.* action d'immatriculer.

IMMATRICULE, *s. f.* enregistrement sur un registre public.

IMMATRICULER, *v. a. é, ée, p.* inscrire sur un registre matricule.

IMMÉDIAT, E, *adj.* qui agit, suit ou précède sans intermédiaire.

IMMÉDIATEMENT, *adv.* d'une manière immédiate; —après, aussitôt.

IMMÉMORIAL, E, *adj.* si ancien qu'il n'en reste aucune mémoire.

IMMENSE, *adj. 2 g.* illimité, infini, démesuré.

IMMENSÉMENT, *adv.* d'une manière immense.

IMMENSITÉ, *s. f.* grandeur, étendue immense.

IMMÉRITÉ, ÉE, *adj.* qu'on n'a pas mérité.

IMMERSIF, IVE, *adj.* fait par immersion.

IMMEUBLE, *s. m.* bien-fonds.

IMMINEMMENT, *adv.* d'une manière imminente.

IMMINENCE, *s. f.* état de ce qui est imminent.

IMMINENT, E, *adj.* menaçant; près de tomber sur.

IMMISCER (s'), *v. pr.* s'entremettre, s'ingérer mal à propos.

IMMOBILE, *adj. 2 g.* qui ne se meut pas.

IMMOBILIAIREMENT, *adv.* comme immeuble.

IMMOBILIER, ÈRE, *adj.* qui concerne les immeubles.

IMMOBILISATION, *s. f.* action d'immobiliser.

IMMOBILISER, *v. a. é, ée, p.* convertir en immeubles.

IMMOBILITÉ, *s. f.* état d'une chose qui ne se meut pas; fermeté d'âme, apathie.

IMMODÉRÉ, ÉE, *adj.* violent, excessif.

IMMODÉRÉMENT, *adv.* sans modération.

IMMODESTE, *adj. 2 g.* qui manque de modestie; contraire à la pudeur.

IMMODESTEMENT, *adv.* d'une manière immodeste.

IMMODESTIE, *s. f.* manque de modestie, de pudeur.

IMMOLATION, *s. f.* action d'immoler.

IMMOLER, *v. a. é, ée, p.* offrir en sacrifice; s'—, *v. pr.* se dévouer.

IMMONDE, *adj. 2 g.* impur.

IMMONDICE, *s. f.* boue, saleté, ordure des rues.

IMMORAL, E, *adj.* contraire à la morale, aux mœurs.

IMMORALITÉ, *s. f.* opposition aux principes de la morale.

IMMORTALISER, *v. a. é, ée, p.* rendre immortel dans la mémoire des hommes; s'—, *v. pr.*

IMMORTALITÉ, *s. f.* qualité de ce qui est immortel; espèce de vie perpétuelle dans le souvenir des hommes.

IMMORTEL, LLE, *adj.* qui n'est point sujet à la mort; *immortelle, s. f.* plante dont les fleurs ne se fanent point.

IMMUABLE, *adj. 2 g.* qui ne change point, ne peut changer.

IMMUABLEMENT, *adv.* d'une manière immuable.

IMMUNITÉ, *s. f.* exemption d'impôts, de charges, etc.

IMPAIR, E, *adj.* nombre—, qui ne peut être divisé en deux nombres égaux.

IMPALPABILITÉ, *s. f.* qualité de ce qui est impalpable.

IMPALPABLE, *adj.* 2 g. si fin, si délié, qu'il échappe au tact.

IMPARDONNABLE, *adj.* 2 g. qu'on ne peut pardonner.

IMPARFAIT, E, *adj.* qui n'est pas achevé, qui a des imperfections ; *imparfait, s. m.* temps des verbes, qui suit l'indicatif.

IMPARFAITEMENT, *adv.* d'une manière imparfaite.

IMPARTAGEABLE, *adj.* 2 g. qu'on ne peut partager.

IMPARTIAL, E, *adj.* exempt de partialité, égal pour tous.

IMPARTIALEMENT, *adv.* sans partialité.

IMPARTIALITÉ, *s. f.* qualité de ce qui est impartial.

IMPASSE, *s. m.* cul-de-sac.

IMPASSIBILITÉ, *s. f.* qualité de ce qui est impassible.

IMPASSIBLE, *adj.* 2 g. sans passion ; insensible.

IMPATIEMMENT, *adv.* avec impatience.

IMPATIENCE, *s. f.* manque de patience ; sentiment d'inquiétude causée par l'attente, la douleur, etc.

IMPATIENT, E, *adj.* qui manque de patience.

IMPATIENTER, *v. a.* é, ée, p. faire perdre patience ; s'—, *v. pr.* perdre patience.

IMPATRONISER (s'), *v. pr.* s'introduire dans une maison et finir par y dominer.

IMPAYABLE, *adj.* 2 g. qu'on ne peut assez payer ; inappréciable.

IMPECCABLE, *adj.* 2 g. incapable de pécher, de faillir.

IMPÉNÉTRABILITÉ, *s. f.* état de ce qui est impénétrable.

IMPÉNÉTRABLE, *adj.* 2 g. qu'on ne peut pénétrer.

IMPÉNITENCE, *s. f.* obstination au mal, endurcissement de cœur.

IMPÉNITENT, E, *adj.* endurci dans le péché, insensible aux remords.

IMPÉRATIF, IVE, *adj.* impérieux, absolu ; *impératif, s. m.* mode du verbe qui exprime commandement.

IMPÉRATIVEMENT, *adv.* d'une manière impérative.

IMPÉRATRICE, *s. f.* femme d'empereur ; femme qui gouverne un empire.

IMPERCEPTIBLE, *adj.* 2 g. qui ne peut être aperçu, qui échappe aux sens.

IMPERCEPTIBLEMENT, *adv.* d'une manière imperceptible ; peu à peu.

IMPERDABLE, *adj.* 2 g. qu'on ne peut perdre.

IMPERFECTIBILITÉ, *s. f.* caractère, état de l'être imperfectible.

IMPERFECTIBLE, *adj.* 2 g. qu'on ne peut rendre parfait.

IMPERFECTION, *s. f.* défaut qui empêche la perfection.

IMPÉRIAL, E, *adj.* qui appartient à l'empire ou à l'empereur ; *impériale, s. f.* dessus d'un carrosse, d'une diligence ; fleur liliacée ; sorte de jeu de cartes.

IMPÉRIEUSEMENT, *adv.* d'une manière impérieuse.

IMPÉRIEUX, EUSE, *adj.* altier, orgueilleux, absolu, impératif ; auquel il faut obéir.

IMPÉRISSABLE, *adj.* 2 g. qui ne peut périr.

IMPÉRITIE, *s. f.* défaut d'habileté, d'expérience ; inaptitude, maladresse.

IMPERMÉABILITÉ, *s. f.* qualité de ce qui est imperméable.

IMPERMÉABLE, *adj.* 2 g. impénétrable à un fluide.

IMPERMUTABLE, *adj.* 2 g. qu'on ne peut permuter.

IMPERSONNEL, LLE, *adj.* se dit des verbes qui ne se conjuguent qu'à la 3e pers. du sing.

IMPERSONNELLEMENT, *adv.* d'une manière impersonnelle.

IMPERTINEMMENT, *adv.* avec impertinence.

IMPERTINENCE, *s. f.* caractère d'une personne ou d'une chose impertinente ; action, pa-

role contre la bienséance; ineptie.
IMPERTINENT, E, *adj.* homme, action, discours contraire aux bienséances, au jugement; sot, absurde.
IMPERTURBABILITÉ, *s. f.* sang-froid; fermeté.
IMPERTURBABLE, *adj. 2 g.* qu'on ne peut troubler, émouvoir.
IMPERTURBABLEMENT, *adv.* d'une manière imperturbable.
IMPÉTRANT, E, *adj. et s.* qui impètre, qui obtient.
IMPÉTRER, *v. a.* é, ée, *p.* obtenir par requête, par supplique.
IMPÉTUEUSEMENT, *adv.* avec impétuosité.
IMPÉTUEUX, EUSE, *adj.* violent, véhément, rapide; vif, emporté.
IMPÉTUOSITÉ, *s. f.* vivacité extrême, violence.
IMPIE, *adj. et s. 2 g.* qui n'a point de religion, qui la méprise.
IMPIÉTÉ, *s. f.* mépris pour les choses de la religion; action, parole impie.
IMPITOYABLE, *adj. 2 g.* insensible à la pitié, inflexible.
IMPITOYABLEMENT, *adv.* sans aucune pitié.
IMPLACABLE, *adj. 2 g.* que rien ne peut apaiser.
IMPLANTER, *v. a.* é, ée, *p.* planter dans ou sur...; insérer.
IMPLICATION, *s. f.* engagement dans une affaire criminelle; contradiction.
IMPLICITE, *adj. 2 g.* tiré par induction d'une proposition, conséquence.
IMPLICITEMENT, *adv.* d'une manière implicite.
IMPLIQUER, *v. a.* é, ée, *p.* envelopper, comprendre dans une accusation.
IMPLORER, *v. a.* é, ée, *p.* demander humblement et avec ardeur; invoquer.
IMPOLI, E, *adj.* sans politesse; incivil, grossier.

IMPOLIMENT, *adv.* d'une manière impolie.
IMPOLITESSE, *s. f.* action, discours opposé à la politesse; incivilité, grossièreté dans les manières.
IMPOLITIQUE, *adj. 2 g.* contraire à la politique.
IMPONDÉRABLE, *adj. 2 g.* dont on ne peut connaître la pesanteur.
IMPOPULAIRE, *adj. 2 g.* qui n'est pas populaire.
IMPOPULARITÉ, *s. f.* manque de popularité.
IMPORTANCE, *s. f.* ce qui rend une chose, un homme important; grands moyens d'influence; grande fortune; *homme d'*—, de capacité.
IMPORTANT, E, *adj.* qui importe, qui est de conséquence.
IMPORTATION, *s. f.* action d'importer des marchandises, etc.; chose importée.
IMPORTER, *v. a.* é, ée, *p.* faire entrer dans son pays des productions étrangères; —, *v. impers.* il est d'importance.
IMPORTUN, E, *adj. et s.* qui importune, qui cause de l'importunité.
IMPORTUNÉMENT, *adv.* d'une manière importune.
IMPORTUNER, *v. a.* é, ée, *p.* fatiguer par des assiduités, des sollicitations.
IMPORTUNITÉ, *s. f.* action d'importuner; défaut des importuns.
IMPOSABLE, *adj. 2 g.* qui peut être imposé, sujet aux droits.
IMPOSANT, E, *adj.* qui commande le respect, les égards; sérieux, grave.
IMPOSER, *v. a.* é, ée, *p.* mettre dessus, soumettre à, assujettir; inspirer du respect, de la crainte; *en imposer*, mentir, abuser; *s'*—, *v. pr.* se donner une tâche.
IMPOSITION, *s. f.* action d'imposer les mains, de mettre un impôt; l'impôt lui-même.
IMPOSSIBILITÉ, *s. f.* empêchement invincible, obstacle insurmontable.

IMPOSSIBLE, s. m. et adj. 2 g. qui ne peut se faire ; très-difficile.

IMPOSTE, s. m. dessus dormant et vitré d'une porte.

IMPOSTEUR, adj. et s. m. trompeur, calomniateur, qui en impose.

IMPOSTURE, s. f. action de tromper, d'en imposer ; mensonge, calomnie ; hypocrisie.

IMPÔT, s. m. charge publique ; taxe ; droit imposé.

IMPOTENT, E, adj. privé de l'usage d'un membre.

IMPRATICABLE, adj. 2 g. qui ne se peut faire ; chemin —, où l'on ne peut passer.

IMPRÉCATION, s. f. malédiction, souhait de malheur contre quelqu'un.

IMPRÉGNABLE, adj. 2 g. qui peut être imprégné.

IMPRÉGNATION, s. f. action d'imprégner, ses effets.

IMPRÉGNER, v. a. é, ée, p. imbiber, charger une liqueur de particules étrangères ; fig. pénétrer, remplir l'esprit ; s' —, v. pr. s'imbiber.

IMPRENABLE, adj. 2 g. qui ne peut être pris.

IMPRESCRIPTIBLE, adj. 2 g. non sujet à prescription.

IMPRESSION, s. f. action d'un corps sur un autre ; effet produit sur les sens ou sur l'esprit ; empreinte par l'effet de l'imprimerie ; art d'imprimer.

IMPRESSIONNABLE, adj. 2 g. susceptible de recevoir une impression.

IMPRESSIONNÉ, ÉE, adj. qui a reçu une impression.

IMPRESSIONNER, v. a. é, ée, p. faire impression sur les sens, sur l'esprit.

IMPRÉVOYANCE, s. f. défaut de prévoyance.

IMPRÉVOYANT, E, adj. sans prévoyance.

IMPRÉVU, E, adj. qu'on n'a pas prévu.

IMPRIMABLE, adj. 2 g. qui peut être imprimé.

IMPRIMÉ, s. m. livre, papier imprimé.

IMPRIMER, v. a. é, ée, p. faire une empreinte ; empreindre ; publier par l'impression ; faire impression sur l'esprit, sur le cœur, etc.

IMPRIMERIE, s. f. art d'imprimer ; tout ce qui sert à imprimer ; lieu où l'on imprime ; commerce, talent de l'imprimeur.

IMPRIMEUR, s. m. qui exerce l'art de l'imprimerie.

IMPRIMURE, s. f. enduit imprimé sur une toile.

IMPROBABILITÉ, s. f. qualité de ce qui est improbable.

IMPROBABLE, adj. 2 g. dénué de probabilité.

IMPROBATEUR, TRICE, s. qui désapprouve ; —, adj. qui marque improbation.

IMPROBATION, s. f. action d'improuver ; blâme, censure.

IMPROBITÉ, s. f. défaut de probité.

IMPROMPTU, s. et adj. m. tout ce qui se fait sur-le-champ, sans préparation.

IMPROPRE, adj. 2 g. qui ne convient pas, n'est pas propre, juste.

IMPROPREMENT, adv. d'une manière impropre.

IMPROUVER, v. a. é, ée, p. désapprouver, blâmer.

IMPROVISATEUR, TRICE, s. qui improvise.

IMPROVISATION, s. f. action d'improviser ; chose improvisée.

IMPROVISER, v. a. é, ée, p. faire et réciter sur-le-champ des vers sur un sujet donné.

IMPROVISTE (à l'), loc. adv. subitement, lorsqu'on y pense le moins.

IMPRUDEMMENT, adv. avec imprudence.

IMPRUDENCE, s. f. manque de prudence ; action imprudente.

IMPRUDENT, E, adj. et s. qui manque de prudence, contraire à la prudence.

IMPUDEMMENT, adv. avec impudence ; effrontément.

IMPUDENCE, s. f. effronterie ; contraire à la pudeur.

IMPUDENT, E, adj. et s. insolent, effronté, sans pudeur.

IMPUDEUR, s. f. manque de pudeur.
IMPUDICITÉ, s. f. chose contraire à la chasteté.
IMPUDIQUE, adj. et s. 2 g. qui outrage la chasteté.
IMPUDIQUEMENT, adv. d'une manière impudique.
IMPUISSANCE, s. f. manque de pouvoir pour faire quelque chose.
IMPUISSANT, E, adj. qui a peu de pouvoir.
IMPULSIF, IVE, adj. qui agit par impulsion.
IMPULSION, s. f. mouvement communiqué par le choc; fig. instigation.
IMPUNÉMENT, adv. avec impunité.
IMPUNI, E, adj. qui demeure sans punition.
IMPUNITÉ, s. f. manque de punition.
IMPUR, E, adj. qui n'est pas pur; altéré par un mélange; corrompu.
IMPURETÉ, s. f. ce qu'il y a d'impur dans une chose.
IMPUTABLE, adj. 2 g. qui peut être imputé.
IMPUTATION, s. f. accusation sans preuve.
IMPUTER, v. a. é, ée, p. attribuer à quelqu'un une chose digne de blâme; appliquer un paiement à une dette.
INABORDABLE, adj. 2 g. qu'on ne peut aborder.
INACCESSIBLE, adj. 2 g. dont on ne peut approcher.
INACCORDABLE, adj. 2 g. qu'on ne peut accorder.
INACCOUTUMÉ, ÉE, adj. insolite, inusité.
INACTIF, IVE, adj. qui n'a pas d'activité.
INACTION, s. f. repos, cessation de toute action.
INACTIVITÉ, s. f. manque d'activité.
INADMISSIBLE, adj. 2 g. qu'on ne peut admettre.
INADVERTANCE, s. f. défaut d'attention.
INALIÉNABLE, adj. 2 g. qu'on ne peut aliéner.
INALTÉRABLE, adj. 2 g. qui ne peut être altéré.
INAMOVIBILITÉ, s. f. qualité de ce qui est inamovible.
INAMOVIBLE, adj. 2 g. qui ne peut être ôté, déplacé, destitué.
INANIMÉ, ÉE, adj. qui n'est pas animé.
INANITION, s. f. faiblesse causée par la privation de nourriture.
INAPERCEVABLE, adj. 2 g. qui ne peut être aperçu.
INAPERÇU, UE, adj. qu'on n'a pas aperçu.
INAPPLICABLE, adj. 2 g. qui ne peut être appliqué.
INAPPLICATION, s. f. manque d'application.
INAPPLIQUÉ, ÉE, adj. qui manque d'application.
INAPPRÉCIABLE, adj. 2 g. qui ne peut être apprécié.
INAPTITUDE, s. f. manque d'aptitude.
INARTICULÉ, ÉE, adj. qui n'est pas articulé.
INATTAQUABLE, adj. 2 g. qu'on ne peut attaquer.
INATTENDU, E, adj. imprévu.
INATTENTIF, IVE, adj. qui manque d'attention.
INATTENTION, s. f. manque d'attention, faute qui en est la suite.
INAUGURAL, E, adj. qui a rapport à l'inauguration.
INAUGURATION, s. f. solennité religieuse à l'avènement au trône d'un nouveau souverain; consécration d'un monument; prise de possession d'un emploi avec solennité.
INAUGURER, v. a. é, ée, p. faire une inauguration.
INCALCULABLE, adj. 2 g. qu'on ne peut calculer.
INCANDESCENCE, s. f. état d'un corps échauffé jusqu'à devenir blanc.
INCANDESCENT, E, adj. qui est en état d'incandescence; fig. échauffé, embrasé.
INCAPABLE, adj. 2 g. qui n'est pas capable; inhabile.
INCAPACITÉ, s. f. manque de capacité.

INCARCÉRATION, *s. f.* emprisonnement.

INCARCÉRER, *v. a. é, ée, p.* emprisonner.

INCARNAT, E, *adj. et s.* couleur qui tient de celle de la cerise et de celle de la rose.

INCARNATION, *s. f.* union du fils de Dieu avec la nature humaine.

INCARNER (s'), *v. pr. é, ée, p.* se revêtir de chair.

INCARTADE, *s. f.* insulte, impertinence, extravagance.

INCENDIAIRE, *adj. 2 g.* auteur volontaire d'un incendie.

INCENDIE, *s. m.* feu accidentel qui, s'il n'est arrêté, a des progrès successifs plus ou moins violents et qui produit l'embrasement.

INCENDIER, *v. a. é, ée, p.* brûler, consumer.

INCERTAIN, E, *adj.* douteux; irrésolu; variable.

INCERTITUDE, *s. f.* doute; indécision; inconstance.

INCESSAMMENT, *adv.* sans cesse.

INCIDEMMENT, *adv.* par incident.

INCIDENT, *s. m.* événement imprévu; difficulté; *incident, e, adj.* qui survient.

INCINÉRATION, *s. f.* action de réduire en cendres; ses effets.

INCISER, *v. a. é, ée, p.* faire une incision.

INCISIF, IVE, *adj.* remède propre à diviser les humeurs; *dents incisives*, les dents de devant.

INCISION, *s. f.* coupure, fente.

INCITATION, *s. f.* instigation, impulsion.

INCITER, *v. a. é, ée, p.* exciter, pousser.

INCIVIL, E, *adj.* qui n'est pas civil.

INCIVILEMENT, *adv.* avec incivilité.

INCIVILISÉ, ÉE, *adj.* qui n'est pas civilisé.

INCIVILITÉ, *s. f.* manque de civilité.

INCLÉMENCE, *s. f.* — *de la saison*, rigueur, intempérie.

INCLINAISON, *s. f.* état de ce qui penche.

INCLINATION, *s. f.* action de pencher; penchant, affection.

INCLINER, *v. a. é, ée, p.* pencher, courber, baisser; — *v. n.* être porté à...

INCLUS, E, *p. p. du v.* inclure, qui est inusité; enfermé, enveloppé.

INCLUSIVEMENT, *adv.* y compris.

INCOGNITO, (*gn. m.*) *adv.* sans être connu; *l'—, s. m.*

INCOHÉRENCE, *s. f.* défaut de liaison entre différentes parties.

INCOHÉRENT, E, *adj.* qui manque de liaison.

INCOLORE, *adj. 2 g.* sans couleur.

INCOMBUSTIBLE, *adj. 2 g.* qui a la propriété de ne pas se consumer au feu.

INCOMMENSURABLE, *adj. 2 g.* qu'on ne peut mesurer.

INCOMMODE, *adj. 2 g.* qui cause de l'embarras, qui est à charge.

INCOMMODÉMENT, *adv.* d'une manière incommode.

INCOMMODER, *v. a. é, ée, p.* causer quelque incommodité, du dommage.

INCOMMODITÉ, *s. f.* embarras causé par une chose incommode; indisposition.

INCOMPARABLE, *adj. 2 g.* à quoi rien ne peut être comparé.

INCOMPARABLEMENT, *adv.* sans comparaison.

INCOMPATIBILITÉ, *s. f.* antipathie; impossibilité de posséder à la fois deux emplois non compatibles.

INCOMPATIBLE, *adj. 2 g.* non compatible.

INCOMPATIBLEMENT, *adv.* d'une manière incompatible.

INCOMPÉTEMMENT, *adv.* sans compétence.

INCOMPÉTENCE, *s. f.* manque de compétence.

INCOMPÉTENT, E, *adj.* qui n'est pas compétent.

INCOMPLET, ÈTE, *adj.* qui n'est pas complet.

INCOMPLEXE, *adj.* 2 g. qui n'est pas complexe; simple.
INCOMPRÉHENSIBLE, *adj.* 2 g. qu'on ne peut comprendre.
INCOMPRESSIBLE, *adj.* 2 g. qui ne peut être comprimé.
INCONCEVABLE, *adj* 2 g. qu'on ne peut concevoir.
INCONCILIABLE, *adj.* 2 g. qu'on ne peut concilier.
INCONDUITE, *s. f.* mauvaise conduite.
INCONGRU, E, *adj.* qui pèche contre les règles de la syntaxe, de la logique, ou contre les convenances.
INCONGRÛMENT, *adv.* d'une manière incongrue.
INCONGRUITÉ, *s. f.* chose incongrue.
INCONNU, E, *adj.* qui n'est pas connu.
INCONSÉQUENCE, *s. f.* défaut de conséquence dans les discours ou les actions.
INCONSEQUENT, E, *adj.* qui agit d'une manière contraire à ses propres principes; qui n'est pas conforme aux règles de la logique.
INCONSIDÉRATION, *s. f.* imprudence.
INCONSIDÉRÉ, ÉE, *adj* et *s.* imprudent, étourdi.
INCONSIDÉRÉMENT, *adv.* d'une manière inconsidérée.
INCONSISTANCE, *s. f.* défaut de consistance.
INCONSOLABLE, *adj.* 2 g. qui ne peut se consoler.
INCONSTAMMENT, *adv.* avec inconstance.
INCONSTANCE, *s. f.* facilité à changer de conduite, d'opinion; légèreté d'esprit.
INCONSTANT, E, *adj.* léger; sujet à changer.
INCONSTITUTIONNEL, LLE, *adj.* qui n'est pas constitutionnel.
INCONSTITUTIONNELLEMENT, *adv.* d'une manière inconstitutionnelle.
INCONTESTABLE, *adj.* 2 g. qu'on ne peut contester.
INCONTESTABLEMENT, *adv.* d'une manière incontestable.

INCONTESTÉ, ÉE, *adj.* qui n'est pas contesté.
INCONTINENCE, *s. f.* vice opposé à la chasteté; — d'urine, écoulement involontaire de l'urine.
INCONTINENT, E, *adj.* qui n'est pas chaste; —, *adv.* sur-le-champ.
INCONVENABLE, *adj.* 2 g. opposé à convenable.
INCONVENANCE, *s. f.* chose qui n'est pas convenable.
INCONVENANT, E, *adj.* qui manque de convenance.
INCONVÉNIENT, *s. m.* incident fâcheux; résultat désagréable.
INCORPORATION, *s. f.* action d'incorporer; effet de cette action.
INCORPOREL, LLE, *adj.* qui n'a pas de corps.
INCORPORER, *v. a.* é, ée, *p.* réunir des parties diverses en un seul corps.
INCORRECT, E, *adj.* qui n'est pas correct.
INCORRECTION, *s. f.* défaut de correction.
INCORRIGIBILITÉ, *s. f.* caractère de ce qui est incorrigible.
INCORRIGIBLE, *adj.* 2 g. qu'on ne peut corriger.
INCORRUPTIBILITÉ, *s. f.* intégrité; qualité de ce qui est incorruptible.
INCORRUPTIBLE, *adj.* 2 g. qui ne peut se corrompre.
INCRÉDULE, *adj.* et *s.* 2 g. qui ne croit pas.
INCRÉDULITÉ, *s. f.* répugnance à croire.
INCRÉÉ, ÉE, *adj.* qui existe sans avoir été créé; *Dieu seul est incréé.*
INCRIMINATION, *s. f.* action d'incriminer.
INCRIMINER, *v. a.* é, ée, *p.* accuser d'un crime.
INCROYABLE, *adj.* 2 g. qui n'est pas croyable.
INCROYABLEMENT, *adv.* d'une manière incroyable.
INCRUSTATION, *s. f.* action d'incruster; ses résultats.

INCRUSTER, *v. a. é, ée, p.* appliquer du marbre, de l'or, etc., sur une surface pour l'orner.
INCUBATION, *s. f.* action des ovipares qui couvent des œufs.
INCULPABLE, *adj. 2 g.* qui peut être inculpé.
INCULPATION, *s. f.* attribution d'une faute à quelqu'un.
INCULPER, *v. a. é, ée, p.* accuser.
INCULQUER, *v. a. é, ée, p.* imprimer une chose dans l'esprit.
INCULTE, *adj. 2 g.* qui n'est pas cultivé; sauvage.
INCURABLE, *adj. 2 g.* qu'on ne peut guérir.
INCURIE, *s. f.* négligence.
INCURSION, *s. f.* irruption hostile.
INDE, *s. m.* couleur bleue tirée de l'indigo.
INDÉCEMMENT, *adv.* contre la décence.
INDÉCENCE, *s. f.* manque de décence.
INDÉCENT, E, *adj.* contraire à la décence, à la bienséance.
INDÉCHIFFRABLE, *adj. 2 g.* qu'on ne peut déchiffrer.
INDÉCIS, E, *adj.* irrésolu, qui n'est pas décidé.
INDÉCISION, *s. f.* irrésolution.
INDÉCLINABLE, *adj. 2 g.* qui ne peut se décliner.
INDÉCOMPOSABLE, *adj. 2 g.* qui ne peut être décomposé.
INDÉCROTTABLE, *adj. 2 g.* qui ne peut se décrotter; *caractère—*, intraitable, grossier.
INDÉFINI, E, *adj.* indéterminé, illimité; *prétérit—*, qui marque un temps passé non complétement écoulé.
INDÉFINIMENT, *adv.* d'une manière indéfinie.
INDÉFINISSABLE, *adj. 2 g.* qu'on ne peut définir.
INDÉLÉBILE, *adj. 2 g.* qui ne peut être effacé.
INDÉLIBÉRÉ, ÉE, *adj.* non réfléchi.
INDÉLICAT, E, *adj.* sans délicatesse.
INDÉLICATESSE, *s. f.* manque de délicatesse, de procédés.
INDEMNISER, *v. a. é, ée, p.* dédommager.
INDEMNITÉ, *s. f.* dédommagement.
INDÉPENDAMMENT, *adv.* d'une manière indépendante.
INDÉPENDANCE, *s. f.* état d'une personne dégagée de tout engagement, de tous liens.
INDÉPENDANT, E, *adj.* qui est libre de toute dépendance.
INDESTRUCTIBILITÉ, *s. f.* qualité de ce qui est indestructible.
INDESTRUCTIBLE, *adj. 2 g.* qui ne peut être détruit.
INDÉTERMINATION, *s. f.* irrésolution.
INDÉTERMINÉ, ÉE, *adj.* irrésolu; illimité.
INDÉTERMINÉMENT, *adv.* d'une manière indéterminée.
INDÉVOT, E, *adj. et s.* qui n'est pas dévot.
INDÉVOTEMENT, *adv.* d'une manière indévote.
INDÉVOTION, *s. f.* manque de dévotion.
INDEX, *s. m.* (*mot latin*) table d'un livre; le doigt près du pouce.
INDICATEUR, TRICE, *s. et adj.* qui indique, qui fait connaître; index; muscle de l'index.
INDICATIF, *s. m.* premier mode des verbes, indiquant qu'une personne ou qu'une chose est.
INDICATION, *s. f.* action d'indiquer; signe qui indique.
INDICE, *s. m.* signe apparent et probable qu'une chose est.
INDICIBLE, *adj. 2 g.* inexprimable.
INDICTION, *s. f. t. de chron.* période de quinze ans.
INDIEN, NNE, *adj. et s.* de l'Inde.
INDIENNE, *s. f.* toile peinte.
INDIFFÉREMMENT, *adv.* avec indifférence; sans faire de différence.
INDIFFÉRENCE, *s. f.* état

d'une personne indifférente; froideur.

INDIFFÉRENT, E, *adj.* ni bon ni mauvais en soi; dont on ne se soucie pas; —, *s.* qui n'aime rien, ne s'intéresse à rien.

INDIGENCE, *s. f.* grande pauvreté; absence d'une chose.

INDIGÈNE, *s. 2 g.* né dans un pays; —*adj. 2 g.* tout ce qui est naturel à un pays.

INDIGENT, E, *adj.* et *s.* qui est dans l'indigence.

INDIGESTE, *adj. 2 g.* difficile à digérer.

INDIGESTION, *s. f.* mauvaise coction des aliments dans l'estomac.

INDIGNATION, *s. f.* colère contre ce qui est injuste, honteux; aversion pour ceux qui font le mal.

INDIGNE, *adj. 2 g.* et *s.* qui n'est pas digne, ne mérite pas; méchant, odieux, condamnable.

INDIGNEMENT, *adv.* d'une manière indigne.

INDIGNER, *v. a.* é, ée, *p.* exciter l'indignation, la colère; s'—, *v. pr.* concevoir de l'indignation.

INDIGNITÉ, *s. f.* action indigne; outrage, affront.

INDIGO, *s. m.* plante dont les feuilles donnent la couleur de l'indigo; cette couleur, *bleu foncé.*

INDIGOTERIE, *s. f.* plantation d'indigo; lieu où on le prépare.

INDIGOTIER, *s. m.* qui prépare l'indigo.

INDIQUER, *v. a.* é, ée, *p.* montrer, désigner; fixer.

INDIRECT, E, *adj.* qui n'est pas direct; détourné.

INDIRECTEMENT, *adv.* d'une manière indirecte.

INDISCERNABLE, *adj. 2 g.* qu'on ne peut discerner.

INDISCIPLINABLE, *adj. 2 g.* qu'on ne peut discipliner.

INDISCIPLINE, *s. f.* manque de discipline.

INDISCIPLINÉ, ÉE, *adj.* qui n'est pas discipliné.

INDISCRET, ÈTE, *adj.* et *s.* étourdi, imprudent, qui manque de discrétion; — qui ne garde aucun secret.

INDISCRÈTEMENT, *adv.* d'une manière indiscrète.

INDISCRÉTION, *s. f.* manque de discrétion; action indiscrète.

INDISPENSABLE, *adj. 2 g.* dont on ne peut se dispenser.

INDISPENSABLEMENT, *adv.* nécessairement.

INDISPONIBLE, *adj. 2 g.* dont on ne peut disposer par testament.

INDISPOSÉ, ÉE, *adj.* un peu malade; prévenu défavorablement; fâché.

INDISPOSER, *v. a.* é, ée, *p.* fâcher, mettre dans une disposition peu favorable; rendre un peu malade.

INDISPOSITION, *s. f.* légère altération dans la santé; prévention défavorable.

INDISSOLUBILITÉ, *s. f.* qualité de ce qui est indissoluble.

INDISSOLUBLE, *adj. 2 g.* qui ne peut se dissoudre.

INDISSOLUBLEMENT, *adv.* d'une manière indissoluble.

INDISTINCT, E, *adj.* qui n'est pas distinct, se dit des sons et des idées.

INDISTINCTEMENT, *adv.* confusément; sans choix, sans préférence.

INDIVIDU, *s. m.* être particulier de chaque espèce en général.

INDIVIDUALISER, *v. a.* é, ée, *p.* considérer individuellement.

INDIVIDUALITÉ, *s. f.* caractère, état de l'individu.

INDIVIDUEL, LLE, *adj.* qui a rapport à l'individu.

INDIVIDUELLEMENT, *adv.* d'une manière individuelle, abstraction faite de l'espèce.

INDIVIS, E, *adj.* qui n'est pas divisé; *bien* —, possédé en commun.

INDIVISIBILITÉ, *s. f.* qualité de ce qui est indivisible.

INDIVISIBLE, *adj. 2 g.* qu'on ne peut diviser.

INDIVISIBLEMENT, *adv.* d'une manière indivisible.

INDIVISION, *s. f.* état de ce qui est indivis.

IN-DIX-HUIT, *s. m.* livre dont chaque feuille est pliée en dix-huit feuillets.

INDOCILE, *adj. 2 g.* qui n'a pas de docilité.

INDOCILITÉ, *s. f.* manque de docilité.

INDOLEMMENT, *adv.* d'une manière indolente.

INDOLENCE, *s. f.* nonchalance, insensibilité; apathie.

INDOLENT, E, *adj. et s.* nonchalant, insensible à tout.

INDOMPTABLE, *adj. 2 g.* qu'on ne peut dompter.

INDOMPTÉ, ÉE, *adj.* qu'on n'a pu dompter; fougueux, sans frein.

IN-DOUZE, *s. m.* livre dont les feuilles sont pliées en douze feuillets.

INDRE, nom d'une rivière qui prend sa source dans le dép. de la Creuse et se jette dans la Loire; elle donne son nom à un département.

INDRE-ET-LOIRE, dép. formé de l'ancienne Touraine.

INDÛ, E, *adj.* contre la règle, l'usage; à contre-temps.

INDUBITABLE, *adj. 2 g.* dont on ne peut douter.

INDUBITABLEMENT, *adv.* certainement, sans doute.

INDUCTION, *s. f.* conséquence tirée de...

INDUIRE, *v. a.* it, e, p. porter, pousser à...; inférer.

INDULGENCE, *s. f.* facilité à excuser, à pardonner; —, *pl.* rémission accordée par l'Église de la peine due aux péchés.

INDULGENT, E, *adj.* qui a de l'indulgence.

INDÛMENT, *adv.* d'une manière indue.

INDUSTRIE, *s. f.* dextérité, adresse à faire une chose; travail, commerce.

INDUSTRIEL, LLE, *adj.* produit par l'industrie.

INDUSTRIEUSEMENT, *adv.* avec industrie.

INDUSTRIEUX, EUSE, *adj.* qui a de l'industrie.

INÉBRANLABLE, *adj. 2 g.* qu'on ne peut ébranler.

INÉBRANLABLEMENT, *adv.* d'une manière inébranlable.

INÉDIT, E, *adj.* qui n'a point été imprimé, publié.

INEFFABLE, *adj. 2 g.* qui ne peut être exprimé par la parole.

INEFFAÇABLE, *adj. 2 g.* qui ne peut être effacé.

INEFFICACE, *adj. 2 g.* sans effet.

INEFFICACITÉ, *s. f.* manque d'efficacité.

INÉGAL, E, *adj.* qui n'est point égal; raboteux, bizarre.

INÉGALEMENT, *adv.* d'une manière inégale.

INÉGALITÉ, *s. f.* défaut d'égalité.

INÉLÉGANCE, *s. f.* manque d'élégance.

INÉLIGIBLE, *adj. 2 g.* qui ne peut être élu.

INEPTE, *adj. 2 g.* sans aptitude; absurde, impertinent.

INEPTIE, *s. f.* absurdité, sottise, impertinence.

INÉPUISABLE, *adj. 2 g.* qu'on ne peut épuiser.

INERTE, *adj. 2 g.* sans ressort, sans activité.

INERTIE, *s. f.* manque d'activité, d'énergie.

INESPÉRÉ, ÉE, *adj.* heureux et imprévu.

INESPÉRÉMENT, *adv.* contre toute espérance.

INESTIMABLE, *adj. 2 g.* qu'on ne peut assez estimer.

INÉVITABLE, *adj. 2 g.* qu'on ne peut éviter.

INÉVITABLEMENT, *adv.* nécessairement; sans qu'on puisse l'éviter.

INEXACT, E, *adj.* qui manque d'exactitude; où il y a erreur.

INEXACTITUDE, *s. f.* manque d'exactitude.

INEXCUSABLE, *adj. 2 g.* qu'on ne peut excuser.

INEXÉCUTABLE, *adj. 2 g.* qui ne peut être exécuté.

INEXÉCUTION, *s. f.* manque d'exécution.

INEXIGIBLE, *adj. 2 g.* qui ne peut être exigé.

INEXORABLE, *adj.* 2 g. qu'on ne peut fléchir; sévère, dur.
INEXORABLEMENT, *adv.* d'une manière inexorable.
INEXPÉRIENCE, *s. f.* manque d'expérience.
INEXPÉRIMENTÉ, ÉE, *adj.* sans expérience.
INEXPIABLE, *adj.* 2 g. qui ne peut être expié.
INEXPLICABLE, *adj.* 2 g. qu'on ne peut expliquer.
INEXPRIMABLE, *adj.* 2 g. qu'on ne peut exprimer.
INEXPUGNABLE, *adj.* 2 g. qui ne peut être forcé, pris d'assaut.
INEXTINGUIBLE, *adj.* 2 g. qu'on ne peut éteindre.
INEXTRICABLE, *adj.* 2 g. qui ne peut être démêlé.
INFAILLIBILITÉ, (ll m.) *s. f.* impossibilité de se tromper, d'être trompé.
INFAILLIBLE, (ll m.) *adj.* 2 g. certain, immanquable; qui ne peut ni tromper, ni errer.
INFAILLIBLEMENT, (ll m.) *adv.* immanquablement.
INFAISABLE, *adj.* 2 g. qui ne peut être fait.
INFAMANT, E, *adj.* qui porte infamie.
INFÂME, *adj. et s.* 2 g. diffamé, flétri; honteux, déshonorant.
INFAMIE, *s. f.* flétrissure imprimée à l'honneur, à la réputation par la loi, l'opinion publique; action infâme.
INFANT, E, *s.* enfant puîné du roi d'Espagne, de Portugal, de Naples.
INFANTERIE, *s. f.* gens de guerre qui marchent et combattent à pied.
INFANTICIDE, *s. m.* meurtre, meurtrier d'un enfant.
INFATIGABLE, *adj.* 2 g. qu'on ne peut fatiguer.
INFATIGABLEMENT, *adv.* sans se lasser.
INFATUATION; *s. f.* entêtement.
INFATUER, *v. a.* é, ée, *p.* prévenir excessivement en faveur de; s'—, *v. pr.* se prévenir ridiculement en faveur de ...

INFÉCOND, E, *adj.* stérile.
INFÉCONDITÉ, *s. f.* stérilité.
INFECT, E, *adj.* puant, corrompu.
INFECTER, *v. a.* é, ée, *p.* répandre, exhaler une mauvaise odeur; empuantir; *fig.* corrompre.
INFECTION, *s. f.* puanteur contagieuse; corruption.
INFÉRER, *v. a.* é, ée, *p.* tirer une conséquence.
INFÉRIEUR, E, *s. et adj.* placé au-dessous; qui n'est point égal en valeur, en qualité; qui est au-dessous d'un autre en rang, mérite, dignité; subordonné.
INFÉRIEUREMENT, *adv.* au-dessous.
INFÉRIORITÉ, *s. f.* rang de l'inférieur relativement au supérieur; ce qui est inférieur.
INFERNAL, E, *adj.* qui appartient à l'enfer; diabolique.
INFERNALEMENT, *adv.* d'une manière infernale.
INFERNALITÉ, *s. f.* caractère de l'être infernal.
INFERTILITÉ, *s. f.* stérilité d'une terre.
INFESTER, *v. a.* é, ée, *p.* ravager par des irruptions; incommoder, tourmenter.
INFIDÈLE, *adj.* 2 g. qui manque de fidélité, d'exactitude; déloyal; peu sûr; —, *s. m.* qui n'a pas la vraie foi.
INFIDÈLEMENT, *adv.* d'une manière infidèle.
INFIDÉLITÉ, *s. f.* manque de fidélité; déloyauté; inexactitude.
INFILTRATION, *s. f.* action d'un liquide qui s'infiltre.
INFILTRER (s'), *v. pr.* é, ée, *p.* passer comme par un filtre.
INFIME, *adj.* 2 g. dernier, le plus bas.
INFINI, IE, *adj.* qui n'a pas de bornes; —, *s. m.* ce qui n'a pas de bornes; à l'—, *adv.* sans fin.
INFINIMENT, *adv.* à l'infini.
INFINITÉ, *s. f.* qualité de ce qui est infini; grand nombre.

INFINITÉSIMAL, E, adj. calcul —, c.-à-d. des infiniment petits.

INFINITIF, s. m. mode du verbe qui ne marque ni nombre, ni personne.

INFIRMATIF, IVE, adj. qui infirme, qui annulle.

INFIRME, adj. 2 g. qui a quelque infirmité; faible, fragile; —, s. m. malade.

INFIRMER, v. a. é, ée, p. annuler.

INFIRMERIE, s. f. lieu destiné aux malades, aux infirmes.

INFIRMIER, IÈRE, s. qui a soin des malades.

INFIRMITÉ, s. f. maladie, faiblesse, vice d'organisation.

INFLAMMABLE, adj. 2 g. qui s'enflamme aisément.

INFLAMMATION, s. f. action qui enflamme; état de ce qui est enflammé; ardeur dans une partie du corps échauffée.

INFLAMMATOIRE, adj. 2 g. qui cause l'inflammation.

INFLEXIBILITÉ, s. f. qualité de ce qui est inflexible; caractère inébranlable.

INFLEXIBLE, adj. 2 g. qui ne se laisse pas fléchir, ébranler.

INFLEXIBLEMENT, adv. d'une manière inflexible.

INFLEXION, s. f. — de voix, changement de voix d'un ton à un autre.

INFLICTIF, IVE, adj. qui est ou doit être infligé.

INFLICTION, s. f. action d'infliger une peine afflictive et corporelle.

INFLIGER, v. a. é, ée, p. imposer une peine, un châtiment.

INFLUENCE, s. f. action supposée des astres sur les corps terrestres; action d'une cause qui aide à produire un effet.

INFLUENCER, v. a. é, ée, p. exercer une influence; donner une direction à la volonté d'autrui.

INFLUER, v. n. faire impression; contribuer à; agir par influence.

IN-FOLIO, s. m. (inv. au pl.) livre dont chaque feuille forme deux feuillets.

INFORMATION, s. f. action d'informer; recherches; enquête.

INFORME, adj. 2 g. imparfait, incomplet; qui n'a pas la forme qu'il devrait avoir.

INFORMER, v. a. é, ée, p. avertir; —, v. n. faire une enquête; s' —, v. pr. s'enquérir.

INFORTUNE, s. f. malheur; adversité.

INFORTUNÉ, ÉE, adj. malheureux.

INFRACTION, s. f. contravention.

INFRUCTUEUSEMENT, adv. sans fruit, sans utilité.

INFRUCTUEUX, EUSE, adj. qui ne produit rien.

INFUS, E, adj. donné par la nature.

INFUSER, v. a. é, ée, p. faire tremper quelque chose dans un liquide.

INFUSION, s. f. action d'infuser; chose infusée.

INGAMBE, adj. 2 g. léger, alerte.

INGÉNIER (s'), v. pr. é, ée, p. chercher dans son esprit des moyens de succès.

INGÉNIEUR, s. m. celui qui trace et qui conduit les travaux relatifs à l'attaque et à la défense des places fortes, aux ponts, aux chemins, etc.

INGÉNIEUSEMENT, adv. d'une manière ingénieuse.

INGÉNIEUX, EUSE, adj. plein d'esprit, d'adresse.

INGÉNU, E, adj. naïf, franc.

INGÉNUITÉ, s. f. naïveté, sincérité, simplicité.

INGÉNUMENT, adv. d'une manière ingénue.

INGÉRER (s'), v. pr. é, ée, p. se mêler d'une chose qui ne nous regarde pas.

IN-GLOBO, loc. adv. en globe, en masse.

INGRAT, E, adj. qui manque de reconnaissance; stérile.

INGRATITUDE, s. f. manque de reconnaissance; oubli d'un bienfait reçu.

INGRÉDIENT, s. m. ce qui

entre dans un mélange, un assaisonnement, etc.

INGUÉRISSABLE, *adj. 2 g.* qu'on ne peut guérir.

INHABILE, *adj. 2 g.* incapable.

INHABILEMENT, *adv.* d'une manière inhabile.

INHABILETÉ, *s. f.* manque d'habileté.

INHABITABLE, *adj. 2 g.* qu'on ne peut habiter.

INHABITÉ, ÉE, *adj.* non habité.

INHABITUDE, *s. f.* défaut d'habitude.

INHÉRENT, E, *adj.* joint inséparablement à...

INHOSPITALIER, IÈRE, *adj.* qui n'aime pas à donner l'hospitalité.

INHOSPITALITÉ, *s. f.* manque d'hospitalité.

INHUMAIN, E, *adj.* sans humanité.

INHUMAINEMENT, *adv.* d'une manière inhumaine.

INHUMANITÉ, *s. f.* cruauté; défaut d'humanité.

INHUMATION, *s. f.* enterrement.

INHUMER, *v. a.* é, ée, *p.* enterrer.

INIMAGINABLE, *adj. 2 g.* qu'on ne peut imaginer.

INIMITABLE, *adj. 2 g.* qu'on ne peut imiter.

INIMITIÉ, *s. f.* haine, aversion, malveillance.

ININTELLIGIBLE, *adj. 2 g.* qu'on ne peut comprendre.

INIQUE, *adj. 2 g.* injuste.

INIQUEMENT, *adv.* d'une manière inique.

INIQUITÉ, *s. f.* injustice; action contre les lois, la probité; prévarication.

INITIAL, E, *adj.* qui commence.

INITIATION, *s. f.* action d'initier, ou d'être initié.

INITIATIVE, *s. f.* droit de choisir le premier.

INITIER, *v. a.* é, ée, *p.* admettre, introduire dans une société secrète; mettre au fait d'un art, d'une science.

INJONCTION, *s. f.* commandement.

INJURE, *s. f.* insulte, outrage; — *du temps*, ses incommodités.

INJURIER, *v. a.* (se con). c. *prier*) dire des injures; *s'—*, *v. pr.* se dire réciproquement des injures.

INJURIEUSEMENT, *adv.* d'une manière injurieuse.

INJURIEUX, EUSE, *adj.* outrageux, offensant.

INJUSTE, *adj. 2 g.* contraire à la justice; —, *s. m.* ce qui n'est pas juste; personne qui agit d'une manière opposée à la justice.

INJUSTEMENT, *adv.* d'une manière injuste.

INJUSTICE, *s. f.* manque de justice, action injuste.

INNÉ, ÉE, *adj.* né avec nous.

INNOCEMMENT, *adv.* avec innocence.

INNOCENCE, *s. f.* (*sans pl.*) naïveté, simplicité.

INNOCENT, E, *adj.* non coupable; pur; simple; —, *s. m.* celui qui est exempt de crime.

INNOCENTER, *v. a.* é, ée, *p.* déclarer innocent.

INNOMBRABLE, *adj.* qu'on ne peut nombrer.

INNOVATEUR, *s. m.* qui innove.

INNOVATION, *s. f.* introduction d'un usage nouveau.

INNOVER, *v. a. et v. n.* introduire des nouveautés.

INOBSERVATION, *s. f.* manque d'observation d'une loi, d'une promesse.

INOCCUPÉ, ÉE, *adj.* sans occupation.

IN-OCTAVO, *s. m.* livre dont chaque feuille pliée forme huit feuillets.

INOCULATION, *s. f.* action d'inoculer.

INOCULER, *v. a.* é, ée, *p.* communiquer artificiellement le virus de la petite vérole; greffer.

INODORE, *adj. 2 g.* sans odeur.

INOFFENSIF, IVE, *adj.* qui n'offense personne.

INONDATION, s. f. débordement.
INONDER, v. a. é, ée, p. déborder, envahir.
INOPINÉ, ÉE, adj. imprévu.
INOPINÉMENT, adv. d'une manière inopinée.
INOPPORTUN, E, adj. qui n'est pas opportun.
INOUÏ, E, adj. singulier, étrange, dont on n'avait pas entendu parler.
IN-QUARTO, s. m. inv. livre dont chaque feuille pliée forme 4 feuillets.
INQUIET, IÈTE, adj. qui a de l'inquiétude; agité.
INQUIÉTANT, E, adj. qui cause de l'inquiétude.
INQUIÉTER, v. a. é, ée, p. rendre inquiet; troubler, faire de la peine; s'—, v. pr. se donner de l'inquiétude.
INQUIÉTUDE, s. f. trouble, agitation d'esprit; crainte; incertitude; impatience.
INQUISITEUR, s. m. juge de l'Inquisition.
INQUISITION, s. f. recherche, enquête; tribunal ecclésiastique établi en certains pays.
INSAISISSABLE, adj. 2 g. qu'on ne peut saisir.
INSALUBRE, adj. 2 g. nuisible à la santé.
INSALUBRITÉ, s. f. qualité de ce qui nuit à la santé.
INSATIABILITÉ, s. f. avidité de manger insatiable.
INSATIABLE, adj. 2 g. qu'on ne peut rassasier.
INSATIABLEMENT, adv. d'une manière insatiable.
INSCRIPTION, s. f. ce qu'on écrit sur quelque édifice en mémoire d'un événement, action d'inscrire; devise, légende.
INSCRIRE, v. a. (se conj. c. écrire) écrire sur; s'—, v. pr. écrire son nom sur un registre, une liste; s'— en faux, affirmer qu'une chose est fausse.
INSU (à l'), adv. sans qu'on le sache.
INSECTE, s. m. classe d'animaux sans vertèbres, respirant par les trachées, dont le corps et les membres sont articulés.

INSECTIVORE, adj. et s. 2 g. qui mange les insectes.
IN-SEIZE, s. m. livre dont chaque feuille pliée forme 16 feuillets.
INSENSÉ, ÉE, adj. et s. contraire à la raison, au bon sens.
INSENSIBILITÉ, s. f. manque de sensibilité.
INSENSIBLE, adj. 2 g. qui n'est pas ému; qui ne se sent pas touché; imperceptible.
INSENSIBLEMENT, adv. peu à peu; d'une manière insensible.
INSÉPARABLE, adj. 2 g. qu'on ne peut séparer.
INSÉPARABLEMENT, adv. d'une manière inséparable.
INSÉRER, v. a. é, ée, p. mettre dans; ajouter, faire entrer.
INSERMENTÉ, ÉE, adj. qui n'a pas prêté le serment requis.
INSERTION, s. f. action d'insérer; addition.
INSIDIEUSEMENT, adv. d'une manière insidieuse.
INSIDIEUX, EUSE, adj. artificieux, qui tend à tromper.
INSIGNE, adj. 2 g. remarquable, signalé.
INSIGNES, s. m. pl. marques d'honneur.
INSIGNIFIANCE, s. f. caractère de ce qui est insignifiant.
INSIGNIFIANT, E, adj. sans caractère, qui ne signifie rien; insipide.
INSINUANT, E, adj. qui insinue; qui sait s'insinuer.
INSINUATIF, IVE, adj. propre à insinuer.
INSINUATION, s. f. action de s'insinuer; discours adroit pour insinuer.
INSINUER, v. a. é, ée, p. introduire doucement; faire entendre adroitement; s'—, v. pr. s'introduire.
INSIPIDE, adj. 2 g. sans saveur, sans goût; fade.
INSIPIDEMENT, adv. d'une manière insipide.
INSIPIDITÉ, s. f. qualité de ce qui est insipide.
INSISTANCE, s. f. action d'insister.

INSISTER, *v. n.* demander avec instance; appuyer sur un point.
INSOCIABILITÉ, *s. f.* vice de celui qui est insociable.
INSOCIABLE, *adj. 2 g.* qui ne peut vivre en société.
INSOLEMMENT, *adv.* avec insolence.
INSOLENCE, *s. f.* injure, offense, effronterie.
INSOLENT, E, *adj.* effronté, injurieux, qui offense.
INSOLITE, *adj. 2 g.* contraire à l'usage.
INSOLUBLE, *adj. 2 g.* qui ne peut s'expliquer, se dissoudre.
INSOLVABILITÉ, *s. f.* impossibilité de payer.
INSOLVABLE, *adj. 2 g.* qui n'a pas de quoi payer.
INSOMNIE, *s. f.* privation de sommeil.
INSOUCIANCE, *s. f.* caractère insouciant.
INSOUCIANT, E, *adj.* sans souci.
INSOUMIS, E, *adj.* non soumis.
INSOUTENABLE, *adj. 2 g.* qui n'est pas soutenable, supportable.
INSPECTER, *v. a.* é, ée, *p.* examiner.
INSPECTEUR, TRICE, *s.* qui est chargé d'inspecter.
INSPECTION, *s. f.* examen; fonction d'inspecteur.
INSPIRATION, *s. f.* conseil, mouvement subit de l'âme; action par laquelle l'air entre dans les poumons.
INSPIRER, *v. a.* é, ée, *p.* respirer; suggérer; conseiller.
INSTABILITÉ, *s. f.* défaut de solidité, de stabilité.
INSTABLE, *adj. 2 g.* qui n'est pas stable.
INSTALLATION, *s. f.* action d'installer.
INSTALLER, *v. a.* é, ée, *p.* mettre en possession; s'—, *v. pr.* s'établir.
INSTAMMENT, *adv.* avec instance.
INSTANCE, *s. f.* demande réitérée et pressante; poursuite en justice.
INSTANT, *s. m.* moment; à l'—, *adv.* sur-le-champ.
INSTANT, E, *adj.* pressant, imminent.
INSTANTANÉ, ÉE, *adj.* qui ne dure qu'un instant.
INSTAR (à l'), *adv.* à l'exemple de...
INSTIGATEUR, TRICE, *s.* et *adj.* qui pousse, qui excite au mal.
INSTIGATION, *s. f.* suggestion, incitation au mal.
INSTINCT, *s. m.* sentiment naturel du bien et du mal; mouvement irréfléchi.
INSTINCTIF, IVE, *adj.* par instinct.
INSTITUER, *v. a.* é, ée, *p.* établir, commencer.
INSTITUT, *s. m.* constitution, règle; établissement littéraire et scientifique.
INSTITUTES, *s. f. pl.* éléments du droit romain.
INSTITUTEUR, TRICE, *s.* qui institue; qui instruit les enfants.
INSTITUTION, *s. f.* action d'instituer; chose instituée; maison d'éducation.
INSTRUCTEUR, *s. m.* celui qui instruit.
INSTRUCTIF, IVE, *adj.* ce qui instruit.
INSTRUCTION, *s. f.* éducation, connaissances données ou acquises; ordres donnés à un envoyé.
INSTRUIRE, *v. a.* it, e, *p.* (*se conj. c. construire*) enseigner; informer; s'—, *v. pr.* s'éclairer, acquérir de l'instruction; s'—, *v. réc.* s'éclairer mutuellement.
INSTRUIT, E, *adj.* qui a beaucoup d'instruction.
INSTRUMENT, *s. m.* outil d'ouvrier ou d'artisan; tout ce qui sert à faire une chose; — *de mathématiques*, la règle, le compas, etc.; — *de musique*, fait pour rendre des sons harmonieux.
INSTRUMENTAL, E, *adj.* (sans pl. m.) qui sert d'instrument; *musique* —, faite pour les instruments.
INSTRUMENTER, *v. a.* é, ée,

p, dresser des actes de procédure.

INSUBORDINATION, s. f. défaut de subordination.

INSUBORDONNÉ, ÉE, adj. qui manque à la subordination.

INSUCCÈS, s. m. défaut de succès.

INSUFFISAMMENT, adv. d'une manière insuffisante.

INSUFFISANCE, s. f. incapacité.

INSUFFISANT, E, adj. qui ne suffit pas.

INSULAIRE, adj. et sub. 2 g. habitant d'une île.

INSULTANT, E, adj. qui insulte.

INSULTE, s. f. mauvais traitement de fait ou de parole avec dessein d'offenser.

INSULTER, v. a. é, ée, p. faire insulte, injurier; —, v. n. manquer à ce qu'on doit aux personnes ou aux choses; s'—, v. pr. se faire insulte de part et d'autre.

INSUPPORTABLE, adj. 2 g. qu'on ne peut supporter.

INSURGÉ, ÉE, adj. qui est en état d'insurrection; —, s. m. séditieux, rebelle.

INSURGENTS, s. m. pl. ceux qui se soulèvent contre un gouvernement.

INSURGER (s'), v. pr. se soulever contre un gouvernement.

INSURMONTABLE, adj. 2 g. qui ne peut être surmonté.

INSURRECTION, s. f. soulèvement contre un gouvernement.

INSURRECTIONNEL, LLE, adj. qui a l'insurrection pour but.

INTACT, E, adj. à quoi l'on n'a point touché.

INTARISSABLE, adj. 2 g. qui ne peut se tarir.

INTÉGRAL, E, adj. calcul —, par lequel on trouve une quantité finie dont on connaît la partie infiniment petite; intégrale, s. f. partie finie.

INTÉGRALEMENT, adv. entièrement.

INTÉGRALITÉ, s. f. totalité.

INTÉGRANT, E, adj. qui contribue à l'intégrité d'un tout.

INTÉGRATION, s. f. action d'intégrer.

INTÈGRE, adj. 2 g. d'une probité incorruptible.

INTÉGRER, v. a. é, ée, p. trouver l'intégrale d'une différentielle.

INTÉGRITÉ, s. f. probité, vertu incorruptible.

INTELLECT, s. m. entendement.

INTELLECTIF, IVE, adj. appartenant à l'intellect.

INTELLECTUEL, LLE, adj. de l'intellect; spirituel.

INTELLIGENCE, s. f. faculté intellective; capacité de comprendre.

INTELLIGENT, E, adj. pourvu de la faculté intellective; habile, versé en quelque matière.

INTELLIGIBLE, adj. 2 g. facile à comprendre; qui peut être entendu aisément.

INTELLIGIBLEMENT, adv. d'une manière intelligible.

INTEMPÉRANCE, s. f. vice opposé à la tempérance.

INTEMPÉRANT, E, adj. et s. qui a de l'intempérance.

INTEMPÉRÉ, ÉE, adj. déréglé dans ses passions.

INTEMPÉRIE, s. f. mauvaise température, rigueur du temps.

INTEMPESTIF, IVE, adj. hors de saison; à contre-sens.

INTENABLE, adj. 2 g. lieu où l'on ne peut tenir.

INTENDANCE, s. f. administration de la maison d'un prince; fonction d'intendant.

INTENDANT, s. m. préposé à la direction de certaines affaires; régisseur.

INTENDANTE, s. f. femme d'un intendant.

INTENSE, adj. 2 g. grand, fort, vif.

INTENSITÉ, s. f. degré de force, d'activité.

INTENSIVEMENT, adv. avec force.

INTENTER, v. a. é, ée, p. commencer un procès, une action contre quelqu'un.

INTENTION, s. f. mouvement

de l'âme vers une fin; projet, idée, volonté; motif.

INTENTIONNÉ, ÉE, *adj.* qui a certaine intention.

INTENTIONNEL, LLE, *adj.* qui a rapport à l'intention.

INTENTIONNELLEMENT, *adv.* selon l'intention.

INTERCALAIRE, *adj.* 2 g. inséré dans...; ajouté à...

INTERCALATION, *s. f.* addition d'un jour au mois de février dans les années bissextiles.

INTERCALER, *v. a.* é, ée, *p.* insérer, ajouter une ligne dans un écrit, un article dans un compte.

INTERCÉDER, *v. n.* prier, solliciter pour quelqu'un.

INTERCEPTATION, *s. f.* action d'intercepter, d'arrêter.

INTERCEPTER, *v. a.* é, ée, *p.* s'emparer par surprise d'une chose envoyée; interrompre la communication.

INTERCEPTION, *s. f.* interruption du cours direct.

INTERCESSEUR, *s. m.* qui intercède.

INTERCESSION, *s. f.* action d'intercéder.

INTERCUTANÉ, ÉE, *adj.* qui est entre la chair et la peau.

INTERDICTION, *s. f.* suspension de fonctions; action d'interdire un insensé; son effet.

INTERDIRE, *v. a.* et *irr.* (se conj. sur *dire*, excepté à la 2e pers. du prés. de l'ind. et de l'impér. où l'on dit *interdisez*). défendre une chose à quelqu'un; prononcer l'interdiction contre un ecclésiastique, un officier de justice, etc.; ôter par sentence la gestion des biens à un insensé; *fig.* troubler, déconcerter.

INTERDIT, *s. m.* sentence qui suspend un prêtre de ses fonctions; *interdit*, e, *adj.* déconcerté.

INTÉRESSANT, E, *adj.* qui intéresse.

INTÉRESSÉ, ÉE, *adj.* et *s.* qui a intérêt à une chose; trop attaché à ses intérêts; qui craint la dépense.

INTÉRESSER, *v. a.* é, ée, *p.* donner un intérêt, associer; faire prendre intérêt à; engager

par intérêt; —, *v. n.* inspirer de l'intérêt; s' —, *v. pr.* prendre intérêt.

INTÉRÊT, *s. m.* désir des richesses; avarice; attachement, bienveillance; ce qui émeut, ce qui touche l'âme.

INTÉRIEUR, *s. m.* le dedans; vie privée; conscience; —, e, *adj.* opposé à *extérieur*.

INTÉRIEUREMENT, *adv.* au-dedans.

INTÉRIM, *s. m.* l'entre-temps; intervalle entre deux époques.

INTERJECTION, *s. f. t.* de *gramm.* particule qui exprime un élan de l'âme.

INTERJETER, *v. a.* é, ée, *p.* appeler d'un jugement.

INTERLIGNE, *s. m.* espace entre deux lignes écrites ou imprimées.

INTERLIGNER, *v. a.* é, ée, *p.* mettre des interlignes.

INTERLINÉAIRE, *adj.* placé dans l'interligne.

INTERLOCUTEUR, TRICE, *s.* personnage introduit dans un dialogue.

INTERLOCUTION, *s. f.* jugement par lequel on interloque.

INTERLOCUTOIRE, *adj.* 2 g. et *s. m.* arrêt qui interloque.

INTERLOPE, *s. m.* et *adj.* vaisseau qui trafique en fraude.

INTERLOQUER, *v. a.* é, ée, *p.* rendre un jugement interlocutoire; interdire, embarrasser.

INTERMÈDE, *s. m.* divertissements entre les actes d'une pièce de théâtre.

INTERMÉDIAIRE, *adj.* 2 g. et *s. m.* qui est entre deux; subordonné.

INTERMÉDIAIREMENT, *adv.* par intermédiaire.

INTERMINABLE, *adj.* 2 g. qu'on ne peut terminer.

INTERMISSION, *s. f.* interruption, discontinuation.

INTERMITTENCE, *s. f.* discontinuation.

INTERMITTENT, E, *adj.* qui discontinue et reprend par intervalles.

INTERNAT, *s. m.* pension où les élèves sont à demeure.

INTERNE, *adj. 2 g.* qui est au dedans.

INTERNONCE, *s. m.* ministre chargé des affaires du pape au défaut d'un nonce.

INTERPELLATION, *s. f.* sommation de répondre.

INTERPELLER, *v. a. é, ée, p.* sommer de répondre sur un fait; *fig.* prendre à témoin.

INTERPOLATEUR, *s. m.* celui qui interpole.

INTERPOLATION, *s. f.* action d'interpoler.

INTERPOLER, *v. a. é, ée, p.* insérer, intercaler, lier par une seule loi une suite de faits.

INTERPOSER, *v. a. é, ée, p.* mettre entre deux; *fig.* faire intervenir; *s'—, v. pr.* intervenir.

INTERPOSITION, *s. f.* intervention d'une personne pour une autre.

INTERPRÉTATEUR, TRICE, *s. et adj.* qui interprète.

INTERPRÉTATIF, IVE, *adj.* qui sert à interpréter.

INTERPRÉTATION, *s. f.* explication, action d'interpréter.

INTERPRÈTE, *s. m.* celui qui traduit verbalement une langue dans une autre; qui éclaircit un texte.

INTERPRÉTER, *v. a. é, ée, p.* traduire mot pour mot d'une langue dans une autre.

INTERRÈGNE, *s. m.* intervalle de temps durant lequel un état est sans chef.

INTERROGANT, E, *adj.* qui a la manie de questionner; *point —,* qui marque interrogation.

INTERROGATEUR, *s. m.* celui qui interroge.

INTERROGATIF, IVE, *adj.* qui sert à interroger.

INTERROGATION, *s. f.* question faite à quelqu'un.

INTERROGATOIRE, *s. m.* questions du juge et réponses de l'accusé; procès-verbal qui les contient.

INTERROGER, *v. a. é, ée, p.* faire une question à quelqu'un; faire subir un examen; faire des questions à un accusé; *s'—, v. pr.* consulter sa conscience; *—, v. réc.* se faire mutuellement des questions.

INTERROMPRE, *v. a. irr.* (se conj. sur *rompre*) suspendre, arrêter, mettre obstacle à la continuation; *s'—, v. pr.* cesser.

INTERROMPU, E, *adj.* sans suite; entrecoupé.

INTERRUPTEUR, TRICE, *s.* qui interrompt.

INTERRUPTION, *s. f.* action d'interrompre; état de ce qui est interrompu.

INTERSECTION, *s. f.* point où deux lignes se coupent.

INTERSTICE, *s. m.* intervalle, espace.

INTERVALLE, *s. m.* distance d'un temps ou d'un lieu à un autre; délai, retard.

INTERVENANT, E, *adj.* et *s.* qui intervient.

INTERVENIR, *v. n. irr.* (se conj. sur *venir*) s'entremettre, s'interposer; se rendre médiateur.

INTERVENTION, *s. f.* action d'intervenir.

INTERVERSION, *s. f.* dérangement d'ordre; trouble.

INTERVERTIR, *v. a. i, ie, p.* déranger, changer l'ordre.

INTERVERTISSEMENT, *s. m.* action d'intervertir.

INTESTAT, *adj. 2 g.* qui n'a pas testé.

INTESTIN, *s. m.* boyau; *—, e, adj.* interne; *fig.* intérieur.

INTESTINAL, E, *adj.* qui appartient aux intestins.

INTIMATION, *s. f.* acte par lequel on assigne en justice.

INTIME, *s. et adj. 2 g.* celui ou celle avec qui on est lié étroitement; en qui on place toute confiance; intérieur et profond.

INTIME, ÉE, *s.* défendeur en cause d'appel.

INTIMEMENT, *adv.* avec une affection particulière; profondément.

INTIMER, *v. a. é, ée, p.* signifier avec autorité légale; appeler en jugement.

INTIMIDER, *v. a. é, ée, p.* donner de la crainte, de l'appréhension.

INTIMITÉ, *s. f.* liaison intime.

INTITULÉ, s. m. titre d'un livre, d'un acte.
INTITULER, v. a. é, ée, p. donner un titre à un acte, à un livre.
INTOLÉRABLE, adj. 2 g. qu'on ne peut tolérer.
INTOLÉRABLEMENT, adv. d'une manière intolérable.
INTOLÉRANCE, s. f. défaut de tolérance; manque d'indulgence; rigueur inflexible.
INTOLÉRANT, E, adj. qui manque de tolérance.
INTONATION, s. f. manière d'entonner un chant; ton donné aux syllabes en parlant.
INTRADUISIBLE, adj. 2 g. qu'on ne peut traduire.
INTRAITABLE, adj. 2 g. rude, d'un commerce difficile.
INTRANSITIF, IVE, adj. verbe —, qui exprime l'action qui se passe dans le sujet; neutre.
IN-TRENTE-DEUX, s. m. livre dont chaque feuille est pliée en trente-deux feuillets.
IN-TRENTE-SIX, s. m. livre dont chaque feuille est pliée en trente-six feuillets.
INTRÉPIDE, adj. 2 g. qui ne craint pas le danger.
INTRÉPIDEMENT, adv. d'une manière intrépide.
INTRÉPIDITÉ, s. f. fermeté inébranlable dans le péril.
INTRIGANT, E, adj. et s. qui se mêle d'intrigues.
INTRIGUE, s. f. pratique secrète pour faire réussir ou manquer une affaire; embarras, incident fâcheux.
INTRIGUER, v. a. é, ée, p. inquiéter, embarrasser; —, v. n. se donner beaucoup de peine pour ou contre le succès; s'—, v. pr. se donner de la peine pour réussir.
INTRINSÈQUE, adj. 2 g. intérieur, qui est au-dedans.
INTRINSÈQUEMENT, adv. d'une manière intrinsèque.
INTRODUCTEUR, TRICE, s. qui introduit.
INTRODUCTIF, IVE, adj. préalable.
INTRODUCTION, s. f. action d'introduire; acheminement; discours préliminaire; préface.
INTRODUIRE, v. a. it, ite, p. faire entrer; mettre dedans; faire intervenir; s'—, v. pr. entrer.
INTROÏT, s. m. commencement de la messe.
INTROMISSION, s. f. action par laquelle un corps est introduit dans un autre.
INTRONISATION, s. f. action d'introniser.
INTRONISER, v. a. é, ée, p. installer un évêque.
INTROUVABLE, adj. 2 g. qu'on ne peut trouver.
INTRUS, E, s. et adj. introduit par ruse; possesseur injuste, usurpateur.
INTRUSION, s. f. installation frauduleuse; possession illégale.
INTUITIF, IVE, adj. vision — de Dieu, telle que les bienheureux l'ont dans le ciel.
INTUITION, s. f. perception interne.
INTUITIVEMENT, adv. d'une manière intuitive.
INUSITÉ, ÉE, adj. qui n'est pas usité.
INUTILE, adj. et s. 2 g. qui ne sert à rien, n'est d'aucune utilité.
INUTILEMENT, adv. en vain, sans utilité.
INUTILITÉ, s. f. manque d'utilité; défaut d'emploi; au pl. choses inutiles.
INVAINCU, E, adj. qui n'a jamais été vaincu.
INVALIDE, s. m. et adj. 2 g. soldat estropié.
INVALIDEMENT, adv. sans validité.
INVALIDER, v. a. é, ée, p. rendre, déclarer nul.
INVALIDITÉ, s. f. nullité.
INVARIABILITÉ, s. f. qualité de ce qui est invariable.
INVARIABLE, adj. 2 g. qui ne change point.
INVARIABLEMENT, adv. d'une manière invariable.
INVASION, s. f. irruption à main armée dans un pays.
INVECTIVE, s. f. discours injurieux et violent.
INVECTIVER, v. n. dire des invectives.

INVENDABLE. adj. qu'on ne peut pas vendre.
INVENDU, E, adj. qui n'a pas été vendu.
INVENTAIRE, s. m. dénombrement par écrit et par articles, d'effets, meubles, etc.
INVENTER, v. a. é, ée, p. créer, imaginer, découvrir quelque chose de nouveau; supposer, controuver.
INVENTEUR, TRICE, s. qui invente.
INVENTIF, IVE, adj. qui a le génie, le talent d'inventer.
INVENTION, s. f. faculté de l'esprit; action d'inventer; chose inventée; faculté d'inventer.
INVENTORIER, v. a. é, ée, p. faire un inventaire; comprendre dans un inventaire.
INVERSABLE, adj. 2 g. qui ne peut verser.
INVERSE, adj. 2 g. pris dans un ordre renversé; à l' —, adv. d'une manière inverse.
INVERSION, s. f. transposition de mots.
INVERTÉBRÉ, adj. sans vertèbres.
INVESTIGATEUR, TRICE, s. qui fait des investigations.
INVESTIGATION, s. f. recherches constantes sur un objet.
INVESTIR, v. a. 1, le, p. environner, assiéger une place de guerre.
INVESTISSEMENT, s. m. action d'investir une place pour l'assiéger.
INVESTITURE, s. f. acte solennel de mise en possession.
INVÉTÉRÉ, ÉE, adj. vieilli, enraciné.
INVÉTÉRER (s'), v. pr. devenir vieux et difficile à guérir.
INVINCIBLE, adj. 2 g. qu'on ne saurait vaincre.
INVINCIBLEMENT, adv. d'une manière invincible.
IN-VINGT-QUATRE, s. m. livre dont chaque feuille est pliée en 24 feuillets.
INVIOLABILITÉ, s. f. qualité de ce qui est inviolable.
INVIOLABLE, adj. 2 g. qu'on ne doit jamais violer, enfreindre; vénérable.
INVIOLABLEMENT, adv. d'une manière inviolable.
INVISIBILITÉ, s. f. qualité de l'être invisible.
INVISIBLE, adj. 2 g. qui échappe à la vue, qui ne se laisse pas voir.
INVISIBLEMENT, adv. sans être vu.
INVITATION, s. f. action d'inviter.
INVITER, v. a. é, ée, p. prier de se trouver, d'assister à; exciter, porter à.
INVOCATION, s. f. action d'invoquer; acte par lequel on invoque.
INVOLONTAIRE, adj. 2 g. indépendant de la volonté.
INVOLONTAIREMENT, adv. sans le vouloir.
INVOQUER, v. a. é, ée, p. appeler à son aide une puissance surnaturelle; citer en sa faveur.
INVRAISEMBLABLE, adj. 2 g. qui n'est pas vraisemblable.
INVRAISEMBLABLEMENT, adv. d'une manière invraisemblable.
INVRAISEMBLANCE, s. f. défaut de vraisemblance.
INVULNÉRABLE, adj. 2 g. qui ne peut être blessé; fig. hors d'atteinte.
IONIQUE, adj. 2 g. 3e ordre d'architecture.
IOTA, 9e lettre de l'alphabet grec; fig. rien.
IPECACUANHA, s. m. racine purgative.
IPSO-FACTO, loc. adv. par le seul fait.
IRASCIBILITÉ, s. f. facilité à se mettre en colère.
IRASCIBLE, adj. 2 g. prompt à se mettre en colère.
IRE, s. f. colère.
IRIDIUM, s. m. métal d'un blanc d'argent dur, difficile à fondre.
IRIS, s. m. arc-en-ciel; cercle qui entoure la prunelle; plante liliacée.
IRISÉ, ÉE, adj. qui a les couleurs de l'arc-en-ciel.

IRONIE, *s. f.* raillerie, moquerie.
IRONIQUE, *adj. 2 g.* qui tient de l'ironie; dérisoire.
IRONIQUEMENT, *adv.* d'une manière ironique.
IROQUOIS, E, *adj. et s.* peuple de l'Amérique septentrionale; *fig.* homme bizarre, inepte.
IRRADIATION, *s. f.* effusion des rayons d'un corps lumineux.
IRRAISONNABLE, *adj. 2 g.* dénué de raison.
IRRAISONNABLEMENT, *adv.* sans raison.
IRRECEVABLE, *adj. 2 g.* qui ne peut être reçu.
IRRÉCONCILIABLE, *adj. 2 g.* qui ne peut se réconcilier.
IRRÉCUSABLE, *adj. 2 g.* qu'on ne peut récuser.
IRRÉDUCTIBILITÉ, *s. f.* qualité de ce qui est irréductible.
IRRÉDUCTIBLE, *adj. 2 g.* qui ne peut être réduit.
IRRÉFLÉCHI, IE, *adj. 2 g.* qui n'est point réfléchi; non prémédité.
IRRÉFLEXION, *s. f.* défaut de réflexion.
IRRÉFORMABLE, *adj. 2 g.* qu'on ne peut réformer.
IRRÉFRAGABLE, *adj. 2 g.* irrécusable.
IRRÉGULARITÉ, *s. f.* manque de régularité.
IRRÉGULIER, IÈRE, *adj.* non régulier; inégal.
IRRÉGULIÈREMENT, *adv.* d'une manière irrégulière.
IRRÉLIGIEUSEMENT, *adv.* d'une manière irréligieuse.
IRRÉLIGIEUX, EUSE, *adj.* contraire à la religion.
IRRÉLIGION, *s. f.* manque de religion; mépris de la religion.
IRRÉMÉDIABLE, *adj. 2 g.* à quoi on ne peut remédier.
IRRÉMÉDIABLEMENT, *adv.* d'une manière irrémédiable.
IRRÉMISSIBLE, *adj. 2 g.* qu'on ne peut pardonner.
IRRÉMISSIBLEMENT, *adv.* sans rémission.
IRRÉPARABLE, *adj. 2 g.* qui ne peut être réparé.
IRRÉPARABLEMENT, *adv.* d'une manière irréparable.
IRRÉPRÉHENSIBLE, *adj. 2 g.* qui n'est pas répréhensible; irréprochable.
IRRÉPRÉHENSIBLEMENT, *adv.* d'une manière irrépréhensible.
IRRÉPRIMABLE, *adj. 2 g.* qu'on ne peut réprimer.
IRRÉPROCHABLE, *adj. 2 g.* sans reproche.
IRRÉPROCHABLEMENT, *adv.* d'une manière irréprochable.
IRRÉSISTIBLE, *adj. 2 g.* à quoi on ne peut résister.
IRRÉSISTIBLEMENT, *adv.* d'une manière irrésistible.
IRRÉSOLU, UE, *adj.* indécis, indéterminé.
IRRÉSOLUMENT, *adv.* d'une manière irrésolue.
IRRÉSOLUTION, *s. f.* indécision, hésitation.
IRRESPECTUEUX, EUSE, *adj.* qui n'est pas respectueux.
IRRESPONSABILITÉ, *s. f.* état d'une personne, d'un pouvoir irresponsable.
IRRESPONSABLE, *adj. 2 g.* qui n'est pas responsable.
IRRÉVÉREMMENT, *adv.* avec irrévérence.
IRRÉVÉRENCE, *s. f.* manque de respect.
IRRÉVÉRENT, *adj.* contraire au respect.
IRRÉVOCABILITÉ, *s. f.* caractère de ce qui est irrévocable.
IRRÉVOCABLE, *adj. 2 g.* qui ne peut être révoqué.
IRRÉVOCABLEMENT, *adv.* d'une manière irrévocable.
IRRIGATION, *s. f.* arrosement des terres par des rigoles.
IRRITABILITÉ, *s. f.* qualité de ce qui est irritable.
IRRITABLE, *adj. 2 g.* qui s'irrite facilement.
IRRITATION, *s. f.* action de ce qui irrite, état de ce qui est irrité.

IRRITÉ, ÉE, adj. courroucé.
IRRITER, v. a. é, ée, p. exciter, mettre en colère; aigrir; causer de l'irritation.
IRRUPTION, s. f. invasion soudaine.
ISABELLE, s. m. et adj. 2 g. couleur jaune blanchâtre.
ISAGONE, adj. 2 g. à angles égaux.
ISÈRE, s. f. rivière qui prend sa source en Savoie et qui se jette dans le Rhône au-dessus de Valence : elle donne son nom au dépt. formé d'une partie du Dauphiné.
ISLAMISM, s. m. mahométisme.
ISOCÈLE, adj. 2 g. triangle à 2 côtés égaux.
ISOGONE, adj. 2 g. à angles égaux.
ISOLÉ, ÉE, adj. seul, abandonné, dans la solitude.
ISOLEMENT, s. m. état de ce qui est isolé.
ISOLÉMENT, adv. d'une manière isolée.
ISOLER, v. a. é, ée, p. séparer de tout, détacher, éloigner; s'—; v. pr. se retirer de la société.
ISRAÉLITE, s. m. juif.
ISSENGEAUX, chef-lieu d'arr. du dép. de la Haute-Loire.
ISSOIRE, chef-lieu d'arr. du dép. du Puy-de-Dôme.
ISSOUDUN, chef-lieu d'arr. du dép. de l'Indre.
ISSU, UE, adj. venu, descendu.
ISSUE, s. f. lieu par où l'on sort ; événement.
ISTHME, s. m. langue de terre resserrée entre deux mers.
ITALIEN, NNE, adj. d'Italie.
ITALIQUE, adj. 2 g. genre de caractère pour imprimer.
ITEM, adv. de plus.
ITÉRATIF, IVE, adj. répété plusieurs fois.
ITÉRATIVEMENT, adv. d'une manière itérative.
ITINÉRAIRE, s. m. note des lieux où l'on passe en voyageant; colonne —, adj. 2 g. qui indique les routes.
IVOIRE, s. m. dent d'éléphant détachée.

IVRAIE, s. f. mauvaise herbe qui croît parmi le froment.
IVRE, adj. 2 g. troublé par les fumées du vin; fig. troublé par les passions.
IVRESSE, s. f. état de celui qui est ivre; exaltation, délire.
IVROGNE, ESSE, s. qui boit avec excès.
IVROGNER, v. n. boire avec excès.
IVROGNERIE, s. f. habitude de s'enivrer.

J.

J, s. m. 10e lettre de l'alphabet, 7e consonne.
JABOT, s. m. espèce de poche au cou des oiseaux; mousseline qui garnit le devant d'une chemise d'homme.
JABOTER ou JABOTTER, v. n. babiller.
JACHÈRE, s. f. terre labourable qu'on laisse reposer.
JACINTHE, s. f. plante bulbeuse qui fleurit au printemps.
JACOBIN, INE, s. partisan outré de la démocratie.
JACTANCE, s. f. vanterie.
JACULATOIRE, adj. 2 g. oraison —, c.-à-d. fervente.
JADIS, adv. autrefois.
JAILLIR, E, (ll m.) v. n. sortir impétueusement.
JAILLISSANT, E, (ll m.) adj. qui jaillit.
JAILLISSEMENT, s. m. (ll m.) action de jaillir.
JAIS, s. m. substance bitumineuse, solide et d'un noir luisant.
JALON, s. m. bâton planté en terre pour aligner.
JALONNER, v. a. et v. n. é, ée, p. planter des jalons.
JALOUSIE, s. f. envie; inquiétude, crainte; sorte de volet à claire-voie.
JALOUX, OUSE, s. et adj. qui a de la jalousie; envieux; soupçonneux.
JAMAIS, adv. en aucun temps; à —, toujours; —, s. m. un temps sans fin.
JAMBAGE, s. m. ligne droite; montant d'une porte; chaîne de

pierres de taille ou de maçonnerie.
JAMBE, *s. f.* partie du corps depuis le genou jusqu'au pied.
JAMBÉ, ÉE, *bien ou mal —* *adj.* qui a la jambe bien ou mal faite.
JAMBON, *s. m.* cuisse ou épaule de cochon salée.
JAMBONNEAU, *s. m.* petit jambon.
JANISSAIRE, *s. m.* soldat turc de l'ancienne garde des sultans.
JA OT, *s. m.* niais.
JANTE, *s. f.* pièce de bois qui fait partie du cercle d'une roue.
JANVIER, *s. m.* le 1er mois de l'année.
JAPPEMENT, *s. m.* action de japper.
JAPPER, *v. n.* aboyer.
JAQUETTE, *s. f.* habillement qui vient jusqu'aux genoux ; robe d'enfant.
JARDIN, *s. m.* terrain enclos pour la culture des fruits, des fleurs, etc.
JARDINAGE, *s. m.* art de cultiver les jardins.
JARDINER, *v. n.* cultiver un jardin.
JARDINET, *s. m.* petit jardin.
JARDINIER, IÈRE, *s.* qui cultive un jardin ; *jardinière*, *s. f.* espèce de meuble avec un bassin pour mettre des fleurs.
JARGON, *s. m.* langage corrompu ; locutions bizarres.
JARGONNER, *v. a.* et *v. n.* parler un langage corrompu.
JARGONNEUR, EUSE, *s.* qui jargonne.
JARRE, *s. f.* grand vase pour conserver de l'eau.
JARRET, *s. m.* partie de la jambe derrière le genou.
JARRETER (se), *v. pr.* é, ée, *p.* mettre ses jarretières.
JARRETIÈRE, *s. f.* espèce de lien autour de la jambe pour retenir le bas.
JARS, *s. m.* mâle de l'oie.
JASER, *v. n.* causer, babiller.
JASERIE, *s. f.* babil, causerie.
JASERON, *s. m.* espèce de broderie ; chaîne fine en métal.

JASEUR, EUSE, *s.* babillard.
JASMIN, *s. m.* arbuste sarmenteux à fleur odorante.
JASPE, *s. m.* pierre dure et opaque de couleurs variées.
JASPER, *v. a.* é, ée, *p.* imiter le jaspe.
JASPURE, *s. f.* action de jasper ; chose jaspée.
JATTE, *s. f.* vase rond et sans rebords.
JATTÉE, *s. f.* plein une jatte.
JAUGE, *s. f.* capacité que doit avoir un vaisseau qui sert à mesurer ; mesure pour les futailles ; action de jauger.
JAUGEAGE, *s. m.* action, art de jauger ; droit que font payer les jaugeurs.
JAUGER, *v. a.* é, ée, *p.* mesurer avec la jauge.
JAUGEUR, *s. m.* celui qui jauge.
JAUNÂTRE, *adj. 2 g.* qui tire sur le jaune.
JAUNE, *s. m.* couleur d'or, de citron, de safran ; — d'œuf, partie de l'œuf qui forme une boule jaune ; —, *adj. 2 g.* qui est de couleur jaune.
JAUNET, *s. m.* petite fleur jaune des prés.
JAUNIR, *v. a.* i, ie, *p.* rendre jaune ; —, *v. n.* devenir jaune.
JAUNISSANT, E, *adj.* qui jaunit.
JAUNISSE, *s. f.* maladie bilieuse qui rend la peau jaune.
JAVELER, *v. a.* é, ée, *p.* (se conj. c. *appeler*) mettre le blé en javelles.
JAVELEUR, *s. m.* celui qui javelle.
JAVELINE, *s. f.* dard qui se lançait à la main.
JAVELLE, *s. f.* poignées de blé, de seigle, etc. étendues sur les sillons avant d'être liées en gerbes.
JAVELOT, *s. m.* espèce de dard.
JE, *pron. pers.* de la 1re pers. du sing. des 2 g. moi.
JEANNETTE, *s. f.* petite croix suspendue au cou par un ruban ou un cordon de velours.
JE-NE-SAIS-QUOI, *s. m.* chose qu'on ne peut définir.

JENNY, s. f. machine à filer.
JÉRÉMIADE, s. f. plainte réitérée et importune.
JÉSUITE, s. m. membre de la société de Jésus ; fig. hypocrite.
JÉSUITIQUE, adj. 2 g. de jésuite.
JÉSUITISME, s. m. caractère de jésuite ; morale complaisante.
JÉSUS, s. m. sorte de papier.
JET, s. m. action de jeter ; portée d'une pierre lancée avec force ; — d'eau, s. m. eau qui jaillit hors d'un tuyau ; — de lumière, rayon qui paraît subitement.
JETÉ, s. m. pas de danse.
JETÉE, s. f. amas de pierres à l'entrée d'un port pour rompre les vagues ; chaussée.
JETER, v. a. é, ée, p. (On redouble le t dans les cas où le v. appeler prend 2 l.) lancer ; abattre ; renverser ; répandre ; semer ; faire tomber ; pousser dehors ; produire ; se —, v. pr. s'élancer.
JETON, s. m. pièce de métal, d'os, d'ivoire, pour compter.
JEU, s. m. amusement, récréation, divertissement, bagatelle ; ce qu'on joue ; ce qui sert à jouer ; manière de jouer ; — de mots, équivoque qui résulte d'une ressemblance de mots.
JEUDI, s. m. 4e jour de la semaine ; — gras, s. m. jeudi qui précède le dimanche gras ; — saint, s. m. jeudi de la semaine sainte.
JEUN (à), adv. sans avoir mangé.
JEUNE, adj. et s. 2 g. peu avancé en âge ; qui a la force de la jeunesse ; étourdi ; cadet.
JEÛNE, s. m. abstinence.
JEÛNER, v. n. faire abstinence.
JEUNESSE, s. f. partie de la vie entre l'enfance et l'adolescence ; les jeunes gens.
JEUNET, TTE, adj. très-jeune.
JEÛNEUR, EUSE, adj. celui qui a l'habitude de jeûner.
JOAILLERIE, (ll m.) s. f. commerce de joaillier ; pierreries ; art de fabriquer les joyaux.
JOAILLIER, IÈRE, (ll m.) s. qui fabrique des joyaux, qui en vend.
JOCKEI, s. m. postillon ; valet de pied.
JOCKO, s. m. espèce de singe.
JOCRISSE, s. m. sot, niais.
JOIE, s. f. satisfaction, réjouissance.
JOIGNANT, E, adj. contigu ; —, prép. près, tout contre.
JOIGNY, chef-lieu d'arr. du dép. de l'Yonne.
JOINDRE, v. a. irr. Ind. pr. je joins, tu joins, il joint ; n. joignons, v. joignez, ils joignent ; imp. je joignais, etc. ; p. déf. je joignis, etc. ; fut. je joindrai, etc. ; cond. je joindrais, etc. ; impér. joins, joignons, joignez ; subj pr. q. je joigne, etc. ; q. n. joignions, q. v. joigniez, qu'ils joignent ; imp subj. que je joignisse, etc. ; p. pr. joignant ; p. p. joint, e. approcher ; assembler ; réunir ; ajouter ; atteindre ; se —, v. pr. s'unir, se rencontrer.
JOINT, s. m. point de jonction, articulation ; assemblage.
JOINTURE, s. f. point de contact ; ce qui joint.
JOLI, IE, adj. agréable à l'œil, qui plaît.
JOLIET, TTE, adj. diminutif de joli.
JOLIMENT, adv. d'une manière jolie.
JONC, s. m. plante aquatique ; canne de jonc ; bague.
JONCHER, v. a. é, ée, p. parsemer.
JONCHETS, s. m. pl. petits bâtons menus ; sorte de jeu.
JONCTION, s. f. action de joindre.
JONGLERIE, s. f. charlatanerie ; tour d'adresse.
JONGLEUR, s. m. ménétrier errant ; charlatan ; faiseur de tours d'adresse.
JONQUILLE, (ll m.) s. f. fleur jaune, odoriférante.
JONZAC, chef-lieu d'arr. du dép. de la Charente-Inférieure.
JOSEPH, adj. m. se dit d'un papier très-mince.

JOUAILLER, (*ll m.*) *v. n.* jouer à petit jeu.

JOUE, *s. f.* partie du visage entre l'œil, le menton, l'oreille et le nez; *coucher en —*, viser, ajuster.

JOUER, *v. n.* se divertir; s'amuser; toucher un instrument de musique; —, *v. a. é, éc, p.* représenter une pièce de théâtre; railler, se moquer.

JOUET, *s. m.* bagatelle; ce qui sert à amuser.

JOUETTE, *s. f.* trou que le lapin fait en jouant.

JOUEUR, EUSE, *s.* qui joue, qui aime à jouer.

JOUFFLU, UE, *adj.* qui a de grosses joues.

JOUG, *s. m.* pièce de bois servant à atteler les bœufs; servitude.

JOUIR, *v. n.* posséder; éprouver un sentiment de jouissance.

JOUISSANCE, *s. f.* possession; plaisir.

JOUJOU, *s. m.* (*pl. joujoux*) jouet d'enfant.

JOUR, *s. m.* clarté; lumière du soleil; espace de 24 heures; la vie; ouverture par laquelle arrive la lumière; passage.

JOURNAL, *s. m.* relation, note de ce qui arrive; gazette; ancienne mesure agraire.

JOURNALIER, *s. m.* ouvrier à la journée; *journalier, ière*, *adj.* de chaque jour.

JOURNALISTE, *s. m.* qui travaille à un journal.

JOURNÉE, *s. f.* jour; espace de temps depuis le lever jusqu'au coucher du soleil; travail, salaire d'un jour.

JOURNELLEMENT, *adv.* tous les jours.

JOUTE, *s. f.* combat d'homme à homme; lutte; dispute; débats.

JOUTER, *v. n.* faire des joutes; disputer.

JOUTEUR, *s. m.* qui joute.

JOUVENCE, *s. f.* jeunesse.

JOUVENCEAU, *s. m.* adolescent.

JOUVENCELLE, *s. f.* jeune fille.

JOVIAL, E, *adj.* (*sans pl. m.*) joyeux.

JOVIALEMENT, *adv.* d'une manière joviale.

JOYAU, (*au pl. joyaux*) *s. m.* ornement précieux; bijou.

JOYEUSEMENT, *adv.* avec joie.

JOYEUSETÉ, *s. f.* plaisanterie.

JOYEUX, EUSE, *adj.* d'humeur enjouée.

JUBILATION, *s. f.* réjouissance.

JUBILÉ, *s. m.* solennité religieuse, époque d'indulgences accordées par le pape.

JUCHER, *v. n.* se percher; se loger dans un lieu élevé.

JUCHOIR, *s. m.* lieu où les poules juchent.

JUDA, *s. m.* ouverture au plancher pour voir et entendre au-dessous de soi.

JUDAÏQUE, *adj.* 2 g. qui appartient aux Juifs.

JUDAÏSER, *v. n.* observer la loi juive; *fig.* tromper.

JUDAÏSME, *s. m.* religion juive.

JUDAS, *s. m.* traître.

JUDÉE (*arbre de*), *s. m.* arbre d'ornement à fleurs rouges.

JUDICATURE, *s. f.* fonction, état de juge.

JUDICIAIRE, *s. f.* faculté de juger; intelligence; —, *adj.* 2 g. fait en justice.

JUDICIAIREMENT, *adv.* en justice.

JUDICIEUSEMENT, *adv.* d'une manière judicieuse.

JUDICIEUX, EUSE, *adj.* qui a du jugement; fait avec jugement.

JUGE, *s. m.* magistrat qui juge les procès; arbitre.

JUGEMENT, *s. m.* décision d'un juge; faculté de l'âme pour juger; avis, opinion.

JUGER, *v. a. é, ée, p.* rendre la justice; décider; —, *v. n.* prévoir, comprendre, penser, apprécier.

JUGULAIRE, *adj.* 2 g. qui appartient, qui a rapport à la gorge; —, *s. f.* la veine; espèce de bride des coiffures militaires qui passe sous le menton.

JUIF, IVE, *s.* et *adj.* qui professe le judaïsme ; qui prête à usure ; qui vend trop cher.

JUILLET, s. m. septième mois de l'année.

JUIN, s. m. sixième mois de l'année.

JUIVERIE, s. f. quartier des juifs dans une ville ; marché usuraire.

JUJUBE, s. m. fruit du jujubier.

JUJUBIER, s. m. arbre dont le fruit est pectoral.

JULEP, s. m. potion médicinale.

JULIEN, NNE, adj. qui a rapport à l'époque de la réforme du calendrier par Jules-César ; julienne, s. f. espèce de giroflée ; sorte de potage aux légumes.

JUMEAU, JUMELLE, s. et adj. se dit d'un enfant né avec un autre ou avec plusieurs autres dans le même accouchement ; égal, parallèle.

JUMELLES, s. f. pl. pièces de bois qui entrent dans la composition d'un pressoir.

JUMENT, s. f. femelle du cheval.

JUNON, s. f. planète ; déesse, épouse de Jupiter suivant la Fable.

JUNTE, s. f. conseil supérieur d'administration en Espagne.

JUPE, s. f. partie de l'habillement des femmes, qui descend de la ceinture aux pieds.

JUPITER, s. m. planète ; le maître des dieux selon la Fable.

JUPON, s. m. jupe de dessous.

JURA(le), chaîne de montagnes qui donne son nom à un dép. qui comprend la partie méridionale de la Franche-Comté.

JURANDE, s. f. charge de juré d'un métier ; corps de jurés marchands.

JURÉ, s. m. citoyen membre d'une commission judiciaire ; celui qui constate le délit.

JURÉ-CRIEUR, s. m. officier de justice qui publie les ventes.

JUREMENT, s. m. serment fait en vain ; — pl. blasphèmes, imprécations.

JURER, v. a. é, ée, p. affirmer ; promettre par serment ; menacer avec serment ; blasphémer ; —, v. n. contraster désagréablement, rendre un son aigre, discordant.

JUREUR, s. m. qui jure sans nécessité.

JURI ou JURY, s. m. assemblée des jurés.

JURIDICTION, s. f. pouvoir du juge ; ressort, étendue de ce pouvoir.

JURIDIQUE, adj. 2 g. selon les formes judiciaires.

JURIDIQUEMENT, adv. d'une manière juridique.

JURISCONSULTE, s. m. qui fait profession de donner des conseils sur les affaires litigieuses.

JURISPRUDENCE, s. f. science du droit ; principes de droit.

JURISTE, s. m. qui écrit sur le droit.

JURON, s. m. façon particulière de jurer.

JUS, s. m. suc tiré de quelque chose.

JUSQUE, JUSQUES, prép. de temps et de lieu ; qui marque un terme au-delà duquel on ne passe pas.

JUSQUIAME, s. f. plante narcotique.

JUSTAUCORPS, s. m. vêtement d'homme qui serre le corps.

JUSTE, adj. 2 g. qui juge et agit selon la justice ; conforme au droit, à la raison ; légitime ; mérité ; —, s. m. homme de bien, vertueux, qui observe les lois de l'équité, de la religion ; — adv. avec justesse ; précisément.

JUSTEMENT, adv. avec justice, raison.

JUSTESSE, s. f. précision, exactitude.

JUSTICE, s. f. vertu morale qui fait que l'on rend à chacun ce qui lui appartient ; bon droit ; raison ; droiture, probité ; exécution d'arrêt ou de sentence criminelle ; corps des magistrats qui rendent la justice.

JUSTICIABLE, adj. 2 g. soumis à une juridiction.

JUSTICIER, s. m. celui qui a droit de justice.

JUSTICIER, v. a. é, ée, p. punir corporellement en vertu d'un jugement.

JUSTIFIABLE, *adj. 2 g.* qu'on peut justifier.

JUSTIFICATIF, **IVE**, *adj.* qui sert à justifier un accusé.

JUSTIFICATION, *s. f.* action de se justifier ou de justifier ; effet de la grâce qui rend juste.

JUSTIFIER, *v. a. é, ée, p.* montrer, prouver l'innocence ; prouver la vérité d'une chose ; légitimer ; *se —, v. pr.* prouver son innocence.

JUTEUX, **EUSE**, *adj.* qui a beaucoup de jus.

K.

K, *s. m.* 11e lettre de l'alphabet, 8e consonne.

KABAK, *s. m.* estaminet russe.

KALÉIDOSCOPE, *s. m.* espèce de prisme disposé de manière à varier à l'infini l'aspect des objets que l'on considère.

KAN, *s. m.* commandant tartare.

KANGUROO ou **KANGUROU**, *s. m.* quadrupède de la Nouvelle-Hollande qui a les jambes de derrière beaucoup plus longues que celles de devant.

KERMÈS, *s. m.* excroissance rouge sur le chêne.

KIBIT ou **KIBITKI**, *s. m.* chariot russe à 4 roues.

KILO, *s. m.* nom générique qui, placé devant un nom de mesure, indique un nombre mille fois plus grand que l'unité génératrice.

KILOGRAMME, *s. m.* mille grammes.

KILOLITRE, *s. m.* mille litres.

KILOMÈTRE, *s. m.* mille mètres.

KILOSTÈRE, *s. m.* mille stères.

KIOSQUE, *s. m.* pavillon sur une terrasse de jardin.

KIRSCH-WASSER, *s. m.* eau-de-vie extraite de cerises sauvages.

KNOUT, *s. m.* supplice de la bastonnade en Russie ; fouet.

KORAN, *s. m.* livre de la loi de Mahomet.

KYRIE-ÉLÉISON, *s. m.* partie de la messe où l'on implore la miséricorde de Dieu.

KYRIELLE, *s. f.* succession sans fin de choses ennuyeuses ; ancienne poésie française avec un refrain.

L.

L, *s. m.* 12e lettre de l'alphabet, 9e consonne ; lettre numérale, 50.

LA, article féminin ; *pron. pers. fém.* elle ; *la, s. m.* 6e note de la gamme ; *là, adv. démonst.* détermine le lieu, la place.

LABEUR, *s. m.* travail corporel, pénible.

LABIAL, **E**, *adj.* qui a rapport aux lèvres ; lettre —, qui se prononce des lèvres.

LABORATOIRE, *s. m.* lieu de travail des chimistes, des pharmaciens, etc.

LABORIEUSEMENT, *adv.* avec beaucoup de peine et de travail.

LABORIEUX, **EUSE**, *adj.* qui travaille beaucoup ; qui demande un travail pénible, qui donne de la peine.

LABOUR, *s. m.* façon qu'on donne à la terre en labourant.

LABOURABLE, *adj. 2 g.* propre à être labouré.

LABOURAGE, *s. m.* art de labourer ; travail du laboureur.

LABOURER, *v. a. é, ée, p.* retourner la terre avec la charrue, la houe, la bêche.

LABOUREUR, *s. m.* qui fait métier de labourer la terre.

LABYRINTHE, *s. m.* lieu dont l'intérieur est coupé d'allées qui s'entrecoupent et où il est facile de s'égarer ; complication d'affaires embrouillées.

LAC, *s. m.* grand amas d'eaux dormantes.

LACER, *v. a. é, ée, p.* serrer avec un lacet.

LACÉRATION, *s. f.* action de lacérer un écrit.

LACÉRER, *v. a. é, ée, p.* déchirer.

LACERET, *s. m.* petite tarière.

LACET, *s. m.* cordon ferré

pour serrer les corsets; lacs pour la chasse aux oiseaux.

LA CHÂTRE, chef-lieu d'arr. du dép. de l'Indre.

LÂCHE, s. m. et adj. 2 g. poltron, qui manque de courage; indolent; indigne, honteux; qui n'est pas tendu, serré; mou, sans vigueur.

LÂCHEMENT, adv. mollement, avec nonchalance, sans courage, sans honneur.

LÂCHER, v. a. é, ée, p. desserrer, détendre; laisser échapper; abandonner; renoncer.

LÂCHETÉ, s. f. poltronnerie; paresse; mollesse; bassesse d'âme.

LACONIQUE, adj. 2 g. concis; précis; bref.

LACONIQUEMENT, adv. d'une manière laconique.

LACONISME, s. m. façon de parler laconique.

LACRYMAL, E, adj. qui a rapport aux larmes.

LACRYMATOIRE, s. m. et adj. 2 g. vase dans lequel les anciens Romains conservaient les larmes versées aux funérailles.

LACS, s. m. pl. cordons déliés; nœud coulant; piége; embarras.

LACTÉ, ÉE adj. qui ressemble au lait; voie lactée, trace blanche formée par un assemblage prodigieux d'étoiles.

LACUNE, s. f. défaut de suite; ce qui manque dans un livre, dans un discours.

LADRE, adj. 2 g. sordide; avare; attaqué de ladrerie.

LADRERIE, s. f. avarice sordide; lèpre qui attaque les animaux.

LAGUNE, s. f. petit lac, flaque d'eau dans les marécages.

LAI, s. m. complainte; doléance; lai, e, adj. laïque.

LAID, E, s. et adj. difforme; désagréable à la vue; déshonnête; honteux.

LAIDERON, s. f. personne laide qui n'est pas sans agrément.

LAIDEUR, s. f. difformité; état de ce qui est laid.

LAIE, s. f. femelle du sanglier; chemin étroit à travers une forêt.

LAINAGE, s. m. marchandise de laine; façon donnée au drap.

LAINE, s. f. le poil des moutons; —beige, rousse.

LAINER, v. n. donner le lainage au drap.

LAINEUX, EUSE, adj. couvert d'une laine épaisse; tissu de laine bien fourni.

LAINIER, s. m. marchand de laine; ouvrier en laines.

LAÏQUE, adj. et s. 2 g. ni ecclésiastique, ni religieux.

LAIS, s. m. jeune baliveau de réserve.

LAISSE, s. f. cordon pour mener les chiens; cordon de chapeau.

LAISSER, v. a. é, ée, p. quitter, oublier, ne pas emporter, mettre en dépôt, abandonner, céder; permettre; cesser.

LAISSER-ALLER, s. m. abandon, négligence.

LAISSES, s. f. pl. relais, terres que la mer abandonne.

LAIT, s. m. liqueur blanche qui se forme dans les mamelles; liqueur blanche des œufs frais, de certaines plantes.

LAITAGE, s. m. ce qui est fait avec du lait.

LAITANCE ou LAITE, s. f. substance blanche et molle dans les entrailles des poissons mâles.

LAITÉ, ÉE, adj. qui a de la laite.

LAITERIE, s. f. endroit où on conserve le lait, où se fait le laitage.

LAITERON ou LACERON, s. m. plante laiteuse bonne pour les lapins.

LAITEUX, EUSE, adj. qui a un suc blanc semblable au lait.

LAITIER, IÈRE, s. qui vend du lait; vache—, qui a beaucoup de lait.

LAITON, s. f. cuivre jaune, rendu tel par un mélange de calamine.

LAITUE, s. f. herbe potagère.

LAIZE, s. f. largeur d'une étoffe entre les lisières.

LAMANAGE, s. m. travail des mariniers lamaneurs.

LAMANEUR, s. m. pilote-côtier qui dirige les vaisseaux à l'entrée d'un port.
LAMBEAU, s. m. morceau d'une étoffe déchirée; fragment détaché.
LAMBIN, E, s. et adj. lent.
LAMBINER, v. n. agir lentement.
LAMBOURDE, s. f. pièce de bois qui soutient un plancher; espèce de pierre tendre.
LAMBRIS, s. m. revêtement des murs.
LAMBRISSAGE, s. f. ouvrage lambrissé; action de lambrisser.
LAMBRISSER, v. a. é, ée, p. faire un lambris.
LAME, s. f. feuille de métal très-mince; fer d'un outil, d'un instrument tranchant ou aigu; vague de la mer.
LAMÉ, ÉE, adj. orné de lames d'or ou d'argent.
LAMENTABLE, adj. 2 g. déplorable, douloureux.
LAMENTABLEMENT, adv. d'un ton lamentable.
LAMENTATION, s. f. plainte avec gémissements.
LAMENTER, v. a. é, ée, p. déplorer, regretter; se—, v. pr. se plaindre.
LAMINAGE, s. f. action de laminer.
LAMINER, v. a. é, ée, p. donner à une lame de métal une épaisseur uniforme.
LAMINEUR, s. m. ouvrier qui lamine.
LAMINOIR, s. m. machine pour laminer.
LAMPAS, s. m. étoffe épaisse de soie; tumeur au palais des chevaux.
LAMPE, s. f. vase où on met de l'huile avec une mèche pour éclairer.
LAMPÉE, s. f. grand verre de vin; pop.
LAMPER, v. a. et v. n. boire des lampées.
LAMPERON, s. m. languette qui soutient la mèche d'une lampe.
LAMPION, s. m. sorte de petite lampe qui sert aux illuminations.
LAMPROIE, s. f. poisson de mer qui ressemble à l'anguille et qui remonte les fleuves.
LANCE, s. f. arme à long manche et fer aigu; instrument de chirurgie.
LANCER, v. a. é, ée, p. jeter avec force; darder; — le cerf, le faire sortir de sa retraite; — un vaisseau, le sortir du chantier pour le mettre à l'eau.
LANCETTE, s. f. instrument de chirurgie.
LANCIER, s. m. soldat armé d'une lance.
LANDAU, s. m. voiture qui se découvre à volonté.
LANDE, s. f. terre couverte de bruyères; Landes, contrée sablonneuse et marécageuse qui donne son nom à un département.
LANDIER, s. m. gros chenet de fer.
LANDWER, s. f. garde nationale en Allemagne.
LANGAGE, s. m. idiome; manière d'exprimer ses pensées; discours; style; voix; cri; chant.
LANGE, s. m. étoffe dont on enveloppe les enfants au maillot.
LANGOUREUSEMENT, adv. d'une manière langoureuse.
LANGOUREUX, EUSE, adj. qui marque la langueur.
LANGRES, chef-lieu d'arr. du dép. de la Haute-Marne.
LANGUE, s. f. partie charnue et mobile dans la bouche, le principal organe du goût et de la parole; ce qui en a la forme; idiome d'une nation; langage.
LANGUEDOC (le), ancienne province qui était divisée en Haut- et Bas et Cévennes; elle forme aujourd'hui les dép. de l'Ardèche, de la Lozère, du Gard, de l'Aude, de l'Hérault et de la Haute-Garonne.
LANGUEDOCIEN, NNE, s. et adj. du Languedoc.
LANGUETTE, s. f. petite langue; ce qui en a la forme; plaque mobile des instruments à vent.
LANGUEUR, s. f. abattement; ennui; débilité; état de souffrance.
LANGUEYAGE, s. m. action de langueyer.

LANGUEYER, *v. a. é, ée, p.* visiter la langue d'un porc.
LANGUEYEUR, *s. m.* qui langueye les porcs.
LANGUIER, *s. m.* la langue et la gorge d'un porc fumées.
LANGUIR, *v. n.* s'affaiblir peu à peu; trainer en longueur.
LANGUISSAMMENT, *adv.* d'une manière languissante.
LANGUISSANT, E, *adj.* qui languit; sans vivacité.
LANIAIRE, *adj.* se dit des dents longues et pointues qui déchirent.
LANIÈRE, *s. f.* courroie longue et étroite.
LANIFÈRE, *adj. 2 g.* qui porte laine.
LANNION, chef-lieu d'arr. du dép. des Côtes-du-Nord.
LANSQUENET, *s. m.* jeu de cartes; nom ancien de fantassins allemands.
LANTERNE, *s. f.* boîte pour renfermer une lumière; sorte de tourelle; — *magique*, *s. f.* amusement d'enfants, sorte d'optique qui porte sur un plan extérieur des objets peints sur verre.
LANTERNER, *v. n.* niaiser; —, *v. a. é, ée, p.* amuser par de vaines paroles.
LANTERNERIE, *s. f.* discours frivole.
LANTERNIER, IÈRE, *s.* diseur de fadaises; homme irrésolu; allumeur de lanternes.
LAON, chef-lieu du dép. de l'Aisne.
LAPER, *v. n.* boire en tirant l'eau avec la langue.
LAPEREAU, *s. m.* jeune lapin.
LAPIDAIRE, *s. m.* qui vend, qui taille les pierres précieuses; —, *adj.* se dit des inscriptions sur la pierre, le marbre, etc.
LAPIDATION, *s. f.* action de lapider.
LAPIDER, *v. a. é, ée, p.* assommer à coups de pierres.
LAPIN, *s. m.* petit quadrupède herbivore qui se loge sous terre; *lapine*, femelle du lapin.
LAPIS, *s. m.* pierre précieuse bleue.
LAPS, *s. m.* espace de temps; —, *e*, *adj.* tombé.

LAQUAIS, *s. m.* valet.
LAQUE, *s. m.* vernis noir ou rouge de la Chine; meubles qui en sont revêtus; —, *s. f.* sorte de gomme des Indes.
LAQUELLE, *pron. rel. fém.* V. LEQUEL.
LARCIN, *s. m.* vol; chose volée; action de voler.
LARD, *s. m.* graisse du cochon et de quelques autres animaux.
LARDER, *v. a. é, ée, p.* garnir, piquer avec du lard; percer de coups.
LARDOIRE, *s. f.* instrument pour larder.
LARDON, *s. m.* morceau, aiguillette de lard.
LARES, *s. m. pl.* dieux domestiques chez les Romains.
LARGE, *adj. 2 g.* qui a de la largeur; spacieux; —, *s. m.* largeur; *au —*, *adv.* à l'aise; en pleine mer.
LARGEMENT, *adv.* abondamment.
LARGESSE, *s. f.* libéralité.
LARGEUR, *s. f.* dimension étendue d'une chose d'un côté à l'autre.
LARGO, *adv. t. de mus.* très-lentement.
LARGUE, *s. et adj. m.* la haute mer; *vent —*, vent de travers; *à la largue*, *loc. adv.* loin du rivage ou des autres vaisseaux.
LARGUER, *v. a. é, ée, p.* filer le cordage qui retient une voile par le bas; —, *v. n.* porter plein et arriver.
LARME, *s. f.* goutte d'eau qui sort de l'œil; goutte de liqueur.
LARMOIEMENT, *s. m.* écoulement involontaire de larmes.
LARMOYANT, E, *adj.* qui fond en larmes; qui en fait verser.
LARMOYER, *v. n.* pleurer.
LARRON, ESSE, *s.* qui dérobe furtivement.
LARRONNEAU, *s. m.* petit larron.
LARVE, *s. f.* insecte dans l'état où il sort de l'œuf et qui doit subir des métamorphoses.
LARYNX, *s. m.* nœud de la gorge; pomme d'Adam.
LAS! *interj.* hélas.

LAS, SSE, adj. fatigué; importuné; dégoûté.
LASSANT, E, adj. qui fatigue.
LASSER, v. a. é, ée, p. fatiguer; dégoûter; ennuyer.
LASSITUDE, s. f. fatigue; abattement.
LATÉRAL, E, adj. du côté.
LATÉRALEMENT, adv. d'une manière latérale.
LATIN, s. m. langue latine; —, latin, e, adj. qui vient de la langue latine; originaire du pays latin.
LATINISER, v. a. é, ée, p. donner une terminaison latine à un mot d'une autre langue.
LATINISME, s. m. construction latine.
LATINISTE, s. m. qui entend et parle le latin.
LATINITÉ, s. f. langage latin.
LATITUDE, s. f. espace, étendue; distance d'un lieu à l'équateur.
LATRINES, s. f. pl. lieu d'aisances.
LATTE, s. f. pièce de bois longue, étroite et mince; sabre long et droit de grosse cavalerie.
LATTER, v. a. é, ée, p. garnir de lattes.
LATTIS, s. m. arrangement de lattes.
LAUDANUM, s. m. préparation d'opium.
LAUDES, s. f. pl. partie de l'office après matines.
LAURÉAT, s. et adj. m. couronné en public.
LAURIER, s. m. arbre toujours vert; symbole de la victoire; fig. gloire, triomphe.
LAVABO, s. m. inv. linge pour essuyer les doigts; meuble qui porte un pot à l'eau et une cuvette.
LAVAGE, s. m. action de laver; breuvage où il y a trop d'eau.
LAVAL, chef-lieu du dép. de la Mayenne.
LAVANDE, s. f. plante aromatique.
LAVANDIER, IÈRE, s. qui fait ou fait faire la lessive.
LAVASSE, s. f. grande pluie subite; breuvage où il y a trop d'eau.
LAVAUR, chef-lieu d'arr. du dép. du Tarn.
LAVE, s. f. matière fondue qui sort des volcans.
LAVEMENT, s. m. action de laver; clystère.
LAVER, v. a. é, ée, p. nettoyer avec un liquide; fig. disculper; t. de peinture, étendre des couleurs.
LAVETTE, s. f. chiffon pour laver.
LAVEUR, EUSE, s. qui lave.
LAVIS, s. m. manière de laver un dessin; dessin lavé.
LAVOIR, s. m. lieu où on lave.
LAVURE, s. f. action de laver; produit du lavage.
LAXATIF, IVE, adj. qui lâche le ventre.
LAYETIER, s. m. qui fait des boîtes, des caisses.
LAYETTE, s. f. petit coffret; linge pour un nouveau-né.
LAZARET, s. m. lieu où on renferme pour un temps déterminé les personnes et les objets venant de l'étranger, qui peuvent être infectés de maladie contagieuse.
LAZARISTE, s. m. prêtre de Saint-Lazare.
LAZZI, s. m. inv. jeu muet d'un comédien; épigramme, bon mot.
LE, art. et pron. pers. m. s. au fém. la, et au pl. des 2 g. les.
LÉ, s. m. largeur d'étoffe.
LEBLANC, chef-lieu d'arr. du dép. de l'Indre.
LÈCHEFRITE, s. f. ustensile de cuisine.
LÉCHER, v. a. é, ée, p. passer la langue sur quelque chose; faire un travail avec un soin minutieux.
LEÇON, s. f. instruction donnée ou reçue; précepte; avis.
LECTEUR, TRICE, s. qui lit.
LECTOURE, chef-lieu d'arr. du dép. du Gers.
LECTURE, s. f. action de lire; ce qu'on lit.
LÉGAL, E, adj. selon la loi.
LÉGALEMENT, adv. d'une manière légale.

LÉGALISATION, s. f. certification d'un acte, d'une signature par l'autorité compétente.
LÉGALISER, v. a. é, ée, p. donner un caractère d'authenticité.
LÉGALITÉ, s. f. fidélité à la loi; qualité de ce qui est légal.
LÉGAT, s. m. envoyé du pape.
LÉGATAIRE, s. 2 g. à qui on a fait un legs.
LÉGATION, s. f. charge de légat; ambassadeur; durée de l'ambassade.
LÉGENDE, s. f. vie des saints; liste ennuyeuse; inscription autour d'une médaille.
LÉGER, ÈRE, adj. qui ne pèse guère; dispos et agile; subtil; mince; peu considérable; facile à supporter; inconstant, étourdi, inconsidéré.
LÉGÈREMENT, adv. avec légèreté; inconsidérément; faiblement.
LÉGÈRETÉ, s. f. qualité de ce qui est léger, peu pesant; inconstance, imprudence.
LÉGION, s. f. corps militaire; — d'honneur, ordre civil et militaire français.
LÉGIONNAIRE, adj. et s. m. soldat d'une légion; membre de la légion d'honneur.
LÉGISLATEUR, TRICE, s. qui fait, qui donne des lois.
LÉGISLATIF, IVE, adj. pouvoir —, de faire des lois.
LÉGISLATION, s. f. droit de faire des lois; puissance législative; corps des lois.
LÉGISLATURE, s. f. corps législatif en activité; durée de sa session.
LÉGISTE, s. m. jurisconsulte.
LÉGITIMATION, s. f. action de légitimer; acte par lequel on légitime.
LÉGITIME, s. f. portion que la loi accorde aux enfants sur les biens de leur père et mère à la mort de l'un d'eux; —, adj. 2 g. qui a les qualités requises par les lois; juste, équitable.
LÉGITIMEMENT, adv. d'une manière légitime.
LÉGITIMER, v. a. é, ée, p. rendre légitime, légal, authentique.
LÉGITIMITÉ, s. f. qualité de ce qui est légitime, conforme aux lois.
LEGS, s. m. don laissé par testament.
LÉGUER, v. a. é, ée, p. donner par testament.
LÉGUME, s. m. plante potagère.
LÉGUMINEUX, EUSE, adj. dont le fruit est un légume ou une gousse.
LENDEMAIN, s. m. le jour d'après celui dont on parle.
LÉNIFIER, v. a. é, ée, p. adoucir.
LÉNITIF, s. m. remède qui adoucit; adoucissement; —, ive, adj. médicament qui relâche.
LENT, E, adj. tardif, qui n'agit pas promptement.
LENTE, s. f. œuf de pou.
LENTEMENT, adv. avec lenteur.
LENTEUR, s. f. manque d'activité, de célérité.
LENTICULAIRE, adj. 2 g. qui a la forme d'une lentille.
LENTILLE, s. f. sorte de légume; verre convexe des deux côtés; — pl. taches sur la peau.
LÉOPARD, s. m. quadrupède carnassier, féroce, à peau marquetée.
LÈPRE, s. f. ladrerie; croûte galeuse sur tout le corps; maladie des arbres.
LÉPREUX, EUSE, adj. et s. qui a la lèpre.
LÉPROSERIE, s. f. hôpital des lépreux.
LEQUEL, laquelle, au pl. lesquels, lesquelles; pron. rel. celui, celle qui; pron. interr. quel est celui, etc.
LES. V. LE.
LÈSE, adj. f. qui blesse, qui est commis contre.
LÉSER, v. a. é, ée, p. faire tort.
LÉSINE, s. f. épargne sordide et minutieuse.
LÉSINER, v. n. user de lésine.

LÉSINERIE, *s. f.* acte de lésine.

LÉSION, *s. f.* dommage, préjudice; altération dans l'économie animale.

LESPARRE, chef-lieu d'arr. du dép. de la Gironde.

LESSIVE, *s. f.* eau de cendre pour blanchir le linge.

LESSIVER, *v. a.* é, ée, *p.* faire la lessive.

LEST, *s. m.* poids placé au fond d'un vaisseau pour le tenir en équilibre.

LESTAGE, *s. m.* action de lester un vaisseau.

LESTE, *adj. 2 g.* léger dans ses mouvements; adroit; peu délicat sur les propos, les convenances, les manières; hardi, peu circonspect.

LESTEMENT, *adv.* d'une manière leste.

LESTER, *v. a.* é, ée, *p.* garnir un vaisseau de lest.

LESTEUR, *s. m.* navire qui porte le lest.

LÉTHARGIE, *s. f.* assoupissement profond contre nature.

LÉTHARGIQUE, *adj.* de la léthargie; *fig.* apathique.

LÉTHIFÈRE, *adj. 2 g.* qui cause la mort.

LETTRE, *s. f.* chaque caractère de l'alphabet; écriture; épître, missive; acte écrit; — *au pl.* science, doctrine; belles —, la poésie, l'éloquence, la littérature; à la —, *loc. adv.* littéralement.

LETTRÉ, ÉE, *s.* et *adj.* littérateur; qui a de l'érudition, du savoir.

LEUR, *pron. pers.* (sans pl.) à eux, à elles; *leur*, *pron. poss.* (pl. leurs) d'eux, d'elles.

LEURRE, *s. m.* appât; attrait, amorce.

LEURRER, *v. a.* é, ée, *p.* attirer par quelque espérance trompeuse.

LEVAIN, *s. m.* substance qui fait fermenter; cause, principe, ferment.

LEVANT, *s. m.* est, orient; partie du monde où le soleil se lève; —, *adj. m.* qui se lève.

LEVANTIN, E, *adj.* et *s. m.* qui est du Levant.

LÉVANTINE, *s. f.* étoffe de soie.

LÈVE, *s. f.* cuiller de bois pour lever la boule au jeu de mail.

LEVÉE, *s. f.* action de lever, de recueillir les impôts; collecte; recette; recrue; digue, chaussée.

LEVER, *s. m.* temps où on se lève; —, *v. a.* é, ée, *p.* hausser; enlever de place; faire qu'une chose soit plus haute; dresser ce qui est couché ou penché; enrôler; faire cesser; —, *v. n.* pousser, sortir de terre, fermenter.

LEVIER, *s. m.* barre de bois, de fer pour soulever un fardeau.

LEVIS, *adj. m.* pont —, qui se hausse et se baisse.

LÉVITE, *s. m.* Israélite de la tribu de Lévi; —, *s. f.* sorte de robe.

LÉVITIQUE, *s. m.* 3e livre du Pentateuque qui décrit les cérémonies des lévites.

LEVRAUT, *s. m.* jeune lièvre.

LÈVRE, *s. f.* partie extérieure de la bouche.

LEVRETTE, *s. f.* femelle du lévrier.

LÉVRIER, *s. m.* chien de chasse pour les lièvres.

LEVRON, *s. m.* petit lévrier.

LEVURE, *s. f.* écume de la bière quand elle fermente.

LEXICOGRAPHE, *s. m.* auteur d'un lexique.

LEXICOGRAPHIE, *s. f.* art de faire des lexiques.

LEXICOLOGIE, *s. f.* science des mots; traité sur les mots.

LEXIQUE, *s. m.* dictionnaire.

LÉZARD, *s. m.* petit quadrupède ovipare à longue queue, très-vif.

LÉZARDE, *s. f.* femelle du lézard; crevasse dans un mur.

LÉZARDÉ, ÉE, *adj.* rempli de lézardes, crevassé.

LIAIS, *s. m.* sorte de pierre dure d'un grain très-fin.

LIAISON, *s. f.* ce qui lie; traits déliés qui lient les lettres;

ingrédients qui lient une sauce ; union, jonction de plusieurs corps ; société.

LIANE, *s. f.* nom générique des plantes sarmenteuses d'Amérique.

LIANT, *s. m.* douceur de caractère ; —, *e, adj.* souple, flexible.

LIARD, *s. m.* petite monnaie de cuivre ; le quart d'un sou.

LIARDER, *v. n.* lésiner.

LIASSE, *s. f.* amas de papiers liés ensemble.

LIBAGE, *s. m.* gros moellon mal taillé.

LIBATION, *s. f.* effusion de liqueur en l'honneur des dieux.

LIBELLE, *s. m.* écrit injurieux ; diffamatoire.

LIBELLER, *v. a. é, ée, p.* dresser, motiver selon les formes.

LIBELLISTE, *s. m.* auteur de libelles.

LIBERA, *s. m. inv.* prière pour les morts.

LIBÉRAL, E, *adj.* qui aime à donner ; digne d'une personne née libre ; généreux ; *arts libéraux*, où l'esprit a plus de part que la main ; —, *s. m.* qui professe des idées libérales.

LIBÉRALEMENT, *adv.* d'une manière libérale.

LIBÉRALISME, *s. m.* doctrine des idées libérales.

LIBÉRALITÉ, *s. f.* vertu qui porte à donner ; don fait par une personne libérale.

LIBÉRATEUR, TRICE, *s.* qui a délivré une personne, un peuple de la servitude, d'un grand péril, etc.

LIBÉRATIF, IVE, *adj.* ce qui opère la libération.

LIBÉRATION, *s. f.* décharge d'une dette, d'une servitude ; délivrance.

LIBÉRER, *v. a. é, ée, p.* décharger de quelque obligation ; rendre quitte ; affranchir ; *se—, v. pr.* acquitter ses dettes.

LIBERTÉ, *s. f.* pouvoir d'agir ou de n'agir pas ; indépendance ; état d'une personne libre ; *au pl.* immunités ; excès de familiarité.

LIBERTICIDE, *adj. 2 g.* destructif de la liberté ; —, *s. m.* qui détruit la liberté.

LIBERTIN, E, *adj. et s.* qui hait la contrainte ; déréglé dans ses mœurs ; esprit fort ; incrédule.

LIBERTINAGE, *s. m.* mauvaise conduite ; irréligion ; incrédulité.

LIBOURNE, chef-lieu d'arr. et port du dép. de la Gironde.

LIBRAIRE, *s. m.* marchand de livres.

LIBRAIRIE, *s. f.* profession de libraire ; commerce de livres ; fonds du libraire.

LIBRATION, *s. f.* balancement apparent ; t. d'astron.

LIBRE, *adj. 2 g.* qui a le pouvoir d'agir ou de n'agir pas ; indépendant ; délivré ; exempt ; hardi ; aisé ; dégagé.

LIBREMENT, *adv.* avec liberté, sans contrainte.

LICE, *s. f.* lieu préparé pour les courses, les tournois ; discussion, lutte publique ; chienne de chasse.

LICENCE, *s. f.* liberté excessive ; dérèglement de mœurs ; désordre ; permission ; temps consacré aux études dans les facultés ; degré entre le baccalauréat et le doctorat ; — *poétique*, incorrection permise en poésie.

LICENCIÉ, *s. m.* qui a pris ses degrés de licence ; —, *adj.* congédié.

LICENCIEMENT, *s. m.* congé donné à des troupes dont on n'a plus besoin ; réforme.

LICENCIER, *v. a. é, ée, p.* congédier des troupes ; conférer le degré de licence.

LICENCIEUSEMENT, *adv.* d'une manière licencieuse.

LICENCIEUX, EUSE, *adj.* déréglé, désordonné.

LICHEN, *s. m.* espèce de plante parasite.

LICITATION, *s. f.* vente aux enchères d'un bien indivis.

LICITE, *adj. 2 g.* ce qui n'est pas interdit par la loi.

LICITEMENT, *adv.* d'une manière licite.

LICITER, *v. a. é, ée, p.* vendre par licitation.

LICORNE, *s. f.* cheval avec une corne au front, *animal fabuleux*.

LICOU, *s. m.* lien autour du cou du cheval, de l'âne, etc.

LICTEUR, *s. m.* officier armé d'une hache entourée de faisceaux, qui précédait les premiers magistrats à Rome.

LIE, *s. f.* dépôt d'une liqueur; *lie du peuple*, populace; *lie*, *adj.* 2 g. joyeux ; *chère lie*, bonne chère avec gaîté.

LIÉGE, *s. m.* sorte de chêne vert dont l'écorce est spongieuse; écorce de cet arbre.

LIÉGER, *v. a.* é, ée, *p.* garnir de liége.

LIEN, *s. m.* tout ce qui sert à lier; — *au pl.* chaîne; *fig.* assujettissement.

LIER, *v. a.* é, ée, *p.* attacher, serrer avec un lien ; joindre, unir ; astreindre ; *se —*, *v. pr.* s'obliger ; former liaison.

LIERRE, *s. m.* plante sarmenteuse grimpante.

LIESSE, *s. f.* joie, gaîté; *vieux mot*.

LIEU, *s. m.* espace qu'occupe un corps; endroit; pays; site; place, rang; temps convenable; occasion, moyen, origine; *au pl.* pièces d'une maison, latrines; *au lieu de*, *prép.* à la place de; *au lieu que*, *conj.* tandis que.

LIEUE, *s. f.* mesure itinéraire de 2282 toises ou 2739 pas géométriques; *lieue marine*, de 2852 toises.

LIEUR, *s. m.* qui lie les gerbes.

LIEUTENANCE, *s. f.* office, grade de lieutenant.

LIEUTENANT, *s. m.* officier immédiatement au-dessous du capitaine ; celui qui remplace le chef absent.

LIÈVRE, *s. m.* animal vif et timide, à longues oreilles.

LIGAMENT, *s. m.* muscles qui lient les différentes parties du corps.

LIGAMENTEUX, EUSE, *adj.* de la nature du ligament.

LIGATURE, *s. f.* bande de drap ou de linge pour lier le bras dans la saignée.

LIGNAGE, *s. m.* origine; parenté.

LIGNAGER, *s. m. et adj. m.* qui est du même lignage.

LIGNE, *s. f.* étendue en longueur sans largeur ni profondeur; trait simple; suite de mots écrits ou imprimés en ligne droite; mesure; 12e partie du pouce; fil avec un hameçon; descendance; *fig.* limites, marche, conduite, route; *au pl.* lettre missive; *à la ligne*, *loc. adv.* en commençant un nouveau paragraphe.

LIGNÉE, *s. f.* race; *ligné, ée*, *adj.* marqué de lignes fines.

LIGNEUL, *s. m.* fil de cordonnier.

LIGNEUX, EUSE, *adj.* de la nature du bois.

LIGNIFIER (se), *v. pr.* se convertir en bois.

LIGNIVORE, *adj.* 2 g. se dit des insectes qui rongent le bois.

LIGUE, *s. f.* alliance formée entre des souverains, des états, des partis, des factions pour exécuter une entreprise dans un intérêt commun; conspiration, intrigue, complot, cabale.

LIGUER, *v. a.* é, ée, *p.* unir dans une même ligue; *se —*, *v. pr.* former une ligue, une cabale.

LIGUEUR, EUSE, *s.* partisan de la Ligue.

LILAS, *s. m.* arbre qui fleurit au printemps et porte des fleurs par bouquets en pyramides; couleur gris de lin; ces fleurs; leur couleur.

LILIACÉ, ÉE, *adj.* se dit des plantes dont la fleur ressemble à celle du lis.

LILLE, chef-lieu du dép. du Nord.

LIMACE, *s. f.* limaçon sans coquille.

LIMAÇON, *s. m.* limace à coquille; insecte rampant; *t. d'arts*, ce qui est en spirale.

LIMAILLE, *s. f.* petite partie de métal que la lime fait tomber.

LIMANDE, *s. f.* espèce de poisson de mer plat.

LIMAS, *s. m.* limaçon sans coquille.

LIMBE, *s. m.* bord extérieur

d'un astre; — au pl. lieu où étaient les ames des justes avant la venue de J.-C.; où vont celles des enfants morts sans baptême.

LIME, s. f. outil de fer, ou d'acier pour limer.

LIMER, v. a. é, ée, p. polir avec la lime; fig. corriger, perfectionner.

LIMIER, s. m. gros chien de chasse.

LIMITATIF, IVE, adj. qui limite.

LIMITATION, s. f. restriction; fixation.

LIMITE. V. LIMITES.

LIMITÉ, ÉE, adj. borné, circonscrit.

LIMITER, v. a. é, ée, p. borner, donner des limites.

LIMITES, s. f. pl. bornes qui séparent les états, les territoires; fig. bornes.

LIMITROPHE, adj. 2 g. contigu, sur les limites.

LIMOGES, chef-lieu du dép. de la Haute-Vienne.

LIMON, s. m. boue déposée par des eaux courantes; terre détrempée; fruit plus petit que le citron; branche de la limonière; pièce de bois qui soutient les marches d'un escalier; le devant du brancard d'une charrette où est attaché le cheval qui soutient l'équilibre de la voiture.

LIMONADE, s. f. jus de limon ou de citron infusé dans l'eau avec du sucre.

LIMONADIER, IÈRE, s. qui vend de la limonade, des liqueurs, etc.

LIMONEUX, EUSE, adj. bourbeux, vaseux.

LIMONIER, s. m. cheval de limon; arbre qui porte les limons.

LIMONIÈRE, s. f. brancard d'une voiture formé des deux limons.

LIMOSIN, anc. province qui était divisée en Haut— et Bas—, et qui forme aujourd'hui, avec la Marche, les dép. de la Haute-Vienne, de la Creuse et de la Corrèze; limousin, s. de Limoges; nom donné aux maçons parce que ces ouvriers viennent en général du Limosin.

LIMOUSINAGE, s. m. ouvrage de limousin.

LIMOUSINER, v. n. faire du limousinage.

LIMOUX, chef-lieu d'arr. du dép. de l'Aube.

LIMPIDE, adj. 2 g. clair, net, transparent.

LIMPIDITÉ, s. f. qualité de ce qui est limpide.

LIMURE, s. f. action de limer; état d'une chose limée.

LIN, s. m. plante dont la graine fournit de l'huile, et dont l'écorce sert à faire du fil; toile faite avec ce fil; gris de —, couleur gris blanchâtre.

LINCEUL, s. m. drap pour ensevelir les morts.

LINÉAIRE, adj. 2 g. qui a rapport aux lignes; qui se fait par des lignes.

LINÉAMENT, s. m. trait du visage; ligne légèrement tracée.

LINGE, s. m. toile mise en œuvre pour le corps, le ménage; chemises, draps, etc; morceau de toile, chiffon, etc.

LINGER, ÈRE, s. qui fait, qui vend du linge; qui travaille en linge.

LINGERIE, s. f. commerce, magasin de linge; lieu où on le serre.

LINGOT, s. m. or, argent en masse et non mis en œuvre; cylindre de métal pour charger un fusil.

LINGOTIÈRE, s. f. moule pour réduire les métaux en lingots.

LINGUAL, E, adj. qui a rapport à la langue.

LINGUISTIQUE, s. f. science des langues.

LINIÈRE, s. f. terre semée de lin.

LINIMENT, s. m. médicament pour amollir, adoucir, etc.

LINON, s. m. toile très-fine de lin.

LINOT, TTE, s. petit oiseau gris-brun du genre du pinson.

LINTEAU, s. m. pièce de bois en travers au-dessus de l'ouverture d'une porte, d'une fenêtre, pour soutenir la maçonnerie.

LION, NNE, s. quadrupède

carnivore, qu'on appelle le roi des animaux ; *fig.* homme courageux.

LIONCEAU, *s. m.* le petit de la lionne.

LIPPE, *s. f.* lèvre, d'en bas trop grosse et trop avancée.

LIPPÉE, *s. f.* bouchée.

LIQUÉFACTION, *s. f.* changement d'un solide en liquide.

LIQUÉFIER, *v. a.* é, ée, *p.* fondre ; rendre liquide ; se —, *v. pr.* devenir liquide.

LIQUEUR, *s. f.* substance liquide ; boisson dont la base est l'eau-de-vie, l'esprit-de-vin, etc.

LIQUIDATEUR, *s. m.* et *adj.* qui liquide un compte.

LIQUIDATION, *s. f.* action de débrouiller, d'arrêter un compte ; acte par lequel on liquide.

LIQUIDE, *s. m.* aliment liquide ; —, *adj.* 2 *g.* dont les parties sont fluides : *fig.* clair et net ; *consonne liquide*, facile à prononcer.

LIQUIDEMENT, *adv.* d'une manière liquide.

LIQUIDER, *v. a.* é, ée, *p.* rendre clair et certain ce qui était incertain et embrouillé.

LIQUIDITÉ, *s. f.* qualité des corps liquides.

LIQUOREUX, EUSE, *adj. vin* —, qui a trop de douceur.

LIQUORISTE, *s. m.* qui fait des liqueurs.

LIRE, *v. a. irr. ind. pr.* je lis, tu lis, il lit ; *n.* lisons, *v.* lisez ; ils lisent ; *imp.* je lisais, etc., *n.* lisions, etc.; *p. déf.* je lus, etc., *n.* lûmes, etc.; *fut.* je lirai, etc., *n.* lirons, etc.; *cond.* je lirais, etc., *n.* lirions, etc., *imp.* lis, lisons, lisez, qu'ils lisent ; *subj. pr. q.* je lise, etc., *q. n.* lisions, etc.; *imp. subj. q.* je lusse, etc., *q. n.* lussions, etc.; *p. pr.* lisant. *p. p.* lu, lue. parcourir des yeux les lettres d'un mot en les assemblant avec l'intelligence de leur valeur ; prendre connaissance du contenu d'un livre ; expliquer le sens d'un livre ; interpréter ; *fig.* apercevoir, découvrir, pénétrer dans la connaissance de quelque chose d'obscur et de caché.

LIS, *s. m.* plante bulbeuse à fleurs blanches et odorantes ; blancheur extrême ;

LISÉRAGE, *s. m.* broderie autour d'une étoffe avec un cordonnet d'or ou de soie.

LISÉRÉ, *s. m.* cordonnet sur le bord d'une étoffe.

LISÉRER, *v. a.* é, ée, *p.* broder, faire un liséré.

LISERON, *s. m.* plante grimpante.

LISET, *s. m.* insecte qui coupe les bourgeons des arbres.

LISEUR, EUSE, *s.* qui aime à lire.

LISIBLE, *adj.* 2 *g.* aisé à lire ; agréable à lire.

LISIBLEMENT, *adv.* d'une manière lisible.

LISIÈRE, *s. f.* extrémité de la largeur d'une étoffe ; bord d'un champ ; bretelles pour soutenir un enfant qui commence à marcher.

LISIEUX, chef-lieu d'arr. du dép. du Calvados.

LISSE, *adj.* 2 *g.* uni, poli.

LISSER, *v. a.* é, ée, *p.* polir, rendre lisse.

LISSOIR, *s. m.* instrument qui sert à lisser.

LISTE, *s. f.* suite de noms, de mots, au dessous les uns des autres ; suite d'indications simples et courtes.

LIT, *s. m.* meuble où l'on se couche ; ce qui le compose ; canal par où coule une rivière ; couche d'une chose étendue sur une autre.

LITANIE, *s. f.* longue et ennuyeuse énumération ; *au pl.* espèce de prière.

LITEAUX, *s. m. pl.* raies colorées vers les extrémités de certaines serviettes.

LITHARGE, *s. f.* oxyde de plomb demi vitreux.

LITHOCHROME, *s. m.* celui qui fait de la lithochromie.

LITHOCHROMIE, *s. f.* lithographie en couleurs.

LITHOGRAPHE, *s. m.* dessinateur sur pierre.

LITHOGRAPHIE, *s. f.* art

d'imprimer avec des planches de pierre imprégnées de crayon ou d'une substance grasse.

LITHOGRAPHIER, *v. a.* é, ée, *p.* reproduire un dessin, une écriture par les moyens lithographiques.

LITHOGRAPHIQUE, *adj. 2 g.* de la lithographie.

LITIÈRE, *s. f.* paille sur laquelle se couchent les bestiaux ; chaise couverte portée sur deux brancards.

LITIGE, *s. m.* contestation en justice.

LITIGIEUX, EUSE, *adj.* qui peut être contesté en justice.

LITOTE, *s. f.* figure de rhétorique qui consiste dans l'emploi d'une expression qui dit le moins pour faire entendre le plus.

LITRE, *s. m.* unité des mesures de capacité, un décimètre carré.

LITRON, *s. m.* ancienne mesure, 16 pouces cubes.

LITTÉRAIRE, *adj. 2 g.* qui appartient aux belles-lettres.

LITTÉRAL, *adj.* qui est selon la lettre, mot à mot.

LITTÉRALEMENT, *adv.* à la lettre.

LITTÉRATEUR, *s. m.* homme versé dans la littérature.

LITTÉRATURE, *s. f.* connaissance des ouvrages littéraires et des règles des divers genres ; ensemble des productions littéraires d'une nation.

LITTORAL, E, *adj.* de rivage.

LITURGIE, *s. f.* ordre et cérémonies du service divin.

LITURGIQUE, *adj. 2 g.* qui a rapport à la liturgie.

LIVIDE, *adj. 2 g.* de couleur plombée.

LIVIDITÉ, *s. f.* état de ce qui est livide.

LIVRAISON, *s. f.* action de livrer une chose vendue ; chose livrée ; partie d'un ouvrage publiée séparément.

LIVRE, *s. m.* feuilles de papier écrites ou imprimées, et unies ensemble ; ouvrage d'esprit qui fait un volume ; ce que le livre contient ; registre, papier-journal ; *à — ouvert*, *loc. adv.* sur-le-champ.

LIVRE, *s. f.* poids de 16 onces ; ancienne monnaie valant 20 sous.

LIVRÉE, *s. f.* habits de formes et de couleurs particulières que portent les domestiques ; tout ce qui porte la livrée ; marques extérieures, caractéristiques.

LIVRER, *v. a.* é, ée, *p.* donner, abandonner ; mettre une chose en la possession d'un autre ; trahir ; *— bataille*, la donner.

LIVRET, *s. m.* petit livre.

LOBE, *s. m.* partie molle, arrondie et saillante ; *t* d'anat.

LOCAL (au pl. *— aux*), *s. m.* disposition d'un lieu, emplacement ; *—, e*, *adj.* qui a rapport au lieu.

LOCALEMENT, *adv.* d'une manière locale.

LOCALITÉ, *s. f.* particularité, circonstance locale.

LOCATAIRE, *s. 2 g.* qui tient à loyer tout ou partie d'une maison.

LOCATIF, IVE, *adj.* qui regarde le locataire.

LOCATION, *s. f.* action de donner ou de prendre à loyer ; prix du loyer.

LOCH, *s. m.* instrument qui sert à mesurer la vitesse d'un vaisseau.

LOCHE, *s. f.* espèce de petit poisson.

LOCHER, *v. n.* être près de tomber ; *—, v. a.* é, ée, *p.* secouer pour faire tomber.

LOCHES, chef-lieu d'arr. du dép. d'Indre-et-Loire ; château fort.

LOCOMOBILE, *adj. 2 g.* qui peut être changé de place.

LOCOMOBILITÉ, *s. f.* faculté d'être mobile.

LOCOMOTEUR, *s. et adj. m.* qui sert à la locomotion.

LOCOMOTIF, IVE, *adj.* qui change, qui peut être changé de place.

LOCOMOTION, *s. f.* faculté de changer de place.

LOCUTION, *s. f.* expression, manière de s'énoncer.

LODÈVE, chef-lieu d'arr. du dép. de l'Hérault.

LOF, s. m. moitié du vaisseau dans sa longueur.

LOGARITHME, s. m. nombre pris dans une progression arithmétique, répondant à un nombre d'une progression géométrique.

LOGARITHMIQUE, s. f. t de math. courbe; —, adj. 2 g. relatif aux logarithmes.

LOGE, s. f. petite hutte; petit réduit; chambre où l'on renferme les aliénés; cage pour les bêtes féroces; espèce de petit cabinet ouvert par devant dans une salle de spectacle; lieu d'assemblée des francs-maçons.

LOGEABLE, adj. 2 g. habitable.

LOGEMENT, s. m. lieu qui est, ou peut être habité.

LOGER, v. a. é, ée, p. donner à loger; faire habiter; —, v. n. habiter.

LOGEUR, s. m. qui tient des logements garnis.

LOGICIEN, s. m. qui sait la logique; qui raisonne logiquement.

LOGIQUE, s. f. art de penser et de raisonner juste; science qui l'enseigne; classe où on l'enseigne.

LOGIQUEMENT, adv. conformément à la logique.

LOGIS, s. m. habitation, maison; corps de —, partie principale d'un bâtiment.

LOGOGRIPHE, s. m. sorte d'énigme, dont le mot se décompose en d'autres mots à deviner.

LOI, s. f. règle invariable; obligation naturelle ou civile; puissance, autorité.

LOIN, adv. prép. de lieu, de temps; à grande distance.

LOINTAIN, s. m. éloignement; —, e, adj. éloigné du lieu où l'on est, où l'on parle.

LOIR, s. m. petit quadrupède rongeur.

LOIR (le), rivière qui a sa source dans le dép. d'Eure-et-Loir et se jette dans la Sarthe à Angers.

LOIR-ET-CHER, dép. formé du Vendômois, du Blaisois et de la Sologne, borné : N. Eure-et-Loir; E. Loiret et Cher; S. Indre; O. Indre-et-Loire et Sarthe.

LOIRE (la), rivière qui prend sa source dans le dép. de l'Ardèche et se jette dans l'Océan; dép. formé de l'ancien Forez; Haute-Loire, dép. formé de l'ancien Velay, de parties du Forez, du Vivarais, du Gévaudan et de l'Auvergne; Loire-Inférieure, dép. formé de la partie sud-est de l'anc. Bretagne.

LOIRET (le), rivière qui prend sa source dans le dép. auquel elle donne son nom et se jette dans la Loire; dép. formé de la partie nord de l'anc. Orléanais.

LOISIBLE, adj. 2 g. permis.

LOISIR, s. m. temps de repos, désœuvrement; temps dont on peut disposer.

LOMBES, s. m. pl. partie inférieure du dos.

LOMBEZ, chef-lieu d'arr. du dép. du Gers.

LONG, s. m. longueur; au —, amplement; long, gue, adj. étendu en longueur; qui dure long-temps; lent.

LONGANIMITÉ, s. f. clémence, patience.

LONGE, s. f. bannière de cuir, corde attachée au licou des animaux; moitié de l'échine du veau.

LONGER, v. a. é, ée, p. marcher le long de.

LONGÉVITÉ, s. f. longue durée de la vie.

LONGITUDE, s. f. distance, t. d'astron. et de géogr.

LONGITUDINAL, E, adj. étendu en long.

LONGITUDINALEMENT, adv. en longueur.

LONG-TEMPS, adv. pendant un long espace de temps.

LONGUE, s. f. ancienne note de musique; syllabe longue; à l —, à force de patience.

LONGUEMENT, adv. durant un long temps.

LONGUET, TTE, adj. un peu long.

LONGUEUR, s. f. dimension en long; étendue en long d'un bout à l'autre; lenteur; durée du temps.

LONS-LE-SAULNIER, chef-lieu du dép. du Jura.
LOOCH ou **LOOK**, *s. m.* médicament liquide, adoucissant.
LOPIN, *s. m.* morceau d'un objet quelconque.
LOQUACITÉ, *s. f.* habitude de parler beaucoup.
LOQUE, *s. f.* lambeau, morceau.
LOQUET, *s. m.* fermeture simple à bascule.
LOQUETEAU, *s. m.* petit loquet.
LORD, *s. m.* seigneur en Angleterre.
LORGNER, *v. a. é, ée, p.* regarder en tournant les yeux de côté; regarder avec une lorgnette.
LORGNETTE, *s. f.* petite lunette pour voir de loin.
LORGNON, *s. m.* sorte de lorgnette.
LORIENT, ville forte et port, chef-lieu d'arr. du Morbihan.
LORIOT, *s. m.* oiseau jaune à ailes noires.
LORRAIN, E, *adj.* et *s.* de la Lorraine.
LORRAINE, ancien duché formant aujourd'hui les dép. de la Meuse, de la Moselle, de la Meurthe et des Vosges.
LORS, *adv.* alors; *lors de*, *prép.* dans le temps de; *dès —, adv.* dès ce temps-là; ainsi.
LORSQUE, *conj.* dans le temps que.
LOSANGE, *s. f.* figure géomét. à quatre côtés égaux, deux angles aigus et deux obtus.
LOSSE ou **LOUSSE**, *s. f.* outil de tonnelier pour percer les trous des bondes.
LOT, rivière qui a sa source dans la Lozère et se jette dans la Garonne à Aiguillon; elle donne son nom à un dép.
LOT-ET-GARONNE, départ. formé de l'Agenois et de la Guyenne.
LOT, *s. m.* portion; condition; sort.
LOTERIE, *s. f.* sorte de banque où les lots sont tirés au sort.
LOTI, E, *adj.* bien ou mal partagé.

LOTION, *s. f.* lavage; ablution.
LOTIR, *v. a. i, ie, p.* faire des lots; partager par lots.
LOTO, *s. m.* sorte de jeu qui se joue avec des demi-boules et des cartons numérotés.
LOUABLE, *adj. 2 g.* digne de louange.
LOUABLEMENT, *adv.* d'une manière louable.
LOUAGE, *s. m.* transport de l'usage d'une chose pour un certain temps à certain prix.
LOUANGE, *s. f.* éloge; discours par lequel on loue.
LOUANGER, *v. a. é, ée, p.* donner des louanges outrées.
LOUANGEUR, EUSE, *adj.* et *s.* qui loue sans cesse et sans discernement.
LOUCHE, *s. m.* apparence équivoque; —, *adj. 2 g.* qui a la vue de travers; douteux, confus; —, *s. f.* cuiller à potage.
LOUCHER, *v. n.* avoir la vue de travers.
LOUCHET, *s. m.* hoyau; petite bêche.
LOUDÉAC, chef-lieu d'arr. du dép. des Côtes-du-Nord.
LOUDUN, chef-lieu d'arr. du dép. de la Vienne.
LOUER, *v. a. é, ée, p.* donner ou prendre à louage; donner des louanges; *se —, v. pr.* servir pour de l'argent.
LOUEUR, EUSE, *s.* qui donne à gages.
LOUGRE, *s. m.* sorte de navire marchand.
LOUHANS, chef-lieu d'arr. du dép. de Saône-et-Loire.
LOUIS, *s. m.* anc. monnaie d'or, de 24 livres.
LOUP, *s. m.* animal sauvage et carnassier, ressemblant au chien de berger.
LOUPE, *s. f.* tumeur sous la peau; excroissance charnue des plantes; lentille de verre, qui grossit les objets.
LOUP-GAROU, *s. m.* (au pl. *loups-garous*) jeu d'enfant; homme bourru et insociable; loup enragé.
LOURD, E, *adj.* pesant, lent, onéreux, grossier, stupide.

LOURDAUD, E, adj. et s. grossier, maladroit.
LOURDEMENT, adv. pesamment; grossièrement.
LOURDERIE, s. f. bévue, maladresse.
LOURDEUR, s. f. pesanteur.
LOUTRE, s. f. petit quadrupède carnivore; —, s. m. chapeau, manchon faits de poil de loutre.
LOUVE, s. f. femelle du loup.
LOUVETEAU, s. m. jeune loup.
LOUVETERIE, s. f. équipage pour la chasse du loup.
LOUVETIER, s. m. chef de la louveterie.
LOUVIERS, chef-lieu d'arr. du dép. de l'Eure.
LOUVOYER, v. n. naviguer contre le vent; fig. se conduire avec adresse.
LOUVRE, s. m. palais des rois de France à Paris.
LOYAL, E, adj. qui a la condition requise par la loi; plein d'honneur et de probité.
LOYALEMENT, adv. de bonne foi.
LOYAUTÉ, s. f. probité, franchise.
LOYER, s. m. prix du louage d'une maison; salaire dû à un domestique.
LOZÈRE (la), montagne qui donne son nom à un dép. formé de l'ancien Gévaudan.
LUCARNE, s. f. ouverture au toit pour éclairer le grenier.
LUCIDE, adj. 2 g. qui jette de la lumière; clair, net; *intervalle* —, moment de raison.
LUCIDITÉ, s. f. qualité de ce qui est lucide.
LUCIFER, s. m. chef des démons; étoile de Vénus précédant le soleil.
LUCIMÈTRE, s. m. instrument pour mesurer les degrés de lumière.
LUCRATIF, IVE, adj. qui rapporte du profit.
LUCRE, s. m. gain, profit.
LUETTE, s. f. substance glanduleuse qui pend dans le fond de la bouche.
LUEUR, s. f. faible clarté; faible apparence.

LUGUBRE, adj. 2 g. funèbre; qui marque et inspire la douleur.
LUGUBREMENT, adv. d'une manière lugubre.
LUI, pron. pers. masc. de la 3e *personne*.
LUIRE, v. n. irr. en usage aux temps suivants: Ind. pr. *je luis, tu luis, il luit*; n. *luisons,* v. *luisez, ils luisent*; imp. *je luisais,* etc., n. *luisions,* etc.; fut. *je luirai,* etc., n. *luirons,* etc.; cond. *je luirais,* etc., n. *luirions,* etc.; subj. pr. *q. je luise,* etc., *q. n. luisions,* etc.; p. pr. *luisant*; p. p. *lui*; briller; jeter de la lumière, de l'éclat.
LUISANT, s. m. éclat; —, e, adj. qui luit.
LUMBAGO, s. m. espèce de rhumatisme.
LUMIÈRE, s. f. fluide subtil qui rend les objets visibles; clarté, splendeur, ce qui éclaire; le jour, la vie; bougie, chandelle allumée; —, au pl. intelligence, connaissances.
LUMIGNON, s. m. bout de mèche de chandelle qui brûle.
LUMINAIRE, s. m. cierges d'église.
LUMINEUX, EUSE, adj. qui envoie, qui répand de la lumière.
LUNAIRE, adj. 2 g. de la lune.
LUNAISON, s. f. temps d'une lune à l'autre.
LUNATIQUE, adj. 2 g. et s. m. fantasque, capricieux.
LUNDI, s. m. le 1er jour de la semaine.
LUNE, s. f. planète satellite de la terre; fig. caprice.
LUNEL, chef-lieu de canton du dép. de l'Hérault, renommé par son vin muscat.
LUNETIER, s. m. marchand, fabricant de lunettes.
LUNETTE, s. f. verre taillé pour soulager la vue, rendre la vision plus nette, rapprocher les objets; ouverture ronde des latrines.
LUNÉVILLE, chef-lieu d'arr. du dép. de la Meurthe.
LUPERCALES, s. f. pl. fêtes annuelles en l'honneur du dieu Pan, chez les Romains.
LUPIN, s. m. plante légumineuse.

LUSTRAGE, s. m. opération pour lustrer.

LUSTRAL, E, adj. qui a rapport, qui sert aux purifications.

LUSTRATION, s. f. cérémonie pour purifier.

LUSTRE, s. m. éclat naturel ou donné par l'art; composition pour donner du brillant aux étoffes; espèce de chandelier de cristal à plusieurs branches qu'on attache au plafond; espace de cinq ans.

LUSTRER, v. a. é, ée, p. donner du lustre à une étoffe.

LUSTRINE, s. f. espèce d'étoffe de soie.

LUT, s. m. enduit dont on bouche un vase qu'on met sur le feu.

LUTER, v. a. é, ée, p. enduire de lut.

LUTH, s. m. instrument de musique à cordes.

LUTHÉRANISME, s. m. doctrine de Luther.

LUTHÉRIEN, NNE, s. sectateur de Luther; — adj. conforme à sa doctrine.

LUTHIER, s. m. qui fait des instruments à cordes.

LUTIN, s. m. esprit follet; enfant bruyant, espiègle.

LUTINER, v. a. é, ée, p. tourmenter comme ferait un lutin; — v. n. faire le lutin.

LUTRIN, s. m. pupitre d'église où on place les livres de chant.

LUTTE, s. f. exercice gymnastique; combat corps à corps.

LUTTER, v. n. combattre à la lutte; résister, tenir ferme.

LUTTEUR, s. m. qui lutte.

LUXATION, s. f. déboîtement, déplacement des os.

LUXE, s. m. somptuosité excessive dans les habits, les meubles, etc.

LUXER, v. a. é, ée, p. faire sortir un os de sa cavité.

LUXURE, s. f. passion impure.

LUXURIEUSEMENT, adv. avec luxure.

LUXURIEUX, EUSE, adj. livré à la luxure.

LUZERNE, s. f. plante légumineuse pour les bestiaux.

LUZERNIÈRE, s. f. champ de luzerne.

LYCÉE, s. m. lieu d'exercices littéraires.

LYMPHATIQUE, adj. 2 g. qui concerne la lymphe.

LYMPHE, s. f. humeur visqueuse répandue dans le corps par de petits conduits.

LYNX, s. m. chat sauvage qui a la vue perçante.

LYON, chef-lieu du dép. du Rhône.

LYONNAIS (le), anc. province formant aujourd'hui les dép. de l'Ain, du Rhône et de la Loire.

LYONNAIS, E, adj. et s. de la ville de Lyon.

LYRE, s. f. instrument de musique à cordes; muse.

LYRIQUE, adj. 2 g. qui se chantait avec accompagnement de la lyre; poésie —, propre à être mise en musique.

LYS (la), rivière qui prend sa source près Béthune dans le Pas-de-Calais, et qui se jette dans l'Escaut à Gand.

M.

M. s. m. 1xe lettre de l'alphabet, 10e consonne.

MA, pron. poss. f. la mienne.

MACAQUE, s. m. genre de singes.

MACARON, s. m. sorte de pâtisserie croquante.

MACARONI, s. m. ragoût italien composé de pâte et de fromage.

MACÉDOINE, s. f. ragoût de diverses viandes, de divers légumes mélangés; jeu de cartes; mélange.

MACÉRATION, s. f. mortification du corps par des austérités; séjour d'une substance dans une liqueur.

MACÉRER, v. a. é, ée, p. mortifier son corps par des austérités; faire tremper dans une liqueur.

MÂCHE, s. f. sorte d'herbe potagère.

MÂCHECOULIS, s. m. ouverture dans la saillie des galeries des anciennes fortifications.

MÂCHEFER, s. m. scorie qui sort du fer quand on le forge.
MÂCHELIÈRE, s. f. et adj. f. dent —, qui sert à broyer les aliments.
MÂCHEMOURE, s. m. débris du biscuit donné aux matelots.
MÂCHER, v. a. é, ée, p. broyer avec les dents.
MÂCHEUR, EUSE, s. qui mâche; glouton.
MACHIAVÉLIQUE, adj. 2 g. qui tient du machiavélisme.
MACHIAVÉLISME, s. m. système politique insidieux attribué à Machiavel; conduite perfide.
MACHIAVÉLISTE, s. m. qui met en pratique le machiavélisme.
MÂCHICATOIRE, s. m. drogue qu'on mâche sans l'avaler.
MACHINAL, E, adj. qui tient de la machine; où la volonté n'a point de part.
MACHINALEMENT, adv. d'une manière machinale.
MACHINATEUR, s. m. qui machine un complot.
MACHINATION, s. f. action de machiner un complot; de dresser des embûches pour nuire.
MACHINE, s. f. tout instrument pour faire mouvoir, tirer, lever, lancer quelque chose; assemblage combiné de ressorts mécaniques; adresse, intrigue, invention d'esprit pour réussir.
MACHINER, v. a. é, ée, p. faire des menées secrètes; former des complots.
MACHINISTE, s. m. qui invente, construit, dirige des machines.
MÂCHOIRE, s. f. os dans lequel les dents sont emboîtées; fig. homme inepte, borné.
MÂCHONNER, v. a. é, ée, p. mâcher avec difficulté ou négligemment.
MÂCHURE, s. f. défaut de la tonte des draps.
MÂCON, chef-lieu du dép. de Saône-et-Loire.
MAÇON, s. m. artisan qui fait les bâtiments à chaux, plâtre, ciment, etc; fig. fam. ouvrier qui travaille grossièrement.

MAÇONNAGE, s. m. travail du maçon.
MAÇONNER, v. a. é, ée, p. travailler en pierres, plâtre, etc.; boucher avec du plâtre.
MAÇONNERIE, s. f. ouvrage de maçon.
MACOUBA, s. m. sorte de tabac de la Martinique.
MACOQUE, s. f. instrument de bois pour briser le chanvre.
MACQUER, v. a. é, ée, p. briser avec la macque.
MACREUSE, s. f. oiseau aquatique ressemblant au canard.
MACULER, v. a. é, ée, p. tacher, noircir.
MADAME, s. f. (pl. mesdames) titre qu'on donne aux femmes mariées, aux chanoinesses; à une maîtresse de maison.
MADEMOISELLE, s. f. titre qu'on donne aux filles. (pl. mesdemoiselles.)
MADONE, s. f. représentation de la Vierge.
MADRAGUE, s. f. pêcherie pour prendre des thons.
MADRAS, s. m. fichu de soie et de coton des Indes.
MADRÉ, ÉE, adj. marbré, taché; fig. rusé, adroit.
MADRIER, s. m. planche de chêne fort épaisse.
MADRIGAL, s. m. pensée ingénieuse renfermée en un petit nombre de vers.
MADRURE, s. f. tache sur la peau; veine du bois madré.
MAESTRAL, s. m. (on pron. mystral) vent du nord-ouest sur la Méditerranée.
MAFFLÉ, ÉE, adj. et s. qui a de grosses joues.
MAGASIN, s. m. lieu où l'on serre des marchandises; amas de certaines choses, de provisions.
MAGASINAGE, s. m. temps du séjour en magasin; droit pour ce séjour.
MAGASINIER, s. m. garde magasin.
MAGDELONNETTES, s. f. pl. sorte de religieuses; maison de réclusion pour les femmes.
MAGE, s. m. chef de la religion chez les anciens Perses.

MAGICIEN, NNE, s. qui fait profession de magie.
MAGIE, s. f. art chimérique de produire des effets surnaturels; illusion.
MAGIQUE, adj. 2 g. qui appartient à la magie.
MAGISTER, s. m. maître d'école de village.
MAGISTÈRE, s. m. préparation secrète d'un médicament.
MAGISTRAL, E, adj. qui tient du maître.
MAGISTRALEMENT, adv. d'une manière magistrale.
MAGISTRAT, s. m. officier de justice, de police, d'administration.
MAGISTRATURE, s. f. dignité du magistrat; durée de cette dignité; ordre entier des magistrats.
MAGNANIME, adj. 2 g. qui a l'âme grande, élevée.
MAGNANIMEMENT, adv. avec magnanimité.
MAGNANIMITÉ, s. f. vertu de l'homme magnanime, grandeur d'âme, élévation.
MAGNÉSIE, s. f. l'une des huit terres primitives.
MAGNÉTIQUE, adj. 2 g. qui tient de l'aimant.
MAGNÉTISER, v. a. é, ée, p. communiquer, développer le magnétisme animal.
MAGNÉTISEUR, s. et adj. m. qui magnétise.
MAGNÉTISME, s. m. propriétés de l'aimant; — animal, fluide de l'aimant, son influence.
MAGNIFICENCE, s. f. qualité de celui qui est magnifique; somptuosité.
MAGNIFIQUE, adj. 2 g. splendide; prodigue, qui aime l'éclat; éclatant, sublime.
MAGNIFIQUEMENT, adv. avec magnificence.
MAGOT, s. m. gros singe; figure grotesque de porcelaine; homme gauche, laid; amas d'argent caché.
MAHOMÉTAN, E, s. qui professe le mahométisme.
MAHOMÉTISME, s. m. religion de Mahomet.

MAI, s. m. 8e mois de l'année; arbre orné de rubans, planté devant une porte.
MAIDAN, s. m. marché en Orient.
MAIGRE, adj. 2 g. qui a peu de graisse; sec, décharné; aride. jour —, où l'on ne mange pas de viande.
MAIGRELET, TTE, adj. un peu maigre.
MAIGREMENT, adv. petitement, d'une manière maigre.
MAIGRET, TTE, adj. un peu maigre.
MAIGREUR, s. f. état de ce qui est maigre.
MAIGRIR, v. n. i, ie, p. devenir maigre.
MAIL, s. m. maillet; sorte de jeu; lieu où l'on y joue.
MAILLE, s. f. (ll m.) anneau d'un filet, d'un réseau de divers tissus; sorte de petite monnaie; poids égal à la 4e partie de l'once; taches sur les plumes du perdreau.
MAILLER, (ll m.) v. a. é, ée, p. faire des mailles; faire du treillage; se — v. pro. se dit des perdreaux dont les plumes se couvrent de mailles.
MAILLET, s. m. (ll m.) sorte de marteau de bois, de hache à marteau.
MAILLOCHE, s. f. (ll m.) gros maillet de bois.
MAILLOT, s. m. linges dont on enveloppe un petit enfant.
MAIN, s. f. partie du corps humain qui est au bout du bras et qui a 8 doigts; écriture. fig. puissance, force, dépendance; soin, secours; levée de cartes au jeu; — de papier, cahier de 25 feuilles; de — en —, d'une personne à une autre.
MAIN-CHAUDE, s. f. sorte de jeu où l'on frappe dans la main.
MAIN-COURANTE, s. f. registre sur lequel on inscrit la dépense et la recette de chaque jour.
MAIN-D'OEUVRE, s. f. (sans pl.) travail de l'ouvrier; prix de ce travail.
MAINE, anc. province entre la Normandie, l'Orléanais, la Touraine, l'Anjou et la Bretagne,

formant aujourd'hui les dép. de la Mayenne et de la Sarthe.
MAINE-ET-LOIRE, dép. formé de la plus grande partie de l'Anjou et d'une portion du Saumurois.
MAIN-FORTE, *s. f.* assistance donnée à quelqu'un.
MAIN-LEVÉE, *s. f.* permission donnée en justice de disposer de ce qui avait été saisi.
MAINT, E, *adj. collectif*; plusieurs.
MAINTENANT, *adv.* à présent.
MAINTENIR, *v. a.* (*se conj. c. tenir.*) tenir au même état; soutenir, conserver; affirmer; *se* — *v. pro.* se soutenir.
MAINTIEN, *s. m.* conservation; contenance, air du visage.
MAIRE, *s. m.* le chef du corps municipal, 1er officier civil d'une commune.
MAIRIE, *s. f.* charge, dignité de maire; sa durée; le local où elle est établie.
MAIS, *conj. adversative* qui marque contrariété, exception, différence, augmentation, diminution, etc. — *s. m.* obstacle, empêchement.
MAÏS, *s. m.* blé de Turquie, d'Inde, d'Espagne; gros millet.
MAISON, *s. f.* bâtiment pour loger; ceux qui l'habitent; les domestiques; race, famille; établissement de commerce; communauté religieuse; *petites-maisons, s. f. pl.* hôpital des fous.
MAISONNAGE, *s. m.* bois destinés à la charpente.
MAISONNÉE, *s. f.* tous les habitants d'une maison membres de la même famille.
MAISONNETTE, *s. f.* petite maison.
MAÎTRE, SSE, *s.* qui a des sujets, des élèves, des domestiques, des esclaves; celui qui exerce la domination; qui possède en toute propriété; savant; expert; précepteur; professeur; titre donné aux magistrats. — *d'hôtel, s. m.* celui qui est chargé du service de la table; *petit* —, jeune étourdi.
MAÎTRISE, *s. f.* qualité de maître en parlant des arts et métiers.
MAÎTRISER, *v. a.* é, ée, *p.* dominer, gouverner en maître.
MAJESTÉ, *s. f.* grandeur suprême; titre donné aux souverains; ce qu'il y a de grand, de noble.
MAJESTUEUSEMENT, *adv.* avec majesté.
MAJESTUEUX, EUSE, *adj.* qui a de la majesté.
MAJEUR, E, *adj.* qui a atteint la majorité; grave, important; *mode* —, *t. de musique*; *majeure, s. f.* 1re proposition d'un syllogisme.
MAJOR, *s. m.* officier chargé de l'administration d'un corps; *état* —, corps des officiers; *chirurgien* —, 1er chirurgien militaire.
MAJORAT, *s. m.* biens-fonds inaliénables affectés à un titre de noblesse.
MAJORDOME, *s. m.* maître-d'hôtel.
MAJORITÉ, *s. f.* âge auquel on est hors de tutelle; le plus grand nombre.
MAJUSCULE, *s. f.* et *adj.* 2 g. grande lettre.
MAL, *s. m.* (*pl. maux*) opposé au bien; défaut; vice; imperfection; mauvaise action; travail; peine; douleur; maladie; dommage; malheur; —, *adv.* de mauvaise manière.
MALACHITE (pron. *ki*), *s. m.* mine de cuivre.
MALADE, *s.* et *adj.* qui a une mauvaise santé.
MALADIE, *s. f.* dérangement de la santé.
MALADIF, IVE, *adj.* valétudinaire.
MALADRESSE, *s. f.* défaut d'adresse.
MALADROIT, E, *adj.* et *s.* qui manque d'adresse.
MALADROITEMENT, *adv.* avec maladresse.
MALAISE, *s. m.* état incommode; fâcheux; détresse.
MALAISÉ, ÉE, *adj.* difficile; incommode, gêné.
MALAISÉMENT, *adv.* difficilement.

MAL-À-PROPOS, adv. à contre-temps.

MALART, s. m. mâle des canes sauvages.

MALAVISÉ, -ÉE, adj. et s. imprudent, indiscret.

MALBÂTI, IE, adj. mal tourné; mal fait.

MAL-CADUC, s. m. épilepsie.

MÂLE, s. m. qui est du sexe masculin; —, adj. 2 g. opposé à femelle; fort, vigoureux; énergique.

MALÉDICTION, s. f. imprécation; action de maudire; fatalité.

MALÉFICE, s. m. action de nuire par de prétendues opérations magiques.

MALENCNTNORE, s. f. événement inattendu et malheureux.

MALENCONTREUSEMENT, adv. par malencontre.

MALENCONTREUX, EUSE, malheureux (se dit des personnes.)

MALENTENDU, s. m. erreur; méprise; paroles mal interprétées.

MALEPESTE, interject. qui marque l'étonnement.

MALFAIRE, v. n. (usité seulement à l'inf. et au p. p. malfait, e.) faire de mauvaises actions.

MALFAISANCE, s. f. penchant à nuire à autrui.

MALFAISANT, E, adj. qui fait mal; qui nuit.

MALFAITEUR, s. m. qui commet de mauvaises actions, des crimes.

MALFAMÉ, ÉE, adj. qui a mauvaise réputation.

MALGRACIEUSEMENT, adv. d'une manière malgracieuse.

MALGRACIEUX, EUSE, adj. incivil.

MALGRÉ, prép. contre le gré.

MALHABILE, adj. 2 g. maladroit, peu capable; qui manque d'adresse.

MALHABILEMENT, adv. d'une manière malhabile.

MALHABILETÉ, s. f. manque d'habileté; incapacité.

MALHEUR, s. m. mauvaise fortune; désastre; revers; accident fâcheux; par —, loc. adv. malheureusement.

MALHEUREUSEMENT, adv. d'une manière malheureuse.

MALHEUREUX, EUSE, adj. qui est dans le malheur; infortuné; misérable; qui semble annoncer le malheur.

MALHONNÊTE, adj. 2 g. contraire à l'honnêteté, à la probité.

MALHONNÊTEMENT, adv. d'une manière malhonnête.

MALHONNÊTETÉ, s. f. manque d'honnêteté; incivilité.

MALICE, s. f. penchant à nuire; action faite avec malignité; méchanceté; malices, tours de gaîté pour se divertir.

MALICIEUSEMENT, adv. avec malice.

MALICIEUX, EUSE, adj. qui a de la malice.

MALIGNEMENT, adv. avec malignité.

MALIGNITÉ, s. f. inclination à nuire par des discours ou des actions.

MALIN, IGNE, (gn m.) adj. qui aime à dire ou à faire des malices; nuisible.

MALINE, s. f. temps des grandes marées à la nouvelle et à la pleine lune; dentelle de Flandre.

MALINGRE, adj. 2 g. d'une complexion faible.

MALINTENTIONNÉ, ÉE, adj. qui a de mauvaises intentions.

MAL-JUGÉ, s. m. erreur des juges sans mauvaise intention.

MALLE, s. f. coffre pour porter des effets en voyage; malle-poste, s. f. voiture de poste pour le transport des lettres.

MALLÉABILITÉ, s. f. qualité de ce qui est malléable.

MALLÉABLE, adj. 2 g. dur, mais ductile; qui peut se battre, se forger, s'étendre sous le marteau.

MALMENER, v. a. é, ee; p. réprimander; maltraiter.

MALOTRU, E, adj. et s. misérable; malfait; méprisable; mal élevé.

MAL-PEIGNÉ, ÉE. s. qui a les cheveux en désordre.

MALPLAISANT, e, *adj.* qui déplaît ; qui incommode.
MALPROPRE, *adj.* 2 g. qui n'est pas propre.
MALPROPREMENT, *adv.* avec malpropreté.
MALPROPRETÉ, *s. f.* défaut de propreté ; saleté.
MALSAIN, e, *adj.* qui n'est pas sain ; contraire à la santé.
MALSÉANT, e, *adj.* contraire à la bienséance.
MALSONNANT, e, *adj.* qui choque la raison.
MALT (pron. *l* et *t*), *s. m.* orge préparée pour faire de la bière.
MALTÔTE, *s. f.* exaction.
MALTÔTIER, *s. m.* qui lève une maltôte.
MALTRAITER, *v. a.* é, ée, *p.* offenser ; outrager ; traiter durement, injustement.
MALVEILLANCE, *s. f.* aversion, haine, mauvaise volonté.
MALVEILLANT, e, *s. et adj.* qui veut du mal.
MALVERSATION, *s. f.* délit grave dans l'exercice d'une fonction publique.
MALVERSER, *v. n.* commettre des malversations.
MALVOISIE, *s. f.* vin grec fort doux ; vin muscat.
MAMAN, *s. f.* mère ; t. d'enfant.
MAMELLE, *s. f.* sein, partie charnue qui renferme le lait.
MAMELON, *s. m.* le bout de la mamelle ; protubérance arrondie ; petite éminence.
MAMELOUCK ou MAMELUCK, *s. m.* milice égyptienne.
MAMERS, chef-lieu d'arr. du dép. de la Sarthe.
MAMMIFÈRE, *adj.* 2 g. et *s.* qui a des mamelles.
MAMMIFÈRES, *s. m. pl.* animaux à mamelles.
MANANT, *s. m.* paysan ; homme grossier.
MANCHE, *s. m.* poignée d'un instrument, d'un outil ; —, *s. f.* partie du vêtement dans laquelle entre le bras ; détroit.
MANCHE (la), détroit entre l'Angleterre et la France ; dép. formé de parties de la N[or]mandie et du Perche.

MANCHETTE, *s. f.* ornement qui s'attache au poignet d'une manche.
MANCHON, *s. m.* sorte de fourreau dans lequel on met les mains pour les préserver du froid.
MANCHOT, e, *s.* privé d'un bras, d'une main.
MANDANT, *s. m.* qui donne un mandat.
MANDARIN, *s. m.* titre de dignité à la Chine.
MANDAT, *s. m.* pouvoir, procuration ; ordre de payer ; — d'arrêt, ordre d'arrêter.
MANDATAIRE, *s. m.* chargé d'une procuration.
MANDATER, *v. a.* é, ée, *p.* délivrer un mandat.
MANDEMENT, *s. m.* ordre par écrit ; injonction.
MANDER, *v. a.* é, ée, *p.* faire savoir ; envoyer dire ; faire venir.
MANDILLE, (*ll m.*) *s. f.* casaque.
MANDOLINE, *s. f.* petite guitare.
MANDORE, *s. f.* mandoline.
MANDRIN, *s. m.* outil de serrurier ; sorte de moule.
MANÉAGE, *s. m.* travail des matelots pour charger et décharger un navire.
MANÈGE, *s. m.* exercices pour dresser les chevaux ; lieu où on les exerce ; *fig.* manières adroites et artificieuses.
MANÈGÉ, ée, *adj.* dressé au manège.
MÂNES, *s. m. pl.* âmes des morts.
MANGANÈSE, *s. m.* minéral ; alliage naturel de fer, de cuivre et de terre calcaire ; savon des verriers.
MANGEABLE, *adj.* 2 g. bon à manger.
MANGEAILLE, (*ll m.*) *s. f.* nourriture de quelques animaux domestiques, des oiseaux ; ce qu'on mange.
MANGEANT, e, *adj.* qui mange.
MANGEOIRE, *s. f.* auge où mangent les chevaux, les bœufs, les brebis, etc.

MANGER, *v. a.* é, ée, *p.* mâcher et avaler des aliments; —, *v. n.* prendre ses repas; —, *s. m.* ce qu'on mange.

MANGEUR, EUSE, *s.* qui mange beaucoup; dissipateur.

MANGEURE (pron. —*jûre*), *s. f.* endroit mangé d'une étoffe, d'un pain, etc.

MANIABLE, *adj. 2 g.* aisé à manier.

MANIAQUE, *adj. 2 g.* possédé d'une manie.

MANIE, *s. f.* aliénation d'esprit; habitude ridicule et invétérée; fantaisie.

MANIEMENT, *s. m.* action de manier; manière de conduire.

MANIER, *v. a.* é, ée, *p.* tâter; toucher; administrer; gérer; —, *s. m.* toucher.

MANIÈRE, *s. f.* façon; sorte; *manières*, *s. f. pl.* façon d'agir; *de* —, *que*, *conj.* de sorte que; *par* — *de*, en forme de.

MANIÉRÉ, ÉE, *adj.* qui a des manières affectées.

MANIFESTATION, *s. f.* action de manifester; chose manifestée.

MANIFESTE, *adj. 2 g.* évident; —, *s. m.* écrit apologétique d'un acte public.

MANIFESTEMENT, *adv.* évidemment.

MANIFESTER, *v. a.* é, ée, *p.* rendre manifeste; *se* —, *v. pr.* se montrer.

MANIGANCE, *s. f.* petites intrigues.

MANIGANCER, *v. a.* é, ée, *p.* préparer des manigances.

MANIOC, *s. m.* arbrisseau d'Amérique dont la racine sert à faire une espèce de pain.

MANIPULATION, *s. f.* manière de mélanger des drogues.

MANIPULER, *v. a.* é, ée, *p.* faire une manipulation.

MANIQUE, *s. f.* morceau de peau dont les cordonniers se garnissent la main.

MANIVELLE, *s. f.* pièce de fer ou de bois placée à l'extrémité d'un arbre ou d'un essieu et qui sert à le faire tourner.

MANNE, *s. f.* nourriture que Dieu fit tomber du ciel; espèce de suc congelé; panier.

MANNEQUIN, *s. m.* panier long et étroit; figure d'homme faite de bois ou d'osier et à ressorts.

MANOEUVRE, *s. m.* celui qui travaille de ses mains; —, *s. f.* tous les cordages d'un vaisseau; mouvements de troupes; *fig.* conduite dans les affaires, intrigues.

MANOEUVRER, *v. n.* faire la manoeuvre; intriguer.

MANOIR, *s. m.* demeure, maison.

MANOUVRIER, *s. m.* qui travaille de ses mains et à la journée.

MANQUE, *s. m.* défaut, absence de...; *manque de...*, *adv.* faute de...; *de* —, *adv.* de moins.

MANQUEMENT, *s. m.* omission, manque de...

MANQUER, *v. n.* tomber en faute; faire faillite; oublier; ne pas faire ce qu'on doit; défaillir; avoir faute de; ne pas faire feu (*en parlant d'une arme à feu*); —, *v. a.* é, ée, *p.* laisser échapper, ne pas trouver.

MANS (le) chef-lieu du dép. de la Sarthe.

MANSARDE, *s. f.* toit à comble plat; logement qu'il couvre.

MANSUÉTUDE, *s. f.* douceur de caractère.

MANTE, *s. f.* sorte de voile, d'écharpe, de manteau.

MANTEAU, *s. m.* vêtement ample que l'on met par-dessus ses habits; *fig.* prétexte, déguisement; — *de cheminée*, partie saillante de la cheminée.

MANTELET, *s. m.* espèce de petit manteau de femme.

MANTES, chef-lieu d'arr. du dép. de Seine-et-Oise.

MANTILLE, (*ll m.*) *s. f.* mantelet sans capuchon.

MANUEL, *s. m.* livre abrégé; —, lle, *adj.* qui se fait avec la main.

MANUELLEMENT, *adv.* de la main à la main.

MANUFACTURE, *s. f.* fabrication à la main de certains ouvrages; le lieu où l'on fabrique.

MANUFACTURER, *v. a.* é, ée, *p.* fabriquer en manufacture.

MANUFACTURIER, s. m. maître, ouvrier d'une manufacture; —, ière, adj. qui manufacture.
MANUSCRIT, s. m. livre écrit à la main; —, e, adj. qui est écrit à la main.
MANUTENTION, s. f. action de maintenir, de surveiller.
MAPPEMONDE, s. f. carte géographique des 2 hémisphères.
MAQUEREAU, s. m. poisson de mer sans écailles.
MAQUIGNON, s. m. marchand de chevaux.
MAQUIGNONNAGE, s. m. métier de maquignon.
MAQUIGNONNER, v. a. é, ée, p. user d'artifice pour cacher les vices d'un cheval.
MAQUILLEUR, s. m. bateau pour la pêche des maquereaux.
MARABOU (au pl. — oux), s. m. oiseau de l'Inde dont les plumes servent à orner les chapeaux des femmes.
MARABOUT, s. m. cafetière du Levant; cafetière à gros ventre; prêtre turc.
MARAÎCHER, s. m. jardinier qui cultive un marais.
MARAIS, s. m. terres couvertes d'eaux dormantes.
MARASME, s. m. maigreur, consomption.
MARASQUIN, s. m. sorte de liqueur.
MARÂTRE, s. f. belle-mère; mère dénaturée.
MARAUD, s. m. —, e, adj. fripon, coquin.
MARAUDE, s. f. vol fait par des soldats en marche.
MARAUDER, v. n. aller en maraude.
MARAUDEUR, s. m. qui maraude.
MARBRE, s. m. sorte de pierre calcaire susceptible de prendre un beau poli.
MARBRÉ, ÉE, adj. en façon de marbre.
MARBRER, v. a. é, ée, p. peindre en imitant le marbre.
MARBRERIE, s. f. art, atelier de marbrier.
MARBRIER, s. m. qui travaille le marbre.

MARBRIÈRE, s. f. carrière de marbre.
MARBRURE, s. f. imitation du marbre.
MARC, s. m. résidu des substances pressées, bouillies, etc.; poids d'une demi-livre de 8 onces.
MARCASSIN, s. m. petit d'un sanglier.
MARCHAND, E, s. et adj. qui fait profession de vendre et d'acheter.
MARCHANDER, v. a. é, ée, p. demander, débattre le prix d'une chose; hésiter.
MARCHANDISE, s. f. denrée; objet de trafic.
MARCHE, s. f. mouvement de celui qui marche; action de marcher; degré de vitesse; chemin; conduite; progression; degré pour monter et descendre; Marche (la), anc. province et gouvernement avec titre de comté, comprise aujourd'hui dans les dép. de la Creuse et de la Haute-Vienne.
MARCHÉ, s. m. lieu public de vente et d'achat; vente; condition d'un achat.
MARCHEPIED, s. m. petite estrade; banquette pour les pieds.
MARCHER, v. n. s'avancer par le mouvement des pieds; être en marche; procéder; agir; faire des progrès; — sur le pied, offenser; — droit, se bien conduire.
MARCHER, s. m. manière dont on marche.
MARCHETTE, s. f. planchette d'un piège.
MARCHEUR, EUSE, s. qui marche.
MARCOTTE, s. f. branche couchée en terre pour prendre racine; rejeton d'œillets.
MARCOTTER, v. a. é, ée, p. faire des marcottes.
MARCOTTIN, s. m. petit fagot.
MARDI, s. m. deuxième jour de la semaine.
MARE, s. f. amas d'eau dormante.
MARÉCAGE, s. m. terre humide et bourbeuse des marais.

MARÉCAGEUX, EUSE, adj. plein de marécages; humide, bourbeux.

MARÉCHAL, s. m. artisan qui ferre les chevaux, et qui les traite lorsqu'ils sont malades; titre de divers officiers militaires; — des logis, sous-officier; — de camp, officier général; — de France, première dignité militaire.

MARÉCHALERIE, s. f. art du maréchal ferrant.

MARÉCHAUSSÉE, s. f. gendarmerie; cavalerie pour la police.

MARÉE, s. f. flux et reflux de la mer; poisson de mer non salé.

MARENNES, chef-lieu d'arr. et port du dép. de la Charente-Inférieure.

MAREYEUR, s. m. marchand de marée.

MARFIL ou MORFIL, s. m. dents d'éléphants non débitées.

MARGE, s. m. blanc autour d'une page imprimée ou écrite.

MARGELLE, s. f. pierre qui entoure le bord d'un puits.

MARGER, v. a. é, ée, p. compasser les marges d'une feuille, d'un livre; boucher les ouvreaux d'un four.

MARGINAL, E, adj. qui est en marge, au bord.

MARGOUILLIS, (ll m.) s. m. gâchis plein d'ordures; embarras d'une mauvaise affaire.

MARGRAVE, s. m. prince souverain en Allemagne.

MARGUERITE, s. f. fleur blanche des champs; reine —, belle fleur venant de la Chine.

MARGUILLERIE, (ll m.) s. f. charge de marguillier.

MARGUILLIER, s. m. administrateur de la fabrique d'une paroisse.

MARI, s. m. époux; joint à une femme par mariage.

MARIABLE, adj. 2 g. en état, en âge d'être marié.

MARIAGE, s. m. union légale d'un homme et d'une femme; sacrement; cérémonie pour marier; noce; dot de la mariée.

MARIÉ, ÉE, adj. et s. qui vient d'être marié.

MARIER, v. a. é, ée, p. joindre par mariage; donner la bénédiction nuptiale; allier, assortir deux choses, etc.

MARIN, E, adj. qui est de mer, qui en vient; —, s. m. homme de mer.

MARINADE, s. f. saumure qui sert à mariner; viande marinée.

MARINE, s. f. science de la navigation; troupe de mer; matelots; vaisseaux; ce qui fait la puissance navale d'une nation; —, tableaux représentant une vue de la mer, ou d'objets qui ont rapport à la mer.

MARINÉ, ÉE, adj. assaisonné pour être conservé.

MARINER, v. a. é, ée, p. assaisonner pour conserver dans l'huile ou dans le vinaigre.

MARINIER, s. m. conducteur de bateaux sur les rivières marchandes.

MARIONNETTE, s. f. petite figure qu'on fait mouvoir à l'aide de ressorts; —, au pl. leur jeu, leur ensemble; le théâtre où on les fait jouer.

MARITAL, E, adj. de mari.

MARITALEMENT, adv. en mari.

MARITIME, adj. 2 g. voisin de la mer; relatif à la mer.

MARIVAUDAGE, s. m. style prétentieux; vide de sens.

MARJOLAINE, s. f. plante aromatique.

MARLI, s. m. espèce de grosse gaze.

MARMAILLE, (ll m.) s. f. troupe de petits enfants.

MARMANDE, chef-lieu d'arr. du dép. de Lot-et-Garonne.

MARMELADE, s. f. espèce de confiture; —, chose brisée en mille morceaux.

MARMITE, s. f. vase pour faire bouillir la viande et faire la soupe.

MARMITON, s. m. valet de cuisine.

MARMOT, s. m. petite figure grotesque; petit garçon.

MARMOTTE, s. f. sorte de gros rat qui dort tout l'hiver; coiffure de femme; petite fille.

MARMOTTER, v. a. é, ée, p.

parler confusément et entre ses dents.

MARMOTTEUR, EUSE, s. qui marmotte.

MARMOUSET, s. m. figure grotesque; homme mal fait.

MARNAGE, s. m. action de marner.

MARNE, s. f. terre calcaire propre à fertiliser les terres.

MARNE, rivière qui prend sa source près de Langres et se jette dans la Seine à Charenton; départem. formé de parties de la Champagne et de la Brie.

MARNER, v. a. é, ée, p. répandre de la marne.

MARNEUX, EUSE, adj. de la nature de la marne; qui en renferme.

MARNIÈRE, s. f. carrière de marne.

MARNOIS, s. m. espèce de gros bateau.

MAROQUIN, s. m. peau de bouc ou de chèvre apprêtée.

MAROQUINER, v. a. é, ée, p. façonner la peau de veau en maroquin.

MAROQUINERIE, s. f. atelier du maroquinier.

MAROQUINIER, s. m. ouvrier qui façonne les peaux en maroquin.

MAROTIQUE, adj. 2 g. style —, imité de Clément Marot.

MAROTTE, s. f. sceptre de la Folie, terminé par une tête grotesque coiffée d'un bonnet et garnie de grelots; objet d'un goût passionné, ridicule.

MAROUFLE, s. m. fripon, rustre; —, s. f. colle pour les peintres.

MAROUFLER, v. a. é, ée, p. coller une toile avec la maroufle.

MARQUANT, E, adj. qui se fait remarquer; t. de jeu, qui donne des points.

MARQUE, s. f. ce qui sert à reconnaître; empreinte, entaille; signe, indice, preuve; témoignage; instrument pour marquer.

MARQUÉ, ÉE, adj. qui a une marque.

MARQUER, v. a. é, ée, p. mettre une marque, une empreinte; laisser des traces; indiquer; témoigner, prouver.

MARQUETÉ, ÉE, adj. semé de taches.

MARQUETER, v. a. é, ée, p. marquer de différentes taches.

MARQUETERIE, s. f. ouvrage de pièces de rapport de diverses couleurs.

MARQUETTE, s. f. pain de cire vierge.

MARQUEUR, s. m. celui qui marque.

MARQUIS, s. m. titre de noblesse inférieur à celui de duc et supérieur à celui de comté.

MARQUISAT, s. m. domaine auquel est attaché le titre de marquis; titre de marquis.

MARQUISE, s. f. femme d'un marquis; tente d'officier.

MARQUOIR, s. m. carré d'étoffe sur lequel sont tracées les lettres de l'alphabet pour apprendre à marquer le linge.

MARRAINE, s. f. celle qui tient un enfant sur les fonts de baptême.

MARRI, IE, adj. fâché.

MARRON, s. m. espèce de grosse châtaigne bonne à manger; fruit du marronnier; —, une, adj. de couleur rouge-brun; courtier —, qui fait le courtage clandestinement.

MARRONNER, v. a. et v. n. murmurer entre les dents.

MARRONNIER, s. m. arbre des Indes; espèce de châtaignier à fruit bon pour les chèvres.

MARS, s. m. troisième mois de l'année; —au pl. menus grains qu'on sème au mois de mars.

MARSEILLAIS, E, (ll m.) adj. et s. de Marseille.

MARSEILLE, (ll m.) chef-lieu du dép. des Bouches-du-Rhône.

MARSOUIN, s. m. pourceau de mer; personne mal bâtie.

MARTEAU, s. m. outil de fer à manche pour frapper, forger; heurtoir aux portes; métal qui frappe sur le timbre pour indiquer les heures.

MARTELAGE, s. m. marque sur les arbres à abattre.

MARTELER, v. a. é, ée, p. frapper, travailler avec le marteau; marquer les arbres à abattre.

MARTELET, *s. m.* petit marteau.

MARTELEUR, *s. m.* celui qui dirige le marteau des grosses forges.

MARTIAL, E, *adj.* guerrier, militaire.

MARTIN-PÊCHEUR, *s. m.* oiseau bleu changeant qui se nourrit de poissons.

MARTINET, *s. m.* espèce d'hirondelle; chandelier plat à manche; discipline de cordes au bout d'un manche.

MARTINGALE, *s. f.* courroie qui fait partie du harnachement d'un cheval; suite de coups joués en doublant la mise.

MARTIN-SEC, *s. m.* poire d'automne.

MARTRE, *s. f.* sorte de fouine à gorge jaune; sa peau en fourrure.

MARTYR, E, *s.* qui a souffert la mort pour la foi; qui souffre beaucoup.

MARTYRE, *s. m.* mort, tourments endurés pour la foi; souffrances extrêmes.

MARTYRISER, *v. a. é, ée, p.* faire souffrir le martyre; *par ext.* tourmenter cruellement.

MARTYROLOGE, *s. m.* catalogue des martyrs, des saints.

MARVEJOLS, chef-lieu d'arr. du dép. de la Lozère.

MASCARADE, *s. f.* déguisement avec des masques; troupe de gens masqués.

MASCARON, *s. m.* tête grotesque aux portes, aux fontaines.

MASCULIN, *s. m.* le genre masculin; *t. de gramm.*; —, e, *adj.* des mâles; du genre masculin.

MASQUE, *s. m.* faux visage de carton peint dont on se couvre la figure pour se déguiser; personne masquée; déguisement, fausse apparence; dehors trompeurs.

MASQUER, *v. a. é, ée, p.* mettre un masque; couvrir d'un masque; couvrir sous de fausses apparences; ôter la vue d'une chose.

MASSACRE, *s. m.* tuerie, carnage d'hommes, de bêtes sans défense; mauvais ouvrier.

MASSACRER, *v. a. é, ée, p.* tuer, assommer des hommes sans défense; gâter.

MASSACREUR, *s. m.* qui massacre.

MASSE, *s. f.* amas de parties quelconques qui font un corps; corps solide; corps informe; espèce de massue; fonds d'argent d'une société; totalité.

MASSE-PAIN, *s. m.* sorte de pâtisserie.

MASSER, *v. a. é, ée, p.* frotter le corps; faire une masse, au jeu; *t. d'art* disposer en masse.

MASSICOT, *s. m.* oxide jaune de plomb qui sert à vernisser la faïence.

MASSIER, *s. m.* officier qui porte une masse en certaines cérémonies.

MASSIF, *s. m.* construction pleine; plein bois.

MASSIF, IVE, *adj.* plein et sans mélange; pesant, épais, grossier, lourd.

MASSIVEMENT, *adv.* d'une manière massive, lourde.

MASSUE, *s. f.* bâton noueux plus gros d'un bout que de l'autre; *fig.* coup de —, malheur imprévu.

MASTIC, *s. m.* gomme du lentisque; certaines compositions servant à joindre, boucher, etc.

MASTICATION, *s. f.* action de mâcher.

MASTICATOIRE, *s. m.* ingrédient que l'on mâche pour exciter l'excrétion de la salive.

MASTIQUER, *v. a. é, ée, p.* boucher, coller avec du mastic.

MASULIPATAN, *s. m.* toile des Indes très-fine.

MASURE, *s. f.* bâtiment en ruine; méchante habitation.

MAT, *s. m.* coup du jeu des échecs qui termine la partie.

MAT, E, *adj.* qui n'a point d'éclat: se dit des couleurs.

MÂT, *s. m.* grosse et longue pièce de bois arrondie qui s'élève sur un vaisseau et sert à porter les voiles.

MATADOR, *s. m.* personne considérable.

MATAMORE, *s. m.* fanfaron.

MATELAS, *s. m. inv.* grand sac rempli de laine et piqué pour les lits ; coussin.

MATELASSER, *v. a. é, ée, p.* garnir de laine, de coton, etc.

MATELASSIER, *s. m.* qui fait les matelas, les carde, etc.

MATELOT, *s. m.* celui qui sert à la manœuvre sur un navire ; marin.

MATELOTE, *s. f.* mets de poissons.

MATER, *v. a. é, ée, p.* humilier, mortifier, abattre ; rendre mat ; faire mat, (*t. du jeu d'échecs.*)

MÂTER, *v. a. é, ée, p.* garnir un navire de ses mâts.

MATÉRIALISER, *v. a. é, ée, p.* rendre matériel ; donner un corps.

MATÉRIALISME, *s. m.* système dans lequel on n'admet pas d'autre substance que la matière.

MATÉRIALISTE, *s. m. et adj. 2 g.* partisan du matérialisme.

MATÉRIALITÉ, *s. f.* qualité de ce qui est matière.

MATÉRIAUX, *s. m. pl.* matières différentes qui entrent dans la composition d'une chose.

MATÉRIEL, LLE, *adj. 2 g.* composé de matière ; le *matériel, s. m.* le fonds, la substance.

MATÉRIELLEMENT, *adv.* d'une manière matérielle.

MATERNEL, LLE, *adj.* de la mère ; naturel à une mère ; langue —, de son pays.

MATERNELLEMENT, *adv.* d'une manière maternelle.

MATERNITÉ, *s. f.* état, qualité de mère.

MATHÉMATICIEN, *s. m.* qui fait, pratique ou enseigne les mathématiques.

MATHÉMATIQUE, *adj. 2 g.* qui appartient aux mathématiques.

MATHÉMATIQUEMENT, *adv.* selon les règles des mathématiques.

MATHÉMATIQUES, *s. f. pl.* science des grandeurs et de leurs propriétés.

MATIÈRE, *s. f.* substance ; objet, sujet ; cause, motif ; occasion ; en —, de, *adv.* en fait de.

MATIN, *s. m.* premières heures de la journée ; — *adv.* de grand matin.

MÂTIN, *s. m.* gros chien.

MATINAL, E, *adj.* qui se lève matin.

MATINÉE, *s. f.* premières heures du jour jusqu'à midi.

MATINES, *s. f. pl.* partie de l'office divin qui se dit ordinairement la nuit.

MATINEUX, EUSE, *adj.* qui a l'habitude de se lever matin.

MATIR, *v. a. i, ie, p.* rendre mat un métal.

MATOIS, E, *adj. et s.* rusé.

MATOU, *s. m.* gros chat.

MATRAS, *s. m.* vase à long cou ; outil de savonnier.

MATRICE, *s. f.* (*t. de fondeur*), moule ; coin pour les monnaies ; étalon des poids et mesures.

MATRICIDE, *s. 2. g.* assassin de sa mère ; l'assassinat même.

MATRICULE, *s. m.* registre où l'on inscrit des noms pour faire un dénombrement.

MATRIMONIAL, E, *adj.* qui a rapport au mariage.

MATRONE, *s. f.* sage-femme.

MATURATION, *s. f.* progrès vers la maturité.

MÂTURE, *s. f.* les mâts d'un vaisseau.

MATURITÉ, *s. f.* état, qualité de ce qui est mûr ; prudence, circonspection.

MATUTINAL, E, *adj.* qui a rapport au matin.

MAUDIRE, *v. a.* (se conj. c. dire, à l'except. du p. pr. *maudissant*, et des 2 prem. pers. du pl. du pr. de l'ind. n. *maudissons*, v. *maudissez*) accabler de sa malédiction.

MAUDIT, E, *adj.* détestable.

MAULÉON, chef-lieu d'arr. du dép. des Basses-Pyrénées ; château fort.

MAURIAC, chef-lieu d'arr. du dép. du Cantal.

MAUSOLÉE, *s. m.* tombeau décoré.

MAUSSADE, *adj. 2 g.* désagréable ; de mauvaise grâce.

MAUSSADEMENT, *adv.* d'une manière maussade.

MAUSSADERIE, *s. f.* façon maussade.

MAUVAIS, E, *s. et adj.* méchant; qui n'est pas bon; nuisible; —, *adv.*

MAUVE, *s. f.* plante médicinale émolliente.

MAUVIETTE, *s. f.* espèce d'alouette.

MAUVIS, *s. m.* petite grive rousse.

MAXIME, *s. f.* proposition générale qui sert de règle de conduite.

MAXIMUM, *s. m.* le plus haut degré.

MAYENNE, rivière qui prend sa source au bourg de Prez-en-Pail, chef-lieu de canton du dép. de la Mayenne, et se jette dans la Loire au-dessous d'Angers; elle donne son nom à un dép. formé de la partie nord-ouest de l'anc. Maine; — ville et chef-lieu d'arr. du dép. du même nom.

MAZETTE, *s. f.* mauvais petit cheval; joueur maladroit.

ME, *pro. pers.* je ou moi.

MEA-CULPA, *s. m. inv.* par ma faute.

MEAUX, chef-lieu d'arr. du dép. de Seine-et-Marne.

MÉCANICIEN, *s. m.* qui exerce la mécanique.

MÉCANIQUE, *s. f.* science des machines, — *adj. 2 g.* qui a rapport aux machines, au travail de la main.

MÉCANIQUEMENT, *adv.* d'une manière mécanique.

MÉCANISER, *v. a. é, ée, p.* employer comme machine, rendre machine.

MÉCANISME, *s. m.* structure d'un corps, disposition de ses diverses parties suivant les lois de la mécanique.

MÉCHAMMENT, *adv.* avec méchanceté.

MÉCHANCETÉ, *s. f.* action méchante; caractère méchant; indocilité.

MÉCHANT, E, *adj.* mauvais; nuisible; sans probité.

MÈCHE, *s. f.* cordon préparé pour prendre feu facilement; pointe de fer pour forer; spirale de tire-bouchon.

MÉCHER, *v. a. é, ée, p.* introduire la vapeur du soufre dans un tonneau.

MÉCOMPTE, *s. m.* erreur de calcul; espérance déçue.

MÉCOMPTER (se), *v. pr.* se tromper dans un calcul.

MÉCONNAISSABLE, *adj. 2 g.* non reconnaissable.

MÉCONNAISSANT, E, *adj.* ingrat.

MÉCONNAÎTRE, *v. a.* (se *conj. c. connaître*) ne pas reconnaître; oublier les bienfaits.

MÉCONTENT, E, *adj.* qui n'est pas satisfait.

MÉCONTENTEMENT, *s. m.* déplaisir; sujet, motif d'être mécontent.

MÉCONTENTER, *v. a. é, ée, p.* donner du mécontentement.

MÉCRÉANT, *s. m.* impie; incrédule.

MÉDAILLE, (ll m.) *s. f.* pièce de métal frappée en mémoire de quelque fait.

MÉDAILLIER, *s. m.* cabinet, armoire où l'on conserve des médailles.

MÉDAILLISTE, *s. m.* qui recherche et étudie les médailles.

MÉDAILLON, *s. m.* grande médaille.

MÉDECIN, *s. m.* qui exerce la médecine.

MÉDECINE, *s. f.* art de conserver la santé, de guérir les maladies; potion, breuvage.

MÉDECINER, *v. a. é, ée, p.* administrer des médecines.

MÉDIAL, E, *adj.* qui occupe le milieu.

MÉDIAT, E, *adj.* opposé à immédiat.

MÉDIATEMENT, *adv.* d'une manière médiate.

MÉDIATEUR, TRICE, *s.* conciliateur.

MÉDIATION, *s. f.* entremise.

MÉDICAL, E, *adj.* qui a rapport à la médecine.

MÉDICAMENT, *s. m.* remède ; *au pl.* drogues.
MÉDICAMENTER, *v. a.* é, ée, *p.* donner des médicaments.
MÉDICAMENTEUX, EUSE, *adj.* qui a la vertu d'un médicament.
MÉDICINAL, E, *adj.* qui sert de remède.
MÉDIOCRE, *s. m.* et *adj.* 2 g. ni grand ni petit ; ni bon ni mauvais ; ni trop ni peu.
MÉDIOCREMENT, *adv.* d'une façon médiocre.
MÉDIOCRITÉ, *s. f.* état, qualité de ce qui est médiocre.
MÉDIRE, *v. n.* (se conj. c. dire, excepté à la 2e pers. du pl. de l'ind. prés. *v. médisez*) ; dire du mal de quelqu'un.
MÉDISANCE, *s. f.* discours, propos défavorable à quelqu'un.
MÉDISANT, E, *adj.* et *s.* qui médit.
MÉDITATIF, IVE, *adj.* qui aime à méditer.
MÉDITATION, *s. f.* action de réfléchir profondément.
MÉDITER, *v. a.* é, ée, *p.* examiner ; approfondir ; —, *v. n.* délibérer ; réfléchir ; avoir dessein de.
MÉDITERRANÉ, ÉE, *adj.* au milieu des terres.
MÉDITERRANÉE, *s. f.* la mer qui communique avec l'Océan par le détroit de Gibraltar.
MÉDIUM, *s. m.* milieu ; terme moyen ; argument ; *voix dans le* —, entre le grave et l'aigu ; plante.
MÉDOC, *s. m.* sorte de caillou brillant ; vin du canton de —, dans le dép. de la Gironde.
MÉFAIRE, *v. n.* faire le mal.
MÉFAIT, *s. m.* action criminelle.
MÉFIANCE, *s. f.* défaut de confiance ; soupçon, crainte.
MÉFIANT, E, *adj.* qui a de la méfiance.
MÉFIER (se), *v. pr.* ne pas se fier ; soupçonner.
MÉGAMÈTRE, *s. m.* instrument pour déterminer les longitudes en mer.
MÉGARDE, *s. f.* inadvertance ; par —, *adv.* par inattention.
MÉGÈRE, *s. f.* furie ; femme méchante.
MÉGIE, *s. f.* art de préparer les peaux de mouton en blanc.
MÉGISSERIE, *s. f.* commerce de mégissier.
MÉGISSIER, *s. m.* qui apprête les peaux de mouton et de veau.
MEIGLE ou MÈGLE, *s. f.* espèce de pioche à l'usage des vignerons.
MEILLEUR, E, *adj.* (comparatif de *bon*), qui vaut mieux ; le —, très-bon ; le —, *s. m.* ce qu'il y a de mieux.
MÉLANCOLIE, *s. f.* maladie qui porte à la tristesse ; chagrin.
MÉLANCOLIQUE, *adj.* 2 g. qui a de la mélancolie.
MÉLANCOLIQUEMENT, *adv.* d'une manière mélancolique.
MÉLANGE, *s. m.* résultat de choses mêlées ; — *au pl.* recueil de pièces littéraires.
MÉLANGER, *v. a.* é, ée, *p.* mêler ensemble.
MÉLASSE, *s. f.* sirop mielleux que forme le résidu du sucre raffiné.
MÊLÉE, *s. f.* combat opiniâtre entre plusieurs personnes.
MÊLER, *v. a.* é, ée, *p.* brouiller ; mélanger ; embrouiller ; — *les cartes*, les battre ; — *une serrure*, fausser quelque ressort ; *fig.* joindre, unir ; se —, *v. pr.* s'occuper de.
MÉLÈZE ou LARIX, *s. m.* arbre résineux.
MÉLIER, *s. m.* sorte de raisin blanc.
MÉLISSE, *s. f.* herbe médicinale qui sent le citron.
MELLE, chef-lieu d'arr., du dép. des Deux-Sèvres.
MELLIFÈRE, *adj.* 2 g. qui donne du miel.
MELLIFICATION, *s. f.* manière dont les abeilles font le miel.

MÉLODIE, s. f. suite de sons d'où résulte un chant agréable.
MÉLODIEUSEMENT, adv. avec mélodie.
MÉLODIEUX, EUSE, adj. plein de mélodie.
MÉLODRAME, s. m. drame mêlé de chant, de musique, de danse.
MÉLOMANE, s. 2 g. possédé par la mélomanie.
MÉLOMANIE, s. f. passion excessive pour la musique.
MELON, s. m. plante annuelle dont le fruit, à chair sucrée, présente beaucoup de variétés; — d'eau ou pastèque, espèce de melon à chair rouge.
MELONNIÈRE, s. f. endroit où l'on cultive les melons.
MÉLOPÉE, s. f. déclamation notée; règles de la composition du chant.
MÉLOPLASTE, s. m. méthode nouvelle d'enseigner la musique par le moyen d'un tableau.
MELUN, chef-lieu du dép. de Seine-et-Marne.
MEMBRANE, s. f. partie mince et nerveuse servant d'enveloppe.
MEMBRANEUX, EUSE, adj. de la nature de la membrane.
MEMBRE, s. m. partie extérieure et mobile du corps, la tête exceptée; fig. partie d'un corps politique, d'une société.
MEMBRU, UE, adj. qui a de gros membres.
MEMBRURE, s. f. pièce de menuiserie; mesure pour le bois à brûler.
MÊME, adj. 2 g. et pr. rel. qui n'est pas autre; —, adv. aussi, encore; de —, tout de —, de la même manière; être à —, à portée de.
MÊMEMENT, adv. même; de même.
MÉMENTO, s. m. marque destinée à rappeler quelque chose.
MÉMOIRE, s. m. écrit fait, soit pour conserver le souvenir de quelque chose, soit pour rendre compte d'une affaire, soit pour donner des instructions; liste d'objets vendus; facture; — au pl. relations historiques.
MÉMOIRE, s. f. (sans pl.) faculté de se souvenir; action, effet de cette faculté; réputation après la mort; commémoration.
MÉMORABLE, adj. 2 g. digne d'être gravé dans la mémoire.
MÉMORIAL, s. m. mémoire, placet; registre; journal; —, e, adj. qui rappelle le souvenir de.
MENAÇANT, E, adj. qui menace.
MENACE, s. f. parole ou geste dont on se sert pour faire craindre à quelqu'un le mal qu'on lui prépare.
MENACER, v. a. é, ée, p. faire des menaces; pronostiquer.
MÉNAGE, s. m. gouvernement domestique, et tout ce qui concerne la dépense et l'entretien d'une famille; meubles, ustensiles de ménage; économie dans l'administration de son bien.
MÉNAGEMENT, s. m. circonspection, égard, réserve.
MÉNAGER, v. a. é, ée, p. user d'économie dans l'administration de son bien, dans sa dépense; user modérément de; conserver avec soin; se —, v. pr. avoir soin de soi.
MÉNAGER, ÈRE, s. et adj. économe; qui entend le ménage, l'économie.
MÉNAGÈRE, s. f. qui a soin du ménage, qui le régit; bonne femme de ménage.
MÉNAGERIE, s. f. lieu où l'on nourrit des animaux rares et étrangers; lieu où l'on élève des bestiaux, des volailles.
MENDE, chef-lieu du dép. de la Lozère.
MENDIANT, E, adj. et s. qui mendie, qui fait profession de mendier; quatre —, fruits secs (raisins, figues, noisettes et amandes).
MENDICITÉ, s. f. état du mendiant; excès d'indigence qui force à mendier.
MENDIER, v. a. é, ée, p. demander l'aumône; solliciter avec une sorte de bassesse.
MENÉE, s. f. intrigue secrète

et peu honorable pour faire réussir.

MENEHOULD (Ste-) chef-lieu d'arr. du dép. de la Marne.

MENER, *v. a.* é, ée, *p.* conduire, guider; voiturer; diriger; introduire; conduire par force en quelque endroit.

MÉNESTREL, *s. m.* ancien poète et musicien ambulant.

MÉNÉTRIER, *s. m.* mauvais joueur de violon.

MENEUR, EUSE, *s.* qui mène; chef de parti, qui lui donne l'impulsion.

MÉNIPPÉE, *s. f.* satire —, mêlée de vers et de prose.

MENOTTE, *s. f.* liens pour lier les poignets.

MENSONGE, *s. m.* discours contraire à la vérité et tenu avec le dessein de tromper; action de mentir; erreur, illusion.

MENSONGER, ÈRE, *adj.* faux, trompeur.

MENSUEL, LLE, *adj.* qu'on fait chaque mois.

MENTAL, E, *adj.* qui a rapport à l'esprit seul, qui se fait en esprit seulement; *restriction* —, tacite, au-dedans de soi-même.

MENTALEMENT, *adv.* par la pensée.

MENTERIE, *s. f.* mensonge léger.

MENTEUR EUSE, *s.* qui ment, qui a l'habitude de mentir.

MENTHE, *s. f.* plante aromatique.

MENTION, *s. f.* commémoration; mémoire de...

MENTIONNER, *v. a.* é, ée, *p.* faire mention de...

MENTIR, *v. n.* dire un mensonge; avancer comme vrai ce qu'on sait être faux.

MENTON, *s. m.* partie du visage au-dessous de la bouche; dessous de la lèvre inférieure du cheval, du bouc, de la chèvre.

MENTONNIÈRE, *s. f.* bande qui couvre le bas d'un masque.

MENTOR, *s. m.* guide, conseil, gouverneur.

MENU, *s. m.* détail d'un repas; —, *adv.* en petits morceaux.

MENU, UE, *adj.* délié, peu gros; de peu de conséquence.

MENUAILLE, *s. f.* quantité de petites choses de rebut; fretin.

MENUET, *s. m.* danse grave; son air.

MENUISER, *v. n.* travailler en menuiserie.

MENUISERIE, *s. f.* art et ouvrage du menuisier.

MENUISIER, *s. m.* artisan qui travaille en bois pour l'intérieur des maisons.

MÉPHITIQUE, *adj. 2 g.* qui a une qualité malfaisante et souvent meurtrière.

MÉPHITISME, *s. m.* exhalaison pernicieuse.

MÉPRENDRE (se), *v. pr. irr.* (se conj. sur *prendre*) prendre une chose pour une autre; se tromper.

MÉPRIS, *s. m.* sentiment par lequel on juge une personne, une chose indigne d'estime, d'égard, d'attention; dédain.

MÉPRISABLE, *adj. 2 g.* digne de mépris.

MÉPRISANT, E, *adj.* qui marque du mépris.

MÉPRISE, *s. f.* erreur; inadvertance; faute de celui qui se méprend.

MÉPRISER, *v. a.* é, ée, *p.* avoir du mépris; n'attacher aucun prix à une chose; ne pas craindre.

MER, *s. f.* amas des eaux qui environnent la terre; certaine étendue d'eau salée; abîme; — *à boire*, chose d'une exécution difficile.

MERCANTILE, *adj. 2 g.* qui concerne le commerce (se prend en mauvaise part).

MERCANTILEMENT, *adv.* d'une manière mercantile.

MERCENAIRE, *adj. 2 g.* intéressé, facile à corrompre; *travail* —, qui se fait pour de l'argent; —, *s.* celui qui travaille pour de l'argent.

MERCENAIREMENT, *adv.* d'une manière mercenaire.

MERCERIE, *s. f.* marchandise, commerce du mercier.

MERCI, *s. m.* remerciement; — *adv.* je vous rends grâce; *Dieu — grâce à Dieu*; — *s. f.* miséricorde; *crier —*, demander grâce; *à la merci de...*, à la discrétion de...

MERCIER, ÈRE, *s.* marchand de petites étoffes de fil, de soie, et autres menues marchandises.

MERCREDI, *s. m.* 3e jour de la semaine.

MERCURE, *s. m.* substance métallique blanche et fluide; vif-argent; le messager des dieux; planète la plus proche du soleil.

MERCURIALE, *s. f.* réprimande; plante médicinale; prix des grains au marché.

MERCURIEL, LLE, *adj.* qui contient du mercure.

MÈRE, *s. f.* femme qui a mis un enfant au monde; femelle qui a des petits; cause principale.

MÉRELLE ou **MARELLE**, *s. f.* jeu d'enfants qui consiste à pousser à cloche-pied un palet entre des lignes.

MÉRIDIEN, *s. m.* grand cercle de la sphère qui passe par les pôles; —, NNE, *adj.* qui regarde le midi, qui a rapport au midi; *méridienne*, *s. f.* ligne dans le plan du méridien; sommeil après le dîner.

MÉRIDIONAL, E, *adj.* du midi.

MERINGUE, *s. f.* pâtisserie légère garnie de crème.

MÉRINOS, *s. m.* mouton d'Espagne ou de race espagnole; étoffe de la laine de ce mouton.

MERISE, *s. f.* fruit du merisier.

MERISIER, *s. m.* cerisier sauvage.

MÉRITANT, E, *adj.* qui a beaucoup de mérite.

MÉRITE, *s. m.* ce qui rend digne d'estime.

MÉRITER, *v. a.* é, ée, *p.* être digne, se rendre digne de... encourir; — *confirmation*, en avoir besoin; — *v. n.* se mettre dans le cas de...; *bien mériter de...*; avoir rendu de grands services.

MÉRITOIRE, *adj.* 2 g. digne de récompense.

MÉRITOIREMENT, *adv.* d'une manière méritoire.

MERLAN, *s. m.* poisson de mer.

MERLE, *s. m.* genre d'oiseaux chanteurs dont une espèce très-commune est noire et à bec jaune.

MERLIN, *s. m.* grosse massue de boucher; instrument pour fendre du bois.

MERLUCHE, *s. f.* morue sèche.

MÉROVINGIEN, NNE, *adj.* de la race de Mérovée.

MERVEILLE, *s. f.* chose rare, extraordinaire, prodige; *à — loc. adv.* parfaitement bien.

MERVEILLEUSEMENT, *adv.* à merveille; d'une façon merveilleuse.

MERVEILLEUX, *s. m.* ce qu'il y a d'étonnant, ce qui tient du prodige; intervention supposée des dieux, des génies; petit-maître.

MERVEILLEUX, EUSE, *adj.* admirable, étonnant, excellent.

MES, *pro. pl.* des 2 g. les miens, les miennes.

MÉSAISE, *s. m.* passage du bien-aise au mal-aise.

MÉSALLIANCE, *s. f.* alliance, mariage avec une personne d'une condition inférieure.

MÉSALLIER, *v. a.* é, ée, *p.* marier à une personne d'un rang inférieur; *se —, v. pr.* fréquenter des inférieurs.

MÉSANGE, *s. f.* petit oiseau de passage.

MÉSARRIVER, *v. imp.* avoir une issue fâcheuse.

MÉSAVENTURE, *s. f.* accident fâcheux.

MÉSENTÈRE, *s. m.* membrane le long des intestins.

MÉSESTIMER, *v. a.* é, ée, *p.* n'avoir pas, ou n'avoir plus d'estime; avoir mauvaise opinion de...; *en parlant des choses*, les estimer au-dessous de leur juste valeur.

MÉSINTELLIGENCE, *s. f.* défaut d'union entre personnes qui devraient être en bonne intelligence.

MÉSINTERPRÉTER, v. a. é, ée, p. mal interpréter.
MÉSOFFRIR, v. n. offrir au-dessous de la valeur.
MESQUIN, E, adj. chiche, qui dépense moins qu'il ne peut, se dit des personnes ; maigre, pauvre, de mauvais goût ; se dit des choses.
MESQUINEMENT, adv. d'une façon mesquine, sordide.
MESQUINERIE, s. f. épargne sordide.
MESSAGE, s. m. commission de dire ou de porter quelque chose ; ce qu'on porte ; communication officielle.
MESSAGER, ÈRE, s. qui fait un message, celui dont l'emploi est de porter les paquets d'une ville à une autre.
MESSAGERIE, s. f. office de messager public ; entreprise de voitures publiques ; lieu où elle est établie.
MESSE, s. f. sacrifice du corps et du sang de J.-C.; prières, cérémonies qui l'accompagnent.
MESSÉANT, E, adj. contraire à la bienséance.
MESSIDOR, s. m. dixième mois de l'an républicain.
MESSIE, s. m. le Christ promis dans l'ancien Testament.
MESSIER, s. m. gardien des fruits de la terre quand ils commencent à mûrir.
MESSIEURS, s. m. pluriel de monsieur.
MESSIN (le), ancienne province répartie entre les dép. de la Moselle, de la Meuse et des Ardennes ; —, e, adj. de Metz.
MESSIRE, s. m. ancien titre d'honneur qui était donné dans les actes publics aux personnes de distinction.
MESSIRE-JEAN, s. m. sorte de poire cassante.
MESTRE-DE-CAMP, s. m. ancien nom du colonel d'un régiment de cavalerie.
MESURABLE, adj. 2 g. qui peut se mesurer.
MESURAGE, s. m. action de mesurer, salaire, droit de celui qui mesure.
MESURE, s. f. règle pour déterminer une quantité, une dimension ; ce que contient un vaisseau qui sert de mesure ; sentiment des convenances.
MESURÉ, ÉE, adj. réglé, modéré, circonspect.
MESURER, v. a. é, ée, p. déterminer une quantité, une dimension au moyen d'une mesure ; emplir une mesure, jauger, peser, toiser, arpenter ; examiner, comparer, mettre de la circonspection, se —, v. pr. essayer ses forces avec quelqu'un.
MESUREUR, s. m. qui mesure.
MÉSUSER, v. n. abuser, user mal.
MÉTACARPE, s. m. deuxième partie de la main, entre les doigts et le poignet.
MÉTACHRONISME, s. m. anachronisme par anticipation de date.
MÉTAIRIE, s. f. bien de campagne affermé ; bâtiment pour son exploitation.
MÉTAL, s. m. corps minéral, ductile, malléable, fusible.
MÉTALLIQUE, adj. 2 g. de la nature du métal.
MÉTALLISER, v. a. é, ée, p. faire prendre la forme métallique à une substance.
MÉTALLURGIE, s. f. art de tirer des mines et de travailler les métaux.
MÉTALLURGIQUE, adj. 2 g. de la métallurgie.
MÉTALLURGISTE, s. m. qui s'occupe de métallurgie.
MÉTAMORPHOSE, s. f. changement de forme en une autre ; changement extraordinaire dans la fortune, les mœurs, etc.
MÉTAMORPHOSER, v. a. é, ée, p. changer d'une forme en une autre ; se —, v. pr. faire toutes sortes de personnages.
MÉTAPHORE, s. f. figure de rhétorique.
MÉTAPHORIQUE, adj. 2 g. qui tient de la métaphore.
MÉTAPHORIQUEMENT, adv. par métaphore.
MÉTAPHYSICIEN, s. m. qui étudie la métaphysique ; qui en applique les principes.

19

MÉTAPHYSIQUE, s. f. science des idées universelles; art d'abstraire les idées; application du raisonnement aux faits; — adj. 2 g. qui appartient à la métaphysique.

MÉTAPHYSIQUEMENT, adv. d'une manière métaphysique.

MÉTAPLASME, s. m. altération, changement dans un mot, autorisé par l'usage.

MÉTATARSE, s. m. partie du pied entre le coude-pied et les orteils.

MÉTAYER, s. m. fermier d'une métairie.

MÉTEIL, s. m. froment et seigle mêlés.

MÉTEMPSYCHOSE, s. f. passage de l'âme dans un autre corps après la mort.

MÉTÉORE, s. m. phénomène qui se forme et apparaît dans l'air.

MÉTÉOROLOGIE, s. f. science des météores.

MÉTÉOROLOGIQUE, adj. 2 g. qui concerne les météores.

MÉTHODE, s. f. ordre suivi pour dire, faire, ou enseigner une chose; usage, coutume, habitude; livre élémentaire.

MÉTHODIQUE, adj. 2 g. qui a de la méthode; fait avec méthode.

MÉTHODIQUEMENT, adv. avec méthode.

MÉTICULEUX, EUSE, adj. susceptible de petites craintes; pusillanime.

MÉTIER, s. m. profession d'un art mécanique; tout travail habituel de la main dont on tire un salaire; machine pour manufacturer.

MÉTIS, SSE, adj. et s. né d'un Européen et d'une Indienne, et réciproquement; engendré de deux espèces différentes.

MÉTOURNÉ, ÉE, adj. tortu, mal tourné.

MÈTRE, s. m. mesure de longueur qui a 36 pouces 11 lignes et demie; mesure d'un vers.

MÉTRIQUE, adj. 2 g. qui a rapport au mètre.

MÉTROLOGIE, s. f. traité des mesures.

MÉTROMANE, s. m. qui a la manie de faire des vers.

MÉTROMANIE, s. f. fureur de faire des vers.

MÉTROPOLE, s. f. ville-mère, état par rapport à ses colonies; ville principale, ville archiépiscopale.

MÉTROPOLITAIN, E, adj. épiscopal, archiépiscopal; — s. m. archevêque.

METS, s. m. tout ce qu'on sert sur table pour manger.

METTABLE, adj. 2 g. qu'on peut mettre.

METTRE, v. a. irr. Ind. pr. je mets, tu mets, il met; n. mettons, v. mettez, ils mettent; imp. je mettais, etc.; n. mettions, etc.; p. déf. je mis, etc.; n. mîmes, v. mîtes, ils mirent; fut. je mettrai, etc.; n. mettrons, etc.; cond. je mettrais, etc.; n. mettrions, etc.; imper. mets, etc.; subj. pr. q. je mette, etc.; q. n. mettions, etc.; imp. subj. q. je misse, q. tu misses, qu'il mît; q. n. missions, etc.; p. pr. mettant; p. p. mis, e. mettre en un lieu; se —, v. pr. s'habiller; se — à, commencer à.

METZ, ville forte, chef-lieu du dép. de la Moselle.

MEUBLE, s. m. tout ce qui sert à meubler, orner une maison, sans en faire partie; adj. 2 g. terre —, aisée à remuer, à labourer.

MEUBLER, v. a. é, ée, p. garnir une maison de meubles.

MEULE, s. f. corps solide, rond et plat qui sert à broyer; roue de grès pour aiguiser; tas de blé, de fourrage en cône.

MEULIER, s. m. ouvrier qui fait les meules.

MEULIÈRE, s. f. pierre —, dont on fait les roues des moulins; moellon de roche plein de trous et fort dur; carrière d'où on le tire.

MEUNIER, IÈRE, s. qui gouverne les moulins à blé; espèce de poisson.

MEURTHE, rivière qui a sa source dans les Vosges et se jette dans la Moselle dans le dép. de la Meurthe.

MEURTRE, *s. m.* homicide, assassinat; grand dommage.

MEURTRIER, *s. m.* coupable de meurtre; —, *ière*, *adj.* qui cause la mort de beaucoup de monde; *meurtrière*, *s. f.* ouverture dans un mur pour tirer à couvert.

MEURTRIR, *v. a.* 1, ie, p. faire une meurtrissure, une contusion; froisser.

MEURTRISSURE, *s. f.* contusion livide.

MEUSE, rivière qui prend sa source dans le dép. de la Haute-Marne et donne son nom à un dép. formé de l'ancien duché de Bar et de l'ancien évêché de Verdun.

MEUTE, *s. f.* troupe de chiens dressés pour la chasse.

MEXICAIN, E, *adj. et s.* du Mexique.

MÉZIÈRES, chef-lieu du dép. des Ardennes.

MEZZO-TERMINE, *s. m.* (*mot italien*) terme moyen, juste milieu.

MI, *particule indécl.* pour demi; la moitié, le milieu.

MI, *s. m.* 3e note de musique.

MIASMES, *s. m. pl.* exhalaisons morbifiques et contagieuses.

MIAULANT, E, *adj.* qui miaule.

MIAULEMENT, *s. m.* cri du chat.

MIAULER, *v. n.* crier, se dit du chat.

MICHE, *s. f.* gros pain de 12 livres; ancien pain d'une livre; gros morceau de mie.

MICMAC, *s. m.* intrigue secrète à mauvaise intention.

MICROGRAPHIE, *s. f.* description des objets vus au microscope.

MICROSCOPE, *s. m.* instrument d'optique qui grossit les objets.

MICROSCOPIQUE, *adj.* 2 g. qui a rapport au microscope.

MIDI, *s. m. indécl.* le milieu du jour; le moment où le soleil est au méridien; un des quatre points cardinaux; sud; *en plein* —, en plein jour.

MIE, *s. f.* partie molle du pain.

MIEL, *s. m.* suc doux que l'abeille tire des fleurs.

MIELLEUX, EUSE, *adj.* qui tient du miel; fade, doucereux.

MIEN, *s. m.* ce qui est à moi; mon bien; *les miens*, tous les membres de ma famille; *mien*, *nne*, *pron. poss. et rel.* qui est à moi.

MIETTE, *s. f.* parcelle qui tombe du pain quand on le coupe; très-petit morceau d'une chose à manger.

MIEUX, *s. m.* état meilleur; —, *adv. comparatif*, en meilleur état; préférablement; —, *adj.* meilleur.

MIGNARD, E, *adj.* mignon, délicat; mêlé de gentillesse et d'afféterie.

MIGNARDEMENT, *adv.* d'une manière mignarde; délicatement.

MIGNARDISE, *s. f.* délicatesse des traits; affectation de gentillesse; — petits œillets frangés.

MIGNON, NNE, délicat; préféré; chéri; gentil.

MIGNONNEMENT, *adv.* avec délicatesse.

MIGNONNETTE, *s. f.* dentelle légère; poivre concassé; espèce de petits œillets.

MIGRAINE, *s. f.* douleur violente qui affecte la tête.

MIGRATION, *s. f.* action d'émigrer en grand nombre, de passer volontairement dans un autre pays pour s'y établir; voyages annuels ou irréguliers des animaux.

MIJAURÉE, *s. f.* femme, fille à manières affectées et ridicules.

MIJOTER, *v. a.* é, ée, p. faire cuire doucement et lentement.

MIL ou **MILLET**, (*ll m.*) *s. m.* plante graminée.

MIL, **MILLE**, *adj. numéral*, dix fois cent; nombre indéterminé mais considérable.

MILAN, *s. m.* oiseau de proie.

MILANAIS, AISE, *adj. et s.* de la ville de Milan.

MILHAU, chef-lieu d'arr. du dép. de l'Aveyron.

MILIAIRE, *adj. 2 g.* qui ressemble à des grains de mil.
MILICE, *s. f.* troupe de gens de guerre ; nouvelles recrues.
MILICIEN, *s. m.* soldat de milice.
MILIEU, *s. m.* point central, également éloigné des extrémités ; moyen terme ; *en physique,* fluide environnant ; *au —; loc. adv.* parmi.
MILITAIRE, *s. m.* soldat ; homme de guerre ; — *adj. 2 g.* qui appartient à la guerre, aux gens de guerre ; *heure —,* précise.
MILITAIREMENT, *adv.* d'une manière militaire.
MILITANTE, *adj. f.* église —, assemblée des fidèles sur la terre.
MILITER, *v. n.* combattre pour...
MILLE, *V.* Mil.
MILLE, *s. m.* mesure itinéraire de mille pas géométriques, en France, (elle varie à l'étranger.)
MILLE-FEUILLES, *s. f.* plante vivace à petites feuilles découpées.
MILLE-FLEURS, *s. f.* plante vivace à petites fleurs découpées.
MILLE-PERTUIS, *s. m.* plante médicinale.
MILLE-PIEDS, *s. m. inv.* insecte de la famille des cloportes.
MILLERET, (*ll m.*) *s. m.* sorte de feston en bordure pour orner les robes des femmes.
MILLÉSIME, (on fait sentir les *ll*) *s. m.* date marquée sur une médaille, une pièce de monnaie, un livre, etc.
MILLET, (*ll m.*) *s. m.* mil.
MILLI, nom générique de la millième partie d'une chose.
MILLIAIRE, (prononcez ce mot et les suivants c. s'il n'y avait qu'une *l*), *s. m. et adj. 2 g.* borne qui marque les distances calculées par milles.
MILLIARD, *s. m.* mille millions.
MILLIARE, *s. m.* millième partie de l'are.
MILLIASSE, *s. f.* un fort grand nombre. *fam.*
MILLIÈME, *s. m.* l'une des parties du mille ; — *adj. 2 g.* nombre qui complète mille.
MILLIER, *s. m.* nombre de mille ; mille livres pesant ; *à milliers, adv.* en grande quantité.
MILLIGRAMME, *s. m.* millième partie du gramme.
MILLILITRE, *s. m.* millième partie du litre.
MILLIMÈTRE, *s. m.* millième partie du mètre.
MILLION, *s. m.* mille fois mille.
MILLIONIÈME, *s. m.* l'une des parties du million ; — *adj. 2 g.* nombre qui complète un million.
MILLIONNAIRE, *s. et adj. 2 g.* qui possède un million.
MILLISTÈRE, *s. m.* millième partie du stère.
MILORD, *s. m.* titre, dignité en Angleterre ; homme riche.
MIME, *s. m.* comédie ; imitation comique ; acteur.
MIMIQUE, *adj. 2 g.* qui a rapport au mime.
MINABLE, *adj. 2 g.* pitoyable.
MINAGE, *s. m.* droit exigé autrefois sur les grains vendus au marché.
MINARET, *s. m.* tour en forme de clocher sur les mosquées.
MINAUDER, *v. n.* faire des minauderies.
MINAUDERIES, *s. f. pl.* manières affectées.
MINAUDIER, IÈRE, *s. et adj.* qui a l'habitude de minauder.
MINCE, *adj. 2 g.* qui a peu d'épaisseur ; modique ; médiocre.
MINE, *s. f.* air du visage ; contenance ; apparence ; geste ; grimace ; —, lieu où se forment les minéraux, les métaux, et d'où on les extrait ; terre métallique ; — cavité souterraine chargée de poudre pour faire sauter un rempart, etc. —, (mesure), moitié de setier ; son contenu.
MINER, *v. a.* é, ée, *p.* creuser une mine ; *fig.* détruire peu à peu.
MINERAI, *s. m.* métal mêlé avec la terre de la mine.
MINÉRAL, (*pl. —aux*) *s. m.* corps solide que l'on tire des mines.

MINÉRAL, E, *adj.* qui tient des minéraux.
MINÉRALISER, *v. a. é, ée, p.* convertir en minéral ; faire reconnaître le caractère du minéral.
MINÉRALISTE, *s. m.* qui étudie la minéralogie.
MINÉRALOGIE, *s. f.* connaissance des minéraux.
MINÉRALOGIQUE, *adj. 2 g.* qui concerne la minéralogie.
MINÉRALOGISTE, *s. m.* versé dans la minéralogie.
MINET, TTE, *s.* petit chat ; *fam.*
MINEUR, *s. m.* ouvrier d'une mine ; mineur, *euré, s.* qui n'a pas atteint sa majorité ; —, *adj.* plus petit ; mineure, *s. f.* 2e proposition d'un syllogisme.
MINIATURE, *s. f.* sorte de peinture avec des couleurs très-fines délayées avec de l'eau et de la gomme.
MINIÈRE, *s. f.* mine ; exploitation de minéral ; tourbière.
MINIME, *adj. 2 g.* très-petit ; le plus petit.
MINIMUM, *s. m.* le plus petit degré de réduction.
MINISTÈRE, *s. m.* emploi, charge de ministre ; entremise ; — *public,* les procureurs du Roi, les avocats généraux.
MINISTÉRIEL, LLE, *adj.* de ministre.
MINISTÉRIELLEMENT, *adv.* dans la forme ministérielle.
MINISTRE, *s. m.* qui est chargé de l'exécution de quelque chose, de l'administration d'une partie des affaires de l'état, d'une mission politique ; agent ; prêtre ; celui qui fait le prêche.
MINIUM, *s. m.* matière rouge employée en peinture.
MINOIS, *s. m.* visage ; mine ; physionomie.
MINON, *s. m.* chat ; *fam.*
MINORITÉ, *s. f.* état d'une personne mineure ; durée de cet état ; le petit nombre.
MINOT, *s. m.* mesure, moitié de la mine ; son contenu.
MINOTAURE, *s. m.* monstre fabuleux, moitié homme, moitié taureau ; constellation.
MINUIT, *s. m.* milieu de la nuit.
MINUSCULE, *s. f.* et *adj. 2 g.* lettre —, petite lettre.
MINUTE, *s. f.* petite portion de temps ; la 60e partie de l'heure ; brouillon, original d'une lettre, d'un acte.
MINUTER, *v. a. é, ée, p.* faire la minute, le brouillon d'un écrit.
MINUTIE, *s. f.* bagatelle, frivolité.
MINUTIEUSEMENT, *adv.* avec minutie.
MINUTIEUX, EUSE, *adj.* qui donne trop d'attention aux minuties.
MIRABELLE, *s. f.* petite prune jaune.
MIRACLE, *s. m.* acte de la puissance divine contraire aux lois connues de la nature ; prodige ; chose extraordinaire.
MIRACULEUSEMENT, *adv.* par miracle.
MIRACULEUX, EUSE, *adj.* qui tient du miracle ; merveilleux.
MIRAGE, *s. m.* phénomène d'optique sur mer et dans les déserts sablonneux.
MIRANDE, chef-lieu d'arr. du dép. du Gers.
MIRE, *s. f.* bouton sur le canon d'un fusil pour mirer ; point de mire ; visée.
MIRECOURT, chef-lieu d'arr. du dép. des Vosges.
MIRER, *v. a. é, ée, p.* viser ; regarder avec attention ; se —, *v. pr.* se regarder avec complaisance.
MIRLIFLORE, *s. m.* jeune fat.
MIRLITON, *s. m.* roseau garni de pelure d'oignon (jouet d'enfant).
MIRMIDON, *s. m.* homme de très-petite taille, sans moyens.
MIROIR, *s. m.* glace de verre étamé, métal poli qui rend l'image des objets qu'on lui présente ; *fig.* ce qui représente.
MIROITERIE, *s. f.* commerce de miroirs.

MIROITIER, *s. m.* qui fait et vend des miroirs.

MIROTON, *s. m.* mets composé de viandes déjà cuites.

MIS, E, *p. p.* du v. *mettre* et *adj.* placé; posé; vêtu.

MISAINE, *s. f.* voile du mât qui est entre le beaupré et le grand mât d'un vaisseau.

MISANTHROPE, *s. m.* qui hait les hommes; bourru, insociable.

MISANTHROPIE, *s. f.* caractère du misanthrope.

MISE, *s. f.* somme exposée au jeu, dans une entreprise, etc.; offre, enchère; manière de s'habiller.

MISÉRABLE, *adj.* et *s.* 2 *g.* malheureux; dans la misère; méchant; mauvais; déshonoré.

MISÉRABLEMENT, *adv.* d'une manière misérable.

MISÈRE, *s. f.* pauvreté; indigence; calamité; incommodité; bagatelle.

MISÉRÉRÉ, *s. m.* colique violente; psaume 50e.

MISÉRICORDE, *s. f.* vertu qui porte à pardonner; pardon.

MISÉRICORDIEUSEMENT, *adv.* avec miséricorde.

MISÉRICORDIEUX, EUSE, *adj.* qui a de la miséricorde.

MISSEL, *s. m.* livre contenant les prières de la messe.

MISSION, *s. f.* envoi de quelqu'un avec pouvoir de faire une chose; prédication de l'Évangile.

MISSIONNAIRE, *s. m.* prêtre envoyé en mission.

MISSIVE, *s. et adj. f.* lettre à envoyer ou envoyée.

MITAINE, *s. f.* gant sans doigtiers.

MITE, *s. f.* insecte très-petit.

MITIGER, *v. a.* é, ée, *p.* adoucir.

MITON, *s. m.* gant pour couvrir l'avant-bras.

MITONNER, *v. a.* é, ée, *p.* faire tremper long-temps sur le feu en bouillonnant; prendre grand soin; préparer adroitement.

MITOYEN, NNE, *adj.* qui sépare, qui est entre-deux.

MITOYENNETÉ, *s. f.* état d'un mur mitoyen.

MITRAILLE, (ll m.) *s. f.* vieille ferraille; morceau de fer pour charger les canons.

MITRAILLER, (ll m.) *v. a.* é, ée, *p.* tirer le canon chargé à mitraille.

MITRE, *s. f.* coiffure d'évêque; tuiles disposées en forme de mitre au-dessus des cheminées.

MITRÉ, ÉE, *adj.* qui a droit de porter la mitre.

MITRON, *s. m.* garçon boulanger.

MIXTE, *adj.* 2 *g.* mélangé; —, *s. m.* corps composé.

MIXTION, *s. f.* mélange.

MIXTIONNER, *v. a.* é, ée, *p.* faire une mixtion.

MIXTURE, *s. f.* médicament composé.

MNÉMONIQUE, *s. f.* art d'augmenter la mémoire; —, *adj.* 2 *g.* qui a rapport à cet art.

MNÉMOTECHNIE, *s. f.* art de fortifier la mémoire.

MOBILE, *adj.* 2 *g.* qui se meut; qui peut être mû; qui fait mouvoir; changeant; —, *s. m.* force motrice; *fig.* motif, cause, principe.

MOBILIAIRE. *V.* MOBILIER, *adj.*

MOBILIER, *s. m.* les meubles; —, ière, *adj.* ce qui concerne les meubles.

MOBILITÉ, *s. f.* facilité à être mû; caractère changeant.

MOCHE, *s. f.* paquet de fil de Bretagne de 10 livres; paquet de soie non travaillée.

MODE, *s. m.* manière d'être; manière de conjuguer les verbes; ton dans lequel un morceau de musique est écrit.

MODE, *s. f.* usage, coutume; *au pl.* parures.

MODÈLE, *s. m.* exemple, patron; objet d'imitation; essai en petit.

MODELER, *v. a.* é, ée, *p.* donner la forme extérieure; *se* —, *v. pr.* prendre pour modèle.

MODÉRATEUR, TRICE, *adj.* et *s.* qui règle, dirige, modère.

MODÉRATION, s. f. sage retenue; diminution de prix.
MODÉRÉ, ÉE, adj. sage; retenu.
MODÉRÉMENT, adv. avec modération.
MODÉRER, v. a. é, ée, p. adoucir; tempérer; diminuer; se —, v. pr. se contenir.
MODERNE, adj. 2 g. nouveau, récent; —, s. m. (opposé à ancien) auteur des derniers siècles depuis l'époque de la renaissance des lettres, des arts et des sciences en Europe.
MODESTE, adj. 2 g. qui a de la modestie; qui en annonce.
MODESTEMENT, adv. avec modestie.
MODESTIE, s. f. sage retenue dans la conduite, dans les discours; pudeur.
MODICITÉ, s. f. petite quantité; exiguité.
MODIFICATIF, IVE, adj. et s. m. qui modifie.
MODIFICATION, s. f. restriction; adoucissement; action de modifier.
MODIFIER, v. a. é, ée, p. modérer, adoucir, restreindre; se —, v. pr. être ou pouvoir être modifié.
MODIQUE, adj. 2 g. médiocre; de peu de valeur.
MODIQUEMENT, adv. avec modicité.
MODISTE, s. f. qui travaille en modes; —, adj. 2 g. qui suit les modes.
MODULATION, s. f. chant varié et noté; transition harmonique.
MODULE, s. m. (mesure pour les proportions) diamètre d'une colonne, d'une médaille.
MODULER, v. a. é, ée, p. former un chant suivant les règles de l'art musical.
MOELLE, s. f. substance molle et grasse dans les os, dans l'intérieur du bois.
MOELLEUSEMENT, adv. d'une manière moelleuse.
MOELLEUX, EUSE, adj. rempli de moelle; souple; doux; agréable.
MOELLON, s. m. pierre à bâtir.

MOEURS, s. f. pl. habitudes; inclinations; naturel; caractère; coutumes.
MOI, pron. pers. 2 g. de la 1re pers. je; me; au pl. nous; à moi! à mon secours!
MOIGNON, s. m. reste d'un membre coupé.
MOINDRE, adj. comparatif 2 g. plus petit; moins considérable; inférieur.
MOINE, s. m. religieux séparé du monde; ustensile pour chauffer un lit.
MOINEAU, s. m. passereau; petit oiseau très-commun.
MOINS, adv. de comparaison opposé à plus; en plus petite quantité; pas autant; à moins de ou que, si ce n'est que.
MOINS, s. m. moindre étendue, moindre nombre, moindre quantité; la moindre chose; en t. d'alg., signe de soustraction.
MOIRE, s. f. étoffe de soie ondée et serrée.
MOIRÉ, ÉE, adj. étoffe comme la moire.
MOIRER, v. a. é, ée, p. donner l'apparence de la moire.
MOIREUR, s. m. ouvrier qui moire.
MOIS, s. m. (inv.) 12e partie de l'année; espace de 30 jours; prix convenu pour un mois.
MOISI, s. m. chose moisie.
MOISI, IE, adj. ce qui est moisi.
MOISIR, v. a. 1, ie, p. causer la moisissure; se —, v. pr. devenir moisi; se chancir.
MOISISSURE, s. f. altération d'une chose qui se moisit.
MOISON, s. f. bail à ferme moyennant une partie de la récolte.
MOISONIER, s. m. fermier à moison.
MOISSAC, chef-lieu d'arr. du dép. de Tarn et Garonne.
MOISSON, s. f. récolte des grains; temps, durée de cette récolte; fig. grand nombre.
MOISSONNER, v. a. et v. n. é, ée, p. faire la moisson; fig. enlever, anéantir.
MOISSONNEUR, EUSE, s. celui qui fait la moisson.

MOITE, *adj. 2 g.* un peu humide.
MOITEUR, *s. f.* état de ce qui est moite.
MOITIÉ, *s. f.* une des deux parties égales d'un tout ; *fig.* femme à l'égard du mari ; *à —, loc. adv.* à demi, en partie.
MOKA, *s. m.* café du territoire de ce nom en Arabie.
MOL, *adj. m. (fém.* molle), mou.
MOLAIRE, *adj. et s. f.* se dit des grosses dents qui servent à broyer.
MÔLE, *s. m.* muraille à l'entrée d'un port.
MOLÉCULE, *s. f.* très-petite partie d'un corps.
MOLESTER, *v. a.* é, ée, *p.* tourmenter, inquiéter.
MOLETTE, *s. f.* partie de l'éperon garnie de pointes pour piquer le cheval ; tumeur molle à la jambe des chevaux ; morceau de marbre en cône pour broyer les couleurs.
MOLLASSE, *adj. 2 g.* trop mou.
MOLLE, *s. f.* botte d'osier fendu ; paquet de cerceaux.
MOLLEMENT, *adv.* d'une manière molle ; nonchalamment ; lâchement.
MOLLESSE, *s. f.* état de ce qui est mou ; faiblesse.
MOLLET, *s. m.* le gras de la jambe ; petite frange qu'on met aux lits.
MOLLET, TTE, *adj.* un peu mou ; *pain mollet,* sorte de pain blanc et léger.
MOLLETON, *s. m.* étoffe de laine douce.
MOLLIR, *v. n.* devenir mou ; fléchir ; céder.
MOLLUSQUES, *s. m. pl.* animaux sans articulations ni vertèbres, ayant un cerveau, des nerfs et des vaisseaux.
MOMENT, *s. m.* instant ; court espace de temps ; *à tout —, adv.* sans cesse ; *du — que,* dès que ; *dans le —,* sur-le-champ.
MOMENTANÉ, ÉE, *adj.* qui ne dure qu'un moment.
MOMENTANÉMENT, *adv.* pour un moment.

MOMERIE, *s. f.* affectation ridicule ; plaisanterie ; tromperie.
MOMIE, *s. f.* corps embaumé chez les anciens Égyptiens.
MON, *adj. possess. m.* le mien, au *f.* ma ; au *pl. 2 g.* mes.
MONACAL, E, *adj. (sans pl. m.)* de moine.
MONACALEMENT, *adv.* d'une manière monacale.
MONARCHIE, *s. f.* état régi par un seul chef.
MONARCHIQUE, *adj. 2 g.* qui a rapport à la monarchie.
MONARCHIQUEMENT, *adv.* d'une manière monarchique.
MONARQUE, *s. m.* celui qui exerce seul l'autorité souveraine.
MONASTÈRE, *s. m.* couvent.
MONASTIQUE, *adj. 2 g.* qui concerne les moines.
MONCEAU, *s. m.* tas, amas.
MONDAIN, E, *adj. et s.* attaché aux vanités du monde.
MONDAINEMENT, *adv.* d'une manière mondaine.
MONDE, *s. m.* l'univers ; l'ensemble de tout ce qui existe ; gens, personnes ; la plupart des hommes ; la société.
MONDÉ, ÉE, *adj.* nettoyé.
MONDER, *v. a.* é, ée, *p.* nettoyer.
MONÉTAIRE, *adj. 2 g.* qui concerne les monnaies.
MONÉTISER, *v. a.* é, ée, *p.* donner la valeur des monnaies à des effets de papier.
MONITEUR, *s. m.* celui qui avertit, conseille ; chef de classe dans une école ; journal officiel.
MONITION, *s. f.* avertissement.
MONNAIE, *s. f.* pièce de métal ; lieu où on frappe la monnaie.
MONNAYAGE, *s. m.* fabrication de monnaie.
MONNAYER, *v. a.* é, ée, *p.* faire la monnaie.
MONNAYEUR, *s. m.* ouvrier employé à la fabrication de la monnaie.
MONOGRAMME, *s. m.* chiffre formé des lettres d'un nom entrelacées.

MONOLOGUE, *s. m.* discours d'un acteur seul en scène.

MONOPOLE, *s. m.* privilége exclusif de vendre seul certaines marchandises; conventions entre marchands pour faire hausser le prix d'une denrée; impôt onéreux sur des marchandises.

MONOPOLEUR, *s. m.* celui qui fait le monopole.

MONOSYLLABE, *s. m.* mot d'une syllabe.

MONOSYLLABIQUE, *adj. 2 g.* d'une seule syllabe.

MONOTONE, *adj. 2 g.* qui est toujours sur le même ton.

MONOTONIE, *s. f.* uniformité fatigante de ton.

MONS, *s. m.* abréviation de *monsieur*.

MONSEIGNEUR, *s. m.* titre d'honneur; (au pl. *messeigneurs*, *nosseigneurs*).

MONSEIGNEURISER, *v. a.* é, ée, *p.* donner le titre de monseigneur.

MONSIEUR, *s. m.* (pl. *messieurs*), titre donné par civilité à un homme.

MONSTRE, *s. m.* être animé qui a une conformation extraordinaire; *fig.* personne dénaturée, cruelle.

MONSTRUEUSEMENT, *adv.* prodigieusement.

MONSTRUEUX, EUSE, *adj.* qui tient du monstre; prodigieux.

MONSTRUOSITÉ, *s. f.* chose monstrueuse.

MONT, *s. m.* masse de terre élevée.

MONTAGE, *s. m.* action de monter.

MONTAGNARD, E, *adj.* et *s.* habitant des montagnes.

MONTAGNE, *s. f.* masse de terre ou de rochers.

MONTAGNEUX, EUSE, *adj.* où il y a beaucoup de montagnes.

MONTANT, *s. m.* pièce de bois ou de fer posée perpendiculairement; total d'un compte.

MONTANT, E, *adj.* ce qui monte.

MONTARGIS, chef-lieu d'arr. du dép. du Loiret.

MONTAUBAN, chef-lieu du dép. de Tarn-et-Garonne.

MONTBÉLIARD, chef-lieu d'arr. du dép. du Doubs.

MONTBRISON, chef-lieu du dép. de la Loire.

MONT-DE-MARSAN, chef-lieu du dép. des Landes.

MONT-DE-PIÉTÉ, *s. m.* lieu où l'on prête sur gages.

MONT-DIDIER, chef-lieu d'arr. du dép. de la Somme.

MONTÉ, ÉE, *adj.* mis en état; préparé; porté en haut; pourvu; *fig.* exalté.

MONTÉE, *s. f.* petit escalier; marche, degré d'un escalier; action de monter, endroit par où on monte.

MONTÉLIMART, chef-lieu d'arr. du dép. de la Drôme.

MONTER, *v. n.* se transporter en lieu plus haut que celui où l'on est : (il prend *avoir* ou *être* suivant qu'il exprime une action ou un état); s'élever; s'accroître; hausser de prix; croître; — *v. a.* é, ée, *p.* porter en haut; élever, gravir; ajuster les pièces d'un ouvrage; mettre en état de servir; monter une horloge, un instrument de musique, en tendre les ressorts, les cordes; *se monter*, *v. pr.* se procurer les choses dont on a besoin; *se monter à*, former un total de...; *se monter en...*; se pourvoir de...

MONTE-RESSORT, *s. m.* (au pl. *monte-ressorts*); instrument pour monter les pièces des armes à feu.

MONTEUR, *s. m.* ouvrier qui monte les machines; faiseur de boîtes de montres.

MONTFORT (sur Meu), chef-lieu d'arr. du dép. d'Ille-et-Vilaine.

MONTGOLFIÈRE, *s. f.* aérostat rempli de fumée; ainsi nommé du nom de l'inventeur. *Montgolfier.*

MONTICULE, *s. m.* petite élévation de terrain.

MONT-JOIE, *s. m.* ancien cri de guerre des Français; ancien titre du 1er roi d'armes de France; — *s. f.* amas de pierres fait soit pour indiquer un chemin, soit en signe de quelque événement.

MONT-LUÇON, chef-lieu d'arr. du dép. de l'Allier.

MONT-MÉDY, chef-lieu d'arr. du dép. de la Meuse.

MONT-MORILLON, chef-lieu d'arr. du dép. de la Vienne.

MONTOIR, s. m. pierre ou billot de bois dont on se sert pour monter plus aisément à cheval; *côté du montoir*, côté gauche du cheval.

MONTPELLIER, chef-lieu du dép. de l'Hérault.

MONTRE, s. f. échantillon; marchandises exposées à la vue des passants; boîte vitrée où elles sont renfermées; *fig.* apparence; étalage; petite horloge portative.

MONTRER, v. a. é, ée, p. faire ou laisser voir; indiquer; manifester; prouver; enseigner; *se montrer*, v. pr. se faire voir; faire preuve.

MONTREUIL, chef-lieu d'arr. du dép. du Pas-de-Calais.

MONTUEUX, EUSE, adj. pays coupé de montagnes.

MONTURE, s. f. bête sur laquelle on monte pour aller d'un lieu à un autre; travail du monteur; matière sur laquelle un objet est monté.

MONUMENT, s. m. marque publique pour transmettre à la postérité la mémoire d'une personne illustre, d'un fait glorieux; édifice public; tombeau.

MONUMENTAL, E, adj. qui a rapport aux monuments.

MOQUER (se), v. pr. railler; tourner en ridicule; braver; n'avoir point d'égard à...; mépriser.

MOQUERIE, s. f. action par laquelle on se moque; impertinence.

MOQUETTE, s. f. sorte d'étoffe veloutée.

MOQUEUR, EUSE, adj. et s. qui a l'habitude de se moquer.

MORAILLES, (*ll m.*) s. f. pl. tenailles pour serrer le nez d'un cheval.

MORAILLON, s. m. pièce de fer avec un anneau qui entre dans la serrure pour recevoir le pêne.

MORAINE, s. f. laine des bêtes mortes de maladie.

MORAINES, s. f. pl. maladie des chevaux.

MORAL, s. m. disposition naturelle; faculté intellectuelle.

MORAL, E, adj. (pl. m. *moraux*), qui regarde les mœurs; conforme aux bonnes mœurs; *certitude morale*, c.-à-d. fondée sur de fortes probabilités.

MORALE, s. f. science; doctrine des mœurs; traité de morale; sens moral; remontrance.

MORALEMENT, adv. suivant les lumières de la raison.

MORALISER, v. n. faire des réflexions morales. — v. a. é, ée, p. faire des remontrances.

MORALISTE, s. m. écrivain qui traite de la morale.

MORALITÉ, s. f. réflexion morale; sens moral d'une fable; rapport des actions humaines avec les principes de la morale.

MORBIDE, adj. 2 g. qui tient à l'état de maladie, qui en est l'effet; *t. de peinture*: chair vive et délicate.

MORBIDESSE, s. f. délicatesse animée des chairs.

MORBIFIQUE, adj. 2 g. qui cause la maladie.

MORBIHAN, dép. formé de la partie sud de l'anc. Bretagne.

MORBLEU, interj. sorte de jurement.

MORCEAU, s. m. partie séparée d'un corps, d'un ouvrage; portion d'une chose bonne à manger; mets.

MORCELÉ, ÉE, adj. divisé en petites parties.

MORCELER, v. a. é, ée, p. diviser par morceaux.

MORDACHE, s. f. nom de plusieurs instruments en forme de tenailles; tenaille pour remuer le gros bois dans le feu.

MORDANT, E, adj. qui mord; qui corrode.

MORDICUS, adv. avec ténacité, obstination.

MORDIENNE (à la grosse), loc. adv. sans façon, sans finesse.

MORDILLER, (*ll m.*) v. a. é, ée, p. mordre légèrement et à plusieurs reprises.

MORDORÉ, ÉE, adj. couleur brune mêlée de rouge.

MOR   MOR   335

MORDRE, *v. a. irr.* Ind. pr. je mords, tu mords, il mord ; n. mordons, v. mordez, ils mordent ; imp. je mordais, etc., n. mordions, etc. ; p. déf. je mordis, etc. n. mordîmes, v. mordîtes, ils mordirent ; cond. je mordrais, etc., n. mordrions, etc. ; imp. mords, mordons, mordez ; subj. pr. q. je morde, etc., q. n. mordions, etc. ; imp. subj. q. je mordisse, etc., q. n. mordissions, etc. ; p. pr. mordant ; p. p. mordu, e ; serrer avec les dents ; — *v. n.* médire ; critiquer, blâmer.

MORE, *s. m.* Africain des états barbaresques.

MORESQUE, *adj.* qui a rapport aux coutumes des Mores.

MORFIL, *s. m.* petits filaments d'acier au tranchant d'un instrument qui vient d'être passé sur la meule.

MORFONDRE, *v. a.* (se conj. c. fondre), causer un froid qui pénètre ; se —, *v. pr.* se refroidir ; perdre du temps à attendre.

MORFONDURE, *s. f.* maladie des chevaux saisis de froid après avoir eu chaud.

MORGUE, *s. f.* contenance grave et méprisante ; arrogance ; — à Paris, lieu d'exposition des cadavres inconnus.

MORGUER, *v. a. é, ée, p.* braver avec insolence.

MORIBOND, E, *adj.* qui va mourir.

MORIGÉNER, *v. a. é, ée, p.* former les mœurs ; corriger, faire rentrer dans le devoir.

MORILLE, (ll m.) *s. f.* sorte de champignons.

MORILLON, (ll m.) *s. m.* sorte de raisin noir.

MORLAIX, chef-lieu d'arr. du dép. du Finistère.

MORNE, *adj. 2 g.* triste, sombre.

MOROSE, *adj. 2 g.* chagrin, bizarre.

MOROSITÉ, *s. f.* caractère morose.

MORPHINE, *s. f.* principe narcotique de l'opium.

MORS, *s. m.* partie de la bride qui entre dans la bouche du cheval.

MORSURE, *s. f.* plaie, marque faite en mordant.

MORT, *s. f.* fin, cessation de la vie ; peine, douleur extrême ; — *s. m.* corps mort ; —, e, *adj.* qui a cessé de vivre.

MORTAGNE, chef-lieu d'arr. du dép. de l'Orne.

MORTAIN, chef-lieu d'arr. du dép. de la Manche.

MORTAISE, *s. f.* entaillure dans une pièce de bois pour recevoir le tenon.

MORTALITÉ, *s. f.* condition de ce qui est sujet à la mort ; mort de quantité d'hommes ou d'animaux d'une même maladie.

MORTEL, *s. m.* homme.

MORTEL, LLE, *adj.* sujet à la mort ; qui la cause ; extrême, excessif dans son genre.

MORTELLEMENT, *adv.* à mort.

MORTE-SAISON, *s. f.* temps où l'ouvrier est sans ouvrage.

MORTIER, *s. m.* vase pour piler certaines choses ; pièce d'artillerie pour lancer des bombes ; mélange de terre, de sable ou de ciment, avec de l'eau, ou de la chaux éteinte.

MORTIFÈRE, *adj. 2 g.* qui cause la mort.

MORTIFIANT, E, *adj.* qui cause de la confusion, du chagrin.

MORTIFICATION, *s. f.* action de mortifier son corps, ses sens ; chagrin causé par quelque chose d'humiliant ; accidents fâcheux ; état des chairs près de se gangrener.

MORTIFIER, *v. a. é, ée, p.* faire que la viande devienne plus tendre ; chagriner, humilier ; se —, *v. pr.* affliger son corps par des austérités.

MORT-IVRE, *adj. m.* ivre au point d'avoir perdu tout sentiment ; (au fém. on dit ivre-morte.)

MORTUAIRE, *adj. 2 g.* qui concerne les morts.

MORUE, *s. f.* poisson de mer.

MORVE, *s. f.* humeur visqueuse qui sort des narines ; — maladie contagieuse des chevaux.

MORVEUX, EUSE, *adj.* et *s.* qui a de la morve au nez; atteint de la morve.

MOSAÏQUE, *s. f.* ouvrage en pièces de pierre, d'émail, etc. de couleur formant des figures; —, *adj. 2 g.* qui vient de Moïse.

MOSCOUADE, *s. f.* sucre brut.

MOSCOVITE, *adj.* et *s.* Russe.

MOSELLE, rivière qui prend sa source dans les Vosges et se jette dans le Rhin à Coblentz; elle donne son nom à un dép. formé de la partie nord-est de l'ancienne Lorraine et de l'ancien Messin.

MOSQUÉE, *s. f.* temple des musulmans.

MOT, *s. m.* assemblage de lettres en une ou plusieurs syllabes pour exprimer une idée; ce qu'on dit ou ce qu'on écrit en peu de paroles; sentence, parole, remarque; —à—, *loc. adv.* mot pour mot.

MOT-D'ORDRE, *s. m.* mot de convention pour se reconnaître.

MOTET, *s. m.* psaume, paroles de dévotion mises en musique.

MOTEUR, *s. m.* celui qui donne le mouvement; —, TRICE, *adj.* qui imprime le mouvement (au propre et au figuré.)

MOTIF, *s. m.* ce qui meut et porte à faire une chose.

MOTION, *s. f.* proposition faite dans une assemblée.

MOTIVER, *v. a.* é, ée, *p.* alléguer les motifs d'un avis, d'un arrêt.

MOTTE, *s. f.* morceau de terre détaché du champ par la bêche ou la charrue; portion de terre adhérente aux racines d'un arbre déplanté; masse de vieux tan, ronde et aplatie, bonne à brûler.

MOTUS, *interj.* paix! silence!

MOU, *s. m.* poumon de bœuf, de veau ou d'agneau.

MOU, *adj. m.* MOLLE, au *f.* qui cède facilement au toucher; qui reçoit facilement l'impression des autres corps; *fig.* qui a peu de vigueur.

MOUCHARD, *s. m.* espion de police.

MOUCHE, *s. f.* petit insecte à ailes transparentes.

MOUCHER, *v. a.* é, ée, *p.* presser les narines pour en faire sortir les humeurs; ôter le bout du lumignon d'une chandelle.

MOUCHERON, *s. m.* sorte de petite mouche; bout de mèche qui brûle.

MOUCHETER, *v. a.* é, ée, *p.* faire de petites marques rondes sur une étoffe.

MOUCHETTES, *s. f. pl.* instrument pour moucher les chandelles.

MOUCHETURE, *s. f.* petites marques; petites taches sur la peau.

MOUCHEUR, *s. m.* qui mouche les chandelles au théâtre.

MOUCHOIR, *s. m.* linge pour se moucher.

MOUCHURE, *s. f.* lumignon coupé d'une chandelle.

MOUDRE, *v. a. irr.* Ind. pr. je mouds, tu mouds, il moud; n. moulons, v. moulez, ils moulent; imp. je moulais, etc., n. moulions, etc.; p. déf. je moulus, etc., n. moulûmes, v. moulûtes, ils moulurent; fut. je moudrai, etc., n. moudrons, etc.; cond. je moudrais, etc., n. moudrions, etc.; imper. mouds, moulez; subj. pr. q. je moule, etc., q. n. moulions, etc.; imp. subj. q. je moulusse, etc., q. n. moulussions, etc.; p. pr. moulant; p. p. moulu, e: broyer, réduire en poudre; *fig.* accabler.

MOUE, *s. f.* grimace de mécontentement.

MOUETTE, *s. f.* oiseau de mer.

MOUFETTE, *s. f.* exhalaison pernicieuse qui s'élève des mines, des souterrains, des latrines.

MOUFLE, *s. m.* vaisseau pour exposer des corps à l'action du feu, sans que la flamme y touche.

MOUILLAGE, (*ll m.*) *s. m.* fond propre pour jeter l'ancre.

MOUILLE-BOUCHE, (*ll m.*) *s. f.* poire.

MOUILLER, (*ll m.*) *v. a.* é, ée, *p.* tremper, humecter; rendre moite, humide et fondant.

MOUILLETTE, (*ll m.*) *s. f.* morceaux de pain longs et minces; *t. de mar.* jeter l'ancre.

MOUILLOIR, (ll m.) s. m. vase où l'on trempe le bout des doigts en filant.

MOUILLURE, (ll m.) s. f. action de mouiller, état de ce qui est mouillé.

MOULAGE, s. m. action de mouler, de jeter en moule.

MOULANT, s. m. garçon meunier chargé de faire moudre le grain.

MOULE, s. m. matière creusée et préparée pour donner une forme précise au métal fondu, au plâtre liquide, etc.; —, petit morceau de bois rond et plat, percé au centre, qu'on recouvre d'étoffe pour servir de bouton; —, s. f. petit coquillage qui renferme un animal bon à manger.

MOULER, v. a. é, ée, p. jeter en moule; donner la forme dans un moule.

MOULERIE, s. f. atelier où l'on jette en moule.

MOULEUR, s. m. ouvrier qui jette en moule.

MOULIÈRE, s. f. lieu où l'on pêche les moules.

MOULIN, s. m. machine pour moudre, broyer, fouler, etc.

MOULINAGE, s. m. façon donnée à la soie en la passant au moulin.

MOULINÉ, ÉE, p. p. et adj. bois —, gâté par les vers.

MOULINER, v. a. é, ée, p. passer la soie au moulin; —, creuser, en parlant des vers.

MOULINET, s. m. petit moulin; petite roue d'un moulin; tourniquet appliqué à certaines machines; machine pour la monnaie; espèce de broche de fer employée par les tireurs d'or.

MOULINIER, s. m. ouvrier qui fait le moulinage.

MOULINS, chef-lieu du dép. de l'Allier.

MOULT, (v. m.) adv. beaucoup.

MOULU, UE, adj. et p. p. de moudre, broyé; pulvérisé; froissé; fatigué.

MOULURE, s. f. ornement d'architecture.

MOURANT, s. m. celui qui se meurt; —ant, ante, adj. et p. pr. expirant, qui annonce la mort; languissant.

MOURIR, v. n. et irr. Ind. pr. je meurs, tu meurs, il meurt; n. mourons, v. mourez, ils meurent; imp. je mourais, etc., n. mourions, etc.; p. déf. je mourus, etc.; fut. je mourrai, etc.; cond. je mourrais, etc.; impér. meurs, mourons, mourez; subj. pr. que je meure, etc., que n. mourions, etc.; imp. subj. q. je mourusse, etc., q. n. mourussions, etc.; p. pr. mourant; p. p. mort, e. (Il prend le v. être dans les temps composés.) perdre la vie, cesser d'exister; s'éteindre, finir; — de, éprouver avec excès; se — v. pr. être près de mourir.

MOURON, s. m. petite plante annuelle à fleur rosacée; sorte de lézard.

MOURRE, s. f. sorte de jeu qui consiste à lever autant de doigts que l'indique celui qui commande.

MOUSQUET, s. m. ancienne arme à feu; fusil de munition.

MOUSQUETADE, s. f. décharge de mousquets.

MOUSQUETAIRE, s. m. fantassin armé d'un mousquet; militaire d'une compagnie des anciens gardes du corps du roi.

MOUSQUETERIE, s. f. décharge simultanée de mousquets.

MOUSQUETON, s. m. sorte de fusil pour la cavalerie.

MOUSSE, s. m. jeune matelot.

MOUSSE, s. f. écume qui se forme sur les liqueurs; nom générique d'une famille de plantes rampantes qui offre un grand nombre de variétés.

MOUSSELINE, s. f. toile de coton très-fine et très-claire.

MOUSSER, v. n. se dit des liqueurs sur lesquelles il se forme de la mousse; faire —, faire valoir.

MOUSSERON, s. m. petit champignon.

MOUSSERONNE, s. f. sorte de laitue.

MOUSSEUX, EUSE, adj. qui mousse.

MOUSSOIR, s. m. cylindre de bois pour délayer de la pâte, du lait caillé, etc.; pour faire mousser le chocolat.

MOUSSON, s. f. saison dans laquelle soufflent certains vents de la mer des Indes appelés aussi *Moussons*.

MOUSSU, UE, adj. couvert de mousse.

MOUSTACHE, s. f. barbe sur la lèvre supérieure; poils autour de la gueule de quelques animaux.

MOUSTIQUAIRE, s. m. rideaux qui préservent des moustiques.

MOUSTIQUE, s. f. petit insecte d'Afrique et d'Amérique dont la piqûre est douloureuse.

MOÛT, s. m. vin doux qui n'a pas encore fermenté.

MOUTARDE, s. f. graine de sénevé; cette graine réduite en poudre et délayée avec du moût ou du vinaigre.

MOUTARDIER, s. m. fabricant ou marchand de moutarde; petit vase pour la moutarde.

MOUTIER, (v. m.) s. m. monastère, couvent.

MOUTON, s. m. genre de quadrupèdes ruminants; bélier, brebis, agneau; leur viande; *fig.* personne douce; gros billot pour enfoncer les pieux; — *au pl.* vagues blanchissantes.

MOUTONNAILLE, (il m.) s. f. les gens moutonniers.

MOUTONNER, v. a. é, ée, p. friser comme la laine des moutons; —, v. n. et se —, v. pr. se crêper, en parlant des cheveux; blanchir, en parlant des ondes.

MOUTONNIER, IÈRE, adj. de la nature des moutons; qui fait ce qu'il voit faire.

MOUTURE, s. f. action de moudre le blé; salaire du meunier; mélange de froment, de seigle et d'orge.

MOUVANT, E, adj. qui a la force de mouvoir; qui se meut, qui est mobile.

MOUVEMENT, s. m. transport d'un corps d'un lieu à un autre; action du corps qui change de place; marche; agitation, *au propre et au fig.*; exercice; fermentation dans les esprits; ressort d'une horloge.

MOUVER, v. a. é, ée, p. remuer la terre d'un pot.

MOUVET ou MOUVOIR, s. m. bâton pour remuer le suif fondu.

MOUVOIR, v. a. et irr. Ind. pr. je meus, tu meus, il meut; n. mouvons, v. mouvez, ils meuvent; imp. je mouvais; etc.; p. déf. je mus, etc.; fut. je mouvrai, etc.; cond. je mouvrais, etc.; imp. meus, mouvez; subj. pr. que je meuve, etc., que n. mouvions, etc.; imp. que je musse, etc.; p. pr. mouvant; p. p. mû, mue. remuer; faire changer de place; agiter; se —, v. pr. agir, se donner du mouvement.

MOXA, s. m. substance caustique employée comme remède.

MOYEN, s. m. voie, expédient; faculté; — *au pl.* richesses, facultés naturelles; au —de, *prép.* à l'aide de.

MOYEN, NNE, adj. ni grand ni petit; médiocre; intermédiaire; entre deux extrémités.

MOYENNANT, *prépos.* au moyen de; *moyennant que*, *conj.* à condition que.

MOYENNEMENT, adv. médiocrement.

MOYER, v. a. é, ée, p. scier une pierre de taille pour faire des marches.

MOYEU, s. m. partie centrale de la roue où s'emboîtent les rais et dans le creux de laquelle entre l'essieu; — jaune d'œuf; — espèce de prune confite.

MOZARABE, s. m. chrétien d'Espagne venu des Maures et des Sarrasins; —, adj. 2 g. des Mozarabes.

MOZETTE, s. f. camail des évêques.

MUABLE, adj. 2 g. sujet au changement; l'opposé d'immuable.

MUANCE, s. f. changement d'une note en une autre.

MUANT, s. m. canal qui traverse un marais salant.

MUCILAGE, s. m. muqueux.

MUCILAGINEUX, EUSE, adj. de la nature du mucilage; qui en contient, qui en répand.

MUCOSITÉ, s. f. humeur épaisse, visqueuse.

MUCUS, s. m. mucosité.
MUE, s. f. changement de plumage dans les oiseaux, de peau dans les reptiles, de poils dans les quadrupèdes, de bois dans les cerfs; dépouilles d'un animal qui a mué; temps de la mue; lieu obscur où on enferme la volaille pour l'engraisser.
MUER, v. n. changer de plumage, de peau, de poils, de bois, de voix.
MUET, TTE, adj. qui ne parle point; qui ne peut parler; silencieux, taciturne; en t. de gram. lettre qui se prononce peu ou ne se prononce point.
MUETTE, s. f. maison de chasse pour garder les mues des cerfs, les oiseaux de fauconnerie en mue.
MUFLE, s. m. extrémité du museau.
MUFTI ou MOUFTI, s. m. chef de la religion mahométane et le souverain interprète de la loi.
MUGIR, v. n. crier, en parlant des taureaux, des bœufs et des vaches; se dit au fig. des vents et des flots, d'une personne qui a une voix retentissante.
MUGISSANT, E, adj. qui mugit.
MUGISSEMENT, s. m. cri de l'animal qui mugit; fig. bruit des flots.
MUGUET, s. m. plante printanière, à fleur odoriférante; homme recherché dans sa parure.
MUGUETER, v. a. é, ée, p. faire le muguet.
MUID, s. m. mesure de 288 pintes pour les liquides; mesure pour les grains, le sel, etc.
MUIRE, s. f. eau dont on tire le sel.
MULÂTRE, adj. et s. 2 g. (on ne doit pas dire mulâtresse au fém.) né d'un blanc et d'une négresse, ou d'un nègre et d'une blanche.
MULE, s. f. femelle du mulet; espèce de chaussure; pantoufle du pape; ferrer la mule, profiter sur les achats faits pour un autre.
MULET, s. m. bête de somme engendrée d'un cheval et d'une ânesse, ou d'un âne et d'une jument; — tout animal provenu de deux animaux de différentes espèces.
MULETIER, s. m. conducteur de mulets.
MULON, s. m. grand tas de sel formé sur le bord de la mer; meule de foin.
MULOT, s. m. souris des champs; quadrupède rongeur.
MULQUINERIE, s. f. métier, commerce du mulquinier.
MULQUINIER, s. m. celui qui prépare le fil à dentelle, qui en fait commerce.
MULTICAPSULAIRE, adj. 2 g. qui a plusieurs capsules.
MULTICAULE, adj. 2 g. qui a beaucoup de tiges.
MULTIFLORE, adj. 2 g. qui a un grand nombre de fleurs.
MULTIFORME, adj. 2 g. qui a plusieurs formes (opposé à uniforme).
MULTIPLE, adj. 2 g. et s. m. se dit d'un nombre qui en contient un autre plusieurs fois sans reste.
MULTIPLIABLE, adj. 2 g. qui peut être multiplié.
MULTIPLIANT, s. m. verre taillé à facettes pour multiplier les objets.
MULTIPLICANDE, s. m. nombre à multiplier par un autre.
MULTIPLICATEUR, s. m. nombre par lequel on en multiplie un autre.
MULTIPLICATION, s. f. augmentation en nombre; — opération d'arithmétique par laquelle on répète un nombre autant de fois qu'il y a d'unités dans un autre nombre donné.
MULTIPLIER, v. a. é, ée, p. (se conj. sur prier) augmenter un nombre, une quantité; faire une multiplication; —, v. n. croître en nombre; se —, v. pr. faire plusieurs choses en même temps; agir avec célérité.
MULTITUDE, s. f. grand nombre de personnes ou de choses; le vulgaire.
MULTIVALVES, s. f. pl. coquilles composées de plusieurs pièces.

MUNICIPAL, *s. m.* (*pl.* —*aux*) membre d'une municipalité.

MUNICIPAL, E, *adj.* qui appartient à une municipalité.

MUNICIPALISER, *v. a.* é, ée, *p.* soumettre au régime municipal.

MUNICIPALITÉ, *s. f.* circonscription de territoire administré par des municipaux; corps des municipaux; lieu de leurs séances.

MUNIFICENCE, *s. f.* penchant à faire de grandes largesses.

MUNIR, *v. a.* 1, ie, *p.* pourvoir, garnir, fournir de...; fortifier; se —, *v. pr.* se pourvoir, s'armer de...

MUNITION, *s. f.* provision; *au pl.* provisions de guerre.

MUNITIONNAIRE, *s. m.* celui qui fournit les munitions.

MUQUEUX, *s. m.* substance visqueuse et fade, un des principes immédiats des végétaux; —, euse, *adj.* qui a de la mucosité.

MUR, *s. m.* ouvrage de maçonnerie qui renferme un espace, ou le sépare d'un autre; *mettre au pied du —*, *prov.* forcer à prendre un parti.

MÛR, E, *adj.* parvenu à sa maturité; réfléchi, posé.

MURAILLE, (*ll m.*) *s. f.* enceinte de pierres qui couvre, défend, fortifie; partie de la roche sur laquelle le charbon de terre est appuyé dans les mines.

MURAL, E, *adj.* couronne —, que les Romains donnaient à celui qui était monté le premier à l'assaut; — *t. de bot.* qui croît sur les murs.

MURAT, chef-lieu d'arr. du dép. du Cantal.

MÛRE, *s. f.* fruit du mûrier.

MÛREMENT, *adv.* avec attention; avec réflexion.

MURÈNE, *s. f.* sorte de poisson qui ressemble à l'anguille.

MURER, *v. a.* é, ée, *p.* entourer, fermer de murs, boucher une ouverture avec de la maçonnerie.

MURET, chef-lieu d'arr. du dép. de la Haute-Garonne.

MUREX, *s. m.* coquille hérissée de pointes.

MURIATE, *s. m.* nom générique des sels formés par la combinaison de l'acide muriatique avec différentes bases.

MURIATIQUE, *adj. m.* acide —, qui, avec la soude, constitue le sel marin.

MÛRIER, *s. m.* arbre qui porte les mûres.

MÛRIR, *v. a.* 1, ie, *p.* rendre mûr; —, *v. n.* devenir mûr.

MURMURE, *s. m.* bruit sourd et confus; plaintes.

MURMURER, *v. n.* se plaindre sourdement, faiblement.

MUSARAIGNE, *s. f.* (*gn m.*) espèce de souris des champs.

MUSARD, E, *adj.* et *s.* qui perd son temps à des riens.

MUSC, *s. m.* quadrupède ruminant du genre du chevrotin; — parfum qu'il produit.

MUSCADE, *s. f.* noix aromatique du muscadier; —, *adj.* qui sent le musc.

MUSCADELLE, *s. f.* espèce de poire qui sent un peu le musc.

MUSCADET, *s. m.* sorte de vin, de raisin muscat.

MUSCADIER, *s. m.* arbre des Indes qui porte la muscade: il ressemble assez au pêcher.

MUSCADIN, *s. m.* petite pastille musquée; —, petit-maître.

MUSCARDIN, *s. m.* sorte de loir; —*volant*, espèce de chauve-souris.

MUSCARI, *s. m.* plante bulbeuse, espèce de jacinthe.

MUSCAT, *s. m.* raisin ou vin muscat.

MUSCAT, E, *adj.* qui a le parfum du musc.

MUSCLE, *s. m.* partie charnue et fibreuse qui est l'organe des mouvements de l'animal.

MUSCLÉ, ÉE, *adj.* qui a les muscles bien marqués.

MUSCOSITÉ, *s. f.* sorte de mousse ou de velouté qui se trouve dans le ventricule des ruminants.

MUSCULAIRE, *adj. 2 g.* qui concerne les muscles.

MUSCULE, *s. m.* petit mustle de la cuisse ; — machine de guerre des anciens.

MUSCULEUX, EUSE, adj. plein de muscles; de la nature des muscles ; partie —, vigoureuse et charnue.

MUSE, s. f. chacune des 9 déesses qui, suivant la Fable, présidaient aux arts libéraux ; — au pl. poésie, belles-lettres ; fig. génie inspirateur, talent poétique.

MUSEAU, s. m. partie de la tête de quelques animaux, qui comprend la gueule et le nez ; accoudoir des stalles d'un chœur ; partie du panneton d'une clef.

MUSÉE, s. m. lieu où sont rassemblés des monuments relatifs aux arts, aux sciences et aux lettres ; lieu destiné à l'étude de ces monuments.

MUSELER, V. EMMUSELER.

MUSELIÈRE, s. f. liens dans lesquels on enferme le museau, ou le mufle de quelques animaux, pour les empêcher de mordre ou de paître.

MUSER, v. n. s'amuser à des riens.

MUSEROLLE, s. f. partie de la bride du cheval au-dessus du nez.

MUSETTE, s. f. instrument de musique, à vent ; air fait pour cet instrument.

MUSÉUM, s. m. musée.

MUSICAL, E, adj. qui appartient, qui a rapport à la musique.

MUSICALEMENT, adv. selon les règles de la musique.

MUSICIEN, NNE, s. qui sait, qui enseigne la musique, celui qui fait profession d'en composer, ou d'en exécuter.

MUSIQUE, s. f. science du rapport et de l'accord des sons ; art de composer des chants, des airs ; concert de voix ou d'instruments ; compagnie de musiciens.

MUSOPHAGE, s. m. genre d'oiseaux sylvains frugivores.

MUSQUÉ, ÉE, adj. parfumé de musc ; qui sent le musc ; fig. doux, flatteur.

MUSQUER, v. a. é, ée, p. parfumer avec du musc.

MUSQUIER ou MUSQUINIER, s. m. nom donné, en Picardie, aux tisserands qui font de la batiste.

MUSULMAN, E, s. et adj. mahométan.

MUTABILITÉ, s. f. qualité de ce qui est sujet à changer.

MUTATION, s. f. changement ; révolution ; remplacement d'un objet par un autre.

MUTILATEUR, s. m. celui qui mutile.

MUTILATION, s. f. retranchement d'un membre ; action de mutiler.

MUTILER, v. a. é, ée, p. retrancher un ou plusieurs membres ; briser, détruire ; se, — v. pr. s'estropier.

MUTIN, E, adj. et s. obstiné, querelleur, séditieux.

MUTINER (se) v. pr. é, ée, p. s'obstiner, se révolter.

MUTINERIE, s. f. opiniâtreté ; obstination ; révolte ; sédition.

MUTISME, s. m. état de celui qui est muet.

MUTUALITÉ, s. f. état de ce qui est mutuel.

MUTUEL, LLE, adj. réciproque entre deux ou plusieurs personnes (ce mot emporte l'idée d'échange libre, volontaire ; réciproque entraîne l'idée d'un retour dû ou exigé); enseignement —, par lequel les enfants s'instruisent les uns les autres.

MUTUELLEMENT, adv. d'une manière mutuelle.

MYCÉTOLOGIE, s. f. traité des champignons.

MYIOLOGIE, s. f. traité des mouches.

MYOGRAPHIE, s. f. description des muscles.

MYOLOGIE, s. f. traité des muscles.

MYOPE, adj. et s. 2 g. qui a la vue courte.

MYOPIE, s. f. vue courte.

MYOTOMIE, s. f. traité de la dissection des muscles.

MYRIADE, s. f. nombre de dix mille ; fig. nombre infini.

MYRIAGRAMME, s. m. mesure de pesanteur, dix mille grammes ; environ 20 livres 7 onces.

MYRIALITRE, s. m. mesure de capacité, dix mille litres.

MYRIAMÈTRE, s. m. mesure itinéraire, dix mille mètres, environ 2 lieues.

MYRIARE, s. m. mesure de superficie, dix mille ares.

MYROBOLAN, s. m. fruit des Indes desséché, gros comme la prune, et qui a la forme du gland.

MYROBOLANIER, s. m. arbre qui porte les myrobolans.

MYRRHE, s. f. gomme; résine odorante.

MYRRHÉ, ÉE, adj. où il y a de la myrrhe.

MYRRHIS, s. m. cerfeuil musqué, ou cicutaire odorante.

MYRTE, s. m. arbrisseau toujours vert, à fleurs rosacées.

MYSTÈRE, s. m. ce qui est caché, inaccessible à la raison humaine; chose incompréhensible; secret; représentation de drames pieux dans l'enfance de l'art dramatique.

MYSTÉRIEUSEMENT, adv. d'une façon mystérieuse.

MYSTÉRIEUX, EUSE, adj. qui contient quelque secret, quelque sens caché; personne qui cache quelque chose.

MYSTICISME, s. m. système mystique; amour de la mysticité.

MYSTICITÉ, s. f. raffinement de dévotion.

MYSTIFICATEUR, s. m. celui qui aime, qui cherche à mystifier.

MYSTIFICATION, s. f. action de mystifier ; chose qui mystifie.

MYSTIFIER, v. a. é, ée, p. (se conj. c. prier). abuser de la crédulité de quelqu'un pour le rendre ridicule.

MYSTIQUE, s. m. dévot contemplatif ; — adj. 2 g. figuré, allégorique.

MYSTIQUEMENT, adv. dans le sens allégorique.

MYTHOLOGIE, s. f. histoire fabuleuse des dieux, des demi-dieux et des héros de l'antiquité; science de la religion païenne.

MYTHOLOGIQUE, adj. 2 g. qui a rapport à la mythologie.

MYTHOLOGISTE, ou MYTHOLOGUE, s. m. celui qui explique les allégories de la Fable.

N.

N (enne), s. f. suivant l'épellation ancienne; (ne) s. m. suiv. l'épellation moderne : lettre consonne, 14e de l'alphabet ; — lettre numérale valant 900 en chiffres romains, et, avec un trait au-dessus, 9,000.

NABOT, E, s. personne de très-petite taille.

NACARAT, s. m. et adj. inv. couleur d'un rouge clair, entre le cerise et le rose.

NACELLE, s. f. petit bateau.

NACRE, s. f. coquillage des Indes orientales; partie brillante de l'écaille, d'une couleur argentée et d'un rouge tendre; cette écaille.

NACRÉ, ÉE, adj. qui a l'apparence de la nacre.

NADIR, s. m. (t. d'astr.) point du ciel directement opposé au zénith, ou point vertical.

NAGE, s. f. à la —, en nageant; en —, en sueur.

NAGEANT, E, adj. étendu sur l'eau.

NAGÉE, s. f. espace d'eau parcouru en nageant.

NAGEOIRE, s. f. membrane des poissons qui leur sert à nager; calebasse adaptée sous les bras pour se soutenir sur l'eau quand on apprend à nager; plateau de bois flottant sur les seaux des porteurs d'eau.

NAGER, v. n. se soutenir sur l'eau; flotter sur l'eau sans aller à fond; ramer, t. de batelier.

NAGEUR, EUSE, s. qui nage, qui sait nager.

NAGUÈRE, ou naguères, adv. récemment, il n'y pas longtemps.

NAÏADE, s. f. nymphe des eaux.

NAÏF, s. m. ingénuité ; —, ive, adj. naturel ; simple, ingénu.

NAIN, E. adj. et s. d'une taille

NAISSANCE, s. f. commencement de la vie; origine, extraction, race noble.

NAISSANT, E, adj. qui naît, qui commence.

NAÎTRE, v. n. irr. prendre naissance; commencer. Ind. pr. je nais, tu nais, il naît; n. naissons, v. naissez, ils naissent; imp. je naissais, etc., n. naissions, etc.; p. déf. je naquis, etc., n. naquîmes, v. naquîtes, ils naquirent; fut. je naîtrai, etc., n. naîtrons, etc.; cond. je naîtrais, etc.; n. naîtrions, etc.; subj. pr. q. je naisse, etc., q. n. naissions, etc.; imp. subj. q. je naquisse, etc., q. n. naquissions, etc.; p. pr. naissant, p. p. né, ée.

NAÏVEMENT, adv. avec naïveté.

NAÏVETÉ, s. f. ingénuité, simplicité, grâce naturelle.

NANAN, s. m. friandise, t. d'enfants.

NANCY, chef-lieu du dép. de la Meurthe.

NANKIN, s. m. étoffe de coton de la Chine.

NANTAIS, E, adj. et s. de Nantes.

NANTES, chef-lieu du dép. de la Loire-Inférieure.

NANTIR, v. a. 1, ie, p. donner des gages pour assurance d'une dette; se —, v. pr. se saisir d'une chose en garantie.

NANTISSEMENT, s. m. ce qu'on donne en garantie.

NANTUA, chef-lieu d'arr. du dép. de l'Ain.

NAPOLÉON, s. m. pièce d'or française de 20, et de 40 francs.

NAPOLITAIN, E, adj. et s. de Naples.

NAPPE, s. f. linge dont on couvre la table à manger; linge qui couvre l'autel; — d'eau, chute d'eau qui tombe en manière de nappe.

NARBONNE, chef-lieu d'arr. du dép. de l'Aude.

NARCISSE, s. m. plante bulbeuse, sa fleur.

NARCOTIQUE, adj. 2 g. et s. m. qui assoupit.

NARD, s. m. plante aromatique.

NARGUE, s. t. de mépris qui marque qu'on fait peu de cas d'une personne ou d'une chose; il n'admet ni article ni épithète.

NARGUER, v. a. é, ée, p. faire nargue; braver avec mépris.

NARINE, s. f. chacune des deux ouvertures du nez de l'homme et de certains animaux.

NARRATEUR, s. m. qui narre, raconte.

NARRATIF, IVE, adj. qui appartient à la narration.

NARRATION, s. f. récit historique, oratoire, ou poétique; exposition de faits.

NARRÉ, s. m. récit, discours pour raconter.

NARRER, v. a. é, ée, p. raconter, faire un récit détaillé.

NASAL, E, adj. qui appartient au nez; t. de gramm. son —, modifié par le nez.

NASALEMENT, adv. avec un son nasal.

NASALITÉ, s. f. qualité du son nasal.

NASEAU, s. m. narine des animaux.

NASILLARD, E, (ll m.) adj. qui vient du nez; — s. qui nasille, qui parle du nez.

NASILLER, (ll m.) v. n. é, ée, p. parler du nez.

NASSE, s. f. instrument d'osier servant à prendre du poisson.

NATAL, E, adj. où l'on est né. Le masc. n'a point de pl.

NATATION, s. f. action, art de nager; école de —, où l'on apprend à nager.

NATIF, IVE, adj. lieu où l'on est né; —, apporté en naissant.

NATION, s. f. tous les habitants d'un même état, d'un même pays, qui vivent sous les mêmes lois, parlent la même langue; peuple.

NATIONAL, E, adj. qui concerne toute une nation, qui est de la nation.

NATIONALEMENT, adv. d'une manière nationale.

NATIONALISER, *v. a.* é, ée, *p.* rendre national, faire adopter par la nation.
NATIONALITÉ, *s. f.* caractère national.
NATIONAUX, *s. m. pl.* les naturels du pays.
NATIVITÉ, *s. f.* terme consacré pour la naissance de N. S, de la Ste. Vierge, et de quelques saints.
NATTE, *s. f.* tissu de paille et de jonc; tresse de fil, etc.
NATTER, *v. a.* é, ée, *p.* couvrir de nattes; tresser en natte.
NATTIER, *s. m.* qui fait et vend des nattes.
NATURALISATION, *s. f.* action de naturaliser; effet des lettres de naturalité.
NATURALISER, *v. a.* é, ée, *p.* donner à un étranger les droits des naturels d'un pays; — *t. de gramm.* faire passer un mot d'une langue dans une autre.
NATURALISME, *s. m.* qualité de ce qui est produit par une cause naturelle.
NATURALISTE, *s. m.* qui se livre à l'étude de l'histoire naturelle.
NATURALITÉ, *s. f.* état de celui qui est né dans le pays qu'il habite.
NATURE, *s. f.* l'universalité des choses créées; l'ordre, les lois qui les gouvernent; inclination, penchant, caractère, complexion.
NATUREL, *s. m.* propriété qui tient à la nature de la chose; inclination, humeur naturelle; sentiment d'affection, humanité, compassion; — *au pl.* habitants originaires d'un pays.
NATUREL, LLE, *adj.* qui appartient à la nature; qui n'est point déguisé, fardé; facile, sans contrainte.
NATURELLEMENT, *adv.* par l'impulsion, la force de la nature; d'une manière naïve, naturelle; avec franchise.
NAUFRAGE, *s. m.* submersion, perte d'un vaisseau; *fig.* ruine, malheur, destruction.
NAUFRAGÉ, ÉE, *adj.* qui a péri, qui s'est perdu dans un naufrage.

NAUFRAGER, *v. n.* faire naufrage.
NAULAGE, *s. m.* prix que les passagers paient au maître d'un vaisseau, au batelier, pour traverser une rivière.
NAUSÉABONDE, *adj.* 2 g. qui cause des nausées.
NAUSÉE, *s. f.* envie de vomir.
NAUTIQUE, *adj.* 2 g. qui appartient, qui a rapport à la navigation.
NAUTONNIER, *s. m.* qui conduit un navire, une barque.
NAVAL, E., *adj. sans pl. m.* qui concerne les vaisseaux, la navigation.
NAVÉE, *s. f.* charge d'un bateau.
NAVET, *s. m.* espèce de racine blanche bonne à manger.
NAVETTE, *s. f.* navet sauvage dont on tire de l'huile bonne à brûler; instrument de tisserand pour faire courir le fil de la trame.
NAVIGABLE, *adj.* 2 g. où l'on peut naviguer.
NAVIGATEUR, *s. m.* qui fait sur mer des voyages de long cours.
NAVIGATION, *s. f.* voyage sur mer, sur les grandes rivières; art de naviguer.
NAVIGUER, *v. n.* aller sur mer, sur les grands fleuves; conduire un vaisseau.
NÉANMOINS, *adv.* toutefois, pourtant, cependant.
NÉANT, *s. m.* rien; non-existence; condition de ce qui est périssable; manque de valeur.
NÉBULEUX, EUSE, *adj.* obscurci par les nuages.
NÉCESSAIRE, *s. m. (sans pl.)* ce qui est essentiel, indispensable; boîte qui renferme différentes choses utiles en voyage; — *adj.* 2 g. *var.* dont on ne peut se passer.
NAVILLE, (*il m.*) *s. f.* petit canal qui conduit les eaux pour féconder les terres.
NAVIRE, *s. m.* bâtiment à voiles et à gouvernail pour aller sur mer.
NAVRER, *v. a.* é, ée, *p.* affliger extrêmement.

NAZAREEN, NNE, *adj.* sectaire juif qui honorait J. C. comme un homme juste et saint.

NE, particule négative.

NÉ, ÉE, *adj., s. et p. p.* du v. naître.

NÉCESSAIREMENT, *adv.* par un besoin absolu; infailliblement.

NÉCESSITÉ, *s. f.* tout ce qui est nécessaire, indispensable; besoin pressant; indigence; *au pl.* les choses nécessaires à la vie.

NÉCESSITER, *v. a.* é, ée, *p.* contraindre, réduire à la nécessité de...

NÉCESSITEUX, EUSE, *adj.* pauvre, indigent.

NÉCROLOGIE, *s. f.* notice historique sur un mort.

NÉCROMANCE, NÉCROMANCIE, *s. f.* art prétendu d'évoquer les morts pour connaître l'avenir.

NÉCROMANCIEN, NNE, *s.* magicien.

NECTAIRE, *s. m. t. de bot.* réservoir des fleurs contenant le suc dont les abeilles font leur miel.

NECTAR, *s. m.* liqueur, vin délicieux.

NEF, *s. f.* partie d'une église depuis la grande porte jusqu'au chœur; navire.

NÉFASTE, *adj. 2 g. jour —,* jour de tristesse et de deuil en mémoire d'un désastre.

NÈFLE, *s. f.* fruit du néflier.

NÉFLIER, *s. m.* arbre qui produit les nèfles.

NÉGATIF, IVE, *adj.* qui nie; qui exprime une négation.

NÉGATION, *s. f.* action de nier; particule qui sert à nier.

NÉGATIVE, *s. f.* proposition qui nie.

NÉGATIVEMENT, *adv.* d'une manière négative.

NÉGLIGÉ, *s. m.* costume d'une personne qui n'est point parée.

NÉGLIGEMMENT, *adv.* avec négligence.

NÉGLIGENCE, *s. f.* manque de soin, d'application; nonchalance.

NÉGLIGENT, E, *adj.* nonchalant, qui a peu de soin.

NÉGLIGER, *v. a.* é, ée, *p.* ne pas avoir le soin nécessaire de... ne pas faire par insouciance; *se* — *v. pr.* n'avoir pas soin de soi; remplir moins exactement son devoir.

NÉGOCE, *s. m.* commerce en gros; échange, trafic.

NÉGOCIABLE, *adj. 2 g.* qui peut se négocier.

NÉGOCIANT, *s. m.* qui fait le négoce, le commerce en grand.

NÉGOCIATEUR, TRICE, *s.* qui négocie quelque affaire générale ou particulière.

NÉGOCIATION, *s. f.* art ou action de négocier, affaire qu'on négocie.

NÉGOCIER, *v. n.* faire négoce; trafiquer; — *v. a.* é, ée, *p.* traiter une affaire avec quelqu'un.

NÈGRE, SSE, *s.* habitant de l'Afrique dont la peau est naturellement noire; esclave noir employé aux travaux des colonies.

NÉGRIER, *s.* et *adj. m.* vaisseau qui sert à la traite des nègres.

NÉGRILLON, NNE, *s.* petit nègre.

NEIGE, *s. f.* eau condensée qui retombe en flocons blancs; — blancheur extrême.

NEIGER, *v. impers.* se dit de la neige qui tombe.

NEIGEUX, EUSE, *adj.* chargé de neige.

NENNI, *partic. négat.* non.

NÉNUFAR, *s. m.* plante aquatique.

NÉOGRAPHE, *s.* et *adj. 2 g.* ou **NÉOGRAPHISTE,** *s. m.* novateur en orthographe.

NÉOGRAPHIE, *s. f.* ou **NÉOGRAPHISME,** *s. m.* manière d'orthographier contraire à l'usage.

NÉOLOGIE, *s. f.* emploi de mots nouveaux ou d'anciens mots dans un sens nouveau.

NÉOLOGIQUE, *adj.* 2 g. qui a rapport à la néologie.

NÉOLOGISME, *s. m.* abus de néologie.

NÉOLOGUE, *s. m.* qui affecte l'emploi des mots nouveaux.

NÉOPHYTE, *s. m.* nouveau converti à la religion catholique; nouvellement baptisé.

NÉORAMA, *s. m.* panorama circulaire d'un édifice.

NÉPHRÉTIQUE, *s. f. et adj.* 2 g. douleurs de reins; remèdes propres à les guérir; — *s. m.* celui qui est atteint de la néphrétique.

NÉPOTISME, *s. m.* influence exercée par les neveux, par les parents d'un pape.

NEPTUNE, *s. m.*, dieu de la mer.

NÉRAC, chef-lieu d'arr. du dép. de Lot-et-Garonne.

NÉRÉIDE, *s. f.* divinité de la mer.

NERF, *s. m.* tendon des muscles; cordons blanchâtres, organe général des sensations; cordelettes au dos d'un livre.

NERPRUN, *s. m.* arbrisseau à baies purgatives.

NERVEUX, EUSE, *adj.* plein de nerfs; fort, vigoureux; dont les nerfs sont attaqués.

NESTOR, *s. m.* vieillard sage et expérimenté.

NET, TTE, *adj.* propre; clair, uni, sans tache; sans embarras, sans ambiguïté; *mettre au net*, faire une copie correcte; *net*, *adv.* tout d'un coup; franchement.

NETTEMENT, *adv.* avec netteté; d'une manière claire, intelligible; franchement.

NETTETÉ, *s. f.* propreté; qualité de ce qui est net.

NETTOIEMENT, *s. m.* action de nettoyer.

NETTOYAGE, *s. m.* nettoiement.

NETTOYER, *v. a.* é, ée, *p.* rendre net; ôter les taches, les ordures.

NEUF, *s. m.* ce qui est nouveau, chose nouvelle; —, *neuve*, *adj.* fait depuis peu, nouveau; malhabile; *bois neuf*, qui n'a pas flotté.

NEUFCHÂTEAU, chef-lieu d'arr. du dép. des Vosges.

NEUFCHÂTEL, chef-lieu d'arr. du dép. de la Seine-Infér.

NEUTRALEMENT, *adv. t.* de *gramm.* dans un sens neutre; d'une manière neutre.

NEUTRALISATION, *s. f.* action de neutraliser, ses effets.

NEUTRALISER, *v. a.* é, ée, *p.* rendre neutre, nul; annuler; mitiger l'effet d'un principe.

NEUTRALITÉ, *s. f.* état de celui qui reste neutre.

NEUTRE, *adj.* 2 g. qui ne prend pas de parti entre deux états, deux personnes dont les intérêts sont opposés; *t. de gramm.* nom —, qui n'est ni féminin ni masculin; *verbe* —, qui n'a pas de régime direct.

NEUVAINE, *s. f.* prières, dévotions faites neuf jours de suite.

NEUVIÈME, *adj.* 2 g. neuvième partie; — *s.* 2 g. qui occupe le rang entre le 8e et le 10e.

NEUVIÈMEMENT, *adv.* en neuvième lieu.

NEVERS, chef-lieu du dép. de la Nièvre.

NEVEU, *s. m.* fils du frère ou de la sœur, (*au pl. neveux*.)

NEZ, *s. m.* partie éminente du visage entre le front et la bouche; organe de l'odorat; partie de l'avant du vaisseau.

NI, particule conjonctive et négative.

NIABLE, *adj.* 2 g. qui peut être nié.

NIAIS, E, *adj. et s.* simple, sans expérience, sans usage du monde.

NIAISEMENT, *adv.* d'une façon niaise.

NIAISER, *v. n.* s'amuser à des riens.

NIAISERIE, *s. f.* bagatelle, chose frivole; caractère de celui qui est niais.

NICHE, *s. f.* enfoncement dans l'épaisseur d'un mur pour y placer une statue; tour de malice ou d'espièglerie.

NICHÉE, *s. f.* couvée d'oiseaux encore dans le nid.

NICHER, *v. a. é, ée, p.* placer en quelque endroit élevé ; —*v. n.* faire son nid, (se dit des oiseaux) ; *se —, v. pr.* se loger.

NICHET, *s. m.* œuf mis dans un nid pour attirer les poules et les y faire pondre.

NICHOIR, *s. m.* cage propre à mettre couver des serins.

NICKEL, *s. m.* métal gris, grenu, dur et peu ductile.

NICODÈME, *s. m.* grand niais.

NID, *s. m.* petit logement où l'oiseau pond, fait éclore ses petits et les élève.

NIÈCE, *s. f.* fille du frère ou de la sœur.

NIELLE, *s. f.* maladie des plantes qui convertit les grains en poussière noire.

NIELLER, *v. a. é, ée, p.* gâter par la nielle.

NIER, *v. a. é, ée, p. et v. n.* dire qu'une chose n'est pas vraie ; n'en pas reconnaître la réalité.

NIÈVRE (la), petite rivière qui se jette dans la Loire à Nevers et qui donne son nom au dép. formé de l'ancien Nivernais.

NIGAUD, E, *adj. et s.* sot, niais.

NIGAUDER, *v. n.* faire des nigauderies.

NIGAUDERIE, *s. f.* niaiserie.

NILLE, (*ll m.*) *s. f.* petit filet rond qui sort du bois de la vigne en fleur.

NIMBE, *s. m.* auréole autour de la tête des saints.

NÎMES, chef-lieu du dép. du Gard.

NIONS, chef-lieu d'arr. du dép. de la Drôme.

NIORT, chef-lieu du dép. des Deux-Sèvres.

NIPPE, *s. f.* habits, meubles ; tout ce qui sert à l'ajustement.

NIPPER, *v. a. é, ée, p.* fournir de nippes.

NIQUE, *s. f.* signe de mépris, de moquerie.

NITOUCHE, *s. f.* faire la sainte —, feindre de ne pas désirer ce qu'on souhaite vivement ; affecter un faux air de douceur.

NITRATE, *s. m.* nom générique des sels formés par la combinaison de l'acide nitrique avec une autre substance.

NITRE, *s. m.* salpêtre.

NITREUX, EUSE, *adj.* qui tient du nitre.

NITRIÈRE, *s. f.* lieu où se forme le nitre.

NITRIQUE, *adj. m.* acide —, formé d'azote et d'oxigène.

NITRITE, *s. m.* nom générique des sels formés par la combinaison de l'acide nitreux avec d'autres substances.

NIVEAU, *s. m.* instrument pour connaître si un plan est horizontal ; parité de rang, de mérite.

NIVELER, *v. a. é, ée, p.* mesurer avec le niveau ; mettre de niveau.

NIVELEUR, *s. m.* celui qui nivelle ; partisan de l'égalité.

NIVELLEMENT, *s. m.* action de niveler.

NIVERNAIS, ancien gouvernement formant aujourd'hui le dép. de la Nièvre.

NIVÔSE, *s. m.* 4e mois de l'année républicaine, du 21 décembre au 19 janvier.

NOBILIAIRE, *s. m.* registre des familles nobles ; —, *adj. 2 g.* des nobles.

NOBILISSIME, *adj. 2 g.* superlatif de noble.

NOBLE, *adj. 2 g.* placé par son rang, sa naissance, au-dessus des autres hommes ; illustre, distingué ; —, *s. m.* qui appartient au corps de la noblesse.

NOBLEMENT, *adv.* avec noblesse.

NOBLESSE, *s. f.* qualité par laquelle on est noble ; élévation de sentiments, de pensées.

NOCE, *s. f.* mariage ; festin, réjouissances qui l'accompagnent ; assemblée des personnes qui s'y trouvent.

NOCTURNE, *adj. 2 g.* qui arrive durant la nuit ; qui veille la nuit.

NOËL, *s. m.* fête de la nativité de J.-C. ; cantiques sur cette fête.

NOEUD, *s. m.* enlacement d'une chose pliante, comme ruban, fil, etc. ; difficulté, point essentiel d'une affaire ; attachement, union conjugale; partie plus dure dans le cœur du bois.

NOGENT-LE-ROTROU, chef-lieu d'arr. du dép. d'Eure-et-Loir.

NOGENT-SUR-SEINE, chef-lieu d'arr. du dép. de l'Aube.

NOIR, E, *adj.* la couleur la plus obscure; livide, meurtri; sale, crasseux; triste, mélancolique; *noir,* *s. m.* couleur noire; nègre.

NOIRÂTRE, *adj.* 2 g. tirant sur le noir.

NOIRAUD, E, *adj.* qui a les cheveux noirs et le teint brun.

NOIRCEUR, *s. f.* qualité de ce qui est noir; action infâme, atrocité; malignité criminelle.

NOIRCIR, *v. a.* i, ie, *p.* rendre noir; diffamer, faire passer pour méchant, infâme; —, *v. n.* devenir noir.

NOIRCISSURE, *s. f.* tache de noir.

NOIRE, *s. f.* note de musique qui vaut la moitié d'une blanche.

NOISE, *s. f.* querelle, dispute.

NOISETIER, *s. m.* coudrier; arbre qui produit les noisettes.

NOISETTE, *s. f.* fruit du noisetier; sorte de petite noix.

NOIX, *s. f.* fruit du noyer, du cocotier, etc.

NOLIS, NOLISSEMENT ou **NAULAGE,** *s. m.* fret; ou louage d'un vaisseau, etc.

NOLISER, *v. a.* é, ée, *p.* fréter.

NOM, *s. m.* terme qui sert à désigner une personne ou une chose; dénomination; titre; réputation bonne ou mauvaise; naissance; qualité en vertu de laquelle on agit.

NOMADE, *adj.* et *s.* 2 g. errant, sans habitation fixe.

NOMBRE, *s. m.* collection d'unités; quantité, multitude; *t. de gramm.* terminaison qui, à l'idée principale d'un mot, ajoute l'idée accessoire de quantité.

NOMBRER, *v. a.* é, ée, *p.* compter, calculer, supputer les unités d'une quantité.

NOMBREUX, EUSE, *adj.* en grand nombre.

NOMBRIL, *s. m.* creux au milieu du ventre de l'homme; cavité dans les fruits opposée à la queue.

NOMENCLATURE, *s. f.* collection des mots propres aux différentes parties d'une science, d'un art; méthode pour les classer.

NOMINAL, E, *adj.* appel —, en appelant par les noms; *valeur* —, exprimée par le nom de certaines pièces de monnaie.

NOMINATIF, *s. m.* le sujet du verbe.

NOMINATION, *s. f.* droit, action de nommer à une charge; ses effets.

NOMINATIVEMENT, *adv.* en désignant le nom.

NOMMÉMENT, *adv.* avec désignation par le nom.

NOMMER, *v. a.* é, ée, *p.* donner, imposer un nom; dire le nom d'une personne, d'une chose; choisir, désigner pour un emploi; *à point* —, *adv.* précisément, fort à propos.

NON, *s. m.* particule négative.

NONAGÉNAIRE, *adj.* 2 g. âgé de quatre-vingt-dix ans.

NONANTE, *adj. numér.* neuf fois dix.

NONCE, *s. m.* ambassadeur du pape.

NONCHALAMMENT, *adv.* avec nonchalance.

NONCHALANCE, *s. f.* manque de soin; lenteur, indolence.

NONCHALANT, E, *adj.* qui a de la nonchalance; négligent.

NONE, *s. f.* heure canoniale après sexte; *nones,* *s. f. pl.* chez les Romains tantôt le 5e, tantôt le 7e et toujours le 8e jour du mois avant les ides.

NONNE, *s. f.* jeune religieuse.

NONOBSTANT, *prép.* malgré, sans avoir égard.

NONTRON, chef-lieu d'arr. du dép. de la Dordogne.

NORD, *s. m.* septentrion; pôle arctique; —, dép. formé d'une partie de la Flandre, du Hainault et du Cambrésis.

NORMAL, E, *adj.* qui règle, qui dirige; *école* —, où l'on apprend l'art d'enseigner.

NORMAND, E, *adj.* et *s.* de Normandie.

NORMANDIE (la), ancienne province divisée en haute et basse, et comprise dans les dép. de la Seine-Inférieure, de la Manche, du Calvados et de l'Eure.

NOS, plur. de notre.

NOTA, s. m. invar. remarque, observation à la marge, ou au bas d'un écrit.

NOTABILITÉ, s. f. qualité de ce qui est notable; — au pl. les notables d'un pays.

NOTABLE, adj. 2 g. remarquable, considérable; —, s. m. pl. les habitants les plus considérables d'un lieu.

NOTABLEMENT, adv. considérablement, beaucoup.

NOTAIRE, s. m. officier public qui rédige et passe les actes.

NOTAMMENT, adv. nommément, spécialement.

NOTARIAT, s. m. charge, fonction de notaire.

NOTARIÉ, ÉE, adj. acte —, passé devant notaire.

NOTE, s. f. marque sur un écrit; remarque, observation, commentaire, petit extrait; caractère de musique indiquant les différents tons.

NOTER, v. a. é, ée, p. marquer, remarquer; faire une note; exprimer un chant par des notes de musique sur le papier.

NOTICE, s. f. extrait raisonné, compte rendu succinctement, relevé de titres de livres.

NOTIFICATION, s. f. acte par lequel on notifie.

NOTIFIER, v. a. é, ée, p. faire savoir dans les formes légales, juridiques.

NOTION, s. f. connaissance, idée d'une chose.

NOTOIRE, adj. 2 g. manifeste, évident, certain.

NOTOIREMENT, adv. d'une manière notoire.

NOTORIÉTÉ, s. f. évidence d'un fait généralement reconnu; acte de —, acte notarié constatant un fait.

NOTRE, adj. possessif des 2 g. qui est à nous; relatif à nous; les nôtres, nos parents, nos alliés, nos amis, ceux qui sont de notre parti.

NOTRE-DAME, s. f. la sainte Vierge; sa fête.

NOUE, s. f. tuile en canal pour égoutter l'eau; pré gras et humide, endroit noyé d'eau.

NOUÉ, ÉE, adj. enfant rachitique; fleur —, passée à l'état de fruit.

NOUER, v. a. é, ée, p. lier en faisant un nœud; faire un nœud à quelque chose.

NOUETTE, s. f. tuile bordée d'une arête.

NOUEUX, EUSE, adj. qui a beaucoup de nœuds; bois —, rempli de nœuds.

NOUGAT, s. m. gâteau d'amandes au caramel.

NOULET, s. m. canal sur les toits pour l'écoulement des eaux.

NOURRAIN, s. m. petit poisson qui sert à repeupler les étangs.

NOURRICE, s. f. femme qui allaite un enfant.

NOURRICIER, s. m. mari de la nourrice; —, IERE, adj. qui a la propriété de nourrir.

NOURRIR, v. a. i, ie, p. sustenter, servir d'aliment; entretenir d'aliments; allaiter; se —, v. pr. prendre de la nourriture.

NOURRISSAGE, s. m. soin et manière d'élever les bestiaux.

NOURRISSANT, E, adj. qui nourrit beaucoup.

NOURRISSEUR, s. m. qui nourrit des bestiaux.

NOURRISSON, s. m. enfant que l'on nourrit.

NOURRITURE, s. f. aliments; ce qui nourrit; action de nourrir un enfant.

NOUS, pronom des 2 g. de la première personne du pluriel de je ou moi.

NOUVEAU, s. m. ce qui n'est pas ancien; chose qui surprend; — adv. nouvellement; —, ou nouvel, adj. (au fém. —lle) neuf, récent; moderne; fig. sans expérience.

NOUVEAUTÉ, s. f. qualité de ce qui est nouveau, chose nouvelle.

NOUVELLE, s. f. premier avis d'une chose arrivée récemment; conte, historiette.

20

NOUVELLEMENT, *adv.* depuis peu.

NOUVELLISTE, *s. m.* curieux de nouvelles, qui aime à en débiter.

NOVATEUR, *s. m.* qui introduit quelque nouveauté; partisan des innovations.

NOVATION, *s. f.* changement de titre, mutation d'un contrat.

NOVEMBRE, *s. m.* 11e mois de l'année.

NOVICE, *s. 2 g.* qui a pris nouvellement l'habit religieux; *t. de mar.* apprenti matelot; —, *adj. et s.* peu habile.

NOVICIAT, *s. m.* état des novices avant leur profession; apprentissage quelconque.

NOYADE, *s. f.* action de noyer.

NOYALE, *s. f.* toile de chanvre écru pour faire des voiles.

NOYAU, *s. m.* (*pl. aux.*) partie dure et ligneuse dans certains fruits, et qui renferme la semence.

NOYÉ, ÉE, *s. et adj.* mort dans l'eau.

NOYER, *s. m.* arbre qui produit les noix, son bois.

NOYER, *v. a. é, ée, p.* faire mourir dans l'eau, inonder; *se* —, *v. pr.* périr dans l'eau.

NU, UE, *adj.* qui n'est point vêtu; mal vêtu; *fig.* sans déguisements, sans ornements.

NUAGE, *s. m.* amas de vapeurs élevées en l'air; *fig.* tout ce qui offusque la vue.

NUAGEUX, EUSE, *adj.* couvert de nuages.

NUANCE, *s. f.* tons différents d'une même couleur; assortiment de couleurs.

NUANCER, *v. a. é, ée, p.* assortir les couleurs.

NUBILE, *adj. 2 g.* en âge de se marier.

NUBILITÉ, *s. f.* état nubile.

NUDITÉ, *s. f.* état d'une personne nue.

NUE, *s. f.* nuage.

NUÉE, *s. f.* nuage épais; *fig.* multitude de personnes, d'oiseaux, d'insectes, etc. réunis.

NUER, *v. a. é, ée, p.* nuancer.

NUIRE, *v. n. irr. Ind. pr. je nuis, tu nuis, il nuit; n. nuisons, v. nuisez, ils nuisent; imp. je nuisais, etc.; p. déf. je nuisis, etc.; fut. je nuirai, etc.; cond. je nuirais, etc.; impér. nuis, nuisons, nuisez, etc.; subj. pr. q. je nuise, etc.; imp. subj. q. je nuisisse, etc.; p. pr. nuisant; p. p. nui.* faire tort à quelqu'un; empêcher, embarrasser.

NUISIBLE, *adj. 2 g.* qui nuit.

NUIT, *s. f.* espace de temps où le soleil est sous notre horizon; *de* —, *loc. adv.* pendant la nuit.

NUITAMMENT, *adv.* de nuit.

NUL, LLE, *adj.* aucun, pas un.

NULLEMENT, *adv.* en aucune manière.

NULLITÉ, *s. f.* vice, défaut qui rend un acte nul.

NÛMENT, *adv.* sans déguisement.

NUMÉRAIRE, *s. m.* argent monnayé; —, *adj. 2 g.* valeur fictive des espèces.

NUMÉRAL, E, *adj.* qui désigne un nombre.

NUMÉRATIF, IVE, *adj.* de la numération.

NUMÉRATION, *s. f.* action de nombrer, de compter.

NUMÉRIQUE, *adj. 2 g.* qui appartient aux nombres.

NUMÉRIQUEMENT, *adv.* en nombre exact.

NUMÉRO, *s. m.* (*pl. numéros.*) nombre qui sert à reconnaître ce qui est coté, étiqueté; nombre du chiffre; nombre d'ordre.

NUMÉROTER, *v. a. é, ée, p.* coter, mettre un numéro.

NUMISMATIQUE, *adj. 2. g.* qui a rapport aux médailles antiques; —, *s. f.* science des médailles.

NUNCUPATIF, *adj. m.* testament —, fait de vive voix.

NUPTIAL, E, *adj.* qui appartient aux noces, au mariage.

NUQUE, *s. f.* partie postérieure du cou.

NUTRITIF, IVE, *adj.* qui nourrit, sert d'aliment.

NUTRITION, *s. f.* fonction naturelle par laquelle les sucs nourriciers se convertissent en notre substance.

NYMPHE, *s. f.* divinité fabuleuse du second ordre; premier degré de la métamorphose des insectes.

O.

O, *s. m.* 18e lettre de l'alphabet, 4e voyelle. *O, interj.* sert à marquer la joie, la douleur, l'admiration, etc.

OBÉIR, *v. n. i, ie, p.* se soumettre à la volonté, aux ordres de quelqu'un, les exécuter; *fig.* céder, plier.

OBÉISSANCE, *s. f.* action d'obéir; habitude d'obéir, soumission.

OBÉISSANT, E, *adj.* qui obéit; soumis; qui cède.

OBÉLISQUE, *s. m.* pyramide étroite et haute.

OBÉRER, *v. a. é, ée, p.* endetter; *s'— v. pr.* s'endetter.

OBÉSITÉ, *s. f.* embonpoint excessif.

OBJECTER, *v. a. é, ée, p.* faire une objection.

OBJECTIF, *s. m.* verre d'une lunette tourné vers l'objet que l'on considère; —, *ive, adj.* qui est tourné vers l'objet.

OBJECTION, *s. f.* difficulté qu'on oppose à une proposition.

OBJET, *s. m.* tout ce qui s'offre à la vue, sujet d'un sentiment, d'une action; but, fin; matière d'un art, d'une science.

OBLATION, *s. f.* action d'offrir à Dieu, chose offerte.

OBLIGATION, *s. f.* engagement imposé par devoir; acte authentique par lequel on s'engage à payer une somme à époque fixe.

OBLIGATOIRE, *adj. 2 g.* qui a la force d'obliger suivant la loi.

OBLIGÉ, ÉE, *adj.* redevable d'un service rendu; prescrit; indispensable; — *s. m.* acte passé entre un apprenti et un maître.

OBLIGEAMMENT, *adv.* d'une manière obligeante.

OBLIGEANCE, *s. f.* disposition, penchant à obliger.

OBLIGEANT, E, *adj.* qui aime à obliger, à rendre service; poli, gracieux.

OBLIGER, *v. a. é, ée, p.* imposer obligation, lier par un acte; forcer à...; rendre service; engager un apprenti chez un maître.

OBLIQUE, *adj. 2 g.* de biais, incliné; détourné, suspect, frauduleux.

OBLIQUEMENT, *adv.* de biais.

OBLIQUITÉ, *s. f.* inclinaison d'une ligne, d'une surface sur une autre; astuce.

OBLONG, UE, *adj.* plus long que large.

OBOLE, *s. f.* ancienne monnaie de cuivre; moitié d'un denier tournois; poids de douze grains.

OBSCÈNE, *adj. 2 g.* qui blesse la pudeur.

OBSCÉNITÉ, *s. f.* chose obscène.

OBSCUR, E, *adj.* sombre, qui n'est pas éclairé; peu connu; peu intelligible.

OBSCURCIR, *v. a. i, ie, p.* rendre obscur; *s'— v. pr.* perdre sa clarté.

OBSCURCISSEMENT, *s. m.* affaiblissement de lumière, état d'une chose obscurcie.

OBSCURÉMENT, *adv.* avec obscurité.

OBSCURITÉ, *s. f.* absence de lumière; *fig.* défaut de clarté; vie cachée.

OBSÉCRATION, *s. f.* prière pour apaiser les dieux chez les anciens Romains.

OBSÉDER, *v. a. é, ée, p.* être assidu auprès de quelqu'un pour se rendre maître de son esprit; fatiguer, tourmenter.

OBSÈQUES, *s. f. pl.* funérailles faites avec pompe.

OBSÉQUIEUSEMENT, *adv.* d'une manière obséquieuse.

OBSÉQUIEUX, EUSE, *adj.* qui porte à l'excès les égards, la complaisance.

OBSÉQUIOSITÉ, *s. f.* caractère obséquieux; conduite obséquieuse.

OBSERVANCE, *s. f.* action d'observer.

OBSERVATEUR, TRICE, *s. et adj.* qui observe, qui considère attentivement, qui fait des remarques; qui accomplit ce qui est prescrit.

OBSERVATION, *s. f.* examen des objets naturels; remarque qui en résulte; objection modérée; action d'observer ce qui est prescrit par une loi; note.

OBSERVATOIRE, *s. m.* édifice consacré aux observations astronomiques.

OBSERVER, *v. a.* é, ée, *p.* considérer avec application; remarquer; épier; accomplir ce que prescrit une loi; s'—, *v. pr.* être très-circonspect; s'—, *v. récipr.* s'épier; veiller sur soi-même.

OBSESSION, *s. f.* action d'obséder; effet de cette action.

OBSIDIONAL, E, *adj.* couronne que les anciens Romains décernaient à celui qui avait fait lever le siège d'une ville; *monnaie* —, frappée dans une ville assiégée.

OBSTACLE, *s. m.* empêchement, opposition, embarras.

OBSTINATION, *s. f.* opiniâtreté; attachement invincible à une opinion.

OBSTINÉ, ÉE, *adj. et s.* opiniâtre; qui s'obstine.

OBSTINÉMENT, *adv.* avec obstination.

OBSTINER, *v. a.* é, ée, *p.* rendre opiniâtre; s'—, *v. pr.* s'opiniâtrer.

OBSTRUCTION, *s. f.* engorgement, embarras dans les vaisseaux du corps animal.

OBSTRUER, *v. a.* é, ée, *p.* causer de l'obstruction; boucher; faire obstacle.

OBTEMPÉRER, *v. n.* obéir, déférer à...

OBTENIR, *v. a. irr.* (se conj. sur *tenir*,) parvenir à un résultat qu'on désire.

OBTUS, E, *adj.* angle —, plus grand qu'un angle droit; émoussé; *esprit* —, peu pénétrant.

OBUS, *s. m.* petite bombe sans anses.

OBUSIER, *s. m.* mortier pour lancer des obus.

OBVIER, *v. n.* prendre les mesures nécessaires pour empêcher un mal, un accident.

OCCASION, *s. f.* conjoncture propice, circonstance favorable et fortuite, ce qui donne lieu à...

OCCASIONNEL, LLE, *adj.* qui donne occasion.

OCCASIONNELLEMENT, *adv.* par occasion.

OCCASIONNER, *v. a.* é, ée, *p.* donner occasion; être cause.

OCCIDENT, *s. m.* point cardinal où le soleil se couche; partie du globe au couchant de notre hémisphère.

OCCIDENTAL, E, *adj.* qui est à l'occident.

OCCIPUT, *s. m.* le derrière de la tête.

OCCIRE, *v. a.* i, te, *p.* tuer; *vieux mot.*

OCCULTE, *adj.* 2 g. dont la cause est inconnue; cachée.

OCCUPANT, E, *adj.* qui occupe.

OCCUPATION, *s. f.* affaire, emploi auquel on est occupé; action de s'emparer d'un pays.

OCCUPER, *v. a.* é, ée, *p.* remplir un espace de lieu ou de temps; habiter; donner de l'occupation; se saisir, s'emparer; s'—, *v. pr.* travailler, s'appliquer à...

OCCURRENCE, *s. f.* rencontre, événement fortuit.

OCCURRENT, E, *adj.* qui survient par hasard.

OCÉAN, *s. m.* la grande mer qui environne toute la terre.

OCÉANE, *adj.* mer—, l'Océan.

OCRE, *s. f.* terre ferrugineuse d'un jaune pâle; oxide de fer.

OCREUX, EUSE, *adj.* de la nature, de la couleur de l'ocre.

OCTAÈDRE, *s. m.* figure de géométrie à 8 faces.

OCTANTE, *adj. num.* quatre-vingts.

OCTANTIÈME, *adj. numéral d'ordre*, quatre-vingtième.

OCTAVE, *s. f.* huitaine pendant laquelle l'église solennise les principales fêtes de l'année; *t. de mus.* ton éloigné d'un autre de huit degrés; les huit degrés.

OCTAVO (*in*), *s. m. inv.* livre dont chaque feuille est pliée en huit.

OCTOBRE, *s. m.* dixième mois de l'année.

OCTOGENAIRE, *adj. et s. 2 g.* âgé de 80 ans.

OCTOGONE, *s. m. et adj. 2 g.* qui a huit angles et huit côtés.

OCTROI, *s. m.* concession; droit que payent certaines denrées en entrant dans une ville.

OCTROYER, *v. a.* é, ée, *p.* concéder, accorder.

OCTUPLE, *adj. 2 g.* qui contient huit fois.

OCTUPLER, *v. a.* é, ée, *p.* répéter huit fois.

OCULAIRE, *adj. 2 g.* qui concerne l'œil; *témoin* —, qui a vu ce dont il rend témoignage; —, verre d'une lunette placé du côté de l'œil.

OCULISTE, *s. m.* médecin qui traite spécialement les maladies de l'œil.

ODALISQUE, *s. f.* femme du sérail.

ODE, *s. f.* poëme lyrique divisé en stances.

ODÉON, *s. m.* théâtre.

ODEUR, *s. f.* exhalaison odorante de certains corps; sensation de l'odorat.

ODIEUSEMENT, *adv.* d'une manière odieuse.

ODIEUX, EUSE, *adj.* qui excite l'aversion, l'indignation, la haine; *odieux*, *s. m.* ce qu'il y a d'odieux.

ODONTALGIE, *s. f.* douleur des dents.

ODONTALGIQUE, *adj. 2 g.* propre à calmer l'odontalgie.

ODONTOLOGIE, *s. f.* partie de l'anatomie qui traite des dents.

ODORANT, E, *adj.* qui répand une odeur.

ODORAT, *s. m.* sens par lequel on perçoit les odeurs.

ODORER, *v. a.* é, ée, *p.* ressentir une impression par l'odorat.

ODORIFÉRANT, E, *adj.* qui répand une bonne odeur.

ODYSSÉE, *s. f.* poëme d'Homère dont Ulysse est le héros.

OECUMÉNIQUE, *adj. 2 g.* universel.

OEIL, *s. m.* (*pl. yeux*) organe de la vue; regard, aspect; ouverture dans certains outils et instruments; bourgeon, endroit d'où il sort de la plante; lucarne ronde.

OEILLADE, *s. f.* regard, coup d'œil.

OEIL-DE-BOEUF, *s. m.* (au *pl. œils-de-bœuf*), sorte de lucarne ronde.

OEILLÈRE, (*ll m.*) *s. f.* dent de la partie supérieure de la mâchoire; pièce de cuir à la têtière pour garantir l'œil du cheval; petit vase pour baigner les yeux.

OEILLET, (*ll m.*) *s. m.* fleur odoriférante; petit trou fait à un corset pour passer le lacet.

OEILLETON, (*ll m.*) *s. m.* marcotte d'œillet, d'artichaut.

OEILLETONNER, (*ll m.*) *v. a.* é, ée, *p.* détacher les œilletons.

OEUF, (*f ne se prononce pas dans œuf frais, œuf dur; ni au pl.*) *s. m.* corps organique renfermé dans une coquille ou dans une membrane que pondent les femelles des oiseaux, des poissons, de certains insectes, reptiles, etc., et qui sert à leur reproduction; ce qui en a la forme.

OEUVÉ, ÉE, *adj.* qui a des œufs; se dit des poissons.

OEUVRE, *s. f.* acte, action, ouvrage considérable; au *pl.* production d'un auteur; —, *s. m.* recueil d'estampes d'un même graveur; ouvrages d'un musicien; corps d'un édifice.

OFFENSANT, E, *adj.* choquant, injurieux.

OFFENSE, *s. f.* injure de fait ou de paroles.

OFFENSER, *v. a.* é, ée, *p.* faire une injure, une insulte; blesser; s'—, *v. pr.* se fâcher.

OFFENSEUR, *s. m.* qui offense, qui a offensé.

OFFENSIF, IVE, *adj.* propre à attaquer.

OFFENSIVE, *s. f.* attaque.

OFFENSIVEMENT, *adv.* en offensant.

OFFERTE, *s. f.* oblation du pain et du vin dans le sacrifice de la messe.

OFFERTOIRE, *s. f.* prière qui précède l'offerte.

20.

OFFICE, s. m. devoir, fonction ; assistance, protection ; prières publiques ; —, s. f. lieu où l'on prépare tout ce qu'on met sur table au dessert.
OFFICIAL, s. m. juge de cour d'église.
OFFICIANT, s. et adj. m. prêtre célébrant.
OFFICIEL, LLE, adj. publié, déclaré par l'autorité.
OFFICIELLEMENT, adv. d'une manière officielle.
OFFICIER, s. m. qui a un grade militaire, une charge, un office, un commandement ; chef d'office dans une grande maison.
OFFICIER, v. n. faire l'office divin à l'église ; fonctionner.
OFFICIEUSEMENT, adv. d'une manière officieuse.
OFFICIEUX, EUSE, adj. porté à rendre service ; obligeant ; —, s. m. flatteur empressé.
OFFICINAL, E, adj. composition toujours prête chez un pharmacien.
OFFRANDE, s. f. chose offerte ; cérémonie de la messe où le prêtre reçoit les dons des fidèles.
OFFRANT, s. m. celui qui offre.
OFFRE, s. f. action d'offrir ; ce que l'on offre ; proposition de donner ou de faire.
OFFRIR, v. a. irr. Ind. pr. j'offre, tu offres, il offre ; n. offrons, v. offrez, ils offrent ; imp. j'offrais, etc., n. offrions, etc. ; p. déf. j'offris, etc., n. offrîmes, etc. ; fut. j'offrirai, etc., n. offrirons, etc. ; cond. j'offrirais, etc., n. offririons, etc. ; imp. offre, offrez, etc. ; subj. pr. que j'offre, etc., que n. offrions, etc. ; imp. subj. q. j'offrisse, q. tu offrisses, qu'il offrît ; q. n. offrissions, etc. ; p. pr. offrant ; p. p. offert, e : présenter en priant d'accepter ; proposer.
OFFUSQUER, v. a. é, ée, p. empêcher de voir ou d'être vu ; éblouir ; fig. donner de l'ombrage ; déplaire ; choquer.
OGIVE, s. f. arceau en forme d'arête sous une voute.
OGNON, (gn liq.) s. m. plante potagère sphérique, bulbeuse ; partie de la racine de quelques plantes ; tumeur douloureuse aux pieds.
OGNONET, s. m. poire d'été.
OGNONIÈRE, s. f. terre semée d'ognons.
OGRE, SSE, s. monstre imaginaire, anthropophage ; fig. grand mangeur.
OH ! interj. marque la surprise, l'admiration.
OHO ! interj. marque l'étonnement.
OIE, s. f. oiseau aquatique plus gros que la cane.
OINDRE, v. a. irr. (se conj. sur joindre) enduire, frotter avec une substance onctueuse.
OING, s. m. graisse de porc fondue.
OISE, rivière qui prend sa source dans les Ardennes et se jette dans la Seine au-dessous de Paris ; — dép. formé de l'Ile de France propre, du Valois, du Noyonnais, Soissonnais, Santerre, Amiénois (Picardie).
OISEAU, s. m. animal à deux pieds, ayant un bec, des plumes et des ailes ; à vol d'—, adv. en ligne droite.
OISELER, v. n. tendre des filets pour prendre des oiseaux.
OISELEUR, s. m. qui fait métier de prendre des oiseaux.
OISELIER, s. m. qui élève et vend des oiseaux.
OISELLERIE, s. f. art de prendre et d'élever des oiseaux ; commerce d'oiseaux.
OISEUX, EUSE, adj. oisif, inutile.
OISIF, IVE, adj. qui ne fait rien, n'a point d'occupation.
OISILLON, (ll m.) s. m. petit oiseau.
OISIVEMENT, adv. d'une manière oisive.
OISIVETÉ, s. f. état, habitude d'inaction.
OISON, s. m. petit de l'oie.
OLÉAGINEUX, EUSE, adj. de la nature de l'huile.
OLÉRON, chef-lieu d'arr. du dép. des Basses-Pyrénées.
OLIBRIUS, s. m. fanfaron, pédant.

OLIGARCHIE, *s. f.* gouvernement où l'autorité est entre les mains d'un petit nombre de personnes.
OLIGARCHIQUE, *adj. 2 g.* qui appartient à l'oligarchie.
OLIVAISON, *s. f.* saison de la récolte des olives.
OLIVÂTRE, *adj. 2 g.* couleur d'olive; basané.
OLIVE, *s. f.* fruit de l'olivier, charnu, ovale, à noyau très-dur, dont on tire de l'huile; couleur jaune-verdâtre.
OLIVETTE, *s. f.* champ planté d'oliviers; plante dont la graine produit de l'huile.
OLIVIER, *s. m.* arbre toujours vert qui produit les olives.
OLOGRAPHE, *adj. 2 g. testament* —, écrit en entier de la main du testateur.
OLYMPE, *s. m.* le ciel de la Fable.
OLYMPIADE, *s. f.* espace de quatre ans entre la célébration des jeux Olympiques.
OLYMPIENS, *adj. et s. m. pl.* les douze principales divinités du paganisme.
OLYMPIQUE, *adj. 2 g. jeux* —, qui étaient célébrés tous les quatre ans près d'Olympie.
OMBELLE, *s. f.* (*t. de bot.*) petits rameaux qui partent d'une tige commune, s'étendent en forme de parasol, et se terminent par des amas de fleurs.
OMBELLIFÈRE, *adj. 2 g.* qui porte des ombelles.
OMBILIC, *s. m.* nombril.
OMBILICAL, E, *adj.* qui a rapport à l'ombilic.
OMBRAGE, *s. m.* amas des branches et des feuilles des arbres qui produit de l'ombre; *fig.* défiance, soupçon.
OMBRAGER, *v. a.* é, ée, *p.* faire, donner de l'ombre.
OMBRAGEUX, EUSE, *adj.* soupçonneux, défiant.
OMBRE, *s. f.* obscurité causée par un corps opaque opposé à la lumière; absence de lumière; obscurité; ombrage; apparence vaine; indice, vestige; mânes.
OMBRELLE, *s. f.* petit parasol.
OMBRER, *v. a.* é, ée, *p.* mettre des ombres à un tableau, à un dessin.
OMÉGA, *s. m.* dernière lettre de l'alphabet grec.
OMELETTE, *s. f.* œufs battus et cuits dans la poêle avec du beurre.
OMER (St.), chef-lieu d'arr. du dép. du Pas-de-Calais; ville forte.
OMETTRE, *v. a. irr.* (se conj. sur *mettre*) manquer à faire, à dire ce qu'on pouvait ou ce qu'on devait faire ou dire; passer sous silence, oublier.
OMISSION, *s. f.* manquement à une chose de devoir ou d'usage; oubli.
OMOPLATE, *s. f.* os plat et large de l'épaule.
ON, *pron. pers. indéf.* quelqu'un.
ONC, ONCQUES, *adv.* jamais.
ONCE, *s. f.* poids de huit gros.
ONCLE, *s. m.* frère du père ou de la mère.
ONCTION, *s. f.* action d'oindre; choses qui touchent le cœur et portent à la pitié.
ONCTUEUSEMENT, *adv.* avec onction; d'une manière touchante.
ONCTUEUX, EUSE, *adj.* huileux; *fig.* rempli d'onction.
ONCTUOSITÉ, *s. f.* qualité de ce qui est onctueux.
ONDE, *s. f.* flot, soulèvement de l'eau agitée; l'eau, la mer; — *au pl.* ce qui a la forme de l'onde.
ONDÉ, ÉE, *adj.* façonné en ondes.
ONDÉE, *s. f.* pluie subite, abondante et passagère.
ONDOIEMENT, *s. m.* baptême par ondoiement.
ONDOYANT, E, *adj.* qui a un mouvement analogue à celui des ondes.
ONDOYER, *v. n.* flotter par ondes; — *v. a.* é, ée, *p.* baptiser sans les cérémonies de l'église.
ONDULATION, *s. f.* mouvement par ondes.
ONDULATOIRE, *adj. 2 g.* mouvement d'ondulation.
ONDULER, *v. n.* avoir un mouvement d'ondulation.

ONÉRAIRE, *adj. 2 g.* qui remplit les fonctions d'une charge dont un autre a le titre.

ONÉREUX, EUSE, *adj.* à charge, coûteux.

ONGLE, *s. m.* substance ferme et transparente qui couvre le dessus du bout des doigts; *au pl.* griffes de plusieurs animaux.

ONGLÉE, *s. f.* engourdissement douloureux au bout des doigts, causé par le froid.

ONGLET, *s. m.* petit ongle; feuillet substitué à un autre qui était fautif; bande de papier destinée à recevoir des estampes dans un volume relié; assemblage à angles.

ONGLETTE, *s. f.* poinçon de serrurier; échancrure dans une lame pour l'ouvrir avec l'ongle.

ONGUENT, *s. m.* médicament mou, onctueux pour appliquer à l'extérieur.

ONOMATOPÉE, *s. f.* formation d'un mot imitatif.

ONZE, *adj. 2 g.* et *s.* nombre de dix et un; le chiffre qui l'indique.

ONZIÈME, *adj. 2 g.* nombre d'ordre; — *s. m.* onzième partie d'un tout.

ONZIÈMEMENT, *adv.* en onzième lieu.

OPACITÉ, *s. f.* qualité d'un corps opaque.

OPALE, *s. f.* pierre précieuse, chatoyante, laiteuse, à reflets colorés.

OPAQUE, *adj. 2 g.* qui n'est pas transparent.

OPÉRA, *s. m.* (*pl.* opéras.) pièce de théâtre en musique avec machines et danses; lieu où l'on représente ces pièces.

OPÉRATEUR, *s. m.* qui fait les opérations chirurgicales; charlatan qui vend ses remèdes en place publique.

OPÉRATION, *s. f.* action de ce qui opère; action méthodique du chirurgien sur quelque partie du corps; calcul arithmétique; mouvements militaires; action, effet d'un remède.

OPÉRER, *v. a.* é, ée, *p.* faire une opération; produire quelque effet; — *v. n.* produire son effet en parlant d'un remède.

OPES, *s. m. pl.* trous des boulins, des solives dans les murs.

OPHTHALMIE, *s. f.* maladie des yeux.

OPHTHALMIQUE, *adj. 2 g.* qui concerne les yeux.

OPIAT, *s. m.* pâte pour nettoyer les dents.

OPIMES, *adj. f. pl.* dépouilles —, que remportait un général romain qui avait tué de sa main le général ennemi.

OPINANT, *s. m.* qui opine dans une délibération.

OPINER, *v. n.* dire son avis dans une assemblée, sur un objet mis en délibération.

OPINIÂTRE, *adj. 2 g.* entêté, obstiné; trop attaché à son opinion.

OPINIÂTRÉMENT, *adv.* avec opiniâtreté, fermeté.

OPINIÂTRER, *v. a.* é, ée, *p.* soutenir avec opiniâtreté; *s'—,* *v. pr.* s'obstiner.

OPINIÂTRETÉ, *s. f.* obstination; trop grand attachement à sa volonté, à son opinion.

OPINION, *s. f.* avis, sentiment de celui qui opine; jugement sur une personne ou une chose.

OPIUM, *s. m.* suc de pavot blanc; narcotique et soporatif.

OPPORTUN, E, *adj.* à propos, selon le temps et le lieu.

OPPORTUNÉMENT, *adv.* d'une manière opportune.

OPPORTUNITÉ, *s. f.* qualité de ce qui est opportun; occasion favorable.

OPPOSANT, E, *adj.* qui s'oppose à l'exécution d'une sentence.

OPPOSÉ, *s. m.* contraire.

OPPOSER, *v. a.* é, ée, *p.* mettre un obstacle, mettre vis-à-vis, en parallèle, en contraste; *s'—,* *v. pr.* être contraire; ne point consentir.

OPPOSITE, *s. m.* et *adj. 2 g.* le contraire, à l'—, *loc. adv.* vis-à-vis.

OPPOSITION, *s. f.* empêchement, obstacle; protestation.

OPPRESSER, v. a. é, ée, p. presser fortement; gêner la respiration.
OPPRESSEUR, s. m. persécuteur, tyran, —, adj. qui opprime.
OPPRESSIF, IVE, adj. dont l'effet est d'opprimer.
OPPRESSIVEMENT, adv. d'une manière oppressive.
OPPRESSION, s. f. état de celui qui est oppressé, ou opprimé; étouffement, suffocation; action d'opprimer; persécution, tyrannie.
OPPRIMÉ, s. m. celui qu'on opprime.
OPPRIMER, v. a. é, ée, p. persécuter, tyranniser.
OPPROBRE, s. m. ignominie, honte, état d'abjection.
OPTATIF, s. m. t. de gramm. mode —, qui sert à exprimer le souhait; —, ive, adj. qui exprime le souhait.
OPTER, v. n. choisir entre plusieurs choses égales qu'on ne peut avoir ensemble.
OPTICIEN, s. m. qui sait l'optique; qui fait et vend des instruments d'optique.
OPTIMISME, s. m. système tendant à prouver que tout est pour le mieux.
OPTIMISTE, s. m. partisan de l'optimisme.
OPTION, s. f. faculté, action d'opter.
OPTIQUE, s. f. science de la lumière et des lois de la vision; partie de la physique qui traite des propriétés de la lumière et des couleurs sans aucun rapport à la vision; —, adj. 2 g. qui a rapport à la vision, qui sert à la vue.
OPULEMMENT, adv. avec opulence.
OPULENCE, s. f. grande richesse, abondance de biens.
OPULENT, E, adj. très-riche.
OPUSCULE, s. m. petit ouvrage scientifique ou littéraire.
OR, s. m. métal jaune, brillant, plus lourd que les autres métaux, à l'exception du platine; monnaie en or; richesses.
OR, particule qui sert à lier une proposition à une autre.
ORACLE, s. m. réponse que les païens s'imaginaient recevoir de leurs dieux; divinité qui rendait des oracles; vérités qu'énoncent les saintes écritures.
ORAGE, s. m. tempête, vent impétueux, grosse pluie mêlée d'éclairs et de tonnerre; disgrâce, infortune subite.
ORAGEUX, EUSE, adj. qui cause l'orage; sujet aux orages.
ORAISON, s. f. discours d'apparat; assemblage de mots formant un sens complet; prière à Dieu ou aux saints.
ORAL, E, adj. qui se transmet de bouche en bouche.
ORANG, s. m. genre de singe le plus rapproché de l'homme.
ORANGE, chef-lieu d'arr. du dép. de Vaucluse.
ORANGE, s. f. fruit à pepin d'un jaune doré qui a beaucoup de jus; sa couleur.
ORANGÉ, ÉE, adj. de couleur d'orange.
ORANGEADE, s. f. boisson faite avec du jus d'orange, de l'eau et du sucre.
ORANGEAT, s. m. confitures sèches de morceaux d'écorce d'orange.
ORANGER, s. m. arbre toujours vert qui produit les oranges.
ORANGERIE, s. f. lieu où l'on cultive les orangers.
ORATEUR, s. m. qui compose, qui prononce des harangues en public; celui qui a la parole dans une assemblée publique.
ORATOIRE, adj. 2 g. qui appartient à l'orateur; —, s. m. lieu destiné à la prière.
ORATOIREMENT, adv. d'une manière oratoire.
ORBE, s. m. espace que parcourt une planète dans son cours; — adj. 2 g. coup qui n'entame pas la chair, mais qui fait une grande contusion.
ORBICULAIRE, adj. 2 g. rond, qui va en rond.
ORBITE, s. m. chemin que décrit une planète par son mouvement propre; cavité dans laquelle l'œil est placé.

ORCANÈTE, s. f. plante dont la racine produit une teinture rouge.

ORCHESTRE, s. m. dans les théâtres grecs, lieu où l'on dansait ; aux théâtres romains, place des sénateurs ; aux théâtres modernes, place des musiciens ; leur réunion.

ORDINAIRE, adj. 2 g. habituel ; qui arrive communément ; médiocre ; —, s. m. ce qu'on a coutume de servir pour le repas ; ce qu'on a coutume de faire ; à l'—, adv. suivant la coutume ; d'—, adv. le plus souvent.

ORDINAIREMENT, adv. pour l'ordinaire ; d'ordinaire.

ORDINAL, adj. m. qui détermine l'ordre.

ORDINAND, s. m. candidat pour recevoir les ordres sacrés.

ORDINANT, s. m. l'évêque qui confère les ordres.

ORDINATION, s. f. action de conférer les ordres sacrés.

ORDONNANCE, s. f. disposition, arrangement ; règlement pour l'exécution des lois ; soldat en message, ou de garde chez un officier ; mandement à un trésorier de payer certaine somme ; prescription d'un médecin.

ORDONNANCER, v. a. é, ée, p. donner un ordre, un mandement pour payer.

ORDONNATEUR, s. m. celui qui ordonne, dispose ; qui ordonne les paiements.

ORDONNER, v. a. é, ée, p. ranger, disposer, mettre en ordre ; commander, prescrire ; conférer les ordres ; donner une ordonnance, t. de méd.

ORDRE, s. m. disposition des choses mises en leur rang ; arrangement, état de la fortune, des affaires ; commandement ; un des sept sacrements ; mot d'ordre, donné tous les jours à la garnison d'une ville.

ORDURE, s. f. excréments, impuretés du corps ; chose malpropre ; balayures ; fig. actions honteuses, obscènes.

ORDURIER, IÈRE, adj. qui contient des choses obscènes ; qui se plaît à en dire.

OREILLE, s. f. organe de l'ouïe ; oreille-d'ours, s. f. plante vivace très-recherchée des fleuristes.

OREILLER, s. m. coussin pour mettre sous la tête.

OREILLONS ou **ORILLONS**, s. m. pl. rognures de peau pour faire de la colle forte.

ORÉMUS, s. m. prière.

ORFÈVRE, s. m. fabricant et marchand d'ouvrages, de vaisselle d'or et d'argent, etc.

ORFÉVRERIE, s. f. ouvrages d'or, d'argent ; art, commerce de ces ouvrages.

ORFRAIE, s. f. oiseau de proie nocturne.

ORGANDI, s. m. sorte de mousseline apprêtée.

ORGANE, s. m. partie du corps qui sert aux sensations, aux opérations de l'animal ; la voix ; moyen, instrument.

ORGANIQUE, adj. 2 g. qui agit par le moyen des organes ; qui concourt à l'organisation.

ORGANISATION, s. f. manière dont un corps est organisé ; arrangement de parties constitutives ; constitution d'un état.

ORGANISER, v. a. é, ée, p. donner aux parties d'un corps la disposition nécessaire pour les fonctions auxquelles il est destiné ; régler un corps politique, une administration, etc.

ORGANISTE, s. 2 g. qui joue de l'orgue.

ORGE, s. f. sorte de grain ; la plante qui le porte.

ORGEAT, s. m. boisson rafraîchissante faite avec de l'eau d'orge, du sucre et des amandes.

ORGIE, s. f. débauche de table.

ORGUE, s. m. au pl. s. f. grand instrument de musique à vent ; lieu de l'église où sont placées les orgues.

ORGUEIL, (l m.) s. m. opinion trop avantageuse de soi-même, avec mépris pour les autres ; présomption.

ORGUEILLEUSEMENT, (ll m.) adv. avec orgueil.

ORGUEILLEUX, EUSE, (ll m.) adj. qui a de l'orgueil.

ORIENT, *s. m.* point du ciel où le soleil se lève sur l'horizon, où il se lève à l'équinoxe; états de l'Asie orientale.

ORIENTAL, E, *adj.* (au pl. m. *orientaux*) qui vient d'Orient; —, *s. m.* peuple de l'Orient.

ORIENTER, *v. a.* é, ée, *p.* disposer une chose en rapport avec les quatre parties du monde; *s'* —, reconnaître l'orient et les autres points cardinaux; *fig.* reconnaître le lieu où l'on est, la conduite à tenir, les moyens de succès.

ORIFICE, *s. m.* ouverture de certaines parties intérieures du corps.

ORIFLAMME, *s. f.* étendard des anciens rois de France.

ORIGINAIRE, *adj. 2 g.* qui tire son origine de...

ORIGINAIREMENT, *adv.* dans l'origine; primitivement.

ORIGINAL, E, *adj.* (pl. m. *originaux*) qui a servi de modèle et qui n'en a pas eu; —, *s. m.* personne dont on fait le portrait; auteur qui excelle en son genre; homme singulier, bizarre.

ORIGINALEMENT, *adv.* d'une manière originale.

ORIGINALITÉ, *s. f.* caractère de ce qui est original; au *pl.* bizarrerie; conduite singulière.

ORIGINE, *s. f.* principe, commencement d'une chose; étymologie; point duquel on commence à décrire une courbe.

ORIGINEL, LLE, *adj.* qui remonte jusqu'à l'origine.

ORIGINELLEMENT, *adv.* dès l'origine.

ORIPEAU, *s. m.* lame de cuivre très-brillante; *fig.* faux brillant.

ORLÉANAIS, ancienne province, située entre l'Île-de-France, la Champagne, la Bourgogne, le Berry, le Maine et la Touraine, formant aujourd'hui les dép. de Loir-et-Cher, du Loiret et d'Eure-et-Loir.

ORLÉANAIS, E, *adj.* d'Orléans.

ORLÉANS, chef-lieu du dép. du Loiret.

ORME, *s. m.* grand et bel arbre à feuilles dentées : le bois est employé par les charrons.

ORMEAU, *s. m.* jeune orme.

ORMILLE, (ll m.) *s. f.* plant de jeunes ormes.

ORMOIE, *s. f.* plant d'ormes.

ORNE, rivière qui prend sa source près de Séez et qui se jette dans la mer au-dessous de Caen; elle donne son nom au dép. formé de la partie sud de la Normandie, du Perche et du duché d'Alençon.

ORNEMENT, *s. m.* ce qui orne; parure; embellissement.

ORNER, *v. a.* é, ée, *p.* embellir; donner de l'éclat.

ORNIÈRE, *s. f.* trace profonde des roues d'une voiture dans les chemins.

ORNITHOLOGIE, *s. f.* histoire naturelle des oiseaux.

ORNITHOLOGISTE ou **ORNITHOLOGUE**, *s. m.* qui s'occupe d'ornithologie.

ORPAILLEUR, (ll m.) *s. m.* celui qui tire des paillettes d'or du sable des fleuves.

ORPHELIN, E, *s.* enfant en bas âge qui a perdu son père et sa mère, ou l'un des deux.

ORPIMENT, *s. m.* oxide d'arsenic sulfuré.

ORPIN, *s. m.* plante vivace.

ORT, *s. m.* brut; *t. de comm.*

ORTEIL, *s. m.* gros doigt du pied.

ORTHEZ, chef-lieu d'arr. du dép. des Basses-Pyrénées.

ORTHODOXE, *adj. 2 g.* conforme à la saine doctrine en matière de religion.

ORTHOGONAL, E, *adj.* perpendiculaire.

ORTHOGONE, *adj.* ligne —, qui tombe à angles droits sur une autre.

ORTHOGRAPHE, *s. f.* art d'écrire correctement les mots d'une langue.

ORTHOGRAPHIER, *v. a.* é, ée, *p.* écrire les mots suivant les règles de l'orthographe.

ORTHOGRAPHIQUE, *adj. 2 g.* qui appartient à l'orthographe.

ORTHOPÉDIE, s. f. art de corriger ou de prévenir les difformités de la taille.

ORTHOPÉDIQUE, adj. 2 g. qui a rapport à l'orthopédie.

ORTIE, s. f. plante sauvage à feuilles piquantes; mèche qu'on insinue entre le cuir et la chair d'un cheval.

ORTOLAN, s. m. petit oiseau de passage, d'un goût délicat.

ORVIÉTAN, s. m. contre-poison vanté autrefois; *marchand d'* —, charlatan.

OS, s. m. partie de l'animal, solide et dure, qui sert à attacher les autres parties du corps.

OSCILLATION, s. f. mouvement d'un pendule ou d'un corps qui oscille.

OSCILLER, v. n. se mouvoir alternativement en sens contraire.

OSÉ, ÉE, adj. hardi, audacieux.

OSEILLE, (ll m.) s. f. plante potagère, acide.

OSER, v. a. é, ée, p. entreprendre hardiment; — v. n. avoir la hardiesse, l'audace de...

OSERAIE, s. f. lieu planté d'osiers.

OSIER, s. m. arbrisseau à jets très-flexibles; ses jets.

OSMAZOME, s. m. substance nutritive base du bouillon.

OSSELET, s. m. petit os; petits os servant à un jeu pour les enfants.

OSSEMENTS, s. m. pl. os décharnés des corps morts.

OSSEUX, EUSE, adj. de la nature des os.

OSSIFICATION, s. f. changement des membranes et des cartilages en os.

OSSIFIER, v. a. é, ée, p. changer en os; s'— v. pr. se convertir en os.

OSTENSIBLE, adj. 2 g. qui peut être montré; évident.

OSTENSIBLEMENT, adv. d'une manière ostensible.

OSTENSOIR, ou OSTENSOIRE, s. m. pièce d'orfèvrerie dans laquelle on expose l'hostie.

OSTENTATION, s. f. action de montrer avec affectation.

OSTÉOLOGIE, s. f. partie de l'anatomie qui a rapport aux os.

OSTÉOTOMIE, s. f. traité de la dissection des os.

OSTRACISME, s. m. loi de bannissement chez les Athéniens.

OSTROGOT, s. m. Got oriental; *fam.* homme qui ignore les usages, les bienséances.

OTAGE, s. m. personne remise ou gardée pour sûreté de l'exécution d'un traité.

ÔTER, v. a. é, ée, p. tirer une chose de la place où elle est; prendre par force ou par autorité; reprendre ce qu'on a donné.

OTTOMAN, s. m. qui professe la religion ottomane; —, e, adj. Turc; ottomane, s. f. sorte de canapé.

OU, conj. autrement.

OÙ, adv. en quel lieu, à quoi.

OUAILLE, (ll m.) s. f. chrétien, par rapport à son pasteur.

OUAIS, interj. qui marque la surprise, l'ironie.

OUATE, s. f. coton fin mis entre deux étoffes.

OUATER, v. a. é, ée, p. mettre de la ouate entre une étoffe et la doublure.

● **OUBLI**, s. m. manque de souvenir.

OUBLIE, s. f. pâtisserie fort mince.

OUBLIER, v. a. é, ée, p. perdre le souvenir d'une chose; laisser par inadvertance; ne pas garder de ressentiment; —, v. n. ne pas se souvenir; omettre; s'—, v. pr. se méconnaître; négliger ses intérêts; manquer à ses devoirs.

OUBLIETTES, s. f. pl. cachot couvert d'une fausse trappe dans lequel on faisait tomber ceux dont on voulait se défaire secrètement.

OUBLIEUR, s. m. qui fait et vend des oublies.

OUBLIEUX, EUSE, adj. qui oublie aisément.

OUEST, s. m. partie du monde qui est au soleil couchant.

OUF! interj. marque une douleur subite, l'étouffement, l'oppression.

OUI, s. m. particule d'affirmation, consentement.

OUÏ-DIRE, s. m. inv. ce qu'on ne sait que par le dire d'autrui.

OUÏE, s. f. sens par lequel on reçoit les sons ; — au pl. organes de la respiration chez les poissons ; ouvertures à la table supérieure d'un violon.

OUÏR, v. a. irr. entendre (ce verbe n'est usité qu'au passé déf. j'ouïs, etc.; à l'imp. du subj. q. j'ouïsse, etc.; à l'inf. ouïr et dans les temps composés de l'auxiliaire avoir et du part. p. ouï, ouïe.

OURAGAN, s. m. tempête violente accompagnée de tourbillons.

OURDIR, v. a. i, ie, p. disposer les fils pour faire un tissu ; fig. tramer, machiner.

OURDISSOIR, s. m. outil pour ourdir.

OURLER, v. a. é, ée, p. faire un ourlet.

OURLET, s. m. pli, rebord fait à du linge pour l'empêcher de s'effiler.

OURS, s. m. quadrupède féroce à longs poils ; fig. homme qui fuit la société ; — mal léché, rustre, brutal.

OURSE, s. f. femelle de l'ours ; grande —, petite —, constellations boréales.

OURSON, s. m. petit de l'ours.

OUTIL, s. m. tout instrument de travail pour les artisans.

OUTILLER, (ll m.) v. a. é, ée, p. garnir d'outils.

OUTRAGE, s. m. injure grave de fait ou de parole.

OUTRAGEANT, E, adj. qui outrage ; qui renferme des injures graves.

OUTRAGER, v. a. é, ée, p. offenser cruellement, faire outrage.

OUTRAGEUSEMENT, adv. d'une manière outrageuse ; à outrance.

OUTRAGEUX, EUSE, adj. outrageant.

OUTRANCE (à), loc. adv. jusqu'à l'excès.

OUTRE, s. f. peau de bouc préparée pour contenir des liquides.

OUTRE, prép. et adv. au-delà ; par-dessus.

OUTRÉ, ÉE, adj. exagéré ; transporté de colère.

OUTRE-MER, s. m. couleur bleu céleste.

OUTRE-MESURE, loc. adv. avec excès.

OUTRER, v. a. é, ée, p. accabler de travail ; offenser grièvement ; pousser à bout ; transporter de dépit, de colère.

OUVERT, E, adj. et p. p. d'ouvrir. qui n'est pas fermé ; ville ouverte, non fortifiée ; guerre ouverte, déclarée ; à livre ouvert, couramment.

OUVERTEMENT, adv. franchement, sans déguisement.

OUVERTURE, s. f. fente, trou, espace vide, solution de continuité ; action par laquelle on ouvre ; commencement ; occasion ; symphonie par où commence un opéra.

OUVRABLE, adj. 2 g. jour —, où l'église permet de travailler.

OUVRAGE, s. m. ce qui est produit par l'ouvrier ; travail pour exécuter une chose ; production d'esprit.

OUVRAGÉ, ÉE, adj. qui a demandé beaucoup de travail manuel.

OUVRÉ, ÉE, adj. linge, métal —, façonné.

OUVREUR, EUSE, s. qui ouvre.

OUVRIER, ÈRE, s. qui vit du travail journalier de ses mains ; qui exerce un métier ; —, adj. ouvrable ; cheville ouvrière, qui retient la flèche d'une voiture au train de devant.

OUVRIR, v. a. ouvert, e, p. faire que ce qui était fermé, joint, uni, ne le soit plus ; entamer, fendre, faire une incision ; percer ; commencer à creuser, à fouiller ; fig. commencer ; —, v. n. ouvrir la porte ; s' —, v. réc. s'élargir.

OUVROIR, s. m. lieu de travail des ouvriers.

OVAIRE, s. m. partie où se forment les œufs chez les femelles ovipares.

21

OVALE, s. m. figure ronde et oblongue; —, s. f. machine à tordre les soies.
OVATION, s. f. petit triomphe chez les Romains.
OVIPARE, adj. 2 g. et s. m. qui se reproduit par des œufs.
OVOÏDE, adj. 2 g. en forme d'œuf; t. de bot.
OXIDE, s. m. nom générique des corps unis à une portion d'oxigène trop faible pour les élever à l'état d'acide.
OXIDER, v. a. é, ée, p. réduire à l'état d'oxide; s' —, v. pr. passer à l'état d'oxide.
OXYGÈNE, s. m. principe acidifiant; base de l'air vital, de l'eau.
OXYGÉNER, v. a. é, ée, p. combiner avec l'oxigène.

P.

P, s. m. 16e lettre de l'alphabet.
PACAGE, s. m. pâturage.
PACAGER, v. n. paître.
PACHA, s. m. gouverneur de quelque province chez les musulmans.
PACIFICATEUR, s. m. celui qui pacifie, qui concilie.
PACIFIER, v. a. é, ée, p. (se conj. sur prier) apaiser, établir la paix.
PACIFIQUE, adj. 2 g. paisible, tranquille; qui aime la paix.
PACIFIQUEMENT, adv. d'une manière pacifique.
PACOTILLE, (ll m.) s. f. bagage, paquet; marchandises que l'on embarque avec soi.
PACTE, s. m. convention, accord, traité.
PACTISER, v. n. faire un pacte.
PACTOLE, s. m. fleuve qui, suivant les païens, roulait sur du sable d'or; fig. richesses.
PADOU, s. m. sorte de ruban, moitié fil et moitié soie.
PAGANISME, s. m. religion des païens; idolâtrie.
PAGE, s. f. un des côtés d'un feuillet de papier; écriture contenue dans la page même.
PAGE, s. m. jeune gentilhomme attaché au service d'un prince.
PAGINATION, s. f. ordre des numéros des pages d'un livre.
PAGINER, v. a. é, ée, p. numéroter les pages d'un livre.
PAGNON, s. m. drap noir très-fin de Sedan.
PAGODE, s. f. temple indien; monnaie d'or des Indes; petite figure de porcelaine à tête mobile.
PAÏEN, NNE, adj. adorateur des faux dieux.
PAILLASSE, (ll m.) s. f. sorte de sac de toile rempli de paille pour garnir les lits; —, s. m. bateleur.
PAILLASSON, (ll m.) s. m. natte de paille.
PAILLE, (ll m.) s. f. le tuyau et l'épi du blé, de l'orge, du seigle, etc. quand le grain est retiré; défaut dans les métaux, les diamants; homme de —, de néant, prête-nom.
PAILLER, (ll m.) s. m. cour de ferme où il y a des pailles, des grains.
PAILLET, (ll m.) adj. m. vin rouge peu chargé de couleur.
PAILLETTE, (ll m.) s. f. petite lame de métal très-légère pour appliquer sur les étoffes.
PAILLEUR, EUSE, (ll m.) s. qui vend, qui voiture de la paille.
PAILLEUX, EUSE, (ll m.) adj. métal qui a des pailles.
PAIMBOEUF, chef-lieu d'arr. du dép. de la Loire-Inférieure.
PAIN, s. m. aliment fait de farine de blé, etc., pétrie, levée et cuite au four; nourriture, subsistance; pain bénit, s. m. celui que l'on distribue à la grand'messe dans les églises; pain à cacheter, s. m. petite feuille de pâte cuite sans levain, pour cacheter les lettres; pain d'épices, s. m. pain composé de miel, de fleur de seigle et d'épices.
PAIR, s. m. membre de la chambre haute; le pair (t. de commerce), valeur égale; —, adj. m. pareil, semblable, divisible en deux parties égales; — au pl.

les égaux ; de —, adv. d'égal a égal.

PAIRE, s. f. couple d'animaux, d'oiseaux de la même espèce, mâle et femelle ; deux choses de même espèce qui vont nécessairement ensemble.

PAIRIE, s. f. dignité de pair.

PAISIBLE, adj. 2 g. tranquille, pacifique.

PAISIBLEMENT, adv. d'une manière paisible.

PAISSON, s. f. pâture dans les forêts ; outil de tanneur.

PAÎTRE, v. a. et déf. brouter l'herbe sur pied ; —, v. n. manger ; se —, v. pr. se nourrir, en parlant des oiseaux carnassiers. Ind. pr. je pais, tu pais, il pait ; n. paissons, etc. ; imp. je paissais, etc. ; fut. je paitrai, etc. ; cond. je paitrais, etc. ; imp. paissez, etc. ; subj. pr. que je paisse, etc. ; p. pr. paissant. Les autres temps sont inusités.

PAIX, s. f. état d'un peuple qui n'est point en guerre ; concorde, tranquillité, calme, silence, éloignement du bruit ; patène que le prêtre donne à baiser à l'offrande ; paix ! interj. qui commande le silence.

PAL, s. m. (pl. pals) long pieu aiguisé par le bout pour empaler.

PALADIN, s. m. grand seigneur du temps de Charlemagne ; chevalier errant.

PALAIS, s. m. édifice somptueux, habitation d'un roi ou d'un prince ; lieu où l'on rend la justice ; partie supérieure de l'intérieur de la bouche.

PALAN, s. m. cordes, moufles, poulies pour enlever les fardeaux ; t. de mar.

PALANQUIN, s. m. espèce de lit de repos dans lequel les riches Indiens se font porter par leurs serviteurs.

PALASTRE, s. m. boîte de fer d'une serrure.

PALATALE, adj. f. consonne —, produite par le mouvement de la langue qui touche au palais.

PALATIN, s. m. titre de dignité dans quelques états du Nord ; —, e, adj. électeur —, qui a ses états sur le Rhin ; qui a rapport au palais, t. d'anat.

PALATINAT, s. m. dignité, province d'un palatin.

PALATINE, s. f. fourrure que les femmes portent sur le cou et sur les épaules.

PALE, s. f. carton carré couvert de toile qui couvre le calice ; pièce de bois qui retient les eaux d'une écluse ; bout plat d'une rame.

PÂLE, adj. 2 g. blême ; peu coloré ; faible de couleur ; fig. qui manque de force.

PALÉE, s. f. rang de pieux enfoncés pour soutenir une digue.

PALEFRENIER, s. m. valet d'écurie.

PALEFROI, s. m. cheval que montait une dame avant qu'on eût des voitures.

PALERON, s. m. partie plate et charnue de l'épaule de quelques animaux.

PALET, s. m. morceau de pierre ou de métal plat et rond.

PALETTE, s. f. petit battoir ; planchette mince sur laquelle les peintres mêlent leurs couleurs ; petit vase pour la saignée.

PÂLEUR, s. f. manque absolu de teint.

PALIER, s. m. repos, plateforme sur un escalier.

PALINODIE, s. f. rétractation.

PÂLIR, v. a. 1, ie, p. rendre pâle ; —, v. n. devenir pâle.

PALIS, s. m. pieu ; palissade.

PALISSADE, s. f. clôture de pieux ; pieux d'une palissade.

PALISSADER, v. a. é, ée, p. entourer de palissades.

PALISSAGE, s. m. action de palisser.

PÂLISSANT, E, adj. pâle, qui pâlit.

PALISSE (la), chef-lieu d'arr. du dép. de l'Allier.

PALISSER, v. a. é, ée, p. attacher un treillage, les branches des arbres fruitiers contre un mur.

PALLADIUM, s. m. statue de Pallas qui passait pour le gage de la conservation de la ville de Troie ; fig. appui, garantie.

PALLIATIF, IVE, adj. remède —, qui pallie sans guérir ; qui déguise, qui cache.

PALLIATION, *s. f.* action de pallier ; voile pour pallier.

PALLIER, *v. a. é, ée, p.* ne guérir qu'en apparence ; déguiser, excuser une chose mauvaise.

PALLIUM, *s. m.* ornement des archevêques.

PALMAIRE, *s. m.* muscle intérieur de la main ; —, *adj. 2 g.* qui a rapport à la paume de la main.

PALME, *s. f.* branche de palmier ; —, *s. m.* ancienne mesure grecque et romaine ; mesure italienne de 8 pouces 3 lignes et demie.

PALMETTE, *s. f.* ornement en feuilles de palmier.

PALMIER, *s. m.* arbre qui donne des dattes.

PALMISTE, *s. m.* nom générique des palmiers.

PALMITE, *s. m.* moelle du palmier, bonne à manger.

PALONNIER, *s. m.* pièce du train d'un carrosse qui tient les traits.

PALPABLE, *adj. 2 g.* qui se fait sentir au toucher ; *fig.* sensible, évident.

PALPER, *v. a. é, ée, p.* toucher avec la main.

PALPITANT, E, *adj.* qui palpite.

PALPITATION, *s. f.* battement déréglé et inégal du cœur.

PALPITER, *v. n.* avoir un tremblement convulsif.

PALPLANCHE, *s. f.* pièce de bois qui garnit les pilotis d'une digue.

PALUS, *s. m.* marais.

PÂMER, *v. n.* et *se* —, *v. pr.* tomber en pâmoison.

PAMIERS, chef-lieu d'arr. du dép. de l'Arriège.

PÂMOISON, *s. f.* défaillance, évanouissement.

PAMPE, *s. f.* feuille du blé, de l'orge, etc.

PAMPHLET, *s. m.* brochure critique.

PAMPHLÉTAIRE, *s. m.* auteur de pamphlets.

PAMPRE, *s. m.* branche de vigne avec ses feuilles.

PAMPRÉ, ÉE, *adj.* grappe —, attachée au pampre.

PAN, *s. m.* partie considérable d'un vêtement, d'un mur ; côtés d'un ouvrage en menuiserie ; pièce du bois de lit.

PANACÉE, *s. f.* remède prétendu universel.

PANACHE, *s. m.* assemblage de longues plumes flottantes pour orner un casque, un chapeau, etc. ; partie supérieure d'une lampe d'église.

PANACHER, *v. n.* et *se* —, *v. pr.* se dit des fleurs et des oiseaux qui prennent des couleurs variées.

PANACHURE, *s. f.* tache blanche sur les feuilles des végétaux malades.

PANADE, *s. f.* soupe au pain et au beurre.

PANADER (*se*), *v. pr.* se pavaner.

PANAGE, *s. m.* permission de mettre des porcs dans une forêt, pour qu'ils s'y nourrissent de glands.

PANAIS, *s. m.* plante potagère qui tient de la carotte, mais qui est blanche.

PANARD, *adj. m.* cheval —, dont les pieds de devant sont tournés en dehors.

PANARIS, *s. m.* tumeur au bout des doigts.

PANCALIER, *s. m.* sorte de chou.

PANCARTE, *s. f.* placard affiché pour donner un avis au public.

PANCRACE, *s. m.* exercice gymnique chez les anciens.

PANDECTES, *s. f. pl.* recueil de lois compilées sous Justinien.

PANDOURE, *s. m.* soldat hongrois ; *fig.* homme brusque.

PANÉ, ÉE, *adj.* accommodé avec de la mie de pain en miettes.

PANÉGYRIQUE, *s. m.* éloge ; —, *adj. 2 g.* à la louange de quelqu'un.

PANÉGYRISTE, *s. m.* qui fait un panégyrique.

PANER, *v. a. é, ée, p.* couvrir de pain émietté.

PANERÉE, *s. f.* plein un panier.

PANETERIE, *s. f.* lieu où l'on distribuait le pain chez le roi; office, officiers de la —.

PANETIER (*grand*), *s. m.* surintendant de la paneterie.

PANETIÈRE, *s. f.* sac où les bergers mettent leur pain.

PANIER, *s. m.* ustensile de jonc, d'osier, où l'on mettait autrefois du pain; manne, corbeille.

PANIFICATION, *s. f.* conversion des matières farineuses en pain.

PANIQUE, *adj. f. terreur —* terreur subite et sans fondement.

PANNE, *s. f.* étoffe imitant le velours ou la peluche; graisse qui tient à la peau du cochon et de quelques autres animaux; *mettre en —*, disposer les voiles d'un vaisseau de manière à rester en place, *t. de mar.*

PANNEAU, *s. m.* pièce de bois ou vitrage encadré; coussinet rembourré de chaque côté d'une selle; piége; filet pour prendre des lièvres.

PANNETON, *s. m.* partie de la clef qui entre dans la serrure; panier long et étroit, garni de toile, où les boulangers mettent la pâte.

PANORAMA, *s. m.* tableau circulaire fixé sur les murs d'une rotonde éclairée par en haut, et dont le spectateur occupe le centre.

PANSAGE, *s. m.* action de panser un cheval.

PANSE, *s. f.* ventre.

PANSEMENT, *s. m.* action de panser une plaie.

PANSER, *v. a.* é, ée, *p.* appliquer un remède sur une plaie; étriller, brosser un cheval.

PANTALON, *s. m.* culotte qui descend jusqu'à la cheville; personnage comique.

PANTALONNADE, *s. f.* bouffonnerie; fausse démonstration de sentiments.

PANTHÉISME, *s. m.* système de ceux qui n'admettent d'autre Dieu que le *Grand-Tout*, l'universalité des êtres existants.

PANTHÉOLOGIE, *s. f.* tous les dieux du paganisme.

PANTHÉON, *s. m.* temple chez les anciens consacré à tous les dieux; temple à la gloire des grands hommes.

PANTHÈRE, *s. f.* quadrupède carnivore et féroce à peau mouchetée.

PANTIÈRE, *s. f.* filet pour prendre des oiseaux.

PANTIN, *s. m.* figure de carton qu'on fait mouvoir avec des fils; *fig.* personne qu'on fait agir comme on veut.

PANTINE, *s. f.* nombre d'écheveaux liés ensemble.

PANTOGRAPHE, *s. m.* instrument pour copier mécaniquement des dessins.

PANTOMIME, *s. m.* acteur qui ne s'exprime que par des gestes; —, *s. f.* art du pantomime; expression muette du visage et des gestes; —, *adj. 2 g. ballet —*, où l'action s'exprime par des gestes.

PANTOUFLE, *s. f.* chaussure pour la chambre.

PAON, *s. m.* gros oiseau domestique portant aigrette et ayant une queue couverte de marques de différentes couleurs en forme d'yeux; (l'o ne se pron. pas).

PAONNE, *s. f.* femelle du paon; (l'o ne se pron. pas).

PAONNEAU, *s. m.* jeune paon. (l'o ne se pron. pas).

PAPA, *s. m.* père.

PAPAL, E, *adj.* du pape.

PAPAUTÉ, *s. f.* dignité de pape.

PAPE, *s. m.* le chef de l'église catholique.

PAPELARD, *s. m.* hypocrite.

PAPERASSE, *s. f.* papier écrit inutile.

PAPERASSER, *v. n.* arranger des paperasses; faire des écritures inutiles.

PAPERASSIER, *s. m.* qui aime les paperasses.

PAPETERIE, *s. f.* fabrique, commerce de papier.

PAPETIER, *s. m.* fabricant, marchand de papier.

PAPIER, *s. m.* feuille faite de pâte de vieux linge broyé, pour écrire, imprimer, etc.; journal, billet, lettre de change.

PAPILLE, (*ll m.*) *s. f.* petites éminences répandues sur la surface du corps et particulièrement sur la langue.

PAPILLON, (*ll m.*) *s. m.* insecte volant, provenant de chenille ou de ver.

PAPILLONNER, (*ll m.*) *v. n.* voltiger d'objets en objets.

PAPILLOTAGE, (*ll m.*) *s. m.* effet de ce qui papillote; futilités.

PAPILLOTE, (*ll m.*) *s. f.* morceau de papier dont on enveloppe les cheveux pour les faire friser; dragée enfermée dans un morceau de papier frisé.

PAPILLOTER, (*ll m.*) *v. a.* é, ée, *p.* mettre les cheveux en papillotes; —, *v. n.* avoir un mouvement involontaire des yeux qui les empêche de se fixer sur les objets.

PAPISME, *s. m.* autorité absolue des papes.

PAPISTE, *s. m.* catholique romain; partisan du papisme.

PAPYRUS, *s. m.* arbrisseau d'Égypte dont l'écorce intérieure servait de papier aux anciens.

PÂQUE, *s. f.* fête annuelle des juifs en mémoire de leur sortie d'Égypte; *pâques*, *s. f. pl.* fête solennelle de l'Église en mémoire de la résurrection de J.-C.

PAQUEBOT, *s. m.* navire porteur de dépêches et de voyageurs.

PAQUER, *v. a.* é, ée, *p.* presser les harengs dans la caque.

PAQUERETTE, *s. f.* espèce de petite marguerite qui fleurit vers Pâques.

PAQUET, *s. m.* assemblage de choses attachées ou enveloppées ensemble; lettre, missive sous enveloppe.

PAQUEUR, *s. m.* qui paque le poisson salé.

PAR, *prép.* de lieu, de temps, d'ordre, qui exprime la cause, le motif, le moyen, la manière, ou qui marque la relation, l'ensemble, la comparaison.

PARABOLE, *s. f.* allégorie qui cache une vérité importante; ligne courbe.

PARABOLIQUE, *adj.* 2 g. de la parabole; courbé en parabole, t. de géom.

PARABOLIQUEMENT, *adv.* par parabole, en parabole.

PARACHRONISME, *s. m.* erreur de date, en retardant une époque.

PARACHUTE, *s. m.* instrument à l'usage des aéronautes pour se soutenir en descendant.

PARACLET, *s. m.* Saint-Esprit consolateur.

PARADE, *s. f.* étalage, vanité, ostentation; exercice, revue militaire; scène de bateleurs; imitation ridicule; action de parer un coup.

PARADIGME, *s. m.* t. de gramm. exemple, modèle.

PARADIS, *s. m.* séjour des bienheureux, et *fig.* lieu, pays agréable; — espèce de pommier; dans une salle de spectacle, amphithéâtre au plus haut rang des loges.

PARADOXAL, E, *adj.* qui tient du paradoxe; qui aime le paradoxe.

PARADOXE, *s. m.* proposition spécieuse, mais fausse.

PARAFE, ou **PARAPHE**, *s. m.* marque en traits de plume après la signature, ou qui en tient lieu.

PARAFER, ou **PARAPHER**, *v. a.* é, ée, *p.* apposer son paraphe.

PARAGE, *s. m.* extraction, naissance; espace de mer où se trouve le vaisseau; (*au pl.*) bords, rives, contrées; première façon aux vignes.

PARAGRAPHE, *s. m.* petite section d'un discours, d'un chapitre; marque qui en indique le commencement (§).

PARAÎTRE, *s. m.* l'apparence, le dehors.

PARAÎTRE, *v. n. irr.* (se conj. sur *connaître*) se faire voir, se montrer, se manifester, briller, éclater, se faire remarquer.

PARALIPOMÈNES, *s. m. pl.* un des livres de la Bible.

PARALIPSE, *s. f.* figure de rhétor. qui fixe l'attention sur un objet en paraissant le négliger.

PARALLÈLE, s. m. cercle parallèle à l'équateur ; comparaison ; — s. f. ligne parallèle à une autre ; communication d'une tranchée à une autre ; — adj. 2 g. ligne, surface —, également distante d'une autre dans toute son étendue.

PARALLÈLEMENT, adv. en parallèle.

PARALLÉLIPIPÈDE, s. m. solide terminé par six parallélogrammes dont les opposés sont parallèles.

PARALLÉLISME, s. m. état de deux lignes, de deux plans parallèles.

PARALLÉLOGRAMME, s. m. figure plane dont les côtés opposés sont parallèles.

PARALLÉLOGRAPHE, s. m. instrument pour tirer des lignes parallèles.

PARALOGISME, s. m. faux raisonnement par défaut de lumières ou d'attention.

PARALYSER, v. a. é, ée, p. rendre paralytique ; fig. rendre inutile.

PARALYSIE, s. f. privation, diminution considérable du mouvement volontaire.

PARALYTIQUE, adj. et s. 2 g. attaqué de paralysie.

PARANOMOSE, s. f. figure de rhétorique qui consiste à réunir des homonymes.

PARANT, E, adj. qui pare.

PARAPET, s. m. élévation de terre ou de pierre au-dessus d'un rempart ; muraille à hauteur d'appui au-dessus d'une terrasse, d'un pont, etc.

PARAPHERNAUX, adj. m. pl. biens —, dont la femme s'est réservé l'administration et la jouissance, t. de droit.

PARAPHRASE, s. f. explication étendue d'un texte ; interprétation, amplification.

PARAPHRASER, v. a. é, ée, p. faire des paraphrases ; interpréter avec malice.

PARAPHRASEUR, s. m. qui interprète avec malice.

PARAPHRASTE, s. m. commentateur.

PARAPLUIE, s. m. petit pavillon portatif pour se garantir de la pluie.

PARASITE, s. m. écornifleur, qui fait métier d'aller manger à la table d'autrui ; — adj. 2 g. plante —, qui végète sur une autre et se nourrit de sa substance.

PARASOL, s. m. petit pavillon portatif pour se garantir du soleil.

PARATONNERRE, s. m. conducteur, appareil qui, en soutirant l'électricité des nuages, garantit de la foudre.

PARAVENT, s. m. châssis composé de feuilles (planches) mobiles et garnies de papier ou d'étoffe pour garantir du vent dans une chambre.

PARBLEU ! interj. exclamation, espèce de jurement.

PARC, s. m. grande étendue de terre entourée de murailles ; pâtis où l'on met les bœufs pour les engraisser ; clôture de claies où l'on enferme les moutons quand ils couchent dans les champs ; lieu préparé pour mettre les huîtres sur la grève ; lieu où sont réunies des pièces d'artillerie, des munitions.

PARCAGE, s. m. séjour des moutons parqués sur des terres labourables.

PARCELLE, s. f. petite partie d'un tout matériel.

PARCE QUE, conj. attendu que.

PARCHEMIN, s. m. peau de mouton préparée pour écrire.

PARCHEMINERIE, s. f. lieu où l'on prépare le parchemin ; art de le préparer ; commerce de parchemin.

PARCHEMINIER, s. m. qui prépare et vend le parchemin.

PARCIMONIE, s. f. épargne excessive.

PARCIMONIEUX, EUSE, adj. et s. économe à l'excès.

PARCOURIR, v. a. irr. (se conj. sur courir) visiter rapidement ; courir çà et là ; aller d'un bout à l'autre ; passer légèrement sur...

PARCOURS, s. m. droit de mener paître des moutons de canton en canton.

PARDON, s. m. rémission d'une faute, d'une offense; *au pl.* indulgences de l'église,—! *interj.* de repentir.

PARDONNABLE, *adj. 2 g.* qui mérite pardon.

PARDONNER, *v. a.* é, ée, *p. et v. n.* accorder le pardon; faire grâce; supporter, tolérer une faute; épargner, excuser; *se* —, *v. pr.* user d'indulgence pour soi-même.

PARÉ, ÉE, *adj.* en grande toilette; orné.

PAREIL, *s. m.* semblable; —, *lle, adj.* égal, semblable.

PAREILLE, (*ll m.*) *s. f.* la même chose; *à la* —, *loc. adv.* de la même manière.

PAREILLEMENT, (*ll m.*) *adv.* semblablement.

PAREMENT, *s. m.* étoffe dont on pare le devant des autels; revers au bout des manches; gros bâton d'un fagot; colle de tisserand pour enduire la chaîne; côté d'une pierre qui paraît en dehors d'un mur; grosses pierres qui bordent un chemin pavé.

PARENT, E, *adj.* et *s.* de la même famille; de même sang; *au pl.* le père, la mère, les ancêtres.

PARENTÉ, *s. f.* tous les parents d'une personne; qualité de parent.

PARENTHÈSE, *s. f.* phrase formant un sens séparé au milieu d'une phrase; marque qui sert à l'indiquer [(...)].

PARER, *v. a.* é, ée, *p.* orner, embellir; servir de parure; garantir, préserver de...; apprêter, préparer; *se* —, *v. pr.* faire toilette; *fig.* faire parade.

PARESSE, *s. f.* négligence d'un devoir; nonchalance; humeur paisible, calme d'esprit.

PARESSER, *v. n.* se laisser aller à la paresse.

PARESSEUX, EUSE, *adj.* et *s.* qui a le défaut de la paresse; nonchalant; qui évite le travail, l'action; —, *s. m. V.* AÏ.

PAREUR, *s. m.* ouvrier chargé de finir, de perfectionner certains ouvrages.

PARFAIRE, *v. a.* (se conj. *c. faire*) achever.

PARFAIT, *s. m.* la perfection; *t. de gramm. V.* **PRÉTÉRIT**; —, *e, adj.* accompli.

PARFAITEMENT, *adv.* d'une manière parfaite.

PARFOIS, *adv.* de temps, quelquefois, de temps à autre.

PARFOND, *s. m.* hameçon plombé qui reste au fond de l'eau.

PARFUM, *s. m.* senteur agréable; corps odoriférant.

PARFUMER, *v. a.* é, ée, *p.* répandre, faire prendre une bonne odeur; *se* —, *v. pr.* remplir ses habits, ses cheveux de bonnes odeurs.

PARFUMEUR, EUSE, *s.* qui fait et vend des parfums.

PARI, *s. m.* gageure; ce qu'on a gagé.

PARIA, *s. m.* Indien de la dernière caste.

PARIER, *v. a.* et *v. n.* é, ée, *p.* faire un pari.

PARIÉTAIRE, *s. f.* plante médicinale.

PARIEUR, EUSE, *s.* qui parie.

PARIS, capitale de la France, chef-lieu du dép. de la Seine.

PARISIEN, NNE, *adj.* et *s.* de Paris.

PARITÉ, *s. f.* égalité, comparaison.

PARJURE, *s. m.* faux serment; serment violé; —, *adj.* et *s. 2 g.* qui fait un faux serment; qui viole son serment.

PARJURER (se), *v. pr.* faire un faux serment en justice; violer son serment.

PARLAGE, *s. m.* verbiage.

PARLANT, E, *adj.* qui parle; portrait —, très-ressemblant.

PARLEMENT, *s. m.* assemblée des grands (en Angleterre), des pairs et des députés du royaume; haute cour de justice; sa juridiction; durée de sa session.

PARLEMENTAIRE, *adj. 2 g.* du parlement; —, *s. m.* celui qui est chargé de faire ou de recevoir des propositions.

PARLEMENTER, *v. n.* faire ou écouter des propositions d'accommodement.

PARLER, *s. m.* langage, manière de parler.

PARLER, *v. a.* é, ée, *p.* s'exprimer, s'énoncer — *v. n.* prononcer des paroles; articuler; discourir, manifester ses pensées d'une manière quelconque.

PARLERIE, *s. f.* babil importun.

PARLEUR, EUSE, *s.* qui parle beaucoup.

PARLOIR, *s. m.* lieu destiné dans les maisons religieuses pour parler aux visiteurs.

PARMENTIÈRE, *s. f.* pomme de terre (ainsi nommée du nom de Parmentier qui le premier en a introduit la culture en France).

PARMESAN, *s. m.* fromage de Parme.

PARMI, *prép.* entre, au milieu de.

PARNASSE, *s. m.* montagne de la Phocide consacrée aux muses; *fig.* la poésie.

PARODIE, *s. f.* imitation burlesque, maligne, d'un écrit sérieux, d'une pièce de théâtre.

PARODIER, *v. a.* é, ée, *p.* faire une parodie.

PARODISTE, *s. m.* auteur de parodies.

PAROI, *s. f.* surface latérale d'un vase, d'un tube; *au pl.* membranes qui couvrent l'estomac.

PAROISSE, *s. f.* territoire d'une cure; les habitants; l'église paroissiale.

PAROISSIAL, E, *adj.* de la paroisse.

PAROISSIEN, *s. m.* livre de prières; —, *nne*, *s.* habitant d'une paroisse.

PAROLE, *s. f.* faculté de parler; mot prononcé; ton de la voix; sentence; mot notable; assurance, promesse verbale; discours aigres, piquants; mots d'une chanson.

PARONOMASE, *s. f.* figure de rhétorique qui consiste à rapprocher des mots qui ont la même consonnance avec un sens différent.

PAROXISME, *s. m.* moment critique dans une maladie.

PARPAING, *s. m.* moellon qui tient toute l'épaisseur d'un mur.

PARQUE, *s. f.* nom de chacune des 3 déesses de la Fable qui tenaient le fil de la vie des hommes.

PARQUER, *v. a.* é, ée, *p.* mettre dans une enceinte.

PARQUET, *s. m.* pièces de bois qui couvrent un plancher; planches sur lesquelles une glace est montée; place des huissiers audienciers dans une cour de justice; lieu où le ministère public donne audience; magistrat qui la donne.

PARQUETAGE, *s. m.* ouvrage de parquet.

PARQUETER, *v. a.* é, ée, *p.* mettre du parquet dans un appartement.

PARRAIN, *s. m.* celui qui tient un enfant sur les fonts de baptême; qui nomme une cloche que l'on bénit.

PARRICIDE, *s. 2 g.* qui a tué son père ou sa mère; —, *s. m.* crime du parricide.

PARSEMER, *v. a.* é, ée, *p.* semer, répandre çà et là.

PART, *s. f.* chaque portion d'une chose divisée; partage; lot; lieu; endroit; *à part*, *adv.* séparément.

PARTAGE, *s. m.* division d'une chose entre plusieurs personnes; acte qui consacre cette division; portion; lot.

PARTAGER, *v. a.* é, ée, *p.* diviser en plusieurs parts; donner en partage; posséder en commun; prendre part.

PARTANCE, *s. f.* départ d'un vaisseau, d'une flotte.

PARTANT, *adv.* par conséquent.

PARTENAIRE, *s. m.* sociétaire au jeu.

PARTERRE, *s. m.* partie d'un jardin plantée d'arbustes, de fleurs, etc.; partie d'une salle de spectacle entre l'orchestre et l'amphithéâtre; auditeurs qui y sont placés.

PARTHENAY, chef-lieu d'arr. du dép. des Deux-Sèvres.

PARTI, *s. m.* union de plusieurs personnes dans un intérêt commun; faction; résolution, détermination; conjuration; moyen, expédient; profession, emploi; troupe de gens de guerre; personne à marier.

PARTIAL, E, *adj.* qui favorise un parti au préjudice d'un autre.

PARTIALEMENT, *adv.* avec partialité.

21.

PARTIALITE, s. f. préférence injuste.
PARTICIPANT, E, adj. qui participe.
PARTICIPATION, s. f. action de participer à..; connaissance d'une affaire, part qu'on y prend; consentement.
PARTICIPE, s. m. modification du verbe qui tient de l'adjectif et le devient quelquefois.
PARTICIPER, v. n. avoir part, prendre part, s'intéresser; tenir de la nature de certaine chose.
PARTICULARISER, v. a. é, ée, p. marquer le détail, les particularités d'une affaire, d'un événement.
PARTICULARITÉ, s. f. circonstance particulière; propriété spéciale.
PARTICULE, s. f. parcelle; t. de gramm. petite partie du discours, ex : si, quand, etc.
PARTICULIER, ÈRE, adj. qui appartient proprement à certaines choses, certaines personnes; remarquable, rare; secret; — s. m. personne privée; intérieur du ménage.
PARTICULIÈREMENT, adv. d'une manière particulière.
PARTIE, s. f. portion d'un tout; divertissement, jeu, entreprise; celui contre-lequel on plaide, ou combat; contractants.
PARTIEL, LLE, adj. qui fait partie d'un tout.
PARTIELLEMENT, adv. par partie.
PARTIR, v. n. se mettre en chemin, commencer un voyage; quitter un lieu; s'éloigner; prendre sa course, son vol; sortir avec impétuosité.
PARTISAN, s. m. qui est attaché à un parti, à un ordre de choses, qui en prend la défense; chef d'expéditions militaires hardies; au fém. partisanne, peu usité.
PARTITIF, IVE, adj. qui désigne une partie; t. de gramm.
PARTITION, s. f. distribution, partage; t. de mus. toutes les parties réunies d'une composition musicale.

PARTOUT, adv. en tout lieu.
PARURE, s. f. ornement, ajustement.
PARVENIR, v. n. irr. (se conj. sur venir) arriver au terme avec difficulté; obtenir; faire fortune.
PARVENU, s. m. homme obscur qui a fait fortune.
PARVIS, s. m. place devant une église.
PAS, s. m. mouvement du pied en avant pour marcher; espace d'un pied à l'autre en marchant; passage étroit et difficile dans une vallée; mesure précise de distance; mouvement de danse; fig. conduite, démarche.
PAS, particule négat. non, point.
PASCAL, E, adj. de Pâques.
PAS-DE-CALAIS (le), détroit entre la mer d'Allemagne et la Manche; dép. formé de la partie N.-O. de la Picardie.
PASQUIN, s. m. valet de comédie; railleur; bouffon.
PASQUINADE, s. f. raillerie satirique.
PASSABLE, adj. 2 g. supportable.
PASSABLEMENT, adv. d'une manière supportable.
PASSADE, s. f. passage dans un lieu où l'on fait peu de séjour.
PASSAGE, s. m. action, moment de passer; chemin par où l'on passe; droit qu'on paye pour passer; endroit d'un auteur qu'on cite.
PASSAGER, ÈRE, s. qui s'embarque pour passer en quelque lieu; — adj. qui ne fait que passer; fugitif, éphémère.
PASSAGÈREMENT, adv. pour peu de temps.
PASSANT, s. m. celui qui passe en un lieu; passant, e, adj. fréquenté; où il passe beaucoup de monde; en —, loc. adv. chemin faisant; par occasion.
PASSATION, s. f. action de passer un contrat.
PASSAVANT ou **PASSE-AVANT**, s. m. ordre écrit de laisser passer des marchandises à la douane.
PASSE, s. f. action de passer, droit de passage; canal pratica-

ble entre deux écueils ; somme payée pour le sac qui contient l'argent que l'on reçoit ; petite somme pour compléter une grande ; état, situation ; certaine partie d'un bonnet, d'un chapeau de femme ; point de broderie ; mise au jeu ; —, *adv.* soit, à la bonne heure.

PASSÉ, *s. m.* temps écoulé ; *t. de gramm.* temps du verbe qui exprime l'action qui a été faite dans un temps écoulé ; —é, ée, *adj.* qui a été et qui n'est plus ; fané, flétri, oublié.

PASSE-CARREAU, *s. m. inv.* morceau de bois pour repasser les coutures des tailleurs.

PASSE-CORDE, *s. m. inv.* grosse aiguille de bourrelier.

PASSE-DEBOUT, *s. m. inv.* permission de passer sans payer de droits.

PASSE-DROIT, *s. m. inv.* grâce accordée contre l'usage ou au préjudice de quelqu'un.

PASSEMENT, *s. m.* tissu plat et un peu large ; ouvrage de passementier.

PASSEMENTERIE, *s. f.* art, commerce du passementier.

PASSEMENTIER, IÈRE, *s.* qui fait, vend des galons, etc.

PASSE-PARTOUT, *s. m. inv.* clef servant à ouvrir plusieurs portes, ou commune à plusieurs personnes pour une même porte.

PASSE-PASSE, *s. m. inv.* tours d'adresse, tromperie adroite.

PASSE-POIL, *s. m. inv.* bordures sur les coutures d'un vêtement et qui dépassent l'étoffe.

PASSE-PORT, *s. m. inv.* permission de passer librement.

PASSER, *v. a.* é, ée, *p.* transporter d'un lieu à un autre ; traverser ; aller au-delà, devancer, surmonter, dépasser ; employer, consumer ; pardonner ; faire couler à travers une passoire ; préparer, apprêter, omettre ; approuver, allouer ; — *v. n.* aller d'un lieu à un autre ; s'écouler ; cesser, finir ; être admis ; se faner, se flétrir : *passer pour...* être réputé ; *passer par...* se soumettre à... ; *se —*, *v. réc.* s'écouler, s'abstenir, se contenter de...

PASSEREAU, *s. m.* moineau franc.

PASSE-ROSE, *s. f.* fleur de jardin ; *au pl. passe-roses.*

PASSE-TEMPS, *s. m. inv.* plaisir, divertissement.

PASSEUR, *s. m.* qui mène un bac, un bateau pour passer d'un bord à l'autre.

PASSIBILITÉ, *s. f.* qualité des corps passibles.

PASSIBLE, *adj.* 2 g. capable de souffrir ; dans le cas de souffrir.

PASSIF, *s. m.* sens passif d'un verbe ; *t. de droit*, ce qu'on doit ; —, *ive*, *adj.* ce qui est opposé à actif.

PASSION, *s. f.* souffrances de N. S. J.-C. ; partie de l'Évangile où elles sont racontées ; sermon sur ce sujet ; mouvement impétueux de l'âme excité par quelque objet ; affection violente pour quelque chose que ce soit ; souffrance ; maladie.

PASSIONNÉMENT, *adv.* avec beaucoup de passion.

PASSIONNER, *v. a.* é, ée, *p.* intéresser fortement ; donner un caractère animé qui marque la passion ; *se —*, *v. pr.* se laisser aller à sa passion ; s'affectionner vivement ; s'animer.

PASSIVEMENT, *adv.* d'une manière passive.

PASSOIRE, *s. f.* ustensile de cuisine percé de trous qui sert à passer.

PASTEL, *s. m.* crayon de couleurs pulvérisées ; dessin fait avec ce crayon.

PASTÈQUE, *s. f.* melon d'eau.

PASTEUR, *s. m.* berger ; *fig.* directeur des âmes ; curé.

PASTICHE, *s. m.* tableau qui n'est ni original ni copie, mais formé de différentes parties prises d'autres tableaux.

PASTILLE, (*ll m.*) *s. f.* espèce de bonbon.

PASTORAL, E, *adj.* des pasteurs ; *lettre —*, de l'évêque ; *pastoral*, *s. m.* rituel à l'usage des évêques ; *pastorale*, *s. f.* pièce de théâtre dont les personnages représentent des bergers.

PASTORALEMENT, *adv.* en bon pasteur.

PASTOUREAU, ELLE, *s.* petit berger; jeune bergère.

PAT, (*t. du jeu des échecs*) échec inévitable au roi s'il remue.

PATACHE, *s. f.* vaisseau léger pour le service des navires; voiture publique incommode; bureau des douanes sur un bateau.

PAT-A-QU'EST-CE, *s. m.* faute grossière en parlant, et qui consiste à placer mal à propos une S ou un T.

PATARAFFE, *s. f.* écriture informe.

PATARD, *s. m.* sou.

PATATE, *s. f.* espèce de pomme de terre.

PATATRAS, mot qui exprime le bruit, la chute, la rupture.

PATAUD, E, *s.* et *adj.* personne grossièrement faite, mal élevée; *pataud*, *s. m.* jeune chien à grosses pattes.

PATAUGER, *v. n.* marcher dans l'eau bourbeuse.

PÂTE, *s. f.* farine détrempée et pétrie; *par ext.* masse de choses broyées et détrempées.

PATE ou **PATTE**, *s. f.* pied des animaux à quatre pieds, et de tous les oiseaux hormis les oiseaux de proie; pied d'un verre, d'une coupe, etc.; base; petite bande d'étoffe.

PATE-D'OIE, *s. f.* ce qui a la forme d'une pate d'oie; point de réunion de plusieurs allées divergentes.

PÂTÉ, *s. m.* pièce de pâtisserie renfermant de la viande, du poisson, etc.; goutte d'encre tombée sur du papier.

PÂTÉE, *s. f.* mélange d'aliments en pâte pour les oiseaux, ou les animaux domestiques.

PATELIN, INE, *s.* et *adj.* souple, artificieux.

PATELINAGE, *s. m.* manières souples du patelin.

PATELINER, *v. n.* agir en patelin; —, *v. a.* é, ée, *p.* ménager adroitement quelqu'un par intérêt; manier une affaire avec adresse.

PATELINEUR, EUSE, *adj.* et *s.* patelin.

PATÈNE, *s. f.* vase sacré en forme d'assiette pour couvrir le calice.

PATENÔTRE, *s. f.* oraison dominicale; prière; grain de chapelet.

PATENÔTRERIE, *s. f.* commerce de chapelets.

PATENÔTRIER, *s. m.* qui fait ou vend des chapelets.

PATENT, E, *adj.* scellé du grand sceau; évident.

PATENTABLE, *adj.* 2 g. qui doit être soumis à la patente.

PATENTE, *s. f.* sorte de brevet taxé pour les marchands.

PATENTÉ, ÉE, *adj.* et *s.* muni d'une patente.

PATENTER, *v. a.* é, ée, *p.* soumettre à la patente; la délivrer.

PATER, *s. m.* (l'r se pron.) oraison dominicale; gros grain d'un chapelet sur lequel on dit le pater.

PATÈRE, *s. f.* vase très-ouvert servant aux sacrifices chez les anciens; ornement qui y ressemble.

PATERNEL, LLE, *adj.* du père; tel qu'il convient à un père.

PATERNELLEMENT, *adv.* en père.

PATERNITÉ, *s. f.* titre, état, qualité de père.

PÂTEUX, EUSE, *adj.* de la nature de la pâte; empâté.

PATHÉTIQUE, *adj.* 2 g. énergique, touchant; —, *s. m.* véhémence d'élocution.

PATHÉTIQUEMENT, *adv.* d'une manière pathétique.

PATHOLOGIE, *s. f.* traité des maladies, de leurs causes, de leurs symptômes et de leur classification.

PATHOLOGIQUE, *adj.* 2 g. qui a rapport à la pathologie.

PATHOS, *s. m.* chaleur de style affectée et déplacée.

PATIBULAIRE, *adj.* 2 g. qui appartient au gibet; —, *s. m.* gibet.

PATIEMMENT, *adv.* avec patience.

PATIENCE, *s. f.* vertu qui fait supporter le mal sans murmurer; attente paisible; —! *interj.* attendez!
PATIENT, *s. m.* criminel condamné et livré à l'exécuteur; celui qui souffre ou qui va souffrir une opération chirurgicale; —, *e*, *adj.* qui a de la patience.
PATIENTER, *v. n.* prendre patience.
PATIN, *s. m.* ancien soulier de femme très-élevé; sorte de chaussure garnie de fer pour glisser sur la glace.
PATINER, *v. n.* é, ée, *p.* glisser sur la glace avec des patins; —, *v. a.* manier.
PATINEUR, *s. m.* qui patine.
PÂTIR, *v. n.* souffrir.
PÂTIS, *s. m.* lieu où paissent les bestiaux.
PÂTISSER, *v. n.* faire de la pâtisserie.
PÂTISSERIE, *s. f.* pâte préparée, assaisonnée et cuite au four; commerce, art du pâtissier.
PÂTISSIER, IÈRE, *s.* qui fait et vend de la pâtisserie.
PÂTISSOIRE *s. f.* table à rebords sur laquelle on pâtisse.
PATOIS, *s. m.* langage grossier, jargon particulier à chaque province.
PÂTON, *s. m.* pâte en boulettes pour engraisser la volaille.
PATOUILLE, *s. f.* machine employée dans les forges pour séparer la terre de la mine de fer.
PATOUILLET, *s. m.* machine hydraulique pour séparer la terre de la mine.
PATOUILLEUR, *s. m.* celui qui sépare le minerai de la terre.
PATRAQUE, *s. f.* machine usée et de peu de valeur; *fig.* personne faible, débile.
PÂTRE, *s. m.* gardien de troupeaux, particulièrement de gros bétail.
PATRIARCAL, E, *adj.* de patriarche (*sans pl. m.*).
PATRIARCAT, *s. m.* dignité de patriarche.
PATRIARCHE, *s. m.* saint personnage de l'ancien Testament; premier évêque grec; vieillard qui vit au milieu d'une nombreuse famille.
PATRICE, *s. m.* titre de dignité dans l'empire romain; celui qui en était revêtu.
PATRICIAT, *s. m.* dignité de patrice.
PATRICIEN, NNE, *adj. et s.* issu des premiers sénateurs institués par Romulus.
PATRIE, *s. f.* lieu, pays où l'on est né; pays de nos pères.
PATRIMOINE, *s. m.* bien qui vient du père ou de la mère; bien de famille.
PATRIMONIAL, E, *adj.* de patrimoine, de succession.
PATRIOTE, *adj. et s. 2 g.* qui aime sa patrie et cherche à lui être utile.
PATRIOTIQUE, *adj. 2 g.* qui appartient au patriote.
PATRIOTIQUEMENT, *adv.* en patriote.
PATRIOTISME, *s. m.* caractère du patriote; amour de la patrie; dévouement à la patrie.
PATRON, *s. m.* protecteur, défenseur; saint dont on porte le nom; maître de la maison; celui qui commande aux matelots; modèle tracé dont on suit les contours.
PATRONAGE, *s. m.* droit de nommer à un bénéfice; protection.
PATRONAL, E, *adj.* qui appartient au patron; (*sans pl. m.*)
PATRONET, *s. m.* garçon pâtissier.
PATRONYMIQUE, *adj. m.* nom —, commun à tous les descendants d'une race.
PATROUILLE, (ll m.) *s. f.* marche de soldats pour la sûreté d'une ville, d'un camp, etc.; escouade qui fait la patrouille.
PATROUILLER, (ll m.) *v. n.* faire patrouille; aller en patrouille.
PATU, E, *adj. poule, pigeon* —, qui a des plumes jusque sur les pattes.
PÂTURAGE, *s. m.* lieu où les bestiaux vont paître; herbes des pâturages; droit de faire paître.

PÂTURE, s. f. nourriture en général; pacage.
PÂTURER, v. n. paître.
PATURON, s. m. partie du bas de la jambe du cheval entre le boulet et la couronne.
PAU, chef-lieu du dép. des Basses-Pyrénées.
PAUME, s. f. le dedans de la main; espèce de jeu, lieu où il se joue.
PAUMELLE, s. f. espèce d'orge.
PAUMIER, s. m. maître d'un jeu de paume.
PAUPIÈRE, s. f. peau bordée de cils qui couvre l'œil.
PAUSE, s. f. intermission, suspension, cessation d'action; t. de mus. intervalle de temps, de silence.
PAUVRE, adj. 2 g. qui manque du nécessaire; qui n'a pas de quoi vivre; chétif; —, s. m. mendiant.
PAUVREMENT, adv. dans l'indigence, la pauvreté.
PAUVRESSE, s. f. femme pauvre qui mendie.
PAUVRET, TTE, adj. diminutif de pauvre.
PAUVRETÉ, s. f. indigence; chose basse ou méprisable.
PAVAGE, s. m. ouvrage de paveur.
PAVANER (se), v. pr. marcher d'une manière fière, comme un paon.
PAVÉ, s. m. grès taillé en cube, pierre dure qui sert à paver; chemin, lieu qui est pavé.
PAVEMENT, s. m. action de paver; ouvrage du paveur.
PAVER, v. n. et v. a. é, ée, p. couvrir, revêtir de pavés.
PAVEUR, s. m. ouvrier qui pave.
PAVILLON, (ll m.) s. m. sorte de tente carrée en pointe par le haut; corps de bâtiment qui accompagne un grand corps-de-logis; étendard de vaisseau.
PAVOIS, s. m. sorte de grand bouclier; sorte de toile qu'on étend sur les vaisseaux.
PAVOISER, v. a. é, ée, p. garnir un vaisseau de pavois.

PAVOT, s. m. plante soporifique.
PAYABLE, adj. 2 g. qui doit être payé.
PAYANT, E, adj. qui paye.
PAYE, s. f. solde, salaire; action de payer; débiteur.
PAYEMENT, PAIEMENT ou PAÎMENT, s. m. ce qu'on donne pour acquitter une dette.
PAYER, v. a. é, ée, p. (se conj. c. ployer), acquitter une dette; solder; récompenser; —, v. n. s'acquitter, donner ce qui est dû; se —, v. pr. se contenter.
PAYEUR, s. m. celui qui paye.
PAYS, s. m. région, contrée, province, patrie; lieu de la naissance; pays, e, s. compatriote.
PAYSAGE, s. m. étendue de pays qu'on voit d'un seul aspect; tableau qui la représente.
PAYSAGISTE, s. m. peintre de paysages.
PAYSAN, NNE, s. homme, femme de campagne.
PÉAGE, s. m. droit de passage; lieu où on le paye.
PÉAGER, s. m. celui qui reçoit le péage.
PEAU, s. f. partie extérieure de l'animal, qui enveloppe toutes les autres parties; cette partie détachée du corps de l'animal, et préparée pour différents usages; enveloppe des fruits, des végétaux; croûte légère à la superficie de certaines choses.
PEAUSSERIE, s. f. commerce, marchandise de peau.
PEAUSSIER, s. m. qui prépare et vend les peaux.
PEC, adj. m. hareng —, en caque et fraîchement salé.
PECCABLE, adj. 2 g. capable de pécher.
PECCADILLE, (ll m.) s. f. faute légère.
PÉCHÉ, s. m. transgression de la loi divine.
PÊCHE, s. f. gros fruit à noyau; art, exercice, action de pêcher; poisson qu'on a pêché.
PÉCHER, v. n. commettre un péché; faillir; pêcher, v. a. é, ée, p. prendre du poisson; tirer de l'eau; —, s. m. arbre qui produit la pêche.

PÊCHERIE, s. f. lieu où l'on pêche.
PÉCHEUR, ERESSE, s. qui fait ou a fait un péché.
PÊCHEUR, EUSE, s. qui pêche, qui aime à pêcher.
PÉCORE, s. f. animal, bête.
PECTORAL, E, adj. qui se porte sur la poitrine ; bon pour la poitrine.
PÉCULAT, s. m. vol des deniers publics par ceux qui en ont l'administration.
PÉCULE, s. m. épargnes.
PÉCUNE, s. f. argent.
PÉCUNIAIRE, adj. 2 g. qui consiste en argent.
PÉCUNIEUX, EUSE, adj. qui a beaucoup d'argent.
PÉDAGOGIE, s. f. art d'instruire, d'élever des enfants.
PÉDAGOGIQUE, adj. 2 g. qui a rapport à la pédagogie.
PÉDAGOGUE, s. m. qui s'occupe de l'éducation des enfants.
PÉDALE, s. f. touche de certains instruments qu'on meut avec le pied.
PÉDANT, E, s. qui affecte de montrer de l'érudition ; qui prend un ton de supériorité ; —, e, adj. qui tient du pédant.
PÉDANTERIE, s. f. vice du pédant ; manières de pédant.
PÉDANTESQUE, adj. 2 g. qui sent le pédant.
PÉDANTESQUEMENT, adv. d'une manière pédantesque.
PÉDANTISME, s. m. pédanterie.
PÉDESTRE, adj. f. statue —, qui pose sur ses pieds.
PÉDESTREMENT, adv. à pied.
PÉDICURE, s. m. qui soigne les pieds, coupe les cors, etc.
PÉDONCULE, s. m. queue d'une fleur, d'un fruit.
PÉGASE, s. m. cheval ailé qui, suivant la Fable, habitait le Parnasse ; fig. génie poétique.
PEIGNAGE, (gn m.) s. m. façon donnée avec le peigne.
PEIGNE, (gn m.) s. m. instrument à dents pour démêler les cheveux, pour fixer les cheveux des femmes ; instrument pour apprêter le chanvre, la laine, le lin ; nom de plusieurs instruments à l'usage de divers artisans.
PEIGNER, (gn m.) v. a. é, ée, p. démêler, arranger, apprêter, préparer avec un peigne ; se —, v. pr. peigner ses cheveux ; se battre.
PEIGNEUR, (gn m.) s. m. ouvrier qui peigne le chanvre, etc.
PEIGNIER, (gn m.) s. m. qui fait et vend des peignes.
PEIGNOIR, (gn m.) s. m. linge en forme de manteau qu'on met quand on se peigne.
PEIGNON, (gn m.) s. m. paquet de chanvre affiné que porte en ceinture celui qui file une corde.
PEIGNURES, (gn m.) s. f. pl. cheveux qui tombent en se peignant.
PEINDRE, v. a. irr. (se conj. sur feindre) enduire de couleur ; représenter quelque objet par les traits, les couleurs ; décrire et représenter par le discours ; —, v. n. étendre des couleurs.
PEINE, s. f. douleur, souffrance ; châtiment, punition ; travail, fatigue ; salaire d'un artisan ; inquiétude d'esprit ; à —, loc. adv. aussitôt que.
PEINÉ, ÉE, adj. affligé.
PEINER, v. a. é, ée, p. faire, causer de la peine, du chagrin, de l'inquiétude ; travailler beaucoup et difficilement ; —, v. n. avoir de la fatigue, du déplaisir ; se —, v. pr. se donner du chagrin.
PEINTRE, s. m. qui exerce l'art de peindre.
PEINTURAGE, s. m. action de peinturer ; son effet.
PEINTURE, s. f. l'art de peindre ; ouvrage de peinture ; couleur en général ; fig. description vive et animée de quelque chose.
PEINTURER, v. a. é, ée, p. enduire d'une seule couleur.
PELAGE, s. m. couleur du poil des chevaux, des vaches, des cerfs.
PELARD, adj. m. bois —,

écorché sur pied pour faire du tan.

PÊLE-MÊLE, *adv.* confusément.

PELER, *v. a.* é, ée, *p.* ôter le poil, la peau, l'écorce; se —, *v. n.* et *pr.* se dit des corps dont la peau s'enlève.

PÈLERIN, E, *s.* qui va en pèlerinage; *fig.* personne fine, adroite, dissimulée; *pèlerine*, *s. f.* ajustement que les femmes mettent sur les épaules.

PÈLERINAGE, *s. m.* voyage entrepris par dévotion pour visiter les lieux saints.

PELETTE, *s. f.* instrument pour couper la terre à briques.

PÉLICAN, *s. m.* oiseau aquatique; instrument pour arracher les dents.

PELISSE, *s. f.* manteau doublé de fourrure.

PELLE, *s. f.* instrument de fer ou de bois, large et plat, à long manche.

PELLÉE ou **PELLETÉE**, *s. f.* autant qu'il en peut tenir sur une pelle.

PELLETERIE, *s. f.* art de préparer les peaux pour en faire des fourrures; commerce de ces peaux.

PELLETIER, IÈRE, *s.* qui prépare et vend des fourrures.

PELLICULE, *s. f.* peau très-mince de la coque intérieure de l'œuf et de quelques fruits.

PELOIR, *s. m.* rouleau de bois pour faire tomber le poil des peaux.

PELOTE, *s. f.* boule formée en roulant sur eux-mêmes du fil, de la soie, etc.; coussinet pour ficher les épingles, les aiguilles; corps en boule, balle.

PELOTER, *v. a.* é, ée, *p.* battre; — *v. n.* jouer à la paume.

PELOTON, *s. m.* petite pelote; soldats rassemblés par petites troupes.

PELOTONNER, *v. a.* é, ée, *p.* mettre en peloton.

PELOUSE, *s. f.* terrain couvert d'une herbe épaisse et courte.

PELTRE, *s. m.* toile grossière de Bretagne.

PELU, E, *adj.* garni de poils.

PELUCHE, *s. f.* panne à longs poils.

PELUCHER, *v. n.* se garnir de poils, de peluche.

PELURE, *s. f.* peau ôtée de dessus un fruit, un fromage, etc.

PÉNAL, E, *adj.* qui assujettit à quelque peine; qui concerne les peines légales.

PÉNALITÉ, *s. f.* qualité de ce qui est pénal.

PÉNATES, *s.* et *adj. pl. m.* dieux domestiques chez les païens; logis, demeure.

PENAUD, E, *adj.* embarrassé, honteux.

PENCHANT, *s. m.* pente, terrain qui va en baissant; *fig.* propension, inclination; —, e, *adj.* qui penche, qui est incliné; *fig.* sur son déclin.

PENCHÉ, ÉE, *adj.* incliné.

PENCHEMENT, *s. m.* action de se pencher, état d'un corps qui penche.

PENCHER, *v. a.* é, ée, *p.* incliner, baisser de quelque côté; — *v. n.* être hors de son aplomb; être porté à une chose.

PENDABLE, *adj.* 2 g. qui mérite la potence.

PENDAISON, *s. f.* action de pendre.

PENDANT, *s. m.* ce qui pend; le pareil; — *au pl.* bijoux suspendus aux oreilles des femmes.

PENDANT, *prép.* durant; — *que*, tandis que.

PENDARD, E, *s.* vaurien, fripon.

PENDELOQUE, *s. f.* pierreries ajoutées à des boucles d'oreilles; cristaux d'un lustre.

PENDILLER, (*ll m.*) *v. n.* être suspendu en l'air et agité par le vent.

PENDOIR, *s. m.* bout de corde pour pendre le lard.

PENDRE, *v. a.* (se conj. sur *rendre*), attacher une chose en haut de manière qu'elle ne touche pas en bas; suspendre au gibet, — *v. n.* être suspendu.

PENDU, E, *adj.* et *s.* qui est pendu au gibet; suspendu.

PENDULE, *s. m.* balancier d'une horloge; poids attaché à un fil, et susceptible d'oscillation ; — s. f. horloge.

PÊNE, s. m. morceau de fer qui sort d'une serrure et entre dans la gâche quand on ferme une porte.

PÉNÉTRABILITÉ, s. f. qualité de ce qui est pénétrable.

PÉNÉTRABLE, adj. 2 g. qu'on peut, et où l'on peut pénétrer.

PÉNÉTRANT, E, adj. qui pénètre ; qui a une grande perspicacité ; insinuant.

PÉNÉTRATION, s. f. vertu, action de pénétrer ; sagacité ; perspicacité.

PÉNÉTRÉ, ÉE, adj. affligé.

PÉNÉTRER, v. a. é, ée, p. percer, passer à travers ; entrer bien avant ; parvenir à connaître ; fig. toucher l'âme.

PÉNIBLE, adj. 2 g. qui donne de la peine ; difficile.

PÉNIBLEMENT, adv. avec peine.

PÉNICHE, s. f. petit bâtiment de transport.

PÉNINSULE, s. f. presqu'île.

PÉNITENCE, s. f. repentir, regret d'avoir offensé Dieu ; un des sept sacrements ; punition.

PÉNITENCIER, s. m. prêtre commis par l'évêque pour absoudre les cas réservés.

PÉNITENT, E, adj. qui a regret d'avoir offensé Dieu ; qui fait pénitence ; —, s. qui confesse ses péchés au prêtre.

PÉNITENTIEL, s. m. rituel de la pénitence.

PENNAGE, s. m. plumage des oiseaux de proie ; ailes de tous les oiseaux.

PENNE, s. f. grosse plume des oiseaux de proie ; plume d'une flèche.

PENSANT, E, adj. qui pense.

PENSÉE, s. f. opération de l'intelligence, chose pensée et exprimée ; action, faculté de penser ; maxime ; petite fleur nuancée de violet et de jaune ; sa couleur.

PENSER, v. a. é, ée, p. avoir dans l'esprit ; imaginer, croire, juger ; — v. n. former dans son esprit l'idée, l'image de quelque chose ; concevoir un dessein ; se souvenir de quelque chose ; — s. m. manière propre et distinctive de penser.

PENSEUR, s. m. qui a l'habitude de réfléchir.

PENSIF, IVE, adj. occupé fortement d'une pensée.

PENSION, s. f. maison d'éducation ; maison où l'on est logé et nourri pour un certain prix ; ce prix même ; revenu annuel qu'on donne à quelqu'un ou qu'on reçoit.

PENSIONNAIRE, adj. et s. 2 g. qui paye pension ; élève logé, nourri et instruit dans une pension ; à qui l'on paye une pension.

PENSIONNAT, s. m. lieu où logent les pensionnaires d'un collège ; maison d'éducation où l'on prend des pensionnaires.

PENSUM, s. m. surcroît de travail imposé à un écolier pour le punir.

PENTADÉCAGONE, s. m. et adj. 2 g. figure de géométrie qui a quinze angles et quinze côtés.

PENTAÈDRE, s. m. solide à 5 faces ; t. de géom.

PENTAGONE, adj. 2 g. et s. m. figure de géométrie qui a cinq angles et cinq côtés.

PENTAMÈTRE, s. et adj. m. vers grec ou latin de 5 pieds.

PENTATEUQUE, s. m. les 5 premiers livres de la Bible.

PENTE, s. f. surface inclinée, cours des eaux ; bande qui pend autour d'un ciel de lit, etc. ; fig. inclination, penchant.

PENTECÔTE, s. f. fête solennelle, en mémoire de la descente du Saint-Esprit.

PENTURE, s. f. bande de fer pour soutenir les portes et les fenêtres.

PÉNULTIÈME, adj. 2 g. avant-dernier.

PÉNURIE, s. f. grande disette des choses nécessaires, extrême pauvreté.

PÉPIE, s. f. pellicule qui vient au bout de la langue des oiseaux.

et qui les empêche de boire et de crier.

PÉPIER, v. n. se dit du cri des moineaux.

PÉPIN, s. m. semence d'un fruit sans noyau.

PÉPINIÈRE, s. f. plant de jeunes arbres pour replanter.

PÉPINIÉRISTE, s. m. jardinier qui élève des pépinières.

PERCALE, s. f. tissu de coton très-fin.

PERCALINE, s. f. tissu de coton de couleur.

PERÇANT, E, adj. qui perce, qui pénètre.

PERCE (en), loc. adv. se dit d'un tonneau percé pour en tirer le liquide.

PERCÉ, ÉE, adj. troué; qui est à jour.

PERCÉE, s. f. ouverture dans un bois pour faire un chemin ou obtenir un point de vue.

PERCEMENT, s. m. action de percer; ouverture faite en perçant.

PERCE-NEIGE, s. f. plante bulbeuse qui fleurit l'hiver dans les prairies.

PERCEPTEUR, s. m. préposé à la recette des impôts.

PERCEPTIBILITÉ, s. f. qualité de ce qui est perceptible.

PERCEPTIBLE, adj. 2 g. qui peut être perçu, aperçu.

PERCEPTION, s. f. recette, recouvrement de deniers, de revenus; sentiment, idée que produit l'impression d'un objet.

PERCER, v. a. é, ée, p. faire une ouverture; passer à travers; —, v. n. pénétrer; faire fortune; se déceler.

PERCEVOIR, v. a. perçu, e, p. recevoir, recueillir des revenus, etc.; recevoir par les sens l'impression des objets.

PERCHE, s. f. poisson de mer et d'eau douce; ancienne mesure de surface de 18, 20, ou 22 pieds; terre qui a cette mesure; morceau de bois long de dix à douze pieds; fam. personne grande et mince.

PERCHE (le), anc. province formant aujourd'hui les dép. de l'Orne et de l'Eure.

PERCHER, v. a. é, ée, p. mettre sur un lieu élevé; — v. n. se mettre sur une perche, sur une branche d'arbre, etc. (se dit des oiseaux); se—, v. pr. se mettre sur quelque endroit élevé.

PERCHOIR, s. m. lieu où les oiseaux se perchent.

PERCLUS, E, adj. privé de l'usage de ses membres; impotent de tout le corps.

PERÇOIR, s. m. foret pour percer des tonneaux.

PERCUSSION, s. f. impression d'un corps qui en frappe un autre.

PERDABLE, adj. 2 g. qui peut se perdre.

PERDANT, s. m. celui qui perd au jeu.

PERDITION, s. f. état d'une personne qui est hors des voies du salut; dégât.

PERDRE, v. a. u, ue, p. cesser d'avoir; faire un mauvais emploi; gâter; égarer; abandonner; corrompre; débaucher; — v. n. éprouver quelque perte; se—, v. pr. s'égarer; se dissiper; disparaître.

PERDREAU, s. m. perdrix de l'année.

PERDRIGON, s. m. sorte de prune.

PERDRIX, s. f. oiseau de la grosseur d'un pigeon et dont la chair est très-estimée.

PERDU, E, adj. égaré; inutile; temps perdu, mal employé; homme perdu, décrié.

PÈRE, s. m. celui qui a un ou plusieurs enfants; chef d'une longue suite de descendants; auteur, principe.

PÉREMPTION, s. f. interruption de procédure.

PÉREMPTOIRE, adj. 2 g. décisif, sans réplique.

PÉREMPTOIREMENT, adv. d'une manière péremptoire.

PERFECTIBILITÉ, s. f. qualité de ce qui est perfectible.

PERFECTIBLE, adj. 2 g. susceptible de perfection.

PERFECTION, s. f. qualité de ce qui est parfait en son genre; achèvement complet; excellente qualité de l'âme ou du corps.

PERFECTIONNEMENT, s. m. action de perfectionner ; effet de cette action.
PERFECTIONNER, v. a. é, ée, p. rendre parfait, accompli ; se —, v. pr. devenir parfait ; atteindre à la perfection.
PERFIDE, adj. 2 g. (et s. en parlant des personnes) traître, déloyal.
PERFIDEMENT, adv. avec perfidie.
PERFIDIE, s. f. déloyauté, manquement de foi ; trahison.
PERFOLIÉ, ÉE, adj. feuille —, dont le disque entoure la tige par sa base non fendue.
PERFORATION, s. f. action de perforer.
PERFORER, v. a. é, ée, p. percer.
PÉRICARDE, s. m. capsule membraneuse autour du cœur.
PÉRICARPE, s. m. pellicule qui enveloppe le fruit d'une plante.
PÉRICLITANT, E, adj. qui périclite.
PÉRICLITER, v. n. être en péril, menacer ruine.
PÉRICRÂNE, s. m. membrane qui couvre le crâne.
PÉRIGÉE, s. et adj. m. point où une planète se trouve à sa plus petite distance de la terre.
PÉRIGORD (ie), anc. province formant la plus grande partie du dép. de la Dordogne.
PÉRIGOURDIN, E, adj. et s. du Périgord.
PÉRIGUEUX, chef-lieu du dép. de la Dordogne ; —, s. m. pierre noire fort dure.
PÉRIHÉLIE, s. m. point de l'orbite d'une planète où elle est le plus près du soleil.
PÉRIL, (l m.) s. m. risque, danger.
PÉRILLEUSEMENT, (ll m.) adv. avec péril.
PÉRILLEUX, EUSE, (ll m.) adj. où il y a du péril.
PÉRIMER, v. n. se perdre par la prescription.
PÉRIMÈTRE, s. m. contour, circonférence.

PÉRIODE, s. f. révolution d'un astre ; époque, mesure de temps ; révolution d'une fièvre qui revient en des temps réglés ; phrase composée de plusieurs membres, dont la réunion forme un sens complet ; — s. m. le plus haut point où une chose puisse arriver ; espace de temps vague.
PÉRIODICITÉ, s. f. qualité de ce qui est périodique.
PÉRIODIQUE, adj. 2 g. qui a ses retours marqués ; ouvrage —, qui paraît à époque fixe.
PÉRIODIQUEMENT, adv. d'une manière périodique.
PÉRIPATÉTICIEN, NNE, s. et adj. qui appartient à la doctrine d'Aristote.
PÉRIPÉTIE, s. f. changement subit et imprévu de fortune d'un héros, etc. ; dénouement.
PÉRIPHRASE, s. f. circonlocution, tour de phrase.
PÉRIPHRASER, v. n. faire des périphrases.
PÉRIR, v. n. prendre fin ; mourir de mort violente ; tomber en ruine, en décadence ; faire naufrage, fig. — d'ennui, être excédé.
PÉRISSABLE, adj. 2 g. peu durable, sujet à périr.
PÉRISTYLE, s. m. suite de colonnes formant galerie autour d'un édifice.
PERLE, s. f. substance dure, blanche, ordinairement ronde, qui se forme dans certaines coquilles.
PERLÉ, ÉE, adj. fait avec un soin extrême ; brillant, délicat.
PERMANENCE, s. f. durée constante d'une chose ; état d'une assemblée constamment en fonctions.
PERMANENT, E, adj. stable, immuable, qui dure constamment.
PERMÉABILITÉ, s. f. qualité de ce qui est perméable.
PERMÉABLE, adj. 2 g. qui peut être traversé par un fluide.
PERMETTRE, v. a. irr. permis, e, p. (se conj. sur mettre) ; donner pouvoir de faire, de dire ; autoriser ; ne pas empêcher.

PERMIS, *s. m.* permission ; — *e*, *adj.* licite.
PERMISSION, *s. f.* liberté de faire, de dire une chose.
PERMUTANT, *s. m.* celui qui permute.
PERMUTATION, *s. f.* action de permuter.
PERMUTER, *v. a.* é, ée, *p.* échanger.
PERNICIEUSEMENT, *adv.* d'une manière pernicieuse.
PERNICIEUX, EUSE, *adj.* nuisible, dangereux.
PÉRONNE, chef-lieu d'arr. du dép. de la Somme.
PÉRONNELLE, *s. f.* femme sotte et babillarde.
PÉRORAISON, *s. f.* conclusion d'un discours d'apparat.
PÉRORER, *v. n.* discourir, déclamer.
PERPENDICULAIRE, *adj.* 2 g. qui tombe à angles droits ; —, *s. f. ligne* —.
PERPENDICULAIREMENT, *adv.* d'une manière perpendiculaire.
PERPENDICULARITÉ, *s. f.* état de ce qui est perpendiculaire.
PERPENDICULE, *s. m.* ce qui tombe à plomb.
PERPÉTUATION, *s. f.* action qui perpétue ; son effet.
PERPÉTUEL, LLE, *adj.* continuel, qui ne cesse point.
PERPÉTUELLEMENT, *adv.* fréquemment ; à perpétuité.
PERPÉTUER, *v. a.* é, ée, *p.* rendre perpétuel.
PERPÉTUITÉ, *s. f.* durée sans interruption.
PERPIGNAN, chef-lieu du dép. des Pyrénées-Orientales.
PERPLEXE, *adj.* 2 g. qui est dans la perplexité ; ce qui la cause.
PERPLEXITÉ, *s. f.* irrésolution, incertitude pénible.
PERQUISITION, *s. f.* recherche exacte d'une personne ou d'une chose.
PERRON, *s. m.* escalier extérieur et découvert.
PERROQUET, *s. m.* oiseau qui apprend facilement à parler ; petit mât arboré sur les hunes des grands.
PERRUCHE, *s. f.* femelle du perroquet.
PERRUQUE, *s. f.* coiffure de faux cheveux.
PERRUQUIER, *s. m.* qui fait et vend des perruques ; coiffeur.
PERSAN, E, *adj.* et *s.* de Perse.
PERSE, *s. f.* toile peinte de Perse.
PERSÉCUTANT, E, *adj.* qui persécute.
PERSÉCUTER, *v. a.* é, ée, *p.* inquiéter, tourmenter ; vexer ; importuner, harceler, excéder.
PERSÉCUTEUR, TRICE, *s.* qui persécute ; importun.
PERSÉCUTION, *s. f.* vexation ; importunité.
PERSÉVÉRAMMENT, *adv.* avec persévérance.
PERSÉVÉRANCE, *s. f.* qualité de celui qui persévère ; constance dans ce qui est bien.
PERSÉVÉRANT, E, *adj.* qui persévère.
PERSÉVÉRER, *v. n.* persister ; continuer ; demeurer ferme et constant dans un sentiment, une résolution.
PERSICAIRE, *s. f.* plante aquatique.
PERSIENNE, *s. f.* sorte de jalousie montée sur châssis.
PERSIFLAGE, *s. m.* raillerie fine, adroite.
PERSIFLER, *v. a.* é, ée, *p.* se moquer de quelqu'un en ayant l'air de le louer.
PERSIFLEUR, *s. m.* qui persifle ; qui a l'habitude de persifler.
PERSIL, *s. m.* plante potagère.
PERSILLADE, (*ll. m.*) *s. f.* assaisonnement au persil.
PERSILLÉ, ÉE, (*ll. m.*) *adj. fromage* —, qui a en dedans de petites taches verdâtres.
PERSIQUE, *s. f.* pêche très-grosse, rouge et pointue ; — *adj.* et *s. m.* ordre d'architecture ; *golfe* —, entre la Perse et l'Arabie Heureuse.
PERSISTANCE, *s. f.* qualité de ce qui est persistant ; action de persister.

PERSISTANT, E, *adj.* se dit des feuilles qui ne tombent pas à l'automne.

PERSISTER, *v. n.* demeurer ferme dans ses résolutions, dans son sentiment; ne point se départir.

PERSONNAGE, *s. m.* personne remarquable, élevée en dignité, en fortune; personne que représente un acteur.

PERSONNALISER, *v. a. é,* ée, *p.* appliquer des généralités à un individu; personnifier.

PERSONNALITÉ, *s. f.* caractère, qualité de ce qui est personnel; égoïsme; trait piquant et personnel contre quelqu'un.

PERSONNE, *s. f.* un homme, une femme: — *pron. indéf.* nul, aucun, quelqu'un.

PERSONNEL, LLE, *adj.* propre, particulier à chaque personne; égoïste; *pronom* —, qui marque les personnes; — *s. m.* égoïsme; ce qui regarde la personne.

PERSONNELLEMENT, *adv.* en propre personne.

PERSONNIFIER, *v. a. é,* ée, *p.* attribuer à une chose inanimée les sentiments, le langage d'une personne.

PERSPECTIF, IVE, *adj.* qui représente un objet en perspective.

PERSPECTIVE, *s. f.* art de représenter les objets dans leur situation respective; aspect des objets vus de loin; *fig.* espérances, craintes fondées.

PERSPICACITÉ, *s. f.* pénétration d'esprit.

PERSPICUITÉ, *s. f.* clarté, netteté du style, des idées.

PERSUADANT, E, *adj.* qui persuade, engageant.

PERSUADER, *v. a. é,* ée, *p.* porter, déterminer quelqu'un à croire, ou à faire; *se* —, *v. pr.* s'imaginer, se figurer.

PERSUASIBLE, *adj. 2 g.* qu'on peut convaincre.

PERSUASIF, IVE, *adj.* qui a le pouvoir de persuader.

PERSUASION, *s. f.* art, action de persuader; ferme croyance.

PERTE, *s. f.* privation d'un avantage; dommage, ruine; mauvais succès, événement désavantageux.

PERTINEMMENT, *adv.* ainsi qu'il convient; avec jugement.

PERTINENT, E, *adj.* tel qu'il convient.

PERTUIS, *s. m.* ouverture à une digue.

PERTUISANE, *s. f.* ancienne hallebarde.

PERTURBATEUR, TRICE, *s.* qui cause du trouble.

PERTURBATION, *s. f.* troublé, émotion de l'âme; dérangement dans le cours des planètes.

PÉRUVIEN, NNE, *adj.* et *s.* du Pérou; *péruvienne, s. f.* sorte d'étoffe de soie à deux chaînes.

PERVENCHE, *s. f.* espèce de plante vivace; sa fleur.

PERVERS, E, *adj.* et *s.* méchant, dépravé.

PERVERSION, *s. f.* changement de bien en mal.

PERVERSITÉ, *s. f.* méchanceté, dépravation.

PERVERTIR, *v. a.* i, ie, *p.* faire changer de bien en mal.

PERVERTISSABLE, *adj. 2 g.* qu'il est aisé de pervertir.

PERVERTISSEMENT, *s. m.* action de pervertir; ses effets.

PERVERTISSEUR, *s. m.* corrupteur.

PESAMMENT, *adv.* d'une manière pesante.

PESANT, E, *adj.* qui pèse, lourd; onéreux.

PESANTEUR, *s. f.* force en vertu de laquelle les corps tombent quand ils ne sont pas soutenus; qualité de ce qui est pesant; malaise, lourdeur.

PESÉE, *s. f.* action de peser; ce qu'on a pesé en une fois.

PÈSE-LIQUEUR, *s. m.* instrument avec lequel on pèse les liqueurs.

PESER, *v. a. é,* ée, *p.* déterminer la pesanteur avec des poids; *fig.* examiner, juger une chose; —, *v. n.* avoir un certain poids, une certaine valeur; être importun, embarrasser.

PESEUR, *s. m.* celui qui pèse.

PESON, *s. m.* instrument pour peser.

PESSIMISTE, *s. m.* qui trouve que tout est mal.

PESTE, *s. f.* maladie épidémique et contagieuse; *fig.* personne dont la fréquentation est pernicieuse.

PESTER, *v. n.* murmurer vivement; témoigner avec humeur son mécontentement.

PESTIFÈRE, *adj.* 2 g. qui communique la peste.

PESTIFÉRÉ, ÉE, *adj.* (et *s.* en parlant des personnes) infecté de la peste.

PESTILENCE, *s. f.* peste répandue dans un pays.

PESTILENT, E, *adj.* contagieux.

PESTILENTIEL, LLE, *adj.* infecté de peste.

PET, *s. m.* vent qui sort du corps par derrière avec bruit.

PÉTALE, *s. m.* feuille d'une fleur.

PÉTARADE, *s. f.* suite de pets que fait un cheval en ruant.

PÉTARD, *s. m.* pièce d'artifice.

PÉTARDER, *v. a.* é, ée, *p.* faire jouer un pétard.

PÉTARDIER, *s. m.* qui fait et applique les pétards.

PÉTAUD, *s. m. cour du roi —, loc. prov.* lieu de confusion où tout le monde est maître.

PÉTAUDIÈRE, *s. f.* assemblée sans ordre; lieu où chacun fait le maître.

PÉTER, *v. n.* faire un pet; *fig.* éclater avec bruit.

PÉTEUR, EUSE, *s.* qui pète.

PÉTILLANT, E, (*ll* m.) *adj.* qui pétille, qui brille avec éclat.

PÉTILLEMENT, (*ll* m.) *s. m.* action de pétiller.

PÉTILLER, (*ll* m.) *v. n.* éclater avec un bruit réitéré en sautillant; briller, jeter un grand éclat.

PÉTIOLE, *s. m.* queue ou support des feuilles.

PÉTIOLÉ, ÉE, *adj.* porté par un pétiole.

PETIT, E, *adj.* de peu d'étendue, de volume; de peu d'importance; moindre qu'une autre chose du même genre; —, *s. m.* animal nouvellement né.

PETIT-FILS, *s. m.* fils du fils ou de la fille (*au pl. petits-fils*).

PETIT-GRIS, *s. m.* fourrure faite de la peau d'un écureuil du Nord.

PETITE-FILLE, *s. f.* fille du fils ou de la fille (*var. au pl.*).

PETITE-GUERRE, *s. f.* exercice militaire pour imiter un combat.

PETITEMENT, *adv.* en petite quantité; d'une manière mesquine.

PETITE-NIÈCE, *s. f.* fille du neveu ou de la nièce (*au pl. petites-nièces*).

PETITES-MAISONS, *s. f. pl.* ancien hôpital de fous à Paris.

PETITESSE, *s. f.* peu d'étendue, de volume; exiguïté; *fig.* bassesse de cœur; — *d'esprit*, excès de susceptibilité.

PETITE-VÉROLE, *s. f.* maladie cutanée, épidémique et dangereuse.

PÉTITION, *s. f.* demande adressée à une autorité supérieure.

PÉTITIONNAIRE, *s. m.* qui présente une pétition.

PÉTITIONNER, *v. n.* adresser des pétitions.

PETIT-LAIT, *s. m.* sérosité du lait.

PETIT-NEVEU, *s. m.* fils du neveu ou de la nièce (*au pl. petits-neveux*).

PÉTRÉE, *adj. f. Arabie —*, couverte de rochers.

PÉTRI, IE, *adj.* qui est pétri; *fig.* rempli de ...

PÉTRIFIANT, E, *adj.* qui a la faculté de pétrifier.

PÉTRIFICATION, *s. f.* changement d'une substance animale ou végétale en matière pierreuse; chose pétrifiée.

PÉTRIFIER, *v. a.* é, ée, *p.* convertir en pierre; *fig.* rendre immobile d'étonnement; *se —, v. pr.* devenir pierre.

PÉTRIN, *s. m.* coffre dans lequel on pétrit le pain; huche.

PÉTRIR, *v. a.* 1, le, *p.* détremper la farine avec de l'eau, la mêler et en faire de la pâte.
PÉTRISSAGE, *s. m.* action de pétrir.
PETTO (in), *loc. adv.* en secret.
PÉTULAMMENT, *adv.* avec pétulance.
PÉTULANCE, *s. f.* vivacité impétueuse; brusquerie.
PÉTULANT, E, *adj.* vif, impétueux, brusque.
PÉTUN, *s. m.* tabac.
PEU, *adv.* en petite quantité; pas beaucoup; *peu à peu, loc. adv.* insensiblement.
PEUPLADE, *s. f.* multitude d'habitants qui passent d'un pays dans un autre pour le peupler.
PEUPLE, *s. m.* multitude d'hommes d'un même pays; nation.
PEUPLER, *v. a.* é, ée, *p.* remplir d'habitants; habiter en grand nombre.
PEUPLIER, *s. m.* arbre élancé à bois blanc.
PEUR, *s. f.* crainte, frayeur, appréhension.
PEUREUX, EUSE, *adj.* et *s.* craintif, timide.
PEUT-ÊTRE, *adv.* dubitatif, il se peut faire que...
PHAÉTON, *s. m.* petit cabriolet à deux roues, fort léger.
PHALANGE, *s. f.* anc. corps d'infanterie; os des doigts de la main et du pied.
PHARE, *s. m.* grand fanal placé sur une haute tour, pour éclairer les vaisseaux en mer.
PHARISIEN, *s. m.* sectaire juif, rigoriste outré; faux dévot.
PHARMACEUTIQUE, *s. f.* traité de la composition des médicaments et de leur emploi.
PHARMACIE, *s. f.* art de composer et de préparer les remèdes; lieu où on les prépare.
PHARMACIEN, *s. m.* qui exerce la pharmacie.
PHARMACOPÉE, *s. f.* traité de la préparation des remèdes.
PHARYNX, *s. m.* orifice supérieur du gosier.

PHASE, *s. f.* apparences diverses de quelques planètes.
PHÉBUS, *s. m.* le soleil.
PHÉNIX, *s. m.* oiseau fabuleux; *fig.* objet rare dans son espèce; constellation.
PHÉNOMÉNAL, E, *adj.* qui tient du phénomène.
PHÉNOMÈNE, *s. m.* tout ce qui paraît d'extraordinaire dans la nature; tout ce qui est rare et nouveau.
PHILANTHROPE, *s. m.* qui est porté à aimer tous les hommes.
PHILANTHROPIE, *s. f.* affection pour tous les hommes.
PHILANTHROPIQUE, *adj.* 2 g. qui a rapport à la philanthropie.
PHILHARMONIQUE, *adj.* et *s.* 2 g. qui aime l'harmonie.
PHILHELLÈNE, *adj.* et *s.* 2 g. ami des Grecs.
PHILIPPIQUE, *s. f.* discours violent et satirique.
PHILOLOGIE, *s. f.* littérature universelle.
PHILOLOGIQUE, *adj.* 2 g. qui appartient à la philologie.
PHILOLOGUE, *s. m.* qui est versé dans la philologie.
PHILOMÈLE, *s. f.* rossignol.
PHILOSOPHALE, *adj. f.* pierre —, moyen imaginaire de changer les métaux en or; *fig.* chose impossible.
PHILOSOPHE, *s. m.* ami de la sagesse; qui étudie, qui pratique la philosophie; qui s'élève au-dessus des passions; qui s'applique à l'étude des sciences, à connaître les effets par leurs causes et leurs principes; incrédule, esprit fort.
PHILOSOPHER, *v. n.* traiter des matières de philosophie, raisonner sur la philosophie.
PHILOSOPHIE, *s. f.* amour et pratique de la sagesse; élévation d'âme qui met l'homme au-dessus du malheur; connaissance des choses par leurs causes et par leurs effets; corps des opinions des philosophes célèbres; science qui comprend la logique, la morale, la physique et la métaphysique; classe où on l'étudie.

PHILOSOPHIQUE, *adj. 2 g.* qui appartient à la philosophie.

PHILOSOPHIQUEMENT, *adv.* d'une manière philosophique.

PHILOSOPHISME, *s. m.* doctrine des philosophes.

PHILOSOPHISTE, *s. m.* faux philosophe.

PHILOTECHNIQUE, *adj. 2 g.* qui a rapport à l'amour des arts.

PHILTRE, *s. m.* sorte de breuvage qu'on suppose propre à provoquer une passion.

PHONIQUE, *s. f.* acoustique.

PHOSPHATE, *s. m.* nom générique des sels formés par la combinaison de l'acide phosphorique avec différentes bases.

PHOSPHORE, *s. m.* substance que le contact de l'air enflamme et qui brille dans l'obscurité.

PHOSPHORESCENCE, *s. f.* formation du phosphore ; propriété qu'ont certains corps d'être lumineux dans l'obscurité.

PHOSPHORESCENT, E, *adj.* se dit des corps lumineux dans l'obscurité.

PHOSPHOREUX, *adj. m.* acide —, formé par la combustion lente du phosphore.

PHOSPHORIQUE, *adj. 2 g.* qui appartient au phosphore, qui est de sa nature ; *acide* —, formé par la combustion rapide et complète du phosphore.

PHRASE, *s. f.* assemblage de mots formant un sens complet.

PHRASÉOLOGIE, *s. f.* construction de phrase particulière à une nation, à un écrivain.

PHRASER, *v. n.* faire des phrases.

PHRASEUR, PHRASIER, *s. m.* faiseur de phrases.

PHRÉNOLOGIE, *s. f.* connaissance de l'homme moral.

PHTHISIE, *s. f.* consomption lente.

PHTHISIQUE, *adj. 2 g.* attaqué de phthisie.

PHYSICIEN, *s. m.* qui s'occupe de physique, qui la sait.

PHYSICO-MATHÉMATIQUE, *adj. 2 g.* qui a rapport à la physique et aux mathématiques.

PHYSIOGNOMONIE, *s. f.* art de juger le caractère, les inclinations, par les traits du visage.

PHYSIOGRAPHIE, *s. f.* description des productions de la nature.

PHYSIOGRAPHIQUE, *adj. 2 g.* qui a rapport à la physiographie.

PHYSIOLOGIE, *s. f.* traité des principes de l'économie animale, de l'usage et du jeu des organes.

PHYSIOLOGIQUE, *adj. 2 g.* qui appartient à la physiologie.

PHYSIOLOGISTE, *s. m.* qui est versé dans la physiologie.

PHYSIONOMIE, *s. f.* air, ensemble des traits du visage ; aspect.

PHYSIONOMISTE, *s. m.* qui se connaît en physionomie.

PHYSIQUE, *s. f.* science des choses naturelles ; classe où on l'enseigne ; traité de physique ; —, *s. m.* constitution naturelle, apparente ; — *adj. 2 g.* naturel, qui tient à la physique.

PHYSIQUEMENT, *adv.* d'une manière réelle et physique.

PIAFFE, *s. f.* ostentation ; faste ; piétinement démesuré d'un cheval sur place.

PIAFFER, *v. n.* faire piaffe (se dit d'un cheval).

PIAFFEUR, *s. m. et adj.* cheval qui piaffe.

PIAILLER, (*ll* m.) *v. n.* criailler continuellement.

PIAILLERIE, (*ll* m.) *s. f.* criaillerie continuelle.

PIAILLEUR, EUSE, (*ll* m.) *s.* qui ne fait que piailler.

PIANISTE, *s. 2 g.* qui touche du piano, qui est fort sur le piano.

PIANO, *adv. t. de mus.* doux, doucement ; — -*forte* ou *forte-piano*, ou —, *s. m.* instrument de musique à touches.

PIASTRE, *s. f.* monnaie d'argent espagnole valant cent et quelques sous.

PIAULARD, E, *adj. et s.* qui piaule.

PIAULER, *v. n.* se dit du cri des petits poulets ; se plaindre en pleurant.

PIC, s. m. instrument de fer courbé et pointu pour ouvrir la terre, casser les choses dures, etc.; montagne très-haute; oiseau qui perce l'écorce des arbres pour se nourrir des vers qu'il y trouve; coup du jeu de piquet; à —, loc. adv. perpendiculairement.

PICARD, E, adj. et s. de Picardie.

PICARDIE, ancien gouvernement réparti entre les dép. de la Somme, de l'Oise et de l'Aisne.

PICOLETS, s. m. pl. petits crampons qui tiennent le pêne dans la serrure.

PICORÉE, s. f. maraude.

PICORER, v. n. marauder.

PICOREUR, s. m. maraudeur.

PICOT, s. m. petite engrêlure au bas des dentelles; espèce de marteau pointu.

PICOTEMENT, s. m. impression douloureuse sous la peau.

PICOTER, v. a. é, ée, p. causer des picotements; faire de petites piqûres; se —, v. réc. s'agacer mutuellement.

PICOTERIE, s. f. mots malins dits à dessein de fâcher; dispute pour des bagatelles.

PICOTIN, s. m. mesure d'avoine pour les chevaux; ce qu'elle contient.

PIE, s. f. oiseau noir et blanc; fromage à la —, blanc, écrémé; — adj. 2 g. noir et blanc; pieux.

PIÈCE, s. f. partie, fragment, portion d'un tout; différentes parties d'un logement; valeur monnayée; chacun, chacune; tout complet; bouche à feu; malice; ouvrage dramatique; écriture; titre; tonneau.

PIED, s. m. partie du corps de l'animal jointe à l'extrémité de la jambe et qui lui sert à se soutenir et à marcher; mesure de douze pouces; partie inférieure; base; partie des meubles qui les soutient; partie du lit opposée au chevet.

PIED-A-TERRE, s. m. petit logement hors de la résidence ordinaire.

PIED-D'ALOUETTE, s. m. plante de jardin à fleurs pyramidales.

PIED DE ROI, s. m. mesure de 12 pouces.

PIÉDESTAL, s. m. (pl. piédestaux) corps sur lequel pose une statue, une colonne.

PIED-PLAT, s. m. homme méprisable.

PIÉGE, s. m. machine pour attraper des animaux; fig. embûche.

PIE-GRIÈCHE, s. f. petite pie grise très-criarde.

PIERRAILLE, (ll m.) s. f. amas de petites pierres.

PIERRE, s. f. corps dur et solide qui se forme dans la terre et qui sert à bâtir; caillou; gravier dans les fruits.

PIERRE-DE-TOUCHE, s. f. pierre pour éprouver l'or et l'argent; fig. ce qui met à l'épreuve.

PIERRÉE, s. f. conduit fait en terre, à pierres sèches, pour l'écoulement des eaux.

PIERRERIES, s. f. pl. pierres précieuses.

PIERRETTE, s. f. petite pierre.

PIERREUX, EUSE, adj. plein de pierres.

PIERRIER, s. m. sorte de pièce d'artillerie.

PIERROT, s. m. moineau.

PIÉTÉ, s. f. dévotion, affection et respect pour les choses de la religion; sentiment religieux.

PIÉTER, v. a. é, ée, p. disposer à la résistance; se —, v. pr. ne pas céder; —, v. n. tenir le pied au lieu marqué, t. de jeu.

PIÉTINAGE, s. m. action de piétiner.

PIÉTINEMENT, s. m. action de piétiner; ses effets.

PIÉTINER, v. a. é, ée, p. fouler avec les pieds; —, v. n. remuer fréquemment les pieds.

PIÉTON, NNE, s. qui va à pied.

PIÈTRE, adj. 2 g. mesquin, de nulle valeur; vil, méprisable.

PIÉTREMENT, adv. pauvrement.

PIÉTRERIE, s. f. chose piètre.

PIEU, s. m. pièce de bois aiguisée et même ferrée par le bout.

22

PIEUSEMENT, adv. d'une manière pieuse; avec piété.

PIEUX, EUSE, adj. attaché aux devoirs de la religion; qui a de la piété.

PIGEON, s. m. oiseau domestique.

PIGEONNEAU, s. m. jeune pigeon.

PIGEONNIER, s. m. lieu où l'on élève des pigeons.

PIGNOCHER, v. n. manger négligemment, sans appétit, et de très-petits morceaux.

PIGNON, s. m. mur d'une maison terminé en pointe et qui porte le haut du faîtage; amande de la pomme de pin.

PIGOCHE, s. f. espèce de jeu de marelle.

PILASTRE, s. m. pilier, sorte de colonne.

PILAU, s. m. riz cuit au jus de viande.

PILE, s. f. amas de choses entassées avec ordre; maçonnerie qui soutient les arches d'un pont; côté d'une pièce de monnaie où sont les armes.

PILER, v. a. é, ée, p. broyer avec un pilon; fig. écraser.

PILEUR, s. m. celui qui pile.

PILIER, s. m. ouvrage de maçonnerie servant à soutenir un édifice; support en bois.

PILLAGE, (ll m.) s. m. action de piller; dégât qui en est la suite.

PILLARD, E, (ll m.) adj. qui aime à piller.

PILLER, (ll m.) v. a. é, éc, p. enlever avec violence; emporter à la hâte; s'approprier les productions d'un auteur, etc.

PILLERIE, (ll m.) s. f. volerie, extorsion.

PILLEUR, (ll m.) s. m. qui pille.

PILON, s. m. instrument pour piler dans un mortier.

PILORI, s. m. poteau où l'on attache les personnes condamnées à l'exposition.

PILORIER, v. a. é, ée, p. mettre au pilori; fig. diffamer.

PILOTAGE, s. m. ouvrage de pilotis; art de conduire un vaisseau; droits dus au pilote.

PILOTE, s. m. celui qui gouverne un vaisseau; fig. qui dirige les affaires.

PILOTER, v. a. é, ée, p. conduire des vaisseaux hors des embouchures des rivières; —, v. n. enfoncer des pilotis pour bâtir dessus.

PILOTIS, s. m. grosses pièces de bois ferrées qu'on enfonce en terre, pour asseoir les fondements d'une construction dans l'eau, ou dans une terre meuble.

PILULE, s. f. composition médicinale, mise en petites boules.

PIMBÊCHE, s. f. femme impertinente qui fait la précieuse.

PIMENT, s. m. poivre d'Inde à fruit rouge.

PIMPANT, E, adj. élégant, recherché dans ses habits.

PIMPRENELLE, s. f. herbe potagère.

PIN, s. m. grand arbre toujours vert d'où l'on tire la résine.

PINACLE, s. m. partie la plus élevée d'un édifice; fig. grande élévation.

PINASSE, s. f. bâtiment de transport à rames et à voiles.

PINCE, s. f. bout du pied de quelques animaux; le devant d'un fer de cheval; grosse tenaille; levier de fer; pli d'une étoffe qui se termine en pointe; action de pincer.

PINCEAU, s. m. tuyau de plume garni de poils déliés, pour étendre les couleurs.

PINCÉE, s. f. quantité de certaines choses qu'on peut prendre avec deux ou trois doigts.

PINCELIER, s. m. vase pour nettoyer les pinceaux.

PINCE-MAILLE, s. m. (inv. au pl.) avare.

PINCEMENT, s. m. action de pincer; t. de jardinage.

PINCER, v. a. é, ée, p. serrer fort entre les doigts, entre deux corps qui se rapprochent; saisir en causant de la douleur; tirer des sons des instruments à cordes, en les touchant du bout des doigts.

PINCE-SANS-RIRE, s. 2 g. personne maligne et sournoise.

PINCETTES, *s. f. pl.* instrument de fer à deux branches pour arranger le feu.

PINÇON, *s. m.* marque qui reste sur la peau lorsqu'on a été pincé.

PINDARIQUE, *adj. 2 g.* à la manière de Pindare (célèbre poëte lyrique).

PINDARISER, *v. n.* parler avec affectation.

PINEAU, *s. m.* raisin très-noir.

PINNE-MARINE, *s. f.* coquillage de mer dont on file les soies.

PINSON, *s. m.* petit oiseau.

PINSONNÉE, *s. f.* chasse aux petits oiseaux pendant la nuit.

PINTADE, *s. f.* espèce de grosse poule.

PINTE, *s. f.* mesure pour les liquides ; son contenu.

PIOCHAGE, *s. m.* travail fait à la pioche.

PIOCHE, *s. f.* outil pour creuser la terre.

PIOCHER, *v. a.* é, ée, *p.* travailler, creuser avec la pioche ; — *v. n. fig.* travailler durement.

PION, *s. m.* pièce du jeu des échecs et du jeu des dames.

PIONNER, *v. n. t. de jeu.* prendre des pions.

PIONNIER, *s. m.* travailleur militaire qui aplanit les chemins, remue les terres.

PIPE, *s. f.* grande futaille contenant un muid et demi ; tuyau avec un godet pour fumer le tabac.

PIPEAU, *s. m.* flûte champêtre ; — *au pl.* gluaux pour prendre les oiseaux.

PIPÉE, *s. f.* chasse aux oiseaux avec des pipeaux.

PIPER, *v. a.* é, ée, *p.* contrefaire le cri de la chouette pour prendre les oiseaux ; *fig.* tromper.

PIPERIE, *s. f.* tromperie au jeu.

PIPEUR, *s. m.* trompeur au jeu ; escroc.

PIPI, *s. m.* urine.

PIQUANT, *s. m.* ce qui pique, épine, aiguillon ; —, e, *adj.* qui pique.

PIQUE, *s. f.* fer long et pointu au bout d'un long manche de bois ; brouillerie, petite querelle ; — *s. m.* une des quatre couleurs du jeu de cartes.

PIQUÉ, *s. m.* sorte d'étoffe en coton.

PIQUE-NIQUE, *s. m.* repas où chacun paye son écot.

PIQUER, *v. a.* é, ée, *p.* percer, entamer légèrement avec une pointe ; larder de la viande ; se faire sentir vivement au goût, au toucher, etc. ; avoir une pointe aiguë ; *fig.* fâcher, aiguillonner.

PIQUET, *s. m.* pieu fiché en terre ; perche qu'on plante d'espace en espace pour prendre un alignement ; certain nombre de soldats prêts à marcher ; —, sorte de jeu de cartes.

PIQUETTE, *s. f.* boisson faite d'eau, de marc de raisin et de prunelle ; mauvais vin.

PIQUEUR, *s. m.* homme qui conduit à cheval une meute ; qui précède un équipage, qui monte les chevaux à vendre ; —, qui larde les viandes.

PIQÛRE, *s. f.* blessure que fait ce qui pique ; morsure d'un reptile ; ouvrage qui se fait en piquant une étoffe ; trous que font les insectes sur les fruits, le bois, etc.

PIRATE, *s. m.* celui qui, sans commission, court les mers pour piller.

PIRATER, *v. n.* exercer la piraterie.

PIRATERIE, *s. f.* métier de pirate ; *fig.* exaction.

PIRE, *adj. comparat. 2 g.* plus mauvais, plus nuisible, plus fâcheux ; —, *s. m.* ce qu'il y a de plus mauvais.

PIRIFORME, *adj. 2 g.* en forme de poire.

PIROGUE, *s. f.* bateau fait d'un seul arbre creusé.

PIROUETTE, *s. f.* jouet d'enfant ; tour qu'on fait sur soi-même en se tenant sur un pied ; *fig.* subterfuge.

PIROUETTER, *v. n.* faire une pirouette.

PIS, *adv. comparatif de mal*, plus mal ; le —, *s. m. superlatif*, ce qu'il y a de pire.

PIS, *s. m.* tétine de vache.

PISCINE, s. f. vivier, réservoir d'eau; lieu dans les sacristies où l'on jette l'eau.
PISÉ, s. m. maçonnerie en terre.
PISER, v. a. é, ée, p. faire du pisé.
PISON, s. m. batte pour piser.
PISSAT, s. m. urine des animaux.
PISSENLIT, s. m. espèce de chicorée.
PISSER, v. n. uriner.
PISSOIR, s. m. lieu, vase pour pisser.
PISTACHE, s. f. espèce de noisette; fruit qu'elle renferme.
PISTACHIER, s. m. arbre qui porte les pistaches.
PISTE, s. f. trace, vestige des animaux.
PISTIL, s. m. organe femelle de la fructification des plantes.
PISTOLE, s. f. monnaie de compte de 10 livres.
PISTOLET, s. m. arme à feu très-courte qu'on tire d'une main.
PISTON, s. m. cylindre mobile qui joue dans le corps d'une pompe.
PITANCE, s. f. portion de vivres et de boisson.
PITEUSEMENT, adv. d'une manière piteuse.
PITEUX, EUSE, adj. digne de pitié, de compassion.
PITIÉ, s. f. compassion, sentiment de douleur, de commisération.
PITHIVIERS, chef-lieu d'arr. du Loiret.
PITON, s. m. clou à tête percée en anneau.
PITOYABLE, adj. 2 g. qui excite la pitié, la compassion; méprisable, mauvais.
PITOYABLEMENT, adv. d'une manière pitoyable.
PITTORESQUE, adj. 2 g. susceptible d'un grand effet en peinture; fig. se dit de tout ce qui peint à l'esprit.
PITTORESQUEMENT, adv. d'une manière pittoresque.
PITUITAIRE, adj. 2 g. qui a rapport à la pituite.
PITUITE, s. f. humeur aqueuse.

PITUITEUX, EUSE, adj. qui abonde en pituite.
PIVERT, s. m. oiseau jaune et vert, de la famille des pies.
PIVOINE, s. f. grosse fleur; —, s. m. bouvreuil.
PIVOT, s. m. pièce d'appui sur laquelle tourne un corps solide; —, racine pivotante de certains arbres.
PIVOTANTE, adj. f. racine —, qui s'enfonce perpendiculairement dans la terre.
PIVOTER, v. n. pousser une racine perpendiculaire; tourner sur un pivot.
PLACAGE, s. m. bois précieux appliqué en feuilles sur d'autre bois de moindre prix.
PLACARD, s. m. écrit ou imprimé affiché dans les places, pour donner avis au public; boiserie appliquée pour cacher un vide.
PLACARDÉ, ÉE, adj. couvert de placards.
PLACARDER, v. a. é, ée, p. mettre, afficher un placard.
PLACE, s. f. lieu, endroit, espace; dignité, charge, emploi; lieu de commerce, de banque; ville de guerre; lieu public découvert et environné de bâtiments.
PLACEMENT, s. m. action de placer de l'argent; argent placé.
PLACER, v. a. é, ée, p. situer, mettre, poser dans un lieu; indiquer, assigner une place; se —, v. pr. prendre une place, se procurer un emploi.
PLACET, s. m. demande par écrit pour obtenir justice, grâce, faveur.
PLACIER, ÈRE, s. locataire d'une place dans un marché.
PLAFOND, s. m. dessous d'un plancher garni de plâtre.
PLAFONNER, v. a. é, ée, p. garnir de plâtre le dessous d'un plancher.
PLAFONNEUR, s. m. qui fait des plafonds.
PLAGE, s. f. rivage de mer plat et découvert; contrée.
PLAGIAIRE, adj. et s. m. qui s'approprie ce qu'il a pillé dans les ouvrages d'autrui.

PLAGIAT, *s. m.* vol littéraire.
PLAID, *s. m.* manteau des montagnards écossais; plaidoirie.
PLAIDABLE, *adj. 2 g.* qui peut être plaidé.
PLAIDANT, E, *adj.* qui plaide.
PLAIDER, *v. n.* contester en justice, de vive voix; —, *v. a.* é, ée, *p.* faire un procès à quelqu'un; avancer un fait en plaidant.
PLAIDEUR, EUSE, *s.* qui plaide, qui aime à plaider.
PLAIDOIRIE, *s. f.* art, action de plaider.
PLAIDOYER, *s. m.* discours prononcé à l'audience pour défendre une cause.
PLAIE, *s. f.* solution de continuité dans une partie molle du corps; blessure; *fig.* affliction; fléau.
PLAIGNANT, E, *s.* qui se plaint en justice.
PLAIN-CHANT, *s. m.* chant d'église.
PLAINDRE, *v. a. irr.* (se conj. c. *peindre*) avoir compassion; faire une chose à regret; se —, *v. pr.* se lamenter, témoigner du mécontentement.
PLAINE, *s. f.* pays plat, uni.
PLAINTE, *s. f.* gémissement, lamentation; mécontentement; exposé d'un grief en justice; demande en réparation.
PLAINTIF, IVE, *adj.* dolent; qui se plaint.
PLAINTIVEMENT, *adv.* d'un ton plaintif.
PLAIRE, *v. n. irr.* (se conj. c. *taire*) être au gré; —, *v. impers.* avoir pour agréable.
PLAISAMMENT, *adv.* d'une manière plaisante.
PLAISANCE, *s. f.* agrément.
PLAISANT, E, *adj.* agréable, qui divertit; comique; impertinent, ridicule; —, *s. m.* qui cherche à faire rire par ses actions, ses propos; le —, ce qu'il y a de plaisant dans une chose.
PLAISANTER, *v. a.* é, ée, *p.* railler, se moquer; —, *v. n.* dire ou faire quelque chose pour exciter à rire; ne pas parler sérieusement.
PLAISANTERIE, *s. f.* chose dite ou faite pour divertir; action, habitude de plaisanter.
PLAISIR, *s. m.* joie, contentement; sensation agréable; divertissement.
PLAN, *s. m.* surface plane, superficie plate et unie; sa représentation; projet.
PLAN, E, *adj.* plat et uni.
PLANCHE, *s. f.* morceau de bois scié en long, plus large qu'épais; ce qui en a la forme.
PLANCHÉIER, *v. a.* é, ée, *p.* garnir de planches le sol d'un appartement.
PLANCHER, *s. m.* séparation entre les étages d'une maison; plafond ou sol d'un appartement.
PLANCHETTE, *s. f.* petite planche.
PLANÇON, *s. m.* branche pour faire des boutures.
PLANE, *s. f.* outil tranchant à deux poignées.
PLANER, *v. a.* é, ée, *p.* unir, polir avec la plane; —, *v. n.* se dit d'un oiseau qui se soutient en l'air sans paraître remuer ses ailes; considérer de haut.
PLANÉTAIRE, *adj. 2 g.* qui concerne les planètes; —, *s. m.* représentation en plan du système des planètes.
PLANÈTE, *s. f.* astre qui réfléchit la lumière du soleil et tourne autour de lui; — outil de vannier.
PLANISPHÈRE, *s. m.* carte qui représente sur un plan les deux hémisphères célestes ou terrestres.
PLANT, *s. m.* scion qu'on tire de certains arbres pour le planter; lieu où on a fait de nouvelles plantations.
PLANTAGE, *s. m.* action de planter; ce qu'on a planté.
PLANTAIN, *s. m.* plante commune portant de petites graines en épi.
PLANTATION, *s. f.* action de planter; plant, établissement dans les colonies.
PLANTE, *s. f.* production végétale non ligneuse, annuelle ou vivace; — *du pied*, le dessous du pied.

22.

PLANTER, *v. a. é, ée, p.* mettre une plante en terre; enfoncer en terre; *se —, v. pr.* se placer.

PLANTEUR, *s. m.* qui plante des arbres.

PLANTIGRADES, *s. m. pl.* mammifères carnassiers qui, en marchant, appuient la plante entière des pieds à terre.

PLANTOIR, *s. m.* outil pour faire des trous en terre, où l'on veut planter.

PLAQUE, *s. f.* table de métal; partie plate.

PLAQUÉ, *s. m.* ouvrage en métal revêtu d'une feuille mince d'or ou d'argent.

PLAQUER, *v. a. é, ée, p.* appliquer une chose plate sur une autre.

PLAQUEUR, *s. m.* ouvrier en placage, en plaqué.

PLASTRON, *s. m.* pièce de devant de la cuirasse; pièce qui garantit la poitrine.

PLASTRONNER (se), *v. pr.* se couvrir d'un plastron.

PLAT, *s. m.* partie plate; pièce de vaisselle; son contenu; *à —, adv.* tout-à-fait.

PLAT, E, *adj.* dont la surface est unie; sans saveur, sans élégance; sans élévation de sentiments.

PLATANE, *s. m.* grand et bel arbre à feuilles découpées en cinq.

PLAT-BORD, *s. m.* garde-fou; *t. de mar.*

PLATEAU, *s. m.* terrain élevé et plat; espèce de plat.

PLATE-BANDE, *s. f.* planche de terre étroite qui règne le long d'un parterre.

PLATÉE, *s. f.* plat trop plein.

PLATE-FORME, *s. f.* toit en terrasse; ouvrage de terre, élevé et plat par le haut pour placer une batterie.

PLATE-LONGE, *s. f.* longe qu'on met aux chevaux pour les empêcher de ruer.

PLATEMENT, *adv.* avec platitude.

PLATINE, *s. m.* or blanc; le plus pesant, le plus inaltérable de tous les métaux; —, *s. f.* pièce où sont fixées toutes celles qui servent à faire partir une arme à feu.

PLATITUDE, *s. f.* défaut de ce qui est plat; action sotte, basse.

PLATONICIEN, *s. m.* qui suit la philosophie de Platon; —, nne, *adj.* qui a rapport à la philosophie de Platon.

PLATONIQUE, *adj. 2 g.* qui a rapport au système de Platon.

PLATONISME, *s. m.* système philosophique de Platon.

PLÂTRAGE, *s. m.* ouvrage en plâtre.

PLATRAS, *s. m.* débris de vieux murs de plâtre.

PLÂTRE, *s. m.* pierre calcaire cuite et mise en poudre pour bâtir, etc.

PLÂTRÉ, ÉE, *adj.* enduit de plâtre.

PLÂTRER, *v. a. é, ée, p.* couvrir, enduire de plâtre; *fig.* cacher quelque chose de mauvais sous des apparences spécieuses.

PLÂTREUX, EUSE, *adj.* mêlé de craie.

PLÂTRIER, *s. m.* ouvrier qui fait le plâtre; marchand qui le vend.

PLÂTRIÈRE, *s. f.* carrière d'où l'on tire le plâtre; lieu où on le fait.

PLAUSIBILITÉ, *s. f.* qualité de ce qui est plausible.

PLAUSIBLE, *adj. 2 g.* qui a une apparence spécieuse.

PLAUSIBLEMENT, *adv.* d'une manière plausible.

PLÉBÉIEN, NNE, *adj. et s.* qui était de l'ordre du peuple chez les Romains.

PLÉBISCITE, *s. m.* décret du peuple romain assemblé par tribus.

PLÉIADES, *s. f. pl.* six étoiles qui sont dans le signe du taureau.

PLEIN, *s. m.* l'opposé de vide; milieu, largeur, massif; trait large de la plume opposé au délié; —, *adv.* autant qu'il en peut contenir; *tout plein*, beaucoup; *plein, e, adj.* où il ne reste pas de vide;

où il ne peut plus rien tenir; qui contient beaucoup; copieux, abondant; entier, absolu; *bête pleine*, qui porte des petits; *à pleines mains*, abondamment; *à pleines voiles*, toutes voiles déployées.

PLEINEMENT, *adv.* entièrement, tout-à-fait.

PLÉNIÈRE, *adj. f. cour —*, assemblée solennelle des grands princes; *indulgence —*, rémission entière des peines dues au péché.

PLÉNIPOTENTIAIRE, *s. m.* et *adj.* ambassadeur muni de pleins pouvoirs.

PLÉNITUDE, *s. f.* abondance excessive.

PLÉONASME, *s. m.* addition de mots inutiles au sens de la phrase.

PLÉTHORE, *s. f.* surabondance de sang, d'humeurs.

PLEURANT, E, *adj.* qui pleure.

PLEURER, *v. a. é, ée, p.* regretter beaucoup; témoigner du repentir; —, *v. n.* répandre des larmes.

PLEURES, *s. f. pl.* laines coupées sur des bêtes mortes.

PLEURÉSIE, *s. f.* inflammation de la plèvre.

PLEURÉTIQUE, *adj. 2 g.* atteint de pleurésie.

PLEUREUR, EUSE, *s.* qui pleure aisément; *saule —*, saule à branches pendantes.

PLEURNICHER, *v. n.* feindre de pleurer.

PLEURS, *s. m. pl.* larmes.

PLEUTRE, *s. m.* homme sans capacité.

PLEUVOIR, *v. n. impers.* Ind. *pr.* il pleut; *imp.* il pleuvait; *p. déf.* il plut; *fut.* il pleuvra; *cond.* il pleuvrait; *subj. pr.* qu'il pleuve; *imp. subj.* qu'il plût; *p. pr.* pleuvant; *p. p.* plu; se dit de l'eau qui tombe du ciel; *au fig.* de ce qui afflue.

PLÈVRE, *s. f.* membrane qui garnit intérieurement les côtes.

PLEYON, *s. m.* brin d'osier qui sert à lier la vigne.

PLI, *s. m.* double fait à une étoffe; marque qui reste à une étoffe après qu'elle a été pliée; enveloppe de lettre; habitude, tournure d'une affaire.

PLIABLE, *adj. 2 g.* flexible.

PLIAGE, *s. m.* action de plier.

PLIANT, E, *adj.* facile à plier; —, *s. m.* siège qui se plie.

PLIE, *s. f.* poisson de mer.

PLIER, *v. a. é, ée, p.* mettre une étoffe en un ou plusieurs doubles; courber, fléchir; *se —*, *v. pr.* s'accoutumer, céder; —, *v. n.* devenir courbé.

PLIEUR, EUSE, *adj.* qui plie.

PLINTHE, *s. f.* sorte de platebande, *t. de menuis.*

PLIOIR, *s. m.* sorte de couteau d'ivoire, etc. pour plier et couper le papier.

PLISSEMENT, *s. m.* action de plisser.

PLISSER, *v. a. é, ée, p.* faire des plis; —, *v. n.* et *se —*, *v. pr.* se marquer de plis.

PLISSURE, *s. f.* manière de faire des plis.

PLOËRMEL, chef-lieu d'arr. du dép. du Morbihan.

PLOMB, *s. m.* métal mou, trèspesant, très-fusible, d'un blanc bleuâtre; instrument pour élever perpendiculairement; petite balle dont on charge les armes à feu.

PLOMBAGINE, *s. f.* mine de plomb.

PLOMBÉ, ÉE, *adj.* de couleur de plomb, livide; garni d'un sceau de plomb.

PLOMBER, *v. a. é, ée, p.* vernir de la vaisselle de terre avec du plomb; remplir de plomb une dent creuse.

PLOMBERIE, *s. f.* art de fondre et de travailler le plomb.

PLOMBIER, *s. m.* ouvrier qui travaille en plomb.

PLOMBOIR, *s. m.* instrument pour plomber les dents.

PLONGEANT, E, *adj.* dont la direction est de haut en bas.

PLONGEON, *s. m.* oiseau aquatique; action de plonger dans l'eau la tête devant.

PLONGER, *v. a. é, ée, p.* enfoncer une chose dans l'eau pour la retirer; —, *v. n.* s'enfoncer dans l'eau; *se —*, *v. pr.* s'enfoncer.

PLONGEUR, s. m. celui qui plonge.
PLOUTRE, s. m. rouleau pour briser les mottes de terre.
PLOYABLE, adj. 2 g. aisé à ployer.
PLOYER, v. a. é, ée, p. courber; —, v. n. plier; fig. fléchir; se —, v. pr. céder. I. pr. je ploie, tu ploies, il ploie; n. ployons, v. ployez, ils ploient; imp. je playais, etc.; n. ployions, etc.; p. déf. je ployai, etc.; n. ployâmes, etc.; fut. je ploierai etc.; n. ploierons, etc.; cond. je ploierais, etc.; n. ploierions, etc.; imp. ploie, ployons, ployez; subj. pr. que je ploie, etc.; q. n. ployions, q. v. ployiez, qu'ils ploient; imp. s. q. je ployasse, etc.; q. n. ployassions, etc.; p. pr. ployant.
PLUIE, s. f. eau qui se détache des nuages et tombe par gouttes; ce qui tombe comme la pluie.
PLUMAGE, s. m. toute la plume qui couvre le corps d'un oiseau.
PLUMASSEAU, s. m. balai de plumes; houssoir.
PLUMASSERIE, s. f. commerce de plumassier.
PLUMASSIER, s. m. qui prépare et vend des plumes.
PLUME, s. f. tuyau garni de barbe et de duvet qui couvre le corps des oiseaux; tuyau des grosses plumes qui sert à écrire.
PLUMEAU, s. m. houssoir.
PLUMÉE, s. f. plein la plume.
PLUMER, v. a. é, ée, p. arracher les plumes d'un oiseau; fig. dépouiller.
PLUMET, s. m. plume ou bouquet de plumes qui se porte sur la tête; porteur de sacs de charbon, de grains, etc.
PLUMETIS, s. m. sorte de broderie.
PLUMITIF, s. m. minute originale d'un jugement.
PLUPART (la), s. f. la plus grande partie; le plus souvent.
PLURALITÉ, s. f. le plus grand nombre; majorité relative de suffrages.
PLURIEL, s. m. nombre pluriel; —, lle, adj. qui marque pluralité.
PLUS, s. m. opposé de moins.
PLUS, adv. davantage, en outre; il exprime aussi cessation d'action, d'existence; il indique comparaison.
PLUSIEURS, s. m. pl. un certain nombre de personnes; —, adj. pl. 2 g. un nombre indéfini.
PLUSQUEPARFAIT, s. m. temps des verbes qui indique une action antérieure à une autre déjà passée.
PLUS TARD, adv. et s. m. dans un temps plus éloigné.
PLUS TÔT, adv. et s. m. dans un temps antérieur.
PLUTÔT, adv. marquant préférence.
PLUVIAL, E, adj. eau pluviale; de pluie.
PLUVIER, s. m. oiseau de passage de la grosseur du pigeon.
PLUVIEUX, EUSE, adj. abondant en pluie; qui amène la pluie.
PLUVIÔSE, s. m. 5e mois de l'année républicaine.
PNEUMATIQUE, s. f. science des lois et des propriétés de l'air; —, adj. 2 g. qui a rapport à l'air; machine —, avec laquelle on fait le vide en pompant l'air.
POCHE, s. f. espèce de petit sac qui tient à l'habillement et sert à mettre ce que l'on veut porter sur soi; faux pli d'une étoffe cousue; jabot des oiseaux; grande cuiller creuse à long manche; petit violon des maîtres à danser.
POCHER, v. a. é, ée, p. meurtrir avec enflure.
POCHETER, v. a. é, ée, p. serrer, porter quelque temps dans sa poche.
POCHETTE, s. f. petite poche; petit violon.
POCHURE, s. f. le gros bout de la hart du fagot.
PODAGRE, adj. 2 g. qui a la goutte aux pieds.
POÊLE, s. m. voile qu'on tient sur la tête des mariés pendant la bénédiction nuptiale; drap mortuaire; fourneau de terre

ou de fonte pour chauffer un appartement; —, s. f. ustensile de cuisine pour frire.

POÊLÉE, s. f. plein une poêle.

POÊLIER, s. m. qui fait et vend des poêles.

POÊLON, s. m. sorte de casserole de cuivre, de terre, etc.

POÊLONNÉE, s. f. contenu d'un poêlon.

POÊME, s. m. ouvrage en vers d'une certaine étendue.

POÉSIE, s. f. art de faire des vers; versification; ce qui caractérise les bons vers; — au pl. ouvrages en vers.

POÊTE, s. m. qui possède l'art de faire des vers; qui a l'imagination poétique.

POÉTIQUE, adj. 2 g. qui concerne la poésie, lui est propre; —, s. f. traité de l'art de la poésie.

POÉTIQUEMENT, adv. d'une manière poétique.

POGE, s. m. le côté droit d'un vaisseau.

POIDS, s. m. pesanteur, qualité de ce qui est pesant; mesure pour peser.

POIGNANT, E, adj. piquant; qui fait souffrir.

POIGNARD, s. m. arme courte pour frapper de la pointe.

POIGNARDER, v. a. é, ée, p. frapper, blesser, tuer avec un poignard; fig. causer une douleur extrême.

POIGNÉE, s. f. autant que la main fermée peut contenir; ce qu'on empoigne avec la main; partie d'une chose par où on la tient à la main.

POIGNER, v. a. é, ée; p. chagriner.

POIGNET, s. m. endroit où le bras se joint à la main; bord de la manche d'une chemise.

POIL, s. m. filet délié qui croît sur la peau; barbe, chevelure.

POILU, E, adj. velu.

POINÇON, s. m. outil de fer aigu pour graver, marquer, percer, etc.

POINDRE, v. n. irr. (se conj. sur joindre) commencer à paraître, à pousser.

POING, s. m. main fermée.

POINT, s. m. piqûre faite avec l'aiguille enfilée; 12e partie d'une ligne; la plus petite étendue imaginable; petite marque qu'on met à la fin d'une phrase, t. de gramm.; signe musical; base; endroit fixe; difficulté, objet principal d'une affaire; degré, période; —, adv. marquant négation, privation, non-existence.

POINTAGE, s. m. désignation sur une carte, du lieu où se trouve un vaisseau; action de pointer.

POINTE, s. f. bout aigu et piquant; fig. entreprise, dessein; jeu d'esprit; pensée futile.

POINTEMENT, s. m. action de pointer un canon.

POINTER, v. a. é, ée, p. porter des coups de la pointe d'une épée; diriger un canon vers un point; —, v. n. faire à petits points en parlant des miniatures; s'élever vers le ciel en parlant des oiseaux.

POINTEUR, s. m. celui qui pointe le canon.

POINTILLAGE, (ll m.) s. m. petits points, en miniature.

POINTILLÉ, (ll m.) s. m. manière de graver en petits points.

POINTILLER, (ll m.) v. a. é, ée, p. piquer, dire des choses désobligeantes; —, v. n. faire du pointillage; disputer sur des riens.

POINTILLERIE, (ll m.) s. f. contestation futile.

POINTILLEUX, EUSE, (ll m.) adj. qui dispute sur les moindres choses.

POINTU, E, adj. qui a une pointe aiguë.

POIRE, s. f. fruit à pepin; — à poudre, poudrière en forme de poire aplatie.

POIRÉ, s. m. cidre de poires.

POIREAU, s. m. plante potagère; excroissance de chair sur la peau.

POIRÉE, s. f. plante potagère.

POIRIER, s. m. arbre qui porte des poires.

POIS, s. m. plante légumineuse qui vient en cosse.

POISON, s. m. suc vénéneux; composition vénéneuse, ce qui

peut causer un grand mal, ou la mort.

POISSARD, E, s. du bas peuple; *poissarde*, s. f. marchande de poisson, harengère; —, adj. style —, ouvrage où l'on imite le langage des halles.

POISSER, v. a. é, ée, p. enduire, frotter de poix; salir avec quelque chose de gluant.

POISSEUX, EUSE, adj. qui poisse.

POISSON, s. m. animal qui naît et vit dans l'eau; petite mesure; —*au pl.* signe du zodiaque.

POISSONNAILLE, (ll m.) s. f. blanchaille, petit poisson.

POISSONNERIE, s. f. lieu où l'on vend le poisson.

POISSONNEUX, EUSE, adj. qui abonde en poissons.

POISSONNIER, ÈRE, s. marchand de poisson; —, s. f. ustensile pour faire cuire le poisson.

POITEVIN, E, adj. et s. du Poitou.

POITIERS, chef-lieu du dép. de la Vienne.

POITOU, ancien gouvernement divisé en *Haut-* et *Bas-*. Du premier on a formé le dép. de la Vienne et du second les Deux-Sèvres et la Vendée.

POITRAIL, (ll m.) s. m. partie de devant du corps d'un cheval; harnais qu'on met sur le poitrail (*au pl.* poitrails).

POITRINAIRE, adj. 2 g. qui est malade de la poitrine.

POITRINE, s. f. partie de l'animal contenant les poumons et le cœur; les parties contenues dans la poitrine; voix.

POITRINIÈRE, s. f. planche au devant de certains métiers pour appuyer la poitrine de l'ouvrier.

POIVRADE, s. f. sauce de poivre, sel et vinaigre.

POIVRE, s. m. fruit aromatique de certaines plantes des Indes.

POIVRER, v. a. é, ée, p. assaisonner, saupoudrer de poivre.

POIVRIER, s. m. arbrisseau qui porte le poivre; *poivrière*, s. f. boîte pour le poivre.

POIX, s. f. mélange de résine de pin ou de sapin brûlée et de suie.

POL (St.-), chef-lieu d'arr. du dép. du Pas-de-Calais.

POLACRE ou **POLAQUE**, s. f. bâtiment de la Méditerranée, qui va à voiles et à rames; —, s. m. cavalier polonais.

POLAIRE, adj. 2 g. voisin des pôles; qui leur appartient.

POLARISATION, s. f. modification de la lumière réfléchie latéralement.

POLARISER, v. a. é, ée, p. produire la polarisation.

POLARITÉ, s. f. propriété qu'a l'aimant de se diriger vers les pôles.

PÔLE, s. m. chacune des deux extrémités de l'axe immobile sur lequel tourne un corps sphérique, particulièrement le globe terrestre.

POLÉMIQUE, s. f. dispute par écrit; —, adj. 2 g. qui appartient aux disputes par écrit.

POLENTA, s. f. bouillie de farine de châtaignes.

POLI, E, adj. qui a la surface unie et luisante; élégant, correct; doux, civil, complaisant; *poli*, s. m. lustre, éclat de ce qui a été poli.

POLICE, s. f. ordre, règlement pour la sûreté publique; ceux qui maintiennent cet ordre; administration qui exerce la police; contrat d'assurance.

POLICER, v. a. é, ée, p. établir des lois sages, une bonne police dans un pays; civiliser; *se —*, v. pr. se civiliser.

POLICHINELLE, s. m. acteur de farce, bossu devant et derrière; *fig.* mauvais bouffon.

POLIGNY, chef-lieu d'arr. du dép. du Jura.

POLIMENT, adv. avec politesse; —, s. m. action de polir.

POLIR, v. a. i, ie, p. rendre uni et luisant à force de frotter; mettre la dernière main à un ouvrage d'esprit.

POLISSEUR, EUSE, s. ouvrier qui donne le poli.

POLISSOIR, s. m. instrument pour polir.

POLISSOIRE, s. f. décrottoire douce.

POLISSON, NNE, *adj.* libre, libertin; —, *s. m.* petit garçon malpropre et vagabond; homme sans considération.
POLISSONNER, *v. n.* dire ou faire des polissonneries.
POLISSONNERIE, *s. f.* action, parole, tour de polisson; plaisanterie basse; obscénité.
POLISSURE, *s. f.* action de polir; son effet.
POLITESSE, *s. f.* civilité; manières, paroles civiles et honnêtes; qualité d'un peuple policé.
POLITIQUE, *s. f.* connaissance du droit public, des intérêts des nations, des souverains; art de gouverner; système particulier d'un gouvernement; conduite adroite; —, *s. m.* savant versé dans l'art de gouverner; prudent et réservé; —, *adj.* 2 g. qui concerne le gouvernement des états.
POLITIQUEMENT, *adv.* selon les règles de la politique; d'une manière fine, adroite.
POLITIQUER, *v. n.* raisonner sur les affaires politiques.
POLLEN, *s. m.* poussière fécondante, *t. de bot.*; fleur de farine.
POLLUER, *v. a.* é, ée, *p.* profaner.
POLLUTION, *s. f.* profanation.
POLTRON, E, *adj.* et *s.* lâche, pusillanime.
POLTRONNERIE, *s. f.* lâcheté, manque de courage.
POLYGAME, *s.* 2 g. mari qui a plusieurs femmes; femme qui a plusieurs maris.
POLYGAMIE, *s. f.* état du polygame.
POLYGLOTTE, *s. m.* celui qui sait plusieurs langues; —, *adj.* 2 g. écrit en plusieurs langues.
POLYGONE, *s. m.* surface solide qui a plusieurs angles et plusieurs côtés; lieu destiné aux exercices d'artillerie.
POLYGRAPHE, *s. m.* auteur qui a écrit sur plusieurs matières.
POLYPE, *s. m.* espèce de ver aquatique; *t. de méd.* excroissance de chair.

POLYSYLLABE, *s. m.* et *adj.* 2 g. de plusieurs syllabes.
POLYTECHNIQUE, *adj.* 2 g. qui embrasse plusieurs arts, plusieurs sciences; *école*—; destinée à former des élèves pour l'artillerie, le génie, etc.
POLYTHÉISME, *s. m.* système qui admet plusieurs dieux.
POLYTHÉISTE, *s. m.* qui professe le polythéisme.
POMIFÈRE, *adj.* 2 g. qui porte des pommes.
POMMADE, *s. f.* composition de graisses épurées, de cire et différents ingrédients avec ou sans parfum.
POMMADER, *v. a.* é, ée, *p.* enduire de pommade.
POMME, *s. f.* fruit à pépin, bon à manger et à faire du cidre; ornement qui en a la forme; tête de chou.
POMMÉ, *s. m.* cidre de pommes.
POMMÉ, ÉE, *adj.* arrondi en forme de pomme; *fig.* accompli.
POMMEAU, *s. m.* petite boule au haut de la poignée d'une épée, au haut de l'arçon du devant d'une selle.
POMMELER (se), *v. pr.* en parlant du ciel, se couvrir de nuages ronds, blancs et grisâtres.
POMMELÉ, ÉE, *adj.* couvert de petits nuages rapprochés; marqué de gris et de blanc par ronds, en parlant d'un cheval.
POMMELLE, *s. f.* plaque en plomb, ronde et percée de petits trous, placée à l'ouverture d'un tuyau pour empêcher les ordures d'y pénétrer.
POMMER, *v. n.* se former en pomme; se dit des choux et des laitues.
POMMERAIE, *s. f.* lieu planté de pommiers.
POMMETTE, *s. f.* ornement en forme de pomme; os de la joue au-dessous de l'œil.
POMMIER, *s. m.* arbre qui porte les pommes; ustensile pour faire cuire les pommes.
POMPE, *s. f.* appareil magnifique; somptuosité; machine pour élever l'eau; —*funèbre*,

tout l'appareil d'un enterrement.

POMPER, v. a. é, ée, p. épulser l'eau avec une pompe; —, v. n. faire agir la pompe.

POMPEUSEMENT, adv. avec pompe.

POMPEUX, EUSE, adj. qui a de la pompe; magnifique.

POMPIER, s. m. celui qui fait les pompes, qui les fait agir.

POMPON, s. m. ornement en laine que les militaires portent à leur coiffure; ornement de peu de valeur.

POMPONNER, v. a. é, ée, p. orner de pompons, parer, ajuster; se —, v. pr. se parer avec recherche.

PONANT, s. m. occident.

PONÇAGE, s. m. action de passer la pierre ponce pour lisser.

PONCE, s. f. sachet rempli de charbon broyé pour calquer un dessin; —, adj. pierre —, pierre sèche, poreuse et légère.

PONCEAU, s. m. petit pont d'une seule arche; couleur rouge vif et foncé; —, adj. 2 g. inv. qui est de cette couleur.

PONCER, v. a. é, ée, p. rendre mat; calquer un dessin avec la ponce.

PONCIS, s. m. dessin piqué sur lequel on passe du charbon.

PONCTION, s. f. ouverture faite dans une cavité du corps, pour en tirer les eaux qui y sont épanchées.

PONCTUALITÉ, s. f. grande exactitude à faire une chose au temps fixé.

PONCTUATION, s. f. art, action, manière de ponctuer; signes qu'on emploie pour ponctuer.

PONCTUEL, LLE, adj. exact; qui fait à point nommé ce qu'il doit faire.

PONCTUELLEMENT, adv. avec ponctualité.

PONCTUER, v. a. é, ée, p. mettre les points et les virgules dans un discours écrit.

PONDÉRABLE, adj. 2 g. qui peut être pesé.

PONDÉRATION, s. f. science de l'équilibre des corps.

PONDEUSE, adj. et s. f. qui pond beaucoup d'œufs.

PONDRE, v. a. n, ue, p. faire ses œufs, en parlant des ovipares.

PONT, s. m. ouvrage en pierre, en bois, en fer, élevé d'un bord à l'autre d'une rivière pour la traverser.

PONTARLIER, chef-lieu d'arrond. du dép. du Doubs.

PONTAUDEMER, chef-lieu d'arr. du dép. de l'Eure.

PONT-L'ÉVÊQUE, chef-lieu d'arr. du dép. du Calvados.

PONTE, s. f. action de pondre; temps où les oiseaux pondent.

PONTÉ, ÉE, adj. qui a un pont.

PONTIFE, s. m. ministre supérieur des choses sacrées; prélat, évêque; souverain —, le pape.

PONTIFICAL, E, adj. qui appartient à la dignité de pontife.

PONTIFICALEMENT, adv. avec les cérémonies et les habits pontificaux.

PONTIFICAT, s. m. dignité de grand pontife; sa durée.

PONTIVY, chef-lieu d'arr. du dép. du Morbihan.

PONTOISE, chef-lieu d'arr. du dép. de Seine-et-Oise.

PONT-NEUF, s. m. chanson populaire.

PONTON, s. m. pont flottant; bateau de cuivre pour le passage des rivières; vaisseau-prison.

PONTONAGE, s. m. droit dû par ceux qui traversent la rivière sur un pont ou dans un bateau.

PONTONIER, s. m. celui qui perçoit le pontonage; soldat employé à la construction des pontons.

POPE, s. m. prêtre grec.

POPELINE, s. f. étoffe légère en laine fine.

POPINER (se), v. pr. se parer avec recherche.

POPULACE, s. f. le bas peuple.

POPULAIRE, adj. 2 g. qui appartient au peuple ou le concerne.

POPULAIREMENT, adv. d'une manière populaire.

POPULARISER (se), *v. pr.* se concilier l'affection du peuple.
POPULARITÉ, *s. f.* caractère de l'homme populaire; conduite propre à gagner la faveur du peuple; faveur populaire.
POPULATION, *s. f.* nombre des habitants d'un pays, d'une ville, etc.
POPULEUX, EUSE, *adj.* très-peuplé.
PORC, *s. m.* cochon; — *frais*, cochon non salé.
PORCELAINE, *s. f.* terre très-fine, préparée et cuite sous différentes formes; vase de cette terre.
PORC-ÉPIC, *s. m.* (*pl. porcs-épics*) quadrupède couvert de piquants.
PORCHE, *s. m.* lieu couvert à l'entrée d'une église, portique.
PORCHER, *s. m.* qui garde les pourceaux.
PORCHERIE, *s. f.* toit à porcs.
PORE, *s. m.* ouverture naturelle et imperceptible dans la peau de l'animal pour faciliter la transpiration; petits trous plus ou moins visibles dans un corps solide.
POREUX, EUSE, *adj.* qui a des pores.
POROSITÉ, *s. f.* qualité d'un corps poreux.
PORPHYRE, *s. m.* marbre très-dur d'un rouge pourpré, tacheté de blanc.
PORT, *s. m.* lieu propre à recevoir les vaisseaux et à les tenir à l'abri des tempêtes; lieu sur le bord de la mer, d'un fleuve où l'on débarque les marchandises; action de porter; droit payé pour le transport d'une chose; maintien, attitude.
PORTABLE, *adj. 2 g.* qui peut être porté.
PORTAIL, (*l m.*) *s. m.* façade principale d'une église (au *pl. portails*).
PORTANT, E, *adj.* qui porte; *bien* —, *mal* —, qui se porte bien ou mal, en parlant de la santé.
PORTATIF, IVE, *adj.* aisé à porter.
PORT-D'ARMES, *s. m.* action, droit de porter des armes.

PORTE, *s. f.* ouverture pour entrer ou sortir d'un lieu fermé; ce qui sert à fermer cette ouverture; espèce d'anneau pour retenir un crochet, une agrafe, etc.; *fig.* accès, issue.
PORTE-BALLE, *s. m. inv.* mercier ambulant.
PORTE-CHAPE, *s. m. inv.* celui qui porte ordinairement la chape dans une église.
PORTE-CLEFS, *s. m. inv.* guichetier qui porte les clefs.
PORTE-CRAYON, *s. m. inv.* instrument de métal dans lequel on met un crayon.
PORTE-CROIX, *s. m. inv.* celui qui porte la croix dans les processions.
PORTE-DRAPEAU, *s. m. inv.* officier qui porte le drapeau dans un régiment.
PORTÉE, *s. f.* totalité des petits que les femelles des animaux mettent bas en une fois; distance où peuvent porter les armes à feu et de trait; où peuvent s'étendre la vue, la voix, la main; étendue, capacité d'esprit; *t. de mus.* les cinq lignes sur lesquelles on pose les notes.
PORTE-ENSEIGNE, *s. m. inv.* celui qui porte une enseigne.
PORTE-ÉTENDARD, *s. m. inv.* qui porte l'étendard.
PORTE-FAIX, *s. m. inv.* crocheteur.
PORTE-FEUILLE, *s. m.* (au *pl. porte-feuilles*) espèce de carton portatif où l'on met des papiers, etc.; sorte de petit livre pour serrer des papiers, et les porter dans sa poche.
PORTE-MANTEAU, *s. m. inv.* valise; espèce de crochet fixé au mur pour suspendre les habits.
PORTEMENT, *s. m.* — *de la croix*, tableau représentant J.-C. portant sa croix.
PORTE-MOUCHETTES, *s. m. inv.* plateau pour poser les mouchettes.
PORTE-MOUSQUETON, *s. m. inv.* agrafe pour soutenir le mousqueton.
PORTER, *v. a. é, ée, p.* soutenir une charge, un fardeau, un poids, au propre et au *fig.*;

23

transporter; avoir avec soi, à la main; pousser; appliquer; conduire; être étendu; être cause; souffrir, subir; énoncer; inscrire; prescrire; produire; —, v. n. poser sur; atteindre; se —, v. pr. se rendre à, se porter bien, mal, être en bonne, en mauvaise santé; se — pour..., se présenter à titre de...
PORTE-RESPECT, s. m. inv. chose extérieure qui intimide, qui porte au respect.
PORTE-TAPISSERIE, s. m. inv. châssis sur lequel on applique une tapisserie, une tenture.
PORTEUR, EUSE, s. qui porte des fardeaux; commissionnaire; —, s. m. cheval que monte le postillon.
PORTE-VOIX, s. m. inv. instrument pour porter la voix au loin.
PORTIER, ÈRE, s. qui garde la porte d'une maison; —, s. f. ouverture du carrosse par où l'on monte et l'on descend; porte de cette ouverture.
PORTION, s. f. partie d'un tout; lot, part.
PORTIQUE, s. m. galerie couverte dont le comble est soutenu par des colonnes ou des arcades.
PORTRAIT, s. m. image, ressemblance, description d'une personne; ressemblance physique ou morale.
PORTUGAIS, E, adj. et s. du Portugal.
POSAGE, s. m. travail et dépense pour poser certains ouvrages.
POSE, s. f. action de poser; travail pour poser les pierres; t. de peint. attitude du modèle.
POSÉ, ÉE, adj. mis en place; personne —, modeste, grave.
POSÉMENT, adv. doucement; sans se presser.
POSER, v. a. é, ée, p. mettre une chose sur une autre; placer dans le lieu, la situation convenables; fixer sur une base; supposer; t. de peint. placer un modèle dans l'attitude convenable; poser les armes, les déposer; —, v. n. être posé, placé; porter sur quelque chose.

POSEUR, s. m. qui dirige la pose des pierres; — de sonnettes, qui les place.
POSITIF, s. m. chose certaine; premier degré dans les adjectifs qui admettent comparaison; —, ive, adj. certain, constant, assuré.
POSITION, s. f. situation d'un lieu; situation morale; conjoncture; attitude.
POSITIVEMENT, adv. d'une manière positive.
POSSÉDÉ, ÉE, adj. et s. tourmenté du démon.
POSSÉDER, v. a. é, ée, p. avoir la possession, la jouissance; avoir en son pouvoir, à sa disposition; se —, v. pr. être maître de soi.
POSSESSEUR, s. m. qui possède un bien; propriétaire.
POSSESSIF, IVE, adj. t. de gramm. qui marque possession.
POSSESSION, s. f. action de posséder; jouissance d'un bien quelconque; — au pl. fonds de terres, domaines.
POSSESSOIRE, s. m. droit de posséder, possession; —, adj. action —, qui tend à confirmer ou à rendre une possession.
POSSESSOIREMENT, adv. relativement à la possession; t. de droit.
POSSIBILITÉ, s. f. qualité de ce qui est possible.
POSSIBLE, adj. 2 g. qui peut être fait, qui peut se faire; —, adv. peut-être; —, s. m. ce qui peut exister, avoir lieu; au —, loc. adv. autant qu'il est possible.
POST-COMMUNION, s. f. oraison après la communion.
POSTDATE, s. f. date postérieure à la véritable.
POSTDATER, v. a. é, ée, p. dater une lettre, etc., d'un temps postérieur à celui où elle a été écrite.
POSTE, s. f. relais établi pour le service des voyageurs; manière de voyager avec ces relais; maison où sont ces relais; mesure de chemin (2 lieues de France); bureau qui reçoit, envoie et distribue les lettres, journaux,

etc.; —, *s. m.* lieu où l'on a posté des troupes; troupes postées; emploi, fonction, charge.

POSTER, *v. a. é, ée, p.* placer dans un poste, dans un endroit quelconque, embusquer; *se —, v. pr.* se placer pour observer.

POSTÉRIEUR, *s. m.* le derrière; —, *e, adj.* qui suit dans l'ordre des temps; qui est derrière.

POSTÉRIEUREMENT, *adv.* après.

POSTÉRIORITÉ, *s. f.* état d'une chose postérieure à une autre.

POSTÉRITÉ, *s. f.* suite de ceux qui descendent d'une même origine; les peuples à venir.

POST-FACE, *s. f.* épilogue.

POSTHUME, *adj.* et *s. 2 g.* enfant —, né après la mort du père; *ouvrage* —, publié après la mort de l'auteur.

POSTICHE, *adj. 2 g.* fait et ajouté après coup.

POSTILLON, (*ll m.*) *s. m.* valet de poste qui conduit ceux qui voyagent en poste; valet monté sur un des chevaux d'un attelage.

POST-SCRIPTUM, *s. m. inv.* (*par abbrév.* P.-S.) ce qu'on ajoute à une lettre après la signature.

POSTULANT, E, *adj.* et *s.* qui demande, sollicite avec instance; aspirant, candidat.

POSTULER, *v. a. é, ée, p.* demander avec instance; —, *v. n.* faire les procédures dans une affaire.

POSTURE, *s. f.* attitude; manière dont on tient son corps, sa tête, etc.; position.

POT, *s. m.* vase de terre ou de métal; marmite.

POTABLE, *adj. 2 g.* qu'on peut boire.

POTAGE, *s. m.* soupe.

POTAGER, ÈRE, *adj. jardin* —, pour la culture des légumes; *plante* —, légumes de toute espèce, *potager*, *s. m.* pot de terre ou d'étain dans lequel on porte à dîner à des ouvriers.

POTASSE, *s. f.* alcali tiré des cendres des végétaux.

POTASSIUM, *s. m.* substance base de la potasse.

POT-AU-FEU, *s. m.* (*pl. pots-au-feu*) viande et bouillon dans la marmite; viande à mettre au pot.

POT-DE-CHAMBRE, *s. m.* vase de nuit, sorte de voiture des environs de Paris.

POT-DE-VIN, *s. m.* somme en sus du prix, à titre de présent.

POTEAU, *s. m.* grosse et longue pièce de bois, fixée debout et isolée.

POTÉE, *s. f.* ce qui est contenu dans un pot; étain calciné pour polir.

POTELÉ, ÉE, *adj.* gras et dodu.

POTENCE, *s. f.* gibet; bâton d'appui; étai.

POTENTAT, *s. m.* souverain d'un grand état.

POTERIE, *s. f.* vaisselle de terre ou d'étain; lieu où elle se fait; art, commerce du potier.

POTERNE, *s. f.* porte secrète pour les sorties dans les fortifications.

POTIER, *s. m.* qui fait et vend des pots de terre ou d'étain.

POTIN, *s. m.* cuivre jaune; son mélange avec l'étain, le plomb, la calamine.

POTION, *s. f.* breuvage pour un malade.

POTIRON, *s. m.* espèce de grosse citrouille.

POT-POURRI, *s. m.* (*au pl. pots-pourris*) mélange de viande, de légumes, etc.; vase plein de fleurs et d'herbes odoriférantes; récit en chanson sur une suite d'airs différents.

POU, *s. m.* (*au pl. poux*) insecte ovipare qui s'attache aux cheveux des gens malpropres; *— de soie*, étoffe de soie.

POUACRE, *adj.* et *s. 2 g.* malpropre.

POUACRERIE, *s. f.* malpropreté.

POUAH! *interj.* qui exprime le dégoût.

POUCE, *s. m.* le gros doigt de la main et du pied; mesure de douze lignes; douzième partie du pied de roi.

POUCETTES, s. f. pl. instrument pour attacher les pouces ensemble.

POUDRE, s. f. poussière; substance pulvérisée; composition de soufre, salpêtre et charbon pour charger les armes à feu.

POUDRER, v. a. é, ée, p. couvrir légèrement de poudre; —, v. n. faire voler la poussière.

POUDRETTE, s. f. excréments desséchés et mis en poudre pour servir d'engrais.

POUDREUX, EUSE, adj. couvert de poussière.

POUDRIER, s. m. qui fait la poudre à canon; boîte où l'on met la poudre à sécher l'écriture.

POUDRIÈRE, s. f. fabrique de poudre à canon; boîte à poudre.

POUF, adv. qui exprime le bruit sourd d'un corps qui tombe.

POUFFER, v. n. — de rire, éclater de rire involontairement.

POUILLER (se), (ll m.) v. réc. chercher ses poux.

POUILLERIE, (ll m.) s. f. chambre d'hôpital destinée à mettre les habits des pauvres.

POUILLEUX, EUSE, (ll m.) adj. qui a des poux.

POULAILLER, (ll m.) s. m. lieu où juchent les poules.

POULAIN, s. m. jeune cheval.

POULARDE, s. f. poule jeune et grasse.

POULE, s. f. oiseau domestique, femelle du coq; mise au jeu.

POULET, s. m. petit de la poule; *poulette*, s. f. jeune poule.

POULICHE, s. f. jeune jument au-dessous de 3 ans.

POULIE, s. f. roue creusée dans l'épaisseur de sa circonférence et sur laquelle passe une corde pour élever et descendre des fardeaux.

POULINER, v. n. mettre bas, se dit de la cavale.

POULINIÈRE, adj. f. jument —, propre à faire des poulains.

POULOT, s. m. t. de caresse, petit enfant.

POULS, s. m. battement des artères.

POUMON, s. m. partie interne, viscère mou, spongieux, principal organe de la respiration.

POUPARD, s. m. enfant au maillot; grosse poupée.

POUPE, s. f. arrière d'un vaisseau.

POUPÉE, s. f. petite figure humaine de bois, de carton, qui sert de jouet aux enfants; tête sur laquelle on monte les bonnets.

POUPON, NNE, s. petit enfant à visage potelé.

POUR, prép. et conj. en faveur, à cause de..., afin de.., au lieu de..., quant à.., envers...; comme, pendant, moyennant.

POUR-BOIRE, s. m. inv. petite libéralité en signe de satisfaction; récompense au-delà du prix convenu.

POURCEAU, s. m. porc, cochon.

POURCHASSER, v. a. é, ée, p. poursuivre obstinément.

POURFENDEUR, s. m. celui qui pourfend.

POURFENDRE, v. a. u, ue, p. fendre un homme de haut en bas d'un coup de sabre.

POURPARLER, s. m. conférence.

POURPIER, s. m. plante potagère.

POURPOINT, s. m. partie de l'ancien habillement français qui couvrait le corps depuis le cou jusqu'à la ceinture.

POURPRE, s. m. maladie maligne; rouge foncé tirant sur le violet; —, s. f. teinture de cette couleur.

POURPRÉ, ÉE, adj. couleur de pourpre.

POURQUOI, conj. pour quel motif, à cause de quoi; —, s. m. la cause, la raison.

POURRI, s. m. chose pourrie.

POURRIR, v. a. i, ie, p. corrompre, gâter; —, v. n. se gâter.

POURRISSAGE, s. m. action de faire pourrir des chiffons pour faire du papier.

POURRISSOIR, s. m. endroit où l'on fait pourrir les chiffons.

POURRITURE, *s. f.* altération, corruption.

POURSUITE, *s. f.* action de poursuivre ; recherche ; soins ; — au pl. procédure judiciaire.

POURSUIVANT, *s. m.* qui poursuit un emploi.

POURSUIVRE, *v. a. irr.* 1, le, p. (se conj. sur *suivre*) suivre avec vitesse ; courir après pour atteindre ; rechercher ; continuer ; agir par voies de justice ; *fig.* obséder.

POURTANT, *adv.* cependant, néanmoins.

POURTOUR, *s. m.* le tour, le circuit.

POURVOI, *s. m.* recours à un tribunal supérieur.

POURVOIR, *v. n. irr.* se conj. sur le verbe *voir*, excepté aux temps suivants : *p. déf.* je pourvus, etc. ; *n.* pourvûmes, etc. ; *fut.* je pourvoirai, etc. ; *n.* pourvoirons, etc. ; *cond.* je pourvoirais, etc. ; *n.* pourvoirions, etc. ; *imp. du subj.* q. je pourvusse, etc. ; *q. n.* pourvussions, etc. ; fournir, munir, conférer ; *se —, v. pr.* se munir, se prémunir, en appeler.

POURVOYEUR, *s. m.* chargé de fournir à une maison les provisions de bouche.

POURVU, *s. m.* celui à qui on a conféré un emploi, etc.

POURVU QUE, *conj.* en cas, à condition que...

POUSSE, *s. f.* jets, petites branches que les arbres poussent au printemps.

POUSSÉE, *s. f.* action de pousser ; effet de ce qui pousse ; poursuite.

POUSSER, *v. a. é, ée, p.* faire effort pour ôter de place ; imprimer un mouvement à un corps ; faire entrer de force ; aider ; exciter ; —, *v. a.* et *v. n.* jeter des tiges, en parlant des végétaux ; *se —, v. pr.* s'avancer.

POUSSETTE, *s. f.* jeu d'enfant.

POUSSEUR, **EUSE**, *s.* qui pousse.

POUSSIER, *s. m.* poussière de charbon.

POUSSIÈRE, *s. f.* terre réduite en poudre très-fine ; néant ; abjection.

POUSSIF, **IVE**, *adj.* et *s.* qui a peine à respirer.

POUSSIN, *s. m.* poulet qui vient d'éclore.

POUSSINIÈRE, *s. f.* cage pour les poussins.

POUTRE, *s. f.* grosse pièce de bois pour soutenir les solives.

POUTRELLE, *s. f.* petite poutre.

POUVOIR, *v. a.* et *v. n.* et *irr. Ind. pr.* je puis ou je peux, tu peux, il peut ; *n.* pouvons, *v.* pouvez, ils peuvent ; *imp.* je pouvais, etc. ; *n.* pouvions, etc. ; *p. déf.* je pus, etc. ; *n.* pûmes, etc. ; *fut.* je pourrai, etc. ; *n.* pourrons, etc. ; *cond.* je pourrais, etc. ; *n.* pourriez, etc. ; (pas d'impér.) ; *subj. pr.* que je puisse, etc. ; *q. n.* puissions, etc. ; *imp. subj.* q. je pusse, etc. ; *q. n.* pussions, etc. ; *p. pr.* pouvant ; *p. p.* pu, *invar.* avoir la faculté, la possibilité, l'autorité, le loisir de... ; —, *v. imp.* il est possible que... ; *se —, v. pr.* être possible ; *n'en pouvoir plus*, être accablé de fatigue.

POUVOIR, *s. m.* autorité, puissance, droit, force, permission, procuration.

PRAGMATIQUE, *s. f.* ou *adj.* *—-sanction*, règlement en matière ecclésiastique.

PRAIRIAL, *s. m.* 9e mois de l'année républicaine ; —, e, *adj.* qui croît dans les prairies.

PRAIRIE, *s. f.* étendue de terre où l'on recueille du fourrage.

PRALINE, *s. f.* amande rissolée dans du sucre.

PRALINER, *v. a.* é, ée, *p.* griller avec du sucre.

PRAME, *s. f.* petit navire à rames et à voiles, et à un seul pont.

PRATICABLE, *adj. 2 g.* qu'on peut pratiquer, employer ; *chemin —*, par lequel on peut passer.

PRATICIEN, *s. m.* celui qui entend, qui suit les procédures ; médecin expérimenté.

PRATIQUE, *s. f.* ce qui se réduit en acte dans un art, dans une science ; l'opposé de théorie ; exécution, exercice, usage ; coutume, fréquentation, expérience ; chalands ; papiers d'un procureur, d'un notaire ; — *au pl.* intrigues.

PRATIQUE, *adj.* 2 g. qui ne s'en tient pas à la théorie, qui exécute.

PRATIQUEMENT, *adv.* dans la pratique.

PRATIQUER, *v. a.* é, ée, *p.* mettre en pratique, exercer, fréquenter, hanter ; — *des intelligences*, se les ménager.

PRÉ, *s. m.* prairie.

PRÉALABLE, *s. m. et adj.* 2 g. ce qui doit être dit, fait, examiné avant tout ; *au —*, avant tout.

PRÉALABLEMENT, *adv.* au préalable.

PRÉAMBULE, *s. m.* espèce d'avant-propos.

PRÉAU, *s. m.* cour d'une prison, d'un cloître ; petit pré.

PRÉBENDE, *s. f.* revenu ecclésiastique attaché à un canonicat ; le canonicat même.

PRÉBENDÉ, ÉE, *adj.* qui a une prébende.

PRÉBENDIER, *s. m.* ecclésiastique au-dessous des chanoines.

PRÉCAIRE, *adj.* 2 g. dont on ne jouit que par tolérance, par emprunt, avec dépendance ; incertain, amovible.

PRÉCAIREMENT, *adv.* d'une manière précaire.

PRÉCAUTION, *s. f.* mesure prise par prévoyance, prudence, circonspection, ménagement.

PRÉCAUTIONNÉ, ÉE, *adj.* prudent, avisé.

PRÉCAUTIONNER, *v. a.* é, ée, *p.* prémunir contre..; *se —*, *v. pr.* prendre ses précautions.

PRÉCÉDEMMENT, *adv.* auparavant.

PRÉCÉDENT, *s. m.* usage déjà établi ; —, e, *adj.* qui précède, antérieur.

PRÉCÉDER, *v. a.* é, ée, *p.* aller, marcher devant ; être auparavant, avoir la priorité.

PRÉCEPTE, *s. m.* règle de conduite, maxime, leçon.

PRÉCEPTEUR, *s. m.* celui qui est chargé de l'éducation d'un enfant.

PRÉCEPTORAL, E, *adj.* qui appartient au précepteur.

PRÉCEPTORAT, *s. m.* état, fonction de précepteur.

PRÉCEPTORIAL, E, *adj.* ou PRÉCEPTORIALE, *s. f.* se dit d'une prébende affectée à l'instituteur des jeunes clercs.

PRÉCESSION, *s. f.* — *des équinoxes*, mouvement rétrograde des points équinoxiaux.

PRÊCHE, *s. m.* sermon, temple des protestants.

PRÊCHER, *v. a.* é, ée, *p.* et *v. n.* annoncer en chaire la parole de Dieu ; instruire par des sermons ; sermoner, faire des remontrances.

PRÊCHEUR, EUSE, *s.* prédicateur, sermoneur, faiseur de remontrances.

PRÉCIEUSE, *s. f.* femme affectée dans son langage, ses manières.

PRÉCIEUSEMENT, *adv.* avec grand soin.

PRÉCIEUX, EUSE, *adj.* qui est de grand prix, de grande valeur ; plein de recherche, affecté.

PRÉCIPICE, *s. m.* espace vide, profond et escarpé ; *fig.* grand malheur.

PRÉCIPITAMMENT, *adv.* avec précipitation.

PRÉCIPITANT, *s. m.* ce qui opère la précipitation ; *t. de chim.*

PRÉCIPITATION, *s. f.* extrême vitesse ; trop grande hâte ; vivacité excessive ; action de précipiter un corps dissous dans un liquide ; *t. de chimie.*

PRÉCIPITÉ, *s. m.* matière dissoute et tombée au fond d'un vase ; *t. de chimie.*

PRÉCIPITER, *v. a.* é, ée, *p.* jeter de haut en bas, presser, hâter ; faire un précipité ; *se —*, *v. pr.* se jeter, s'élancer.

PRÉCIPUT, *s. m.* prélèvement avant partage.

PRÉCIS, *s. m.* abrégé sommaire, narré succinct ; —, *e, adj.* fixé, exact, concis, formel.

PRÉCISÉMENT, *adv.* avec précision, exactement.

PRÉCISER, *v. a.* é, ée, *p.* présenter d'une manière précise, fixer.

PRÉCISION, *s. f.* exactitude dans le discours, clarté, justesse.

PRÉCITÉ, ÉE, *adj.* déjà cité.

PRÉCOCE, *adj. 2 g.* mûr avant la saison, avant le temps accoutumé.

PRÉCOCITÉ, *s. f.* qualité de ce qui est précoce.

PRÉCONISATION, *s. f.* action de préconiser.

PRÉCONISER, *v. a.* é, ée, *p.* déclarer en plein consistoire qu'un sujet nommé à un évêché a les qualités requises ; *fig.* louer à l'excès.

PRÉCONISEUR, *s. m.* celui qui loue à l'excès.

PRÉCURSEUR, *s. m.* celui qui vient avant un autre, pour en annoncer la venue ; *fig.* choses qui en précèdent d'autres ordinairement.

PRÉDÉCÉDÉ, ÉE, *adj. et s.* mort avant un autre.

PRÉDÉCÉDER, *v. n.* mourir avant un autre.

PRÉDÉCÈS, *s. m.* décès antérieur à un autre décès.

PRÉDÉCESSEUR, *s. m.* celui qui a précédé quelqu'un dans une charge ; *au pl.* ancêtres.

PRÉDESTINATION, *s. f.* décret de Dieu en faveur des élus ; arrangement immuable des événements futurs ; fatalisme.

PRÉDESTINÉ, ÉE, *adj. et s.* destiné à un avenir déterminé et inévitable.

PRÉDESTINER, *v. a.* é, ée, *p.* destiner de toute éternité à la gloire éternelle, à faire de grandes choses.

PRÉDÉTERMINANT, E, *adj.* qui prédétermine.

PRÉDÉTERMINATION, *s. f.* action de Dieu sur la volonté humaine.

PRÉDÉTERMINER, *v. a.* é, ée, *p.* déterminer la volonté humaine, en parlant de Dieu.

PRÉDICATEUR, TRICE, *s.* qui annonce en chaire la parole de Dieu.

PRÉDICATION, *s. f.* action de prêcher, sermon.

PRÉDICTION, *s. f.* action de prédire ; chose prédite.

PRÉDILECTION, *s. f.* préférence d'affection.

PRÉDIRE, *v. a.* (se conj. sur *dire*, excepté à la 2e pers. du pl. de l'ind. pr. *v. prédisez*) annoncer par avance ce qui doit arriver, prophétiser.

PRÉDISPOSER, *v. a.* é, ée, *p.* disposer à l'avance, amener une disposition.

PRÉDISPOSITION, *s. f.* aptitude du corps à contracter une maladie sous certaines influences.

PRÉDOMINANT, E, *adj.* qui prédomine.

PRÉDOMINATION, *s. f.* action de prédominer.

PRÉDOMINER, *v. n.* prévaloir, s'élever au-dessus.

PRÉÉMINENCE, *s. f.* prérogative d'une dignité, d'un rang.

PRÉÉMINENT, E, *adj.* qui est au-dessus des autres choses du même genre.

PRÉÉTABLIR, *v. a.* i, ie, *p.* établir d'abord.

PRÉEXISTANT, E, *adj.* qui préexiste.

PRÉEXISTENCE, *s. f.* existence antérieure.

PRÉEXISTER, *v. n.* exister avant, auparavant.

PRÉFACE, *s. f.* avertissement en tête d'un livre ; avant-propos.

PRÉFECTURE, *s. f.* charge, juridiction, fonctions d'un préfet ; lieu où il réside ; étendue de sa juridiction.

PRÉFÉRABLE, *adj. 2 g.* digne d'être préféré.

PRÉFÉRABLEMENT, *adv.* par préférence.

PRÉFÉRENCE, *s. f.* choix d'une personne ou d'une chose

après examen ou comparaison ; marque de prédilection ; droit d'être préféré.

PRÉFÉRER, *v. a.* é, ée, *p.* choisir une personne ou une chose plutôt qu'une autre ; mettre au-dessus, faire plus de cas, affectionner plus.

PRÉFET, *s. m.* magistrat qui était chargé d'administrer une province chez les anciens Romains ; magistrat qui administre un département ; —*des études*, surveillant dans un collège.

PRÉFIX, E, *adj.* déterminé, fixé d'avance.

PRÉFIXION, *s. f.* détermination de délai.

PRÉJUDICE, *s. m.* tort, dommage, perte.

PRÉJUDICIABLE, *adj.* 2 g. qui préjudicie.

PRÉJUDICIEL, LLE, *adj. question* —, qui doit être jugée avant de passer outre.

PRÉJUDICIER, *v. n.* causer du préjudice.

PRÉJUGÉ, *s. m.* opinion adoptée sans examen ; prévention, erreur ; *t. de droit*, ce qui a été jugé auparavant dans un cas semblable ; ce qu'on a jugé d'une affaire, avant de juger le fond.

PRÉJUGER, *v. a.* é, ée, *p.* juger par conjecture ; rendre un jugement interlocutoire.

PRÉLAT, *s. m.* grand dignitaire ecclésiastique.

PRÉLATURE, *s. f.* dignité de prélat, sa durée.

PRÊLE, *s. f.* sorte de fougère servant à polir.

PRÉLEGS, *s. m.* legs à prélever sur la masse avant partages.

PRÉLÉGUER, *v. a.* é, ée, *p.* faire un prélegs.

PRÊLER, *v. a.* é, ée, *p.* polir avec la prêle.

PRÉLÈVEMENT, *s. m.* action de prélever, chose prélevée.

PRÉLEVER, *v. a.* é, ée, *p.* lever préalablement une certaine portion sur un total, avant tous partages.

PRÉLIMINAIRE, *adj.* 2 g. ce qui précède, ce qui doit précéder l'examen d'une question.

PRÉLIMINAIREMENT, *adv.* avant d'entrer en matière.

PRÉLUDE, *s. m.* ce qu'on joue sur un instrument, pour se mettre dans le ton, pour voir s'il est d'accord ; *fig.* ce qui précède, ce qui prépare à ...

PRÉLUDER, *v. n.* faire des préludes, se préparer à ...

PRÉMATURÉ, ÉE, *adj.* mûr avant le temps.

PRÉMATURÉMENT, *adv.* avant le temps convenable.

PRÉMATURITÉ, *s. f.* précocité.

PRÉMÉDITATION, *s. f.* action de préméditer.

PRÉMÉDITER, *v. a.* é, ée, *p.* méditer sur une chose avant de l'exécuter.

PRÉMICES, *s. f. pl.* premiers fruits de la terre ou du bétail ; *fig.* commencement.

PREMIER, ÈRE, *adj.* qui précède par rapport au temps, au lieu, à la situation, à l'ordre, etc. ; nombre ordinal.

PREMIÈREMENT, *adv.* en premier lieu.

PRÉMISSES, *s. f. pl.* les deux premières propositions d'un syllogisme.

PRÉMUNIR, *v. a.* i, ie, *p.* munir d'avance ; *se* —, *v. pr.* se précautionner.

PRENABLE, *adj.* 2 g. qui peut être pris.

PRENANT, E, *adj.* qui prend ; *partie prenante*, qui reçoit une somme.

PRENDRE, *v. a. Ind. pr. je prends, tu prends, il prend ; n. prenons, v. prenez, ils prennent ; imp. je prenais, etc. ; n. prenions, etc. ; p. déf. je pris, etc. ; n. prîmes, etc. ; fut. je prendrai, etc. ; n. prendrons, etc. ; cond. je prendrais, etc. ; n. prendrions, etc. ; imp. prends, prenons, prenez ; subj. pr. que je prenne, etc. ; q. n. prenions, etc. ; imp. subj. q. je prisse, etc. ; q. n. prissions, etc. ; p. pr. prenant ; p. p. pris, e.* (Il faut doubler la lettre *n* toutes les fois que cette lettre doit être suivie d'un *e* muet.) saisir, dérober, enlever, s'emparer, recevoir, accepter, exiger, avaler, humer, gagner une maladie; —, *v. n.* prendre racine, faire effet, impression; se geler, en parlant de l'eau; se cailler, en parlant du lait; *se* —, *v. pr.* se coaguler, s'attacher à...

PRENEUR, EUSE, *s.* qui prend.

PRÉNOM, *s. m.* nom qui précède le nom de famille.

PRÉNOTION, *s. f.* connaissance superficielle d'une chose non examinée.

PRÉOCCUPATION, *s. f.* prévention, préjugé, état d'un esprit trop occupé d'un objet pour faire attention à aucun autre.

PRÉOCCUPER, *v. a.* é, ée, *p.* prévenir mal à propos l'esprit de quelqu'un; *se* —, *v. pr.* concevoir des préventions.

PRÉOPINANT, *s. m.* celui qui a opiné avant un autre.

PRÉPARATIF, *s. m.* apprêt.

PRÉPARATION, *s. f.* action de préparer ou de se préparer; apprêt; disposition; composition de remèdes.

PRÉPARATOIRE, *adj.* 2 g. qui prépare.

PRÉPARER, *v. a.* é, ée, *p.* apprêter, disposer, mélanger; *se* —, *v. pr.* se disposer.

PRÉPONDÉRANCE, *s. f.* supériorité d'autorité, de crédit.

PRÉPONDÉRANT, E, *adj.* qui a de la prépondérance.

PRÉPOSÉ, ÉE, *s.* et *adj.* commis à ...

PRÉPOSER, *v. a.* é, ée, *p.* établir avec pouvoir de faire une chose, d'en prendre soin.

PRÉPOSITION, *s. f.* particule inv. qui indique le rapport des mots entre eux.

PRÉROGATIVE, *s. f.* privilège, avantage attaché à certaines dignités.

PRÈS, *prép.* auprès, proche, en comparaison de ..., sur le point de ...; *à peu près*, à peu de chose près.

PRÉSAGE, *s. m.* signe par lequel on juge de l'avenir; augure, conjecture.

PRÉSAGER, *v. a.* é, ée, *p.* indiquer, annoncer ce qui doit arriver; conjecturer.

PRESBYTE, *s.* et *adj.* 2 g. qui ne voit que de loin (opposé à *myope*).

PRESBYTÉRAL, E, *adj.* qui appartient au presbytère.

PRESBYTÈRE, *s. m.* maison du curé.

PRESBYTÉRIANISME, *s. m.* secte des presbytériens.

PRESBYTÉRIEN, NNE, *s.* protestant d'Angleterre qui ne reconnaît pas l'autorité épiscopale.

PRESBYTIE ou PRESBYOPIE, *s. f.* défaut de vue des presbytes.

PRESCIENCE, *s. f.* connaissance que Dieu a de l'avenir.

PRESCRIPTIBLE, *adj.* 2 g. qui peut être frappé de prescription; *t. de droit*.

PRESCRIPTION, *s. f.* manière d'acquérir la propriété d'une chose, ou d'exclure une demande en justice, par une possession non interrompue pendant un temps fixé par la loi; ordre.

PRESCRIRE, *v. a.* it, e, *p.* ordonner; —, *v. n.* acquérir la prescription; *se* —, *v. pr.* se perdre par prescription; s'imposer une obligation.

PRÉSÉANCE, *s. f.* droit de précéder, de prendre place au-dessus.

PRÉSENCE, *s. f.* existence d'une personne dans un lieu marqué; assistance, aspect; — *d'esprit*, promptitude à dire ou à faire ce qu'il y a de mieux.

PRÉSENT, *s. m.* don; le temps actuel; le premier temps de chaque mode d'un verbe; —, e, *adj.* qui est dans le lieu dont on parle; opposé à *absent*; *à* —, maintenant.

PRÉSENTABLE, *adj.* 2 g. qui peut se présenter.

PRÉSENTATEUR, TRICE, *s.* qui a droit de présenter à un bénéfice.

23.

PRÉSENTATION, *s. f.* action de présenter; — *de la Vierge*, fête en mémoire de ce que la sainte Vierge fut présentée au temple.
PRÉSENTEMENT, *adv.* maintenant.
PRÉSENTER, *v. a.* é, ée, *p.* offrir, introduire en la présence de..., faire voir, désigner; *se* —, *v. pr.* paraître devant quelqu'un; *fig.* survenir.
PRÉSERVATIF, *s. m.* remède préservatif; —, *ive*, *adj.* qui a la vertu de préserver.
PRÉSERVER, *v. a.* é, ée, *p.* garantir, détourner.
PRÉSIDENCE, *s. f.* droit de présider; fonction de président; durée de cette fonction.
PRÉSIDENT, *s. m.* celui qui préside une assemblée.
PRÉSIDENTE, *s. f.* femme d'un président.
PRÉSIDER, *v. a. et n.* occuper la première place dans une assemblée, avec droit d'en recueillir les voix et de prononcer la décision.
PRÉSIDIAL, *s. m.* ancienne cour de justice; son local, son ressort.
PRÉSOMPTIF, *IVE*, *adj.* héritier —, qui est présumé devoir hériter, mais qui peut être exclu par des enfants qui surviendraient.
PRÉSOMPTION, *s. f.* conjecture, vanité.
PRÉSOMPTUEUSEMENT, *adv.* d'une manière présomptueuse.
PRÉSOMPTUEUX, *EUSE*, *adj.* qui a ou qui annonce de la présomption.
PRESQUE, *adv.* à peu près.
PRESQU'ÎLE, *s. f.* péninsule.
PRESSANT, E, *adj.* qui presse, qui insiste, urgent.
PRESSE, *s. f.* foule, multitude de personnes qui se poussent; machine pour presser, pour imprimer; en Angleterre enrôlement forcé de matelots; *liberté de la* —, liberté de faire imprimer toutes ses opinions, en se conformant aux lois.

PRESSÉ, ÉE, *adj.* serré, qui a hâte; urgent.
PRESSENTIMENT, *s. m.* sentiment secret de ce qui doit arriver.
PRESSENTIR, *v. a.* 1, ie, *p.* avoir un pressentiment; sonder les dispositions de quelqu'un.
PRESSER, *v. a.* é, ée, *p.* serrer, comprimer, mettre en presse, poursuivre, pousser, hâter; *fig.* solliciter avec instance; —, *v. n.* ne pas souffrir de délai.
PRESSIER, *s. m.* ouvrier d'imprimerie qui travaille à la presse.
PRESSION, *s. f.* action de presser, ses effets.
PRESSIROSTRES, *s. m. pl.* oiseaux à bec court et comprimé.
PRESSIS, *s. m.* jus de viande ou suc d'herbes pressées.
PRESSOIR, *s. m.* machine qui sert à exprimer le jus du raisin, des fruits.
PRESSURAGE, *s. m.* action de pressurer au pressoir; produit du marc pressuré.
PRESSURER, *v. a.* é, ée, *p.* tirer, par le moyen de la pression ou du pressoir, la liqueur du raisin, etc.; *fam.* épuiser.
PRESSUREUR, *s. m.* celui qui conduit le pressoir.
PRESTANCE, *s. f.* bonne mine accompagnée de dignité.
PRESTATION, *s. f.* redevance en nature; — *de serment*, action de prêter serment.
PRESTE, *adj.* 2 g. prompt, adroit, agile; —, *interj.* vite, promptement.
PRESTEMENT, *adv.* habilement, vivement.
PRESTESSE, *s. f.* agilité, subtilité.
PRESTIGE, *s. m.* fascination, illusions.
PRESTO, PRESTISSIMO, *adv.* (pris de l'italien) vite, très-vite, *t. de mus.*
PRESTOLET, *s. m.* jeune ecclésiastique sans mérite et sans considération.
PRÉSUMABLE, *adj.* 2 g. probable.

PRÉSUMER, *v. a.* et *n.* conjecturer, juger par induction; avoir une trop bonne opinion de.

PRÉSUPPOSER, *v. a.* é, ée, *p.* supposer préalablement.

PRÉSUPPOSITION, *s. f.* supposition préalable.

PRÉSURE, *s. f.* liqueur acide du ventricule des veaux, agneaux, etc., servant à faire cailler le lait.

PRÊT, *s. m.* action de prêter, chose prêtée; solde du soldat; —, e, *adj.* qui est en état de...; disposé, préparé à...

PRETANTAINE, *s. f.* courir la —, courir çà et là sans sujet.

PRÉTENDANT, E, *s.* celui, celle qui prétend à...

PRÉTENDRE, *v. a.* et *n.* avoir des prétentions à.., aspirer à.., soutenir que...

PRÉTENDU, UE, *part.* et *adj.* faux, supposé; —, *s.* celui, celle qui doivent s'épouser.

PRÊTE-NOM, *s. m. inv.* au *pl.* celui qui prête son nom à quelqu'un pour un bail, une affaire, etc., qui prend sous son nom l'ouvrage d'un autre.

PRÉTENTIEUX, EUSE, *adj.* qui a, qui dénote des prétentions.

PRÉTENTION, *s. f.* droit qu'on a ou qu'on croit avoir de prétendre à..; espérances, projets; désir de briller.

PRÊTER, *v. a.* é, ée, *p.* donner à condition qu'on rendra; procurer, fournir, attribuer, donner prise; —, *v. n.* s'alonger, fournir matière à...; se —, *v. pr.* favoriser, tolérer.

PRÉTÉRIT, *s. m.* temps du verbe qui indique le passé.

PRÉTÉRITION, *s. f. fig.* de *rhét.* par laquelle on feint d'omettre une chose dont on parle.

PRÉTERMISSION, *s. f.* prétérition.

PRÉTEUR, *s. m.* ancien magistrat romain; magistrat de quelques villes d'Allemagne.

PRÊTEUR, EUSE, *s.* et *adj.* qui prête.

PRÉTEXTE, *s. m.* motif apparent; raison supposée; —, *s.* et *adj. f.* robe bordée de pourpre que portaient les consuls romains.

PRÉTEXTER, *v. a.* é, ée, *p.* couvrir d'un prétexte; prendre pour prétexte.

PRÉTINTAILLE, (*ll m.*) *s. f.* sorte d'ornement sur les robes de femmes; accessoires peu importants.

PRÉTOIRE, *s. m.* lieu où le préteur et autres magistrats rendaient la justice.

PRÉTORIEN, NNE, *adj.* du préteur, qui en dépend; —, *s. m. pl.* la garde prétorienne.

PRÊTRE, *s. m.* ministre de la religion.

PRÊTRESSE, *s. f.* chez les païens, femme attachée au service d'une divinité.

PRÊTRISE, *s. f.* ordre sacré par lequel un homme est fait prêtre; sacerdoce.

PRÉTURE, *s. f.* charge, dignité de préteur.

PREUVE, *s. f.* ce qui établit la vérité d'un fait, marque, témoignage; vérification.

PREUX, *s.* et *adj. m.* brave, vaillant.

PRÉVALOIR, *v. n.* et *irr.* (se conj. sur *valoir*, excepté au subj. pr. q. *je prévale, etc.*; q. n. *prévalions, etc.*;) avoir, remporter l'avantage sur... se —, tirer avantage de...

PRÉVARICATEUR, *s. m.* celui qui prévarique.

PRÉVARICATION, *s. f.* action de prévariquer.

PRÉVARIQUER, *v. n.* agir contre le devoir de sa charge; malverser.

PRÉVENANCE, *s. f.* manière obligeante de prévenir.

PRÉVENANT, E, *adj.* qui prévient, agréable, obligeant.

PRÉVENIR, *v. a.* u, ue, *p.* devancer; faire le premier ce que voulait faire un autre; rendre de bons offices de soi-même et sans en être prié; anticiper, détourner, préparer l'esprit, instruire; se —, *v. pr.* se préoccuper; *v. réc.* s'avertir mutuellement.

PRÉVENTIF, IVE, *adj.* qui a peur but de prévenir.

PRÉVENTION, *s. f.* opinion antérieure à tout examen; état d'un esprit prévenu pour ou contre; action de devancer l'exercice du droit d'un autre; état d'un prévenu.

PRÉVENU, *s. m.* accusé.

PRÉVISION, *s. f.* vue des choses futures; chose prévue.

PRÉVOIR, *v. a.* (se conj. sur *voir*, excepté au fut. et au cond. *je prévoirai, je prévoirais, etc.*) juger par avance qu'une chose doit arriver.

PRÉVÔT, *s. m.* titre de divers officiers chargés de diriger, de surveiller; autorité, direction; — *de salle*, celui qui, en l'absence d'un maître d'armes, donne leçon aux écoliers.

PRÉVÔTAL, E, *adj.* qui concernait le prévôt; *cour—*, qui juge au criminel et sans appel.

PRÉVÔTALEMENT, *adv.* d'une manière prévôtale.

PRÉVÔTÉ, *s. f.* dignité, fonction, juridiction du prévôt; lieu où il réside.

PRÉVOYANCE, *s. f.* action, faculté, habitude de prévoir, de se précautionner.

PRÉVOYANT, E, *adj.* qui prévoit.

PRIE-DIEU, *s. m. inv.* sorte de pupitre devant lequel on s'agenouille pour prier Dieu.

PRIER, *v. a.* (*Ind. pr. je prie, etc.; nous prions, etc.; imp. je priais, n. priions, v. priiez; etc.; p. déf je priai, etc.; n. priâmes, etc.; fut. je prierai, etc.; n. prierons, etc.; cond je prierais, etc.; n. prierions, etc.; impérat. prie, prions, priez; subj. p. que je prie, etc.; q. n. priions; etc.; imp. subj. q. je priasse, etc.; q. n. priassions, etc.; p. pr. priant; p. p. prié, ée.*) requérir, demander, intercéder, inviter, convier, adresser une prière.

PRIÈRE, *s. f.* action de demander comme une grâce; acte par lequel on prie.

PRIEUR, E, *s.* supérieur d'un monastère.

PRIEURÉ, *s. m.* monastère, maison du prieur.

PRIMAIRE, *adj.* 2 g. pour les premiers degrés d'instruction.

PRIMAT, *s. m.* prélat au-dessus des archevêques.

PRIMATIAL, E, *adj.* qui appartient au primat.

PRIMATIE, *s. f.* dignité du primat, sa juridiction.

PRIMAUTÉ, *s. f.* prééminence, premier rang : avantage d'être le premier à jouer, *t. de jeux*.

PRIME, *s. f.* première des heures canoniales; jeu où l'on ne donne que 4 cartes; prix d'une assurance pour des marchandises; somme accordée pour l'encouragement de certain commerce; laine d'Espagne de 1re qualité; *t. d'escrime*, la première des gardes; pierre demi transparente qui sert de base aux cristaux.

PRIMER, *v. a.* é, ée, *p.* surpasser, devancer; — *v. n.* tenir la première place; *fig.* avoir l'avantage sur...

PRIMEUR, *s. f.* première saison des fruits, des légumes.

PRIMEVÈRE, *s. f.* ou *oreille-d'ours*, plante qui fleurit dès le commencement du printemps.

PRIMITIF, IVE, *adj.* le premier, le plus ancien; *mot —*, dont on forme les dérivés ou les composés.

PRIMITIVEMENT, *adv.* originairement.

PRIMO, *adv.* premièrement; (mot tiré du latin.)

PRIMOGÉNITURE, *s. f.* droit d'ainesse.

PRIMORDIAL, E, *adj.* primitif, original.

PRIMORDIALEMENT, *adv.* primitivement.

PRINCE, *s. m.* souverain, qui possède une principauté, qui est d'une maison souveraine; le plus excellent, le premier.

PRINCESSE, *s. f.* fille ou femme d'un prince, souveraine de quelque état.

PRINCIER, IÈRE, *adj.* de prince.

PRINCIPAL, *s. m.* ce qu'il y a de plus important, de plus considérable; somme d'argent qui produit un intérêt; directeur d'un collège communal; le fond d'une affaire, *t. de droit.*

PRINCIPAL, E, *adj.* l'essentiel, le premier, le plus considérable en son genre.

PRINCIPALAT, *s. m.* fonction de principal d'un collège, durée de cette fonction.

PRINCIPALEMENT, *adv.* surtout.

PRINCIPALITÉ, *s. f.* principalat.

PRINCIPAUTÉ, *s. f.* dignité de prince, domaine qui en donne le titre; territoire gouverné par un prince; *au pl.* un des neuf chœurs des anges.

PRINCIPE, *s. m.* première cause, origine, source, commencement, proposition non contestée; maxime, motif, règles de la morale; — *au pl.* premières règles d'une science, d'un art.

PRINTANIER, ÈRE, *adj.* du printemps.

PRINTEMPS, *s. m.* première saison de l'année qui commence le 21 mars; *fig.* la jeunesse.

PRIORAT, *s. m.* dignité de prieur.

PRIORI (à), *loc. adv.* tirée du latin; argument à —, tiré de ce qui précède.

PRIORITÉ, *s. f.* antériorité, primauté.

PRISE, *s. f.* action de prendre, chose prise, capture; moyen, facilité de prendre; dispute, querelle; dose qu'on prend en une fois; — *de corps*, arrestation en vertu d'un ordre judiciaire.

PRISÉE, *s. f.* évaluation de ce qu'on doit vendre à l'enchère.

PRISER, *v. a.* é, ée, *p.* faire l'estimation; faire cas de...; prendre du tabac.

PRISEUR, *s. m.* qui prend du tabac; *commissaire —*, qui fait les prisées.

PRISMATIQUE, *adj.* 2 g. fait en prisme; couleurs qu'on voit à travers un prisme.

PRISME, *s. m.* solide terminé par deux bases égales et parallèles et par autant de parallélogrammes que chaque base a de côtés; prisme triangulaire de verre ou de cristal qui colore les objets.

PRISON, *s. f.* lieu de détention.

PRISONNIER, ÈRE, *s.* qui est détenu en prison; qui est arrêté pour y être mis.

PRIVAS, chef-lieu du dép. de l'Ardèche.

PRIVATIF, IVE, *adj.* qui marque privation.

PRIVATION, *s. f.* perte d'un bien qu'on avait, qu'on devait avoir; renonciation volontaire à ce dont on pourrait jouir.

PRIVATIVEMENT, *adv.* à l'exclusion.

PRIVAUTÉ, *s. f.* extrême familiarité.

PRIVÉ, *s. m.* latrines; —, ée, *adj.* simple, particulier; dépossédé, dénué.

PRIVÉMENT, *adv.* familièrement.

PRIVER, *v. a.* é, ée, *p.* ôter à quelqu'un ce qu'il possède, apprivoiser; *se* —, *v. pr.* s'abstenir; s'apprivoiser.

PRIVILÉGE, *s. m.* avantage exclusif accordé à quelqu'un; acte qui contient cette concession; droit, prérogative.

PRIVILÉGIÉ, ÉE, *s. et adj.* qui jouit d'un privilége.

PRIX, *s. m.* valeur; *fig.* ce qu'on vend une chose; mérite, récompense proposée; *au prix de...*, en comparaison; *hors de prix*, excessivement cher.

PROBABILISME, *s. m.* doctrine des probabilités.

PROBABILITÉ, *s. f.* vraisemblance, apparence de vérité.

PROBABLE, *adj.* 2 g. vraisemblable, qui paraît fondé en raison.

PROBABLEMENT, *adv.* vraisemblablement.

PROBANTE, *adj. f.* authentique, convaincante.

PROBATION, *s. f.* temps de noviciat; épreuve.

PROBATOIRE, *adj.* 2 g. se dit d'un acte qui constate la capacité des étudiants.

PROBE, *adj.* 2 g. qui a de la probité.
PROBITÉ, *s. f.* droiture d'esprit et de cœur.
PROBLÉMATIQUE, *adj.* 2 g. douteux, équivoque.
PROBLÉMATIQUEMENT, *adv.* d'une manière problématique.
PROBLÈME, *s. m.* question à résoudre, proposition problématique.
PROCÉDÉ, *s. m.* manière d'agir, de faire quelques opérations.
PROCÉDER, *v. n.* tirer son origine ; provenir ; se comporter.
PROCÉDURE, *s. f.* forme de procéder en justice ; actes faits pour l'instruction d'un procès.
PROCÈS, *s. m.* instance devant un juge sur un différend entre deux ou plusieurs parties.
PROCESSIF, IVE, *adj.* qui aime les procès.
PROCESSION, *s. f.* cérémonie religieuse où l'on marche en ordre, en chantant les louanges de Dieu ; foule qui se succède dans un chemin.
PROCESSIONNELLEMENT, *adv.* en procession.
PROCHAIN, E, *adj.* qui est proche ; —, *s. m.* chaque homme en particulier, et tous les hommes en général.
PROCHAINEMENT, *adv.* de temps, au terme prochain.
PROCHE, *adj.* voisin, qui est près de... —, *s. m.* parent ; —, *prép.* et *adv.* près, auprès ; de proche en proche, peu à peu ; par degrés.
PROCHRONISME, *s. m.* erreur de chronologie qui consiste à avancer la date d'un fait.
PROCLAMATION, *s. f.* action de proclamer.
PROCLAMER, *v. a.* é, ée, *p.* publier à haute voix et avec solennité.
PROCONSUL, *s. m.* magistrat romain qui gouvernait certaines provinces avec l'autorité du consul.
PROCONSULAIRE, *adj.* 2 g. de proconsul.
PROCONSULAT, *s. m.* dignité de proconsul.

PROCRÉATION, *s. f.* génération.
PROCRÉER, *v. a.* é, ée, *p.* engendrer, donner l'existence.
PROCURATEUR, *s. m.* titre de certains dignitaires à Venise et à Gênes.
PROCURATION, *s. f.* pouvoir donné à un autre d'agir en notre nom.
PROCURER, *v. a.* é, ée, *p.* faire obtenir, causer.
PROCUREUR, *s. m.* celui qui a droit d'agir pour un autre ; officier public qui agit en justice au nom d'un autre.
PRODICTATEUR, *s. m.* magistrat romain qui tenait lieu de dictateur.
PRODIGALEMENT, *adv.* avec prodigalité.
PRODIGALITÉ, *s. f.* profusion, dépense folle, caractère prodigue.
PRODIGE, *s. m.* effet contraire au cours de la nature ; personne ou chose extraordinaire, surprenante.
PRODIGIEUSEMENT, *adv.* d'une manière prodigieuse.
PRODIGIEUX, EUSE, *adj.* qui tient du prodige, excessif, qui passe l'imagination.
PRODIGUE, *adj.* et *s.* 2 g. qui prodigue son bien en folles dépenses ; *fig.* qui ne ménage pas assez.
PRODIGUER, *v. a.* é, ée, *p.* donner avec profusion ; exposer sans ménagement.
PRODROME, *s. m.* avant-propos.
PRODUCTEUR, TRICE, *s.* et *adj.* celui, celle qui produit.
PRODUCTIF, IVE, *adj.* qui rapporte beaucoup.
PRODUCTION, *s. f.* action de produire, ce qui est produit ; titres qu'on produit dans un procès.
PRODUIRE, *v. a.* uit, e, *p.* engendrer, donner naissance, rapporter, procurer, causer, exposer, faire connaître.
PRODUIT, *s. m.* rapport, revenu ; résultat d'une multiplication, d'une opération chimique.
PROÉMINENCE, *s. f.* état de ce qui est proéminent.

PROÉMINENT, E, adj. qui est plus éminent que ce qui l'entoure.

PROÉMINER, v. n. s'élever au-dessus de ce qui entoure.

PROFANATEUR, TRICE, s. qui profane les choses saintes.

PROFANATION, s. f. action de profaner les choses saintes.

PROFANE, s. et adj. 2 g. qui est contraire au respect dû aux choses saintes; l'opposé de sacré.

PROFANER, v. a. é, ée, p. traiter avec irrévérence les choses saintes; fig. faire mauvais usage d'une chose précieuse; déshonorer.

PROFÉRER, v. a. é, ée, p. prononcer, dire.

PROFÈS, ESSE, s. et adj. qui a fait des vœux dans un ordre religieux.

PROFESSER, v. a. é, ée, p. avouer, reconnaître publiquement; exercer, pratiquer, enseigner.

PROFESSEUR, s. m. maître qui enseigne.

PROFESSION, s. f. déclaration, aveu; condition, état, métier; acte solennel par lequel on fait des vœux de religion.

PROFESSORAL, E, adj. de professeur.

PROFESSORAT, s. m. emploi, qualité de professeur.

PROFIL, s. m. délinéation du visage de côté (opposé à face); représentation d'un objet vu d'un de ses côtés (opposé à plan).

PROFILER, v. a. é, ée, p. représenter un profil.

PROFIT, s. m. gain, avantage, utilité qui résulte de...

PROFITABLE, adj. 2 g. utile, avantageux.

PROFITER, v. n. tirer un profit, un avantage, être utile, servir, faire des progrès, croître, se fortifier.

PROFOND, E, adj. dont le fond est éloigné de la superficie; fig. dont la connaissance est difficile; grand, extrême.

PROFONDÉMENT, adv. d'une manière profonde.

PROFONDEUR, s. f. étendue d'une chose depuis la superficie jusqu'au fond; incompréhensibilité, étendue en longueur, pénétration d'esprit.

PROFUSÉMENT, adv. avec profusion.

PROFUSION, s. f. excès de dépense.

PROGÉNITURE, s. f. enfants, petits des animaux.

PROGRAMME, s. m. plan, projet de quelque acte distribué au public.

PROGRÈS, s. m. avancement, mouvement en avant; avantage, accroissement.

PROGRESSIF, IVE, adj. qui avance.

PROGRESSION, s. f. mouvement en avant; suite de rapports égaux dont chaque terme est à la fois conséquent de celui qui précède, et antécédent de celui qui suit; t. de math.

PROGRESSIVEMENT, adv. d'une manière progressive.

PROHIBER, v. a. é, ée, p. défendre, interdire.

PROHIBITIF, IVE, adj. qui défend.

PROHIBITION, s. f. défense.

PROIE, s. f. ce que l'animal carnassier ravit pour manger; fig. butin.

PROJECTILE, s. m. corps jeté en l'air et abandonné à l'action de la pesanteur; — adj. 2 g. mouvement de projection.

PROJECTION, s. f. mouvement d'un projectile; — de la sphère, sa représentation sur une surface.

PROJET, s. m. dessein, plan.

PROJETER, v. a. é, ée, p. tracer une sphère sur une surface quelconque suivant certaines règles; former un projet.

PROLÉGOMÈNES, s. m. pl. longue préface, introduction.

PROLÉTAIRE, s. m. dernière classe des citoyens à Rome; citoyen qui n'a aucune propriété.

PROLIFÈRE, adj. f. se dit d'une fleur du disque de laquelle naissent d'autres fleurs.

PROLIFIQUE, adj. 2 g. qui a la force, la vertu d'engendrer.

PROLIXE, adj. 2 g. diffus.

PRO

PROLIXEMENT, *adv.* d'une manière prolixe.
PROLIXITÉ, *s. f.* trop grande étendue dans le discours.
PROLOGUE, *s. m.* avant-propos; introduction à une pièce dramatique.
PROLONGATION, *s. f.* temps qu'on ajoute à la durée fixe d'une chose; action de prolonger.
PROLONGEMENT, *s. m.* extension donnée à une étendue.
PROLONGER, *v. a.* é, ée, *p.* faire durer plus long-temps; continuer; *se* —, *v. pr.* s'étendre.
PROMENADE, *s. f.* action de se promener; lieu où l'on se promène.
PROMENER, *v. a.* é, ée, *p.* mener, conduire çà et là; *se* —, *v. pr.* aller à pied, à cheval, en voiture, etc. pour faire de l'exercice ou se distraire, etc.
PROMENEUR, EUSE, *s.* qui se promène, qui aime à se promener.
PROMENOIR, *s. m.* lieu disposé pour la promenade.
PROMESSE, *s. f.* action de promettre; assurance, engagement écrit ou verbal
PROMETTEUR, EUSE, *s.* qui promet légèrement.
PROMETTRE, *v. a.* (se conj. c. *mettre*) faire une promesse; faire concevoir de soi de grandes espérances, annoncer; *se* —, *v. pr.* espérer.
PROMONTOIRE, *s. m.* cap; *t. de géogr.*
PROMOTEUR, *s.* (*au fém. — trice, inus.*) celui qui prend le soin particulier d'une affaire; procureur d'office dans une juridiction ecclésiastique; celui qui excite.
PROMOTION, *s. f.* action par laquelle on élève, ou l'on est élevé à une dignité.
PROMOUVOIR, *v. a.* (se conj. c. *mouvoir*) élever à une dignité.
PROMPT, E *adj.* soudain, rapide, actif, diligent, vif.
PROMPTEMENT, *adv.* avec promptitude.
PROMPTITUDE, *s. f.* diligence, vivacité; *au pl.* brusqueries.

PROMULGATION, *s. f.* publication solennelle des lois.
PROMULGUER, *v. a.* é, éc, *p.* publier une loi avec les formalités requises.
PRÔNE, *s. m.* instruction que le curé fait à l'église; remontrance.
PRÔNER, *v. a.* é, ée, *p.* faire le prône; vanter, louer avec excès; —, *v. n.* faire des remontrances.
PRÔNEUR, EUSE, *s.* louangeur; qui aime à faire des remontrances.
PRONOM, *s. m.* partie du discours qui tient lieu du nom.
PRONOMINAL, E, *adj.* qui appartient au pronom; *verbes pronominaux*, qui se conjuguent avec deux pronoms de la même personne.
PRONONCÉ, *s. m.* ce que le juge a prononcé.
PRONONCER, *v. a.* é, ée, *p.* articuler, réciter; *fig.* déclarer, décider, ordonner; marquer fortement les parties saillantes d'un corps.
PRONONCIATION, *s. f.* articulation, manière de prononcer, de réciter; action de prononcer.
PRONOSTIC, *s. m.* jugement tiré de l'inspection des signes célestes; conjecture; signes d'après lesquels on conjecture.
PRONOSTIQUER, *v. a.* é, ée, *p.* faire un pronostic.
PRONOSTIQUEUR, *s. m.* celui qui pronostique.
PROPAGANDE, *s. f.* association qui s'applique à propager certaines doctrines politiques.
PROPAGANDISTE, *s. m.* membre de la propagande.
PROPAGATEUR, *s. m.* celui qui propage.
PROPAGATION, *s. f.* diffusion, multiplication, progrès, accroissement.
PROPAGER, *v. a.* é, ée; *p.* augmenter, répandre; *se* —, *v. pr.* se multiplier, se répandre.
PROPENSION, *s. f.* pente naturelle des corps graves vers le centre de la terre; inclination, penchant.

PROPHÈTE, SSE, *s.* qui prédit.
PROPHÉTIE, *s. f.* prédiction.
PROPHÉTIQUE, *adj. 2 g.* qui tient du prophète.
PROPHÉTIQUEMENT, *adv.* en prophète.
PROPHÉTISER, *v. a. é, ée, p.* prédire l'avenir par inspiration divine; *fam.* prévoir.
PROPICE, *adj. 2 g.* favorable.
PROPITIATION, *s. f.* sacrifice pour l'expiation des péchés.
PROPITIATOIRE, *adj. 2 g.* fait pour rendre propice.
PROPOLIS, *s. f.* espèce de résine d'un brun rougeâtre avec laquelle les abeilles bouchent les fentes extérieures de leurs ruches.
PROPORTION, *s. f.* convenance, rapport des parties entre elles et avec leur tout; égalité de deux rapports; convenance de choses quelconques; *à —,* par rapport à... eu égard à...
PROPORTIONNEL, LLE, *adj.* se dit des grandeurs qui sont en proportion; *—, s. f.* grandeur en proportion.
PROPORTIONNELLEMENT, *adv.* d'une manière proportionnelle.
PROPORTIONNÉMENT, *adv.* à, avec proportion.
PROPORTIONNER, *v. a. é, ée, p.* garder la proportion, mettre, réduire en proportion.
PROPOS, *s. m.* paroles vaines, insinuation, résolution formée; *à tout —,* à tout instant; *de délibéré,* avec dessein formé; *à —,* en temps et lieu convenables; *hors de —, mal à —,* à contre-temps; *à —, fam.* transition qui marque quelque rapport entre ce qu'on a dit et ce qu'on va dire.
PROPOSABLE, *adj. 2 g.* qu'on peut proposer.
PROPOSER, *v. a. é, ée, p.* mettre une chose en avant pour l'examiner; offrir, promettre, désigner; *se —, v. pr.* se présenter pour... avoir dessein de...
PROPOSITION, *s. f.* discours qui affirme ou qui nie; ce qu'on propose; conditions; problème.

PROPRE, *adj. 2 g.* qui appartient, qui convient exclusivement à; *le nom —,* le nom de famille; *sens —,* littéral opposé à figuré; convenable, qui peut servir à... qui a de l'aptitude; net, qui n'est pas sale; bienséant, bien arrangé; *—, s. m.* attribut essentiel; *au pl.* biens immeubles échus en succession: *avoir en —,* en propriété.
PROPREMENT, *adv.* exactement, précisément, dans le sens propre, particulièrement; avec propreté.
PROPRET, TTE, *adj. et s.* propre jusqu'à la recherche.
PROPRETÉ, *s. f.* netteté, manière bienséante d'être vêtu, meublé, etc.
PROPRÉTEUR, *s. m.* chez les Romains, celui qui avait été préteur pendant un an, ou qui commandait dans les provinces avec l'autorité de préteur.
PROPRIÉTAIRE, *s. 2 g.* qui possède quelque chose en propriété.
PROPRIÉTÉ, *s. f.* droit par lequel une chose nous appartient en propre; domaine, héritage; qualité, vertu particulière d'une chose; ce qui appartient essentiellement à ...; sens propre.
PRORATA, *s. m. inv.* mot tiré du latin; *au —,* à proportion.
PROROGATIF, IVE, *adj.* qui proroge.
PROROGATION, *s. f.* ajournement.
PROROGER, *v. a. é, ée, p.* prolonger le temps pris ou donné pour une chose; ajourner.
PROSAÏQUE, *adj. 2 g.* qui tient trop de la prose.
PROSAÏSME, *s. m.* locution prosaïque.
PROSATEUR, *s. m.* qui écrit en prose.
PROSCÉNIUM, *s. m.* avant-scène des théâtres chez les anciens.
PROSCRIPTEUR, *s. m.* auteur de proscription.
PROSCRIPTION, *s. f.* condamnation à mort sans forme judiciaire; *fig.* abolition, destruction.

PROSCRIRE, *v. a.* it, ite, p. condamner à mort sans forme judiciaire; éloigner, chasser; détruire; abolir.

PROSCRIT, E, *s. et adj.* qui a été proscrit.

PROSE, *s. f.* discours non sujetti à une certaine mesure; sorte de cantique latin rimé qu'on chante à la messe avant l'évangile.

PROSÉLYTE, *s. et adj.* 2 g. nouveau converti; celui qu'on a gagné à une secte, à une opinion.

PROSÉLYTISME, *s. m.* zèle excessif à faire des prosélytes.

PROSODIE, *s. f.* prononciation des mots conforme à l'accent et à la quantité.

PROSODIQUE, *adj.* 2 g. qui appartient à la prosodie.

PROSOPOPÉE, *s. f. fig. de rhét.* qui consiste à faire agir ou parler une personne feinte, une chose inanimée.

PROSPECTUS, *s. m. inv.* programme.

PROSPÈRE, *adj.* 2 g. heureux, favorable.

PROSPÉRER, *v. n.* avoir la fortune favorable.

PROSPÉRITÉ, *s. f.* bonheur, situation heureuse; *au pl.* événements heureux.

PROSTERNATION, *s. f.* état de celui qui est prosterné.

PROSTERNEMENT, *s. m.* action de se prosterner.

PROSTERNER (se), *v. pr.* s'abaisser en suppliant.

PROSTITUER, *v. a.* é, ée, p. faire des actions indignes de...

PROSTITUTION, *s. f.* impudicité; corruption.

PROSTRATION, *s. f.* abattement, extrême faiblesse.

PROTE, *s. m.* celui qui, sous la conduite du maître, dirige les travaux et corrige les épreuves; *t. d'impr.*

PROTECTEUR, TRICE, *s. et adj.* qui protège.

PROTECTION, *s. f.* action de protéger; appui.

PROTÉE, *s. m.* qui change sans cesse de forme.

PROTÉGER, *v. a.* é, ée, p. prendre la défense de...

PROTÉGÉ, ÉE, *s. et adj.* celui, celle qu'un autre protège.

PROTESTANT, E, *s.* nom donné d'abord aux luthériens, ensuite aux calvinistes et aux anglicans.

PROTESTANTISME, *s. m.* croyance des protestants.

PROTESTATION, *s. f.* déclaration publique de sa volonté; acte par lequel on proteste contre quelque chose; promesse, assurance positive.

PROTESTER, *v. a.* é, ée, p. assurer, promettre, faire une protestation, un protêt.

PROTÊT, *s. m.* acte de recours à défaut de paiement d'une lettre de change ou d'un billet.

PROTOCOLE, *s. m.* modèle sur lequel on dresse des actes publics; forme de rédaction.

PROTONOTAIRE, *s. m.* officier de la cour de Rome chargé de recevoir et d'expédier les actes des consistoires publics.

PROTOTYPE, *s. m.* original, modèle.

PROTOXYDE, *s. m.* oxyde qui contient le moins d'oxygène.

PROTUBÉRANCE, *s. f.* avance, éminence; *t. d'anat.*

PROTUTEUR, *s. m.* celui qui gère les affaires d'un mineur à la place du tuteur.

PROU, *adv.* assez, beaucoup.

PROUE, *s. f.* partie de l'avant d'un navire.

PROUESSE, *s. f.* action de valeur; action folle.

PROUVER, *v. a.* é, ée, p. établir la vérité d'une chose par le raisonnement, par des témoignages.

PROVÉDITEUR, *s. m.* magistrat de Venise.

PROVENANT, E, *adj.* qui provient.

PROVENCE (la), ancien gouvernement divisé en *Haute-Provence* au nord et *Basse-Provence* au sud, formant les dép. des Basses-Alpes, des Bouches-du-Rhône, du Var, et une partie de Vaucluse.

PROVENIR, *v. n.* (se conj. sur *venir*). procéder, dériver, émaner; revenir au profit de quelqu'un.

PROVENU, *s. m.* profit qui revient d'une affaire.

PROVERBE, *s. m.* sentence vulgaire exprimée en peu de mots.

PROVERBIAL, E, *adj.* qui tient du proverbe.

PROVERBIALEMENT, *adv.* d'une manière proverbiale.

PROVIDENCE, *s. f.* suprême sagesse.

PROVIGNEMENT, *s. m.* action de provigner. *t. d'agricul.*

PROVIGNER, *v. a.* é, ée, *p.* coucher en terre les brins d'un cep de vigne, afin qu'ils prennent racine; *v. n.* multiplier.

PROVIN, *s. m.* rejeton d'un cep de vigne provigné.

PROVINCE, *s. f.* grande division d'un état; étendue de la juridiction d'une métropole; plusieurs monastères soumis à la direction d'un même provincial.

PROVINCIAL, E, *s.* et *adj.* qui est de la province; *s. m.* qui a l'air gauche; religieux qui gouverne une province de son ordre.

PROVINCIALAT, *s. m.* charge de provincial chez les religieux; temps qu'on l'exerce.

PROVINS, chef-lieu d'arr. du dép. de Seine-et-Marne.

PROVISEUR, *s. m.* chef d'un collége royal.

PROVISION, *s. f.* amas et fournitures de choses nécessaires ou utiles; *fig.* grande quantité; droit de pourvoir à un bénéfice; ce qu'on adjuge préalablement à une partie, en attendant le jugement définitif; *t. de pal.* par —, préalablement.

PROVISIONNEL, LLE, *adj.* qui se fait par provision.

PROVISIONNELLEMENT, *adv.* par provision.

PROVISOIRE, *adj.* 2 g. se dit d'un jugement, etc., rendu par provision; temporaire.

PROVISOIREMENT, *adv.* par provision.

PROVISORAT, *s. m.* ou **PROVISORERIE**, *s. f.* dignité de proviseur.

PROVOCATEUR, *adj. m.* qui provoque.

PROVOCATION, *s. f.* action de provoquer; ce qui provoque.

PROVOQUER, *v. a.* é, ée, *p.* inciter, exciter à..., causer.

PROXIMITÉ, *s. f.* voisinage, parenté.

PRUDE, *adj.* 2 g. qui affecte un air réglé, circonspect; —, *s. f.* femme prude.

PRUDEMMENT, *adv.* avec prudence.

PRUDENCE, *s. f.* droite raison appliquée à la conduite; discernement.

PRUDENT, E, *adj.* qui a de la prudence; conforme à la prudence.

PRUDERIE, *s. f.* affectation de sagesse.

PRUD'HOMME, *s. m.* probe et vaillant (*vieux en ce sens*); expert, *t. de prat.*

PRUNE, *s. f.* fruit à noyau du prunier, à peau lisse et fleurie.

PRUNEAU, *s. m.* prune sèche.

PRUNELLE, *s. f.* prune sauvage; partie de l'œil, au milieu, par où passent les rayons; sorte d'étoffe.

PRUNELLIER, *s. m.* arbrisseau qui porte les prunelles.

PRUNIER, *s. m.* arbre qui porte les prunes.

PRUSSE (*Bleu de*); *s. m.* bleu tiré du sang de bœuf calciné avec le nitre et du tartre.

PRUSSIATE, *s. m.* nom générique des sels formés par la combinaison de l'acide prussique avec différentes bases.

PRUSSIENNE, *s. f.* ou *cheminée à la prussienne*, petite cheminée de tôle dont le devant est fort bas, et le tuyau rétréci.

PRUSSIQUE, *adj. acide* —, obtenu par la distillation du sang, et qui, combiné avec le fer, donne le bleu de Prusse: *t. de chimie.*

PRYTANÉE, *s. m.* édifice public où s'assemblaient les prytanes en Grèce; collége.

PRYTANES, *s. m. pl.* magistrats établis à Athènes pour les matières criminelles.

PSALMISTE, s. m. auteur de psaumes.
PSALMISTIQUE, adj. 2 g. des psaumes ; du psalmiste.
PSALMODIE, s. f. manière de chanter, de réciter les psaumes.
PSALMODIER, v. n. réciter des psaumes sans inflexion de voix.
PSAUME, s. m. cantique sacré.
PSAUTIER, s. m. recueil de psaumes.
PSEUDONYME, adj. 2 g. se dit d'un auteur qui publie ses ouvrages sous un faux nom ; et de ces sortes d'ouvrages.
PSYCHÉ, s. f. espèce de glace mobile.
PSYCHOLOGIE, s. f. traité sur l'âme ; science de l'âme.
PSYCHROMÈTRE, s. m. instrument pour mesurer les degrés du froid.
PUAMMENT, adv. avec puanteur.
PUANT, E, adj. qui pue.
PUANTEUR, s. f. mauvaise odeur.
PUBÈRE, adj. 2 g. qui a atteint l'âge de puberté.
PUBERTÉ, s. f. âge auquel la loi permet de se marier.
PUBLIC, s. m. tout le peuple en général : tout le monde.
PUBLIC, IQUE, adj. commun, qui concerne tout le peuple, connu de tout le monde ; personne —, revêtue de l'autorité publique.
PUBLICAIN, s. m. chez les anciens Romains, fermier des deniers publics ; gens d'affaires.
PUBLICATION, s. f. action de publier.
PUBLICISTE, s. m. qui écrit sur le droit public, qui l'enseigne.
PUBLICITÉ, s. f. notoriété.
PUBLIER, v. a. é, ée, p. rendre public.
PUBLIQUEMENT, adv. en public.
PUCE, s. f. insecte qui s'attache surtout à la peau ; adj. (couleur) d'un brun semblable à celui de la puce.

PUCERON, s. m. genre d'insectes hémiptères qui vivent sur les plantes.
PUDEUR, s. f. chasteté, honte honnête.
PUDIBOND, E, adj. qui a de la pudeur naturelle.
PUDICITÉ, s. f. chasteté.
PUDIQUE, adj. 2 g. chaste, modeste.
PUDIQUEMENT, adv. d'une manière pudique.
PUER, v. n. (n'est usité qu'au prés., à l'imp., au fut. et au cond.) je pue, tu pues, il pue ; sentir mauvais, infecter.
PUÉRIL, E, adj. qui appartient à l'enfance ; frivole.
PUÉRILEMENT, adv. d'une manière puérile.
PUÉRILITÉ, s. f. discours, action indigne d'un homme fait.
PUGILAT, s. m. combat à coups de poings.
PUÎNÉ, ÉE, adj. et s. né depuis un de ses frères, ou une de ses sœurs.
PUIS, adv. de temps, ensuite.
PUISAGE, s. m. action de puiser.
PUISARD, s. m. puits pratiqué pour l'écoulement des eaux.
PUISER, v. a. et v. n. prendre, tirer de l'eau.
PUISQUE, conj. parce que.
PUISSAMMENT, adv. d'une manière puissante.
PUISSANCE, s. f. pouvoir, autorité, domination, empire, état souverain, force, faculté ; au pl. hiérarchie céleste.
PUISSANT, E, adj. qui a beaucoup de pouvoir ; très-riche ; gros et gras.
PUISSANTS, s. m. pl. personnages d'un haut rang.
PUITS, s. m. trou profond creusé pour avoir de l'eau ; creux pour éventer les mines des assiégeants, t. d'art ; — de science, homme très-savant.
PULLULER, v. n. multiplier en abondance et en peu de temps ; fig. se répandre avec rapidité.
PULMONAIRE, adj. 2 g. qui appartient au poumon ; —, s. f.

plante, mousse sur le tronc des chênes ou des hêtres.

PULMONIE, *s. f.* phthisie pulmonaire.

PULMONIQUE, *adj. 2 g.* malade attaqué de pulmonie.

PULPE, *s. f.* substance charnue des fruits, des légumes.

PULPEUX, EUSE, *adj.* rempli d'une matière épaisse et succulente; *t. de bot.*

PULSATIF, IVE, *adj.* douleur —, battement douloureux du pouls.

PULSATION, *s. f.* battement du pouls.

PULVÉRIN, *s. m.* poudre à canon très-fine pour amorcer les armes à feu; espèce de poire où l'on met cette poudre.

PULVÉRISATION, *s. f.* action de pulvériser; effets de cette action.

PULVÉRISER, *v. a. é, ée, p.* réduire en poudre; *fig.* détruire entièrement.

PULVÉRULENT, E, *adj.* chargé d'un duvet qui ressemble à la poussière; *t. de bot.*

PUNAIS, E, *s. et adj.* qui rend par le nez une odeur infecte, et qui n'a presque pas d'odorat.

PUNAISE, *s. f.* insecte qui sent très-mauvais et dont une espèce s'engendre dans les bois de lit.

PUNAISIE, *s. f.* maladie du punais.

PUNCH, *s. m.* boisson faite de jus de citron, d'eau-de-vie, de thé et de sucre.

PUNIQUE, *adj.* des Carthaginois; *foi* —, mauvaise foi.

PUNIR, *v. a. i, ie, p.* infliger à quelqu'un une punition.

PUNISSABLE, *adj. 2 g.* qui mérite d'être puni.

PUNITION, *s. f.* peine qu'on inflige pour une faute.

PUPILLE, *s. 2 g.* enfant sous la conduite d'un tuteur; enfant par relation à son instituteur; —, *s. f.* prunelle de l'œil.

PUPITRE, *s. m.* meuble à dessus incliné pour lire ou écrire plus commodément.

PUPULER, *v. n.* crier, se dit de la huppe.

PUR, E, *adj.* qui est sans mélange, sans tache; chaste; *en pure perte*, inutilement; *style* —, exact, correct.

PURÉE, *s. f.* fécule exprimée des pois, des fèves, etc.

PUREMENT, *adv.* d'une manière pure.

PURETÉ, *s. f.* qualité de ce qui est pur.

PURGATIF, *s. m.* remède qui purge; —, *ive, adj.* ce qui purge.

PURGATION, *s. f.* évacuation par le moyen d'un purgatif.

PURGATOIRE, *s. m.* lieu où les âmes des justes expient les fautes dont ils n'ont pas achevé la pénitence pendant la vie.

PURGER, *v. a. é, ée, p.* nettoyer, rendre pur; *fig.* délivrer; *se* —, *v. pr.* prendre un purgatif; *se* — *d'un crime*, s'en justifier.

PURIFICATION, *s. f.* action de purifier; action du prêtre qui, après avoir bu le sang de J.-C., prend du vin dans le calice.

PURIFICATOIRE, *s. m.* linge avec lequel le prêtre essuie le calice après la communion.

PURIFIER, *v. a. é, ée, p.* rendre pur; faire ce qui était ordonné pour les purifications légales.

PURISME, *s. m.* défaut du puriste.

PURISTE, *s. m.* celui qui affecte trop la pureté du langage.

PURITAIN, *s. m.* presbytérien rigide d'Angleterre, des États-Unis, etc.

PURITANISME, *s. m.* doctrine des puritains.

PURPURIN, E, *adj.* tirant sur le pourpre.

PURULENCE, *s. f.* suppuration.

PURULENT, E, *adj.* qui tient de la nature du pus.

PUS, *s. m.* humeur blanchâtre qui sort des plaies où il y a inflammation.

PUSILLANIME, *adj. 2 g.* faible, sans énergie.

PUSILLANIMITÉ, *s. f.* timidité excessive, manque d'énergie.

PUSTULE, *s. f.* petite tumeur inflammatoire qui se termine par la suppuration.

PUSTULEUX, EUSE, *adj.* en forme de pustule.

PUTATIF, IVE, *adj.* qui passe pour être ce qu'il n'est pas.

PUTATIVEMENT, *adv.* d'une manière putative.

PUTOIS, *s. m.* petit quadrupède carnivore à poil noir, de la famille des martes, dont la peau sert à faire des fourrures.

PUTRÉFACTION, *s. f.* altération des humeurs ou des os, etc.; état de ce qui est putréfié.

PUTRÉFIER, *v. a.* é, ée, *p.* et *se —*, *v. pr.* corrompre ou se corrompre.

PUTRIDE, *adj.* 2 g. pourri, causé par la corruption.

PUTRIDITÉ, *s. f.* corruption.

PUY (le), chef-lieu du dép. de la Haute-Loire ; *Puy-de-Dôme*, grande montagne de la Basse-Auvergne qui donne son nom au dép. formé de la plus grande partie de l'Auvergne.

PYGMÉE, *s. m.* petit homme qui, suivant la Fable, n'avait qu'une coudée de haut ; nain.

PYLORE, *s. m.* orifice intérieur de l'estomac.

PYRAMIDAL, E, *adj.* qui est en forme de pyramide.

PYRAMIDALE, *s. f.* plante qui s'élève très-haut.

PYRAMIDE, *s. f.* solide formé par plusieurs triangles qui ont un sommet commun et dont la base s'appuie sur un même polygone ; petite éminence régulière située dans le fond de la caisse du tympan de l'oreille ; t. d'anat.

PYRÉNÉES (les), haute chaîne de montagnes qui séparent la France de l'Espagne, et qui donnent leur nom à trois dép., savoir : 1º *Basses —*, dép. formé du Béarn, des Pays Basques, de Soule, Navarre et Labour ; 2º *Hautes —*, dép. formé du Bigorre et des Quatre-Vallées ; 3º *Pyrénées Orientales*, formé du Roussillon, de la Cerdagne et d'une partie du Languedoc.

PYRITE, *s. f.* sulfure métallique.

PYRITEUX, EUSE, *adj.* de la nature de la pyrite.

PYROMÈTRE, *s. m.* instrument pour mesurer les degrés du feu.

PYROTECHNIE, *s. f.* art de se servir du feu, surtout dans les feux d'artifice.

PYROTECHNIQUE, *adj.* 2 g. qui appartient à la pyrotechnie.

PYRRHIQUE, *s. f. et adj.* 2 g. danse militaire des anciens, inventée, dit-on, par Pyrrhus.

PYRRHONIEN, NNE, *s.* et *adj.* qui doute ou affecte de douter de tout.

PYRRHONISME, *s. m.* doctrine de Pyrrhon, système qui consiste à douter de tout.

PYTHIE, *s. f.* prêtresse de l'oracle d'Apollon à Delphes.

PYTHIEN, *adj.* épithète d'Apollon comme vainqueur du serpent Python.

PYTHIQUES, *adj. pl. jeux —*, qu'on célébrait tous les ans en l'honneur d'Apollon Pythien.

PYTHONISSE, *s. f.* devineresse.

Q.

Q, *s. m.* 13e consonne, 17e lettre de l'alphabet.

QUADRAGÉNAIRE, (pron. *koua*) *s. m. et adj.* 2 g. âgé de quarante ans.

QUADRAGÉSIMAL, E, (pr. *koua*) *adj.* qui appartient au carême.

QUADRAGÉSIME, (pr. *koua*) *s. f.* se dit du premier dimanche de carême.

QUADRANGLE, (pr. *koua*) *s. m.* figure de géom. qui a 4 angles et 4 côtés.

QUADRANGULAIRE ou **QUADRANGULÉ**, ÉE, (pr. *koua*) *adj.* qui a quatre angles.

QUADRATURE, (pr. *koua*) *s. f.* réduction géométrique d'une figure curviligne à un carré ; aspect de deux astres distants de 90 degrés ; assemblage de pièces qui font marcher les aiguilles d'un cadran, etc.

QUA QUA 419

QUADRIDENTÉ, ÉE, (pron. *koua*) *adj.* à quatre dents; *t. de bot.*

QUADRIFOLIUM, (pr. *koua*) *s. m.* plante qui a quatre feuilles sur une même queue.

QUADRIGE, (pr. *koua*) *s. m.* char à deux roues, attelé de quatre chevaux de front.

QUADRILATÈRE, (pr. *koua*) *s. m.* figure à quatre côtés.

QUADRILLE, (*ll* m. pr. *koua*) *s. m.* sorte de jeu d'hombre qu'on joue à quatre; contredanse; danseurs; —, *s. f.* troupe de chevaliers d'un même parti.

QUADRIPARTI, IE, (pr. *koua*) *adj.* divisé en quatre; *t. de bot.*

QUADRISYLLABE, (pr. *koua*) *adj.* 2 g. qui a quatre syllabes.

QUADRUMANES, (pr. *koua*) *s. m. pl.* ordre de mammifères qui ont quatre pieds en forme de mains.

QUADRUPÈDE, (pr. *koua*) *s. m. et adj.* 2 g. qui a quatre pieds.

QUADRUPLE, (pr. *koua*) *adj.* 2 g. quatre fois aussi grand; —, *s. m.* quatre fois autant; pièce de quatre louis.

QUADRUPLER, (pr. *koua*) *v. a.* é, ée, *p.* prendre quatre fois le même nombre; —, *v. n.* être augmenté au quadruple.

QUAI, *s. m.* chaussée faite le long d'une rivière pour empêcher les débordements.

QUAICHE, *s. f.* petit vaisseau à un pont.

QUAKER ou **QUACRE**, (pron. *kouacre*) *s. m.* (au fém. *quakeresse*) trembleur, nom d'une secte en Angleterre.

QUALIFICATEUR, *s. m.* inquisiteur qui détermine la nature des crimes déférés au St.-Office.

QUALIFICATIF, IVE, *adj.* ce qui donne la qualification.

QUALIFICATION, *s. f.* attribution d'une qualité, d'un titre.

QUALIFIER, *v. a.* é, ée, *p.* désigner la qualité d'une personne ou d'une chose; donner une qualité.

QUALITÉ, *s. f.* ce qui modifie l'essence des choses; talent; disposition bonne ou mauvaise; titre, noblesse.

QUAND, *adv.* lorsque; —, *conj.* quoique.

QUANT A, *adv.* pour ce qui est de.

QUANTES, *adj. f. pl.* toutes et quantes fois, toutes les fois que.

QUANTIÈME, *adj.* 2 g. qui désigne le rang, l'ordre numérique; —, *s. m.* la date du jour.

QUANTITÉ, *s. f.* ce qu'on peut mesurer ou nombrer; multitude, abondance; mesures des syllabes longues et brèves.

QUARANTAINE, *s. f.* nombre de quarante; *faire* —, séjourner quelque temps dans un lazaret.

QUARANTE, *adj. numér. inv.* quatre fois dix.

QUARANTIÈME, *adj.* 2 g. nombre d'ordre, qui est après le trente-neuvième; —, *s. m.* la quarantième partie d'un tout.

QUART, *s. m.* quatrième partie; *le tiers et le quart*, tout le monde; — *de cercle*, instrument de mathématiques; temps pendant lequel une partie de l'équipage d'un vaisseau fait un certain service que tous doivent faire à leur tour.

QUART, E, *adj.* quatrième; *fièvre quarte*, qui laisse aux malades deux jours d'intervalle.

QUARTANIER, *s. m.* sanglier de quatre ans.

QUARTAUD, *s. m.* mesure qui contient le quart d'un muid.

QUARTE, *s. f.* mesure, deux pintes; un coup d'épée porté en tournant le poignet en dehors; intervalle de deux tons et demi, *t. de mus.*; au jeu de piquet, quatrième.

QUARTERON, *s. m.* quart d'une livre de poids; quart d'un cent dans ce qui se vend par compte; celui qui est né d'un blanc et d'une mulâtre, ou d'un mulâtre et d'une blanche.

QUARTIER, *s. m.* quatrième partie de certaines choses; gros morceau; phase de la lune; certaine étendue d'une ville; voisinage; quart de l'an; chaque degré de succession dans une famille noble; campement d'un corps de troupes, ou le corps de troupes lui-même; vie sauve,

QUA

grâce accordée à des ennemis vaincus ; — *d'hiver*, intervalle de temps entre deux campagnes ; — *de terre*, quart d'un arpent ; — *de soulier*, pièce de cuir qui entoure le talon.

QUARTIER-MAÎTRE, *s. m.* aide du maître ou du contre-maître d'un vaisseau ; officier chargé de la comptabilité d'un régiment.

QUARTO, (pr. *koua*) *s. m. inv.* dont les feuilles sont pliées en quatre.

QUARTZ, (pr. *koua*) *s. m.* pierre très-dure dont la base est le silice, et qui étincelle sous le briquet.

QUARTZEUX, EUSE, (pron. *koua*) *adj.* de la nature du quartz.

QUASI, *adv.* presque ; —, *s. m.* morceau de la cuisse du veau.

QUASI-CONTRAT, *s. m.* contrat de fait et non écrit.

QUASI-DÉLIT, *s. m.* dommage causé à quelqu'un sans intention.

QUASIMODO, (pr. *koua*) *s. f.* le dimanche après Pâques.

QUATERNAIRE, (pr. *koua*) *adj. 2 g.* qui vaut quatre.

QUATERNE, (pr. *koua*) *s. m.* combinaison de quatre numéros pris ensemble à la loterie.

QUATORZE, *adj. numéral,* dix et quatre, quatorzième.

QUATORZIÈME, *adj. 2 g.* nombre ordinal ; *le —,* jour ; —, *s. m.* la quatorzième partie.

QUATORZIÈMEMENT, *adv.* en quatorzième lieu.

QUATRAIN, *s. m.* stance de quatre vers.

QUATRE, *adj. numéral,* deux fois deux ; quatrième ; *les quatre-temps,* trois jours de jeûne dans chaque saison ; —; *s. m.* chiffre qui exprime le nombre quatre ; *— de chiffre,* piège pour prendre des rats.

QUATRIÈME, *adj. 2 g.* nombre d'ordre ; —, *s. m.* la quatrième partie d'un tout ; celui, celle qui occupe le quatrième rang ; —, *s. f.* la 4º classe.

QUATRIÈMEMENT, *adv.* en quatrième lieu.

QUE

QUATRIENNAL, E, *adj.* se dit d'un office qui s'exerce de quatre années l'une, ou qui dure quatre ans.

QUATUOR, (pr. *koua*) *s. m.* morceau à quatre parties ; *t. de mus.*

QUE, *pron. rel.* ou *absolu,* lequel, laquelle ; *conj.* et *adv.* combien !

QUEL, QUELLE, *pron. indéf.* qui sert à désigner la nature ou l'état d'une personne ou d'une chose.

QUELCONQUE, *adj. 2 g.* quel qu'il soit ; ne se met qu'avec la négative et après le subst. nul, aucun, pas un.

QUELLEMENT, *adv.* tellement, —, ni bien ni mal ; plutôt mal que bien.

QUELQUE, *adj. 2 g.* un ou une entre plusieurs ; —, *adv.* un peu, environ ; à peu près.

QUELQUEFOIS, *adv.* de fois à autre.

QUELQU'UN, E, *s.* et *pron. indéf.* un, une, plusieurs : quelques uns, plusieurs.

QU'EN DIRA-T-ON, *s. m. inv.* propos que pourra tenir le public.

QUENOTTE, *s. f.* dent de petit enfant.

QUENOUILLE, (ll. m.) *s. f.* petit bâton entouré, vers le haut, de soie, de filasse, etc. pour filer ; soie, filasse, etc. dont une quenouille est chargée.

QUENOUILLÉE, (ll. m.) *s. f.* se dit de la quantité de filasse, de soie, etc. nécessaire pour garnir une quenouille.

QUENOUILLETTE, (ll. m.) *s. f.* petite quenouille.

QUERELLE, *s. f.* contestation, dispute aigre et vive.

QUERELLER, *v. a.* é, ée, *p.* et *v. n.* faire querelle à... réprimander, gronder ; *se —, v. réc.* se disputer.

QUERELLEUR, EUSE, *s.* et *adj.* qui aime à quereller.

QUÉRIR, *v. a.* (n'est usité qu'à l'inf. avec *aller, envoyer, venir*,) chercher avec charge ou intention de ramener ou d'apporter.

QUESTEUR, *s. m.* magistrat

de l'ancienne Rome, gardien du trésor public; officier de l'ancienne université qui recevait les deniers communs; membre de la chambre des députés chargé de surveiller les dépenses.

QUESTION, *s. f.* demande pour s'instruire d'une chose; proposition sur laquelle on discute; torture donnée à des accusés pour leur faire avouer la vérité.

QUESTIONNAIRE, *s. m.* série de questions.

QUESTIONNER, *v. n.* faire des questions par curiosité.

QUESTIONNEUR, EUSE, *s.* qui importune par des questions.

QUESTURE, *s. f.* charge de questeur.

QUÊTE, *s. f.* action de chercher, de quêter.

QUÊTER, *v. a.* et *v. n.* chercher, recueillir des aumônes pour les pauvres.

QUÊTEUR, EUSE, *adj.* qui quête.

QUEUE, *s. f.* extrémité du corps des quadrupèdes, des poissons, des reptiles, des oiseaux, des insectes, des fleurs, des feuilles, des fruits; on dit par similitude la queue d'un *p*, d'un *q*, d'une comète, de la poêle; extrémité d'une robe traînante, bout, fin; mesure d'environ un muid et demi de vin; pierre à aiguiser.

QUEUSSI-QUEUMI, *adv.* de même, pareillement.

QUI, *pron. rel.* 2 g. et 2 nombres, lequel, laquelle, lesquels, celui qui, celle qui, quiconque.

QUIA (être à), *loc. adv.* ne savoir plus que faire.

QUIBUS, *s. m.* argent, *t. pop.*

QUICONQUE, *pron. m. sing.* qui que ce soit.

QUIDAM, *s. m.* personne dont on ignore, ou dont on ne veut pas dire le nom.

QUIÉTISME, *s. m.* sentiment des quiétistes.

QUIÉTISTE, *s.* et *adj.* 2 g. celui qui fait consister la perfection chrétienne dans l'inaction de l'âme, sans œuvres extérieures.

QUIÉTUDE, *s. f.* tranquillité, repos.

QUILLAGE, (*ll. m.*) *s. m.* droit de —, que paie un vaisseau la première fois qu'il entre dans un port.

QUILLE, (*ll. m.*) *s. f.* morceau de bois long et arrondi qui sert au jeu de quilles; pièce de bois qui va de la poupe à la proue d'un vaisseau, et qui lui sert comme de fondement.

QUILLER, (*ll. m.*) *v. n.* tirer à qui jettera une quille le plus près de la boule pour voir qui jouera le premier.

QUILLETTE, (*ll. m.*) *s. f.* brin d'osier qu'on plante.

QUILLIER, (*ll. m.*) *s. m.* espace carré dans lequel on range les quilles; les neuf quilles nécessaires pour jouer.

QUIMPER, chef-lieu du dép. du Finistère.

QUIMPERLÉ, chef-lieu d'arr. du dép. du Finistère.

QUINAUD, E, *adj.* confus.

QUINCAILLE, (*ll. m.*) *s. f.* ustensiles de fer ou de cuivre.

QUINCAILLERIE, (*ll. m.*) *s. f.* marchandise de quincaille.

QUINCAILLIER, (*ll. m.*) *s. m.* marchand de quincaille.

QUINDÉCAGONE, *s. m.* figure à quinze côtés.

QUINDÉCEMVIRS, *s. m. pl.* quinze officiers préposés à la garde des livres sibyllins, à la célébration des jeux séculaires, dans l'ancienne Rome.

QUINE, *s. m.* deux cinq, *t. de trictrac.*

QUINQUAGÉNAIRE, *s. m.* et *adj.* 2 g. âgé de cinquante ans.

QUINQUAGÉSIME, *s. f.* dimanche qui précède le carême.

QUINQUENNAL, E, *adj.* qui dure cinq ans; qui se fait tous les cinq ans.

QUINQUET, *s. m.* lampe à courant d'air.

QUINQUINA, *s. m.* écorce d'un arbre du Pérou, spécifique contre les fièvres intermittentes.

QUINT, *s. m.* la cinquième partie; —, *adj.* cinquième.

QUINTAL, *s. m.* poids de cent livres.

QUINTE, *s. f.* intervalle de trois tons et demi, *t. de mus.* espèce de grand violon ; *au piquet*, suite de cinq cartes d'une même couleur ; *t. d'escrime*, la cinquième garde ; toux violente qui prend par redoublement ; *fig.* caprice, mauvaise humeur.

QUINTESSENCE, *s. f.* le principal, l'essentiel, ce qu'il y a de meilleur.

QUINTESSENCIER, *v. a. é*, ée, *p.* raffiner, subtiliser.

QUINTETTO, *s. m. inv.* morceau de musique à cinq parties.

QUINTEUX, EUSE, *adj.* sujet à des quintes ; fantasque.

QUINTIMÈTRE, *s. m.* 8e partie du mètre.

QUINTUPLE, *s. m. et adj.* 2 g. cinq fois autant.

QUINTUPLER, *v. a. é*, ée, *p.* répéter cinq fois, multiplier par cinq.

QUINZAINE, *s. f.* quinze unités ; espace de quinze jours.

QUINZE, *adj. numéral, inv.* 2 g. trois fois cinq ; quinzième ; —, *s. m.* le quinze du mois ; *les Quinze-Vingts*, hôpital fondé par saint Louis pour 300 aveugles.

QUINZIÈME, *adj.* 2 g. nombre ordinal ; —, *s. m.* la quinzième partie.

QUINZIÈMEMENT, *adv.* en quinzième lieu.

QUIPROQUO, *s. m. inv.* méprise.

QUITTANCE, *s. f.* acte par lequel le créancier reconnaît avoir reçu et tient quitte.

QUITTANCER, *v. a. é*, ée, *p.* donner quittance.

QUITTE, *adj.* 2 g. libéré, délivré, débarrassé de…

QUITTER, *v. a. é*, ée, *p.* abandonner, laisser aller, renoncer, céder, exempter.

QUITUS, *s. m. inv.* arrêté définitif et décharge d'un compte.

QUOI, *pron. relatif*, quelle chose ; lequel, laquelle, —! *interj.* marque l'étonnement, l'indignation.

QUOIQUE, *conj.* qui régit le subj. encore que.

QUOLIBET, *s. m.* plaisanterie triviale.

QUOTE, *adj. f.* quote-part, part de chacun dans un partage ou une contribution.

QUOTIDIEN, NNE, *adj.* de chaque jour.

QUOTIENT, *s. m.* résultat d'une division.

QUOTITÉ, *s. f.* somme fixe à laquelle monte chaque quote-part ; partie aliquote.

R.

R, *s. f.* suivant l'appellation ancienne, et *masc.* suiv. la moderne ; 14e consonne, 18e lettre de l'alphabet.

RABÂCHAGE, *s. m.* discours de celui qui rabâche.

RABÂCHER, *v. a. é*, ée, *p.* et *v. n.* revenir souvent et inutilement sur ce qu'on a dit.

RABÂCHERIE, *s. f.* répétition fatigante, inutile.

RABÂCHEUR, EUSE, *s.* qui rabâche.

RABAIS, *s. m.* diminution de prix, de valeur.

RABAISSEMENT, *s. m.* diminution de prix, de valeur ; discrédit.

RABAISSER, *v. a. é*, ée, *p.* mettre au plus bas ; diminuer, déprécier, humilier.

RABAT, *s. m.* ornement de toile que les gens de robe, les ecclésiastiques portent, attaché sous le menton.

RABAT-JOIE, *s. m. inv.* ce qui, ou celui qui vient troubler la joie.

RABATTRE, *v. a. et v. n.* (se conj. sur *battre*), rabaisser, faire descendre, diminuer du prix ; *se* —, *v. pron.* changer tout-à-coup de chemin, de propos.

RABBIN, *s. m.* docteur juif.

RABBINIQUE, *adj.* 2 g. propre aux rabbins.

RABBINISME, *s. m.* doctrine des rabbins.

RABBONIR, *v. a.* rendre meilleur ; —, *v. n.* devenir meilleur.

RABÊTIR, *v. a. i*, ie, *p.* rendre bête ; —, *v. n.* devenir bête.

RÂBLE, s. m. partie de plusieurs quadrupèdes depuis les épaules jusqu'à la queue.
RABOT, s. m. outil de menuisier pour aplanir et polir le bois; nom de divers outils.
RABOTER, v. a. é, ée, p. polir avec le rabot.
RABOTEUX, EUSE, adj. mal poli, inégal.
RABOUGRIR, v. n. ne pas parvenir au degré présumable de croissance.
RABOUTIR, v. a. i, ie, p. mettre bout-à-bout des morceaux d'étoffe.
RABROUER, v. a. é, ée, p. rebuter quelqu'un.
RACAILLE, (ll. m.) s. f. lie, rebut du peuple.
RACCOMMODAGE, s. m. travail de celui qui raccommode; chose raccommodée.
RACCOMMODEMENT, s. m. réconciliation.
RACCOMMODER, v. a. é, ée, p. rajuster, réparer, mettre d'accord des personnes brouillées; se —, v. réc. se réconcilier.
RACCOMMODEUR, EUSE, s. qui raccommode.
RACCORDEMENT, s. m. réunion de deux superficies à un même niveau, d'un vieil ouvrage à un neuf.
RACCORDER, v. a. é, ée, p. faire un raccordement.
RACCOUPLER, v. a. é, ée, p. remettre ensemble ce qui avait été accouplé.
RACCOURCIR, v. a. i, ie, p. rendre plus court, fig. diminuer; à bras raccourci, de toute sa force; en raccourci, en abrégé; raccourci, s. m. effet de la perspective par lequel les objets vus de face semblent plus courts qu'ils ne sont.
RACCOURCISSEMENT, s. m. action de raccourcir; son effet.
* RACCOUTUMER (se), v. pr. reprendre son habitude.
RACCROC, s. m. coup de hasard au jeu, où il y a plus de bonheur que d'adresse.
RACCROCHER, v. a. é, ée, p. accrocher de nouveau; se —, v. pr. regagner les avantages qu'on avait perdus.

RACE, s. f. lignée, origine.
RACHALANDER, v. a. é, ée, p. faire revenir les chalands.
RACHAT, s. m. action de racheter, rançon, délivrance.
RACHETABLE, adj. 2 g. qu'on peut racheter.
RACHETER, v. a. é, ée, p. acheter ce qu'on avait vendu, une chose à la place d'une autre; délivrer à prix d'argent; compenser; se —, v. pron. se faire exempter de... en payant.
RACHITIQUE, adj. 2 g. attaqué du rachitisme.
RACHITIS, s. m. courbure de l'épine du dos et de la plupart des os longs.
RACHITISME, s. m. maladie du blé qui rend sa tige basse, tortue et nouée.
RACINE, s. f. partie de la plante qui tient à la terre et en tire sa nourriture; plante dont la partie bonne à manger est celle qui vient en terre; fig. origine, principe; mot primitif duquel d'autres dérivent, t. de gramm.; —carrée d'un nombre, nombre multiplié par lui-même; — cube ou cubique, nombre qui, multiplié par son carré, produit le nombre proposé.
RÂCLÉE, s. f. décharge de coups.
RÂCLER, v. a. é, ée, p. enlever, gratter la superficie.
RÂCLEUR, s. m. mauvais joueur de violon.
RÂCLOIR, s. m. instrument pour râcler.
RÂCLOIRE, s. f. planchette pour râcler le dessus d'une mesure de grains.
RÂCLURE, s. f. petites parties qu'on enlève en râclant.
RACOLAGE, s. m. métier de racoleur, action de racoler.
RACOLER, v. a. é, ée, p. engager, de gré ou par astuce, des hommes pour le service militaire.
RACOLEUR, s. m. celui qui racole.
RACONTER, v. a. é, ée, p. narrer.
RACONTEUR, EUSE, s. qui a la manie de raconter.

RACORNIR, *v. a.* i, ie, *p.* rendre dur, coriace comme de la corne ; *se* —, devenir coriace, se replier.

RACORNISSEMENT, *s. m.* état de ce qui est racorni.

RACQUITTER, *v. a.* é, ée, *p.* dédommager d'une perte ; *se* —, *v. pr.* regagner ce qu'on avait perdu.

RADE, *s. f.* espace de mer enfoncée dans les terres, où les vaisseaux sont à l'abri de certains vents.

RADEAU, *s. m.* espèce de plancher formé sur l'eau avec des pièces de bois liées ensemble.

RADIAL, E, *adj.* formé de rayons.

RADIATION, *s. f.* action de rayer, rature ; émission des rayons lancés par un corps lumineux.

RADICAL, E, *adj.* (pl. *radicaux*) qui est comme la racine, le principe d'une chose ; *vice radical*, *fig.* qui en produit d'autres ; *guérison radicale*, c.-à-d. complète ; *lettres radicales*, qui sont dans le mot primitif et se conservent dans les dérivés ; *signe radical*, qu'on met devant les quantités dont on veut extraire la racine ; *quantité radicale*, précédée de ce signe, *t. d'alg* ; qui naît ou dépend d'une racine, *bot.* ; —, *adj. et s.* se dit, en Angleterre, des opinions libérales les plus exagérées : en ce sens, il s'emploie aussi substantivement.

RADICALEMENT, *adv.* essentiellement, dans le principe.

RADICULE, *s. f.* petite racine ; partie fibreuse d'une racine.

RADIÉ, ÉE, *adj.* composé de rayons, de fleurons, de demi-fleurons.

RADIEUX, EUSE, *adj.* rayonnant, brillant ; *visage* —, qui annonce la santé et le contentement.

RADIS, *s. m.* sorte de raifort cultivé.

RADOTAGE, *s. m.* discours sans suite et dénué de sens.

RADOTER, *v. n.* déraisonner, faire des radotages.

RADOTERIE, *s. f.* extravagances qu'on dit en radotant.

RADOTEUR, EUSE, *s.* qui radote.

RADOUB, (pr. le *b*) *s. m.* réparation qu'on fait au corps d'un vaisseau.

RADOUBER, *v. a.* é, ée, *p.* réparer le corps d'un vaisseau.

RADOUCIR, *v. a.* i, ie, *p.* rendre plus doux, apaiser ; *se*—, *v. pr.* devenir plus doux.

RADOUCISSEMENT, *s. m.* diminution du froid ou du chaud.

RAFALE, *s. f.* coups de vents de terre à l'approche des montagnes.

RAFFERMIR, *v. a.* i, ie, *p.* et *se*—, *v. pr.* rendre ou devenir plus ferme.

RAFFERMISSEMENT, *s. m.* ce qui remet une chose dans l'état de fermeté, de sûreté où elle était.

RAFFINAGE, *s. m.* action, manière de raffiner.

RAFFINEMENT, *s. m.* extrême subtilité ; extrême recherche.

RAFFINER, *v. a.* rendre plus fin ; *se* —, *v. pr.* devenir plus fin, plus pur ; *v. n.* subtiliser.

RAFFINERIE, *s. f.* lieu où l'on raffine le sucre.

RAFFINEUR, *s. m.* celui qui raffine.

RAFFOLER, *v. n.* être passionné follement pour...

RAFLE, *s. f.* grappe de raisin qui n'a plus de grains ; support long et mince, le long duquel sont attachées des fleurs qui forment un épi ; *au jeu de dés*, coup où les trois dés amènent le même point ; *faire* —, enlever tout sans rien laisser.

RAFLER, *v. a.* é, ée, *p.* faire rafle.

RAFRAÎCHIR, *v. a.* i, ie, *p.* rendre frais, réparer ; renouveler ; calmer ; —, *v. n.* devenir frais ; *se* —, *v. pr.* boire un coup ; faire collation.

RAFRAÎCHISSANT, *s. m.* adj. qui calme, qui rafraîchit le sang.

RAFRAÎCHISSEMENT, s. m. ce qui rafraîchit; effet de ce qui rafraîchit; *fig.* recouvrement des forces par le repos, etc.

RAGAILLARDIR, (*ll* m.) *v. a.* 1, ie, *p.* redonner de la gaîté.

RAGE, s. f. hydrophobie, délire, transport furieux; *fig.* douleur, passion violente.

RAGOT, E, s. et *adj.* court et gros.

RAGOTER, *v. n.* murmurer.

RAGOÛT, s. m. mets préparé pour exciter l'appétit; *fig.* ce qui excite les désirs.

RAGOÛTANT, E, *adj.* qui ragoûte; *fam.* agréable; qui réveille le désir.

RAGOÛTER, *v. a.* é, ée, *p.* remettre en appétit; *fig.* réveiller le désir.

RAGRAFER, *v. a.* é, ée, *p.* agrafer de nouveau.

RAGRANDIR, *v. a.* i, ie, *p.* rendre plus grand.

RAGRÉER, *v. a.* é, ée, *p.* unir les parements d'un mur en y repassant le marteau; mettre la dernière main; rajuster, réparer; se —, *v. pr. t. de mar.* se pourvoir de ce qui manque.

RAGRÉMENT, s. m. action de ragréer; effet de cette action.

RAIDE ou ROIDE, *adj.* 2 g. fort tendu, escarpé, qui plie avec peine, inflexible; —, *adv.* vite, fort vivement.

RAIDEUR ou ROIDEUR, s. f. qualité, état de ce qui est roide; *fig.* caractère inflexible.

RAIDILLON ou ROIDILLON, (*ll* m.) s. m. petite élévation qui se trouve dans un chemin.

RAIDIR ou ROIDIR, *v. a.* 1, ie, *p.* rendre roide; se —, *v. n.* et *pr.* devenir roide; ne pas se soumettre à...

RAIE, s. f. trait tiré de long avec une plume, etc.; toute sorte de lignes; poisson de mer plat et cartilagineux.

RAIFORT, s. m. sorte de rave très-piquante.

RAILLER, *v. a.* (*ll* m.) plaisanter quelqu'un, le tourner en ridicule; —, *v. n.* badiner.

RAILLERIE, (*ll* m.) s. f. action de railler, plaisanterie; —*à part.* sérieusement.

RAILLEUR, EUSE, (*ll* m.) s. et *adj.* porté à la raillerie.

RAINETTE, s. f. pomme marquetée de rouge et de gris.

RAINURE, s. f. entaillure en long dans un morceau de bois, pour y assembler une autre pièce ou servir à une coulisse.

RAIPONCE, s. f. plante dont la racine se mange en salade.

RAIRE ou RÉER, *v. n.* crier; se dit du cerf.

RAIS, s. m. rayon, trait de lumière; rayon d'une roue.

RAISIN, s. m. fruit de la vigne; sorte de papier.

RAISINÉ, s. m. confiture liquide de raisins et de poires.

RAISON, s. f. faculté intellectuelle qui distingue l'homme de la bête; bon sens; usage de la raison; droit, devoir, justice; satisfaction sur ce qu'on demande; compte, rapport, preuve, motif, prétexte, excuse, sujet; rapport, *t. de math.*; dans une société de commerce, nom de celui des associés sous lequel la société se fait connaître; *à — de,* à proportion, sur le pied de...

RAISONNABLE, *adj.* 2 g. doué de la faculté de raisonner; conforme à la raison, convenable.

RAISONNABLEMENT, *adv.* conformément à la raison, convenablement.

RAISONNÉ, ÉE, *adj.* appuyé de raisons, de preuves.

RAISONNEMENT, s. m. faculté, action de raisonner; argument.

RAISONNER, *v. n.* se servir de sa raison pour connaître, pour juger; chercher, alléguer des raisons pour appuyer une opinion; se —, *v. pr.* se rendre raison de...

RAISONNEUR, EUSE, s. et *adj.* qui raisonne; qui fatigue par de longs, par de mauvais raisonnements.

RAJEUNIR, *v. n.* redevenir jeune; *fig.* se renouveler; —, *v. a.* 1, ie, *p.* rendre l'air, la vigueur de la jeunesse.

24.

RAJEUNISSEMENT, *s. m.* action de rajeunir ; état de ce qui est rajeuni.

RAJUSTEMENT, *s. m.* action de rajuster.

RAJUSTER, *v. a. é, ée, p.* ajuster de nouveau, raccommoder ; *fig.* réconcilier.

RÂLE, *s. m.* oiseau bon à manger.

RÂLE ou **RÂLEMENT**, *s. m.* action de râler, bruit qu'on fait en râlant.

RALENTIR, *v. a. i, ie, p.* et *se —*, *v. pr.* rendre ou devenir plus lent.

RALENTISSEMENT, *s. m.* diminution de mouvement, d'activité.

RÂLER, *v. n.* rendre un son enroué causé par la difficulté de la respiration.

RALINGUES, *s. m. pl.* cordes cousues autour des voiles, au bord des filets, pour les renforcer.

RALLIEMENT, *s. m.* action de se rallier ; *mot de —*, au moyen duquel on se rallie ; *point de —*, endroit marqué pour se rallier.

RALLIER, *v. a.* rassembler des troupes qui étaient en déroute ; *— un navire au vent*, le mettre au vent ; *se — à terre*, s'en approcher, *t. de mar.* ; *se —*, *v. réc.* se réunir après une déroute.

RALLONGE, *s. f.* portion ajoutée à une pièce d'étoffe, de toile, etc. trop courte.

RALLONGEMENT, *s. m.* augmentation en longueur.

RALLONGER, *v. a. é, ée, p.* rendre plus long en ajoutant.

RALLUMER, *v. a. é, ée, p.* allumer de nouveau ; *se—*, *v. pr.*

RAMADOUER, *v. a. é, ée, p.* radoucir en caressant.

RAMAGE, *s. m.* chant des petits oiseaux ; représentation de branchages, de fleurs sur une étoffe.

RAMAGER, *v. n.* chanter, en parlant des oiseaux.

RAMAIGRIR, *v. a. i, ie, p.* rendre maigre de nouveau ; *—*, *v. n.* redevenir maigre.

RAMAILLER, (*ll m.*) *v. a. é, ée, p.* donner aux peaux la façon nécessaire pour les passer en chamois ; reprendre des mailles.

RAMAS, *s. m.* assemblage sans ordre de personnes ou de choses de peu de valeur.

RAMASSE, *s. f.* traîneau pour descendre des montagnes couvertes de neige.

RAMASSÉ, ÉE, *adj.* trapu, vigoureux.

RAMASSER, *v. a. é, ée, p.* faire un assemblage, une collection de … ; réunir, relever.

RAMASSEUR, EUSE, *s. m.* celui qui conduit une ramasse.

RAMASSIS, *s. m.* assemblage sans choix.

RAMBOUR, *s. m.* pomme de —, grosse pomme un peu acide.

RAME, *s. f.* longue pièce de bois aplatie par un bout pour faire voguer un bateau ; *fig.* menue branche plantée en terre pour soutenir des plantes grimpantes ; vingt mains de papier.

RAMÉ, ÉE, *adj.* soutenu par des branches.

RAMEAU, *s. m.* division d'une tige principale ; petite branche d'arbre ; le dimanche des Rameaux, le dernier dimanche du carême.

RAMÉE, *s. f.* branches entrelacées ou coupées avec leurs feuilles vertes.

RAMENER, *v. a. é, ée, p.* amener une seconde fois ; faire revenir avec soi ; amener avec soi au retour d'un voyage.

RAMER, *v. a. é, ée, p.* soutenir des plantes grimpantes avec de petites rames plantées en terre ; *—*, *v. n.* tirer à la rame, et *fig.* avoir beaucoup de fatigue.

RAMEREAU, *s. m.* jeune ramier.

RAMEUR, *s. m.* celui qui tire à la rame.

RAMEUX, EUSE, *adj.* qui jette beaucoup de branches.

RAMIER, *s. m.* pigeon sauvage.

RAMIFICATION, *s. f.* distribution en rameaux, en branches.

RAMIFIER (*se*), *v. pr.* se partager en plusieurs branches.

RAMOITIR, v. a. i, ie, p. rendre molte.
RAMOLLIR, v. a. t, le, p. rendre mou et maniable; se —, v. pr. devenir plus mou.
RAMOLLISSANT, s. m. remède qui relâche.
RAMONER, v. a. é, ée, p. ôter la suie d'un tuyau de cheminée.
RAMONEUR, s. m. celui dont le métier est de ramoner les cheminées.
RAMPANT, E, adj. qui rampe.
RAMPE, s. f. balustrade à hauteur d'appui qui règne le long des escaliers; plan incliné qui tient lieu de l'escalier dans les jardins et les places fortes.
RAMPEMENT, s. m. action de ramper.
RAMPER, v. n. se traîner sur le ventre; s'étendre sur terre, ou s'attacher aux arbres; fig. s'abaisser.
RAMPONER, v. n. s'enivrer.
RAMURE, s. f. bois d'un cerf, d'un daim; toutes les branches d'un arbre.
RANCE, adj. 2 g. qui commence à se gâter; —, s. m. odeur, goût rance.
RANCIDITÉ ou RANCISSURE, s. f. qualité de ce qui est rance.
RANCIR, v. n. devenir rance.
RANÇON, s. f. prix qu'on donne pour la délivrance d'un captif.
RANÇONNEMENT, s. m. action de rançonner; fig. exaction.
RANÇONNER, v. a. é, ée, p. mettre à rançon; se dit d'un vaisseau de guerre qui relâche un vaisseau marchand, moyennant une somme; fig. exiger plus qu'il ne faut.
RANÇONNEUR, EUSE, s. qui rançonne.
RANCUNE, s. f. ressentiment qu'on garde d'une offense.
RANCUNIER, ÈRE, s. et adj. qui garde rancune.
RANG, s. m. ordre, disposition sur une même ligne, ordre déterminé; place d'une personne ou d'une chose dans l'opinion des hommes; dignité, degré d'honneur.

RANGÉE, s. f. suite de choses sur la même ligne.
RANGER, v. a. é, ée, p. mettre dans un certain ordre; mettre au rang de; mettre de côté pour débarrasser; — la côte, naviguer en côtoyant le rivage : — un pays sous ses lois, le soumettre ; se —, v. pr. s'écarter pour faire place, se placer autour; embrasser le parti de...
RANIMER, v. a. é, ée, p. rendre le vie, rendre la vigueur; exciter de nouveau.
RANZ-DES-VACHES, s. m. air très-connu dans les campagnes de la Suisse.
RAPACE, adj. 2 g. ardent à la proie; fig. avide.
RAPACITÉ, s. f. avidité.
RAPARIER, v. a. é, ée, p. assortir, réunir par paire.
RAPATRIAGE, RAPATRIEMENT, s. m. réconciliation.
RAPATRIER, v. a. é, ée, p. réconcilier des personnes brouillées.
RÂPE, s. f. espèce de lime pour râper; grappe de raisin dont les grains sont ôtés.
RÂPÉ, s. m. grappes de raisin qu'on met dans un tonneau de vin gâté pour le rendre meilleur.
RÂPER. v. a. é, ée, p. mettre en poudre avec la râpe; user par le frottement.
RAPETASSER, v. n. raccommoder grossièrement.
RAPETASSEUR, s. m. celui qui rapetasse.
RAPETISSER, v. a. é, ée, p. rendre plus petit; v. n. et se —, v. pr. devenir plus petit.
RAPIDE, adj. 2 g. qui se meut, qui se fait avec vitesse; vif.
RAPIDEMENT, adv. avec rapidité.
RAPIDITÉ, s. f. célérité, promptitude.
RAPIÉCER, ou RAPIÉCETER. v. a. é, ée, p. mettre des pièces à des hardes.
RAPIÉCETAGE, s. m. action de rapiéceter; hardes rapiécetées.
RAPIÈRE, s. f. vieille et longue épée.

RAPINE, *s. f.* action de ravir; ce qui est ravi par violence; larcin, pillage, concussion.

RAPINER, *v. a.* et *v. n.* exercer des rapines.

RAPINERIE, *s. f.* produit de la rapine.

RAPINEUR, *s. m.* fripon; *fam.*

RAPPAREILLER, (*ll. m.*) *v. a. é, ée, p.* remettre avec son pareil.

RAPPEL, *s. m.* action par laquelle on rappelle; manière de battre le tambour pour faire venir les soldats au drapeau : disposition d'un testateur qui rappelle à sa succession ceux qui en seraient naturellement exclus.

RAPPELER, *v. a. é, ée, p.* appeler de nouveau, faire revenir; appeler à sa succession, battre le rappel; — *une chose dans sa mémoire*, se représenter une chose passée; — *quelqu'un à son devoir, fig.* l'y faire rentrer.

RAPPORT, *s. m.* revenu, produit; récit, témoignage, compte rendu; action de rapporter à la masse d'une succession les sommes qu'on a reçues; vapeurs de l'estomac; convenance, conformité; relation, communication; relation que deux grandeurs ont l'une avec l'autre; *par — à*, pour ce qui est de, par comparaison de.

RAPPORTABLE, *adj. 2 g.* qui doit être rapporté à la succession.

RAPPORTER, *v. a. é, ée, p.* remettre une chose au lieu où elle était; apporter au retour d'un voyage; redire, alléguer, exposer, citer, diriger, attribuer, référer, produire ; *se —*, *v. pr.* avoir de la conformité, de la convenance, de la relation à...

RAPPORTEUR, *EUSE*, *s.* celui qui fait un rapport; —, *s. m.* instrument de géométrie pour prendre des angles et lever des plans.

RAPPRENDRE, *v. a.* (se conj. sur *prendre*); apprendre de nouveau.

RAPPROCHEMENT, *s. m.* action de rapprocher, son effet.

RAPPROCHER, *v. a. é, ée, p.* approcher de nouveau ou de plus près; opérer un rapprochement, une réconciliation.

RAPSODE, ou **RHAPSODE**, *s. m.* celui qui, chez les anciens Grecs, allait de ville en ville, chantant des rapsodies.

RAPSODER, *v. a. é, ée, p.* raccommoder sans attention.

RAPSODIE, ou **RHAPSODIE**, *s. f.* chez les anciens Grecs morceau détaché des poëmes d'Homère; aujourd'hui, mauvais ramas de vers et de prose.

RAPSODISTE, *s. m.* qui ne fait que des rapsodies.

RAPT, *s. m.* enlèvement d'une personne par violence ou par séduction.

RÂPURE, *s. f.* ce qu'on enlève en râpant.

RAQUETIER, *s. m.* ouvrier qui fait des raquettes.

RAQUETTE, *s. f.* instrument pour jouer à la paume, au volant.

RARE, *adj. 2 g.* qui arrive, qu'on trouve peu souvent; singulier, extraordinaire, excellent.

RARÉFACTIF, *IVE*, *adj.* qui a la propriété de raréfier.

RARÉFACTION, *s. f.* action de raréfier; état de ce qui est raréfié.

RARÉFIANT, *E*, *adj.* qui dilate.

RARÉFIER, *v. a. é, ée, p.* dilater.

RAREMENT, *adv.* peu souvent.

RARETÉ, *s. f.* disette, singularité; *au pl.* choses rares.

RARISSIME, *adj. 2 g.* très-rare.

RAS, *s. m.* étoffe croisée dont le poil ne paraît pas; filière.

RAS, *E*, *adj.* qui a le poil fort court, plat, uni; *mesure rase*, pleine de grains, mais sans en excéder la hauteur.

RASADE, *s. f.* verre plein jusqu'aux bords.

RASEMENT, *s. m.* action de raser une place; son effet.

RASER, *v. a. é, ée, p.* couper le poil, surtout la barbe, tout près de la peau avec un rasoir; *se —*, *v. pr.* se faire ou se faire faire la barbe; — *un édifice*, l'abattre; *fig.* passer tout auprès avec rapidité.

RASIBUS, *prép.* tout contre, tout près.

RASOIR, *s. m.* espèce de couteau d'acier à tranchant très-fin, qui sert pour raser.

RASSASIANT, E, *adj.* qui rassasie.

RASSASIEMENT, *s. m.* état d'une personne rassasiée; *fig.* satiété.

RASSASIER, *v. a.* é, ée, *p.* apaiser la faim, satisfaire l'appétit; se —, *v. pr.* apaiser sa faim, se satisfaire jusqu'à satiété.

RASSEMBLEMENT, *s. m.* action de rassembler; attroupement.

RASSEMBLER, *v. a.* é, ée, *p.* mettre ensemble; amonceler, réunir, mettre en ordre.

RASSEOIR, *v. a.* (se conj. sur *asseoir*) asseoir de nouveau, replacer; *fig.* calmer, reposer; —, *v. n.* s'épurer en se reposant.

RASSIS, E, *part.* de *rasseoir* et *adj.* pain —, qui n'est plus tendre; esprit —, posé, réfléchi.

RASSURANT, E, *adj.* qui rend la confiance.

RASSURER, *v. a.* é, ée, *p.* raffermir, mettre en état de sûreté; redonner l'assurance, la confiance; se —, *v. pr.* se remettre de quelque trouble.

RAT, *s. m.* petit quadrupède rongeur, à pattes courtes et à longue queue, qui vit de grains, etc.; *fig.* caprice.

RATAFIA, *s. m.* liqueur composée d'eau-de-vie, de sucre et de jus de certains fruits.

RATATINER (se), *v. pr.* se raccourcir, se resserrer.

RATE, *s. f.* viscère mou, situé dans l'hypocondre gauche.

RÂTEAU, *s. m.* instrument d'agriculture et de jardinage pour râteler; pièce de bois garnie de dents.

RÂTELÉE, *s. f.* ce qu'on peut ramasser en un coup de râteau.

RÂTELER, *v. a.* é, ée, *p.* amasser, nettoyer avec le râteau.

RÂTELEUR, *s. m.* celui qui râtele.

RÂTELIER, *s. m.* sorte d'échelle qu'on suspend en travers dans les écuries au-dessus de la mangeoire, pour y mettre le foin et la paille; pièce de bois où l'on pose des fusils, des sacs, etc.; *fig.* et *fam.* deux rangées de fausses dents.

RATER, *v. n.* et *v. a.* é, ée, *p.* manquer, ne pas réussir.

RATIÈRE, *s. f.* machine à prendre les rats.

RATIFICATION, *s. f.* action de ratifier; acte qui contient la ratification.

RATIFIER, *v. a.* é, ée, *p.* confirmer authentiquement ce qui a été fait ou promis.

RATINE, *s. f.* étoffe de laine.

RATINER, *v. a.* é, ée, *p.* rendre semblable à la ratine frisée.

RATION, *s. f.* portion de vivres, de fourrage, qu'on distribue aux troupes.

RATIONNEL, LLE, *adj.* horizon rationnel, grand cercle qui coupe le ciel et la terre en deux hémisphères; moral, raisonnable.

RATISSAGE, *s. m.* action de ratisser; travail de celui qui ratisse.

RATISSER, *v. a.* é, ée, *p.* emporter en râclant la superficie d'une chose, ou l'ordure qui y est attachée.

RATISSOIRE, *s. f.* instrument pour ratisser.

RATISSURE, *s. f.* ce qu'on ôte en ratissant.

RATON, *s. m.* pièce de pâtisserie faite avec du fromage mou; petit rat; petit quadrupède plantigrade de l'Amérique méridionale, de la famille des ours.

RATTACHER, *v. a.* é, ée, *p.* attacher de nouveau.

RATTEINDRE, *v. a.* (se conj. sur *atteindre*) rattraper.

RATTISER, *v. a.* é, ée, *p.* ranimer le feu.

RATTRAPER, *v. a.* é, ée, *p.* rejoindre quelqu'un qui s'était enfui; attraper de nouveau à un piège; recouvrer ce qu'on avait perdu.

RATURE, *s. f.* trait de plume pour effacer.

RATURER, *v. a.* é, ée, *p.* effacer par des traits de plume ce qu'on a écrit.

RAUQUE, *adj.* 2 *g.* rude et comme enroué, en parlant de la voix.

RAVAGE, *s. m.* désordre violent et rapide, produit par des causes physiques ou morales.

RAVAGER, *v. a.* é, ée, *p.* faire du ravage.

RAVAGEUR, *s. m.* celui qui ravage.

RAVALEMENT, *s. m.* crépi fait à un mur du haut en bas ; *fig.* abaissement.

RAVALER, *v. a.* é, ée, *p.* retirer en dedans du gosier ; *fam.* se retenir au moment de dire une chose ; — *un mur,* le crépir du haut en bas ; *fig.* avilir.

RAVAUDAGE, *s. m.* raccommodage de méchantes hardes fait à l'aiguille.

RAVAUDER, *v. a.* et *v. n.* faire des ravaudages ; importuner par de sots discours.

RAVAUDERIE, *s. f.* discours plein de niaiseries.

RAVAUDEUR, EUSE, *s.* qui raccommode des bas, des hardes ; *fig.* qui ne dit que des balivernes.

RAVE, *s. f.* plante potagère.

RAVIGOTE, *s. f.* sauce verte avec de l'échalotte et autres ingrédients.

RAVIGOTER, *v. a.* é, ée, *p.* remettre en vigueur une personne, un animal faible et atténué.

RAVILIR, *v. a.* i, ie, *p.* rabaisser, rendre méprisable.

RAVIN, *s. m.* chemin creux.

RAVINE, *s. f.* débordement d'eaux de pluie ; ravin.

RAVIR, *v. a.* i, ie, *p.* enlever de force ; *fig.* transporter d'admiration ou de joie ; à —, admirablement bien.

RAVISER (sé), *v. pr.* changer d'avis.

RAVISSANT, E, *adj.* qui enlève de force ; *fig.* qui charme l'esprit et les sens.

RAVISSEMENT *s. m.* enlèvement ; *fig.* transport de joie, d'admiration.

RAVISSEUR, *s. m.* celui qui enlève par force.

RAVITAILLEMENT, (ll m.) *s. m.* action de ravitailler.

RAVITAILLER, (ll m.) *v. a.* é, ée, *p.* remettre des vivres, des munitions dans une place forte.

RAVIVER, *v. a.* é, ée, *p.* rendre plus vif.

RAVOIR, *v. a.* (ne se dit qu'à l'inf.) avoir de nouveau ; retirer des mains de quelqu'un.

RAYER, *v. a.* é, ée, *p.* faire des raies ; effacer par des ratures.

RAYON, *s. m.* trait de lumière, surtout du soleil ; *rayons visuels,* qui partent des objets, ou par le moyen desquels on voit les objets ; demi-diamètre du cercle, *t. de géom.* ; rais qui vont du moyeu de la roue jusqu'aux jantes ; sillon qu'on trace en labourant ; tablettes de bibliothèque ; — *de miel,* gâteau de cire divisé par petites cellules où les abeilles se retirent et font leur miel ; partie externe d'une corolle composée, *t. de bot.*

RAYONNANT, E, *adj.* qui rayonne ; *fig.* brillant.

RAYONNEMENT, *s. m.* action de rayonner.

RAYONNER, *v. n.* jeter des rayons.

RAYURE, *s. f.* manière dont une étoffe est rayée.

RE ou RÉ, *particule* qui entre dans la composition des mots, auxquels elle donne un sens itératif ou augmentatif ; —, *s. m.* seconde note de la gamme.

RÉACTIF, *s. m.* toute substance qui réagit, *t. de chim.*

RÉACTION, *s. f.* résistance du corps frappé à l'action du corps qui frappe ; *fig.* vengeance.

RÉADMISSION, *s. f.* nouvelle admission.

RÉAGIR, *v. n.* se dit d'un corps qui agit sur celui dont il vient d'éprouver l'action.

RÉAJOURNER, *v. a.* é, ée, *p.* ajourner de nouveau.

RÉALISATION, *s. f.* action de réaliser.

RÉALISER, *v. a. é, ée, p.* rendre réel ; effectuer.

RÉALISME, *s. m.* système, secte des réalistes.

RÉALISTES, *s. m. pl.* ceux qui regardent les êtres abstraits comme des êtres réels.

RÉALITÉ, *s. f.* existence effective, chose réelle.

RÉAPPOSER, *v. a. é, ée, p.* apposer de nouveau.

RÉAPPRÉCIATION, *s. f.* nouvelle appréciation.

RÉARPENTAGE, *s. m.* nouvel arpentage.

RÉARPENTER, *v. a. é, ée, p.* arpenter de nouveau.

RÉASSIGNATION, *s. f.* nouvelle assignation.

RÉASSIGNER, *v. a. é, ée, p.* assigner de nouveau.

RÉATTRACTION, *s. f.* action d'un corps qui attire de nouveau un corps qu'il avait d'abord attiré et ensuite repoussé.

REBAISER, *v. a. é, ée, p.* baiser de nouveau.

REBAISSER, *v. a. é, ée, p.* baisser de nouveau.

RÉBARBATIF, IVE, *adj.* rude, rebutant.

REBÂTER, *v. a. é, ée, p.* — *un âne*, lui remettre le bât.

REBÂTIR, *v. a. i, ie, p.* bâtir de nouveau.

REBATTRE, *v. a.* (se conj. c. *battre*) *fig.* répéter inutilement et d'une manière ennuyeuse.

REBELLE, *s. et adj. 2 g.* qui refuse d'obéir à l'autorité légitime.

RÉBELLER (*se*), *v. pr.* se révolter.

RÉBELLION, *s. f.* révolte.

REBÉQUER (*se*), *v. pr.* répondre avec fierté à son supérieur.

REBIFFER (*se*), *v. pr.* regimber.

REBLANCHIR, *v. a. i, ie, p.* blanchir une seconde fois.

REBOIRE, *v. a.* (se conj. c. *boire*) boire de nouveau.

REBONDI, IE, *adj.* arrondi par embonpoint.

REBONDIR, *v. n.* faire un ou plusieurs bonds.

REBONDISSEMENT, *s. m.* action d'un corps qui rebondit.

REBORD, *s. m.* bord élevé, ajouté, replié en saillie.

REBORDER, *v. a. é, ée, p.* border de nouveau, mettre un nouveau bord.

REBOTTER (*se*), *v. pr.* remettre ses bottes.

REBOUCHEMENT, *s. m.* action par laquelle une chose se rebouche ; état d'une chose rebouchée.

REBOUCHER, *v. a. é, ée, p.* boucher de nouveau ; *se —*, *v. pr.* se remplir de soi-même en parlant d'un trou.

REBOUILLIR, (*ll. m.*) *v. n.* bouillir de nouveau.

REBOUISAGE, *s. m.* action de rebouiser.

REBOUISER, *v. a. é, ée, p.* battre un chapeau, et lui donner un nouveau lustre, à l'eau simple.

REBOURGEONNER, *v. n.* pousser de nouveaux bourgeons.

REBOURS, *s. m.* sens contraire de ce qui est ou de ce qui doit être ; *à —, au —,* à contre-poil ; *fig.* à contre-sens.

REBOUTER, *v. a. é, ée, p.* remettre les os cassés.

REBOUTEUR, EUSE, *s.* qui remet les os cassés.

REBOUTONNER, *v. a. é, ée, p.* boutonner de nouveau.

REBRIDER, *v. a. é, ée, p.* brider de nouveau.

REBRODER, *v. a. é, ée, p.* broder sur ce qui est déjà brodé.

REBROUILLER, (*ll. m.*) *v. a. é, ée, p.* brouiller de nouveau.

REBROUSSE, *s. f.* ou **REBROUSSOIR**, *s. m.* sorte de peigne des tondeurs de drap ; *à — poil, loc. adv.* à contre-sens.

REBROUSSER, *v. a. é, ée, p.* relever en sens contraire ; — *chemin*, ou —, *v. n.* retourner sur ses pas.

REBROYER, *v. a. é, ée, p.* broyer de nouveau.

REBRUNIR, *v. a. i, ie, p.* brunir de nouveau.

REBUFFADE, *s. f.* mauvais accueil, refus mortifiant.

RÉBUS, s. m. jeu d'esprit; mauvais jeu de mots.

REBUT, s. m. action de rebuter, chose rebutée.

REBUTANT, E, adj. qui rebute; choquant, déplaisant.

REBUTER, v. a. é, ée, p. rejeter avec dureté, refuser, décourager, dégoûter, choquer, déplaire; se —, v. pr. se décourager.

RECACHETER, v. a. é, ée, p. cacheter de nouveau.

RÉCALCITRANT, E, adj. obstiné, rétif.

RÉCALCITRER, v. n. regimber; fig. résister avec opiniâtreté.

RÉCAPITULATION, s. f. répétition sommaire; résumé.

RÉCAPITULER, v. a. é, ée, p. faire la récapitulation.

RECARDER, v. a. é, ée, p. carder de nouveau.

RECARRELER, v. a. é, ée, p. carreler de nouveau.

RECÉDER, v. a. é, ée, p. céder à quelqu'un ce qu'il avait déjà cédé, ce qu'on avait acquis pour soi-même.

RECELÉ, s. m. recèlement d'effets.

RECÈLEMENT, s. m. action de receler.

RECELER, v. a. é, ée, p. garder et cacher des objets volés; donner retraite à des gens qui se cachent; cacher.

RECELEUR, EUSE, s. celui, celle qui recèle des objets volés.

RÉCEMMENT, adv. nouvellement, depuis peu.

RECENSEMENT, s. m. dénombrement, vérification.

RECENSER, v. a. é, ée, p. faire un recensement.

RÉCENT, E, adj. nouveau.

RECEPAGE, s. m. action de receper, ou effet de cette action.

RECEPER, v. a. é, ée, p. tailler une vigne jusqu'au pied, en coupant tous les sarments.

RÉCÉPISSÉ, s. m. reçu de papiers, de pièces, etc.; quittance.

RÉCEPTACLE, s. m. lieu de rassemblement (en mauvaise part).

RÉCEPTION, s. f. action-manière de recevoir; accueil.

RECETTE, s. f. ce qui est reçu; action de recouvrer ce qui est dû; composition de certains remèdes.

RECEVABLE, adj. 2 g. qui peut être admis, qui doit être reçu.

RECEVEUR, EUSE, s. celui, celle qui a charge de faire une recette.

RECEVOIR, v. a. reçu, ue, p. accepter, prendre ce qui est donné, offert; retenir, toucher ce qui est dû; commencer d'avoir, ressentir; accueillir, être susceptible de...; admettre.

RÉCHAFAUDER, v. n. redresser un échafaud.

RECHANGE, s. m. objet en réserve; droit.

RECHANGER, v. a. é, ée, p. changer de nouveau.

RECHANTER, v. a. é, ée, p. répéter une chanson.

RÉCHAPPER, v. n. être délivré, se tirer d'un grand péril.

RECHARGE, s. f. nouvelle charge d'une arme à feu.

RECHARGER, v. a. é, ée, p. et v. n. imposer une nouvelle charge; charger de nouveau une arme à feu; attaquer de nouveau.

RÉCHAUD, s. m. ustensile pour contenir du feu.

RÉCHAUFFEMENT, s. m. fumier neuf qui sert à réchauffer les couches refroidies.

RÉCHAUFFER, v. a. é, ée, p. chauffer ce qui était refroidi; fig. ranimer.

RÉCHAUFFOIR, s. m. espèce de fourneau pour réchauffer les mets sur les plats.

RECHAUSSER, v. a. é, ée, p. chausser de nouveau; — un arbre, remettre de la terre au pied.

RÊCHE, adj. 2 g. âpre, rude.

RECHERCHE, s. f. action de rechercher, perquisition; chose recherchée avec soin; poursuite.

RECHERCHER, v. a. é, ée, p. chercher de nouveau, chercher avec soin; faire enquête des actions, de la vie de quelqu'un; tâcher d'obtenir.

RECHIGNEMENT, s. m. action de rechigner.

RECHIGNER, v. n. témoigner de la répugnance, par l'air de son visage.

RECHUTE, s. f. nouvelle chute; fig. retour d'une maladie.

RÉCIDIVE, s. f. rechute dans une faute, t. de jurispr.

RÉCIDIVER, v. n. retomber dans la même faute.

RÉCIF, RESCIF ou RESSIF, s. m. chaîne de rochers à fleur d'eau.

RÉCIPIENDAIRE, s. m. celui qui se présente pour être reçu dans une compagnie.

RÉCIPIENT, s. m. vase pour recevoir les produits d'une distillation; dans une machine pneumatique, vaisseau où l'on renferme le corps qu'on veut mettre dans le vide.

RÉCIPROCITÉ, s. f. état, caractère de ce qui est réciproque.

RÉCIPROQUE, adj. 2 g. mutuel; verbe —, qui exprime l'action de plusieurs sujets les uns sur les autres; —, s. m. la pareille.

RÉCIPROQUEMENT, adv. mutuellement.

RÉCIPROQUER, v. n. rendre la pareille.

RECIRER, v. a. é, ée, p. cirer de nouveau.

RÉCIT, s. m. narration; ce que chante une voix seule dans certains passages d'un morceau d'ensemble; t. de mus.

RÉCITATIF, s. m. chant récité, sans être astreint à la mesure.

RÉCITATION, s. f. action de réciter.

RÉCITER, v. a. é, ée, p. dire de mémoire; raconter.

RÉCLAMATION, s. f. action de réclamer.

RÉCLAMER, v. a. é, ée, p. implorer, revendiquer; —, v. n. contredire, s'opposer de paroles; revenir contre un acte; se — de

quelqu'un, déclarer qu'on en est connu.

RECLOUER, v. a. é, ée, p. clouer une seconde fois.

RECLURE, v. a. (n'est usité qu'à l'inf. et aux temps composés du p. p. reclus, e) renfermer dans une clôture étroite et rigoureuse.

RECLUS, E, adj. et s. étroitement renfermé.

RÉCLUSION, s. f. détention.

RECOIFFER, v. a. é, ée, p. coiffer de nouveau; se —, v. pr. raccommoder sa coiffure.

RECOIN, s. m. coin plus caché.

RÉCOLEMENT, s. m. action de récoler; vérification.

RÉCOLER, v. a. é, ée, p. lire aux témoins leurs dépositions pour voir s'ils y persistent; vérifier.

RÉCOLLECTION, s. f. recueillement d'esprit.

RECOLLER, v. a. é, ée, p. coller de nouveau.

RÉCOLTE, s. f. action de recueillir les biens de la terre; fruits qu'on recueille.

RÉCOLTER, v. a. é, ée, p. faire une récolte.

RECOMMANDABLE, adj. 2 g. estimable.

RECOMMANDATAIRE, s. m. créancier qui recommande un prisonnier pour dettes.

RECOMMANDATION, s. f. action de recommander quelqu'un; choses dites ou écrites pour recommander quelqu'un, opposition à la mise en liberté d'un prisonnier.

RECOMMANDER, v. a. é, ée, p. prier d'être favorable à...; de prendre soin de...; inviter exhorter; charger de faire, enjoindre; rendre recommandable; faire écrouer de nouveau un prisonnier; se —, v. pr. demander invoquer la protection de...

RECOMMENCEMENT, s. m. action de recommencer.

RECOMMENCER, v. a. é, ée, p. et v. n. commencer de nouveau.

RÉCOMPENSE, s. f. prix d'une bonne action, d'un service;

25

dédommagement, châtiment, peine; en —, loc. adv. en revanche.

RÉCOMPENSER, v. a. é, ée, p. donner une récompense; dédommager, punir, compenser; se —, v. pr. se dédommager.

RECOMPOSER, v. a. é, ée, p. composer de nouveau.

RECOMPOSITION, s. f. action de recomposer un corps, effets de cette action; t. de chim.

RECOMPTER, v. a. é, ée, p. compter une seconde fois.

RÉCONCILIABLE, adj. 2 g. qui peut être réconcilié.

RÉCONCILIATEUR, TRICE, s. qui réconcilie.

RÉCONCILIATION, s. f. action de réconcilier.

RÉCONCILIER, v. a. é, ée, p. raccommoder des personnes brouillées.

RECONDUIRE, v. a. (se conj. c. détruire) accompagner par civilité quelqu'un dont on a reçu visite; ramener quelqu'un au lieu d'où il est venu.

RECONDUITE, s. f. action de reconduire quelqu'un.

RECONFESSER, v. a. é, ée, p. confesser une seconde fois.

RECONFIRMER, v. a. é, ée, p. confirmer de nouveau.

RÉCONFORT, s. m. consolation.

RÉCONFORTATION, s. f. action de réconforter.

RÉCONFORTER, v. a. é, ée, p. fortifier, consoler.

RECONFRONTATION, s. f. action de reconfronter.

RECONFRONTER, v. a. é, ée, p. confronter de nouveau.

RECONNAISSABLE, adj. 2 g. facile à reconnaître.

RECONNAISSANCE, s. f. action de reconnaître, gratitude, récompense pour un service, un bon office; aveu d'une faute; examen détaillé; écrit pour reconnaître qu'on a reçu une chose, qu'on est obligé à un devoir.

RECONNAISSANT, E, adj. qui a de la gratitude.

RECONNAÎTRE, v. a. (se conj. sur connaître) se remettre dans l'esprit l'idée d'une personne ou d'une chose, quand on vient à la revoir; découvrir; remarquer, avouer; établir, déclarer; récompenser; se —, v. pr. rentrer en soi-même, se repentir, s'avouer, reprendre ses sens.

RECONQUÉRIR, v. a. (se conj. sur conquérir) conquérir de nouveau.

RECONSTITUTION, s. f. constitution d'une rente avec l'argent provenant du remboursement d'une autre rente.

RECONSTRUCTION, s. f. action de reconstruire.

RECONSTRUIRE, v. a. (se conj. sur construire) rebâtir, rétablir un édifice.

RECONSULTER, v. a. é, ée, p. consulter de nouveau.

RECONTER, v. a. é, ée, p. conter de nouveau.

RECONTRACTER, v. a. é, ée, p. contracter de nouveau.

RECONVOQUER, v. a. é, ée, p. convoquer de nouveau.

RECOPIER, v. a. é, ée, p. transcrire de nouveau.

RECOQUILLEMENT, (ll m.) s. m. état de ce qui est recoquillé.

RECOQUILLER, (ll m.) v. a. é, ée, p. retrousser en forme de coquille.

RECORDER, v. a. é, ée, p. répéter une chose pour l'apprendre par cœur; se —, v. pr. se rappeler ce qu'on a à dire ou à faire; se — avec quelqu'un, se concerter avec lui.

RECORRIGER, v. a. é, ée, p. corriger de nouveau.

RECORS, s. m. celui qui suit un huissier comme témoin dans les exploits d'exécution, et qui lui prête main-forte au besoin.

RECOUCHER, v. a. é, ée, p. remettre au lit.

RECOUDRE, v. a. (se conj. sur coudre) coudre ce qui est déchiré ou décousu.

RECOULER, v. a. é, ée, p. faire passer un liquide par un linge; couler de nouveau.

RECOUPE, s. f. débris de pierres; farine tirée du son remis au moulin.

RECOUPER, *v. a.* é, ée, p. couper une seconde fois.

RECOUPETTE, *s. f.* troisième farine tirée du son des recoupes.

RECOURBER, *v. a.* é, ée, p. courber en rond par le bout.

RECOURIR, *v. a.* (se conj. sur *courir*) courir de nouveau; avoir recours à...

RECOURS, *s. m.* action de rechercher du secours, de l'assistance; refuge; action en dédommagement par voie légale.

RECOUSSE, *s. f.* délivrance, reprise d'une personne ou d'une chose enlevée par force.

RECOUVRABLE, *adj. 2 g.* qui peut se recouvrer.

RECOUVREMENT, *s. m.* action de recouvrer ce qui est perdu; rétablissement de la santé; recette de deniers; ces deniers; sorte de rebord qui recouvre.

RECOUVRER, *v. a.* é, ée, p. rentrer en possession de..; percevoir des impôts.

RECOUVRIR, *v. a.* (se conj. c. *ouvrir* : Ind. pr. j'ouvre, tu ouvres, il ouvre; n. ouvrons, v. ouvrez, ils ouvrent; imp. j'ouvrais, etc.; n. ouvrions, etc.; p. déf. j'ouvris, etc.; n. ouvrîmes, etc.; fut. j'ouvrirai, etc.; cond. j'ouvrirais, etc.; n. ouvririons, etc.; impér. ouvre, ouvrons, ouvrez; subj. pr. q. j'ouvre, etc.; q. n. ouvrions, etc.; imp. subj. que j'ouvrisse, etc.; q. n. ouvrissions, etc.; p. pr. ouvrant; p. p. ouvert, e.) couvrir de nouveau; *fig.* cacher sous des apparences louables.

RECRACHER, *v. a.* é, ée, p. rejeter ce qu'on a pris dans la bouche.

RÉCRÉATIF, IVE, *adj.* qui récrée.

RÉCRÉATION, *s. f.* divertissement, amusement.

RÉCRÉER, *v. a.* é, ée, p. divertir.

RECRÉER, *v. a.* é, ée, p. créer de nouveau; rétablir.

RECRÉPIR, *v. a.* é, ée, p. crépir de nouveau.

RECREUSER, *v. a.* é, ée, p. creuser de nouveau.

RECRIBLER, *v. a.* é, ée, p. cribler à plusieurs reprises.

RÉCRIER (se), *v. pr.* faire une exclamation sur une chose qui surprend ou qui choque.

RÉCRIMINATION, *s. f.* action de récriminer.

RÉCRIMINATOIRE, *adj. 2 g.* qui tend à récriminer.

RÉCRIMINER, *v. a.* é, ée, p. répondre à des reproches par d'autres reproches.

RÉCRIRE, *v. a.* (se conj. sur *écrire*) écrire de nouveau.

RECROÎTRE, *v. n.* prendre une nouvelle existence.

RECROQUEVILLER (se), (ll m.) *v. pr.* se dit du parchemin qui se replie près du feu, et des feuilles desséchées par le soleil.

RECROTTER, *v. a.* é, ée, p. crotter de nouveau.

RECRU, *s. m.* bois qui a crû après avoir été coupé.

RECRUE, *s. f.* nouvelle levée de gens de guerre; gens qui surviennent dans une société.

RECRUTEMENT, *s. m.* action de recruter.

RECRUTER, *v. a.* é, ée, p. faire des recrues.

RECRUTEUR, *s. m.* celui qui recrute.

RECTA, *adv.* (pris du latin) ponctuellement.

RECTANGLE, *s. m. et adj. 2 g.* se dit d'un triangle qui a un angle droit.

RECTANGULAIRE, *adj. 2 g.* qui a des angles droits.

RECTEUR, *s. m.* chef d'une académie universitaire; supérieur dans quelques colléges; curé.

RECTIFICATION, *s. f.* action de rectifier.

RECTIFIER, *v. a.* é, ée, p. redresser une chose défectueuse; la corriger; — *des liqueurs*, les distiller une seconde fois; — *une courbe*, trouver une droite qui l'égale en longueur.

RECTILIGNE, *adj. 2 g.* se dit d'une figure terminée par des lignes droites.

RECTITUDE, s. f. conformité à la droite règle ; à la saine raison.

RECTO, s. m. inv. première page d'un feuillet.

RECTORAL, E, adj. de recteur.

RECTORAT, s. m. charge de recteur, ou temps qu'on l'exerce.

RECTUM, s. m. le dernier des trois gros intestins.

REÇU, s. m. quittance sous seing privé.

RECUEIL, (lm.) s. m. réunion d'actes, d'écrits, de pièces.

RECUEILLEMENT, (ll m.) s. m. action par laquelle on se recueille.

RECUEILLIR, (ll m,) v. a. (se conj...c. cueillir) récolter, ramasser les fruits d'une terre; fig. en tirer du profit ; ramasser plusieurs choses dispersées; compiler, prendre ; tirer quelque induction de ; — ses esprits, rappeler son attention pour s'occuper d'une chose.

RECUIRE, v. a. (se conj. sur cuire) cuire de nouveau.

RECUIT, s. m. ou **RECUITE,** s. f. opération de recuire.

RECUL, s. m. mouvement en arrière que fait le canon qu'on décharge.

RECULADE, s. f. action d'une voiture qui recule ; fam. ce qui éloigne la conclusion d'une affaire.

RECULÉE, s. f. feu de —, grand feu qui oblige à se reculer : fam.

RECULEMENT, s. m. action de reculer ; pièce du harnais du cheval qui le soutient quand il recule.

RECULER, v. a. é, ée, p. tirer; porter, pousser en arrière; éloigner, retarder; v. n. aller en arrière; différer ce qu'on exige de nous ; au part. p. éloigné, lointain ; à reculons, en reculant, au prop. et au fig.

RÉCUPÉRER (se), v. pr. se dédommager d'une perte.

RÉCURER, V. ÉCURER.

RÉCUSABLE, adj. 2 g. qui peut être récusé ; à qui on ne peut ajouter foi.

RÉCUSATION, s. f. action par laquelle on récuse.

RÉCUSER, v. a. é, ée, p. alléguer des raisons pour ne pas se soumettre à la décision d'un juge, pour rejeter un témoin.

RÉDACTEUR, s. m. celui qui rédige.

RÉDACTION, s. f. action, manière de rédiger.

REDANSER, v. a. é, ée, p. et v. n. danser de nouveau.

REDDITION, s. f. action de rendre une place aux assiégeants ; — de compte, action de présenter un compte pour être vérifié et arrêté.

REDÉFAIRE, v. a. (se conj. sur faire,) défaire de nouveau.

REDÉJEUNER, v. n. déjeuner une seconde fois.

REDÉLIVRER, v. a. é, ée, p. délivrer de nouveau.

REDEMANDER, v. a. é, ée, p. demander une seconde fois ; demander ce qu'on a prêté ou donné.

REDÉMOLIR, v. a. i, ie, p. démolir de nouveau.

RÉDEMPTEUR, s. m. qui rachète ; ne se dit que de J.-C.

RÉDEMPTION, s. f. rachat du genre humain par J.-C.; rachat des captifs chrétiens au pouvoir des infidèles.

REDESCENDRE, v. a. n, ue, p. et v. n. descendre de nouveau.

REDEVABLE, adj. 2 g. reliquataire et débiteur après un compte rendu ; qui a obligation à quelqu'un.

REDEVANCE, s. f. rente ou autre charge qu'on doit annuellement.

REDEVANCIER, ÈRE, s. qui est obligé à des redevances.

REDEVENIR, v. n. (se conj. c. venir) recommencer à être ce qu'on était d'abord.

REDÉVIDER, v. a. é, ée, p. dévider de nouveau.

REDEVOIR, v. a. (se conj. c. devoir) être en reste, devoir après un compte fait.

RÉDHIBITION, s. f. action pour faire annuler la vente d'un objet défectueux.

REDHIBITOIRE, *adj. 2 g.* qui donne droit à la redhibition.

RÉDIGER, *v. a. é, ée, p.* mettre par écrit, résumer.

REDINGOTE, *s. f.* espèce de casaque.

REDIRE, *v. a.* (se conj. sur *dire*) répéter, dire de nouveau; révéler, blâmer.

REDISEUR, *s. m.* celui qui répète ce qu'il a dit.

REDITE, *s. f.* répétition fréquente.

REDON, chef-lieu d'arr. du dép. d'Ille-et-Vilaine.

RÉDONDANCE, *s. f.* superfluité de paroles dans un discours.

RÉDONDANT, E, *adj.* qui redonde.

RÉDONDER, *v. n.* surabonder.

REDONNER, *v. a. é, ée, p.* donner la même chose une seconde fois; rendre; *v. n.* revenir à ce qu'on avait abandonné; redoubler.

REDORER, *v. a. é, ée, p.* dorer de nouveau.

REDORMIR, *v. n.* dormir de nouveau.

REDOUBLEMENT, *s. m.* accroissement, augmentation.

REDOUBLER, *v. a. é, ée, p.* réitérer avec augmentation; remettre une doublure; —, *v. n.* augmenter.

REDOUTABLE, *adj. 2 g.* fort à craindre.

REDOUTE, *s. f.* pièce de fortification détachée; dans quelques provinces, bal public.

REDOUTER, *v. a. é, ée, p.* craindre fort.

REDRESSEMENT, *s. m.* action de redresser; son effet.

REDRESSER, *v. a. é, ee, p.* rendre droit; remettre dans le droit chemin, *au prop. et au fig.* — *les torts*, réparer les torts qu'on a faits; *se* —, *v. pr.* se tenir droit.

REDRESSEUR, *s. m.* celui qui redressait les torts; *t. de chevalerie*.

RÉDUCTIBLE, *adj. 2 g.* qu'on peut réduire.

RÉDUCTIF, IVE, *adj.* qui reduit.

RÉDUCTION, *s. f.* action de réduire, son effet; évaluation des monnaies, des mesures, les unes par rapport aux autres; opération par laquelle on change une figure en une autre semblable mais plus petite, *t. de géom.*; diminution de dépenses, de revenus; opération par laquelle on remet à leur place les os luxés ou fracturés; *t. de chir.*

RÉDUIRE, *v. a.* (se conj. c. *détruire*) restreindre, porter à un terme plus bas, copier en petit dans les mêmes proportions; diminuer, contraindre, obliger, soumettre, détruire, évaluer les monnaies les unes par rapport aux autres; résumer; faire l'opération de la réduction, *t. de chir.*; *se* —, *v. pr.* aboutir à...

RÉDUIT, *s. m.* retraite.

RÉDUPLICATIF, IVE, *adj.* qui marque le redoublement; *t. de gram.*

RÉDUPLICATION, *s. f.* répétition d'une lettre, d'une syllabe.

RÉÉDIFICATION, *s. f.* action de réédifier.

RÉÉDIFIER, *v. a. é, ée, p.* rebâtir.

RÉEL, LLE, *adj.* qui est véritablement, effectivement; —, *s. m.* ce qui est réel.

RÉÉLECTION, *s. f.* action de réélire.

RÉÉLIRE, *v. a.* (se conj. c. *lire*) élire de nouveau.

RÉELLEMENT, *adv.* en effet.

RÉEXPORTATION, *s. f.* exportation de marchandises étrangères.

RÉEXPORTER, *v. a. é, ée, p.* exporter de nouveau les marchandises étrangères.

REFAIRE, *v. a.* (se conj. sur *faire*) réparer, raccommoder, recommencer, remettre en vigueur.

REFAUCHER, *v. a. é, ée, p.* faucher de nouveau.

RÉFECTION, *s. f.* réparation d'un bâtiment.

RÉFECTOIRE, *s. m.* lieu où l'on prend ses repas en commun dans une communauté.

REFEND, *s. m.* mur qui fait des séparations dans l'intérieur d'un bâtiment ; *bois de* —, scié de long.

REFENDRE, *v. a.* (se conj. sur *fendre*) fendre de nouveau, scier en long.

RÉFÉRÉ, *s. m.* rapport que fait un juge sur quelque incident d'un procès.

RÉFÉRENDAIRE, *s. m.* officier rapporteur de chancellerie ; rapporteur à la cour des comptes.

RÉFÉRER, *v. a.* é, ée, *p.* rapporter, attribuer ; —, *v. n.* faire rapport, *t. de prat.;* s'en —, *v. pr.* s'en rapporter à...

REFERMER, *v. a.* é, ée, *p.* fermer de nouveau.

REFERRER, *v. a.* é, ée, *p.* — *un cheval*, lui remettre des fers.

REFÊTER, *v. a.* é, ée, *p.* célébrer de nouveau une fête.

REFEUILLETER, (*ll* m.) *v. a.* é, ée, *p.* feuilleter de nouveau.

REFIGER (se), *v. pr.* se figer de nouveau.

REFIXER, *v. a.* é, ée, *p.* fixer de nouveau.

RÉFLÉCHI, E, *adj.* fait, dit avec réflexion ; qui a l'habitude de réfléchir ; *verbe réfléchi*, qui exprime l'action d'un sujet sur lui-même.

RÉFLÉCHIR, *v. a.* 1, ie, *p.* repousser, renvoyer, en parlant d'un corps frappé par un autre ; —, *v. n.* rejaillir, être renvoyé ; méditer.

RÉFLÉCHISSANT, E, *adj.* se dit des surfaces qui occasionnent une réflexion.

RÉFLÉCHISSEMENT, *s. m.* rejaillissement, réverbération.

RÉFLECTEUR, *s. m.* corps qui réfléchit la lumière, *t. de phys.*

REFLET, *s. m.* réflexion de la lumière, de la couleur d'un corps sur un autre.

REFLÉTER, *v. a.* é, ée, *p.* faire un reflet.

REFLEURIR, *v. n.* fleurir de nouveau ; *fig.* rentrer en estime, en vogue ; (*dans le sens propre ce verbe est régulier ; dans le sens fig. il fait à l'imparfait de l'ind. il florissait, et au p. pr. florissant*).

RÉFLEXION, *s. f.* rejaillissement, réverbération ; méditation ; pensée.

REFLUER, *v. n.* se dit des eaux qui retournent vers le lieu d'où elles ont coulé.

REFLUX, *s. m.* mouvement de la mer qui se retire après le flux ; vicissitude des choses humaines.

REFONDRE, *v. a.* u, ue, *p.* mettre à la fonte une seconde fois ; *fig.* refaire.

RÉFONTE, *s. f.* action de refondre les monnaies, pour en refaire de nouvelles espèces.

REFORGER, *v. a.* é, ée, *p.* forger de nouveau.

RÉFORMABLE, *adj.* 2 g. qui peut, ou qui doit être réformé.

RÉFORMATEUR, TRICE, *s.* celui, celle qui réforme les abus.

RÉFORMATION, *s. f.* action de réformer, de corriger, de rétablir dans une meilleure forme.

RÉFORME, *s. f.* rétablissement dans l'ancienne forme, suppression des abus ; changement fait par les protestants du 16e siècle au culte et au dogme de l'église ; licenciement des troupes ; régularité dans les mœurs ; réduction des dépenses.

RÉFORMÉ, ÉE, *s.* et *adj.* celui qui professe les dogmes de la réforme ; ce qui est relatif à ces dogmes.

REFORMER, *v. a.* é, ée, *p.* former de nouveau.

RÉFORMER, *v. a.* é, ée, *p.* rétablir dans une autre forme, ou en donner une meilleure ; retrancher ce qui est nuisible ; réduire à un plus petit nombre.

REFOUILLER, (*ll* m.) *v. a.* é, ée, *p.* fouiller une seconde fois.

REFOULEMENT, *s. m.* action de refouler, effet de cette action.

REFOULER, *v. a.* é, ée, *p.* fouler de nouveau ; bourrer une pièce de canon avec le refouloir.

REFOULOIR, *s. m.* bâton qui sert à bourrer les pièces de canon.

REFOURNIR, *v. a.* i, ie, *p.* fournir de nouveau.

RÉFRACTAIRE, *adj.* 2 g. rebelle, désobéissant.

RÉFRACTER, *v. a.* é, ée, *p.* produire la réfraction.

RÉFRACTIF, IVE, *adj.* qui produit la réfraction.

RÉFRACTION, *s. f.* changement de direction d'un rayon de lumière qui passe par des milieux différents.

REFRAIN, *s. m.* mots qu'on répète à la fin de chaque couplet d'une chanson.

REFRANCHIR, *v. a.* i, ie, *p.* franchir de nouveau.

RÉFRANGIBILITÉ, *s. f.* propriété de la lumière en tant que réfrangible.

RÉFRANGIBLE, *adj.* 2 g. susceptible de réfraction.

REFRAPPER, *v. a.* é, ée, *p.* frapper de nouveau.

RÉFRIGÉRANT, E, *adj.* qui rafraîchit.

REFROGNEMENT, ou **RENFROGNEMENT**, *s. m.* action de se refrogner.

REFROGNER, ou **RENFROGNER** (se), *v. pr.* se faire des plis au front en signe de mécontentement.

REFROIDIR, *v. a.* i, ie, *p.* rendre froid, ralentir; *v. n.* et *v. p.* devenir froid.

REFROIDISSEMENT, *s. m.* diminution de chaleur, et *fig.* d'amitié.

REFROTTER, *v. a.* é, ée, *p.* frotter de nouveau.

REFUGE, *s. m.* asile; prétexte.

RÉFUGIER (se), *v. pr.* se retirer en un lieu de sûreté.

REFUS, *s. m.* action de refuser; chose refusée.

REFUSER, *v. a.* é, ée, *p.* ne pas accepter, ne pas accorder; *se — une chose*, s'en priver.

RÉFUTATION, *s. f.* discours par lequel on réfute; réponse à des objections.

RÉFUTER, *v. a.* é, ée, *p.* combattre par des raisons ce qu'un autre a avancé; argumenter contradictoirement.

REGAGNER, *v. a.* é, ée, *p.* recouvrer ce qu'on avait perdu; — *le logis*, y retourner.

REGAILLARDIR, (ll. m.) *v. a.* i, ie, *p.* remettre en bonne humeur.

REGAIN, *s. m.* herbe qui revient dans un pré qui a été fauché.

RÉGAL, *s. m.* (mus. au pl.) grand repas.

RÉGALADE, *s. f.* action de régaler; *boire à la —*, la tête renversée et en versant la boisson dans la bouche.

RÉGALE, *s. m.* un des jeux de l'orgue; —, *s. f.* droit qu'avait le roi sur les fruits des évêchés vacants, et de pourvoir, pendant ce temps, aux bénéfices qui sont à la collation de l'évêque; —, *adj. f. eau —*, acide nitro-muriatique, qui dissout l'or.

RÉGALER, *v. a.* é, ée, *p.* faire, donner un régal, divertir; répartir une taxe avec proportion; mettre un terrain de niveau.

REGALIEN, *adj. m.* droit attaché à la souveraineté.

REGARD, *s. m.* action par laquelle on regarde; ouverture pratiquée pour visiter un aqueduc.

REGARDANT, *s. m.* spectateur.

REGARDANT, E, *adj.* qui regarde de trop près; trop ménager.

REGARDER, *v. a.* é, ée, *p.* jeter la vue sur., examiner avec attention, concerner; être vis-à-vis de...

REGARNIR, *v. a.* i, ie, *p.* garnir de nouveau.

REGELER, *v. n.* geler de nouveau.

RÉGENCE, *s. f.* dignité qui donne pouvoir de gouverner un état pendant l'absence ou la minorité du souverain; temps que dure la régence; emploi de régent dans un collège.

RÉGÉNÉRATEUR, TRICE, s. celui, celle qui régénère.

RÉGÉNÉRATION, s. f. reproduction, renaissance.

RÉGÉNÉRER, v. n. faire renaître; se —, v. pr. se reproduire.

RÉGENT, E, s. et adj. qui exerce la régence; —, s. m. celui qui enseigne dans un collége.

RÉGENTER, v. a. et v. n. professer dans un collége; fig. aimer à faire prévaloir son avis.

RÉGICIDE, s. m. assassinat ou assassin d'un roi.

RÉGIE, s. f. administration de biens, à la charge d'en rendre compte; administration chargée de la recette des impôts indirects.

REGIMBER, v. n. ruer des pieds de derrière; fig. refuser d'obéir.

RÉGIME, s. m. règle, manière de vivre, par rapport à la santé; administration, gouvernement des états; mot qui dépend immédiatement d'un verbe ou d'une préposition; t. de gram.

RÉGIMENT, s. m. corps de gens de guerre composé de compagnies; fig. grand nombre.

RÉGION, s. f. grande étendue, dans le ciel, dans l'air ou sur la terre.

RÉGIR, v. a. i, le, p. gouverner, administrer; avoir un régime, t. de gram.

RÉGISSEUR, s. m. celui qui régit à charge de rendre compte.

REGISTRE, s. m. livre où l'on écrit les actes, les affaires de chaque jour, pour y avoir recours.

REGISTRER, v. a. é, ée, p. enregistrer.

RÈGLE, s. f. instrument qui sert à tirer des lignes droites; fig. maxime, enseignement, modèle, coutume, principe, opération d'arithmétique; statuts, bon ordre.

RÉGLÉ, ÉE, adj. conforme aux règles, sage, régulier.

RÈGLEMENT, s. m. action de régler; ordonnance, statut.

RÉGLÉMENT, adv. avec règle.

RÈGLEMENTAIRE, adj. 2 g. qui concerne les règlements.

RÉGLER, v. a. é, ée, p. tirer des lignes sur du papier, diriger suivant certaines règles; déterminer, mettre en bon ordre; se —, v. pr. prendre pour règle.

RÉGLET, s. m. petite règle d'imprimeur.

RÉGLEUR, s. m. celui qui règle le papier.

RÉGLISSE, s. f. plante légumineuse dont la racine sucrée est employée en médecine.

RÉGLURE, s. f. ouvrage du régleur.

RÉGNANT, E, adj. qui règne; fig. qui domine.

RÈGNE, s. m. gouvernement d'un état; fig. pouvoir, empire; le règne animal, végétal et minéral, les animaux, les végétaux et les minéraux, t. de phys.

RÉGNER, v. n. gouverner un royaume, un état en souverain; fig. dominer, être en vogue, s'étendre le long de...

RÉGNICOLE, s. m. et adj. 2 g. habitant naturel d'un royaume.

REGORGEMENT, s. m. action de ce qui regorge.

REGORGER, v. n. déborder, s'épancher hors de ses bornes; fig. avoir en abondance.

REGRAT, s. m. vente de sel, de charbon à petite mesure; lieu où on le vend, et droit de le vendre ainsi.

REGRATTER, v. a. é, ée, p. gratter de nouveau; racler les murailles d'un vieux bâtiment; —, v. n. faire des réductions sur les plus petits articles d'un compte.

REGRATTERIE, s. f. commerce de regrattier; marchandises de regrat.

REGRATTIER, IÈRE, s. qui vend du sel à la petite mesure; celui qui regratte dans un compte considérable.

REGREFFER, v. a. é, ée, p. greffer de nouveau.

REGRET, s. m. déplaisir d'avoir perdu ce qu'on possédait,

d'avoir manqué ce qu'on pouvait acquérir; repentir; *au pl.* plaintes, doléances; *à —, adv.* avec répugnance.

REGRETTABLE, *adj.* 2 g. digne d'être regretté.

REGRETTER, *v. a.* é, ée, *p.* être affligé d'une perte, d'avoir manqué l'acquisition d'un bien, d'avoir fait ou omis une chose.

RÉGULARISER, *v. a.* é, ée, *p.* rendre régulier.

RÉGULARITÉ, *s. f.* conformité aux règles; ordre invariable de la nature; observation exacte des devoirs, des règles, juste proportion.

RÉGULIER, ÈRE, *adj.* qui a de la régularité, exact, ponctuel, bien proportionné.

RÉGULIÈREMENT, *adv.* d'une manière régulière.

RÉHABILITATION, *s. f.* action de réhabiliter.

RÉHABILITER, *v. a.* é, ée, *p.* rétablir dans un état, dans un droit dont on était déchu; *fig.* rendre la réputation.

REHAUSSEMENT, *s. m.* action de rehausser, augmentation de valeur.

REHAUSSER, *v. a.* é, ée, *p.* hausser davantage; *fig.* faire paraître davantage.

RÉIMPOSER, *v. a.* é, ée, *p.* faire une nouvelle imposition, pour compléter une taxe.

RÉIMPOSITION, *s. f.* action de réimposer; imposition nouvelle.

RÉIMPRESSION, *s. f.* nouvelle impression d'un ouvrage.

RÉIMPRIMER, *v. a.* é, ée, *p.* imprimer de nouveau.

REIN, *s. m.* viscère destiné à la sécrétion de l'urine; *au pl.* le bas de l'épine du dos.

REINE, *s. f.* femme de roi, ou celle qui de son chef possède un royaume; *fig.* la première dans son genre.

REINE-CLAUDE, *pl.* reines-claudes, *s. f.* sorte de prune.

RÉINFECTER, *v. a.* é, ée, *p.* infecter de nouveau.

RÉINSTALLER, *v. a.* é, ée, *p.* installer de nouveau.

RÉINTÉGRATION, *s. f.* action de réintégrer.

RÉINTÉGRER, *v. a.* é, ée, *p.* remettre en possession.

RÉINTERROGER, *v. a.* é, ée, *p.* interroger de nouveau.

RÉINVITER, *v. a.* é, ée, *p.* inviter de nouveau.

RÉITÉRATIF, IVE, *adj.* qui réitère.

RÉITÉRATION, *s. f.* action de réitérer.

RÉITÉRER, *v. a.* é, ée, *p.* faire de nouveau ce qu'on a déjà fait.

REITRE, *s. m.* ancien cavalier allemand.

REJAILLIR, (*ll m.*) *v. n.* sortir avec impétuosité, en parlant des liquides; être réfléchi, en parlant des solides; *fig.* retomber sur...

REJAILLISSEMENT, (*ll m.*) *s. m.* action, mouvement de ce qui rejaillit.

REJAUNIR, *v. a.* et *v. n.* rendre ou redevenir jaune.

REJET, *s. m.* action par laquelle une chose est rejetée; nouvelle pousse d'une plante.

REJETABLE, *adj.* 2 g. qui doit être rejeté.

REJETER, *v. a.* é, ée, *p.* jeter une seconde fois, repousser, dédaigner; jeter dehors; *en parlant des arbres*, repousser après avoir été coupé; dans un compte, renvoyer à un autre article; — *une faute sur quelqu'un*, l'accuser pour se disculper; *fig.* rebuter, refuser.

REJETON, *s. m.* nouveau jet que donne le tronc ou la tige de tout végétal; *fig.* descendant.

REJOINDRE, *v. a.* (se conj. c. *joindre*) réunir des parties séparées; ratteindre des gens qui nous avaient devancés.

REJOUER, *v. n.* jouer de nouveau.

RÉJOUIR, *v. a.* i, ie, *p.* donner de la joie, du plaisir; *se —, v. pr.* se divertir, se féliciter.

RÉJOUISSANCE, *s. f.* démonstration de joie; *à la boucherie*, basse viande qu'il faut prendre avec la bonne et payer du même prix.

25.

RÉJOUISSANT, E, adj. qui réjouit.

RÉJOUTER, v. n. joûter de nouveau.

RELÂCHANT, adj. m. remède —, qui relâche; t. de méd.

RELÂCHE, s. m. interruption; repos; —, s. f. lieu propre à relâcher; t. de mar.

RELÂCHEMENT, s. m. diminution de tension; délassement; fig. ralentissement d'ardeur.

RELÂCHER, v. a. é, ée, p. faire qu'une chose soit moins tendue; remettre en liberté; céder, ralentir, diminuer; —, v. n. s'arrêter en quelque endroit, t. de mar.; se —, v. pr. se détendre, céder ses droits; fig. se ralentir.

RELAIS, s. m. chevaux frais qui remplacent ceux que l'on quitte; meute de chiens qu'on poste sur différents points pour la chasse du cerf et du sanglier; lieu où l'on met les relais.

RELANCER, v. a. é, ée, p. lancer une seconde fois; — quelqu'un, fam. l'aller trouver pour l'engager à quelque chose; lui répondre avec force et dureté.

RELAPS, E, s. et adj. qui est retombé dans l'hérésie.

RELARGIR, v. a. i, ie, p. rendre plus large.

RELATER, v. a. é, ée, p. raconter, mentionner.

RELATIF, IVE, adj. qui a quelque rapport à...

RELATION, s. f. rapport d'une chose à une autre; liaison, correspondance; récit.

RELATIVEMENT, adv. d'une manière relative.

RELATTER, v. a. é, ée, p. garnir un comble de lattes neuves; t. de couvreur.

RELAVER, v. a. é, ée, p. laver de nouveau.

RELAXER, v. a. é, ée, p. remettre en liberté, relâcher.

RELAYER, v. a. é, ée, p. occuper les ouvriers les uns après les autres; —, v. n. prendre des chevaux de relais; se —, v. pr. travailler alternativement.

RELÉGATION, s. f. bannissement à un lieu fixé.

RELÉGUER, v. a. é, ée, p. exiler à un lieu fixé; se —, v. pr. se retirer.

RELENT, s. m. mauvais goût que contracte une viande renfermée dans un lieu humide.

RELEVAILLES, (ll m.) s. f. pl. cérémonie qui se fait à l'église la première fois qu'une femme y vient après ses couches.

RELEVÉ, s. m. — de compte, extrait des articles qui regardent le même objet; —, ée, adj. remis debout, ranimé, remplacé; pensée relevée, sublime; —, s. f. l'après-midi; t. de pratique.

RELÈVEMENT, s. m. action de relever; énumération exacte; parties d'un vaisseau plus élevées que les autres.

RELEVER, v. a. é, ée, p. remettre debout ce qui était tombé; rétablir ce qui était en ruine; remettre dans son ancien état; ranimer, hausser, critiquer; remplacer, délier; —, v. n. dépendre, ressortir; se —, v. pr. sortir du lit où l'on vient d'entrer; fig. se remettre d'une perte, d'une maladie; se redresser.

RELIAGE, s. m. action de relier des tonneaux.

RELIEF, s. m. ouvrage relevé en bosse; saillie apparente; fig. distinction, éclat; au pl. restes des mets qu'on a servis.

RELIER, v. a. é, ée, p. lier de nouveau; assembler les feuilles d'un livre et y mettre une couverture; mettre des cercles à un tonneau.

RELIEUR, s. m. celui qui relie les livres.

RELIGIEUSEMENT, adv. avec religion; scrupuleusement.

RELIGIEUX, EUSE, adj. qui a rapport à la religion, ou à un ordre monastique; pieux, exact, ponctuel; —, s. celui, celle qui a fait des vœux dans un couvent.

RELIGION, s. f. culte rendu à la divinité; piété, dévotion; surprendre la —, tromper par un faux exposé.

RELIGIONNAIRE, s. 2 g. qui fait profession de la religion réformée.

RELIQUAIRE, s. m. boîte où l'on enchâsse des reliques.
RELIQUAT, s. m. reste de compte.
RELIQUATAIRE, s. et adj. 2 g. qui redoit après compte rendu.
RELIQUE, s. f. partie du corps d'un saint, ou chose qui lui a appartenu ; restes.
RELIRE, v. a. (se conj. sur lire) lire de nouveau.
RELIURE, s. f. manière dont un livre est relié ; ouvrage d'un relieur.
RELOUER, v. a. é, ée, p. sous-louer ; louer de nouveau.
RELUIRE, v. n. luire par réflexion ; fig. paraître avec éclat.
RELUISANT, E, adj. qui reluit.
RELUQUER, v. a. é, ée, p. regarder curieusement du coin de l'œil.
REMÂCHER, v. a. é, ée, p. mâcher une seconde fois ; fam. repasser plusieurs fois dans son esprit.
REMAÇONNER, v. a. é, ée, p. réparer la maçonnerie.
REMANIEMENT, ou REMANIMENT, s. m. action de remanier, son effet.
REMARCHER, v. n. recommencer à marcher.
REMARIER, v. a. et se —, v. pr. faire passer, passer à de secondes noces.
REMARQUABLE, adj. 2 g. qui se fait remarquer, digne d'être remarqué.
REMARQUABLEMENT, adv. d'une manière remarquable.
REMARQUE, s. f. observation, note.
REMARQUER, v. a. é, ée, p. marquer une seconde fois ; faire attention à ; distinguer.
REMASQUER, v. a. é, ée, p. masquer de nouveau ; se —, v. pr. remettre son masque.
REMBALLER, v. a. é, ée, p. emballer de nouveau.
REMBARQUEMENT, s. m. action de rembarquer, ou de se rembarquer.
REMBARQUER, v. a. é, ée, p. embarquer de nouveau ; se —, v. pr. se remettre sur mer ; fig.

s'engager de nouveau dans une affaire.
REMBARRER, v. a. é, ée, p. repousser vigoureusement ; fig. rejeter avec indignation.
REMBLAI, s. m. terre rapportée pour combler, élever ou niveler.
REMBLAVER, v. a. é, ée, p. — une terre, y ressemer du blé.
REMBLAYER, v. a. é, ée, p. apporter des remblais.
REMBOÎTEMENT, s. m. action de remboîter, son effet.
REMBOÎTER, v. a. é, ée, p. remettre en sa place ce qui était déboîté.
REMBOURRAGE, s. m. apprêt donné aux laines de diverses couleurs pour fabriquer des draps mélangés.
REMBOURREMENT, s. m. action de rembourrer ; son effet.
REMBOURRER, v. a. é, ée, p. garnir de bourre.
REMBOURROIR, s. m. outil pour rembourrer.
REMBOURSABLE, adj. 2 g. qui peut être remboursé.
REMBOURSEMENT, s. m. paiement d'une somme due.
REMBOURSER, v. a. é, ée, p. rendre les déboursés ; rendre le capital d'une rente.
REMBRASER, v. a. é, ée, p. embraser de nouveau.
REMBRASSER, v. a. é, ée, p. embrasser de nouveau.
REMBROCHER, v. a. é, ée, p. remettre à la broche.
REMBRUNIR, v. a. i, ie, p. rendre brun, plus brun, sombre et triste.
REMBRUNISSEMENT, s. m. qualité, état de ce qui est rembruni.
REMÈDE, s. m. ce qu'on emploie pour prévenir un malheur, ou pour guérir un mal ; lavement.
REMÉDIER, v. n. apporter remède.
REMÊLER, v. a. é, ée, p. mêler de nouveau.
REMEMBRANCE, s. f. souvenir.
REMÉMORATIF, IVE, adj. qui fait ressouvenir.

REMÉMORER, *v. a.* é, ée, *p.* faire ressouvenir ; *se —, v. pr.* se rappeler.

REMENER, *v. a.* é, ée, *p.* conduire, voiturer des personnes, des animaux ou des choses au lieu où elles étaient auparavant.

REMERCIER, *v. a.* é, ée, *p.* rendre grâces ; refuser d'accepter ; destituer.

REMERCÎMENT, *s. m.* action de grâces ; action de remercier.

RÉMÉRÉ, *s. m.* droit de racheter dans un certain temps ce qu'on vend.

REMETTRE, *v. a.* (se conj. sur *mettre*) mettre une chose à l'endroit où elle était auparavant ; rétablir, raccommoder ; rendre les forces ; rassurer ; rendre une chose à qui elle appartient, à qui elle est adressée ; différer ; pardonner, faire grâce de... ; mettre en dépôt ; reconnaître ; *se —, v. pr.* recouvrer la santé, se rassurer ; se rapporter à...

REMEUBLER, *v. a.* é, ée, *p.* regarnir de meubles.

RÉMINISCENCE, *s. f.* renouvellement d'une idée presque effacée.

REMIREMONT, chef-lieu d'arr. du dép. des Vosges.

REMISE, *s. f.* lieu pour mettre une voiture à couvert ; taillis où se retire le gibier ; délai, retardement ; argent qu'un négociant fait remettre à ses correspondants ; grâce ; somme qu'on abandonne à celui qui est chargé d'une recette ; *—, s. m.* carrosse de louage au jour ou au mois.

REMISER, *v. a.* é, ée, *p.* placer sous la remise.

RÉMISSIBLE, *adj.* 2 g. pardonnable.

RÉMISSION, *s. f.* pardon, grâce accordée à un criminel ; diminution, relâchement ; t. de méd.

RÉMITTENT, E, *adj.* se dit des maladies qui ont des rémissions.

REMMAILLOTER, (*ll* m.) *v. a.* é, ée, *p.* remettre au maillot.

REMMANCHER, *v. a.* é, ée, *p.* remettre un nouveau manche

REMMENER, *v. a.* é, ée, *p.* emmener la personne qu'on avait amenée.

REMONTE, *s. f.* chevaux pour remonter des cavaliers.

REMONTER, *v. a.* é, ée, *p.* monter de nouveau ; donner des chevaux de remonte ; remettre en état, raccommoder, remettre à neuf ; ⌐, *v. n.* monter une seconde fois, retourner d'où l'on est descendu ; reprendre les choses de plus loin, dès l'origine.

REMONTRANCE, *s. f.* réprimande, avis d'un supérieur.

REMONTRER, *v. a.* é, ée, *p.* faire des remontrances, donner des avis.

REMORDRE, *v. a.* (se conj. c. *mordre*) mordre de nouveau ; *—, v. n.* attaquer de nouveau.

REMORDS, *s. m.* reproche que fait la conscience.

REMORQUE, *s. f.* action de remorquer.

REMORQUER, *v. a.* é, ée, *p.* tirer un vaisseau, une voiture, par le moyen d'un ou plusieurs navires, ou d'une machine à vapeur.

REMORQUEUR, *s. m.* vaisseau, machine pour remorquer.

REMOUDRE, *v. a.* (se conj. c. *moudre*) moudre une seconde fois ; émoudre.

REMOUILLER, (*ll* m.) *v. a.* é, ée, *p.* mouiller de nouveau.

REMOULAGE, *s. m.* son de gruau.

RÉMOULEUR, *s. m.* celui qui repasse des instruments tranchants sur la meule.

REMPAILLAGE, (*ll* m.) *s. m.* ouvrage du rempailleur.

REMPAILLER, (*ll* m.) *v. a.* é, ée, *p.* garnir de paille.

REMPAILLEUR, EUSE, (*ll* liq.) *s.* celui, celle qui regarnit des siéges de paille.

REMPAQUETER, *v. a.* é, ée, *p.* remettre en paquet.

REMPARER (*se*), *v. pr.* s'emparer de nouveau.

REMPART, *s. m.* levée de terre qui environne et défend une place ; *fig.* ce qui sert de défense.

REMPLAÇANT, s. m. celui qui remplace un conscrit.

REMPLACEMENT, s. m. action de remplacer; emploi utile du prix d'une vente; substitution d'un homme de bonne volonté à un conscrit.

REMPLACER, v. a. é, ée, p. faire un remplacement; remplir la place de quelqu'un; tenir lieu de...

REMPLI, s. m. pli fait à une étoffe.

REMPLIER, v. a. é, ée, p. faire un rempli.

REMPLIR, v. a. i, ie, p. emplir de nouveau; combler, boucher, achever de remplir; se —, v. pr. se gorger; — une place, l'occuper; — son devoir, s'en acquitter; —les espérances, l'attente de..., y répondre.

REMPLISSAGE, s. m. action de remplir; chose dont on remplit.

REMPLOI, s. m. remplacement, nouvel emploi de deniers.

REMPLOYER, (se conj. c. ployer) v. a. é, ée, p. employer de nouveau.

REMPLUMER, v. a. é, ée, p. regarnir de plumes; se —, v. pr. se dit des oiseaux à qui les plumes reviennent; fig. rétablir ses affaires.

REMPOCHER, v. a. é, ée, p. remettre dans sa poche.

REMPOISONNER, v. a. é, ée, p. empoisonner de nouveau.

REMPORTER, v. a. é, ée, p. enlever d'un lieu ce qu'on y avait apporté; emporter; gagner.

REMPRISONNER, v. a. é, ée, p. remettre en prison.

REMPRUNTER, v. a. é, ée, p. emprunter de nouveau.

REMUAGE, s. m. action de remuer des marchandises.

REMUANT, E, adj. qui remue sans cesse; fig. brouillon, propre à exciter des troubles.

REMUE-MÉNAGE, s. m. dérangement, trouble, désordre.

REMUEMENT ou REMŪMENT, s. m. action de ce qui remue; transport d'un lieu à un autre; mouvement; troubles.

REMUER, v. a. é, ée, p. et v. n. changer de place; fig. émouvoir; se —, v. pr. se donner du mouvement pour réussir.

RÉMUNÉRATEUR, TRICE, s. qui récompense.

RÉMUNÉRATION, s. f. récompense.

RÉMUNÉRATOIRE, adj. 2 g. qui tient lieu de récompense.

RÉMUNÉRER, v. a. é, ée, p. récompenser.

RENÂCLER, v. n. faire certain bruit en retirant son haleine par le nez; fig. refuser.

RENAISSANCE, s. f. seconde naissance; renouvellement.

RENAISSANT, E, adj. qui renaît.

RENAÎTRE, v. n. (se conj. c. naître) naître de nouveau.

RENARD, s. m. quadrupède carnivore très-rusé; fig. homme fin et rusé.

RENARDE, s. f. femelle du renard.

RENARDEAU, s. m. petit renard.

RENARDIÈRE, s. f. tanière du renard.

RENCAISSER, v. a. é, ée, p. remettre dans une caisse.

RENCHAÎNER, v. a. é, ée, p. remettre à la chaîne.

RENCHÉRI, IE, adj. devenu plus cher; faire le —, le difficile.

RENCHÉRIR, v. a. et v. n. enchérir.

RENCHÉRISSEMENT, s. m. enchérissement.

RENCOGNER, v. a. é, ée, p. pousser, serrer dans un coin.

RENCONTRE, s. f. circonstance fortuite par laquelle on trouve une personne, une chose; concours; conjonction des corps par art ou par nature; trait d'esprit, bon mot; choc de deux corps de troupes, lorsqu'il se fait par hasard; duel non prémédité; occasion, conjoncture.

RENCONTRER, v. a. é, ée, p. trouver une personne ou une chose, soit qu'on la cherche ou non; se —, v. pr. trouver en chemin; avoir les mêmes pensées qu'un autre sur le même sujet.

RENDETTER, (se), v. pr. contracter de nouvelles dettes.
RENDEZ-VOUS, s. m. désignation d'un lieu pour s'y trouver à heure et jour fixes; ce lieu même.
RENDORMIR, v. a. et se —, v. pr. faire dormir ou s'endormir de nouveau.
RENDRE, v a. u, ue, p. remettre à sa destination, restituer, s'acquitter; faire devenir, produire, rapporter, livrer, traduire, répéter, rejeter par les voies naturelles; — l'âme, mourir; — raison d'une chose, expliquer pourquoi; se —, v. pr. se transporter, se soumettre.
RENDUIRE, v. a. (se conj. c. conduire) enduire de nouveau.
RENDURCIR, v. a. i, ie, p. rendre plus dur.
RÊNE, s. f. courroie de la bride d'un cheval; direction, gouvernement.
RENÉGAT, E, s. qui a renié sa religion, son opinion.
RENEIGER, v. imp. neiger de nouveau.
RENETTOYER, v. a. é, ée, p. nettoyer de nouveau.
RENFAÎTER, v. a. é, ée, p. raccommoder le faîte d'un toit.
RENFERMER, v. a. é, ée, p. enfermer une seconde fois; contenir; restreindre; réduire dans de certaines bornes.
RENFILER, v. a. é, ée, p. enfiler de nouveau.
RENFLAMMER, v. a. é, ée, p. enflammer de nouveau.
RENFLEMENT, s. m. augmentation de volume.
RENFLER, v. n. augmenter de grosseur.
RENFONCEMENT, s. m. profondeur, partie reculée.
RENFONCER, v. a. é, ée, p. enfoncer de nouveau, ou plus avant.
RENFORCEMENT, s. m. action de renforcer, effet de cette action.
RENFORCER, v. a. é, ée, p. et se —, v. pr. rendre ou devenir plus fort.
RENFORT, s. m. augmentation de forces.

RENFROGNER. V. REFROGNER.
RENGAGEMENT, s. m. action de se rengager; de rengager.
RENGAGER, v. a. é, ée, p. engager une autre fois; se —, v. pr. prendre un nouvel engagement.
RENGAÎNER, v. a. é, ée, p. remettre dans la gaîne, dans le fourreau; supprimer.
RENGENDRER, v. a. é, ée, p. engendrer de nouveau.
RENGORGER, (se), v. pr. affecter un air de fierté; faire l'important.
RENGRAISSER, v. a. é, ée, p. faire revenir gras; v. n. redevenir gras.
RENHARDIR, (h asp.) v. a. i, ie, p. redonner de la hardiesse.
RENIABLE, adj. 2. g. de nature à être renié.
RENIEMENT, ou RENÎMENT, s. m. action de renier.
RENIER, v. a. é, ée, p. nier, désavouer, méconnaître, renoncer.
RENIEUR, EUSE, s. qui renie.
RENIFLEMENT, s. m. action de renifler.
RENIFLER, v. n. retirer, en respirant, l'air qui est dans les narines.
RENIFLEUR, EUSE, s. qui renifle.
RENIVELER, v. a. é, ée, p. niveler de nouveau.
RENNE, s. m. quadrupède de Laponie qui ressemble au cerf.
RENNES, chef-lieu du dép. d'Ille-et-Vilaine.
RENOIRCIR, v. a. i, ie, p. noircir de nouveau.
RENOM, s. m. réputation bonne ou mauvaise.
RENOMMÉ, ÉE, adj. fameux.
RENOMMÉE, s. f. réputation, célébrité; bruit public; divinité allégorique chez les poètes.
RENOMMER, v. a. é, ée, p. nommer une seconde fois; nommer avec éloge.
RENONCEMENT, s. m. action de renoncer.
RENONCER, v. n. se désister, abandonner; —, v. a. é, ée, p. renier, désavouer.

RENONCIATION, *s. f.* acte par lequel on renonce à...

RENONCULE, *s. f.* plante à racines en griffe, d'un grand nombre d'espèces; sa fleur.

RENOUEMENT ou **RENOUMENT**, *s. m.* renouvellement.

RENOUER, *v. a. é, ée, p.* nouer une chose dénouée; *fig.* renouveler.

RENOUEUR, **EUSE**, *s.* celui, celle qui remet les membres disloqués.

RENOUVELER, *v. a. é, ée, p.* rendre nouveau; recommencer, réitérer, faire reparaître; contracter de nouveau; *se —*, *v. pr.* avoir lieu de nouveau.

RENOUVELLEMENT, *s. m.* rétablissement d'une chose dans son premier état, ou dans un meilleur; réitération, accroissement.

RÉNOVATEUR, *s. m.* qui renouvelle.

RÉNOVATION, *s. f.* renouvellement.

RENSEIGNEMENT, *s. m.* indice qui sert à faire reconnaître une chose; document.

RENSEIGNER, *v. a. é, ée, p.* enseigner de nouveau; donner des renseignements.

RENSEMENCER, *v. a. é, ée, p.* ensemencer de nouveau.

RENTAMER, *v. a. é, ée, p.* entamer de nouveau.

RENTASSER, *v. a. é, ée, p.* entasser de nouveau.

RENTE, *s. f.* revenu annuel en argent ou en nature.

RENTER, *v. a. é, ée, p.* assigner un revenu; *renté, ée, p. p. et adj.* qui a des rentes.

RENTIER, **ÈRE**, *s.* qui a des rentes.

RENTOILAGE, *s. m.* action de rentoiler.

RENTOILER, *v. a. é, ée, p.* regarnir de toile; remettre un vieux tableau sur une toile neuve.

RENTORTILLER, (ll m.) *v. a. é, ée, p.* entortiller de nouveau.

RENTRAÎNER, *v. a. é, ée, p.* entraîner de nouveau.

RENTRAIRE, *v. a.* (se conj. c. *traire*) rejoindre deux morceaux de drap, en sorte que la couture ne paraisse pas.

RENTRANT, *adj.* angle dont l'ouverture est en dehors.

RENTRAYEUR, **EUSE**, *s.* qui sait rentraire.

RENTRÉE, *s. f.* action de rentrer; retour.

RENTRER, *v. n.* entrer de nouveau, obtenir de nouveau; — *en soi-même*, faire réflexion sur soi-même; —, *v. a. é, ée, p.* entrer ce qui avait été mis dehors.

RENVAHIR, *v. a. i, ie, p.* envahir de nouveau.

RENVELOPPER, *v. a. é, ée, p.* envelopper de nouveau.

RENVENIMER, *v. a. é, ée, p.* envenimer de nouveau.

RENVERSE (*à la*), *adv.* sur le dos, le visage en haut.

RENVERSÉ, **ÉE**, *adj.* jeté à la renverse; détruit, en désordre; en sens contraire du support, *t. de bot.*

RENVERSEMENT, *s. m.* action de renverser, état d'une chose renversée; *fig.* bouleversement, destruction.

RENVERSER, *v. a. é, ée, p.* jeter par terre; abattre; *fig.* troubler, détruire.

RENVOI, *s. m.* envoi d'une chose à la personne qui l'avait envoyée; congé donné à des troupes, à des serviteurs; répercussion d'un corps par un autre; jugement qui renvoie les parties devant les juges qui doivent connaître de leurs différends; marque, signe qui renvoie à un autre signe dans un livre.

RENVOYER, *v. a. é, ée, p.* envoyer une seconde fois; faire reporter à quelqu'un ce qu'il avait envoyé; congédier, différer, répercuter, refléter.

RÉOLE (*la*), chef-lieu d'arr. du dép. de la Gironde.

RÉOPINER, *v. n.* opiner de nouveau.

RÉORGANISATION, *s. f.* organisation nouvelle.

RÉORGANISER, *v. a. é, ée, p.* organiser de nouveau.

REPAIRE, *s. m.* retraite des bêtes féroces, des malfaiteurs.

RÉPAISSIR, *v. a.* i, ie, p. rendre plus épais ; —, *v. n.* devenir plus épais.

REPAÎTRE, *v. n.* (se conj. sur *paître*), manger; *v. a.* nourrir ; se —, *v. pr.* se nourrir.

RÉPANDRE, *v. a.* u, ue, p. verser, épancher, distribuer, étendre ; se —, *v. pr.* se propager.

RÉPARABLE, *adj.* 2 g. qu'on peut réparer.

REPARAÎTRE, *v. n.* (se conj. c. *paraître*), paraître de nouveau.

RÉPARATEUR, *s. m.* celui qui répare.

RÉPARATION, *s. f.* ouvrage fait ou à faire pour réparer ; *fig.* satisfaction d'une injure.

RÉPARER, *v. a.* é, ée, p. rétablir, raccommoder ; effacer ; faire réparation ; rétablir.

REPARLER, *v. n.* parler de nouveau.

RÉPARTIE, *s. f.* réplique.

REPARTIR, *v. n.* (se conj. sur *partir*), partir de nouveau ; *v. a.* et *v. n.* répliquer.

RÉPARTIR, *v. a.* i, ie, p. partager, distribuer.

RÉPARTITEUR, *s. m.* qui fait une répartition.

RÉPARTITION, *s. f.* distribution, partage.

REPAS, *s. m.* nourriture prise à des heures réglées.

REPASSAGE, *s. m.* action de repasser du linge, des couteaux.

REPASSER, *v. n.* passer une autre fois ; *v. a.* passer de nouveau ; — *des couteaux*, les aiguiser ; — *du linge*, le rendre plus uni en passant dessus un fer chaud ; — *sa leçon*, la répéter seul, après l'avoir apprise, pour être plus sûr de sa mémoire.

REPASSEUSE, *s. f.* celle dont le métier est de repasser le linge.

REPAVER, *v. a.* é, ée, p. paver de nouveau.

REPÊCHER, *v. a.* é, ée, p. retirer de l'eau ce qui y était tombé.

REPEIGNER, *v. a.* é, ée, p. peigner de nouveau.

REPEINDRE, *v. a.* (se conj. c. *peindre*) peindre de nouveau.

REPENDRE, *v. a.* u, ue, p. suspendre de nouveau.

REPENTANCE, *s. f.* regret qu'on a de ses péchés.

REPENTANT, E, *adj.* qui se repent.

REPENTIR, *s. m.* regret d'avoir, ou de n'avoir pas fait une chose.

REPENTIR (se), *v. pr.* avoir de la douleur, du regret.

REPERCER, *v. a.* é, ée, p. percer de nouveau.

RÉPERCUSSIF, IVE, *s. m. et adj.* se dit des remèdes qui ont la propriété de répercuter.

RÉPERCUSSION, *s. f.* — *des humeurs*, action par laquelle les humeurs en mouvement pour sortir sont repoussées au dedans; réflexion de la lumière, du son.

RÉPERCUTER, *v. a.* é, ée, p. faire rentrer les humeurs au dedans ; réfléchir le son, la lumière.

REPERDRE, *v. a.* u, ue, p. perdre une seconde fois.

RÉPERTOIRE, *s. m.* recueil où les choses sont rangées par ordre ; liste des pièces restées au théâtre, ou qu'on doit jouer pendant la semaine.

REPESER, *v. a.* é, ée, p. peser une seconde fois.

RÉPÉTAILLER, (*ll m.*) *v. a.* é, ée, p. répéter la même chose jusqu'à satiété.

RÉPÉTER, *v. a.* é, ée, p. dire ce qu'on a déjà dit ; réciter ; donner des répétitions à des écoliers ; recommencer ; se —, *v. pr.* dire ou faire ce qu'on a déjà dit ou fait.

RÉPÉTITEUR, *s. m.* celui qui répète des écoliers.

RÉPÉTITION, *s. f.* redite, *fig. de rhétorique*; emploi des mêmes mots, des mêmes tours ; exercice des écoliers qu'on répète; essai fait en particulier d'une pièce qu'on doit jouer en public; action de revendiquer en justice.

REPÉTRIR, *v. a.* 1, ie, p. pétrir de nouveau.
REPEUPLEMENT, *s. m.* action de repeupler.
REPEUPLER, *v. a.* é, ée, p. peupler de nouveau.
REPILER, *v. a.* é, ée, p. piler une seconde fois.
REPIQUER, *v. a.* é, ée, p. piquer de nouveau.
RÉPIT, *s. m.* relâche, délai.
REPLACER, *v. a.* é, ée, p. remettre en place.
REPLAIDER, *v. a.* é, ée, p. et *v. n.* plaider de nouveau.
REPLANTER, *v. a.* é, ée, p. planter de nouveau.
REPLÂTRAGE, *s. m.* réparation superficielle faite avec du plâtre; mauvais moyen employé pour réparer une faute.
REPLÂTRER, *v. a.* é, ée, p. faire un replâtrage.
REPLET, ÈTE, *adj.* trop gras, ne se dit que des personnes.
RÉPLÉTION, *s. f.* plénitude.
REPLEUVOIR, *v. imp.* (se conj. c. *pleuvoir*) pleuvoir de nouveau.
REPLI, *s. m.* pli redoublé; *fig.* ce qu'il y a de plus caché; *au pl.* manière dont se meuvent les reptiles.
REPLIER, *v. a.* é, ée, p. plier ce qui a été déplié; *se —, v. pr.* faire plusieurs plis, en parlant des reptiles; faire un mouvement en arrière et en bon ordre.
RÉPLIQUE, *s. f.* ce qu'on objecte à une réponse; réponse à ce qui a été dit ou écrit; répétition des octaves, *t. de mus.*
RÉPLIQUER, *v. a.* é, ée, p. et *v. n.* faire une réplique.
REPLISSER, *v. a.* é, ée, p. plisser de nouveau.
REPLONGER, *v. a.* é, ée, p. plonger de nouveau.
REPOLIR, *v. a.* i, ie, p. polir de nouveau.
REPOMPER, *v. a.* é, ée, p. pomper de nouveau.
RÉPONDANT, *s. m.* celui qui subit un examen, soutient une thèse; qui répond la messe; caution, garant.
RÉPONDRE, *v. a.* et *v. n.* repartir à quelqu'un sur ce qu'il a dit, écrit, ou demandé; réfuter; avoir rapport, proportion, conformité; rendre la pareille; se montrer reconnaissant; se faire sentir par communication; aboutir; être caution.
RÉPONS, *s. m.* ce qu'on chante après les leçons dans l'office divin.
RÉPONSE, *s. f.* ce qu'on répond; réfutation; lettre écrite pour répondre à une autre.
REPORTER, *v. a.* é, ée, p. porter une chose à l'endroit où elle était; redire ce qu'on a vu et entendu; transporter d'un lieu à un autre, du bas d'une page au haut de la page suivante.
REPOS, *s. m.* cessation de mouvement, de travail; tranquillité d'esprit; césure en poésie; palier d'escalier; état d'une arme à feu dont le chien n'est ni abattu, ni bandé.
REPOSER, *v. a.* é, ée, p. mettre dans une situation tranquille; *fig.* procurer du calme; *—, v. n.* être dans un état de repos; *se —, v. pr.* cesser de travailler; *se — sur quelqu'un*, s'en rapporter à lui.
REPOSOIR, *s. m.* autel qu'on prépare dans les lieux où passe la procession de la Fête-Dieu pour y faire reposer le Saint-Sacrement.
REPOUSSANT, E, *adj.* qui inspire du dégoût.
REPOUSSEMENT, *s. m.* action de repousser.
REPOUSSER, *v. a.* é, ée, p. rejeter, renvoyer; faire reculer en poussant, réfuter; *—, v. n.* pousser de nouveau, en parlant des végétaux, etc.
REPOUSSOIR, *s. m.* cheville de fer qui sert à en faire sortir une autre; instrument de dentiste; effets vigoureux de couleurs sur le premier plan d'un tableau pour faire paraître plus éloignés les objets placés sur les autres plans.
RÉPRÉHENSIBLE, *adj.* 2 g. digne de blâme.
RÉPRÉHENSION, *s. f.* réprimande; blâme.

REPRENDRE, *v. a.* (se conj. sur *prendre*), continuer ce qui avait été interrompu; répliquer, blâmer, réprimander, rétablir; —, *v. n.* en parlant des arbres transplantés, prendre de nouveau racine; *se* —, *v. pr.* s'interrompre en parlant pour s'exprimer différemment; se rejoindre, en parlant de chairs coupées.

REPRÉSAILLE, (*Il m.*) *s. f.* se dit surtout au *pl.*, traitement qu'on fait à l'ennemi pour s'indemniser du dommage qu'il nous a causé; *user de représailles*, repousser une injure par une autre.

REPRÉSENTANT, *s. m.* celui qui agit pour un autre, qui tient sa place.

REPRÉSENTATIF, IVE, *adj.* qui représente : *gouvernement* —, où l'autorité est exercée par des représentants élus par le peuple.

REPRÉSENTATION, *s. f.* exhibition, ce qu'on représente; action de représenter; objection; remontrance, droit à une succession, du chef d'une personne qu'on représente; rang que tient une personne.

REPRÉSENTER, *v. a.* é, ée, *p.* présenter de nouveau; exposer devant les yeux; rappeler le souvenir de; figurer aux yeux et à l'esprit; jouer en public une pièce de théâtre; agir au nom de quelqu'un; faire des remontrances; faire une grande dépense : *se* —, *v. pr.* se présenter de nouveau; se rappeler le souvenir de.

RÉPRESSIF, IVE, *adj.* qui réprime.

RÉPRESSION, *s. f.* action de réprimer.

REPRÊTER, *v. a.* é, ée, *p.* prêter de nouveau.

REPRIER, *v. a.* é, ée, *p.* prier de nouveau; prier à son tour.

RÉPRIMABLE, *adj.* 2 g. qui peut ou doit être réprimé.

RÉPRIMANDE, *s. f.* répréhension, reproche, blâme.

RÉPRIMANDER, *v. a.* é, ée, *p.* reprocher à quelqu'un sa faute avec autorité.

RÉPRIMANT, E, *adj.* qui réprime.

RÉPRIMER, *v. a.* é, ée, *p.* contenir; arrêter les progrès.

REPRISE, *s. f.* action de reprendre; continuation de ce qui a été interrompu; seconde partie d'un air, d'une chanson; réparation d'un mur repris en sous œuvre; raccommodage d'une étoffe, d'une dentelle; somme que l'on a le droit de reprendre dans une succession.

RÉPROBATION, *s. f.* action de réprouver.

REPROCHABLE, *adj.* 2 g. qui mérite reproche; récusable.

REPROCHE, *s. m.* ce qu'on objecte à quelqu'un en le blâmant; *au pl.* raisons qu'on produit pour récuser des témoins.

REPROCHER, *v. a.* é, ée, *p.* objecter à quelqu'un une chose qu'on croit devoir lui faire honte; — *un bienfait*, accuser d'ingratitude.

REPRODUCTIBILITÉ, *s. f.* faculté d'être reproduit.

REPRODUCTIBLE, *adj.* 2 g. susceptible d'être reproduit.

REPRODUCTION, *s. f.* nouvelles tiges que poussent les plantes; leur renouvellement par les semences.

REPRODUIRE, *v. a.* it, ite, *p.* produire de nouveau; *se* —, *v. pr.* — *dans le monde*, le fréquenter de nouveau, se montrer de nouveau.

REPROMETTRE, *v. a.* (se conj. c. *mettre*), promettre de nouveau.

REPROUVER, *v. a.* é, ée, *p.* prouver de nouveau.

RÉPROUVER, *v. a.* é, ée, *p.* désapprouver, condamner.

REPTILE, *s. m.* et *adj.* 2 g. animal qui rampe, comme les serpents et les vers, ou qui a les pieds si courts qu'il semble ramper, comme les lézards.

RÉPUBLICAIN, E, *s.* et *adj.* qui appartient à la république; partisan de ce gouvernement.

RÉPUBLICANISME, *s. m.* affection pour le gouvernement républicain; opinion du républicain.

RÉPUBLIQUE, *s. f.* état gouverné par plusieurs ; la chose publique ; se prend quelquefois pour toute sorte de gouvernement ; — *des lettres, fig.* les gens de lettres considérés comme s'ils formaient un corps.

RÉPUDIATION, *s. f.* action de répudier.

RÉPUDIER, *v. a.* é, ée, *p.* divorcer ; *fig.* renoncer.

RÉPUGNANCE, *s. f.* aversion ; dégoût.

RÉPUGNANT, E, *adj.* contraire, opposé.

RÉPUGNER, *v. n.* être opposé ; avoir de la répugnance.

REPULLULER, *v. n.* renaître en grande quantité.

RÉPULSIF, IVE, *adj.* qui repousse.

RÉPULSION, *s. f.* action de ce qui repousse ; état de ce qui est repoussé ; l'opposé d'*attraction*.

REPURGER, *v. a.* é, ée, *p.* purger de nouveau.

RÉPUTATION, *s. f.* renom, estime ; opinion publique.

RÉPUTER, *v. a.* é, ée, *p.* estimer, présumer, croire, compter pour.

REQUÉRABLE, *adj.* 2 g. qui doit être requis.

REQUÉRANT, E, *adj.* qui demande, qui requiert en justice.

REQUÉRIR, *v. a.* (se conj. sur *acquérir*) prier, demander, exiger.

REQUÊTE, *s. f.* demande adressée aux tribunaux, etc. ; demande verbale ; *maître des requêtes,* magistrat qui rapporte les requêtes des parties au conseil d'état.

REQUIEM, *s. m. inv.* (mot tiré du latin) prière pour les morts.

REQUIN, *s. m.* gros poisson de mer très-vorace.

REQUINQUÉ, ÉE, *part.* et *adj.* se dit familièrement des vieilles gens qui se parent.

REQUINQUER (se), *v. pr.* se parer d'une manière affectée.

REQUIS, E, *adj.* et *part. de* requérir, convenable, nécessaire.

RÉQUISITION, *s. f.* action de requérir ; demande faite par autorité publique qui met certaine chose à la disposition de l'état ; levée d'hommes en 1793, ceux qui la composaient.

RÉQUISITIONNAIRE, *s. m.* soldat de la réquisition.

RÉQUISITOIRE, *s. m.* acte de réquisition fait par un officier public.

RESALUER, *v. a.* é, ée, *p.* saluer une seconde fois ; rendre le salut.

RESCINDER, *v. a.* é, ée, *p.* casser un acte.

RESCOUSSE, *s. f.* résistance, délivrance d'un prisonnier.

RESCRIPTION, *s. f.* mandement par écrit pour toucher une somme.

RESCRIT, *s. m.* décision des empereurs romains ; bulle du pape sur un point de théologie.

RÉSEAU, *s. m.* petits rets ; tissu de fil, de soie, etc. ; entrelacement des vaisseaux sanguins, des fibres d'une plante.

RÉSÉDA, *s. m.* plante annuelle odorante.

RÉSERVE, *s. f.* action de réserver ; choses réservées ; troupes, vaisseaux qu'on réserve un jour de bataille, pour les faire combattre au besoin ; discrétion, circonspection ; *à la* —, à l'exception.

RÉSERVÉ, ÉE, *adj.* discret, circonspect.

RÉSERVER, *v. a.* é, ée, *p.* retenir quelque chose d'un total ; garder pour un autre temps, pour un autre usage.

RÉSERVOIR, *s. m.* lieu où l'on conserve de l'eau.

RÉSIDANT, E, *adj.* qui réside.

RÉSIDENCE, *s. f.* demeure ordinaire, séjour actuel et habituel dans un lieu.

RÉSIDENT, *s. m.* envoyé pour résider auprès d'un gouvernement étranger.

RÉSIDER, *v. n.* faire sa demeure en quelque endroit ; *fig.* consister dans.

RÉSIDU, *s. m.* le restant; reste d'une division arithmétique; reste d'une substance qui a subi une opération.

RÉSIGNATION, *s. f.* action de résigner un office, de se résigner.

RÉSIGNER, *v. a.* é, ée, *p.* se démettre d'un emploi en faveur de quelqu'un; se —, *v. pr.* se soumettre à son sort.

RÉSILIATION, *s. f.* résolution d'un acte.

RÉSILIER, *v. a.* é, ée, *p.* casser un acte.

RÉSINE, *s. f.* matière inflammable et onctueuse qui suinte de la surface des végétaux.

RÉSINEUX, EUSE, *adj.* qui produit la résine, ou qui en a quelque qualité.

RÉSIPISCENCE, *s. f.* reconnaissance et amendement de sa faute.

RÉSISTANCE, *s. f.* qualité par laquelle une chose résiste à l'effet d'une autre; défense contre une attaque; opposition aux volontés d'un autre.

RÉSISTER, *v. n.* ne pas céder au choc, à l'impression d'un corps; se défendre; s'opposer; endurer.

RÉSOLU, E, *adj.* et *s.* hardi, déterminé; décidé, arrêté.

RÉSOLUBLE, *adj.* 2 g. qui peut être résolu, décidé.

RÉSOLUMENT, *adv.* d'une manière résolue, hardie.

RÉSOLUTIF, IVE, *s. m.* et *adj.* se dit des remèdes qui résolvent les humeurs.

RÉSOLUTION, *s. f.* cessation totale de consistance; réduction d'un corps en ses premiers principes; fermeté, courage, dessein qu'on forme; décision, solution d'une difficulté; cassation d'un acte.

RÉSOLUTOIRE, *adj.* 2 g. qui emporte la résolution d'un acte.

RÉSOLVANT, *s. m.* ce qui résout; *résolvant, e, adj.* qui résout.

RÉSONNANCE, *s. f.* battement et prolongement graduel du son.

RÉSONNANT, E, *adj.* qui résonne.

RÉSONNEMENT, *s. m.* retentissement.

RÉSONNER, *v. a.* et *v. n.* sonner de nouveau.

RÉSONNER, *v. a.* é, ée, *p.* retentir.

RÉSOUDRE, *v. a. irr.* (Ind. pr. je résous, tu résous, il résout; n. résolvons, v. résolvez, ils résolvent; imp. je résolvais, etc.; n. résolvions, etc.; p. déf. je résolus, etc.; n. résolûmes, etc.; fut. je résoudrai, etc.; n. résoudrons, etc.; cond. je résoudrais, etc.; n. résoudrions, etc.; imper. résous, résolvons; s. pr. que je résolve, etc.; q. n. résolvions, etc; imp. sub. q. je résolusse, etc.; q. n. résolussions, etc.; p. pr. résolvant; p. p. résolu, ue, dans le sens de *décidé*, et résous, inv., dans le sens de *converti, réduit en...;*) déterminer à...; arrêter, décider, réduire, dissiper, donner une solution; se —, *v. pr.* être dissous, se résigner à.

RESPECT, *s. m.* vénération, déférence; — *humain*, égard pour les jugements des hommes.

RESPECTABLE, *adj.* 2 g. digne de respect.

RESPECTER, *v. a.* é, ée, *p.* révérer, porter respect, épargner; se —, *v. pr.* se conduire de manière à se faire respecter.

RESPECTIF, IVE, *adj.* relatif, réciproque.

RESPECTIVEMENT, *adv.* d'une manière respective.

RESPECTUEUSEMENT, *adv.* avec respect.

RESPECTUEUX, EUSE, *adj.* qui témoigne, qui marque du respect.

RESPIRABLE, *adj.* 2 g. qu'on peut respirer.

RESPIRATION, *s. f.* action de respirer.

RESPIRATOIRE, *adj.* 2 g. qui a rapport à la respiration.

RESPIRER, *v. n.* attirer l'air dans sa poitrine, et en rejeter une partie par le mouvement

RES   RES   453

des poumons; —, *v. a. é, ée, p.* vivre; *fig.* prendre quelque relâche; marquer, témoigner, désirer ardemment.

RESPLENDIR, *v. n.* briller avec grand éclat.

RESPLENDISSANT, E, *adj.* qui resplendit.

RESPLENDISSEMENT, *s. m.* grand éclat formé par l'expansion de la lumière.

RESPONSABILITÉ, *s. f.* obligation légale en garantie.

RESPONSABLE, *adj. 2 g.* qui doit répondre, être garant de..

RESSAIGNER, *v. a. é, ée, p.* tirer du sang une seconde fois; —, *v. n.* répandre de nouveau son sang.

RESSAISIR, *v. a. i, ie, p.* se remettre en possession d'une chose.

RESSASSER, *v. a. é, ée, p.* sasser de nouveau; discuter, examiner de nouveau.

RESSASSEUR, *s. m.* celui qui ressasse, *fig.*

RESSAUT, *s. m.* saillie d'une corniche ou d'une partie d'architecture qui sort de la ligne droite.

RESSÉCHER, *v. a.* et *v. n.* sécher de nouveau.

RESSELLER, *v. a. é, ée, p.* remettre la selle à un cheval.

RESSEMBLANCE, *s. f.* conformité, rapport physique ou moral entre des personnes ou des choses.

RESSEMBLANT, E, *adj.* qui ressemble.

RESSEMBLER, *v. n.* avoir de la ressemblance.

RESSEMELER, *v. a. é, ée, p.* mettre de nouvelles semelles à une vieille chaussure.

RESSEMER, *v. a. é, ée, p.* semer une seconde fois.

RESSENTIMENT, *s. m.* faible renouvellement d'un mal, d'une douleur; souvenir des injures; reconnaissance.

RESSENTIR, *v. a. i, ie, p.* (se conj. c. *sentir*) sentir au physique et au moral; *se*—, *v. pr.* sentir quelque reste d'un mal qu'on a eu; avoir part à quelque événement heureux ou malheureux.

RESSERREMENT, *s. m.* action par laquelle une chose est resserrée.

RESSERRER, *v. a. é, ée, p.* serrer davantage ce qui s'est relâché; renfermer; *fig.* abréger, rétrécir; *se*—, *v. pr.* devenir moins étendu; *fam.* retrancher de sa dépense.

RESSORT, *s. m.* élasticité; morceau de métal qui se rétablit dans sa première situation quand il cesse d'être contraint; *fig.* moyen dont on se sert pour réussir; étendue de juridiction.

RESSORTIR, *v. n.* (se conj. sur *sortir*) sortir une seconde fois; être du ressort, d'une juridiction.

RESSORTISSANT, E, *adj.* qui est du ressort, de la juridiction.

RESSOUDER, *v. a. é, ée, p.* souder de nouveau.

RESSOURCE, *s. f.* moyen pour sortir d'embarras; expédient.

RESSOUVENIR, *s. m.* idée que l'on conserve d'une chose passée.

RESSOUVENIR (se), *v. pr.* conserver la mémoire d'une chose; —, *v. imp.* il m'en ressouvient.

RESSUER, *v. n.* rendre l'humidité intérieure.

RESSUSCITER, *v. a. é, ée, p.* ramener de la mort à la vie; renouveler; faire revivre; —, *v. n.* revenir de la mort à la vie.

RESSUYER, *v. n.* sécher.

RESTANT, E, *adj.* qui reste; —, *s. m.* ce qui reste d'une plus grande quantité.

RESTAURANT, *s. m.* consommé succulent; établissement de restaurateur; —, *e, adj.* qui restaure.

RESTAURATEUR, *s. m.* qui répare, qui rétablit; traiteur où l'on trouve à toute heure des mets apprêtés.

RESTAURATION, *s. f.* réparation, rétablissement.

RESTAURER, *v. a. é, ée, p.* réparer, rétablir.

RESTE, *s. m.* ce qui demeure d'un tout, d'une quantité, de ce qui a été travaillé, entrepris;

ce qu'on a refusé, abandonné; *au pl.* cendres des morts; *au —, du —,* au surplus, d'ailleurs.

RESTER, *v. n.* être de reste; demeurer.

RESTITUABLE, *adj.* 2 g. qui peut être restitué.

RESTITUER, *v. a.* é, ée, *p.* rendre une chose prise ou possédée indûment, réparer; rétablir.

RESTITUTION, *s. f.* action de restituer; rétablissement d'un texte, d'un passage.

RESTREINDRE, *v. a.* (se conj. c. *feindre*) resserrer, modifier, réduire, limiter; *se —, v. pr.* se borner.

RESTRICTIF, IVE, *adj.* qui restreint.

RESTRICTION, *s. f.* modification.

RÉSULTANT, E, *adj.* qui résulte.

RÉSULTAT, *s. m.* ce qui résulte; conséquence, effet.

RÉSULTER, *v. n.* et *déf.* (ne s'emploie guère qu'à la 3e pers.) s'ensuivre.

RÉSUMÉ, *s. m.* précis.

RÉSUMER, *v. a.* é, ée, *p.* réduire en peu de mots; *se —, v. pr.* reprendre en quelques mots ce qu'on a dit plus au long.

RÉSURRECTION, *s. f.* retour de la mort à la vie; guérison inespérée.

RÉTABLIR, *v. a.* i, ie, *p.* remettre au premier état, en bon ou en meilleur état; remettre en vigueur; *se —, v. pr.* recouvrer la santé.

RÉTABLISSEMENT, *s. m.* action de rétablir; état de ce qui est rétabli; retour à la santé.

RETAILLE, (*ll m.*) *s. f.* ce qu'on retranche d'une chose que l'on façonne.

RETAILLER, (*ll m.*) *v. a.* é, ée, *p.* tailler de nouveau.

RETAPER, *v. a.* é, ée, *p.* retrousser les bords d'un chapeau contre la forme.

RETARD, *s. m.* retardement, délai.

RETARDATAIRE, *adj.* 2 g. qui est en retard.

RETARDEMENT, *s. m.* délai, remise.

RETARDER, *v. a.* é, ée, *p.* différer, reculer; empêcher d'avancer; *—, v. n.* aller, venir plus lentement, plus tard.

RETAXER, *v. a.* é, ée, *p.* taxer de nouveau.

RETEINDRE, *v. a.* (se conj. sur *feindre*) teindre de nouveau.

RÉTEINDRE, *v. a.* (se conj. sur *feindre*) éteindre de nouveau.

RETENDRE, *v. a.* u, ue, *p.* tendre de nouveau.

RÉTENDRE, *v. a.* u, ue, *p.* étendre de nouveau.

RETENIR, *v. a.* (se conj. sur *tenir*) ravoir, tenir encore une fois; garder par devers soi ce qui est à un autre; *fig.* réserver; conserver; réprimer, modérer; garder dans sa mémoire.

RETENTER, *v. a.* é, ée, *p.* tenter de nouveau.

RÉTENTION, *s. f.* — d'urine, impossibilité d'uriner.

RETENTIR, *v. n.* i, ie, *p.* rendre un son éclatant.

RETENTISSANT, E, *adj.* qui retentit.

RETENTISSEMENT, *s. m.* bruit renvoyé avec éclat.

RETENU, UE, *part. p.* de retenir et *adj.* sage, circonspect.

RETENUE, *s. f.* modération, discrétion, modestie; ce qu'on retient sur une somme.

RÉTICENCE, *s. f.* omission volontaire de ce qu'on devrait dire, et de ce qu'on veut faire entendre sans le dire expressément.

RÉTICULAIRE, *adj.* 2 g. qui ressemble à un réseau.

RÉTIF, IVE, *adj.* (en parlant des bêtes de monture) qui s'arrête au lieu d'avancer; *fig.* difficile à conduire, à persuader.

RÉTIFORME, *adj.* 2 g. en forme de réseau.

RÉTINE, *s. f.* la membrane la plus interne de l'œil.

RETIREMENT, *s. m.* contraction, raccourcissement.

RETIRER, *v. a.* é, ée, *p.* tirer une seconde fois; tirer à soi; *fig.* percevoir, recueillir;

donner asile, retraite; retraire; racheter; reprendre; se—, v. pr. s'en aller, s'éloigner; rentrer dans son lit, en parlant d'une rivière débordée; se raccourcir.

RETOISER, v. a. é, ée, p. toiser de nouveau.

RETOMBER, v. n. tomber encore; fig. être attaqué de nouveau d'une maladie dont on se croyait guéri; tomber, en parlant de ce qui avait été élevé.

RETONDRE, v. a. (se conj. c. tondre) tondre de nouveau.

RETORDEMENT, s. m. action de retordre la soie.

RETORDRE, v. a. (se conj. sur tordre) tordre une seconde fois; tordre des fils, des ficelles ensemble.

RÉTORQUER, v. a. é, ée, p. tourner contre son adversaire les arguments dont il s'est servi.

RETORS, E, adj. retordu; —, s. m. rusé, artificieux.

RÉTORSION, s. f. action de rétorquer.

RETORTE, s. f. vaisseau à bec recourbé qui se joint au récipient; t. de chim.

RETORTILLER, (ll m.) v. a. é, ée, p. tortiller de nouveau.

RETOUCHE, s. f. endroits d'un tableau qu'on a retouchés, changés.

RETOUCHER, v. a. é, ée, p. toucher de nouveau, corriger, perfectionner.

RETOUR, s. m. action de revenir, de retourner au lieu d'où l'on était parti; vicissitude des affaires; reconnaissance, sorte d'équivalent d'un bienfait reçu; ce qu'on ajoute pour rendre un troc égal; —sur soi-même, réflexion sur sa conduite; —au pl. tours contraires et multipliés.

RETOURNE, s. f. carte qu'on retourne.

RETOURNER, v. a. é, ée, p. tourner d'un autre sens; mettre le dessus dessous; —, v. n. aller de nouveau en un lieu; recommencer à faire les mêmes choses; —, v. pr. prendre d'autres mesures; s'en —, s'en aller.

RETRACER, v. a. é, ée, p. tracer de nouveau, au propre et au fig.

RÉTRACTATION, s. f. action de se rétracter.

RÉTRACTER, v. a. é, ée, p. déclarer qu'on a changé d'opinion; se —, v. pr. se dédire.

RÉTRACTION, s. f. raccourcissement; t. de méd.

RETRAIRE, v. a. (se conj. c. traire) retirer un héritage vendu.

RETRAITE, s. f. action de se retirer; signal pour se retirer; marche de troupes qui se retirent; état de celui qui se retire du monde, des affaires; lieu où l'on se retire; pension qu'on donne en récompense de services rendus; diminution d'épaisseur donnée à un mur; diminution de volume dans un corps humide desséché au feu.

RETRANCHEMENT, s. m. suppression, diminution d'une chose; ouvrage pour se mettre à couvert des attaques de l'ennemi.

RETRANCHER, v. a. é, ée, p. séparer une partie d'un tout; diminuer; supprimer les abus; fortifier; se —, v. pr. réduire sa dépense; se restreindre à..; faire des retranchements.

RETRAVAILLER, (ll m.) v. a. é, ée, p. travailler de nouveau.

RÉTRÉCIR, v. a. 1, ie, p. rendre plus étroit; v. n. et se —, v. pr. redevenir plus étroit.

RÉTRÉCISSEMENT, s. m. action par laquelle une chose est rétrécie.

RETREMPER, v. a. é, ée, p. tremper de nouveau.

RETRESSER, v. a. é, ée, p. tresser de nouveau.

RÉTRIBUTION, s. f. salaire, récompense; droit de présence.

RÉTRILLER, (ll m.) v. a. é, ée, p. étriller de nouveau.

RÉTROACTIF, IVE, adj. qui agit sur le passé.

RÉTROACTION, s. f. effet de ce qui est rétroactif.

RÉTROACTIVITÉ, s. f. qualité de ce qui est rétroactif.

RÉTROCÉDER, v. a. é, ée, p. rendre à quelqu'un ce qu'il nous avait cédé.

RÉTROCESSION, s. f. acte par lequel on rétrocède.

RÉTROCESSIONNAIRE, s. 2 g. celui, celle à qui l'on a fait une rétrocession.

RÉTROGRADATION, s. f. mouvement apparent des planètes contre l'ordre des signes célestes.

RÉTROGRADE, adj. 2 g. qui va en arrière.

RÉTROGRADER, v. n. aller en arrière.

RETROUSSEMENT, s. m. action de retrousser.

RETROUSSER, v. a. é, ée, p. relever en haut ce qui était baissé.

RETROUSSIS, s. m. partie du bord d'un chapeau, des basques d'un habit qui est retroussée.

RETROUVER, v. a. é, ée, p. trouver une seconde fois, trouver ce qu'on avait perdu, oublié; aller une 2e fois vers quelqu'un; fig. reconnaître.

RETS, s. m. filet pour prendre des oiseaux, des poissons.

RÉTUDIER, v. a. é, ée, p. et v. n. étudier de nouveau.

RÉTUVER, v. a. é, ée, p. étuver de nouveau.

RÉUNION, s. f. action de réunir, l'effet qui en résulte; fig. réconciliation.

RÉUNIR, v. a. i, ie, p. rejoindre ce qui était épars, séparé; fig. réconcilier; se —, v. pr. se dit des chairs, et fig. des esprits, des partis qui se rapprochent.

RÉUSSIR, v. n. avoir un succès heureux; venir bien en parlant des plantes.

RÉUSSITE, s. f. bon succès.

REVALOIR, v. a. (se conj. sur valoir), rendre la pareille.

REVANCHE, s. f. action de se revancher; seconde partie que joue le perdant pour se racquitter de la première; en —, en compensation.

REVANCHER, v. a. é, ée, p. défendre quelqu'un qui est attaqué; se —, v. pr. se défendre; rendre la pareille en bien ou en mal.

REVANCHEUR, s. m. celui qui revanche.

RÊVASSER, v. n. avoir diverses rêveries pendant un sommeil inquiet.

RÊVASSERIE, s. f. rêves sans suite, pendant un sommeil agité.

RÊVASSEUR, s. m. celui qui rêvasse.

RÊVE, s. m. sorte de songe vague et sans suite; fig. projet chimérique.

REVÊCHE, adj. 2 g. rude, âpre au goût; fig. peu traitable; —, s. f. étoffe de laine frisée.

RÉVEIL, (l m.) s. m. cessation de sommeil; — matin, horloge destinée pour réveiller à une certaine heure.

RÉVEILLER, (ll m.) v. a. é, ée, p. tirer du sommeil; éveiller de nouveau; fig. exciter de nouveau, renouveler; se —, v. pr. s'éveiller; sortir de léthargie; se renouveler.

RÉVEILLON, (ll m.) s. m. repas extraordinaire fait au milieu de la nuit de Noël.

RÉVÉLATION, s. f. action de révéler; chose révélée.

RÉVÉLER, v. a. é, ée, p. déclarer, découvrir ce qui était inconnu.

REVENANT, E, adj. qui plaît, qui revient; —, s. m. spectre; — bon, s. m. profit éventuel.

REVENDEUR, EUSE, s. qui revend.

REVENDICATION, s. f. action de revendiquer.

REVENDIQUER, v. a. é, ée, p. réclamer ce qui nous appartient et qui est entre les mains d'un autre.

REVENDRE, v. a. (se conj. sur vendre), vendre ce qu'on a acheté.

REVENIR, v. n. venir une autre fois; retourner au lieu d'où l'on était parti; rentrer; naître de nouveau; causer des rapports; recommencer à dire, à faire; réitérer; changer d'opinion; retirer sa parole; — à soi, reprendre ses esprits; se rétablir, se remettre; coûter; plaire, —, v. n. et imp. il résulte, on rapporte que...

REVENTE, s. f. seconde vente.

REVENU, s. m. produit annuel.

REVENUE, s. f. jeune bois qui revient sur une coupe de taillis.

RÊVER, v. n. faire des songes; dire des extravagances; méditer.

RÉVERBÉRATION, s. f. réfléchissement de la lumière, de la chaleur.

RÉVERBÈRE, s. m. miroir de métal adapté à une lampe pour en augmenter la lumière; lanterne suspendue.

RÉVERBÉRER, v. a. é, ée, p. renvoyer la chaleur, la lumière.

REVERDIR, v. a. 1, ie, p. peindre de nouveau en vert; —, v. n. redevenir vert.

REVERDISSEMENT, s. m. action de reverdir.

RÉVÉREMMENT, adv. avec respect.

RÉVÉRENCE, s. f. respect, vénération, en parlant des choses saintes; titre d'honneur; mouvement pour saluer.

RÉVÉRENCIEUSEMENT, adv. avec respect.

RÉVÉRENCIEUX, EUSE, adj. qui affecte de faire des révérences.

RÉVÉREND, E, adj. digne d'être révéré; titre d'honneur.

RÉVÉRENDISSIME, adj. 2 g. se dit des prélats et des généraux d'ordre.

RÉVÉRER, v. a. é, ée, p. respecter, honorer.

RÊVERIE, s. f. pensée où se laisse aller l'imagination; idée extravagante; délire.

REVERNIR, v. a. 1, ie, p. vernir de nouveau.

REVERS, s. m. coup d'arrière main; partie retroussée; sens contraire; côté d'une médaille opposé à celui où est l'empreinte de la figure; verso d'un feuillet; fig. disgrâce, accident fâcheux.

REVERSER, v. a. é, ée, p. verser de nouveau.

REVERSI, ou REVERSIS, s. m. sorte de jeu de cartes.

RÉVERSIBILITÉ, s. f. qualité de ce qui est réversible.

RÉVERSIBLE, adj. 2 g. se dit des biens qui, en certains cas, retournent au propriétaire qui en a disposé.

RÉVERSION, s. f. réunion d'un bien à un autre dont il avait été détaché.

REVESTIAIRE, s. m. lieu où le prêtre revêt les habits sacerdotaux.

REVÊTEMENT, s. m. action de revêtir; ouvrage, matériaux pour revêtir.

REVÊTIR, v. a. (se conj. c. vêtir), mettre, donner des habits; faire un revêtement.

RÊVEUR, EUSE, s. et adj. qui rêve, qui dit des extravagances.

REVIDER, v. a. é, ée, p. vider de nouveau.

REVIRADE, s. f. action de revirer.

REVIREMENT, s. m. action de revirer de bord; changement de parti.

REVIRER, v. a. é, ée, p. — de bord, tourner d'un autre côté, t. de mar.; fam. changer de parti.

RÉVISER, v. a. é, ée, p. revoir, examiner de nouveau.

RÉVISEUR, s. m. celui qui révise.

RÉVISION, s. f. action de réviser; nouvel examen.

REVISITER, v. a. é, ée, p. visiter de nouveau.

REVIVIFIER, v. a. é, ée, p. vivifier de nouveau.

REVIVRE, v. n. ressusciter; fig. se ranimer, se renouveler, se rétablir.

RÉVOCABLE, adj. 2 g. qui peut être révoqué.

RÉVOCATION, s. f. action de révoquer; acte qui révoque.

RÉVOCATOIRE, adj. 2 g. qui révoque.

REVOICI, REVOILÀ, prép. voici, voilà pour la seconde fois.

REVOIR, v. a. (se conj. sur

458　RHE　　　　RHU

voir), voir, examiner de nouveau ; —, *s. m.* première rencontre.

REVOLER, *v. a.* é, ée, *p.* voler de nouveau avec des ailes ; dérober de nouveau.

RÉVOLTANT, E, *adj.* qui révolte.

RÉVOLTE, *s. f.* soulèvement.

RÉVOLTÉ, *s. m.* celui qui se révolte.

RÉVOLTER, *v. a.* é, ée, *p.* porter à la révolte ; *fig.* choquer, indigner ; se —, *v. pr.* se soulever contre l'autorité légitime.

RÉVOLU, UE, *adj.* achevé, fini.

RÉVOLUTÉ, ÉE, *adj.* roulé, replié en dehors.

RÉVOLUTION, *s. f.* retour d'un astre au point de son départ ; changement subit dans les opinions, dans les choses, dans les affaires publiques.

RÉVOLUTIONNAIRE, *s. m.* partisan de la révolution ; —, *adj. 2 g.* conforme aux principes de la révolution.

RÉVOLUTIONNAIREMENT, *adv.* d'une manière révolutionnaire.

RÉVOLUTIONNER, *v. a.* é, ée, *p.* mettre en état de révolution.

REVOMIR, *v. a.* i, ie, *p.* vomir ce qu'on a avalé.

RÉVOQUER, *v. a.* é, ée, *p.* priver d'un emploi, ôter des pouvoirs qu'on avait donnés ; en parlant des choses, annuler.

REVOYAGER, *v. n.* faire un nouveau voyage.

REVUE, *s. f.* recherche, examen, inspection.

REZ, *prép.* tout contre, joignant.

REZ-DE-CHAUSSÉE, *s. m.* niveau du terrain.

RHABILLAGE, (*ll* m.) *s. m.* raccommodage.

RHABILLER, (*ll* m.) *v. a.* é, ée, *p.* habiller de nouveau ; fournir de nouveaux habits ; raccommoder, rectifier.

RHEIMS, chef-lieu du dép. de la Marne.

RHETEL, chef-lieu d'arr. du dép. des Ardennes.

RHÉTEUR, *s. m.* chez les anciens, ceux qui enseignaient l'éloquence, ou qui ont écrit sur la rhétorique ; orateur emphatique.

RHÉTORICIEN, *s. m.* celui qui sait la rhétorique ; élève de rhétorique.

RHÉTORIQUE, *s. f.* art de bien dire ; traité de cet art ; classe où on l'enseigne.

RHIN (*le*), un des plus grands fleuves d'Europe, a trois sources dans les glaciers du St.-Gothard, canton des Grisons ; il sépare l'Allemagne de la Suisse et de la France, et, parvenu en Hollande, il se divise en quatre branches dont l'une, dite le *Vieux Rhin*, se perd au-dessous de Leyde, dans les dunes de la mer d'Allemagne. Il donne son nom à deux départements, savoir : 1º le *Bas-Rhin*, formé de la partie septentrionale de l'Alsace, et 2º le *Haut-Rhin*, composé de l'Alsace méridionale.

RHINOCÉROS, *s. m.* grand quadrupède mammifère qui a une corne sur le nez.

RHINOPLASTIQUE, *adj. 2 g.* et *s. f.* méthode de refaire un nez.

RHODODENDRON, *s. m.* sorte d'arbrisseau.

RHOMBOÏDE, *s. m.* parallélogramme dont les côtés sont contigus et les angles inégaux.

RHÔNE (*le*), fleuve le plus rapide de l'Europe, a sa source dans les glaciers du mont Furca, à l'est du Valais, en Suisse ; il sépare la France de la Savoie, et se jette dans la Méditerranée ; il donne son nom à un départ. formé du Lyonnais et du Beaujolais, borné au nord par Saône-et-Loire, à l'est par l'Isère, au sud et à l'ouest par la Loire.

RHUBARBE, *s. f.* plante de la Chine, dont la racine est un remède.

RHUM, *s. m.* eau-de-vie de sucre.

RHUMATISMAL, E, *adj.* qui appartient au rhumatisme.

HUMATISME, s. f. douleur ammatoire des muscles et des ndes articulations.
HUME, s. m. inflammation fosses nasales ou de la gorge, excite la toux et rend la voix rouée.
RHYTHME, s. m. cadence, sure, nombre.
RHYTHMIQUE, adj. 2 g. qui partient au rhythme.
RIANT, E, adj. gracieux, qui arque de la gaîté ; agréable à vue.
RIBAMBELLE, s. f. longue ite.
RIBERAC, chef-lieu d'arr. du ep. de la Dordogne.
RIBORD, s. m. le bordage le lus proche de la quille d'un isseau.
RIBORDAGE, s. m. dommage eçu par un navire qui change e place.
RIBOTE, s. f. action de boire t de manger beaucoup.
RIBOTER, v. n. faire ribote.
RIBOTEUR, EUSE, s. celui, elle qui aime à riboter.
RIC-À-RIC, adv. avec une exactitude rigoureuse.
RICANEMENT, s. m. action de ricaner.
RICANER, v. n. rire à demi, par sottise ou par raillerie.
RICANERIE, s. f. ris moqueur.
RICANEUR, EUSE, s. qui ricane.
RICHARD, s. m. homme fort riche.
RICHE, adj. 2 g. qui jouit d'une grande fortune ; fig. abondant, fertile, précieux, magnifique ; s. m. homme riche.
RICHEMENT, adv. d'une manière riche.
RICHESSE, s. f. abondance de biens ; opulence ; grands biens.
RICHISSIME, adj. superl. 2 g. très-riche.
RICOCHER, v. n. faire des ricochets.
RICOCHET, s. m. bond que fait une pierre plate jetée obliquement sur la surface de l'eau ; fig. circuit.
RIDE, s. f. pli sur le front, sur le visage, qui est l'effet de l'âge ;

se dit fig. de l'eau, quand sa surface cesse d'être unie.
RIDÉ, ÉE, adj. couvert de rides.
RIDEAU, s. m. morceau de toile ou d'étoffe tendu sur une tringle, et qu'on tire pour cacher ou couvrir quelque chose.
RIDELLE, s. f. côté de la charrette fait en forme de râtelier.
RIDER, v. a. é, ée, p. faire, causer des rides ; se —, v. pr. devenir ridé.
RIDICULE, adj. 2 g. digne de risée ; —, s. m. défaut qui prête à rire ; sac dans lequel les femmes portent leur mouchoir, leur argent, etc.
RIDICULEMENT, adv. d'une manière ridicule.
RIDICULISER, v. a. é, ée, p. rendre ridicule ; tourner en ridicule.
RIEN, s. m. néant, nulle chose, peu de chose ; au pl. choses de peu de valeur.
RIEUR, EUSE, s. qui aime à rire.
RIFFLARD, s. m. marteau à deux poignées pour dégrossir le bois.
RIGIDE, adj. 2 g. sévère, austère.
RIGIDEMENT, adv. avec rigidité.
RIGIDITÉ, s. f. grande sévérité, exactitude, austérité.
RIGODON ou RIGAUDON, s. m. air à deux temps, très-animé ; sorte de danse.
RIGOLE, s. f. petite tranchée pour faire couler les eaux, pour planter des bordures de buis, de thym, ou des palissades, etc.
RIGORISME, s. m. morale trop sévère.
RIGORISTE, s. m. et adj. 2 g. qui est trop sévère en morale.
RIGOUREUSEMENT, adv. avec rigueur.
RIGOUREUX, EUSE, adj. très-sévère, rude, âpre, fâcheux ; sans réplique.
RIGUEUR, s. f. sévérité, dureté, austérité ; à la —, trop à la lettre, sans modification.
RIMAILLER, (ll m.) v. n. faire de mauvais vers.

RIMAILLEUR, (*ll* m.) *s. m.* mauvais poète.

RINCER, *v. a.* é, ée, *p.* nettoyer en lavant.

RINÇURE, *s. f.* eau qui a servi à rincer.

RIOM, chef-lieu d'arr. du dép. du Puy-de-Dôme.

RIPAILLE, (*ll* m.) *s. f.* débauche de table.

RIPOPÉ, *s. m.* et **RIPOPÉE**, *s. f.* mélange de différents restes de vins, de liqueurs, de sauces, etc.; *fig.* mauvais discours mêlé de diverses choses qui ne font qu'un méchant composé.

RIPOSTE, *s. f.* prompte repartie; coup porté en parant.

RIPOSTER, *v. a.* é, ée, *p.* et *v. n.* repartir vivement; repousser une injure; parer et porter un coup du même mouvement.

RIPUAIRE, *adj. 2 g.* des anciens peuples des bords du Rhin et de la Meuse.

RIRE, *v. n.* et *déf.* (*Ind. pr. je ris, tu ris, il rit; nous rions, vous riez, ils rient; imp. je riais,* etc., *n. riions,* etc.; *p. déf. je ris,* etc., *n. rîmes,* etc.; *f. je rirai,* etc., *n. rirons,* etc.; *cond. je rirais,* etc., *n. ririons,* etc.; *impér. ris, rions, riez; subj. pr. que je rie, q. tu ries, qu'il rie; q. n. riions, q. v. riiez, qu'ils rient; imp. subj. q. je risse,* etc., *q. n. rissions,* etc.; *p. pr. riant; p. p. ri, inv.*) éprouver, dans les muscles du visage, un certain mouvement involontaire qui annonce la satisfaction; plaire; être agréable; se divertir, se réjouir; se soucier de; *se —, v. pr.* se moquer de...

RIRE, ou **RIS**, *s. m.* action de rire.

RIS, *s. m.* glandule sous la gorge du veau; *au pl.* œillets qui sont à une voile.

RISÉE, *s. f.* grand éclat de rire, moquerie; objet dont on se moque.

RISIBLE, *adj. 2 g.* qui a faculté de rire; digne de moquerie, propre à faire rire.

RISQUABLE, *adj. 2 g.* qu'on peut risquer, hasardeux.

RISQUE, *s. m.* péril, danger.

RISQUER, *v. a.* é, ée, *p.* hasarder, mettre en danger.

RISSOLE, *s. f.* viande hachée dans la pâte et frite dans du saindoux.

RISSOLER, *v. a.* é, ée, *p.* donner une couleur rousse en exposant au feu.

RIT, ou **RITE**, *s. m.* ordre prescrit des cérémonies religieuses.

RITOURNELLE, *s. f.* petite symphonie qui précède ou qui suit un chant; *fam.* retour fréquent des mêmes idées.

RITUALISTE, *s. m.* auteur qui traite des divers rites.

RITUEL, *s. m.* livre qui contient ce qui concerne les fonctions curiales.

RIVAGE, *s. m.* bords de la mer, des rivières.

RIVAL, E, *s.* concurrent.

RIVALISER, *v. n.* disputer de talent, de mérite avec...

RIVALITÉ, *s. f.* concurrence, émulation.

RIVE, *s. f.* bord d'un fleuve, d'un étang, d'un lac, de la mer.

RIVER, *v. a.* é, ée, *p.* abattre et aplatir la pointe d'un clou sur l'autre côté de la chose qu'il perce.

RIVERAIN, E, et *adj.* qui est situé, qui pousse le long d'une rivière; qui a une propriété le long d'une forêt.

RIVET, *s. m.* pointe rivée d'un clou broché dans le pied d'un cheval.

RIVIÈRE, *s. f.* assemblage d'eaux qui coulent dans un lit d'une étendue considérable.

RIVURE, *s. f.* broche de fer qui entre dans les charnières des fiches.

RIXE, *s. f.* querelle accompagnée d'injures ou de coups; débat, discussion orageuse.

RIZ, *s. m.* plante annuelle des pays chauds; graine farineuse qu'elle produit.

ROANNE, chef-lieu d'arr. du dép. de la Loire.

ROBE, *s. f.* vêtement long que portent les femmes, les gens de justice, d'église, etc.; profession ecclésiastique ou de judicature; enveloppe de certains légumes; poil des animaux.

ROBIN, *s. m.* homme de robe, *t. de mépris.*

ROBINET, *s. m.* tuyau qu'on applique à une fontaine, à un tonneau pour faire écouler le liquide.

ROBUSTE, *adj.* 2 g. fort, vigoureux.

ROBUSTEMENT, *adv.* d'une manière robuste.

ROC, *s. m.* masse de pierres très-dures qui tient à la terre.

ROCAILLE, (*ll m.*) *s. f.* cailloux, coquillages qui ornent une grotte.

ROCAILLEUR, (*ll m.*) *s. m.* celui qui travaille en rocaille.

ROCAILLEUX, EUSE, (*ll m.*) *adj.* plein de cailloux; *fig.* dur.

ROCAMBOLE, *s. f.* ou échalotte d'Espagne, espèce d'ail.

ROCHE, *s. f.* roc.

ROCHECHOUART, chef-lieu d'arr. du dép. de la Haute-Vienne.

ROCHEFORT, chef-lieu d'arr. du dép. de la Charente-Inférieure.

ROCHELLE (*la*), chef-lieu du dép. de la Charente-Inférieure.

ROCHER, *s. m.* roc.

ROCHET, *s. m.* surplis à manches étroites des évêques et des abbés.

ROCROY, chef-lieu d'arr. du dép. des Ardennes.

RÔDER, *v. n.* errer çà et là; tourner tout autour.

RÔDEUR, *s. m.* celui qui rôde.

RODEZ, chef-lieu d'arr. du dép. de l'Aveyron.

RODOMONT, *s. m.* fanfaron.

RODOMONTADE, *s. f.* fanfaronnade.

ROGATIONS, *s. f. pl.* prières publiques que l'église fait pour les biens de la terre, les trois jours qui précèdent l'Ascension.

ROGATOIRE, *adj.* 2 g. commission —, qu'un juge adresse à un autre pour faire une procédure dans l'étendue de son ressort.

ROGATON, *s. m.* restes de viandes; mets réchauffés.

ROGNE, *s. f.* gale invétérée.

ROGNE-PIED, *s. m.* outil de maréchal pour rogner la corne du cheval.

ROGNER, *v. a.* é, ée, *p.* ôter, retrancher quelque chose des extrémités.

ROGNEUR, EUSE, *s.* qui rogne les pièces de monnaie.

ROGNEUX, EUSE, *adj.* qui a la rogne.

ROGNON, *s. m.* rein de certains animaux bons à manger.

ROGNONER, *v. n.* gronder, murmurer entre les dents.

ROGNURE, *s. f.* ce qui a été rogné.

ROGOMME, *s. m.* toute liqueur forte.

ROGUE, *adj.* 2 g. fier, arrogant.

ROI, *s. m.* monarque, prince souverain; principale pièce du jeu des échecs: première figure d'un jeu de cartes; *fig.* le premier, le principal, le plus habile dans son genre.

ROITELET, *s. m.* fort petit oiseau; *fig.* petit roi.

RÔLE, *s. m.* liste, catalogue; ce que doit réciter un acteur dans une pièce de théâtre; personnage qu'il représente; deux pages d'écriture; *fig.* personnage qu'on joue dans le monde.

RÔLER, *v. a.* é, ée, *p.* faire des rôles d'écriture.

RÔLET, *s. m.* petit rôle.

ROMAIN, E, *s.* et *adj.* habitant de la ville de Rome; citoyen de l'ancienne république ou de l'ancien empire romain; *romain*, *s. m. petit* —, caractère d'impression; *romaine*, *s. f.* instrument pour peser avec un seul poids, qu'on place à différentes distances du point de suspension; espèce de laitue longue.

ROMAN, *s. m.* récit fictif, où, dans un tissu d'aventures plus ou moins vraisemblables, on développe les passions humaines; *fig.* récit sans vraisemblance.

ROMANCE, *s. f.* chanson dont le sujet est élégiaque.

ROMANCIER, *s. m.* auteur de romans.

ROMANE, *adj. f.* langue romane ou *romance*, composée de

26.

celtique et de latin, qui fut en usage en France sous les deux premières races.

ROMANESQUE, adj. 2 g. qui tient du roman; fabuleux; exalté, exagéré.

ROMANESQUEMENT, adv. d'une manière romanesque.

ROMANTIQUE, adj. 2 g. ce qui rappelle le roman, ce qui semble s'y attacher; genre —, opposé à classique.

ROMANTISME, s. m. amour du romantique; système, fiction romantique.

ROMARIN, s. m. arbuste aromatique toujours vert.

ROMORANTIN, chef-lieu d'arr. du dép. de Loir-et-Cher.

ROMPRE, v. a. irr. (Ind. pr. je romps, tu romps, il rompt; n. rompons, v. rompez, ils rompent; imp. je rompais, etc.; n. rompions, etc.; p. déf. je rompis, etc.; n. rompîmes, etc.; fut. je romprai, etc.; n. romprons, etc.; cond. je romprais, etc.; n. romprions, etc.; impér. romps, rompons, rompez; subj. pr. que je rompe, etc.; q. n. rompions, etc.; imp. subj. q. je rompisse, etc.; q. n. rompissions, etc.; p. pr. rompant; p. p. rompu, ue.) briser, casser, mettre en pièces; enfoncer, mettre en désordre; arrêter, détourner le mouvement droit d'une chose; fig. détruire, faire cesser; dresser, exercer; —, v. n. cesser d'être amis; se —, v. pr. se briser; à tout —, tout au plus; avec transport.

ROMPU, UE, part. p. et adj. très-fatigué.

RONCE, s. f. arbuste épineux et rampant; fig. grande difficulté.

RONCERAIE, s. f. endroit rempli de ronces.

ROND, E, adj. de forme circulaire ou sphérique; fig. sans façon, sans détour; compte —, sans fraction; rond, s. m. cercle; en —, loc. adv. circulairement.

RONDACHE, s. f. grand bouclier rond.

RONDE, s. f. chanson à refrain où chacun danse à son tour; sorte d'écriture; la plus longue des notes de musique; visite de nuit autour d'une place de guerre, dans un camp, etc.; troupe qui fait la ronde; à la —, à l'entour, les uns après les autres.

RONDEAU, s. m. petit poëme particulier aux Français; petite pièce de musique instrumentale.

RONDELET, TTE, adj. qui a un peu trop d'embonpoint.

RONDELETTES, s. f. pl. toiles à voiles qu'on fabrique en Bretagne.

RONDEMENT, adv. uniment, également; fig. franchement, sans façon.

RONDEUR, s. f. figure de ce qui est rond; fig. bonhomie, franchise.

RONDIN, s. m. bûche ronde; gros bâton.

RONDINER, v. a. é, ée, p. donner des coups de rondin.

RONFLANT, E, adj. sonore, bruyant.

RONFLEMENT, s. m. bruit sourd qu'on fait en ronflant.

RONFLER, v. n. faire un bruit sourd de la gorge et des narines, en respirant pendant le sommeil.

RONFLEUR, EUSE, s. qui ronfle.

RONGER, v. a. é, ée, p. mâcher, couper avec les dents; fig. tourmenter; miner.

RONGEUR, adj. m. ver —, remords qui tourmente le coupable; —, s. m. pl. ordre de quadrupèdes qui rongent leurs aliments.

ROQUEFORT, s. m. fromage de lait de brebis.

ROQUER, v. n. placer la tour à la case qui est à côté de celle du roi, et faire passer le roi de l'autre côté de la tour; t. de jeu d'échecs.

ROQUET, s. m. petit chien; homme sans considération.

ROQUILLE, (ll m.) s. f. mesure de vin, quart du setier.

ROSACE, s. f. ornement des voûtes en forme de rose; t. d'archit.

ROSACÉE, adj. f. dont la fleur est en rose; —, s. f. famille de plantes.

OSAIRE, *s. m.* chapelet à nze dizaines.
OSAT, *adj. 2 g.* où il entre roses.
OSBIF, *s. m.* bœuf rôti.
OSE, *s. f.* fleur odoriférante croît sur un arbuste épineux; sson de rivière; *rose*, *s. m.* leur de la rose ordinaire.
OSÉ, ÉE, *adj. vin* —, d'un ge faible.
OSEAU, *s. m.* plante aquaue; *fig.* personne faible.
OSÉE, *s. f.* pluie fraîche et s-fine du matin; vapeurs de terre.
OSELIÈRE, *s. f.* terrain qui oduit des roseaux.
ROSERAIE, *s. f.* terrain planté de rosiers.
ROSE-TRÉMIÈRE, *s. f.* plante isannuelle; fleur; sorte de auve.
ROSETTE, *s. f.* ornement ou ban en forme de petite rose; uivre rouge.
ROSIER, *s. m.* arbuste qui orte des roses.
ROSIÈRE, *s. f.* jeune fille qui btient le prix de vertu; sorte le poisson de rivière.
ROSSE, *s. f.* cheval usé, sans igueur.
ROSSER, *v. a.* é, ée, *p.* battre violemment.
ROSSIGNOL, *s. m.* petit oiseau de passage dont le chant est fort agréable; crochet qui sert aux serruriers pour ouvrir les serrures.
ROSSIGNOLER, *v. n.* imiter le chant du rossignol.
ROSSINANTE, *s. m.* et *f.* rosse.
ROSTRALE, *s. f. colonne*, *couronne* —, ornées de proues de navires.
ROT, *s. m.* vent qui sort avec bruit de l'estomac, par la bouche; rapport.
RÔT, *s. m.* viande rôtie à la broche.
ROTATION, *s. f.* mouvement circulaire d'un corps tournant sur lui-même; mouvement d'une planète autour de son axe.
ROTER, *v. n.* faire un rot.
RÔTI, *s. m.* viande rôtie.

RÔTIE, *s. f.* tranche de pain grillée.
ROTIN, *s. m.* roseau des Indes.
RÔTIR, *v. a.* 1, ie, *p.* faire cuire à la broche, sur le gril, etc.; dessécher; *se* —, *v. pr.* se cuire au feu, au soleil.
RÔTISSERIE, *s. f.* établissement de rôtisseur.
RÔTISSEUR, EUSE, *s.* qui vend des viandes rôties ou prêtes à rôtir.
RÔTISSOIRE, *s. f.* ustensile pour faire rôtir les viandes.
ROTONDE, *s. f.* bâtiment rond par dedans et par dehors; caisse de derrière d'une diligence.
ROTONDITÉ, *s. f.* rondeur, grosseur, embonpoint excessif.
ROTULE, *s. f.* os placé sur le devant de l'articulation du genou.
ROTURE, *s. f.* état d'une personne ou d'un héritage qui n'est pas noble; les roturiers.
ROTURIER, ÈRE, *s.* et *adj.* qui n'est pas noble.
ROTURIÈREMENT, *adv.* en roturier.
ROUAGE, *s. m.* toutes les roues d'une machine.
ROUAN, *adj. m. cheval* —, à poil mêlé de gris, de blanc et de bai.
ROUANNE, *s. f.* instrument pour marquer les tonneaux.
ROUANNER, *v. a.* é, ée, *p.* marquer avec la rouanne.
ROUBLE, *s. m.* monnaie de Russie, valant environ 4 fr. 80 c.
ROUCHE, *s. f.* carcasse d'un vaisseau sur le chantier.
ROUCOULEMENT, *s. m.* bruit que fait le pigeon en roucoulant.
ROUCOULER, *v. n.* se dit du bruit que les pigeons font avec le gosier.
ROUE, *s. f.* machine ronde et plate tournant sur un essieu; sorte de supplice qui n'est plus en usage.
ROUÉ, *s. m.* criminel qui a été roué; homme sans principes, sans mœurs.

ROUELLE, s. f. tranche coupée en rond.
ROUEN, chef-lieu du dép. de la Seine-Inférieure.
ROUENNAIS, E, adj. et s. de Rouen.
ROUENNERIES, s. f. pl. étoffes de Rouen.
ROUER, v. a. é, ée, p. punir du supplice de la roue; — de coups, fig. battre excessivement; plier en rond.
ROUERIE, s. f. tour de roué, action de roué.
ROUET, s. m. machine à roue qui sert à filer; petite roue d'acier d'anciennes armes à feu.
ROUETTES, s. f. pl. longues et menues branches d'osier qu'on fait tremper dans l'eau pour les rendre flexibles.
ROUGE, adj. 2 g. dont la couleur ressemble à celle du feu, du sang.; rougi au feu; roux; —, s. m. couleur rouge; fard.
ROUGEÂTRE, adj. 2 g. tirant sur le rouge.
ROUGEAUD, E, adj. et s. qui a le visage rouge; haut en couleur.
ROUGE-GORGE, s. m. petit oiseau, à gorge rouge, du genre des fauvettes.
ROUGEOLE, s. f. maladie contagieuse qui cause des rougeurs par tout le corps.
ROUGET, s. m. poisson de mer rouge, sans écailles.
ROUGEUR, s. f. couleur rouge; au pl. taches rouges sur la peau.
ROUGIR, v. a. i, ie, p. rendre rouge, —, v. n. devenir rouge.
ROUILLE, (ll m.) s. f. oxidation des métaux exposés à l'humidité; substance roussâtre qu'on voit quelquefois sur les tiges et les feuilles des graminées.
ROUILLER, (ll m.) v. a. é, ée, p. faire venir de la rouille; se —, v. pr. contracter de la rouille.
ROUILLEUX, EUSE, (ll m.) adj. de couleur de rouille, t. de bot.
ROUILLURE, (ll m.) s. f. effet de rouille.

ROUIR, v. a. 1, ie, p. faire tremper le chanvre dans l'eau pour le rendre plus propre à être brisé.
ROUISSAGE, s. m. action de rouir le chanvre.
ROULADE, s. f. action de rouler du haut en bas; fam. suite modulée de tons rapides sur une même syllabe, t. de mus.
ROULAGE, s. m. facilité de rouler; action de rouler; transport des marchandises sur des voitures à roues; établissement pour ce transport.
ROULANT, E, adj. qui roule, sur lequel on roule aisément.
ROULEAU, s. m. paquet de ce qui est roulé; cylindre de bois, de pierre, servant à divers usages; au pl. pièces de bois rondes sur lesquelles on fait rouler des fardeaux.
ROULEMENT, s. m. mouvement de ce qui roule; tons différents poussés d'une même haleine, en montant ou en descendant; batterie de tambour sans interruption.
ROULER, v. a. é, ée, p. faire avancer en faisant tourner; plier en rouleau; — carrosse, fam. avoir un carrosse à soi; —, v. n. avancer en tournant; fig. — sur..., être le principal sujet; avoir pour objet; se —, v. pr. se tourner étant couché.
ROULETTE, s. f. petite roue; petite chaise à deux roues; jeu de hasard.
ROULEUR, s. m. charançon de la vigne.
ROULEUSES, s. f. pl. chenilles qui se roulent dans les feuilles où elles subissent leur métamorphose.
ROULIER, s. m. charretier qui fait le roulage.
ROULIS, s. m. agitation d'un vaisseau qui penche alternativement à droite et à gauche.
ROULOIR, s. m. outil de cirier pour rouler les bougies sur une table.
ROUPIE, s. f. goutte d'eau qui pend au nez; monnaie des Indes.
ROUPIEUX, EUSE, adj. qui a souvent la roupie au nez.

ROUPILLER, (ll m.) *v. n.* sommeiller à demi, *fam.*

ROUPILLEUR, EUSE, (ll m.) *s.* qui roupille toujours.

ROUSSATRE, *adj. 2 g.* tirant sur le roux.

ROUSSELET, *s. m.* sorte de petite poire musquée, à peau rougeâtre.

ROUSSETTE, *s. f.* espèce de chien de mer; fauvette des bois.

ROUSSEUR, *s. f.* qualité de ce qui est roux; *taches de —*, taches rousses sur la peau.

ROUSSI, *s. m.* cuir de Russie teint en rouge, et qui a une odeur forte; odeur de ce qui brûle.

ROUSSIN, *s. m.* cheval entier, moyen et un peu épais.

ROUSSIR, *v. a.* i, ie, *p.* rendre roux; —, *v. n.* devenir roux.

ROUTE, *s. f.* chemin; ce qu'on éprouve en chemin, espace parcouru ou à parcourir; chemin et logement que l'on marque aux soldats qui marchent par étape; *fig.* conduite; moyen pour arriver à une fin.

ROUTIER, *s. m.* livre qui marque les routes de mer, les caps, les mouillages, etc.; *vieux —*, rusé par une longue expérience.

ROUTINE, *s. f.* capacité acquise par une longue habitude; *se prend souvent en mauvaise part.*

ROUTINER, *v. a.* é, ée, *p.* faire apprendre par routine.

ROUTINIER, *s. m.* celui qui agit par routine.

ROUTOIR, *s. m.* fosse où l'on fait rouir le chanvre.

ROUVRIR, *v. a.* (se conj. c. *recouvrir*), ouvrir de nouveau.

ROUX, *s. m.* couleur rousse; sauce faite avec du beurre roussi.

ROUX, OUSSE, *adj.* qui est de couleur entre le jaune et le rouge.

ROYAL, E, *adj.* qui appartient, qui convient à un roi; émané de l'autorité royale; *fig.* généreux, magnifique.

ROYALEMENT, *adv.* d'une manière royale.

ROYALISME, *s. m.* zèle pour la royauté.

ROYALISTE, *s.* et *adj. 2 g.* partisan du roi.

ROYAUME, *s. m.* état gouverné par un roi.

ROYAUTÉ, *s. f.* dignité de roi.

RUADE, *s. f.* action d'un cheval, d'un mulet, d'un âne qui rue.

RUBAN, *s. m.* tissu de soie, fil ou laine, plat, mince et peu large.

RUBANÉ, ÉE, *adj.* se dit de la réunion de plusieurs tiges en une, qui forme le ruban; *t. de bot.*

RUBANERIE, *s. f.* profession du rubanier; assortiment de rubans.

RUBANIER, IÈRE, *s.* celui, celle qui fait du ruban.

RUBANTÉ, ÉE, *adj.* garni de rubans.

RUBIACÉES, *s. f. pl.* famille de plantes.

RUBICAN, *adj. m.* se dit d'un cheval noir, bai ou alezan, dont la robe est semée de poils blancs.

RUBICOND, E, *adj.* rouge, en parlant du visage.

RUBIS, *s. m.* pierre précieuse rouge et transparente; *pop.* boutons rouges au visage.

RUBRIQUE, *s. f.* ocre rouge; titre des livres de droit qu'on écrivait en rouge; lettres rouges d'un livre, *t. d'impr.*; indication du lieu de la publication d'un livre: *au pl.* règles du bréviaire, du missel, sur la manière d'officier; *fam.* ruse, détour, finesse, pratiques, méthodes anciennes.

RUCHE, *s. f.* habitation des insectes qui vivent en société; panier en forme de cloche où l'on met des abeilles; conque de l'oreille externe; espèce de garniture à un fichu, à un bonnet de femme.

RUDE, *adj. 2 g.* âpre au toucher, au goût; raboteux, pénible, difficile, fatigant; qui choque les yeux ou les oreilles; violent, impétueux.

RUDEMENT, *adv.* d'une manière rude.

RUDESSE, *s. f.* qualité de ce qui est rude; humeur dure; rigide.

RUDIMENT, *s. m.* livre qui contient les premiers principes de la langue latine; principes d'une connaissance quelconque; *au pl.* organes non encore développés, *t. d'hist. nat.*

RUDOYER, *v. a. é, ée, p.* traiter rudement en paroles.

RUE, *s. f.* chemin dans les villes et villages bordé de maisons.

RUÉE, *s. f.* amas de chaume qu'on fait pourrir dans une basse-cour.

RUELLE, *s. f.* petite rue; espace qu'on laisse entre un des côtés du lit et la muraille.

RUELLER, *v. a. é, ée, p. — la vigne*, y faire un petit chemin entre les deux perchées.

RUER, *v. a. é, ée, p.* jeter avec impétuosité; *v. n.* lancer une ruade; *se —, v. pr.* se jeter impétueusement sur...

RUFFEC, chef-lieu d'arr. du dép. de la Charente.

RUGIR, *v. n.* crier, en parlant du lion.

RUGISSANT, E, *adj.* qui rugit.

RUGISSEMENT, *s. m.* cri du lion.

RUGOSITÉ, *s. f.* rides.

RUGUEUX, EUSE, *adj.* plein de rides.

RUINE, *s. f.* dépérissement, destruction d'un bâtiment; *fig.* perte de fortune, de l'honneur, du crédit; *au pl.* débris d'un édifice.

RUINER, *v. a. é, ée, p.* abattre, démolir, détruire; ravager, causer la perte.

RUINEUX, EUSE, *adj.* qui menace ruine; qui cause des dommages par des dépenses excessives.

RUISSEAU, *s. m.* courant d'eau trop faible pour former une rivière; canal par où il coule; eau qui coule dans les rues.

RUISSELANT, E, *adj.* qui ruisselle.

RUISSELER, *v. n.* couler en manière de ruisseau.

RUMEUR, *s. f.* bruit confus qu'excite un malheur, un forfait.

RUMINANT, E, *adj.* qui rumine; *—, s. m. pl.* ordre de quadrupèdes dont l'estomac a quatre poches, et qui ont la faculté de faire revenir les aliments dans leur bouche, après les avoir avalés.

RUMINATION, *s. f.* action de ruminer.

RUMINER, *v. a. é, ée, p.* et *v. n.* remâcher, en parlant des bœufs, etc.; *fig.* penser et repenser à...

RUNIQUE, *adj. 2 g.* se dit de la langue, de la poésie et des monuments des anciens peuples du Nord.

RUPTURE, *s. f.* action par laquelle une chose est rompue; division entre personnes unies par traité, par amitié; cassation d'un acte public ou particulier.

RURAL, E, *adj.* qui appartient aux champs.

RUSE, *s. f.* finesse, artifice, détours, moyen de tromper.

RUSÉ, ÉE, *adj.* et *s.* fin, adroit, plein de ruses.

RUSER, *v. n.* user de ruses.

RUSTAUD, E, *s.* et *adj.* grossier, qui tient du paysan.

RUSTICITÉ, *s. f.* grossièreté, rudesse.

RUSTIQUE, *adj. 2 g.* champêtre, inculte, sauvage; *fig.* grossier, rude, peu poli; *ouvrage —*, composé de pierres brutes, naturelles ou imitées; *ordre —*, le plus dénué d'ornements, *t. d'archit.*

RUSTIQUEMENT, *adv.* d'une manière rustique.

RUSTIQUER, *v. a. é, ée, p.* crépir une muraille en façon d'ordre rustique.

RUSTRE, *s. m.* et *adj.* grossier.

S.

S. *s. f.* suivant l'ancienne appellation, et *s. m.* suivant la moderne; 18e consonne, 19e lettre de l'alphabet.

SAB

SA, *pron. poss. fém. de Son.*
SABBAT, *s. m.* jour de repos, dernier jour de la semaine chez les Juifs; prétendue assemblée nocturne des sorciers : *fig.* bruit, tumulte.
SABBATIQUE, *adj. f.* chaque septième année chez les Juifs.
SABÉISME, ou **SABISME**, *s. m.* religion des mages, des adorateurs du feu, des astres.
SABINE, *s. f.* espèce de genévrier, plante irritante et vermifuge.
SABLE, *s. m.* sorte de terre menue et formée de petits grains de gravier; gravier qui forme la gravelle.
SABLER, *v. a. é, ée, p.* couvrir de sable : *fam.* avaler d'un trait.
SABLES-D'OLONNE, chef-lieu d'arr. du dép. de la Vendée.
SABLEUX, EUSE, *adj.* mêlé de sable.
SABLIER, *s. m.* sorte d'horloge de sable; vase où l'on conserve du sable pour mettre sur l'écriture.
SABLIÈRE, *s. f.* lieu d'où l'on tire le sable; longue pièce de bois servant dans les combles.
SABLON, *s. m.* sable très-fin.
SABLONNER, *v. a. é, ée, p.* écurer avec du sablon.
SABLONNEUX, EUSE, *adj.* où il y a beaucoup de sable.
SABLONNIER, *s. m.* qui vend du sablon.
SABLONNIÈRE, *s. f.* lieu d'où l'on tire du sablon.
SABORD, *s. m.* embrasure faite à un vaisseau, par où l'on tire le canon.
SABOT, *s. m.* chaussure de bois d'une seule pièce; corne du pied du cheval; jouet d'enfant que l'on fait pirouetter avec un fouet; ornement de cuivre qu'on met au bas des pieds de certains meubles.
SABOTER, *v. n.* jouer au sabot; faire du bruit avec les sabots.
SABOTIER, *s. m.* ouvrier qui fait des sabots; celui qui en porte.
SABOULER, *v. a. é, ée, p.* tourmenter, houspiller.

SAC

SABRE, *s. m.* arme, grand coutelas recourbé ou droit, qui ne tranche que d'un côté.
SABRENAS, *s. m.* artisan malhabile.
SABRENAUDER, ou **SABRENASSER**, *v. a. é, ée, p.* travailler mal un ouvrage.
SABRER, *v. a. é, ée, p.* frapper à coups de sabre; *fig.* expédier précipitamment, sans examen.
SABRETACHE, *s. f.* espèce de poche suspendue à la ceinture d'un hussard.
SAC, *s. m.* poche de toile, etc., cousue par le bas et par les côtés, et n'ayant que le haut ouvert; pillage entier d'une ville par l'ennemi.
SACCADE, *s. f.* brusque secousse; *fig.* rude réprimande.
SACCADER, *v. a. é, ée, p.* donner des saccades à un cheval, en lui tirant brusquement la bride; *fig. style saccadé*, inégal.
SACCAGE, *s. m.* bouleversement; amas confus.
SACCAGEMENT, *s. m.* sac, pillage.
SACCAGER, *v. a. é, ée, p.* mettre au pillage; bouleverser.
SACCAGEUR, *s. m.* celui qui saccage.
SACERDOCE, *s. m.* prêtrise, ordre des prêtres.
SACERDOTAL, E, *adj.* qui appartient au sacerdoce.
SACHÉE, *s. f.* ce que peut contenir un sac.
SACHET, *s. m.* petit sac.
SACOCHE, *s. f.* deux grandes bourses de cuir, de toile, etc. jointes ensemble.
SACRAMENTAL, E, ou **SACRAMENTEL**, LLE, *adj.* qui appartient à un sacrement; *mot sacramental*, essentiel pour la conclusion d'une affaire.
SACRAMENTALEMENT, ou **SACRAMENTELLEMENT**, *adv.* d'une manière sacramentelle.
SACRE, *s. m.* effet de sacrer un roi, un évêque; cérémonie à cet effet.
SACRÉ, ÉE, *part. p. et adj.* qui a reçu l'onction sainte; saint;

qui mérite une vénération religieuse; respectable, inviolable; opposé à profane.

SACREMENT, s. m. signe visible d'une grâce invisible, institué par Dieu pour la sanctification des hommes.

SACRER, v. a. é, ée, p. conférer un caractère sacré.

SACRIFICATEUR, s. m. celui qui offre un sacrifice.

SACRIFICATURE, s. f. dignité, fonction de sacrificateur.

SACRIFICE, s. m. action d'offrir solennellement quelque chose à la Divinité; abandon volontaire de quelque chose; le saint —, le sacrifice de la messe.

SACRIFIER, v. a. é, ée, p. offrir un sacrifice; immoler; fig. se priver d'une chose; renoncer à une chose pour en acquérir ou en conserver une autre; — quelqu'un, le rendre victime de ...; se —, v. pr. se dévouer entièrement.

SACRILÉGE, s. m. action impie; celui qui s'en rend coupable; —, adj. 2 g. souillé d'un sacrilége.

SACRILÉGEMENT, adv. d'une manière sacrilége.

SACRISTAIN, s. m. celui qui a soin d'une sacristie.

SACRISTIE, s. f. lieu retiré où l'on serre les ornements d'église, où les prêtres s'habillent; ce que contient la sacristie.

SACRUM (mot latin), s. m. os placé à la base de la colonne vertébrale.

SADUCÉENS, s. m. pl. secte fameuse chez les anciens Juifs.

SADUCÉISME, s. m. doctrine des Saducéens.

SAFRAN, s. m. ou CROCUS, plante bulbeuse; poudre jaune qu'on en tire.

SAFRANER, v. a. é, ée, p. apprêter ou jaunir avec du safran.

SAGACE, adj. 2 g. plein de sagacité.

SAGACITÉ, s. f. pénétration et justesse d'esprit.

SAGAIE, s. f. dard ou javelot des sauvages.

SAGE, adj. 2 g. prudent; circonspect; modéré, retenu;
modeste, chaste, posé, qui n'est point turbulent; —, s. m. celui qui est doué de sagesse.

SAGE-FEMME, s. f. celle dont la profession est d'accoucher les femmes.

SAGEMENT, adv. d'une manière sage.

SAGESSE, s. f. la raison perfectionnée par l'éducation; prudence, modération; modestie, pudeur, chasteté; tranquillité, soumission.

SAGETTE, s. f. flèche —, ou flèche d'eau, plante aquatique.

SAGITTAIRE, s. m. archer; l'un des douze signes du zodiaque.

SAGITTÉ, ÉE, adj. en forme de flèche, t. de bot.

SAGOIN ou SAGOUIN, s. m. sorte de petit singe; personne malpropre.

SAGOU, s. m. pâte végétale moelleuse en petits grains, d'une espèce de palmier des Indes.

SAGOUTIER, s. m. genre de palmier.

SAGUM, s. m. ou SAIE, s. f. vêtement de guerre des Perses, des Romains et des Gaulois.

SAIGNANT, E, adj. qui dégoutte de sang.

SAIGNÉE, s. f. ouverture d'un vaisseau sanguin pour en tirer du sang; sang tiré par cette ouverture; fig. rigole.

SAIGNEMENT, s. m. écoulement du sang, surtout par le nez.

SAIGNER, v. a. é, ée, p. tirer du sang en ouvrant la veine; faire écouler par des rigoles les eaux d'un fossé, d'un marais; fig. tirer de l'argent de ... par force ou par adresse; —, v. n. perdre du sang; être affligé; avoir une blessure, une écorchure au nez.

SAIGNEUX, EUSE, adj. sanglant, taché de sang.

SAILLANT, E, (ll m.) adj. qui avance, qui sort en dehors; fig. vif, brillant.

SAILLIE, (ll m.) s. f. sortie qui se fait avec impétuosité, mais avec interruption; fig. emportement, boutade; trait d'esprit brillant et surprenant; objet qui avance hors du corps d'un bâtiment, *t. d'archit.*

SAILLIR, (*ll m.*) *v. n.* sortir, s'élancer avec impétuosité et par secousses ; dépasser, déborder. (Dans le sens de *jaillir* il n'est d'usage qu'aux troisièmes pers. et à l'inf., et il se conj. sur *finir* ; dans le sens de *dépasser*, il est neutre, déf. et irr., et il n'est également usité qu'aux troisièmes pers. de quelques temps et à l'inf. Ind. pr. *il saille*, *ils saillent* ; imp., *il saillait*, *ils saillaient* ; fut. *il saillera*, *ils sailleront*, etc.)

SAIN, E, *adj.* qui n'est pas sujet à être malade ; en bon état, bon et judicieux, salubre, qui sert à la santé.

SAINDOUX, *s. m.* graisse de porc.

SAINEMENT, *adv.* d'une manière saine ; *fig.* judicieusement.

SAINFOIN, *s. m.* plante vivace à fleurs pourprées ; excellent fourrage.

SAINT, E, *adj.* essentiellement pur, souverainement parfait ; consacré à Dieu ; *vie* —, conforme à la loi de Dieu ; —, *m.* qui mène une vie sainte.

SAINT-AFFRIQUE, chef-lieu d'arr. du dép. de l'Aveyron.

SAINT-AMAND, chef-lieu d'arr. du dép. du Cher.

SAINT-BRIEUC, chef-lieu d'arr. du dép. des Côtes-du-Nord.

SAINT-CALAIS, chef-lieu d'arr. du dép. de la Sarthe.

SAINT-CLAUDE, chef-lieu d'arr. du dép. du Jura.

SAINT-DENIS, chef-lieu d'arr. du dép. de la Seine.

SAINT-DIÉ, chef-lieu d'arr. du dép. des Vosges.

SAINTEMENT, *adv.* d'une manière sainte.

SAINTE-MENEHOULD, chef-lieu d'arr. du dép. de la Marne.

SAINTES, chef-lieu d'arr. du dép. de la Charente-Inférieure.

SAINTETÉ, *s. f.* qualité de ce qui est saint ; titre d'honneur donné au pape.

SAINT-ÉTIENNE, chef-lieu d'arr. du dép. de la Loire.

SAINT-FLOUR, chef-lieu d'arrond. du dép. du Cantal.

SAINT-GAUDENS, chef-lieu d'arr. du dép. de la Haute-Garonne.

SAINT-GIRONS, chef-lieu d'arr. du dép. de l'Arriège.

SAINT-JEAN-D'ANGELY, chef-lieu d'arr. du dép. de la Charente-Inférieure.

SAINT-LÔ, chef-lieu d'arr. du dép. de la Manche.

SAINT-MALO, chef-lieu d'arr. du dép. d'Ille-et-Vilaine.

SAINT-MARCELLIN, chef-lieu d'arr. du dép. de l'Isère.

SAINT-OMER, chef-lieu d'arr. du dép. du Pas-de-Calais.

SAINTONGE (*la*), ancienne province partagée entre le dép. de la Charente et celui de la Charente-Inférieure.

SAINT-POL, chef-lieu d'arr. du dép. du Pas-de-Calais.

SAINT-PONS, chef-lieu d'arr. du dép. de l'Hérault.

SAINT-QUENTIN, chef-lieu d'arr. du dép. de l'Aisne.

SAINT-SÉVÈRE, chef-lieu d'arr. du dép. des Landes.

SAINT-YRIEX, chef-lieu d'arrond. du dép. de la Haute-Vienne.

SAISI, *s. m.* le débiteur sur lequel on a saisi un bien ; —, *ie*, *adj.* arrêté, séquestré, muni, nanti.

SAISIE, *s. f.* arrêt par ordre de justice sur les biens de quelqu'un.

SAISIR, *v. a.* 1, *ie*, *p.* prendre vivement et avec effort ; s'emparer ; *fig.* comprendre aisément ; attaquer ; arrêter les biens d'un débiteur pour la sûreté du paiement ; investir, soumettre à la juridiction ; *fig.* — *le moment, l'occasion*, en profiter ; *se* —, *v. pr.* prendre subitement.

SAISISSABLE, *adj.* 2 g. qui peut être saisi.

SAISISSANT, E, *adj.* qui surprend tout d'un coup ; celui à la requête duquel on fait une saisie.

SAISISSEMENT, *s. m.* impression subite et violente sur les sens ou sur l'esprit.

27

SAISON, s. f. l'une des quatre parties de l'année; temps où l'on a coutume de semer, de recueillir, etc.; *fig.* temps propre à chaque chose.

SAJOU, s. m. espèce de singe.

SALADE, s. f. herbes potagères assaisonnées ou destinées à être assaisonnées crues avec de l'huile, du vinaigre, du poivre et du sel; viandes avec cet assaisonnement; ancienne armure pour la tête.

SALADIER, s. m. jatte où l'on sert la salade.

SALAGE, s. m. action de saler; son effet.

SALAIRE, s. m. prix d'un travail ou d'un service; *fig.* récompense ou châtiment.

SALAISON, s. f. action de saler; saison où l'on a coutume de saler; chair salée.

SALAMALEC, s. m. révérence profonde.

SALAMANDRE, s. f. reptile du genre des lézards.

SALANT, adj. m. marais, puits —, d'où l'on tire du sel.

SALARIER, v. a. é, ée, p. donner un salaire.

SALAUD, E, adj. sale, malpropre.

SALE, adj. 2 g. malpropre; *fig.* déshonnête.

SALÉ, s. m. chair de porc salé; *petit —*, chair de cochon nouvellement salée.

SALÉ, ÉE, adj. où il y a du sel, où il y en a trop; *fig.* plaisant, mordant.

SALEMENT, adv. malproprement.

SALEP, s. m. racine desséchée d'une espèce d'orchis.

SALER, v. a. é, ée, p. assaisonner avec du sel; mettre du sel sur des viandes crues, pour les conserver; *pop.* vendre trop cher.

SALERON, s. m. partie creuse d'une salière où l'on met le sel.

SALETÉ, s. f. état de ce qui est sale; chose sale.

SALEUR, s. m. celui qui sale.

SALICAIRE, s. f. genre et famille de plantes croissant parmi les saules.

SALICITE, s. f. pierre figurée imitant les feuilles du saule.

SALIENS, adj. m. pl. prêtres de Mars à Rome; poëmes en l'honneur de ce dieu.

SALIÈRE, s. f. pièce de vaisselle pour servir le sel sur la table; coffret de bois pendu à la cheminée pour tenir le sel sèchement; creux qui paraissent au-dessus des yeux, ou dans le haut de la poitrine.

SALIFIABLE, adj. 2 g. qui peut former un sel neutre.

SALIFICATION, s. f. formation du sel.

SALIGAUD, E, adj. et s. sale, malpropre.

SALIGNON, s. m. pain de sel fait d'eau de fontaine salée.

SALIN, s. m. alcali fixe végétal; potasse calcinée; baquet à sel.

SALIN, E, adj. qui contient des parties de sel.

SALINE, s. f. chair salée, poisson salé; lieu où l'on fait le sel; rocher ou mine d'où l'on tire le sel.

SALIQUE, adj. f. se dit de la loi qui en France exclut les femmes du trône.

SALIR, v. a. i, ie, p. rendre sale; ternir, souiller.

SALISSANT, E, adj. qui salit, qui se salit aisément.

SALISSON, s. f. petite fille malpropre.

SALISSURE, s. f. ordure, souillure.

SALIVAIRE, adj. 2 g. qui a rapport à la salive.

SALIVATION, s. f. écoulement de la salive.

SALIVE, s. f. humeur aqueuse qui humecte la bouche.

SALIVER, v. n. rendre beaucoup de salive.

SALLE, s. f. salon, pièce principale d'un appartement; lieu couvert destiné à des réunions publiques; grande galerie où sont les lits des malades dans les hôpitaux.

SALMIGONDIS, s. m. ragoût de plusieurs viandes réchauffées.

SALMIS, s. m. ragoût de pièces de gibier déjà cuites à la broche.

SAL SAN 471

SALMONE, s. m. genre de poissons abdominaux.
SALOIR, s. m. vase pour saler les viandes, ou conserver le sel.
SALON, s. m. pièce d'un appartement destinée à recevoir les visites.
SALOPERIE, s. f. malpropreté.
SALORGE, s. m. amas de sel.
SALPÊTRE, s. m. nitre ou nitrate de potasse; sel qu'on extrait des vieux murs; *fig.* personne très-vive.
SALPÊTRIER, s. m. ouvrier qui travaille au salpêtre; *salpêtrière*, s. f. lieu où l'on fait le salpêtre; à Paris, hôpital de femmes.
SALSEPAREILLE, (ll m.) s. f. espèce de plante médicinale.
SALSIFIS, s. m. racine bonne à manger.
SALTATION, s. f. danse mimique des anciens.
SALTIGRADES, s. f. pl. arachnides.
SALTIMBANQUE, s. m. bateleur, charlatan qui vend ses drogues sur des tréteaux; *fig.* bouffon.
SALUBRE, adj. 2 g. sain, qui contribue à la santé.
SALUBRITÉ, s. f. qualité de ce qui est salubre.
SALUER, v. a. é, ée, p. donner à quelqu'un une marque extérieure de civilité, de respect; faire ses compliments par lettres; proclamer.
SALURE, s. f. qualité que le sel communique.
SALUT, s. m. conservation dans le bien, ou préservation du mal; action de saluer; félicité éternelle; prières chantées le soir après l'office.
SALUTAIRE, adj. 2 g. utile pour conserver la vie, la santé, l'honneur, etc.
SALUTAIREMENT, adv. d'une manière salutaire.
SALUTATION, s. f. salut, action de saluer; la — *angélique*, l'Ave Maria.
SALVAGE, s. m. droit de —, qui se perçoit sur ce qu'on a sauvé d'un navire.

SALVE, s. f. décharge d'un grand nombre de canons ou de mousquets.
SALVÉ, s. m. (*mot latin*) prière à la Vierge.
SAMEDI, s. m. 6e jour de la semaine.
SAN-BENITO, s. m. vêtement jaune de ceux qu'a condamnés l'inquisition.
SANCERRE, chef-lieu d'arr. du dép. du Cher.
SANCIR, v. n. couler bas, t. de mar.
SANCTIFIANT, E, adj. qui sanctifie.
SANCTIFICATION, s. f. l'action et l'effet de la grâce qui sanctifie; — *des fêtes*, leur célébration.
SANCTIFIER, v. a. é, ée, p. rendre saint; célébrer, fêter suivant la loi de l'Église.
SANCTION, s. f. force, autorité donnée à une loi, à un règlement; confirmation donnée par une autorité supérieure à un acte émané d'une autorité inférieure; *fig.* approbation.
SANCTIONNER, v. a. é, ée, p. donner la sanction; confirmer.
SANCTUAIRE, s. m. chez les Juifs, le lieu le plus saint du temple où reposait l'arche; chez les chrétiens, l'endroit de l'église où est le maître-autel; *fig.* l'église, le sacerdoce.
SANDALE, s. f. chaussure qui ne couvre qu'en partie le dessus du pied; semelle de bois mobile pour faire aller le soufflet d'un jeu d'orgue.
SANDALIER, s. m. celui qui fait des sandales.
SANDARAQUE, s. f. résine blanche qui coule du grand genévrier; orpiment rouge.
SANG, s. m. (*sans pl.*) liqueur rouge qui coule dans les veines et dans les artères; *fig.* race, origine, extraction.
SANG-DE-DRAGON, s. m. (au pl. sangs-de-dragon) plante; liqueur médicinale qui découle d'un arbre des Indes.
SANG-FROID, s. m. (*sans pl.*) tranquillité, présence d'esprit;

de —, sans emportement, posément.

SANGLADE, *s. f.* grand coup de fouet, de sangle.

SANGLANT, E, *adj.* ensanglanté; taché, souillé de sang; qui cause une grande effusion de sang; *affront, reproche* —, *fig.* outrageux, offensant.

SANGLE, *s. f.* bande plate et large servant à ceindre, à serrer.

SANGLER, *v. a.* é, ée, *p.* ceindre, serrer avec des sangles; appliquer un coup de fouet.

SANGLIER, *s. m.* porc sauvage; poisson de mer.

SANGLOT, *s. m.* soupir redoublé, poussé avec une voix entrecoupée.

SANGLOTER, *v. n.* pousser des sanglots.

SANGSUE, *s. f.* (au *pl.* sangsues) ver aquatique qui suce le sang des parties du corps où on l'applique; *fig.* exacteur avide, injuste.

SANGUIFICATION, *s. f.* changement du chyle en sang.

SANGUIN, E, *adj.* où le sang domine; de couleur de sang.

SANGUINAIRE, *adj.* 2 g. cruel; qui aime à répandre le sang.

SANGUINOLENT, E, *adj.* teint de sang.

SANHÉDRIN, *s. m.* principal tribunal chez les Juifs.

SANICLE, *s. f.* plante vivace, vulnéraire.

SANITAIRE, *adj.* 2 g. qui a rapport à la conservation de la santé.

SANS, *prép. exclusive*, manquant de..; *sans que*, sorte de conjonction.

SANSCRIT, *s. m.* langue des anciens Indiens; —, *ite*, *adj.* des anciens Indiens.

SANSONNET, *s. m.* oiseau qui apprend à siffler et à parler; poisson de mer; petit maquereau.

SANTAL, *s. m.* bois des Indes; il y en a de trois espèces, le blanc, le citrin et le rouge.

SANTÉ, *s. f.* état de celui qui est sain, qui se porte bien; salutation qu'on se fait en buvant.

SANVE, *s. f.* espèce de sinapi à fleurs jaunes, qui croît parmi les blés.

SAÔNE (la), rivière qui a sa source dans les Vosges et se jette dans le Rhône à Lyon; elle donne son nom à 2 dép., savoir: 1° *la Haute-Saône*, dép. formé de la partie septentrionale de la Franche-Comté, borné au N. par les Vosges, à l'E. par le Haut-Rhin, au S. par le Doubs, à l'O. par la Côte-d'Or et la Haute-Marne: Vesoul, chef-lieu; 2° *Saône-et-Loire*, dép. formé de la Bourgogne propre et du Mâconnais, borné au N. par la Côte-d'Or, à l'E. par le Jura, au S. par l'Ain, le Rhône et la Loire, à l'O. par l'Allier et la Nièvre; Mâcon, chef-lieu.

SAPA, *s. m.* moût, raisiné; suc de raisin cuit.

SAPAJOU, *s. m.* petit singe.

SAPE, *s. f.* action de saper; ouvrage fait en sapant.

SAPER, *v. a.* é, ée, *p.* fouir sous les fondements d'un édifice, etc. pour le démolir; détruire, renverser.

SAPEUR, *s. m.* celui qui est employé au travail de la sape.

SAPHIQUE, *adj. m.* vers de onze syllabes, qu'on croit inventé par Sapho.

SAPHIR, *s. m.* pierre précieuse bleue et transparente.

SAPIENCE, *s. f.* sagesse.

SAPIENTIAUX, *adj. m. pl.* se dit de certains livres de l'Écriture, comme les Proverbes, l'Ecclésiaste.

SAPIN, *s. m.* grand arbre résineux et toujours vert; son bois.

SAPINE, *s. f.* solive de bois de sapin.

SAPINETTE, *s. f.* coquillage; sapin du Canada.

SAPINIÈRE, *s. f.* lieu planté de sapins.

SAPONAIRE, ou **SAVONNIÈRE**, *s. f.* plante qui nettoie comme le savon.

SARABANDE, *s. f.* danse espagnole à trois temps; air qui lui est propre.

SARBACANE, *s. f.* long tuyau percé qui sert à jeter quelque chose en soufflant, à conduire la voix.

SARCASME, *s. m.* raillerie mordante.

SARCELLE, *s. f.* oiseau aquatique, genre de petits canards.

SARCLER, *v. a. é, ée, p.* arracher les mauvaises herbes.

SARCLEUR, EUSE, *s.* celui, celle qui sarcle.

SARCLOIR, *s. m.* instrument pour sarcler.

SARCLURE, *s. f.* ce qu'on arrache en sarclant.

SARCOPHAGE, *s. m.* tombeau où les anciens mettaient les corps qu'ils ne voulaient pas brûler; cercueil, ou sa représentation, dans les cérémonies funèbres.

SARDINE, *s. f.* poisson de mer, du genre de l'alose.

SARDONIEN, ou **SARDONIQUE**, *adj. ris —*, rire convulsif.

SARIGUE, *s. m.* genre de quadrupèdes carnassiers pédimanes de l'Amérique, a queue prenante et ayant sous le ventre une poche musculeuse.

SARLAT, chef-lieu d'arr. du dép. de la Dordogne.

SARMENT, *s. m.* rameaux souples de la vigne et de toutes les plantes qui, en croissant, s'attachent aux supports qu'elles rencontrent.

SARMENTEUX, EUSE, *adj.* qui produit beaucoup de sarments.

SARRASIN, *s. m.* sorte de blé noir; —, *adj.* blé sarrasin.

SARRAU, *s. m.* espèce de blouse.

SARREBOURG, chef-lieu d'arr. du dép. de la Meurthe.

SARREGUEMINES, chef-lieu d'arr. du dép. de la Moselle.

SARRIETTE; *s. f.* plante potagère aromatique.

SARTÈNE, chef-lieu d'arr. du dép. de la Corse.

SARTHE (la), rivière qui a sa source près Mortagne et se jette dans la Mayenne à Angers; elle donne son nom à un dép. formé de partie de l'Anjou et du Maine, borné au N. par l'Orne, à l'E. par Eure-et-Loir et Loir-et-Cher, au S. par Indre-et-Loire et Maine-et-Loire, à l'O. par la Mayenne: le Mans, chef-lieu.

SAS, *s. m.* tissu de crin attaché à un cercle, servant à passer de la farine, du plâtre, etc.; bassin fermé par une écluse.

SASSAFRAS, *s. m.* grand arbre d'Amérique.

SASSE, *s. f.* pelle creuse pour tirer l'eau d'un navire.

SASSENAGE, *s. m.* fromage fait à Sassenage en Dauphiné.

SASSER, *v. a. é, ée, p.* passer au sas; — et *ressasser*, examiner avec soin.

SASSOIRE, *s. f.* pièce du train de devant d'un carrosse, qui soutient la flèche.

SATAN, *s. m.* nom donné au démon dans l'Écriture.

SATANIQUE, *adj. 2 g.* plus que diabolique; de satan.

SATELLITE, *s. m.* homme armé et qui est aux gages d'un autre pour être le ministre de ses violences; petite planète qui tourne autour d'une plus grande, t. d'astron.

SATIÉTÉ, *s. f.* réplétion d'aliments qui va jusqu'au dégoût; dégoût produit par un usage immodéré.

SATIN, *s. m.* étoffe de soie plate, douce, moelleuse et lustrée.

SATINADE, *s. f.* étoffe très-mince qui imite le satin.

SATINER, *v. a. é, ée, p.* donner à une étoffe, à un ruban l'apprêt du satin; —, *v. n.* avoir le blanc du satin.

SATIRE, *s. f.* ouvrage en prose ou en vers qui censure ou tourne en ridicule les vices, les sottises des hommes; écrit, discours piquant et médisant.

SATIRIQUE, *adj. 2 g.* qui appartient à la satire; enclin à la médisance.

SATIRIQUEMENT, *adv.* d'une manière satirique.

SATIRISER, *v. a. é, ée, p.* railler d'une manière piquante et satirique.

SATISFACTION, *s. f.* contentement, réparation d'une offense; expiation d'une faute.

SATISFACTOIRE, adj. 2 g. expiatoire.

SATISFAIRE, v. a. (se conj. sur *faire*); contenter, donner sujet de contentement ; payer ; —, v. n. faire ce qu'on doit ; se —, v. pr. contenter son désir.

SATISFAISANT, E, adj. qui satisfait.

SATRAPE, s. m. gouverneur de province chez les anciens Perses.

SATRAPIE, s. f. gouvernement de satrape.

SATRON, s. m. petit poisson qui sert d'appât.

SATURATION, s. f. état d'un corps saturé.

SATURER, v. a. é, ée, p. mettre dans un liquide la quantité de matière qu'il peut dissoudre.

SATURNALES, s. f. pl. fêtes en l'honneur de Saturne.

SATURNE, s. m. le dieu du temps chez les païens ; planète ; le plomb ; t. de chim.

SATYRE, s. m. demi-dieu chez les païens moitié homme et moitié bouc ; genre de papillons ; —, s. f. chez les Grecs, poëme mordant dont les satyres étaient les principaux personnages.

SAUCE, s. f. assaisonnement liquide, où il entre du sel, des épices, etc.

SAUCER, v. a. é, ée, p. tremper dans la sauce; pop. gronder, quereller, mouiller.

SAUCIÈRE, s. f. vase pour servir des sauces.

SAUCISSE, s. f. boyau de porc ou d'autre animal, rempli de viande crue, hachée et assaisonnée ; rouleau plein de poudre d'artifice.

SAUCISSON, s. m. grosse saucisse de très-haut goût ; charge de poudre mise en rouleau dans de la toile pour faire jouer une mine.

SAUF, SAUVE, adj. qui n'est point endommagé, qui est hors de péril ; *sauf*, prép. sans blesser, sans donner atteinte, sans préjudice, excepté.

SAUF-CONDUIT, s. m. (inv. au pl.) permission donnée à quelqu'un, par l'autorité publique, d'aller, de séjourner un certain temps dans quelque endroit, et de s'en retourner librement.

SAUGE, s. f. plante aromatique.

SAUGRENU, UE, adj. absurde, ridicule.

SAUGUE, s. f. bateau de pêcheur en Provence.

SAULE, s. m. arbre qui croît dans les lieux humides.

SAUMÂTRE, adj. 2 g. d'un goût approchant de celui de l'eau de mer.

SAUMÉE, s. f. mesure de terre, environ un arpent.

SAUMON, s. m. poisson de mer dont la chair est rouge ; masse de plomb ou d'étain telle qu'elle sort de la fonte.

SAUMONEAU, s. m. petit saumon.

SAUMONÉ, ÉE, adj. dont la chair est rouge comme celle du saumon.

SAUMUR, chef-lieu d'arr. du dép. de Maine-et-Loire.

SAUMURE, s. f. liqueur formée du sel fondu et du suc de la viande salée.

SAUNAGE, s. m. débit, trafic de sel.

SAUNER, v. n. faire du sel.

SAUNERIE, s. f. bâtiments, puits, instruments propres à la fabrication du sel.

SAUNIER, s. m. celui qui fait et vend le sel.

SAUNIÈRE, s. f. vase, coffre où l'on conserve le sel.

SAUPIQUET, s. m. sauce piquante.

SAUPOUDRER, v. a. é, ée, p. poudrer de sel ; et, par extension, de farine, etc.

SAURAGE, s. m. première année d'un oiseau avant qu'il ait mué.

SAURE, adj. m. de couleur jaune qui tire sur le brun ; *hareng —*, par contraction de sauret, hareng salé demi séché à la fumée.

SAURER, v. a. é, ée, p. faire sécher à la fumée.

SAURIENS, s. m. pl. ordre de reptiles à pattes très-courtes et munies d'ongles, à longue queue, et à mâchoires garnies de dents enchâssées, comme le lézard.

SAUSSAIE, s. f. lieu planté de saules.

SAUT, s. m. action de sauter; chute d'eau dans le courant d'une rivière; fig. chute; — de loup, fossé au bout d'une allée pour en défendre l'entrée sans ôter la vue.

SAUTELLE, s. f. sarment transplanté avec sa racine.

SAUTER, v. n. s'élancer d'un lieu à un autre; fig. parvenir d'une place à une autre plus élevée, sans passer par les places intermédiaires; saisir; il saute aux yeux, il est évident; faire —, renverser; détruire; —, v. a. é, ée, p. franchir d'un saut, omettre.

SAUTERELLE, s. f. insecte qui ne s'avance qu'en sautant; équerre mobile.

SAUTEUR, s. m. celui qui fait des sauts.

SAUTEUSE, s. f. sorte de chenille.

SAUTILLEMENT, (ll m.) s. m. action de sautiller.

SAUTILLER, (ll m.) v. n. sauter à petits sauts.

SAUTOIR, s. m. petit fichu qui se croise sur la poitrine; cliquet d'horloger; croix de saint André, t. de blas.

SAUVAGE, s. 2 g. homme, femme vivant dans les bois; —, adj. 2 g. farouche, féroce; qui n'est pas apprivoisé; désert, inculte; sans habitation fixe; qui vient sans greffe ni culture; fig. rude, contre l'usage.

SAUVAGEON, s. m. jeune arbre venu sans culture.

SAUVAGERIE, s. f. crainte ou dégoût de la société.

SAUVAGIN, E, adj. se dit du goût, de l'odeur de quelques oiseaux de mer ou d'étang.

SAUVEGARDE, s. f. (au pl. sauvegardes) protection accordée pour garantir du pillage, écrit, placard; signe apparent pour préserver; fig. ce qui sert de garantie, de défense.

SAUVEMENT, s. m. action de retirer de la mer des marchandises naufragées.

SAUVER, v. a. é, ée, p. garantir, tirer du péril; conserver; procurer le salut éternel; éviter, épargner, excuser; — les apparences, les garder, les observer; se —, v. pr. s'échapper, se réfugier en un lieu, se dédommager, faire son salut.

SAUVEUR, s. m. celui qui sauve; le —, Jésus-Christ.

SAVAMMENT, adv. d'une manière savante.

SAVANE, s. f. forêt d'arbres résineux au Canada; pâturage inculte dans les îles françaises d'Amérique.

SAVANT, E, adj. qui a beaucoup de science; bien informé; plein d'érudition.

SAVANTASSE, s. m. celui qui affecte de paraître savant sans l'être.

SAVATE, s. f. soulier fort usé.

SAVATERIE, s. f. lieu où l'on vend de vieux souliers.

SAVENAI, chef-lieu d'arr. du dép. de la Loire-Inférieure.

SAVENEAU, s. m. ou SAVENELLE, s. f. filet monté sur deux bâtons.

SAVERNE, chef-lieu d'arr. du dép. du Bas-Rhin.

SAVETER, v. a. é, ée, p. faire, raccommoder malproprement un ouvrage.

SAVETIER, s. m. celui qui raccommode de vieux souliers; mauvais ouvrier.

SAVEUR, s. f. qualité, impression sentie par le goût.

SAVOIR, v. a. irr. (Ind. pr. je sais, tu sais, il sait; n. savons, v. savez, ils savent; imp. je savais, etc.; n. savions, etc.; p. déf. je sus, etc.; n. sûmes, etc.; fut. je saurai, etc.; n. saurons, etc.; cond. je saurais, etc.; n. saurions, etc.; impér. sache, sachons, sachez; subj. pr. q. je sache, etc.; q. n. sachions, etc.; imp. q. je susse, etc.; q. n. sussions, etc.; p. pr. sachant; p. p. su, sue.) connaître, être instruit, avoir dans la mémoire, apprendre, être informé; avoir le pouvoir, le moyen de...; faire —, informer; —, *v. n.* avoir l'esprit orné; *à savoir, savoir,* conjonctions qui servent à spécifier ce dont il s'agit, qui expriment un doute, ou qui précèdent une énumération.

SAVOIR, *s. m.* science, érudition.

SAVOIR-FAIRE, *s. m. (inv. au pl.)* habileté, industrie.

SAVOIR-VIVRE, *s. m. (inv. au pl.)* connaissance des usages du monde.

SAVON, *s. m.* composition d'un corps gras avec un alcali, qui sert à dégraisser, à blanchir le linge, etc.

SAVONNAGE, *s. m.* blanchissage par le savon.

SAVONNER, *v. a.* é, ée, *p.* dégraisser, blanchir avec du savon; *fam.* réprimander.

SAVONNERIE, *s. f.* lieu où l'on fabrique le savon; nom d'une manufacture de tapis à Paris.

SAVONNETTE, *s. f.* boule de savon préparé pour la barbe.

SAVONNEUX, EUSE, *adj.* qui tient de la qualité du savon.

SAVONNIER, *s. m.* petit arbre de la Nouvelle-Espagne dont le fruit rend l'eau blanche et écumeuse, et dont on se sert pour blanchir le linge.

SAVOUREMENT, *s. m.* action de savourer.

SAVOURER, *v. a.* é, ée, *p.* goûter avec attention et avec plaisir; *fig.* jouir avec délices.

SAVOUREUSEMENT, *adv.* en savourant.

SAVOUREUX, EUSE, *adj.* qui a bonne saveur.

SAVOYARD, *s. m.* né en Savoie; *fig.* homme grossier; —, e, *adj.* de Savoie.

SAXATILE, *adj.* qui croît sur les rochers.

SAXIFRAGE, *adj.* 2 g. se dit d'un remède qu'on croit capable de briser la pierre dans les reins; —, *s. f.* plante à laquelle on attribue la même propriété.

SAYETTE, *s. f.* petite étoffe de laine d'Amiens.

SAYETTERIE, *s. f.* manufacture de sayettes.

SAYETTEUR, *s. m.* fabricant de sayettes.

SBIRE, *s. m.* (en divers pays, et surtout à Rome) archer, sergent.

SCABELLON, *s. m.* piédestal où l'on met des bustes; des girandoles.

SCABIEUSE, *s. f.* plante médicinale d'un grand nombre d'espèces.

SCABIEUX, EUSE, *adj.* qui ressemble à la gale; *éruption scabieuse.*

SCABREUX, EUSE, *adj.* rude, raboteux; *fig.* dangereux, difficile.

SCALÈNE, *adj. m.* se dit d'un triangle dont les trois côtés sont inégaux; un des muscles du cou.

SCALPEL, *s. m.* instrument pour disséquer, *t. de chirurg.*

SCANDALE, *s. m.* occasion de chute, de péché; parole, action honteuse; mauvais exemple donné publiquement.

SCANDALEUSEMENT, *adv.* d'une manière scandaleuse.

SCANDALEUX, EUSE, *adj.* qui cause du scandale.

SCANDALISER, *v. a.* é, ée, *p.* donner du scandale; *se* —, *v. pr.* s'offenser.

SCANDER, *v. a.* é, ée, *p.* marquer par la prononciation, la quantité des vers dans les langues anciennes, et le nombre de leurs syllabes dans les modernes.

SCAPHANDRE, *s. m.* sorte de vêtement de liége qui soutient sur l'eau.

SCAPULAIRE, *s. m.* pièce d'étoffe qui fait partie de l'habit de certains religieux; morceaux d'étoffe bénite qu'on porte sur le corps; se dit de tout ce qui est soutenu par les épaules; nageoires qui sont sur l'épaule des poissons; plumes qui sont le long de la jonction de l'aile avec le corps des oiseaux.

SCARABÉE, *s. m.* nom générique des insectes à ailes membraneuses renfermées dans des étuis écailleux; empreinte ovale de pierre gravée.

SCARAMOUCHE *s. m.* nom

d'un acteur italien devenu celui d'un rôle bouffon.

SCARIFICATEUR, s. m. instrument pour faire à la fois plusieurs scarifications.

SCARIFICATION, s. f. incision faite sur la peau.

SCARIFIER, v. a. é, ée, p. déchiqueter; faire des incisions sur la peau.

SCARLATINE, s. f. fièvre accompagnée de rougeur à la peau.

SCEAU, s. m. grand cachet; son empreinte.

SCEAUX, chef-lieu d'arr. du dép. de la Seine.

SCEL, s. m. sceau.

SCÉLÉRAT, E, s. et adj. coupable, ou capable de crimes.

SCÉLÉRATESSE, s. f. méchanceté noire, crime affreux.

SCELLÉ, s. m. sceau apposé par autorité de justice, pour empêcher l'ouverture d'un meuble, d'un appartement, etc.

SCELLEMENT, s. m. action de sceller, t. de maçon.

SCELLER, v. a. é, ée, p. appliquer le sceau; attacher du bois, du fer dans un mur avec du plâtre ou du plomb; fig. affermir, cimenter.

SCELLEUR, s. m. officier qui scelle.

SCÈNE, s. f. partie du théâtre où jouent les acteurs; les décorations; lieu où se passe l'action qu'on représente; division du drame, fixée par l'entrée ou la sortie d'un acteur; fig. le théâtre, l'art dramatique; toute action qui offre quelque chose d'animé; querelle, apostrophe brusque.

SCÉNIQUE, adj. 2 g. qui a rapport à la scène.

SCEPTICISME, s. m. doctrine des sceptiques.

SCEPTIQUE, adj. et s. 2 g. qui fait profession de douter de tout; pyrrhonien.

SCEPTRE, s. m. bâton de commandement, marque de royauté; fig. pouvoir souverain.

SCHAKOS, s. m. coiffure militaire.

SCHALL, s. m. longue pièce d'étoffe de soie, de laine, etc. dont les femmes se couvrent les épaules.

SCHEIK, s. m. prélat turc.

SCHÉLESTADT, chef-lieu d'arr. du dép. du Bas-Rhin.

SCHISMATIQUE, s. et adj. 2 g. qui est dans le schisme.

SCHISME, s. m. séparation du corps et de la communion d'une religion; scission entre des partis.

SCHISTE, s. m. pierre qui se sépare par lames comme l'ardoise.

SCIAGE, s. m. ouvrage, travail du sieur; bois de —, propre à être scié en long.

SCIATIQUE, s. f. et adj. 2 g. se dit d'une douleur rhumatismale fixée à la hanche.

SCIE, s. f. lame de fer longue, étroite, avec ou sans dents pour couper le bois ou la pierre; fig. peine, ennui; grand poisson cartilagineux.

SCIEMMENT, adv. avec connaissance de cause.

SCIENCE, s. f. connaissance fondée sur des principes; système de règles, de principes ou de faits relatifs à un objet; instruction acquise; connaissance d'une chose.

SCIENTIFIQUE, adj. 2 g. qui concerne les sciences abstraites.

SCIENTIFIQUEMENT, adv. d'une manière scientifique.

SCIER, v. a. é, ée, p. couper avec une scie, avec une faucille; ramer à rebours, t. de mar.

SCIEUR, s. m. ouvrier qui scie.

SCINDER, v. a. é, ée, p. retrancher.

SCINTILLANT, E, adj. qui scintille.

SCINTILLATION, s. f. étincellement.

SCINTILLER, v. n. étinceler.

SCION, s. m. petit rejeton flexible d'un arbre.

SCISSILE, adj. 2 g. qui peut être fendu en lames.

SCISSION, s. f. division, séparation, mésintelligence.

SCISSIONNAIRE, s. m. celui qui fait scission.

27.

SCISSURE, *s. f.* fente des rochers; tout enfoncement des os qui logent dans les vaisseaux sanguins, *t. d'anat.*

SCIURE, *s. f.* ce qui tombe du bois quand on le scie.

SCOLAIRE, *adj. 2 g.* qui a rapport aux écoles.

SCOLARITÉ, *s. f.* privilége qu'avaient les écoliers des universités.

SCOLASTIQUE, *adj. 2 g.* qui appartient à l'école; —, *s. f.* théologie scolastique; —, *s. m.* celui qui en parle.

SCOLASTIQUEMENT, *adv.* d'une manière scolastique.

SCOLIASTE, *s. m.* commentateur d'un auteur grec.

SCOLIE, *s. f.* note pour servir à l'intelligence d'un auteur classique; —, *s. m.* remarque relative à une proposition précédente, *t. de géom.*; genre d'insectes.

SCOLOPAX, *adj. 2 g.* se dit des oiseaux qui ont le bec long et effilé.

SCOLOPENDRE, *s. f.* plante médicinale; insecte, genre de mille-pieds.

SCOMBRE, *s. m.* genre de poissons thorachiques.

SCORBUT, *s. m.* maladie caractérisée par le gonflement sanguinolent des gencives.

SCORBUTIQUE, *s.* qui a le scorbut; —, *adj. 2 g.* de la nature du scorbut.

SCORIE, *s. f.* substance vitrifiée qui nage sur la surface des métaux fondus.

SCORIFICATION, *s. f.* action de réduire en scories.

SCORIFIER, *v. a. é, ée, p.* réduire en scories.

SCORPÈNE, *s. f.* genre de poissons thorachiques.

SCORPION, *s. m.* insecte venimeux; un des douze signes du zodiaque.

SCORZONÈRE, *s. f.* salsifis noir.

SCRIBE, *s. m.* chez les Juifs, docteur qui interprétait la loi; copiste, homme qui gagne sa vie à copier.

SCRIPTEUR, *s. m.* officier qui écrit les bulles.

SCROFULAIRE, *s. f.* plante médicinale.

SCROFULES ou **SCROPHULES**, *s. f. pl.* écrouelles.

SCROFULEUX, EUSE, *adj.* affecté de scrofules; qui cause les écrouelles.

SCRUPULE, *s. m.* inquiétude d'une conscience timorée; grande exactitude à remplir ses devoirs; difficultés qui restent après l'éclaircissement d'une question; poids de 24 grains; petite partie de la minute.

SCRUPULEUSEMENT, *adv.* avec scrupule.

SCRUPULEUX, EUSE, *s. et adj.* qui a des scrupules; exact, minutieux.

SCRUTATEUR, *s. m.* celui qui sonde les cœurs; observateur clairvoyant; vérificateur.

SCRUTER, *v. a. é, ée, p.* sonder, examiner à fond.

SCRUTIN, *s. m.* délibération par suffrages secrets.

SCULPTER, *v. a. é, ée, p.* tailler quelque figure en marbre, pierre, bois, etc.

SCULPTEUR, *s. m.* celui qui travaille en sculpture.

SCULPTURE, *s. f.* art de sculpter, ouvrage du sculpteur.

SCYLLA, *s. m.* célèbre rocher sur les côtes de la Calabre.

SE, *pron. de la 3e pers.* soi.

SÉANCE, *s. f.* droit de prendre place dans une assemblée, etc.; assemblée, sa durée, temps passé à une chose.

SÉANT, *s. m.* posture d'une personne assise dans son lit.

SÉANT, *part. pr. de seoir*; qui tient séance, qui réside.

SÉANT, E, *adj.* décent, convenable; siégeant.

SEAU, *s. m.* vase propre à porter de l'eau; ce qu'il contient; mesure de douze pintes.

SEBILE, *s. f.* vase, écuelle de bois; ustensile de pressoir; jatte.

SEC, *s. m.* sécheresse; fourrage sec; —, *adv.* sèchement; rudement; *sec, sèche, adj.* qui a peu ou point d'humidité; qu'on a fait sécher; maigre; décharné;

SEC   SEC

fig. qui n'est point affable, gracieux ; dépourvu d'ornements.

SÉCABLE, *adj.* 2 *g.* qu'on peut couper.

SÉCANTE, *s. f.* ligne qui en coupe une autre, *t. de géom.*

SÈCHE, *s. f.* roche à fleur d'eau ; genre de vers mollusques nus.

SÈCHE, *s. f.* poisson qui distille autour de lui une liqueur noire et puante, lorsqu'il est poursuivi.

SÈCHEMENT, *adv.* en lieu sec ; d'une manière rude, incivile.

SÉCHER, *v. a.* é, ée, *p.* rendre sec ; mettre à sec ; —, *v. n.* devenir sec.

SÉCHERESSE, *s. f.* état, qualité de ce qui est sec ; temps chaud sans pluie ; manières peu affables ; défaut de grâces dans le style.

SÉCHOIR, *s. m.* endroit, instrument pour faire sécher.

SECOND, *s. m.* celui qui tient le second rang ; celui qui soutient, qui aide un autre ; celui qui sert sous un autre ; le second étage.

SECOND, E, *adj.* deuxième, qui suit immédiatement le premier ; *eau seconde*, eau-forte étendue d'eau.

SECONDAIRE, *adj.* 2 *g.* accessoire, qui ne vient qu'en second ; *planète —*, qui tourne autour d'une autre.

SECONDE, *s. f.* deuxième classe qui précède la rhétorique ; 60e partie d'une minute ; intervalle d'un ton ou de deux demi-tons, *t. de mus.*

SECONDEMENT, *adv.* en second lieu.

SECONDER, *v. a.* é, ée, *p.* aider, favoriser, servir.

SECOUER, *v. a.* é, ée, *p.* remuer fortement, ébranler ; agiter ; *fig.* exciter, réprimander.

SECOUMENT, ou **SECOUEMENT**, *s. m.* action de secouer.

SECOURABLE, *adj.* 2 *g.* qui aime à secourir ; charitable.

SECOURIR, *v. a.* (se conj. c. *courir*), aider, assister dans le danger.

SECOURS, *s. m.* aide, assistance dans le danger, l'embarras ; troupe qu'on envoie au secours d'une place, d'une armée ; succursale ; *au —! excl.* pour demander du secours.

SECOUSSE, *s. f.* ébranlement de ce qui est secoué ; agitation subite.

SECRET, *s. m.* ce qui est, ou doit être tenu caché ; ce qui est su de peu de personnes ; procédé particulier, moyen, manière, don de..., ressort caché ; *dans une prison*, lieu séparé où l'on ne communique qu'avec le geôlier ; *fig.* silence, retraite, mystère, *en —*, secrètement.

SECRET, E, *adj.* connu de peu de personnes ; mystérieux, impénétrable ; qui n'est pas apparent.

SECRÉTAIRE, *s. m.* celui qui fait des lettres pour un autre dont il dépend ; celui qui rédige par écrit les délibérations d'une assemblée ; bureau où l'on écrit, où l'on renferme ses papiers ; espèce de vautour d'Afrique.

SECRÉTAIRERIE, *s. f.* bureau des secrétaires d'ambassade.

SECRÉTARIAT, *s. m.* emploi, fonction de secrétaire ; secrétairerie.

SECRÈTE, *s. f.* oraison que le prêtre dit tout bas à la messe.

SECRÈTEMENT, *adv.* d'une manière secrète ; en cachette.

SÉCRÉTION, *s. f.* filtration et séparation des humeurs ; *au pl.* matières qui sortent du corps.

SÉCRÉTOIRE, *adj.* 2 *g.* se dit des vaisseaux qui servent à la sécrétion.

SECTAIRE, *s. m.* qui est attaché à une secte.

SECTATEUR, *s. m.* celui qui fait profession de suivre certaines opinions philosophiques ou religieuses ; partisan.

SECTE, *s. f.* réunion de personnes qui font profession d'une même doctrine ; *en matière de religion*, ceux qui suivent une opinion hérétique ou erronée.

SECTEUR, s. m. partie d'un cercle comprise entre deux rayons et l'arc qu'ils interceptent.

SECTION, s. f. subdivision d'un ouvrage, d'un corps militaire; point de section, endroit où deux lignes s'entre-coupent, t. de mathém., ligne qui marque la division d'un solide, faite sur sa surface; arrondissement d'une commune; action de couper.

SÉCULAIRE, adj. 2 g. qui se fait de siècle en siècle; qui termine un siècle.

SÉCULARISATION, s. f. action de séculariser.

SÉCULARISER, v. a. é, ée, p. rendre séculier.

SÉCULARITÉ, s. f. juridiction séculière.

SÉCULIER, ÈRE, adj. qui vit dans le siècle, mondain; prêtre —, qui n'appartient pas à un ordre monastique.

SÉCULIER, s. m. laïque.

SÉCULIÈREMENT, adv. d'une manière séculière.

SÉCURITÉ, s. f. confiance, tranquillité d'esprit bien ou mal fondée.

SEDAN, chef-lieu d'arr. du dép. des Ardennes.

SÉDENTAIRE, adj. 2 g. qui demeure ordinairement assis; qui se tient presque toujours chez lui; fixe; attaché à un lieu.

SÉDENTAIREMENT, adv. d'une manière sédentaire.

SÉDIMENT, s. m. partie grossière d'une liqueur qui se précipite au fond d'un vase.

SÉDITIEUSEMENT, adv. d'une manière séditieuse.

SÉDITIEUX, EUSE, adj. qui a part à une sédition; enclin à la sédition; qui tend à la sédition; —, s. m. factieux.

SÉDITION, s. f. révolte, soulèvement contre la puissance légitime.

SÉDUCTEUR, TRICE, s. et adj. celui, celle qui séduit, qui corrompt.

SÉDUCTION, s. f. action par laquelle on séduit.

SÉDUIRE, v. a. (se conj. c. construire), tromper, faire tomber dans l'erreur, corrompre; plaire; toucher.

SÉDUISANT, E, adj. qui séduit, qui plaît.

SÉGÉTAL, E, adj. qui croît dans les champs cultivés, t. de bot.

SEGMENT, s. m. partie d'un cercle comprise entre un arc et sa corde.

SEGRÉ, chef-lieu d'arr. du dép. de Maine-et-Loire.

SÉGRÉGATION, s. f. action de mettre à part.

SÉGRÉGER, v. a. é, ée, p. séparer; mettre à part.

SEIGLE, s. m. genre de graminée qui a du rapport avec le froment, mais plus brun et plus allongé et à épis barbus.

SEIGNEUR, s. m. maître, possesseur d'une terre, d'un état; celui de qui relève une terre, un fief que l'on possède; titre d'honneur; le Seigneur, Dieu, notre seigneur J. C; le grand —, l'empereur des Turcs.

SEIGNEURIAL, E, adj. qui appartient à un seigneur; qui donne des droits de seigneur.

SEIGNEURIE, s. f. droits, autorité de seigneur; terre seigneuriale.

SEIME, s. f. division de l'ongle du cheval, dès la couronne.

SEIN, s. m. partie du corps entre les mamelles; mamelles des femmes; fig. le milieu, l'âme, le cœur.

SEINE, s. f. filet qui se traîne sur les grèves.

SEINE, s. f. fleuve qui prend sa source dans le dép. de la Côte-d'Or, et se jette dans la Manche entre Quillebœuf et Caudebec; il donne son nom à 4 départements, savoir : 1° dép. de la Seine, formé d'une partie de l'Île de France, entouré par le dép. de Seine-et-Oise : Paris chef-lieu; — 2° Seine-Inférieure, dép. formé des pays rouennais, de Caux et de Bray, borné au N.

et à l'O. par la Manche; à l'E. par les dep. de la Somme et de l'Oise; et au S. par ceux du Calvados et de l'Eure: Rouen chef-lieu; — 3º *Seine-et-Marne*, dép. formé de la partie S. E. de l'île de France, de la Brie et du Gâtinais, borné au N. par l'Oise et l'Aisne, à l'E. par la Marne et l'Aube, au S. par l'Yonne et le Loiret, à l'O. par Seine-et-Oise: Melun, chef-lieu; — 4º *Seine-et-Oise*, dép. formé de la partie mér. de l'île de France et du Vexin, borné au N. par l'Oise, à l'E. par Seine-et-Marne, au S. par le Loiret, au S. O. par Eure-et-Loir, au N. O. par l'Eure: Versailles, chef-lieu.

SEING, *s. m.* nom de quelqu'un signé par lui-même; — *privé*, signature qui n'a point été faite en présence d'un officier public.

SEIZE, *adj. numéral*, dix et six; —, *s. m.* le seizième jour du mois; un —, la seizième partie d'une aune.

SEIZIÈME, *adj. 2 g.* nombre ordinal qui suit immédiatement le quinzième; —, *s. m.* seizième partie.

SEIZIÈMEMENT, *adv.* en seizième lieu.

SÉJOUR, *s. m.* temps qu'on demeure dans un lieu; lieu où l'on séjourne.

SÉJOURNER, *v. n.* demeurer quelque temps dans un lieu.

SEL, *s. m.* substance dure, friable, dissoluble, âcre au goût, tirée des eaux de la mer, des salines, et qui sert à l'assaisonnement des aliments; *fig.* raillerie délicate; causticité.

SELLE, *s. f.* autrefois siége de bois; sorte de siége qu'on met sur le dos d'un cheval pour la commodité de celui qui monte dessus; évacuation des excréments.

SELLER, *v. a.* é, ée, *p.* mettre la selle sur le dos d'un cheval, etc.; *se—*, *v. pr.* se serrer, s'endurcir, *t. d'agric.*

SELLERIE, *s. f.* lieu où l'on serre les selles, les harnais; ouvrage, commerce du sellier.

SELLETTE, *s. f.* petit siége de bois où l'on fait asseoir un accusé pendant qu'on le juge; boîte des décrotteurs pour poser le pied.

SELLIER, *s. m.* ouvrier qui fait des selles, des carrosses, etc.

SELON, *prép.* suivant, eu égard, conformément à.., à proportion de...

SEMAILLE, (ll m.) *s. f.* action, temps de semer; grains semés.

SEMAINE, *s. f.* suite de sept jours; travail d'un ouvrier pendant une semaine; paiement de ce travail; — *sainte*, qui précède Pâques; *prêter à la petite semaine*, pour un terme fort court et à un intérêt exorbitant.

SEMAINIER, ÈRE, *s.* celui, celle qui est de semaine.

SEMBLABLE, *adj. 2 g.* et *s. m.* de même nature ou qualité; qui ressemble.

SEMBLABLEMENT, *adv.* pareillement.

SEMBLANT, *s. m.* apparence; *faire—*, feindre.

SEMBLER, *v. n.* paraître, avoir une certaine qualité, être d'une certaine matière; — *v. imp.* y avoir apparence que.

SEMELLE, *s. f.* pièce de cuir qui fait le dessous du pied de la chaussure; mesure de la longueur du pied; pièce de bois dont on fortifie une poutre.

SEMENCE, *s. f.* grains, noyaux, pépins qu'on sème; ce qui produit, engendre; principe, origine.

SEMER, *v. a.* é, ée, *p.* épandre sur une terre préparée de la graine pour la faire produire; *fig.* répandre, susciter.

SEMESTRE, *adj. 2 g.* qui dure, qui est de service six mois; —, *s. m.* espace de six mois; congé de six mois.

SEMESTRIEL, LLE, *adj.* qui se fait chaque semestre.

SEMESTRIER, *s. m.* militaire absent de son corps pour un semestre.

SEMEUR, *s. m.* celui qui sème du grain; *fig.* qui sème la discorde, de faux bruits.

SEMI, *part. inv.* demi, ne s'emploie qu'avec certains mots.

SÉMILLANT, E, *adj.* (ll m.) remuant, très-vif.

SÉMINAIRE, *s. m.* collége de jeunes séminaristes.

SÉMINAL, E, *adj.* qui a rapport à la semence, à la graine.

SÉMINARISTE, *s. m.* celui qui est élevé dans un séminaire.

SÉMINATION, *s. f.* dispersion des graines des plantes.

SEMIS, *s. m.* plan d'arbrisseaux, de fleurs; lieu où l'on a semé; art de faire lever les plantes.

SEMOIR, *s. m.* instrument pour semer.

SEMONCE, *s. f.* invitation dans les formes à certaines cérémonies; réprimande.

SEMONCER, *v. a.* é, ée, *p.* faire une réprimande.

SEMOULE, *s. f.* pâte faite avec la plus fine farine réduite en petits grains.

SEMPER VIRENS, *s. m.* chèvrefeuille qui porte des feuilles et des fleurs toute l'année.

SEMPITERNE, *sempiternelle*, *s. f.* sorte d'étoffe de laine.

SEMPITERNEL, LLE, *adj.* qui dure toujours.

SÉMUR, chef-lieu d'arr. du dép. de la Côte-d'Or.

SÉNAT, *s. m.* assemblée où réside la principale autorité; en quelques pays, cour souveraine de justice.

SÉNATEUR, *s. m.* membre d'un sénat.

SÉNATORERIE, *s. f.* terre dont l'usufruit était affecté à un sénateur; fonctions de sénateur.

SÉNATORIAL, E, *adj.* qui appartient à un sénateur.

SÉNATORIEN, NNE, *adj.* qui est de famille de sénateur.

SÉNATRICE, *s. f.* femme d'un sénateur en Pologne, en Suède, etc.

SÉNATUS-CONSULTE, *s. m.* décision du sénat.

SENAU, *s. m.* petit bâtiment de mer pour la course.

SÉNÉ, *s. m.* plante rosacée médicinale.

SÉNÉCHAL, *s. m.* chef de la justice dans certains ressorts; autrefois chef d'une justice subalterne et seigneuriale.

SÉNÉCHALE, *s. f.* femme du sénéchal.

SÉNÉCHAUSSÉE, *s. f.* juridiction d'un sénéchal.

SENEÇON, *s. m.* plante pour les petits oiseaux.

SÉNESTRE, *adj. 2 g.* gauche.

SÉNEVÉ, *s. m.* plante, graine dont on fait la moutarde.

SENLIS, chef-lieu d'arr. du dép. de l'Oise.

SENS, *s. m.* (l's se pron. devant une *voyelle*) faculté de sentir, de recevoir des impressions; faculté de comprendre, de juger, de discerner; intelligence; signification d'un mot, d'un discours; opinion, sentiment.

SENS, chef-lieu du dép. de l'Yonne.

SENSATION, *s. f.* impression que l'âme reçoit des objets par les sens; faire —, *fig.* faire impression.

SENSÉ, ÉE, *adj.* qui a du jugement; conforme au bon sens.

SENSÉMENT, *adv.* d'une manière sensée.

SENSIBILITÉ, *s. f.* qualité par laquelle on est sensible; compassion.

SENSIBLE, *adj. 2 g.* qui a du sentiment; disposé aux impressions des objets; doué de sensibilité, compatissant; qui se fait sentir.

SENSIBLEMENT, *adv.* d'une manière sensible.

SENSIBLERIE, *s. f.* exagération de sensibilité.

SENSITIF, IVE, *adj.* qui a la faculté de sentir.

SENSITIVE, *s. f.* plante dont les feuilles se replient quand on la touche.

SENSUALISME, *s. m.* système de ceux qui, rejetant la métaphysique, n'admettent que l'influence des sens

SENSUALITÉ, *s. f.* attachement aux plaisirs des sens ; mollesse.

SENSUEL, LLE, *adj.* attaché aux plaisirs des sens.

SENSUELLEMENT, *adv.* d'une manière sensuelle.

SENTE, *s. f.* sentier.

SENTENCE, *s. f.* maxime qui renferme un grand sens ; jugement, décision des juges.

SENTENCIEUSEMENT, *adv.* d'une manière sentencieuse.

SENTENCIEUX, EUSE, *adj.* qui contient des sentences ; qui ne parle que par sentences.

SENTÈNE, *s. f.* endroit par où l'on commence à dévider un écheveau.

SENTEUR, *s. f.* odeur, parfum.

SENTIER, *s. m.* chemin étroit.

SENTIMENT, *s. m.* perception par les sens de ce qui se passe en nous et des objets extérieurs ; faculté de sentir ; sensibilité physique et morale ; opinion profonde ; odorat du chien.

SENTIMENTAL, E, *adj.* où il entre une sensibilité excessive, affectée.

SENTINE, *s. f.* la partie la plus basse d'un navire, où s'écoulent les ordures.

SENTINELLE, *s. f.* soldat qui fait le guet à un poste ; sa fonction.

SENTIR, *v. a. irr.* (ind. pr. je sens, tu sens, il sent; n. sentons, v. sentez, ils sentent; imp. je sentais, etc., n. sentions, etc.; p. déf. je sentis, etc., n. sentîmes, etc.; fut. je sentirai, etc., n. sentirons, etc.; impér. sens, sentons, sentez, etc.; subj. pr. q. je sente, etc., q. n. sentions, etc.; imp. subj. q. je sentisse, etc., q. n. sentissions, etc.; p. pr. sentant ; p. p. senti, ie ;) recevoir une impression par les sens ; ressentir, éprouver ; apercevoir, connaître ; avoir ressemblance ; —, *v. n.* répandre une odeur bonne ou mauvaise ; *se —, v. pr.* sentir en quel état on est ; *fig.* bien connaître ses qualités, ses talents.

SEOIR, *v. n. déf. et irr.* dans le sens d'être assis, ne se dit qu'au p. pr. séant, et au p. p. sis, e ; —, dans le sens d'être convenable, ne se dit qu'au p. pr. seyant, et aux 3es pers. Ind. pr. il sied, ils siéent; imp. il seyait, ils seyaient ; fut. il siéra, ils siéront ; cond. il siérait, ils siéraient.

SÉPARABLE, *adj. 2 g.* qui peut se séparer.

SÉPARATIF, IVE, *adj.* qui fait, qui cause séparation.

SÉPARATION, *s. f.* action de séparer, de se séparer ; chose qui sépare.

SÉPARÉMENT, *adv.* à part l'un de l'autre.

SÉPARER, *v. a.* é, ée, *p.* désunir des parties d'un tout ; distinguer, ranger, éloigner ; diviser, partager ; *se —, v. pr.* se diviser en plusieurs parties ; se quitter.

SÉPIA, *s. f.* sorte de liqueur brune employée en peinture.

SEPS, *s. m.* lézard à jambes courtes.

SEPT, *adj. numéral*, nombre qui suit immédiatement six ; —, *s. m.* un sept de chiffre, un sept de cœur.

SEPTANTE, *adj. numéral 2 g. et s. m.* soixante et dix.

SEPTANTIÈME, *adj. 2 g. et s. m.* soixante-dixième.

SEPTEMBRE, *s. m.* 9e mois de l'année.

SEPTEMVIR, *s. m.* ancien magistrat romain.

SEPTÉNAIRE, *adj. 2 g.* se dit du nombre sept ; —, *s. m.* espace de sept ans.

SEPTENNAL, E, *adj.* qui arrive tous les sept ans.

SEPTENNALITÉ, *s. f.* droit de siéger pendant sept ans.

SEPTENTRION, *s. m.* Nord.

SEPTENTRIONAL, E, *adj.* du côté du Nord.

SEPTIÈME, *adj. 2 g.* nombre ordinal qui suit immédiatement le sixième ; —, *s. m.* septième partie d'un tout.

SEPTIÈMEMENT, *adv.* en septième lieu.

SEPTUAGÉNAIRE, s. et adj. 2 g. âgé de 70 à 79 ans.

SEPTUAGÉSIME, s. m. 3e dimanche avant le premier dimanche du carême.

SEPTUPLE, s. et adj 2 g. sept fois autant.

SEPTUPLER, v. a. é, ée, p. répéter sept fois.

SÉPULCRAL, E, adj. qui a rapport au sépulcre; voix —, sourde; (au pl. m. sépulcraux.)

SÉPULCRE, s. m. tombeau.

SÉPULTURE, s. f. lieu où l'on enterre un corps mort; inhumation.

SÉQUELLE, s. f. nombre de gens, de choses qui se suivent.

SÉQUESTRATION, s. f. action de mettre en séquestre.

SÉQUESTRE, s. m. état d'une chose litigieuse provisoirement remise en main tierce; chose séquestrée; réclusion provisoire.

SÉQUESTRER, v. a. é, ée, p. mettre en séquestre; fig. écarter, séparer; détourner; se —, v. pr. se retirer du monde.

SÉRAIL, (l m.) s. m. (pl. sérails). palais des empereurs turcs; lieu où les princes mahométans renferment leurs femmes.

SÉRANCOLIN, s. m. marbre des Pyrénées, tacheté de brun et de rouge.

SÉRAPHIN, s. m. esprit céleste de la première hiérarchie des anges.

SÉRAPHIQUE, adj. 2 g. qui appartient aux séraphins.

SEREIN, s. m. rosée qui tombe au coucher du soleil; serein, e, adj. clair, doux et calme.

SÉRÉNADE, s. f. concert de voix ou d'instruments donné le soir en plein air.

SÉRÉNISSIME, adj. 2 g. titre qu'on donne à quelques princes.

SÉRÉNITÉ, s. f. état de ce qui est serein.

SÉREUX, EUSE, adj. aqueux.

SERF, SERVE, adj. et s. dont la personne ou les biens sont assujettis à des droits contraires à la liberté naturelle, ou à la propriété.

SERFOUETTE, s. f. instrument pour serfouetter.

SERFOUETTER, v. a. é, ée, p. remuer la terre autour des plantes.

SERGE, s. f. étoffe légère de laine et de soie.

SERGENT, s. m. ancien officier de justice; huissier; sous-officier dans une compagnie d'infanterie; — de ville, agent de police municipale portant uniforme et épée.

SERGER, ou SERGIER, s. m. ouvrier qui fabrique des serges.

SERGERIE, s. f. fabrique, commerce de serges.

SERGETTE, s. f. petite serge.

SÉRIE, s. f. succession d'idées; division d'objets classés; suite de choses.

SÉRIEUSEMENT, adv. gravement; sans plaisanterie.

SÉRIEUX, EUSE, adj. grave, qui n'est pas gai; important, vrai, sincère; qui peut avoir des suites fâcheuses; —, s. m. gravité dans l'air, dans les manières.

SERIN, E, s. petit oiseau dont le chant est très-agréable.

SERINER, v. a. é, ée, p. apprendre à un oiseau à chanter avec la serinette; — quelqu'un, fig. et fam. lui apprendre quelque chose à force de le lui répéter.

SERINETTE, s. f. instrument pour apprendre à chanter aux serins.

SERINGAT, ou SYRINGAT, s. m. arbrisseau.

SERINGUE, s. f. petite pompe qui sert à tirer et à repousser l'air ou les liquides.

SERINGUER, v. a. é, ée, p. pousser une liqueur avec une seringue.

SERMENT, s. m. affirmation en prenant Dieu à témoin; promesse solennelle.

SERMON, s. m. discours chrétien fait pour être prononcé en chaire; fam. remontrance ennuyeuse.

SERMONNAIRE, s. m. recueil de sermons; auteur de sermons; —, adj. 2 g. qui convient aux sermons.

SERMONNER, v. a. é, ée, p. faire d'ennuyeuses remontrances.

SERMONNEUR, s. m. celui qui sermonne.

SÉROSITÉ, s. f. partie aqueuse du sang, des humeurs, etc.

SÉROTINE, s. f. sorte de chauve-souris.

SERPE, s. f. instrument pour couper du bois, tailler les arbres, etc.

SERPENT, s. m. animal rampant; classe de reptiles qui comprend plusieurs genres, dont quelques uns sont venimeux; instrument de musique religieuse, celui qui en joue.

SERPENTAIRE, s. m. constellation australe; —, s. f. sorte de plantes.

SERPENTEAU, s. m. petit serpent; fusée qui va en serpentant dans l'air.

SERPENTER, v. n. avoir un cours tortueux, tournoyer.

SERPENTINE, s. f. pierre fine tachetée comme la peau d'un serpent; espèce de couleuvre; plante rampante.

SERPETTE, s. f. petite serpe.

SERPILLIÈRE, s. f. grosse toile qui sert pour les emballages; sorte de tablier.

SERPOLET, s. m. plante odoriférante; espèce de thym.

SERRE, s. f. lieu où l'on serre les arbustes que l'on veut mettre à l'abri de la gelée; pieds des oiseaux de proie; action de serrer, de presser les fruits qu'on met au pressoir.

SERRÉ, adv. bien fort.

SERRÉ, ÉE, adj. très-rapproché, t. de bot.; bref, succinct, comprimé, rapproché, abrité; enfermé.

SERRE-FILE, s. m. inv. soldat d'un bataillon qui est le dernier de sa file.

SERREMENT, s. m. action de serrer, compression, saisissement.

SERRE-PAPIERS, s. m. lieu, tablette divisée en compartiments, où l'on serre des papiers.

SERRE-POINT, s. m. (au pl. serre-points), outil de bourrelier pour serrer les points.

SERRER, v. a. é, ée, p. étreindre, presser, joindre, mettre près-à-près; mettre à couvert, enfermer; se —, v. pr. se rétrécir, se retirer; —, v. réc. se presser les uns contre les autres.

SERRE-TÊTE, s. m. inv. ruban dont on se serre la tête; sorte de bonnet de nuit.

SERRURE, s. f. machine qui sert à ouvrir et à fermer une porte, un coffre, etc. par le moyen d'une clef.

SERRURERIE, s. f. art, ouvrage de serrurier.

SERRURIER, s. m. ouvrier qui fait des serrures et autres ouvrages de fer.

SERVAGE, s. m. état de celui qui sert; esclavage.

SERVANT, adj. m. qui a charge de servir.

SERVANTE, s. f. femme ou fille qui sert de domestique; petite table sur laquelle on met divers objets nécessaires dans un repas; terme de civilité.

SERVIABLE, adj. 2 g. disposé à rendre service.

SERVICE, s. m. état, fonction d'un domestique; usage qu'on tire de certains animaux, de certaines choses; assistance, bon office; temps qu'on a servi; le service militaire; célébration de l'office divin, des prières publiques; nombre de plats qu'on sert à la fois.

SERVIETTE, s. f. linge dont on se sert à table, etc.

SERVILE, adj. 2 g. qui appartient à l'état d'esclave, de valet; bas, rampant.

SERVILEMENT, adv. d'une manière servile.

SERVILITÉ, s. f. esprit de servitude, bassesse; exactitude servile d'un traducteur.

SERVIR, v. a. (ind. pr. je sers, tu sers, il sert; n. servons, v. servez, ils servent; imp. je servais, etc., n. servions, etc.; p. déf. je servis, etc., n. servîmes, etc.; fut. je servirai, etc., n. servirons, etc.; cond. je servirais, etc., n. servirions, etc.; impér. sers, servons, servez, etc.; subj. pr. que je serve, etc., q. n. servions, etc.; imp. subj. q. je servisse, etc., q. n. servissions, etc.; p. pr. servant, p. p. servi, ie.) être sous un maître comme domestique; mettre des mets sur une table; aider, assister, rendre des services; — *Dieu*, lui rendre le culte qui lui est dû; —, *v. n.* être dans le service militaire; jeter la balle, le volant, etc. à celui avec qui l'on joue; — *de*, tenir la place, faire l'office de,... — *à*, être utile, propre à,... *se* —, *v. pr.* user de..., employer.

SERVITEUR, *s. m.* domestique; disposé à rendre service; terme de civilité.

SERVITUDE, *s. f.* état de dépendance, de contrainte, assujettissement.

SESSILE, *adj.* 2 g. sans queue, t. de bot.

SESSION, *s. f.* temps pendant lequel un corps délibérant est assemblé.

SESTERCE, *s. m.* ou *petit sesterce*, monnaie d'argent des anciens Romains qui valait deux as et demi; *grand sesterce*, monnaie fictive qui valait mille petits sesterces.

SETIER, *s. m.* mesure pour les grains ou les liqueurs, différente suivant les pays; —, mesure de superficie.

SÉTON, *s. m.* petit cordon de plusieurs fils de soie ou de coton qu'on passe à travers les chairs.

SEUIL, *s. m.* (l m.) pièce de bois ou de pierre, qui est au bas de l'ouverture d'une porte et qui la traverse.

SEUL, E, *adj.* qui est sans compagnie, unique, simple.

SEULEMENT, *adv.* rien de plus, pas davantage; même, uniquement.

SEULET, TTE, *adj.* diminutif de seul.

SÈVE, *s. f.* humeur nutritive des plantes; force, vigueur.

SÉVÈRE, *adj.* 2 g. rigide, qui exige une extrême régularité; qui pardonne peu ou point, rigoureux; *style* —, où l'on évite une élégance recherchée.

SÉVÈREMENT, *adv.* avec sévérité.

SÉVÉRITÉ, *s. f.* manière rigide de penser, de juger.

SÉVEUX, EUSE, *adj.* qui sert à la circulation de la sève.

SÉVICES, *s. m. pl.* mauvais traitements d'un mari envers sa femme, de parents envers leurs enfants.

SÉVIR, *v. n.* agir avec rigueur, punir sévèrement, maltraiter.

SEVRAGE, *s. m.* action de sevrer, temps où l'on sèvre.

SÈVRE (*la*), nom commun à deux rivières qui arrosent le dép. des Deux-Sèvres, savoir: la *Sèvre-Nantaise*, qui se jette dans la Loire près de Nantes, et la *Sèvre-Niortaise*, qui se jette dans l'Océan près de Marans; le dép. des Deux-Sèvres est formé du Poitou, de l'Aunis et de la Saintonge; il est borné au N. par Maine-et-Loire, à l'E. par la Vienne, au S. par la Charente-Infér., au S.-E. par la Charente, à l'O. par la Vendée: Niort, chef-lieu.

SEVRER, *v. a.* é, ée, *p.* ôter à un enfant, ou au petit d'un animal, l'usage du lait de sa nourrice, pour le faire passer à une nourriture plus solide; *fig.* priver, frustrer; *se* —, *v. pr.* s'abstenir.

SEXAGÉNAIRE, *s. et adj.* 2 g. qui est âgé de 60 à 69 ans.

SEXAGÉSIME, *s. f.* le dimanche qui précède le dimanche gras.

SEXANGULAIRE, *s. m.* à six angles; sorte de poisson.

SEXE, *s. m.* ce qui fait la différence du mâle et de la femelle; *le* —, les femmes.

SEXTANT, *s. m.* instrument qui contient la sixième partie du cercle, 60 degrés; — *d'Uranie*, constellation australe, *t. d'ast.*

SEXTE, *s. f.* une des heures canoniales; — *s. m.* sixième livre es décrétales rédigées par ordre de Boniface VIII.

SEXTIL, E, *adj.* aspect de ceux planètes distantes de 60 degrés, *t. d'astron.*

SEXTULE, *s. m.* poids de quatre scrupules.

SEXTUPLE, *s. m. et adj. 2 g.* six fois autant.

SEXTUPLER, *v. a. é, ée, p.* répéter six fois.

SEXUEL, LLE, *adj.* qui caractérise le sexe.

SHÉRIF, *s. m.* officier municipal en Angleterre.

SI, *conj. condit.* en cas que, pourvu que, à moins que ; *particule affirmative*, s'oppose à *non* : *fam.* tellement, à un tel point ; *partic. dubitative*, autant, aussi ; — *s. m.* des si, des mais ; — septième note, *t. de mus.*

SIAM, *s. m.* jeu de quilles.

SIAMOISE, *s. f.* étoffe de coton.

SIBARITE, *s. m.* celui qui mène une vie molle et voluptueuse.

SIBYLLE, *s. f.* prophétesse chez les anciens.

SIBYLLINS, *adj. m. pl.* des sibylles.

SICAIRE, *s. m.* assassin.

SICCITÉ, *s. f.* qualité de ce qui est sec.

SICILIEN, NNE, *adj. et s.* de Sicile.

SICLE, *s. m.* monnaie des Hébreux.

SIDÉRAL, E, *adj.* année —, temps de la révolution de la terre, d'un point de son orbite au même point.

SIÈCLE, *s. m.* espace de cent ans ; les quatre âges du monde supposés par les poètes, le — d'or, d'argent, d'airain, de fer ; espace de temps indéterminé ; *fam.* temps trop long ; — futur, la vie future ; —, vie mondaine.

SIED (il), *v. impers.* de seoir, il convient, il est bienséant.

SIÉGE, *s. m.* meuble pour s'asseoir, banc de pierre, de marbre, élévation de gazon, endroit, place où l'on s'assied ; salle où l'on rend la justice ;

corps des juges, leur juridiction ; évêché et sa juridiction ; *le saint —*, les états du Pape ; capitale d'un état ; centre ; opération d'une armée pour prendre une place ; partie du corps sur laquelle on s'assied.

SIÉGER, *v. n.* occuper un siège ; tenir séance ; être établi.

SIEN, NNE, *pr. poss. et relatif*, qui est à lui, à elle ; — *s. m.* son bien ; les siens, les parents de quelqu'un, ceux de son parti ; *faire des siennes*, faire des folies.

SIESTE, *s. f.* repos pris après le dîner pendant la chaleur.

SIEUR, *s. m.* diminutif de monsieur.

SIFFLANT, E, *adj.* qui siffle ; *j, ch, s, z*, sont des lettres sifflantes.

SIFFLEMENT, *s. m.* bruit perçant, son aigu.

SIFFLER, *v. n.* former un son aigu, en serrant les lèvres en rond et en poussant son haleine ; se dit aussi des serpents, des oies, du vent, d'une flèche, d'une balle de mousquet ; —, *v. a.* chanter un air en sifflant ; — une pièce, la désapprouver en sifflant.

SIFFLET, *s. m.* petit instrument avec lequel on siffle ; conduit de la respiration.

SIFFLEUR, EUSE, *s.* celui, celle qui siffle.

SIGNAL, *s. m.* signe convenu pour avertir.

SIGNALÉ, ÉE, *part. p. et adj.* remarquable, caractérisé.

SIGNALEMENT, *s. m.* description de l'extérieur de quelqu'un que l'on veut faire reconnaître.

SIGNALER, *v. a. é, ée, p.* faire, donner par écrit le signalement de quelqu'un ; donner avis par des signaux ; *fig.* rendre remarquable ; *se —, v. pr.* se distinguer, se faire remarquer.

SIGNATAIRE, *s. m.* celui qui signe ou qui a signé.

SIGNATURE, *s. f.* seing, action de signer ; lettre qu'on met au bas d'une feuille imprimée.

SIGNE, *s. m.* indice, marque; démonstration extérieure de ce qu'on pense, de ce qu'on veut; tache naturelle sur la peau; constellation, miracle, phénomène.

SIGNER, *v. a. é, ée, p.* mettre son seing à un acte; *se —, v. pr.* faire le signe de la croix.

SIGNET, *s. m.* ruban attaché au haut d'un livre, pour marquer l'endroit où l'on cesse de lire.

SIGNIFIANT, E, *adj.* qui signifie.

SIGNIFICATIF, IVE, *adj.* qui exprime bien la pensée; expressif.

SIGNIFICATION, *s. f.* ce que signifie une chose; acception d'un mot; notification juridique.

SIGNIFIER, *v. a. é, ée, p.* être le signe, l'indice de…; marquer, déclarer, faire connaître; notifier.

SILENCE, *s. m.* état d'une personne qui s'abstient de parler; cessation de tout bruit.

SILENCIEUSEMENT, *adv.* en silence.

SILENCIEUX, EUSE, *adj.* qui ne dit mot, taciturne.

SILÈNE, *s. m.* sorte de singe; plante, satyre; —ou *paresseux*; papillon diurne.

SILEX, *s. m.* pierre à fusil; agates, quartz, jaspes; etc.

SILHOUETTE, *s. f.* portrait tiré de profil sur un papier blanc, d'après l'ombre projetée.

SILICE, *s. f.* substance longtemps classée parmi les terres, et qu'on regarde comme un oxide métallique.

SILICEUX, EUSE, *adj.* de la nature du silex, de la silice.

SILICIUM, *s. m.* métal qui avec l'oxigène forme la silice.

SILICULE, *s. f.* petite silique.

SILIQUE, *s. f.* enveloppe de certains fruits.

SILLAGE, (*ll* m.) *s. m.* trace, vitesse d'un vaisseau qui navigue.

SILLE, (*ll* m.) *s. m.* poème satirique chez les Grecs.

SILLER, (*ll* m.) *v. n.* se dit d'un vaisseau qui fend les flots en avançant.

SILLET, (*ll* m.) *s. m.* morceau d'ivoire appliqué au haut du manche d'un instrument de musique, et sur lequel portent les cordes.

SILLOMÈTRE, (*ll* m.) *s. m.* instrument pour mesurer la vitesse du sillage.

SILLON, (*ll* m.) *s. m.* longue trace que fait dans la terre le soc de la charrue; — *au pl.* rides; anfractuosités sur la surface du cerveau et du cervelet.

SILLONNÉ, ÉE, (*ll* m.) *adj.* creusé en sillons; — *s. m.* sorte de lézard.

SILLONNER, (*ll* m.) *v. a. é, ée, p.* faire des sillons; rider, naviguer.

SIMAGRÉE, *s. f.* faux semblant; minauderies.

SIMARRE, *s. f.* robe longue et traînante.

SIMILAIRE *adj. 2 g.* de même nature, homogène, proportionnel.

SIMILITUDE, *s. f.* ressemblance, comparaison.

SIMILOR, *s. m.* alliage de cuivre et de zinc.

SIMONIAQUE, *adj. 2 g.* où il entre de la simonie; —, *s. m.* celui qui commet une simonie.

SIMONIE, *s. f.* trafic illicite de choses saintes.

SIMPLE, *adj. 2 g.* qui n'est point composé; seul, unique, sans ornement, sans déguisement; —, *s. m.* niais, facile à tromper; —, nom général des plantes médicinales.

SIMPLEMENT, *adv.* seulement, sans ornement, de bonne foi.

SIMPLESSE, *s. f.* bonhomie, ingénuité.

SIMPLICITÉ, *s. f.* qualité de ce qui est simple; trop grande facilité à croire; naïveté, bêtise.

SIMPLIFICATION, *s. f.* action de simplifier; état de la chose simplifiée.

SIMPLIFIER, *v. a. é, ée, p.* rendre simple, moins composé.

SIMULACRE, *s. m.* vaine représentation; spectre, fantôme.

SIMULATION, *s. f.* déguisement, feinte.
SIMULER, *v. a.* é, ée; *p.* feindre.
SIMULTANÉ, ÉE, *adj.* qui se fait au même instant.
SIMULTANÉITÉ, *s. f.* existence simultanée de plusieurs choses.
SIMULTANÉMENT, *adv.* au même instant.
SINAPI, *s. m.* genre de plantes qui donnent la moutarde; sénevé.
SINAPISER, *v. a.* é, ée, *p.* appliquer des sinapismes.
SINAPISME, *s. m.* topique dont la moutarde est la base.
SINCÈRE, *adj.* 2 g. franc, sans déguisement.
SINCÈREMENT, *adv.* avec sincérité.
SINCÉRITÉ, *s. f.* franchise.
SINÉCURE, *s. f.* charge salariée sans fonctions.
SINGE, *s. m.* celui de tous les animaux qui ressemble le plus extérieurement à l'homme; *fig.* celui qui contrefait, qui imite les actions d'un autre.
SINGER, *v. a.* é, ée, *p.* contrefaire, imiter.
SINGERIE, *s. f.* grimace; tour de singe; imitation gauche, ridicule.
SINGULARISER (se), *v. pr.* se faire remarquer par quelque singularité.
SINGULARITÉ, *s. f.* ce qui rend une chose singulière; manière extraordinaire d'agir, de parler.
SINGULIER, ÈRE, *adj.* particulier, qui ne ressemble point aux autres; rare, excellent, bizarre, capricieux; *combat* —, d'homme à homme; —, *s. m.* ou *nombre* —, nombre qui ne marque qu'une personne ou qu'une chose.
SINGULIÈREMENT, *adv.* principalement; d'une manière bizarre.
SINISTRE, *adj.* 2 g. malheureux, qui présage des malheurs; —, *s. m.* malheur imprévu; perte résultant e naufrage, incendie.
SINISTREMENT, *adv.* d'une manière sinistre.
SINON, *adv.* autrement, sans quoi.
SINUÉ, ÉE, *adj.* qui a des échancrures arrondies, *t. de bot.*
SINUEUX, EUSE, *adj.* qui fait plusieurs replis.
SINUOSITÉ, *s. f.* détour que fait une chose sinueuse; enfoncement pratiqué dans les os.
SINUS, *s. m.* perpendiculaire menée de l'extrémité d'un arc sur le rayon; enfoncement formé au fond d'une plaie.
SIPHON, *s. m.* tuyau recourbé propre à pomper une liqueur et à la faire passer d'un vase dans un autre.
SIPPAGE, *s. m.* sorte de tannage des cuirs.
SIRE, *s. m.* autrefois seigneur; titre qu'on donne aux rois seuls, en leur parlant ou en leur écrivant.
SIRÈNE, *s. f.* monstre fabuleux, moitié femme, moitié poisson, qui, par la douceur de son chant, attirait les voyageurs dans les écueils de la mer de Sicile.
SIRIUS, *s. m.* étoile de la constellation du grand chien.
SIROC, ou **SIROCO**, *s. m.* vent du sud-est de la Méditerranée.
SIROP, *s. m.* tout liquide épaissi avec du sucre et par la cuisson.
SIROTER, *v. n.* boire à petits coups et long-temps.
SIRTES, *s. f. pl.* sables mouvants.
SIRUPEUX, EUSE, *adj.* qui a la consistance du sirop.
SIRVENTE, *s. f.* ancienne poésie française ou provençale.
SIS, E, *adj.* et *p. p.* du verbe inusité *seoir*, situé.
SISTERON, chef-lieu d'arr. du dép. des Basses-Alpes.
SISTRE, *s. m.* instrument dont les anciens se servaient pour battre la mesure dans les concerts.
SITE, *s. m.* partie du paysage

considérée relativement à la vue qu'il représente.

SITUATION, s. f. position, posture, état, disposition ; moment critique dans une action dramatique.

SITUER, v. a. é, ée, p. placer en quelque lieu.

SIX, adj. numéral, (l'x se pron. devant une voyelle), deux fois trois ; sixième ; —, s. m. un six de chiffre.

SIXAIN, s. m. stance de six vers ; paquet de six jeux de cartes.

SIXIÈME, adj. 2 g. nombre d'ordre qui correspond à six ; —, s. m. sixième partie d'un tout ; écolier de la classe nommée sixième.

SIXIÈMEMENT, adv. en sixième lieu.

SIXTE, s. f. intervalle de six tons de la gamme, t. de mus.

SLABRE, s. m. bateau pour la pêche du hareng.

SLOOP, s. m. tout navire, chaloupe, corvette, etc., au-dessous de 20 canons.

SMALT, s. m. verre de cobalt.

SMARAGDIN, E, adj. de couleur émeraude.

SMARAGDITE, s. f. minéral d'un beau vert d'émeraude.

SMECTITE, s. f. pierre savonneuse à l'usage des dégraisseurs.

SMILAX, s. m. plante sudorifique qui ressemble au lierre.

SMILLE, (ll m.) s. f. marteau avec lequel on pique le moellon ou le grès.

SMILLER, (ll m.) v. a. é, ée, p. piquer le moellon ou le grès avec la smille.

SOBRE, adj. 2 g. qui a de la sobriété ; fig. modéré, retenu.

SOBREMENT, adv. avec sobriété.

SOBRIÉTÉ, s. f. tempérance ; fig. retenue, modération.

SORRIQUET, s. m. surnom burlesque.

SOC, s. m. partie de la charrue qui fend la terre.

SOCIABILITÉ, s. f. aptitude à vivre en société.

SOCIABLE, adj. 2 g. né pour vivre en société ; avec qui il est aisé de vivre.

SOCIABLEMENT, adv. d'une manière sociable.

SOCIAL, E, adj. qui concerne la société.

SOCIÉTÉ, s. f. assemblage d'hommes unis par la nature ou par des lois ; union de personnes dans un même but ; liaison particulière.

SOCINIANISME, s. m. hérésie de Socin, qui rejetait les mystères et surtout la divinité de J.-C.

SOCINIEN, s. m. partisan du socinianisme.

SOCKE, s. m. sorte de chaussure de bois, ou de cuir ; chez les anciens, chaussure des acteurs comiques.

SOCLE, s. m. base carrée, piédestal.

SOCRATIQUE, adj. 2 g. de Socrate.

SODA, s. m. chaleur ardente de l'estomac ; plante qui produit la soude.

SODIUM, s. m. substance métallique, base de la soude.

SOEUR, s. f. fille née des mêmes père et mère que nous, ou née de l'un des deux seulement ; les neuf —, les muses ; fig. religieuse.

SOFA, ou SOPHA, s. m. lit de repos qui sert de siège.

SOFI, ou SOPHI, s. m. roi de Perse.

SOI, pron. sing. de la 3e pers. et des 2 g. être à —, ne dépendre de personne.

SOI-DISANT, s. m. prétendant, se disant être.

SOIE, s. f. fil produit par l'insecte nommé ver à soie ; poil long et rude du cochon, du sanglier, etc. ; au pl. poil doux et long de certaines espèces de chiens ; partie du fer d'une épée ou d'un couteau qui entre dans la poignée, dans le manche ; filament rude des plantes.

SOIE-D'ORIENT, s. f. plante dont les gousses renferment une espèce de soie.

SOIF, s. f. désir, besoin de boire ; fig. désir immodéré.

SOIGNER, *v. a. é, ée, p.* avoir soin.

SOIGNEUSEMENT, *adv.* avec soin.

SOIGNEUX, EUSE, *adj.* qui a du soin ; qui veille attentivement sur....

SOIN, *s. m.* attention, application à ; *au pl.* peine d'esprit ; souci.

SOIR, *s. m.* dernière partie du jour.

SOIRÉE, *s. f.* espace de temps depuis le déclin du jour jusqu'au moment du coucher ; réunion de plusieurs personnes le soir.

SOISSONS, chef-lieu d'arr. du dép. de l'Aisne.

SOIT, *conj.* alternative ou bien *adv.* que cela soit ; d'accord.

SOIXANTAINE, *s. f.* nombre de soixante ou environ.

SOIXANTE, *adj.* numéral *inv.* nombre composé de six dizaines.

SOIXANTIÈME, *adj. 2 g.* nombre ordinal de 60 ; —, *s. m.* soixantième partie d'un tout.

SOL, *s. m.* terroir considéré suivant sa qualité ; superficie de terrain ; cinquième note de la gamme.

SOLAIRE, *adj. 2 g.* qui appartient au soleil ; *fleur* —, qui s'épanouit ou se ferme pendant que le soleil est sur l'horizon.

SOLAMIRE, *s. f.* toile de crin, ou de soie d'un tamis.

SOLANDRE, *s. f.* maladie qui affecte le pli du jarret d'un cheval ; plante.

SOLANÉES, *s. f. pl.* famille des solanums.

SOLANUM, *s. m.* douce-amère, espèce de plantes rosacées, telles que la pomme de terre, etc.

SOLDANELLE, *s. f.* plante, espèce de liseron.

SOLDAT, *s. m.* homme de guerre soudoyé ; simple —, fantassin, s'oppose à officier, à cavalier.

SOLDATESQUE, *s. f.* les simples soldats, *t. de mépris* ; —, *adj. 2 g.* qui sent le soldat.

SOLDE, *s. f.* paie qu'on donne aux gens de guerre ; —, *s. m.* complément d'un paiement.

SOLDER, *v. a. é, ée, p.* payer le reliquat d'un compte.

SOLE, *s. f.* étendue de champ ensemencée successivement de blé, puis de menus grains, et qu'on laisse en jachère la 3e année ; poisson de mer ; dessous du pied d'un cheval, d'un âne, etc.

SOLÉCISME, *s. m.* faute grossière contre la syntaxe.

SOLEIL, (*l m.*) *s. m.* l'astre qui produit la lumière du jour ; cercle d'or ou d'argent, garni de rayons, dans lequel est enchâssé un double cristal destiné à renfermer l'hostie sacrée ; — ou *hélianthe*, grande fleur jaune à haute tige ; *coup de* —, impression violente et dangereuse que fait en certains cas le soleil ; — *levant*, pouvoir naissant.

SOLENNEL, LLE, *adj.* célèbre, pompeux, authentique, revêtu de toutes les formes requises.

SOLENNELLEMENT, *adv.* d'une manière solennelle.

SOLENNISATION, *s. f.* action de solenniser.

SOLENNISER, *v. a. é, ée, p.* célébrer d'une manière solennelle.

SOLENNITÉ, *s. f.* cérémonie publique qui rend une chose solennelle.

SOLFÈGE, *s. m.* assemblage des notes de musique ; étude de cet assemblage.

SOLFIER, *v. a. é, ée, p.* chanter un air en prononçant les notes.

SOLIDAIRE, *adj. 2 g.* qui oblige solidairement ; obligé solidairement.

SOLIDAIREMENT, *adv.* tous ensemble, et un seul pour tous.

SOLIDARITÉ, *s. f.* qualité de solidaire.

SOLIDE, *adj. 2 g.* qui a de la consistance, qui n'est pas fluide ; en état de résister au choc des corps, à l'injure du temps ; *fig.* réel, effectif, durable ; —, *s. m.* corps qui a de la consistance ; corps considéré comme ayant les trois dimensions, *t. de mathém.*

SOLIDEMENT, *adv.* d'une manière solide.

SOLIDITÉ, *s. f.* qualité de ce qui est solide; *abusivement*, solidarité.

SOLILOQUE, *s. m.* discours d'un homme qui s'entretient avec lui-même.

SOLINS, *s. m. pl.* intervalle entre les solives; enduit de plâtre le long d'un pignon pour joindre et retenir les premières tuiles.

SOLIPÈDES, *s. m. pl.* ordre de quadrupèdes dont le pied est enveloppé dans un seul sabot.

SOLITAIRE, *adj. 2 g.* qui aime à être seul; *lieu —*, désert, éloigné du commerce du monde; *ver —*, ver plat, fort long, qui s'engendre seul de son espèce dans les intestins; *— s. m.* qui vit dans la solitude; diamant monté seul, sans entourage; oiseau.

SOLITAIREMENT, *adv.* d'une manière solitaire.

SOLITUDE, *s. f.* état d'un homme seul, retiré du monde; lieu écarté.

SOLIVAGE, *s. m.* évaluation des solives d'une pièce de bois.

SOLIVE, *s. f.* pièce de bois qui soutient un plancher, et qui porte sur les murs ou sur les poutres.

SOLIVEAU, *s. m.* petite solive.

SOLLICITATION, *s. f.* action de solliciter; soins, démarches pour le succès d'une affaire; recommandation à des juges.

SOLLICITER, *v. a.* é, ée, *p.* exciter à.... demander avec instance; —, *v. n.* postuler.

SOLLICITEUR, EUSE, *s.* qui sollicite pour lui ou pour les autres.

SOLLICITUDE, *s. f.* souci, soin affectueux.

SOLO, *s. m.* (*inv. au pl.*) morceau de musique qu'un instrument doit jouer seul.

SOLSTICE, *s. m.* temps où le soleil est dans son plus grand éloignement de l'équateur.

SOLSTICIAL, E, *adj.* qui a rapport aux solstices.

SOLUBLE, *adj. 2 g.* qui peut être résolu; qui peut être dissous.

SOLUTION, *s. f.* éclaircissement d'une difficulté; *— de continuité*, séparation des parties.

SOLVABILITÉ, *s. f.* pouvoir, moyen de payer.

SOLVABLE, *adj. 2 g.* qui a de quoi payer.

SOMBRE, *adj. 2 g.* peu éclairé, obscur, ténébreux, *fig.* taciturne; mélancolique.

SOMBRER, *v. n.* couler bas par l'effet d'un coup de vent, *terme de mar.*

SOMMAGE, *s. m.* ancien droit sur les bêtes de somme.

SOMMAIRE, *adj. 2 g.* bref, succinct; provisoire; qui doit être jugé promptement; *— s. m.* extrait, précis, abrégé.

SOMMAIREMENT, *adv.* en abrégé.

SOMMATION, *s. f.* action de sommer; acte par écrit qui contient la sommation.

SOMME, *s. f.* charge d'un cheval, d'un âne; certaine quantité d'argent; résultat de l'addition de plusieurs quantités; abrégé de toutes les parties d'une science; *en —*, en un mot, enfin; *— s. m.* sommeil.

SOMME (*la*), rivière qui a sa source près de Saint-Quentin (Aisne) et se jette dans la Manche près de Saint-Valery; elle donne son nom à un département borné au N par le Pas-de-Calais; à l'E. par l'Aisne; au S. par l'Oise; au S.-O. par la Seine-Inférieure; à l'O. par la Manche; Amiens, chef-lieu.

SOMMEIL, (*ll m.*) *s. m.* entier assoupissement des sens; envie de dormir; indolence; état d'une plante dont une partie se ferme à certaine heure du jour.

SOMMEILLER, (*ll m.*) *v. n.* dormir d'un sommeil léger, imparfait; *fig.* tomber dans quelque négligence.

SOMMELIER, IÈRE, *s.* celui, celle qui est chargé du soin du pain, du vin, de la vaisselle, etc.

SOMMELLERIE, *s. f.* fonction de sommelier; lieu où on garde le pain, le vin, etc.

SOMMER, *v. a.* é, ée, *p.*

signifier à quelqu'un, dans les formes établies, qu'il ait à faire telle chose; — *une place,* lui ordonner de se rendre sous peine de...

SOMMET, *s. m.* le haut, la partie la plus élevée; *fig.* le comble des grandeurs.

SOMMIER, *s. m.* cheval de somme; matelas de crin servant de paillasse; coffre où les soufflets des orgues font entrer le vent.

SOMMITÉ, *s. f.* extrémité du haut des plantes; la partie la plus élevée.

SOMNAMBULE, *s. 2 g.* qui parle, marche et agit en dormant.

SOMNAMBULISME, *s. m.* maladie du somnambule.

SOMNIFÈRE, *s. m. et adj. 2 g.* qui provoque le sommeil

SOMNOLENCE, *s. f.* disposition au sommeil; apathie.

SOMPTUAIRE, *adj. 2 g.* qui réforme le luxe, qui restreint les dépenses.

SOMPTUEUSEMENT, *adv.* d'une manière somptueuse.

SOMPTUEUX, EUSE, *adj.* magnifique, splendide.

SOMPTUOSITÉ, *s. f.* magnifique dépense.

SON, *sa, ses, pr. poss.* de la 3e pers.; sien, sienne, les siens, les siennes.

SON, *s. m.* bruit, ce qui frappe l'ouïe; la partie la plus grossière du blé moulu.

SONATE, *s. f.* pièce de musique composée de 3 ou 4 morceaux, dont les mouvements sont alternativement lents et vifs.

SONDE, *s. f.* instrument pour sonder.

SONDER, *v. a.* é, ée, p. reconnaître, au moyen de la sonde, la profondeur de l'eau, d'un terrain, l'état d'une plaie, etc. — *quelqu'un, fig.* tâcher de pénétrer sa pensée.

SONDEUR, *s. m.* celui qui sonde.

SONGE, *s. m.* rêve, illusions d'une personne qui dort; *fig.* chimère; ce qui passe avec rapidité.

SONGE-CREUX, *s. m. inv.* celui qui roule toujours dans son esprit quelque chimère ou quelque méchanceté.

SONGER, *v. a. et v. n.* faire un songe; penser, considérer; avoir quelque vue, quelque dessein.

SONGEUR, EUSE, *s. et adj.* celui qui a raconté ses songes; *fig.* personne accoutumée à rêver profondément.

SONNAILLE, (*ll m.*) *s. f.* sonnette attachée au cou des bêtes quand elles paissent.

SONNAILLER, (*ll m.*) *s. m.* l'animal qui porte la clochette.

SONNAILLER, (*ll m.*) *v. n.* sonner souvent et sans besoin.

SONNANT, E, *adj.* qui rend un son distinct, *espèces sonnantes,* monnaies d'or, d'argent, etc.; *proposition malsonnante,* qui prête à un sens peu orthodoxe.

SONNER, *v. n.* rendre un son; être annoncé par un son; *fig.* avoir de l'harmonie; *faire son ner bien haut,* vanter beaucoup; —, *v. a.* faire rendre du son; *sonner les cloches,* avertir de quelque chose en sonnant.

SONNERIE, *s. f.* son de plusieurs choses ensemble; totalité des cloches d'une église; tout ce qui sert à faire sonner une pendule.

SONNET, *s. m.* pièce de quatorze vers, dont deux quatrains sur deux rimes seulement, et deux tercets.

SONNETTE, *s. f.* petite cloche, grelot; machine pour enfoncer les pilotis.

SONNEUR, *s. m.* celui qui sonne les cloches.

SONNEZ, *s. m.* deux six, *t. du jeu de trictrac.*

SONOMÈTRE, *s. m.* instrument pour mesurer le son.

SONORE, *adj. 2 g.* qui a un son agréable, éclatant; qui rend bien le son.

SOPEUR, *s. f.* engourdissement voisin du sommeil.

SOPHISME, *s. m.* argument captieux qui ne conclut pas juste.

SOPHISTE, *s. m.* philosophe

28

494   SOR

ou rhéteur; faiseur de sophismes.

SOPHISTIQUE, *adj.* 2 g. captieux, trompeur, qui tient du sophisme.

SOPHISTIQUER, *v. n.* subtiliser avec excès; —, *v. a.* é, ée, *p.* falsifier les drogues.

SOPHISTIQUERIE, *s. f.* fausse subtilité; altération dans les drogues.

SOPHISTIQUEUR, *s. m.* celui qui subtilise à l'excès; celui qui altère les drogues.

SOPHORE, *s. m.* genre de plantes légumineuses.

SOPHRONISTES, *s. m. pl.* magistrats d'Athènes, espèce de censeurs.

SOPORATIF, IVE, *adj.* qui a la vertu d'endormir; *fig. et fam.* ennuyeux.

SOPOREUX, EUSE, *adj.* qui cause un assoupissement.

SOPORIFÈRE, ou **SOPORIFIQUE**, *s. m. et adj.* 2 g. se dit d'un remède qui fait dormir.

SORBE, *s. f.* fruit du sorbier.

SORBET, *s. m.* composition de citron, de sucre, d'ambre, etc.; breuvage qu'on en fait en la battant avec de l'eau.

SORBIER, ou **CORMIER**, *s. m.* sorte d'arbre.

SORBONIQUE, *s. f.* thèse que les bacheliers soutenaient en Sorbonne.

SORBONISTE, *s. m.* docteur de la maison de Sorbonne.

SORBONNE, *s. f.* autrefois maison de la faculté de théologie, à Paris.

SORCELLERIE, *s. f.* opération de sorcier; tours d'adresse et tout ce qui paraît surnaturel.

SORCIER, ÈRE, *s.* celui, celle qui, suivant l'opinion du peuple, a fait un pacte avec le diable pour produire des effets surnaturels.

SORDIDE, *adj.* 2 g. bas, vil, en parlant des avares et de l'avarice.

SORDIDEMENT, *adv.* d'une manière sordide.

SORET, *s. m.* filet à mailles très-étroites.

SORIE, *s. m.* laine d'Espagne.

SOU

SORITE, *s. m.* argument formé d'une suite de propositions accumulées.

SORNETTE, *s. f.* discours frivoles, se dit surtout au pluriel.

SORT, *s. m.* destinée, condition, état de vie; effet de la destinée; manière de décider une chose par le hasard; maléfice, paroles prétendues magiques; capital d'une rente, *t. de prat.*

SORTABLE, *adj.* 2 g. convenable.

SORTE, *s. f.* espèce, genre; manière, façon, rang, condition.

SORTES, *s. f. pl.* livres de fonds d'un libraire.

SORTIE, *s. f.* action de sortir, transport des marchandises hors du pays, d'une ville; issue, l'endroit par où l'on sort; moment où l'on sort; *fig.* réprimande.

SORTILÈGE, *s. m.* maléfices.

SORTIR, *v. n.* (se conj. sur *sentir*), passer du dedans au dehors; être issu, émaner; —, *v. a.* l, ie, *p.* faire passer dehors; transporter dehors; *fig.* tirer, dans le sens d'avoir, d'obtenir; il ne s'emploie guère qu'à la 3e personne, savoir: Ind. pr. il sortit, ils sortissent; imp. il sortissait; subj. pr. qu'il sortisse; p. pr. sortissant, p. p. sorti, ie.

SORTIR, *s. m.* au —, au moment où l'on sort.

SOT, SOTTE, *adj. et s.* sans esprit, sans jugement.

SOTER, *s. m.* sauveur; surnom donné à plusieurs princes dans l'hist. ancienne.

SOTHIAQUE, *adj. f.* période —, de 1460 ans.

SOTIE, *s. f.* anciennes farces du théâtre français à sa naissance.

SOT-L'Y-LAISSE, *s. m. inv.* morceau délicat au-dessus du croupion d'une volaille.

SOTTEMENT, *adv.* d'une manière sotte.

SOTTISE, *s. f.* défaut d'esprit, qualité de celui qui est sot; parole ou action sotte, injurieuse; *pop.* injures.

SOU, *s. m.* monnaie de cuivre, un vingtième de la livre; — tournois, de douze deniers; — par-

SOU 495

is, de quinze deniers ; *n'avoir pas le* —, *prov.* être sans argent ; *mettre* — *sur* —, épargner sur les plus petites choses ; —, portion d'intérêt.

SOUBASSEMENT, *s. m.* espèce de piédestal.

SOUBRESAUT, *s. m.* saut subit, inopiné, et à contre-temps ; *fam.* émotion subite, tressaillement involontaire.

SOUBRETTE, *s. f.* suivante de comédie ; femme de chambre.

SOUBREVESTE, *s. f.* vêtement militaire sans manches.

SOUCHE, *s. f.* bas du tronc d'un arbre avec ses racines, et séparé du reste de l'arbre ; grosse bûche ; *fam.* sot, stupide ; le plus ancien aïeul dans une généalogie ; reste d'une feuille de papier séparée en long qui sert pour la vérification de l'autre ; bois marqué d'entailles, pour compter ; — *de cheminée*, tuyaux joints qui s'élèvent au-dessus du comble.

SOUCHET, *s. m.* pierre qui se tire au-dessous du dernier banc des carrières ; plante marécageuse ; espèce de canard dont le bec s'élargit en forme de cuiller.

SOUCHETAGE, *s. m.* compte et marque des bois de futaie qu'on doit abattre ; vérification des souches abattues.

SOUCHETEUR, *s. m.* expert nommé pour assister au souchetage.

SOUCHEVER, *v. a.* é, ée, *p.* couper le souchet ; séparer les lits de pierre, *t. de maçon.*

SOUCHEVEUR, *s. m.* celui qui ôte le souchet.

SOUCI, *s. m.* plante à fleurs jaunes radiées ; inquiétudes.

SOUCIER (se), *v. pr.* s'inquiéter ; se mettre en peine de... ; faire cas.

SOUCIEUX, EUSE, *adj.* inquiet, pensif, qui marque du souci.

SOUCIS, ou SOUTIS, *s. m.* mousseline de soie rayée des Indes.

SOUCOUPE, *s. f.* petite assiette pour poser sous les tasses.

SOUCRILLON, (*ll m.*) *s. m.* espèce d'orge d'hiver.

SOUDAIN, E, *adj.* prompt, subit ; —, *adv.* au même instant, aussitôt après.

SOUDAINEMENT, *adv.* subitement.

SOUDAINETÉ, *s. f.* qualité de ce qui est soudain.

SOUDAN, *s. m.* général des armées du calife ; sultan d'Égypte.

SOUDARD, ou SOUDART, *s. m.* vieux et ancien militaire.

SOUDE, *s. f.* plante marine ; alcali qu'on en retire et qui sert à blanchir le linge dans les lessives.

SOUDER, *v. a.* é, ée, *p.* joindre par le moyen de la soudure.

SOUDOIR, *s. m.* outil de cirier pour souder.

SOUDOYER, *v. a.* é, ée, *p.* avoir à sa solde.

SOUDRE, *v. a.* et *déf.* (n'est en usage qu'à l'inf.) résoudre, donner la solution de....

SOUDURE, *s. f.* composition métallique qui sert à unir différentes pièces de métal ; travail de celui qui soude ; endroit soudé.

SOUFFLAGE, *s. m.* art ou action de souffler le verre.

SOUFFLE, *s. m.* vent que l'on fait en poussant l'air par la bouche ; simple respiration ; médiocre agitation de l'air.

SOUFFLER, *v. n.* faire du vent en poussant de l'air par la bouche ; se faire sentir, en parlant du vent ; respirer avec effort ; ouvrir la bouche pour se plaindre ; —, *v. a.* faire du vent sur... ; souffler le feu pour l'allumer ; suggérer ; enlever, soustraire ; — *la chandelle*, l'éteindre en soufflant ; — *de la poussière*, l'ôter en soufflant ; — *l'orgue*, donner du vent aux tuyaux, par le moyen des soufflets ; — *quelqu'un*, venir au secours de sa mémoire ; — *un vaisseau*, en renforcer le bordage ; — *une dame*, (au jeu de dames) l'ôter à son adversaire qui a oublié de s'en servir selon la règle.

SOUFFLERIE, *s. f.* place, ensemble des soufflets de l'orgue.

SOUFFLET, *s. m.* instrument

pour souffler ; coup du plat ou du revers de la main sur la joue ; *fig.* mortification ; échec.

SOUFFLETADE, *s. f.* plusieurs soufflets coup sur coup.

SOUFFLETER, *v. a. é, ée, p.* donner des soufflets.

SOUFFLETEUR, EUSE, *s.* qui a l'habitude de souffleter.

SOUFFLEUR, EUSE, *s.* qui souffle, qui a peine à respirer; qui souffle continuellement le feu ; qui souffle les acteurs ; — d'orgues, celui qui fait aller les soufflets; *s. m.* poisson du genre des cétacés.

SOUFFLURE, *s. f.* cavité dans l'épaisseur d'un ouvrage de fonte.

SOUFFRANCE, *s. f.* douleur, peine, état de celui qui souffre; tolérance ; délai accordé.

SOUFFRANT, E, *adj.* qui souffre, patient, endurant.

SOUFFRE-DOULEUR, *s. m. inv.* celui qu'on emploie aux services les plus rudes d'une maison; qui est exposé aux plaisanteries d'une société.

SOUFFRETEUX, EUSE, *adj.* qui souffre de la pauvreté, de la misère.

SOUFFRIR, *v. a. (se conj. c. offrir)* endurer ; supporter ; tolérer ; permettre ; admettre ; être susceptible de... ; — *v. n.* pâtir, sentir de la douleur.

SOUFRAGE, *s. m.* exposition des soies, des laines, à la vapeur du soufre.

SOUFRE, *s. m.* corps jaunâtre, odorant, dont la combustion lente forme l'acide sulfureux, et la combustion rapide et complète, l'acide sulfurique.

SOUFRER, *v. a. é, ée, p.* enduire, frotter de soufre; exposer à la vapeur du soufre; donner l'odeur du soufre.

SOUFRIÈRE, *s. f.* mine de soufre ; cratère de volcan éteint.

SOUFROIR, *s. m.* petite étuve où l'on blanchit la laine ou la soie par la vapeur du soufre.

SOUGARDE, *s. f.* sous-garde.

SOUGORGE, *s. f.* sous-gorge.

SOUHAIT, *s. m.* vœu, désir.

SOUHAITABLE, *adj. 2 g.* désirable.

SOUHAITER, *v. a. é, ée, p.* faire des vœux pour...; formule de politesse, saluer en faisant des vœux pour....

SOUILLE, *s. f. (ll m.)* lieu bourbeux où se vautre le sanglier.

SOUILLER, *(ll m.) v. a. é, ée, p.* salir, couvrir d'ordure, *fig.* déshonorer ; se —, *v. pr.* se gâter, se salir, se déshonorer.

SOUILLON, *(ll m.) s. 2 g.* enfant malpropre, *t. bas à éviter*.

SOUILLURE, *s. f. (ll m.)* tache, malpropreté, flétrissure.

SOÛL, E, *adj.* repu, ivre, rassasié jusqu'au dégoût.

SOULAGEMENT, *s. m.* diminution de peine.

SOULAGER, *v. a. é, ée, p.* ôter une partie d'un fardeau.

SOULAS, *s. m.* soulagement, consolation.

SOÛLAUD, *s. m.* ivrogne.

SOÛLER, *v. a. é, ée, p.* rassasier avec excès ; enivrer ; se —, *v. pr.* s'enivrer.

SOULEUR, *s. f.* frayeur subite; saisissement.

SOULÈVEMENT, *s. m.* mal d'estomac causé par le dégoût; extrême agitation des flots ; *fig.* mouvement d'indignation, révolte.

SOULEVER, *v. a. é, ée, p.* lever avec peine quelque chose de lourd ; exciter l'indignation ; exciter à la révolte ; — *la tête,* la lever un peu, en parlant d'un malade ; — *v. n.* éprouver du dégoût.

SOULIER, *s. m.* chaussure de cuir, etc., qui couvre tout le pied et s'attache par-dessus.

SOULIGNER, *v. a. é, ée, p.* tirer une ligne sous un mot, sous une phrase.

SOUS-LIGNEUX, EUSE, *adj.* moins dur que le bois, *t. de bot.*

SOULOIR, *v. n.* avoir coutume, ne s'emploie guère qu'à l'imparfait.

SOUMETTRE, *v. a. (se conj. c. mettre)* réduire sous sa puissance, dompter, déférer au jugement de.... se —; *v. pr.* se ranger sous l'autorité; consentir à...

SOUMIS, ISE, *adj. et p. p. de soumettre*, dépendant, respectueux.

SOUMISSION, *s. f.* disposition à obéir; obéissance; engagement de payer une somme, d'exécuter un travail à certaines conditions.

SOUMISSIONNAIRE, *s. m.* celui qui offre de faire une fourniture demandée, de passer un marché à certaines conditions.

SOUMISSIONNER, *v. a. é, ée, p.* déclarer par écrit qu'on se soumet à payer tant pour telle acquisition, à exécuter tel ouvrage, à faire telle fourniture, à tel prix.

SOUPAPE, *s. f.* sorte de languette qui, dans une pompe, un tuyau d'orgue, etc., se lève et se referme pour donner ou fermer passage au vent ou à l'eau.

SOUPATOIRE, *adj. 2 g.* qui tient lieu de souper.

SOUPÇON, *s. m.* opinion désavantageuse, accompagnée de doute; conjecture; *fig.* apparence légère; très-petite quantité d'une chose.

SOUPÇONNER, *v. a. é, ée, p.* avoir un soupçon sur; — *v. n.* conjecturer.

SOUPÇONNEUX, EUSE, *adj.* défiant, enclin au soupçon.

SOUPE, *s. f.* potage; aliment fait de bouillon et de tranches de pain.

SOUPENTE, *s. f.* larges courroies qui tiennent le corps d'un carrosse suspendu; espèce d'entresol, de faux plancher.

SOUPER, *v. n.* prendre le repas ordinaire du soir.

SOUPER, ou SOUPÉ, *s. m.* repas ordinaire du soir; *après* —, *s. m.* temps qui s'écoule depuis le souper jusqu'au coucher.

SOUPESER, *v. a. é, ée, p.* lever un fardeau avec la main et le soutenir pour juger de son poids.

SOUPEUR, *s. m.* celui dont le principal repas est le souper.

SOUPIÈRE, *s. f.* vase creux où l'on sert la soupe.

SOUPIR *s. m.* respiration forte et prolongée, causée par quelque affection de l'âme; pause du tiers ou du quart d'une mesure, *t. de mus.*; *le dernier* —, le dernier moment de la vie.

SOUPIRAIL, (*l m.*) *s. m.* (au pl. *aux*;) ouverture pour aérer et éclairer une cave, un souterrain.

SOUPIRANT, *s. m.* celui qui aspire à...

SOUPIRER, *v. n.* pousser des soupirs; — *pour*, désirer ardemment; —, *v. a. en style poétique*, exprimer en vers des pensées gracieuses.

SOUPLE, *adj. 2 g.* maniable, flexible; *fig.* docile; soumis.

SOUPLEMENT, *adv.* avec souplesse.

SOUPLESSE, *s. f.* flexibilité de corps, d'esprit; moyens fins et subtils.

SOUQUENILLE, (*ll m.*) *s. f.* long surtout de grosse toile à l'usage des palefreniers, etc.

SOURCE, *s. f.* eau qui sort de terre et qui prend un cours; endroit d'où elle sort; *fig.* principe, cause, origine, base, fondement; occasion, sujet.

SOURCIL, *s. m.* poils en forme d'arc au-dessus de l'œil.

SOURCILLER, (*ll m.*) *v. n.* remuer le sourcil.

SOURCILLEUX, EUSE, (*ll m.*) *adj.* haut, élevé.

SOURD, E, *adj.* privé de la faculté d'entendre; *fig.* inexorable; *lieu, endroit, instrument* —, *voix* —, peu sonore; *bruit* —, nouvelle qui n'est ni publique, ni certaine; *lanterne* —, avec laquelle on voit sans être vu; *couleur* —, qui a peu d'éclat.

SOURDAUD, E, *s.* qui n'entend qu'avec peine.

SOURDEMENT, *adv.* d'une manière sourde, qui fait peu de bruit; secrètement.

SOURDINE, *s. f.* ce qu'on met sur un instrument de musique pour en affaiblir le son; ressort qui empêche le marteau des montres à répétition de frapper sur le timbre; *à la* —, secrètement.

SOURDRE, *v. n.* sortir, s'écouler par quelque fente de la

terre, en parlant des eaux; (ne s'emploie qu'à l'inf. et à la 3e pers. de l'ind. pr.)

SOURICEAU, s. m. petit d'une souris.

SOURICIÈRE, s. f. piége pour prendre des souris.

SOURIQUOIS, E, adj. qui regarde les souris.

SOURIRE, v. n. et déf. (se conj. c. rire) rire sans éclater; fig. présenter un aspect agréable.

SOURIRE, ou souris, s. m. action de sourire.

SOURIS, s. f. quadrupède rongeur plus petit que le rat; couleur grise de ce petit animal; muscle charnu qui tient à l'os du manche d'une éclanche; cartilage dans les naseaux du cheval; espace entre le pouce et l'index.

SOURNOIS, E, adj. et s. qui cache ce qu'il pense.

SOUS, prép. qui marque la situation d'une chose à l'égard d'une autre qui est au-dessus; la subordination, la dépendance, l'infériorité.

SOUS-AFFERMER, ou sous-fermer, v. a. é, ée, p. donner ou prendre à sous-ferme.

SOUS-ARBRISSEAU, s. m. plante inférieure en solidité à l'arbrisseau.

SOUS-BAIL, s. m. rétrocession d'un bail ou d'une partie d'un bail.

SOUS-BARBE, s. f. partie du cheval qui porte la gourmette.

SOUS-BIBLIOTHÉCAIRE, s. m. gardien au-dessous du bibliothécaire.

SOUS-CHEF, s. m. celui qui est au-dessous du chef, et qui commande en son absence.

SOUSCRIPTEUR, s. m. celui qui souscrit pour une entreprise.

SOUSCRIPTION, s. f. signature mise au bas d'un acte pour l'approuver; soumission, par écrit, de fournir une certaine somme pour une entreprise; reconnaissance qu'on donne au souscripteur; — d'une lettre, signature de celui qui l'a écrite; accompagnée de certains termes de civilité.

SOUSCRIRE, v. a. (se conj. sur écrire), mettre son nom au bas d'un acte pour l'approuver; —, v. n. consentir, approuver, promettre, ou donner de l'argent d'avance pour l'édition d'un livre, etc.

SOUS-CUTANÉ, ÉE, adj. se dit des nerfs, des artères qui sont sous la peau.

SOUS-DÉLÉGUER, v. a. é, ée, p. subdéléguer.

SOUS-DIACONAT, s. m. le 3e des ordres sacrés qui est au-dessous du diaconat.

SOUS-DOMINANTE, s. f. 4e note du ton; t. de mus.

SOUS-DOUBLE, adj. 2 g. qui est la moitié, t. de math.

SOUS-DOUBLÉ, ÉE, adj. en raison des racines carrées, t. de math.

SOUS-ENTENDRE, v. a. (se conj. c. entendre), donner à entendre une chose qu'on n'exprime pas.

SOU -ENTENDU, s. m. ce qu'on sous-entend pour abréger.

SOUS-ENTENTE, s. f. ce qu'on sous-entend artificieusement.

SOUS-ÉPINEUX, EUSE, adj. qui est sous l'épine; —, s. m. muscle attaché à la fosse sous-épineuse de l'omoplate, t. d'anat.

SOUS-FERME, s. f. Voy. sous-bail.

SOUS-FERMER, v. a. é, ée, p. sous-affermer.

SOUS-FERMIER, ÈRE, s. celui, celle qui prend des biens à sous-ferme.

SOUS-LIEUTENANCE, s. f. charge du sous-lieutenant.

SOUS-LIEUTENANT, s. m. officier du grade inférieur au lieutenant.

SOUS-LOCATAIRE, s. 2 g. celui qui sous-loue.

SOUS-LOUER, v. a. é, ée, p. céder une partie de maison dont on est locataire; prendre à loyer du principal locataire une portion de maison.

SOUS-MAÎTRE, SSE, s. celui, celle qui remplace le maître, la maîtresse.

SOUS-MULTIPLE, *s. m.* nombre compris un certain nombre de fois exactement dans un plus grand.

SOUS-ORDRE, *s. m.* celui qui travaille sous un autre.

SOUSSIGNER, *v. a.* et *v. n.* mettre son nom au bas d'un acte.

SOUS-TANGENTE, *s. f.* partie de l'axe d'une courbe comprise entre l'ordonnée et la tangente correspondante, *t. de math.*

SOUS-TENDANTE, *s. f.* corde d'un arc, *t. de géom.*

SOUSTRACTION, *s. f.* action de soustraire; opération par laquelle on ôte un nombre d'un plus grand.

SOUSTRAIRE, *v. a.* (se conj. sur *traire*), ôter par adresse ou par fraude; ôter un nombre d'un autre, *t. d'arith.*; *se —*, *v. pr.* se dérober, se mettre à l'abri de.

SOUS-TRAITANT, *s. m.* sous-fermier.

SOUS-TRAITER, *v. n.* prendre une sous-ferme d'un traitant.

SOUS-VENTRIÈRE, *s. f.* courroie qui passe sous le ventre du limonier.

SOUTANE, *s. f.* habit ecclésiastique, long, à manches étroites, et qu'on serre avec une ceinture; *fig.* état ecclésiastique.

SOUTANELLE, *s. f.* petite soutane.

SOUTE, *s. f.* somme que doit payer l'un des copartageants, pour rendre égaux les lots; solde d'un compte; retranchement dans le plus bas étage d'un vaisseau pour mettre les poudres et les vivres.

SOUTENABLE, *adj.* 2 *g.* qui peut se soutenir par de bonnes raisons; qui peut se supporter.

SOUTENANT, *s. m.* qui soutient thèse.

SOUTÈNEMENT, *s. m.* appui, soutien; défense, *t. de prat.*

SOUTENIR, *v. a.* (se conj. c. *tenir*) appuyer, supporter; *fig.* secourir dans le besoin; affirmer; défendre; résister à; sustenter; *se —*, *v. pr.* se tenir sur ses jambes; et *fig.* conserver sa santé, son crédit, etc.

SOUTERRAIN, E, *adj.* qui est sous terre; *—*, *s. m.* lieu pratiqué sous terre; *fig.* voies secrètes.

SOUTERRÉ, ÉE, *adj.* se dit des fruits cachés sous terre, *t. de bot.*

SOUTIEN, *s. m.* ce qui soutient; *fig.* appui, protection.

SOUTIRAGE, *s. m.* action de soutirer.

SOUTIRER, *v. a.* é, ée, *p.* transvaser la liqueur d'un tonneau.

SOUVENANCE, *s. f.* souvenir, mémoire.

SOUVENIR, *s. m.* impression que la mémoire conserve d'une chose; faculté même de la mémoire; ce qui rappelle le souvenir de quelque chose.

SOUVENIR (se), *v. pr.* avoir mémoire de...; garder la mémoire de...; avoir soin, s'occuper de...

SOUVENT, *adv.* plusieurs fois en peu de temps.

SOUVERAIN, E, *adj.* suprême; qui est au plus haut point en son genre; qui a l'autorité suprême; *—*, *s. m.* celui en qui réside la souveraineté.

SOUVERAINEMENT, *adv.* excellemment, parfaitement, d'une manière souveraine, sans appel.

SOUVERAINETÉ, *s. f.* autorité suprême; état d'un souverain.

SOYEUX, EUSE, *adj.* fin, luisant et doux au toucher comme de la soie.

SPACIEUSEMENT, *adv.* au large, en grand espace.

SPACIEUX, EUSE, *adj.* étendu, se dit des lieux.

SPADASSIN, *s. m.* bretteur.

SPAGIRIQUE, *adj. f.* la chimie a été appelée *art spagirique*, parce qu'elle s'occupe d'analyse et de synthèse.

SPAHI, *s. m.* cavalier turc.

SPALMER, *v. a.* é, ée, *p.* enduire de goudron, *t. de mar.*

SPALT, *s. m.* pierre luisante qui sert à mettre en fusion les métaux.

SPARADRAP, s. m. toile enduite d'un emplâtre fondu.

SPARE, s. m. genre de poissons thorachiques.

SPARTE, s. m. plante graminée dont on fait des cordages, des nattes.

SPARTERIE, s. f. manufacture de sparte.

SPARTION, s. m. genre de plantes légumineuses.

SPASME, s. m. mouvement convulsif dans les nerfs.

SPASMODIQUE, adj. 2 g. de convulsion.

SPATH, s. m. pierres feuilletées, sulfates ou carbonates, qu'on trouve souvent unies aux mines.

SPATHE, s. f. enveloppe d'une fleur jusqu'à ce qu'elle s'épanouisse.

SPATHILLE, (ll m.) s. f. petite spathe.

SPATULE, s. f. instrument rond par un bout, et plat par l'autre; oiseau; genre d'échassiers.

SPATULÉ, ÉE, adj. en forme de spatule.

SPÉ, s. m. le plus ancien enfant de chœur de la cathédrale de Paris.

SPÉCIAL, E, adj. particulier.

SPÉCIALEMENT, adv. particulièrement.

SPÉCIALITÉ, s. f. détermination d'une chose spéciale.

SPÉCIEUSEMENT, adv. d'une manière spécieuse.

SPÉCIEUX, EUSE, adj. qui a une apparence de vérité et de justice.

SPÉCIFICATION, s. f. expression, détermination des choses particulières.

SPÉCIFIER, v. a, é, ée, p. exprimer, déterminer en particulier, en détail.

SPÉCIFIQUE, adj. 2 g. propre spécialement à..; —, s. m. remède spécifique.

SPÉCIFIQUEMENT, adv. d'une manière spécifique.

SPECTACLE, s. m. tout objet qui attire les regards; représentation théâtrale et publique.

SPECTATEUR, TRICE, s. celui, celle qui assiste à un spectacle; témoin oculaire d'un événement, etc.

SPECTRE, s. m. fantôme, figure qu'on croit voir; fam. personne grande, hâve et maigre; image coloriée et oblongue que forme la lumière sur le mur après avoir traversé le prisme, t. de phys.

SPÉCULAIRE, adj. 2 g. se dit d'une pierre composée de feuillets brillants et transparents; science —, art de faire des miroirs.

SPÉCULATEUR, s. m. observateur des astres, des phénomènes du ciel; celui qui spécule en finances.

SPÉCULATIF, IVE, adj. qui a coutume de spéculer attentivement; qui est l'objet de la spéculation; — s. m. pl. ceux qui raisonnent sur la politique.

SPÉCULATION, s. f. action de spéculer; calcul, observation, méditation, théorie.

SPÉCULER, v. a. é, ée, p. observer les astres, etc.; — v. n. méditer profondément sur..; faire des raisonnements, des projets.

SPERGULE, s. f. plante annuelle caryophyllée.

SPERMIOLE, s. f. frai de grenouilles.

SPHÈNE, s. m. pièce cristallisée à divisions obliques.

SPHÈRE, s. f. globe où toutes les lignes tirées du centre à la surface sont égales, t. de géom.; machine ronde et mobile, composée de cercles qui représentent ceux que les astronomes imaginent dans le ciel; disposition du ciel suivant ces cercles; espace où l'on conçoit qu'une planète fait son cours, t. d'astron.; étendue de pouvoir, de connaissances, de talents.

SPHÉRICITÉ, s. f. état de ce qui est sphérique.

SPHÉRIQUE, adj. 2 g. rond comme une sphère; qui appartient à la sphère.

SPHÉRIQUEMENT, *adv.* en forme sphérique.

SPHÉRISTÈRE, *s. m.* lieu destiné aux exercices sphéristiques chez les anciens.

SPHÉRISTIQUE, *adj.* 2 g. se dit des exercices des anciens où l'on se servait de balles ; — *s. f.* partie de la gymnastique.

SPHÉROÏDAL, *adj. m.* qui a l'apparence d'une sphère ; se dit du diamant à 49 faces bombées.

SPHÉROÏDE, *s. m.* sphère dont un diamètre est plus grand que l'autre.

SPHINX, *s. m.* monstre fabuleux qui avait le buste d'une femme, sur le corps d'un lion.

SPICILÈGE, *s. m.* recueil de pièces, d'actes, etc.

SPINAL, E, *adj.* qui appartient à l'épine du dos.

SPINELLE, *adj. m.* rubis d'un rouge pâle.

SPINESCENT, E, *adj.* en forme d'épine, t. de bot.

SPINOSISME, *s. m.* doctrine de Spinosa, matérialisme pur.

SPINOSISTE, *s. m.* partisan du spinosisme.

SPINTHÉROMÈTRE, *s. m.* instrument pour mesurer la force des étincelles électriques.

SPIRAL, E, *adj.* roulé en spirale.

SPIRALE, *s. f.* courbe autour d'un cylindre et qui, à chaque tour, s'éloigne de plus en plus de son centre.

SPIRATION, *s. f.* mot qui exprime comment le Saint-Esprit procède du Père et du Fils, *t. de théolog.*

SPIRE, *s. f.* chaque tour de la spirale ; base d'une colonne qui va en serpentant.

SPIRÉE, *s. f.* genre de rosacées.

SPIRITUALISATION, *s. f.* volatilisation des corps solides ou liquides, *t. de chim.*

SPIRITUALISER, *v. a.* é, ée, *p.* extraire les esprits des corps mixtes ; donner un sens pieux ; donner à la matière la qualité de l'esprit ; raffiner ; subtiliser.

SPIRITUALISTE, *s. m.* partisan de la spiritualité.

SPIRITUALITÉ, *s. f.* état de ce qui est esprit ; théologie mystique qui regarde la vie intérieure.

SPIRITUEL, LLE, *adj.* incorporel, qui est esprit, qui regarde l'âme ; qui a de l'esprit ; où il y a de l'esprit ; allégorique, opposé à littéral ; le —, *s. m.* opposé au *temporel*.

SPIRITUELLEMENT, *adv.* avec esprit ; en esprit.

SPIRITUEUX, EUSE, *adj.* volatil.

SPLEEN, *s. m.* état de consomption, de mélancolie.

SPLENDEUR, *s. f.* grand éclat de lumière, de gloire ; pompe, magnificence.

SPLENDIDE, *adj.* 2 g. magnifique.

SPLENDIDEMENT, *adv.* magnifiquement.

SPOLIATEUR, TRICE, *s.* qui spolie.

SPOLIATION, *s. f.* action de spolier.

SPOLIER, *v. a.* é, ée, *p.* déposséder par fraude ou par violence.

SPONDAÏQUE, *adj.* 2 g. et *s. m.* hexamètre, terminé par deux spondées en poésie grecque ou latine.

SPONDÉE, *s. m.* pied de deux syllabes longues, dans les vers grecs ou latins.

SPONGIEUX, EUSE, *adj.* de la nature de l'éponge.

SPONGITE, *s. f.* pierre très-poreuse.

SPONTANÉ, ÉE, *adj.* qu'on dit, qu'on fait volontairement ; qui a lieu de soi-même ; qui survient sans causes extérieures.

SPONTANÉITÉ, *s. f.* qualité de ce qui est spontané.

SPONTANÉMENT, *adv.* d'une manière spontanée.

SPUMEUX, EUSE, *adj.* écumeux.

SPUMOSITÉ, *s. f.* état, qualité de ce qui est rempli d'écume.

SPUTATION, *s. f.* crachotement.

SQUAMMEUX, EUSE, *adj.* écailleux, qui a rapport aux écailles.

SQUELETTE, *s. m.* os décharnés, conservant leur situation naturelle ; carcasse ; *fig.* très-maigre.

SQUIRRHE, *s. m.* tumeur chronique, dure et indolente ; *t. de méd.*

SQUIRRHEUX, EUSE, *adj.* de la nature du squirrhe.

ST, *interj.* pour appeler, pour imposer silence.

STABILITÉ, *s. f.* qualité de ce qui est stable ; état durable.

STABLE, *adj.* 2 g. qui est dans un état ferme ; *fig.* durable, permanent.

STADE, *s. m.* carrière de 125 pas géométriques, où les Grecs s'exerçaient à la course ; mesure itinéraire de la même étendue.

STAGE, *s. m.* temps d'épreuve pour les jeunes avocats ; dans quelques chapitres, résidence que devait faire un nouveau chanoine pour jouir de sa prébende.

STAGIAIRE, *adj. et s. m.* qui fait son stage.

STAGNANT, E, *adj.* se dit des eaux, des humeurs qui ne coulent pas.

STAGNATION, *s. f.* état des eaux, des humeurs stagnantes ; choses dont la marche est suspendue.

STAGNER, *v. n.* être en stagnation.

STALACTITE, ou *stalagmite*, *s. f.* concrétion pierreuse formée par l'eau dans les souterrains ; carbonate de chaux.

STALLE, *s. f.* siége en bois dans le chœur des églises, ou dans un théâtre, et qui se hausse et se baisse.

STAMINAL, E, *adj.* qui a rapport à l'étamine, *t. de bot.*

STAMINÉ, ÉE, *adj.* avec étamines et sans pétale, *t. de bot.*

STANCES, *s. f. pl.* ouvrage composé de plusieurs couplets ; *au sing.* chaque strophe de stances.

STAPHYLIN, *s. m.* insecte des froments ; — *adj.* qui a rapport à la luette.

STATÈRE, *s. m.* monnaie des anciens Romains, qui valait 1 fr. 25 c. de notre monnaie ; — *s. f.* balance romaine.

STATHOUDER, *s. m.* chef de l'ancienne république de Hollande.

STATHOUDÉRAT, *s. m.* dignité du stathouder ; sa durée.

STATION, *s. f.* pause, courte résidence ; visites pieuses dans certaines chapelles pour gagner des indulgences ; dans les nivellements, chaque lieu où l'on a placé l'instrument pour opérer ; état d'une planète qui ne paraît ni avancer ni reculer dans le zodiaque ; étendue de mer que surveille un vaisseau.

STATIONNAIRE, *s. m.* vaisseau en station ; — *adj.* 2 g. à poste fixe, immobile.

STATIONNER, *v. n.* faire station, s'arrêter en un endroit.

STATIQUE, *s. f.* traité de l'équilibre des solides.

STATISTIQUE, *s. f.* géographie politique ; science qui a pour but de faire connaître la population, les revenus, le commerce, etc. d'un état ; — *adj.* 2 g. descriptions, mémoires statistiques.

STATUAIRE, *s. m.* sculpteur qui fait des statues ; — *adj.* 2 g. propre à faire des statues, qui porte une statue ; — *s. f.* art de faire des statues.

STATUE, *s. f.* figure humaine entière et de plein relief ; personne immobile.

STATUER, *v. a. et v. n.* ordonner, décider, déclarer.

STATU QUO, *s. m. inv.* en même état.

STATURE, *s. f.* hauteur de la taille.

STATUT, *s. m.* réglement, décision.

STÉATITE, *s. f.* marne très-fine et savonneuse.

STÉGANOGRAPHIE, *s. f.* art d'écrire en chiffres et de les expliquer.

STELLION, *s. m.* genre de lézards.

STELLIONAT, *s. m.* crime de celui qui vend son héritage à deux personnes, ou qui vend l'héritage d'autrui comme s'il était le sien ; vente d'un immeuble grevé d'hypothèques comme s'il en était franc.

STELLIONATAIRE, *s. m.* coupable de stellionat.

STÉNOGRAPHE, *s. m.* celui qui sait, qui pratique la sténographie.

STÉNOGRAPHIE, *s. f.* art d'écrire en abrégé.

STÉNOGRAPHIER, *v. a.* é, ée, *p.* écrire par abréviation.

STENTOR, *s. m.* capitaine grec renommé par la force de sa voix ; *par anal.* voix de —, voix très-forte.

STERCORAIRE, *s. m.* scarabée ; genre d'oiseaux marins ; — *adj.* 2 *g.* des excréments.

STERCORATION, *s. f.* matière fécale.

STÈRE, *s. m.* mesure des bois de chauffage ; *il est égal au mètre cube*.

STÉRÉOGRAPHIE, *s. f.* art de représenter les solides sur un plan.

STÉRÉOGRAPHIQUE, *adj.* 2 *g.* de la stéréographie.

STÉRÉOMÉTRIE, *s. f.* science de la mesure des solides.

STÉRÉOTOMIE, *s. f.* science de la coupe des solides.

STÉRÉOTYPAGE, *s. m.* action de stéréotyper.

STÉRÉOTYPE, *s. m.* et *adj.* 2 *g.* se dit des livres stéréotypés.

STÉRÉOTYPER, *v. a.* é, ée, *p.* convertir par la soudure, en formes solides, des planches composées en caractères mobiles.

STÉRÉOTYPIE, *s. f.* art de stéréotyper.

STÉRILE, *adj.* 2 *g.* qui ne porte pas de fruit, quoique de nature à en porter ; improductif, dont on ne retire aucun avantage.

STÉRILISER, *v. a.* é, ée, *p.* rendre stérile.

STÉRILITÉ, *s. f.* qualité de ce qui est stérile.

STERLING, *s. m.* monnaie de compte anglaise ; *livre* —, environ 24 francs.

STERNUM, *s. m.* os plat du devant de la poitrine.

STERNUTATOIRE, *s. m.* et *adj.* 2 *g.* qui provoque l'éternuement.

STIGMATE, *s. m.* marque ; sommet, point capital du pistil ; dans certains insectes, organe extérieur de la respiration.

STIGMATIQUE, *adj.* 2 *g.* appartenant au stigmate.

STIGMATISÉ, ÉE, *adj.* qui porte des stigmates.

STIGMATISER, *v. a.* é, ée, *p.* marquer d'un fer chaud ; *fig.* couvrir d'une honte ineffaçable.

STIL-DE-GRAIN, *s. m.* sorte de couleur jaune.

STILLATION, *s. f.* filtration naturelle de l'eau.

STIMULANT, E, *s. m.* et *adj.* qui est propre à exciter.

STIMULATION, *s. f.* action des stimulants.

STIMULER, *v. a.* é, ée, *p.* exciter, aiguillonner.

STIPE, *s. f.* genre de graminées à racines vivaces.

STIPENDIAIRE, *adj.* 2 *g.* et *s. m.* à la solde d'un autre.

STIPENDIER, *v. a.* é, ée *p.* avoir à sa solde, soudoyer.

STIPITÉ, ÉE, *adj.* rétréci comme un pieu par sa base, *t. de bot.*

STIPULANT, E, *adj.* qui stipule.

STIPULATION, *s. f.* clause, convention ; ce qui concerne les stipules, *t. de bot.*

STIPULE, *s. f.* appendice du pétiole, *t. de bot.*

STIPULÉ, ÉE, *adj.* convenu ; pourvu de stipules.

STIPULER, *v. a.* é, ée, *p.* faire une stipulation.

STIPULEUX, EUSE, *adj.* qui a de grandes stipules.

STOÏCIEN, *s. m.* philosophe

de la secte de Zénon; homme ferme, sévère, inébranlable.

STOÏCIEN, NNE, adj. qui appartient à la doctrine des stoïciens.

STOÏCISME, s. m. philosophie de Zénon; fermeté, austérité.

STOÏQUE, adj. 2 g. qui tient de la fermeté et de l'austérité qu'affectaient les stoïciens.

STOÏQUEMENT, adv. en stoïcien.

STOÏSME, s. m. qualité de ce qui est stoïque.

STOKFICHE, s. m. poisson salé et séché; espèce de morue sèche.

STOMACAL, E, adj. bon pour l'estomac.

STOMACHIQUE, adj. 2 g. qui appartient à l'estomac; —, s. m. et adj. bon pour l'estomac.

STORAX, ou STYRAX, s. m. résine odoriférante qui découle d'un arbre des Indes.

STORE, s. m. rideau qui se lève et se baisse par un ressort.

STRANGULATION, s. f. étranglement, action d'étrangler.

STRAPASSER, v. a. é, ée, p. maltraiter de coups; travailler à la hâte.

STRAPASSONNER, v. a. é, ée, p. peindre grossièrement.

STRAPONTIN, s. m. siége garni sur le devant d'un carrosse; hamac, t. de mar.

STRAS, s. m. composition qui imite le diamant.

STRASBOURG, chef-lieu du dép. du Bas-Rhin.

STRASSE, s. f. bourre, rebut de la soie.

STRATAGÈME, s. m. ruse de guerre; fig. finesse, ruse, supercherie

STRATÈGE, s. m. général athénien.

STRATÉGIE, s. f. science des mouvements d'une armée.

STRATÉGIQUE, adj. 2 g. de la stratégie.

STRÉLITZ, s. m. pl. ancien corps d'infanterie russe.

STRIBORD, s. m. côté droit du vaisseau.

STRICT, E, adj. étroit, resserré, rigoureux, exact, sévère.

STRICTEMENT, adv. d'une manière stricte.

STRIES, s. f. pl. cannelures fines et légères.

STRIÉ, ÉE, adj. dont la surface présente des stries.

STRIURES, s. f. pl. cannelures des colonnes; rayure des coquillages.

STROPHE, s. f. stance d'une ode, etc.

STRUCTURE, s. f. manière dont un édifice est bâti; conformation; plan exécuté d'un ouvrage.

STUC, s. m. marbre broyé avec de la chaux.

STUCATEUR, s. m. ouvrier en stuc.

STUDIEUSEMENT, adv. avec soin.

STUDIEUX, EUSE, adj. qui aime l'étude.

STUPÉFACTION, s. f. diminution ou perte du sentiment; fig. étonnement extraordinaire.

STUPÉFAIT, E, adj. interdit, immobile de surprise.

STUPÉFIER, v. a. é, ée, p. engourdir, rendre immobile; fig. causer une grande surprise.

STUPEUR, s. f. engourdissement; fig. grande surprise; état d'immobilité subite.

STUPIDE, s. et adj. 2 g. hébété; d'un esprit lourd et pesant.

STUPIDEMENT, adv. avec stupidité.

STUPIDITÉ, s. f. pesanteur, privation d'esprit.

STYLE, s. m. poinçon qui servait chez les anciens pour écrire sur des tablettes de cire; aiguille d'un cadran solaire; fig. manière d'écrire, de composer; de parler, de procéder en justice; manière de compter dans le calendrier avant ou après sa reformation; partie du pistil qui porte le stigmate, t. de bot.

STYLER, v. a. é, ée, p. former, dresser, habituer à...

STYLET, s. m. petit poignard à lame triangulaire et très-aigu.

STYLOMÉTRIE, s. f. art de mesurer les colonnes.

STYX, *s. m.* fleuve des enfers.
SU, *s. m.* connaissance de quelque chose.
SUAGE, *s. m.* outil de serrurier, de ferblantier, etc. ; coût des graisses, du suif dont on enduit un vaisseau, *t. de mar.*; humidité du bois.
SUAIRE, *s. m.* linceul.
SUANT, E, *adj.* qui sue.
SUAVE, *adj.* 2 g. doux, agréable à l'odorat; charmant, qui flatte l'œil.
SUAVITÉ, *s. f.* douceur, charme, agrément ; qualité de ce qui est suave.
SUBALTERNE, *s. et adj.* 2 g. subordonné à un autre.
SUBDÉLÉGATION, *s. f.* commission que donne celui qui subdélègue; acte par lequel on subdélègue.
SUBDÉLÉGUER, *v. a.* é, ée, *p.* donner pouvoir d'agir, de négocier.
SUBDÉLÉGUÉ, *s. m.* celui qui a une subdélégation.
SUBDIVISER, *v. a.* é, ée, *p.* diviser une partie d'un tout déja divisé.
SUBDIVISION, *s. f.* division d'une des parties d'un tout déja divisé.
SUBHASTATION, *s. f.* vente publique au plus offrant et dernier enchérisseur.
SUBIR, *v. a.* 1; ie, *p.* être assujetti à ce qui est prescrit, ordonné; supporter, endurer.
SUBIT, E, *adj.* prompt, soudain.
SUBITEMENT, *adv.* soudainement.
SUBJONCTIF, *s. m.* mode du verbe subordonné à un autre verbe.
SUBJUGUER, *v. a.* é, ée, *p.* réduire en sujétion ; *fig.* prendre de l'ascendant sur quelqu'un.
SUBLIMATION, *s. f.* volatilisation.
SUBLIMATOIRE, *s. m.* vaisseau qui sert à la sublimation.
SUBLIME, *adj.* 2 g. haut, élevé, ne se dit qu'au moral ; — *s. m.* ce qu'il y a de grand, d'excellent dans les pensées, dans le style, dans les actions.

SUBLIMÉ, *s. m.* muriate de mercure; — *corrosif*, muriate oxigéné de mercure.
SUBLIMEMENT, *adv.* d'une manière sublime.
SUBLIMER, *v. a.* é, ée, *p.* volatiliser, *t. de chim.*
SUBLIMITÉ, *s. f.* qualité de ce qui est sublime.
SUBLINGUAL, E, *adj.* placé sous la langue.
SUBLUNAIRE, *adj.* 2 g. qui est entre la terre et l'orbite de la lune.
SUBMARIN, E, *adj.* qui est sous la mer.
SUBMERGER, *v. a.* é, ée, *p.* inonder, engloutir dans l'eau.
SUBMERSIBLE, *adj.* 2 g. se dit de la fructification des plantes aquatiques dont les fleurs se plongent dans l'eau dès que les ovaires sont fécondés.
SUBMERSION, *s. f.* grande inondation.
SUBODORER, *v. a.* é, ée, *p.* sentir de loin ; *fig.* prévoir.
SUBORDINATION, *s. f.* dépendance d'une personne à l'égard d'une autre.
SUBORDONNÉMENT, *adv.* en sous-ordre.
SUBORDONNER, *v. a.* é, ée, *p.* établir la subordination.
SUBORNATION, *s. f.* action de suborner.
SUBORNER, *v. a.* é, ée, *p.* porter à une action coupable.
SUBORNEUR, EUSE, *s.* qui suborne.
SUBRÉCARGUE, *s. m.* fondé de pouvoir d'un armateur qui veille sur la cargaison.
SUBRÉCOT, *s. m.* surplus de l'écot; excédant de dépense prévue en sus de l'écot.
SUBREPTICE, *adj.* 2 g. obtenu sur un exposé faux, furtif.
SUBREPTICEMENT, *adv.* d'une manière subreptice.
SUBREPTION, *s. f.* surprise faite à un juge en lui cachant la vérité.
SUBROGATION, *s. f.* action de subroger.
SUBROGER, *v. a.* é, ée, *p.* substituer, mettre à la place de

quelqu'un ; *subrogé tuteur*, celui qui surveille la gestion du tuteur.
SUBSÉQUEMMENT, *adv.* qui suit, qui vient après.
SUBSIDE, *s. m.* levée de deniers pour les besoins de l'état; secours en argent.
SUBSIDIAIRE, *adj.* 2 *g.* qui vient à l'appui.
SUBSIDIAIREMENT, *adv.* d'une manière subsidiaire.
SUBSISTANCE, *s. f.* nourriture et entretien ; *au pluriel*, vivres, munitions.
SUBSISTER, *v. n.* continuer d'être; demeurer en vigueur ; vivre et s'entretenir.
SUBSTANCE, *s. f.* être, esprit qui subsiste par lui-même ; matière quelconque ; ce qu'il y a de succulent, d'essentiel ; ce qui est nécessaire pour la subsistance.
SUBSTANTIEL, LLE, *adj.* succulent, plein de substance.
SUBSTANTIELLEMENT, *adv.* quant à la substance.
SUBSTANTIF, *s.* et *adj. m.* se dit de tout nom qui exprime une substance.
SUBSTANTIVEMENT, *adv.* en manière de substantif.
SUBSTITUER, *v. a. é, ée, p.* mettre à la place de..., appeler quelqu'un à une succession après un autre ou à son défaut.
SUBSTITUT, *s. m.* officier judiciaire, chargé de suppléer l'officier principal ; *fam.* délégué.
SUBSTITUTION, *s. f.* action de substituer; dispositions par lesquelles on substitue les biens.
SUBTERFUGE, *s. m.* faux-fuyant, échappatoire.
SUBTIL, E, *adj.* délié, fin, menu ; qui pénètre, qui s'insinue aisément; *fig.* très-adroit.
SUBTILEMENT, *adv.* d'une manière subtile.
SUBTILISATION, *s. f.* action de subtiliser certaines liqueurs par l'action du feu.
SUBTILISER, *v. a. é, ée, p.* rendre délié, pénétrant; tromper subtilement ; — *v. n.* raffiner.
SUBTILITÉ, *s. f.* qualité de ce qui est subtil ; finesse, tromperie.

SUBVENIR, *v. n.* (se conj. c. *venir*), secourir, soulager; pourvoir.
SUBVENTION, *s. f.* secours d'argent, subside.
SUBVERSIF, IVE, *adj.* qui renverse, qui détruit.
SUBVERSION, *s. f.* renversement.
SUBVERTIR, *v. a.* i, ie, p. renverser.
SUC, *s. m.* liqueur qui s'exprime des plantes, des viandes, etc.; *fig.* ce qu'il y a de plus substantiel.
SUCCÉDER, *v. n.* prendre la place de...; venir après ; hériter de quelqu'un par droit de parenté ; réussir, en parlant des choses ; *se* —, *v. pr.* se suivre.
SUCCÈS, *s. m.* réussite, issue d'une affaire.
SUCCESSEUR, *s. m.* celui qui succède à un autre.
SUCCESSIBILITÉ, *s. f.* droit de succéder; ordre de succession.
SUCCESSIF, IVE, *adj.* qui succède sans interruption ; *droits*—, qu'on a à une succession.
SUCCESSION, *s. f.* biens qu'un homme laisse en mourant ; suite de personnes d'une même maison qui se succèdent.
SUCCESSIVEMENT, *adv.* l'un après l'autre.
SUCCINCT, E, *adj.* court, bref.
SUCCINCTEMENT, *adv.* d'une manière succincte.
SUCCION, *s. f.* action de sucer.
SUCCOMBER, *v. n.* être accablé sous un fardeau ; *fig.* se laisser vaincre ; avoir du désavantage.
SUCCULEMMENT, *adv.* avec une nourriture succulente.
SUCCULENT, E, *adj.* plein de suc; très-nourrissant.
SUCCURSALE, *s.* et *adj. f.* se dit d'une église qui sert d'aide à une paroisse.
SUCCURSALISTE, *s.* et *adj. m.* ecclésiastique qui dessert une succursale.
SUCEMENT, *s. m.* action de sucer.

SUCER, v. a. é, ée, p. tirer une liqueur, un suc avec les lèvres; tirer peu à peu.

SUCEUR, s. m. celui qui suce; —, s. m. pl. ordre d'insectes sans ailes.

SUÇOIR, s. m. ce qui sert à sucer.

SUÇON, s. m. élevure qu'on fait à la peau en la suçant fortement.

SUÇOTER, v. a. é, ée, p. sucer plusieurs fois et à diverses reprises.

SUCRE, s. m. suc cristallisé de la canne des Indes, du raisin, de divers fruits, de racines, etc.

SUCRER, v. a. é, ée, p. mêler du sucre avec quelque chose; sucré, ée, adj. qui a le goût du sucre.

SUCRERIE, s. f. lieu où l'on prépare le sucre; au pl. dragées, confitures, etc.; choses très-sucrées.

SUCRIER, s. m. vase où l'on met du sucre.

SUD, s. m. midi, vent du midi; —, partie du monde opposée au nord; — est, point entre le sud et l'est; vent qui en vient.

SUDORIFÈRE, ou SUDORIFIQUE, adj. 2 g. et s. m. qui provoque la sueur.

SUD-OUEST, s. m. point entre le sud et l'ouest, vent qui en vient.

SUÉE, s. f. inquiétude subite et mêlée de crainte, t. pop.

SUER, v. n. rendre par les pores une humeur liquide; fig. travailler beaucoup pour...; — v. a. — sang et eau, se donner beaucoup de peine pour...

SUETTE, s. f. maladie contractée par une sueur excessive.

SUEUR. s. f. humeur, sérosité qui sort par les pores; fig. et au pl. peines qu'on se donne pour réussir.

SUFFIRE. v. n. et déf. (se conj. c. confire, excepté au p. p. suffi, inv.) pourvoir, fournir, satisfaire à..; suffit, c'est assez, n'en parlons plus; — v. imp. il suffit, c'est assez de.

SUFFISAMMENT, adv. assez.

SUFFISANCE, s. f. ce qui suffit; vanité, présomption.

SUFFISANT, E, adj. qui suffit; —, adj. et s. présomptueux.

SUFFOCANT, E, adj. qui suffoque.

SUFFOCATION, s. f. étouffement, perte de respiration.

SUFFOQUER, v. a. et v. n. étouffer, faire perdre la respiration.

SUFFRAGANT, s. et adj. m. se dit d'un évêque par rapport à son métropolitain.

SUFFRAGE, s. m. voix qu'on donne dans les délibérations et en matière d'élections; approbation.

SUFFUSION, s. f. épanchement, t. de méd.

SUGGÉRER, v. a. é, ée, p. insinuer.

SUGGESTION, s. f. instigation.

SUICIDE, s. m. action de celui qui se tue lui-même; celui qui se tue lui-même.

SUICIDER (se), v. pr. se tuer soi-même.

SUIE, s. f. matière noire et épaisse que la fumée dépose.

SUIF, s. m. graisse de mouton, de bœuf dont on fait la chandelle.

SUINT, s. m. humeur onctueuse qui sort du corps des animaux.

SUINTEMENT, s. m. écoulement de ce qui suinte.

SUINTER, v. n. se dit d'une liqueur, d'une humeur qui s'écoule presque insensiblement d'un corps poreux.

SUISSE, s. m. né en Suisse; portier qui est d'origine suisse; fig. homme brutal.

SUITE, s. f. ceux qui suivent, qui vont après; cortége; ce qui suit; continuation; enchaînement de choses arrivées l'une après l'autre; choses de même espèce rangées par ordre; effet d'un événement; ordre; liaison; de —, sans interruption; tout de —, sur-le-champ.

SUIVANT, prép. selon; — que, conj. selon que.

SUIVANT, E, adj. qui suit, qui accompagne.

SUIVANTE, *s. f.* demoiselle qui accompagne une dame.

SUIVER, *v. a.* é, ée, *p.* enduire de suif un navire, *t. de mar.*

SUIVRE, *v. a. irr.* (Ind. pr. je suis, tu suis, il suit; n. suivons, v. suivez, ils suivent; imp. je suivais, etc., n. suivions, etc.; prét. déf. je suivis, etc., n. suivîmes, etc.; fut. je suivrai, etc., n. suivrons, etc.; cond. je suivrais, etc., n. suivrions, etc.; impér. suis, suivons, etc.; subj. pr. q. je suive, etc., q. n. suivions, etc.; imp. subj. q. je suivisse, etc., q. n. suivissions, etc.; p. pr. suivant; p. p. suivi, ie;) aller après, accompagner, escorter; *fig.* être près par rapport au temps, au lieu, au rang, etc.; courir après pour attraper; observer, épier; se laisser conduire à..; se conformer, continuer, fréquenter; *se —, v. pr.* se succéder, avoir de la liaison; *— v. imp.* il résulte.

SUJET, *s. m.* cause, raison, motif; matière sur laquelle on parle, on écrit, on compose; objet d'une science, etc.; air sur lequel on fait les parties, *t. de mus.*; terme de toute proposition, *t. de log.*; personne; celui qui est soumis à une autorité souveraine.

SUJET, TTE, *adj.* soumis à... dépendant de... accoutumé, exposé à...

SUJÉTION, *s. f.* dépendance, assujettissement.

SULFATE, *s. m.* nom générique de la combinaison de l'acide sulfurique avec différentes bases.

SULFATÉ, ÉE, *adj.* chargé de sulfate.

SULFITE, *s. m.* nom générique des sels formés par la combinaison de l'acide sulfureux avec différentes bases.

SULFURE, *s. m.* toute combinaison du soufre avec les alcalis, les terres et les métaux, *t. de chim.*

SULFURÉ, ÉE, ou **SULFUREUX**, EUSE, *adj.* où il entre du soufre; qui tient de la nature du soufre; *acide sulfureux*, formé par la combustion lente et imparfaite du soufre.

SULFURIQUE, *adj.* 2 g. formé par la combustion rapide et complète du soufre.

SULPICIEN, *s. m.* séminariste de Saint-Sulpice.

SULTAN, *s. m.* titre de l'empereur des Turcs, et de divers princes mahométans et tartares; *fig.* homme altier, absolu.

SULTANE, *s. f.* femme du grand-seigneur; vaisseau de guerre des Turcs.

SULTANIN, *s. m.* monnaie d'or turque.

SUPERBE, *adj.* 2 g. orgueilleux, qui présume trop de lui; grand, magnifique, somptueux, de très-belle apparence.

SUPERBEMENT, *adv.* d'une manière superbe.

SUPERCHERIE, *s. f.* tromperie faite avec finesse.

SUPERFÉTATION, *s. f.* redondance, inutilités.

SUPERFICIE, *s. f.* longueur et largeur, sans profondeur, *t. de géom.*; surface; *fig.* notion imparfaite.

SUPERFICIEL, LLE, *adj.* qui n'est qu'à la superficie; *fig.* peu approfondi; qui ne sait rien à fond.

SUPERFICIELLEMENT, *adv.* d'une manière superficielle.

SUPERFIN, *s. m.* (sans pl.) ce qui est très-fin; —, e, *adj.* très-fin.

SUPERFLU, *s. m.* (sans pl.) inutile; —, e, *adj.* qui est de trop.

SUPERFLUITÉ, *s. f.* abondance au-delà de ce qui est nécessaire.

SUPÉRIEUR, E, *s.* celui, celle qui a autorité sur..; —, *adj.* qui est au-dessus.

SUPÉRIEUREMENT, *adv.* d'une manière supérieure; parfaitement bien.

SUPÉRIORITÉ, *s. f.* prééminence, autorité, excellence.

SUPERLATIF, IVE, *s. m.* et *adj.* mot qui exprime la supériorité dans un très-grand, dans le plus grand degré.

SUPERLATIVEMENT, *adv.* au plus haut degré.
SUPERPOSER, *v. a. é, ée, p.* poser dessus.
SUPERPOSITION, *s. f.* action de poser une chose sur une autre.
SUPERSÉDER, *v. n.* surseoir.
SUPERSTITIEUSEMENT, *adverbe*, d'une manière superstitieuse.
SUPERSTITIEUX, EUSE, *adj.* qui a de la superstition; où il y a de la superstition.
SUPERSTITION, *s. f.* fausse confiance dans certaines pratiques religieuses; crédulité, en matière de religion; vain présage; *fig.* excès de soin, d'exactitude.
SUPIN, *s. m.* sorte de substantif verbal qui fait fonction de l'infinitif, *t. de gram.*
SUPPLANTATION, *s. f.* action de supplanter.
SUPPLANTER, *v. a. é, ée, p.* faire perdre à quelqu'un sa place et lui succéder.
SUPPLÉANT, *s. m.* celui qui est désigné pour suppléer un fonctionnaire public.
SUPPLÉER, *v. a. é, ée, p.* ajouter, fournir ce qui manque à....., remplacer ; *v. n.* réparer le défaut de quelque chose.
SUPPLÉMENT, *s. m.* ce qu'on donne pour suppléer, pour compléter.
SUPPLÉMENTAIRE, *adj. 2 g.* qui sert de supplément.
SUPPLIANT, E, *s. et adj.* qui supplie.
SUPPLICATION, *s. f.* humble prière.
SUPPLICE, *s. m.* punition corporelle ordonnée par la justice ; douleur violente.
SUPPLICIER, *v. a. é, ée, p.* faire souffrir le supplice de la mort.
SUPPLIER, *v. a. é, ée, p.* prier humblement.
SUPPLIQUE, *s. f.* requête.
SUPPORT, *s. m.* ce qui soutient une chose; objet sur lequel elle pose; *fig.* aide, appui.
SUPPORTABLE, *adj. 2 g.* qu'on peut supporter.

SUPPORTABLEMENT, *adv.* d'une manière supportable.
SUPPOSABLE, *adj. 2 g.* qui se peut supposer.
SUPPOSÉ, ÉE, *adj.* donné faussement pour véritable; — *que*, *conj.* cela étant admis.
SUPPOSER, *v. a. é, ée, p.* mettre en avant une chose comme démontrée pour en tirer quelque induction ; alléguer comme vrai ce qui est faux; *se* —, *v. pr.* se mettre à la place de.
SUPPOSITION, *s. f.* proposition qu'on suppose comme vraie ou possible pour en tirer une induction ; fausse allégation, chose controuvée ; production en justice d'une pièce fausse.
SUPPOSITOIRE, *s. m.* médicament pour faciliter l'évacuation des matières fécales.
SUPPÔT, *s. m.* fauteur, partisan en mauvaise part.
SUPPRESSION, *s. f.* action de supprimer, retranchement.
SUPPRIMER, *v. a. é, ée, p.* empêcher ou faire cesser de paraître ; passer sous silence ; abolir, retrancher.
SUPPURATIF, *s. m.* remède qui fait suppurer; —, **IVE**, *adj.* qui facilite la suppuration.
SUPPURATION, *s. f.* écoulement du pus d'une plaie.
SUPPURER, *v. n.* jeter du pus.
SUPPUTATION, *s. f.* calcul.
SUPPUTER, *v. a. et v. n.* calculer.
SUPRÉMATIE, *s. f.* supériorité, souveraineté, prééminence.
SUPRÊME, *adj. 2 g.* qui est au-dessus de tout son genre.
SUR, *prép.* qui marque la situation d'une chose à l'égard d'une autre qui la soutient, ou qui est simplement au-dessous d'elle; joignant, tout proche; dans, vers.
SÛR, *s. m.* ce qui est certain.
SÛR, E, *adj.* certain, indubitable, ferme, solide, en qui on peut se fier; où il n'y a rien à craindre; *à coup* —, infailliblement.

SUR, E, *adj.* qui a un goût acide, aigret.

SURABONDAMMENT, *adv.* plus que suffisamment.

SURABONDANCE, *s. f.* abondance excessive.

SURABONDANT, E, *adj.* qui surabonde; superflu.

SURABONDER, *v. n.* être très-abondant.

SURACHETER, *v. a. é, ée, p.* acheter une chose plus qu'elle ne vaut.

SURAJOUTER, *v. a. é, ée, p.* ajouter en sus, de ce qui a été ajouté.

SURANNÉ, ÉE, *adj.* vieux, hors d'usage.

SURANNER, *v. n.* avoir plus d'un an de date; en parlant des actes, avoir passé l'année au delà de laquelle ils n'ont plus d'effet.

SUR-ARBITRE, *s. m.* arbitre choisi pour décider une question sur laquelle des arbitres sont partagés.

SURCHARGE, *s. f.* surcroît de charge.

SURCHARGER, *v. a. é, ée, p.* charger trop.

SURCOMPOSÉ, ÉE, *adj.* se dit des verbes où l'on redouble l'auxiliaire *avoir*; au féminin, se dit des feuilles fort composées, *t. de bot.*; — *s. m.* combinaison des corps composés, *t. de chim.*

SURCROÎT, *s. m.* augmentation.

SURCROÎTRE, *v. n. (se conj. c. croître)* s'accroître trop, se dit de la chair qui vient dans les plaies plus abondamment qu'il ne faut; — *v. a.* augmenter au-delà des bornes.

SURCULEUX, EUSE, *adj.* garni de nouvelles branches, *t. de bot.*

SURDENT, *s. f.* dent qui vient hors de rang sur une autre, ou entre deux dents; dent de cheval plus longue que les autres.

SURDITÉ, *s. f.* perte ou grande diminution du sens de l'ouïe.

SURDORER, *v. n.* dorer doublement.

SURDOS, *s. m.* bande de cuir sur le dos d'un cheval de carrosse pour soutenir les traits et aider aux reculements.

SUREAU, *s. m.* arbre plein d'une substance moelleuse.

SÛREMENT, *adv.* en sûreté; certainement.

SURÉMINENT, E, *adj.* éminent au suprême degré.

SURENCHÈRE, *s. f.* enchère faite au-dessus d'une autre.

SURENCHÉRIR, *v. n.* faire une surenchère.

SURÉROGATION, *s. f.* ce qu'on fait au-delà de ce qui est prescrit; au-delà de ce qu'on a promis.

SURÉROGATOIRE, *adj. 2 g.* qui est de surérogation.

SURET, ETE, *adj.* un peu acide.

SÛRETÉ, *s. f.* état de ce qui est à l'abri de tout danger; caution, garantie.

SURFACE, *s. f.* extérieur, dehors d'un corps.

SURFAIRE, *v. a. et n. (se conj. c. faire)* demander trop d'une chose qui est à vendre.

SURFAIX, *s. m.* grosse et large sangle qui sert à tenir plus ferme la selle d'un cheval.

SURFEUILLE, (*ll m.*) *s. m.* membrane qui couvre le bourgeon, *t. de bot.*

SURFLEURIR, *v. n.* fleurir après avoir donné du fruit.

SURGE, *adj. f.* laine grasse en suint.

SURGEON, *s. m.* rejeton, jet d'eau qui sort naturellement d'une terre, d'une roche.

SURGIR, *v. n. (ne s'emploie qu'à l'infin.)* s'élever.

SURHAUSSEMENT, *s. m.* action de surhausser, son effet.

SURHAUSSER, *v. a. é, ée, p.* mettre à plus haut prix ce qui était déjà assez cher; élever plus haut.

SURHUMAIN, E, *adj.* qui est au-delà de l'humain.

SURINTENDANCE, *s. f.* inspection, direction générale; charge de surintendant.

SURINTENDANT, *s. m.* celui qui a la surintendance.

SURINTENDANTE, *s. f.* femme de surintendant; dame qui avait la première charge de la maison de la reine.

SURJET, *s. m.* espèce de couture bord-à-bord.

SURJETER, *v. a.* é, ée, *p.* coudre en surjet.

SURLENDEMAIN, *s. m.* jour qui suit le lendemain.

SURLONGE, *s. f.* partie du bœuf où l'on prend les aloyaux.

SURMENER, *v. a.* é, ée, *p.* fatiguer les bêtes de somme, en les faisant aller trop vite et trop long-temps.

SURMESURE, *s. f.* ce qui excède la mesure.

SURMONTER, *v. a.* é, ée, *p.* monter au-dessus; *fig.* surpasser, triompher de.

SURMOUT, *s. m.* vin tiré de la cuve, sans avoir cuvé et sans être pressuré.

SURMULET, *s. m.* poisson de mer.

SURMULOT, *s. m.* quadrupède rongeur plus gros que le rat.

SURNAGER, *v. n.* se soutenir sur un fluide; *fig.* subsister après un désastre.

SURNATUREL, LLE, *adj.* au-dessus des forces de la nature.

SURNATURELLEMENT, *adv.* d'une manière surnaturelle.

SURNOM, *s. m.* nom, épithète qu'on ajoute au nom propre d'une personne ou d'une famille:

SURNOMMER, *v. a.* é, ée, *p.* donner un surnom.

SURNUMÉRAIRE, *s. m.* commis sans appointements; — *adj.* 2 g. qui est au-dessus du nombre déterminé.

SURNUMÉRARIAT, *s. m.* temps pendant lequel on reste surnuméraire.

SURPASSER, *v. a.* é, ée, *p.* être plus élevé, excéder, être au-dessus de...; *se—*, *v. pr.* faire mieux qu'à l'ordinaire.

SURPAYER, *v. a.* é, ée, *p.* payer trop cher, plus qu'il n'est dû.

SURPLIS, *s. m.* vêtement d'ecclésiastique en toile et à manches longues et larges.

SURPLOMB, *s. m.* défaut de ce qui n'est pas à plomb.

SURPLOMBER, *v. a.* é, ée, *p.* n'être pas à plomb.

SURPLUS, *s. m.* ce qui reste, l'excédant; *au —*, au reste.

SURPOSÉ, ÉE, *adj.* se dit des graines posées l'une sur l'autre longitudinalement.

SURPRENANT, E, *adj.* étonnant.

SURPRENDRE, *v. a.* (se conj. c. prendre) prendre sur le fait, au dépourvu; tromper, abuser, étonner, intercepter, arriver inopinément.

SURPRIS, E, *adj.* étonné, pris sur le fait.

SURPRISE, *s. f.* action par laquelle on surprend; étonnement brusque, trouble instantané.

SURSAUT, *s. m.* brusque interruption du sommeil.

SURSÉANCE, *s. f.* délai pendant lequel une affaire est suspendue.

SURSEMER, *v. a.* é, ée, *p.* semer de nouveau une terre déjà semée.

SURSEOIR, *v. a.* et *déf.* (ind. pr. je surseois, tu surseois, il surseoit; n. sursoyons, v. sursoyez, ils surseoient; imp. je sursoyais, etc., n. sursoyions, etc.; p. déf. je sursis, etc., n. sursîmes, etc.; fut. je surseoirai, etc., n. surseoirons, etc.; cond. je surseoirais, etc., n. surseoirions, etc.; imp. surseois, sursoyons; subj. pr. q. je surseoie, etc., q. n. sursoyions, etc.; imp. subj. q. je sursisse, etc.; q. n. sursissions, etc.; p. pr. sursoyant; p. p. sursis, e.) (ce verbe est plus usité aux temps composés qu'aux temps simples) suspendre, remettre, différer; ne se dit guère que des affaires de procédure, et en ce sens, il est neutre.

SURSIS *s. m.* délai

SURTAUX, *s. m.* taux excessif pour l'impôt.

SURTAXE, *s. f.* taxe trop élevée.

SURTAXER, *v. a.* é, ée, *p.* taxer trop haut.

SURTONDRE, *v. a.* u, ue, *p.* couper les extrémités les moins fines de la laine avant de la laver.

SURTOUT, *adv.* principalement.

SURTOUT, *s. m.* vêtement ample qu'on met par-dessus les habits; petite charrette fort légère; pièce de vaisselle d'argent, etc., qu'on met sur une grande table et sur laquelle on place des vases de fleurs, des fruits, etc.

SURVEILLANCE, (*ll m.*) *s. f.* action de surveiller.

SURVEILLANT, E, (*ll m.*) *s. et adj.* qui surveille.

SURVEILLE, (*ll m.*) *s. f.* le jour qui précède la veille.

SURVEILLER, (*ll m.*) *v. n.* veiller particulièrement et avec autorité sur quelque chose; — *v. a.* é, ée, *p.* être attentif à...

SURVENANCE, *s. f.* arrivée qu'on n'a pas prévue.

SURVENANT, E, *s. et adj.* qui survient.

SURVENDRE, *v. a.* u, ue, *p.* vendre trop cher.

SURVENIR, *v. n.* u, ue, *p.* arriver inopinément ou de surcroît.

SURVENTE, *s. f.* vente à un prix excessif.

SURVIDER, *v. a.* é, ée, *p.* ôter en partie ce qui est dans un vaisseau trop plein.

SURVIE, *s. f.* état de celui qui survit à un autre, *t. de pal.*

SURVIVANCE, *s. f.* droit de succéder à une charge après la mort du titulaire.

SURVIVANCIER, *s. m.* celui qui a la survivance d'une charge.

SURVIVANT, É, *adj.* qui survit.

SURVIVRE, *v. n.* (*se conj. c. vivre*) demeurer en vie après un autre; *fig.* vivre après la perte de...

SUS, *prép.* sur; *en sus*, par-delà, en outre; — ! *interj.* pour exhorter, pour exciter.

SUSCEPTIBILITÉ, *s. f.* disposition à se choquer très-facilement; sensibilité extrême.

SUSCEPTIBLE, *adj. 2 g.* capable de recevoir certaine modification; qui s'offense aisément.

SUSCITATION, *s. f.* suggestion, instigation.

SUSCITER, *v. a.* é, ée, *p.* faire naître, faire paraître; causer.

SUSCRIPTION, *s. f.* adresse sur une lettre.

SUSDIT, E, *adj.* nommé ci-dessus.

SUSPECT, E, *adj.* qui est soupçonné ou qui mérite de l'être.

SUSPECTER, *v. a.* é, ée, *p.* soupçonner.

SUSPENDRE, *v. a.* u, ue, *p.* élever, soutenir en l'air; *fig.* surseoir, différer, interdire à quelqu'un pour un temps l'exercice de ses fonctions.

SUSPENS, *adj. m.* se dit d'un prêtre interdit; *en* —, dans l'incertitude, l'indécision.

SUSPENSE, *s. f.* censure qui déclare un prêtre suspens; état d'un prêtre suspens.

SUSPENSIF, IVE, *adj.* qui suspend, qui empêche de poursuivre.

SUSPENSION, *s. f.* cessation d'opération pour quelque temps; interdiction pour un temps; état d'une chose suspendue, au propre et au fig.; — *fig. de rhét.* qui tient les auditeurs en suspens.

SUSPICION, *s. f.* soupçon.

SUSTENTATION, *s. f.* nourriture qui suffit pour soutenir la vie.

SUSTENTER, *v. a.* é, ée, *p.* entretenir la vie par le moyen des aliments.

SUTURE, *s. f.* jointure des os du crâne, des parties des plantes, qui paraissent cousues; couture pour réunir les lèvres d'une plaie.

SUZERAIN, e, *adj.* se dit d'un seigneur qui possède un fief dont d'autres fiefs relèvent.

SUZERAINETÉ, *s. f.* qualité de suzerain.

SVELTE, *adj. 2 g.* mince, léger, délié, délicat.

SYCOMORE, *s. m.* arbre qui tient du figuier par son fruit et du mûrier par ses feuilles; espèce d'érable; figuier d'Égypte.

SYCOPHANTE, *s. m.* fourbe, délateur.

SYLLABAIRE, *s. m.* livre pour apprendre à lire.

SYLLABE, *s. f.* voyelle seule, ou jointe à d'autres lettres qui ne forment qu'un son.

SYLLABIQUE, *adj. 2 g.* qui a rapport aux syllabes.

SYLLABISATION, *s. f.* action de former, de prononcer des syllabes.

SYLLABISER, ou *syllaber*, *v. a.* é, ée, *p.* assembler des lettres et en former des syllabes.

SYLLEPSE, *s. f.* acception d'un mot au propre et au figuré, dans la même phrase; figure par laquelle le discours répond plutôt à notre pensée qu'aux règles; *t. de gramm.*

SYLLOGISME, *s. m.* argument qui contient trois propositions: la majeure, la mineure, la conséquence.

SYLLOGISTIQUE, *adj. 2 g.* qui appartient au syllogisme.

SYLPHE, *s. m.* ou *sylphide*, *s. f.* prétendus génies élémentaires de l'air.

SYLVAIN, *s. m.* dieu des forêts suivant la Fable; *s. m. pl.* ordre d'oiseaux.

SYLVESTRE, *adj. 2 g.* qui vient sans culture, *t. de bot.*

SYMBOLE, *s. m.* figure, image, emblème, type formulaire qui contient les principaux articles de foi.

SYMBOLIQUE, *adj. 2 g.* qui sert de symbole; emblématique.

SYMBOLISER, *v. n.* avoir du rapport, de la conformité avec; indiquer par des images.

SYMÉTRIE, *s. f.* proportion, rapport de grandeur et de figure que les parties d'un corps naturel ou artificiel ont entre elles et avec leur tout.

SYMÉTRIQUE, *adj. 2 g.* qui a de la symétrie.

SYMÉTRIQUEMENT, *adv.* avec symétrie.

SYMÉTRISER, *v. n.* faire symétrie.

SYMPATHIE, *s. f.* convenance d'affection, d'humeur, d'inclination; correspondance entre certaines parties du corps.

SYMPATHIQUE, *adj. 2 g.* ce qui appartient à la cause ou aux effets de la sympathie.

SYMPHONIE, *s. f.* concert d'instruments de musique.

SYMPHONISTE, *s. m.* qui joue, qui compose des symphonies.

SYMPTÔME, *s. m.* signe précurseur, présage, indice.

SYNAGOGUE, *s. f.* assemblée des Juifs; lieu où ils s'assemblent.

SYNALÈPHE, *s. f.* contraction de syllabes, *t. de gramm.*

SYNALLAGMATIQUE, *adj. 2 g.* se dit d'un contrat par lequel les contractants s'obligent réciproquement.

SYNAXE, *s. f.* assemblée des anciens chrétiens pour célébrer la cène.

SYNCHRONIQUE, *adj. 2 g.* qui se fait en même temps; *tableau —*, qui représente les faits arrivés en même temps en différents lieux.

SYNCHRONISME, *s. m.* rapport de deux choses qui se font, qui sont arrivées dans le même temps.

SYNCOPE, *s. f.* défaillance, pâmoison; retranchement d'une lettre ou d'une syllabe au milieu d'un mot, *t. de gramm.*; note qui appartient à la fin d'un temps et au commencement d'un autre, *t. de mus.*

SYNCOPER, *v. n.* faire une syncope.

SYNDIC, *s. m.* chargé des affaires d'un corps, d'une communauté.

SYNDICAL, e, *adj.* qui appartient au syndicat.

SYNDICAT, *s. m.* charge de syndic.

SYNECDOCHE, ou *synecdoque*, *s. f.* figure de rhét. par laquelle on fait entendre le plus en disant le moins, ou le moins en disant le plus.

SYNÉRÈSE, *s. f.* réunion de deux syllabes en une seule dans le même mot.

SYNODAL, E, *adj.* qui appartient au synode.

SYNODALEMENT, *adv.* en synode.

SYNODE, *s. m.* assemblée d'ecclésiastiques convoquée pour les affaires d'un diocèse; assemblée des ministres protestants.

SYNODIQUE, *adj. 2 g.* lettres —, écrites au nom des conciles, aux évêques absents; *mois* —, temps qui s'écoule entre deux lunes nouvelles.

SYNONYME, *s. m. et adj. 2 g.* se dit des mots qui ont une signification à peu près semblable.

SYNONYMIE, *s. f.* qualité des mots synonymes; figure qui exprime la même chose par des mots synonymes.

SYNONYMIQUE, *adj. 2 g.* qui appartient à la synonymie.

SYNOPTIQUE, *adj. 2 g.* qui s'offre d'un même coup d'œil.

SYNTAXE, *s. f.* construction des mots et des phrases suivant les règles; ces règles; le livre qui les contient.

SYNTHÈSE, *s. f.* méthode de composition, de raisonnement en allant des causes aux effets, des principes aux conséquences; composition de remèdes; — ou *synthétisme*, *s. m.* réunion des parties divisées, *t. de chir.*; contraction, *t. de gramm.*

SYNTHÉTIQUE, *adj. 2 g.* qui appartient à la synthèse.

SYNTHÉTIQUEMENT, *adv.* d'une manière synthétique.

SYSTÉMATIQUE, *adj. 2 g.* basé sur un système, qui appartient au système; qui fait des systèmes.

SYSTÉMATIQUEMENT, *adv.* d'une manière systématique.

SYSTÉMATISER, *v. 1.* é, ée, *p.* réduire en système; —, *v. n.* se livrer à des systèmes.

SYSTÈME, *s. m.* assemblage de principes vrais ou faux, liés ensemble, formant un corps de doctrine; opinion, hypothèse; assemblage de corps ayant des rapports communs, *t. de phys.*; méthode artificielle, basée sur des principes fixes, *t. de bot. et de méd.*

T.

T, *s. m.* 19e consonne; 20e lettre de l'alphabet.

TA, *pr. poss. f.* de *ton*.

TABAC, *s. m.* plante originaire d'Amérique dont on mâche et on fume les feuilles, et dont on fait une poudre qu'on aspire par le nez.

TABAGIE, *s. f.* lieu public où l'on fume du tabac.

TABARIN, *s. m.* farceur qui monté sur des tréteaux, amuse le peuple.

TABARINAGE, *s. m.* action de tabarin, bouffonnerie.

TABATIÈRE, *s. f.* petite boite où l'on met du tabac en poudre.

TABELLION, *s. m.* notaire de village.

TABELLIONNAGE, *s. m.* office de tabellion.

TABELLIONNER, *v. a.* é, ée, *p.* grossoyer un acte, en délivrer copie.

TABERNACLE, *s. m.* tente où reposait l'arche d'alliance pendant le séjour des Juifs dans le désert; ouvrage d'orfévrerie, de menuiserie, etc., où l'on enferme le saint ciboire; lieu d'un navire où est la boussole.

TABIS, *s. m.* gros taffetas ondé.

TABISER, *v. a.* é, ée, *p.* rendre une étoffe ondée, à la manière des tabis.

TABLATURE, *s. f.* marques disposées sur des lignes pour indiquer le chant aux musiciens; *fig.* embarras, affaire fâcheuse.

TABLE, *s. f.* meuble ordinairement de bois, fait d'un ou

TAC   TAI   515

plusieurs ais et posé sur des pieds ; *par extens*., mets dont on la couvre ; morceau de métal, de pierre ou de marbre plat et uni sur lequel on peut graver ; index ; — *de logarithmes*, suite de calculs mathématiques pour diverses opérations.

TABLEAU, *s. m.* ouvrage de peinture sur une surface ; *fig.* représentation vive et naturelle d'une chose de vive voix ou par écrit ; liste, catalogue ; ouvrage à cadres, filets et accolades.

TABLETIER, ÈRE, *s.* celui, celle qui fait, qui vend des échiquiers, des trictracs, etc.

TABLETTE, *s. f.* planche de bois, plate et mince, pour poser quelque chose ; pierre plate qui termine les murs d'appui ; composition de sucre et de drogues, réduite en forme plate ; — *au pl.* feuilles préparées pour consigner des notes.

TABLETTERIE, *s. f.* ouvrage, commerce de tabletier.

TABLIER, *s. m.* morceau de toile, de taffetas, de cuir, que l'on porte devant soi pour préserver ses vêtements ; ornement sculpté sur la face d'un piédestal.

TABOURET, *s. m.* petit siége à quatre pieds sans bras ni dossier.

TABOURIN, *s. m.* machine tournante en quart de sphère qu'on pose à l'extrémité du tuyau d'une cheminée pour l'empêcher de fumer.

TAC, *s. m.* maladie contagieuse des moutons.

TACHE, *s. f.* souillure, marque ; *fig.* chose qui blesse l'honneur.

TÂCHE, *s. f.* ouvrage à faire dans un temps fixe ; travail imposé.

TACHÉ, ÉE, *adj.* marqué de taches.

TACHER, *v. a.* é, ée, *p.* salir, faire une tache.

TÂCHER, *v. n.* s'efforcer ; — à, viser à.

TACHETÉ, ÉE, *adj.* marquer d'un grand nombre de taches.

TACHETER, *v. a.* é, ée, *p.* marquer de diverses taches.

TACHYGRAPHE, *s. m.* celui qui s'occupe de tachygraphie.

TACHYGRAPHIE, *s. f.* art d'écrire aussi vite que l'on parle.

TACHYGRAPHIQUE, *adj.* 2 g. qui appartient à la tachygraphie.

TACHYGRAPHIQUEMENT, *adv.* au moyen de la tachygraphie.

TACITE, *adj.* 2 g. sous-entendu, secret.

TACITEMENT, *adv.* d'une manière tacite.

TACITURNE, *adj.* 2 g. qui parle peu.

TACITURNITÉ, *s. f.* état d'une personne taciturne.

TACT, *s. m.* sens par lequel on perçoit les sensations de dureté, de chaleur, d'humidité, etc. ; *fig.* goût fin, jugement sain.

TAC-TAC, *s. m.* mot imitatif qui indique un bruit réglé.

TACTICIEN, *s. m.* celui qui est habile dans la tactique.

TACTILE, *adj.* 2 g. qui est ou qui peut être l'objet du tact.

TACTIQUE, *s. f.* art de faire des évolutions militaires, etc. ; *fig.* système de conduite.

TADORNE, *s. m.* espèce de canard.

TAFFETAS, *s. m.* étoffe de soie mince et tissue comme la toile.

TAFIA, *s. m.* eau-de-vie de sucre.

TAIAUT, *exclam.* cri du chasseur pour animer les chiens à l'aspect du gibier.

TAIE, *s. f.* tache blanche formée sur l'œil ; — *ou tét*, *s. m.* linge qui sert d'enveloppe à un oreiller.

TAILLABLE, (*ll* m.) *adj.* 2 g. sujet à la taille.

TAILLADE, (*ll* m.) *s. f.* coupure dans les chairs, dans une étoffe ; fracture du crâne par un instrument tranchant.

TAILLADER, (*ll* m.) *v. a.* é, ée, *p.* faire des taillades.

TAILLANDERIE, (*ll* m.) *s. f.* métier ou ouvrage de taillandier.

TAILLANDIER, (*ll* m.) *s. m.* ouvrier qui fait des outils pour les charpentiers, charrons, laboureurs, etc.

TAILLANT, (ll m.) s. m. tranchant d'une lame.

TAILLE, (ll m.) s. f. manière de couper, de tailler; extraction des pierres de la vessie; stature; celle des quatre parties qui est entre la basse et la haute-contre, t. de mus.; musicien qui a une voix de taille, t. de mus.; bois coupé qui repousse; ancien impôt.

TAILLE-DOUCE, s. f. (au pl. tailles-douces) gravure au burin sur une planche en cuivre.

TAILLE-MÈCHE, s. m. instrument de cirier pour couper les mèches (au pl. taille-mèches).

TAILLER, (ll m.) v. a. é, ée, p. couper, retrancher en coupant; faire l'opération de la taille.

TAILLETTE, (ll m.) s. f. espèce d'ardoise.

TAILLEUR, (ll m.) s. m. celui qui taille; tailleur d'habits.

TAILLIS, (ll m.) s. m. bois qu'on taille de temps en temps.

TAILLOIR, (ll m.) s. m. plateau de bois sur lequel on coupe des viandes; partie supérieure du chapiteau des colonnes, sur laquelle pose l'architrave.

TAILLON, (ll m.) s. m. impôt de deniers.

TAILLURE, (ll m.) s. f. broderies découpées qui s'appliquent sur un fond d'étoffe.

TAIN, s. m. lame d'étain fort mince qu'on met derrière les glaces.

TAIRE, v. a. et irr. (ind. pr. je tais, tu tais, il tait; n. taisons, v. taisez, ils taisent; imp. je taisais, etc., n. taisions, etc.; p. d. je tus, etc., n. tûmes, etc.; fut. je tairai, etc., n. tairons, etc.; cond. je tairais, etc., n. tairions, etc.; impér. tais, taisons, taisez; subj. pr. q. je taise, etc., q. n. taisions, etc.; imp. subj. q. je tusse, etc., q. n. tussions, etc.; p. pr. taisant; p. p. tu, tue) garder le secret sur une chose; —, v. n. n'est usité qu'avec faire; se —, v. pr.

garder le silence; ne point faire de bruit.

TAISSON, s. m. blaireau.

TALAPOIN, s. m. prêtre idolâtre de Siam, du Pégu; espèce de singe.

TALC, s. m. pierre onctueuse au toucher, transparente, incombustible, composée de parties à peu près égales de silice et de magnésie, et d'un vingtième d'alumine.

TALED, s. m. voile dont les Juifs se couvrent la tête dans les synagogues.

TALENT, s. m. certain poids d'or ou d'argent chez les anciens.

TALENT, s. m. aptitude naturelle à certaines choses.

TALION, s. m. punition pareille à l'offense.

TALISMAN, s. m. pièce de métal chargée de caractères auxquels la crédulité attribue des vertus extraordinaires.

TALISMANIQUE, adj. 2 g. qui appartient au talisman.

TALLE, s. f. branche qu'un arbre pousse à son pied.

TALLER, v. a. é, ée, p. pousser des talles.

TALLIPOT, s. m. arbre des Indes de la famille des palmiers.

TALMOUSE, s. f. pâtisserie de fromage, d'œufs et de beurre.

TALMUD, s. m. livre qui contient la loi orale, la doctrine, les traditions des Juifs.

TALMUDISTE, s. m. celui qui est attaché aux opinions du Talmud.

TALOCHE, s. f. coup donné sur la tête avec la main.

TALON, s. m. partie postérieure du pied; partie de la chaussure où pose le talon; ce qui a la forme d'un talon; extrémité, reste d'une chose; bout; base de certaines choses; éperon, t. de manège; fer qui garnit le bas d'une pique, etc.; ce qui reste de cartes quand on en a donné à chaque joueur; montrer les talons, s'enfuir.

TALONNER, v. a. é, ée, p. poursuivre de près.

TALONNETTE, s. f. morceau

mis au talon d'un bas pour le renforcer.

TALONNIER, s. m. ouvrier qui fait des talons de bois.

TALONNIÈRE, s. f. ailes aux talons de Mercure.

TALUS, s. m. pente donnée à un mur, à une terrasse.

TALUTER, v. a. é, ée, p. mettre en talus.

TAMANOIR, s. m. ou *grand tamandua*, espèce de singe.

TAMARIN, s. m. fruit du tamarinier; espèce de singe.

TAMARINIER, s. m. arbre des deux Indes, à fleurs rosacées.

TAMARISE, ou *Tamarisc*, s. m. arbuste d'Europe.

TAMBOUR, s. m. caisse cylindrique dont les deux fonds sont des peaux tendues, sur l'une desquelles on frappe avec des baguettes; celui qui bat du tambour; avance de menuiserie; saillie de maçonnerie; petite boîte ronde qui renferme le grand ressort d'une montre; — *de basque*, petit tambour à un seul fond, entouré de plaques de cuivre et de grelots; membrane qui sépare l'oreille interne d'avec l'externe, t. d'anat.; toile pour exécuter à l'aiguille différentes broderies.

TAMBOURIN, s. m. long tambour; celui qui en joue.

TAMBOURINER, v. n. battre le tambour; — v. a. é, ée, p. réclamer, au bruit du tambour, un effet perdu.

TAMBOURINEUR, s. m. celui qui tambourine.

TAMIS, s. m. machine qui sert à passer des matières pulvérisées ou des liqueurs épaisses.

TAMISER, v. a. é, ée, p. passer par le tamis.

TAMPON, s. m. morceau de bois, de linge, de papier, servant à boucher un tuyau, etc.

TAMPONNER, v. a. é, ée, p. boucher avec un tampon.

TAM-TAM, s. m. timbale de l'Orient.

TAN, s. m. écorce de chêne pilée avec laquelle on tanne les cuirs.

TANCER, v. a. é, ée, p. réprimander.

TANCHE, s. f. espèce de poisson d'eau douce.

TANDIS QUE, conj. pendant que.

TANE, s. f. écorce de chêne.

TANGAGE, s. m. balancement d'un vaisseau de l'arrière à l'avant, et de l'avant à l'arrière.

TANGENTE, s. f. ligne droite qui touche une courbe, t. de géom.

TANGIBLE, adj. 2 g. qu'on peut toucher.

TANGUE DE MER, s. f. sable marin.

TANGUER, v. n. se dit d'un vaisseau qui éprouve le tangage, ou qui enfonce dans l'eau par son avant.

TANGUEUR, s. m. navire qui tangue.

TANIÈRE, s. f. cavité où les bêtes se retirent.

TANIN, s. m. substance particulière, résidu du tan lessivé.

TANJET, s. m. sorte de mousseline des Indes.

TANNAGE, s. m. art, action de tanner les cuirs.

TANNE, s. f. petite tache noire qui se forme dans les pores de la peau.

TANNER, v. a. é, ée, p. préparer le cuir avec le tan; *fam.* ennuyer, molester; au part. p. qui est de couleur semblable à celle du tan.

TANNERIE, s. f. lieu où l'on tanne.

TANNEUR, s. m. celui qui tanne.

TANT, adv. de quantité, de comparaison; à tel point, en grand nombre; — *que*, aussi bien, aussi long-temps que; *si tant est que*, supposé que.

TANTE, s. f. sœur du père ou de la mère; femme de l'oncle; *grand* —, sœur de l'aïeul ou de l'aïeule.

TANTET, ou *tantinet*, s. m. un peu.

TANTÔT, adv. de temps, dans peu de temps, il y a peu de temps; alternativement.

TAON, *s. m.* grosse mouche, pourvue d'une trompe dure propre à percer la peau des animaux.

TAPABOR, *s. m.* sorte de bonnet dont les bords se rabattent.

TAPAGE, *s. m.* désordre accompagné d'un grand bruit.

TAPAGEUR, *s. m.* celui qui fait du tapage.

TAPE, *s. f.* coup de la main.

TAPECU, *s. m.* bascule qui ferme l'entrée d'une barrière; le jeu de la bascule; cabriolet non suspendu.

TAPER, *v. a.* é, ée, *p.* donner une tape; *poires tapées*, aplaties et séchées au four.

TAPINOIS (en) *adv.* en cachette.

TAPIOCA, *s. m.* fécule, suc salutaire de manioc.

TAPIR (se), *v. pr.* se cacher en se tenant dans une posture contrainte.

TAPIR, *s. m.* quadrupède mammifère d'Amérique, de la grosseur du bœuf; il ressemble au cochon, vit en domesticité et sert de nourriture.

TAPIS, *s. m.* pièce d'étoffe dont on couvre une table, une estrade, un plancher, etc.

TAPISSER, *v. a.* é, ée, *p.* orner de tapisseries les murs d'une chambre; *fig.* joncher, couvrir.

TAPISSERIE, *s. f.* ouvrage fait à l'aiguille ou au métier sur du canevas.

TAPISSIER, *s. m.* ouvrier qui travaille en tapisserie.

TAPISSIÈRE, *s. f.* femme d'un tapissier, ouvrière en tapisserie; sorte de voiture de tapissier.

TAPON, *s. m.* étoffe, linge, soie, etc., mis en tas, *fam.*

TAPOTER, *v. a.* é, ée, *p.* donner de petits coups à plusieurs reprises.

TAPURE, *s. f.* frisure de cheveux tapés avec le peigne.

TAQUET, *s. m.* crochet, *t. de mar.*

TAQUIN, E, *adj. et s.* mutin, contrariant.

TAQUINEMENT, *adv.* d'une manière taquine.

TAQUINER, *v. a.* é, ée, *p.* avoir l'habitude de contrarier sur de petits objets.

TAQUINERIE, *s. f.* ce qui taquine; caractère mutin, *fam.*

TARABUSTER, *v. a.* é, ée, *p.* fatiguer par des discours à contre-temps.

TARARE, *s. m.* machine pour vanner et nettoyer le grain.

TARARE, *interj.* qui marque le peu de cas qu'on fait de...

TARAUD, *s. m.* pièce d'acier à vis qui sert à faire des écroux.

TARAUDER, *v. a.* é, ée, *p.* percer une pièce de bois ou de métal, de manière qu'elle puisse recevoir une vis.

TARBES, chef-lieu du département des Hautes-Pyrénées.

TARD, *adv.* de temps, au-delà du temps prescrit, vers la fin du jour.

TARDER, *v. n.* différer; *v. imp.* être impatient.

TARDIF, IVE, *adj.* qui vient tard; lent.

TARDIGRADES, *s. m. pl.* ordre de mammifères sans incisives, et dont les doigts sont réunis jusqu'aux ongles.

TARDIVEMENT, *adv.* d'une manière tardive.

TARDIVETÉ, *s. f.* lenteur à mûrir.

TARE, *s. f.* déchet, diminution dans la quantité ou la qualité des marchandises; poids des barils, pots, etc.; vice, défaut.

TARÉ, ÉE, *adj.* gâté, corrompu; qui a très-mauvaise réputation.

TARENTISME, *s. m.* maladie chronique et endémique dans la Pouille, qui cause un désir extrême de danser au son des instruments.

TARENTULE, *s. f.* grosse araignée, non venimeuse, commune dans la Barbarie et l'Italie.

TARER, *v. a.* é, ée, *p.* causer du déchet; peser un vase avant de le remplir.

TARET, *s. m.* genre de testacés.

TARGETTE, s. f. plaque de fer ou de cuivre qui sert à fermer les portes, les fenêtres, etc.

TARGUER (se), v. pr. se prévaloir avec ostentation.

TARGUM, s. m. commentaire chaldaïque du texte hébreu de l'ancien Testament.

TARIER, s. m. oiseau, grand traquet.

TARIÈRE, s. f. outil pour faire des trous ronds dans le bois; tire-balle; tire-fond.

TARIF, s. m. rôle qui marque les prix des denrées, les droits d'entrée, etc., le prix, la valeur de certains objets.

TARIFER, v. a. é, ée, p. réduire à un tarif.

TARIN, s. m. petit oiseau de passage.

TARIR, v. a. i, ie, p. mettre à sec; v. n. s'épuiser.

TARISSABLE, adj. 2 g. qui peut se tarir.

TARISSEMENT, s. m. dessèchement.

TARN (le), rivière qui a sa source dans le département de la Lozère, et se réunit à la Garonne, dans le département de Tarn-et-Garonne; il donne son nom à deux départements, savoir: 1° *Tarn*, formé du Haut-Languedoc, borné au N.-E. par l'Aveyron; au S.-E. par l'Hérault; au S. par l'Aude; au S.-O. par la Haute-Garonne; au N.-O. par Tarn-et-Garonne; 2° *Tarn-et-Garonne*, borné au N. par le Lot; à l'E. par l'Aveyron et le Tarn; au S. par la Haute-Garonne; à l'O. par le Gers et Lot-et-Garonne.

TAROTÉ, ÉE, adj. se dit des cartes à jouer imprimées sur le dos, de grisaille en compartiments.

TAROTS, s. m. pl. cartes tarotées.

TAROUPE, s. f. espace entre les sourcils; poils qui y croissent.

TARSE, s. m. partie du pied avant les doigts; petit cartilage mince placé le long du bord de chaque paupière; jambes des quadrupèdes, des oiseaux.

TARTAN, s. m. sorte d'étoffe de laine commune chez les Écossais.

TARTANE, s. f. petit bâtiment en usage dans la Méditerranée.

TARTARE, s. m. l'enfer des anciens; sorte de valet; habitant de la Tartarie; — adj. 2 g. de la Tartarie.

TARTAREUX, EUSE, adj. qui a la qualité du tartre.

TARTARIQUE, ou *tartrique*, adj. 2 g. extrait du tartre.

TARTE, s. f. sorte de pâtisserie.

TARTELETTE, s. f. petite tarte.

TARTINE, s. f. tranche de pain recouverte de beurre, etc.

TARTRATE, s. m. nom générique des sels formés par la combinaison de l'acide tartarique avec les bases.

TARTRE, s. m. tartrate acide de potasse; concrétion que dépose le vin dans les tonneaux après la fermentation; concrétion pierreuse autour des dents.

TARTUFE, s. m. faux dévot; hypocrite.

TARTUFERIE, s. f. action d'un tartufe.

TARTUFIER, v. n. avoir les manières d'un tartufe.

TAS, s. m. monceau, amas.

TASSE, s. f. vase à boire; ce qu'il contient.

TASSEAU, s. m. petit morceau de bois qui sert à soutenir une tablette.

TASSER, v. a. é, ée, p. mettre des choses en tas; se resserrer, s'affaisser; — v. n. croître, multiplier, t. de jard.

TÂTEMENT, s. m. action de tâter.

TÂTER, v. a. é, ée, p. manier doucement une chose; essayer; éprouver; — v. n. goûter pour essai; se —, v. pr. s'examiner.

TÂTEUR, EUSE, s. irrésolu.

TÂTE-VIN, s. m. instrument pour tirer le vin par le bondon.

TATILLON, E, (ll m.) s. qui tatillonne.

TATILLONAGE, (*ll m.*) *s. m.* action de tatilloner.

TATILLONER, (*ll m.*) *v. n.* entrer inutilement dans les plus petits détails.

TÂTONNEMENT, *s. m.* action de tâtonner.

TÂTONNER, *v. n.* chercher dans l'obscurité, en tâtant; *fig.* hésiter.

TÂTONNEUR, EUSE, *s.* celui, celle qui tâtonne, *fig. et fam.*

TÂTONS (à), *adv.* en tâtonnant; *fig.* avec incertitude.

TATOU, *s. m.* genre de mammifères édentés qui ont le corps couvert de bandes écailleuses.

TATOUAGE, *s. m.* action de tatouer.

TATOUER, *v. a.* é, ée, *p.* barioler le corps de diverses couleurs imprégnées dans des piqûres.

TAUDIS, ou *taudion*, *s. m.* logement en mauvais état.

TAUPE, *s. f.* genre de petits quadrupèdes plantigrades insectivores, vivant sous terre.

TAUPE-GRILLON, *s. m.* ou *courtillière*, *s. f.* insecte qui vit sous terre.

TAUPIER, *s. m.* preneur de taupes.

TAUPIÈRE, *s. f.* piège pour prendre les taupes.

TAUPIN, *s. m.* genre d'insectes coléoptères; —, *s. m. pl.* milice française sous Charles VII.

TAUPINÉE, ou *taupinière*, *s. f.* trou que fait la taupe, ou monceau de terre qu'elle élève en fouillant.

TAURE, *s. f.* génisse.

TAUREAU, *s. m.* quadrupède bisulce, mâle de la vache; un des douze signes du zodiaque.

TAUTOLOGIE, *s. f.* répétition inutile d'une même idée en termes différents.

TAUTOLOGIQUE, *adj.* 2 g. qui a rapport à la tautologie.

TAUTOMÉTRIE, *s. f.* répétition exacte et servile des mêmes mesures en poésie.

TAUX, *s. m.* prix établi pour la vente des denrées; somme à laquelle on est taxé.

TAVAÏOLLE, *s. f.* linge garni de dentelles, *t. d'église*.

TAVELER, *v. a.* é, ée, *p.* moucheter, tacheter.

TAVELURE, *s. f.* bigarrure d'une peau tavelée.

TAVERNE, *s. f.* cabaret.

TAVERNIER, ÈRE, *s.* qui tient taverne.

TAXATEUR, *s. m.* commis de la poste qui taxe les lettres et les paquets; celui qui fait la taxe des frais judiciaires.

TAXATION, *s. f.* action de taxer; droits des gens de finance.

TAXE, *s. f.* règlement de prix fait par l'autorité publique; imposition des deniers; — *de dépens*, règlement fait en justice des frais d'un procès.

TAXER, *v. a.* é, ée, *p.* régler le prix des denrées; accuser.

TE, *pron. pers.* tol.

TE DEUM, *s. m.* cantique religieux en actions de grâce.

TECHNIQUE, *adj.* 2 g. mot —, consacré aux arts; *vers* —, qui rappellent en peu de mots beaucoup de faits.

TECHNOLOGIE, *s. f.* traité des arts; explication des termes des arts.

TECHNOLOGIQUE, *adj.* 2 g. qui appartient à la technologie.

TÉGUMENT, *s. m.* ce qui sert à couvrir, *t. d'anat.*; enveloppe immédiate de l'amande d'une graine.

TEIGNASSE, *s. f.* tignasse.

TEIGNE, *s. f.* dartre qui vient à la tête de l'homme et à l'écorce des arbres; insecte qui ronge les étoffes; *au pl.* maladie des pieds des chevaux.

TEIGNERIE, *s. f.* hôpital de teigneux.

TEIGNEUX, EUSE, *s. et adj.* qui a la teigne.

TEILLE, (*ll m.*) *s. f.* écorce du chanvre.

TEILLER, *voy.* TILLER.

TEINDRE, *v. a. et irr.* (je teins, tu teins, il teint; n. teignons, v. teignez, ils teignent; imp. je teignais, etc., n. teignions, etc.; p. déf. je teignis, etc., n. teignîmes, etc.; fut. je teindrai, etc., n. teindrons, etc.; cond. je teindrais, etc., h. teindrions, etc.; impér. teins, teignons, teignez; subj. pr. q. je teigne, etc., q. n. teignions, etc.; imp. subj. q. je teignisse, etc., q. n. teignissions, etc.; p. pr. teignant; p. p. teint, e) faire prendre à un corps une couleur différente de celle qu'il avait; colorer; se —, v. pr. prendre, recevoir une teinture.

TEINT, s. m. manière de teindre; coloris du visage.

TEINTE, s. f. degré de force de couleurs.

TEINTURE, s. f. liqueur préparée pour teindre; art, manière de teindre; fig. légère connaissance de quelque science.

TEINTURERIE, s. f. art ou atelier de teinturier.

TEINTURIER, ÈRE, s. celui, celle qui exerce l'art de teindre.

TEL, s. m. quelqu'un indéterminément

TEL, LLE, adj. pareil, semblable, si grand; de telle nature, de telle qualité; tel quel, de peu de valeur.

TÉLÉGRAPHE, s. m. machine qui sert à communiquer par des signaux à des distances éloignées.

TÉLÉGRAPHIE, s. f. art de correspondre au moyen du télégraphe.

TÉLÉGRAPHIQUE, adj. 2 g. qui appartient au télégraphe.

TÉLESCOPE, s. m. instrument d'astronomie qui grossit et rapproche les objets.

TELLEMENT, adv. de telle sorte, si fort; tellement quellement, d'une manière telle quelle.

TÉMÉRAIRE, adj. 2 g. hardi avec imprudence; non fondé.

TÉMÉRAIREMENT, adv. d'une manière téméraire.

TÉMÉRITÉ, s. f. hardiesse, imprudence.

TÉMOIGNAGE, s. m. rapport d'un ou de plusieurs témoins sur un fait; preuve; marque.

TÉMOIGNER, v. a. é, ée, p. marquer, faire paraître; — v. n. servir de témoin.

TÉMOIN, s. m. celui, celle qui dépose, ou qui est choisi pour déposer de ce qu'il a vu et entendu; marque, monument.

TEMPE, s. f. partie latérale de la tête entre l'oreille et le front.

TEMPÉRAMENT, s. m. constitution particulière du corps propre à chaque individu; caractère; adoucissement; accommodement.

TEMPÉRANCE, s. f. vertu qui règle les passions, les désirs sensuels.

TEMPÉRANT, E, s. et adj. qui a de la tempérance; —, s. m. médicament qui modère l'excès du mouvement du sang.

TEMPÉRATURE, s. f. disposition de l'air.

TEMPÉRÉ, ÉE, adj. modéré.

TEMPÉRER, v. a. é, ée, p. modérer.

TEMPÊTE, s. f. vent impétueux, violent orage sur mer; fig. trouble, désordre.

TEMPÊTER, v. n. faire bien du bruit.

TEMPÊTUEUX, EUSE, adj. sujet aux tempêtes.

TEMPLE, s. m. édifice consacré à la Divinité.

TEMPLIER, s. m. chevalier d'un ancien ordre religieux et militaire.

TEMPORAIRE, adj. 2 g. qui n'est que pour un temps.

TEMPORAIREMENT, adv. pour un temps.

TEMPORAL, E, adj. qui a rapport au temps, ou aux tempes.

TEMPORALITÉ, s. f. juridiction du domaine temporel d'un évêché.

TEMPOREL, LLE, adj. qui passe avec le temps; séculier.

TEMPORELLEMENT, adv. durant un temps.

TEMPORISATION, s. f. et temporisement, s. m. action de temporiser.

TEMPORISER, v. n. différer; gagner du temps.

TEMPORISEUR, s. m. celui qui temporise.

TEMPS, *s. m.* succession de moments, mesure de durée, loisir ; saison propre à chaque chose ; terme, moment précis ; les âges, les siècles ; circonstances, état des choses ; disposition de l'air ; division d'une action en plusieurs moments ; différentes inflexions qui marquent dans les verbes le temps où se passe l'action dont on parle, *t. de gramm.* ; *à —,* dans le temps prescrit ; *de en —,* de fois à autre ; *de tout —,* toujours.

TENABLE, *adj. 2 g.* ne s'emploie guère qu'avec la négative ; *cette ville, cette place n'est pas —,* on ne peut la défendre, la conserver.

TENACE, *adj. 2 g.* visqueux, qui s'attache fortement à ce qu'il touche ; avare, opiniâtre.

TÉNACITÉ, *s. f.* qualité de ce qui est tenace.

TENAILLE, (*ll m.*) *s. f.* instrument de fer avec lequel on saisit, on arrache ; ouvrage de fortification.

TENAILLER, (*ll m.*) *v. a.* é, ée, *p.* arracher, déchirer avec des tenailles.

TENANCIER, ÈRE, *s.* celui qui tient des terres dépendant d'un fief ; propriétaire.

TENANT, *s. m.* celui qui défend une personne, une opinion ; *fig.* les tenants et les aboutissants, les limites.

TÉNARE, *s. m.* les enfers.

TENDANCE, *s. f.* action de tendre vers ; disposition de l'ame vers.

TENDANT, E, *adj.* qui tend à.... qui est dirigé vers.

TENDOIRES, *s. f. pl.* longues perches pour étendre des étoffes.

TENDON, *s. m.* extrémité d'un muscle qui forme un cordon blanchâtre.

TENDRE, *adj. 2 g.* qui peut être aisément coupé ; nouvellement cuit ; sensible ; délicat ; *fig.* touchant, gracieux, —, *s. m.* tendresse.

TENDRE, *v. a.* u, ue, *p.* roi- dir, dresser, étendre ; tapisser ; présenter, offrir ; —, *v. n.* aboutir vers ; avoir en vue.

TENDREMENT, *adv.* avec tendresse.

TENDRESSE, *s. f.* sentiment d'affection, sensibilité ; *au pl.* marques d'affection.

TENDRETÉ, *s. f.* qualité de ce qui est tendre ; se dit des viandes, des fruits et des légumes.

TENDRON, *s. m.* bourgeon, rejeton ; *jeune —,* jeune fille, *fam.* ; cartilages à l'extrémité des os de la poitrine de quelques animaux ; *— de l'oreille,* partie cartilagineuse de l'oreille externe.

TENDU, UE, *adj.* tiré de toutes parts ; *esprit —,* appliqué ; *style —,* pénible.

TÉNÈBRES, *s. f. pl.* privation de lumière, obscurité ; office de la semaine sainte.

TÉNÉBREUX, EUSE, *adj.* obscur, plein de ténèbres.

TENEUR, *s. f.* contenu d'un écrit.

TENEUR DE LIVRES, *s. m.* commis chargé chez le marchand d'écrire ce qui s'y vend et s'y achète, etc.

TÉNIA, *s. m.* ver solitaire, genre de vers intestinaux plats et très-longs.

TENIR, *v. a. irr.* (*ind. pr.* je tiens, tu tiens, il tient ; *n.* tenons, *v.* tenez, ils tiennent ; *imp.* je tenais, etc., *n.* tenions, etc. ; *p. déf.* je tins, etc., *n.* tînmes, etc. ; *fut.* je tiendrai, etc., *n.* tiendrons, etc. ; *cond.* je tiendrais, etc., *n.* tiendrions, etc. ; *impér.* tiens, tenons, tenez ; *subj. pr. q.* je tienne, etc., *q. n.* tenions, etc. ; *imp. q.* je tinsse, etc., *q. n.* tinssions, etc. ; *p. pr.* tenant ; *p. p.* tenu, ue ;) avoir à la main, entre les mains, posséder, occuper, contenir, garder, retenir, arrêter, fixer, diriger, estimer, croire, tenir de, avoir apporté de naissance, recevoir ; —, *v. n.* durer, subsister, résister, appartenir, être attaché à ; *— de,* avoir de la ressemblance, du rapport ; *se —,* *v. pr.* demeurer en certains lieux, s'attacher, s'arrêter à ;— *v. imp.* (ne se dit que dans le sens négatif ou interrogatif) il ne tient qu'à, à quoi tient-il que? *qu'à cela ne tienne*, peu importe.

TENON, *s. m.* bout d'une pièce de bois qui entre dans une mortaise.

TÉNOR, *s. m.* voix moyenne entre la haute-contre et la basse-taille ; celui qui a cette voix, *t. de mus.*

TENSIF, **IVE**, *adj.* accompagné de tension.

TENSION, *s. f.* état de ce qui est tendu ; *fig.* grande application d'esprit.

TENTANT, **E**, *adj.* qui tente.

TENTATEUR, **TRICE**, *s. et adj.* celui, celle qui tente, qui cherche à séduire.

TENTATION, *s. f.* mouvement intérieur qui porte au mal ; envie, désir de....

TENTATIVE, *s. f.* action par laquelle on essaie de.....

TENTE, *s. f.* pavillon en toile où les soldats se mettent à couvert ; petit rouleau de charpie mis dans les plaies.

TENTER, *v. a.* é, ée, *p.* solliciter au mal, donner envie ; éprouver, hasarder ;—, *v. n.* essayer.

TENTURE, *s. f.* étoffe, papier tendu ou à tendre sur les murs d'un appartement.

TENU, **UE**, *adj.* entretenu, soigné ; assujetti ; contraint.

TÉNU, **UE**, *adj.* fort délié.

TENUE, *s. f.* durée d'une assemblée ; contenance, maintien ; manière de tenir la plume en écrivant ; continuation d'un même ton pendant quelques mesures, *t. de mus.* ; — *des livres*, travail du teneur de livres, connaissances nécessaires pour cet objet ; *tout d'une tenue*, sans interruption.

TÉNUITÉ, *s. f.* qualité d'une chose ténue ; exiguité.

TERCER, ou *terser*, *v. a.* é, ée, *p.* donner un troisième labour aux vignes.

TERCET, *s. m.* espèce de couplet à trois vers.

TÉRÉBENTHINE, *s. f.* résine qu'on tire de plusieurs arbres.

TÉRÉBINTHACÉES, *s. f. pl.* famille de plantes dicotylédones, polypétales, à étamines périgynes.

TÉRÉBINTHE, *s. m.* espèce de pistachier.

TÉRÉBRATION, *s. f.* action de percer un arbre pour en tirer la résine.

TERGIVERSATEUR, *s. m.* qui tergiverse.

TERGIVERSATION, *s. f.* action de tergiverser.

TERGIVERSER, *v. n.* chercher des détours.

TERME, *s. m.* fin, borne, par rapport au temps et au lieu ; statue qui servait de limite chez les Romains ; limite, en général ; mot, diction, sujet ou attribut d'une proposition ; mot particulier à un art, à une science.

TERMINAISON, *s. f.* désinence d'un mot.

TERMINAL, **E**, *adj.* qui occupe le sommet d'une partie, qui la termine, *t. de bot.*

TERMINER, *v. a.* é, ée, *p.* borner, achever, finir ; se —, *v. pr.* s'achever, se finir ; *en parlant des mots*, avoir une certaine désinence.

TERNAIRE, *adj.* 2 g. se dit du nombre de trois.

TERNE, *adj.* 2 g. qui n'a pas ou qui a peu d'éclat ; —, *s. m.* trois numéros pris ou sortis ensemble à la loterie ; —, *s. m. pl.* au trictrac, deux trois amenés du même coup.

TERNÉS, **ÉES**, *adj. pl.* trois à trois sur un pétiole commun, *t. de bot.*

TERNIR, *v. a.* 1, ie, *p.* ôter le lustre, l'éclat, la couleur.

TERNISSURE, *s. f.* état de ce qui est terni.

TEROULLE, *s. f.* terre légère et noirâtre, qui indique les mines de charbon de terre.

TERPSICHORE, *s. f.* muse qui préside à la danse.

TERRAIN, ou *terrein*, *s. m.* espace de terre ; terre.

TERRAL, *s. m.* vent de terre, *t. de mar.*

TERRAQUÉ, ÉE, *adj.* composé de terre et d'eau.

TERRASSE, *s. f.* levée de terre ; ouvrage en forme de balcon, de plate-forme.

TERRASSER, *v. a.* é, ée, *p.* mettre un amas de terre derrière un mur pour le fortifier ; jeter par terre en luttant ; *fig.* consterner, convaincre.

TERRASSIER, *s. m.* ouvrier qui remue et transporte des terres.

TERRE, *s. f.* globe terrestre ; tout composé de terre et d'eau ; partie de la terre considérée par rapport à sa nature ; étendue d'un pays, domaine ; *fig.* les habitants de la terre ; — *ferme*, le continent.

TERREAU, *s. m.* terre mêlée de fumier pourri ; terre végétale.

TERRE-NEUVIER, *s. m.* celui qui pêche des morues sur le banc de Terre-Neuve ; vaisseau qui sert à cette pêche.

TERRE-PLEIN, *s. m.* (au pl. *terre-pleins*) surface plate et unie d'un amas de terre élevée, *t. de fortif.*

TERRER, *v. a.* é, ée, *p.* couvrir de terre, *t. de raffineur ; — une étoffe*, l'enduire de terre à foulon.

TERRER, *v. n.* et *se —*, *v. pr.* se cacher sous terre ; se mettre à couvert du feu de l'ennemi par des jetées de terre.

TERRE-SAINTE (la), Judée.

TERRESTRE, *adj.* 2 g. qui appartient à la terre ; opposé à spirituel.

TERREUR, *s. f.* grande crainte ; règne des excès révolutionnaires en France en 1793 et 1794.

TERREUX, EUSE, *adj.* mêlé de terre.

TERRIBLE, *adj.* 2 g. qui répand la terreur ; *fig.* étonnant, étrange.

TERRIBLEMENT, *adv.* d'une manière terrible ; excessivement.

TERRIEN, NNE, *s.* celui, celle qui possède une grande étendue de terre.

TERRIER, *s. et adj. m.* registre des héritages situés dans l'étendue d'un fief ; trou où se retirent certains animaux.

TERRIFIER, *v. a.* é, ée, *p.* remplir de terreur, épouvanter.

TERRINE, *s. f.* vase de terre en forme de cône tronqué.

TERRINÉE, *s. f.* plein une terrine.

TERRIR, *v. n.* se dit des tortues qui viennent à terre pour pondre ; prendre terre, *t. de mar.*

TERRITOIRE, *s. m.* l'espace de terre qui dépend d'une juridiction.

TERROIR, *s. m.* terre considérée d'après ses qualités relatives à l'agriculture.

TERRORISME, *s. m.* système, régime de la terreur.

TERRORISTE, *s. m.* agent, partisan du terrorisme.

TERTRE, *s. m.* petite éminence.

TES, *pron. poss.* 2 g. pl. de *ton*.

TESSON, ou *têt*, *s. m.* morceau d'un pot cassé.

TESTACÉ, ÉE, *adj.* couvert d'écailles ; — *s. m. pl.* coquillages.

TESTAMENT, *s. m.* acte dans lequel on déclare ses dernières volontés ; *l'ancien et le nouveau —*, la Bible.

TESTAMENTAIRE, *adj.* 2 g. qui a rapport au testament.

TESTATEUR, TRICE, *s.* celui, celle qui fait son testament.

TESTER, *v. n.* faire son testament.

TESTIF, *s. m.* poil de chameau.

TESTIMONIAL, E, *adj.* qui annonce, qui rend témoignage.

TESTON, *s. m.* téton, ancienne monnaie d'argent.

TÊT, ou *test*, *s. m.* la substance la plus dure d'un coquillage ; surface écailleuse de la graine, *t. de bot.*

TÉTANOS, *s. m.* rigidité spasmodique de tout le corps, *t. de méd.*

TÉTARD, *s. m.* nymphe ou ver de la grenouille qui nage dans le frai dont il se nourrit.

TÈTE, *s. f.* partie de l'animal qui est le siège des organes des sens et qui tient au corps par le cou; *fig.* la vie, esprit, fantaisie.

TÊTE-À-TÊTE, *s. m.* entretien particulier de deux personnes; — *adv.* seul à seul.

TÊTE-CORNUE, *s. f.* plante.

TÉTER, *v. a.* é, ée, *p.* sucer le lait de la mamelle.

TÉTIÈRE, *s. f.* petite coiffe de toile qu'on met aux enfants nouveau-nés; partie de la bride qu'on met à la tête d'un cheval.

TÉTIN, *s. m.* bout de la mamelle de l'homme ou de la femme.

TÉTINE, *s. f.* pis de la vache ou de la truie considéré comme bon à manger; siphon renversé, évasé par un bout, destiné à tirer le lait des mamelles.

TÉTON, *s. m.* mamelle.

TÉTRACORDE, *s. m.* lyre à quatre cordes.

TÉTRADACTYLE, *adj.* se dit d'un oiseau qui a quatre doigts.

TÉTRADYNAMES, *adj. m. pl.* se dit des fleurs de l'ordre de la tétradynamie.

TÉTRADYNAMIE, *s. f.* classe de plantes qui ont quatre grandes étamines et deux courtes.

TÉTRAÈDRE, *s. m.* corps régulier, formé de quatre triangles équilatéraux, *t. de géom.*

TÉTRAGONE, *adj. 2 g.* qui a quatre angles et quatre côtés.

TÉTRAGYNIE, *s. f.* classe de plantes qui ont quatre pistils.

TÉTRANDRIE, *s. f.* classe de plantes qui ont quatre étamines.

TÉTRAPÉTALÉE, *adj. 2 g.* se dit des corolles à quatre pétales, *t. de bot.*

TÉTRAPHYLLE, *adj. 2 g.* composé de quatre folioles, *t. de bot.*

TÉTRAPTÈRE, *adj. 2 g.* genre d'insectes à quatre ailes.

TÉTRAS, *s. m.* oiseau, genre de gallinacées.

TÉTRASPERME, *adj. 2 g.* portant quatre graines, *t. de bot.*

TETTE, *s. f.* bout de la mamelle de la femelle des animaux.

TÊTU, UE, *adj.* obstiné.

TEUTONIQUE, *adj. 2 g.* qui appartient aux Teutons, aux Allemands.

TEXTE, *s. m.* les propres paroles d'un auteur; passage de l'Écriture qui fait le sujet d'un sermon; *gros —*, *petit —*, sortes de caractères d'imprimerie.

TEXTILE, *adj. 2 g.* qui peut être tiré en filets propres à faire un tissu.

TEXTUAIRE, *s. m.* livre où il n'y a que le texte sans commentaire; *au pl.* sectaires qui s'attachaient au texte des livres sacrés.

TEXTUEL, LLE, *adj.* qui est dans le texte, conforme au texte d'une loi, d'un acte.

TEXTURE, *s. f.* tissu, disposition des parties d'un ouvrage.

THALIE, *s. f.* une des trois Grâces; muse de la comédie.

THAUMATURGE, *s. m.* et *adj. 2 g.* qui fait des miracles.

THAUMATURGIE, *s. f.* science des miracles.

THÉ, *s. m.* arbrisseau de la Chine dont la feuille sert en infusion.

THÉATIN, E, *s.* religieux.

THÉÂTRAL, E, *adj.* qui concerne le théâtre.

THÉÂTRALEMENT, *adv.* d'une manière théâtrale.

THÉÂTRE, *s. m.* lieu où l'on représente des spectacles dramatiques; profession de comédien; *fig.* la poésie dramatique; recueil de pièces dramatiques; lieu où se passe un événement.

THÉBAÏDE, *s. f.* désert d'Égypte; *fig.* solitude profonde.

THÉIÈRE, *s. f.* vase pour faire infuser le thé.

THÉISME, *s. m.* croyance à l'existence de Dieu.

THÉISTE, *s. m.* celui qui reconnaît l'existence de Dieu.

THÈME, *s. m.* radical primitif d'un verbe, *t. de gramm.*; sujet, matière; ce qu'on donne à un écolier à traduire de sa langue en une langue étrangère; position des astres au moment de la naissance, *t. d'astron.*

THÉMIS, *s. f.* déesse de la justice.

THÉOCRATIE, *s. f.* gouvernement de Dieu.

THÉOCRATIQUE, *adj. 2 g.* qui appartient à la théocratie.

THÉODICÉE, *s. f.* justice de Dieu.

THÉOLOGAL, *s. m.* chanoine qui enseignait la philosophie; —, E, *adj.* qui a Dieu pour objet; *théologale, s. f.* charge de théologal.

THÉOLOGIE, *s. f.* science qui a Dieu pour objet, classe où on l'enseigne.

THÉOLOGIEN, *s. m.* celui qui sait ou qui enseigne la théologie.

THÉOLOGIQUE, *adj. 2 g.* qui concerne la théologie.

THÉOLOGIQUEMENT, *adv.* selon les principes théologiques.

THÉOPHILANTHROPE, *s. 2 g.* sectateur de la théophilanthropie.

THÉOPHILANTHROPIE, *s. f.* espèce de religion purement morale, qu'on a voulu établir en 1796.

THÉORBE, *s. m.* instrument de musique à cordes.

THÉORÈME, *s. m.* proposition d'une vérité spéculative, qu'on peut démontrer, *t. de math.*

THÉORICIEN, *s. m.* celui qui ne connaît que la théorie d'un art.

THÉORIE, *s. f.* partie spéculative d'une science; opposé à la pratique.

THÉORIQUE, *adj. 2 g.* qui appartient à la théorie.

THÉORIQUEMENT, *adv.* d'une manière théorique.

THÉRAPEUTES, *s. m. pl.* moines juifs qui menaient une vie contemplative et mortifiée.

THÉRAPEUTIQUE, *adj. 2 g.* qui a rapport aux thérapeutes; —, *s. f.* art de traiter et de guérir les maladies.

THÉRIACAL, E, *adj.* qui a la vertu de la thériaque.

THÉRIAQUE, *s. f.* électuaire très-composé, où il entre surtout de l'opium, des aromates et des stimulants.

THERMAL, E, *adj.* se dit des eaux minérales chaudes.

THERMES, *s. m. pl.* bains publics des anciens.

THERMIDOR, *s. m.* onzième mois de l'année républicaine, du 19 juillet au 17 août.

THERMOMÈTRE, *s. m.* instrument qui indique les degrés du froid et du chaud.

THERMOSCOPE, *s. m.* instrument pour connaître la température de l'air.

THÉSAURISER, *v. n.* amasser des trésors.

THÉSAURISEUR, EUSE, *s.* et *adj.* celui, celle qui thésaurise.

THÈSE, *s. f.* proposition, question dans le discours ordinaire; question de droit, de philosophie, etc., qu'on soutient publiquement dans les écoles; feuille imprimée qui contient des questions.

THIERS, chef-lieu d'arr. du dép. du Puy-de-Dôme.

THIONVILLE, chef-lieu d'arr. du dép. de la Moselle.

THLASPI, *s. m.* genre de crucifères.

THON, *s. m.* gros poisson de mer.

THONAIRE, *s. m.* filet pour prendre des thons.

THONINE, *s. f.* chair de thon coupée et salée.

THORACHIQUE, ou *thoracique, adj. 2 g.* relatif à la poitrine; —, *s. m. pl.* ordre de poissons dont les nageoires sont situées un peu en arrière des pectorales.

THORAX, *s. m.* capacité de la poitrine.

THURIFÉRAIRE, *s. m.* clerc qui porte l'encensoir.

THUYA, *s. m.* arbre toujours vert qui se rapproche du cyprès.

THYM *s. m.* plante odoriférante.

THYMBRÉE, s. f. plante odoriférante, assez semblable au thym.

THYRSE, s. m. javelot environné de pampre et de lierre que portaient les bacchantes ; disposition des fleurs en pyramide, t. de bot.

TIARE, s. f. ancien ornement de tête des Perses ; bonnet orné de trois couronnes que le pape porte dans certaines cérémonies.

TIBIA, s. m. l'os intérieur et le plus gros de la jambe.

TIBIAL, E, adj. se dit des muscles, des vaisseaux et des nerfs qui ont rapport à la jambe.

TIC, s. m. maladie, mouvement convulsif des chevaux ; habitude ridicule, t. fam.

TIÈDE, adj. 2 g. qui est entre le chaud et le froid ; qui manque d'ardeur, d'activité.

TIÈDEMENT, adv. d'une manière tiède.

TIÉDEUR, s. f. qualité de ce qui est tiède ; fig. diminution, manque de zèle.

TIÉDIR, v. n. devenir tiède.

TIEN, s. m. le —, ton bien ; les tiens, tes proches, ceux qui te sont attachés ; —, nne, adj. pron. poss., qui est à toi, qui t'appartient.

TIERCE, s. f. intervalle composé de deux sons de la gamme séparés par un seul ; au piquet, trois cartes de suite, d'une même couleur ; botte qu'on porte le poignet en dedans, t. d'escrime ; seconde des heures canoniales, coe d'une seconde, t. de math.

TIERCELET, s. m. mâle de certains oiseaux de proie, plus petit d'un tiers que la femelle.

TIERCEMENT, s. m. augmentation d'un tiers du prix d'une chose après l'adjudication faite.

TIERCER, v. n. hausser d'un tiers le prix d'une chose ; au jeu de paume, servir de tiers.

TIERÇON, s. m. mesure pour les liquides, le tiers d'une mesure entière ; caisse de savon en pain.

TIERS, ERCE, adj. troisième ; fièvre tierce, qui vient de deux jours l'un ; le tiers état, avant la révolution, le 3e ordre de l'état.

TIERS, s. m. une troisième personne ; troisième partie d'un tout.

TIERS-POINT, s. m. triangle ; trois points disposés en triangle.

TIGE, s. f. partie de l'arbre, de la plante, qui sort de la terre et qui pousse des branches.

TIGNASSE, s. f. mauvaise perruque.

TIGNOLLE, s. f. petit bateau du Morbihan pour la pêche.

TIGNON, s. m. chignon.

TIGNONER, v. a. é, ée, p. boucler les cheveux du chignon.

TIGRE, SSE, s. quadrupède carnivore, très-féroce, à peau de couleur fauve et rayée de bandes noires ; fig. personne cruelle ; chevaux - tigres, mouchetés comme des tigres.

TIGRÉ, ÉE, adj. moucheté comme un tigre.

TIGRER, v. a. é, ée, p. moucheter comme la peau d'un tigre.

TILIACÉES, s. f. pl. famille des tilleuls, t. de bot.

TILLAC, (ll m.) s. m. le plus haut pont d'un vaisseau.

TILLE, (ll m.) s. f. écorce des jeunes tilleuls et du chanvre ; instrument qui sert de hache et de marteau.

TILLER, (ll m.) v. a. é, ée, p. détacher avec la main les filaments du chanvre.

TILLETTE, (ll m.) s. f. ardoise d'échantillon.

TILLEUL, (ll m.) s. m. arbre à fleurs rosacées.

TILLOTTE, (ll m.) s. f. petit bateau de pêcheur sans quille ni gouvernail ; machine à briser le chanvre.

TIMBALE, s. f. espèce de tambour à l'usage de la cavalerie ; gobelet ; au pl. petites raquettes pour jouer au volant.

TIMBALIER, s. m. celui qui bat des timbales.

TIMBRE, s. m. cloche que frappe un marteau ; son ; retentissement de la voix ; marque imprimée au papier dont on se sert pour les actes judiciaires, les journaux; droit perçu sur le papier timbré.

TIMBRÉ, ÉE, *adj.* marqué d'un timbre; un peu fou, *fam.*

TIMBRER, *v. n.* marquer le timbre sur le papier; écrire au haut d'un acte la date et le sommaire de ce qu'il contient; mettre un timbre à une armoirie.

TIMBREUR, *s. m.* celui qui timbre.

TIMIDE, *adj.* 2 *g.* craintif, peureux.

TIMIDEMENT, *adv.* avec timidité.

TIMIDITÉ, *s. f.* qualité de celui qui est timide.

TIMON, *s. m.* pièce d'un chariot ou carrosse à laquelle on attèle les chevaux; longue pièce de bois attachée au gouvernail d'un navire; *fig.* gouvernement d'un état.

TIMONIER, *s. m.* matelot qui gouverne le timon.

TIMORÉ, ÉE, *adj.* pénétré de crainte, timide.

TINE, *s. f.* espèce de tonneau.

TINET, *s. m.* espèce de treuil qui sert à suspendre les bœufs tués.

TINETTE, *s. f.* petite cuve.

TINTAMARRE, *s. m.* bruit éclatant accompagné de désordre.

TINTAMARRER, *v. n.* faire du tintamarre.

TINTEMENT, *s. m.* prolongement du son d'une cloche qui va toujours en diminuant; — *d'oreille*, sensation dans l'oreille, pareille au son d'une cloche.

TINTER, *v. a.* é, ée, *p.* faire sonner lentement une cloche; —, *v. n.* sonner lentement; éprouver un tintement.

TINTOIN, *s. m.* bourdonnement dans les oreilles; inquiétudes.

TIQUE, *s. f.* genre d'insectes qui s'attachent à la peau des animaux et s'en nourrissent.

TIQUER, *v. n.* avoir le tic; ne se dit que des chevaux.

TIQUETÉ, ÉE, *adj.* tacheté.

TIR, *s. m.* explosion de toute arme à feu; lieu où l'on s'exerce à tirer les armes à feu.

TIRADE, *s. f.* morceau littéraire, en prose ou en vers, d'une certaine étendue; liaison des notes musicales.

TIRAGE, *s. m.* action de tirer; action de mettre les feuilles sous la presse, *t. d'imp.*; espace qu'on laisse libre au bord des rivières pour les chevaux qui tirent les bateaux.

TIRAILLEMENT, (*ll* m.) *s. m.* ébranlement de quelque partie du corps; — *d'esprit*, incertitude.

TIRAILLER, (*ll* m.) *v. a.* é, ée, *p.* tirer une personne avec importunité; — *v. n.* faire le coup de feu en tirailleur; tirer mal et souvent.

TIRAILLERIE, (*ll* m.) *s. f.* action de tirer sans ordre et sans but.

TIRAILLEUR, (*ll* m.) *s. m.* soldat détaché en avant pour faire le coup de feu avec l'ennemi.

TIRANT, *s. m.* cordon pour ouvrir et fermer une bourse; quantité d'eau que tire un navire; — ou *tirants*, *pl.* morceaux de cuir qui servent à affermir le soulier.; nerfs jaunâtres qu'on trouve dans la viande de boucherie.

TIRASSE, *s. f.* filet pour prendre des cailles, des perdrix, etc.

TIRASSER, *v. a.* et *v. n.* tirer, chasser à la tirasse.

TIRÉ, ÉE, *adj.* amené, ôté; *fig.* fatigué, maigre.

TIRE-BALLE, *s. m. inv.* instrument pour retirer une balle d'un fusil, d'une blessure.

TIRE-BOTTES, *s. m.* tissu de fil ou de soie attaché aux bottes pour les chausser; machine qui emboîte le talon de la botte et qui sert à l'ôter.

TIRE-BOUCHON, *s. m.* (au *pl.* *tire-bouchons*) vis de fer pour déboucher une bouteille.

TIRE-BOURRE, *s. m. inv.* outil pour ôter la bourre d'un fusil.

TIRE-BOUTON, *s. m.* (au *pl.* *tire-boutons*) crochet qui sert à boutonner.

TIRE-CLOU, *s. m.* (au *pl.* *tire-clous*) outil de couvreur pour arracher les clous.

TIRE-D'AILE, *ou — d'ailes,* s. m. battement d'aile redoublé que fait l'oiseau quand il vole.

TIRE-LARIGOT (à), *loc. adv.* excessivement, *t. pop.*

TIRE-LIGNE, *s. m.* (*au pl. tire-lignes*) instrument pour tirer des lignes; celui qui ne fait que tracer des plans sans invention.

TIRE-MOELLE, *s. m. inv.* instrument de table pour tirer la moelle d'un os.

TIRE-PIED, *s. m. inv.* grande lanière de cuir dont les cordonniers se servent pour maintenir leur ouvrage sur leurs genoux.

TIRER, *v. a.* é, ée, *p.* amener à soi ou après soi, ôter; décharger des armes à feu; lancer des armes de trait; délivrer; extraire; étendre; *fig.* tracer; exiger, recevoir, recueillir, imprimer; —, *v. n.* s'en remettre à la décision du sort; — *sur,* avoir quelque ressemblance avec; *en t. de comm.,* adresser à un correspondant une lettre de change à acquitter; *se* —, *v. pr.* se dégager.

TIRET, *s. m.* petit morceau de parchemin avec lequel on attache des papiers ensemble; petite barre qui joint les mots, qui divise les phrases.

TIRETAINE, *s. f.* droguet, drap grossier.

TIRE-TERRE, *s. m.* pioche de carrier.

TIREUR, *s. m.* soldat ou chasseur qui tire; chasseur qu'on entretient pour tirer du gibier; celui qui tire une lettre de change sur un autre; — *d'or,* ouvrier qui tire, bat et file l'or.

TIROIR, *s. m.* espèce de petite caisse emboîtée dans une armoire, etc.; *pièces à* —, pièces de théâtre dont les scènes, sans être liées, tiennent à une idée commune.

TISANE, *s. f.* breuvage; décoction de quelque plante médicinale.

TISON, *s. m.* restes d'une bûche dont une partie a été brûlée.

TISONNÉ, ÉE, *adj. cheval gris—,* parsemé de taches noires irrégulières.

TISONNER, *v. n.* remuer les tisons, *fam.*

TISONNEUR, EUSE, *s.* celui, celle qui aime à tisonner.

TISONNIER, *s. m.* tige de fer avec un crochet pour attiser le feu.

TISSAGE, *s. m.* action de tisser.

TISSER, *v. a.* é, ée, *p.* faire un tissu; *ne se dit qu'au propre.*

TISSERAND, *s. m.* ouvrier qui fait de la toile; —, *s. m. pl.* famille d'oiseaux.

TISSERANDERIE, *s. f.* profession de tisserand.

TISSU, UE, *part. du verbe tistre et adj.* s'emploie au propre et au fig.; —, *s. m.* ouvrage tissu au métier; ordre, suite.

TISSURE, *s. f.* liaison de ce qui est tissu, — *d'un ouvrage,* disposition.

TISSUTIER, *s. m.* rubanier.

TISTRE, *v. a.* tisser; *ne se dit qu'aux temps formés du part. tissu.*

TITHYMALE, *s. f.* plante qui donne un suc corrosif.

TITHYMALOÏDES, *s. f. pl.* famille de plantes irrégulières.

TITILLANT, E, *adj.* qui éprouve un chatouillement.

TITILLATION, *s. f.* chatouillement.

TITILLER, *v. a.* et *v. n.* chatouiller; éprouver un mouvement de titillation.

TITRE, *s. m.* inscription en tête d'un livre, d'un chapitre, etc.; nom de dignité, d'emploi; acte authentique pour établir un droit; degré de fin de l'or et de l'argent; *à* —, en qualité de, sous prétexte de.

TITRÉ, ÉE, *adj.* qui a un titre.

TITRER, *v. a.* é, ée, *p.* donner un titre d'honneur à une personne, à une terre.

TITRIER, *s. m.* fabricateur de faux titres.

TITUBATION, *s. f.* action de chanceler.

TITULAIRE, *adj.* 2 g. qui a un titre sans possession; —, *s. m.*

revêtu d'un titre de charge, de bénéfice.

TOAST, *s. m.* proposition de boire à la santé de quelqu'un.

TOCANE, *s. f.* vin nouveau fait de la mère-goutte.

TOCSIN, *s. m.* bruit d'une cloche qui sonne l'alarme.

TOGE, *s. f.* robe longue des Romains en temps de paix.

TOI, *pr. pers. des 2 g.* tu.

TOILE, *s. f.* tissu de lin ou de chanvre; tissu que forment les araignées; rideau qui cache le théâtre; —, *au pl.* filets pour prendre des sangliers, des cerfs, etc.

TOILERIE, *s. f.* marchandise de toile.

TOILETTE, *s. f.* toile étendue sur une table où l'on met ce qui sert à l'ajustement des hommes et des femmes; la table même et tout ce qui sert à l'habillement; parure; ajustement.

TOILIER, *s. m.* celui qui fabrique la toile ou qui la vend.

TOISE, *s. f.* mesure de six pieds.

TOISER, *v. a.* é, ée, *p.* mesurer à la toise.

TOISEUR, *s. m.* celui qui toise.

TOISON, *s. m.* laine du mouton.

TOIT, *s. m.* couverture d'un bâtiment; *fig.* bâtiment.

TOITURE, *s. f.* construction, entretien des toits.

TÔLE, *s. f.* fer en feuilles.

TOLÉRABLE, *adj. 2 g.* qu'on peut tolérer.

TOLÉRABLEMENT, *adv.* d'une manière tolérable.

TOLÉRANCE, *s. f.* indulgence pour ce qu'on ne peut ou qu'on ne veut pas empêcher.

TOLÉRANT, E, *adj* qui tolère, en parlant de religion.

TOLÉRANTISME, *s. m.* système de tolérance religieuse.

TOLÉRER, *v. a.* é, éc, *p.* supporter ce qui en soi n'est pas bien.

TOMATE, *s. f.* variété de la pomme d'amour dont on fait une sauce.

TOMBAC, *s. m.* alliage de cuivre et de zinc, cuivre jaune.

TOMBE, *s. f.* table de pierre qui couvre une sépulture; sépulcre.

TOMBEAU, *s. m.* monument élevé à la mémoire d'un mort, à l'endroit où il est enterré.

TOMBELIER, *s. m.* charretier qui conduit un tombereau.

TOMBER, *v. n.* être emporté de haut en bas par son propre poids, venir au pouvoir de...; échoir; aboutir; cesser; être pendant; ne pas réussir; — *en ruine*, dépérir; — *malade*, devenir malade; — *sur quelqu'un*, fondre sur lui; *faire — les armes des mains*, fléchir; — *d'accord*, avouer, convenir; — *de son haut, des nues*, être fort étonné.

TOMBEREAU, *s. m.* espèce de charrette.

TOME, *s. m.* volume d'un ouvrage imprimé ou manuscrit.

TON, *pron. poss. masc. sing.* qui répond à la seconde personne; le fém. est *ta*, et le pluriel *tes*; tien.

TON, *s. m.* certain degré d'élévation ou d'abaissement de la voix, ou d'un autre son; caractère du style; manière, procédé; intervalle entre deux notes consécutives de la gamme, excepté celui du *mi* au *fa*, et du *si* à l'*ut*, qui ne fait qu'un demi-ton; un des modes sur lesquels on chante les psaumes de l'église; *le bon* —, le langage, les manières des gens bien élevés; — *de couleur*, degré de force du coloris d'un tableau.

TONCA, *tonka*, ou *tonga*, *s. m.* fruit du coumarou de la Guiane, sorte de fève qui sert à aromatiser le tabac.

TONDAILLE, (*ll m.*) *s. f.* laine tondue.

TONDAISON, *s. f.* tonte.

TONDEUR, *s. m.* celui qui tond.

TONDRE, *v. a.* u, ue, *p.* couper la laine ou le poil des bêtes; couper les cheveux de près; — *les draps*, en couper les poils; — *les buis, les gazons*, en couper ce qui dépasse une certaine hauteur.

TONDU, E, *adj. et part. de*

tondre ; —, s. m. t. de mépris, personne peu considérée.

TONICITÉ, s. f. s'oppose à atonie, t. de méd.

TONIQUE, adj. 2 g. propriété qu'ont les fibres de se tendre en se raccourcissant ;—, s. m. ou remède —, qui produit cet effet ou en augmente la force ;—, s. f. ou note —, note fondamentale d'un ton ou d'un mode, t. de mus.

TONNAGE, s. m. droit perçu sur les vaisseaux marchands à raison de tant par tonneau.

TONNANT, E, adj. qui tonne ; fort et éclatant.

TONNE, s. f. grand vaisseau de bois à deux fonds, fait en forme de cylindre renflé par le milieu.

TONNEAU, s. m. petite tonne ; mesure de liquide ; poids de vingt quintaux, ou espace de quarante pieds cubes, t. de mar.

TONNELER, v. a. é, ée, p. prendre du gibier à la tonnelle ; faire donner, tomber dans quelque piège.

TONNELEUR, s. m. chasseur qui prend des perdrix à la tonnelle.

TONNELIER, s. m. celui qui fait ou qui raccommode les tonneaux.

TONNELLE, s. f. berceau de treillage couvert de verdure ; filet pour prendre des perdrix.

TONNELLERIE, s. f. profession de tonnelier ; lieu où il travaille.

TONNER, v. n. et imp. se dit du bruit que fait le tonnerre, et fig. le canon, etc. ; parler avec force et éloquence.

TONNERRE, s. m. bruit éclatant causé par l'explosion de deux nuées électriques ; la foudre.

TONNERRE, chef-lieu d'arr. du départ. de l'Yonne.

TONSURE, s. f. couronne qu'on fait aux clercs dans une cérémonie de l'église, en leur rasant les cheveux en rond au sommet de la tête.

TONSURER, v. a. é, ée, p. donner la tonsure.

TONTE, s. f. action de tondre ; temps de la tonte ; laine tondue.

TONTINE, s. f. rente viagère sur plusieurs têtes, avec accroissement pour les survivants.

TONTISSE, s. f. tapisserie exécutée avec des tontures de drap.

TONTURE, s. f. poil que l'on tond sur les draps ; branches ou feuilles que l'on coupe, etc.

TOPAZE, s. f. pierre précieuse jaune.

TOPER, v. n. t. du jeu de dés, demeurer d'accord d'aller d'autant que met en jeu son adversaire ; consentir à une proposition, fam.

TOPINAMBOUR, s. m. plante, espèce de pomme de terre.

TOPIQUE, s. m. et adj. 2 g. se dit d'un remède appliqué extérieurement sur une partie malade ; au pl. lieux communs, t. de rhét.

TOPOGRAPHIE, s. f. description d'un lieu particulier.

TOPOGRAPHIQUE, adj. 2 g. qui appartient à la topographie.

TOQUE, s. f. chapeau à petits bords, plat par-dessus et plissé tout autour ; plante labiée.

TOQUER, v. a. é, ée, p. toucher, frapper.

TOQUET, s. m. bonnet d'enfants et de femmes du peuple.

TORCHE, s. f. flambeau, cire appliquée autour d'un bâton de sapin.

TORCHE-NEZ, s. m. morceau de bois qui, avec une corde, serre les lèvres antérieures du cheval.

TORCHER, v. n. nettoyer en frottant ; fam. travailler grossièrement.

TORCHÈRE, s. f. guéridon fort élevé pour mettre une torche, un flambeau.

TORCHIS, s. m. terre grasse mêlée de paille pour faire des murs.

TORCHON, s. m. serviette de grosse toile pour essuyer la vaisselle, les meubles ; personne malpropre, fig. et fam.

TORDAGE, s. m. façon qu'on donne à la soie, en doublant les fils sur les moulinets.

TORDEUR, s. m. ouvrier qui tord la laine, etc., t. d'arts.

TORDEUSE, s. f. chenille qui tord les feuilles, t. d'hist. nat.

TORDRE, v. a. u, ue, p. tourner de biais en serrant; — le cou, faire mourir en tournant le cou; — une loi, un passage, fig. les détourner de leur sens naturel.

TORMENTILLE, (ll m.) s. f. plante rosacée, à racine astringente.

TORON, s. m. assemblage de fils de caret qui forment un cordage.

TORPEUR, s. f. engourdissement; cessation de sentiment; au prop. et au fig.

TORPILLE, (ll m.) s. f. poisson de mer qui engourdit les poissons à une certaine distance, au moyen d'une sorte d'appareil électrique, composé de plus de 2,400 tuyaux placés verticalement les uns à côté des autres.

TORQUETTE, s. f. marée entortillée dans la paille; tabac roulé.

TORRÉFACTION, s. f. action de torréfier.

TORRÉFIER, v. a. é, ée, p. exposer à une chaleur violente; rôtir.

TORRENT, s. m. courant d'eau impétueux qui dure peu; fig. abondance, impétuosité.

TORRIDE, adj. 2 g. brûlant.

TORS, E, adj. tordu ou qui paraît l'être; tortu, t. de bot.

TORSADE, s. f. étoffe torse en rouleau; ce qui l'imite.

TORSE, s. m. statue qui n'a que le tronc, t. de sculpt.

TORSER, v. a. é, ée, p. contourner une colonne en spirale, la rendre torse.

TORSION, s. f. effet produit en tordant.

TORT, s. m. ce qui est contre la raison, la justice; lésion, dommage; à —, sans raison, injustement; à — et à travers, sans discernement.

TORTICOLIS, s. m. douleur qui empêche de tourner le cou.

TORTILE, adj. 2 g. susceptible de torsion spontanée, t. de bot.

TORTILLAGE, (ll m.) s. m. façon de s'exprimer, confuse et embarrassée.

TORTILLÉ, ÉE, adj. roulé, tordu.

TORTILLEMENT, (ll m.) s. m. action de tortiller; état d'une chose tortillée; petite finesse dans les affaires.

TORTILLER, (ll m.) v. a. é, ée, p. tordre; chercher des subterfuges, fam.

TORTU, UE, adj. qui n'est pas droit; contrefait; esprit —, fam. qui raisonne de travers.

TORTUE, s. f. genre de reptiles ou de quadrupèdes ovipares, recouverts d'une écaille dure, qui marchent lentement; papillon diurne; toit que formaient les Romains en réunissant leurs boucliers au-dessus de leurs têtes pour approcher à couvert d'une place assiégée.

TORTUER, v. a. é, ée, p. rendre tortu.

TORTUEUSEMENT, adv. d'une manière tortueuse.

TORTUEUX, EUSE, adj. qui fait plusieurs tours et retours; fig. qui manque de droiture; courbé inégalement en divers sens, t. de bot.

TORTUOSITÉ, s. f. état de ce qui est tortueux.

TORTURE, s. f. gêne, tourment, supplice, souci, anxiété, contention d'esprit.

TORTURER, v. a. é, ée, p. faire éprouver la torture; — le sens d'un mot, lui faire signifier ce qu'il ne dit pas, fig.

TORY, s. m. nom donné en Angleterre aux partisans de la cour.

TOSCAN, E, adj. ou rustique, un des cinq ordres d'architecture.

TOSTER, v. a. é, ée, p. porter un toast.

TÔT, adv. vite, incontinent.

TOTAL, s. m. le tout, la totalité; somme d'une addition; au —, loc. adv. tout considéré.

TOTAL, E, adj. complet, entier.

tondre ; —, s. m. t. de mépris, personne peu considérée.
TONICITÉ, s. f. s'oppose à atonie, t. de méd.
TONIQUE, adj. 2 g. propriété qu'ont les fibres de se tendre en se raccourcissant ;—, s. m. ou remède —, qui produit cet effet ou en augmente la force ;—, s. f. ou note —, note fondamentale d'un ton ou d'un mode, t. de mus.
TONNAGE, s. m. droit perçu sur les vaisseaux marchands à raison de tant par tonneau.
TONNANT, E, adj. qui tonne ; fort et éclatant.
TONNE, s. f. grand vaisseau de bois à deux fonds, fait en forme de cylindre renflé par le milieu.
TONNEAU, s. m. petite tonne ; mesure de liquide ; poids de vingt quintaux, ou espace de quarante pieds cubes, t. de mar.
TONNELER, v. a. é, ée, p. prendre du gibier à la tonnelle ; faire donner, tomber dans quelque piége.
TONNELEUR, s. m. chasseur qui prend des perdrix à la tonnelle.
TONNELIER, s. m. celui qui fait ou qui raccommode les tonneaux.
TONNELLE, s. f. berceau de treillage couvert de verdure ; filet pour prendre des perdrix.
TONNELLERIE, s. f. profession de tonnelier ; lieu où il travaille.
TONNER, v. n. et imp. se dit du bruit que fait le tonnerre, et fig. le canon, etc. ; parler avec force et éloquence.
TONNERRE, s. m. bruit éclatant causé par l'explosion de deux nuées électriques ; la foudre.
TONNERRE, chef-lieu d'arr. du départ. de l'Yonne.
TONSURE, s. f. couronne qu'on fait aux clercs dans une cérémonie de l'église, en leur rasant les cheveux en rond au sommet de la tête.
TONSURER, v. a. é, ée, p. donner la tonsure.
TONTE, s. f. action de tondre ;

temps de la tonte ; laine tondue.
TONTINE, s. f. rente viagère sur plusieurs têtes, avec accroissement pour les survivants.
TONTISSE, s. f. tapisserie exécutée avec des tontures de drap.
TONTURE, s. f. poil que l'on tond sur les draps ; branches ou feuilles que l'on coupe, etc.
TOPAZE, s. f. pierre précieuse jaune.
TOPER, v. n. t. du jeu de dés, demeurer d'accord d'aller d'autant que met en jeu son adversaire ; consentir à une proposition, fam.
TOPINAMBOUR, s. m. plante, espèce de pomme de terre.
TOPIQUE, s. m. et adj. 2 g. se dit d'un remède appliqué extérieurement sur une partie malade ; au pl. lieux communs, t. de rhét.
TOPOGRAPHIE, s. f. description d'un lieu particulier.
TOPOGRAPHIQUE, adj. 2 g. qui appartient à la topographie.
TOQUE, s. f. chapeau à petits bords, plat par-dessus et plissé tout autour ; plante labiée.
TOQUER, v. a. é, ée, p. toucher, frapper.
TOQUET, s. m. bonnet d'enfants et de femmes du peuple.
TORCHE, s. f. flambeau, cire appliquée autour d'un bâton de sapin.
TORCHE-NEZ, s. m. morceau de bois qui, avec une corde, serre les lèvres antérieures du cheval.
TORCHER, v. n. nettoyer en frottant ; fam. travailler grossièrement.
TORCHÈRE, s. f. guéridon fort élevé pour mettre une torche, un flambeau.
TORCHIS, s. m. terre grasse mêlée de paille pour faire des murs.
TORCHON, s. m. serviette de grosse toile pour essuyer la vaisselle, les meubles ; personne malpropre, fig. et fam.
TORDAGE, s. m. façon qu'on donne à la soie, en doublant les fils sur les moulinets.

TORDEUR, *s. m.* ouvrier qui tord la laine, etc., *t. d'arts.*

TORDEUSE, *s. f.* chenille qui tord les feuilles, *t. d'hist. nat.*

TORDRE, *v. a.* u, ue, *p.* tourner de biais en serrant ; — *le cou*, faire mourir en tournant le cou ; — *une loi, un passage*, *fig.* les détourner de leur sens naturel.

TORMENTILLE, (*ll* m.) *s. f.* plante rosacée, à racine astringente.

TORON, *s. m.* assemblage de fils de caret qui forment un cordage.

TORPEUR, *s. f.* engourdissement ; cessation de sentiment ; *au prop. et au fig.*

TORPILLE, (*ll* m.) *s. f.* poisson de mer qui engourdit les poissons à une certaine distance, au moyen d'une sorte d'appareil électrique, composé de plus de 2,400 tuyaux placés verticalement les uns à côté des autres.

TORQUETTE, *s. f.* marée entortillée dans la paille ; tabac roulé.

TORRÉFACTION, *s. f.* action de torréfier.

TORRÉFIER, *v. a.* é, ée, *p.* exposer à une chaleur violente ; rôtir.

TORRENT, *s. m.* courant d'eau impétueux qui dure peu ; *fig.* abondance, impétuosité.

TORRIDE, *adj. 2 g.* brûlant.

TORS, E, *adj.* tordu ou qui paraît l'être ; tortu, *t. de bot.*

TORSADE, *s. f.* étoffe torse en rouleau ; ce qui l'imite.

TORSE, *s. m.* statue qui n'a que le tronc, *t. de sculpt.*

TORSER, *v. a.* é, ée, *p.* contourner une colonne en spirale, la rendre torse.

TORSION, *s. f.* effet produit en tordant.

TORT, *s. m.* ce qui est contre la raison, la justice ; lésion, dommage ; *à —*, sans raison, injustement ; *à — et à travers*, sans discernement.

TORTICOLIS, *s. m.* douleur qui empêche de tourner le cou.

TORTILE, *adj. 2 g.* susceptible de torsion spontanée, *t. de bot.*

TORTILLAGE, (*ll* m.) *s. m.* façon de s'exprimer, confuse et embarrassée.

TORTILLÉ, ÉE, *adj.* roulé tordu.

TORTILLEMENT, (*ll* m.) *s. m.* action de tortiller ; état d'une chose tortillée ; petite finesse dans les affaires.

TORTILLER, (*ll* m.) *v. a.* é, ée, *p.* tordre ; chercher des subterfuges, *fam.*

TORTU, UE, *adj.* qui n'est pas droit ; contrefait ; *esprit —*, *fam.* qui raisonne de travers.

TORTUE, *s. f.* genre de reptiles ou de quadrupèdes ovipares, recouverts d'une écaille dure, qui marchent lentement ; papillon diurne ; toit que formaient les Romains en réunissant leurs boucliers au-dessus de leurs têtes pour approcher à couvert d'une place assiégée.

TORTUER, *v. a.* é, ée, *p.* rendre tortu.

TORTUEUSEMENT, *adv.* d'une manière tortueuse.

TORTUEUX, EUSE, *adj.* qui fait plusieurs tours et retours ; *fig.* qui manque de droiture, courbé inégalement en divers sens, *t. de bot.*

TORTUOSITÉ, *s. f.* état de ce qui est tortueux.

TORTURE, *s. f.* gêne, tourment, supplice, souci, anxiété, contention d'esprit.

TORTURER, *v. a.* é, ée, *p.* faire éprouver la torture ; — *le sens d'un mot*, lui faire signifier ce qu'il ne dit pas, *fig.*

TORY, *s. m.* nom donné en Angleterre aux partisans de la cour.

TOSCAN, E, *adj.* ou rustique, un des cinq ordres d'architecture.

TOSTER, *v. a.* é, ée, *p.* porter un toast.

TÔT, *adv.* vite, incontinent.

TOTAL, *s. m.* le tout, la totalité ; somme d'une addition ; *au —*, *loc. adv.* tout considéré.

TOTAL, E, *adj.* complet, entier.

TOTALISER, *v. a. é, ée, p.* faire un total.

TOTALITÉ, *s. f.* tout formé de l'assemblage de parties.

TOTON, *s. m.* espèce de dé à pivot qu'on fait tourner.

TOUAILLE, (*ll* m.) *s. f.* essuie-main suspendu à un rouleau de bois.

TOUCAN, *s. m.* genre d'oiseaux grimpeurs à bec énorme de l'Amérique méridionale; constellation australe.

TOUCHANT, E, *adj.* qui touche le cœur, qui émeut les passions.

TOUCHANT, *prép.* concernant, au sujet de...

TOUCHE, *s. f.* petite pièce d'ébène ou d'ivoire du clavier d'un instrument de musique; action, manière de toucher le clavier; épreuve de l'or ou de l'argent par la pierre de touche; *fam.* disgrâce, mortification; dessin, moyen de faire sentir le caractère des objets; troupeau de bœufs gras qu'on envoie au marché.

TOUCHER, *v. a. é, ée, p.* mettre la main, etc. sur quelque chose; frapper, battre; recevoir de l'argent; mettre l'encre sur les caractères, *t. d'impr.*; éprouver l'or ou avec la pierre de touche; aborder dans un lieu; jouer de divers instruments de musique; parler incidemment; *fig.* émouvoir; —, *v. n.* atteindre, être proche de; prendre, ôter; *se* —, *v. pron.* être contigu.

TOUCHER, *s. m.* le tact, un des cinq sens; manière de toucher le clavecin, l'orgue, etc.

TOUE, *s. f.* bateau qui sert de bac; action de touer un navire.

TOUER, *v. a. é, ée, p.* faire avancer un navire au moyen du cabestan.

TOUFFE, *s. f.* assemblage de certaines choses nombreuses et très-rapprochées, d'herbes, d'arbres, de cheveux, etc.

TOUFFER, *v. a. é, ée, p.* mettre en touffe; *v. n.* se former en touffes.

TOUFFEUR, *s. f.* exhalaison qui saisit en entrant dans un endroit très-chaud.

TOUFFU, UE, *adj.* épais, bien garni.

TOUJOURS, *adv.* sans cesse, sans relâche, sans fin; *pour* —, à perpétuité.

TOUL, chef-lieu d'arr. du dép. de la Meurthe.

TOULON, chef-lieu d'arr. du dép. du Var.

TOULOUSAIN, E, *adj. et s.* de Toulouse.

TOULOUSE, chef-lieu du dép. de la Haute-Garonne.

TOUPET, *s. m.* touffe de cheveux au haut du front.

TOUPIE, *s. f.* jouet de bois que font tourner les enfants; genre de testacées univalves.

TOUPILLER, (*ll* m.) *v. n.* aller et venir sans savoir pourquoi, *fam.*

TOUPILLON, (*ll* m.) *s. m.* petit toupet; branches inutiles et confuses d'un oranger.

TOUPIN, *s. m.* instrument de cordier pour réunir les fils en cordes.

TOUR, *s. f.* bâtiment élevé et ordinairement fortifié; pièce du jeu d'échecs; — *de Babel*, lieu de confusion.

TOUR, *s. m.* mouvement en rond; allée et venue; promenade; circuit; conférence; action adroite, agile; ruse, tournure; rang successif, ordre alternatif; manière dont on exprime ses pensées; machine pour façonner en rond le bois, les métaux, etc.; armoire ronde tournant sur un pivot; *fait au* —, bienfait.

TOURACO, *s. m.* petit oiseau grimpeur, à bec dentelé, des pays chauds.

TOURAILLE, (*ll* m.) *s. f.* étuve de brasseur pour faire sécher le grain.

TOURAILLON, (*ll* m.) *s. m.* germe séché du grain.

TOURAINE (*la*), anc. province divisée en Haute et Basse par la Loire, forme aujourd'hui le dép. d'Indre-et-Loire et une partie de celui de la Vienne.

TOURBE, *s. f.* terre com-

30.

bustible résultant de la décomposition des plantes dans l'eau; multitude confuse.

TOURBER, *v. a. é, ée, p.* ôter, enlever la tourbe.

TOURBEUX, EUSE, *adj.* se dit d'un terrain propre à faire de la tourbe.

TOURBIER, *s. m.* celui qui tire de la tourbe.

TOURBIÈRE, *s. f.* endroit d'où l'on extrait la tourbe.

TOURBILLON, (*ll* m.) *s. m.* vent impétueux qui va en tournoyant; quantité de matière que les cartésiens supposent tourner autour d'un astre; *fig.* tout ce qui entraîne.

TOURBILLONNEMENT, *s. m.* mouvement en tourbillon.

TOURBILLONNER, *v. n.* aller en tournoyant.

TOURD, *s. m.* poisson de mer.

TOURDE ou *tourdelle*, *s. f.* espèce de grive.

TOURDILLE, (*ll* m.) *adj.* se dit d'un gris sale, en parlant du poil du cheval.

TOURELLE, *s. f.* petite tour.

TOURET, *s. m.* petite roue qui reçoit son mouvement d'une plus grande.

TOURETTE, *s. f.* plante crucifère.

TOURIE, *s. f.* bouteille de grès de 8 à 16 litres.

TOURIÈRE, *s. f.* sœur domestique qui, dans les couvents, fait passer au tour ce qu'on y apporte; *mère—*, religieuse préposée pour avoir soin du tour au-dedans.

TOURILLON, (*ll* m.) *s. m.* gros pivot sur lequel roule une porte cochère; morceau de métal rond qui est à chaque côté de la volée du canon.

TOURMENT, *s. m.* violente douleur corporelle; *fig.* peine d'esprit.

TOURMENTANT, E, *adj.* qui tourmente.

TOURMENTE, *s. f.* orage, tempête; violente agitation.

TOURMENTER, *v. a. é, ée, p.* faire souffrir quelque tourment de corps ou d'esprit; importuner; harceler; *se —*, *v. pr.* s'inquiéter.

TOURMENTEUX, EUSE, *adj.* se dit des parages sujets aux tempêtes.

TOURMENTIN, *s. m.* perroquet du mât de beaupré.

TOURNAILLER, (*ll* m.) *v. n.* faire beaucoup de tours et de détours sans s'éloigner d'un point; rôder autour, *fam.*

TOURNANT, *s. m.* coin de rue, de chemin; endroit où la rivière fait un coude; endroit de mer ou de rivière où l'eau tourne habituellement.

TOURNÉ, ÉE, *adj.* travaillé autour; mûr, altéré, gâté; *fig.* esprit mal—, qui prend tout de travers.

TOURNEBRIDE, *s. m.* espèce de cabaret auprès d'un château.

TOURNEBROCHE, *s. m.* machine servant à faire tourner la broche; garçon qui tourne la broche; chien qu'on met dans la roue d'un — pour le faire tourner.

TOURNÉE, *s. f.* course pour inspecter; voyage annuel d'un particulier pour ses affaires; petite promenade; *fam.* espèce de pioche.

TOURNEFEUILLET, *s. m.* petit ruban pour tourner les feuillets d'un livre.

TOURNEFIL, *s. m.* instrument d'acier carré pour donner le fil aux outils.

TOURNELLE, *s. f.* petite tour, *v. m.* chambre du parlement qui connaissait des matières criminelles.

TOURNEMAIN, *s. m.* tour de main, *v. m.*

TOURNE-PIERRE, *s. m.* oiseau d'Amérique, espèce de vanneau qui retourne les pierres pour saisir les vers et insectes qui se cachent dessous.

TOURNER, *v. a. é, ée, p.* mouvoir en rond; agiter circulairement, détourner; diriger, mettre en un autre sens; prendre à revers; faire changer, influencer, interpréter; façonner autour; arranger de certaine manière; *— v. n.* se mouvoir en rond; — *court*, abréger; — *mal*, avoir une mauvaise issue; se corrompre, perdre sa faveur; se —, *v. pr.* se diriger; se changer.

TOURNESOL, *s. m.* soleil ou hélianthe à grandes fleurs; plante dont la feuille paraît suivre le cours du soleil.

TOURNETTE, *s. f.* petit plateau tournant sur un pied où l'on place le vase que l'on peint; petite roue qui sert de dévidoir; cage tournante de l'écureuil.

TOURNEUR, *s. m.* artisan qui fait des ouvrages au tour.

TOURNEVENT, *s. m.* ou *gueule de loup*, tuyau qui tourne au vent sur une cheminée.

TOURNEVIRE, *s. f.* cordage pour élever l'ancre.

TOURNEVIS, *s. m.* instrument de fer pour serrer ou desserrer les vis.

TOURNILLE, (*ll m.*) *s. f.* outil pour relever les mailles de tricot tombées.

TOURNIQUET, *s. m.* croix de bois ou de fer, mobile et posée sur un pivot, pour ne laisser passer que des piétons; dévidoir; outil qui tourne; petit insecte coléoptère qui tournoie sur la surface des eaux tranquilles.

TOURNIS, *s. m.* maladie des moutons dont le siège est dans le cerveau, et dont ils meurent en tournant sur eux-mêmes.

TOURNISSE, *s. f.* poteau de remplissage des cloisons.

TOURNOI, *s. m.* autrefois fête publique et militaire.

TOURNOIEMENT, ou *tournoiment*, *s. m.* action de ce qui tournoie.

TOURNOIS, *s. m.* nom d'une ancienne monnaie fabriquée à Tours; *livre —*, 20 sous.

TOURNON, chef-lieu d'arr. du dép. de l'Ardèche.

TOURNOYANT, E, *adj.* qui tournoie.

TOURNOYER, *v. n.* tourner en faisant plusieurs tours; *fig.* biaiser, chercher des détours.

TOURNURE, *s. f.* tour, résultat d'une direction donnée; habitude du corps.

TOURS, chef-lieu du dép. d'Indre-et-Loire.

TOURTE, *s. f.* espèce de pâtisserie.

TOURTEAU, *s. m.* sorte de gâteau, pièce d'armoirie ronde.

TOURTEREAU, *s. m.* jeune tourterelle.

TOURTERELLE, *s. f.* oiseau du genre du pigeon.

TOURTIÈRE, *s. f.* ustensile qui sert à faire cuire des tourtes.

TOUSELLE, *s. f.* froment à épis sans barbe et à grains fort gros.

TOUSSAINT (*la*), *s. f.* fête de tous les Saints, le 1er novembre.

TOUSSER, *v. n.* faire l'effort et le bruit que cause la toux.

TOUSSERIE, *s. f.* action de tousser.

TOUSSEUR, EUSE, *s.* qui tousse souvent.

TOUT, E, *adj.* chose considérée en son entier; chaque; encore que; quelque.

TOUT, *s. m.* chose entière; toutes choses.

TOUT, *adv.* entièrement.

TOUT-A-COUP, *adv.* soudain.

TOUT-A-FAIT, *adv.* entièrement.

TOUTEFOIS, *adv.* néanmoins, cependant.

TOUTE-PUISSANCE, *s. f.* puissance infinie.

TOUTE-SAINE, *s. f.* plante à fleurs rosacées.

TOUTOU, *s. m.* petit chien.

TOUX, *s. f.* mouvement convulsif de la poitrine accompagné de bruit.

TOXICOLOGIE, *s. f.* traité des poisons.

TOXIQUE, *s. m.* nom générique des poisons.

TRAÇANT, E, *adj.* racines qui s'étendent en terre à peu de profondeur, *t. de bot.*

TRACAS, *s. m.* mouvement accompagné d'embarras.

TRACASSER, *v. n.* aller, venir, se tourmenter; être inquiet, brouillon; *v. a.* é, ée, *p.* tourmenter, inquiéter.

TRACASSERIE, *s. f.* mauvaise difficulté, chicane.

TRACASSIER, ÈRE, s. celui, celle, qui fait des tracasseries.
TRACE, s. f. vestige, marque; *fig.* impression des objets sur l'esprit; ligne sur un terrain, sur du papier, etc.
TRACÉ, s. m. trait d'un plan, d'un ouvrage.
TRACELET, s. m. *traceret* ou *tracoir*, outil de fer pointu pour tracer des lignes et dessins.
TRACEMENT, s. m. action de tracer.
TRACER, v. a. é, ée, p. tirer des lignes d'un dessin, d'un plan, sur le papier, la toile, etc.; — *le chemin*, *fig.* donner l'exemple; —, v. n. se dit des arbres dont les racines s'étendent en rampant à fleur de terre.
TRACEUR, s. m. celui qui trace un plan sur le terrain, *t. de jard.*
TRACHÉE, ou *trachée artère*, s. f. canal qui porte l'air aux poumons; dans les végétaux, et dans les insectes, petits vaisseaux aériens, blancs et argentins, roulés en tire-bourre, dans plusieurs de leurs parties; petites ouvertures qu'on voit au manteau des coquillages.
TRACHÉLIDES, s. f. pl. famille d'insectes coléoptères.
TRACHINE, s. f. ou *vive*, poisson de mer dont la chair est très-estimée, et dont la première nageoire dorsale est armée de rayons tranchants.
TRACTION, s. f. action d'une puissance qui tire un mobile.
TRADITION, s. f. action de livrer quelque chose à une personne, *t. de prat.*; voie par laquelle les faits et les dogmes se transmettent d'âge en âge.
TRADITIONNEL, LLE, adj. fondé sur la tradition.
TRADITIONNELLEMENT, adv. selon la tradition.
TRADUCTEUR, s. m. celui qui traduit d'une langue en une autre.
TRADUCTION, s. f. action de traduire d'une langue en une autre; ouvrage traduit.
TRADUIRE, v. a. it, ite, p. transférer quelqu'un d'un lieu à un autre; faire passer un ouvrage d'une langue dans une autre; *fig.* citer en justice.
TRADUISIBLE, adj. 2 g. qui peut se traduire.
TRAFIC, s. m. commerce, négoce; *fig.* convention, pratiques indues.
TRAFICANT, s. m. commerçant, négociant.
TRAFIQUER, v. a. et v. n. faire trafic.
TRAFIQUEUR, s. m. celui qui trafique.
TRAFUSOIR, s. m. machine pour séparer les écheveaux de soie.
TRAGÉDIE, s. f. poëme dramatique qui représente une action importante entre personnes illustres, et qui est propre à exciter la terreur ou la pitié; *fig.* événement funeste.
TRAGÉDIEN, NNE, s. acteur, actrice tragique.
TRAGI-COMÉDIE, s. f. tragédie mêlée d'incidents comiques.
TRAGI-COMIQUE, adj. 2 g. qui tient du tragique et du comique.
TRAGIQUE, adj. 2 g. qui appartient à la tragédie; *fig.* funeste; —, s. m. le genre tragique.
TRAGIQUEMENT, adv. d'une manière tragique.
TRAHIR, v. a. i, ie, p. faire une perfidie à quelqu'un; lui manquer de foi; — *sa conscience*, *fig.* agir contre elle; — *un secret*, le révéler; *se* —, v. pr. se déceler, se découvrir par une indiscrétion.
TRAHISON, s. f. action de traître.
TRAILLE, (il m.) s. f. espèce de bac pour passer les grandes rivières.
TRAIN, s. m. allure, façon d'aller, manière de conduire; *fig.* partie de devant ou de derrière des chevaux, des mulets, etc.; charronnage qui porte le corps du carrosse, etc.; — *d'artillerie*, attirail nécessaire pour la servir; suite de valets, de chevaux, etc.; espèce de grand radeau; *fig.* courant des affaires,

manière de vivre ; en —, en disposition, en mouvement.

TRAÎNANT, E, adj. qui traîne à terre ; fig. languissant.

TRAÎNARD, s. m. qui reste en arrière ; traîneur.

TRAÎNASSE, ou renouée, s. f. plante ; —, ou traîneau, s. m. grand filet.

TRAÎNE, s. f. perdreaux qui ne peuvent voler sans leur mère ; bateau à la —, traîné par un autre.

TRAÎNEAU, s. m. voiture sans roues pour transporter des marchandises, pour faire des courses sur la neige, sur la glace ; grand filet pour prendre des perdreaux.

TRAÎNÉE, s. f. petite quantité de certaines choses répandues en longueur ; longue suite de poudre à canon qui sert à communiquer le feu à l'amorce.

TRAÎNER, v. a. é, ée, p. tirer après soi ; fig. attirer, être la cause de ; allonger, différer ; — v. n. pendre jusqu'à terre ; languir ; demeurer exposé, au lieu d'être à sa place.

TRAÎNEUR, s. m. chasseur au traîneau ; soldat qui demeure derrière son corps, par infirmité, ou pour piller ; chien qui ne suit pas le gros de la meute.

TRAIRE, v. a. et déf. (ind. pr. je trais, tu trais, il trait ; n. trayons, v. trayez, ils traient ; imp. je trayais, etc., n. trayions, etc. ; (pas de prét. déf.) fut. je trairai, etc., n. trairons, etc. ; cond. je trairais, etc., n. trairions, etc. ; impér. trais, trayons, trayez ; subj. pr. q. je traie, etc., q. n. trayions, etc. ; (pas d'imp. subj.) p. pr. trayant ; p. p. trait, e.) tirer le lait des vaches, des ânesses, des chèvres ; tirer par la filière.

TRAIT, s. m. dard, javelot, flèche ; fig. longe de corde ou de cuir avec laquelle les chevaux tirent ; longe où est attaché le limier qu'on mène à la chasse ; ce qui emporte l'équilibre de la balance, et la fait trébucher ; ce qu'on avale d'une liqueur sans reprendre haleine ; ligne tracée avec la plume, etc. ; lignes qui imitent la forme d'un objet ; linéaments du visage ; action, procédé ; fait remarquable ; beaux endroits d'un ouvrage d'esprit ; pensée vive, brillante ; cheval de —, qui sert au tirage ; — pour —, exactement.

TRAITABLE, s. et adj. 2 g. doux, accommodant.

TRAITANT, s. m. celui qui se chargeait du recouvrement des impositions, à certaines conditions.

TRAITE, s. f. étendue de chemin fait ou à faire, sans s'arrêter ; transport de marchandises d'un pays à un autre ; droits qu'elles payent ; lettre de change qu'un banquier tire sur ses correspondants ; ce qui fait la diminution de la valeur intrinsèque des monnaies.

TRAITÉ, s. m. ouvrage où l'on traite d'un art, d'une science, etc. ; convention, stipulations respectives.

TRAITEMENT, s. m. accueil, réception ; appointements d'un homme en place ; manière de soigner un malade, remèdes.

TRAITER, v. a. é, ée, p. discuter, raisonner sur... ; négocier, contracter, transiger ; qualifier de ; régaler ; panser ; médicamenter.

TRAITEUR, s. m. qui donne à manger pour de l'argent.

TRAÎTRE, ESSE, s. celui, celle qui trahit ; adj. perfide, dangereux.

TRAÎTREUSEMENT, adv. en traître, en trahison.

TRAJECTOIRE, s. f. courbe que décrit un corps détourné de sa direction-, t. de géom.

TRAJET, s. m. espace à traverser, surtout par eau ; action de traverser cet espace.

TRAMAIL, (l m.) s. m. au pl. tramails ; sorte de grand filet.

TRAME, s. f. fils conduits par la navette entre ceux qu'on nomme chaîne ; fig. la vie ; complot.

TRAMER, v. a. é, ée, p. passer

la trame entre les fils de la chaîne; *fig.* comploter.

TRAMEUR, *s. m.* ouvrier qui dispose les fils des trames.

TRAMONTANE, *s. f.* dans la Méditerranée, le vent, le côté, l'étoile du Nord; *perdre la —*, se troubler.

TRANCHANT, *s. m.* fil d'un couteau, d'un sabre.

TRANCHANT, E, *adj.* qui tranche; *fig.* péremptoire, décisif; qui décide hardiment; *écuyer —*, officier qui coupe les viandes à la table des princes; *couleurs —*, fort vives et sans nuances entre elles.

TRANCHE, *s. f.* morceau coupé un peu mince; côté par lequel ont été coupées les feuilles d'un livre.

TRANCHÉE, *s. f.* fossé pour l'écoulement des eaux, ou pour se mettre à couvert du feu d'une place qu'on assiège, etc.; *au pl.* douleurs aiguës dans les entrailles.

TRANCHELARD, *s. m.* couteau de cuisine, à lame fort mince.

TRANCHER, *v. a.* é, ée, *p.* séparer en coupant; *fig.* résoudre; —, *v. n.* décider hardiment; prendre le ton de....

TRANCHET, *s. m.* outil de cordonniers, bourreliers, etc.

TRANCHOIR, *s. m.* plateau de bois sur lequel on tranche la viande.

TRANQUILLE, *adj. 2 g.* paisible, calme, exempt de trouble, d'agitation.

TRANQUILLEMENT, *adv.* d'une manière tranquille.

TRANQUILLISANT, E, *adj.* qui tranquillise.

TRANQUILLISER, *v. a.* é, ée, *p.* rendre tranquille; calmer; *se —*, *v. pr.* cesser d'être inquiet.

TRANQUILLITÉ, *s. f.* état de ce qui est tranquille.

TRANS, *prép.* latine qui entre dans la composition de plusieurs mots; au-delà, à travers, entre.

TRANSACTION, *s. f.* acte par lequel on transige sur un différend.

TRANSALPIN, E, *adj.* au-delà des Alpes.

TRANSCENDANCE, *s. f.* supériorité marquée.

TRANSCENDANT, E, *adj.* qui excelle en son genre; *géométrie —*, qui emploie l'infini dans ses calculs.

TRANSCRIPTION, *s. f.* action de celui qui transcrit; mise au net, copie.

TRANSCRIRE, *v. a. (se conj. c. écrire)* copier, mettre au net un écrit.

TRANSE, *s. f.* grande appréhension d'un mal qu'on croit prochain.

TRANSFÉRABLE, *adj. 2 g.* qui peut être transféré.

TRANSFÈREMENT, *s. m.* translation, *peu usité.*

TRANSFÉRER, *v. a.* é, ée, *p.* faire passer d'un lieu à un autre.

TRANSFERT, *s. m.* transport, cession de la propriété d'une rente; translation.

TRANSFIGURATION, *s. f.* changement d'une figure en une autre; ne se dit que de J.-C.; tableau qui représente la — de J.-C.

TRANSFIGURER, *v. a.* é, ée, *p.* changer d'une figure en une autre.

TRANSFORMATION, *s. f.* changement en une autre forme.

TRANSFORMER, *v. a.* é, ée, *p.* métamorphoser, changer la forme d'un objet; *— une équation*, la changer en une autre d'une forme différente, *t. d'alg.*; *se —*, prendre la forme de...

TRANSFUGE, *s. m.* celui qui passe dans le parti de l'ennemi; *fig.* qui change de parti.

TRANSFUSER, *v. a.* é, ée, *p.* faire passer un liquide d'un récipient dans un autre; faire la transfusion du sang.

TRANSFUSION, *s. f.* action de transfuser; opération tentée pour faire passer le sang du corps d'un animal dans celui d'un autre.

TRANSGRESSER, *v. a.* é, ée, *p.* enfreindre une loi, un ordre.

TRANSGRESSEUR, s. m. celui qui transgresse.
TRANSGRESSION, s. f. violation d'une loi.
TRANSI, E, adj. gelé.
TRANSIGER, v. n. consentir à un accommodement pour terminer un différend.
TRANSIR, v. a. i, ie, p. pénétrer et engourdir de froid; saisir de peur, de froid.
TRANSISSEMENT, s. m. état d'un homme transi de froid ou de peur.
TRANSIT, s. m. passavant.
TRANSITIF, IVE, adj. verbe —, qui marque l'action d'un sujet sur un autre, t. de gram.
TRANSITION, s. f. manière de passer d'un raisonnement à un autre, de lier ensemble les parties d'un discours.
TRANSITOIRE, adj. 2 g. passager.
TRANSLATER, v. a. é, ée, p. traduire.
TRANSLATEUR, s. m. traducteur.
TRANSLATION, s. f. action de transferer.
TRANSMETTRE, v. a. (se conj. c. mettre) céder à un autre ce qu'on possède ; fig. faire parvenir une chose à quelqu'un.
TRANSMIGRATION, s. f. passage d'un pays dans un autre; — des ames, métempsycose.
TRANSMISSIBILITÉ, s. f. qualité de ce qui est transmissible.
TRANSMISSIBLE, adj. 2 g. qui peut être transmis.
TRANSMISSION, s. f. action de transmettre; effet de cette action ; réfraction.
TRANSMUABLE, adj. 2 g. qui peut être changé.
TRANSMUER, v. a. é, ée, p. changer, transformer, en parlant des métaux.
TRANSMUTABILITÉ, s. f. propriété de ce qui est transmuable.
TRANSMUTATION, s. f. changement d'une chose en une autre.
TRANSPARENCE, s. f. qualité de ce qui est transparent.

TRANSPARENT, E, adj. au travers de quoi l'on voit les objets.
TRANSPARENT, s. m. papier, verre à travers lequel on voit.
TRANSPERCER, v. a. é, ée, p. percer de part en part.
TRANSPIRABLE, adj. 2 g. qui peut sortir par la transpiration.
TRANSPIRATION, s. f. sortie presque imperceptible des humeurs qui se fait par les pores de la peau.
TRANSPIRER, v. n. s'exhaler, sortir par les pores ; suer, fig. s'ébruiter.
TRANSPLANTATION, s. f. action de transplanter.
TRANSPLANTER, v. a. é, ée, p. déplanter et planter un végétal dans un lieu différent de celui où il était; transporter.
TRANSPORT, s. m. action de transporter, cession juridique d'un droit ; fig. passion violente qui met hors de soi ; enthousiasme, fig. délire passager.
TRANSPORTER, v. a. é, ée, p. porter d'un lieu à un autre ; céder juridiquement un droit ; mettre quelqu'un hors de lui-même ; se —, v. pr. se rendre en un lieu ; se placer en imagination.
TRANSPOSER, v. a. é, ée, p. changer de place ; jouer sur un ton différent de celui sur lequel l'air est noté, t. de mus.
TRANSPOSITION, s. f. action de transposer.
TRANSSUBSTANTIATION, s. f. changement de la substance du pain et du vin dans l'Eucharistie en celle du corps et du sang de J.-C.
TRANSSUBSTANTIER, v. a. é, ée, p. changer une substance en une autre.
TRANSSUDATION, s. f. action de transsuder.
TRANSSUDER, v. n. passer au travers des pores par une espèce de sueur.
TRANSVASER, v. a. é, ée, p. verser d'un vase dans un autre.
TRANSVERSAL, E, adj. qui coupe obliquement.

TRANSVERSALEMENT, *adv.* d'une manière transversale.

TRANSVERSE, *adj.* 2 g. oblique.

TRANSVIDER, *v. a. é, ée, p.* vider le contenu d'un vase dans un autre vase.

TRANTRAN, *s. m.* le cours ordinaire de certaines affaires.

TRAPAN, *s. m.* haut de l'escalier où finit la rampe.

TRAPÈZE, *s. m.* quadrilatère dont les côtés ne sont point parallèles ; nom d'un os, d'un grand muscle.

TRAPÉZIFORME, *adj.* 2 g. qui a la forme du trapèze, *t. de géom.*

TRAPÉZOÏDE, *s. m.* quadrilatère dont les deux côtés seulement sont parallèles, *t. de géo.* ; nom d'un os, *t. d'anat.*

TRAPPE, *s. f.* espèce de porte couchée horizontalement sur le plancher ; porte ou fenêtre à coulisse ; piége pour prendre les bêtes ; *la —*, ordre religieux très-sévère.

TRAPPISTE, *s. m.* religieux de la trappe.

TRAPU, E, *adj.* gros et court.

TRAQUE, *s. f.* action de traquer.

TRAQUENARD, *s. m.* espèce d'amble ; piége qu'on tend aux bêtes puantes.

TRAQUER, *v. a. é, ée, p.* entourer un bois, puis y pénétrer en se rapprochant les uns des autres de manière à ne rien laisser échapper.

TRAQUET, *s. m.* piége qu'on tend aux bêtes puantes ; claquet, sorte de petit oiseau.

TRAQUEUR, *s. m.* un de ceux qu'on emploie pour traquer.

TRATTE, *s. f.* pièce de bois qui porte la cage d'un moulin à vent.

TRAVADE, *s. f.* vent orageux qui change sans cesse de direction.

TRAVAIL, (*ll m.*) *s. m.* (*pl. travaux*) peine que l'on prend pour faire une chose, labeur, fatigue ; ouvrage fait ou à finir ; entreprise ; compte rendu à un supérieur ; machine de bois à laquelle on attache un cheval vicieux pour le ferrer ; dans ces deux derniers sens, le pluriel est *travails*.

TRAVAILLÉ, ÉE, *adj.* fait avec soin, peiné, fatigué ; tourmenté.

TRAVAILLER, *v. n.* (*ll m.*) se donner de la peine ; se déjeter, en parlant du bois, d'un mur ; fermenter, en parlant des liqueurs ; —, *v. a. é, ée, p.* façonner du fer, du marbre, etc., tourmenter ; — *un cheval*, l'exercer.

TRAVAILLEUR, (*ll m.*) *s. m.* homme adonné au travail ; soldat commandé pour quelque ouvrage.

TRAVAT, *s. m.* cheval qui a des marques blanches aux pieds du même côté.

TRAVÉE, *s. f.* espace entre deux poutres, ou entre la poutre et le mur.

TRAVERS, *s. m.* étendue d'un corps en largeur ; irrégularité d'un lieu ; *fig.* bizarrerie d'esprit, caprice ; *en —*, d'un côté à l'autre, suivant la largeur ; *de —*, obliquement, et *fig.* à contre-sens ; avec colère ; *à —, au —*, au milieu, par le milieu ; *à tort et à —*, étourdiment ; *par le —*, à l'opposite.

TRAVERSE, *s. f.* pièce de bois qu'on met en travers pour en affermir d'autres ; tranchée dans un fossé sec d'une place assiégée ; *chemin de —*, route qui abrège ; *— au pl. fig.* obstacles, afflictions.

TRAVERSÉE, *s. f.* trajet par mer.

TRAVERSER, *v. a. é, ée, p.* passer à travers ; d'un côté à l'autre ; être au travers de ; percer de part en part ; *fig.* susciter des obstacles.

TRAVERSIER, ÈRE, *adj.* qui traverse, qui sert à traverser d'un lieu à un autre ; *vent —*, qui empêche de sortir d'un port ; *flûte —*, qu'on place presque horizontalement sur la lèvre.

TRAVERSIN, *s. m.* oreiller long.

TRAVESTIR, *v. a.* 1, le, *p.* déguiser; traduire burlesquement, représenter sous une forme différente; se —, *v. pr.* se déguiser, *au propre et au fig.*

TRAVESTISSEMENT, *s. m.* déguisement.

TRAVOUIL, (*l* m.) *s. m.* dévidoir pour mettre le fil en écheveau.

TRAVURE, *s. f.* espace près de la quille du bateau de rivière.

TRAYON, *s. m.* bout du pis d'une vache, d'une chèvre, etc.

TRÉBUCHANT, E, *adj.* qui est de poids, en parlant des monnaies; qui trébuche.

TRÉBUCHEMENT, *s. m.* action de trébucher.

TRÉBUCHER, *v. n.* faire un faux pas; *au prop. et fig.* tomber; emporter par sa pesanteur la chose qui contre-pèse.

TRÉBUCHET, *s. m.* petit piége pour prendre les oiseaux; petite balance pour peser l'or et l'argent.

TRÉFILER, *v. a.* é, ée, *p.* faire passer par la filière.

TRÉFILERIE, *s. f.* machine pour tréfiler; atelier de tréfileur.

TRÉFILEUR, *s. m.* artisan qui tréfile.

TRÉFLE, *s. m.* plante vivace, à feuilles ternées, employée comme fourrage; une des couleurs noires du jeu de cartes qui a la forme de cette plante.

TRÉFLÉ, ÉE, *adj.* se dit des croix et des feuilles dont les extrémités sont terminées en tréfle.

TRÉFONCIER, *s. m.* propriétaire de bois sujets à certains droits.

TRÉFONDS, *s. m.* propriété des mines qui peuvent exister sous un terrain.

TREILLAGE, (*ll* m.) *s. m.* assemblage de lattes, etc., liées l'une à l'autre, pour faire des berceaux, des espaliers, etc.

TREILLAGER, (*ll* m.) *v. a.* é, ée, *p.* garnir de treillages.

TREILLAGEUR, (*ll* m.) *s. m.* celui qui fait des treillages.

TREILLE, (*ll* m.) *s. f.* berceau de ceps de vignes entrelacés; ceps de vignes contre un mur; *jus de la —*, le vin.

TREILLIS, (*ll* m.) *s. m.* barreaux de bois, de fer, qui se croisent; sorte de toile gommée; grosse toile à sacs; châssis divisé en carreaux.

TREILLISER, (*ll* m.) *v. a.* é, ée, *p.* garnir de treillis.

TREIZE, *adj. num.* dix et trois; treizième; —, *s. m.* le treizième jour.

TREIZIÈME, *adj.* 2 *g.* nombre d'ordre qui suit le douzième; *s.* 2 *g.* celui, celle qui occupe le 13e rang; —, *s. m.* la 13e partie d'un tout.

TREIZIÈMEMENT, *adv.* en treizième lieu.

TRELINGAGE, *s. m.* cordage terminé par plusieurs branches, t. de mar.

TRELINGUER, *v. a.* é, ée, *p.* faire usage du trelingage.

TRÉMA, *s. m.* deux points qu'on met sur une voyelle; *adj.* 2 *g.* surmonté de deux points.

TREMBLAIE, *s. f.* lieu planté de trembles.

TREMBLANT, E, *adj.* qui tremble.

TREMBLE, *s. m.* espèce de peuplier à feuilles pendantes très-mobiles.

TREMBLEMENT, *s. m.* agitation de celui ou de celle qui tremble; *fig.* grande crainte; cadence précipitée; — *de terre*, secousse qui ébranle violemment la terre.

TREMBLER, *v. n.* être agité par de fréquentes secousses; n'être pas ferme, s'ébranler facilement; *fig.* avoir grand'peur; avoir le frisson.

TREMBLEUR, EUSE, *s.* celui, celle qui tremble; *fig.* timide, craintif; sorte de poisson qui engourdit le bras dès qu'on le touche.

TREMBLOTANT, E, *adj.* qui tremblote.

TREMBLOTER, *v. n.* diminutif de trembler.

TREMELLE, *s. f.* genre d'algues.

TRÉMIE, *s. f.* grande auge carrée, et qui va en s'étrécissant, où l'on met le blé, qui de là tombe entre les meules; mesure pour le sel.

TREMIÈRE, *adj. f.* rose —, à fleurs par étages.

TRÉMOLITHE, *s. f.* minéral qu'on trouve dans les roches calcaires.

TRÉMOUSSEMENT, *s. m.* action de se trémousser.

TRÉMOUSSER, *v. n.* et *se*—, *v. pr.* s'agiter d'un mouvement vif et irrégulier; se donner beaucoup de mouvement pour... *fam.*

TREMPE, *s. f.* action de tremper le fer; qualité qu'il contracte quand on le trempe; humeur, caractère.

TREMPÉ, ÉE, *adj.* très-mouillé.

TREMPER, *v. a. é, ée, p.* mouiller en mettant dans un liquide; — *la soupe*, verser le bouillon sur des tranches de pain; — *son vin*, y mettre de l'eau; — *le fer, l'acier*, le tremper tout rouge dans une eau préparée pour le durcir; —, *v. n.* séjourner quelque temps dans un liquide; *fig.* participer.

TREMPERIE, *s. f.* lieu où l'on trempe le papier, *t. d'impr.*

TREMPLIN, *s. m.* planche inclinée et élastique où court un sauteur pour faire des sauts périlleux.

TRENTAINE, *s. f.* nombre de trente.

TRENTE, *adj. num. inv.* trois fois dix, trentième; — *et quarante*, jeu de cartes purement de hasard.

TRENTIÈME, *s. et adj. 2 g.* nombre ordinal; —, *s. m.* la 30° partie d'un tout.

TRÉPAN, *s. m.* sorte de vilebrequin propre à scier en tournant, et à percer les os, surtout ceux du crâne; opération faite avec cet instrument.

TRÉPANER, *v. a. é, ée, p.* faire l'opération du trépan.

TRÉPAS, *s. m.* décès, mort.

TRÉPASSEMENT, *s. m.* trépas.

TRÉPASSER, *v. n.* mourir de mort naturelle; *trépassé*, *s. m.* celui qui est mort.

TRÉPIDATION, *s. f.* tremblement, balancement qu'on attribuait au firmament, du Nord au Sud et du Sud au Nord.

TRÉPIED, *s. m.* ustensile de cuisine, qui a trois pieds; ancien siége à trois pieds.

TRÉPIGNEMENT, *s. m.* action de trépigner.

TRÉPIGNER, *v. n.* frapper des pieds contre terre, en les remuant vite et fréquemment.

TRÉPOINT, *s. m.* bande sur laquelle on coud une semelle.

TRÉPOINTE, *s. f.* cuir cousu entre deux autres.

TRÉPORT, *s. m.* pièce du château de poupe, *t. de mar.*

TRÈS, *particule* qui marque le superlatif, dans la qualité énoncée par l'adjectif, ou l'adv. auquel elle est jointe.

TRÉSAILLE, (*ll m.*) *s. f.* pièce de bois sur les brancards pour assujettir un tombereau.

TRÉSOR, *s. m.* amas d'or, d'argent, de choses précieuses; lieu où on le serre; *au pl.* grandes richesses; *fig.* ce qui est très-utile, excellent.

TRÉSORERIE, *s. f.* bénéfice, dignité dans certains chapitres; le trésor public, son local, ses employés.

TRÉSORIER, *s. m.* officier qui reçoit et distribue les deniers d'un prince, d'une communauté, d'un corps.

TRESSAILLEMENT, (*ll m.*) *s. m.* agitation, émotion subite et involontaire.

TRESSAILLIR, (*ll m.*) *v. n.* éprouver une agitation vive, subite et passagère.

TRESSAUT, *s. m.* tressaillement.

TRESSE, *s. f.* tissu plat de fils, cheveux, etc. entrelacés.

TRESSER, *v. a. é, ée, p.* faire une tresse.

TRESSEUR, EUSE, s. qui tresse.

TRÉTEAU, s. m. pièce de bois longue et étroite, portée sur quatre pieds, et qui soutient un échafaud, une table.

TREUIL, (l m.) s. m. machine formée d'un arbre ou essieu horizontal, auquel on attache des leviers.

TRÊVE, s. f. suspension d'hostilités, relâche; cessation momentanée.

TRÉVOUX, chef-lieu d'arr. du dép. de l'Ain.

TRIAGE, s. m. action de trier.

TRIAIRES, s. m. pl. soldats du 3e corps des légions romaines.

TRIANDRIE, s. f. classe de plantes à trois étamines.

TRIANGLE, s. m. figure qui a trois côtés et trois angles; constellation de trois étoiles.

TRIANGULAIRE, adj. 2 g. qui a trois angles; —, s. m. nom de certains muscles.

TRIANGULAIREMENT, adv. en triangle.

TRIANGULATION, s. f. art, action de tracer des triangles; ensemble de triangles tracés.

TRIANGULÉ, ÉE, adj. qui a trois angles, t. de bot.

TRIBOMÈTRE, s. m. machine pour mesurer les frottements, t. de phys.

TRIBORD, s. m. côté droit du vaisseau.

TRIBRAQUE, s. m. pied de vers grec ou latin composé de trois brèves.

TRIBU, s. f. chez quelques nations anciennes, division du peuple; peuplade.

TRIBULATION, s. f. adversité, affliction.

TRIBULE, s. f. plante annuelle qui croît aux pays chauds parmi les blés.

TRIBUN, s. m. magistrat de l'ancienne Rome, chargé des intérêts du peuple; — militaire, magistrat qui eut quelque temps à Rome l'autorité des consuls; membre du tribunat.

TRIBUNAL, s. m. siége des magistrats; juridiction d'un tribunat.

TRIBUNAT, s. m. charge de tribun; temps de l'exercice de cette charge; corps de magistrats qui était chargé de l'examen des lois.

TRIBUNE, s. f. lieu élevé d'où les orateurs parlent aux membres des assemblées délibérantes; lieu destiné aux auditeurs, dans ces assemblées; — sacrée, la chaire.

TRIBUNITIEN, NNE, adj. qui appartient aux tribuns, au tribunat.

TRIBUT, s. m. ce qu'un état paie à un autre pour marque de dépendance; impôt; fig. dette, devoir, ce qu'on est obligé de souffrir.

TRIBUTAIRE, s. m. et adj. 2 g. qui paie tribut.

TRICAPSULAIRE, adj. 2 g. qui a trois capsules, t. de bot.

TRICÉPHALE, adj. 2 g. à trois têtes.

TRICHER, v. a. 6, ée, p. tromper au jeu.

TRICHERIE, s. f. tromperie au jeu.

TRICHEUR, EUSE, s. celui, celle qui trompe au jeu.

TRICLINIUM, s. m. salle à manger chez les anciens, où étaient dressés trois lits.

TRICOISES, s. m. pl. tenailles de maréchal.

TRICOLOR, s. m. plante, espèce d'amaranthe; oiseau du genre des tangaras (oiseaux sylvains sans ramage).

TRICOLORE, adj. 2 g. de trois couleurs, rouge, bleu et blanc.

TRICOT, s. m. bâton gros et court; tissu tricoté.

TRICOTAGE, s. m. travail, ouvrage d'une personne qui tricote.

TRICOTER, v. a. 6, ée, p. former des mailles avec des fils et au moyen de longues aiguilles émoussées.

TRICOTEUR, EUSE, s. celui, celle qui tricote.

TRICTRAC, s. m. sorte de jeu; table sur laquelle on le joue.

TRICYCLE, *s. m.* sorte de voiture à trois roues.

TRIDACTYLE, *adj.* 2 g. qui a trois doigts à chaque pied, *t. d'hist. nat.*

TRIDENT, *s. m.* fourche à trois pointes.

TRIDENTÉ, ÉE, *adj.* à trois dents, *t. de bot.*

TRIÈDRE, *adj.* 2 g. à trois côtés, *t. de géom.*

TRIENNAL, E, *adj.* qui dure trois ans, qui revient tous les trois ans.

TRIENNALITÉ, *s. f.* durée de trois ans.

TRIENNAT, *s. m.* espace de trois ans.

TRIER, *v. a.* é, ée, *p.* choisir entre plusieurs.

TRIÉTÉRIDE, *s. f.* espace, révolution de trois ans.

TRIÉTÉRIQUE, *adj.* 2 g. qui arrive tous les trois ans.

TRIEUR, EUSE, *s.* celui, celle qui fait le triage.

TRIFIDE, *adj.* 2 g. fendu en trois, *t. de bot.*

TRIGAME, *adj.* 2 g. et *s. m.* marié à trois personnes à la fois.

TRIGAMIE, *s. f.* état du trigame.

TRIGAUD, E, *s. et adj.* tracassier, qui use de mauvaises finesses, *fam.*

TRIGAUDER, *v. n.* user de mauvaises ruses.

TRIGAUDERIE, *s. f.* action de trigaud.

TRIGLE, *s. m.* poisson de mer à très-grosse tête, dont la chair est estimée.

TRIGLYPHE, *s. m.* ornement d'architecture dans la frise de l'ordre dorique.

TRIGONE, *adj.* 2 g. à trois angles, à trois faces distinctes, *t. de bot.* ;—, *s. m.* instrument pour tracer les arcs des signes sur les cadrans.

TRIGONELLE, *s. f.* genre de plante légumineuse.

TRIGONOMÉTRIE, *s. f.* art de mesurer les triangles.

TRIGONOMÉTRIQUE, *adj.* 2 g. qui appartient à la trigonométrie.

TRIGONOMÉTRIQUEMENT *adv.* suivant les règles de la trigonométrie.

TRIGYNIE, *s. f.* sorte de plantes qui ont trois pistils.

TRIJUGUÉE, *adj. f.* se dit d'une feuille qui a trois folioles, *t. de bot.*

TRILATÉRAL, E, *adj.* qui a trois côtés.

TRILATÈRE, *s. m.* triangle.

TRILLIACÉES, *s. f. pl.* liliacées, *t. de bot.*

TRILLION, *s. m.* mille billions.

TRILOBÉ, ÉE, *adj.* à trois lobes, *t. de bot.*

TRILOCULAIRE, *adj.* 2 g. qui a trois loges, *t. de bot.*

TRILOGIE, *s. f.* dialogue à trois interlocuteurs.

TRIMBALER, *v. a.* é, ée, *p.* traîner partout.

TRIMER, *v. n.* aller vite; courir.

TRIMESTRE, *s. m.* espace de trois mois.

TRIN, ou *trine*, *adj. trine aspect*, situation de deux astres éloignés de 120 degrés.

TRINERVÉ, ÉE, *adj.* à trois nervures longitudinales, *t. de bot.*

TRINGA, *s. m.* oiseau, genre d'échassiers.

TRINGLE, *s. f.* baguette de fer qu'on passe dans les anneaux d'un rideau; baguette préparée.

TRINGLER, *v. a.* é, ée, *p.* tracer sur une pièce de bois une ligne droite avec un cordeau frotté de blanc ou de rouge.

TRINGLETTE, *s. f.* outil qui sert aux vitriers à ouvrir le plomb.

TRINITÉ, *s. f.* un seul Dieu en trois personnes; fête en l'honneur de la —.

TRINÔME, *s. m.* quantité composée de trois termes, *t. d'alg.*

TRINQUER, *v. n.* boire en choquant le verre.

TRINQUET, *s. m.* sur la Méditerranée, second arbre enté sur le maître mât d'une galère; mât et voile de l'avant d'une galère, *t. de mar.*

TRINQUETTE, *s. f.* voile triangulaire, espèce de voile latine.
TRIO, *s. m.* composition à trois parties, *t. de mus.*; trois personnes réunies.
TRIOECIE, *s. f.* dans le système de Linnée, 3e ordre de la 23e classe des plantes.
TRIOLET, *s. m.* petite pièce de poésie française.
TRIOMPHAL, E, *adj.* appartenant au triomphe.
TRIOMPHALEMENT, *adv.* en triomphe.
TRIOMPHANT, E, *adj.* qui triomphe; *fig.* victorieux; pompeux.
TRIOMPHATEUR, *s. m.* général d'armée qui entrait en triomphe dans Rome; celui qui a remporté une victoire; *le fém.* triomphatrice, peu usité.
TRIOMPHE, *s. m.* honneur accordé chez les Romains à un général victorieux; victoire, grand succès; —, *s. f.* sorte de jeu de cartes.
TRIOMPHER, *v. n.* recevoir les honneurs du triomphe; vaincre; *fig.* remporter un avantage; être ravi de joie; tirer vanité.
TRIPAILLE, (ll m.) *s. f.* entrailles des animaux.
TRIPARTIBLE, *adj. 2 g.* susceptible de trois divisions spontanées.
TRIPARTITE, *adj. f.* divisée en trois.
TRIPE, *s. f.* boyaux d'un animal.
TRIPERIE, *s. f.* lieu où l'on vend les tripes.
TRIPÉTALE, ou tripétalé, ée, *adj.* se dit d'une fleur à trois pétales ou feuilles, *t. de bot.*
TRIPETTE, *s. f.* petite tripe.
TRIPHANE, *s. f.* minéral brillant susceptible de trois divisions nettes.
TRIPHTHONGUE, *s. f.* triple voix, triple son; se dit improprement du concours de trois voyelles.
TRIPHYLLE, *adj. 2 g.* composé de trois feuilles, *t. de bot.*
TRIPIER, ÈRE, *s.* qui vend des tripes.
TRIPLE, *adj. 2 g.* contenant trois fois une grandeur; —, *s. m.* trois fois autant.
TRIPLE CROCHE, *s. f.* note qui vaut la moitié d'une double croche, *t. de mus.*
TRIPLEMENT, *s. m.* augmentation jusqu'au triple; *adv.* en trois façons.
TRIPLER, *v. a. é, ée, p.* rendre triple; —, *v. n.* devenir triple.
TRIPLICATA, *s. m. inv.* troisième copie.
TRIPLICITÉ, *s. f.* quantité triplée.
TRIPLINERVÉE, *adj. f.* se dit d'une feuille dont les trois nervures sont réunies au-dessous de la base.
TRIPOLI, *s. m.* espèce d'argile ferrugineuse qui sert à polir les métaux.
TRIPOLIR, *v. a.* i, ie, *p.* nettoyer avec le tripoli.
TRIPOT, *s. m.* maison de jeu.
TRIPOTAGE, *s. m.* mélange malpropre et qui dégoûte; *fig.* intrigue.
TRIPOTER, *v. a.* é, ée, *p.* et *v. n.* faire du tripotage.
TRIPOTIER, *s. m.* chef d'un tripot; qui fait des tripotages.
TRIPTÈRE, *adj. 2 g.* à trois ailes, *t. de bot.*
TRIPTÉRYGIEN, *adj. m.* se dit d'un poisson qui a trois nageoires.
TRIQUE, *s. f.* gros bâton.
TRIQUER, *v. a.* é, ée, *p.* trier le bois.
TRIQUÊTRE, *adj. 2 g.* à trois faces, *t. de bot.*
TRIQUOISES, *s. f. pl.* sorte de tenailles tranchantes.
TRIRÈME, *s. f.* galère à trois rangs de rames.
TRISAÏEUL, E, *s.* le père, la mère du bisaïeul ou de la bisaïeule.
TRISANNUEL, LLE, *adj.* qui dure trois ans, *t. de bot.*
TRISECTION, *s. f.* division en trois parties égales, *t. de géom.*
TRISPASTE, *s. f.* ou trispaston, *s. m.* machine à trois poulies pour soulever de gros fardeaux.

TRISPERME, *adj.* 2 g. portant trois graines, *t. de bot.*
TRISSYLLABE, *s. et adj.* 2 g. qui est de trois syllabes.
TRISTE, *adj.* 2 g. affligé, mélancolique, pénible; affligeant, en parlant des choses; obscur.
TRISTEMENT, *adv.* d'une manière triste.
TRISTESSE, *s. f.* affliction, déplaisir, mélancolie.
TRISULCE, *adj.* 2 g. à pieds divisés en trois.
TRITERNÉ, ÉE, *adj.* trois fois terné; *feuilles* —, posées par trois sur un pétiole commun.
TRITON, *s. m.* dieu marin; intervalle dissonant de trois tons entiers, *t. de mus.*
TRITURABLE, *adj.* 2 g. qui peut être trituré.
TRITURATION, *s. f.* réduction d'un corps en poudre; action de broyer sous les dents.
TRITURER, *v. a.* é, ée, *p.* réduire en poudre, broyer.
TRIUMVIR, *s. m.* chez les anciens Romains, magistrat chargé, avec deux collègues, d'une partie de l'administration.
TRIUMVIRAL, E, *adj.* qui appartient aux triumvirs.
TRIUMVIRAT, *s. m.* gouvernement des triumvirs.
TRIVALVE, *adj.* 2 g. se dit d'une capsule à trois valves, *t. de bot.*
TRIVIAIRE, *adj.* 2 g. se dit d'un carrefour où aboutissent trois rues, trois chemins.
TRIVIAL, E, *adj.* (au pl. *triviaux*) usé, rebattu.
TRIVIALEMENT, *adv.* d'une manière triviale.
TRIVIALITÉ, *s. f.* qualité de ce qui est trivial; chose triviale.
TROC, *s. m.* échange.
TROCHAÏQUE, *adj.* 2 g. composé de trochées.
TROCHE, *s. m.* coquillage univalve.
TROCHÉE, *s. m.* pied de vers grec ou latin de deux syllabes, une longue et une brève.
TROCHET, *s. m.* fleurs ou fruits qui croissent comme par bouquets.

TROÈNE, *s. m.* sorte d'arbrisseau.
TROGLODYTES, *s. m. pl.* peuple fabuleux d'Afrique qui vivait dans des cavernes; ceux qui habitent sous terre; —, *s. m.* espèce de passereau.
TROGNE, *s. f.* visage plein et qui a quelque chose de facétieux.
TROGNON, *s. m.* le milieu d'un fruit dont on a ôté tout ce qui était bon à manger.
TROIS, *adj. num. inv.* deux et un; —, *s. m.* carte marquée de trois points; troisième.
TROISIÈME, *adj.* 2 g. nombre ordinal de trois; qui est après le deuxième; —, *s. m.* écolier qui étudie dans la troisième classe.
TROISIÈMEMENT, *adv.* en troisième lieu.
TROIS-QUARTE, *s. f.* grosse lime triangulaire.
TRÔLER, *v. a.* é, ée, *p.* mener de tous côtés avec importunité; —, *v. n.* courir çà et là.
TROMBE, *s. f.* tourbillon d'eau et d'air qui s'élève de la mer.
TROMBLON, *s. m.* gros pistolet à bouche évasée.
TROMBONE, *s. f.* espèce de trompette; *s. m.* celui qui en joue.
TROMPE, *s. f.* tuyau d'airain recourbé dont on se sert à la chasse; trompette; museau de l'éléphant qui s'allonge et se recourbe; partie avec laquelle des insectes ailés sucent et tirent ce qui est propre pour leur nourriture; petit instrument de fer; *au pl.* coquilles de mer de forme spirale.
TROMPE-L'OEIL, *s. m. inv.* tableau dont le fond imite un verre cassé, un carton, *t. de peint.*
TROMPER, *v. a.* é, ée, *p.* user d'artifice pour induire en erreur; donner lieu à une méprise; ne pas répondre à l'attente de quelqu'un; — *ses ennuis*, se distraire de; *se* —, *v. pr.* être dans l'erreur.
TROMPERIE, *s. f.* fraude.
TROMPETER, *v. a.* é, ée, *p.* publier, crier à son de trompe;

divulguer; —, *v. n.* se dit du cri de l'aigle.

TROMPETTE, *s. f.* tuyau de métal dont on sonne à la guerre et dans les réjouissances publiques.

TROMPETTE, *s. m.* celui qui sonne de la trompette; celui qui publie ce qu'il sait.

TROMPEUR, EUSE, *s. et adj.* qui trompe.

TRONC, *s. m.* corps principal d'un arbre; *fig.* souche d'une même famille; partie du corps humain, composée de l'épine, du thorax et du bassin; boîte pour recueillir les aumônes.

TRONCHET, *s. m.* gros billot de bois qui porte sur trois pieds.

TRONÇON, *s. m.* morceau coupé ou rompu d'une plus grosse pièce; morceau coupé de certains poissons.

TRONÇONNER, *v. a.* é, ée, *p.* couper par morceaux.

TRÔNE, *s. m.* siége royal; *fig.* la puissance souveraine; *au pl.* un des neuf chœurs des anges.

TRONQUÉ, ÉE, *adj.* terminé par une ligne transversale.

TRONQUER, *v. a.* é, ée, *p.* retrancher une partie de....

TROP, *adv.* de quantité, plus qu'il ne faut; ce qu'il y a en plus.

TROPE, *s. m.* emploi d'une expression dans un sens figuré, *t. de rhét.*

TROPHÉE, *s. m.* dépouille d'un vaincu; assemblage d'armes pour servir de monument d'une victoire, etc.; victoire; *fig.* faire —, tirer vanité.

TROPIQUE, *s. m.* petit cercle de la sphère, parallèle à l'équateur; *adj.* année—; qui s'écoule d'un équinoxe au même équinoxe de l'année suivante.

TROQUER, *v. a.* é, ée, *p.* échanger.

TROQUEUR, EUSE, *s.* celui, celle qui troque.

TROT, *s. m.* allure des chevaux, etc., entre le pas et le galop.

TROTTE, *s. f.* espèce de chemin.

TROTTE-MENU, *b, adj.* qui trotte vite et à petits pas.

TROTTER, *v. n.* aller le trot; marcher beaucoup, *fam.*

TROTTEUR, *s. m.* cheval dressé à n'aller que le trot.

TROTTIN, *s. m.* petit laquais.

TROTTINER, *v. n.* diminutif de trotter.

TROTTOIR, *s. m.* chemin élevé, pratiqué le long des quais et des rues, pour les gens à pied.

TROU, *s. m.* ouverture d'une longueur et d'une largeur à peu près égales; *au trictrac*, avantage de douze points.

TROUBADOUR, *s. m.* ancien poète provençal.

TROUBLE, *adj. 2 g.* brouillé, peu clair; —, *s. m.* brouillerie, désordre; *au pl.* désordres populaires, guerres civiles; agitation de l'esprit; atteinte à la propriété d'autrui.

TROUBLEAU, *s. m.* filet, instrument de pêche.

TROUBLE-FÊTE, *s. m.* importun qui trouble la joie.

TROUBLER, *v. a.* é, ée, *p.* rendre trouble; *fig.* apporter du trouble; interrompre; intimider; inquiéter dans la possession d'un bien; *se* —, *v. pr.* devenir trouble; s'embarrasser.

TROUÉE, *s. f.* abatis fait à dessein; ouverture dans l'épaisseur d'une haie; passage à travers l'ennemi.

TROUER, *v. a.* é, ée, *p.* faire un trou.

TROU-MADAME, *s. m.* (*au pl. trous-madame*) sorte de jeu de boules.

TROUPE, *s. f.* multitude d'hommes ou d'animaux; corps d'armée; *au pl.* armée.

TROUPEAU, *s. m.* troupe d'animaux qui sont dans un même lieu; *fig.* peuple d'un diocèse, d'une paroisse.

TROUSSE, *s. f.* faisceau de plusieurs choses liées ensemble; carquois; étui de barbier, de chirurgien; *au pl.* chausses que portaient les pages; être aux—, *fam.* à la poursuite; *en* —, en croupe.

TROUSSÉ, ÉE, *adj.* dont les

vêtements sont relevés; bien joli, bien fait; *fam.*

TROUSSE-QUEUE, *s. m.* cuir qui enveloppe et retrousse la queue d'un cheval.

TROUSSE-QUIN, *s. m.* pièce de bois cintrée qui s'élève sur le derrière d'une selle.

TROUSSER, *v. a.* é, ée, *p.* replier, relever; — *bagage*, partir brusquement; expédier précipitamment.

TROUSSIS, *s. m.* pli qu'on fait à une robe, etc., pour la raccourcir.

TROUVABLE, *adj.* 2 g. qu'on peut trouver.

TROUVAILLE, (Il m.) *s. f.* chose trouvée heureusement.

TROUVÈRE, *s. m.* ou *trouveur*, troubadour.

TROYES, chef-lieu du département de l'Aube.

TRUAND, E, *adj.* fainéant, vaurien, mendiant.

TRUANDAILLE, (Il m.) *s. f.* ceux qui truandent; *pop.*

TRUANDER, *v. n.* mendier.

TRUANDERIE, *s. f.* métier de truand.

TRUBLE, *s. f.* petit filet de pêcheur, en entonnoir, au bout d'une perche.

TRUBLEAU, *s. m.* petite truble.

TRUC, *s. m.* secret, manière de faire.

TRUCHEMAN, ou *truchement*, interprète.

TRUCHER, *v. n.* mendier par fainéantise, *pop.*

TRUCHEUR, EUSE, *s.* celui, celle qui truche.

TRUDAINE, *s. f.* niaiserie, moquerie; —, *adj.* 2 g. enjoué, plaisant, *v. m.*

TRUELLE, *s. f.* instrument de maçon pour employer le plâtre.

TRUELLÉE, *s. f.* quantité de plâtre qui peut tenir sur une truelle.

TRUELLETTE, *s. f.* petite truelle.

TRUFFE, *s. f.* substance végétale souterraine sans tiges, ni racines, odorante et fort recherchée comme aliment, dont le mode de reproduction est inconnu.

TRUFFER, *v. a.* é, ée, *p.* garnir de truffes; tromper.

TRUFFERIE, *s. f.* tromperie.

TRUFFEUR, *s. m.* trompeur.

TRUFFIÈRE, *s. f.* lieu où il vient des truffes.

TRUIE, *s. f.* femelle du porc.

TRUITE, *s. f.* poisson de rivière; — *saumonée*, qui tient de la couleur et du goût du saumon.

TRUITON, *s. m.* petite truite.

TRUMEAU, *s. m.* espace d'un mur entre deux fenêtres; glace qui occupe cet espace; jarret de bœuf, quand il est coupé pour être mangé.

TU, pron. de la 2e pers. du sing. *toi*, *te*.

TUABLE, *adj.* 2 g. qu'on peut tuer.

TUAGE, *s. m.* peine de tuer et d'accommoder un cochon.

TUANT, E, *adj.* fatigant; *fig.* ennuyeux.

TU-AUTEM, *s. m. inv.* pris du latin; le point essentiel; la difficulté, *fam.*

TUBE, *s. m.* tuyau, corps d'un figure cylindrique et creux; partie inférieure d'une corolle monopétale; *t. de bot.*

TUBERCULE, *s. m.* petite excroissance qui survient à une feuille, à une racine, à la peau; petit abcès au poumon.

TUBERCULEUX, EUSE, *adj.* garni de tubercules.

TUBÉREUSE, *s. f.* fleur très odorante, à racine bulbeuse; *adj. racine —*, charnue et plus ou moins renflée.

TUBÉROSITÉ, *s. f.* petite tumeur; éminence raboteuse, inégalité sur quelques parties du corps.

TUBULÉ, ÉE, *adj.* garni d'un tube.

TUBULEUX, EUSE, *adj.* en forme de tubes.

TUBULURE, *s. f.* ouverture d'un vaisseau chimique destiné à recevoir un tube.

TUDIEU, exclamation de surprise.

TUE-TÊTE (à), *adv.* de toute sa force.

TUER, *v. a. é, ée, p.* ôter la vie d'une manière violente; par exagération, fatiguer excessivement; détruire, — *le temps*, s'amuser à des riens; *se —*, *v. pr.* se trop fatiguer, se tourmenter.

TUERIE, *s. f.* carnage, massacre.

TUEUR, *s. m.* bretteur, assassin.

TUE-VENT, *s. m.* abri de paillassons ou de planches.

TUF, *s. m.* pierre tendre blanchâtre.

TUFIER, ÈRE, *adj.* qui est de la nature du tuf.

TUGUE, *s. f.* espèce d'auvent de la chambre de poupe, *t. de mar.*

TUILE, *s. f.* terre cuite qui sert à couvrir les toits; ustensile pour coucher le poil du drap.

TUILEAU, *s. m.* morceau de tuile.

TUILER, *v. a. é, ée, p.* polir le drap avec la tuile.

TUILERIE, *s. f.* lieu où l'on fait de la tuile; *les —*, jardin royal et public à Paris.

TUILIER, *s. m.* ouvrier qui fait des tuiles.

TULIPE, *s. f.* plante bulbeuse, genre de liliacées.

TULIPIER, *s. m.* arbre d'Amérique.

TULLE, *s. m.* espèce de dentelle.

TULLE, chef-lieu du département de la Corrèze.

TUMÉFACTION, *s. f.* enflure, tumeur.

TUMÉFIER, *v. a. é, ée, p.* causer une tumeur; *—*, *v. n.* devenir enflé.

TUMEUR, *s. f.* enflure accidentelle en quelque partie du corps.

TUMULAIRE, *adj. 2 g.* de tombeau.

TUMULTE, *s. m.* grand bruit accompagné de désordre; trouble.

TUMULTUAIRE, *adj. 2 g.* fait avec tumulte.

TUMULTUAIREMENT, *adv.* d'une manière tumultueuse.

TUMULTUEUSEMENT, *adv.* en tumulte.

TUMULTUEUX, EUSE, *adj.* qui se fait avec tumulte.

TUNICELLE, *s. f.* petite tunique, *t. de bot.*

TUNIQUE, *s. f.* vêtement de dessous des anciens; habillement que l'évêque porte sous la chasuble quand il officie; dalmatique; pellicule.

TUNIQUÉ, ÉE, *adj.* couvert de plusieurs tuniques, *t. de bot.*

TURBAN, *s. m.* coiffure de plusieurs peuples de l'Orient.

TURBINÉ, ÉE, *adj.* en cône renversé, *t. de conchyl.*

TURBINELLE, *s. f.* testacé univalve.

TURBINITE, *s. f.* coquille fossile en spirale.

TURBOT, *s. m.* poisson de mer plat.

TURBOTIÈRE, *s. f.* vase de cuivre à double fond pour faire cuire le poisson.

TURBOTIN, *s. m.* petit turbot.

TURBULEMMENT, *adv.* d'une manière turbulente.

TURBULENCE, *s. f.* caractère de celui qui est turbulent; vivacité bruyante.

TURBULENT, E, *adj.* porté à faire du bruit, à exciter du trouble.

TURC, TURQUE, *s. et adj.* qui est de Turquie; *fig.* homme inexorable, sans pitié; *le grand —*, le sultan.

TURCIE, *s. f.* levée pour empêcher le débordement d'une rivière.

TURELURE, *s. f.* refrain de chanson.

TURION, *s. m.* bourgeon radical des plantes vivaces.

TURLUPIN, *s. m.* acteur de l'ancienne farce; mauvais plaisant.

TURLUPINADE, *s. f.* plaisanterie fondée sur un mauvais jeu de mots.

TURLUPINER, *v. n.* faire des turlupinades; *—*, *v. a. é, ée, p.* tourner en ridicule.

TURLURETTE, *s. f.* sorte de guitare de mendiant, sous Charles VI.

TURLUTAINE, s. f. serinette.
TURNEP, s. m. espèce de gros navet.
TURPITUDE, s. f. action honteuse; ignominie qui en résulte.
TURQUET, s. m. petit chien; froment à épi bleu.
TURQUIN, adj. m. bleu —, foncé, couvert.
TURQUOISE, s. f. pierre bleue la plus précieuse des pierres opaques.
TUSCULANES, s. f. pl. œuvres philosophiques de Cicéron.
TUSSILAGE, s. m. plante corymbifère.
TUTE, s. f. creuset à pates, terminé inférieurement en pointe.
TUTÉLAIRE, adj. 2 g. qui tient sous sa garde, sous sa protection.
TUTELLE, s. f. autorité sur la personne et les biens d'un mineur.
TUTEUR, TUTRICE, s. celui, celle qui a la tutelle de quelqu'un; perche, bâton qui soutient un arbre, une plante.
TUTOIEMENT, ou tutoiment, s. m. action de tutoyer.
TUTOYER, v. a. é, ée, p. user des mots tu et toi, en parlant à quelqu'un.
TUTOYEUR, s. m. celui qui tutoie habituellement.
TUYAU, s. m. tube ou canal de métal, de bois, de terre cuite, etc.; ouverture de la cheminée depuis le manteau jusqu'en haut; bout creux de la plume des oiseaux; tige du blé et des autres plantes, quand elle est creuse.
TUYÈRE, s. f. ouverture d'un fourneau où l'on place les becs des soufflets.
TYMPAN, s. m. membrane du conduit auditif de l'oreille; châssis sur lequel est collé un parchemin; panneau renfermé entre deux moulures, t. de menuis.; pignon enté sur son arbre et qui engrène dans les dents d'une roue.
TYMPANISER, v. a. é, ée, p. se moquer publiquement de quelqu'un.
TYMPANON, s. m. instrument de musique, à cordes de laiton, qu'on touche avec deux baguettes.
TYPE, s. m. modèle; figure originale; figure, symbole; emblème; — des éclipses, leur description graphique.
TYPHUS, s. m. fièvre contagieuse, avec prostration de forces.
TYPIQUE, adj. 2 g. symbolique, allégorique.
TYPOGRAPHE, s. m. imprimeur.
TYPOGRAPHIE, s. f. art de l'imprimerie.
TYPOGRAPHIQUE, adj. 2 g. qui concerne la typographie.
TYPOGRAPHIQUEMENT, adv. à la manière des typographes.
TYPOLITHES, s. f. pl. empreintes de corps organisés sur les pierres.
TYRAN, s. m. celui qui a usurpé le pouvoir souverain; prince injuste et cruel; quiconque abuse de son autorité en société, dans sa famille, etc.
TYRANNEAU, s. m. tyran subalterne; fam. sorte de roitelet.
TYRANNICIDE, s. et adj. 2 g. qui tue un tyran.
TYRANNIE, s. f. domination usurpée, illégale; gouvernement injuste et cruel; fig. toute sorte d'oppression et de violence.
TYRANNIQUE, adj. 2 g. qui tient de la tyrannie.
TYRANNIQUEMENT, adv. d'une manière tyrannique.
TYRANNISER, v. a. é, ée, p. gouverner tyranniquement.
TZAR, v. czar.

U.

U, s. m. cinquième voyelle; 21e lettre de l'alphabet.
UBERTÉ, s. f. abondance.
UBIQUISTE, s. m. personne à qui tous les lieux sont indifférents.

UBIQUITAIRE, *s. m.* secte de protestants.
UKASE, *s. m.* édit du czar.
ULCÉRATION, *s. f.* ulcère superficiel ; *fig.* ressentiment.
ULCÈRE, *s. m.* solution de continuité dans une partie molle avec écoulement de matière et tendance à ne pas cicatriser.
ULCÉRER, *v. a.* é, ée, *p.* produire un ulcère ; *fig.* faire naître la haine ; s' —, *v. pr.* dégénérer en ulcère.
ULIGINAIRE, *adj.* 2 *g.* qui croit dans les lieux ulìgineux, *t. de bot.*
ULIGINEUX, EUSE, *adj.* très-humide.
ULMAIRE, *s. f.* espèce de plante.
ULTÉRIEUR, E, *adj.* qui est au-delà, *t. de géog.*; qui vient après.
ULTÉRIEUREMENT, *adv.* par-delà, outre, depuis ce qui a été dit ou fait.
ULTIMATUM, *s. m. inv.* dernières conditions qu'on met à un traité et auxquelles on tient irrévocablement.
ULTRA, *s. m.* (*un s. au pl.*) homme exagéré dans ses opinions politiques.
ULTRAMONDAIN, E, *adj.* qui est au-delà du monde, *t. de phys.*
ULTRAMONTAIN, *s. m.* partisan de la souveraineté absolue du pape ;—, E, *adj.* qui est situé, qui habite au-delà des Alpes.
ULVE, *s. f.* genre d'algues, *t. de bot.*
UMBLE, *s. m.* onble, chevalier ou humble, poisson du genre du saumon.
UN, *s. m.* le premier de tous les nombres ; le chiffre qui marque l'unité ; *un à un*, l'un après l'autre ; *les uns et les autres*, tout le monde sans distinction.
UN, UNE, *adj.* seul, unique, simple.
UNANIME, *adj.* 2 *g.* qui réunit tous les suffrages.
UNANIMEMENT, *adv.* d'une commune voix.
UNANIMITÉ, *s. f.* conformité de sentiments ; universalité des suffrages.
UNAU, *s. m.* mammifère tardigrade d'Amérique, une des deux espèces de paresseux.
UNCIFORME, *adj.* 2 *g.* crochu.
UNGULÉ, ÉE, *adj.* qui a le pied garni de corne.
UNI, E, simple, égal, sans aspérités ; *fig. manières unies*, simples ; *l'* —, *s. m.* ce qui est d'une seule couleur.
UNI, *adv.* uniment.
UNIÈME, *adj.* 2 *g.* nombre d'ordre ; il ne s'emploie qu'avec les nombres 20, 30, 40, 50, 60, 80, 100, 1,000 ; vingt et unième du mois.
UNIÈMEMENT, *adv.* s'emploie avec les mêmes nombres que unième.
UNIFLORE, *adj.* 2 *g.* qui ne porte qu'une fleur, *t. de bot.*
UNIFORME, *s. m.* habit militaire ; —, *adj.* 2 *g.* semblable à toutes ses parties, conforme ; toujours égal, trop peu varié.
UNIFORMÉMENT, *adv.* avec uniformité.
UNIFORMITÉ, *s. f.* ressemblance d'une chose avec elle-même ou de plusieurs choses entre elles.
UNILABIÉE, *adj. f.* se dit d'une corolle irrégulière, et qui ne s'ouvre que d'un côté, *t. de bot.*
UNILATÉRAL, E, *adj.* qui vient d'un seul côté, qui n'a qu'un seul côté, *t. de bot.*
UNILOCULAIRE, *adj.* 2 *g.* qui n'a qu'une loge, *t. de bot.*
UNIMENT, *adv.* également, simplement.
UNION, *s. f.* jonction de deux ou de plusieurs choses ; *fig.* concorde, société ; *t. de manége*, ensemble d'un cheval.
UNIQUE, *adj.* 2 *g.* seul dans son espèce ; excellent en son genre ; singulier.
UNIQUEMENT, *adv.* exclusivement ; préférablement.
UNIR, *v. a.* i, ie, *p.* joindre ; rendre égal ; polir ; aplanir.
UNISSON, *s. m.* accord de

plusieurs voix ou instruments qui ne font entendre qu'un même ton.

UNITAIRES, *s. m. pl.* sociniens.

UNITÉ, *s. f.* tout individu, toute grandeur considérée isolément, et comme ne faisant qu'un tout; opposé à pluralité; identité.

UNIVALVE, *s. m. et adj. 2 g.* se dit des testacés dont la coquille n'est composée que d'une pièce, et d'un péricarpe qui s'ouvre d'un seul côté.

UNIVERS, *s. m.* le monde entier; la terre.

UNIVERSALITÉ, *s. f.* généralité, les genres et les espèces; totalité; qualité d'une proposition universelle.

UNIVERSEL, *s. m. (pl. universaux)* ce qu'il y a de commun dans les individus d'un même genre, *t. de log.*

UNIVERSEL, LLE, *adj.* général, qui s'étend à tout et partout, qui embrasse tout.

UNIVERSELLEMENT, *adv.* généralement.

UNIVERSITAIRE, *adj. 2 g.* qui tient de l'université, qui a rapport à l'université.

UNIVERSITÉ, *s. f.* corps des professeurs chargés par l'autorité publique d'enseigner les langues, les belles-lettres et les sciences, dans les écoles publiques.

UNIVOCATION, *s. f.* caractère de ce qui est univoque.

UNIVOQUE, *adj. 2 g.* se dit des noms communs à plusieurs choses.

UNONE, *s. f.* plante des Indes.

URANE, *s. m.* métal gris et peu fusible découvert en 1789.

URANIE, *s. f.* muse de l'astronomie; genre de lépidoptères.

URANOGRAPHIE, *s. f.* description du ciel.

URANOMÉTRIE, *s. f.* art de mesurer les astres.

URANUS, *s. m.* planète la plus éloignée de la terre et dont la révolution se fait en 84 ans.

URATE, *s. m.* nom générique des sels formés par la combinaison de l'acide urique avec différentes bases, *t. de chim.*

URBAIN, E, *adj.* qui a rapport à la ville.

URBANITÉ, *s. f.* politesse que donne l'usage du monde.

URCÉOLE, ÉE, *adj.* se dit des calices ventrus et rétrécis vers leur orifice.

URÈDE, ou *uredo*, *s. m.* très-petit champignon formant une tâche colorée qu'on voit sur les feuilles et sur les écorces.

URÉE, *s. f.* substance particulière de l'urine.

URÈTRE, ou *urèthre*, *s. m.* canal par où sort l'urine.

URGENCE, *s. f.* qualité de ce qui est urgent; nécessité d'agir ou de décider sans délai.

URINAIRE, *adj. 2 g.* qui a rapport à l'urine.

URINAL, *s. m.* vase à col incliné où les malades urinent commodément.

URINE, *s. f.* fluide excrémentiel dont la sécrétion se fait dans les reins, et qui sort de la vessie par l'urètre.

URINER, *v. a. é, ée, p.* évacuer l'urine.

URINEUX, EUSE, *adj.* de la nature de l'urine, qui en a l'odeur.

URIQUE, *adj. acide —*, qu'on trouve dans l'urine, qui paraît formé par l'urée.

URNE, *s. f.* vase antique qui servait à renfermer les cendres des morts, à recevoir les billets pour tirer au sort, etc.; vase sur lequel on appuie les figures des fleuves; vase de forme antique.

URUS, *s. m.* taureau sauvage de Lithuanie.

US, *s. m. pl.* usages d'un pays.

USAGE, *s. m.* coutume; pratique reçue; emploi; manière de parler une langue; droit de se servir de la propriété d'un autre; expérience; habitude; *au pl.* livres dont on se sert pour l'office divin.

USAGER, *s. m.* qui a droit de pacage.

USANCE, *s. f.* terme de trente

jours pour payer une lettre de change.

USÉ, ÉE, *adj.* détérioré, détruit, épuisé, altéré, passé de mode; vulgaire.

USER, *v. n.* faire usage, se servir de ; —, *v. a.* é, ée, *p.* consommer, détériorer imperceptiblement, fatiguer, épuiser, émousser, diminuer en frottant ; *s'—*, *v. pr.* se détériorer, se détruire par l'usage.

USINE, *s. f.* établissement pour une forge, etc.; ensemble des machines d'une manufacture.

USITÉ, ÉE, *adj.* qui est en usage.

USQUEBAC, *escubac*, ou *scubac*, *s. m.* liqueur spiritueuse dont la base est le safran.

USSEL, chef-lieu d'arrond. du dép. de la Corrèze.

USTENSILE, *s. m.* petit meuble de ménage, surtout de cuisine; ce que l'hôte doit fournir au soldat qui loge chez lui; subside payée en place de l'ustensile.

USTION, *s. f.* action de brûler, effet du cautère actuel, *t. de chir.;* calcination, *t. de chim.*

USUEL, LLE, *adj.* dont on se sert ordinairement.

USUELLEMENT, *adv.* communément.

USUFRUCTUAIRE, *adj.* 2 g. qui ne donne que la faculté de jouir des fruits.

USUFRUIT, *s. m.* jouissance des fruits, des revenus d'un bien dont on n'a pas la propriété.

USUFRUITIER, ÈRE, *s.* celui, celle qui a l'usufruit.

USURAIRE, *adj.* 2 g. où il y a usure.

USURAIREMENT, *adv.* d'une manière usuraire.

USURE, *s. f.* intérêt de l'argent à un taux illégal; profit illégitime; détérioration d'une chose par l'usage; *avec —*, en rendant plus qu'on n'a reçu.

USURIER, ÈRE, *s.* celui, celle qui prête à usure.

USURPATEUR, TRICE, *s.* celui, celle qui usurpe.

USURPATION, *s. f.* action d'usurper.

USURPER, *v. a.* é, ée, *p.* s'emparer par force ou par ruse ; *fig.* obtenir sans mériter ; *v. n.* empiéter sur les droits d'autrui.

UT, *s. m.* première et dernière note de la gamme.

UTÉRIN, E, *adj.* né d'une même mère seulement et non du même père.

UTILE, *adj.* 2 g. avantageux, profitable, qui sert ou peut servir à ; —, *s. m.* ce qui est utile.

UTILEMENT, *adv.* d'une manière utile.

UTILISER, *v. a.* é, ée, *p.* rendre utile.

UTILITÉ, *s. f.* profit, avantage qu'on tire du service des choses; usage, secours.

UTINET, *s. m.* petit maillet de tonnelier.

UTOPIE, *s. f.* plan d'un gouvernement imaginaire, où tout est réglé pour le mieux.

UTRICULE, *s. f.* petite vessie, cellule, *t. de bot.*

UVÉE, *s. f.* seconde tunique du globe de l'œil.

UVULE, *s. f.* luette.

UZÈS, chef-lieu d'arrond. du dép. du Gard.

V.

V, *s. m.* 17e consonne et 22e lettre de l'alphabet; lettre numérale, 5 en chiffre romain.

VA, *adv.* soit, d'accord.

VACANCE, *s. f.* temps pendant lequel une place n'est pas remplie; *au pl.* temps pendant lequel cessent les études des collèges, les séances des tribunaux.

VACANT, E, *adj.* qui n'est plus occupé, qui est à remplir; qui n'est pas réclamé.

VACARME, *s. m.* grand bruit.

VACATION, *s. f.* métier, profession; temps qu'une personne publique emploie à quelque affaire; honoraires pour son travail; *au pl.* cessation annuelle des séances des tribunaux; *chambre des —*, qui administre la justice pendant les vacations.

VACCIN, *s. m.* virus particulier aux vaches employé pour vacciner.

VACCINABLE, *adj.* 2 g. qui peut être vacciné.

VACCINAL, E, *adj.* qui a rapport à la vaccine.

VACCINATEUR, *s. m.* médecin qui vaccine.

VACCINATION, *s. f.* inoculation de la vaccine.

VACCINE, *s. f.* maladie boutonneuse particulière aux vaches, et qui, inoculée aux enfants, les préserve de la petite vérole.

VACCINER, *v. a. é, ée, p.* inoculer le vaccin ou la vaccine.

VACHE, *s. f.* femelle du taureau ; grand coffre plat pour mettre sur les voitures ; — à *lait*, *fam.* personne ou chose dont on tire un profit continuel.

VACHER, ÈRE, *s.* gardeur de vaches.

VACHERIE, *s. f.* étable à vaches.

VACILLANT, E, *adj.* qui vacille ; *fig.* irrésolu.

VACILLATION, *s. f.* mouvement de ce qui vacille ; *fig.* irrésolution.

VACILLER, *v. n.* chanceler, se balancer légèrement ; *fig.* hésiter.

VACUITÉ, *s. f.* état d'une chose vide, *t. de phys. et de méd.*

VADE, *s. f.* mise au jeu.

VADEMECUM, *s. m.* (mots latins) chose qu'on porte ordinairement avec soi ; (sans pl.).

VA-ET-VIENT, *s. m.* machine adaptée au dévidoir.

VAGABOND, E, *adj. et s.* vaurien sans domicile ; *fig.* fainéant.

VAGABONDAGE, *s. m.* état de vagabond.

VAGABONNER, *v. n.* être vagabond ; faire le vagabond.

VAGIR, *v. n.* pousser des vagissements.

VAGISSEMENT, *s. m.* cri des enfants nouveau-nés.

VAGUE, *s. m.* espace vide, le milieu de l'air.

VAGUE, *s. f.* dans une mer, un lac, un fleuve, eau élevée par les vents au-dessus de son niveau.

VAGUE, *adj.* 2 g. indéfini, sans bornes fixes ; *fig.* indéterminé ; *terres* —, incultes, qui ne rapportent rien.

VAGUEMENT, *adv.* d'une manière vague.

VAGUEMESTRE, *s. m.* sous-officier chargé de la réception des lettres et du soin des équipages militaires.

VAGUER, *v. n.* errer çà et là, à l'aventure.

VAILLAMMENT, (*ll* m.) *adv.* avec valeur.

VAILLANCE, (*ll* m.) *s. f.* valeur, grand courage.

VAILLANT, E, (*ll* m.) *adj.* courageux.

VAILLANT, (*ll* m.) *s. m.* tout ce qu'on possède.

VAILLANTISE, (*ll* m.) *s. f.* action de valeur ; fanfaronnade.

VAIN, E, *adj.* inutile, qui ne produit rien ; frivole ; chimérique ; orgueilleux ; *en* —, inutilement.

VAINCRE, *v. a. irr. et déf.* (ind. pr. je *vaincs*, tu *vaincs*, il *vainc* ; n. *vainquons*, v. *vainquez*, ils *vainquent* ; imp. je *vainquais*, etc., n. *vainquions*, etc. ; p. déf. je *vainquis*, etc., n. *vainquîmes*, etc. ; fut. je *vaincrai*, etc., n. *vaincrons*, etc. ; cond. je *vaincrais*, etc., n. *vaincrions*, etc. ; impér. *vainquons* ; subj. pr. q. je *vainque*, etc., q. n. *vainquions*, etc. ; imp. subj. q. je *vainquisse*, etc., q. n. *vainquissions*, etc. ; p. pr. *vainquant* ; p. p. *vaincu, ue*) remporter un grand avantage sur ses ennemis, sur ses concurrents ; surmonter, dompter ; le part. p. se prend substantivement.

VAINCU, *s. m.* ennemi battu ; —, *ue*, *adj.* qui est battu.

VAINEMENT, *adv.* inutilement.

VAINQUEUR, *s. m.* celui qui a vaincu.

VAIRON, *adj.* œil —, dont la prunelle est entourée d'un cercle blanchâtre ; qui a un œil d'une façon et un d'une autre ; —, s. m. petit poisson de couleurs variées.

VAISSEAU, s. m. vase quelconque ; grand bâtiment de bois pour transporter sur mer des hommes et des marchandises ; veines, artères, canaux de l'animal, de la plante; intérieur d'une église, d'une galerie; etc.

VAISSELLE, s. f. tout ce qui sert à l'usage de la table ; plats, assiettes, etc.

VAL, s. m. (pl. vaux) vallée.

VALABLE, adj. 2 g. recevable, admissible.

VALABLEMENT, adv. d'une manière valable.

VALENCE, chef-lieu du dép. de la Drôme.

VALENCIENNES, chef-lieu d'arr. du dép. du Nord.

VALÉRIANE, s. f. plante médicinale et d'agrément.

VALET, s. m. domestique, serviteur; dans les jeux de cartes; une des figures; poids qui pend derrière une porte pour la fermer sans qu'on y touche; instrument de fer qui sert à tenir le bois sur l'établi d'un menuisier.

VALETAGE, s. m. service de valet.

VALETAILLE, (ll m.) s. f. troupe de valets.

VALETER, v. n. avoir une assiduité servile auprès de quelqu'un, par intérêt; faire beaucoup de démarches désagréables.

VALÉTUDINAIRE, adj. 2 g. maladif.

VALEUR, s. f. bravoure, vaillance ; ce que vaut une chose, équivalent; ferme en —, bien cultivée; — des termes, juste signification des mots ; estimation approximative; durée que doit avoir chaque note d'après sa figure, t. de mus.

VALEUREUSEMENT, adv. avec valeur.

VALEUREUX, EUSE, adj. brave.

VALIDATION, s. f. action de valider.

VALIDE, adj. 2 g. valable, qui a les conditions requises par les lois pour faire son effet; sain ; vigoureux.

VALIDEMENT, adv. d'une manière valide.

VALIDER, v. a. é, ée, p. rendre valide.

VALIDITÉ, s. f. qualité de ce qui est valide.

VALISE, s. f. long sac de cuir propre à être mis en croupe, et qui s'ouvre dans sa longueur.

VALLÉE, s. f. espace entre des montagnes; descente.

VALLON, s. m. espace entre deux coteaux; petite vallée.

VALOIR, v. n. irr. et déf. (ind. pr. je vaux, tu vaux, il vaut; n. valons, v. valez, ils valent; imp. je valais, etc.; n. valions, etc.; prét. déf. je valus, etc.; n. valûmes, etc.; fut. je vaudrai, etc.; n. vaudrons, etc.; cond. je vaudrais, etc.; n. vaudrions, etc.; (pas d'imper.); subj. pr. q. je vaille, etc.; q. n. valions, etc.; imp. subj. q. je valusse, etc.; q. n. valussions, etc.; p. pr. valant; p. p. valu, var. dans le sens actif,) être d'un certain prix, rapporter, donner du profit; —, v. a. procurer, faire obtenir; tenir lieu; avoir la force, la signification de; faire —, mettre en rapport, faire ressortir le mérite de; se faire —, soutenir ses droits ou s'attribuer des qualités qu'on n'a pas; vaille que vaille, fam. à tout hasard ; à —, t. de nég. et de finance, à compte de, à imputer sur.

VALSE, s. f. danse allemande en tournant deux à deux.

VALSER, v. n. danser la valse.

VALUABLE, adj. 2 g. de quelque prix.

VALUE, s. f. la plus —, ce que vaut une chose au-delà de ce qu'on l'a prisée ou achetée.

VAMPIRE, s. m. prétendu revenant qui suce le sang des vivants; fig. ceux qui s'engraissent de la substance du peuple; chauve-souris monstrueuse d'Amérique.

VAN, *s. m.* instrument d'osier fait en coquille et à deux anses, qui sert à nettoyer le grain.

VANDALE, *s. et adj.* 2 g. ennemi des beaux-arts et des sciences.

VANDALISME, *s. m.* régime destructif des sciences et des arts.

VANDOISE, *s. f.* poisson d'eau douce.

VANILLE, (ll m.) *s. f.* graine d'une plante parasite du palmier qu'on cultive dans l'Amérique méridionale.

VANILLIER, (ll m.) *s. m.* plante du Mexique, sarmenteuse, grimpante, qui donne la vanille.

VANITÉ, *s. f.* inutilité, peu de solidité; amour-propre fondé sur des choses frivoles.

VANITEUX, EUSE, *adj.* qui a une vanité puérile, ridicule.

VANNE, *s. f.* espèce de porte de bois qui, aux moulins, aux pertuis de rivières, se hausse et se baisse pour retenir et laisser aller l'eau.

VANNEAU, *s. m.* oiseau à huppe noire; genre d'échassiers.

VANNER, *v. a.* é, ée, *p.* nettoyer le grain par le moyen du van; *pop.* s'enfuir.

VANNERIE, *s. f.* métier, marchandises de vannier.

VANNES, chef-lieu du dép. du Morbihan.

VANNETTE, *s. f.* grand panier rond et plat qui sert à vanner l'avoine qu'on donne aux chevaux.

VANNEUR, *s. m.* celui qui vanne.

VANNIER, *s. m.* ouvrier qui fait des ouvrages d'osier.

VANNOIR, *s. m.* pot à vanner.

VANTAIL, (l m.) *s. m.* (*pl. vantaux*) battant d'une porte qui s'ouvre des deux côtés.

VANTARD, E, *s. et adj.* qui se vante, *fam.*

VANTER, *v. a.* é, ée, *p.* louer beaucoup; se —, *v. pr.* se glorifier; se faire fort de...

VANTERIE, *s. f.* vaine louange qu'on se donne à soi-même.

VAPEUR, *s. f.* espèce de fumée qui s'élève des choses humides; *au pl.* affections hypocondriaques.

VAPOREUX, EUSE, *adj.* où les vapeurs sont répandues de manière à éclairer doucement les objets; qui cause des vapeurs; —, *s. et adj.* sujet aux vapeurs.

VAPORISATION, *s. f.* action par laquelle une substance se réduit en vapeur.

VAPORISER, *v. a.* é, ée, *p.* réduire en vapeur.

VAQUER, *v. n.* être vacant; cesser pour quelque temps ses fonctions ordinaires, en parlant des tribunaux; — *à une chose*, s'y appliquer.

VAR (*le*), rivière qui sépare la France de la Sardaigne; elle a sa source au N. de Nice, et son embouchure dans la Méditerranée; elle donne son nom au dép. du Var, formé d'une partie de la Basse-Provence, borné au N. par les Basses-Alpes; au N.-E. par le comté de Nice; à l'E. et au S. par la Méditerranée; à l'O. par les Bouches-du-Rhône.

VARAIGNE, *s. f.* ouverture par laquelle on introduit l'eau de la mer dans les réservoirs des marais salants.

VARE, *s. f.* mesure espagnole qui équivaut à une aune et demie.

VARECQ, *s. m.* plante, genre d'algues; débris quelconques que la mer rejette sur ses bords; vaisseau submergé.

VARENNE, *s. f.* terres incultes; étendue de pays que le roi se réservait pour la chasse.

VARIABILITÉ, *s. f.* disposition habituelle à varier.

VARIABLE, *adj.* 2 g. sujet à varier.

VARIANT, E, *adj.* qui change souvent.

VARIANTE, *s. f.* diverses leçons du même texte.

VARIATION, *s. f.* changement.

VARICE, *s. f.* dilatation morbide et permanente d'une veine.

VARICELLE, s. f. petite vérole volante.
VARIER, v. a. é, ée, p. diversifier ; —, v. n. changer.
VARIÉTÉ, s. f. diversité ; au pl. mélanges.
VARIOLE, s. f. petite vérole.
VARIOLIQUE, adj. 2 g. qui forme la petite vérole ; t. de méd.
VARIQUEUX, EUSE, adj. se dit des vaisseaux affectés de varices.
VARLET, s. m. autrefois page.
VARLOPE, s. f. grand rabot.
VARLOPER, v. a. é, ée, p. polir avec la varlope.
VARVOUSTE, s. f. filet à manche.
VASCULAIRE, adj. 2 g. ou vasculeux, euse, adj. qui regarde les vaisseaux, ou résulte de leur assemblage, t. d'anat.
VASE, s. m. ustensile fait pour contenir des liqueurs, des fleurs, etc.
VASE, s. f. bourbe du fond de l'eau.
VASEAU, s. m. sébile de bois d'épinglier.
VASEUX, EUSE, adj. qui a de la vase.
VASIÈRE, s. f. grand bassin dans les salines.
VASISTAS, s. m. petite partie mobile d'une porte ou d'une fenêtre.
VASON, s. m. motte de terre préparée pour faire la brique, la tuile, etc.
VASSAL, E, s. celui, celle qui relevait d'un seigneur à cause d'un fief.
VASSELAGE, s. m. état du vassal ; droit dû par le vassal.
VASSY, chef-lieu d'arr. du dépt. de la Haute-Marne.
VASTE, adj. 2 g. qui est d'une fort grande étendue ; fig. esprit —, capable de grandes choses, qui embrasse plusieurs sciences à la fois.
VATICAN, s. m. palais du pape, la cour de Rome ; foudres du —, excommunications.
VA-TOUT, s. m. mise au jeu de tout l'argent qu'on a devant soi.
VAUCLUSE, source célèbre près d'Avignon, qui donne son nom au dép. de Vaucluse, lequel comprend l'ancien comtat Venaissin et une partie de la Provence ; borné au N. par la Drôme ; à l'E. par les Basses-Alpes ; au S. par les Bouches-du-Rhône ; à l'O. par le Gard.
VAUDEVILLE, s. m. chanson qui court par la ville sur quelque événement du jour ; comédie mêlée de couplets ; théâtre où on la représente.
VAUDEVILLISTE, s. m. auteur de vaudevilles.
VAU-L'EAU (à), adv. à l'abandon.
VAURIEN, s. m. fainéant ; fripon ; vicieux.
VAUTOUR, s. m. oiseau de proie très-vorace ; fig. personne dure, rapace.
VAUTRAIT, s. m. équipage de chasse pour le sanglier.
VAUTRER (se), v. pr. s'enfoncer, se rouler dans la boue.
VEAU, s. m. petit de la vache ; chair, cuir de veau ; — marin, animal amphibie ; grand —, fig. paresseux.
VÉDAM, s. m. livre sacré des Indiens.
VEDETTE, s. f. cavalier en sentinelle ; tourillon placé sur un rempart et où la sentinelle peut se retirer.
VÉGÉTABLE, adj. 2 g. qui peut végéter.
VÉGÉTAL, s. m. (pl. végétaux) ce qui végète et est le produit d'une graine.
VÉGÉTAL, E, adj. qui appartient aux végétaux ; sel —, extrait des plantes.
VÉGÉTANT, E, adj. qui végète.
VÉGÉTATIF, IVE, adj. qui fait végéter ; qui est dans l'état de végétation.
VÉGÉTATION, s. f. développement successif des parties constituantes d'un végétal.
VÉGÉTER, v. n. croître et se nourrir, sans jouir de la fa-

culté de se mouvoir, en parlant des plantes ; *fig.* vivre dans l'oisiveté, la détresse.

VÉHÉMENCE, *s. f.* impétuosité, force, mouvement rapide.

VÉHÉMENT, E, *adj.* ardent, impétueux, plein de feu.

VÉHÉMENTEMENT, *adv.* très-fort.

VÉHICULE, *s. m.* ce qui sert à conduire, à faire passer plus aisément ; *fig.* ce qui prépare l'esprit à...

VEILLE, (*ll* m.) *s. f.* état du corps dans lequel les sens sont en action ; privation du sommeil durant la nuit ; chez les anciens, division de la nuit ; le jour précédent ; *être à la — de*, sur le point de... ; *au pl.* grande application à l'étude, aux affaires.

VEILLÉE, (*ll* m.) *s. f.* veille que plusieurs personnes font ensemble ; action de veiller.

VEILLER, (*ll* m.) *v. n.* s'abstenir de dormir ; *fig.* prendre garde ; —, *v. a.* passer la nuit auprès de.. ; — *sur quelqu'un*, le surveiller, prendre garde à sa conduite.

VEILLEUR, (*ll* m.) *s. m.* ecclésiastique qui veille à côté d'un mort.

VEILLEUSE, (*ll* m.) *s. f.* petite lampe qu'on laisse brûler pendant la nuit dans une chambre à coucher.

VEILLOIR, (*ll* m.) *s. m.* table d'artisan pour travailler la nuit.

VEINE, *s. f.* conduit qui rapporte le sang des extrémités du corps au cœur ; marque ou raie longue et étroite qui va en serpentant dans le bois ou dans les pierres dures ; couche où se trouve le métal dans les mines ; *fig.* aptitude, talent, disposition d'esprit ; chance, hasard.

VEINÉ, ÉE, *adj.* plein de ramifications distinctes, en parlant du bois, des marbres, des pierres.

VEINER, *v. a.* é, ée, *p.* imiter les racines du bois, les veines du marbre.

VEINEUX, EUSE, *adj.* plein de veines, qui concerne les veines, en parlant du corps de l'animal.

VELAUT, cri de chasse pour exciter les chiens.

VÊLER, *v. n.* se dit d'une vache qui met bas.

VÉLIN, *s. m.* peau de veau préparée, plus mince et plus unie que le parchemin ; *papier —*, qui imite la blancheur et l'uni du vélin, et où il ne paraît aucune de ces marques appelées pontuseaux ou vergeures.

VÉLITES, *s. m. pl.* chez les anciens Romains, soldats légèrement armés ; corps de chasseurs militaires.

VELLÉITÉ, *s. f.* volonté faible et sans effet.

VÉLOCE, *adj. 2 g.* très-rapide, en parlant du mouvement d'une planète.

VÉLOCIFÈRE, *s. m.* voiture légère et rapide.

VÉLOCIPÈDE, *s. m.* machine sur laquelle on se fait rouler soi-même ; —, *adj. 2 g.* à pieds légers.

VÉLOCITÉ, *s. f.* vitesse, rapidité.

VELOURS, *s. m.* étoffe de soie à poil court et serré.

VELOUTÉ, ÉE, *adj.* se dit des étoffes dont le fond n'est pas de velours, mais qui ont des fleurs, des ramages en velours.

VELOUTER, *v. a.* é, ée, *p.* donner l'apparence du velours.

VELTAGE, *s. m.* mesurage à la velte.

VELTE, *s. f.* mesure de liquides, six pintes ; instrument pour jauger les tonneaux.

VELTER, *v. a.* é, ée, *p.* mesurer à la velte.

VELTEUR, *s. m.* qui mesure à la velte.

VELU, UE, *adj.* couvert de poil ; ne se dit ni des cheveux ni de la barbe.

VENAISON, *s. f.* chair de bête fauve ou rousse.

VENAL, E, *adj.* qui se vend, qui peut se vendre ; *ame —*, vile.

VÉNALEMENT, adv. d'une manière vénale.
VÉNALITÉ, s. f. qualité de ce qui est venal.
VENANT, adj. qui vient.
VENDABLE, adj. 2 g. qui peut être vendu.
VENDANGE, s. f. récolte de raisins pour faire du vin; au pl. temps de cette récolte.
VENDANGEOIR, s. m. lieu où on met la vendange.
VENDANGEOIRE, s. f. hotte pour la vendange.
VENDANGER, v. a. é, ée, p. faire la vendange; détruire, en parlant de la grêle.
VENDANGEUR, EUSE, s. celui, celle qui fait la récolte des raisins.
VENDÉE (la), rivière qui a sa source près de Fontenay et se jette dans la Sèvre près de Marans; elle donne son nom à un dép. formé d'une partie du Poitou, borné au N. par la Loire-Inférieure et Maine-et-Loire; à l'E. par les Deux-Sèvres; au S. par la Charente-Inférieure; au S.-O. et à l'O. par l'Océan.
VENDÉEN, NNE, adj. et s. de la Vendée.
VENDÉMIAIRE, s. m. premier mois de l'année républicaine, du 22 septembre au 21 octobre.
VENDEUR, EUSE, s. celui, celle dont la profession est de vendre; faux —, qui vend ce qui n'est pas à lui, qui vend à faux poids.
VENDITION, s. f. vente.
VENDÔME, chef-lieu d'arr. du dép. de Loir-et-Cher.
VENDRE, v. a. u, ue, p. céder pour un certain prix; trahir, révéler un secret pour quelque raison d'intérêt; fig. recevoir de l'argent pour une lâcheté; —sa vie, la bien défendre; se — à un parti, s'y livrer pour de l'argent.
VENDREDI, s. m. 8e jour de la semaine.
VENDU, UE, adj. et part. de vendre, donné à prix d'argent; dévoué à un parti.
VÉNÉFICE, s. m. empoisonnement.
VENELLE, s. f. petite rue; v. m. enfiler la —, prendre la fuite.
VÉNÉNEUX, EUSE, adj. se dit des plantes qui ont du venin.
VENER, v. a. é, ée, p. chasser, courre une bête pour en attendrir la chair.
VÉNÉRABLE, adj. 2 g. digne de vénération; titre d'honneur.
VÉNÉRATION, s. f. respect pour les choses saintes; estime respectueuse pour une personne.
VÉNÉRER, v. a. é, ée, p. révérer les choses saintes; avoir de la vénération.
VÉNERIE, s. f. l'art de chasser avec des chiens courants; corps des officiers qui servent chez le roi à la vénerie; lieu où logent les officiers et tout l'équipage de la vénerie.
VÉNETTE, s. f. alarme, fam.
VENEUR, s. m. chargé de faire chasser les chiens courants; grand —, celui qui commandait à la vénerie du roi.
VENEZ-Y-VOIR, s. m. inv. chose de rien, bagatelle.
VENGEANCE, s. f. action, désir de se venger; ses effets.
VENGER, v. a. é, ée, p. tirer raison, satisfaction d'une injure; se —, v. pr. tirer vengeance de.
VENGEUR, VENGERESSE, s. et adj. qui tire vengeance.
VÉNIAT, s. m. ordre donné par le juge supérieur au juge inférieur de venir rendre compte de sa conduite.
VÉNIEL, LLE, adj. se dit des péchés qui ne font point perdre la grace.
VÉNIELLEMENT, adv. légèrement.
VENIMEUX, EUSE, adj. qui a du venin, en parlant des animaux.
VENIN, s. m. suc venimeux de certains animaux; malignité contagieuse de certaines mala-

dies; *fig.* malignité, rancune; haine cachée.

VENIR, *v. n. (se conj. c. tenir; prend être aux temps composés)* se transporter d'un lieu à un autre, en se rapprochant de celui qui parle ; arriver fortuitement ; échoir, être issu, sortir, dériver, naître, croître; procéder, émaner ; profiter, accroître; *en — aux mains, aux injures*, se battre, s'injurier.

VENT, *s. m.* air mû avec plus ou moins de rapidité; air agité par artifice; *pop.* haleine; odeur, émanation d'un corps; *pop. avoir — d'une chose*, en avoir quelque soupçon, quelque indice; *fig.* vanité.

VENTE, *s. f.* aliénation à prix d'argent; débit de marchandises; partie d'une forêt ou d'un bois qui vient d'être coupée; *au pl.* ce qu'on devait au seigneur de fief pour la vente d'un héritage qui était dans sa censive.

VENTEAU, *s. m.* charpente pour fermer une écluse.

VENTER, *v. n.* faire du vent; souffler.

VENTEUX, EUSE, *adj.* sujet aux vents; qui cause des vents dans le corps.

VENTILATEUR, *s. m.* machine qui renouvelle l'air dans un lieu fermé.

VENTILATION, *s. f.* action de ventiler.

VENTILER, *v. a. é, ée, p.* évaluer séparément les meubles et les immeubles d'un bien, *t. de prat.*; discuter une question avant d'en délibérer en forme.

VENTÔSE, *s. m.* sixième mois de l'année républicaine, du 19 février au 20 mars.

VENTOSITÉ, *s. f.* amas de vents dans le corps de l'animal.

VENTOUSE, *s. f.* vaisseau de verre, de métal, etc.; qu'on applique sur la peau pour y produire une irritation locale, en raréfiant l'air par le moyen du feu, ou en faisant le vide; ouverture pratiquée dans un conduit pour donner passage à l'air au moyen d'un tuyau.

VENTOUSER, *v. a. é, ée, p.* appliquer les ventouses à un malade.

VENTRE, *s. m.* nom des trois grandes cavités du corps et particulièrement du bas-ventre; sa forme extérieure, portion charnue d'un muscle.

VENTRE-BLEU, *ventre-saint gris, interj.* sorte de jurements familiers.

VENTRÉE, *s. f.* tous les petits qu'une femelle fait en une fois.

VENTRICULE, *s. m.* petites cavités particulières à certains organes.

VENTRIÈRE, *s. f.* sangle qu'on passe sous le ventre d'un cheval pour empêcher le harnais de tourner; large écriture.

VENTRILOQUE, *s. et adj.* qui parle la bouche presque fermée, et de manière à ce que le son paraît sortir du ventre.

VENTROUILLER (se), *(fam.) v. pr.* se dit des cochons qui se vautrent dans la boue.

VENTRU, UE, *s. et adj.* qui a un gros ventre; renflé sur les côtés, *t. de bot.*

VENUE, *s. f.* arrivée; croissance, taille; *tout d'une —, loc. adv.* tout droit, tout à la fois.

VÉNUS, *s. f.* divinité païenne, déesse de la beauté; une des sept planètes; cuivre, *t. de chim.*; genre de coquilles bivalves.

VÉNUSTÉ, *s. f.* beauté, grâce, agrément.

VÊPRES, *s. f. pl.* partie de l'office divin qu'on dit le soir.

VER, *s. m.* insecte long et rampant, qui n'a ni os, ni vertèbres; *— à soie*, insecte qui file la soie.

VÉRACITÉ, *s. f.* attachement constant à la vérité, caractère de vérité.

VERBAL, E, *adj. adjectif —*, dérivé du verbe, *t. de gram.*; qui n'est que de vive voix; *procès —*, rapport par écrit de ce qu'on a vu ou entendu.

VERBALEMENT, *adv.* de vive voix.

VERBALISER, *v. n.* dresser

un procès-verbal ; *fam.* faire de longs discours inutiles.

VERBE, *s. m.* partie du discours qui désigne une action faite ou reçue par le sujet, ou simplement l'état du sujet ; parole, ton ; le —, Jésus-Christ, la deuxième personne de la sainte Trinité.

VERBÉRATION, *s. f.* commotion de l'air qui produit un son.

VERBEUX, EUSE, *adj.* diffus, qui abonde en paroles inutiles.

VERBIAGE, *s. m.* abondance de paroles inutiles.

VERBIAGER, *v. n.* faire du verbiage.

VERBIAGEUR, EUSE, *s.* qui verbiage.

VERBOSITÉ, *s. f.* superfluité de paroles.

VER-COQUIN, *s. m.* (*au pl. vers-coquins*) sorte de chenille de vigne ; ver qui s'engendre dans la tête des animaux ou de l'homme ; *fam.* fantaisie, caprice.

VERDÂTRE, *adj.* 2 g. qui tire sur la couleur verte.

VERDÉE, *s. f.* petit vin blanc de Toscane qui tire sur le vert.

VERDELET, TTE, *adj.* diminutif de vert.

VERDERIE, *s. f.* étendue de bois soumis à la juridiction d'un verdier ; la juridiction même.

VERDET, *s. m.* vert-de-gris.

VERDEUR, *s. f.* humeur, sève des plantes ; acidité du vin ; jeunesse et vigueur de l'homme.

VERDIER, *s. m.* officier qui commandait aux gardes d'une forêt ; passereau gros-bec à dos vert.

VERDILLON, (*ll m.*) *s. m.* espèce de levier pour détacher les blocs d'ardoises.

VERDIR, *v. a.* 1, ie, *p.* peindre en vert ; —, *v. n.* devenir vert.

VERDOYANT, E, *adj.* qui verdoie, qui tire sur le vert.

VERDOYER, *v. n.* (*se conj. sur ployer*) devenir vert.

VERDUN, chef-lieu d'arr. du dép. de la Meuse.

VERDURE, *s. f.* herbe ; feuilles vertes.

VERDURIER, *s. m.* pourvoyeur de salades dans les maisons royales.

VÉREUX, EUSE, *adj.* où il y a des vers ; *fig.* très-suspect ; mauvais.

VERGE, *s. f.* baguette longue et flexible ; — *de fer*, *de cuivre*, longue tringle ; mesure de longueur de superficie ; anneau sans chaton ; *au pl.* menus brins de bouleau, d'osier, etc., avec lesquels on donne le fouet.

VERGE-D'OR, *s. f.* plante vivace à fleurs jaunes.

VERGÉ, ÉE, *adj.* étoffe —, qui n'est pas bien unie du côté de la soie ou de celui de la teinture.

VERGÉE, *s. f.* mesure de terrain de 350 toises carrées.

VERGENCE, *s. f.* tendance des humeurs vers une partie, *t. de méd.*

VERGER, *v. a.* é, ée, *p.* mesurer avec la verge.

VERGER, *s. m.* lieu clos planté d'arbres fruitiers.

VERGETÉ, ÉE, *adj.* marqué de petites mouchetures.

VERGETER, *v. a.* é, ée, *p.* nettoyer avec des vergettes.

VERGETIER, *s. m.* artisan qui fait et vend des vergettes.

VERGETTES, *s. f. pl.* brosse douce pour nettoyer les habits.

VERGETURES, *s. f. pl.* petites raies rougeâtres sur la peau.

VERGEURE, *s. f.* fils de laiton sur la forme qui sert à fabriquer le papier ; trace que ces fils laissent sur le papier.

VERGLAS, *s. m.* pluie qui se glace dès qu'elle est tombée.

VERGNE, *s. m.* aune.

VERGOGNE, *s. f.* honte.

VERGUE, *s. f.* pièce de bois longue et ronde, attachée au travers du mât pour soutenir la voile.

VÉRIDICITÉ, *s. f.* véracité.

VÉRIDIQUE, *adj.* 2 g. qui dit la vérité, sincère.

VÉRIFICATEUR, *s. m.* celui

qui est commis pour vérifier un ouvrage, un compte, etc.

VÉRIFICATION, *s. f.* action de vérifier; — *d'un édit*, son enregistrement.

VÉRIFIER, *v. a.* é, ée, *p.* faire voir la vérité de..; comparer, s'assurer de l'identité; — *des édits*, les enregistrer.

VÉRIN, *s. m.* machine composée d'une vis et d'un écrou, pour élever de très-grands fardeaux.

VÉRISIMILITUDE, *s. f.* vraisemblance.

VÉRITABLE, *adj.* 2 g. conforme à la vérité; qui n'est pas falsifié; bon, excellent en son genre; sincère.

VÉRITABLEMENT, *adv.* conformément à la vérité; réellement.

VÉRITÉ, *s. f.* conformité de l'idée avec son objet, d'un récit avec un fait, avec la pensée; opposé à erreur; principe, axiome, maxime; sincérité, bonne foi; expression fidèle de la nature, *t. d'arts*; *en —*, certainement, sincèrement; *à la — loc. adv.*, il est vrai.

VERJUS, *s. m.* suc acide tiré du raisin qui n'est pas mûr; raisin qu'on cueille encore vert; gros raisin qui a la peau dure.

VERJUTÉ, ÉE, *adj.* qui a un goût acide comme le verjus.

VERLE, *s. f.* sorte de jauge pour les tonneaux.

VERMEIL, LLE, (*ll* m.) *adj.* d'un rouge plus foncé que l'incarnat; frais, coloré.

VERMEIL, (*l* m.) *s. m.* argent doré.

VERMEILLE, (*ll* m.) *s. f.* pierre précieuse d'un rouge cramoisi.

VERMICELLE, ou *vermichelle*, *s. m.* pâte en filaments dont on fait des potages; potage fait avec cette pâte.

VERMICELLIER, *s. m.* fabricant de vermicelle et autres pâtes.

VERMICULAIRE, *adj.* 2 g. qui a quelque rapport aux vers;

—, *s. m.* genre de testacés univalves; très-petit champignon.

VERMICULÉ, ÉE, *adj.* qui représente des traces de vers, *t. d'archit.*

VERMIFORME, *adj.* 2 g. qui a la forme d'un ver.

VERMIFUGE, *adj.* 2 g. propre à chasser ou à faire mourir les vers engendrés dans le corps.

VERMILLER, *v. n.* (*ll* m.) se dit du sanglier qui fouille la terre avec son boutoir.

VERMILLON, (*ll* m.) *s. m.* oxide de mercure sulfuré rouge; la couleur même qu'on en tire; la couleur vermeille des joues et des lèvres.

VERMILLONNER, (*ll* m.) *v. n.* chercher des vers pour pâturer; —, *v. a.* é, ée, *p.* peindre en vermillon.

VERMINE, *s. f.* toutes sortes d'insectes malpropres et incommodes; *fig.* gens de mauvaise vie, mendiants.

VERMINEUX, EUSE, *adj.* qui contient des vers, ou qui en est affecté.

VERMISSEAU, *s. m.* petit ver de terre.

VERMOULER (*se*), *v. pr.* être piqué de vers.

VERMOULU, UE, *adj.* (et *part. p. de vermoudre*, *v. n.*) piqué de vers.

VERMOULURE, *s. f.* trace que laissent les vers dans ce qu'ils ont rongé; poudre qui en sort.

VERMOUT, *s. m.* vin mêlé d'absinthe.

VERNAL, E, *adj.* qui appartient au printemps.

VERNIR, *v. a.* 1, ie, *p.* enduire de vernis.

VERNIS, *s. m.* enduit dont on couvre la surface des corps pour leur donner un lustre agréable, et les préserver de l'humidité; enduit qu'on met sur les vases de terre, etc.; *fig.* apparence favorable, brillante; notion légère.

VERNISSER, *v. a.* é, ée, *p.* vernir de la poterie.

VERNISSEUR, *s. m.* artisan qui fait, qui emploie des vernis.

VERNISSURE, *s. f.* applica-

...tion du vernis; vernis appliqué.

VÉROLE (*petite*), *s. f.* maladie dangereuse qui couvre la peau de pustules, et dont la vaccine est le préservatif.

VÉRONIQUE, *s. f.* plante, genre de Rhinantoïdes.

VERRAT, *s. m.* pourceau.

VERRE, *s. m.* corps transparent et fragile, produit par la fusion d'un mélange de sable et d'alcali; métal ou minéral vitrifié; vase à boire fait de verre; ce qu'il contient.

VERRERIE, *s. f.* art de faire le verre; lieu où on le fabrique; ouvrages de verre.

VERRIER, *s. m.* qui fait ou vend du verre; celui qui est chargé de porter des ouvrages de verre; ustensile de ménage où l'on range les verres.

VERRINE, *s. f.* forte vis, *t. de charp.*; *au pl.* discours de Cicéron contre Verrès.

VERROTERIE, *s. f.* menue marchandise de verre, grains, bagues, etc.

VERROU, *s. m.* (*au pl. verrous*) pièce de fer qui va et vient entre deux crampons, et qu'on applique à une porte pour la fermer.

VERROUILLER, (*ll m.*) *v. a.* é, ée, *p.* et *se —*, *v. pr.* fermer, s'enfermer au verrou.

VERRUE, *s. f.* petite excroissance ronde et raboteuse qui vient sur la peau.

VERS, *s. m.* paroles mesurées et cadencées selon des règles fixes; — *blancs*, non rimés; — *libres*, de différentes mesures.

VERS, *prép. de lieu* qui désigne un certain côté, un certain endroit; —, *prép. de temps*, environ.

VERSAILLES, chef-lieu du dép. de Seine-et-Oise.

VERSANT, E, *adj.* sujet à verser, se dit des voitures; pente, côté d'un terrain élevé.

VERSATILE, *adj. 2 g.* sujet à changer au moral; fixé à un point, mais mobile.

VERSATILITÉ, *s. f.* défaut de ce qui est versatile; inconstance.

VERSE, *s. f.* manne d'osier contenant 36 livres de charbon de terre.

VERSE (à), *adv.* abondamment.

VERSE, *adj. sinus verse* d'un angle, différence d'un sinus total au sinus du complément, *t. de géom.*

VERSÉ, ÉE, *part. et adj.* répandu; expérimenté, *fig.*

VERSEAU, *s. m.* un des douze signes du Zodiaque.

VERSEMENT, *s. m.* action de verser de l'argent dans une caisse.

VERSER, *v. a.* é, ée, *p.* répandre, épancher, transvaser; —, *v. a.* et *v. n.* faire tomber sur le côté, en parlant des voitures et des personnes qui sont dedans; se coucher en parlant des blés qui sont sur pied.

VERSET, *s. m.* passage de l'Écriture, marqué dans le texte par un nombre.

VERSIFICATEUR, *s. m.* celui qui possède le mécanisme des vers.

VERSIFICATION, *s. f.* art de faire des vers.

VERSIFIER, *v. n.* faire des vers; —, *v. a.* é, ée, *p.* mettre en vers.

VERSION, *s. f.* traduction d'une langue en une autre; *fam.* manière de raconter un fait.

VERSO, *s. m. inv.* seconde page du feuillet, par opposition à recto.

VERSOIR, *s. m.* partie de la charrue voisine du soc, et qui jette la terre sur le sillon.

VERT, E, *adj.* de la couleur des herbes non sèches; *fig.* vigoureux, ferme, étourdi; *cuir —*, qui n'est pas corroyé; *fruits*, *vins —*, qui ne sont pas assez mûrs, assez faits.

VERT, *s. m.* couleur verte; herbe verte que l'on fait manger aux chevaux; verdeur, acidité; *manger son bien en —*, *fam.* son revenu par avance; *employer le — et le sec*, *fam.* toutes sortes de moyens.

VERT-DE-GRIS, *s. m.* (*au pl. verts-de-gris*) rouille verte vénéneuse sur le cuivre; oxide vert de cuivre.

VERT-D'IRIS, s. m. couleur verte tirée de l'iris, t. de peint.

VERTÉBRAL, E, adj. qui a des vertèbres; qui appartient aux vertèbres.

VERTÈBRE, s. f. os emboîtés l'un dans l'autre, au nombre de 24, qui forment l'épine du dos.

VERTÉBRÉS, adj. m. pl. pourvus de vertèbres.

VERTEMENT, adv. avec fermeté, vigueur.

VERTEX, s. m. sinciput; sommet de la tête, t. d'anat.

VERTICAL, E, adj. perpendiculaire à l'horizon.

VERTICALEMENT, adv. perpendiculairement à l'horizon.

VERTICAUX, s. m. pl. grands cercles de la sphère, perpendiculaires à l'horizon.

VERTICILLE, (ll m.) s. m. assemblage de fleurs ou de feuilles disposées en anneaux autour d'une tige.

VERTICILLÉ, ÉE, (ll m.) adj. qui forme des verticilles.

VERTICITÉ, s. f. tendance d'un corps vers un point, t. de phys.

VERTIGE, s. m. tournoiement de tête; étourdissement, folie.

VERTIGINEUX, EUSE, adj. qui a des vertiges.

VERTIGO, s. m. (pl. vertigos) caprice, fantaisie, fam.; tournoiement de tête particulier aux chevaux.

VERTU, s. f. tendance habituelle de l'âme, efforts constants et efficaces vers le bien; qualité particulière qui se dirige vers tel ou tel genre de bonne action; qualité morale; en parlant des femmes, chasteté; propriété, efficacité; force, fermeté, courage; les —, un des ordres de la hiérarchie céleste; en — de, en conséquence de.

VERTUEUSEMENT, adv. d'une manière vertueuse.

VERTUEUX, EUSE, adj. qui a de la vertu; qui part d'un principe de vertu.

VERTUGADIN, s. m. sorte de bourrelet que les femmes portaient au-dessous du corps de leurs jupes.

VERVE, s. f. chaleur d'imagination; fam. caprice.

VERVEINE, s. f. plante annuelle médicinale.

VERVEUX, s. m. filets en entonnoir l'un dans l'autre pour prendre du poisson.

VERVINS, chef-lieu d'arr. du dép. de l'Aisne.

VESCE, s. f. plante légumineuse, grain rond et noirâtre qu'elle produit et dont on nourrit les pigeons.

VESCERON, s. m. vesce sauvage.

VÉSICAL, E, adj. qui a rapport à la vessie.

VÉSICATOIRE, s. m. et adj. se dit des médicaments externes qui font élever des vessies sur la peau et donnent un écoulement aux humeurs; plaie qui en résulte.

VÉSICULAIRE, adj. 2 g. en forme de petite vessie, t. de bot.

VÉSICULE, s. f. petite vessie.

VÉSICULEUX, EUSE, adj. couvert de petites vessies.

VESOU, s. m. liqueur qui sort de la tige écrasée de la canne à sucre.

VESOUL, chef-lieu du dép. de la Haute-Saône.

VESSE, s. f. vent qui sort sans bruit par le derrière de l'animal; terme à éviter.

VESSE-DE-LOUP, s. f. espèce de champignon.

VESSER, v. n. lâcher une vesse (terme à éviter).

VESSEUR, EUSE, s. celui, celle qui vesse (t. à éviter).

VESSIE, s. f. sac membraneux qui reçoit et contient l'urine; petite ampoule sur la peau.

VESSIGON, s. m. tumeur molle au jarret du cheval.

VESTALE, s. f. chez les anciens Romains, vierge consacrée à Vesta; fig. femme très-chaste.

VESTE, s. f. vêtement qu'on porte sous l'habit, qui a deux poches par devant et qui descend à la ceinture; habillement long que les Orientaux portent sous leur robe.

VESTIAIRE, s. m. lieu où l'on serre les habits; dépense de l'habillement.

VESTIBULE, s. m. pièce à l'entrée d'un bâtiment qui sert de passage pour aller aux autres pièces.

VESTIGE, s. m. empreinte que laisse le pied de l'homme sur le sol; reste, monument, trace d'anciens édifices.

VÊTEMENT, s. m. habillement, ce qui sert à couvrir le corps.

VÉTÉRAN, s. m. ancien magistrat qui conserve ses droits sans exercer; soldat qui, après un certain nombre d'années de service, est admis dans un corps de réserve; écolier —, qui redouble une classe.

VÉTÉRANCE, s. f. qualité de vétéran.

VÉTÉRINAIRE, adj. 2 g. se dit de l'art de guérir les chevaux, les bestiaux; —, s. m. celui qui exerce cet art.

VÉTILLE, (ll m.) s. f. bagatelle, chose de rien.

VÉTILLER, (ll m.) v. n. s'amuser à des vétilles; chicaner sur rien.

VÉTILLERIE, s. f. chicanerie, raisonnement captieux.

VÉTILLEUX, EUSE, (ll m.) s. qui s'amuse à des vétilles, tracassier.

VÉTILLEUX, EUSE, (ll m.) adj. qui exige beaucoup de soins jusque dans les moindres détails.

VÊTIR (le), s. m. les vêtements.

VÊTIR, v. a. et déf. (ind. pr. je vêts, tu vêts, il vêt; n. vêtons, v. vêtez, ils vêtent; imp. je vêtais, etc.; n. vêtions, etc.; fut. je vêtirai, etc.; n. vêtirons, etc.; cond. je vêtirais, etc.; n. vêtirions, etc.; impér. vêts, vêtons, vêtez; subj. pr. q. je vête, etc.; q. n. vêtions, etc.; imp. subj. q. je vêtisse, etc.; q. n. vêtissions, etc.; p.

pr. vêtant; p. p. vêtu, ue,) habiller quelqu'un, lui donner des habits; — une robe, la mettre sur soi; se —, v. pr. s'habiller.

VÉTO, s. m. (sans pl.) mot latin qui signifie je m'oppose, j'empêche; formule d'opposition.

VÊTURE, s. f. prise d'habit de religieux.

VÉTUSTÉ, s. f. ancienneté, en parlant des édifices que le temps a fait dépérir.

VEUF, VEUVE, s. et adj. (f se pron. même au pl.) celui qui n'a plus de femme, celle qui n'a plus de mari; fig. privé de...

VEULE, adj. 2 g. mou, faible; terre —, légère.

VEUVAGE, s. m. temps pendant lequel on reste veuf ou veuve.

VEUVE, s. f. tulipe panachée de blanc et violet; oiseau d'Afrique et d'Amérique.

VEXATION, s. f. action de vexer, action vexatoire.

VEXATOIRE, adj. 2 g. qui vexe.

VEXER, v. a. é, ée, p. tourmenter; faire injustement de la peine, persécuter.

VEXILLAIRES, adj. m. pl. se dit des signaux d'enseigne ou de pavillon, t. de mar.

VIABILITÉ, s. f. possibilité de vivre, t. de méd.

VIABLE, adj. 2 g. né avec les conditions nécessaires à la vie, t. de méd.

VIAGER, ÈRE, adj. dont on doit jouir pendant toute sa vie; —, s. m. revenu viager.

VIANDE, s. f. chair dont on se nourrit; — creuse, fig. nourriture peu solide.

VIANDER, v. n. pâturer, en parlant des bêtes fauves.

VIANDIS, s. m. pâture des bêtes fauves.

VIATIQUE, s. m. provisions, argent qu'on donne à un religieux pour un voyage; sacrement de l'Eucharistie administré à un malade en danger de mort.

VIBORD, s. m. grosse planche qui porte le pont d'en haut d'un vaisseau.

VIBRANT, E, *adj.* mis en vibration.

VIBRATION, *s. f.* arc que décrit un objet suspendu librement, et mis en mouvement; tremblement des cordes d'un instrument de musique, d'un arc, etc.

VIBRER, *v. n.* faire des vibrations.

VICAIRE, *s. m.* celui qui est établi sous un supérieur, pour tenir sa place en certaines fonctions; adjoint du curé.

VICAIRIE, *s. f.* vicariat.

VICARIAL, E, *adj.* qui a rapport au vicariat.

VICARIER, *v. a.* é, ée, *p.* faire les fonctions de vicaire dans une paroisse.

VICE, *s. m.* défaut, imperfection; disposition habituelle au mal; dépravation, débauche.

VICE-AMIRAL, *s. m.* (au pl. *vice-amiraux*) celui qui commande sous l'amiral; second vaisseau d'une flotte.

VICE-AMIRAUTÉ, *s. f.* (au pl. *vice-amirautés*) charge de vice-amiral.

VICE-BAILLI, *s. m.* (au pl. *vice-baillis*) officier de robe courte qui faisait les fonctions de prévôt des maréchaux.

VICE-CHANCELIER, *s. m.* (au pl. *vice-chanceliers*) celui qui faisait les fonctions de chancelier, en l'absence de celui-ci.

VICE-CONSUL, *s. m.* (au pl. *vice-consuls*) celui qui tient la place de consul, ou de commissaire des relations commerciales.

VICE-CONSULAT, *s. m.* (au pl. *vice-consulats*) emploi de vice-consul.

VICE-GÉRENT, *s. m.* (au pl. *vice-gérents*) celui qui supplée l'official ou le gérent.

VICE-LÉGAT, *s. m.* (au pl. *vice-légats*) celui qui exerce les fonctions du légat.

VICE-LÉGATION, *s. f.* (au pl. *vice-légations*) emploi de vice-légat.

VICENNAL, E, *adj.* de vingt ans; qui se fait après vingt ans.

VICE-PRÉSIDENT, *s. m.* celui qui supplée le président en son absence (au pl. *vice-présidents*).

VICE-REINE, *s. f.* (au pl. *vice-reines*) femme d'un vice-roi; princesse qui gouverne avec l'autorité d'un vice-roi.

VICE-ROI, *s. m.* (au pl. *vice-rois*) gouverneur d'un état qui a ou qui a eu le titre de royaume.

VICE-ROYAUTÉ, *s. f.* (au pl. *vice-royautés*) dignité de vice-roi; pays gouverné par un vice-roi.

VICE-SÉNÉCHAL, *s. m.* (au pl. *vice-sénéchaux*) lieutenant de sénéchal.

VICE-VERSÂ, *loc. adv.* (*mots latins*) réciproquement.

VICIER, *v. a.* é, ée, *p.* gâter, corrompre; rendre nul.

VICIEUSEMENT, *adv.* d'une manière vicieuse.

VICIEUX, EUSE, *adj.* qui a quelque vice, défectueux; adonné au vice, à la débauche.

VICINAL, E, *adj.* voisin, chemin —, qui établit une communication directe avec des lieux voisins (au pl. *vicinaux*).

VICISSITUDE, *s. f.* instabilité; changement des choses humaines, révolution réglée des saisons.

VICOMTE, *s. m.* celui qui a une vicomté.

VICOMTÉ, *s. f.* titre honorifique au-dessous de celui de comte, dont la possession donne le titre de vicomte.

VICOMTESSE, *s. f.* femme d'un vicomte; celle qui a une vicomté.

VICTIMAIRE, *s. m.* celui qui fournissait les victimes, ou qui faisait les apprêts du sacrifice.

VICTIME, *s. f.* animal offert en sacrifice à la divinité; personne sacrifiée; *au prop. et au fig.* personne dupe.

VICTIMER, *v. a.* é, ée, *p.* rendre victime d'une plaisanterie gaie.

VICTOIRE, *s. f.* avantage remporté à la guerre; *fig.* heureux succès.

VICTORIEUSEMENT, *adv.* d'une manière victorieuse.

VICTORIEUX, EUSE, *adj.* qui a remporté la victoire; qui a surmonté les obstacles.

VICTUAILLE, (*ll* m.) *s. f.* vivres, munitions de bouche.

VIDAME, *s. m.* celui qui tenait des terres d'un évêque, à condition d'en défendre le temporel.

VIDAMÉ, ou *vidamie*, *s. f.* dignité de vidame.

VIDANGE, *s. f.* action de vider; état d'un vase fermé sans être plein; *au pl.* immondices qu'on ôte d'un lieu qu'on nettoie.

VIDANGEUR, *s. m.* celui qui vide les fosses d'aisances.

VIDE, *adj.* 2 g. qui n'est pas rempli, qui ne contient rien, dégarni, dépourvu; *tête —* sans idées; —, *s. m.* espace où il n'y a pas même de l'air, *t. de phys.*; *fig.* manque, absence, privation; *à —*, sans rien contenir.

VIDE-BOUTEILLE, *s. m. inv.* petite maison et jardin près de la ville.

VIDELLE, *s. f.* outil pour évider les fruits qu'on veut confire.

VIDER, *v. a.* é, ée, *p.* rendre vide, désemplir, creuser; *— les lieux*, déloger; *— une volaille*, en tirer ce qui n'est pas bon à manger; *— un compte, une affaire, un différend*, les terminer.

VIDUITÉ, *s. f.* veuvage.

VIDURE, *s. f.* ce qu'on ôte d'une chose vidée.

VIE, *s. f.* manière d'être des corps organisés qui les distingue des corps inorganiques; ensemble des fonctions organiques; état de l'animal qui sent et qui se meut, de la plante qui végète; espace de temps depuis la naissance jusqu'à la mort; manière de vivre; nourriture; ce qui remplit la vie; occupations habituelles; histoire d'une personne; chaleur; âme du style; *pop.* querelle, criaillerie; *à —, loc. adv.* pour toute la vie.

VIEIL, (*l* m.) ou *vieux, vieille*, (*ll* m.) *adj.* qui a duré long-temps, qui a consumé la plus grande partie de son existence; qui dure depuis long-temps; usé, endommagé; antique; opposé à récent; passé de mode; *le — temps*, le passé.

VIEILLARD, (*ll* m.) *s. m.* homme très-avancé en âge.

VIEILLE, (*ll* m.) *s. f.* femme très-âgée.

VIEILLERIE, (*ll* m.) *s. f.* vieilles hardes; vieux meubles; *fig.* idées usées.

VIEILLESSE, (*ll* m.) *s. f.* le dernier âge de la vie; les vieilles gens.

VIEILLIR, (*ll* m.) *v. n.* devenir vieux; *fig.* passer de mode; —, *v. a.* i, ie, *p.* rendre vieux.

VIEILLISSANT, E, *adj.* (*ll* m.) qui devient vieux.

VIEILLISSEMENT, (*ll* m.) *s. m.* état de ce qui vieillit.

VIEILLOT, TTE, (*ll* m.) *s.* qui commence à devenir, à paraître vieux.

VIELLE, *s. f.* instrument de musique à cordes et à roue.

VIELLER, *v. n.* jouer de la vielle.

VIELLEUR, EUSE, *s.* celui, celle qui joue de la vielle.

VIENNE, chef-lieu d'arr. du dép. de l'Isère.

VIENNE (*la*), rivière qui a sa source près de Limoges et se jette dans la Loire près de Saumur; elle donne son nom à deux dép., savoir: 1° *la Vienne*, dép. formé de parties du Poitou et du Berry, borné au N. par *Indre-et-Loire*, à l'E. par l'Indre, au S.-E. par la Haute-Vienne, au S. par la Charente, à l'O. par les Deux-Sèvres; 2° *la Haute-Vienne*, dép. formé de parties du Limousin, du Poitou, de la Marche et du Berry; borné au N. par la Vienne et l'Indre; à l'E. par la Creuse; au S. par la Corrèze et la Dordogne; à l'O. par la Charente.

VIERGE, *s. f.* jeune fille d'une pureté irréprochable; *la sainte —*, la mère de J.-C.; *la —*, signe du Zodiaque; —, *adj. terre —*, qui n'a pas été labourée; *huile —*, fournie par les olives sans pression, cire —, qui n'a encore été employée à aucun usage; vigne —, qui ne produit qu'une graine inutile; métaux —, qu'on trouve purs dans le sein de la terre; réputation —, intacte.

VIF, IVE, adj. qui est en vie, plein d'activité, de feu, de vigueur; brillant, éclatant; qui fait une impression violente; animé; eau —, qui coule de source; haies vives, d'arbres et de buissons vivants; chaux vive, qui n'a pas été éteinte.

VIF, s. m. chair vive, le cœur d'un arbre; être piqué au —, fig. avoir reçu une offense sensible.

VIF-ARGENT, s. m. mercure, métal qui est liquide à la température ordinaire.

VIGAN (le), chef-lieu d'arr. du dép. du Gard.

VIGIE, s. f. matelot en sentinelle au haut d'un mât; roche isolée en pleine mer, t. de mar.

VIGIER, v. n. être en vigie.

VIGILAMMENT, adv. avec vigilance.

VIGILANCE, s. f. attention soigneuse et active.

VIGILANT, E, adj. plein de vigilance.

VIGILE, s. f. veille de certaines fêtes.

VIGNE, s. f. arbrisseau sarmenteux qui porte le raisin; terre plantée en ceps de vigne; maison de plaisance aux environs de Rome.

VIGNERON, E, s. celui qui cultive la vigne.

VIGNETTE, s. f. petite estampe.

VIGNOBLE, s. m. lieu, canton planté de vignes.

VIGOGNE, s. f. quadrupède ruminant du Pérou, espèce de lama qui tient du mouton et de la chèvre et dont la laine est très-fine; laine de vigogne; —, s. m. chapeau de vigogne.

VIGOUREUSEMENT, adv. avec vigueur.

VIGOUREUX, EUSE, adj. qui a de la vigueur, énergique.

VIGUEUR, s. f. force pour agir; ardeur, courage; fig. force et activité d'esprit.

VIL, E, adj. abject, méprisable, de peu de valeur.

VILAIN, s. m. autrefois paysan, roturier.

VILAIN, E, adj. qui déplaît à la vue, incommode, désagréable; sale, déshonnête, méchant; —, s. et adj. avare, qui vit mesquinement.

VILAINEMENT, adv. d'une manière vile, honteuse.

VILEBREQUIN, s. m. outil pour percer du bois, etc.

VILEMENT, adv. d'une manière vile.

VILENIE, s. f. ordure, saleté; paroles injurieuses; avarice; action basse et vile.

VILETÉ, ou vilité, s. f. bas prix, peu d'importance d'une chose.

VILIFIENDER, v. a. é, ée, p. traiter de vil; déprimer, mépriser, pop.

VILLAGE, s. m. assemblage de maisons trop peu nombreuses pour former un bourg.

VILLAGEOIS, E, s. habitant du village; —, adj. qui est de village, qui a rapport au village.

VILLANELLE, s. f. sorte de poésie pastorale dont tous les couplets ont le même refrain.

VILLE, s. f. assemblage d'un nombre considérable de maisons disposées par rues et souvent fermées d'un mur commun; habitants d'une ville; corps des officiers de la ville, la municipalité, etc., à la —, dans la ville, par oppos. à la campagne; en —, hors de chez soi.

VILLEFRANCHE, chef-lieu d'arr. du dép. du Rhône.

VILLEFRANCHE, chef-lieu d'arr. du dép. de la Haute-Garonne.

VILLEFRANCHE, chef-lieu d'arr. du dép. de l'Aveyron.

VIMAIRE, s. f. dégât causé dans les forêts par les ouragans.

VIN, s. m. liqueur propre à boire qui résulte de la fermentation du jus du raisin; pris de —, ivre; entre deux —, à peu près ivre.

VINAIGRE, s. m. vin rendu

aigre; produit acide de certaines distillations chimiques.
VINAIGRER, v. a. é, ée, p. assaisonner avec du vinaigre.
VINAIGRERIE, s. f. laboratoire pour distiller; fabrique de vinaigre.
VINAIGRETTE, s. f. sauce de vinaigre, d'huile, etc.; espèce de brouette.
VINAIGRIER, s. m. celui qui fait et vend du vinaigre et de la moutarde; petit vase à mettre du vinaigre.
VINAIRE, adj. 2 g. se dit des vases pour le vin.
VINDICATIF, IVE, adj. qui aime à se venger.
VINDICATION, s. f. vengeance, v. m.
VINDICTE, s. f. poursuite, punition des crimes.
VINÉE, s. f. récolte de vin.
VINETTIERS, s. m. pl. famille des épines-vinettes.
VINEUX, EUSE, adj. se dit d'un vin qui a beaucoup de force; qui a le goût, l'odeur ou la couleur du vin.
VINGT, s. m. le 20e jour.
VINGT, adj. numéral, deux fois dix; multiplié par un autre nombre et immédiatement suivi d'un substantif, il prend une s: quatre-vingts ans.
VINGTAINE, s. f. 20 unités.
VINGTIÈME, adj. 2 g. nombre d'ordre; —, s. m. la vingtième partie; —, s. 2 g. qui occupe le 20e rang.
VINICOLE, adj. 2 g. qui a rapport aux vins.
VINIFÈRE, adj. 2 g. qui produit du vin.
VINIFÈRES, s. f. pl. sarmentacées, t. de bot.
VINIFICATION, s. f. art de faire, de conserver le vin.
VIOL, s. m. action de violer.
VIOLACÉES, s. f. pl. de violettes.
VIOLAT, adj. m. se dit du sirop dans lequel il entre de la violette.
VIOLATEUR, TRICE, s. celui, celle qui viole les lois, les droits d'autrui.
VIOLATION, s. f. action de violer un engagement, de profaner une chose sainte.
VIOLE, s. f. instrument de musique dont on joue avec un archet.
VIOLEMENT, s. m. infraction, profanation.
VIOLEMMENT, adv. avec violence.
VIOLENCE, s. f. qualité de ce qui est violent; force dont on use contre le droit commun, contre les lois, etc.; impétuosité, véhémence; contrainte; explication forcée.
VIOLENT, E, adj. qui agit avec force, impétuosité; mort —, causée par quelque accident.
VIOLENTER, v. a. é, ée, p. contraindre, faire faire par force.
VIOLER, v. a. é, ée, p. enfreindre, agir contre; faire violence.
VIOLET, s. m. couleur de la violette.
VIOLET, TTE, adj. de la couleur de la violette.
VIOLETTE, s. f. petite fleur printanière bleue d'une odeur très-suave; il y en a une variété blanche.
VIOLIER, s. m. plante crucifère, géroflier qui vient sur les murs.
VIOLIR, v. a. i, ie, p. rendre violet; —, v. n. devenir violet.
VIOLON, s. m. instrument de musique à quatre cordes dont on joue avec un archet; celui qui joue du violon; sorte de prison annexée à un corps-de-garde.
VIOLONCELLE, s. m. très-grand violon, basse du violon; celui qui en joue.
VIORNE, s. f. genre de plantes boiseuses et flexibles.
VIPÈRE, s. f. genre de serpents vivipares, armés de crochets à venin.
VIPÉREAU, s. m. petit d'une vipère.
VIRAGE, s. m. action de virer; espace pour virer, t. de mar.
VIRAGO, s. f. inv. fille ou femme qui a la taille et l'air d'un homme.

VIREBOUQUET, *s. m.* cheville de couvreur.

VIRE, chef-lieu d'arr. du dép. du Calvados.

VIRELAI, *s. m.* ancienne poésie française sur deux rimes et avec des refrains.

VIREMENT, *s. m.* mouvement en virant; transport d'une dette active à un créancier.

VIRER, *v. n.* aller en tournant; —, *v. a.* é, ée, *p.* tourner d'un côté sur l'autre; — *de bord*, *fig.* changer de parti.

VIREVEAU, *s. m.* machine pour lever l'ancre ou des fardeaux, *t. de mar.*

VIREVOLTE, *s. f.* tour et retour fait avec vitesse, *t. de man.*

VIRGINAL, E, *adj.* qui concerne la vierge, qui y a rapport; *lait* —, composition pour blanchir le teint.

VIRGINITÉ, *s. f.* état d'une personne vierge.

VIRGULE, *s. f.* signe de ponctuation qui sert à séparer les mots, les membres d'une période.

VIRGULER, *v. a.* é, ée, *p.* mettre des virgules.

VIRIL, E, *adj.* qui appartient à l'homme; *âge* —, âge d'un homme fait; *âme, action* —, ferme, vigoureuse.

VIRILEMENT, *adv.* d'une manière virile.

VIRILITÉ, *s. f.* âge viril; *fig.* force, vigueur.

VIROLE, *s. f.* petit cercle de métal autour du manche de certains outils.

VIRTUALITÉ, *s. f.* qualité de ce qui est virtuel.

VIRTUEL, LLE, *adj.* qui a la force, la vertu d'agir, sans agir en effet.

VIRTUELLEMENT, *adv.* d'une manière virtuelle.

VIRTUOSE, *s.* 2 *g.* celui, celle qui a des talents pour les beaux-arts, surtout pour la musique.

VIRULENCE, *s. f.* qualité de ce qui est virulent.

VIRULENT, E, *adj.* qui a du virus; *fig.* plein d'aigreur.

VIRUS, *s. m.* vice caché d'une nature inconnue; venin de certains maux.

VIS, *s. f.* pièce ronde de bois, de métal, etc., cannelée en ligne spirale, et qui entre dans un écrou cannelé de même.

VISA, *s. m.* formule pour viser et rendre authentique un acte.

VISAGE, *s. m.* face de l'homme; partie antérieure de la tête; l'air du visage; la personne même.

VIS-À-VIS, *adv. et prép.* en face, à l'opposite; —, *s. m.* voiture où il n'y avait qu'une place dans chaque fond.

VISCÉRAL, E, *adj.* qui appartient aux viscères; propre à les fortifier; *fig.* qui tient au fond, *t. de pal.*

VISCÈRE, *s. m.* se dit des parties destinées à quelques fonctions animales et contenues dans la poitrine, la tête et le bas-ventre.

VISCOSITÉ, *s. f.* qualité de ce qui est visqueux.

VISÉE, *s. f.* direction de la vue sur un but auquel on vise.

VISER, *v. a.* é, ée, *p.* voir, examiner un acte et mettre dessus le visa, etc.

VISER, *v. a. et v. n.* mirer, regarder un but pour y adresser un coup.

VISIBILITÉ, *s. f.* qualité qui rend une chose visible.

VISIBLE, *adj.* 2 *g.* qui se voit, qui peut être vu; évident, manifeste.

VISIBLEMENT, *adv.* d'une manière visible.

VISIÈRE, *s. f.* pièce du casque qui se levait et se baissait, et au travers de laquelle on voyait et on respirait; *rompre en* —, rompre sa lance dans la visière de son adversaire, et *fig.* attaquer, contredire brusquement en face; *fam.* la vue, pensée, esprit; rainure ou petit bouton de métal qu'on met au bout du canon d'un fusil pour conduire l'œil.

VISIGOTH, *s. m.* Goth occidental; *fam.* homme grossier, sauvage.

VISION, *s. f.* action de voir; ce que Dieu fait voir en esprit ou par les yeux du corps; *fig.* idée folle, extravagante.

VISIONNAIRE, *s. et adj.* 2 g. qui croit faussement avoir des visions; *fig.* qui a des idées folles, des desseins chimériques.

VISITANDINE, *s. f.* religieuse.

VISITATION, *s. f.* fête en mémoire de la visite que la Vierge rendit à Élisabeth.

VISITE, *s. f.* action d'aller voir quelqu'un par civilité et par devoir; examen; *au pl.* personnes en visites; perquisition, recherches.

VISITER, *v. q. é, ée; p.* faire, rendre visite à quelqu'un; aller voir par charité ou par dévotion; faire un examen, une perquisition.

VISITEUR, *s. m.* celui qui fait une visite; commis pour visiter.

VISQUEUX, EUSE, *adjectif* gluant.

VISSER, *v. a. é, ée, p.* attacher avec des vis.

VISUEL, LLE, *adj.* qui appartient à la vue.

VITAL, E, *adj.* nécessaire à la vie.

VITALITÉ, *s. f.* mouvement vital.

VITCHOURA, *s. m.* vêtement garni de fourrure, qu'on met par-dessus ses habits pour sortir.

VITE, *adj.* 2 g. qui se meut avec célérité.

VITE, *adv.* avec vitesse.

VITELOTTE, *s. f.* pomme de terre longue et rouge.

VITEMENT, *adv.* vite, *fam.*

VITESSE, *s. f.* grande promptitude.

VITRAGE, *s. m.* vitres d'un bâtiment; action de vitrer; cloison vitrée.

VITRAUX, *s. m. pl.* grandes vitres des églises.

VITRE, *s. f.* carreau ou assemblage de carreaux de verre qu'on met à une fenêtre.

VITRÉ, chef-lieu d'arr. du dép. d'Ille-et-Vilaine.

VITRER, *v. a. é, ée, p.* garnir de vitres.

VITRERIE, *s. f.* art et profession du vitrier.

VITRESCIBILITÉ, *s. f.* qualité vitrifiable.

VITRESCIBLE, *adj.* 2 g. vitrifiable.

VITREUX, EUSE, *adj.* de la nature du verre, *t. de chim.*

VITRIER, *s. m.* artisan qui travaille en vitre; *vitrière*, *s. f.* femme du vitrier.

VITRIFIABLE, *adj.* 2 g. propre à être changé en verre.

VITRIFICATION, *s. f.* action de vitrifier, substance vitrifiée.

VITRIFIER, *v. a. é, ée, p.* fondre, convertir en verre.

VITRIOL, *s. m.* nom générique des sulfates, dans l'ancienne chimie.

VITRIOLÉ, ÉE, *adj.* où il y a du vitriol.

VITRIOLIQUE, *adj.* 2 g. qui tient de la nature du vitriol.

VITRIOLISER, *v. a. é, ée, p.* convertir en vitriol.

VITRY-LE-FRANÇAIS, chef-lieu d'arr. du dép. de la Marne.

VITUPÈRE, *s. m.* blâme, *v. m.*

VITUPÉRER, *v. a. é, ée, p.* blâmer.

VIVACE, *adj.* 2 g. qui a les principes d'une longue vie; *plante —*, qui vit plus de trois ans.

VIVACITÉ, *s. f.* promptitude, ardeur, prompte pénétration de l'esprit; éclat des couleurs; *au pl.* emportements passagers.

VIVANDIER, ÈRE, *s.* celui, celle qui suit les troupes et leur vend des vivres.

VIVANT, E, *adj.* qui vit; *langue —*, que parle tout un peuple moderne; —, *s. m.* opposé à mort; *bon —*, *fam.* homme aimable et gai.

VIVAT, *s. m.* (*mot latin*) cri pour applaudir (*inv. au pl.*).

VIVE, *s. f.* petit poisson.

VIVE-JAUGE (à), *loc. adv.* profondément, en parlant du labour à la bêche.

VIVEMENT, *adv.* avec ardeur, sans relâche, fortement.

VIVIER, *s. m.* pièce d'eau où l'on conserve du poisson.
VIVIFIANT, E, *adj.* qui vivifie.
VIVIFICATION, *s. f.* action de vivifier.
VIVIFIER, *v. a.* é, ée, p. donner la vie et la conserver; donner de la vigueur.
VIVIFIQUE, *adj.* 2 g. qui vivifie.
VIVIPARE, *adj.* 2 g. se dit d'un animal qui met au monde ses petits tout vivants; *plante—*, qui, au lieu de fleurs, produit des rejetons feuillés.
VIVOTER, *v. n.* vivre doucement et pauvrement.
VIVRE, *v. n. et déf.* (je vis, tu vis, il vit; n vivons, v. vivez, ils vivent; imp. je vivais, etc.; n. vivions, etc.; prét. déf. je vécus, etc.; n. vécûmes, etc.; fut. je vivrai, etc.; n. vivrons, etc.; cond. je vivrais, etc.; n. vivrions, etc.; impér. vis, vivons, vivez; subj. pr. q. je vive, etc.; q. n. vivions, etc.; imp. subj. q. je vécusse, etc.; q. n. vécussions, etc.; p. pr. vivant; p. p. vécu, inv.) être en vie; jouir de la vie; durer; se nourrir, subsister; dépenser, passer sa vie; manière de se conduire; être aisé à —, d'une humeur douce et facile ; savoir —, connaître les bienséances, les manières du monde.
VIVRE, *s. m.* nourriture; au pl. tout ce dont l'homme se nourrit.
VIZIR, *s. m.* ministre du grand-seigneur; *fig.* homme arrogant.
VIZIRAT, ou *viziriat*, *s. m.* office du vizir; temps qu'il est en place.
VOCABULAIRE, *s. m.* liste alphabétique et explication succincte des mots d'une langue.
VOCABULISTE, *s. m.* auteur d'un vocabulaire.
VOCAL, E, *adj.* qui s'énonce, qui s'exprime par la voix; opposé à mental.
VOCATIF, *s. m.* mode dont on se sert en adressant la parole à quelqu'un.
VOCATION, *s. f.* mouvement intérieur qui appelle une personne à un genre de vie ; inclination pour un état; disposition, talent marqué, mission à laquelle on est appelé.
VOCIFÉRATEUR, *s. m.* celui qui vocifère.
VOCIFÉRATION, *s. f.* clameur avec injures.
VOCIFÉRER, *v. n.* crier dans une assemblée.
VOEU, *s. m.* promesse faite à la Divinité ; offrande promise par un vœu; suffrage ; *au pl.* souhaits, désirs ; profession solennelle de l'état religieux.
VOGUE, *s. f.* mouvement donné par la force des rames ; *fig.* crédit, estime dont jouit une personne ; grand cours, grand débit, mode ; grande publicité, multiplicité.
VOGUER, *v. n.* avancer, être poussé sur l'eau, soit à force de rames, soit à la voile ; ramer.
VOGUEUR, *s. m.* rameur.
VOICI, *voilà*, *prép.* qui désignent l'une ce qui est près, l'autre ce qui est un peu loin de celui qui parle ; elles se disent aussi de ce qui ne s'aperçoit pas par les sens.
VOIE, *s. f.* route d'un lieu à un autre ; *fig.* la loi de Dieu, sa conduite envers les hommes ; — *lactée*, amas d'étoiles qui forment une trace blanche dans le ciel ; en parlant des voitures, espace entre les deux roues, traces qu'elles font en marchant ; *t. de chasse*, chemin par où la bête a passé ; *fig.* manière de transporter les personnes ou les marchandises ; manière d'opérer ; *voies de droit*, recours à la justice ; *voies de fait*, actes de violence ; — *de bois*, *de pierres*, charretée d'une mesure déterminée ; — *d'eau*, deux seaux pleins d'eau ; fente par où l'eau entre dans un navire, *t. de mar.*
VOILE, *s. m.* pièce d'étoffe, etc., destinée à couvrir la tête, le visage, à cacher quelque chose ; sorte d'étoffe ; *fig.* apparence, prétexte.
VOILE, *s. f.* plusieurs lés de

VOI VOL 573

toile forte cousus ensemble, et qu'on attache aux vergues pour recevoir le vent; *mettre à la—*, commencer la navigation; *faire —*, naviguer; *fig.* vaisseau, navire.

VOILÉ, ÉE, *adj. et part. p.* couvert d'un voile; qui a pris le voile, en parlant des religieuses; caché, couvert; *voix voilée*, qui n'a qu'une partie de son timbre.

VOILER, *v. a. é, ée, p.* couvrir d'un voile, et *fig.* d'un prétexte.

VOILERIE, *s. f.* lieu où l'on fait, où l'on raccommode les voiles des vaisseaux.

VOILIER, *s. m.* celui qui fait, qui raccommode les voiles d'un navire; *vaisseau bon, mauvais —*, qui va plus ou moins vite.

VOILURE, *s. f.* assortiment des voiles d'un vaisseau, voile qu'il porte suivant la route et le vent; fabrication de voiles; art de les disposer.

VOIR, *v. a.* (ind. pr. je vois, tu vois, il voit; n. voyons, v. voyez, ils voient; imp. je voyais, etc.; n. voyions, etc.; prét. déf. je vis, etc.; n. vîmes, etc.; fut. je verrai, etc.; n. verrons, etc.; cond. je verrais, etc.; n. verrions, etc.; impér. vois, voyons, voyez; subj. pr. q. je voie, etc.; q. n. voyions, etc.; imp. subj. q. je visse, etc.; q. n. vissions, etc.; p. pr. voyant; p. p. vu, vue) recevoir les images des objets par l'organe de la vue; apercevoir, distinguer; examiner; regarder avec attention; observer, remarquer en lisant, en voyageant; fréquenter, rendre visite, s'apercevoir; connaître par les sens; juger, s'informer.

VOIRE, *adv.* même, vraiment.

VOIRIE, *s. f.* charge de voyer; autrefois grand chemin; lieu où l'on porte les immondices d'une ville.

VOISIN, E, *s. et adj.* qui est, qui demeure auprès.

VOISINAGE, *s. m.* proximité; les voisins; les lieux voisins.

VOISINER, *v. n.* visiter familièrement ses voisins.

VOITURE, *s. f.* machine roulante de diverses formes pour le transport des personnes, des marchandises; personnes ou choses qu'on transporte; *lettre de —*, qui contient le dénombrement des choses dont un voiturier est chargé.

VOITURER, *v. a. é, ée, p.* transporter des marchandises par voiture; *fam.* mener quelqu'un dans son carrosse.

VOITURIER, *s. m.* celui qui fait le métier de voiturer.

VOITURIN, *s. m.* celui qui loue des voitures à des voyageurs et qui les conduit; la voiture même.

VOIX, *s. f.* son qui sort de la bouche de la personne qui parle, qui chante; son qui sort de la gorge des oiseaux, etc.; *— intérieure*, inspiration de Dieu; *— de la renommée*, le bruit public; chanteur, chanteuse; suffrage, avis, droit de suffrage; *— active*, pouvoir d'élire; *— passive*, capacité d'être élu; son de la voyelle, *t. de gram.*; *à la — de*, *loc. adv.* par l'ordre de; *de vive —*, opposé de par écrit.

VOL, *s. m.* mouvement de l'oiseau, de l'insecte qui se soutient et se meut en l'air par le moyen de ses ailes; envergure des oiseaux de proie; *fig.* élévation des pensées, sublimité du style; action de celui qui dérobe; chose volée.

VOLABLE, *adj. 2 g.* qui peut être volé.

VOLAGE, *s. et adj. 2 g.* léger, inconstant.

VOLAILLE (*ll m.*), *s. f.* nom collectif des oiseaux de basse-cour.

VOLANT, E, *adj.* qui a la faculté de s'élever en l'air, et de s'y soutenir; *fig.* qui change sans cesse de place; *petite vérole volante*, espèce de petite vérole qui n'a rien de dangereux; *feuille —*, feuille écrite ou imprimée qui n'est attachée à aucune autre.

VOLANT, *s. m.* petit morceau

de liége, en cône renversé, garni de plumes et qu'on pousse avec des raquettes; aile de moulin à vent; ornement au bas d'une robe de femme.

VOLATIL, E, *adj.* qui s'élève et se résout en vapeur par l'action du feu.

VOLATILE, *s. m.* animal pourvu d'ailes; se dit surtout *au pl.* —, *adj.* l'espèce volatile.

VOLATILISATION, *s. f.* action de volatiliser un corps.

VOLATILISER, *v. a.* é, ée, *p.* rendre volatil.

VOLATILITÉ, *s. f.* qualité de ce qui est volatil; *fig.* inconstance, mobilité.

VOLATILLE (*ll m.*), *s. f.* tout oiseau bon à manger.

VOLCAN, *s. m.* gouffre, le plus souvent dans les montagnes, qui vomit du feu et des matières embrasées; *fig.* imagination vive.

VOLCANIQUE, *adj.* 2 g. des volcans.

VOLCANISER, *v. a.* é, ée, *p.* animer, exalter.

VOLÉE, *s. f.* vol d'un oiseau; bande d'oiseaux qui volent ensemble; *fig.* pigeons éclos le même mois; rang, qualité, force; pièce de bois de traverse qui s'attache au timon d'une voiture, et à laquelle sont attelés les chevaux du second rang; *prendre une balle à la volée*, avant qu'elle ait touché la terre; *à la* —, *fam.* inconsidérément.

VOLER, *v. n.* se soutenir, se mouvoir dans l'air par le moyen des ailes; *fig.* courir très-vite.

VOLER, *v. a.* é, ée, *p.* prendre furtivement ou par force ce qui appartient à un autre; *fig.* faire un plagiat.

VOLEREAU, *s. m.* petit voleur.

VOLERIE, *s. f.* larcin, pillerie; vol de l'oiseau de proie.

VOLET, *s. m.* pigeonnier; ais qui ferme la volière, ou une fenêtre.

VOLETER, *v. n.* voler à plusieurs reprises et avec peine comme les petits oiseaux.

VOLETTE, *s. f.* petite claie sur laquelle on épluche la laine. *au pl.* rangs de petites cordes qui tiennent à un réseau dont on couvre un cheval pour le garantir des mouches.

VOLEUR, EUSE, *s.* celui, celle qui a dérobé, qui dérobe habituellement, qui exige plus qu'on ne lui doit.

VOLIÈRE, *s. f.* lieu fermé de fil d'archal, où l'on nourrit des oiseaux.

VOLIGE, *s. f.* planche mince de bois blanc.

VOLONTAIRE, *adj.* 2 g. qui se fait sans contrainte et de franche volonté; *en parlant des personnes*, qui ne veut faire que sa volonté; —, *s. m.* celui qui sert volontairement dans les troupes.

VOLONTAIREMENT, *adv.* sans contrainte.

VOLONTÉ, *s. f.* faculté de l'ame, puissance par laquelle on veut; acte de cette faculté; ce qu'on veut qui soit fait; disposition à l'égard de...

VOLONTIERS, *adv.* de bon cœur; facilement.

VOLTE, *s. f.* mouvement en rond qu'on fait faire au cheval; on dit aussi de demi-volte; *t. d'escrime*, mouvement pour éviter un coup; faire volte face, revenir sur celui qui poursuit.

VOLTER, *v. n. t. d'escrime*, changer de place pour éviter les coups de son adversaire.

VOLTIGEMENT, *s. m.* mouvement de ce qui voltige.

VOLTIGER, *v. n.* voler çà et là; *fig.* flotter au vent; être inconstant, léger; faire divers exercices sur un cheval; faire des tours de force et de souplesse sur une corde élevée et attachée par les deux bouts, mais fort lâche; courir à cheval çà et là avec légèreté et vitesse.

VOLTIGEUR, *s. m.* celui qui voltige sur un cheval, sur une corde; soldat d'infanterie.

VOLUBILIS, *s. m.* plante qui s'entortille; liseron.

VOLUBILITÉ, *s. f.* facilité de se mouvoir et d'être mû en rond; articulation nette et rapide.

VOLUME, *s. m.* étendue d'un corps, espace qu'il occupe; livre relié ou broché.

VOLUMINEUX, EUSE, *adj.* qui a beaucoup de volume.

VOLUPTÉ, *s. f.* plaisir des sens, et *fig.*, de l'ame.

VOLUPTUEUSEMENT, *adv.* avec volupté.

VOLUPTUEUX, EUSE, *adj. et s.* qui aime, qui cherche la volupté; qui inspire, qui fait éprouver la volupté.

VOLUTE, *s. f.* ornement d'un chapiteau fait en forme de spirale; genre de testacés univalves.

VOLUTER, *v. a. é, ée, p.* faire des volutes; dévider du fil sur des fusées.

VOMIQUE, *s. f.* abcès au poumon; *adj. noix —,* graine d'un arbre des Indes qui est un poison pour les chiens, les loups, etc.

VOMIR, *v. a. i, ie, p.* rejeter par la bouche ce qui était dans l'estomac; *fig.* jeter, lancer dehors.

VOMISSEMENT, *s. m.* action de vomir.

VOMITIF, *s. m.* et **VOMITIF, IVE,** *adj.* remède qui fait vomir.

VOMITOIRE, *s. m. vomitif (v. m.) au pl.* chez les anciens, issues par où le peuple sortait du théâtre.

VORACE, *adj. 2 g.* carnassier; qui dévore, qui mange avec avidité.

VORACITÉ, *s. f.* avidité à manger.

VOTANT, *s. m.* celui qui vote.

VOTE, *s. m.* vœu émis; suffrage donné.

VOTER, *v. n.* donner sa voix, son suffrage; se prend aussi activement: *voter des remercîments.*

VOTIF, IVE, *adj.* qui a rapport à un vœu.

VOTRE, *pron. poss.* de la seconde pers. *(pl. vos),* ce qui vous appartient; *pron. relatif*: les vôtres, vos parents, vos amis.

VOUER, *v. a. é, ée, p.* consacrer à Dieu; promettre par vœu.

VOULOIR, *v. a.* et *v. n.* et *déf.* (ind. pr. *je veux, tu veux, il veut;* n. *voulons,* v. *voulez, ils veulent;* imp. *je voulais,* etc.; n. *voulions,* etc.; p. déf. *je voulus,* etc.; n. *voulûmes,* etc.; fut. *je voudrai,* etc.; n. *voudrons,* etc.; cond. *je voudrais,* etc.; n. *voudrions,* etc.; subj. pr. *q. je veuille,* etc.; *q. n. voulions,* etc.; imp. subj. *q. je voulusse,* etc.; *q. n. voulussions,* etc.; p. pr. *voulant,* p. p. *voulu)* avoir l'intention, la ferme volonté de....; commander, exiger; désirer, souhaiter, consentir; *en vouloir à,* prétendre à, ou vouloir du mal à quelqu'un.

VOULOIR, *s. m.* volonté.

VOUS, *pron. pers.* plur. de *tu.*

VOUSSOIRS, ou *vousseaux, s. m.* pierres qui forment une voûte.

VOUSSURE, *s. f.* courbure d'un arc, d'une voûte.

VOÛTE, *s. f.* ouvrage de maçonnerie, dont les pièces se soutiennent les unes les autres.

VOÛTÉ, ÉE, *part. et adj.* qui a une voûte; qui est en voûte; courbé par l'âge.

VOÛTER, *v. a. é, ée, p.* faire une voûte qui termine le haut du bâtiment; *se —, v. pr.* se courber.

VOUZIERS, chef-lieu d'arr. du dép. des Ardennes.

VOYAGE, *s. m.* chemin que l'on fait d'un lieu à un autre lieu éloigné; relation d'un voyage; allée et venue d'un lieu à un autre.

VOYAGER, *v. n.* faire un voyage.

VOYAGEUR, EUSE, *s.* celui, celle qui voyage; qui fait de grands voyages.

VOYANT, E, *adj.* qui voit, qui se voit de loin, se dit des couleurs très-éclatantes, *fam.*

VOYANT, *s. m.* dans la Bible, prophète.

VOYELLE, *s. f.* lettre qui a un son parfait d'elle-même, et sans être jointe à une autre.

VOYER, *s. m.* officier préposé à la police des chemins.

VRAI, E, *adj.* conforme à la vérité, sincère, véridique, qui est tel qu'il doit être; unique; principal; —, *s. m.* vérité; —, *adv.* en vérité; au —, véritablement.

VRAIMENT, *adv.* véritablement, effectivement.

VRAISEMBLABLE, *adj.* 2 g. qui a de la vraisemblance; —, *s. m.* ce qui est vraisemblable.

VRAISEMBLABLEMENT, *adv.* avec vraisemblance.

VRAISEMBLANCE, *s. f.* apparence de vérité; probabilité.

VRILLE (*ll* m.), *s. f.* outil de fer propre à percer.

VRILLER (*ll* m.), *v. n.* se dit d'une fusée qui pirouette en s'élevant.

VRILLETTE (*ll* m.), *s. f.* insecte coléoptère qui perce le bois.

VRILLON (*ll* m.), *s. m.* petite tarière terminée comme une vrille.

VU, *s. m.* énumération des pièces produites dans un procès, des raisons qui sont énoncées avant le dispositif; *au vu et au su de...*, vu, su par...; —, *particule inv.*, attendu, eu égard à...; *vu que*, *conjonct.* parce que, d'autant que.

VUE, *s. f.* celui des cinq sens par lequel on voit, faculté de voir; les yeux, les regards; manière dont les choses se présentent à la vue; étendue de ce qu'on peut voir du lieu où l'on est; tableau qui représente un lieu regardé de loin; fenêtre, ouverture d'une maison par où l'on voit sur les lieux voisins; *fig.* dessein, but qu'on se propose; pénétration; *à vue d'œil*, sensiblement; *lettre payable à vue*, dès qu'on la présente, *t. de banque*; *à perte de vue*, autant que la vue peut s'étendre; *à vue de pays*, à peu près.

VULGAIRE, *adj.* 2 g. commun, reçu communément; —, *s. m.* le peuple; les gens peu éclairés.

VULGAIREMENT, *adv.* communément.

VULGARISER, *v. a.* é, ée, *p.* rendre vulgaire.

VULGARITÉ, *s. f.* qualité de ce qui est vulgaire.

VULGATE, *s. f.* traduction latine de la Bible catholique.

VULNÉRABLE, *adj.* 2 g. qui peut être blessé.

VULNÉRAIRE, *s. m. et adj.* 2 g. eau et herbes bonnes pour les plaies; —, *s. f.* plante médicinale.

W.

WEISSEMBOURG, chef-lieu d'arr. du dép. du Bas-Rhin.

WIGH, *s. m.* nom d'un parti célèbre en Angleterre, opposé à celui de la cour.

WISK, *s. m.* ou mieux *wisth*, sorte de jeu de cartes.

WISKI, *s. m.* cabriolet très-haut et très-léger.

X.

X, *s. m.* 18e consonne, 23e lettre de l'alphabet, chiffre romain valant 10.

XYLOSTÉUM, *s. m.* arbrisseau des Pyrénées, à bois blanc, et comme osseux.

Y.

Y, *s. m.* 6e voyelle qui équivaut à un ou à deux *i*, 24e lettre de l'alphabet.

Y, *adv. relatif*, en cet endroit-là; à cela, à cet homme-là; à cette chose-là.

YACHT, *s. m.* petit bâtiment à voiles et à rames.

YATAGAN, *s. m.* espèce de grand couteau servant de sabre.

YEUSE, *s. f.* espèce de chêne.

YONNE, rivière qui a sa source dans le départ. de la Nièvre, et se jette dans la Seine, dans le départ. de Seine-et-Marne; elle donne son nom au dép. de l'Yonne, formé de parties de la Champagne, de l'Auxerrois, de la Bourgogne et du Gâtinais; borné au N.-O. par Seine-et-Marne; au N.-E. par l'Aube; à l'E. par la Côte-d'Or; au S. par la Nièvre; à l'O. par le Loiret.

YVETOT, chef-lieu d'arr. du dép. de la Seine-Inférieure

Z.

Z, *s. m.* 19e consonne, 26e lettre de l'alphabet; *fait comme un z*, tortu et contrefait, *fam.*

ZAGAIE, *s. f.* javelot dont les Maures se servent à cheval.

ZÈBRE, *s. m.* quadrupède du genre du cheval, dont la peau est traversée de bandes noires.

ZÉBU, *s. m.* espèce de taureau d'Afrique ou d'Asie.

ZÉLATEUR, TRICE, *s.* celui, celle qui agit avec zèle pour la patrie, pour la religion.

ZÈLE, *s. m.* affection ardente; ferveur, grand empressement.

ZÉLÉ, ÉE, *s. et adj.* qui a du zèle.

ZÉNITH, *s. m.* point du ciel perpendiculaire à chaque point de la terre.

ZÉNONISME, *s. m.* doctrine de Zénon.

ZÉPHYR, *s. m.* vent doux et agréable.

ZÉRO, *s. m.* signe arithmétique (0) qui, par lui-même, n'a aucune valeur, mais qui multiplie par dix les nombres qui le précédent; *fig.* rien, néant.

ZEST, *s. m. entre le zist et le zest*, tant bien que mal, *prov.*

ZESTE, *s. m.* ce qui divise en quatre la chair de la noix; partie mince coupée sur le dessus de l'écorce de l'orange.

ZESTER, *v. a. é, ée, p.* couper l'écorce d'un citron, d'une orange.

ZÉZAYER, *v. n.* prononcer z pour *ch* et *j*.

ZIBELINE, *s. f.* espèce de marte; sa fourrure.

ZIGZAG, *s. m.* suite de lignes l'une au-dessus de l'autre, formant entre elles des angles très-aigus; tringles mobiles disposées en losanges qui se plient les unes sur les autres et qu'on allonge ou qu'on raccourcit à volonté; ouvrage de fortification.

ZINC, *s. m.* métal blanc, volatil, à grandes lames, facile à fondre et très-inflammable.

ZIZANIE, *s. f.* discorde, division.

ZODIACAL, E, *adj.* qui appartient au zodiaque.

ZODIAQUE, *s. m.* espace circulaire du ciel dans lequel se trouvent les planètes; grand cercle de la sphère divisé en 12 signes.

ZOÏLE, *s. m.* ancien critique d'Homère; *fig.* envieux, mauvais critique.

ZONE, *s. f.* chacune des cinq divisions de la terre, d'un pôle à l'autre; bande sur la robe d'une coquille.

ZOOGRAPHIE, *s. f.* description des animaux.

ZOOLITHE, *s. m.* partie des animaux qui s'est changée en pierre.

ZOOLOGIE, *s. f.* histoire naturelle des animaux.

ZOOPHAGE, *adj. 2 g.* carnivore.

ZOOPHYTE, *s. m. ou animal plante*, classe d'animaux sans vertèbres, qui n'ont ni nerfs ni membranes articulés, et qui n'ont point d'organes destinés à la circulation ou à la respiration.

ZOOTOMIE, *s. f.* dissection des animaux.

ZOPISSA, *s. f.* goudron qu'on racle des vieux navires.

&.

&, etc., *et cætera*, caractère qui tient lieu de la conjonction *et* dans les énumérations non achevées et sous-entendues.

FIN.